Annette von Droste-Hülshoff
Handbuch

Annette von Droste-Hülshoff Handbuch

Herausgegeben von
Cornelia Blasberg und Jochen Grywatsch

De Gruyter

ISBN 978-3-11-221605-7
e-ISBN (PDF) 978-3-11-035320-4
e-ISBN (EPUB) 978-3-11-038783-4

Library of Congress Cataloging-in-Publication-Data

Names: Blasberg, Cornelia, editor. | Grywatsch, Jochen, editor.
Title: Annette von Droste-Hülshoff Handbuch / herausgegeben von Cornelia
  Blasberg, Jochen Grywatsch.
Description: Boston : De Gruyter, 2018. | Series: De Gruyter reference |
  Includes bibliographical references and index.
Identifiers: LCCN 2018026094 (print) | LCCN 2018029150 (ebook) | ISBN
  9783110353204 (electronic Portable Document Format (pdf)) | ISBN
  9783110351941 (hardback) | ISBN 9783110353204 (e-book pdf) | ISBN
  9783110387834 (e-book epub)
Subjects: LCSH: Droste-Hülshoff, Annette von, 1797-1848--Criticism and
  interpretation. | BISAC: LITERARY CRITICISM / European / German.
Classification: LCC PT1848.Z5 (ebook) | LCC PT1848.Z5 A645 2018 (print) | DDC
  831/.7--dc23
LC record available at https://lccn.loc.gov/2018026094

Bibliografische Information der Deutschen Nationalbibliothek

Die Deutsche Nationalbibliothek verzeichnet diese Publikation in der Deutschen Nationalbibliografie; detaillierte bibliografische Informationen sind im Internet über http://dnb.dnb.de abrufbar.

© 2025 Walter de Gruyter GmbH, Berlin/Boston
Dieser Band ist text- und seitenidentisch mit der 2018 erschienenen gebundenen Ausgabe.
Einbandabbildung: Daguerreotypie 1845 (Friedrich Hundt, Münster). Bildarchiv © LWL-Denkmalpflege, Landschafts- und Baukultur
Satz: Dörlemann Satz, Lemförde
Druck und Bindung: CPI books GmbH, Leck

www.degruyter.com

Inhalt

Vorwort XI

I. Droste in ihrer Zeit 1
1. Biographie. 1
    1.1. Stationen der Lebensgeschichte *(Jochen Grywatsch)* . 1
    1.2. Literarische Freundschaften. 26
    1.2.1. Anton Mathias Sprickmann *(Jochen Grywatsch)*. . . 26
    1.2.2. Christoph Bernhard Schlüter *(Jochen Grywatsch)* . . 30
    1.2.3. Levin Schücking *(Jochen Grywatsch)*. 33
    1.2.4. Elise Rüdiger *(Jochen Grywatsch)* 37
2. Historischer Kontext *(Thomas Küster)* 41
3. Literatur im Kontext 51
    3.1. Droste in der Literaturgeschichte *(Cornelia Blasberg)* 51
    3.2. Das literarische Feld im frühen 19. Jahrhundert
        (Cornelia Blasberg). 60
    3.3. Literatur und Wissen *(Cornelia Blasberg)*. 70
4. Korrespondenzen *(Cornelia Blasberg)*. 89

II. Das lyrische Werk 99
1. Nicht zur Publikation vorgesehene Gedichte bis 1838. . . 99
    1.1. Einleitung *(Cornelia Blasberg/Jochen Grywatsch)* . . 99
    1.2. ⟨Ich denke dein im trauten Kreis der Freunde⟩
        (Jochen Grywatsch). 103
    1.3. Der Abend *(Jochen Grywatsch)*. 104
    1.4. Emma und Edgar *(Cornelia Blasberg)* 107
    1.5. Der Dichter *(Julian Werlitz)* 109
    1.6. Der Philosoph *(Julian Werlitz)* 111
    1.7. Unruhe *(Jürgen Gunia)* 113
    1.8. Rosamunde *(Cornelia Blasberg)* 117
    1.9. Walther. Ein Gedicht in sechs Gesängen
        (Cornelia Blasberg). 119
2. Geistliches Jahr in Liedern auf alle Sonn- und Festtage . 123
    2.1. Einleitung *(Thomas Wortmann)* 123
    2.2. Am ersten Sonntage nach h. drey Könige
        (Thomas Wortmann). 134
    2.3. Am fünften Sonntage in der Fasten
        (Thomas Wortmann). 137
    2.4. Am Charsamstage *(Thomas Wortmann)* 140
    2.5. Am dritten Sonntage nach Ostern
        (Thomas Wortmann). 143

2.6.	Am Pfingstsonntage *(Thomas Wortmann)*	147
2.7.	Am zweyten Sonntage nach Pfingsten *(Thomas Wortmann)*	149
2.8.	Am letzten Tage des Jahres (Sylvester) *(Thomas Wortmann)*	153
3.	Klänge aus dem Orient *(Mirjam Springer)*	156
4.	Gedichte von Annette Elisabeth v. D.... H.... (1838)	166
4.1.	Einleitung *(Cornelia Blasberg/Jochen Grywatsch)*	166
4.2.	Das Hospiz auf dem großen St. Bernhard *(Florian Schmidt)*	171
4.3.	Des Arztes Vermächtniß *(Bernhard Greiner)*	178
4.4.	Die Schlacht im Loener Bruch. 1623 *(Christian Schmitt)*	186
5.	Gedichte von Annette Freiin von Droste-Hülshof (1844)	194
5.1.	Einleitung *(Cornelia Blasberg/Jochen Grywatsch)*	194
5.2.	Zeitbilder	197
5.2.1.	Einleitung *(Cornelia Blasberg/Jochen Grywatsch)*	197
5.2.2.	Die Stadt und der Dom. Eine Carricatur des Heiligsten *(Jörg Löffler)*	200
5.2.3.	An die Schriftstellerinnen in Deutschland und Frankreich *(Martina Wernli)*	204
5.2.4.	Vor vierzig Jahren *(Jörg Löffler)*	207
5.2.5.	An die Weltverbesserer *(Cornelia Blasberg)*	209
5.3.	Haidebilder	212
5.3.1.	Einleitung *(Cornelia Blasberg/Jochen Grywatsch)*	212
5.3.2.	Die Lerche *(Grit Dommes)*	218
5.3.3.	Die Jagd *(Jochen Grywatsch)*	221
5.3.4.	Die Vogelhütte *(Grit Dommes)*	225
5.3.5.	Der Weiher *(Jochen Grywatsch)*	231
5.3.6.	Der Hünenstein *(Christian Schmitt)*	237
5.3.7.	Die Steppe *(Florian Pehlke)*	240
5.3.8.	Die Mergelgrube *(Peter Schnyder)*	242
5.3.9.	Die Krähen *(Christian Schmitt)*	247
5.3.10.	Das Hirtenfeuer *(Christina Wehnert)*	251
5.3.11.	Der Knabe im Moor *(Thomas Wortmann)*	253
5.4.	Fels, Wald und See	257
5.4.1.	Einleitung *(Cornelia Blasberg/Jochen Grywatsch)*	257
5.4.2.	Die Elemente *(Urte Stobbe)*	260
5.4.3.	Die Schenke am See *(Cornelia Blasberg/Jochen Grywatsch)*	265
5.4.4.	Am Thurme *(Cornelia Blasberg)*	269
5.4.5.	Das öde Haus *(Thomas Wortmann)*	273
5.4.6.	Im Moose *(Anke Kramer)*	276
5.4.7.	Am Bodensee *(Anke Kramer)*	280
5.4.8.	Das alte Schloß *(Jörg Löffler)*	281

5.4.9.	Der Säntis *(Urte Stobbe)*	283
5.5.	Gedichte vermischten Inhalts	285
5.5.1.	Einleitung *(Cornelia Blasberg/Jochen Grywatsch)*	285
5.5.2.	Mein Beruf *(Tilman Venzl/Yvonne Zimmermann)*	288
5.5.3.	Meine Todten *(Juliane Prade-Weiss)*	293
5.5.4.	Junge Liebe / Das vierzehnjährige Herz / Brennende Liebe *(Jochen Grywatsch)*	296
5.5.5.	Instinkt *(Cornelia Blasberg/Jochen Grywatsch)*	300
5.5.6.	Die rechte Stunde *(Tilman Venzl/Yvonne Zimmermann)*	304
5.5.7.	Noth *(Hauke Kuhlmann)*	308
5.5.8.	Die Bank *(Mathias Mayer)*	310
5.5.9.	Der Traum / Locke und Lied *(Barbara Potthast)*	314
5.5.10.	An *** ⟨Kein Wort, und wär' es scharf wie Stahles Klinge⟩ *(Cornelia Blasberg/Jochen Grywatsch)*	318
5.5.11.	Poesie *(Tilman Venzl/Yvonne Zimmermann)*	323
5.5.12.	An *** ⟨O frage nicht was mich so tief bewegt⟩ *(Cornelia Blasberg/Jochen Grywatsch)*	326
5.5.13.	Ein Sommertagstraum *(Cornelia Blasberg/Jochen Grywatsch)*	329
5.5.14.	Die Taxuswand *(Claudia Liebrand)*	333
5.5.15.	Der kranke Aar *(Cornelia Blasberg/Jochen Grywatsch)*	335
5.5.16.	Das Spiegelbild *(Christoph Kleinschmidt)*	338
5.6.	Scherz und Ernst	343
5.6.1.	Einleitung *(Cornelia Blasberg/Jochen Grywatsch)*	343
5.6.2.	Dichters Naturgefühl *(Vera Mütherig)*	347
5.6.3.	Der Theetisch *(Vera Mütherig)*	349
5.6.4.	Die beschränkte Frau *(Vera Mütherig)*	351
5.6.5.	Die Schmiede *(Vera Mütherig)*	353
5.6.6.	Das Eselein *(Vera Mütherig)*	355
5.6.7.	Die beste Politik *(Vera Mütherig)*	357
5.7.	Balladen	359
5.7.1.	Einleitung *(Maren Conrad)*	359
5.7.2.	Der Graf von Thal *(Maren Conrad)*	363
5.7.3.	Der Tod des Erzbischofs Engelbert von Cöln *(Maren Conrad)*	365
5.7.4.	Das Fegefeuer des westphälischen Adels *(Maren Conrad)*	370
5.7.5.	Vorgeschichte (SECOND SIGHT) *(Anke Kramer)*	374
5.7.6.	Der Graue *(Jochen Grywatsch)*	379
5.7.7.	Das Fräulein von Rodenschild *(Maren Conrad)*	384
5.7.8.	Die Schwestern *(Maren Conrad)*	387
5.7.9.	Die Vergeltung *(Ulrike Vedder)*	390
5.7.10.	Der Mutter Wiederkehr *(Maren Conrad)*	393

	5.7.11. Der Schloßelf *(Maren Conrad)*	396
	5.7.12. Der SPIRITUS FAMILIARIS des Roßtäuschers *(Maren Conrad)*	398
6.	Gedichte von 1844 bis 1848	402
	6.1. Einleitung *(Cornelia Blasberg/Jochen Grywatsch)*	402
	6.2. Mondesaufgang *(Rüdiger Nutt-Kofoth)*	404
	6.3. Gemüth *(Jens Kloster)*	408
	6.4. Der Dichter – Dichters Glück *(Tilman Venzl/Yvonne Zimmermann)*	410
	6.5. Spätes Erwachen *(Japhet Johnstone)*	416
	6.6. Die todte Lerche *(Martina Wernli)*	418
	6.7. Lebt wohl *(Thomas Wortmann)*	421
	6.8. Im Grase *(Wolfgang Braungart)*	425
	6.9. Die Golems *(Stefan Tetzlaff)*	429
	6.10. Volksglauben in den Pyrenäen *(Jochen Grywatsch)*	432
	6.11. Das Bild *(Kristin Eichhorn/Lothar van Laak)*	438
	6.12. Das erste Gedicht *(Kristin Eichhorn/Lothar van Laak)*	440
	6.13. Durchwachte Nacht *(Jens Kloster)*	441
	6.14. ⟨Das Wort⟩ *(Mathias Mayer)*	445
	6.15. Gastrecht *(Julian Kanning)*	447
	6.16. Zwey Legenden: Das verlorne Paradies / Gethsemane *(Jürgen Gunia)*	449
	6.17. CARPE DIEM! *(Kristin Eichhorn/Lothar van Laak)*	454
	6.18. ⟨An einem Tag wo feucht der Wind⟩ *(Thomas Wortmann)*	456

III.	Dramatik	463
1.	Einleitung *(Julia Bodenburg)*	463
2.	Bertha oder die Alpen. Trauerspiel in drei Aufzügen *(Julia Bodenburg)*	467
3.	PERDU! oder Dichter, Verleger, und Blaustrümpfe. Lustspiel in einem Ackte *(Julia Bodenburg)*	470

IV.	Prosa	477
1.	Einleitung *(Cornelia Blasberg/Jochen Grywatsch)*	477
2.	Ledwina *(Barbara Thums)*	480
3.	Das Westfalen-Projekt *(Esther Kilchmann)*	490
4.	Bei uns zu Lande auf dem Lande nach einer Handschrift eines Edelmannes aus der Lausitz. Erster Band *(Esther Kilchmann)*	498
5.	Die Judenbuche. Ein Sittengemälde aus dem gebirgigten Westphalen *(Lars Korten)*	505

Inhalt   IX

6.   Westphälische Schilderungen aus einer westphälischen Feder
     (Esther Kilchmann)   529
7.   Joseph. Eine Criminalgeschichte
     (Cornelia Blasberg/Jochen Grywatsch)   534

V.   **Musikalien** *(Mirjam Springer)*   539

VI. **Werkästhetik und Forschungsperspektiven**   553
1.   Epochalität *(Gustav Frank/Stefan Scherer)*   553
2.   Modernität *(Heinrich Detering)*.   560
3.   Lyrischer Stil *(Stefan Scherer)*   571
4.   Gattungen *(Cornelia Blasberg)*   581
5.   Poetologie *(Tilman Venzl/Yvonne Zimmermann)*   591
6.   Realismus und Realität *(Cornelia Blasberg)*.   598
7.   Literarische Identitätsverhandlungen
     (Christoph Kleinschmidt)   609
8.   Bildkonzepte *(Thomas Althaus)*   618
9.   Okkasionalität und Zueignung *(Cornelia Blasberg)*   627
10. Religion und Religiosität *(Wolfgang Braungart)*.   637
11. Natur *(Roland Borgards)*   649
12. Raum *(Jochen Grywatsch)*   659
13. Gendertheoretische Perspektiven *(Rita Morrien)*   671

VII. **Rezeptions-, Wirkungs-, Forschungsgeschichte**   681
1.   Druck- und Textgeschichte. Editionen und ihre Prinzipien
     (Rüdiger Nutt-Kofoth)   681
2.   Stationen der Wirkungsgeschichte
     (Cornelia Blasberg/Jochen Grywatsch)   692
3.   Rezeption in den Künsten   709
     3.1. Literatur *(Cornelia Blasberg/Jochen Grywatsch)* . . .   710
     3.2. Musik *(Cornelia Blasberg/Jochen Grywatsch)*   714
     3.3. Bildende Kunst
           (Cornelia Blasberg/Jochen Grywatsch)   715
4.   Museale Rezeption *(Jens Kloster)*   717

VIII. **Anhang**   727
1.   Verzeichnis der Siglen   727
2.   Literaturverzeichnis.   730
3.   Zeittafel zu Leben und Werk   779
4.   Personenregister.   785
5.   Werkregister.   804
6.   Autorenverzeichnis   810

Vorwort

Literarische Texte erhalten einen wichtigen Teil ihrer Bedeutung durch die Perspektiven, die auf sie geworfen, durch die Fragen, die an sie gestellt werden. Diese Beobachtung trifft auf die Rezeption des literarischen Werkes von Annette von Droste-Hülshoff (1797–1848) und auf die literaturwissenschaftliche Beschäftigung mit ihm in besonderer Weise zu. Wurde die Autorin zu Lebzeiten wenig beachtet, da nur ein Teil ihrer Texte der Öffentlichkeit vorlag, so dominierten nach ihrem Tod stilisierende Darstellungen eines vermeintlich zurückgezogenen, ereignisarmen Lebens und eines unzeitgemäßen Werks. In den 1870er Jahren, im Zuge des gründerzeitlichen Kulturkampfes, wurde sie zur Ikone des westfälischen Katholizismus erklärt, und diese ideologische Zuspitzung wirkte noch bis in die Phase der geistesgeschichtlichen Droste-Forschung der 1950er Jahre nach. Dass bereits die Zeitgenossen Drostes literarische Texte als kompliziert und spröde empfanden, dass man nur Fragmente eines unbekannten Werkganzen in Händen hielt, Fragmente, die überdies zu eigensinnig waren, um als Ausprägungen eines Epochenstils – Romantik, Biedermeier, Realismus? – gelesen werden zu können, all das trug dazu bei, dass die öffentliche Einschätzung des Werkes maximale Schwankungen verzeichnete. Die Prädikate, die Autorin und Werk verliehen wurden, oszillierten zwischen verstaubter, marginaler Regional- bis hin zu moderner Weltliteratur, zwischen konservativ und dekonstruktiv, religiös und nihilistisch.

Das Droste-Handbuch ist ohne diese Hintergründe, die es kritisch aufarbeitet und reflektiert, nicht zu verstehen. Aus dem Tatbestand der diskontinuierlichen, heterogenen und in vielen Aspekten verzeichnenden Rezeption haben die Herausgeber den Schluss gezogen, dass es weniger Sinn macht, die mitunter problematische Forschungsgeschichte zu Drostes Werken zu dokumentieren, als einen klaren Schnitt zu wagen. Das bedeutet, dass die Artikel des Handbuchs ihren Schwerpunkt nicht auf die Darstellung von Forschungsergebnissen legen, sondern dass sie sich als dem aktuellen literaturwissenschaftlichen Diskurs verpflichtete Textanalysen präsentieren, die frühere Forschung dann aufgreifen, wenn deren Aussagen zum Argument gemacht werden können. Einem darüber hinaus gehenden forschungshistorischen Interesse dienen die vorliegenden Droste-Bibliographien, die die wissenschaftliche Rezeption lückenlos bis heute dokumentieren (HKA XIV; Grywatsch 2005 sowie die bibliographischen Jahresberichte des *Droste-Portals* ab 2000: http://www.droste-portal.lwl.org).

Auf die Herausforderungen, die sich durch Heterogenität und Diskontinuität der Droste-Forschung stellen, antwortet das Droste-Handbuch mit drei grundsätzlichen Entscheidungen. Vor dem Hintergrund, dass sich die Forschung (je nach methodischer Ausrichtung) auf sehr wenige Texte wie vor allem den Prosatext *Die Judenbuche*, den Zyklus *Haidebilder*, Balladen wie

Die Vergeltung und *Das Fräulein von Rodenschild* sowie einzelne Gedichte wie *Das Spiegelbild, Mondesaufgang, Am Thurme, Durchwachte Nacht* und *Im Grase* konzentriert, bemüht sich das Handbuch erstens darum, annähernd das Gesamtwerk, also gerade auch unbekanntere Texte in Einzelanalysen vorzustellen. Anmerkungen zu Gedichten, denen aus Umfanggründen kein Einzelbeitrag gewidmet wird, finden sich in den jeweiligen Vorworten zu den einzelnen Textgruppen. Dass auch bei diesen Nennungen absolute Vollständigkeit zu erreichen nicht das Ziel war, versteht sich vor allem im Hinblick auf die vielen frühen, zu Lebzeiten ungedruckten Gedichte, ist aber auch durch den werkanalytischen Zuschnitt der Vorworte begründet. Eine für die Arbeit am Handbuch grundlegend gewordene Erkenntnis betrifft nämlich die hoch reflektierte Kompositionskunst, die für Drostes Dichten im Kleinen, aber ebenso im Hinblick auf größere Zusammenhänge wie die Gruppen- und Zyklenbildung charakteristisch ist. Die Vorworte erhellen diese Werkarchitektur und zeigen die Funktion der Einzeltexte in ihr auf.

Die zweite Entscheidung hat Auswirkungen auf die Gestalt der einzelnen Artikel. Wie in Handbüchern üblich, folgt die Argumentation einem bestimmten Muster. Aufgrund der Kürze mancher Gedichtanalysen, vor allem aber mit Rücksicht auf die textkonstitutive Verwobenheit von Form und Inhalt einerseits, Form, Inhalt und Deutungsperspektiven andererseits werden die Darstellungsschritte Entstehungsbericht – Formanalyse – Deutungsmöglichkeiten nicht getrennt ausgewiesen, zumal es zu vielen Gedichten kaum oder sogar gar keine Forschung gibt. Zitierte und für die Argumentation wesentliche Forschungsliteratur wird entsprechend unter dem Artikel aufgeführt, der genaue Nachweis jener Titel, die aus dokumentarischen Gründen angeführt werden, findet sich in der Gesamtbibliographie am Ende des Handbuchs.

Drittens versteht sich das Droste-Handbuch als Teil einer bislang eher punktuellen Forschungsinnovation, die in den letzten zehn Jahren dazu geführt hat, dass die spezifische Modernität von Drostes Werk wahrgenommen wurde. Vor diesem Hintergrund versuchen die Einzelanalysen einen markanten Akzent auf die poetologische Dimension von Drostes Texten zu setzen, deren Selbstreflexivität als Ausweis dieser Modernität gelten kann. Sie arbeiten die Techniken poetischer Selbstbeobachtung heraus, die jedem Text eine – zuweilen ironische – Metaebene einschreiben, und weisen intertextuelle und intermediale Verweise nach, dank derer die Texte ihre eigenen Kontexte bilden und thematisieren. Gleichzeitig fügen sich die Einzelanalysen in den Rahmen einer diskursanalytischen Argumentation, deren Ziel es ist, die als Grundlage der Modernität zu verstehende Historizität von Drostes Werk herauszustellen. Das führt zu einer völlig neuen Aufmerksamkeit für die wissenspoetische Dimension von Drostes Texten einerseits, für die in ihnen stattfindende Reflexion auf den zeitgenössischen literarischen Markt, Fragen der (weiblichen, aristokratischen) Autorschaft und Werkpolitik andererseits.

Referenz aller Textanalysen und -verweise ist die zwischen 1978 und 2000 erschienene, von Winfried Woesler herausgegebene historisch-kritische Ausgabe der Werke und des Briefwechsels Annette von Droste-Hülshoffs, die eine Pionierleistung darstellt und für viele Detailinformationen wertvolle und unverzichtbare Quelle war, jedoch gerade im Hinblick auf die Kommentare auch in ihrer Zeitgebundenheit gesehen werden muss. Es wird späteren Generationen vorbehalten bleiben, diese Diagnose einmal auch dem hier vorliegenden Droste-Handbuch und seinem innovativen Anspruch zu stellen – was aber voraussetzt, und das wäre der größte Wunsch der Herausgeber, dass auf der Basis der im Handbuch vorgestellten Ansätze produktiv weiter an Drostes Texten gearbeitet werden kann.

Unser großer Dank gilt allen Beiträgerinnen und Beiträgern, die sich intensiv auf Drostes Texte und die umfangreiche Redaktionsarbeit an den Artikeln eingelassen haben. Darüber hinaus gab es eine Reihe von Mitwirkenden, die den Entstehungsprozess des Handbuchs in unterschiedlichen Phasen begleitet und befördert haben. Herzlich danken möchten wir dem Redakteur des Bandes, Arnold Maxwill, für seine Genauigkeit, gewissenhafte Sorgfalt und Stilsicherheit, den Mitarbeiterinnen in der LWL-Literaturkommission Eva Poensgen und vor allem Katharina Marguc für ihre unermüdliche Unterstützung des Redaktions- und Produktionsprozesses. Sonja Lesniak und Katharina Marguc haben an der Erstellung der Register gearbeitet. Den Mitarbeiterinnen des Verlagslektorats, Anja-Simone Michalski und Susanne Rade, danken wir für viele förderliche Hinweise sowie die aufmerksame Begutachtung und Begleitung des Manuskripts bei der Drucklegung. Die Herausgeber bedanken sich zudem beim De Gruyter-Verlag für die Aufnahme des Bandes in sein Programm, dem Droste-Forum e. V. für die großzügige finanzielle Förderung sowie bei der LWL-Literaturkommission für Westfalen für die fachliche und ideelle Unterstützung des Projekts.

Münster, im Mai 2018   Cornelia Blasberg & Jochen Grywatsch

I. Droste in ihrer Zeit

1. Biographie

1.1. Stationen der Lebensgeschichte
Jochen Grywatsch

1. Kindheit und Jugend (1797–1819) 2
2. Bökendorf und die Folgen (1819–1826) 7
3. Vom Rüschhaus auf die Literaturbühne (1826–1838). 11
4. Neue Projekte, neue Horizonte (1838–1841) 16
5. Meersburger Schaffenskraft und die 1844er Gedichtausgabe (1841–1844) 18
6. Letzte Projekte, Rückzug und Tod auf der Meersburg (1844–1848) 22

Mit Beginn der öffentlichen Würdigung von Drostes Werk nach 1844 wurden Informationen zu ihrer Lebensgeschichte und Persönlichkeit öffentlich, die sich zu stark ideologischen und bis heute topisch wirkenden Interpretamenten verdichteten. Konstruiert wurde das klischeehaft verklärte Bild einer zurückgezogen lebenden Dichterin aus alteingesessenem westfälisch-katholischem Adelsgeschlecht, die keine anderen Möglichkeiten hatte, als dessen rigiden politischen und moralischen Konservatismus zu übernehmen (→ VII.2.). An die Stelle solch vorgeblicher Gewissheiten treten heute kritische Fragen aus literatur- und kulturwissenschaftlicher Perspektive, die eine Antwort darauf haben möchten, in welcher Weise Drostes Lebensgeschichte Impulse aus ihrem immens komplexen, spannungsreichen, von Modernisierungskrisen aller Art durchzogenen epochalen Kontext erhielt. Dazu gehören Fragen nach den Spuren, die der Machtkampf zwischen Revolution und Restauration, zwischen Religiosität und Verwissenschaftlichung, zwischen Unterordnung unter die Familie und emanzipatorischem Eigensinn in Drostes Werk und in ihren Briefen hinterlassen haben. Wie konnte eine junge, unverheiratete Frau gegen die Restriktionen des aristokratischen Umfelds ein anderes als das ihr zugedachte Wissen erwerben, wie konnte sich im Rahmen eines politisch und ästhetisch vorgegebenen Konservatismus eine solch moderne, selbstreflexive Dichtung entwickeln, wie sie für Annette von Droste-Hülshoff charakteristisch ist? Drostes poetische Kühnheit muss umso mehr überraschen, als die Autorin nicht wie beispielsweise Karoline von Günderode, Bettina von Arnim und Rahel Varnhagen in intellektuellen und künstlerischen Netzwerken lebte, die ihre dichterische Arbeit förderten und weibliche Autorschaft konzeptualisierten.

Wer Drostes Lebensgeschichte mit kritischer Distanz zur herkömmlichen Biographik schreibt, stößt auf das Problem, dass der Umfang an wirklich belastbaren historischen Informationen eher beschränkt ist: Es existieren vergleichsweise wenige persönliche Dokumente; große Briefkonvolute wurden von der Autorin selbst, von Briefpartnern oder der Familie vernichtet (→ I.4.). Die folgende Darstellung stützt sich auf die im Rahmen der Historisch-kritischen Droste-Ausgabe (1978–2000) erarbeitete Faktenbasis zu Drostes Lebensgeschichte, als deren Destillat die hier wie in anderen Beiträgen vielfach genutzte Dichterchronik (Gödden 1994a) gelten kann. Dabei liegt das Hauptaugenmerk darauf, das außergewöhnliche Spannungsverhältnis zwischen Leben und Werk auszuloten und nachzuzeichnen, wie sich Drostes literarisches Schreiben, ihre Poetik und ihr Verständnis von Autorschaft entwickelten.

1. Kindheit und Jugend (1797–1819)

Auf dem Familiensitz Burg Hülshoff in der Gemeinde Roxel unweit der Stadt Münster in Westfalen wurde Annette von Droste-Hülshoff am 10. Januar 1797 geboren. Das Geburtsdatum ist nicht exakt gesichert; einzelne Quellen (Familienstammbuch, Tagebücher, Grabstein, Kirchenbücher) nennen abweichend auch den 12. und den 14. Januar, wobei der 10. Januar nach dem Neufund eines Familienstammbuchs als wahrscheinliches Datum gelten kann (Grywatsch 2015). Getauft wurde das kaum lebensfähige Siebenmonatskind, das zeitlebens Annette genannt wurde, am 14. Januar auf den Namen Anna Elisabeth Franzisca Maria Adolphina Wilhelmina Ludovica. Die aus dem benachbarten Ort Altenberge stammende Webersfrau Maria Catharina Plettendorf (1765–1845) übernahm als Amme die Pflege des neugeborenen Mädchens. Zwischen Annette von Droste-Hülshoff und ihrer Amme entwickelte sich eine lebenslange, von Wertschätzung geprägte, vertraute Beziehung. In den 1830er Jahren nahm Droste Plettendorf in ihren Wohnsitz Haus Rüschhaus auf, wo sie für das Kostgeld und später auch für die Pflege der alten Frau verantwortlich zeichnete. Die prägende Erfahrung der Versorgung durch die Amme hat Droste literarisch thematisiert (*Was bleibt*, *Bertha oder die Alpen*), ebenso wie den Umstand der Frühgeburt (*Der zu früh geborene Dichter*, *Am Sonntage nach Weihnachten*). Wahrscheinlich war dieser schwierige Start ins Leben dafür verantwortlich, dass Annette von Droste-Hülshoff seit ihrer Kindheit immer wieder von schweren, später auch das literarische Arbeiten verhindernden Krankheiten heimgesucht wurde; insbesondere diagnostizierte man schon früh eine starke nervliche Überreiztheit.

Annette von Droste-Hülshoff war das zweite von vier Kindern aus der Ehe von Clemens August II. von Droste-Hülshoff (1760–1826) und Therese, geb. von Haxthausen (1772–1853). Enge Verbindungen bestanden zu den Geschwistern Maria Anna, genannt Jenny (1795–1859), Werner Constantin (1798–1867) und Ferdinand (1800–1829). Insbesondere zu Jenny, die auch im Hinblick auf ihre literarischen Aktivitäten eine Vertrauensperson wurde und u. a. an der Erstellung der Reinschriften für die 1844er Gedichtausgabe beteiligt war, unterhielt sie ein herzliches, vertrautes Verhältnis, das nach der gemeinsamen Kindheit und Jugend in zahlreichen Briefen und gegenseitigen

1. Biographie

Besuchen seinen Niederschlag fand. Das Verhältnis zu den Eltern war von Liebe und Respekt geprägt. Während es über den Vater heißt, dass sein Charakter von Gutherzigkeit, Sanftmut und Fürsorge geprägt war, wird die Mutter als streng, temperamentvoll und durchsetzungsfähig geschildert. Sie übernahm Haushaltsführung und Kindererziehung »[m]it Nüchternheit, praktischem Denken und großem Ehrgeiz« (HKA VIII, 384). Zwar war die Erziehung »durch Gehorsam und sorgfältige Religionsunterweisung« geprägt, keineswegs aber »von rigiden Gehorsamszwängen bestimmt, sie muß sogar, für die damalige Zeit, als modern angesehen werden« (HKA VIII, 384). Clemens August von Droste-Hülshoff verfügte über wissenschaftliche Kenntnisse und gab diese auch an die Kinder weiter; er hatte ausgeprägte botanische und ornithologische Interessen und beschäftigte sich mit historischer und volkskundlicher Literatur. Sein *liber mirabilis*, das im Romanfragment *Bei uns zu Lande auf dem Lande* und in Droste-Briefen Erwähnung findet, ist als sorgfältige Sammlung von Weissagungen und Prognostica ein über 120 Quartseiten umfassendes Dokument des Volks- und Aberglaubens Westfalens. Unzweifelhaft lieferten die Charaktere, das Aussehen und die Interessen der Eltern Muster für die Figurenporträts des Gutsherrn und seiner Frau in *Bei uns zu Lande auf dem Lande* (HKA V, 137–139, 144–147).

Beide Herkunftsfamilien der Autorin sind durch lange Traditionslinien geprägt. Die dem niederen Adel zugehörigen Droste zu Hülshoffs, die 1417 den erstmals 1349 erwähnten Stammsitz Hülshoff erwarben, stellten über Jahrhunderte Ministeriale des Bischofs, des Domkapitels und des Stiftes Überwasser. Als sogenannte Erbmännerfamilie waren sie Teil des Münsterer Stadtpatriziats und versahen mehrfach das Bürgermeisteramt. Die nicht minder einflussreiche mütterliche Familie von Haxthausen gehörte zu den *quattuor nobiles* des Hochstifts Paderborn, wo sie seit vielen Jahrhunderten ansässig war. Ihren Stammsitz hatte die ebenso dem niederen Uradel zuzurechnende Familie im Gut Bökerhof in Bökendorf bei Brakel und unterhielt mit Abbenburg, Thienhausen und Vörden weitere Schlösser in der Umgebung. Der Großvater Werner Adolph von Haxthausen (1744–1822) ließ um 1800 den Bökerhof in der heutigen Form erbauen. Therese von Droste-Hülshoff war sein einziges Kind aus erster Ehe. Zu seiner zweiten Frau Maria Anna, geb. von Wendt-Papenhausen (1755–1829), ihrer sehr frommen Stiefgroßmutter, stand Annette von Droste in einem liebe- und ehrfurchtsvollen Verhältnis. Die Mutter von 14 Kindern, allesamt Stiefonkel und -tanten Drostes mit teilweise kaum nennenswertem Altersunterschied, war Adressatin der frühen geistlichen Lieder (1818/19) und zunächst auch des *Geistlichen Jahres*.

Unter den Familienmitgliedern gab es einige hochrangige Persönlichkeiten, die Annette von Droste-Hülshoff beeinflusst und bereichert, zum Teil aber auch drangsaliert haben. Von den drei Onkeln väterlicherseits war es Maximilian Friedrich von Droste-Hülshoff (1764–1840), Komponist und Freund Haydns, der seine Nichte auf musikalischem Gebiet unterrichtete. Sein Sohn Clemens von Droste-Hülshoff (1793–1832), Drostes Vetter, war Professor für Naturrecht, Strafrecht und Kirchenrecht in Bonn und ein Verfechter des Hermesianismus, des anthropozentrischen, auf Glaubenserfahrung basierenden Lehrsystems zur Rechtfertigung des katholischen Glaubens. Auf der Haxthausen-Seite sind zu nennen: die Stiefonkel Carl (1779–1855), Domherr in Hildesheim, mit dem Droste ihre Sammelleidenschaft teilte, Werner (1780–1842), Rechtswissenschaftler, Orientalist und Mediziner, Literat und Volksliedsammler, Mitglied des Kreises um den Naturphilosophen Wilhelm Steffens und Teilnehmer am Wiener Kongress, sowie August (1792–1866), Jurist mit ausgeprägten literarischen Interessen, Agrarhistoriker in preußischen und russischen Diensten, Initiator des Bökendorfer ›Romantikerkreises‹ und Freund der Brüder Grimm, die er nach Bökendorf einlud. Zu beiden letztgenannten Onkeln waren Drostes Beziehungen aufgrund ihres selbstbewussten, intellektuellen Auftretens zeitweise angespannt. Engere Beziehungen unter ihren Stieftanten bestanden zu Sophie (1788–1862) und Ludowine (1794–1872).

Ihre Kindheit und Jugend verlebte Annette von Droste-Hülshoff in der Abgeschlossenheit und Begrenztheit einer westfälischen Adelsfamilie des 19. Jahrhunderts. Die elterliche Burg, das Stadthaus der Familie in Münster, Besuchsreisen zur westfälischen Verwandtschaft sowie zu einigen Damenstiften (Hohenholte, Nottuln, Metelen, Freckenhorst) – das Koordinatenfeld des familiären Gesichtskreises war eng gefasst (Gödden/Grywatsch 1996b). Von herausgehobener Bedeutung in Familie und Erziehung war das religiöse Leben. Die Kinder wurden zum Gebet angeleitet, und es wurde ihnen eine umfassende Bibelkenntnis vermittelt. Sonntags und an Feiertagen war der Besuch der Heiligen Messe, die frühmorgens im Kapellenzimmer gelesen wurde, verpflichtend. An den vier hohen Feiertagen und an vielen Sonntagen besuchte die Familie den Gottesdienst in der Roxeler Pfarrkirche St. Pantaleon. Bildung und Unterricht erhielt Droste im Familienkontext, zunächst ab 1802 (Lesen, Schreiben, Religion, Sprache und Stil) im Wesentlichen durch die Mutter, die sich an der Pädagogik Bernhard Overbergs orientierte. Der Vater ergänzte botanische Themen und führte in die Musik ein, bis Onkel Maximilian die musikalische Ausbildung vertiefte. Ab 1806/07 kamen neben einem Zeichenlehrer Hauslehrer hinzu, Geistliche, die für Erziehung und Ausbildung, das Sprachenstudium und die weitere religiöse Erziehung zuständig waren (Woesler 2000).

Ein wichtiger Bestandteil im Leben der jungen Droste waren Lektüren. Die Hülshoffer Hausbibliothek nutzte sie ebenso ausgiebig wie die Theissing'sche Leihbibliothek in Münster. Das abendliche Vorlesen gehörte zu den beliebten familiären Gepflogenheiten. Klassiker der Weltliteratur (Shakespeare, Cervantes) standen ebenso auf dem Programm, wie Modelektüre der Zeit (z. B. Walter Scott, Klopstocks *Messias*). Drostes Kenntnisse der Literatur haben sich rasant entwickelt. Es ist davon auszugehen, dass sie die Bestände der heimischen Bibliothek und der Münsterer Leihbibliothek *in toto* kannte. Ebenso hat sie – auf Reisen – weitere private und institutionelle Bibliotheken sowie örtliche Leihbibliotheken *in extenso* genutzt (Timmermann 1954; Kortländer 1979; HKA VII, 321–324). Weitere Betätigungen im Familienkreis entsprachen ganz dem Ethos des Biedermeier und umfassten alle Arten von Handarbeit, Stricken, Häkeln, Spinnen und Sticken, auch Ausschneiden. Außerdem zeichnete

1. Biographie

man und musizierte, sang und spielte Klavier, pflegte das Kartenspiel und ging mitunter mit großer Freude zum Tanz.

Annette von Droste-Hülshoff wird als »sehr lebhaftes Kind mit schneller Auffassungsgabe und Talent zum Erzählen geschildert« (HKA II, 559). Schon sehr früh ließ sie eine besondere literarische Begabung erkennen. Erste kindliche Gedichte sind schon von der Siebenjährigen überliefert (vgl. *Das erste Gedicht*, HKA I, 348–350). Die Mutter unterstützte das Talent durch Lob und Anerkennung und dokumentierte das Schaffen in Sammelhandschriften. Das gefällige Versemachen gehörte zu den festen Bestandteilen adeliger Familienkultur, die besondere Veranlagung aber, die die junge Annette Droste zu erkennen gab, überstieg bei weitem das familiär Erwartete. Bereits aus dem Jahr 1804 datiert eine Aussage Werner von Haxthausens, der »eine zweyte SAPHO« in seiner Nichte keimen sah und von dem »Dichter GENIE« der damals Siebenjährigen sprach (HKA II, 559). Aus dem Zeitraum bis 1811 sind 39 Texte überliefert, Kindergedichte, die zunehmend Bildungseinflüsse zu erkennen geben und damit Drostes literarischen Entwicklungsgang erhellen. Die literarische Frühbegabung fiel auch außerhalb der Familie auf, was 1809 der damals Zwölfjährigen eine – von der Familie freilich abgelehnte – Einladung zur Publikation im poetischen Taschenbuch *Mimigardia* des Herausgebers Friedrich Raßmann (1772–1831) einbrachte. Eine zweite Phase literarischer Sozialisation umfasst die Jahre 1812 bis 1819, als die Texte der Autorin, nicht mehr nur nachahmend-epigonal, zunehmend einen eigenen ästhetischen Wert zu beanspruchen begannen. Die Orientierung an Mustern der Empfindsamkeit und der deutschen Klassik, insbesondere eine Imitation des Schiller-Tons, kennzeichnet die Gedichte bis 1816, während bis etwa 1819 Sujets und Ton eher romantisch-biedermeierlich geprägt waren (→ II.1.1.). Für die Jahre ab etwa 1810 bis 1814 ist eine intensive Beschäftigung mit Goethes und Schillers Werken anzunehmen, die förmlich ertrotzt werden musste, denn unter mütterlicher Kontrolle wurde die Lektüre vor allem Schillers als zu revolutionär respektive freizügig empfundene Autor für schädlich erachtet. Ebenso auf innerfamiliäre Ressentiments stieß Drostes Begeisterung für das Theater; ihr Mitwirken an einer Theateraufführung im Hohenholter Damenstift 1810 war so überzeugend, dass dies in Münster Gesprächsthema war, was wiederum den Konvertiten Friedrich Leopold Graf zu Stolberg (1750–1819) dazu veranlasste, Therese von Droste auf die Gefährdung von Kindern und insbesondere Mädchen durch das Theater hinzuweisen. Stolberg, in dessen Haus zeitweise auch der in der Droste-Familie als literarische Autorität geltende Werner von Haxthausen unterrichtet wurde, war mit seinen Stilmustern ein geachtetes Vorbild (→ III.1.).

In dieser frühen Phase literarischer Sozialisation wurden neben dem Einfluss der Hauslehrer eigene persönliche Kontakte zunehmend wichtig. Im Jahr 1812 lernte die 15-Jährige den 63-jährigen Juraprofessor und ehemaligen Sturm- und-Drang-Autor Anton Mathias Sprickmann (1749–1833) kennen, der als junger Mann weite Kontakte in die Literaturszene unterhielt (→ I.1.2.1.). Auf Betreiben der Mutter wurde Sprickmann ein erster literarischer Ansprechpartner für die hochbegabte Tochter, der sie vor allem auf Klopstock und die

Autoren des Göttinger Hains hinwies. Die Gedichte dieser Phase zeigen die allmähliche Ausprägung eines eigenen Tons (z. B. *Die Engel* und *Die Sterne. Frage*). Auch *Der Dichter* und *Der Philosoph* so wie das 1816 an Sprickmann gesandte *Unruhe*, die auf klassische respektive romantische Formen und Kontexte gründen, behaupten zunehmend Eigenständigkeit gerade im Hinblick auf die verhandelten Sujets. Sprickmann war wohl auch Ratgeber, als sich Droste 1813 und 1814 einer ersten literarischen Großform zuwandte. Das Trauerspiel *Bertha oder die Alpen*, in gereimten und ungereimten Blankversen verfasst, zeigt einen starken Einfluss der deutschen Klassik, insbesondere von Dramen Goethes und Schillers, und des Bürgerlichen Trauerspiels, namentlich Lessings *Emilia Galotti*. Die Arbeit an dem auf drei Akte angelegten Stück, das den dramatischen Konflikt zwischen politischer Intrige in höfischer Gesellschaft und familiären Liebeswirren entwickelt, brach, etwa zur Hälfte gediehen, im September 1814 ab. Dieses Datum korrespondiert mit Sprickmanns Wegzug aus Münster, der in Breslau eine Professur antrat. Briefzeugnisse belegen einen sporadischen, bis 1819 fortdauernden Kontakt. Insgesamt ist der Einfluss Sprickmanns auf die literarische Entwicklung Drostes respektive die Entstehung von Texten eher als gering einzuschätzen, wenngleich sie sich über viele Texte mit ihm ausgetauscht hat (vgl. Nutt-Kofoth 1999b).

Über Sprickmann, der gegenüber dem Stadthaus der Droste-Hülshoffs seine Wohnung hatte, konnte Droste einen weiteren ihre Jugendzeit prägenden literarischen Kontakt knüpfen. Von der von ihm geförderten Schriftstellerin Katharina Busch (1791–1831) war die junge Droste in hohem Maße begeistert – insbesondere weil diese öffentlich als Autorin auftrat. Beim ersten persönlichen Kontakt in Hülshoff im Januar 1813 schloss sie eine spontane Freundschaft zu »diesem herrlichen und seltnen Weibe«, zu der sie eine »eigne und innige Hinneigung« verspürte (HKA VIII, 10). Allerdings verließ Katharina Busch bereits im Herbst 1813 Münster und wurde als verheiratete Katharina Schücking Mutter von Levin Schücking (1814–1883), Drostes engem Vertrauten der 1840er Jahre (→ I.1.2.3.). Die hohe Wertschätzung der Freundin dokumentiert sich in dem Widmungsgedicht *Katharine Schücking*, das zu den drei Eröffnungsgedichten ihrer Ausgabe von 1844 zählen sollte (→ II.5.1.; → II.5.5.1.).

Nach Abbruch der Arbeit an *Bertha* vergingen mehr als drei Jahre, bis sich Annette Droste erneut an eine literarische Großform machte. Mit dem sechs Gesänge umfassenden *Walther* war es diesmal ein Langgedicht in der Tradition der Ritterdichtung, das sie Anfang 1818 in Angriff nahm und im Verlauf des Jahres abschließen konnte. Droste verband in der fast 2000 Verse umfassenden, streng gereimten, aus siebenzeiligen Stanzen bestehenden Verserzählung die mittelalterliche Ritterromanze und die Eremitenlegende. Das fertiggestellte Werk übersandte sie Sprickmann im Februar 1819 als Namenstagsgeschenk und wünschte sich, freilich vergeblich, eine kritische, fachlich fundierte Stellungnahme.

Vergleichbar der Beziehung zu Sprickmann unterhielt Droste in ihren Jugendjahren eine weitere enge Freundschaft zu einer deutlich älteren Person,

1. Biographie

nämlich der Generalsgattin Wilhelmine von Thielmann, geb. von Charpentier (1772–1842). Die Schwester Julie von Charpentiers, der zweiten Braut Novalis', wohnte mit ihrer Familie zwischen 1815 und 1820 im münsterschen Schloss, wo Droste an Bällen und Gesellschaften teilnahm. Auch für diese mütterliche Freundin ließ sie eine Abschrift ihres *Walther* anfertigen. Mitglieder der Familie Thielmann dienten im Übrigen neben vielen Verwandten und Bekannten als Personal in der 1817 auf Wunsch der Mutter entstandenen Skizze *Scenen aus Hülshoff* (HKA VI, 247–261), einer Theatersatire, die das häusliche, von humorvollen Begebenheiten begleitete Leben auf Burg Hülshoff thematisiert. Viele Jahre später erinnert sich Droste Elise Rüdiger gegenüber an das aus dem Stegreif niedergeschriebene Stück (HKA X, 129f.).

Insgesamt war die Lebenssituation in einer westfälischen Adelsfamilie in den ersten Dekaden des 19. Jahrhunderts von großer Unsicherheit und Verunsicherung geprägt, die aus den gesellschaftlichen Neuordnungen in der Folge der Französischen Revolution respektive der Säkularisation ebenso resultierte, wie aus den schnellen politisch-territorialen Veränderungen der Zeit. Münster, bis zum Reichsdeputationshauptschluss 1803 Hauptstadt des Fürstbistums Münster, war in der Folge preußisch besetzt (1803–1806), durch Napoleon eingenommen (1806–1808), Teil des Großherzogtums Berg (1808–1811), zwischen 1811 und 1813 erneut französisch besetzt, bevor es 1815 in der Folge des Wiener Kongresses offiziell Teil des Königreichs Preußen wurde (→ I.2.).

2. Bökendorf und die Folgen (1819–1826)

Ein Hauptreiseziel der Familie war der Sitz der Großeltern, das Gut Bökerhof bei Brakel im Paderbörnischen, seinerzeit einer der wenigen Musensitze in Westfalen. Hier traf sich der ›Bökendorfer Märchenkreis‹, eine Gruppe um die Brüder Werner und August von Haxthausen, vor allem Göttinger Studenten, die das Lebensgefühl der Romantik zelebrierten und ihre Begeisterung für das Volkstümliche im Sammeln von Volksliedern, Sagen und Märchen ausdrückten. Die Atmosphäre bei den gefühligen, schwärmerischen Zusammenkünften war geprägt von starkem Naturempfinden und einer Leidenschaft für die romantische Literatur der Zeit. Es wurde gelesen und vorgelesen, Ludwig Tieck und E.T.A. Hoffmann vor allem, und es wurde gesungen und musiziert (Gödden/Grywatsch 2000). Zu den illustren Gästen in Bökendorf zählte der Germanist und Märchensammler Wilhelm Grimm (1786–1859), den die Haxthausen-Brüder aus Göttingen kannten. Der Kontakt zum Bökendorfer Zirkel kam mit 29 Beiträgen aus dem Kreis um die Familie von Haxthausen vor allem dem zweiten Band der Grimmschen *Kinder- und Hausmärchen* (1814) sowie den *Deutschen Sagen* (1816/18) zugute. Zum engeren Kreis gehörte auch der Göttinger Kommilitone Heinrich Straube (1794–1847), der dem 1817 von August von Haxthausen gegründeten Dichterzirkel ›Die poetische Schusterinnung an der Leine‹ angehörte und Herausgeber der *Wünschelruthe* war, dem Publikationsorgan der Gruppe, in dem u.a. Achim von Arnim, Clemens Brentano, Ernst Moritz Arndt und die Grimms publizierten.

Drostes Verhältnis zu dem von ihrer Schwester Jenny verehrten Wilhelm Grimm, den sie 1813 kennengelernt hatte, war von Beginn an angespannt und von gegenseitiger Antipathie gekennzeichnet. So beteiligte sie sich auch nur sporadisch an den Sammlungen. Während sie ihm Arroganz und Überheblichkeit nachsagte, unterstellte er »etwas vordringliches und unangenehmes in ihrem Wesen« (zit. n. Gödden 1994a, 74). Auch andere Quellen, zumal aus der Feder von Männern, die in Drostes Verhalten ihre Rollenerwartungen an Frauen durchkreuzt sahen, geben Hinweise auf Drostes Selbstbewusstsein und einen mitunter rebellisch-vorlauten Charakter. Die für sie aufgrund ihres Intellekts und Temperaments schwierige Situation im Kreis der in Bökendorf versammelten Männerrunde brachte Droste später Elise Rüdiger gegenüber auf den Punkt:

> ich habe Ihnen ja schon früher erzählt, wie wir sämmtlichen COUSINEN Haxthausischer Branche durch die bittere Noth gezwungen wurden, uns um den Beyfall der Löwen zu bemühn, die die ONCLES von Zeit zu Zeit mitbrachten, um ihr Urtheil danach zu REGULIREN; wo wir dann nachher einen Himmel oder eine Hölle im Hause hatten, nachdem diese uns hoch oder niedrig gestellt. – Glauben Sie mir, wir waren arme Thiere, die ums liebe Leben kämpften, und namentlich Wilhelm Grimm hat mir durch sein Misfallen jahrelang den bittersten Hohn und jede Art von Zurücksetzung bereitet, so daß ich mir tausendmahl den Tod gewünscht habe. – ich war damals sehr jung, sehr trotzig, und sehr unglücklich, und that was ich konnte um mich durchzuschlagen (HKA X, 128 f.).

Andere Zeitgenossen schildern die junge Droste als geistreiche und besondere Person: Der Kasseler Architekt Johann Heinrich Wolff spricht von »einem äußerst geistvollen und schönen Mädchen, die etwas ungemein Liebenswürdiges und Anziehendes in ihrem Wesen hatte« (zit. n. Gödden 1994a, 116), während Kaufmannssohn Friedrich Beneke über seine »ZauberJungFrau« resümiert: »Dieses wunderbare, höchst interessante Mädchen ist ganz eigener Art« (zit. n. Gödden 1994a, 114). Werner von Haxthausen hatte sie als »überaus gescheut, talentvoll, voll hoher Eigenschaften und dabei doch gutmütig« geschildert; sie habe aber den Eitelkeitssinn zu stark entwickelt, »ist eigensinnig und gebieterisch, fast männlich, hat mehr Verstand wie Gemüt, ist durchbohrend (?) witzig« (zit. n. Gödden 1994a, 114). Dagegen fand Beneke eine »scharfe Klarheit des Verstandes« sowie eine »zarte[ ] rührende[ ] Unschuld und Gemüthstiefe, neben so vieler Liebe. Das Ganze gehalten von bedeutender Geisteskultur und Bildung« (zit. n. Gödden 1994a, 114 f.).

1819/20 hielt sich Droste für mehr als ein Jahr bei ihren Bökendorfer Großeltern auf, nur anhaltender Gesundheitsprobleme wegen unterbrochen von einem mehrwöchigen Kuraufenthalt in Bad Driburg im Sommer 1819. Der insgesamt harmonisch-anregende Bökendorf-Besuch fand sein abruptes Ende in dem sogenannten ›Arnswaldt/Straube-Erlebnis‹, eine Begebenheit, die für Drostes Entwicklung von einschneidender Bedeutung war und auch als ›Jugendkatastrophe‹ beschrieben wird. Diese skandalisierende und damit problematische Bezeichnung etablierte sich in der Droste-Biographik des 20. Jahr-

1. Biographie

hunderts nach der 1906 erfolgten Erstveröffentlichung des sogenannten Bekenntnisbriefes an Anna von Haxthausen von Dezember 1820 (HKA VIII, Nr. 31). Schon das *Lebensbild* in Schwerings Gesamtausgabe von 1912 spricht von einer Katastrophe. Seit der ersten Begegnung im August 1818 hatte sich zu dem literarisch ambitionierten Straube eine nahe und herzliche Verbindung ergeben. Die Beziehung der jungen Dichterin zu dem bürgerlichen und protestantischen, zudem mittellosen Göttinger Studenten war aus Sicht der Droste-Familie, trotz aller Sympathie für ihn, eine nicht standesgemäße Verbindung. Die beiderseitige Zuneigung wird rückblickend im genannten Brief an Anna von Haxthausen reflektiert; er ist die wesentliche Quelle für die Rekonstruktion der Ereignisse des Sommers 1820. Etwa Mitte Juli kam ein weiterer Göttinger Kommilitone, August von Arnswaldt (1789–1855), nach Bökendorf, um im Einvernehmen mit Straube und August von Haxthausen Drostes Liebe auf die Probe zu stellen. Es gelang ihm, für kurze Zeit ihre Gunst zu gewinnen, bis sie ihm erklärte, tiefere Empfindungen für Straube zu hegen. Offensichtlich aber war die verfängliche Situation durch ein inszeniertes Missverständnis absichtlich herbeigeführt worden. In der Folge kündigten beide Männer in einem gemeinsam verfassten Brief Droste die Freundschaft (HKA XI, Nr. 22), und diese stand unversehens im Mittelpunkt einer handfesten Affäre, die für sie nicht nur den Verlust von Freundschaften bedeutete, sondern ihr des vermeintlich unziemlichen Verhaltens wegen schwerwiegende Vorwürfe aus dem Kreis der Familie einbrachte. Das durch eine Intrige herbeigeführte Scheitern der Beziehung wurde für die 23-Jährige ein mit vielerlei Demütigung verbundenes traumatisches Erlebnis. Es führte dazu, dass sie Bökendorf bis 1837 nicht mehr besuchte. Die Forschung hat in mehreren Texten Drostes Spuren der schmerzlichen Erfahrung ausfindig gemacht – in den Gedichten *Die Taxuswand*, ⟨Wie sind meine Finger so grün⟩, im Romanfragment *Ledwina* und im bis Ende 1820 abgeschlossenen ersten Teil des *Geistlichen Jahres*.

Die beiden letztgenannten Werke sind diejenigen literarischen Großprojekte, mit denen sich Droste um 1820 intensiv beschäftigte. Im Hinblick auf das Romanprojekt *Ledwina* ergaben sich allerdings gravierende Probleme schon bei der Wahl eines geeigneten Sujets, und das anfängliche Konzept scheiterte an der Feststellung, dass zahlreiche aktuelle Romane thematisch wie formal vergleichbar angelegt waren (→ IV.2.). Obwohl sie mit der Geschichte der schwindsüchtigen Ledwina »an den Lieblingsstoff unserer Zeiten geraten« (HKA VIII, 26) war, hielt Droste lange an der Grundidee fest. Von dem Fragment gebliebenen Text ist lediglich der Romananfang als vielfach unterbrochene Niederschrift überliefert, die wohl im Winter 1820/21 entstanden ist, sowie ein punktueller Entwurf einer Fortsetzung, datierend aus der Zeit nach 1826. Dennoch zählte *Ledwina* noch 1837 zu den Projekten, »die es nicht verdienen so schmählich zu verkommen« (HKA VIII, 228). Unübersehbar schöpft der Text in Figurenkonstellation und -charakteristik aus dem autobiographischen Hintergrund. Es handelt sich somit auch um eine literarische Verarbeitung einer schwierigen weiblichen Adoleszenz in einer beengenden konservativen Familiensituation (Liebrand 2008, 93), und in der Gestaltung der Ledwina, einer »zarte[n] überspannte[n] Zehrungsperson« (HKA VIII, 20), mögen Hinweise gerade auf die Gemüts- und Gesundheitssituation der Autorin selbst lesbar sein.

Etwa parallel zu *Ledwina* wandte sich Droste dem Projekt des lyrischen Zyklus *Geistliches Jahr* zu. Bereits 1818/19 hatte sie für ihre tiefreligiöse Stiefgroßmutter Maria Anna von Haxthausen einige geistliche Lieder (HKA IV, 169–187) verfasst und an diese Gabe wohl das Versprechen gebunden, für die Großmutter im folgenden Jahr auf jeden Festtag ein religiöses Gedicht zu verfassen. Die Idee des *Geistlichen Jahres in Liedern auf alle Sonn- und Festtage* war geboren, und im Frühjahr 1820 entstanden parallel zum Jahresverlauf die Gedichte von *Am Neujahrstage* bis *Am Ostermontage*. Dabei entfernten sich die Texte zunehmend von dem frommen Erbauungston, wie er für die Stiefgroßmutter als Adressatin angemessen schien, sondern öffneten sich auch durch den Einfluss Straubes der Glaubensproblematik des modernen Menschen. Noch deutlicher veränderten sich die Texte vor dem Hintergrund der existentiellen Erschütterungen im Zuge des ›Arnswaldt/Straube-Erlebnisses‹; sie wurden nun zum persönlichen Bekenntnis, das auch Glaubenszweifel und Sündenbewusstsein thematisiert. »Spuren eines vielfach gepreßten und getheilten Gemüthes« diagnostizierte Droste selbst in ihnen (HKA VIII, 47). Mit der Übergabe einer Abschrift des bis zum Ostermontag-Gedicht fertiggestellten Zyklus an ihre Mutter als neue Adressatin bricht die Arbeit am *Geistlichen Jahr* für lange Zeit ab. Erst zwanzig Jahre später, ab 1839, nahm sie den Zyklus wieder auf, um ihn zu einem vorläufigen Abschluss zu bringen (→ II.2.1.).

Die Jahre zwischen 1821 und 1825 sind in der Biographie der Annette von Droste-Hülshoff ein weißer Fleck. Dass die äußerst dürftige Quellenlage für diese Zeit durch Zensurmaßnahmen der Familie in der Reaktion auf das ›Arnswaldt/Straube-Erlebnis‹ begründet ist, kann nur vermutet werden. Unstrittig ist, dass Droste für einige Jahre mehr auf musikalischem Gebiet aktiv war (→ V.). Zu der kreativen Ausbeute der frühen 1820er Jahre zählt neben einigen Liedern die Arbeit an der Oper *Babilon*. Inspiriert und gefördert wurde die kompositorische Tätigkeit durch die Übereignung der handschriftlichen Kompositionslehre *Einige Erklärungen über den General-Baß und die Tonsetzkunst überhaupt* [...] (›Generalbaßbuch‹) durch den Onkel Maximilian 1821. Das ausgeprägte musikalische Interesse in dieser Zeit dokumentiert sich auch in vielen Opernbesuchen im münsterschen Theater; daneben ist für 1820 sogar ein öffentlicher Auftritt als Pianistin und Sängerin im Rathaus von Höxter belegt. Bis 1837 versuchte sich Droste sporadisch weiter auf kompositorischem Sektor, allerdings blieben spätere, nur ungenau zu datierende Opernpläne (*Der blaue Cherub*, *Der Galeerensklave*, *Die Wiedertäufer*) allesamt im Frühstadium stecken, so dass die 1837 gefällte Entscheidung, »für die n ä c h s t e und zwar eine g e r a u m e Zeit die musikalischen Arbeiten den poetischen nachzusetzen« (HKA VIII, 229), nicht überraschen kann. Erfolgreicher war sie mit ihren zahlreichen Liedkompositionen, die sie im erweiterten Familienkreis vortrug und damit Anklang fand; offensichtlich verfügte sie über ein ansehnliches Repertoire auf dem Klavier. Beneke nannte ihr Spiel »fertig, etwas heftig und überschnell, zuweilen etwas verworren«, die Stimme »voll, aber oft zu stark und grell, geht aber sehr tief und ist dann am angenehmsten« (zit. n. Gödden 1994a, 115).

In den 1820er Jahren begann sich Drostes Gesichtskreis allmählich zu erweitern. 1824, eventuell auch schon 1822, standen Besuchsreisen ins Sauerland auf dem Programm. Eine längere Reise führte 1825/26 an den Rhein nach Bonn zu den Verwandten Moritz von Haxthausen und Clemens von Droste-Hülshoff sowie zu Werner und Betty von Haxthausen nach Köln. Hier lernte Droste neben dem Bonner Literaturprofessor August Wilhelm Schlegel und dem Archäologen und Kunsthistoriker Eduard d'Alton auch Sulpiz und Melchior Boisserée kennen, die zu den engagiertesten Aktivisten für den Weiterbau des Kölner Doms gehörten. In Köln war Droste Zeuge des Stapellaufs des Rheindampfers ›Friedrich Wilhelm‹, nahm an zahlreichen Gesellschaften teil, tanzte auf Karnevalsveranstaltungen und besuchte den Rosenmontagszug 1826. Bei dieser Reise wurde sie auch mit der reichen Bankiersgattin Sibylle Mertens-Schaafhausen (1797–1857) bekannt, deren Haus lebendiger Mittelpunkt eines Künstlerkreises war. Zu der ›Rheingräfin‹, einer Musikliebhaberin und begeisterten Sammlerin, entstand eine nahe Freundschaft.

3. Vom Rüschhaus auf die Literaturbühne (1826–1838)

Mit dem plötzlichen Tod des Vaters Clemens von Droste-Hülshoff im Juli 1826 fiel der Familiensitz an den ältesten Sohn Werner, während die weiblichen Familienmitglieder in das fünf Kilometer entfernt gelegene Haus Rüschhaus zogen. Das barocke Kleinod, das der Baumeister Johann Conrad Schlaun (1695–1773) als eigenen Sommer- und Ruhesitz entworfen hatte, war eine vergleichsweise einfache, aber als Mischung aus Herrensitz und Bauernhaus in ländlich-idyllischer Umgebung auch reizvolle Behausung. Im kleinen Gartensaal ließ die Familie eine handgedruckte Panoramatapete der Pariser Manufaktur Dufour kleben, die eine idealisierte Italienlandschaft zeigt. Annette von Droste bewohnte die vier (heute drei) kleinen Räume im Zwischengeschoss des Hauses (vgl. Plachta 2009), die sie zwischen etwa 1830 und 1845 mit ihrer ehemaligen Amme, Katharina Pettendorf, teilte. Zum Personal gehörten eine Kammerzofe der Mutter, eine Köchin, ein Knecht und eine Magd, die das Vieh und den landwirtschaftlichen Betrieb versorgten. Regelmäßig zu Gast war der Hülshoffer Hausgeistliche Caspar Wilmsen, der im Rüschhaus die Messe las. Die Wohnsituation war insgesamt beengt und bescheiden, das stark bäuerlich geprägte Leben einfach und anspruchslos. Annette von Droste-Hülshoff hat sich im Rüschhaus und in der ländlichen Umgebung ausgesprochen wohl gefühlt. Stille und Zurückgezogenheit des Ortes, dazu der Garten, der als Nutz- und Blumengarten mit Obst- und Gemüseanbau betrieben wurde, und die Naturnähe des ländlichen Umfelds – all diese Umstände machten ihr das dortige Leben, trotz gelegentlicher Klagen über die Einsamkeit, aufs Höchste angenehm. Abends wurde gesungen und musiziert, gespielt, gehandarbeitet und vorgelesen. Mit Freude empfing Droste Besuche von Freunden und Verwandten oder trat als Geschichtenerzählerin im Familienkreis und für die Kinder der Nachbarschaft auf. Zudem engagierte sie sich, so wie für unverheiratete Frauen vorgesehen, in der familiären und karitativen Krankenpflege. Ihren Lebensunterhalt bestritt die Autorin mit einer vom Bruder Werner ausbezahlten Leibrente von jährlich 300 Reichstalern. Nach Abzug des Kostgeldes im Rüschhaus von 100 Reichstalern blieb eine Versorgungssumme übrig, die Droste als ausreichend empfand, wenngleich sie zu Sparsamkeit und Einschränkung gezwungen war. Für sich selbst brauchte sie »blutwenig«, hatte »immer über und über genug« (HKA X, 202), so dass es reichte, in bescheidenem Umfang Reisen zu finanzieren und hin und wieder bedürftige bäuerliche Nachbarn oder Bekannte zu unterstützen.

Einen weiteren Schicksalsschlag musste Droste im Juni 1829 mit dem Tod des geliebten Bruders Ferdinand, den sie in den letzten Wochen pflegte, hinnehmen. Für sie selbst mündete das schmerzliche Ereignis in eine anhaltende, schwere Krankheit. Die Ratlosigkeit der Ärzte in dieser lebensbedrohlichen Krise führte sie in die Behandlung des Homöopathen Clemens Maria von Bönninghausen (1785–1864), des ersten Schülers Samuel Hahnemanns, der sie in einem »schwindsuchtartigen Zustand« (zit. n. Gödden 1994a, 157) vorfand. Dezidiert aufgelistet finden sich ihre Krankheitssymptome in Drostes Briefen an Bönninghausen (1829/30). Unter vielen Symptomen wie »Beklemmendes Zusitzen der Brust« notierte sie: »Große Schwermuth, mit Furcht vor einer Gemüthskrankheit, Todesgedanken, Verzweiflung an der Genesung, und den Kopf voll Sterbeszenen« (HKA VIII, 102), während Jenny von Droste-Hülshoff von »Nervenreiz und Krampf«, dazu »allerley Ideen und Apprehensionen« sprach (zit. n. Gödden 1994a, 157). Die Behandlung Bönninghausens brachte langfristig Besserung, so dass Droste der Homöopathie dauerhaft treu blieb. Aus ihrer Korrespondenz wird deutlich, dass Droste zeitlebens immer wieder von ernsthaften Erkrankungen heimgesucht wurde, die literarisches Arbeiten oft wochenlang, manchmal über Monate unmöglich machten. Untersuchungen zum Krankheitsbild sind zu unterschiedlichen Ergebnissen gekommen. Sicher ist, dass die Autorin an einer komplexen Krankheitssituation litt, die von mehreren Faktoren beeinflusst wurde. Zu den rein körperlichen Problemen traten psychische Komponenten; so diagnostizierte Sybille Mertens-Schaaffhausen 1843 »gänzliche Lebensmutlosigkeit und Hypochondrie« (zit. n. Gödden 1994a, 405). Die Grundproblematik bestand in einer Lungentuberkulose, die schließlich ursächlich für ihren Tod wurde. Zudem war sie betroffen von Morbus Basedow, einer zu einer Schilddrüsenüberfunktion führenden Autoimmunerkrankung, die auch für die stark hervortretenden Augen (Exophthalmus) sorgte.

Abwechslung in das beschauliche Rüschhauser Leben brachten einige Reisen, die freilich auf den Familienkreis beschränkt blieben. Zwei weitere Besuchsreisen an den Rhein zu den dortigen Verwandten sind für 1828 und 1830/31 zu verzeichnen. In Bonn 1828 wieder zu Gast bei Moritz von Haxthausen, pflegte Droste die Kontakte zu den dortigen Bekannten, insbesondere zu Sibylle Mertens-Schaaffhausen, die sie zeitweise als Krankenpflegerin betreute, während sie 1830 im Haus des Vetters Clemens von Droste-Hülshoff logierte und Umgang mit zahlreichen Gelehrten und Personen der Bonner Gesellschaft pflegte (Wilhelm Smets, Johanna Mockel, Johann Heinrich Achterfeld, Joseph Braun, Fanny Lützow u. a.). In die Zeit der Bonner Aufenthalte fiel auch die Bekanntschaft mit Johanna (1766–1838) und Adele Schopenhauer (1797–1849), die sie im Haus der Sibylle Mertens-Schaaffhausen kennenlernte. Eine Niederschrift im Nachlass belegt, dass Droste in dieser Zeit die Weimaraner Schriftstellerin Johanna Schopenhauer bei deren Novelle *Der Bettler von St. Columba* (1831) unterstützte. Pläne zu einer gemeinsamen Reise mit Sybille Mertens nach Vevej (Schweiz) scheiterten auch am Veto der Mutter. 1834 führte eine weitere familiär konzipierte Besuchsreise in die Niederlande (Gelderland, Limburg), wo die befreundeten Familien de Galliéris und von Wymar aufgesucht wurden. Von dieser Reise brachte Droste Anregungen mit, die sie später für den Stoff der Erzählung *Joseph* (→ IV.7.) fruchtbar machen konnte.

In literarischer Hinsicht standen die späten 1820er und 1830er Jahre im Zeichen der Arbeit an längeren Verserzählungen, die Anregungen in der englischsprachigen Literatur (Walter Scott, Lord George Byron) fanden. Ab 1827/28 beschäftigte sie sich über mehr als zehn Jahre mit dem *Hospiz auf dem großen St. Bernhard*, dessen Entstehung von konzeptioneller Unsicherheit und skrupulösem Umgang mit dem ersten zur Veröffentlichung bestimmten Werk gekennzeichnet war (→ II.4.2.). Das *Hospiz* speist sich neben der allgemeinen Alpen-Begeisterung aus der publizistisch erfolgreichen Geschichte des Bernhardinerhundes Barry, die in dem Gedicht *Barri. Eine romantische Erzählung* (1824) von Christian Samuel Schier, der dem Kölner Literatenkreis angehörte, ein beachtetes Zeugnis hatte. In den Zeitraum 1834/35 fällt die Arbeit an *Des Arztes Vermächtniß*, eine weitere komplexe Verserzählung, die in *Des Arztes Tod* (1826–1834) eine selbständige Vorstufe hatte (→ II.4.3.). Der Text setzt eine von Wahrnehmungsverunsicherungen gekennzeichnete, diffus und rätselhaft bleibende Räuber- und Mordgeschichte in Szene, die von Motiven von Krankheit und Wahnsinn geprägt ist, aber auch als überindividuelle, psychosoziale Gesellschaftsstudie ihre Relevanz gewinnt.

Dass Droste sich inzwischen als professionelle Schriftstellerin verstand, wird spätestens ab Herbst 1834 deutlich, als sie begann, Pläne zur Veröffentlichung beider Verserzählungen zu entwickeln. Da ihr in geschäftlichen Fragen ihrer Stellung wegen die Hände gebunden waren, übersandte sie den Bonner Freunden eine Abschrift zur Begutachtung und in der Hoffnung auf eine Verlagsvermittlung, erhielt aber ein ablehnendes Urteil Eduard d'Altons. Eine weitere Hoffnung knüpfte sich an den im schweizerischen Eppishausen ansässigen Joseph von Laßberg (1770–1855), der im Oktober 1834 in Hülshoff ihre Schwester Jenny von Droste-Hülshoff heiratete. Über ihn hoffte sie – wiederum vergebens –, Gustav Schwab, den Redakteur des Cotta'schen *Morgenblatts*, zu interessieren. Erfolglos war auch ein dritter Ansatz zur Publikation durch den Theologieprofessor Johann Wilhelm Joseph Braun, der Kontakte zu Kölner Dumont-Verlag nutzbar machen wollte (→ I.3.2.). Zur Veröffentlichung kamen die Verserzählungen schließlich 1838 im münsterschen Aschendorff-Verlag. Maßgeblichen Anteil an der Publikation hatte der münstersche Philosophiedozent Christoph Bernhard Schlüter (1801–1884; → I.1.2.2.). Nach einem ergebnislosen Kontaktversuch 1829 durch Therese Droste in der Hoffnung auf einen literarischen Ansprechpartner für ihre Tochter – Schlüters Urteil über den ihm übergebenen *Walther* fiel damals negativ aus –, ergab sich 1834 durch ein Zusammentreffen bei einer Teegesellschaft eine günstigere Konstellation. Zu dem seit seiner Jugend fast vollständig erblindeten Schlüter und seiner Familie, der Mutter Catharina und der Schwester Therese, entwickelte sich eine nähere persönliche Beziehung, die sich in einem nahezu lückenlos erhaltenen Briefwechsel dokumentiert. Schlüter unterhielt einen religiös-philosophisch orientierten Kreis, in dem auch literarische Themen verhandelt wurden und zu dem u. a. Wilhelm Junkmann (1811–1886) und Luise von Bornstedt (1807–1870) gehörten.

Gegenseitige Besuche wurden genutzt, um Drostes literarische Arbeiten zu diskutieren; fortgesetzt wurde das literarische Gespräch, das sich auch auf gegenseitig übersandte Bücher bezog, in Briefen. An ihnen lässt sich ablesen, dass Drostes und Schlüters ästhetische Positionen unvereinbar waren. Ein Beispiel für die divergierenden Sichtweisen ist das Gedicht *Nach dem Angelus Silesius*, das Droste nur sehr zögerlich, Schlüters Anregung folgend, das philosophische System des Angelus Silesius literarisch zu verarbeiten, umsetzte. Trotz vieler Missverständnisse war Schlüter – und mit ihm sein Freund Wilhelm Junkmann – über einige Jahre ein wichtiger literarisch-philosophischer Ansprechpartner, dem sie 1835 eine Abschrift des ersten Teils ihres *Geistlichen Jahres* zum Geschenk machte. Eine Unterbrechung des Kontakts ergab sich 1835/36, als Droste sich auf eine 18-monatige Besuchsreise nach Eppishausen begab, um ihre Schwester Jenny, die mit den Zwillingen Hildegard und Hildegunde schwanger war, und deren Ehemann Joseph von Laßberg zu besuchen. Die mehrfach verschobene Reise trat Droste eher widerwillig und allein der familiären Bindungen wegen an. Wenngleich sie von der Schweizer Berglandschaft, die sie sich bei ausgedehnten Spaziergängen, leichten Kletterpartien und Ausflügen ins Appenzeller Land erschloss, sehr beeindruckt war, verlief der Aufenthalt, vor allem aufgrund des Mangels an geistiger Anregung, insgesamt enttäuschend. Dennoch schrieb Droste einen langen und begeisterten Brief aus Eppishausen an Schlüter (HKA VIII, Nr. 117), einen wahren Kunstbrief, der als herausragendes Beispiel meisterlicher Briefprosa gilt. Mit dem leidenschaftlich der Literatur des deutschen Mittelalters zugewandten Laßberg ergab sich kein literarischer Anknüpfungspunkt. Ihn und seine mediävistischen Freunde nannte Droste »schimmlich, rostig, prosaisch wie eine Pferde-Bürste – verhärtete Verächter aller neueren Kunst und LITTERATUR« (HKA VIII, 189), während sie für den kauzigen Eigenbrötler »ein entsetzlich gelehrtes Frauenzimmer« (zit. n. Gödden 1994a, 218) war. Meist vergeblich versuchte Laßberg, sie für eigene Projekte zu gewinnen – eine hochdeutsche Übersetzung des *Liedersaals* etwa oder des Gedichts *Kaiser Otto mit dem*

1. Biographie

Barte. Nur auf die gewünschte Übertragung von Konrad von Würzburgs Versnovelle *Heinrich von Kempten* ließ Droste sich später zumindest teilweise ein und schrieb 66 Verse nieder (HKA II, 308–311). Auch bezüglich eigener literarischer Projekte war die Ausbeute der Schweiz-Reise dürftig. Als sie Eppishausen im Oktober 1836 verließ, hatte sie nur wenige neue Texte im Gepäck – im Wesentlichen *Am Weiher*, *Der Säntis*, *Des alten Pfarrers Woche* und *Schloß Berg*, dazu einige Liedkompositionen. Nach erneuten Stationen in Bonn und Köln kehrte Droste im Februar 1837 nach 18-monatiger Abwesenheit ins heimische Rüschhaus zurück.

Schon im folgenden Monat stand eine erneute Reise auf dem Programm, die nach 17-jähriger Unterbrechung erstmals wieder zu den mütterlichen Verwandten nach Bökendorf und Abbenburg führte. Nach den Kränkungen im Zusammenhang der ›Arnswaldt/Straube-Affäre‹ war der Besuch eine von »großen Erschütterungen« (HKA VIII, 223) begleitete emotionale Herausforderung, führte aber gleichzeitig zur Normalisierung der Beziehungen. Im Folgenden standen Familienbesuche im Haxthausen-Kreis wieder regelmäßig auf dem Programm. 1837 kam es dort, nach flüchtigem Kontakt 1818, zur Wiederbegegnung mit Amalie Hassenpflug (1800–1871), einer Freundin der Grimm-Brüder und der Haxthausen-Familie. Starken Einfluss nahm die literarisch gebildete Amalie Hassenpflug, zu der sich nun eine enge, freundschaftliche Beziehung entwickelte, 1838/39 auf die Konzeption des Romanprojekts *Bei uns zu Lande auf dem Lande*. Zeugnisse der Zuneigung sind vier Gedichte, die direkt oder indirekt die Freundin ansprechen (*Der Traum. An Amalie H.*, *Locke und Lied*, *Spätes Erwachen*, *Auch ein Beruf*).

Drostes Veröffentlichungspläne im Blick, hatten Schlüter und Junkmann vorgeschlagen, den geplanten Band unter ihrer Betreuung im örtlichen Aschendorff-Verlag zu publizieren, eine Idee, der die Autorin zurückhaltend begegnete, erhoffte sie sich von einem überregional agierenden Verlag mit literarischem Renommee doch eine breitere Resonanz und größere öffentliche Wahrnehmung. Etwa gleichzeitig zu den Vorgesprächen nahm Droste die 1834/35 begonnene Verserzählung *Die Schlacht im Loener Bruch. 1623* wieder in Angriff und brachte ihre eigenwillige Perspektive auf ein historisch überliefertes Schlachtgeschehen des Dreißigjährigen Krieges im Sommer 1837 zum Abschluss (→ II.4.4.). Schließlich wurde die Diskussion um die Verlagswahl durch ein offizielles Verlagsangebot Aschendorffs im November 1837 beendet. Gleichzeitig rückte die Frage der konkreten Textauswahl in den Blickpunkt, bei der Schlüter (zu) großen Einfluss geltend machte. Ausgeschieden wurden sowohl der dritte Gesang des *Hospiz* als auch Texte wie *Die Elemente*, *Die rechte Stunde* und *Noth* sowie – ebenso durch Entscheid Schlüters, der die Harmonie des Bandes gefährdet sah – die im Frühjahr 1838 entstandenen *Klänge aus dem Orient*, entworfen mit dem Ziel, den von drei langen Verserzählungen dominierten Ton der Sammlung durch eine Zugabe von exotistischen Kleinformen aufzulockern. Letztlich kamen neben den drei Verserzählungen der 1830er Jahre lediglich vier *Gedichte vermischten Inhalts* sowie acht *Geistliche Lieder* zum Abdruck (→ II.4.1.). Der Band erschien am 11. August

1838 – mit Rücksicht auf die Mutter Therese von Droste-Hülshoff, die jedes öffentliche Auftreten verabscheute, nicht unter dem vollständigen Namen der Autorin, sondern halbanonym als *Gedichte von Annette Elisabeth von D.... H.....* Die Auflagenhöhe betrug 400, verkauft wurden lediglich 74 Exemplare. Während der Band in der Droste-Familie, von Mutter und Schwester, positiv aufgenommen wurde, kam es im Bökendorfer Haxthausen-Umfeld zu ablehnenden Reaktionen. Insgesamt stieß die Ausgabe gerade im Adel auf Unverständnis. Ansonsten gab es aus dem Kreis der Bekannten und Freunde viele positive, aber auch gemischte Urteile. Auch unter den gedruckten Rezensionen dominieren die lobenden Besprechungen (vgl. Woesler 1997).

4. Neue Projekte, neue Horizonte (1838–1841)

Mit der literarischen Neuorientierung, die nach Abschluss der 1838er Gedichtausgabe einsetzte, dokumentiert sich ein gewachsenes, auch durch neue Kontakte in die Münsteraner Literaturszene befördertes Selbstbewusstsein der Autorin, wenngleich sie im Hinblick auf die nächsten Schreibprojekte anhaltend unsicher blieb. Gleichzeitig wuchsen in Drostes familiärem und Freundesumfeld Einflussversuche zu Stoff- und Formentscheidungen. Ein Roman nach dem Vorbild von Washington Irvings *Bracebridge-Hall, or the Humorists* (1822) wurde ihr von Amalie Hassenpflug nahegelegt. Er sollte den Titel *Bei uns zu Lande auf dem Lande* tragen und in Form einer Reisebeschreibung Sitten und Gebräuche Westfalens als »Reihenfolge von kleinen Begebenheiten und eignen MEDITATIONEN« (HKA VIII, 330) thematisieren (→ IV.4.). Doch die Ausführung geriet ins Stocken, als im Verlauf des Jahres 1839 andere, schon länger in Arbeit befindliche Projekte in den Vordergrund drängten. Dazu gehörte das fast zwanzig Jahre liegen gebliebene *Geistliche Jahr*, 1820 bis zum Oster-Text gediehen, das bis Anfang 1840 einen vorläufigen Abschluss fand. Entfalten konnte sich dieser Schreibimpuls offensichtlich, nachdem Droste 1837 ihre ›Bökendorf-Blockade‹ überwunden hatte. Parallel zum *Geistlichen Jahr* arbeitete Droste, seitdem 1837 der Plan dazu gefasst war, an der »CRIMINALgeschichte, Friedrich Mergel« (HKA VIII, 228), die sie unter dem Titel *Ein Sittengemälde aus dem gebirgigten Westphalen* ebenfalls bis Anfang 1840 abschließen konnte (→ IV.5.). Zum Druck im renommierten Cotta'schen *Morgenblatt* verhalf Levin Schücking dem Text, der dort 1842 unter dem Titel *Die Judenbuche* erschien. Damit ist der wichtigste Vertraute und literarische Ansprechpartner der 1840er Jahren genannt, mit dem sich Drostes literarische Neuorientierung zunehmend verband.

Die Abkehr vom Schlüter-Kreis nach 1838 führte zu neuen literarischen Gesprächskontexten. Im Winter 1838/39 hatte Elise Rüdiger, geb. von Hohenhausen (1812–1899), in Münster nach dem Vorbild des Berliner Salons ihrer Mutter Elise von Hohenhausen einen literarischen Zirkel gegründet, den Droste scherzhaft als »Hecken-Schriftsteller-Gesellschaft« (HKA IX, 20) bezeichnete. Teilnehmer der wöchentlichen Treffen waren Johanna von Aachen, Luise von Bornstedt, Levin Schücking, Karl Carvacchi, Hermann Besser, Wilhelm Junk-

1. Biographie

mann und vorübergehend Henriette von Hohenhausen, und auch Droste war gelegentlich, wenn sie sich in Münster aufhielt, bei den sonntäglichen Treffen zugegen. Bekannt ist, dass neben den literarischen Erzeugnissen der Mitglieder Werke von Balzac, George Sand, Immermann, Ungern-Sternberg, Ida Hahn-Hahn und Freiligrath zur Diskussion standen. Die Salon-Situation hat Droste in den Gedichten *Die Vogelhütte* und *Der Theetisch* als literarisches Motiv gestaltet. Mit der Initiatorin des Kränzchens Elise Rüdiger entstand eine enge und vertraute lebenslange Freundschaft, die sich in zahlreichen Begegnungen und einem umfangreichen Briefwechsel dokumentiert (→ I.1.2.4.).

Eine besondere Position als Vertrauter Drostes besetzte ab 1838 Levin Schücking (1814–1883; → I.1.2.3.), Sohn der 1831 verstorbenen Autorin und Droste-Freundin Katharina Busch-Schücking. Schon als Schüler in Münster ansässig, kehrte Schücking 1837 nach seinem Studium dorthin zurück, um sich als Privatlehrer und mit schriftstellerischen und literaturkritischen Arbeiten durchzuschlagen. Droste begann für den mittellosen Sohn der ehemaligen Freundin, dem sie anfangs skeptisch gegenüberstand, gleichsam wie für einen Adoptivsohn zu sorgen und versuchte, ihm eine Anstellung zu vermitteln. In dem immer enger werdenden Verhältnis avancierte Schücking von der Rolle eines Schützlings zum engen Vertrauten respektive zum literarischen Gesprächspartner und Agenten. So sehr er für sie Kontakte zum Literaturbetrieb herstellte, für Publikationsmöglichkeiten sorgte und sie zu literarischer Arbeit anregte, so sehr war sie bereit, ihm Texte für seine Schreib- und Herausgabeprojekte zur Verfügung zu stellen. Das gegenseitige Geben und Nehmen basierte auf einer wachsenden Sympathie, die zwischen Herbst 1839 und Herbst 1841 in regelmäßigen wöchentlichen Besuchen Schückings im Rüschhaus Ausdruck fand. Parallel zu diesen Kontakten wurden zahlreiche Briefe zwischen Rüschhaus und Münster getauscht. Eine spätere Briefpassage vermittelt wehmütige Reminiszenzen an die Rüschhauser Treffen: »Rüschhaus in seiner bekannten melancholischen Freundlichkeit [...]. Lieber Levin, unser Zusammenleben in Rüschhaus war die poetischste [...] Zeit unseres beyderseitigen Lebens« (HKA IX, 371).

Ein erstes Projekt, bei dem Drostes Unterstützung eingefordert wurde, war das *Malerische und romantische Westphalen* im Verlag Langewiesche (Barmen), das Schücking 1840 von Ferdinand Freiligrath übernommen hatte. Bis Mai 1841 steuerte sie eine Reihe von Prosabeiträgen (vgl. HKA VII, 8–139) sowie mehrere Balladen bei (*Der Graue, Das Fräulein von Rodenschild, Vorgeschichte* (SECOND SIGHT)*, Kurt von Spiegel, Das Fegefeuer des westphälischen Adels, Der Tod des Erzbischofs Engelbert von Cöln*). Die ungewöhnlichen Entstehungsumstände des Bandes und die Sonderlichkeiten des Literaturbetriebs verarbeitete Droste in der Literatursatire PERDU! *oder Dichter, Verleger, und Blaustrümpfe* (1840), die zudem die Mitglieder des literarischen Zirkels um Elise Rüdiger auf der Figurenebene ironisch porträtiert (→ III.3.). So war die Autorin, trotz ihrer Skepsis gegenüber dem humoristischen Genre, doch der familiären Anregung nachgekommen, »einen Versuch im Komischen zu unternehmen« (HKA IX, 98), wenngleich mit eigener Wahl des Sujets. Drostes Freiheit im Umgang mit Schücking zu dieser Zeit war auch dem Umstand geschuldet, dass die Mutter von Herbst 1840 bis Mai 1841 an den Bodensee nach Meersburg gereist war, wo seit 1838 Tochter Jenny von Laßberg mit ihrer Familie die alte Burg Meersburg bewohnte. Annette Droste hatte ihre Mitreise beharrlich verweigert, vor allem um den vertrauten Kontakt zu Schücking halten und die angeknüpften literarischen Fäden fortspinnen zu können. Als eine Besuchsreise nach Meersburg im Spätsommer 1841 erneut zur Diskussion stand, war ihre Bereitschaft mitzureisen ungleich größer, denn Schücking, so hatte sie es mit ihrer Schwester eingefädelt, konnte mit von der Partie sein.

5. Meersburger Schaffenskraft und die 1844er Gedichtausgabe (1841–1844)

Die Droste-Schwestern hatten ohne Wissen der Mutter, deren Veto unausweichlich gewesen wäre, den Aufenthalt Schückings ermöglicht, indem sie Laßberg überzeugten, Schücking als Bibliothekar seiner Buch- und Handschriftensammlung zu verpflichten. Durch die Fügung glücklicher Begleitumstände wurde der Meersburger Aufenthalt 1841/42 für Droste zu einem Höhepunkt in ihrem Leben. Insbesondere die ungezwungene Vertrautheit mit Schücking, mit dem sie nach Belieben Zeit verbringen und dabei vielfältige literarische Interessen teilen konnte, wirkte beflügelnd. »Wir haben doch ein Götterleben hier geführt« (HKA IX, 296), erinnert sie sich später und resümiert Schücking gegenüber: »unser Zusammenleben [...] in Meersburg [war] gewiß die heimischeste und herzlichste Zeit unseres beyderseitigen Lebens« (HKA IX, 371). Dass Meersburg für Droste »die zweite Hälfte meiner Heimath« (HKA X, 209) werden konnte, lag aber nicht allein an Schücking. Sie konnte hier ein ungezwungeneres Leben als zuhause führen, war befreit von vielen Pflichten und Drangsalierungen, fand mannigfache Anregungen und profitierte gesundheitlich von dem förderlichen Seeklima. Hinzu kamen die landschaftlichen Reize des Bodenseeraums mit seinem Alpenpanorama (vgl. Gaier 1993b; Gödden 1993a; Ferchl 1998; Gödden/Grywatsch 1998).

Eine feste Tagesordnung strukturierte den Ablauf eines normalen Tages auf der Burg Meersburg: Vormittags und spät abends stand die eigene literarische Arbeit auf dem Programm, nachmittags Spaziergänge mit Schücking, nach dem Abendessen häusliche Geselligkeit mit Spielen, Geschichtenerzählen und Gesang. Unterbrochen wurde dies durch Besuche, Stadtgänge und Ausflüge in die Umgebung (u. a. Langenargen, Birnau, Heiligenberg, Konstanz). Zahlreiche gelehrte Besucher kamen als Gäste Laßbergs und seiner wertvollen mediävistischen Sammlung wegen auf die Burg. Droste lernte auf diesem Weg u. a. Ludwig Uhland, Lorenz Oken, Ignaz Heinrich von Wessenberg, Friedrich Heinrich Bothe, Georg Karl Frommann, Hermann Reuchlin und Albert Schott kennen. Ihrerseits fand Droste in der kleinen Stadt schnell Zugang und unterhielt ungezwungene Kontakte in die Meersburger Bürgerwelt, darunter zu den Erzieherinnen des Mädcheninternats, den Lehrern des katholischen Lehrerseminars und den Ordensfrauen des Dominikanerinnenklosters.

1. Biographie

In literarischer Hinsicht hatte sich Droste für den Meersburg-Aufenthalt vorgenommen, begonnene Werke – den Roman *Bei uns zu Lande auf dem Lande*, das *Geistliche Jahr* sowie das Lustspiel *PERDU!* – voranzutreiben, zu überarbeiten und abzuschließen. Doch die literarische Produktion nahm einen anderen Verlauf. Droste trat mit Schücking in eine Art poetischen Wettstreit, der in einer literarischen Wette gipfelte. Unter Beweis zu stellen galt es, so hatte sie Schückings *Lebenserinnerungen* zufolge behauptet, dass sie »im Laufe der nächsten Monate einen ganzen Band lyrischer Gedichte aus dem Aermel schütteln können« werde (Schücking [1886] 2009, 81). Einige Wochen lang »entstanden nun ein und oft zwei Gedichte an einem Tage – sie wußte die Wette glorreich zu gewinnen« (Schücking [1886] 2009, 81). In der Tat konnte Droste zwischen September 1841 und April 1842 mit rund sechzig Gedichten den Grundstock ihrer neuen Gedichtsammlung legen. Bis zum Erscheinen der zweiten Gedichtausgabe, der der Autorin in der literarischen Welt Gehör verschaffen sollte, vergingen aber noch gut zwei Jahre.

Aus dem Meersburger Winter datieren Texte sehr unterschiedlicher Themenbereiche. Mit den *Haidebildern* entstanden dort, mit räumlicher Distanz, Landschaftsgedichte mit Westfalen-Bezug ebenso wie Texte der Gruppe *Fels, Wald und See*, die sich aus der Bodensee-Erfahrung speisen (u. a. *Das alte Schloß*, *Am Thurme*, *Die Schenke am See*). Auch einige der politischen Texte der Rubrik *Zeitbilder*, darunter *An die Schriftstellerinnen in Deutschland und Frankreich*, *Vor vierzig Jahren* und *An die Weltverbesserer*, entstanden im Winter 1841/42, zudem rund fünfundzwanzig Texte der Rubrik *Gedichte vermischten Inhalts*, darunter *Das Spiegelbild*, *Die Taxuswand* und *Die Bank*, sowie neun Texte der späteren Rubrik *Scherz und Ernst* und die drei Balladen *Der Fundator*, *Die Vendetta* sowie *Die Schwestern*.

Drostes lyrische Produktivität fand in dem umtriebigen und gut vernetzten Schücking, der seinerseits als Autor Fuß zu fassen suchte, den Gegenpart eines Agenten, dem es gelang, Wege zur Veröffentlichung aufzutun und Droste und ihr Werk an den Literaturbetrieb der Zeit heranzuführen. Um die Tür zum renommierten Cotta-Verlag für eine neue Gedichtausgabe zu öffnen, übersandte Schücking zehn Proben ihrer aktuellen Lyrik-Produktion. Sieben dieser Texte, darunter *Der Knabe im Moor*, *Im Moose*, *Am Thurme* und *Die Taxuswand*, erschienen 1841 im Cotta'schen *Morgenblatt*, der wichtigsten Literaturzeitschrift der Zeit. Mit den Droste-Gedichten sandte Schücking Teile seines Romans *Das Stifts-Fräulein* an den Verlag, der einen Auszug unter dem Titel *Der Jagdstreit* ins *Morgenblatt* rückte. Längere Passagen dieses 1841 begonnenen und 1843 erschienenen Romans, in dem sich auch der Umgang der Droste und Schückings auf der Meersburg spiegelt, stammen von Droste, die darin Kenntnisse des Freckenhorster Damenstifts verarbeitete (HKA VII, 190–222).

Als Schücking im April 1842, um eine Hofmeisterstelle anzutreten, die Meersburg verließ, hatte er einen Text Drostes im Gepäck, den er in Stuttgart dem Redakteur des *Morgenblatts* Hermann Hauff zur Veröffentlichung übergab. Dieser erfand für die Publikation im April/Mai 1842 den Titel *Die Judenbuche* und die von Droste gesetzte Überschrift *Ein Sittengemälde aus dem gebirgigten* Westphalen wurde zum Untertitel. Ein nennenswertes Echo rief die Publikation nicht hervor, dennoch stärkte sie die überregionale Wahrnehmung Drostes weiter. Erst mit der Aufnahme in den *Deutschen Novellenschatz* 1876 von Paul Heyse und Hermann Kurz begann die große Verbreitung der Erzählung, die heute in millionenfacher Auflage vorliegt und in zahlreiche Sprachen übersetzt ist (→ IV.5.).

Ein weiterer Text Drostes entstand bald nach Schückings Abreise, der um Unterstützung für ein eigenes Publikationsprojekt – ein Beitrag über Westfalen im geplanten Sammelband *Deutschland im 19. Jahrhundert* von Ludwig Amandus Bauer – gebeten hatte. Für ihre *Westphälischen Schilderungen aus einer westphälischen Feder* griff Droste offensichtlich auf Materialien zu ihrem Roman *Bei uns zu Lande auf dem Lande* zurück. Nach Scheitern des Projekts war sie bedacht darauf, eine anderweitige Veröffentlichung ihrer Abhandlung, in der sie im Nachhinein »viel verrufene Münze« (HKA IX, 375) fand, zu verhindern, zu sehr befürchtete sie kritische Reaktionen aus dem westfälischen Umfeld (→ IV.6.).

Nach Schückings Abreise versiegte Drostes Kreativität für eine einige Zeit. Der Schmerz über den Verlust der vertrauten Verbindung wog schwer und aus den folgenden Briefen an Schücking spricht tiefe Wehmut. Dass über die Beziehung Drostes und Schückings im Nachhinein vieles gemutmaßt wurde, ist in erster Linie auf einige innige, sehr persönliche Passagen dieser Briefe zurückzuführen. Bis zur Rückreise nach Münster Ende Juli entstanden lediglich einzelne lyrische Texte. Auch die Reinschrift der Meersburger Gedichtproduktion konnte nicht abgeschlossen werden. Zurück in Westfalen, schloss sich eine mehrmonatige Phase gesundheitlicher Probleme an. In literarischer Hinsicht stand die Weiterarbeit am neuen Gedichtband im Vordergrund, während auf persönlicher Ebene der freundschaftliche Kontakt zu Elise Rüdiger viel Raum einnahm. Auf die kreative Hochphase folgte der schwierige und mühsame Prozess des Überarbeitens und der Erstellung einer Reinschrift als Druckvorlage für den neuen Band. Der ehrgeizige Plan, den neuen Gedichtband zu Ostern 1843 in die Öffentlichkeit zu bringen, erwies sich als unhaltbar. An neuen Texten entstanden zunächst *Der SPIRITUS FAMILIARIS des Roßtäuschers*, im weiteren *Zeitbilder* wie *Die Stadt und der Dom, Alte und neue Kinderzucht, Die Verbannten* und das Gedicht *Der Strandwächter am deutschen Meere und sein Neffe vom Lande*. Die Herstellung einer Reinschrift verursachte anhaltend Probleme, so dass erst zum Jahresende 1843 ein fertiges Manuskript vorlag, das im Januar 1844 Schücking übersandt und von diesem an den Cotta-Verlag weitergeleitet wurde.

In Drostes Auftrag übernahm Schücking alle Verlagsverhandlungen und begleitete die Drucklegung. Ihm gelang es, für Droste das beachtliche Honorar von 500 Talern (oder 875 Gulden) bei einer Auflagenhöhe von 1200 Exemplaren zu vereinbaren (Blakert/Grywatsch/Thürmer 1997). Auch auf die Anordnung der Gedichte nahm er Einfluss (→ II.5.1.). Auf seinen Wunsch hin eröffneten die aktuellen, zeitkritischen Texte der Rubrik *Zeitbilder* den Band, als er schließlich am 14. September 1844 erschien (→ II.5.2.1.). Ein unliebsames Nachspiel hatte das Erscheinen der *Gedichte von Annette Freiin von Droste-Hülshof* aufgrund der Regressansprüche des Verlegers der 1838er Ausgabe, deren Texte, obwohl die Auflage noch nicht abverkauft war, in der neuen Ausgabe mit abgedruckt worden waren.

Zuvor, im September 1843, war Droste ein zweites Mal nach Meersburg gereist, diesmal in Begleitung der Freundin Elise Rüdiger, die zwei Wochen blieb. Bei diesem Besuch bewohnte sie den südöstlichen, seezugewandten Turm der Meersburg, den sie der Ungestörtheit wegen schätzte. Im November 1843 kam es – im Vorgriff auf das in Aussicht stehende Honorar für ihre Gedichtausgabe – zu einem bemerkenswerten Entschluss: Droste wurde »GRANDIOSE Grundbesitzerin« (HKA X, 110): Zu einem Preis von 700 Gulden ersteigerte sie das oberhalb Meersburgs am Hindelberg gelegene ›Fürstenhäusle‹, das ehemalige Rebhäuschen der Konstanzer Fürstbischöfe, nebst Weinberg. Ihre begeisterten Schilderungen in Briefen an Elise Rüdiger und Levin Schücking lassen erahnen, wie viel sie mit diesem Haus verband, das ihr Refugium werden sollte und das sie als ihre Poetenresidenz einzurichten plante. Allerdings blieben diese Pläne unerfüllt; aus gesundheitlichen Gründen konnte Droste ihr »Nestchen«, das sie zum »kleine[n] Paradies« (HKA X, 111) machen wollte, kaum einmal besuchen, geschweige denn dort wohnen. Mit dem Erwerb des Fürstenhäusles verband sich auch die Vorstellung, dieses später einer Art Familienstiftung zuzuführen. Droste hatte es als Erbe für ihre Nichten vorgesehen. Während des einjährigen Meersburg-Aufenthalts 1843/44 stand zunächst die Arbeit für die Gedichtausgabe 1844 im Vordergrund. Nach Abschluss der Reinschrift dokumentiert der Briefwechsel mit dem inzwischen als Redakteur der Cotta'schen Augsburger *Allgemeinen Zeitung* tätigen Schücking im Frühjahr 1844 die Phase der intensiven Schlusskorrekturen. Für den Vertrauten vergangener Meersburger Tage hatten sich in privater Hinsicht Veränderungen ergeben: Schücking war inzwischen mit der Schriftstellerin Louise von Gall verheiratet, die er vor der Hochzeit nur einmal getroffen hatte. Droste stand der Verbindung von vorn herein ablehnend gegenüber; ihr Verhalten gegenüber Louise von Gall, der gegenüber sie durchaus von Eifersucht geprägte Vorbehalte hegte, war dennoch, wenn auch bemüht, von Freundlichkeit und Offenheit geprägt. Im Gedicht *Lebt wohl* blickt Droste resigniert auf den Meersburger Besuch des Ehepaares im Mai 1844 und das letzte Zusammentreffen mit Schücking zurück.

In literarischer Hinsicht blieb Droste nach dem Abschluss der Arbeiten an der Gedichtausgabe von 1844 dem lyrischen Genre treu, wobei ihre Produktionsphasen oft durch Wünsche und Aufträge Schückings beeinflusst waren (→ II.6.1.). Zunächst plante sie, einige Texte unentgeltlich an das *Morgenblatt* zu geben, um so die Position Schückings zu stärken, gewissermaßen als Dank für sein Engagement für ihre Ausgabe. Sechs zunächst für das *Morgenblatt* vorgesehene, im März 1844 fertiggestellte Texte überließ sie Schücking dann aber für dessen mit Emanuel Geibel geplanten *Musenalmanach für 1845* (*Der sterbende General, Mondesaufgang, Gemüth, Sylvesterabend, Einer wie Viele, und Viele wie Einer, Der Nachtwandler*). Nachdem der *Musenalmanach* nicht zustande kam, wurde die Gedichtgruppe durch Schücking aufgelöst, und die Texte erschienen in unterschiedlichen Publikationsorganen oder wurden erst nach dem Tod der Autorin veröffentlicht. Im Folgenden entstanden weitere lyrische Texte (*Das Ich der Mittelpunkt der Welt*, *Spätes Erwachen*, *Die todte Lerche* und *Lebt wohl* sowie *Doppeltgänger*, *Der Dichter – Dichters Glück*, *Halt fest!*, *An einen Freund* und *An Philippa. Wartensee, den 24. May 44*), die Schücking in unterschiedlichen Zusammenhängen publizierte.

Eine gewisse Kompensation für die schwindende Beziehung zu Schücking mag durch zwei Freundinnen möglich geworden sein, die Droste während des zweiten Meersburg-Aufenthalts neu hinzugewinnen konnte. Zu Philippa Pearsall (1826–1917), der künstlerisch begabten Tochter des englischen Komponisten Robert Lucas Pearsall, an die zwei Widmungsgedichte (*An Philippa*, *So muß ich in die Ferne rufen*) gerichtet sind, ergab sich eine ebenso herzliche Verbindung, wie zu der Fürstin Charlotte von Salm-Reifferscheidt (1808–1873), die Schloss Hersberg bei Immenstadt bewohnte. Eine weitere freundschaftliche, von gemeinsamen musikalischen Interessen geprägte Verbindung entstand 1844 zu der Schriftstellerin Marie Görres, geb. Vespermann (1823–1882), die mit ihrem Mann zwei Wochen in Meersburg zu Gast war. Guido Görres, Sohn des Publizisten Joseph Görres und Herausgeber der *Historisch-politischen Blätter für das katholische Deutschland*, überließ Droste dabei ihre *Westphälischen Schilderungen aus einer westphälischen Feder* zur Publikation in seiner Zeitschrift. Das Erscheinen des Artikels 1845 löste, so Droste, eine »fatale[ ] SENSATION« (HKA X, 333) aus, da die Darstellung der verschiedenen Volkscharaktere von Seiten der unvorteilhaft erscheinenden Paderborner und Sauerländer als unausgewogen empfunden wurde.

6. Letzte Projekte, Rückzug und Tod auf der Meersburg (1844–1848)

Nach einjährigem Aufenthalt endete die zweite Meersburg-Reise im Oktober 1844. Zurück im Rüschhaus, wuchs die Sorge um die seit den 1830er Jahren mit im Rüschhaus wohnende ehemalige Amme Maria Katharina Plettendorf, für deren Betreuung sich Droste auch selbst engagierte. Intensiven freundschaftlichen Kontakt pflegte die Autorin vor allem zu Elise Rüdiger, mit der zeitweise eine literarische Projektidee – ein gemeinsamer Band mit je drei Erzählungen – verfolgt wurde. Droste wollte die *Judenbuche* und die (Fragment gebliebene) Kriminalgeschichte *Joseph* beisteuern, an der sie seit der Rückkehr aus Meersburg arbeitete – ein Plan, der aus Mangel an Material scheiterte. Dass Droste in der Literaturszene seit ihrem Cotta-Debüt hoch geschätzt war, zeigen mehrere neue Veröffentlichungskontexte, die ein verstärktes Interesse an ihren Texten deutlich machen. Der *Kölnischen Zeitung* stellte sie auf Wunsch Elise Rüdigers, um einer Erzählung von deren Mutter Elise von Hohenhausen zum Abdruck zu verhelfen, unentgeltlich eigene Texte zum Abdruck zur Verfügung. Von den vier dort veröffentlichten Gedichten waren *Grüße* und *Im Grase* wohl noch in Meersburg entstanden, während *Die Golems* und *Volksglauben in den Pyrenäen* nach der Rückkehr im Herbst

1. Biographie

1844 bzw. im Frühjahr 1845 im Rüschhaus verfasst wurden. Weitere lyrische Texte – die bis März 1845 fertiggestellten Gedichte *Das Bild*, *Das erste Gedicht* und *Durchwachte Nacht* – stellte Droste für das Anthologieprojekt *Producte der rothen Erde* der Mathilde Franziska von Tabouillot, geb. Giesler, später verheiratete Anneke, bereit. Gemeinsam mit Ferdinand Freiligrath war sie die prominenteste Beiträgerin des 1846 erschienenen Bandes einer Herausgeberin, die als geschiedene Frau ihren Lebensunterhalt durch literarische Produktionen zu sichern versuchte.

Während die zuletzt genannten Texte nicht auf einen spezifischen Veröffentlichungskontext hin entstanden, war es im Juli 1845 nochmals Levin Schücking, der einen Produktionsschub auslöste, und zwar für ein *Rheinisches Jahrbuch* für 1846, dessen Planung der inzwischen als Feuilletonchef der *Kölnischen Zeitung* Tätige übernommen hatte. Sein Brief mit der Bitte um Mithilfe erreichte Droste in Abbenburg, wo sie sich zwischen Mai und Oktober 1845 zur Pflege des Onkels Friedrich von Haxthausen aufhielt. Unter entsprechend ungünstigen Voraussetzungen schrieb sie innerhalb weniger Wochen dennoch sechs Gedichte, die Droste »in einem Wirrwarr« (HKA X, 307) entstanden sah und Schücking angesichts ihrer anderweitigen Beanspruchung die letzte Auswahl unter den Alternativvarianten überließ. Die Sendung umfasste die Gedichte *Gastrecht*, *Auch ein Beruf*, *Zwey Legenden* (*Das verlorne Paradies*, *Gethsemane*), CARPE DIEM! und *Unter der Linde*, von denen die beiden erstgenannten im *Rheinischen Jahrbuch* zum Abdruck kamen. Schückings Absicht, weitere Texte in der *Kölnischen Zeitung* zu veröffentlichen, rief Drostes Bruder Werner auf den Plan, der die Schwester aufforderte, der Zeitung ihrer anti-katholischen Ausrichtung wegen keine Beiträge zur Verfügung zu stellen. Droste willigte für die Zukunft ein, blieb aber unbeirrt in Bezug auf die bereits übersandten Texte. Warum dennoch kein weiterer Text in der *Kölnischen Zeitung* erschien, ist nicht bekannt.

Ein Thema, das das Gedicht *Auch ein Beruf* aufgreift, ist die (familiäre) Krankenpflege, die von unverheirateten Frauen erwartet wurde. Anders als im gelegentlichen brieflichen Lamento über die strikte Rollenerwartung, artikuliert sich mit diesem und weiteren Gedichten (*Das Ich der Mittelpunkt der Welt*, *Spätes Erwachen*) eine affirmative Haltung zur vorgesehenen Rolle, die Droste wie selbstverständlich gegenüber ihrer früheren Amme erfüllte. Zwei der genannten Gedichte (*Auch ein Beruf*, *Spätes Erwachen*) haben ebenso wie *Das Bild* einen biografischen Angelpunkt im Freundschaftsverhältnis zu der ebenso auf die karitative Familienpflicht festgelegten Freundin Amalie Hassenpflug, mit der Droste bei deren Besuch in Abbenburg nach sechs Jahren endlich wieder in ein freundschaftliches Gespräch treten konnte.

Während des 1845er Abbenburg-Aufenthalts erreichte Droste die deprimierende Nachricht Elise Rüdigers, der Versetzung ihres Mannes wegen Münster verlassen zu müssen. Alle Pläne von gegenseitigen Besuchen und einer erneuten gemeinsamen Meersburg-Reise blieben bis auf ein Zusammentreffen im Rüschhaus im Mai 1846 unerfüllt. Mit Elise Rüdigers Wegzug verlor Droste die Nähe zu ihrer Seelenfreundin und engsten Vertrauten der späten Jahre

(»So sind Sie, mein Lies, unter allen Selbstgewählten, mir als das Liebste und Letzte geblieben, und ich müßte ohne Sie gleichsam von meinem eigenen Blute zehren«; HKA X, 240), ein Verlust, der schwer wog und von dem das Widmungsgedicht *An Elise in der Ferne. Mit meinem Daguerrotyp* spricht.

Drostes letzte Lebensjahre waren geprägt von zunehmender Resignation, Rückzug und schwerer Krankheit. Einsamkeit und Trauer über den Verlust des vertrauten Gesprächs kennzeichnen die späten Briefe an Elise Rüdiger, und zu Levin Schücking war der Kontakt längst distanzierter geworden. Zum endgültigen Bruch kam es 1846, als Schücking den Roman *Die Ritterbürtigen* veröffentlichte, der in Anlage und Figurenkonstellation deutliche Analogien zum Verhältnis Droste/Schücking/Louise von Gall aufweist und, nach Meinung Drostes, vertrauliche Informationen aus der Adelswelt verwendete. Schückings »scheusliches Buch« (HKA X, 368) porträtiert die westfälische Adelsgesellschaft als blasiert, ungebildet und stockkonservativ, und Droste stand »in dem allgemeinen Verdachte [...] ihm das Material zu seinen Giftmischereyen geliefert zu haben«. Über den Vertrauensmissbrauch konstatierte sie Schlüter gegenüber: »Schücking hat an mir gehandelt wie mein grausamster Todfeind« (HKA X, 369) und stellte jeden weiteren Kontakt ein.

In der Phase des von Vereinsamung geprägten und von ernsthafter Krankheit beeinträchtigten Lebens im Rüschhaus erfuhr der lange Zeit ruhende Kontakt zu Christoph Bernhard Schlüter einen neuen Impuls. Schlüter aktivierte die Beziehung im März 1846, ganz so wie zu Beginn der Verbindung, mittels einer poetischen Aufgabe, mit der er Droste zu erbaulicher Lyrik im katholischen Sinn anzuregen suchte. Eher lustlos und halbherzig entstand das Fragment ⟨*Im Keim des Daseyns, den die Phantasie*⟩, das nach einer Konkretisierung der Aufgabenstellung in das ebenfalls Fragment gebliebene ⟨*An einem Tag wo feucht der Wind*⟩ mündete – ein melancholisch-anklagender Text, der sich sehr von der Aufgabenstellung entfernt hatte und als das letzte bedeutende Gedicht Annette von Drostes bezeichnet werden kann.

Ernste Erkrankung und körperliche Schwäche machten im Weiteren die poetische Arbeit zunehmend unmöglich. Ihr angegriffener Gesundheitszustand ließ eine neuerliche Bodensee-Reise, die für Juni geplant war, nicht zu, und erst die Behandlung durch von Bönninghausen brachte vorübergehende Besserung, so dass Droste Mitte September 1846 nach Meersburg aufbrechen konnte. Weiter in schwacher Verfassung, ging sie das Risiko der Reise ein in der Hoffnung auf anhaltende gesundheitliche Besserung im günstigeren Bodensee-Klima. Ein Zwischenaufenthalt in Münster führte zu einem letzten Treffen mit Schlüter, dem sie als ein Vermächtnis ihren Zyklus *Geistliches Jahr* ans Herz legte, damit er ihn nach ihrem Tod zur Veröffentlichung brachte. Nach einer höchst strapaziösen Reise, für die sie neben der Kutsche das Dampfboot zwischen Bonn und Mannheim und bis Freiburg die Eisenbahn nutzte, erreichte sie am 1. Oktober die Meersburg.

Die sich in Meersburg zunächst einstellende leichte Gesundheitsbesserung war nicht von Dauer. Trotz ärztlicher Behandlung blieb Drostes körperliches Befinden schwach und verhinderte jegliche Anstrengung, so auch

1. Biographie

Besuche im Fürstenhäusle. Über lange Phasen war die Autorin, die wieder im seezugewandten, südöstlichen Turm logierte, bettlägerig und konnte nur hin und wieder Besuch empfangen; vor allem Charlotte von Salm-Reifferscheidt erschien einige Male zur Visite. Als vorübergehend Besserung eintrat, war sie im Juni 1847 sogar nochmals in der Lage zu einem längeren Gegenbesuch bei der Freundin in Hersberg. Die sich bald wieder verschlechternde Gesundheit veranlasste sie im Juli 1847, ihr Testament aufzusetzen, das ihre Geschwister Jenny und Werner als Erben einsetzte, nachdem die zuvor verfolgte Idee einer Stiftungsgründung zugunsten ihrer beiden Nichten Hildegard und Hildegunde von Laßberg nicht realisiert werden konnte. Nur selten noch war sie in der Lage, einen Brief zu verfassen; lediglich sechs Schreiben sind aus den letzten anderthalb Meersburger Jahren überliefert. Auch die literarische Stimme begann zu versiegen; anlassbezogen entstanden nur noch vereinzelt Widmungstexte, zuletzt im April 1848 das Geburtstagsgedicht an den Schwager Joseph von Laßberg ⟨Grad' heute, wo ich gar zu gern⟩ (HKA II, 220). Im Wissen um den bevorstehenden Tod hatte sich Droste als letztes Projekt den Abschluss des *Geistlichen Jahres* vorgenommen und sich zu diesem Zweck das Manuskript von Schlüter nachschicken lassen. Eine Fertigstellung durch die Autorin hat der Zyklus jedoch nicht mehr gefunden.

In ihren letzten Lebensmonaten wurde Droste Zeuge der revolutionären Wirren im Zuge des Schweizer Sonderbundkonfliktes, der zwischen den katholischen Kantonen und der ›liberal‹-protestantischen Mehrheit seit November 1847 als kriegerische Handlung mit Waffengewalt geführt wurde. Ihr alarmierter brieflicher Bericht über die aktuellen politischen Ereignisse am Vorabend der Märzrevolution kam, auf Betreiben der Mutter und des Onkels August von Haxthausen, im November im *Westfälischen Merkur* zum Abdruck. Aus Drostes Darstellung spricht die in ihrer späten Lebenszeit mehrfach geäußerte profunde Sorge um die sich infolge der politischen Richtungskämpfe auflösende Gesellschaftsordnung. Trotz zwischenzeitlicher gesundheitlicher Besserung hat Annette von Droste-Hülshoff die Ereignisse der sich ausbreitenden revolutionären Entwicklungen des Frühjahrs nur noch begrenzt wahrgenommen. Sie starb am Nachmittag des 24. Mai 1848. Am 26. Mai wurde sie auf dem Meersburger Friedhof beigesetzt.

Literatur

Gödden, Walter: Annette von Droste-Hülshoff. Leben und Werk. Eine Dichterchronik. Bern u. a. 1994. [Gödden 1994a]

Schücking, Levin: Lebenserinnerungen [1886]. Neu hg. von Walter Gödden und Jochen Grywatsch. Bielefeld 2009.

1.2. Literarische Freundschaften

1.2.1. Anton Mathias Sprickmann
Jochen Grywatsch

Der Münsteraner Schriftsteller, Jurist und Historiker Anton Mat(t)hias Sprickmann (1749–1833) war für die annähernd fünfzig Jahre jüngere Annette von Droste-Hülshoff zwischen 1814 und 1819 der erste wichtige literarische Bezugspartner außerhalb der Familie (vgl. HKA VIII, 516–521). Nach seiner Schulausbildung im münsterschen Jesuitenkolleg (1760–1766), wo er früh eine Leidenschaft fürs Theater entwickelte, begann Sprickmann in Göttingen ein Jura-Studium (1766–1768). Während seine wissenschaftlichen Ambitionen nebengeordnet waren, widmete er sich vielmehr leidenschaftlich seiner Begeisterung für die Literatur, die auf ein äußerst fruchtbares Umfeld stieß. Dank seiner Kontakte zur regen jungen Schriftstellergeneration, insbesondere zu Autoren des ›Göttinger Hains‹, wurde der »Schwärmer« (Gödden 1994b) Sprickmann schnell Teil der lebhaften Göttinger Literaturszene. Trotzdem beschloss er sein Studium 1769 erfolgreich mit einer juristischen Promotion an der Universität Harderwijk (Niederlande) und wurde 1770, kurz nach seiner Niederlassung als Advokat in Münster, an die reformierte Verwaltung des Fürstbistums berufen, wo er die Position eines Privatsekretärs des Ministers Franz von Fürstenberg einnahm und u.a. maßgeblich an der neuen Schulordnung beteiligt war. Während das berufliche Fortkommen im Hinblick auf die Versorgung seiner jungen Familie mit Frau (Marianne, geb. Kerckerinck) und zwei Kindern unverzichtbar war, gehörte Sprickmanns Leidenschaft weiterhin und nicht weniger intensiv der Literatur. So gründete er in Münster 1773 die ›Literarische Gesellschaft‹, die erste Dichtervereinigung Westfalens überhaupt (1773), veröffentlichte Gedichte (*Ida, Die Liebe. An Doris*) und Prosatexte in den aktuellen Publikationsorganen (*Deutsches Museum, Musenalmanach*) und verfasste Theaterstücke, Operetten und Singspiele (u.a. *Der neue Menschenfeind, Die natürliche Tochter, Das Fischerfest*; vgl. Domke 1999), die in Münster im Krameramtshaus bzw. ab 1775 im Komödienhaus, der neuen, von ihm geförderten stehenden Bühne am Roggenmarkt, (ur-)aufgeführt wurden. Er erntete dafür nicht nur Lob und Bewunderung von den Münsteraner Bürgern, sondern gleichermaßen Hohn und Spott. Daneben veröffentlichte er, wenngleich mit geringerem Engagement, auch in juristischem Kontext.

Zur Vorbereitung auf die vorgesehene Universitätslaufbahn wurde Sprickmann 1775/76 für einen zweiten Studienaufenthalt nach Göttingen beordert, und wiederum nutzte er die Zeit eher für literarische Kontaktpflege – in der Umgebung (Bürger) sowie auf Reisen nach Hannover (Boie, Hölty), Hamburg (Klopstock, Claudius, Voß), Lübeck (Gerstenberg) und Erfurt, Gotha und Weimar (Wieland, Gotter, Goethe). Den Göttinger Sommer und Herbst 1776 widmete er vor allem der Fertigstellung seines großen Trauerspiels *Eulalia*.

Zurück in Münster in Fürstenbergs Diensten führten mehrere Faktoren – gesundheitliche Probleme in Folge eines leichten Schlaganfalls 1777, Mangel an intellektuellem Austausch, hohe Arbeitsbelastung sowie der Hang zu ebenso leidenschaftlichen wie verhängnisvollen Liebesabenteuern – zu einer Persönlichkeitskrise, die in vielen Briefen an die Dichterfreunde Boie, Voß und Bürger Ausdruck fand (vgl. Grywatsch 1999; Grywatsch 2008c). Zwischenzeitliche Konsolidierung brachte ein berufliches Intermezzo als Sollizitant am Wetzlarer Reichskammergericht 1777/78. Wieder konnte Sprickmann seinem Hang nach literarischem Umgang nachkommen, besuchte auf der Reise Friedrich Heinrich Jacobi und Sophie von La Roche und atmete im Wetzlar Charlotte Buffs in vollen Zügen die ›Werther/Lotte-Atmosphäre‹. Mit seiner Rückkehr nach Münster verband sich beruflicher und künstlerischer Erfolg: Im Wintersemester 1778/79 trat Sprickmann eine Professur für deutsche Reichsgeschichte und deutsches Staats- und Lehnrecht an der neuen Fürstenberg'schen Universität in Münster an, und sein 1779 uraufgeführtes Lustspiel *Der Schmuck* wurde von der Intendanz des Hof- und Nationaltheaters Wien preisgekrönt. Dennoch, oder gerade deshalb, steuerte der impulsive, leidenschaftliche, ungestüme, fast maßlose Gefühlsmensch Sprickmann auf einen Zusammenbruch zu.

Das ohnehin schwierige Doppelleben als Dichter und Jurist gestaltete sich dadurch besonders krisenanfällig, dass Sprickmann, literarisch durch Autoren der Empfindsamkeit und des Sturm und Drang sozialisiert, ein exzessiv subjektives Verständnis von Literatur entwickelte. Im Zeichen rebellischen Aufbegehrens gegen die als schablonenhaft empfundene Regelpoetik, gegen aufklärerischen Rationalismus und gesellschaftliche Normen sah er Literatur als Medium kompromissloser und radikaler Selbstaussprache an. Seine Hauptschaffensphase fiel in die Jahre 1775 bis 1779, in denen »Lebensbewältigung durch Literatur« (Gödden 1994b, 8) sein drängendes Anliegen war. Neben *Eulalia* und *Der Schmuck* entstanden u. a. die Stücke *Die Wilddiebe, Das Strumpfband, Das Avancement, Das Mißverständnis, Sir Samson, Waller* und *Das unverheyratete Mädchen*. Sein literarisches Programm, das in der Sentenz »Das Ideal der Dichtkunst ist der leidenschaftliche Mensch« kulminiert, formulierte er in seiner poetologischen Schrift *Etwas über das Nachahmen allgemein, und über das Göthisiren insbesondere* (1776). Sei es, dass ihn das leidenschaftliche Leben psychisch überforderte, sei es, dass die literarische Entwicklung über das sprachliche Pathos der ›Sturm und Drang‹-Generation hinwegging und sein Stil unzeitgemäß wurde und stattdessen das historiographische Projekt seiner groß angelegten *Deutschen Geschichte* in den Vordergrund drängte – an seinem dreißigsten Geburtstag im September 1779 fasste Sprickmann den Entschluss, sich definitiv von der Literatur zu verabschieden, alle literarischen Kontakte aufzukündigen, und nunmehr, auch angesichts eines beinahe tödlichen Unfalls seiner Frau, ein zivilisiertes bürgerliches Familienleben zu führen. Er interpretierte diesen radikalen Bruch positiv als »geistige Wiedergeburt«, die ihn am »Leitband Gottes« zum katholischen Glauben zurückgeführt habe. In der Darstellung seiner Bekehrung in der Schrift *Ueber die geistige Wiedergeburt*, 1834 postum veröffentlicht, verband Sprickmann Elemente der Theosophie mit pietistischem Gedankengut. Weitere Versuche, das eigene Leben aufzuarbeiten, sind die autobiographische Schrift *Meine Geschichte* und der der Vernichtung anheimgefallene Roman *Mornach*.

Sprickmanns weitere berufliche Karriere – Hofrat 1791, Kommissar der fürstbischöflichen Lehnskammer 1796, Regierungsrat (Richter) am neugeschaffenen preußischen Oberappellationssenat 1803, Tribunalrichter im französisch verwalteten Arrondissement Münster 1811 – förderte seine Integration in die Münsteraner Gesellschaft. Er schloss ›intellektuelle‹ Freundschaften zu Jenny von Voigts (1749–1814), der Tochter Justus Mösers, und zu Amalie von Gallitzin (1748–1806). Nach dem Tod seiner ersten Frau heiratete er 1793 erneut (Maria Antoinetta, geb. Oistendorf) und wurde nochmals Vater. Die Verbindung zur Literatur hielt er auch dadurch, dass er um 1810 als Förderer und Berater junger Autorinnen und Autoren wie Franz von Sonnenberg (1779–1805), der ihn als *Weisheitslehrer* (1808) literarisch würdigte, Friedrich Raßmann (1772–1831), Katharina Busch-Schücking (1791–1831) und Theodor Wilhelm Broxtermann (1771–1800) zu wirken begann. Es kam dem Juristen und Historiker, der seine wissenschaftliche Karriere mit Stationen an den Universitäten Breslau (1814–1817) und Berlin (1817–1820) fortsetzte, dabei zustatten, dass man ihn nach wie vor achtete als namhaften, in früheren Zeiten einflussreichen Dichter (HKA VIII, 518f.).

Seit 1811 stand Sprickmann, vermittelt durch Werner von Haxthausen (1780–1842), ebenfalls in einer engeren Beziehung zur Familie Droste-Hülshoff. Seine Wohnung am Krummen Timpen lag schräg gegenüber dem Droste'schen Stadthaus. Ein erstes Treffen mit der 15-jährigen Annette von Droste-Hülshoff ist für den 26. November 1812 belegt, ohne dass die Hintergründe der Kontaktaufnahme bekannt sind. Begünstigt durch die räumliche Nähe, kam es zu sporadischen Zusammenkünften in Sprickmanns Wohnung oder auch in einer Laube in ›Lohmanns Garten‹, zumeist im Beisein der Mutter. Näheres über die persönliche Bekanntschaft lässt sich allerdings kaum eruieren, da nur wenig aussagekräftige Quellen existieren. Die Kenntnisse beruhen weitgehend auf den Informationen des überlieferten Briefwechsels. Für zwei Jahre, bis zu Sprickmanns Antritt seiner Breslauer Professur im September 1814, fungierte er als literarischer Ansprechpartner der jungen Annette von Droste-Hülshoff. Es ist anzunehmen, dass Sprickmann Droste, so wie er es bei Katharina Busch getan hatte, insbesondere auf Klopstock hinwies und ihr die Beschäftigung mit Goethe, Bürger und der Dichtung des Göttinger Hains nahe legte (vgl. Kortländer 1979, 71). Somit verstärkte er jene Bildungseinflüsse, die in Hülshoff besonders von Drostes Mutter favorisiert wurden. Eine Kenntnis von Sprickmanns eigenen Werken ist in Drostes Œuvre nicht nachweisbar (Nutt-Kofoth 1999b) und wäre aufgrund der Distanz, die der frühere Stürmer und Dränger zu seiner literarischen Vergangenheit hatte, auch nicht erwartbar gewesen. Als Sprickmann Münster verließ, verlor Droste einen literaturkundigen Gesprächspartner (»wie sehn ich mich […] nach ihren lehrreichen Gesprächen, unbefangenem Urtheile, und sanften Tadel«, HKA VIII, 6) und, wie die Anrede »lieber theurer Freund« (HKA VIII, 4) verrät, auch einen persönlichen Vertrauten.

Sprickmanns Einfluss auf Drostes literarische Entwicklung ist eher als gering einzuschätzen. Von einer ausgeprägten ›Mentorschaft‹, wie vielfach in der Literatur behauptet, kann schon deshalb nicht die Rede sein (Nutt-Kofoth 1999b), weil er, der so viel Ältere, weder ein zeitgemäßes noch ein zukunftsweisendes Verständnis von Dichtung vertrat. Für die Droste-Forschung ist er vorrangig als Briefpartner der jungen Autorin bis 1819 von Bedeutung. Drostes wenige, aber ausführliche Briefe an Sprickmann, der 1817 an die Universität Berlin wechselte, wo er bis zu seiner Pensionierung 1829 blieb, sind beeindruckende Zeugnisse ihrer intellektuellen und sprachlichen Exzellenz und werden diese Wirkung auch auf ihren Briefpartner, dessen Korrespondenz von den Zeitgenossen aufgrund ihrer Gefühlsunmittelbarkeit und Originalität (Grywatsch 1999) hoch geschätzt wurde, nicht verfehlt haben. Das Selbstbewusstsein, das Drostes Briefe vermitteln, muss überraschen, wenn man bedenkt, dass eine noch jugendliche Frau an eine fast fünfzig Jahre ältere, hochrangige und anerkannte Respektsperson schreibt. Nicht umsonst nahm Walter Benjamin Drostes sprachlich besonders elaborierten Brief an Sprickmann vom 8. Februar 1819 in seine Anthologie *Deutsche Menschen. Eine Folge von Briefen* (1936) auf. 1816 übersandte sie ihr Gedicht *Unruhe*, das den Grundkonflikt ihrer Jugend zwischen Freiheitsstreben und Beengung pointiert zur Sprache bringt, später informierte sie ihn über den Fortgang ihres Dramas *Bertha oder die Alpen* und schickte ihm 1819 eine Abschrift des *Walther*. Offenbar suchte sie mit ihren offen und authentisch wirkenden Selbstbeschreibungen und -analysen einen persönlichen Zugang zu ihrem Briefpartner, dem sie auf kunstvolle Weise eine Wesensverwandtschaft suggerierte (vgl. Gödden 1991, 119; → I.4.). Falls sie mit dieser Strategie die Hoffnung auf einen regen und regelmäßigen Briefwechsel verband, wurde sie enttäuscht: Sprickmanns sporadische Briefe, von denen nur vier überliefert sind, wirken eher bemüht und angestrengt.

Literatur

Domke, Britta: Anton Mathias Sprickmann als Dramatiker. Studien zur Interpretation seiner Werke und zum literarhistorischen Kontext. Bielefeld 1999.
Gödden, Walter: Die andere Annette. Annette von Droste-Hülshoff als Briefschreiberin. Paderborn u. a. 1991.
Gödden, Walter: Der Schwärmer. Die verschollene Lebensgeschichte des westfälischen Sturm-und-Drang-Dichters Anton Mathias Sprickmann. Paderborn u. a. 1994. [Gödden 1994b]
Grywatsch, Jochen: »Mit Sprickmann möcht' ich vor hundert andern korrespondiren«. Anton Mathias Sprickmanns literarischer Briefwechsel der 1770er Jahre. In: Erpho Bell (Hg.): »Dank Gott und Fürstenberg, daß sie mich auf den Weg brachten«. Anton Matthias Sprickmann (1749–1833). Münster 1999, S. 95–113.
Grywatsch, Jochen (Hg.): »... ewig in diesem Himmel die Hölle leiden«. Anton Mathias Sprickmann – Heinrich Christian Boie. Briefwechsel 1775–1782. Bielefeld 2008. [Grywatsch 2008c]

Kortländer, Bernd: Annette von Droste-Hülshoff und die deutsche Literatur. Kenntnis – Beurteilung – Beeinflussung. Münster 1979.
Nutt-Kofoth, Rüdiger: Mentorschaft als Problem. Die Rolle Anton Mathias Sprickmanns für die persönliche und literarische Entwicklung Annette von Droste-Hülshoffs. In: Erpho Bell (Hg.): »Dank Gott und Fürstenberg, daß sie mich auf den Weg brachten«. Anton Matthias Sprickmann (1749–1833). Münster 1999, S. 193–208. [Nutt-Kofoth 1999b]

1.2.2. Christoph Bernhard Schlüter
Jochen Grywatsch

Christoph Bernhard Schlüter (1801–1884), Dozent und ab 1848 Professor für Philosophie an der Akademie in Münster, trat sowohl mit philosophischen Studien als auch mit religiöser Lyrik (1844 erschien die Sonettensammlung *Welt und Glaube*, später, postum, der Sonettenkranz *Schwert und Palme*) in die Öffentlichkeit; zudem wirkte er als Übersetzer u. a. aus dem Lateinischen, Italienischen und Spanischen. Mit Annette von Droste-Hülshoff stand er zwischen 1834 und 1839 sowie ab 1846 in engem persönlichen Austausch, regte sie zum Schreiben an und betreute einige ihrer Publikationen (→ I.3.2.; → VII.1.). Im Grunde stellte er dank seiner Doppelfunktion als Wissenschaftler und Dichter einen idealen, intellektuell und künstlerisch gebildeten Gesprächs- und Briefpartner für Droste dar, hätten seine dezidiert christlich-katholische Haltung in allen Sachfragen und seine Versuche, in dieser Hinsicht Einfluss auf die Autorin zu nehmen, dem gegenseitigen Verständnis nicht Grenzen eingezogen und immer wieder Spannungen aufgebaut (vgl. HKA VIII, 487–492).

Schlüter wuchs in Warendorf als Sohn des Advokaten und Stadtrichters Clemens August Schlüter und seiner Frau Catharina, geb. Gräver, in einem gebildeten und religiös geprägten Elternhaus auf. Bei einem spielerischen physikalischen Experiment im Alter von acht Jahren verletzte er sich die Augen so schwer, dass er einen großen Teil der Sehkraft einbüßte und in der Folge fast vollständig erblindete. Nach der Gymnasialausbildung am münsterschen Paulinum absolvierte Schlüter ab 1819 in Göttingen ein Studium der Philosophie und Philologie. Eine Anstellung am Paulinum brachte ihm eine Bewerbung 1824 nicht ein, dafür aber die Empfehlung, als Dozent an der neu gegründeten Akademie in Münster tätig zu werden, an der er 1826 seine Antrittsvorlesung hielt. Seine Lehrveranstaltungen umfassten vor allem Themen der antiken Philosophie und der katholischen Theologie. Beeinflusst war sein Denken insbesondere von Franz von Baader (1765–1841) und seiner offenbarungsgebundenen Glaubensphilosophie und von Anton Günther (1783–1863), der mit seiner ›Schöpfungslehre‹ eine wissenschaftliche Neubegründung der katholischen Theologie anstrebte. Über die Schriften von Baader und F. W. J. Schelling (1775–1854) war Schlüter mit der spekulativen Naturphilosophie bekannt geworden, die in dieser spezifischen Ausprägung den zeitgenössisch heftig diskutierten Zwiespalt zwischen Glauben und (Natur-)Wissenschaft zu überwinden suchte und damit auch für Droste interessant war (→ I.3.3.). Aus der Korrespondenz zwischen beiden geht allerdings hervor, dass solche Themen nicht verhandelt wurden, sei es, dass sie im Umgang mit Frauen prinzipiell ausgeschlossen wurden, sei es, dass Schlüter im Verhältnis zu der ihm künstlerisch weit überlegenen Dichterin, seine Profession betonend, orthodoxe Positionen einnahm und didaktisch zu wirken versuchte.

Im Unterschied zu Droste war Schlüter bereits in den 1820er Jahren in schriftstellerischen Netzwerken aktiv. Er gehörte zum literarischen Zirkel ›Die Haimonskinder‹ um Benedikt Waldeck und versammelte seit etwa 1827 einen religiös-philosophisch orientierten, aber auch an belletristischer Literatur interessierten Schüler- und Freundeskreis um sich, dem u. a. Wilhelm Junkmann, Louise von Bornstedt, Karoline Lombard und Wilhelm Tangermann angehörten (vgl. Nettesheim 1960a). Aufgrund dieser ihr sehr zusagenden Ausrichtung bat Therese von Droste-Hülshoff Schlüter 1829 während einer Gesellschaft bei dem Theologen Katerkamp, literarischer Ansprechpartner für ihre Tochter zu werden. Die ihm zur Lektüre vorgelegte Schreibprobe, das Langgedicht *Walther*, das Schlüter als wenig inspirierte Nachahmung Wieland'scher Verserzählungen empfand, konnte den Juror indes so wenig überzeugen, dass er das Ansinnen ablehnte. Erst 1834 nach einem persönlichen Kennenlernen bei einer Teegesellschaft kam es zu gelegentlichen Zusammentreffen und Gesprächen im Schlüter'schen Haus in Münster und im Rüschhaus, das Schlüter erstmalig im Juli 1834 aufsuchte. Mit besonderen Lektüreempfehlungen zog Schlüter in die sich anbahnende persönliche Beziehung eine Ebene ein, auf der er, der zwei Jahre Jüngere, als ›Lehrer‹ und Droste als ›Schülerin‹ agierte. Tatsächlich exzerpierte Droste Allan Cunninghams *Biographische und kritische Geschichte der englischen Literatur* (1834) ausführlich, Ancillons ebenfalls übersandte Schrift *Zur Vermittlung der Extreme in den Meinungen* (1828, 1831) und Adam Müllers *Von der Idee der Schönheit* (1809) stießen bei ihr jedoch auf Ablehnung. Als Schlüter an die Übersendung von Angelus Silesius' (d. i. Johannes Scheffler) *Cherubinischem Wandersmann* (1674) die Erwartung knüpfte, Droste möge das darin vermittelte philosophische System in einem Gedicht wiedergeben, die »Quintessenz« des Scheffler'schen Werks »in einer Nuß« formulieren (HKA I, 954), entsprach die ›Schülerin‹ dem Wunsch nur zögernd. Im Juni 1835 entstand das Gedicht *Nach dem Angelus Silesius* (HKA I, 104 f.), mit dem keiner von beiden wirklich zufrieden war, da Droste das Scheffler'sche Denken fremd blieb und ihre poetische Anverwandlung die historische Distanz zu der spekulativen, geistreich-spielerischen Mystik Schefflers nicht überwinden konnte (vgl. Kortländer 1979, 44–49). Mehr als zehn Jahre später, 1846, wünschte Schlüter eine poetische Umformung von Frederika Bremers Roman *In Dalekarlien* (1845). Aufgrund eines inhaltlichen Missverständnisses entstand zunächst der abgebrochene Versuch ⟨*Im Keim des Daseyns, den die Phantasie*⟩ (HKA II, 215–217). Diesem folgte nach der Konkretisierung der Aufgabenstellung mittels Übersendung der Zeitschrift *Christoterpe* mit dem Aufsatz Albert Knapps über *Das ängstliche Harren der*

Kreatur (1843), bezugnehmend auf die Bibelstelle Röm 8,18–23, das unabgeschlossen gebliebene ⟨*An einem Tag wo feucht der Wind*⟩ (HKA IV, 207–209). Offenbar hatte Schlüter Droste, obwohl längst *Die Judenbuche* und der Gedichtband von 1844 erschienen waren, immer noch nicht als eigenständige Dichterin akzeptiert und zu schätzen gelernt – anders ist nicht zu erklären, dass er sie so anhaltend zu katholischer Erbauungslyrik zu lenken versuchte (vgl. Kortländer/Marquardt 1977).

Der Briefwechsel zwischen Droste und Schlüter ist ausnahmslos überliefert (HKA VIII, 492; Nettesheim 1956). Er dokumentiert die hinter den auffallenden sprachlichen Unterschieden verborgenen inhaltlichen und künstlerischen Differenzen ebenso wie den Willen zur Aufrechterhaltung der Beziehung und das epistolaren Konventionen geschuldete Freundschafts-Pathos. Das eindrücklichste Beispiel dafür ist der berühmte Eppishausen-Brief vom 19. November 1835 (HKA VIII, Nr. 117), der über vier Wochen geschrieben wurde und im Druck fünfzehn Seiten umfasst, in dem Droste dem blinden Schlüter nicht nur die grandiose Alpenwelt anschaulich und mitreißend vermittelt, sondern mit feingeistigen Gedanken und Anregungen auch seiner Freude an geistreicher Unterhaltung entspricht. Drostes Reserviertheit gegenüber Schlüters strengen Haltungen und Glaubensgrundsätzen äußerte sich nie in direkter Kritik, sondern war in Briefe an Dritte eingestreut. Man kann vermuten, dass sie die Korrespondenz mit Schlüter als Medium der Selbstvergewisserung und -inszenierung (vgl. Gödden 1991, 125) nutzte und alle Ansätze zu ideologischer Indoktrinierung dadurch ins Leere laufen ließ, dass sie den Briefgestus zunehmend privatisierte (→ I.4.).

Als Droste nach ihrer Rückkehr aus Eppishausen das bisher Geschriebene veröffentlichen wollte, schlug Schlüter vor, das Werk gemeinsam mit Wilhelm Junkmann (1811–1886) unter seiner Betreuung im münsterschen Aschendorff-Verlag herauszubringen. Dabei mischte er sich stark in Fragen der Konzeption ein, schied eigenmächtig die *Klänge aus dem Orient*, die sein Harmonieempfinden störten, vom Druck aus und wollte gegen den Willen der Autorin die Aufnahme des dritten Gesangs des *Hospiz* durchsetzen (→ I.3.2.; → VII.1.). Erst 1846, nach Drostes Bruch mit Levin Schücking, der ihren Aufbruch in die literarische Öffentlichkeit seit 1838 gefördert und unterstützt hatte (→ I.1.2.3.), näherten sich Droste und Schlüter wieder an, und es kam zu einer zweiten, kurzen, aber intensiven Freundschaftsphase zwischen März und September. Seinem eigenen religiös grundierten Verständnis von Dichtung folgend, interessierte sich Schlüter besonders für das *Geistliche Jahr*, von dessen erstem Teil Droste ihm bereits 1835 eine Abschrift geschenkt hatte. Obwohl er auf die anklingenden Glaubenszweifel verhalten reagierte, war er insgesamt von dem Zyklus in hohem Maße beeindruckt und insistierte auch in der Zeit nach 1838 immer wieder darauf, dass Droste das Projekt abschließen möge. Tatsächlich ließ sie ihn am Fortgang der Arbeit am zweiten Teil des Zyklus, der in großen Teilen 1839 bei einem Abbenburg-Besuch entstand, brieflich teilhaben. Beim letzten persönlichen Zusammentreffen, vor ihrer Abreise 1846, berichtete sie Schlüter von ihrer Absicht, den Zyklus in Meersburg zu vollenden und beauftragte ihn mit der Herausgabe nach ihrem Tod. Das *Geistliche Jahr* erschien postum 1851 unter der Patronage von Wilhelm Junkmann und Christoph Bernhard Schlüter.

Literatur

Gödden, Walter: Die andere Annette. Annette von Droste-Hülshoff als Briefschreiberin. Paderborn u. a. 1991.
Kortländer, Bernd/Marquardt, Axel: Poetische Kontaktstellen. Die Anregungen Christoph Bernhard Schlüters zu Gedichten der Droste. In: Beiträge zur Droste-Forschung 4 (1977), S. 22–52.
Kortländer, Bernd: Annette von Droste-Hülshoff und die deutsche Literatur. Kenntnis – Beurteilung – Beeinflussung. Münster 1979.
Nettesheim, Josefine (Hg.): Schlüter und die Droste. Dokumente einer Freundschaft. Münster 1956.
Nettesheim, Josefine: Christoph Bernhard Schlüter. Eine Gestalt des deutschen Biedermeier. Dargestellt unter Benutzung neuer Quellen, mit einem Anhang bisher unveröffentlichter Briefe von Schlüter. Berlin 1960. [Nettesheim 1960a]

1.2.3. Levin Schücking
Jochen Grywatsch

Der studierte Jurist Levin Schücking (1814–1883) machte als Autor, Literaturkritiker und Redakteur auf dem expandierenden Buch- und Zeitschriftenmarkt des frühen 19. Jahrhunderts Karriere. 1837, als er in Münster ohne juristische Berufsperspektive war, nahm Annette von Droste-Hülshoff sich des jungen Mannes an und versuchte den Sohn der von ihr verehrten Autorin Katharina Schücking, geb. Busch, einer der ersten in Westfalen literarisch publizierenden Frauen (vgl. *Katharine Schücking*, HKA I, 102 f.), zu unterstützen. Aus dem einseitigen Verhältnis der Fürsorge entwickelte sich in der ersten Hälfte der 1840er Jahre eine spannungsreiche literarische Verbindung, von der beide profitierten – sie, da er ihr den Zutritt zum literarischen Markt öffnete, sie zu neuen Texten anspornte und die Betreuung von Druckwerken übernahm, er, da sie ihm für mehrere Publikationen uneigennützig zuarbeitete und er als ihr ›Agent‹ das eigene Profil im literarischen Feld schärfen konnte. Als Herausgeber und Biograph der ihm literarisch weit überlegenen Autorin trug er dazu bei, der Autorin nach ihrem Tod den Weg in die Literaturgeschichte und das kulturelle Gedächtnis zu ebnen, und schrieb sich damit auch im Eigeninteresse und auf dem Weg der Legendenbildung in die Geschichte ihres Nachruhms ein (→ VII.2.). Von allen Freundschaftsbeziehungen, die Droste pflegte, war die zu Schücking zweifellos die produktivste, aber auch störanfälligste und heikelste. Der gemeinsame Aufenthalt auf der Meersburg im Winter 1841/42 und vor allem der vertraute Ton der danach gewechselten Briefe waren immer wieder Anlass zu Spekulationen (vgl. HKA VIII, 502–506).

Levin Schücking verbrachte seine Kindheit im dem Königreich Hannover zugehörigen Sögel im Emsland im Schloss Clemenswerth, wo der aus alteingesessenem westfälischem Patriziergeschlecht stammende Vater Paulus Modestus als Richter ein Dienstquartier bewohnte. Nach Schulausbildung in Münster und Osnabrück absolvierte er das familienübliche Jura-Studium in München, Heidelberg und Göttingen. Engagement und Leidenschaft galten indes nicht dem juristischen Fach, sondern der Literatur, der er sich in langjährigen Selbststudien widmete. Dies kam ihm zugute, als der Vater die Familie verließ, die monatlichen Wechsel ausblieben und es ihm aufgrund seiner hannoverischen Staatsangehörigkeit verwehrt blieb, das Studium am preußischen Obergericht in Münster ordnungsgemäß abzuschließen: Neben Tätigkeiten als Privatlehrer begann Schücking sich als Korrespondent für das Cotta'sche *Morgenblatt für gebildete Leser* und die Augsburger *Allgemeine Zeitung* zu betätigen und schrieb ab 1838 für den jungdeutschen *Telegraph für Deutschland*. Systematisch erweiterte er seine Kontakte in die Literaturszene (u. a. Bauer, Cotta, Dingelstedt, Geibel, Hauff, Heine, Kerner, Menzel, Smets), zudem konnte er auf die Protektion einflussreicher Bekannter zählen. Zu diesen zählte neben Annette von Droste vor allem Ferdinand Freiligrath, der ihm 1840 den Landschaftsband *Das malerische und romantische Westphalen* abtrat, der Schückings erstes größeres literarisches Projekt wurde, weiter der Redakteur des *Telegraphen* Karl Gutzkow sowie der Kritiker Franz Dingelstedt. Trotz dieser Erfolge blieb Schückings Lage prekär – der Literaturmarkt war vormärzlich politisiert und hart umkämpft, der Geschmack des Publikums launisch, die Konkurrenz in den kaum voneinander abgegrenzten Feldern von Belletristik und Kritik gleichermaßen stark. 1843 avancierte Schücking zum Redakteur der Augsburger *Allgemeinen Zeitung* und 1845 zum festen Mitarbeiter der *Kölnischen Zeitung*, für deren Feuilleton er bis 1852 verantwortlich zeichnete.

Die erste Begegnung zwischen Droste und dem 17 Jahre jüngeren Levin Schücking fand im Juni 1831 statt, als der sechzehnjährige Schüler, von seiner Mutter dazu angehalten, die Autorin im Rüschhaus aufsuchte. Der kurz darauf erfolgte Tod Katharina Schückings bewirkte, dass Droste den Lebensweg des ältesten Sohnes der Freundin – gewissermaßen als deren Vermächtnis – fortan mit Fürsorge begleitete. 1838 trafen beide als Mitglieder von Elise Rüdigers literarischem Zirkel (→ I.1.2.4.) erneut zusammen und mussten ihre Rollen in diesem Rahmen neu definieren. Dem ehrgeizigen Literaturkritiker stand Droste ambivalent gegenüber, fand ihn »geistreich, und überaus gefällig«, aber auch »eitel, aufgeblasen und laspig« (HKA IX, 20). Vermutlich war neben wachsender persönlicher Zuneigung auch Schückings stupendes Wissen über aktuelle Literatur wesentlich dafür verantwortlich, dass sich der Austausch mit Droste nicht in die Grenzen des literarischen Salons bannen ließ. Über seine seit 1839 regelmäßigen Besuche im Rüschhaus berichtet Schücking in seinen *Lebenserinnerungen*: »Ein Mal in der Woche kam die alte Botenfrau und brachte einen Brief, ein Packet mit durchlesenen Büchern von Annette von Droste, worauf ich durch eine Sendung von neuen antwortete; ein Mal in jeder Woche auch, am Dienstage, wanderte ich nach Tisch zu ihr hinaus«

1. Biographie

(Schücking [1886] 2009, 69). Mit Schücking gewann Droste einen Partner, der sie, der geschäftliche Kontakte zu Verlegern von der Familie nicht zugestanden wurden, mit dem Literaturbetrieb in Verbindung brachte, sie aber auch für eigene Projekte einspannte und ihr Interesse auf neue Themen lenkte. Den Auftakt machte der Landschaftsband *Das malerische und romantische Westphalen*, für den Droste innerhalb kurzer Zeit eine Reihe von Landschaftsbeschreibungen sowie mehrere Balladen (→ II.5.7.1.) schrieb. Diese Arbeiten kennzeichnen die literarische Neuorientierung Drostes nach dem geringen Erfolg des Gedichtbandes von 1838, die sich auch in den von Schücking vermittelten Veröffentlichungen von Gedichten sowie der *Judenbuche* im Cotta'schen *Morgenblatt* niederschlug, während dieser sich auf solche Weise exzellente poetische Texte sichern und sein Renommée als Herausgeber stärken konnte.

Da Drostes für 1841 geplante Reise auf die Meersburg am Bodensee, zum Wohnort ihrer Schwester Jenny, die dort mit Joseph von Laßberg verheiratet war, den engen, längst persönlich gewordenen Austausch gefährdete, arrangierte Droste mit Hilfe ihrer Schwester Schückings Anstellung als Bibliothekar für Laßbergs umfangreiche Sammlung vor allem mittelalterlicher Literatur. So gab es Gelegenheit zu regelmäßigen gemeinsamen Unternehmungen, Spaziergängen und intensivem literarischen Gespräch. In die Literaturgeschichte ist der Meersburger Winter 1841/42 eingegangen, weil Schückings Ansporn – möglicherweise tatsächlich in Form einer Wette (→ I.1.) – Droste zu einem starken Produktionsschub verhalf, so dass innerhalb weniger Monate mit über sechzig Gedichten der Grundstock zu ihrer zweiten Gedichtsammlung gelegt wurde. Schücking arbeitete seinerseits an der Novelle *La Fleur* und den Romanen *Das Stifts-Fräulein* (zu Drostes Anteilen daran vgl. HKA VII, 190–222) und *Ein Schloß am Meer*, band Droste in seine Projekte ein, diskutierte die Tag für Tag entstehenden Verse mit ihr und öffnete ihnen den Weg zur Publikation im Cotta-Verlag (→ I.3.2.; → VII.1.). So wundert es nicht, dass Droste Schücking eine »INSPIRIRENDE Macht« (HKA IX, 293) über ihre Kreativität zusprach: »[M]ein Talent steigt und stirbt mit deiner Liebe« (HKA IX, 295). Solche und ähnliche Formulierungen in Drostes Briefen an Schücking, die sie schrieb, nachdem dieser eine Stelle als Prinzenerzieher beim Fürsten von Wrede in Ellingen und Mondsee (1842/43) übernommen und die Meersburg verlassen hatte, waren der Nährboden für die Vermutung eines diskret versteckten Liebesverhältnisses zwischen beiden. Diesem Gerücht arbeiten auch biographisch verengte Interpretationen der verschlüsselt an Schücking gerichteten Gedichte wie *Die Schenke am See*, *An **** ⟨*Kein Wort ...*⟩, *An **** ⟨*O frage nicht ...*⟩ sowie das zu Lebzeiten unveröffentlichte *An einen Freund* zu, an denen die neuere Forschung zu recht vor allem die poetologischen Implikationen hervorhebt.

Nach Schückings Abreise aus Meersburg blieb Droste als Beiträgerin und Zulieferin für seine Publikationsprojekte tätig. Zurückzuführen auf seine Anfragen sind die *Westphälischen Schilderungen aus einer westphälischen Feder* sowie mehrere Gedichtgruppen (für einen Musenalmanach 1845, das *Morgenblatt* 1844 und das *Rheinische Jahrbuch* 1846). Auch während des langwierigen Prozesses der Fertigstellung und Drucklegung der Gedichtausgabe von 1844, den Schücking betreute, setzte sich die literarische Zusammenarbeit fort. Schückings Verlobung und Heirat mit Louise von Gall 1843 sowie der unglücklich verlaufende Besuch des Ehepaars auf der Meersburg 1844 (vgl. *Lebt wohl*, HKA I, 325) führten im Weiteren zu Distanz und Entfremdung. Den Bruch der Freundschaft bewirkte 1846 die Veröffentlichung von Schückings Roman *Die Ritterbürtigen*, der in einer als degeneriert und verkommen geschilderten westfälischen Adelswelt spielt. Droste sah ihr Vertrauen massiv missbraucht, erkannte sie sich selbst doch als unfreiwillige Quelle mancher Detaildarstellung. Nach Drostes Tod trug Schücking als Editor und Biograph zur Verbreitung und Wertschätzung ihres Werks bei. 1860 war er Herausgeber der Nachlassedition *Letzte Gaben* und 1862 Verfasser einer einflussreichen biographischen Abhandlung, des *Lebensbilds* (→ VII.1.; → VII.2.).

Unterschiedlicher als Droste und Schücking konnten zwei Protagonisten der deutschen Literatur zur Mitte des 19. Jahrhunderts wohl kaum sein. Hier die zurückgezogen lebende, eigenwillige Poetin, die ein schmales, aber substantielles Werk hinterließ, das ihr Weltruf einbrachte, dort der Vielschreiber, der den literarischen Markt, allen Moden und Stilen folgend, bediente und dabei wenig Bleibendes zusammen brachte. Ein Dasein als »Schriftsteller ums liebe Brod« (HKA IX, 85), das Droste strikt ablehnte, war für Schücking dauerhafte Notwendigkeit. Während diese zu Lebzeiten nur begrenzt wahrgenommen wurde, gehörte jener zu den meistgelesenen Autoren seiner Zeit. Seine Romane rangierten mit Titeln von Friedrich Wilhelm Hackländer (1816–1877) und Luise Mühlbach (d. i. Luise Mundt, geb. Müller, 1814–1873) ganz oben in den Listen der vielerorts neu entstehenden Leihbibliotheken. Der *Brockhaus* ehrte ihn nach seinem Tod als »Walter Scott Westfalens«, ein Urteil, das aus heutiger Sicht nicht geteilt werden kann. Insgesamt zählt Schückings weitgefächertes Werk mehr als 200 Titel. Es umfasst etwa 40 meist mehrbändige Romane, 90 Erzählungen und Novellen, 15 Dramen, einen Lyrikband, mehrere Reisewerke, hinzu kommt eine kaum überschaubare Anzahl von publizistischen Arbeiten. Vor allem die längeren Romane wirken oft konstruiert, sprunghaft und weisen in ihren *plots* diverse Unstimmigkeiten auf, weil sie vielfach, bevor sie in Buchformat vorlagen, in Fortsetzungsfolgen von Zeitungen und Zeitschriften erschienen. Die Parallelvermarktung in Zeitschrift und Buchedition gehörte zu den Grundprinzipien von Schückings Marktstrategie, wobei der entstehende Produktionszwang bewirkte, dass in der Regel der Anfang schon gedruckt vorlag, während der Autor noch am Fortgang seines Romans arbeitete. Droste attestierte ihm ein mäßiges literarisches Talent, während sie ihn für einen ausgezeichneten Kritiker hielt (HKA IX, 20; vgl. Blasberg 2017, 251).

1852 zog sich Schücking als freier Literat auf das Familiengut Sassenberg bei Warendorf zurück und betrieb von dort aus die mühsame und aufreibende Selbstvermarktung als Schriftsteller. An Franz Dingelstedt schrieb er am 29. Juni 1865: »Ich habe nun ungefähr 27 Jahre lang deutsches Schriftstellerthum getrieben, bin dabei aber nicht auf einen grünen Zweig gekommen« (Stadt- und Landesbibliothek Dortmund). Diese Situation dauerte weitere etwa dreißig Jahre an, bis Schücking schließlich 1883 in Bad Pyrmont, wo sein Sohn als Badearzt tätig war, starb (Schier 1988).

Literatur

Blasberg, Cornelia: Zwischen den Zeilen gelesen. Literaturgeschichte in Drostes Briefen. In: Rüdiger Nutt-Kofoth (Hg.): Literaturgeschichte als Problemfall. Zum literarhistorischen Ort Annette von Droste-Hülshoffs und der ›biedermeierlichen‹ Autoren in der ersten Hälfte des 19. Jahrhunderts. Hannover 2017 (= Droste-Jahrbuch 11), S. 229–254.
Gödden, Walter: Die andere Annette. Annette von Droste-Hülshoff als Briefschreiberin. Paderborn u. a. 1991.
Schier, Manfred: Levin Schücking. Münster 1988.
Schücking, Levin: Lebenserinnerungen [1886]. Neu hg. von Walter Gödden und Jochen Grywatsch. Bielefeld 2009.

1.2.4. Elise Rüdiger
Jochen Grywatsch

Elise Rüdiger, geb. von Hohenhausen (1812–1899), war Autorin, Kritikerin und Gastgeberin literarischer Salons in Minden, Berlin und Münster. Während ihrer Münsteraner Zeit (1833–1845) ergab sich ab 1837 ein engerer Kontakt zu Annette von Droste-Hülshoff, der sich nach 1842 emotional vertiefte. Auf der Basis eines gemeinsamen Interesses für Literatur entstand eine enge Freundschaft zwischen beiden Frauen, die sich in einem umfangreichen Briefwechsel äußerte (vgl. HKA VIII, 482–484; Ditz/Maurer 2006). Während Elise Rüdigers Briefe nicht erhalten sind, zeichnen Drostes Schreiben das Bild einer an Intensität und Vertrautheit zunehmenden Beziehung – Rüdiger hatte die Übereinkunft zur Vernichtung des persönlichen Austauschs offenbar nicht so radikal betrieben wie die Freundin (→ I.4.). Wie Droste war Rüdiger an der zeitgenössischen Literatur und am literarischen Markt, auf dem beide nur eine Nebenrolle spielten und sich deshalb mit kritischen Einschätzungen der dort gehandelten Autoren und Werke solidarisierten, sehr interessiert (→ I.3.2.). Aufgrund der persönlichen Freundschaft konnte Rüdiger nach 1848 in die Aufsätze, Lebensbilder und Charakteristiken, die sie über Droste verfasste, biographische Details einstreuen, die zur Rekonstruktion von Drostes Lebensgeschichte wichtige Impulse gaben, wobei Rüdigers Darstellung gleichzeitig zu Ungenauigkeiten und Verzeichnungen neigte und der Legendenbildung Vorschub leistete (→ VII.2.).

Beide Eltern von Elise Rüdiger, der in Eschwege, Minden und Münster tätige Regierungsbeamte Leopold von Hohenhausen und seine Frau Elise, geb. von Ochs, waren schriftstellerisch und publizistisch tätig und führten die Tochter, die von der Mutter selbst unterrichtet wurde, früh an die Literatur heran. Ihr Vater begründete u. a. das *Mindener Sonntagsblatt* (1817), ein wichtiges Periodikum des Vormärz, in dem unter anderem Heine, Grabbe, Hoffmann von Fallersleben und Freiligrath debütierten. In dieser Zeitschrift und an anderen Orten veröffentlichte Elise von Hohenhausen Gedichte, Prosaarbeiten und Übersetzungen aus Walter Scotts und Lord George Byrons Werken. Zwischen 1820 und 1824, als Leopold von Hohenhausen in Berlin beruflich Fuß zu fassen versuchte, führte seine Frau einen literarischen Salon, an dem zahlreiche hochrangige Persönlichkeiten teilnahmen. Die Tochter Elise lernte sich früh auf diesem Parkett zu bewegen und begleitete ihre Mutter auch in die Salons von Rahel Varnhagen und Henriette März, sog die Atmosphäre dieser illustren literarischen Geselligkeit in sich auf, lernte Autoren wie Chamisso, Fouqué, Heine und Varnhagen von Ense kennen und konnte 1828 im *Mindener Sonntagsblatt* mit ersten eigenen Publikationen hervortreten. Es war im Wesentlichen das Feld der feuilletonistischen Literaturkritik, auf dem sie sich fortan betätigte. Erst sehr viel später, weit nach Drostes Tod, verlegte sie sich auf biographische Episoden im Novellenformat über Freundschaften und Beziehungen berühmter Personen. 1831 heiratete Elise den Juristen Carl Ferdinand Rüdiger (1800–1862) und zog 1833, als dieser beruflich versetzt wurde, mit ihm nach Münster. Hier begründete sie nach dem Vorbild ihrer Mutter, wenn auch, den münsterschen Bedingungen angepasst, im Miniaturformat, einen Literatursalon, der ab etwa 1838 jeweils sonntags in ihrem Haus stattfand. Droste, die das Kränzchen mit Blick auf den provinziellen Rahmen scherzhaft »Hecken-Schriftsteller-Gesellschaft« (HKA IX, 20) nannte, nahm gelegentlich an den Treffen des Zirkels teil. Dazu gehörten Johanna von Aachen, Luise von Bornstedt, Levin Schücking, Karl Carvacchi, Hermann Besser, Wilhelm Junkmann, Anton Lutterbeck und vorübergehend Henriette von Hohenhausen, die ebenfalls schriftstellerisch tätige Tante der Elise Rüdiger. Man las Werke von Balzac, George Sand, Immermann, Ungern-Sternberg, Ida von Hahn-Hahn und Freiligrath, nahm die aktuelle Literaturkritik zur Kenntnis und diskutierte die literarischen Entwürfe der Mitglieder (vgl. Kortländer 1979, 313–316). Die Tatsache, dass Droste das Motiv des Literaturzirkels in ihren Gedichten *Die Vogelhütte* und *Der Theetisch* höchst ironisch verwendete, die »Hecken-Schriftsteller-Gesellschaft« im Lustspiel *PERDU! oder Dichter, Verleger, und Blaustrümpfe* sogar im Format der Literatursatire porträtierte und damit auch zum Ausdruck brachte, dass sie sich ästhetisch und intellektuell ein höheres Niveau des Austauschs gewünscht hätte, kann nicht darüber hinwegtäuschen, dass Elise Rüdigers Salon für Droste eine große Bedeutung hatte. Sie lernte einen völlig neuen Stil literarischer Auseinandersetzung kennen, erhielt wichtige Einblicke in die zeitgenössische Literatur und gewann mit Levin Schücking (→ I.1.2.3.) einen bestens informierten, als Kenner des literarischen Marktes ausgewiesenen Gesprächspartner und Berater. So bot der Kreis für Droste einen Rahmen, in dem sie sich von Schlüter (→ I.1.2.2.) distanzieren und nach Erscheinen der Gedichtausgabe von 1838 literarisch neu positionieren konnte (→ I.3.2.).

Auch in der Freundschaft zwischen Elise Rüdiger und Droste spielte Schücking eine nicht unerhebliche Rolle, schließlich gab es in den frühen 1840er

1. Biographie

Jahren ein delikates und deshalb äußerst diskret verhandeltes Beziehungsdreieck. Während sich Schücking und Droste nach 1838 als literarische Gesprächspartner annäherten, geriet Schücking mit der verheirateten Elise Rüdiger in eine eher romantisch-amouröse Konstellation. An Freiligrath schrieb er jedenfalls wenig verblümt am 17. März 1842, kurz vor seiner Abreise aus Meersburg:

> Ich habe, wenn andere allenfalls einen Schatz, ein ganz Trifolium, von dem ich mich auch so lange trennen muß – das gute Dröstchen und meine Münstersche unglückliche Liebe [Elise Rüdiger, die er in anderen Briefen »mein Kätchen« nennt] und Dich dicken Pümmel – Könnten wir doch alle zusammen in einer gemeinsamen Haushaltung auf unsern Lorbeeren ruhn! (zit. n. Gödden 1994a, 360)

Es ist zu vermuten, dass Droste – im Einvernehmen mit der Freundin oder auch gegen sie? – mit der heimlichen Vorbereitung von Schückings Aufenthalt auf der Meersburg auch daran mitwirkte, die Verwicklungen mit Elise Rüdiger zu beenden, während sie gleichzeitig die Tür für die intensive Phase der eigenen Beziehung zu Schücking öffnete. Obgleich sich in Drostes Briefen an Elise Rüdiger bereits vor 1842 Beteuerungen einer starken Zuneigung finden (»Sie sind mir sehr sehr lieb«, HKA IX, 105), ja ein noch unbefangeneres und engeres Umgehen miteinander gewünscht wird, intensivierte sich die Freundschaft erst nach Schückings Distanzierung ab 1842. Drostes Briefe dokumentieren immer vertraulichere Anreden (»mein Herzchen«, HKA IX, 111; »mein gut Liebchen«, HKA IX, 112; »mein liebstes Herz«, HKA IX, 278), deuten auf viele persönliche Zusammentreffen und Gespräche hin, die in der Korrespondenz fortgesetzt werden und sowohl die gemeinsamen Freunde (einschließlich Schücking) als auch die neuesten Tendenzen auf dem literarischen Markt betreffen, empfohlene Lektüren, ausgeliehene Bücher und eigene Arbeiten thematisieren. Über die Briefe erfährt man auch, dass sich beide Frauen, nachdem sich Schücking mit Louise von Gall verlobt hatte, darüber verständigten, wie sie die möglicherweise verfänglichen Spuren ihrer jeweiligen Beziehung zu Schücking verwischen konnten: Beide forderten ihre Porträts und Briefe von Schücking zurück.

Als Dichterin war Droste sowohl Schücking als auch Elise Rüdiger weit überlegen, und vermutlich kam sie weder mit dem einen noch mit der anderen in literaturtheoretischen Fragen wirklich überein, die ihr wiederum voraus hatten, viel intensiver in den literarischen Markt eingebunden zu sein. Während Schücking Drostes Verlagskontakte zu Cotta managte und die Werkausgabe von 1844 vorantrieb, dabei Konflikte nicht ausblieben und es 1846 schließlich zum Bruch kam (→ I.1.2.3.; → I.3.2.), verschoben sich Drostes Literaturgespräche in die Korrespondenz mit Elise Rüdiger (→ I.4.). Droste schätzte an Rüdiger ihren »Verstand, höchstpoetischen Sinn, und eine unbegrenzte Herzensgüte« (HKA IX, 59). Ihre »Liebe«, ihr »Herz« charakterisierte sie als »stille lebendige Heerdflamme, die ihre Wärme gern Denen zukommen läßt, die ihr nahe stehn« (HKA IX, 90). Sie sah in ihr ein *alter ego*, »mein anderes Ich, oder vielmehr meine abhanden gekommene Hälfte, da sie grade Alles haben, was mir fehlt« (HKA X, 95). Eine merkwürdige Dissonanz ist den Briefen dadurch eingeschrieben, dass die Adressierungen immer intimer wurden – »[m]ein lieb Thierchen« (HKA IX, 392), »lieb Tuckelchen« (HKA X, 260), »mein liebstes einziges Herz« (HKA X, 133) – und sogar der Wunsch nach einem Zusammenleben geäußert wurde (HKA IX, 387 f.), es aber zeitlebens bei der förmlichen Anrede ›Sie‹ blieb. Daran änderte auch der gemeinsam auf der Meersburg verbrachte September 1843 nichts. Ein 1844 verfolgter Plan, gemeinsam einen Band mit je drei Erzählungen herauszubringen (→ IV.7.), scheiterte. 1845 musste Elise Rüdiger wegen der Wegberufung ihres Mannes Münster verlassen; ein letztes Zusammentreffen der Freundinnen fand bei einem vierwöchigen Besuch Elises im Rüschhaus 1846 statt. Ihr Wegzug war ein empfindlicher Schlag für Annette von Droste, die sich so der letzten engen Freundin beraubt fand. Elise Rüdiger lebte mit ihrer Familie bis 1854 in Minden, bis sie wegen einer erneuten Versetzung ihres Mannes 1854 nach Frankfurt/Oder zog. Als Witwe übersiedelte sie 1866 zurück nach Berlin, wo sie wieder einen literarischen Zirkel gründete und – im Andenken an ihre 1857 verstorbene Mutter – unter dem Namen Elise von Hohenhausen publizierte. Sie starb 1899 (vgl. Esche 1939).

Elise Rüdiger war, neben Schwester Jenny (1795–1859), Drostes engste Vertraute der späten 1840er Jahre. Sie widmete der Freundin insgesamt drei Gedichte, von denen eins in ihrer 1844er Ausgabe erschien (*An Elise. Am 19. November 1843*), zwei im Nachlass verblieben (*An Elise. Zum Geburtstage am 7ten März 1845*, *An Elise in der Ferne. Mit meinem Daguerrotyp*). Auch Drostes Briefe an Rüdiger sind kleine Kunstwerke; sie zeichnen sich durch rhetorische Intensität, argumentative Klarheit, geistreiche Zuspitzungen, alltagsphilosophische Einlassungen und poetologische Maximen aus. Hinzu kommen, wie in den Gedichten, feinnervig-ergreifende Aussagen über Vergänglichkeit, Alter und Tod (HKA X, 95 f., 426). Drostes wohl meistzitierte Briefpassage – »nach hundert Jahren möcht ich gelesen werden« (HKA X, 89) – findet sich ebenso in einem Rüdiger-Brief wie ihr dichterisches Credo, »nie auf den EFFECT zu arbeiten, keiner beliebten Manier, keinem andern Führer als der ewig wahren Natur durch die Windungen des Menschenherzens zu folgen, und unsre blasirte Zeit und ihre Zustände gänzlich mit dem Rücken anzusehn« (HKA X, 89).

Literatur

Ditz, Monika/Maurer, Doris: Elise Rüdiger. In: Monika Ditz/Doris Maurer (Hg.): Annette von Droste-Hülshoff und ihre Freundinnen. Meersburg 2006, S. 87–114.
Esche, Anneliese: Elise Rüdiger, geb. von Hohenhausen. Ein Bild ihres Lebens und Schaffens. Emsdetten 1939.
Kortländer, Bernd: Annette von Droste-Hülshoff und die deutsche Literatur. Kenntnis – Beurteilung – Beeinflussung. Münster 1979.

2. Historischer Kontext
Thomas Küster

1. Revolution und ›Sturm durch Europa‹ 41
2. Preußen im Westen 45
3. Vormärz – Pauperismus – Revolution 48

1. Revolution und ›Sturm durch Europa‹

Annette von Droste-Hülshoff lebte in einer Zeit fundamentaler politischer Veränderungen, die sich bereits seit Mitte des 18. Jahrhunderts angekündigt hatten und nach 1800 in eine grundsätzliche Neuordnung innerer wie äußerer Herrschaftsbeziehungen in Europa mündeten. Ihr persönliches Umfeld, die Familien Droste-Hülshoff und Haxthausen mit ihren weitverzweigten Verwandtschaftsbeziehungen im landsässigen Adel des Fürstbistums Münster und des Hochstifts Paderborn, war in vielfacher Weise von der Verschiebung der gesellschaftlichen Kräfteverhältnisse betroffen. Das Gefühl einer nie dagewesenen Beschleunigung und Veränderung wurde vor allem durch die napoleonischen Kriege in die Länder des Alten Reiches hineingetragen; sie konfrontierten die Menschen auf der anderen Seite des Rheins nicht nur mit den Ideen, sondern auch unmittelbar mit der politischen Agenda und den Nachwirkungen der Französischen Revolution: der Herrschafts- und Klostersäkularisation, mehrfachen kriegsbedingten Souveränitätswechseln und staatlichen Neubildungen, einer von starkem ›Reformwillen‹ geprägten französischen Herrschaft im deutschen Nordwesten, den zivil-militärischen Begleiterscheinungen der Revolutionskriege sowie schließlich einer umfassenden Revision der europäischen Staatenordnung auf dem Wiener Kongress mit der endgültigen Einbeziehung Westfalens in das Königreich Preußen im Jahr 1815.

Doch die Auswirkungen der Französischen Revolution auf deutschem Boden reichten weit über die napoleonische Zeit hinaus, denn die Gesellschaftsordnung war insgesamt in Bewegung geraten. Wichtige Etappen der nachnapoleonischen ›Restaurationsphase‹ in Westfalen waren die beginnende Ablösung der grundherrlichen Rechte, die Reaktionen auf die europäische Julirevolution von 1830, die Konstituierung des Provinziallandtags, der Kölner Kirchenstreit und seine Wirkung in den preußischen Westprovinzen, schließlich die sogenannten Märzereignisse, die die Revolution von 1848/49 einleiteten. Der sich damit vollziehende politische Umbruch musste die Mitglieder eines privilegierten Standes und einer in politische bzw. kirchliche Ämter eingebundenen Familie nicht nur intensiv beschäftigen, sondern auch nachhaltig verunsichern. Fast alle Angehörigen des westfälischen Adels waren nach 1806 gezwungen, sich von ihrem vorgezeichneten Lebensentwurf zu verabschieden und stattdessen auf ein stark verändertes Lebensumfeld einzustellen.

Ausgangspunkt war Frankreich, das für die führenden sozialen Schichten des Reiches im 18. Jahrhundert stets als kulturelles Vorbild gedient hatte.

Deshalb existierte nach 1789 ein besonderes Interesse an der Berichterstattung aus Frankreich und gab es zunächst auch keine völlige Ablehnung der Revolution. Adel, Geistlichkeit und Bürgertum in Münster verfügten über kulturelle Bildung und international ausgerichtete Medien, lasen sowohl aufklärerische Zeitungen und Zeitschriften als auch antirevolutionäre Blätter; diese Leser vor allem bildeten zu jener Zeit die ›informierte Öffentlichkeit‹. Nachrichten vom Ausbruch und Verlauf der Revolution konnten sich deshalb schnell verbreiten. Die Reaktionen in Westfalen waren dabei durchaus geteilt: Während die Französische Revolution von vielen gebildeten Bürgern anfangs als »Erbin und Fortsetzerin der Aufklärung« empfunden wurde, überwog im münsterischen Adel und Klerus die Befürchtung, dass unter den Bürgerlichen nun der »democratism« zunehme (Lahrkamp 1976, 14–17). Tatsächlich war man in Westfalen aber von der in Frankreich herrschenden Unzufriedenheit mit den politischen Verhältnissen weit entfernt – von einer revolutionären Stimmung konnte hier keine Rede sein.

Zwei Jahre nach dem Sturm auf die Bastille setzten die liberalen Kräfte in Frankreich die neue Staatsform der konstitutionellen Monarchie durch – ein Modell, das auf deutscher Seite wiederum von vielen begrüßt wurde. Der preußische Gesandte am kurkölnischen Hof berichtete etwa nach Berlin, dass es in Münster im niederen Klerus, unter jungen Rechtsgelehrten und einem Teil der Kaufmannschaft zahlreiche Anhänger des ›französischen Systems‹ gebe. Enttäuschung und Ablehnung machten sich erst 1792/93 breit – nach der Hinrichtung König Ludwigs XVI. und seiner Frau Marie Antoinette, einer Schwester des kurkölnischen und münsterischen Landesherrn Maximilian Franz von Österreich. Ein zentrales Merkmal der nun folgenden Revolutions- und Koalitionskriege war deren ideologische Motivation. Es ging den beteiligten Mächten um 1800 nicht mehr allein um die Durchsetzung ihrer Machtoptionen, sondern auch um die Verteidigung politischer Prinzipien: Napoleon beendete zwar die Revolution – seine expansive Kriegführung in Europa legitimierte er jedoch damit, dass es nun darum gehe, die Nachbarländer an den ›Errungenschaften der Revolution‹ teilhaben zu lassen.

Westfalen wurde zwischen 1802 und 1813 mehrfach von fremden Truppen besetzt und neu aufgeteilt. Doch auch die gegenrevolutionären Mächte Preußen und Österreich wollten ein anderes, stärker auf sie zugeschnittenes monarchisches System, als es das Alte Reich geboten hatte. Dieser doppelte politische Druck, der auf dem alten System lastete, führte letztlich zum Ende des Reichsverbandes in seiner bisherigen Form. 1803 kam es auf Initiative Frankreichs und Russlands zum sogenannten Reichsdeputationshauptschluss, einem formalen Beschluss von Vertretern der Reichsstände, der die bereits begonnene Umverteilung links- wie rechtsrheinischer Territorien nachträglich sanktionierte. Die Kirche verlor durch diese Regelung ihre weltlichen Herrschaftsrechte; die geistlichen Staaten und Kleinterritorien, darunter die Fürstbistümer Münster und Paderborn, wurden aufgehoben. Die neuen, durch ehemals geistliche Territorien entschädigten weltlichen Landesherren – im nördlichen Westfalen der König von Preußen – waren berechtigt, alle Kirchengüter (vor allem Klöster

2. Historischer Kontext

und Stifte) bis auf die der Seelsorge dienenden Vermögenstitel einzuziehen; außer den Habsburgern machten alle Regierungen davon Gebrauch.

Auf den Reichsdeputationshauptschluss folgten 1806 die endgültige Abwicklung des Heiligen Römischen Reiches und die Begründung des Rheinbundes, in dem sich die deutschen Verbündeten Napoleons zusammenschlossen. Diese von 16 Reichsständen betriebene endgültige Auflösung des Alten Reiches hat man deshalb auch als »Fürstenrevolution« bezeichnet (Süßmann 2015, 135). Gleichzeitig musste Preußen nach der verlorenen Schlacht bei Jena und Auerstedt sämtliche Gebiete westlich der Elbe zunächst wieder an Frankreich abtreten. Napoleon annektierte einen Teil dieser Territorien und bildete aus den anderen Teilen französische Satellitenstaaten – wie das Großherzogtum Berg, dem das westliche Münsterland zunächst zugeschlagen wurde, oder das Königreich Westphalen, das vor allem den Osten Westfalens und Norden Hessens umfasste. Erst 1813/15 konnte Napoleon von einer Koalition der alten Monarchien besiegt werden.

Das politische Meinungsbild in Westfalen zeigte sich in diesen Jahren – anders als sonst in Kriegszeiten – keineswegs homogen: Im Fürstbistum Münster stand die Solidarität mit den in großer Zahl aus Frankreich vertriebenen, zumeist adligen Revolutionsflüchtlingen (häufig zugleich Angehörige des Klerus) im Mittelpunkt. Man geht davon aus, dass die Stadt Münster mit ihren etwa 14000 Einwohnern bis 1810 etwa zweitausend Emigranten aufnahm und standesgemäß versorgte (Veddeler 1989, 319f.). Anders lagen die Verhältnisse in der Grafschaft Mark: Hier verfügte vor allem Preußen infolge der seit 1609 bestehenden Zugehörigkeit der Mark zum Königreich über starken Rückhalt (immerhin nahm aber auch die Stadt Hamm 400 französische Emigranten auf). In Minden-Ravensberg und im 1807 gebildeten Königreich Westphalen trug die Umsetzung zahlreicher französischer Reformprojekte dazu bei, dass die von Napoleon umgestalteten politischen Verhältnisse weitgehend akzeptiert wurden. Allerdings gehörte der fürstbischöflich-paderbornische Kanonikus Werner von Haxthausen, Stiefonkel von Annette von Droste-Hülshoff, zu den Oppositionellen im Königreich; er beteiligte sich 1809 sogar aktiv an einem erfolglosen Umsturzversuch gegen den in Kassel residierenden König Jérôme Bonaparte. Das Münsterland blieb somit politisch und sozial am weitesten zurück, wie auch Annette von Droste-Hülshoff in ihren *Westphälischen Schilderungen aus einer westphälischen Feder* aus den Jahren 1842/45 einräumen musste (HKA V, 45). Hier erwartete man insbesondere im Adel noch über Jahre hinweg, dass es eine Rückkehr zu den vorrevolutionären Verhältnissen geben werde. Diese Haltung kommt nicht zuletzt in Drostes Gedicht *Das befreyte Deutschland* aus dem Jahr 1813/14 (HKA II, 160–164) und in der temporalen ›Verschiebung‹ einiger Erzählungen in die Zeit vor 1789, vielleicht auch in der nicht erklärbaren zeitlichen Anomalie am Schluss der *Judenbuche* zum Ausdruck (HKA V, 42).

Die Folgen des von Napoleon entfachten »Sturms durch Europa« für die Bevölkerung in den deutschen Ländern und insbesondere den dort mitregierenden Adel waren immens: Für den Adel stellte der nun in den Vordergrund gerückte revolutionäre Gleichheitsgedanke eine »absolute Horrorvorstellung« dar (Bockhorst 2010, 21): Die Aufhebung vieler Privilegien schlug sich z. B. in der Abschaffung der Leibherrschaft und einer Verringerung der Einnahmen aus bäuerlichen Abgaben, in den Vermögensverschiebungen und Enteignungen im Zuge der Säkularisation, in einer bis dato ungekannten Besteuerung, in der Verpflichtung zum Militärdienst und in der Tatsache nieder, dass der Adel nun der allgemeinen Gerichtsbarkeit unterworfen wurde. Dem standen größere individuelle Freiheiten – auch in religiösen Fragen – gegenüber; die Zivilehe erleichterte auch manchen Adligen die nicht standesgemäße Verheiratung mit einer bürgerlichen Frau. Die politische Entmachtung und die Auflösung des kirchlichen Versorgungssystems trafen insbesondere den niederen Adel und den Klerus, mit dem die Familien Droste-Hülshoff und Haxthausen in Münster und Paderborn eng verbunden waren. Bis in die 1830er Jahre gehörten männliche Angehörige aus beiden Familien den Domkapiteln in Münster, Paderborn und Osnabrück an. Ein nun nicht mehr erreichbares ›politisches Amt‹ hatte z. B. Drostes Großtante und Patin Anna Elisabeth von Droste-Hülshoff bekleidet, die dem Stift Metelen bis 1803/05 als regierende Äbtissin vorstand. Für den Domdechanten Ernst Konstantin von Droste-Hülshoff hatte 1780 sogar kurzzeitig Aussicht auf das Bischofsamt und damit auf einen Aufstieg in den Fürstenstand bestanden (Keinemann 1967, 181). Zahlreiche freiweltliche Damenstifte, d. h. mit Vermögen ausgestattete ehemalige Klöster und Konvente, die alleinstehenden adligen Frauen einen finanziellen Unterhalt boten, ohne sie allzu eng an die Gemeinschaft zu binden, wurden in preußischer und napoleonischer Zeit aufgelöst – so etwa das Stift Hohenholte, in dem die Droste-Schwester Maria Anna (Jenny) eine Präbende besaß. Die Aussichten unverheirateter nicht-erbender Töchter auf eine standesgemäße Lebensweise in adliger Umgebung schrumpften dadurch rapide. Viele von ihnen sahen sich gezwungen, sich einen neuen Lebensinhalt und regelmäßige Einkünfte zu suchen. Bei allen Veränderungen konnten die westfälischen Adligen aber immer noch auf einen gewissen ›Bestandsschutz‹ vertrauen: Der Grundbesitz blieb erhalten und wurde rechtlich geschützt, das monarchische Prinzip blieb gewahrt, die Adelskirche wandelte sich schrittweise und begann erst in der Mitte des 19. Jahrhunderts, sich zunehmend auf die Herausforderungen der beginnenden Industrialisierung einzustellen. Auch Annette von Droste-Hülshoff konnte weiterhin ein adelsgemäßes Leben führen, wenn auch in größerer Abhängigkeit von ihrer Familie. Selbst die nicht-adlige Bevölkerung empfand die ›neue Zeit‹ nicht durchweg als ein Projekt umfassender Liberalisierung: Den Bürgerrechten (erstmals auch für Juden) und der Gewerbefreiheit standen die Einberufung von Wehrpflichtigen, der Kriegseinsatz während des Russlandfeldzugs sowie die Zahlung von Kontributionsleistungen und zusätzlichen Steuern gegenüber. Die westfälische Bevölkerung wurde nun in die Politik hineingezogen, musste sich an neues Recht, eine neue Verwaltung, einen neuen gesellschaftlichen Status gewöhnen. Der Historiker Paul Nolte geht so weit, den politischen Einschnitt der Jahre 1803/15 mit dem der sogenannten Stunde Null von 1945 zu vergleichen (Nolte 1990, 10).

2. Historischer Kontext

Die über zwanzig Jahre andauernde Phase von Revolution und Krieg wurde erst durch den Wiener Kongress von 1814/15 beendet. In den Verhandlungen der europäischen Mächte stand nicht weniger als die Beilegung dieser ersten internationalen Krise des 19. Jahrhunderts und die Neuordnung der politischen Landkarte auf der Tagesordnung. Innenpolitisch strebten die europäischen Staaten zugleich eine weitgehende Rückkehr zu den Verhältnissen von 1792, also eine Restauration, an, die allerdings nunmehr auf der Anerkennung von Verfassungen basieren sollte. Im Ergebnis führten die Verhandlungen zu einer partiellen Verlagerung Preußens nach Westen, das an der Rheingrenze einen Vorposten gegenüber Frankreich bezog. Zwar hatte es in Wien auch Diskussionen um eine Ausdehnung Hannovers nach Süden oder eine Bindung Westfalens an Sachsen gegeben, doch schrieb man nun den erreichten Status quo fest, denn der größte Teil Westfalens war bereits seit 1813 preußisch besetzt. Auf diese Weise gelang es, eine über Jahrzehnte hinweg stabile Staatenordnung in Europa zu schaffen. Der Neuaufbau der allgemeinen Verwaltung diente in nahezu allen Ländern einer gleichzeitig stattfindenden inneren Erneuerung; in Preußen führte er zur Formierung einer politisch erstmals vereinigten Provinz Westfalen (zusammen mit neun weiteren Provinzen).

Auf dem Kongress gab es darüber hinaus eine lange Diskussion über die Frage einer bundesstaatlichen Ordnung in Deutschland; sie mündete letztlich in der Begründung eines Bundes souveräner Staaten mit den Vormächten Österreich und Preußen (Deutscher Bund 1815). Die Reaktionen auf diesen Verhandlungsverlauf im Umkreis von Annette von Droste-Hülshoff fielen höchst unterschiedlich aus: Während ihr Stiefonkel Werner von Haxthausen und ihr späterer Schwager Joseph von Laßberg, die 1814/15 selbst am Kongress teilgenommen hatten, als treibende Kräfte an der Gründung einer bald wieder aufgelösten Adelsbruderschaft (»Die Kette«) mitwirkten und dabei für eine Wiederbelebung der alten Reichsstände, mithin für eine konservative Wende eintraten (Harris 1991, 98–104), dachte ihr Freund und Förderer Anton Mathias Sprickmann (1749–1833; → I.1.2.1.) an eine gesamtdeutsche Lösung. Er sah noch während der preußischen Gouvernementszeit von 1813 bis 1815 gute Chancen für ›nationale‹ Reformen, trat für die Bildung eines Bundesstaates ein und wurde demzufolge von den Vereinbarungen des Wiener Kongresses – einem »Sieg der Regierungen über die Völker« (Süßmann 2015, 209) – bitter enttäuscht.

2. Preußen im Westen

Die nunmehr zementierte Zugehörigkeit Münsters, Paderborns und des kölnischen Sauerlandes (Herzogtums Westfalen) zum Königreich Preußen fand in den nächsten Jahrzehnten nur im protestantischen Teil der politischen und gesellschaftlichen Elite Westfalens nachhaltige Unterstützung. Zu groß war für die Katholiken die Bedeutung des Glaubensunterschiedes und des Verlustes einträglicher Pfründen. Das galt aber genauso – und fast noch mehr – für die im Münsterland abgefundenen landfremden ›Standesherren‹ (die Herzöge und Fürsten von Arenberg, Looz-Corswarem, Croy, Salm u.a.). Als ehemalige reichsständische Fürsten lehnten sie sowohl eine Anerkennung des preußischen Zivilgouverneurs Ludwig von Vincke als auch eine Einbindung in den münsterländischen Adel ab. Der großen Huldigungsfeier am 18. Oktober 1815, d.h. der Anerkennung des preußischen Königs als Souverän, blieben sie fern (Lahrkamp 1976, 125). An der Spitze der neuen preußischen Verwaltung in Westfalen standen nun Bezirksregierungen in Münster, Minden und Arnsberg und ein Oberpräsidium unter dem bisherigen Gouverneur Vincke, dem »Gründungsvater der Provinz Westfalen« (Reininghaus 2015, 199). Allerdings galt das preußische Recht zunächst lediglich subsidiär. So wurden etwa die Gemeinderäte noch bis zur Einführung der Revidierten Städteordnung 1831/35 nach französischem Recht, d.h. aus dem Kreis der hundert Höchstbesteuerten gebildet. Die Provinzialhauptstadt Münster nahm dabei mehr und mehr den Charakter eines Verwaltungszentrums an, wodurch auch das gesellschaftliche und kulturelle Leben eine bildungsbürgerliche Ausrichtung erhielt. Etwa ein Zehntel der Stadtbevölkerung bestand nun aus Angehörigen des Militärs; schon bald war in Münster »außer dem Bergamt jede andere Behörde des Staates vertreten« (Hüser 1971, 87).

Über die politische Kräfteverteilung in der Frühphase der neuen Provinz war zunächst noch nicht entschieden worden. Dabei überwogen jedoch die restaurativen Tendenzen, die sowohl vom westfälischen als auch vom preußischen Adel insgesamt ausgingen; letzterer sah sich gar als eigentlicher Sieger über Napoleon (Hardtwig 1998, 40). Auch der Deutsche Bund und das Königreich Preußen vertraten im Anschluss an die Reformphase einen gegen die liberalen Bestrebungen gerichteten Kurs. So wurden etwa die von Metternich veranlassten Karlsbader Beschlüsse von 1819 ohne Abstriche Teil der preußischen Presse- und Kulturpolitik. Sie sahen bis 1848 eine Vorzensur durch die Behörden für jene Druckwerke vor, die weniger als 320 Seiten (20 Bögen) umfassten. Allerdings ist Annette von Droste-Hülshoff anders als ihre Verleger niemals mit den Zensurbehörden in Berührung gekommen.

Teilweise intakt blieb zunächst die grundherrschaftliche Agrarverfassung in Westfalen. Zwar wurden zahlreiche persönliche Dienste 1820 *de jure* aufgehoben und konnten die auf bäuerlichen Grundstücken haftenden Verpflichtungen durch Geldzahlungen abgelöst werden, doch waren die Bauern infolge mehrerer Missernten und zu hoch angesetzter Ablösungssummen zumeist gar nicht in der Lage, diese Zahlungen aufzubringen (Behr 2000, 49). Erst als die Forderungen 1829 reduziert und die Tilgungsmodalitäten erleichtert wurden, kam das Ablösungsgeschäft in Gang. Die adligen Grundherren investierten die Ablösungsgelder vielfach in den Erwerb von zusätzlichem Landbesitz – Drostes Bruder Werner von Droste-Hülshoff sogar in solchem Umfang, dass er sich wegen seiner »vielen Ankäufe« zusätzlich verschulden musste (Gaier 1993a, 22). Leidtragende dieser ›Bauernbefreiung‹ waren vor allem die unterbäuerlichen Heuerleute, die durch die Agrarreform in größere Abhängigkeit von den nun gestärkten Vollbauern gerieten. Letzteren wiederum war insbesondere das fortbestehende adlige Jagdrecht ein Dorn im Auge, das z.B.

Annette von Droste-Hülshoffs Bruder als zentrales – symbolisch aufgeladenes – Merkmal adligen Selbstverständnisses unbedingt zu verteidigen suchte (Reif 1979, 196f.).

Angesichts dieser disparaten Voraussetzungen und Interessen, die die politischen Programme des Vormärz entscheidend mitbestimmten, schien eine innergesellschaftliche Annäherung kaum möglich. Einen solchen Ausgleich konnte auch die provinzialständische Verfassung nicht herstellen, zu deren Anerkennung sich der preußische König als Kompensation für die eigentlich zugesagte gesamtstaatliche Verfassung bereitgefunden hatte. Der erstmals 1826 in Münster zusammengetretene Provinziallandtag stellte eher eine modernisierte Form der Ständevertretung dar, die zwar in Gesetzgebungsfragen mit Bezug auf die Provinz beratend tätig werden konnte, aber in ihren Möglichkeiten zur politischen Mitsprache stark eingeschränkt war. Der Landtag setzte sich aus den Standesherren, den Rittergutsbesitzern, den wahlberechtigten Bürgern in den Städten und den Grundbesitzern auf dem Land zusammen. Die dort repräsentierten gesellschaftlichen Gruppen verfügten also über Besitz und Einkommen; der Provinziallandtag wirkte insofern zumindest nach außen restaurativ. Mit dem zahlenmäßigen Übergewicht nichtadeliger Mitglieder und der an Wahlen gebundenen Zusammensetzung enthielt diese politische Konstruktion aber auch moderne Elemente. Die aufstrebende Schicht des vermögenden Bürgertums, auf die auch Droste 1840 in ihrer Ballade *Der Graue* (→ II.5.7.6.) mit bildlichen Anklängen an den Unternehmer Friedrich Harkort und seine Fabrik auf Burg Wetter an der Ruhr anspielte, verfügte damit erstmals auf regionaler Ebene über eine politische Repräsentanz.

Aus dem Umkreis der Familie rückten 1828 auch Werner von Droste-Hülshoff (bis 1858 als Vertreter verschiedener Standesherren, danach für den Wahlbezirk Münster-Ost) und 1830 Werner von Haxthausen (für den Wahlbezirk Paderborn) in den Provinziallandtag ein. Vor allem der hochkonservative Haxthausen, ein Exponent adligen Widerstandes gegen die rechtliche Angleichung zwischen den Ständen, trat vehement für die Belange des westfälischen Adels ein. Nach der Veröffentlichung seines Manuskripts *Ueber die Grundlagen unserer Verfassung* (1833), das eine scharfe Kritik an der preußischen Verwaltung enthielt, verlor Haxthausen allerdings auch in den eigenen Reihen an Rückhalt; 1837 zog er sich auf seinen in Unterfranken erworbenen Besitz zurück. Der protestantische Adel der Grafschaft Mark und Minden-Ravensbergs tendierte hingegen in eine andere Richtung; er beteiligte sich durch die Übernahme staatlicher und politischer Ämter aktiv am »großen Versuch der Modernisierung Preußens« (Conrad 1985, 11). Die mittel- und süddeutschen Staaten gingen in dieser scheinbar so ›restaurativen‹ Phase politisch allerdings noch wesentlich weiter als das reorganisierte Preußen. Dort wurden bereits moderne Verfassungen in Kraft gesetzt und Kammerparlamente eingerichtet – so etwa im Großherzogtum Baden, das seit 1818/19 über eine auf Grundlage eines liberalen Wahlrechts gebildete Abgeordnetenkammer verfügte.

Ein kirchenpolitisches Ereignis, das die katholische Bevölkerung des Münsterlandes im Hinblick auf ihre Stellung im preußischen Staat gegen Ende der

1830er Jahre regelrecht in Alarmstimmung versetzte, war der Kölner Mischehenstreit 1836/37. Er betraf zunächst vor allem das Rheinland, wo nach 1815 die Zahl der Ehen zwischen evangelischen Militärs oder Beamten und katholischen Frauen zugenommen hatte. Erzbischof Clemens August von Droste-Vischering (1793–1832) bestand in diesen Fällen auf einer katholischen Erziehung der Kinder, wie es kanonischem Recht entsprach. Der von ihm abgelehnte preußische Grundsatz, nach dem die Söhne der Konfession des Vaters zu folgen hätten, schien dagegen – so die Befürchtung – einer schleichenden Protestantisierung des Rheinlandes Vorschub zu leisten. Der Bericht, den Droste ihrer Stieftante Sophie von Haxthausen anlässlich der Verhaftung und Internierung des Erzbischofs lieferte (HKA VIII, 271), deutet an, wie heftig die Reaktionen auf die Verhaftung Droste-Vischerings in der Bevölkerung waren. Insbesondere der münsterländische Adel solidarisierte sich mit dem Standesgenossen auf dem Kölner Bischofsstuhl und brach den Kontakt zu den staatlichen Repräsentanten in der Provinz ab. Zwar wurde dieser Streit 1841 beigelegt und überwiegend zugunsten der Kirche entschieden, doch war nach Aussage des katholischen Diplomaten Ferdinand von Galen zwischen dem preußischen König und dem katholischen Adel in Westfalen ein tiefer Riss entstanden, der nie wieder verheilte (Behr 1983, 70). Auch die maßgebliche finanzielle Unterstützung des 1842 wieder aufgenommenen Kölner Dombaus durch die preußische Staatskasse konnte die Wogen nicht so rasch wieder glätten (in ihrem Gedicht *Die Stadt und der Dom* gab sich Droste hinsichtlich der Dauerhaftigkeit einer solchen ›Konstruktion‹ durchaus skeptisch; → II.5.2.2.). Davon abgesehen waren grundsätzliche Spannungen im interkonfessionellen Verhältnis sichtbar geworden, die in der zweiten Hälfte des 19. Jahrhunderts zu einer anhaltenden Politisierung des katholischen Bevölkerungsteils führten und letztlich auch zur Kanonisierung Drostes in der Zeit des Kulturkampfes beitrugen. Außerdem sah sich der Staat erstmals gezwungen, vor einer sozialen Bewegung zurückzuweichen. Die Reaktion der Berliner Regierung hatte erkennen lassen, dass ein breit angelegter Widerstand in der Bevölkerung durchaus politische Wirkung entfalten konnte.

3. Vormärz – Pauperismus – Revolution

Schon im Jahr 1830 waren in mehreren europäischen Staaten Aufstände ausgebrochen (Frankreich, Belgien, Polen), die unter dem Begriff ›Julirevolution‹ zusammengefasst werden. In Braunschweig, Kurhessen, Sachsen und Hannover formierten sich erfolgreich oppositionelle Bewegungen der Kleinbürger und Bauern gegen das dort noch bestehende altständische oder absolutistische Regiment. Auch das Hambacher Fest (1832), die größte Massenveranstaltung in Deutschland vor 1848, gehört in den Kontext dieser politischen Mobilisierung, die überwiegend republikanisch, national und westlich orientiert war. Sie blieb letztlich ein Protest ohne politische Strategie, lieferte aber nachhaltige Impulse für eine kritischer werdende Literatur (Börne, Heine, Büchner). Westfalen und Preußen wurden von den Auswirkungen der Julirevolution kaum

2. Historischer Kontext

erfasst. Zwar zogen die Behörden im Paderborner Land vereinzelt Truppen zusammen; auch registrierten sie unter den Bauern des Münsterlandes eine deutliche pro-belgische Stimmung, doch erwiesen sich dadurch aufgekommene Befürchtungen in der Familie Droste-Hülshoff als unbegründet (zur aufgeschobenen Italienreise vgl. HKA VIII, 772). Eine revolutionäre Stimmung entwickelte sich in Westfalen erst infolge der Hungerkrisen in den 1840er Jahren. Vorboten der Revolution waren vor allem die sich ausbreitenden Arbeiterunruhen, die durch erneute Missernten, eine sich daraus ergebende Versorgungskrise sowie die zunehmende Verelendung der durch den Einsatz von Maschinen verdrängten Arbeiter und Weber ausgelöst wurden. Zu Unruhen und Arbeitsniederlegungen kam es zwischen 1841 und 1844 insbesondere im östlichen Westfalen, so etwa im Raum Bielefeld. Aber auch die unterbäuerliche Bevölkerung auf dem Land hatte durch die Agrarreformen einen Teil jener Subsistenz verloren, die sich zuvor in Wald und Flur geboten hatte. Die traditionellen Formen der Holzbeschaffung und Viehweide blieben ihr nun weitgehend verwehrt. In der Phase des Pauperismus kam es deshalb insbesondere im ostwestfälisch-lippischen Raum vermehrt zu Holzdiebstählen und Zollhinterziehungen (Schmuggel). Hier handelte es sich um sozial und wirtschaftlich bedingte Auswirkungen und Folgen der veränderten Staats- und Gesellschaftsordnung nach 1815, die in Westfalen erst verzögert einsetzten und die auch Droste-Hülshoff in ihrer Prosa wiederholt als historischen Hintergrund aufscheinen ließ.

Die Revolution in den Jahren 1848/49 wurde sowohl von den Forderungen liberaler Kräfte nach dauerhafter politischer Vertretung im Staat als auch vom Wunsch breiter Massen getragen, die sozialen und wirtschaftlichen Verhältnisse spürbar zu verbessern. Die arme Landbevölkerung forderte eine Rückkehr zu den Nutzungsrechten der ehemaligen Allmenden, die Kleinbauern wollten eine vollständige Umwandlung der Naturalrenten in Geldrenten. Angeheizt durch die revolutionären Ereignisse in Berlin und Frankfurt entwickelten sich daraus auch in Westfalen im März 1848 Gewaltaktionen gegen adlige Grundbesitzer mit Angriffen auf die Güter in Fürstenberg, Bökenförde (Schwarzenraben), Bruchhausen und Dülmen (HKA XII, 250; vgl. Reininghaus/Eilts 1999, 33–36). Maximilian Droste zu Vischering, der Erbdroste, forderte sogar Husaren zum Schutz seines Schlosses in Darfeld an (Behr 1983, 82).

Es ist bekannt, dass Annette von Droste-Hülshoff anfangs verständnisvoll, dann ablehnend und verängstigt auf das 1847 einsetzende Revolutionsgeschehen reagierte. Zwar hatte sie Levin Schücking für das Feuilleton der *Kölnischen Zeitung*, die sich 1848 zum Sprachrohr der bürgerlichen Revolution entwickeln sollte, noch 1845 einige Gedichte zur Verfügung gestellt, doch ging sie auf Wunsch ihres Bruders bald wieder auf Distanz zu dieser Zeitung, die eine zunehmend antikatholische Haltung einnahm (HKA X, 333). Während des Schweizer Sonderbundskrieges von 1847/48 zeigte sie starke Sympathien für die Aufständischen (HKA X, 428). Bei ihnen handelte es sich indessen um katholisch-konservative Freischarverbände, die sich von den mehrheitlich reformierten Kantonen der Eidgenossenschaft absetzen und die Souveränität der Urkantone wiederherstellen wollten, und nicht um liberale Revolutionäre. Die Ereignisse der mit Volksversammlungen und militärischen Gefechten in Südbaden und am Hochrhein verbundenen Badischen Revolution erlebte sie aus unmittelbarer Nähe (die Zentren der Agitation lagen in Stockach und Konstanz), ohne sich in ihren Briefen dazu zu äußern. Auch die Tatsache, dass nicht-adlige Frauen nun öffentlich eine politische Rolle als Unterstützerinnen der Revolution einzunehmen begannen (Amalie Struve, Emma Herwegh und die ihr aus Münster bekannte Mathilde Franziska Anneke), hat Droste nicht mehr kommentiert. Ihr Schwager Laßberg, der ein engagierter Verteidiger des alten Reichsadels war und in Meersburg den Platz des *pater familias* einnahm, sah in der deutschen Revolution von 1848/49 nur eine »abscheuliche und gottlose moralische Cholera« (zit. n. Harris 1991, 83).

In Preußen konnten die Befürworter einer Verfassung, die sogenannten Konstitutionellen, innerhalb kürzester Zeit ein wichtiges Etappenziel für sich verbuchen. Bereits am 1. Mai 1848 wurden Urwahlen für die Wahlen zur Frankfurter und zur Berliner Nationalversammlung abgehalten. In diesen Parlamenten dominierten Geistliche und Juristen. Im Unterschied zu den in der Revolutionsphase praktisch ausgeschalteten Provinziallandtagen blieb der Adel in den Revolutionsparlamenten erstmals ohne Einfluss auf die politische Entwicklung. Doch die bürgerliche Revolution blieb 1849 unvollendet; sie scheiterte daran, dass die tonangebenden Liberalen letztlich nur eine ›begrenzte‹ Revolution wollten und der Legalität des Politischen in einem starken Staat den Vorzug gaben. Mit der republikanischen Linken konnte es angesichts ihres radikaldemokratischen, auf die Durchsetzung der Volkssouveränität ausgerichteten Programms keine Koalitionen geben. Aber auch dem ständisch orientierten Adel gelang es in dieser Situation nicht mehr, die weitere Entwicklung in seinem Sinne zu beeinflussen. Die Gegenrevolution wurde zu einer Sache des Militärs und des Beamtenstaates, nicht mehr des Adels, der sich in der zweiten Hälfte des 19. Jahrhunderts schließlich doch an bürgerliche Normen sowie an neue Markt- und Produktionsverhältnisse anpassen musste, um ›oben‹ zu bleiben (Weidner 2015, 87f.).

Literatur

Behr, Hans-Joachim: Die Provinz Westfalen und das Land Lippe 1813–1933. In: Wilhelm Kohl (Hg.): Westfälische Geschichte. Bd. 2: Das 19. und das 20. Jahrhundert. Politik und Kultur. Düsseldorf 1983, S. 45–164.

Behr, Hans-Joachim: Revolution auf dem Lande. Bauern und ländliche Unterschichten 1848/49. In: Westfälische Zeitschrift 150 (2000), S. 43–147.

Bockhorst, Wolfgang: Westfälische Adelsgeschichte in der französischen Zeit. In: http://www.zeitenblicke.de/2010/1/bockhorst/index_html (18.3.2016).

Conrad, Horst: Einleitung. In: Hermann von Wolff-Metternich (Hg.): Clemens Freiherr von Wolff-Metternich 1803–1872. Eine Lebens- und Familienchronik. Münster 1985, S. 11–20.

Gaier, Ulrich: Annette und das Geld. Die Droste, die Schriftstellerei, das Fürstenhäuschen. Ein Lesebuch. Konstanz 1993. [Gaier 1993a]

Hardtwig, Wolfgang: Vormärz. Der monarchische Staat und das Bürgertum. 4. Aufl. München 1998.
Harris, Martin: Joseph Maria Christoph Freiherr von Lassberg 1770–1855. Briefinventar und Prosopographie. Mit einer Abhandlung zu Lassbergs Entwicklung zum Altertumsforscher. Heidelberg 1991.
Hüser, Karl: Die Lebenserinnerungen des Johann Matthias Gierse (1807–1881). In: Westfälische Zeitschrift 121 (1971), S. 71–95.
Keinemann, Friedrich: Das Domkapitel zu Münster im 18. Jahrhundert. Münster 1967.
Lahrkamp, Monika: Münster in napoleonischer Zeit 1800–1815. Administration, Wirtschaft und Gesellschaft im Zeichen von Säkularisation und französischer Herrschaft. Münster 1976.
Nolte, Paul: Staatsbildung als Gesellschaftsreform. Politische Reformen in Preußen und den süddeutschen Staaten 1800–1820. Frankfurt/M., New York 1990.
Reif, Heinz: Westfälischer Adel 1770–1860. Vom Herrschaftsstand zur regionalen Elite. Göttingen 1979.
Reininghaus, Wilfried/Eilts, Axel: Fünfzehn Revolutionsmonate: die Provinz Westfalen von März 1848 bis Mai 1849. In: Wilfried Reininghaus/Horst Conrad (Hg.): Für Freiheit und Recht. Westfalen und Lippe in der Revolution 1848/49. Münster 1999, S. 32–73.
Reininghaus, Wilfried: Die Reform der preußischen Statistik 1798/99 und ihre Umsetzung in Minden-Ravensberg. Zugleich ein Beitrag zu Steins Zeit als Kammerpräsident. In: Johannes Altenberend/Reinhard Vogelsang (Hg.): Forschen – Verstehen – Vermitteln. Festschrift zum 100. Jahresbericht des Historischen Vereins für die Grafschaft Ravensberg. Bielefeld 2015, S. 197–218.
Süßmann, Johannes: Vom Alten Reich zum Deutschen Bund 1789–1815. Paderborn 2015.
Veddeler, Peter (Bearb.): Französische Emigranten in Westfalen 1792–1802. Ausgewählte Quellen. Münster 1989.
Weidner, Marcus: Adel in Übergängen. In: Karl Ditt u. a. (Hg.): Westfalen in der Moderne 1815–2015. Geschichte einer Region. 3. Aufl. Münster 2015, S. 77–100.

3. Literatur im Kontext

3.1. Droste in der Literaturgeschichte
Cornelia Blasberg

1. Möglichkeiten und Grenzen literaturgeschichtlicher
   Modellbildung 51
2. Biedermeier – Frührealismus – Vormärz 53
3. Ästhetische Moderne 55
4. Transformationen des Romantischen 56

1. Möglichkeiten und Grenzen literaturgeschichtlicher Modellbildung

Eine kulturwissenschaftlich orientierte Literaturwissenschaft verortet ihren Gegenstand im Spannungsfeld kultureller, ökonomischer, politischer und wissenschaftlicher Diskurse, und so definiert sie die moderne Literatur als Akteurin in einem Netzwerk vielfältiger Interdependenzen. Dass man die Literatur des frühen 19. Jahrhunderts im emphatischen Sinne als ›modern‹ bezeichnen kann, daran besteht ebenso wenig Zweifel wie an der Tatsache, dass der Wechsel von Revolutionen (1789, 1830, 1848) und Restaurationsmaßnahmen (1814/15 Wiener Kongress, 1819 Karlsbader Beschlüsse), die rasche Ausdifferenzierung der Lebens- und Arbeitsbereiche unter dem Innovationsdruck von Wissenschaften, Technik und Industrialisierung und die Institutionalisierung kapitalistischer Marktverhältnisse den Modernisierungsprozess als krisenhaft erscheinen lassen. Die besondere Intensität der Krisenerfahrung zwischen 1800 und 1850 rührt nicht allein aus dem Verlust traditionell stabiler Praxisformen, der Erosion ideologischer Rationalitäts- und Konsistenzannahmen, den jede Modernisierung als Tribut für Neues fordert: Sie entsteht durch die permanente und bis in die privatesten Lebensbereiche hinein spürbare Kollision der Innovationsdynamik mit dem politischen System der Restauration. Vor diesem Hintergrund sieht sich die Literaturgeschichtsschreibung mit dem schier unlösbaren Problem konfrontiert, Ordnungskategorien und Entwicklungsverläufe für eine Literatur zu entwerfen, die angesichts der kulturellen Umbrüche im Singular gar nicht mehr vorzufinden ist, sondern die sich in programmatischen Auseinandersetzungen über ihren autonomen oder heteronomen Status vervielfältigt und geradewegs zu einem *plurale tantum* wird. Im Zeichen des Historismus verändert sich das Verhältnis zur Tradition, die keinen normativen Anspruch mehr erheben kann, so dass jeder Text seine eigene Genealogie, Theorie und Gestaltungsmaximen entwerfen und reflektieren muss, also zu Intertextualität und Interdiskursivität tendiert. Das gilt selbstverständlich auch für Droste und ihre diskontinuierlich verfassten, zum Teil Fragment gebliebenen Texte.

Angesichts der ungleichzeitigen Modernisierungs- und Differenzierungsschübe in der ersten Hälfte des 19. Jahrhunderts tut sich die Literaturgeschichtsschreibung schwer, die Beschreibung von Stilformationen und kulturellen Dispositiven zu konsistenten Epochenbegriffen zu verdichten. Im Bemühen, allen Parallelentwicklungen und Gegenströmungen ansatzweise gerecht zu werden, bietet sie für die nur fünfzig Jahre von Drostes Lebenszeit eine Vielzahl an Periodisierungsmodellen an. Dazu gehören Spätaufklärung (1780–1805), Weimarer Klassik (1786–1830), Frühromantik (1795–1800), mittlere Romantik (1805–1820), Spätromantik (1820–1839), Biedermeier (1815–1848), Junges Deutschland (1830–1835), Vormärz (1830–1848), Realismus (1848–1880), wobei die Jahre zwischen 1770 und 1830 auch als »Goethezeit« (Titzmann 2002) oder »Kunstperiode« (Heine [1831] 1980, 47) bezeichnet werden. Doch selbst aus einem derart differenzierten Epochenraster fallen manche Autoren und Werke heraus oder scheinen allenfalls – wie für Droste, Karl Immermann oder Friedrich Rückert überlegt – »im Schatten« der großen »Diskursformationen« (Bunzel/Stein/Vaßen 2003, 35) zu stehen. Tatsächlich macht es Droste den Literarhistorikern nicht leicht: Weder verfasste sie programmatische Schriften zugunsten der einen oder anderen literarischen Partei noch Beitrittserklärungen zu literarisch tonangebenden

Gruppen, weder erregte sie Skandale noch zog sie Zensurverbote auf sich. Ihre Aussagen zur Selbstpositionierung waren rar und, wenn sie auftraten, vom Gestus einer grundsätzlichen Verweigerung gegenüber literarischen Moden gezeichnet: »[S]o steht mein Entschluß fester als je, nie auf den EFFECT zu arbeiten« (HKA IX, 89). Drostes 1838 halbanonym veröffentlichte Sammlung von Gedichten blieb ohne Resonanz und ging in der neuen Werkausgabe von 1844 auf, so dass man noch nicht einmal charakteristische Phasen oder markante Brüche in einer (unterstellten) Werkentwicklung benennen kann, die mit Epochenkonzepten konform gehen.

2. Biedermeier – Frührealismus – Vormärz

Im Einklang mit der großen Epochen-Monographie von Friedrich Sengle zur »Biedermeierzeit« (Sengle 1970–1981) und Ronald Schneiders vor diesem Hintergrund verfasster Werkbiographie (Schneider [1977] 1995) entscheiden sich viele Verfasser literaturgeschichtlicher Beiträge dazu, Droste zusammen mit Adalbert Stifter, Eduard Mörike und Jeremias Gotthelf als ›Biedermeier‹-Autorin zu charakterisieren (Baumann/Oberle 1996, 142; Brenner 1996, 139; Glaser/Lehmann/Lubos 1997; van Rinsum/van Rinsum 1992, 202–212; Rötzer 1992, 187f.). Damit wird die »genügsame«, »unheroische« und konservativ-unpolitische Dichtung zwischen Freiheitskriegen und Realismus, zeitgleich zu Romantik und Jungem Deutschland, bezeichnet, die das »Laute, Dämonische und Große« meidet, »Bändigung der Leidenschaften« zugunsten sittlicher Ideale und den »Rückzug ins Private« (Wilpert 2001, 88) zum Programm erhebt. Begründet wird diese Entscheidung in der Regel durch den Hinweis auf Drostes soziale Herkunft, den unbestreitbaren politischen Konservatismus des westfälischen Adels, dessen Provinzialität und Religiosität. Vor diesem Hintergrund wird »die weltanschauliche Position der Droste« kurzerhand und »ohne Frage« »der konservativen Seite« zugerechnet (Schneider 1995, 17). Zu fragen wäre allerdings gerade deshalb, ob die vorschnelle Identifikation der Dichterin mit dem Konservatismus ihres Standes berechtigt ist und welche Belege man für diese Behauptung heranziehen kann. Schließlich gibt es keine expliziten politischen Äußerungen der Dichterin, deren Briefe zur Zeitgeschichte rhetorisch überformt und präzise auf den Erwartungshorizont des jeweiligen Empfängers abgestimmt sind, und die *Zeitbilder* der Ausgabe von 1844 sind allesamt mit ironischen Distanzsignalen versehen und hochgradig selbstreflexiv. Bevorzugte Werkreferenzen der ›Biedermeier‹-Verfechter sind die Naturlyrik, der »gläubiges Vertrauen in einen göttlichen Heilsplan« (Rötzer 1992, 187) unterstellt, und die Rüschhauser *Zeitgedichte*, aus denen ein »evolutionäres Reformprogramm« (Bauer 1980, 107) herausgelesen wird. Selbst wenn Literaturgeschichten mit dem vorgeblich neutraleren geschichtswissenschaftlichen Begriff der »Restaurationszeit« (Schulz 1989) aufwarten, führen sie Drostes Gattungswahl auf die Erfordernisse einer »biedermeierlichen Geselligkeit« (Nielsen 2010, 36) zurück: Dazu gehören die Freundschafts- und Widmungsgedichte, die den Rückzug ins Private untermalen, und die Balladen und Prosa-Kurzformen, die in den Veröffentlichungsrahmen von Almanachen passen.

Diejenigen Literaturgeschichten, die gegen das ›Biedermeier‹-Konzept votieren, begründen ihre Entscheidung durch Verweis auf andere Referenztexte und konzentrieren sich vor allem auf die Kriminalgeschichte *Die Judenbuche* mit ihren ›realistischen‹ Stilelementen. Dabei bringt die *Deutsche Literaturgeschichte* von Beutin u. a. die Epochenbezeichnung »Vormärz« (Beutin u. a. 2013, 241; zu Droste 286–291) ins Spiel, ohne Droste tatsächlich der oppositionellen, politisch revolutionären Literatur der 1830er Jahre zurechnen zu wollen. Vorsichtiger operieren andere Literaturgeschichten mit dem Begriff des »Frührealismus« (Fülleborn 1974). Im Band *Wege der deutschen Literatur* wird Drostes Dichtung nicht aufgrund stiltypologischer Merkmale, sondern im Hinblick auf zentrale Motive wie das »Ringen um Gott« und die Auseinandersetzung mit der »Unbegreiflichkeit der Mächte« (Glaser/Lehmann/Lubos 1997, 305 f.) in die Nachbarschaft von Mörikes Frührealismus gerückt. Die Fraktion der ›Realismus‹-Vertreter wird durch Winfried Freund angeführt, der die *Judenbuche* als »Pionierleistung in der Entwicklung der realistischen Novelle« (Freund 1996, 467) auszeichnet. Andernorts werden auch die Balladen einem »Realismus aus selbstvergessenem Gebanntsein an die konkreteste Erscheinung« (Fricke/Schreiber 1974, 189) zugerechnet. Das Panoptikum wäre nicht vollständig ohne die Erwähnung von Boyles *Kleiner deutscher Literaturgeschichte*, die, Drostes Katholizismus als »Protest« deutend und in ihrem Werk anti-idealistische Impulse entdeckend, über die Autorin im Kapitel »Das Zeitalter des Materialismus (1832–1914)« handelt (Boyle 2009, 137–140).

Der für die gesamte Kultur und Literatur von 1815 bis 1848 Geltung beanspruchende Begriff ›Biedermeier‹ muss sich heute einer kritischen Überprüfung unterziehen lassen (vgl. Nutt-Kofoth 2017). Umgekehrt wächst im Lager derer, die das Konzept des ›Vormärz‹ als synthetischen Gegenbegriff in Stellung bringen möchten, das Bewusstsein dafür, dass dann mitnichten nur die politische Literatur mit ihren operativen Genres im Zentrum des Interesses stehen darf, sondern generell nach der Leistung von Literatur gefragt werden muss. Ist doch auch früher schon darauf hingewiesen worden, dass sowohl ›Biedermeier‹- wie ›Vormärz‹-Autoren rhetorische Schreibverfahren favorisieren, die »Witz- und Empfindsamkeitskultur des 18. Jahrhunderts« fortführen und einem »halb empirische[n], halb allegorische[n] Realismus« (Weiss 1987, 506) das Wort reden, also vergleichbare Stilfiguren und Darstellungsmodi nutzen. Wenn Texte analoge Darstellungsverfahren aufweisen, wird es fragwürdig, sie aufgrund solcher Merkmale entweder dem ›Biedermeier‹ oder dem ›Vormärz‹ zuzurechnen. Das ist eine Erkenntnis, die nicht ohne Auswirkungen auf aktuelle Droste-Lektüren und deren Umgang mit älteren Forschungsergebnissen bleiben kann. Dasselbe gilt, wenn man ähnliche epistemologische Tiefenstrukturen in literarischen Texten beider ›Epochen‹ entdeckt, nämlich die Verunsicherung durch eine im Modernisierungsprozess aus den Fugen geratene Zeit, eine »durch Temporalisierung erzeugte Unruhe« (Erhart 2008, 138). Erharts These zufolge reagieren die Schriftsteller verschieden auf diese Herausforderung, indem die Vormärzler ihrer Literatur ein journalistisch-tagebuchartiges Beschleunigungsdesign aufprägen, während auf der ›Biedermeier‹-Seite eine »gleichsam architektonische Bemühung um die Herstellung und Wahrung stabiler fiktiver Räume« (Erhart 2008, 143) herrscht. Dass man auch diese These kritisieren, also eine Revolutionierung des zeitgenössischen Zeitbewusstseins und eine nachhaltige Irritation stabiler Fiktionen in vermeintlichen ›Biedermeier‹-Texten entdecken kann (vgl. Blasberg/Grywatsch 2013), deutet auf ein neues, transepochal ausgerichtetes Interesse an Drostes literarischen Texten und »›doppelbödigen‹ Schreibweisen« (Oesterle 2003, 203).

3. Ästhetische Moderne

Eine Alternative zum traditionellen Epochenmodell bieten makrohistorisch orientierte Literaturgeschichtsprojekte, in deren Zentrum ein »gegenwartsoffene[r] Langzeitbegriff[ ] der Moderne« steht, der es erlaubt, kulturelle Zusammenhänge jenseits »literarhistorisch etablierte[r] Kurzzeitepochen« (Kemper 1998, 101) zu analysieren. Dabei wird das spezifische, für die europäische Literatur des 19. und 20. Jahrhunderts wegweisende Verständnis von Moderne an die Programmatik der deutschen Frühromantik »ab 1800« (Kemper 1998, 112) geknüpft, die ihrerseits das epochale Ereignis der Französischen Revolution reflektiert. Die in diesem Sinne ›moderne‹ Literatur behauptet ihre uneingeschränkte Autonomie ebenso wie sie diese bezweifelt, sie konstruiert und dekonstruiert den Status des (schöpferischen) Subjekts, verhandelt Fragen der Transzendenz in eigener Sache und ironisiert ihre programmatische Modernität durch ein breites Spektrum modernekritischer Argumente. Vor allem aber ist moderne Literatur durch ein Zeitbewusstsein geprägt, das in eins mit radikalem Innovationsstreben die Melancholie angesichts aller dem Fortschritt geschuldeten Verluste kennt. »Es gibt seit dem Anbruch der Moderne keine Alternative mehr zu ihr, weder ein Zurück in eine Vor- noch ein Hinaus in eine wirklich andere Nachmoderne« (Vietta/Kemper 1998, 6). Für die Analyse von Drostes Texten ist eine solche Erweiterung der Perspektive überaus produktiv, da das Werk in neue Nachbarschaften (etwa zu Lawrence Sterne und Fontane, vgl. Liebrand 2017, 313f.; zu Gryphius, Blake, Baudelaire vgl. Detering 2009, 55–67) rückt und transepochale Bezüge sichtbar werden. Statt dass die Texte vorgeblich feststehenden Epochen wie ›Biedermeier‹ oder ›Vormärz‹ zugerechnet werden, öffnet sich der Blick für die Leistung der Autorin, sich kritisch und kreativ mit literarischen Traditionen auseinander zu setzen und mittels Rückgriff das ›Alte‹ keineswegs zu bestätigen, sondern es zu etwas ›Neuem‹ zu formen: »Arrièregarde als Avantgarde« (Liebrand 2008, 91). Erst im Rahmen solcher dynamischer Modelle erhellt sich zum Beispiel der fragile Subjektstatus von Drostes Protagonisten und lyrischer ›Ich‹-Figurationen sowie Drostes freier Umgang mit Gattungszitaten, der durch die expliziten Aussagen der Autorin überhaupt nicht gedeckt wird und in dieser Form auch im literarischen Umfeld der ›Biedermeier‹- und ›Vormärz‹-Autoren selten ist. So verwundert es nicht, dass viele neuere literaturwissenschaftliche Studien zu

Annette von Drostes Dichtung die spezifische ›Modernität‹ der Texte hervorheben (Grywatsch 2008b; Liebrand 2008; Detering 2009; → VI.2.).

4. Transformationen des Romantischen

Makrohistorische Modernisierungstheorien nehmen grundsätzlich von der Romantik als *der* auf Autonomie bedachten Literatur des Revolutionszeitalters ihren Ausgangspunkt. Verfolgt man diesen Gedanken weiter, gilt es im Allgemeinen, gerade aber auch im Hinblick auf Drostes zunächst eher unromantisch wirkende Textverfahren zu beachten, dass der Begriff ›Romantik‹ mehr schlecht als recht ein vielschichtiges, sich über Jahrzehnte hinweg veränderndes, im europäischen Kontext und in der Auseinandersetzung mit gleichzeitigen literarischen Bewegungen durch erstaunliche Wandelbarkeit auffallendes Phänomen bezeichnet. Im Lektüreprogramm der Hülshoff-Familie waren die Romantiker Brentano, E.T.A. Hoffmann, Walter Scott (Gödden 1994a, 58, 90, 130, 135) in der Tat die aktuell ›modernen‹ Autoren. Durch Elise von Hohenhausens Byron-Übersetzungen wurde Droste auf die englische Romantik aufmerksam; die Lektüre von Krelings *Englischer Bibliothek* (HKA VII, 410–413) und Alan Cunninghams *Englischer Literaturgeschichte* (HKA VII, 376–402) verstärkte ihr Interesse. Im Juni 1839 übersetzten Christoph Bernhard Schlüter und Levin Schücking Gedichte von Coleridge (Gödden 1994a, 276), im Mai 1840 trafen sich Schücking und Friedrich Engels, um über eine Übersetzung von Shelleys Werken zu verhandeln (HKA IX, 948). Schlüter brachte Tiecks *Phantasus* (HKA XI, 81) und das Werk des polnischen Romantikers Adam Mickiewicz ins Gespräch. Notiert wurden ebenfalls Lektüren der französischen Romantiker Hugo und Jouy (Gödden 1994a, 205f.), George Sand (Gödden 1994a, 301; HKA IX, 105), Lamartine (Gödden 1994a, 218), Sue (Gödden 1994a, 460) und Dumas (Gödden 1994a, 472). Vor diesem Hintergrund lag den Zeitgenossen die Einordnung von Drostes Gedichten in den Kontext der europäischen Romantik nahe: Adele Schopenhauer wählte Byrons (HKA XI, 68), Elise Rüdiger Tennysons Dichtungen zu Vergleichsobjekten (HKA X, 12; HKA XII, 89).

Isoliert man aus der Großepoche ›Moderne‹ das 19. Jahrhundert als einen Zeitraum, der durch die Langzeitwirkungen romantischer Poetik geprägt war, erscheinen Drostes Texte mithin als Elemente im Transformationsprozess des Romantischen, dann stellen sich neue Fragen an die literarhistorische Verortung des Werks, andere Beobachtungen gewinnen an Relevanz. Dabei muss zwischen zwei Möglichkeiten der Kontextualisierung von Drostes Dichtung unterschieden werden. Die erste lenkt den Blick auf den europäischen Referenzraum, in dessen verschiedenen nationalen Kulturen romantische Ästhetik ein anderes Gesicht trug, als man es von den auch von Droste zurückgewiesenen, zuweilen exaltierten Postulaten der deutschen Frühromantik (progressive Universalpoesie, Ironie, Fragment) her kennt. Auf der einen Seite lag das daran, dass die beiden Vermittler jener deutschen Literatur, die in Europa als ›romantisch‹ wahrgenommen wurde, Madame de Stael (*De l'Allemagne*, 1813) und

August Wilhelm Schlegel (*Vorlesungen über dramatische Kunst und Literatur*, 1808), vor allem die Werke von Schiller und Goethe im Ausland bekannt machen wollten. Auf der anderen Seite entstanden die europäischen Romantiken unter jeweils eigenen literarhistorischen Bedingungen. Die französische Romantik der 1830er Jahre profilierte sich als eher schwache Gegenbewegung zum vorherrschenden Klassizismus, die englische Romantik von Austen, Scott, Bulwer, Carlyle, Hazlitt und Lamb entwickelte sich kontinuierlich aus der Literatur des 18. Jahrhunderts (Altenhofer/Estermann 1985, 4). Beide Bewegungen zeichneten sich durch eine »Absage an formale Stilisierung und geschlossene Formen« sowie durch ihre gesellschaftskritischen und zeitdiagnostischen Interessen aus, wodurch sich der »anti-mimetische« (Engel 2011, 215) Gestus, wie er für das frühromantische Programm von Friedrich Schlegel und Novalis charakteristisch ist, deutlich reduzierte. Infolge dieser Entidealisierung werden verblüffende Parallelen zwischen europäischer Romantik und der deutschsprachigen Literatur der Restaurationszeit sichtbar, die auch an Drostes Texten beobachtet werden können. Im europäischen Rahmen, wie ihn Drostes Lektüren absteckten, bildeten Stil-und Diskursformationen, die in Deutschland als gegeneinander antretende Epochen-Programme auftraten, flexible Einheiten, innerhalb derer beispielsweise »das romantische spirituell-idealistische Weltdeutungssystem« auf eine »materielle Basis« gestellt wurde, ohne dass es seine Funktion völlig verlor (Engel 2011, 214).

Eine zweite Möglichkeit, die eigenwilligen Transformationen des Romantischen in ihrer Bedeutung für eine Analyse von Drostes Dichtung zu untersuchen, besteht im Nachvollzug von Immigrations- und Adaptionsbewegungen zwischen den Diskursformationen Romantik, Vormärz und Realismus in Deutschland. Dabei muss zunächst einmal anerkannt werden, dass die (früh-)romantische Dichtung, die in einer engen Koalition mit Philosophie, anderen Künsten und den Wissenschaften entwickelt wurde, poetische Autonomie und Selbstreflexivität auf ihre Fahnen schrieb, das Gattungsschema, den Werkbegriff und die Vorstellung vom Autorsubjekt dekonstruierte, eine ungeheure Strahlkraft in die Geschichte der Literatur hinein hatte und es mit ihrem fundamentalistischen, totalisierenden Begriff von Dichtung nachfolgenden Bewegungen erheblich erschwerte, sich gegen diese Übermacht durchzusetzen. Stellt man außerdem in Rechnung, dass die Gruppe der Romantiker die »erste Generation von Schriftstellern« war, »die sich durch ›moderne‹ Vermarktungspraktiken im Literaturbetrieb ihrer Zeit zu etablieren wußte« und sich auf eine »virtuose Form der Mediennutzung« (Bunzel/Stein/Vaßen 2003, 23) verstand, dann wird umso verständlicher, warum sich die Jungdeutschen und Vormärzler so überaus heftig von den Romantikern abgrenzen mussten, um ein eigenes Profil im literarischen Feld zu erringen. Ob man nun vormärzlich das ›Ende der Kunstperiode‹ proklamierte, die Literatur auf Engagement für den Zeitgeist und zur Nutzung operativer Medien verpflichtete, die Revolution von 1830 oder die von 1848 als ultimative Grenzscheide ansah – die »Kontinuität romantischer Ausdrucksformen und Denkmodelle« (Bunzel/Stein/Vaßen 2003, 26) blieb davon unberührt. Desgleichen lässt sich ein Weiterleben von »[r]omantic motifs, characters, themes, narrative devices – and even arguments –« (Göttsche/Saul 2013, 11) in der Literatur des Realismus wie generell »the transformation of Romantic tropes into Realist narrative« (Göttsche/Saul 2013, 21) beobachten. Das Historisch-Werden in einer definitiv postromantischen Welt schadete der Attraktivität des romantischen Modells keineswegs, hatte die Nachwelt von den Romantikern doch gelernt, dass Zukunft immer auch rückwärtsgewandte Anteile hat und das Unabgegoltene der Vergangenheit ein hohes Utopie- und Zukunftspotential enthält. Vor dem Hintergrund dieser zeitgleich erfolgenden »Austreibung« und Archivierung »des Romantischen« (Oesterle 2003, 208) in Drostes Lebenszeit bietet es sich an, auf epochale Zuordnungen ihres Werkes zu verzichten und stattdessen den Spuren nachzugehen, die langfristige, transepochale und -disziplinäre Veränderungsprozesse in ihm hinterlassen haben.

Literatur

Altenhofer, Norbert/Estermann, Alfred: Einleitung. In: Norbert Altenhofer/Alfred Estermann (Hg.): Europäische Romantik III. Restauration und Revolution. Wiesbaden 1985, S. 1–7.

Bauer, Winfried: Geistliche Restauration versus Junges Deutschland und Vormärz-Literaten. In: Bernd Witte (Hg.): Vormärz: Biedermeier, Junges Deutschland, Demokraten 1815–1848. Reinbek bei Hamburg 1980 (= Deutsche Literatur. Eine Sozialgeschichte. Bd. 6), S. 99–111.

Beutin, Wolfgang u. a. (Hg.): Deutsche Literaturgeschichte. Von den Anfängen bis zur Gegenwart. 8., akt. und erw. Aufl. Stuttgart, Weimar 2013.

Boyle, Nicholas: Kleine deutsche Literaturgeschichte. Aus dem Englischen von Martin Pfeiffer. München 2009.

Bunzel, Wolfgang/Stein, Peter/Vaßen, Florian: ›Romantik‹ und ›Vormärz‹ als rivalisierende Diskursformationen der ersten Hälfte des 19. Jahrhunderts. In: Wolfgang Bunzel/Peter Stein/Florian Vaßen (Hg.): Romantik und Vormärz. Zur Archäologie literarischer Kommunikation in der ersten Hälfte des 19. Jahrhunderts. Bielefeld 2003, S. 9–46.

Detering, Heinrich: Versteinter Äther, Aschenmeer. Metaphysische Landschaften in der Lyrik der Annette von Droste-Hülshoff. In: Jochen Grywatsch (Hg.): Raum. Ort. Topographien der Annette von Droste-Hülshoff. Hannover 2009 (= Droste-Jahrbuch 7), S. 41–67.

Engel, Manfred: Vormärz, Frührealismus, Biedermeier, Restaurationszeit? Komparatistische Konturierungsversuche für eine konturlose Epoche. In: Oxford German Studies 40,3 (2011), S. 210–220.

Erhart, Walter: »Das Wehtun der Zeit in meinem innersten Menschen«. ›Biedermeier‹, ›Vormärz‹ und die Aussichten der Literaturwissenschaft. In: Euphorion 102,2 (2008), S. 129–162.

Freund, Winfried: Novelle. In: Edward McInnes/Gerhard Plumpe (Hg.): Bürgerlicher Realismus und Gründerzeit 1848–1890. München 1996 (= Hansers Sozialgeschichte der deutschen Literatur vom 16. Jahrhundert bis zur Gegenwart. Bd. 6), S. 462–528.

Fricke, Gerhard/Schreiber, Mathias: Geschichte der deutschen Literatur. 16. Aufl. Paderborn 1974.

Fülleborn, Ulrich: Frührealismus und Biedermeierzeit. In: Elfriede Neubuhr (Hg.): Begriffsbestimmung des literarischen Biedermeier. Darmstadt 1974, S. 329–364.

Glaser, Hermann/Lehmann, Jakob/Lubos, Arno: Wege der deutschen Literatur. Eine geschichtliche Darstellung. Frankfurt, Berlin 1997.

Gödden, Walter: Annette von Droste-Hülshoff. Leben und Werk. Eine Dichterchronik. Bern u. a. 1994. [Gödden 1994a]

Göttsche, Dirk/Saul, Nicholas: Introduction. In: Dirk Göttsche/Nicholas Saul (Hg.): Realism and Romanticism in German Literature. Realismus und Romantik in der deutschsprachigen Literatur. Bielefeld 2013, S. 9–30.

Heine, Heinrich: Französische Maler [1831]. In: Heinrich Heine: Historisch-kritische Gesamtausgabe der Werke. Hg. von Manfred Windfuhr. Bd. 12,1. Hamburg 1980, S. 9–62.

Kemper, Dirk: Ästhetische Moderne als Makroepoche. In: Dirk Kemper/Silvio Vietta (Hg.): Ästhetische Moderne in Europa. Grundzüge und Problemzusammenhänge seit der Romantik. München 1998, S. 97–126.

Liebrand, Claudia: Kreative Refakturen. Annette von Droste-Hülshoffs Texte. Freiburg/ Br. u. a. 2008.

Liebrand, Claudia: Textarbeit am Archiv. Zu einer der Schwierigkeiten der literaturhistorischen Verortung von Drostes Fragmenten *Ledwina* und *Bei uns zu Lande auf dem Lande*. In: Rüdiger Nutt-Kofoth (Hg.): Literaturgeschichte als Problemfall. Zum literarhistorischen Ort Annette von Droste-Hülshoffs und der ›biedermeierlichen‹ Autoren in der ersten Hälfte des 19. Jahrhunderts. Hannover 2017 (= Droste-Jahrbuch 11), S. 309–323.

Nielsen, Helge: Die Restaurationszeit: Biedermeier und Vormärz. In: Bengt Algot Sørensen (Hg.): Vom 19. Jahrhundert bis in die Gegenwart. 3., akt. Aufl. München 2010 (= Geschichte der deutschen Literatur. Bd. 2), S. 13–61.

Oesterle, Günter: Zum Spannungsverhältnis von Poesie und Publizistik unter dem Vorzeichen der Temporalisierung. In: Wolfgang Bunzel/Peter Stein/Florian Vaßen (Hg.): Romantik und Vormärz. Zur Archäologie literarischer Kommunikation in der ersten Hälfte des 19. Jahrhunderts. Bielefeld 2003, S. 199–211.

Rötzer, Hans G.: Geschichte der deutschen Literatur. Epochen, Autoren, Werke. Bamberg 1992.

Schneider, Ronald: Annette von Droste-Hülshoff [1977]. 2., vollst. neu bearb. Aufl. Stuttgart, Weimar 1995.

Schulz, Gerhard: Die deutsche Literatur zwischen französischer Literatur und Restauration. München 1989 (= Geschichte der deutschen Literatur von den Anfängen bis zur Gegenwart. Bd. 7).

Titzmann, Michael (Hg.): Zwischen Goethezeit und Realismus. Wandel und Spezifik in der Phase des Biedermeier. Tübingen 2002.

Vietta, Silvio/Kemper, Dirk: Einleitung. In: Dirk Kemper/Silvio Vietta (Hg.): Ästhetische Moderne in Europa. Grundzüge und Problemzusammenhänge seit der Romantik. München 1998, S. 1–55.

Weiss, Walter: Biedermeier(Zeit), Vormärz, (Früh)Realismus? Ein Beitrag zur Epochendiskussion. In: Walter Veit (Hg.): Antipodische Aufklärungen/Antipodean Enlightenments. Festschrift für Leslie Bodi. Frankfurt/M. u. a. 1987, S. 503–517.

Wilpert, Gero von: Art. Biedermeier. In: Gero von Wilpert: Sachwörterbuch der Literatur. 8., verb. und erw. Aufl. Stuttgart 2001, S. 88 f.

3.2. Das literarische Feld im frühen 19. Jahrhundert
Cornelia Blasberg

1. Ökonomisierung des literarischen Marktes und aristokratischer Habitus 60
2. Literarische Netzwerke 64
3. Literatur und Kritik 67

Für Schriftstellerinnen des frühen 19. Jahrhunderts ist generell anzunehmen, dass ihre Schreibkarrieren je nach Herkunft, Stand, Zugang zu Bildung und Öffentlichkeit entweder bestätigend gefördert (wie im Fall einiger Romantikerinnen) oder in äußerst engen Grenzen gehalten wurden. Drostes Eintritt in die zeitgenössische Literaturszene vollzog sich gleichsam in einem Zickzacklauf zwischen beiden Möglichkeiten. Dem konservativen aristokratischen Code ihrer Familie gemäß musste Droste nicht nur verschweigen, dass sie eine mündige Zeitgenossin und gut informiert über ihre Kreise war, sondern durfte sich partout nicht öffentlich zu Wort melden, geschweige denn in bürgerlichen Literaturmedien publizieren. Auf der anderen Seite hatte sie dieselbe Bildung wie ihre Brüder genossen, konnte gute Bibliotheken nutzen und erhielt dank ihrer Reisen im Verwandtenkreis (1826, 1828, 1830 Köln und Bonn, 1835 Eppishausen, 1841, 1843 und 1846 Meersburg) und die sich dadurch erschließenden Bekanntschaften neue intellektuelle und künstlerische Impulse. Als durch die seit 1835 häufigen Besuche der Mutter bei Jenny von Laßberg in Meersburg die familiäre Kontrolle schwächer wurde, konnte Droste Kontakt zu Schriftstellergruppen in Münster aufnehmen, lernen, wie sich der zu dieser Zeit rasant wachsende literarische Markt beobachten und steuern ließ, um sich schließlich selbst in die Öffentlichkeit – zumindest an deren Peripherie – zu wagen. Ihre Spezifik gewinnen Aussagen zu Drostes Autorschaft und deren Reflexion in Briefen und poetischen Texten wie *Mein Beruf, An die Schriftstellerinnen in Deutschland und Frankreich, Poesie, Der Theetisch, Die beste Politik, Der Dichter – Dichters Glück* u. a. weniger im diachronen Längsschnitt der Literaturgeschichte als im Rahmen des transepochalen »literarischen Feldes« (Bourdieu 2001) ihrer Gegenwart. Drostes »Werkpolitik« (Martus 2007), mochte sie auch noch so sehr durch Geschlechtergrenzen und Standesetikette reglementiert wirken, entfaltete sich zu den Bedingungen der zeitgenössischen Medien und des sich zuspitzenden Wettbewerbs im Geschäft mit der Literatur.

1. Ökonomisierung des literarischen Marktes und aristokratischer Habitus

In der ersten Hälfte des 19. Jahrhunderts erweiterte sich der literarische Markt in Deutschland explosionsartig: Auf der Basis technologischer Neuerungen wie der Einführung von Papiermaschine und Schnellpresse (Liedtke 2011, 12 f.) wurden so viele Bücher, Zeitschriften, Broschüren und Heftchen gedruckt wie nie zuvor. Zwischen 1821 und 1838 stieg die jährliche Buch-

3. Literatur im Kontext

produktion um 150 Prozent (Stein 2001, 244). Zählte man 1820 ca. 4370 Titel, so 1834 bereits über 9000 und 1840 fast 10100 (Hohendahl 1985, 132). Analog dazu wuchs zwischen 1822 und 1842 die Zahl der Buchhändler um 183 Prozent (Hohendahl 1985, 132), deren Umsatz allerdings stärker als vom Verkauf literarischer Texte durch die Nachfrage nach realwissenschaftlichen und theologischen Büchern gefördert wurde. Erfolgsgaranten für Verleger und Buchhändler waren ein dichteres Vertriebsnetz, niedrigere Preise bei höheren Auflagen und die Entdeckung eines neuen Absatzmarktes für ›Pfennigmagazine‹ (*Das Pfennigmagazin*, 1833–1855, wurde auch von Droste gelesen) und andere billige Journale mit bunt gemischten Neuigkeiten aller Art, die über Lesekabinette und Leihbibliotheken rasant verbreitet wurden. Bücher kaufen konnte nur die relativ kleine akademische und »besitzbürgerliche[ ]« Schicht (Hohendahl 1985, 133), was für Buchhändler und Verleger – trotz der drastischen Zensurpraktiken der Metternich-Ära – Gründung und Vertrieb von zum Teil nur sehr kurzlebigen Zeitschriften, Journalen und Almanachen attraktiv machte. Drostes Briefe sind voll von Berichten über empfohlenen, geschenkten, abonnierten, von Bekannten oder aus Leihbibliotheken (Gödden 1994a, 97, 150, 166 u. a.) entliehenen Lesestoff, zu dem in erstaunlich hohem Umfang die heute unbekannte Unterhaltungsliteratur ihrer Zeit gehörte; offensichtlich durchforschte sie gerade diese intensiv nach möglichen Sujets für eigene Dichtungen (HKA VII, 334–560) – um dann, wie zum Beispiel im Fall des *Ledwina*-Projektes, enttäuscht feststellen zu müssen, dass ihrer Heldin ungeahnt viele Leihbibliotheks-»Schwestern« (HKA VIII, 26) vorausgegangen waren. Seit Mitte der 1830er Jahre, erst recht natürlich, nachdem ihre eigenen Texte rezensiert wurden, gewann die Diskussion von Veröffentlichungen und Rezensionen in den verschiedensten Literaturzeitschriften, die zum Teil, wie Gutzkows *Phönix* und *Telegraph für Deutschland*, von politisch engagierten Schriftstellern gegründet worden waren, in Drostes Briefen an Gewicht. Im Meersburger »Museum«, einem öffentlichen Zeitungs- und Lesekabinett, konnten Cottas *Morgenblatt für gebildete Stände*, die *Kölnische Zeitung*, die *Karlsruher* und die Augsburger *Allgemeine Zeitung* mit ihren prominenten Literaturbeilagen eingesehen werden (HKA IX, 997f.). »Wir bekommen hier eine Menge JOURNALE«, heißt es im Brief an Elise Rüdiger vom 24. Juli 1843 aus (dem ländlichen!) Abbenburg, »die Modezeitung – das Morgenblatt – den Telegraphen – Vaterland – Ausland – Königsberger Literaturblätter« (HKA X, 88; vgl. HKA X, 689). Ohne Zweifel: Die gewaltige Expansion der Zeitschriftenliteratur förderte grundsätzlich die Informiertheit der interessierten Leser- und Schreiber/innen und trug dazu bei, dass sich eine ins Feld des Privaten verschobene Öffentlichkeit etablierte. Sie bot den jungen, engagierten Schriftsteller/innen, abgesehen von einem wenn auch schwierig zu kalkulierenden Verdienst, ein Forum für Experimente mit neuen, oft kurzen Textformen im Grenzbereich von Literatur, Kritik, Wissen und Leben (Hohendahl 1985, 139; Althaus/Bunzel/Göttsche 2007). Auf der anderen Seite reflektierte die Fülle der Journale aber auch die Kapitalisierung des Literaturmarktes, der fortan unwiderruflich im Zeichen von Profit und Konkurrenz stand. Abgesehen davon, dass im Einzelfall parteiliche Literaturpolitik im Spiel war, wenn Texte bestimmter Autoren von bestimmten anderen mit absehbaren Ergebnissen rezensiert wurden, galt nun generell der Verdacht, dass der Aufklärungsauftrag der Kritik hinter den ökonomischen Konkurrenzvorteil zurücktrat. Ihr sei völlig klar, schrieb Droste vor diesem Hintergrund im Januar 1846 hellsichtig an Elise Rüdiger, »wie wenig wir armes Federvolk überhaubt auf Aufrichtigkeit rechnen dürfen« (HKA X, 351; vgl. Albrecht 2001, 31). Bereits 1842 hatte sie in einem Brief an Levin Schücking, ein wenig kokett mit Fragezeichen versehen, das problematische neue Erfolgskriterium beim Namen genannt, die »Tendenz«: »[M]ein Gedicht ›an die Weltverbesserer‹ ist auch, zuerst von der Karlsruher Zeitung, dann vom Merkur abgedruckt worden – das macht wohl die Tendenz – oder ist es so viel besser wie die Uebrigen?« (HKA IX, 295; vgl. korrigierend HKA IX, 1067f.) Mit dem schon von den Zeitgenossen auf die jungdeutsche Literatur gemünzten Begriff ›Tendenz‹ brachte Droste zum Ausdruck, dass ihr die grundsätzliche, also keinesfalls auf die liberale Presse beschränkte, sondern alle konservativen Organe gleichermaßen betreffende Politisierung des Literaturmarktes absolut bewusst war. Wer in Almanachen, Journalen oder Zeitschriften veröffentlichte, nahm in Kauf, dass das ›Medium‹ zur ›Botschaft‹ oder zumindest zu einer unkalkulierbaren Einflussgröße für die Semantik literarischer Texte wurde. Wie auch immer die Aussage eines Textes ursprünglich gemeint war, das (Zeitschriften-)Medium nahm eine von ihm gesteuerte Positionierung des Textes im literarischen Feld vor. Denn die Vormärz-Journale generierten nicht nur neue Formen politischer Literatur und damit neue »Sprecherorte« (Frank 1996, 24) für die Autoren, sie vereinnahmten auch alles vermeintlich ›Alte‹.

Im Brief an Levin Schücking klang Drostes Nachricht, dass ihre *Weltverbesserer* ebenfalls in Herrmann Marggrafs Sammlung *Politische Gedichte aus Deutschlands Neuzeit. Von Klopstock bis auf die Gegenwart* (Leipzig 1843) aufgenommen wurden: »[S]o muß ich armes LOYALES Aristokratenblut da zwischen Herwegh, Hoffmann von Fallersleben ET CET, paradiren« (HKA X, 36; vgl. HKA IX, 1067f.), amüsiert und selbstironisch. Allerdings hat der Terminus eine schillernde Bedeutung. Vor 1838 oder sogar noch zu Zeiten der aus Standesrücksichten halbanonym erschienenen ersten Gedichtausgabe hätte Drostes Familie das »Aristokratenblut«, wörtlich verstanden, zum Argument gegen jegliches Publizieren in der Öffentlichkeit gemacht und dieses Verbot auch durchgesetzt. 1843 war der Begriff metaphorisch geworden, schließlich hatte sich Droste, protegiert durch Schücking, längst mit Veröffentlichungen im *Deutschen Musenalmanach* (*Der Geyerpfiff*), in Schückings *Das malerische und romantische Westphalen* (*Der Graue, Die Elemente, Der Schloßelf* u.a.) und schließlich im prominenten Cotta'schen *Morgenblatt* (*Der Knabe im Moor, Im Moose, Die Judenbuche, Die Taxuswand, Am Thurme* u.a.) einen Namen gemacht. Sie kannte den Markt der Journale mit seinem Konkurrenzkampf (wo »die Celebritäten sich einander auffressen und neu GENERIREN wie Blattläuse«, HKA X, 89), distanzierte sich vom Typus des »Berufsschriftstellers« (Lukas/Schneider 2013, 7), polemisierte gegen die Journalschreiber als

»Sklave[n] der öffentlichen Meinung« (HKA IX, 85) und entwarf ein gedankliches Gegenkonzept: »[D]ann scheint mirs besser die Beine auf den Sopha zu strecken, und mit halbgeschlossnen Augen von Ewigkeiten zu träumen« (HKA X, 89). Zur Widerstandsformel gegen die Zumutungen des Marktes abstrahiert, wandelte sich das genealogische Erbe zum frei gewählten aristokratischen »Habitus« (Bourdieu 1974, 143) eines Schriftstellers, der nichts so sehr schätzt wie die Autonomie der Literatur. So konnte beispielsweise auch der bürgerliche Schücking eine Anstellung bei Gutzkows *Telegraph* mit dem Hinweis auf dessen »u l t r a liberale Ansichten« ablehnen: »Ich bin zu aristocratisch dazu, mich in die sansculotte Demagogie des Journalismus zu begeben« (HKA XI, 202). Im Lustspiel PERDU! *oder Dichter, Verleger, und Blaustrümpfe*, in dem die witzig überzeichneten Schriftstellerkollegen aus der münsterschen »Hecken-Schriftsteller-Gesellschaft« (HKA IX, 20) um die Gunst des Buchhändlers und Verlegers Speth buhlen und ihre Eitelkeiten preisgeben, Freiligrath als »Sonderrath«, Schücking als »Seybold« auftritt, erscheint in der vorletzten Szene »Anna von Thielen«, »eine große schöne Frau, von sehr vornehmen Anstande, sie ist einfach aber reich gekleidet« (HKA VI, 57; → III.3.). Offenbar hatte Seybold dem Verleger Annas Gedichtband angeboten, an dem dieser »kleine Abänderungen« (HKA VI, 58) vornehmen will, da er am Verkaufserfolg des Bändchens zweifelt – worauf Frau von Thielen umstandslos die Gedichte wieder an sich nimmt. Anna von Thielen ist ein Selbstporträt und verkörpert zugleich den aristokratischen Habitus in seiner ganzen Ambivalenz: Zwar hat die edle Dame berechtigten Zutritt zu Verleger und Dichterkreis, spielt dasselbe Spiel wie alle anderen, doch hat sie nur kurz daran teil und ist mit begrenzter Handlungsmacht ausgestattet. Seybold hat ihre Gedichte vermittelt und ist trotz persönlicher Anwesenheit der Verfasserin der Ansprechpartner für das (misslingende) Geschäft; Annas geistige Urheberschaft hat in der Sphäre des Marktes nicht die Autorität der Autorschaft.

Dass dem aristokratischen Habitus im literarischen Kontext die Kehrseite der Machtlosigkeit zugeschrieben wird, weist nicht nur das Lustspiel PERDU! als selbstreflexiven und -kritischen Text aus, sondern lenkt den Blick zugleich auf Drostes faktische Strategien zur Positionierung auf dem literarischen Markt, die einen eklatanten »›Mangel an Geschäftskenntniß‹« (Plachta 1995, 30) verraten. In der Tat ließ Droste sich durch ›bürgerliche‹ Agenten wie Schlüter im Fall Aschendorff, O.L.B. Wolff und Adele Schopenhauer beim Verlag Velhagen & Klasing, Schücking beim Cotta-Verlag vertreten, die den gesamten merkantilen Vorgang von der Anbahnung des Kontaktes bis hin zum Vertragsschluss, wenn er zustande kam, dirigierten, ihn der Autorin also vollends aus der Hand nahmen. Aus Sicht der Familie schlug positiv zu Buche, dass Droste auf diese Weise nicht öffentlich in Geschäfte gezogen wurde, negative Folgen für die Autorin selbst waren zweifellos Unmündigkeit und Inkompetenz. Da die »Honorarbücher des Cotta-Verlags für das *Morgenblatt* […] keine Nachweise über direkte Zahlungen an die Droste« (Plachta 1995, 37) enthielten, ist davon auszugehen, dass Drostes und Schückings Arbeiten zusammen verrechnet wurden und Schücking das Geld für sie verwaltete. Für die Gedichtausgabe von 1838 hatte Droste in der Furcht, den Verleger »in Nachtheil zu bringen« (HKA X, 232) auf ein Honorar verzichtet und musste 1844 beim Erscheinen der Gedichte sogar die Remittenten aufkaufen (Plachta 1995, 30f.). Ähnlich verhielt sie sich 1842, als sie überlegte, zugunsten der in Geldschwierigkeiten steckenden Schriftstellerin Louise von Bornstedt (1806–1870) dem Verlag Velhagen & Klasing ihre Gedichte kostenlos zur Verfügung zu stellen, damit dieser Bornstedts Gedichte vergüten könne (HKA IX, 354f.). In dieser Idee offenbart sich ein karitatives, mäzenatisches Selbstverständnis, das im konkreten Lebensumfeld der vielfach an die adlige Familie Droste-Hülshoff herangetragenen Bittgesuche, der Fürsorge für Arme, Kranke und Waisen absolut berechtigt war, im modernen, von Konkurrenz beherrschten literarischen Feld und im Fall ökonomisch zu führender Verlagsverhandlungen aber anachronistisch wirkte und den aristokratischen Habitus desavouierte.

2. Literarische Netzwerke

Auf dem bewegten literarischen Markt des frühen 19. Jahrhunderts brauchte ein (Berufs-)Schriftsteller, wollte er erfolgreich sein, gute Kontakte zu den führenden Zeitschriften und deren Kritikern, ein ausgeprägtes Sensorium für den Publikumsgeschmack und die Bereitschaft, sich bedenkenlos auf diesen einzulassen. Die Bedingungen des Marktes galten auch für diejenigen, die ernsthafte Literatur für eine kleine Leserschaft schrieben und sich, wie der Bibliothekar Grillparzer, der Pfarrer Mörike oder der Staatsschreiber Keller, durch ihren Hauptberuf finanzielle Unabhängigkeit sicherten. In dieser Konkurrenz wurden schreibende Frauen, obwohl ihre Zahl seit dem 18. Jahrhundert ständig stieg und die Salons der Romantikerinnen Berühmtheit erlangt hatten, vorsätzlich marginalisiert. Vorurteile der Art, dass ›Geist‹ allein den Männern vorbehalten sei und gebildete Frauen, maßten sie sich Intellektualität und Bildung an, ihre Weiblichkeit verlören, konnten noch so leicht durchschaubar sein: Sie behielten lange die Macht, schreibende Frauen, sofern diese sich nicht auf die sittsame Unterhaltung anderer Frauen beschränkten, zu diskriminieren und ihren Zutritt zur literarischen Öffentlichkeit strengen Regeln zu unterwerfen (Gnüg/Möhrmann 2003). Wenn schreibende Frauen, deren Beiträge die anwachsende Unterhaltungsindustrie im Grunde dringend brauchte, auf dem Zeitschriftenmarkt wahrgenommen wurden, dann geschah dies zumeist mit Rücksicht auf ihre einflussreichen Protektoren. Aber auch das bedeutete noch lange nicht, dass Autorinnen im frühen 19. Jahrhundert, in der Ära des explodierenden Literaturmarktes, das Recht auf ein literarisches Werk und dessen Repräsentation in der Öffentlichkeit zugestanden wurde. Für Droste verschärften sich diese ohnehin schwierigen Bedingungen durch ihre Herkunft aus einer landadligen Familie, aus deren religiöser und politischer Vormundschaft sie sich erst in den 1840er Jahren befreien konnte. Die Mutter Therese von Droste-Hülshoff, um deren Zustimmung zur Veröffentlichung von *Gedichte von Annette Elisabeth von D.... H....* die Tochter vorab hatte

3. Literatur im Kontext

bitten müssen (HKA VIII, 298 f.), kommentierte das Erscheinen des Buches 1838 folgendermaßen:

> Alles, was zum gelehrten Stande gehört, ist für sie eingenommen, auch in der gebildeten Bürgerwelt machen sie Glück, aber der Adel ist fast allgemein dagegen [...] ich glaube, es verdrießt sie, daß ein adliges Fräulein sich so der öffentlichen Meinung aussetzt (HKA IX, 465).

Im Hinblick auf Drostes »Werkherrschaft« (Bosse 1981) war die Großfamilie Droste-Hülshoff-Haxthausen die erste und bis 1838 uneingeschränkte Machtinstanz: Drostes poetische Entwürfe wurden im Rahmen geselliger Zusammenkünfte vorgetragen und auf eine für sie kränkend dilettantische Weise gemaßregelt; die Briefe an Anton Mathias Sprickmann (HKA VIII, 22–29) und Christoph Bernhard Schlüter sind voll von (teilweise ironisch formulierten) Klagen über als falsch empfundene Anregungen und Kritik (vgl. HKA IX, 20 f.; HKA VIII, 982). Die spätromantisch orientierte Haxthausen-Familie wollte Drostes Dichtung in die ›vaterländische‹ (westfälische) Richtung lenken; andere Vertreter rieten zum Historischen oder bevorzugten das humoristische Genre. »Heute eine Schnurre, und Morgen wieder ein geistliches Lied! das wäre was Schönes!« (HKA IX, 64) kommentierte Droste im Rückblick den familialen Verfügungsanspruch über ihre Autorschaft. So wundert es nicht, dass sie den früher in Literatenkreisen der Empfindsamkeit und des Sturm und Drang bekannten Autor Anton Mathias Sprickmann (1749–1833; → I.2.1.), den die Mutter, ihrer eigenen literarischen Vorlieben eingedenk, 1813 als ›Mentor‹ für ihre Tochter angeworben hatte, nur zu gerne akzeptierte und ihm gegenüber beteuerte, wie sehr sie sich »nach [seinen] lehrreichen Gesprächen, unbefangenem Urtheile, und sanften Tadel« (HKA VIII, 6) sehne. Offenbar strebte sie mit ihren Dichtungen bewusst in die Öffentlichkeit, sah ihr »Werk« also gerade nicht, wie die Familie es wünschte, »als blos geschrieben zu meiner eignen Beschäftigung, auf dem Lande« (HKA VIII, 187). Bereits vor 1838 entwickelte Droste, die als Leserin längst schon auf dem Markt der Journale und Almanache zuhause war, eine partout nicht adelskonforme Vorstellung von Autorschaft, der zufolge zum Schreiben notwendig die Kommunikation im öffentlichen Raum gehörte.

Als Netzwerke, mit deren Hilfe solche Ideen verwirklicht werden konnten, standen Droste in den 1830er Jahre allein Verwandtschafts- und Freundschaftsbeziehungen zur Verfügung, eine fragile Grundlage für Geschäfte. Auf ihren vier Reisen zu den Kölner und Bonner Verwandten (→ I.1.1.) war Droste in die dortigen intellektuellen und literarischen Kreise um Sibylle von Mertens-Schaaffhausen (1797–1857) und Adele Schopenhauer (1797–1831) aufgenommen worden. Im Sommer 1834 schickte Droste Sibylle Mertens-Schaaffhausen eine Abschrift der Langgedichte *Das Hospiz auf dem großen St. Bernhard* und *Des Arztes Vermächtniß* (HKA VIII, 144 f., 159), damit die Bonner Freundinnen, unterstützt durch den dortigen Professor für Kunstgeschichte und Goethe-Freund Eduard d'Alton (1772–1840), die Texte im

Vorblick auf eine Buchausgabe im Leipziger Brockhaus-Verlag diskutieren sollten. Die negative Beurteilung (HKA VIII, 845–849) verschwieg man Droste und ließ das Manuskript zum großen Ärger der Autorin verschwinden. Ein weiterer, 1835/36 von Adele Schopenhauer unternommener Versuch, die Texte über den Bonner Theologie-Professor Johann Wilhelm Joseph Braun (1801–1863) an den Kölner Verleger DuMont-Schaumberg zu vermitteln (HKA VIII, 190, 198; vgl. HKA VIII, 922–925), schlug ebenfalls fehl, weil sich Braun und der Verlagsinhaber zerstritten. Fehlte es bereits der »Kombination Bonn–Weimar« (Blasberg 2017, 241) an ökonomischer Professionalität, so galt dies nicht minder für den Philosophen Christoph Bernhard Schlüter (1801–1884; → I.1.1.2.), ebenfalls von Drostes Mutter als literarischer Gesprächspartner für ihre Tochter angeworben, und den Geschichtsstudenten und Dichteraspiranten Wilhelm Junkmann (1811–1886), die Kontakte zu Eduard Hüffer und dem Verlag Aschendorff herstellten. Schlüter sah sich durch den Freundschaftsdienst, den Hüffer ihm mit der Veröffentlichung erwies (Plachta 1995, 29), zur Auswahl vor allem solcher Texte autorisiert, die seinem biedermeierlich-erbaulichen und harmonischen Verständnis von Dichtung entsprachen (→ VII.1.). Drostes Positionierung auf dem literarischen Markt 1838 mit dem halbanonym veröffentlichten Band, der ein buchhändlerischer Misserfolg wurde (HKA VII, 1118), trug Schlüters provinziell und antimodern geprägte Handschrift. 1852 schrieb Schlüter an den Freund Junkmann, mit dem er 1851 postum Drostes *Geistliches Jahr* herausgegeben hatte:

> Deine historische und meine philosophische Eminenz sitzen nun ganz schwagermäßig auf dem Kutschbock des gnädigen Fräuleins [Annette von Droste-Hülshoff] oder stehen doch hintenauf und werden nolens volens mit ihr in die Nachwelt und zur sogenannten Unsterblichkeit fahren (zit. n. Nettesheim 1960a, V).

Am Tatbestand des Positioniertwerdens änderte sich – trotz einer deutlichen Verschiebung der literaturpolitischen Akzente – auch in den Folgejahren nichts. Sie waren durch den Aufstieg des jungen Schriftstellers, Literaturkritikers und Redakteurs Levin Schücking (→ I.1.2.3.) zu Drostes eifrigem und durchaus eigennützigem Förderer und Vermittler gekennzeichnet. War Droste bereits mit der Teilnahme an dem von ihr ironisch »Hecken-Schriftsteller-Gesellschaft« (HKA IX, 20) genannten Münsteraner Literaturzirkel um Elise Rüdiger (1812–1899; → I.1.2.4.), Wilhelm Junkmann, Johanna von Aachen (1755–1845), Luise von Bornstedt und dem preußischen Beamten Carl Carvacchi (1791–1869) aus dem engen Kreis von Familie, Sprickmann und Schlüter herausgetreten, so öffnete Schücking ihr die Bühne der Vormärz-Zeitschriften und Journale. Bei den »Hecken-Schriftsteller[n]« traf sie gleichaltrige bürgerliche Frauen, die sich mit Erbauungsliteratur à la Bornstedt einen Namen gemacht oder, wie Elise Rüdiger, im berühmten Berliner Literatursalon der Mutter Elise von Hohenhausen groß geworden und selber in bescheidenem Umfang schriftstellerisch tätig waren. Man diskutierte literarische Neuerscheinungen aller Couleurs, darunter auch die politischen Gedichte von Freiligrath, Heinrich Laubes vormärzliche *Reisenovellen*, dazu viele Übersetzungen aus dem Englischen und Französischen, und man übte sich in gegenseitiger Kritik. In diesem Rahmen war der Umgang mit aktueller Literaturkritik im Zeitschriftenstil und zu den Marktbedingungen selbstverständlich. Schücking, mit Freiligrath befreundet und von Gutzkow, für dessen *Telegraphen* er Beiträge schrieb, gefördert, knüpfte Droste in ein völlig neues Netzwerk ein, das er später, nachdem er 1843 Redakteur der Augsburger *Allgemeinen Zeitung* geworden war und 1845 das Feuilleton der *Kölnischen Zeitung* übernommen hatte, um seine Kontakte zum Cotta-Verlag erweiterte (→ I.1.2.3.). Im September 1840, als Schücking von Freiligrath den Westfalen-Band aus der Reihe *Das malerische und romantische Deutschland* übernahm, wurde Droste zur Lieferantin von allerhand Westfalica in Form von Balladen und Prosastücken. In den Jahren zwischen 1840 und 1845 war es Schücking, der Drostes Werkpolitik erfolgreich gestaltete: Er lancierte ihre Gedichte und Prosatexte (*Die Judenbuche*, 1842) in liberalen Zeitschriften, rezensierte Drostes Veröffentlichungen selbst oder ließ sie von ausgewählten Freunden rezensieren, außerdem übernahm er 1844 die Verlagsverhandlungen für Drostes Werkausgabe mit Cotta und erwirkte ein stattliches Honorar. Dass Droste gleichzeitig mit Adele Schopenhauer auf eine neue Werkausgabe im Bielefelder Verlag Velhagen & Klasing spekulierte (Gödden 1994a, 362 u. ö.), könnte man als Indiz dafür deuten, dass sie ihre Werkpolitik nicht völlig aus der Hand geben wollte; dass sie Anfang 1844 ihren Schwager Joseph von Laßberg um Unterstützung bei der Endredaktion ihrer Texte für den Druck bat (HKA X, 126), mochte damit zusammenhängen, dass sie bei der *Westphalen*-Publikation schlechte Erfahrungen mit Schückings rigiden Eingriffen in den Wortbestand ihrer Gedichte gemacht hatte, die sie nicht wiederholen wollte (HKA X, 135, 165). Auch wenn sie 1846 mit Schücking brach – 1844, als Droste vom Honorar für den mit ihrem vollen Namen gezeichneten Band *Gedichte von Annette Freiin von Droste-Hülshof* das Fürstenhäusle in Meersburg kaufen konnte, war sie als Autorin auf dem modernen literarischen Markt angekommen. Mochte Schücking auch nach ihrem Tod, viel stärker noch als Schlüter, den ›Kutschbock‹ ihres Ruhms als eigenen Sitzplatz beanspruchen: Im 20. Jahrhundert erhielt Drostes Werk einen festen Platz im literarischen Kanon und hatte alle zeitgenössischen Netzwerke (samt Förderern und Profiteuren) hinter sich gelassen.

3. Literatur und Kritik

Im Kontext einer vormärzlichen Ästhetik, wie sie Heine, Gutzkow, Freiligrath und auch Schücking vertraten, fusionierten Literatur und Kritik zu einem experimentellen neuen Genre im Zeitschriftenformat (Albrecht 2001; Frank 1996). Die Vormärzler holten die alte romantische Idee, dass Literatur als ›progressive Universalpoesie‹ (Friedrich Schlegel) immer schon selbstreflexiv sei, gleichsam aus dem Elfenbeinturm der autonomen Kunst in die zeitgenössische Welt hinein, die forderte, den Anspruch des Lebens an die Kunst in einem neuen, antizipatorischen Sinn zu verstehen; Kritik, Wissen, Leben und Utopie kommen demnach im Medium der Literatur programmatisch zu einer Einheit zusammen. Dass Droste mit diesen Postulaten bekannt war, dokumentieren besonders explizit ihre Reflexionen in den *Zeitbildern* (→ II.5.2.) und in den Gedichten der Gruppe *Scherz und Ernst* (→ II.5.6.). Gleichermaßen setzten diese Gedichte aber auch ironisch distanzierende Akzente, die darauf zielten, den Leser für den ultimativen Verlust an Poetizität durch das operative Literaturverständnis der Vormärzler zu sensibilisieren. So scharf und dialektisch Droste in ihren Gedichten auch argumentierte – nie legte sie sich auf eine Position fest. Statt dessen öffnete sie, entschieden jenseits der pragmatischen Alltagssprache, einen literarischen Verhandlungsraum, in dem viele Stimmen zu Wort kamen und Aussagen stets so reflektiert wurden, dass jede auf (ideologisch) eingeschränkten Perspektivismus gemünzte Kritik sich dem Verdacht, ihrerseits perspektivisch zu sein, aussetzen musste. Obwohl Droste Literatur und Kritik niemals fusioniert hätte, obwohl sie – im Unterschied zu ihren bürgerlichen Freundinnen – partout nicht als Literaturkritikerin in die Öffentlichkeit trat, zeigte sie nach 1840 immer offensiver, dass sie das Genre bestens beherrschte und Literaturkritikern genau auf die Finger zu schauen wusste. Durchaus süffisant kommentierte sie den Nekrolog auf Henriette von Hohenhausen, den Elise Rüdiger im August 1843 anonym in der *Westphalia* veröffentlicht hatte (HKA X, 683):

> Ihr öffentlicher Styl ist eben so männlich, wie Sie selbst weiblich sind! Ich lese nie ein Gedrucktes von Ihnen, ohne ein wenig zu lachen, wenn ich mir Ihr frommes, schüchternes Kindergesichtchen über diese resoluten Zeilen gebeugt denke! – Der Redaktion des Blattes würde ich indessen nichts Ferneres mehr zusagen, denn weshalb soll man sich in diesen pauvren Zeiten mit Lob begnügen, wenn man Geld bekommen kann? Und Geld können Sie jetzt schon überall kriegen! (HKA X, 85 f.)

Ihre eigenen Literaturkritiken formulierte Droste in den nach 1840 an Schücking (z. B. HKA IX, 377; HKA X, 119), später vermehrt an Elise Rüdiger geschriebenen Briefen (HKA IX, 402; HKA X, 119 f., 238 f., 271 f. u. a.). Es scheint, als habe sie das vormärzliche Prinzip der Überführung privater Korrespondenzen in öffentliches Räsonieren ostentativ rückgängig gemacht, um auf diese versteckte Weise gleichwohl an ihm teilzuhaben. Drostes Briefe avancierten zu »einem Ersatz-Forum für vormärzliche Literaturkritik« (Blasberg 2017, 251). Und sie wählte noch einen anderen Weg, um sich mit der modernen Forderung nach Selbstbeobachtung der Literatur auseinander zu setzen. Alle Texte, die sie nach 1838 schrieb oder überarbeitete, sind hochgradig poetologisch und fordern eine Lektüre, die dem Doppelsinn von Dargestelltem und Reflexion der Darstellung auf die Spur kommen muss. Ohne dass Droste das frühromantische Konzept einer ›progressiven Universalpoesie‹ vertreten hätte, finden sich Spurenelemente dieses Ideals in ihren eminent selbstreflexiven, selbstkritischen und oft auch dadurch fragmentarischen Texten. Allerdings verrät die zuweilen faktische, in vielen Fällen implizite Fragmentarität von Drostes Texten auch den Einfluss jener gewaltigen Dynamik der Verzeitlichung (vgl. Blasberg/Grywatsch 2013), die im Kreis der Jungdeutschen und Vormärzler abbreviative, betont flüchtige Formen der Journalprosa entstehen ließ und auch andere Moden beflügelte. Geradezu beispielhaft zeigt sich das am schnellen Veralten literarischer Techniken, die flüchtiges Erinnern optimal abzubilden scheinen: Hatte Droste 1838 noch die lockere Szenenfolge von Washington Irvings *Bracebridgehall* zum Vorbild für *Bei uns zu Lande auf dem Lande* erkoren (HKA VIII, 330), so erschien ihr bereits 1844 diese »Manier« überholt und »altfränkisch« (HKA X, 164). Dieser »Führungswechsel der Zeithorizonte« (Oesterle 1985), die Umstellung der Literatur von der Orientierung an einer normativ verstandenen Vergangenheit auf eine sich in unsichere Zukunft bewegende Gegenwart, bildet den Grundrhythmus für die Verlaufsphasen von Drostes Positionierung im literarischen Feld; als ungeschriebenes Drehbuch ist er aus ihren Texten, ihren Briefen und Veröffentlichungsstrategien herauszulesen.

Literatur

Blasberg, Cornelia: Zwischen den Zeilen gelesen. Literaturgeschichte in Drostes Briefen. In: Rüdiger Nutt-Kofoth (Hg.): Literaturgeschichte als Problemfall. Zum literarhistorischen Ort der Annette von Droste-Hülshoff und der ›biedermeierlichen‹ Autoren in der ersten Hälfte des 19. Jahrhunderts. Hannover 2017 (= Droste-Jahrbuch 11), S. 229–254.
Bosse, Heinrich: Autorschaft ist Werkherrschaft. Über die Entstehung des Urheberrechts aus dem Geist der Goethezeit. Paderborn u. a. 1981.
Bourdieu, Pierre: Zur Soziologie der symbolischen Formen. Aus dem Französischen von Wolfgang Fietkau. Frankfurt/M. 1974.
Bourdieu, Pierre: Die Regeln der Kunst. Genese und Struktur des literarischen Feldes. Aus dem Französischen von Bernd Schwibs und Achim Russer. Frankfurt/M. 2001.
Frank, Gustav: Romane als Journal: System- und Umweltreferenzen als Voraussetzung der Entdifferenzierung und Ausdifferenzierung von ›Literatur‹ im Vormärz. In: Rainer Rosenberg/Detlev Kopp (Hg.): Journalliteratur im Vormärz. Bielefeld 1996, S. 15–47.
Hohendahl, Peter Uwe: Literaturkritik in der Epoche des Liberalismus (1820–1870). In: Peter Uwe Hohendahl (Hg.): Geschichte der deutschen Literaturkritik (1730–1980). Stuttgart 1985, S. 129–204.
Lukas, Wolfgang/Schneider, Ute: Einleitung: Karl Gutzkow – Wandlungen des Buchmarkts im 19. Jahrhundert und die Pluralisierung der Autorenrolle. In: Wolfgang Lukas/Ute Schneider (Hg.): Karl Gutzkow (1811–1878). Publizistik, Literatur und Buchmarkt zwischen Vormärz und Gründerzeit. Wiesbaden 2013, S. 7–20.
Martus, Steffen: Werkpolitik. Zur Literaturgeschichte kritischer Kommunikation vom 17. bis ins 20. Jahrhundert. Berlin, New York 2007.
Nettesheim, Josefine: Christoph Bernhard Schlüter. Eine Gestalt des deutschen Biedermeier. Berlin 1960. [Nettesheim 1960a]
Oesterle, Ingrid: ›Führungswechsel der Zeithorizonte‹ in der deutschen Literatur. Korrespondenzen aus Paris, der Hauptstadt der Menschheitsgeschichte und die Ausbildung der geschichtlichen Zeit ›Gegenwart‹. In: Dirk Grathoff (Hg.): Studien zur Ästhetik und Literaturgeschichte der Kunstperiode. Frankfurt/M. u. a. 1985, S. 11–75.
Plachta, Bodo: »1000 Schritte von meinem Canapee«. Der Aufbruch Annette von Droste-Hülshoffs in die Literatur. Bielefeld 1995.

3.3. Literatur und Wissen
Cornelia Blasberg

1. Wissen: Popularisierung und Verwissenschaftlichung   71
2. Verzeitlichung des Wissens, Subjektivierung der Wahrnehmung . .   73
3. Drostes Lektüren 75
4. Spekulative Naturphilosophie. 77
5. Adelsgelehrsamkeit: Wissen im Familienkontext 81

Ausgeprägt haben sich die verschiedenen literarischen Bewegungen während Drostes Lebenszeit im Rahmen von Langzeitentwicklungen in den Bereichen des Buchmarktes und der Wissenschaft. Tatsächlich lokalisiert man heute »die Entstehung der modernen Wissensgesellschaft« »im Revolutionszeitalter (1780–1820)« (Dülmen/Rauschenbach 2004, 11), was bedeutet, dass der Zugang zu Informationen nicht länger Privileg der Gelehrten war und Wissenschaft in gesellschaftsfernen Räumen stattfand, sondern dass der gesamte menschliche Alltag von diskursiven Praktiken beherrscht zu werden begann. Für Literaturwissenschaftler stellt sich in diesem Zusammenhang die doppelte Aufgabe, die alle Epochengrenzen überschreitende Durchdringung der Literatur mit Wissen darzustellen, die dabei entstehenden Transformationen sowohl der Literatur als auch des Wissens zu analysieren und diesen Prozess wiederum mit dem Aufschwung der Publizistik und den neuen, durch Medialisierung und Popularisierung begünstigten Formen literarischer Wissensvermittlung in Verbindung zu bringen. Schließlich wird der Literatur in dem Moment, wo sie entscheiden muss, ob sie als diskursive Äußerung gelten will (wie es die Jungdeutschen und Vormärzler verlangten) oder ob sie genau das nicht will (wie es spätromantische Autoren favorisierten, die traditionelle idealistische Positionen fortführten), eine konsequente Selbstreflexion und -aussage hinsichtlich ihres Verhältnisses zum Wissen abverlangt.

Da man gegenüber Drostes Dichtung lange den Verdacht biedermeierlicher Frömmigkeit und hermetischer Weltferne hegte, fehlen bisher Analysen über das in ihren poetischen Texten verhandelte Wissen und dessen metapoetische Reflexion. Um diesem Mangel abzuhelfen, muss man sich um präzise Informationen über diejenigen Wissensbereiche bemühen, auf die Drostes Briefe und Werkpassagen anspielen. Dann lässt sich auch Joseph von Laßbergs zweifellos spöttisch gemeinte Äußerung, Droste sei ein »entsetzlich gelehrtes Frauenzimmer« (zit. n. Gödden 1994a, 218), aus der Zone patriarchaler Vorurteile herausrücken und in das positive Bild einer hoch intelligenten Frau verwandeln, deren Neugier auf aktuelle Wissensdiskurse und deren Fähigkeit zu kritischer Reflexion ihre Grenzen allein in den Lebensbedingungen weiblicher Angehöriger des Landadels fanden. Doch leicht sind solche genauen Kenntnisse nicht zu gewinnen. Nur sehr eingeschränkt kann man sich beispielsweise ein Bild vom Reichtum jener Bibliotheken machen, zu denen Droste, eine geradezu manische Leserin, Zugang hatte: die Familienbibliotheken in Hülshoff, Abbenburg und Bökendorf, Laßbergs berühmte Büchersammlung in Eppishausen und auf der Meersburg (Gantert 2001), die Bibliothek von Werner von Haxthausen in Köln u. a. Und nur zu vermuten ist, wie intensiv Droste an der vornehmlich von Männern dominierten Kommunikation in den gelehrten Kreisen der Haxthausen'schen Familie, in Hülshoff mit dem politisch (konservativ) engagierten Bruder Werner, im philosophischen münsterschen Schlüterkreis und im Bonner Universitätsmilieu teilnahm, und welche Impulse sie trotz ihrer Reserviertheit gegenüber den Germanisten auf Laßbergs Meersburg durch die dortigen Debatten erhielt. Aus Umkreisbriefen weiß man, dass sich Droste lebhaft an Sachdiskussionen in Familien- und Freundeskreisen beteiligte. So schrieb Antonetta de Galliéris an Ludowine von Haxthausen im Herbst 1820: »Nette und Papa [der niederländische General Nicolas Cornelis de Galliéris, 1776–1836] u. WERNER [von Droste-Hülshoff, seit 1819 Student der Ökonomie in Bonn] PARLIEREN ihre meiste und beste ›Zeit‹ über Geld, und Bäume im grünen Feld, und Gott weiß was alles noch mehr« (zit. n. Gödden 1994a, 128). Im April 1837 berichtete Werner von Haxthausen aus Abbenburg an seinen Bruder Moritz, man zanke sich gewaltig über den Hermesianismus und den Kölner Kirchenstreit: »wir disputieren schrecklich, Nette, Ludowine, Fritz« (zit. n. Gödden 1994a, 226). Streiflichtartig werden in diesem letzten Beispiel zeitgenössische theologische und religionspolitische Auseinandersetzungen beleuchtet, die man bislang nicht in den Kontext der im Sommer 1837 wieder aufgenommenen Arbeit am zweiten Teil des *Geistlichen Jahres* gestellt hat; die Kommentare der HKA (IV, 268–284) betonen vorrangig die Anregungen durch den frommen Philosophen Christoph Bernhard Schlüter. In einem sehr weiten Sinn gehören indes auch solche Diskussionen zu jenem ›Wissen‹, von dem es in der zweiten Strophe des Gedichtes *Am dritten Sonntage nach Ostern* (HKA IV, 67) heißt: »Mein Wissen mußte meinen Glauben tödten« (V. 18).

1. Wissen: Popularisierung und Verwissenschaftlichung

Wer erforschen will, was man unter ›Wissen‹ im Hinblick auf eine kluge, belesene Frau aus dem Adelsstand im frühen 19. Jahrhundert verstehen kann, betritt ein weites Untersuchungsfeld. Einigkeit besteht unter Kulturwissenschaftlern – im Rekurs auf die Diskursanalyse von Michel Foucault – darüber, dass eine »Geschichte des Wissens« keinesfalls mit einer »Geschichte der Wissenschaft« (Vogl 1999, 10) identisch ist, zumal sich akademische Disziplinen, die heute für den Zuschnitt von Studienfächern wie Biologie, Jura, Philosophie oder Germanistik zuständig sind, um 1800 erst langsam in komplexen Differenzierungs- und Konzentrationsprozessen herausbildeten und institutionalisierten. Mit ebensolcher Dringlichkeit stellt sich die Frage, ob Wissenschaftsstandards, die heute gelten und das aktuelle Verständnis von ›Wissenschaftlichkeit‹ (Objektivität, Überprüfbarkeit, Wahrheit) prägen, auch bereits um 1800 als Maßstäbe für die Definition und Beurteilung von ›Wissen‹ taugen. Dem in die Geschichte des frühen 19. Jahrhunderts gerichteten Blick eröffnet sich ein faszinierendes Panorama an Kenntnismöglichkeiten, Vermittlungsmedien, Diskursen, Textgattungen, Disziplinen, für die man keinen Begriff festschreiben, die man allenfalls als »ein Agglomerat lose zusammenhängender, aber nicht notwendigerweise synthetisierter Aussagegebilde« (Gamper/Wagner 2009, 8) bezeichnen kann. Natürlich prägen die sich ›verwissenschaftlichenden‹ Disziplinen aus dem großen Bereich der Naturwissenschaften dieses Agglomerat, wobei als mächtige Mit- und Gegenspieler die vielen publikumswirksamen Akteure aus dem Kontext der spekulativen Naturphilosophie (Jahn 1990, 311–324) nicht zu unterschätzen sind, und keinesfalls darf man die Rechnung ohne die in allen Magazinen, Journalen, Haus- und Familienzeitschriften verbreiteten Formen der Populärwissenschaft machen. ›Wissen‹ tritt demnach in so vielen Gestalten und zu den Bedingungen so unterschiedlicher Kommunikationsmedien (akademische Vorlesungen, Bücher, Unterhaltungspresse) auf, dass es problematisch wäre, diesem ›Wissen‹ eine in seiner Grundstruktur gegebene Rationalität zu attestieren; im Gegenteil wird deutlich, dass zur Erforschung der Wissensgeschichte des frühen 19. Jahrhunderts zwingend das Nachdenken darüber gehört, wie ›Rationalität‹ überhaupt hergestellt, als konsensfähig deklariert und den Zeitgenossen überzeugend vermittelt wird. Schließlich hat die Theologie die Autorität zur Universalisierung von Geltungskriterien schon längst verloren, und bereits vor Hegels Tod 1831 gelingt es auch der Philosophie nicht mehr, die vielfältigen Prozesse intellektueller Relativierung und Historisierung von ›Wahrheit‹ oder ›Rationalität‹ zusammenzuhalten (Pethes 2004, 359).

In dem Maße, wie deutlich wird, dass sich ›Wissen‹ um 1800 in unendlich vielen Kontexten und eben auch Texten manifestiert, wandelt sich Literatur zur wichtigen Agentin in einem umfassenden Transfergeschehen. Sie thematisiert die neue Wissensvielfalt, erhebt diese zum literarischen Sujet, exportiert literarische Formen in deren Darstellung, zum Beispiel in Journalen und Zeitschriften, und wird auf diesem Weg selber zu einem »Medium alternativer Möglichkeitsräume des Wissens« (Pethes 2004, 359). Gleichzeitig avanciert sie zum Gegenstand einer eigenen Wissenschaft (Philologie, Germanistik), gerät ins Visier anderer Wissenschaften und erhält in dieser neuen, dynamischen Ordnung des Wissens ein zeitspezifisches Profil. Dies geschieht zu den Bedingungen von Differenzierungsprozessen, in deren Verlauf aus ›der‹ Literatur Literaturen werden, für deren Kennzeichnung die Literarhistoriker eine Vielfalt von Epochennamen aufbieten (→ I.3.1.). Auf den ersten Blick mag es scheinen, als sei die Literatur des Vormärz mit ihren neuen operativen Genres im Medienverbund der Presse dank ihres progammatischen Abweichens von (klassisch-romantischer) Literarizität und einer generellen Flexibilisierung des Literaturverständnisses für Prozesse der »Wissensübertragung« (Gamper/Wagner 2009, 8) prädestiniert. Auf den zweiten Blick wird indes deutlich, wie direkt die vormärzliche Literatur ihrerseits in die Austauschprozesse zwischen ›romantischen‹ und ›realistischen‹ Diskursformationen eingebunden ist, so dass Epochengrenzen nicht als Zäsuren, sondern als »Überschreitungsorte« (Brandstetter/Neumann 2004, 11) aufzufassen sind. Generell gilt, dass man im Hinblick auf Drostes Lebenszeit ebenso wenig wie von einer »epistemologisch

3. Literatur im Kontext 73

stabile[n] Formation ›Wissenschaft‹« von einer »stabile[n] sozio-kulturelle[n] Formation ›Literatur‹« (Frank/Podewski 2011, 28) sprechen kann, und dass genau diese Bedingungen es sind, die eine wahre Explosion an Transfer- und Austauschbeziehungen zwischen diesen Bereichen, die sich gleichsam miteinander und gegeneinander profilieren, herbeiführen. 1842 pointiert Droste im Brief an Elise Rüdiger im Kontext ausführlicher Nachrichten über Lektüren und Überlegungen zu Ludwig Amandus Bauers (in Teilen von Schücking übernommenen und deshalb mit Arbeitsaufträgen an sie weitergeleiteten) Band *Deutschland im 19. Jahrhundert* das Grundproblem dieser doppelten Instabilität auf beeindruckend schlichte Weise: »man schreibt jetzt gar keine dummen Bücher mehr, aber das Einfache, anspruchslos Schöne und Gediegene ist doch auch selten« (HKA IX, 348). Wie kann Literatur im Sinne der klassischen Ästhetik Literatur bleiben, wenn die Kriterien zu ihrer Beurteilung aus dem Bereich der Wissenschaft kommen? Andererseits: Ist ein solch emphatischer Begriff von ›reiner‹ Literatur angesichts des aus ihren Fundamenten nicht mehr wegzudenkenden Wissens überhaupt noch zu halten, und was spräche für ihn? Zweifellos müssen Überlegungen wie diese, die Drostes Einsicht in die durchaus aporetischen Aspekte einer Wissenspoetik *avant la lettre* verraten, die Droste-Forschung dazu herausfordern, in ihren Texten nach subkutanen Übertragungsphänomen und deren Auswirkungen auf die poetische Selbstreflexion zu suchen.

2. Verzeitlichung des Wissens, Subjektivierung der Wahrnehmung

Insgesamt ist davon auszugehen, dass sich in Drostes Werken nicht nur viele einzelne Diskursspuren finden lassen, sondern dass die Texte im Hinblick auf Motivbestand, Darstellungsverfahren und poetische Architektur von jenen großen Veränderungen betroffen sind, die im dynamischen Gefüge des Wissens um 1800 für einschneidende Paradigmenwechsel gesorgt haben. Dazu gehört vorrangig die Temporalisierung jeglichen Wissens. Darunter kann man einerseits die Strategie verstehen, die empirisch gewonnenen, sich ins Unendliche vervielfachenden Datenmengen durch historisierende Ordnungsmodelle zu bewältigen (Darwin statt Linné, Evolution und Genealogie statt Klassifikation). Auf der anderen Seite aber besagt der Begriff Temporalisierung, dass sowohl die Gegenstände des Wissens der Zeit unterworfen sind, sich also in stetiger Veränderung befinden, wie dass die Erkenntnisprozesse der Wissenschaftler nicht gegen die ihnen eigene Zeitlichkeit immun sind. Eng damit zusammen hängt eine zweite große Veränderung, die man als »Autonomisierung des Sehens« (Crary 1996, 30), als Umstellung des optisch-mechanischen auf ein physiologisch-somatisches Wahrnehmungsmodell bezeichnen kann. Je mehr das Sehen mit dem menschlichen Körper verknüpft wird (Crary 1996, 75–102), desto mehr Nachdruck liegt auf der Forderung, den Wahrnehmenden selbst, der keinesfalls passiv Signale aus der Umwelt aufnimmt, sondern die Welt nach Maßgabe seiner sinnlichen und kognitiven Vermögen konstruiert, unter Beobachtung zu stellen. Auf diese Weise multiplizieren sich nicht nur die Beobachtungsverhältnisse, die traditionell als analog definierte Beziehung zwischen Sehendem und Gesehenem, Innen und Außen bricht auf. Denn je mehr Eigentätigkeit des Menschen bei Weltwahrnehmung und -gestaltung angenommen wird, desto variantenreicher erscheinen die Relationsmöglichkeiten von Subjekt- und Objektseite, und statt »analog[er]« Beziehungen zwischen Vorstellungen und Sachen wechselt man zur Vorstellung »arbiträre[r] Perzeptionsabläufe« (Koschorke 1999, 20). In diesem Zusammenhang wird verständlich, dass anthropologische und psychologische Fragestellungen verstärkt in die wissenschaftlichen Diskurse hinein drängen und das alte Bild vom mechanistischen Funktionsapparat des *l'homme machine* verdrängen. Fast erübrigt es sich zu betonen, dass gerade dieses neue Interesse am Menschen von keiner der traditionellen Disziplinen aufgegriffen und bearbeitet werden kann, sondern dass sich neue Diskurse zunächst auf dem dynamischen Feld populärwissenschaftlicher, halbgelehrter und journalistisch-literarischer Veröffentlichungen herausbilden, bevor sie sich akademisch institutionalisieren. Das hat Konsequenzen für die Wahrheitserwartung, die man gegenüber ›Wissenschaft‹ gemeinhin hegt. Es passt ins Bild der gewaltigen Umwälzungen, die das neue Beobachterparadigma auslöst, dass sich auch in den vorgeblich exakten Wissenschaften, allen voran bei den Astrologen, ein großes Unbehagen angesichts der hohen Fehlerquote von Messungen verbreitet (vgl. Friedrich Wilhelm Bessels *Astronomische Beobachtungen*, 1823) und man bemüht ist, dem irritierenden »Phänomen der Beobachterdifferenzen« (Hoffmann 2006, 142) auf die Spur zu kommen.

Es ist anzunehmen, dass das neue ›Wissen‹ von der Wahrnehmung mitsamt aller Veränderungen, die es für die Anschauung der Welt und das Selbstverständnis der Wissenschaften nach sich zieht, in Drostes poetischen Texten widerhallt, oder anders formuliert: dass es keinen Grund gibt, warum man Drostes Dichtungen von der umfassenden Kommunikation über ›Wissen‹ und Wahrnehmung zu Beginn des 19. Jahrhunderts ausnehmen sollte. Die durchgängige (Selbst-)Ironie in den Briefen und die häufigen ›als ob‹- und ›wie‹-Formulierungen in den Werken sind stilistische Indikatoren für eine Selbstbeobachtung, die zum Beispiel im Gedicht *Dichters Naturgefühl* direkt thematisch wird: Dem ›Ich‹, versiert in genauer naturkundlicher Beobachtung und Beschreibung, gerät ein »[r]omantisch[er]« (HKA I, 182, V. 44) Dichter in den Blick, der seine Umgebung nach allen Regeln der Kunst (und seiner poetischen Vorlagen) verklärt, wodurch der Leser, als Beobachter des Beobachters in das Wahrnehmungsspiel involviert, die ihm vorgestellten Alternativen reflektieren muss (→ II.5.6.2.). Eine ähnliche lyrische Inszenierung von Blickwechseln und Relativierung von Wahrnehmungen, diesmal auf die Parteien des Adelsfräuleins, seiner Doppelgängerin und des Lesers verteilt, findet in der Ballade *Das Fräulein von Rodenschild* (HKA I, 260–263; → II.5.7.7.) statt, und vor diesem Hintergrund drängt sich die Frage auf, ob man nicht bei vielen Droste-Balladen die traditionellen Genrezuschreibungen wie einen folkloristischen Deckmantel wegziehen müsste, um die Gedichte als Experimentanordnungen zu lesen und zu entdecken, dass in ihnen primär zeitgenössisches

3. Literatur im Kontext

›Wissen‹ – über Wahrnehmung und determiniert durch Wahrnehmung – verhandelt wird. In den Langgedichten *Des Arztes Vermächtniß* (HKA III, 47–70; → II.4.3.) und *Das Hospiz auf dem großen St. Bernhard* (HKA III, 1–46; → II.4.2.) und in der Erzählung *Die Judenbuche* (HKA V, 1–42; → IV.5.) zielt die Erzählinstanz darauf ab, das erzählte Erschrecken der Protagonisten darüber, dass sie ihren Sinnen nicht trauen können, in ein nicht minder tiefes Erschrecken der Leser über die Unsicherheiten der Lektüre zu transformieren, und sie nutzt dazu narrative Strategien wie Wechsel von Fokalisierungen und diegetischen Ebenen, ausgesparte Informationen, Dialogizität und Intertextualität. In ähnlicher Weise könnte man die vielen historischen Sujets von Drostes Dichtung als Indikatoren für eine Auseinandersetzung mit der fundamentalen Verzeitlichung des Wissens interpretieren. Gedichte wie *Der Hünenstein* (HKA I, 46–48; → II.5.3.6.) und *Die Mergelgrube* (HKA I, 50–53; → II.5.3.8.) machen die Entdeckung ungeahnter, verwirrend weit in Kultur- oder Erdgeschichte zurückführender Zeit-Räume zur Aufgabe eines Subjekts, das buchstäblich den Boden der Gegenwart unter den Füßen verliert und in prähumane Zeitschichten wie in eine dunkle Höhle stürzt. Wenn die zeitgenössischen Geologen und Paläontologen gigantische Entwicklungszeiträume auftun, die Biologen eine Theorie der Evolution erarbeiten, deren ›Fließ‹-Geschwindigkeit zu gering ist, als dass man sie messen könnte (vgl. Blumenberg 1986, 278), wenn die Entdeckung »der Lichtgeschwindigkeit im Verhältnis zu den sich auftuenden kosmischen Entfernungen« (Blumenberg 1986, 182) danach fragen lässt, welchen Realitätsstatus Phänomene haben, die sich dem Auge nur darbieten, weil sie längst vergangen sind – dann wird Literatur, die Erfinderin möglicher Welten, zu einer »neu bewertbaren Partnerin auf dem Weg der Wissenschaft in die Moderne« (Blasberg 2013a, 13).

3. Drostes Lektüren

Eine sehr begrenzte, wenngleich empirisch abgesicherte Möglichkeit, das ›Wissen‹ literarischer Texte darzustellen, bieten auktoriale Aussagen zum Lesestoff oder der Nachweis wissenschaftlicher Subtexte in den Werken selbst. Die Kommentarbände der HKA versammeln solche Informationen in Form von Angaben zur Entstehungsgeschichte einzelner Texte. In Drostes Briefen werden erstmals 1828 im Kontext der Arbeit am Langgedicht *Das Hospiz auf dem großen St. Bernhard* präzise Fragen über die »LOCALITÄT« (HKA VIII, 98 f.) an Wilhelmine von Thielmann (deren Tochter das Schweizer Hospiz gesehen hatte) gerichtet, die ihre Lektüre von Horatius Benedictus von Saussures geographisch-topographischer Schrift *Reisen durch die Alpen* (1788) ergänzen sollten (HKA III, 298). Für den dritten, ethnologisch interessierten Gesang hatte Droste John Carnes *Reise durch die Schweiz* (1828) gelesen (HKA III, 304) und fragte 1831 ausführlich bei Joseph von Laßberg (HKA VIII, 129 f.) weitere Einzelheiten nach: »Wie ist die Kleidung in den ersten Sardinischen Flecken?« (HKA VIII, 129), »Ist das Clima schon gleich bedeutend anders als diesseits der Alpen?« (HKA VIII, 129), »Welchen Karakter hat die Faßnacht dort auf dem Lande?« (HKA VIII, 129). Die Arbeit am *Hospiz* speist sich aus aktuellen Zeitungsmeldungen über den legendären Bernhardinerhund Barry, aus Reiseberichten (die Hülshoffer Bibliothek enthielt zahlreiche Reisebeschreibungen aus dem 18. Jahrhundert), die im Einklang mit Johann Gottfried Herders *Ideen zur Philosophie der Geschichte der Menschheit* (1784–1791) der Überzeugung von der Abhängigkeit der Kultur- von der Naturgeschichte, der menschlichen Lebensformen von topographischen Gegebenheiten Ausdruck verliehen, und die nicht zuletzt auf Klimatheorien rekurrierten, die nach dem Vorbild von Charles de Montesquieu »Klimazonen« mit dem »Temperament« von Völkern analogisierten (Twellmann 2013, 79). Nicht erst mit der *Judenbuche* schrieb Droste ein Sittengemälde im Stil der sich nach 1800 herausbildenden Volks- respektive Völkerkunde, die zu dieser Zeit noch keineswegs die konservative Signatur durch Johann Heinrich Riehl (1823–1897) trug oder auf das Genre der biedermeierlichen ›Dorfgeschichten‹ zulief, sondern zwischen Empirie und Spekulation, Staatswissenschaften, Statistik (vgl. Twellmann 2013, 77), Klimatheorien und den Impulsen naturphilosophischer ›Geohistorie‹ im Sinne des kulturökologisch orientierten Geographen Carl Ritter (1779–1859) schwankte. Tatsächlich reflektierte Droste im Dezember 1838 im Brief an Schlüter darüber, dass ein Text über »den Zustand unseres Vaterlandes« sowohl dem kritischen Blick gebildeter »Leute[ ] vom Fache« wie dem unbefangenen oder versponnenen Urteil jedes westfälischen »Gassenbube[n]« (HKA VIII, 329) standzuhalten habe. Gleiches muss aber schon für die Berg- und Klosterszenen des *Hospiz* angenommen werden, und zwar exakt im Hinblick auf ein denkbar heterogenes – und doch den Gelehrten wie den Gassenbuben überzeugendes – Wissen. Wie mit unsichtbarer Tinte sind den Texten damit Ansprüche an eine Wissenspoetik eingeschrieben, die geradezu aus dem volksaufklärerischen Programm eines *Pfennigmagazins*, eines *Malerischen Unterhaltungsblattes für alle Stände* oder des *Conversationsblattes – Zeitschrift zur Unterhaltung und Belehrung für alle Stände* kopiert zu sein scheinen (selbst wenn Drostes literarischer Erfolg auf den Veröffentlichungen in Cottas *Morgenblatt für gebildete Stände* beruhte). Letztlich und zweifellos in ironischer Perspektivierung ist auch der naive Hirtenbub in *Die Mergelgrube* (HKA I, 50–53) ein Agent genau dieser Wissenspoetik, der sich vermutlich in die billige Volksausgabe des von den Hülshoff-Kindern in zwölf prächtig illustrierten Tafelbänden (mitsamt der von Carl Philipp Funke verfassten 24 Kommentarbände) selbst gelesenen *Bilderbuchs für Kinder* (1790–1830) von Friedrich Justin Bertuch (1744–1822) vertieft (vgl. Schellenberger-Diederich 2004, 175–182; Nettesheim 1967, 16 f.). Unter den vierzehn Themengebieten der Bände nimmt die ›Naturgeschichte‹ übrigens den größten Raum ein, dazu gehören etwa »Vierfüssige Thiere«, »Vögel«, »Fische«, »Insecten«, »Gewürme«, »Corallen«; andere Bücher sind den »Mineralien«, der »Baukunst«, »Menschen und Trachten« gewidmet, und in der völlig unsystematischen Folge, die Bertuch dem neugierigen Kindergemüt für angemessen hielt, finden sich auch Hinweise auf zeitgenössische technische Entwicklungen wie den ersten Heißluftballon 1802 oder das Dampfboot 1816. Führt man sich vor

3. Literatur im Kontext

Augen, dass auch das Motivrepertoire eines so poetologisch-selbstreflexiven Gedichtes wie *Am Thurme* (HKA I, 78; → II.5.4.4.) aus Bertuchs naturkundlichem Bilderbuch stammt (Schellenberger-Diederich 2004, 166–171), dann erkennt man ein dicht gewobenes Netzwerk im Untergrund der literarischen Texte, das die sich differenzierenden Wissenschaften Geologie, Paläontologie, Geographie, Botanik, Klimatologie, Volkskunde, Geschichte und andere zugunsten eines prinzipiell von allen Zeitgenossen zu Wissenden miteinander verbindet. Drostes naturgeschichtliche Lektüren ziehen sich durch ihr Leben; sie weisen analog zur Differenzierung der Wissenschaften immer spezifischere Themen auf, scheinen aber immer weniger mit konkreten eigenen Arbeiten in Verbindung zu stehen, gerade so, als gehörten sie zum Fundament des Denkens und Schreibens selbst. Als Droste beispielsweise im Januar 1841 Schücking um die Beschaffung von Jakob Nöggeraths vierbändiger Studie *Das Gebirge in Rheinland-Westphalen nach mineralogischen und chemischen Bezügen* (1822–1826) (vgl. Gödden 1994a, 326) bat, waren die geohistorisch inspirierten Westfalen-Texte bereits nahezu fertig, die Gedichte aus dem Meersburger Winter 1841/42 mit ihrer Vielfalt an Sujets und Bezügen aber noch nicht geschrieben. Natürlich beschäftigten Mineralogie und Paläontologie Droste auch als Sammlerin, die das Nützliche (körperliche Bewegung aufgrund ärztlicher Verordnung) mit dem Interessanten (Herausklopfen von Fossilien aus dem Mergel) zu verbinden wusste. Und ohne Zweifel sollten Interpreten der mit Landesgeschichte befassten Werke zur Kenntnis nehmen, dass Droste für *Die Schlacht im Loener Bruch. 1623* viele Geschichtsbücher zum Dreißigjährigen Krieg studierte (HKA III, 901–907; → II.4.4.), für ein späteres Projekt über den »Wiedertäufer«-Stoff recherchierte (Gödden 1994a, 262) und die Arbeit am *Joseph* u. a. deshalb nicht weiterführte, weil es ihr an Fachliteratur zur belgischen Geschichte fehlte (HKA V, 723–726; → IV.7.). Doch muss ebenfalls in Rechnung gestellt werden, dass alle diese Lektüren die Kontingenz ihres Erwerbs und der auf ihre Funktionalität gerichteten Wünsche in dem Moment verlieren, wo sie sich in den poetischen Werken übereinander schichten, eigenwillige, stabile Cluster bilden und ein spezifisch literarisches Wissen grundieren. Diese Formationen entspringen nicht allein den Kohäsivkräften narrativer oder lyrischer Verfahren, sondern geben zu erkennen, dass diskursive Strategien in sie investiert sind, die jene sich in den Augen der Zeitgenossen unendlich multiplizierenden Wissensbestände zu einem hypothetischen Modell des Weltverstehens zusammenführen. Zu vermuten ist, dass solche Strategien einerseits aus dem Fundus der spekulativen Naturphilosophie stammen und dem organologischen Denken der politischen Romantik verpflichtet sind, sich andererseits aber einem ironischen und kritischen Blick auf die jeweils mitgeführte Weltanschauung verdanken.

4. Spekulative Naturphilosophie

Um 1800 geraten medizinische (Christoph Wilhelm Hufeland), zoologische (Ernst von Baer), physikalische (Hans Christian Orstedt), chemische (Luigi

Galvani, Alessandro Volta) und andere wissenschaftliche Befunde in den Sog einer im Kern romantischen, sich aber rasch popularisierenden Totalitätsphantasie, die Mensch, Umwelt und Transzendenz in einem »kosmologisch inspirierte[n] Vernetzungsmodell« (Barkhoff 1995, XII) zusammendenkt. Dabei gelten alle Bereiche der Natur, anorganische und organische, als der Zeit unterworfen, wobei ›Zeit‹ in diesem konsequent idealistischen Denkkonzept »Realisierung der Ideen in der Zeit« (Engelhardt 1979, 133) meint. Angesichts der Tatsache, dass dieses Entwicklungsdenken, das in Form von Stufenmodellen seinen prägnantesten Ausdruck findet, Geschichte und Systematik in eins setzt, kann man tatsächlich davon sprechen, dass »Naturerkenntnis« »als Gotteserkenntnis verstanden« wird (Engelhardt 1979, 106). Im Hintergrund der sich deutlich gegen den Spezialisierungstrend der empirischen Wissenschaften absetzenden Ganzheitstheorien stehen die identitätsphilosophischen Ideen von Friedrich Wilhelm Joseph Schelling (1775–1854) und jener Schüler, die sich nicht nur auf dem Gebiet der Philosophie betätigten. Dazu gehören etwa der Mediziner und Biologe Friedrich Kielmeyer (1765–1844), der behauptete, dass alle Lebewesen stofflich auseinander hervorgehen, weshalb »der einzelne Organismus während seiner embryonalen Entwicklung« die »Stufenleiter der Lebewesen« (Mason 1961, 426) durchlaufe. Entsprechend suchte der Naturforscher Lorenz Oken (1779–1851) nach grundlegenden, für Mensch und Tier gleichermaßen zur Entwicklungsgeschichte gehörenden Skelettformen (Mason 1961, 446). Es macht die Komplexität der Wissensgeschichte im frühen 19. Jahrhundert aus, dass Schellings Philosophie der natürlichen Welt von einigen zeitgenössischen Wissenschaftlern wie dem Mathematiker Carl Friedrich Gauß (1777–1855) und dem Chemiker Justus von Liebig (1803–1873) als abschreckendes Beispiel »spekulativer Ignoranz« (Hasler 1981, 10) verhöhnt wurde, während sich solche Abgrenzungen aus heutiger Perspektive als wenig sachdienlich darstellen und dafür umso ideologischer ausnehmen. Bereits vor dem Botaniker Matthias Jacob Schleiden (1804–1881) und dem Mediziner Theodor Schwann (1810–1882) hat der Schelling-Schüler Oken die Zelle als Grundorgan des Organismus definiert (Sonntag 1991, 304), die Ablösung der Präformationstheorie (alle möglichen Formen sind in der Welt bereits angelegt) durch die der Epigenesis (d.h. »triebgeleitete Selbsterzeugung der Organismen aus organischem Stoff nach gesetzmäßiger Form«, Müller-Sievers 1997, 150) durch den Zoologen Johann Friedrich Blumenbach (1752–1840) und andere verdanken sich Schellings naturphilosophischem Einfluss. Statt Organismen als Ensembles statischer, additiver (mechanisch zusammenhängender) Komponenten zu betrachten, suchten Biologen wie Jean-Baptiste de Lamarck (1744–1829) nun nach jener Lebenskraft, dank derer Lebewesen sich selbst erhalten und fortzeugen, die Fähigkeit zu der Herausbildung ihrer Eigentümlichkeit erwerben: »Sie sind *organisierte und sich selbst organisierende* Wesen« (Sonntag 1991, 303). Schellings Idee einer autonomen, ihre Gesetze selbst schaffenden Natur hat wichtige Impulse für Physiologie und Embryologie um 1800 gegeben (Sonntag 1991, 304), aber auch das Verständnis von Krankheit, die man bislang als Summe physikalischer Eigenschaften definierte, revolutioniert, indem man

Krankheit nun als aktive Handlung des Organismus verstand (Hasler 1981, 11), was wiederum völlig neue Heilmethoden auf den Plan rief. 1810 veröffentlichte Samuel Hahnemann (1755–1843) mit dem *Organon der rationellen Heilkunde* das Grundlagenwerk der Homöopathie; wie bekannt, wurde Droste seit 1828 von dem (auf Umwegen über die Rechtswissenschaften und ein Bibliotheksamt) zum Homöopathen gewordenen Clemens Maria von Bönninghausen (1785–1864) behandelt (→ I.1.1.). Dadurch, dass sie häufig auf dessen Ferndiagnosen angewiesen war, gibt es eine Vielzahl von Briefen an Bönninghausen mit zum Teil skurril präzisen Schilderungen ihrer Symptome, durch die man einerseits Einblick in Drostes Krankengeschichte erhält, sich andererseits ein Bild davon machen kann, welche Informationen für einen Homöopathen des frühen 19. Jahrhunderts wichtig waren (HKA VIII, 101–105, 112f., 136; HKA X, 39, 259, 444–447). Den naturphilosophischen Arzt und Mesmer-Anhänger Joseph Ennemoser (1787–1854) traf Droste in Bonn (Gödden 1994a, 137), Lorenz Oken war häufig Gast auf der Meersburg (Gödden 1994a, 443; zum Einfluss auf die Dichtung vgl. Nettesheim 1967, 27–32). Mit Schellings Philosophie wurde Droste durch Christoph Bernhard Schlüter (→ I.1.2.2.), seinerseits mit Naturphilosophen wie Franz von Baader (1765–1841) und dem Theologen Anton Günther (1783–1863) befreundet, bekannt gemacht (Nettesheim 1967, 171–186). Es ist nicht überliefert, ob, und wenn ja, wie intensiv sich Droste mit Schellings Schriften auseinandergesetzt hat, eher ist anzunehmen, dass seine Ideen implizit die Gespräche mit Schlüter grundiert haben. Man kann vermuten, dass Schellings Überzeugung von der Begrenztheit des menschlichen Verstandes bei ihr auf große Resonanz stieß, zumal das ›Wissen‹, das aus Schellings Sicht die Natur von Transzendenz durchwirkt zeigt, in Opposition zur Ideologie des modernen, rationalitätsversessenen Menschen steht, der die natürliche Welt in ihrem Prozess der Selbstvollendung nicht als autonome Macht respektiert und nicht anerkennen will, dass »Vernunft in ihrem Mächtigsein an ein Woher und Worumwillen gebunden [ist], dessen sie nicht mächtig ist« (Hasler 1981, 14). Der Droste-Forschung stellt sich, so gesehen, die Aufgabe, die deutlichen Markierungen von Erkenntnis- und Bewertungsgrenzen, die in den poetischen Werken zu finden sind, nicht vorschnell mit der Religiosität der Dichterin zu begründen, sondern von Text zu Text auszuloten, ob diese nicht eher durch naturphilosophische Überlegungen bedingt sind. Dann würde sich auch erhellen, warum Droste Schlüters Anregungen – durch Büchersendungen wie z. B. Adam Müllers *Von der Idee der Schönheit* (1809) (vgl. HKA VIII, 164 f.) unterstützt – zwar freundlich, aber nicht unironisch kommentierte. Auf der einen Seite war ihr Müller, wie Friedrich Schlegel Staatsmann in Wien, als Konvertit und außerdem als Vertreter einer ultrakonservativen politischen Romantik verdächtig, auf der anderen Seite kritisierte sie seinen wirren Stil: »beym Adam Müller«, schreibt sie, wäre ihr zumute »wie dem Schüler beym Mephistopheles ›mir wird von Allem dem so dumm, als gieng mir ein Mühlrad im Kopf herum‹« (HKA VIII, 165).

Im Zuge der naturphilosophischen Ganzheitstheorien, forciert durch Carl A.F. Kluges *Versuch einer Darstellung des animalischen Magnetismus* (1811), wurde der Mesmerismus in Deutschland populär. Der Mediziner Franz Anton Mesmer (1734–1815), der in den 1770er Jahren mit Magnetkuren einen zweifelhaften Ruhm erwarb, in Wien des Betrugs überführt wurde, dann nach Frankreich und in die Schweiz emigrierte, hatte seine letzten Lebensjahre in Meersburg verbracht, wo sich Joseph von Laßberg für den Erhalt seines Nachlasses einsetzte (vgl. Grywatsch 2013, 229). Droste kannte Mesmers Theorie des elektrischen Fludiums, das, wenn es nicht durch Zivilisationsphänomene daran gehindert wird, die anorganische mit der organischen Materie verbindet, bereits 1819, denn sie führte ihr *Ledwina*-Projekt nicht weiter, nachdem sie in Journalerzählungen zu »viele Schwestern« ihrer Figur entdeckt hatte, die allesamt »magnetisirte[n]« oder »magnetisirt« wurden (HKA VIII, 26). Das Gedicht *An **** ⟨*Kein Wort, und wär' es scharf wie Stahles Klinge*⟩ (HKA I, 140) und das Fragment *Bei uns zu Lande auf dem Lande* (HKA V, 147) nennen Mesmer explizit. Macht man sich klar, dass Mesmer und seine Adepten die Idee einer kosmischen, bis in Urzeiten zurückreichenden Kommunikation vertraten (so entstehen auch neue Perspektiven auf paläontologische und geohistorische Befunde!), als deren Medium unwillkürliche elektromagnetische Ströme anzunehmen sind, dann folgt daraus, dass menschliche Kognition und Sprache in diesem Austausch vorsemantischer Information keine Rolle spielen. Drostes Gedicht *Instinkt* (HKA I, 124 f.), die vielfache Nennung von Nerven, Fasern, Fibern (*Am Bodensee, Ein Sommertagstraum, Durchwachte Nacht*; vgl. Nettesheim 1967, 43) als Agenten vorbewusster Partizipation am kosmischen Geschehen sowie die Metaphern des Funkens und des Blitzes (*Doppeltgänger, Am Feste Mariä Verkündigung, Die Vendetta, Der Graue*; vgl. Nettesheim 1967, 45) zeugen davon, dass sie sich mit der »galvan'sche[n] Kette« (*Am sechs und zwanzigsten Sonntage nach Pfingsten*, HKA IV, 145, V. 7) auskannte. So hat die Forschung erkannt, dass Droste Volkssagen (*Das Fegefeuer des westphälischen Adels*) gleichsam »elektrifiziert« und dasselbe im *Geistlichen Jahr* mit bildlich gemeinten »Fegefeuerflammen« tut (Nettesheim 1967, 46), und dass die vielfältigsten Traumsituationen, in die ihre Protagonisten geraten, nicht vorrangig den Verlust der Realitätskontrolle und des Verstandesvermögens indizieren, sondern im Rahmen der spekulativen Naturphilosophie als Einfallstor für eine andere, dem kosmischen Geschehen angemessenere Wahrnehmung gedeutet werden können (ausführlich dazu Grywatsch 2013). Popularisator solcher Traumtheorien, nicht zuletzt für die Dichter der Romantik (Alt 2002), war der Arzt und Naturforscher Gotthilf Heinrich Schubert (1780–1860) mit seinen öffentlichen Dresdner Vorlesungen *Ansichten von der Nachtseite der Naturwissenschaft* (1808) und dem Buch *Die Symbolik des Traumes* (1814), in dem Schubert den Begriff des ›versteckten Poeten‹ prägte: Hat der Mensch die Blockaden, die Zivilisation und Verstand gegen den magnetischen Informationsstrom aufbauen, im Schlaf überwunden, dann vermag sich Natur durch ihn auszudrücken und ihn zum Dichter zu küren. Während E.T.A. Hoffmann in Erzählungen wie *Der goldene Topf* dieses poetologische Konzept offensiv vertritt, schwächt Droste es durch die Installation kritischer Beobachterperspektiven notorisch ab: Ihre Träumer (*Im*

3. Literatur im Kontext

Grase, Ein Sommertagstraum, Die Mergelgrube u. a.) wachen am Ende immer auf, die traumverlorenen Westfalen in *Bei uns zu Lande* und in den *Westphälischen Schilderungen* treten letztlich als Objekte volkskundlicher Observation in den Blick des Lesers.

5. Adelsgelehrsamkeit: Wissen im Familienkontext

Vor allem negativ zu belegen ist jenes im weitesten Sinne kulturgeschichtliche Wissen (mit den Aspekten Politik, Recht, Landeskunde, Geschichte, Numismatik, Literaturgeschichte, Theologie), an dem Droste als Familienmitglied partizipiert haben muss: ›negativ‹ deshalb, weil man in den Briefen, die generell die Bestätigung der Beziehung vor jede Sachinformation stellen, vor allem auf Signale der Distanzierung vom Bökendorfer Kreis (→ I.1.1.), zu den Germanisten um Joseph von Laßberg u. a. trifft. Das muss die Forschung nicht daran hindern, ein gleichsam stummes, im Modus der reservierten Teilhabe erworbenes Wissen anzunehmen, das subkutan in Drostes Werke Eingang gefunden hat, ohne dass man seine Urheber identifizieren kann. Bereits die ausschnitthafte Skizze eines solchen familiären Wissens-›Feldes‹ kann dazu führen, dass literarische Texte etwa als Kommentar zu oder Einspruch gegen Diskurse gelesen werden, die man bislang nicht mit ihnen in Verbindung gebracht hat. Im hier gewählten Ausschnitt stehen Drostes Vetter väterlicherseits, Clemens August von Droste-Hülshoff (1793–1832), und die Stiefonkel mütterlicherseits, August (1792–1866) und Werner von Haxthausen (1780–1842), sowie Drostes Schwager Joseph von Laßberg (1770–1855). Alle Männer sind Akademiker, die jeweils überraschend viele Fächer vom Bergbau, der Jurisprudenz und Medizin bis hin zu Theologie, Kameralwissenschaften und Philologien studiert haben, um hinterher im preußischen Staatsdienst oder an der Universität zu arbeiten oder die geerbten Güter zu verwalten. Sie sind – vom Bökerhof, von Bonn und Meersburg aus – Stifter verschiedener gelehrter Netzwerke, in deren durchaus prominenten Kreisen sich Droste bewegt hat. Ihre wiederholten Reisen nach Bökendorf und Abbenburg, nach Köln, Bonn und an den Bodensee kann man daher als räumliches Abbild eines Transfers zwischen Wissensdiskursen, Denkstilen und Sachgebieten lesen.

Grundlage des Wissens ist für alle Akteure dieses Netzwerks die Tätigkeit des Sammelns. August und Werner von Haxthausen, seit 1808 mit den Brüdern Grimm befreundet, sammelten Volkslieder (vgl. Heßelmann 1992, 161–176), ohne wie Joseph von Laßberg, den beide 1814 auf dem Wiener Kongress kennenlernten, auf mittelalterliche Handschriften und Artefakte festgelegt zu sein. Laßberg besaß eine so umfangreiche Mittelalter-Sammlung, zu der als besonderer Schatz die 1815 in Wien erworbene Hohenemser Handschrift C des Nibelungenliedes gehörte, dass seine Bibliothek für viele frühe Germanisten wie Ludwig Uhland, Carl Simrock, Karl Lachmann u. a. ein wichtiger Anlaufpunkt, geradezu ein Zentrum der vorakademischen Mediävistik und der Freiherr ein unentbehrlicher Gesprächspartner war. Laßberg sei ein angenehmer Zeitgenosse, schrieb Droste im November 1835 aus Eppishausen, habe jedoch zu ihrem Leidwesen »zu viel Manuskripte und INCUNABELN, und zu viel Lust sie vorzulesen« (HKA VIII, 186), hinzu komme eine fatale Vorliebe für

> Alterthümler, die in [...] muffigen Manuskripten wühlen möchten, sehr gelehrte, sehr geachtete, ja sehr berühmte Leute in ihrem Fach – aber langweilig wie der bittre Tod, – schimmlich, rostig, prosaisch wie eine Pferde-Bürste, – verhärtete Verächter aller neueren Kunst und LITTERATUR, – mir ist zuweilen als wandle ich zwischen trocknen Bohnen-Hülsen, und höre Nichts als das dürre Rappeln und Knistern um mich her, und solche Patrone können nicht enden, v i e r Stunden muß man mit ihnen zu Tisch sitzen, und unaufhörlich wird das leere Stroh gedroschen! (HKA VIII, 189)

Stellt man in Rechnung, dass Werner von Haxthausen, dessen Kölner Bibliothek Droste 1825 ordnete (vgl. HKA III, 76; Gödden 1994a, 140), ebenfalls wertvolle Inkunabeln besaß (Übersicht bei Beckers 1995, 43 f.) und damit z. B. den jungen Hoffmann von Fallersleben faszinierte, der »monatelang« (Beckers 1995, 36) bei ihm logierte, dann muss man auch Droste in diesem frühgermanistischen Wissenskontext verorten. Dass man in den Briefen weder davon noch von Werners zahlreichen Initiativen zur Sicherung der rheinischen Kunstschätze von der Römerzeit bis zur Gegenwart, von seiner Freundschaft zu dem mit Goethe und den Brüdern Schlegel bekannten Kunstsammler Sulpiz Boisserée (1783–1854) und zu dem Botaniker, Mathematiker und Sammler Ferdinand Franz Wallraf (1748–1824) liest (Beckers 1995, 33 f.; Stahl 2008), bedeutet nicht, dass Droste dieses Wissen nicht zur Verfügung stand. Schließlich findet auch der intellektuelle Austausch mit der archäologisch und numismatisch gebildeten Bonner Freundin Sibylle von Mertens-Schaaffhausen (1797–1857), die eine exquisite Münzsammlung besaß, keinen Niederschlag in den Korrespondenzen, obwohl das »Münzen-Sammeln«, »für Andre eben so langweilig« (HKA VIII, 189), Drostes große Leidenschaft war (zu ihrer Sammlung und deren Verbleib vgl. Welzel 1933). Eine flüchtige Spur hat sie in den Strophen *Der Denar* in *Der Sommertagstraum* hinterlassen. Umso erstaunter ist man, in Drostes Briefen an die Stiefonkel Moritz Elmerhaus (1775–1841), den preußischen Landrat in Bonn, und Karl August von Haxthausen (1779–1855) ein wahres Feuerwerk an Begeisterung über einen »Carneol«, »das in Elfenbein Geschnitzelte«, den »Stein Kopf in Bergkristall« (HKA VIII, 133), »römische Münzen« (HKA VIII, 161) von »MAXIMUS, SALONINA, AURALIANUS, QUINTILLUS« etc. (HKA VIII, 194), »Judenpfennige« (HKA VIII, 162) u. a. entzündet zu sehen. Zur Sprache kommen Dank für Geschenke, Freude über geteiltes Finderglück, aber auch professionelle Ermahnungen, die Echtheit der erhandelten Altertümer genau zu prüfen und auf den Preis zu achten (HKA VIII, 133). »[I]ch habe«, vermerkt das Postscriptum zum Sammler-Brief an Onkel Karl,

> auch sonst noch schöne Sachen, – Mineralien, Versteinerungen, Muscheln, römische Münzen, geschnittene Steine, Pasten, geschliffene Edel- und Halb-Edelsteine, geschnitzelte Sachen in Elfenbein Holz ET CET, auch allerley, meistens kleine, alte Kupferstiche, – ausgegrabne Urnen, Lampen ET CET – es würde Dich gewiß freuen zu sehn, – vielleicht wär' auch Manches drunter was in Deine Sammlungen paßte – komm doch! – eben jetzt ganz bald. (HKA VIII, 163 f.)

3. Literatur im Kontext   83

Alte Uhren und Autographen (»Der Autograph« in *Der Sommertagstraum*) muss man noch hinzu zählen. Als kundige Sammlerin ist Droste unabweisbar in das protowissenschaftliche Netzwerk der Familie und das darin aktivierte Wissen eingebunden. Ihrem scharfen Spott scheint indes jedes antiquarische Wissen zu verfallen, das »nie nützlich in die Gegenwart« (HKA VIII, 189) eingreifen kann, während das Sammeln von Altertümern als lustvolles Bildungsspiel unter Gleichgesinnten geschätzt wird (Kraß 1915), die, indem sie ihre Schätze austauschen und darüber fachsimpeln, immer auch ein persönliches, identitäts- und gemeinschaftsstiftendes Verhältnis zu einer aus der Gegenwart stets schneller verschwindenden Vergangenheit gewinnen.

Dass Drostes Briefe das Familien-›Wissen‹ selten direkt thematisieren, sondern unter dem Tarnmantel verwandtschaftlicher Berichterstattung überliefern, gilt auch für ihre Schilderungen der Bonner Bildungsimpulse, die allenfalls *ex negativo* erahnen lassen, welche Wissenspotentiale aus diesen Verbindungen in Drostes poetisches Werk geflossen sind. So kann man sich angesichts der Tatsache, dass auch die extrem konservative Haxthausen-Familie mit Werner einen ihrer streitbarsten Vertreter vor Ort (in Köln) hatte, das Konfliktpotential vorstellen, das durch die Berufung von Drostes Vetter Clemens von Droste-Hülshoff an die 1818 im Geist der preußischen Reformen gegründete Universität Bonn entstand. 1822 erhielt Clemens, nachdem er Philosophie, Geschichte, Recht und Philologien studiert hatte, eine Professur für Natur-, Kirchen- und Kriminalrecht und übernahm 1829 sogar das ehrenvolle Amt des Rektors. Zu seinen Kollegen zählten u. a. der Althistoriker Barthold Georg Niebuhr (1776–1831), der Historiker Ernst Moritz Arndt (1769–1860), der Literaturwissenschaftler August Wilhelm Schlegel (1767–1840), der Botaniker Christian Gottfried Daniel Nees von Esenbeck (1776–1858) und der Paläontologe August Goldfuß (1782–1848). Wenn Droste an den Rhein reiste, logierte sie bei Clemens (nach 1832 bei seiner Witwe Pauline), bei Werner oder Moritz von Haxthausen und hatte auf diese Weise freien Zutritt zu den Zirkeln der weltoffenen Bonner Gelehrten. Bereits 1818 war der Theologe Georg Hermes (1775–1831) von Münster aus (wo der Besuch seiner Vorlesungen verboten wurde) nach Bonn berufen worden (Borengässer 2008) und fand in Clemens Droste (vgl. HKA IV, 218f.) und dem Kirchenhistoriker Johann Wilhelm Joseph Braun (1801–1863), der 1836 Drostes Publikationspläne unterstützte, wichtige Mitstreiter für einen aufgeklärten, wissenschaftlich reflektierten Katholizismus. Als Versuch, den Status des Glaubens mit Vernunft zu begründen, lag der Hermesianismus als eine sehr gemäßigte Variante im Trend jener berühmten Schriften von David Friedrich Strauß (1808–1874) und Ludwig Feuerbach (1804–1872), die viel stärker noch betonten, dass man Geschichten der Bibel und religiöse Postulate als notwendige, gemeinschaftsstiftende Symbolisierungen von Lebenspraxis verstehen muss, deren Analyse mythenkritisch und historisch zu erfolgen habe. Dass der Mensch nicht vor die Alternative Glauben oder Verzweiflung gestellt ist, sondern auch im Hinblick auf Religion alle Freiheiten des Wissens und Reflektierens wahrnehmen kann, muss Droste angesprochen haben (vgl. HKA VIII, 303; HKA IV, 219f.), und so ist zu beobachten, dass sie, als der öffentliche Streit über Glaubensfragen mit der Absetzung des Kölner Erzbischofs 1837/38 politische Dimensionen annahm (→ I.2.), sich gegenüber den hochideologischen Argumenten der Haxthausens äußerst bedeckt hielt (HKA IV, 219–222). Im Bonner Umkreis verfestigt sich, den aristokratisch-katholischen Erneuerungsbestrebungen der adligen Großfamilie zum Trotz, die Überzeugung, dass auch Religion in das Feld des Wissens gehört, und dass in der sich individualisierenden Welt der Einzelne entscheiden kann, ob er einer Religionsgemeinschaft und welcher er angehören will. So gesehen ist es kein Zufall, dass Glaubenskonflikte in *Die Schlacht im Loener Bruch. 1623* und im zweiten Teil des *Geistlichen Jahres* aus einer historischen respektive psychologischen Beobachterposition heraus dargestellt werden, und dass es in *Die Judenbuche* ausgerechnet die jüdische Gemeinde ist, die eine zivilisierte symbolische Geste an die Stelle gewalttätiger Rache setzt.

Vollends unter Tabu stellte Droste jenes volkskundliche, rechts- und literaturgeschichtliche Wissen, das man aufgrund der familiären Prominenz von August und Werner von Haxthausen und ihrer Freundschaft zu den Brüdern Grimm und Joseph von Laßberg als nicht gering veranschlagen darf. Noch 1844 beschrieb sie das Verhältnis als von schwelender Antipathie, offener Demütigung, Arroganz und Machtwillen geprägt: »wie wir sämmtlichen COUSINEN Haxthausischer BRANCHE durch die bittere Noth gezwungen wurden, uns um den Beyfall der Löwen [Grimm, C.B.] zu bemühn, die die ONCLES von Zeit zu Zeit mitbrachten« (HKA X, 128). Es ist bekannt, dass Droste sich nur lustlos am Sammeln westfälischer Volkslieder und Märchen beteiligte und den Kontakt zu August, der notorisch neue Sammelprojekte an sie heran trug, erst nach 1838 wieder pflegte (vgl. Gödden 1994a, 148–160; → I.1.1.). Möglicherweise hatte sie zu diesem Zeitpunkt durch den Zugang zu bürgerlichen Literatenkreisen und zum literarischen Markt, dank der Freundschaft zu Schücking und durch den Beginn ihrer eigenen, von Schücking und Freiligrath (vormärzlich) inspirierten Beschäftigung mit Westfalen die nötige Souveränität gewonnen, um die machtvollen, vom Stil der politischen Romantik geprägten Haxthausen'schen Deutungsmuster für Landesgeschichtliches zu distanzieren. Allerdings erscheint die Wissenspoesie ihrer Westfalenschriften in einem besonderen Licht, wenn man *Bei uns zu Lande*, *Die Judenbuche* u. a. als implizite Auseinandersetzung mit dem Haxthausen-Diskurs liest.

Dazu trug Werner von Haxthausen in zweifacher Hinsicht bei. Dem Dichter Friedrich Leopold Graf von Stolberg (1750–1829), der 1799 zum Münsteraner Kreis um die Fürstin Gallitzin stieß, zur weiteren Ausbildung anvertraut, studierte Werner in Münster Rechtswissenschaften, beschäftigte sich mit Naturwissenschaften, Philosophie sowie klassischen und orientalischen Sprachen, schloss sein Studium 1803 in Prag ab, vertiefte 1807 seine Kenntnis des Persischen in Paris, um 1808 in Göttingen, 1809 in Halle das Studium der Orientalistik aufzunehmen. Aus diesen Jahren datiert die Bekanntschaft mit romantischen Dichtern wie Clemens Brentano, Achim von Arnim und Wilhelm Grimm (Beckers 1995, 28–30), entsteht die Leidenschaft für Sammelprojekte

3. Literatur im Kontext

wie *Des Knaben Wunderhorn*, für Sagen, Volkslieder und -märchen. Nach einem abenteuerlichen Interim im antinapoleonischen Freiheitskampf, einem dreijährigen Exil in England (wo er unter Pseudonym als Arzt praktizierte) und der Rückkehr nach Deutschland suchte er 1814/15 auf dem Wiener Kongress nach Unterstützern für eine politische Karriere. Tatsächlich erreichte er die Berufung zum preußischen Regierungsrat für Kulturpflege und -politik in Köln (1815–1826), ebenso wichtig waren aber die Bekanntschaft mit Laßberg, den er bei der Gründung eines »Allgemeinen Adelsvereines durch ganz Teutschland«, »Die Kette« (Beckers 1995, 31 f.), unterstützte, die Wiederaufnahme der Beziehung zu den Grimms und die Gründung der volkskundlichen »Wollzeiler«-Gesellschaft, und die Entdeckung neugriechischer Volkslieder in der Wiener Bibliothek. Damit waren die intellektuellen und ideologischen Weichen für die Folgejahre gestellt: Um den Kern der nie zu Ende gebrachten Volkslieder-Edition lagerten sich andere Sammelprojekte, und die in Wien befestigte aristokratisch-restaurative Gesinnung steigerte sich zu einem politischen Konservatismus, der den preußischen Bürokraten unangenehm wurde. 1826 schied Werner aus dem Staatsdienst aus und übernahm die Verwaltung der (verschuldeten und nur dank seiner reichen Heirat auszulösenden) Haxthausen'schen Güter. In dieser Funktion wurde er 1833 Abgeordneter des Westfälischen Provinziallandtags. Als Vorsitzender einer Kommission, die sich die »Neuregelung der bäuerlichen Erbfolge« (Beckers 1995, 39) vorgenommen hatte, verfasste er die Denkschrift *Ueber die Grundlagen unserer Verfassung*, die, deutlich von Karl Ludwig von Hallers (1768–1854) extrem konservativer Staatslehre (*Restauration der Staatswissenschaften*, 1816–1834) beeinflusst, gegen das Allgemeine Preußische Landrecht mit einem rückwärtsgewandten Naturrechtshistorismus aufwartete und letztlich die Herrschaft der Mächtigen (des Adels) als Ausdruck göttlicher, überzeitlicher Ordnung legitimierte. In Preußen nicht mehr gelitten, siedelte Werner nach Bayern über. Zu seinem Tod schrieb Droste: »Werner hatte sich gänzlich überlebt, und schlich umher als eine klägliche Ruine glänzender Fähigkeiten und zahlloser im Keime verdorrter Entwürfe« (HKA IX, 311).

Aufschlussreich für Drostes ›Negativwissen‹ und möglicherweise ein Schlüssel zum Verständnis ihrer nicht nur auf persönlicher Animosität beruhenden Distanziertheit ist die besondere Konstellation, in die Recht und Literatur auf diese Weise geraten bzw. jene aristokratisch-restaurative Deutung dieser Konstellation, die für Werners und August von Haxthausens Denken charakteristisch ist. Zugrunde liegen letztlich Ideen der historischen Rechtsschule von Friedrich Carl von Savigny (1779–1861), der sowohl gegen das positive Recht (wie Napoleons *Code civil* und das Preußische Landrecht), aber auch gegen die deutschen Naturrechtslehren ins Feld führte, dass das Recht ebenso wie Sprache, Gebräuche und Sitten Ausdruck des jeweiligen Volksgeistes sei und eine »unauflösliche Gemeinschaft mit der ganzen Vergangenheit« (Meder 2011, 298) herstelle. Deshalb müsse auch das Recht – im Unterschied zum kodifizierten Gesetz – immer bearbeitet, neu ausgelegt und mit jenen landesüblichen Gewohnheiten abgeglichen werden, über die volkskundlich-literarische

Quellen am besten Auskunft geben. In diesem Punkt berühren sich Savignys rechtshistorische Konzepte mit der Grimm'schen Auffassung einer nationalen Altertumskunde, in deren Zuständigkeitsbereich die Geschichte der deutschen Grammatik, der Volkslieder und der Rechtsaltertümer gleichermaßen fällt. Als August von Haxthausen in Göttingen Kameralwissenschaften (Verwaltungswissen für Adlige, das Staatslehre, Ethik, Statistik, Völkerrecht, Finanzwissenschaft u. a. umfasste) und Jura studierte, waren diese Disziplinen von der historischen Schule geprägt; außerdem hatten die befreundeten Brüder Jacob und Wilhelm Grimm in Marburg bei Savigny studiert. Dem Interesse an alter Volksliteratur ging August im Rahmen der von ihm mitbegründeten »Poetischen Schusterinnung an der Leine« nach, in deren Zeitschrift *Wünschelruthe* (Januar bis August 1818) die *Geschichte eines Algierer-Sklaven* veröffentlicht wurde, die die Vorlage der *Judenbuche* ist (Heßelmann 1992, 46–48). Zum Charakter der spätromantischen Göttinger Diskursformation trug weiterhin bei, dass August im Haus des Mediziners, Zoologen und Anthropologen Johann Friedrich Blumenbach (1752–1840) verkehrte (Heßelmann 1992, 37), also auch mit der spekulativen Naturphilosophie in Berührung kam. Es ist zu vermuten, dass dieses organologische Totalitätsdenken in den Jahren nach 1818, als August die Haxthausen'schen Güter verwalten, sich mit Bauernbefreiung und Agrarreformen auseinandersetzen musste, immer stärker in den Sog aristokratischer Standespolitik geriet. Jedenfalls verraten seine in diesem Zusammenhang entstandenen Schriften *Ueber die Agrarverfassung in den Fürstenthümern Paderborn und Corvey* (1829) und die im Auftrag König Friedrich Wilhelm IV. recherchierte Studie *Zur Behebung der Not im Paderbörnischen* (1830), dass ihr Autor Reformen auf dem historischen Umweg über die ›altdeutsche‹ Agrarverfassung mitsamt der ›natürlichen‹ Hierarchie von Landbesitzern und Bauern anstrebte, im Grunde also die Rolle des Adels im organischen Gefüge einer ständisch gegliederten Gesellschaft festigen wollte. In diesem Denkmodell, das die Bauernbefreiung als Anlass zu weiteren Modernisierungskrisen fürchtet (durch Abschaffung der Patrimonialgerichtsbarkeit und des althergebrachten Erbrechts, durch Auflösung der traditionellen Gemeindestruktur und die Kapitalisierung der Landwirtschaft), wird der Adel, paradox nur aus der Außensicht, zum legitimen Bewahrer der von Ungebildeten getragenen Volkskultur ermächtigt: Aristokratische Sammelleidenschaft und Buchkultur geben den Rahmen dieses Projektes vor und liefern seine Deutung gleichzeitig mit. Zwar lehnte der preußische Staat ›Reform‹-Ideen dieser Art ab, doch zeigte 1842 der russische Zar Interesse an Haxthausens Plänen für neue ›organische‹ Assoziationen zwischen (befreiten) Bauern und Grundherren und schickte den Freiherrn auf eine zweijährige Studienreise durch Rußland (zu den Stationen Heßelmann 1992, 93–95). Die *Studien über die innern Zustände, das Volksleben und insbesondere die ländlichen Einrichtungen Rußlands* erschienen 1847 (Droste las das Manuskript der Aufzeichnungen 1845; vgl. Gödden 1994a, 152), *Transkaukasia. Andeutungen über das Familien- und Gemeindeleben und die socialen Verhältnisse einiger Völker zwischen dem Schwarzen und dem Kaspischen Meere* 1856, und wie bei Augusts früheren Denkschriften stehen avancierte ethnographische Forschungsmethoden (moderne empirische Demoskopie, Archivstudien, Versendung und Auswertung von Fragebögen) in scharfem Kontrast zu den konservativen politischen Ergebnissen der Studien.

Als sich Droste und ihr Onkel 1838 wieder annäherten, war der Begegnung in Abbenburg Augusts briefliche Bitte vorausgegangen, Droste möge ihm bei der Suche nach Melodien für seine Sammlung geistlicher Volkslieder helfen (HKA VIII, 273f.), und das war nicht der letzte Versuch, sie in seine Editionsprojekte einzubinden (Gödden 1992, 151 f.). Freundlicher als früher, in der Sache jedoch kaum weniger zurückhaltend reagierte Droste auf diese Ansinnen, die – so steht zu vermuten – ihrer eigenen Vorstellung von ›Volk‹ diametral zuwiderliefen: Davon zeugt die Differenzierung der Sauerländer, Paderborner und Münsterländer Charaktere in den *Westphälischen Schilderungen* ebenso wie ihr unbestechlicher Blick auf die desintegrierte, haltlos in die Kriminalität abrutschende Dorf›gemeinschaft‹ in der *Judenbuche*. Die Vermengung naturphilosophischen organologischen Denkens mit Ideen zur Restauration vorgeblich ›organischer‹ Herrschaftsbeziehungen »bei uns zu Lande«, wie es den Haxthausen-Diskurs auszeichnet, war und blieb ihr suspekt. In ihren Westfalen-Schriften setzte sie nicht zufällig ironische Distanzzeichen gegenüber jeglichem Sammeln von scheinbar ursprungsnahen Nationalurkunden. Dazu gehört die heitere Rahmenfiktion des Rentmeisters in *Bei uns zu Lande*, der im Alter einen Hang zur Poesie verspürt, als Gutsverwalter aber die für eine Autorschaft notwendige literarische Bildung und Sprachfertigkeit nicht besitzt und deshalb ein aufgefundenes altes Manuskript ›ediert‹, dazu gehört aber auch die Implantation des vormärzlichen Journalstils in die Reiseberichte der *Westphälischen Schilderungen*. Allen lokalhistorisch orientierten literarischen Texten ist anzumerken, dass sie ein breites Spektrum an ›Wissen‹ verarbeiten, wobei ein solches Wissen sowohl sachliche Aspekte hat wie eine – dem Haxthausen-Diskurs fremde – Verpflichtung zur Selbstbeobachtung mit sich führt, aus der wiederum eine prekäre Freiheit zur Reflexion erwächst. Prekär deswegen, weil diese Reflexion dominanten Diskursen gegenüber gar nicht anders als kritisch auftreten kann, weil sie Autoritäten anzweifelt und dadurch riskiert, verhöhnt und ins Abseits gestellt zu werden. So geschehen, als August von Haxthausen nach Drostes Tod eine Neuausgabe seiner *Geschichte eines Algierer-Sklaven* aus der *Wünschelruthe* von 1818 zusammen mit Drostes Erzählung und einem Vorwort plante, in dem er behauptete, die Dichterin habe die gedruckte Erzählung erst lange nach Vollendung der Novelle gelesen und habe gesagt,

> daß wenn sie die einzelnen Umstände so genau gekannt, oder jene Erzählung gelesen, so würde sie ihre Erzählung gar nicht, oder ganz anders aufgefaßt und gedichtet haben, denn im Grunde sei die wahre schmucklose Geschichte viel tiefer und bedeutender als ihre Dichtung (zit. n. Heßelmann 1992, 47).

Diese versuchte Enteignung *post mortem* (der wahre Wortlaut der letzten Zeile lautet: »denn einfache Wahrheit ist immer schöner, als die beste Erzählung«,

HKA V, 201) ist nur ein weiteres Indiz dafür, dass Drostes Westfalen-Dichtungen und die agrar- und rechtshistorischen Schriften der Haxthausen-Brüder auf einem zwar gemeinsamen, jedoch konträr ausgelegten Wissen aufruhen, über das die »ONCLES« uneingeschränktes Verfügungsrecht beanspruchten. Dass der von den Grimms entworfene und in den Haxthausen-Schriften zugunsten einer restaurativen Adelspolitik umformulierte Ursprungszusammenhang von Recht, Brauchtum (»Sittengemälde«) und Literatur, von dem man annehmen muss, dass er Droste bekannt war, zum ›verschwiegenen‹ Wissen der Autorin zählt, hat zweifellos damit zu tun, dass sie ihre Chancen im familiären Machtspiel nach 1820 realistischer einschätzen konnte. Das hinderte sie nicht daran, ihren Westfalen-Dichtungen subkutane Gegengeschichten zum Machtdiskurs einzuschreiben und damit das letzte Wort zu behalten, was sogar August *ex post* anerkennen musste.

Literatur

Barkhoff, Jürgen: Magnetische Fiktionen. Literarisierung des Mesmerismus in der Romantik. Stuttgart, Weimar 1995.
Beckers, Hartmut: Werner von Haxthausen (1780–1842). Ein westfälischer Jugendfreund der Brüder Grimm und seine literarisch-poetischen, germanistisch-mediävistischen und volkskundlich-antiquarischen Wirksamkeiten. In: Literatur in Westfalen. Beiträge zur Forschung 3 (1995), S. 23–44.
Blasberg, Cornelia: Zur Einführung. In: Cornelia Blasberg in Verb. mit Jochen Grywatsch (Hg.): ZwischenZeiten. Zur Poetik der Zeitlichkeit in der Literatur der Annette von Droste-Hülshoff und der ›Biedermeier‹-Epoche. Hannover 2013 (= Droste-Jahrbuch 9), S. 7–16. [Blasberg 2013a]
Blumenberg, Hans: Lebenszeit und Weltzeit. Frankfurt/M. 1986.
Brandstetter, Gabriele/Neumann, Gerhard: Einleitung. In: Gabriele Brandstetter/Gerhard Neumann (Hg.): Romantische Wissenspoetik. Die Künste und die Wissenschaften um 1800. Würzburg 2004, S. 9–14.
Crary, Jonathan: Techniken des Betrachters. Sehen und Moderne im 19. Jahrhundert. Aus dem Amerikanischen von Anne Vonderstein. Dresden, Basel 1996.
Dülmen, Richard van/Rauschenbach, Sina: Einleitung. In: Richard van Dülmen/Sina Rauschenbach (Hg.): Macht des Wissens. Die Entstehung der modernen Wissensgesellschaft. Köln u. a. 2004, S. 1–12.
Engelhardt, Dietrich von: Historisches Bewußtsein in der Naturwissenschaft von der Aufklärung bis zum Positivismus. Freiburg, München 1979.
Frank, Gustav/Podewski, Madleen: Denkfiguren. Prolegomena zum Zusammenhang von Wissen(schaft) und Literatur im Vormärz. In: Gustav Frank/Madleen Podewski (Hg.): Wissenskulturen des Vormärz. Bielefeld 2011, S. 11–53.
Gamper, Michael/Wagner, Karl: Einleitung. In: Michael Gamper/Karl Wagner (Hg.): Figuren der Übertragung. Adalbert Stifter und das Wissen seiner Zeit. Zürich 2009, S. 7–12.
Gödden, Walter: Annette von Droste-Hülshoff. Leben und Werk. Eine Dichterchronik. Bern u. a. 1994. [Gödden 1994a]
Hasler, Ludwig: Zur Einführung. Schelling ernstnehmen. In: Ludwig Hasler (Hg.): Schelling. Seine Bedeutung für eine Philosophie der Natur und der Geschichte. Stuttgart 1981, S. 9–17.

Heßelmann, Peter (Hg.): August Freiherr von Haxthausen (1792–1866). Sammler von Märchen, Sagen und Volksliedern, Agrarhistoriker und Rußlandreisender aus Westfalen. Münster 1992.
Hoffmann, Christoph: Unter Beobachtung: Naturforschung in der Zeit der Sinnesapparate. Göttingen 2006.
Jahn, Ilse: Grundzüge der Biologiegeschichte. Jena 1990.
Koschorke, Albrecht: Wissenschaften des Arbiträren. Die Revolutionierung der Sinnesphysiologie und die Entstehung der modernen Hermeneutik um 1800. In: Joseph Vogl (Hg.): Poetologien des Wissens um 1800. München 1999, S. 19–52.
Mason, Stephen F.: Geschichte der Naturwissenschaft in der Entwicklung ihrer Denkweisen. Deutsche Ausgabe besorgt von Bernhard Sticker. Stuttgart 1961.
Meder, Stephan: Rechtsgeschichte. Eine Einführung. 5. Aufl. Köln u. a. 2014.
Müller-Sievers, Helmut: Über Zeugungskraft. Biologische, philosophische und sprachliche Generativität. In: Hans-Jörg Rheinberger/Michael Hagner/Bettina Wahrig-Schmidt (Hg.): Räume des Wissens. Repräsentation, Codierung, Spur. Berlin 1997, S. 145–164.
Nettesheim, Josefine: Die geistige Welt der Dichterin Annette Droste zu Hülshoff. Münster 1967.
Pethes, Nicolas: Poetik/Wissen. Konzeptionen eines problematischen Transfers. In: Gabriele Brandstetter/Gerhard Neumann (Hg.): Romantische Wissenspoetik. Die Künste und die Wissenschaften um 1800. Würzburg 2004, S. 341–372.
Sonntag, Michael: Die Seele und das Wissen vom Lebenden. Zur Entstehung der Biologie im 19. Jahrhundert. In: Gerd Jüttemann/Michael Sonntag/Christoph Wulf (Hg.): Die Seele. Ihre Geschichte im Abendland. Weinheim 1991, S. 293–318.
Twellmann, Marcus: ›Stille Erdwinkel‹. Zur geohistorischen Imagination des ›Biedermeier‹. In: Cornelia Blasberg in Verb. mit Jochen Grywatsch (Hg.): Zwischen-Zeiten. Zur Poetik der Zeitlichkeit in der Literatur der Annette von Droste-Hülshoff und der ›Biedermeier‹-Epoche. Hannover 2013 (= Droste-Jahrbuch 9), S. 71–97.
Vogl, Joseph: Einleitung. In: Joseph Vogl (Hg.): Poetologien des Wissens um 1800. München 1999, S. 7–16.

4. Korrespondenzen
Cornelia Blasberg

1. Zum Informationsgehalt von Drostes Briefen 92
2. Stil und Literarizität von Drostes Briefen 94

Der erste erhaltene Brief der Autorin datiert vom 31. Dezember 1805 und ist an die Großmutter Maria Anna von Haxthausen in Bökendorf gerichtet (HKA VIII, Nr. 3); der letzte wurde vermutlich am 24. oder 25. März 1848, zwei Monate vor Drostes Tod am 24. Mai, an den Sammler Ludwig von Madroux geschrieben (HKA X, Nr. 424). Von der umfangreichen Korrespondenz, die Droste in den dazwischen liegenden 43 Jahren führte, sind nur 270 von ihr verfasste Briefe und 227 an sie gerichtete überliefert. Auf der Basis von Eingangsbestätigungen, Danksagungen und Verweisen in diesen Briefen erschlossen die Bearbeiter der HKA 495 weitere, im Original verlorene Briefe mit knappen Inhaltsangaben; 154 davon werden Droste, 341 ihren Briefpartnern zugeschrieben (HKA VIII, 1254). Briefe aus Drostes Umfeld, in denen über ihre emsige Korrespondenztätigkeit berichtet wird, und ihre eigenen Erinnerungen an Zeiten mit nahezu täglichem Austausch von Briefen und Billets lassen den Verlust von bis zu 90 Prozent (Grywatsch 2019 [in Vorb.]) des tatsächlichen Korrespondenzmaterials vermuten (HKA VIII, 1265). Die HKA vermerkt die Standorte der erhaltenen Handschriften (HKA VIII, 1258 f.) und listet ebenfalls die Editionen respektive Teilveröffentlichungen der Briefe im Rahmen von Werkausgaben und Biographien auf (HKA VIII, 1266–1274). Sensation machte Ende des 19. Jahrhunderts die von Levin Schückings Tochter Theophanie betriebene Veröffentlichung des Briefwechsels zwischen Droste und Schücking (1893 bei Grunow in Leipzig; HKA VIII, 1270), der dazu angetan war, am zuvor von Hermann Hüffer (1887) und Wilhelm Kreiten (1886) auf der Basis der Verwandtenbriefe gezeichneten Bild der frommen und ihrer Familie ergebenen Aristokratin Zweifel anzumelden (HKA VIII, 1268–1271). Einen unzensierten, philologisch aufbereiteten Zugang zu Drostes Briefwechseln ermöglichten erstmals die Bände VIII bis XII der HKA mit ausführlichen Kommentaren.

An den Postverhältnissen lagen die hohen Verlustzahlen nicht. Bereits 1803 agierte die Thurn- und Taxis'sche Reichspost auf der Strecke Düsseldorf–Münster–Osnabrück–Bremen–Hamburg. Die über Münster laufenden Verbindungen wurden nach dem Interim der französischen Besatzung 1815 unter preußischer Verwaltung ausgebaut und galten als zuverlässig (Gödden 1991, 172). Ein Brief vom Rüschhaus nach Bonn brauchte zwei bis drei Tage, nach Meersburg war er vier Tage unterwegs. Um das teure Porto zu sparen, gab man reisenden Verwandten Briefe mit (HKA VIII, 125, 223) oder vertraute sie Botengängern wie »der Bückerschen« an (Gödden 1991, 174 f.), die zeitweise fast täglich mit Postsendungen und Bestellungen nach Münster unterwegs war. »[D]ie Botenfrau«, schrieb Droste an Elise Rüdiger, »soll diese Zeilen früh zu Ihnen bringen, und kann dann um Mittag wieder vorkommen, wenn Sie etwa schreiben wollen« (HKA IX, 140). Trotzdem gab das Ausbleiben von Briefen vor allem nach 1834, als die Schwester Jenny Joseph von Laßberg heiratete und nach Eppishausen, 1838 nach Meersburg umzog, so dass Droste und ihre Mutter abwechselnd in den Süden reisten und oft lange nichts voneinander hörten, immer wieder Anlass zur Sorge. Das Gedicht *Der Brief aus der Heimath* (HKA I, 113 f.) fasst zusammen, was in vielen Briefen Thema ist: »[S]eit anderthalb Monaten keine Zeile! – Sie können Sich meine Angst nicht denken, – ich stand morgens im Finstern auf, und wartete Stundenlang an der Treppe auf den Postboten« (HKA IX, 272). Zweifellos reisten die Briefe materialiter durch ungewisses Terrain, wenn sie unterwegs waren, jedoch sind die großen Emotionen, die ihren Weg begleiteten, wohl eher mit immateriellen Ursachen zu erklären: mit existenziellen Gefühlen der Unbehaustheit und Ausgesetztheit von Menschen, die in nahen und dichten sozialen Netzwerken zu leben gewohnt waren und sich durch Mobilität und Individualisierung, diesen wichtigsten Indikatoren des Modernisierungsprozesses im 19. Jahrhundert, bedroht fühlten (Blasberg 2009, 236–240).

4. Korrespondenzen

Drostes Korrespondenz besteht bis auf wenige Ausnahmen – das sind die seltenen Schreiben an Verleger und Redakteure – aus Privatbriefen. Am lückenlosesten sind ihre Schreiben an die Familie erhalten; von diesen insgesamt 174 Verwandtenbriefen richten sich 84 an die engere Familie (HKA VIII, 1254f.). Besuchte Droste ihre Verwandten im Paderborner Land, in Köln, Bonn und Meersburg, musste sie ihrer Mutter regelmäßig über die Verhältnisse dort, über Kuriositäten, Krankheiten und Todesfälle Bericht erstatten. War sie umgekehrt allein in Münster zurückgeblieben und die Mutter zu Besuch bei Jenny von Laßberg, betrafen ihre sehr ausführlichen, oft seitenlangen Nachrichten das Wirtschaften in Hülshoff und Rüschhaus, Neuigkeiten über Nachbarn, Onkel und Tanten, Verlobungen und Hochzeiten und die Entwicklung von Werners Kindern. Außerdem war es Drostes Pflicht als ledige Tochter, das verwandtschaftliche Netzwerk aufrecht zu erhalten und den Informationsfluss zwischen Abbenburg, Bökerhof, Münster, Köln und Bonn zu sichern. Wenn diese Briefe mit ihrer an Zeitungsnachrichten erinnernden stakkatohaften Aneinanderreihung von Privatereignissen wenig persönlich anmuten, hat das seinen Grund in ihrer Halböffentlichkeit. Sie sollten reichhaltige Informationen für viele bieten, denn man las sie in geselliger Runde vor oder reichte sie herum. Die Schreiberin, kaum mehr als ein Medium des zu Berichtenden, zog sich maximal aus dieser Korrespondenz zurück. Mitunter legte Droste in die Umschläge der nach Meersburg adressierten Briefe kleine Zettelchen für ihre Schwester ein: »Für Dich allein zu lesen« (HKA IX, 140; vgl. Gödden 1991, 28–34) und schuf auf diese Weise einen winzigen Schutzraum für intime Kommunikation. In diesen Zusammenhang gehörte auch die Vorsichtsmaßnahme, dass Levin Schücking, mit dem sie seit dem Meersburger Winter die vertrauliche Anrede »Du« tauschte, alle Andeutungen solchen Einverständnisses in seinen nach Rüschhaus gesandten Briefen unterlassen sollte: »[D]u weißt, daß ich meiner Mama keine vollständige briefliche Enthaltsamkeit zutraue« (HKA IX, 292; vgl. HKA IX, 323). Bedenkt man, dass die unverheirateten Töchter adliger Familien weder zu Lebzeiten einen Anspruch auf Wahrung des Postgeheimnisses hatten, noch dass sie nach dem Tod vor Spionage sicher waren (und beides wussten), dann stellt sich die Frage, ob das Verschwinden von Briefen immer nur Zufällen geschuldet war.

Zweifellos war postume familiäre Zensur für Textkürzungen in den ersten Briefveröffentlichungen verantwortlich (HKA VIII, 1268f.). Aber auch die Autorin selbst, die ihre Briefe keinesfalls dem literarischen Werk zurechnete und sie partout nicht publiziert sehen wollte (Gödden 1991, 139), war als Zensorin in eigener Sache aktiv. So kommt es, dass sich die Überlieferungsdichte von Drostes Briefen umgekehrt proportional zu ihrer persönlichen Involviertheit in das Geschriebene verhält (HKA VIII, 1261f.; Gödden 1991, 29). Während die harmlosen Berichtbriefe an Mutter und Verwandtschaft größtenteils erhalten sind, fehlt die Korrespondenz mit Drostes Freundinnen Sibylle Mertens-Schaafhausen, Wilhelmine von Thielmann, Katharina Busch, Amalie Hassenpflug und Luise von Bornstedt (HKA VIII, 1261f.). Viele Briefe von und an Adele Schopenhauer müssen ebenso als verloren gelten wie Drostes Korrespondenz mit Levin Schücking vor 1838. Möglicherweise wurden Drostes Briefe auf ihren dringenden Wunsch hin verbrannt; sie selber vernichtete zahlreiche an sie gerichtete Briefe als allzu gefährliche Andenken. »Sehr ernst und eigen gestimmt bin ich auch; denn ich habe gestern und heute bis Mittag Papiere durchgesehn und verbrannt, und damit manches Stück Vergangenheit hinter mir geworfen.« (HKA X, 94) Elise Rüdiger, die Drostes Briefe zwar aufbewahrte, ihren Bestand aber nicht für eine Publikation in der von der Familie geplanten Lebensbeschreibung der Dichterin freigeben wollte, begründete ihre Weigerung folgendermaßen:

> In einer Art von Reaktion gegen diesen gebräuchlichen Damenverkehr [in Form von ›schönen Briefen‹, C.B.], waren unsre gegenseitigen Briefe stets mit einer Derbheit und Kürze abgefaßt, die ohne Commentar schwer verständlich sein und jeden Falls ein höchst unvollständiges Bild der Schreiberin geben würden. (HKA VIII, 1267)

Allerdings verschenkte Rüdiger Teile von Drostes Briefen als kostbare Autographen an Freunde (HKA VIII, 1262). Droste selber sammelte Autographen und reihte einige Freundesbriefe dieser Sammlung ein.

1. Zum Informationsgehalt von Drostes Briefen

Für Kulturhistoriker sind Drostes Briefwechsel gleichwohl eine Fundgrube. Dank der Verwandtschaftskorrespondenz gewinnt der Alltag einer landadeligen westfälischen Familie zu Beginn des 19. Jahrhunderts große Anschaulichkeit. In diesem Rahmen haben Nachrichten über Hochzeiten, Geburten, Kindererziehung, Krankheiten und Todesfälle, Reisen, die unmittelbaren Auswirkungen ökonomischer Entwicklungen und politischer Entscheidungen oberste Priorität. Da die meisten Informationen aus weiblicher Feder stammen, ergeben sich präzise Bilder weiblicher Lebensformen und Aktivitätsgrenzen. So wird in Drosten Briefen nicht nur der auf Hülshoff residierende Bruder Werner charakterisiert und muss sich viele kritische Anmerkungen zum Stil seiner Gutsverwaltung gefallen lassen (z.B. HKA VIII, 237), ebenso wie die geringe kulturelle Bildung des Vetters Johannes von Droste-Stapel (HKA VIII, 320) oder die Marotten des Onkels Fritz von Haxthausen (HKA IX, 57) mit scharfem Spott bedacht werden, auch die Schwägerin Caroline (HKA VIII, 237), die Schwester Jenny, die Haxthausen'schen Großtanten, die Amme Katharina Plettendorf, Frauen aus der Nachbarschaft, die Droste um Almosen ansuchten, Gouvernanten und Dienstmägde werden porträtiert. Auch wenn viele Alltagsskizzen einen ironischen Unterton haben, als ließe sich wenigstens sprachlich Distanz zum Erlebten herstellen, legen sie Zeugnis von Drostes sozialer Bevormundung durch verwandtschaftliche Besuchsrituale oder erschöpfende Kinderfürsorge und Krankenpflege ab. Auch andere Grenzerfahrungen gewinnen biographische Relevanz. Nicht nur Drostes Briefe an den Homöopathen Clemens Maria von Bönninghausen (→ I.1.1.; → I.3.3.) schildern die eigenen, immer wieder aufbrechenden, der intellektuellen und poetischen Tätigkeit abträglichen Gesundheitsprobleme. Auch demjenigen, der die Daten von Drostes Reisen nach Bonn, Köln und an den Bodensee kennt, haben die Briefe einen Überschuss an Information zu bieten, beschreiben sie doch authentisch die Beschwerlichkeiten tagelanger Kutschfahrten, die Sensation neuer Beförderungsmittel wie Dampfschiff und Eisenbahn, die Organisationshürden für das Unterwegssein adliger Damen, die möglichen Abenteuer und Begegnungen auf der Strecke und die Landschaften am Reiseziel. Wenn in den Familienbriefen über politische Ereignisse wie den Kölner Kirchenstreit (HKA VIII, 271f.) mit Folgetumulten in Münster (HKA VIII, 290–295) oder über den Schweizer Sonderbundkrieg (HKA X, 428f.) berichtet wird, dann bemüht sich die Schreiberin um größtmögliche Neutralität.

Unergiebigere Quellen sind Drostes Briefe für Literaturwissenschaftler. Auf eigene literarische Werke kommt die Autorin nur selten zu sprechen. Man erfährt u. a., dass die Fortsetzung des *Ledwina*-Fragments durch die Entdeckung zahlreicher ähnlicher Novellen fragwürdig schien (HKA VIII, 25 f.), dass konkrete landeskundliche Informationen zum *Hospiz* von Wilhelmine von Thielmann eingeholt wurden (HKA VIII, 98–101, 129f.), dass Washington Irvings *Bracebridge-Hall* als Formvorlage für *Bei uns zu Lande* gelten kann (HKA VIII, 329f.; HKA IX, 23; HKA X, 164). Ausführliche Besprechungen von aktuellen Werken zeitgenössischer Schriftsteller sucht man vergebens, wenn die Briefe auch immer wieder Titellisten enthalten: Das geschieht im Zusammenhang mit Tausch oder Bestellung von Büchern, die für ein Schreibprojekt nötig waren (*Wiedertäufer*-Oper, HKA IX, 34f.; *Joseph*, HKA X, 234, 239f.) oder über die in den zeitgenössischen Journalen berichtet wurde. Führt man sich vor Augen, dass der aristokratische Code ihrer Familie Droste verbot, als Schriftstellerin in die Öffentlichkeit zu treten, sich in aktuelle literarische Debatten einzumischen und sich auf dem Markt der Literaturkritiker einen Namen zu machen (→ I.3.2.), dann verwundert ihre Zurückhaltung in den vor der familiären Halböffentlichkeit kaum zu schützenden Briefwechseln nicht. Sie korrespondierte nicht mit den ›großen‹ Autoren der Epoche, und was sie wirklich über Literatur dachte, welche Akzente sie in ihrer eigenen Poetik setzte, verschwieg sie oder deutete es nur äußerst sparsam in den späten Briefen an Elise Rüdiger an. Umso beredter tritt die Autorin vor allem in den frühen Briefen auf, wenn sie das mangelnde Verständnis der Verwandten für ihre Texte beklagt (HKA VIII, 22f.; HKA IX, 20f.). Allerdings lässt die ironische Charakteristik einiger Mitglieder des münsterschen Literaturzirkels um Elise Rüdiger im Lustspielfragment PERDU!, einer Satire auf den Literaturmarkt, darauf schließen, dass sie auch jenseits des Familienkreises nicht auf Übereinstimmung in poetischen Fragen hoffte. Dass Levin Schücking und Elise Rüdiger, ihre wichtigsten Briefpartner nach 1838, auf dem Feld der Literaturkritik Erfolg hatten, mit ihren eigenen literarischen Texten im Stil epigonaler Romantik aber weit unter Drostes Niveau blieben, mag dazu beigetragen haben, dass sich die Autorin auch in diesen Korrespondenzen nur mit Vorbehalten öffnete (vgl. Blasberg 2017). Der Informationsgehalt von Drostes Briefen erschließt sich mithin nicht allein aus dem, was in ihnen ausgesprochen wird. Nachdenken muss man gleichfalls über das Ausgesparte,

Tabuierte, Vernichtete und muss Umfang und Umriss der davon betroffenen Themen nachzuzeichnen versuchen. Mit Gödden ist anzunehmen, dass Droste das Öffentlichwerden aller sehr privaten Äußerungen vermeiden wollte und ihre Freunde deshalb um Autodafés bat (HKA VIII, 1261). Die Sprachregelungen, die sie mit Schücking nach 1841 für die ins Rüschhaus gehende Post vereinbarte, sprechen dafür (HKA IX, 323). Allerdings legen die Auswertung von Umkreisbriefen und von Drostes Lektüreprogramm noch andere Vermutungen nahe. Vielen Zeugnissen zufolge war Droste eine lebhafte, kenntnisreiche Teilnehmerin an unterschiedlichsten Gesprächskreisen in Hülshoff, Abbenburg, Bonn, Köln oder auf der Meersburg und hatte, gleichgültig, ob es um Landwirtschaft, die westfälische Politik oder um den Kölner Kirchenstreit ging, entschiedene Ansichten (→ I.3.3.). Dass solche Themen in den Briefen fast keine Rolle spielen, mag damit zu erklären sein, dass sie *per definitionem* in der auf Beziehungspflege eingeschränkten Korrespondenz adliger Frauen nichts zu suchen hatten. Da die Briefwechsel mit Sibylle Mertens-Schaafhausen, die einen prominenten Salon führte, eine kundige Archäologin und wie Droste leidenschaftliche Numismatikerin war, verloren ist, kann man nicht nachweisen, ob beide sich auch über wissenschaftliche Themen austauschten. Auf jeden Fall ist davon auszugehen, dass Droste weder, was die zweifellos vorhandenen intellektuellen Anregungen durch die Reisen, noch, was ihre Expertise für zeitgenössische Literatur betraf, bei den Empfängern ihrer Briefe große Wertschätzung solcher Nachrichten oder gar ein emphatisches Verständnis dafür voraussetzte (Blasberg 2017, 233).

2. Stil und Literarizität von Drostes Briefen

Die erhaltenen Briefe sind, wenn auch unterschiedlichen Stils, allesamt ›gute‹ Briefe: auf Ausführlichkeit, überzeugende Argumentation, witzige Beispiele, anschauliche Schilderungen und Adressatenbezug bedacht (Gödden 1991, 22–27). Besonders der frühe Briefwechsel mit Anton Mathias Sprickmann, der seinerseits Klopstock als sprachliches Vorbild pries, dokumentiert, dass Gellerts empfindsame Brieflehre mit dem Postulat einer ›natürlichen‹, am ›guten Gespräch‹ orientierten Schreibweise unangefochten Geltung beanspruchte (Blasberg 2009, 222–226). Da das ›natürliche‹ Schreiben rhetorischen Regeln gehorchte und man es lernen musste, waren Briefe für junge Autor(innen) Übungsmaterial, das seine Qualitäten beim Vorlesen erweisen musste. Das Muster des empfindsamen Briefs prägt Drostes Briefe an Sprickmann, Schlüter und einige Freundinnen, während sich die Schreiben an Elise Rüdiger und Levin Schücking nach 1840 von diesem Modell lösen und Stilelemente des romantischen Briefs (Bohrer 1989; Blasberg 2009, 226–233) erkennen lassen. Die »Derbheit und Kürze«, auf die Elise Rüdiger anspielt, hält erst nach 1842 Einzug in die Korrespondenz, die zunehmend Themen aus dem Bereich der Literaturkritik, der aktuellen Veröffentlichungen und des literarischen Marktes aufgriff und für Droste zu einem Ersatzschauplatz für jene öffentlichen Kritikertätigkeiten im Stil des Vormärz wurde, die ihr verboten waren (→ I.3.2.).

4. Korrespondenzen

Vor dem Hintergrund der Beobachtung, dass sich Droste sogar im engsten Freundeskreis, bei Elise Rüdiger, Levin Schücking oder Adele Schopenhauer, mit Aussagen über Literatur, Poetik, literarisches Schreiben – also über das, was sie intensiv beschäftigte – zurückhielt, dann ist eine strikte Trennung in authentische Freundesbriefe hier und von Rollenspielen dominierte Nachrichtenbriefe an die Familie dort (Gödden 1991, 38–51) nicht zu halten. So kann man fragen, ob eine ›Privatisierung‹ des Briefstils auf der Basis des empfindsamen Briefmodells, wie sie für die Schreiben an Schlüter und Schücking nach 1842 beobachtet werden kann, nicht zumindest teilweise ebenfalls die Funktion von Camouflage und Versteckspiel erfüllte, wollte sich Droste doch Schlüters erbaulicher Belehrung entziehen und die aufkeimenden Differenzen mit Schücking entschärfen.

Geht man davon aus, dass sich Gellerts zum Bildungsgut verfestigte Lehre eines natürlichen, privaten Schreibstils zur Strategie im Rollenspiel umwidmen lässt, dann gewinnen Drostes Brieftexte an Komplexität und Literarizität und damit an Gewicht für literaturwissenschaftliche Analysen. Sie sagen nicht immer das, was gemeint ist, und spornen den aufmerksamen Leser an, nach Nichtgesagtem zu suchen. In dieser Doppelbeleuchtung gewinnt auch der Drostes Briefen häufig attestierte »Humor« (Gödden 1991, 67–71) ein schillerndes Profil. Auf der einen Seite gehört er zum ›natürlichen‹ Schreiben im Stil witziger, Nähe suggerierender Plauderei (Beispiele bei Gödden 1991, 72–79). Allerdings kann der Leser in die punktuell geteilte Welt einer humorvoll verklärenden Erzählung nur deshalb eintauchen, weil der Schreiber die Rhetorik dieser Illusionsbildung bestens beherrscht. Ein Beispiel unter vielen ist Drostes Brief an ihre Stieftante Sophie von Haxthausen, in dem sie das ohrenbetäubende Geschrei der spielenden Nichten und Neffen auf Hülshoff beschrieb, das Vater Werner nur mit einem »Gesicht wie Laurentius auf dem Roste« aushielt, während Mutter Line, »alles für die schönste Musick« haltend, die zwischenzeitlich ermüdeten Kinder mit dem Ruf »Hollah! voran« (HKA VIII, 237) zu neuen Kakophonien antrieb. Im Schatten dieser witzig formulierten Szene, die sofort und zwingend alle Aufmerksamkeit auf sich zog, konnte Droste die Beichte ihrer ›skandalösen‹ Einsamkeit im Rüschhaus gut verstecken. Im Brief, also im Rahmen einer reflektierten Schreibsituation, erfüllte ›Humor‹ als literarisches Gestaltungsmittel auch eine gleichsam zivilisatorische, nämlich affektregulierende Aufgabe. Nicht zufällig sind Drostes Briefe voll von Wortspielen, erzählerischen Pointen, originellen, zum Lachen anregenden Vergleichen: Bruder Werner tauge zur modernen Ökonomie, heißt es im selben Schreiben, »wie der Esel zum Lautenschlagen« (HKA VIII, 237). Die ›andere‹ Seite des brieflichen Humors kann also darin gesehen werden, dass er clowneske Grenzverletzungen entschärfte, jene Scharfzüngigkeit, intellektuelle Kritik- und Sezierfähigkeit milderte, jenen beißenden Sarkasmus überdeckte, der Droste im Verwandtenkreis nicht immer Wohlwollen eintrug. So klagte Wilhelm Grimm darüber, dass sie »etwas vordringliches und unangenehmes in ihrem Wesen« habe (zit. n. Gödden 1991, 73). Für ihr poetisches Werk schloss Droste humorige Genres konsequent aus (HKA IX, 64), wenngleich sie auch dort selten auf Ironie verzichtete. Dabei handelte es sich allerdings um eine subkutane Ironie in jenem weiten erkenntnistheoretischen, sprachkritischen und ethischen Sinn, wie die Romantiker sie in ihren Poetiken charakterisierten. Diese Form der Ironie, Zeichen für die Spaltung des Schreibers in Ich und Nicht-Ich bei der Selbstanalyse, für die Vielfalt möglicher Perspektiven auf jeden Sachverhalt, ist auch in Drostes Briefen zu finden. So liest man im Brief an Levin Schücking vom 5. Mai 1842 von einem Ausflug in die zauberhafte Bodensee-Landschaft um Langenargen; »[D]enk Dir«, wird der Adressierte und Herbeigewünschte aufgefordert, »die Alpen, die nach ihrer ganzen Länge, sogar die Jungfrau mit, in einer durchaus neuen und PITTORESQUEN Gruppirung wie aus dem Spiegel auftauchen«, »tief im See ein Badehaus, zu dem ein äußerst zierlicher schmaler Steg führt, der sich im Wasser spiegelt«, »die herrliche Ruine Montfort [...] mit drey Thoren, zackigten Zinnen« (HKA IX, 289). Mag es zuerst scheinen, als würde dem Abwesenden ein Sehnsuchtsort, »ein echt romantischer Punkt am Bodensee« (HKA IX, 298) geschildert, so erhält das Sprachgemälde, das seinerseits mit dem wiederholten Spiegelmotiv die romantische Poetisierung der Welt ins Spiel bringt, am Ende eine selbstreflexive Wende: »[E]s ist so romantisch, daß man es in einem Romane nicht brauchen könnte, weil es gar zu romanhaft klänge« (HKA IX, 299). Vordergründig entsteht Ironie durch Ironisierung des eigenen Schreibstils, der maliziöse Hintersinn des Satzes liegt indes darin, dass Schücking, dessen literarische Werke zu Drostes Verdruss einer epigonalen Romantik verpflichtet waren, die Szene zweifellos in einem Roman verwendet hätte. Es wäre folglich zu überlegen, ob man Ironie als Bindeglied zwischen Drostes Poesie und Korrespondenz und als Hinweis auf die fragile Literarizität der Briefe sehen kann.

In diesem Zusammenhang lassen sich weitere Forschungshypothesen skizzieren. Im Herbst 1820 begann Droste die Arbeit an ihrem ersten, Fragment gebliebenen Prosatext *Ledwina*, nach 1838 nahm die Prosa in dem nur bruchstückhaft publizierten Westfalen-Projekt einen breiten Raum ein, und 1845 wagte sich die Autorin an eine weitere, ebenfalls nicht vollendete Kriminalerzählung, *Joseph* (HKA V, 151–168). Natürlich sind diese Texte Ausdruck kalkulierter narrativer Planspiele und zeugen von Drostes Beschäftigung mit Erzähltraditionen von der Antike bis zur Gegenwart, doch experimentieren sie allesamt mit einem Prosastil, für dessen Entwicklung man die zwischen 1805 und 1848 kontinuierlich geschriebenen, in der Druckfassung der HKA ca. 1200 Seiten umfassenden Briefe wie Fingerübungen ansehen kann. Das gilt nicht nur für berühmt gewordene Briefe wie das im perfekten Gellert-Stil verfasste Schreiben an Anton Mathias Sprickmann vom 8. Februar 1819, in dem Droste die vielen »Steckenpferde« ihrer Phantasie und ihre »Sehnsucht in die Ferne« (HKA VIII, 26 f.) offenbarte, oder das in Sprache gefasste Gemälde der Bodenseelandschaft im umfangreichen, zwischen dem 22. Oktober und dem 19. November 1835 geschriebenen Brief an den blinden Philosophen Christoph Bernhard Schlüter (HKA VIII, 176–178; vgl. Köhn 2009). Sogar in vielen Berichtbriefen an Verwandte stecken prägnante »Erzählkerne« (Blasberg/Grywatsch 2010, 132), die durch mitunter verschachtelten Satzbau, eine Vielzahl origineller Vergleiche mit hoher Bildkraft und eine pointenhafte Zuspitzung kenntlich sind. Diese Miniaturerzählungen bilden sich um die Evokation von Landschaften oder Bauwerken herum, heben bemerkenswerte zwischenmenschliche Begegnungen hervor, zeichnen genrehafte Szenen oder porträtieren Zeitgenossen. Man kann die Beschreibung des Rheindampfers »Friedrich Wilhelm« (HKA VIII, 74) dazu zählen, die Auflistung »meine[r] Unglükker der Reihe nach« (HKA VIII, 138), den Bericht über ein »liebliches kleines Abenteuer vom Schlosse Berg«, das sich wie eine Gespenstergeschichte liest (HKA VIII, 180f.), die Porträts einiger Teilnehmer der »Hecken-Schriftsteller-Gesellschaft« (HKA IX, 19f.), das Charakterbild von Levin Schücking (HKA IX, 35–38). Zwischen der ironisch pointierten Verhaftungsszene im Brief aus Abbenburg, der zwei Miniaturerzählungen über den Fliegenjäger Onkel Fritz und die Begegnung zwischen Rentmeister und Wilddieb aneinanderreiht (HKA IX, 57f.), und der Handlung der zeitgleich bearbeiteten *Judenbuche* lässt sich beispielsweise ein Verhältnis der Komplementarität erkennen. Stellt man in Rechnung, wie viele zum Teil höchst kuriose Plots Droste aus der Unterhaltungsliteratur ihrer Zeit exzerpierte (HKA VII, 334–576) und damit möglicherweise das Ziel verfolgte, ein Textarchiv zu späterer Benutzung und Ausfabulierung anzulegen, dann scheinen die brieflichen Erzählkerne eine ähnliche Funktion für das poetische Werk gehabt zu haben. So gesehen, eignet ihnen allen ein nicht ausgeschöpftes literarisches Potential, ein unrealisierter Überschuss an dichterischer Kreativität. In die Briefe selbst wirken die Erzählkerne, die nicht selten durch eine Sentenz – »so gehts wie im Rechnen, zwey gleiche Größen heben sich auf, zweyerlei gleiche Noth kann Beyden helfen« (HKA IX, 12) – eingeleitet oder abgeschlossen werden, wie Strukturierungshilfen für die Lektüre der vielen, mit winzig kleinen Buchstaben eng beschriebenen Seiten eines Briefes hinein (Blasberg/Grywatsch 2010, 132).

Literatur

Blasberg, Cornelia: »Versprengter Tropfen von der Quelle Rande«. Zum Ort des Subjekts in den Briefen der Annette von Droste-Hülshoff. In: Jochen Grywatsch (Hg.): Raum. Ort. Topographien der Annette von Droste-Hülshoff. Hannover 2009 (= Droste-Jahrbuch 7), S. 215–242.
Blasberg, Cornelia/Grywatsch, Jochen: Nachwort. In: Cornelia Blasberg/Jochen Grywatsch (Hg.): Annette von Droste-Hülshoff. Aus ihren Briefen. Ausgewählt, kommentiert und mit einem Nachwort versehen. Münster 2010, S. 128–134.
Blasberg, Cornelia: Zwischen den Zeilen gelesen. Literaturgeschichte in Drostes Briefen. In: Rüdiger Nutt-Kofoth (Hg.): Literaturgeschichte als Problemfall. Zum literarhistorischen Ort der Annette von Droste-Hülshoff und der ›biedermeierlichen‹ Autoren in der ersten Hälfte des 19. Jahrhunderts. Hannover 2017 (= Droste-Jahrbuch 11), S. 229–254.
Gödden, Walter: Die andere Annette. Annette von Droste-Hülshoff als Briefschreiberin. Paderborn u.a. 1991.
Grywatsch, Jochen: Annette von Droste-Hülshoff. In: Matthews-Schlinzig, Marie-Isabel/Schuster, Jörg/Strobel, Jochen (Hg.): Handbuch Brief. Berlin, Boston 2019 [in Vorb.].

II. Das lyrische Werk

1. Nicht zur Publikation vorgesehene Gedichte bis 1838

1.1. Einleitung
Cornelia Blasberg/Jochen Grywatsch

Von Annette von Drostes zwischen 1804 und 1838, also bis zum Erscheinen ihrer ersten Gedichtausgabe entstandenen und zu keinem Zeitpunkt für eine Publikation vorgesehenen lyrischen Texten (HKA II, 90–200) sind 71 Gedichte in zum Teil fragmentarischer Form erhalten, und nicht alle lassen sich eindeutig datieren. Die Gruppe der Kindergedichte (bis 1811) ist bis auf zwei Ausnahmen, nämlich Drostes eigenhändige Sammelhandschrift von 1805 mit vier Gedichten (HKA II, 564f.) sowie die Einzelreinschrift ⟨Dir schein stets Wonne⟩ (HKA II, 106), in Abschriften aus dem Familienkreis überliefert. Die Mutter Therese von Droste-Hülshoff legte 1808 eine Sammlung der von Annette im Alter von fünf bis elf Jahren verfassten Texte an (HKA II, 565–569), beginnend mit dem ersten Gedicht ⟨Kom Liebes Hähnchen kom heran⟩ (HKA II, 90) bis ⟨Ich denke dein im trauten Kreis der Freunde⟩ (HKA II, 120), während verschiedene Familienalben der Haxthausen-Familie (vgl. HKA II, 571f., 661–668) Drostes Verse gemeinsam mit denen ihrer Stiefonkel und -tanten überlieferten und auf diese Weise ein anschauliches Bild der literarischen Bildung und der je individuellen lyrischen Gewandtheit im mütterlichen Verwandtenkreis zeichnen. Ein weiterer wichtiger Überlieferungsträger ist das Album der Freundin Charlotte von der Decken (HKA II, 660f.). Die Alben bieten dem heutigen Leser nicht nur aufschlussreiche Kontexte für Drostes eigene lyrische Arbeiten, sie charakterisieren auch, wie z. B. das mehrbändige Album der Dorothea von Wolff-Metternich, die »neuartige[ ] Gefühlsintensität« (Conrad 1990, 79) der Generation von Drostes Mutter zu ihren Kindern, die eher am bürgerlichen Ideal »niederdeutsche[r] Einfachheit« (Wilfert 1942, 26) als am Maßstab frankophiler Adelskultur orientiert war, und sie umreißen am Beispiel dessen, was für erinnerungswürdig gehalten wurde, den prägenden Rezeptionshorizont für Drostes frühes Werk. Für die späteren Jahre sind dann zunehmend auch eigene Handschriften überliefert (zu den wenigen nach 1838 entstandenen und nie zur Publikation vorgesehenen Gedichten, die fast ausnahmslos Gelegenheitsgedichte waren, → VI.9.).

Die Gedichte bis 1819 dokumentieren die intellektuelle und künstlerische Entwicklung der jungen Autorin, die sich bereits im Kindesalter den im Familienkreis geläufigen Umgang mit Jamben, Hexametern, Distichen, Reimformen und rhetorischen Figuren zu eigen machte. Erste Schritte der »Entwicklung zur Lyrikerin« skizziert Woesler (2000, 169f.). Von 1799 bis 1803 war das Sprachtalent Werner von Haxthausen (1780–1842), der in dieser Zeit im Haus des zum Gallitzin-Kreis gehörenden Dichters Friedrich Leopold zu Stolberg (1750–1819) ausgebildet wurde, häufig in Hülshoff zu Gast und wurde von Drostes Mutter, die ihm ehrgeizig mit eigenen Versen im Stil des Göttinger Hains nacheiferte (Wilfert 1942, 69–73), zur »literarischen Autorität« (Gödden 1990a, 84) erhoben. In den Jahren von 1802 bis 1806 unterrichtete Therese von Droste-Hülshoff, die, im Stift Freckenhorst erzogen, keine systematische Schulbildung genossen hatte, ihre Kinder selbst und orientierte sich dabei am aufgeklärten Katholizismus des geistlichen Pädagogen Bernhard Heinrich Overberg (1754–1826). Ihre literarischen Vorlieben galten Klopstock (1724–1803), Justus Friedrich Wilhelm Zachariae (1726–1777) aus dem Gottsched-Kreis, den antikisierenden Idyllen von Ludwig Gotthard Kosegarten (1758–1818) und Johann Heinrich Voß (1751–1826). Ab 1808 wurde die Familie von August und Werner von Haxthausen mit der modernen romantischen Literatur wie den *Minneliedern* von Tieck, Arnims *Wunderhorn* und E.T.A. Hoffmanns Erzählungen versorgt (vgl. Wilfert 1942, 99f.). Drostes Gedichte ⟨Seht die Freude, seht die Sonne⟩ (HKA II, 103) und ⟨O lieblicher Morgen⟩ (HKA II, 111) von 1806 zeigen diese Bildungseinflüsse und darüber hinaus eine beginnende Professionalität im Umgang mit Strophengestaltung, Reimformen sowie eine zunehmende Variationsfreude im Gebrauch des jambischen Metrums. Während die Neunjährige bereits die Muse Terpsichore bedichtete (⟨Seht die Freude, seht die Sonne⟩), verrät das kaum ein Jahr später entstandene Gedicht *Der erste Selbstmörder* (HKA II, 113) die Kenntnis antiker Freundschaftsmythen wie die von Damon und Phinthias/Pythias (HKA II, 608) aus der damals prominenten Schullektüre von Ciceros *De officiis*. Diese Anregungen verdanken sich auch den Hauslehrern Wenzelo, Geistlicher und späterer Gymnasiallehrer in Münster, der die Hülshoffer Kinder von 1807 bis 1812 unterrichtete, und Wedemeyer (bis 1814), sowie dem Zeichenlehrer von Spies, der seit 1806 tätig war. Wenn Droste auch erst 1815 sechs der zehn *Eklogen* des Vergil übersetzte (HKA II, 250–291), scheint der Lateinunterricht doch schon früher in die bukolische Dichtung der Antike und in das Versmaß des Hexameters eingeführt zu haben, was deren Einfluss auf die Gedichte ⟨Flora ging fröhlich mit Scherzen⟩ (HKA II, 115), ⟨Ich kenne die Freuden des ländlichen Lebens⟩ (HKA II, 116) und *Der Abend* (HKA II, 123–126; → II.1.3.) erklären würde. Hinzu kommt seit Ende 1812 der Einfluss des knapp 50 Jahre älteren, früheren Literaten und Juristen Anton Mathias Sprickmann (1749–1833; → I.1.2.1.), den Drostes Mutter als einen literarischen Gesprächspartner für ihre Tochter aktivierte und der der jungen Autorin vor allem die Dichtung des Göttinger Hains, Bürgers und Klopstocks nahebrachte.

Dass Dichten über praktisches Nachahmen prominenter Vorbilder wie Voß, Bürger, die im Bildungskanon der Hülshoffer Familie einen festen Platz innehatten, die erlernt und eingeübt wurde, sowie auch Schiller, dessen Lektüre von der Mutter zeitweise untersagt wurde, dokumentieren ebenfalls die ab

1. Nicht zur Publikation vorgesehene Gedichte bis 1838

1809 entstandenen, zunehmend längeren, thematisch und formal komplexeren Gedichte. So lassen sich Texte wie z. B. *Das Schicksal* (1810; HKA II, 130–132), *Der Dichter* (1814/15; HKA II, 167f.) und *Der Philosoph* (1814/15; HKA II, 169f.) als Zeugnis der Schiller-Imitatio lesen, wobei letztere bereits Spurenelemente einer vermutlich über die Stiefonkel Haxthausen vermittelten Kenntnis der spekulativen romantischen Naturphilosophie (→ I.3.3.) erkennen lassen, die den von Schiller übernommenen Gegenstand tendenziell in ein anderes Reflexionsfeld verschieben. Das Gedicht *Der Abend* (1809) erweist sich sogar bereits als eine Auseinandersetzung mit Schillers Abhandlung *Über das Erhabene* (→ II.1.3.).

Eine ähnliche Emanzipation vom literarischen Vorbild (die anfangs durch einen Wechsel respektive eine Pluralisierung der Vorbilder in Gang gesetzt wird) lässt sich am Beispiel einer anderen Traditionslinie, nämlich der Schauerballade im Stil von Bürgers *Lenore*, beobachten. Während *Emma und Edgar* (1810; HKA II, 133–137) und *Die drey Stunden im Reich der Todten* (1813/14; HKA II, 152–155) sich eng an das von Bürger popularisierte Balladenschema halten und dessen praktische Erprobung durch die 13- bzw. 16-Jährige zeigen, weisen *Rosamunde* (1818; HKA II, 174f.) und das Langgedicht *Walther* (1818; HKA III, 139–197), vier Jahre später entstanden, erstaunliche Innovationen auf. Während *Rosamunde* den bekannten Sagenstoff extrem verknappt und mit lyrischen Techniken der Aussparung und Andeutung experimentiert, wie sie für Drostes spätere Gedichte charakteristisch werden, arbeitet *Walther* das mittelalterliche Sujet zu einem nach dem Vorbild von Walter Scott und George Gordon Byron in ein auf mehrere Gesänge verteiltes Langgedicht mit epischen und dramatischen Elementen (→ II.4.1.; → VI.4.) aus, legt also gleichsam das Fundament zu Drostes späteren ›größeren Gedichten‹ und Balladen.

Drostes frühe literarische Werke legen Zeugnis davon ab, wie im unmittelbaren Familienumkreis gedichtet, was dort gelesen und zur *imitatio* empfohlen wurde. Da hier die im Geist der Empfindsamkeit antikisierenden Autoren des Göttinger Hains eine prominente Rolle spielten, fand das vermutlich stark religiös geprägte Lebensgefühl der Hülshoff-Familie keinen Niederschlag in Drostes frühem Werk: Dichten über Nachahmen von poetischen Mustern zu lernen, heißt gerade nicht im Stil der Erlebnislyrik subjektive Erfahrungen in Worte zu fassen. Vor diesem Hintergrund ist eine andere Entwicklungslinie zwischen 1812 und 1814 zu verfolgen, die mit Gedichten im Schiller-Ton wie *Die drey Tugenden* (HKA II, 141f.), *Die Nacht. Frage* (HKA II, 143f.) und *Antwort. Vernunft und Begeistrung* (HKA II, 145f.) beginnt und in *Die Engel* (HKA II, 147f.) und *Die Sterne. Frage* (HKA II, 149f.) eine Akzentverschiebung erfährt. Es wird vermutet, dass die in den Vordergrund rückenden christlichen Themen und ihre gedankenschwere Behandlung auf den Einfluss von Anton Mathias Sprickmann (→ I.1.2.1.) zurückzuführen sind (HKA II, 656f.), wobei ebenfalls zu beobachten ist, dass die Gedichte der knapp 16-jährigen Autorin formal anspruchsvoller werden, das Versmaß des Hexameters aufbrechen, immer wieder mit dem Jambus experimentieren und variantenreichere Strophenformen finden. Gleichwohl wird deutlich, dass der Weg von diesem Ensemble zu den radikale Identitätsprobleme formulierenden Gedichten wie ⟨Wie sind meine Finger so grün⟩ (1820; HKA II, 185) und dem 1819 begonnenen Zyklus *Geistliches Jahr* noch sehr weit ist und die wenigen überlieferten Texte aus den 1820er Jahren kaum als Indikatoren für Drostes lyrische Entwicklung gelten können. So ist man, da auch die biographischen Daten aus den Jahren nach dem ›Arnswaldt/Straube-Erlebnis‹ 1820 (→ I.1.1.) spärlich sind, auf Spekulationen angewiesen und kann nur vermuten, dass die literarische Produktivität, die August und Werner von Haxthausen in Göttingen ab 1815 entfalteten, nicht ohne Rückwirkung auf Droste geblieben ist. Zwar lernte sie den seit 1811 mit August in Clausthal befreundeten Jurastudenten Heinrich Straube (1794–1847) erst 1818 persönlich kennen, doch brachten die Haxthausen-Brüder aus ihrem Romantiker-Zirkel in Göttingen Lieder, Gedichte und Aufsätze von Straube, den sie als »großes dichterisches Talent« (Schulte Kemminghausen 1958a, 8) schätzten, schon früher mit in den Bökerhof, wo sich auch Wilhelm Grimm und August von Arnswaldt seit 1813 öfter aufhielten. Das kulturhistorische und mythopoetische Interesse des ›Bökendorfer Märchenkreises‹ für Volksdichtung, mittelalterliches Liedgut, Märchen und Sagen hat Spuren in Drostes früher Produktion von Balladen und Langgedichten hinterlassen und zeichnet möglicherweise für die Abkehr von den Hülshoffer Vorbild-Autoren verantwortlich. Im Zusammenhang damit könnten die ab 1818 in Bökendorf geführten Gespräche mit Straube und Arnswaldt über Religion und Glaubenszweifel dazu geführt haben, dass Drostes Dichtung ihren Nachahmungsgestus ablegte, dass literarische Tradition zum bewusst eingesetzten und kritisch reflektierten Element im Arbeitsprozess und in ein produktives Spannungsverhältnis zur subjektiven Aussprache gesetzt wurde.

Literatur

Conrad, Horst: Eine zeitgenössische unbekannte Gedichtüberlieferung im Nachlaß der Dorothea von Wolff-Metternich, geb. von Haxthausen. In: Droste-Jahrbuch 2 (1990), S. 74–82.
Gödden, Walter: »Wenn Dich die Hoffnung flieht«. Kein Gedicht der Droste. In: Droste-Jahrbuch 2 (1990), S. 83–86. [Gödden 1990a]
Schulte Kemminghausen, Karl: Heinrich Straube. Ein Freund der Droste. Münster 1958. [Schulte Kemminghausen 1958a]
Wilfert, Marga: Die Mutter der Droste. Eine literarhistorische und psychologische Untersuchung im Hinblick auf die Dichterin. Diss. Univ. Münster 1942.
Woesler, Winfried: Kindheit und Jugend der Dichterin Annette von Droste-Hülshoff. In: Droste-Jahrbuch 4 (2000), S. 165–186.

1.2. ⟨Ich denke dein im trauten Kreis der Freunde⟩
Jochen Grywatsch

Das in drei Abschriften überlieferte Jugendgedicht ⟨*Ich denke dein im trauten Kreis der Freunde*⟩ (HKA II, 120) ist gemäß der jeweils dem Gedichttext zugesetzten Angabe zur Entstehung auf den 16. bzw. den 17. April 1808 zu datieren (HKA II, 620). Da sich eine der Abschriften im Album der Sophie von Haxthausen (1788–1862) befindet und die nur neun Jahre ältere Stieftante sich von Oktober 1807 bis Mai 1808 zu Besuch in Hülshoff aufhielt (Gödden 1994a, 51 f.), ist die biographische Hintergrundsituation zur Entstehung des Gedichts in ihren Umrissen klar zu rekonstruieren. Anlässlich der bevorstehenden Abreise der Sophie von Haxthausen wendet sich die Autorin an die Vertraute, um sie des fortdauernden Andenkens zu versichern. Sie nutzt dazu die traditionsreiche »Ich denke dein«-Gedichtform, die in Drostes Gegenwart sehr populär war. Das Gedicht ist damit auch ein Beispiel für die Praxis des häuslichen Dichtens und Versemachens in der Familie Droste-Hülshoff und für den diesbezüglichen Unterricht. Die elfjährige Autorin zeigt in diesem Jugendgedicht, in welcher Weise sie gelernt hatte, bekannte und geläufige lyrische Muster nachzuahmen und zu adaptieren.

Mit dem Gedicht, das aus drei fünfhebigen, jambischen, (nicht immer rein) kreuzgereimten Vierzeilern mit wechselnden männlichen und weiblichen Kadenzen besteht, imitiert Droste die aus der Empfindsamkeit rührende Form der Rollenlyrik mit dem geläufigen »Ich denke dein«-Strophen- bzw. -Versanfang. In ihrer Gegenwart war diese Form durch das Rollengedicht *Ich denke dein* (1795 im Vossischen *Musenalmanach*) der populären Autorin Friederike Brun (1765–1835) sehr bekannt und beliebt (vgl. Arens 1927, 54 f.). Dazu hatte vor allem auch eine Vertonung Zelters (1758–1832) – neben einer Friedrich Johann Reichardts (1752–1814) – beigetragen, durch die auch Goethe mit dem Text in Berührung kam und sich angesichts des empfindsam-sentimentalen Tons des Prätextes entschloss, einen eigenen Text zu verfassen, der ihm Zelters Melodie angemessener erschien. Die Popularität von Goethes Gedicht *Nähe des Geliebten* (1796) wurde durch eine 1799 entstandene Vertonung durch Beethoven noch verstärkt. Zahlreiche weitere Vertonungen sowie Parodien noch vor und nach 1800, die den rührselig-gemütvollen Ton verspotteten, belegen die Wirkung und Popularität des Gedichttypus. Inspiration für die junge Droste war sicher eher – und das in einer geläufigen Liedfassung – der Brun-Text (vgl. Kortländer 1979, 103). Sie stimmt ein auf deren sentimental-empfindsamen Ton und imitiert den liedhaften Charakter des Textes. Brun wiederum steht mit ihrem Text in einer von Friedrich von Matthisson (1761–1831) begründeten Tradition, dessen Gedicht *Andenken* 1792/93 erschienen war und Brun zu ihrem Text veranlasst hatte. Dabei geht die eigenwillige Strophenform sowie die Gestaltung des Sehnsuchtsmotivs auf Ewald von Kleists *Lied eines Lappländers* (1757) zurück (vgl. Wild 1996, 272). Während sich Goethe (»Ich denke dein, wenn mir der Sonne Schimmer /

Vom Winde strahlt«) im Hinblick auf die metrische Form seiner Parodie ganz an den Brun-Text (»Ich denke dein, wenn sich im Blütenregen / Der Frühling malt«) anlehnt, hat Droste bezüglich der Form ein anderes Vorbild bemüht. Dieses findet sich z. B. in Christian Gottfried Heinrich Burdachs *An Sie* (1802 im *Musenalmanach*): »Ich denke dein, wenn der Erinnrung Freude / Melodisch mir wie ferner Nachhall tönt« (vgl. HKA II, 621 f.).

In Drostes elegisch-melancholischem Text wird die Trennung von der geliebten Person durch die sich mit dem Verlauf des Gedichts sukzessiv reduzierende Formel »Ich denke dein« gespiegelt. Das beteuernde »Ich denke dein« wird nach dreimaliger Bestätigung in der ersten Strophe in der zweiten Strophe nur noch zweimal und in der dritten Strophe nur noch einmal genannt. Während ansonsten die universale Geltung der Verbindung, die behauptete Weite, Tiefe und Dauer durch mehrere Oppositionspaare (Freunde/Feinde, Frieden/Krieg in Strophe 1, Stadt/Land in Strophe 2, sitzen/gehen in Strophe 3) beschworen wird, mag in der stringenten Reduzierung der formelhaften Bestätigung gegen alle Beteuerung doch ein nachlassendes Andenken präformiert sein. Diesem ist am Ende auch die »stille[ ] Schwermuth« (V. 11) zugeordnet, die vom Vergessen im letzten Vers begleitet wird.

Literatur

Arens, Eduard: Werner von Haxthausen und sein Verwandtenkreis als Romantiker. Aichach 1927.
Gödden, Walter: Annette von Droste-Hülshoff. Leben und Werk. Eine Dichterchronik. Bern u. a. 1994. [Gödden 1994a]
Kortländer, Bernd: Annette von Droste-Hülshoff und die deutsche Literatur. Kenntnis – Beurteilung – Beeinflussung. Münster 1979.
Wild, Inge: Nähe des Geliebten. In: Regine Otto/Bernd Witte (Hg.): Goethe-Handbuch. Bd. 1: Gedichte. Stuttgart, Weimar 1996, S. 272–274.

1.3. Der Abend

Jochen Grywatsch

Das Gedicht *Der Abend* (HKA II, 123–126), das durch einen eigenhändigen Hinweis auf dem Manuskriptblatt der Reinschrift H¹ auf Ende September 1809 datiert werden kann (HKA II, 630), hat Annette von Droste-Hülshoff als Zwölfjährige geschrieben. Mit insgesamt 116 Versen markiert es als erstes längeres Gedicht den Beginn eines neuen Abschnitts in der literarischen Entwicklung der angehenden Autorin. Während auch vorher die oft kurzen lyrischen Texte als selbständige Arbeiten eines Kindes mitunter schon erstaunliche Reife aufweisen – was Grund für Werner von Haxthausen (1780–1842) war, die Nichte als »zweyte SAPHO« (HKA II, 559) zu titulieren –, ist das im damals in der Familie beliebten Hexameter-Stil verfasste *Der Abend* ein erster längerer Text, der deutlich Bildungseinflüsse zu erkennen gibt, zugleich jedoch ein beachtliches Maß an kreativer Adaptionskraft entwickelt. *Der Abend* entstand wie der verwandte Text *Abendgefühl* (HKA II, 128 f.) in engem Zusammenhang mit dem Unterricht bei dem Geistlichen und Hauslehrer Bernard Wenzelo. Wichtig im Kontext der Entstehung war zudem der Einfluss des von 1799 bis 1803 fast durchgängig und bis 1816 häufig in Hülshoff bzw. Münster anwesenden Werner von Haxthausen, der in der Familie als literarische Autorität galt.

Vor allem durch seine Form gibt das Gedicht Aufschluss über Leitlinien der literarischen Erziehung Drostes. Eine Orientierung an der im Hexameter-Stil gehaltenen Idyllendichtung von Johann Heinrich Voß (1751–1826), vor allem seiner *Luise. Ein ländliches Gedicht in drei Idyllen* (1783/1795), ist von der Forschung betont worden (vgl. Wilfert 1942; Kortländer 1979, 100). Daneben wirkte die Dichtungslehre des Friedrich Leopold zu Stolberg (1750–1819), Übersetzer Homers, Platons, Aischylos' und Ossians, prägend, dessen Metrik im Hülshoff-Umfeld und gerade von Werner von Haxthausen als vorbildlich gepriesen und der Vossischen Stilkunde vorgezogen wurde. Musterhaft verwendeten Werner von Haxthausen, Therese von Droste-Hülshoff und andere Familienmitglieder den Stolberg'schen Hexameter, der gegenüber dem Vossischen Vers eine klingende Zäsur entgegen der stumpfen im dritten Takt aufweist und einen *versus spondiacus* bildet (vgl. Wilfert 1942, 75). 1842 lehnte Droste »die veraltete HEXAMETER-Form« respektive den »gleichfalls veraltete[n] Voßens-Luisenstyl« ausdrücklich ab (HKA IX, 393). Mehrere Episteln in Versform aus der Familie sind überliefert, die die Distichen Stolbergs kopieren, darunter Therese von Drostes *An Dinette*, *Vivat Dorothea* und *An Werner* (vgl. Wilfert 1942, 70–73). Gerade das letztgenannte kann als Muster für *Der Abend* identifiziert werden, unterbrechen doch beide die Hexameter-Verse durch ein eingeschobenes Lied. Indem das Gedicht Themen wie Gemüsegarten und Küchenarbeit aufruft, wird die inhaltliche Nähe zu Voß' in der Tradition der Pfarrhausidylle stehender *Luise*, einem im frühen 19. Jahrhundert sehr beliebten und populären Text, sichtbar, während sich Einflüsse von Schillers Lyrik in der »Neigung zu sentenzhaften Wendungen« (HKA II, 632) insbesondere in der Liedeinlage kundtun.

Das in sieben Abschnitte gegliederte Gedicht zeichnet nach einer sentenzartigen Einleitung (V. 1–4) die erlebnishaft-erkundende Bewegung des lyrischen Ichs nach, das sich bei fallender Dunkelheit aus dem Schutzbezirk des Hauses, offensichtlich eines Schlosses, hinaus in den mondbeschienenen Garten (V. 5–34) wagt und mit Blick auf den silbern glänzenden Bach innehält (V. 35–46), weiter durch das Dunkel des Parks (V. 47–62), »hinaus in das Freye« (V. 64) jenseits der Schloss- und Parkanlagen (V. 63–78) gelangt, wo es ein Lied anstimmt, das in seinem Wortlaut den fünften Teil des Gedichts (V. 79–102) ausmacht, bevor das lyrische Ich im letzten Teil (V. 103–116) zurückeilt »durch die Felder / Und den Garten in's Haus / Wo lange das Essen schon wartet« (V. 114–116). Mit der einleitenden, mottohaften Sentenz vom Lob des »Gute[n] und Schöne[n]« (V. 3) stellt das Gedicht einen Bezug zu Schillers Abhandlung *Über das Erhabene* (1801) her, genauer zur dort entwickelten Dualität des Schönen und Guten und des Erhabenen. Schiller schreibt der menschlichen Natur eine ästhetische Kraft zu, die aber im Willen zu einer Existenz der Schönheit zu Unfreiheit führe (»daß das vorhandene schön und gut sey, können wir fodern, daß das Schöne und Gute vorhanden sey, bloß wünschen«, Schiller [1801] 1963, 41). Durch das Schöne und Gute sieht er den Menschen an die sinnliche Welt gebunden, durch das Erhabene aber von ihr befreit. Dabei bestehe das Gefühl des Erhabenen in einer Verbindung zweier widersprechender Empfindungen, des »Wehseyn[s]«, das sich als Schauer äußern, und des »Frohseyn[s], das bis zum Entzücken steigen kann« (Schiller [1801] 1963, 42).

Wenn *Der Abend* Schillers ästhetische Überlegungen in spielerisch-unbefangenem Gestus, einer Schülerin angemessen, im Stil der Hexameter-Idylle umformt, scheint es, als ob die junge Autorin ihre Begeisterung für Schiller, der in der Familie in Misskredit stand, hinter dem Vorhang einer gleichwohl gebrochenen Garten- und Blumenidylle verstecken wollte. Bewegt sich das Ich zunächst, den üppigen Gemüsegarten mit Zwiebeln, Blumenkohl, Bohnen und Kürbissen durchstreifend, nicht nur durch ein »Meer der unendlichen Schöpfung« (V. 8), sondern auch auf Vossischen *Luisen*-Pfaden, wechselt die Szenerie unmittelbar, nachdem die Gartengrenze passiert wurde, in ein »schaurige[s] Dunkel« (V. 48), das »Angst« (V. 55) und »schreckliche Bilder« (V. 56) hervorruft – wobei sich angesichts der von der Phantasie erzeugten »feurige[n] Männer und Geister / Flinke[n] Elfen [...] und Gnomen« (V. 60–62) der Gedanke an die Spukgestalten im *Knaben im Moor* aufdrängt. Allerdings erschöpft sich die Bedeutung der Strophen nicht darin, dass der im Licht der »trauliche[n] Luna« (V. 50) stattfindende Abendgang des Ichs proportional mit dessen Entfernung vom Haus als ein Gang ins Ungewisse erscheint. Hinter der vordergründigen Opposition von befriedetem Schutzraum und feindlicher, unbeherrschbarer Natur wird die von Schiller diskutierte Dualität des Schönen und Guten und des Erhabenen erkennbar. Als erhaben zu bezeichnen wäre nämlich das Lied, das das Ich zwischen rauschendem Korn und zirpender Grille anstimmt. Die drei Achtzeiler, die den Hexameter (mit entfallenden Silben beim vierten und achten Vers) etwas anders bauen als in den restlichen Versen (mit ihrer Zäsur nach der dritten Hebung und nur einer unbetonten Silbe nach der dritten Hebung am Anfang des vierten Versfußes), gehen der philosophischen Frage »Sage wo wohnet das Glück« (V. 79) nach, und stoßen damit in einen Bereich vor, der jenseits der physischen und sinnlichen Welt des Gartens liegt. Vor diesem Hintergrund drängt sich der Verdacht auf, es käme dem Gedicht gar nicht so sehr auf die Beantwortung der gestellten Frage (mit »in dir selbst«, V. 99) an, sondern vielmehr darauf, den Wandel des Guten und Schönen zum Erhabenen in der ästhetisch-philosophischen Abstraktion anschaulich werden zu lassen. »Das Erhabene verschafft uns also einen Ausgang aus der sinnlichen Welt, worinn uns das Schöne gern immer gefangen halten möchte«, schrieb Schiller in seiner Abhandlung (Schiller [1801] 1963, 45). Ausdrücklich verbindet das Ich den Vortrag des Liedes mit einer doppelten Empfindung von »Freude voll Wehmuth« (V. 76). Dies entspricht dem »gemischte[n] Gefühl« (Schiller [1801] 1963, 42), das Schiller dem Erhabenen zuweist. Aus dieser nun selbst zur Reflexion gewordenen Situation löst sich das Ich und gelangt auf schnellem Weg wieder zum Haus und in den profanen Bereich des Abendessens. Indem sich auch das Gedicht auf seinen Anfang zurück orientiert, löst es das lyrische Spiel auf. Für Heselhaus war *Der Abend* ein »mütterlich-stolbergsche[s] Erziehungsexperiment, durch Hexameter die gereizten Nerven zur Ruhe zu bringen« (Heselhaus 1971, 31). Wenn dem so war, dann ist es in der Tat gründlich gescheitert, hat doch die erstaunliche Zwölfjährige die ehrwürdige Gravität des Hexameters mit spielerischen und selbstbewussten Ausdrucksformen produktiv verwandelt. Aus ihrer Imitation des Hexameterstils macht sie auch eine Parodie, mit der das Gedicht, wenn es z. B. vom »feige sich bückend[en]« »Blumenkohl« als dem »Eckel der Zunge« (V. 23 f.) spricht, eine eigene Komik erzeugt. Dies wird von der Familie, der der Text vorgetragen wurde, verstanden und durchschaut worden sein, ob das auch auf die versteckten Schiller-Implikationen, dessen Lektüre ihr von der Mutter wegen ihres revolutionären und amoralischen Inhalts zeitweise untersagt war, zutraf, sei dahingestellt. *Der Abend* jedenfalls zeigt, ebenso wie *Der Dichter* und *Der Philosoph* und andere Texte, dass sie dieses Verbot zweifellos und gewissermaßen genüsslich unterlaufen hat.

Literatur

Heselhaus, Clemens: Annette von Droste-Hülshoff. Werk und Leben. Düsseldorf 1971.
Kortländer, Bernd: Annette von Droste-Hülshoff und die deutsche Literatur. Kenntnis – Beurteilung – Beeinflussung. Münster 1979.
Schiller, Friedrich: Ueber das Erhabene [1801]. In: Schillers Werke. Nationalausgabe. Begründet von Julius Petersen. Bd. 21: Philosophische Schriften. Teil 2. Hg. von Benno von Wiese unter Mitwirkung von Helmut Koopmann. Weimar 1963, S. 38–54.
Wilfert, Marga: Die Mutter der Droste. Eine literarhistorische und psychologische Untersuchung im Hinblick auf die Dichterin. Diss. Univ. Münster 1942.

1.4. Emma und Edgar

Cornelia Blasberg

Mit einem Fragezeichen ist das Datum »(1810?)« (HKA II, 642) von fremder Hand auf der Reinschrift des Gedichtes H² vermerkt, das in dieser Version den Titel *Edgar und Edda* trägt. *Emma und Edgar* (HKA II, 133–137) ist ebenfalls auf einem Arbeitsmanuskript H¹ überliefert, das die Abschrift einer früheren Textfassung sein könnte und auf der ersten Seite das vermutlich 1813 entstandene Gedicht *Die drey Tugenden* enthält (HKA II, 670). Stilistische Übereinstimmungen lassen sich zu dem ebenfalls auf 1810 datierten, der Schiller'schen Gedankenlyrik verpflichteten Gedicht *Das Schicksal* (HKA II, 130–132, 640, 645) erkennen, während die thematisch verwandte, nämlich eine Geistererscheinung am Grab evozierende »Ballade« *Die drey Stunden im Reich der Todten* (HKA II, 152–155) auf 1813/14 datiert wird (HKA II, 691). Auch hier fehlen –

trotz der Gattungsbezeichnung – die später für Drostes längere Gedichte und Balladen charakteristischen, für ästhetische Komplexität und Leseraktivierung verantwortlichen dramatisch-theatralen Gestaltungselemente, was beide Texte wie versifizierte Prosa, also frühe Versuche in der später virtuos gehandhabten Technik der Gattungsmischung (→ II.4.1.; → VI.4.) wirken lässt.

Aufschlussreich ist das Gedicht im Hinblick auf Drostes literarische Sozialisation und die Entstehung der frühen Lyrik durch Nachahmung. Mit seinen 17 achtzeiligen Strophen, die Kreuzreime im ersten und Paarreime im zweiten Quartett kombinieren, gibt sich *Emma und Edgar* als Kurzfassung und Variation von Gottfried August Bürgers (1747–1794) berühmter Ballade *Lenore* (1773) zu erkennen. Die 32 Strophen der *Lenore* folgen trotz der vielen Interjektionen, Ausrufe, Alliterationen und Echo-Simulationen strikt dem jambischen Metrum, das Johann Gottfried Herder (1744–1803) als Strukturelement der volkspoetischen Balladen aus der keltischen Welt erkannt hatte (Conrad 2014, 145). Drostes Gedicht verrät die Faszination der 13- oder 15-Jährigen durch die Lektüre von Bürgers Ballade und zugleich ihre metrische Schulung an der daktylischen Dichtung von Schiller und dem Göttinger Hain. Während *Die drey Stunden im Reich der Todten* mit der jambischen Chevy-Chase-Strophe experimentiert, weist *Emma und Edgar* dreihebige Daktylen mit Auftakt auf, kombiniert also die Formvorgaben zweier prominenter Lehrmeister.

Der Handlungsablauf folgt grob dem *Lenore*-Schema: Die Strophen 1 bis 3 zeigen Emma sehnsüchtig in ihrer Kammer, Edgar auf dem Schlachtfeld, die Strophen 4 bis 8 berichten von der Heimkehr der Krieger, die Edgars Leichnam mitbringen. Exakt in der Mitte des Gedichts informiert die neunte Strophe darüber, dass Edgar seit sieben Tagen bestattet ist, die Strophen 10 bis 16 malen die schaurige Nachtszene in der Gruft und Emmas Begegnung mit Edgars Geist aus, und die letzte Strophe lässt die Morgensonne über einer verwirrend unklaren Situation aufgehen. Ähnlich wie bei Bürgers *Lenore* (Bürger 1778, 81–96) weiß der Leser am Ende nicht, ob die junge Frau aus Liebeskummer gestorben ist oder ob »die bleiche / Geliebte heilige Leiche« (V. 135 f.) Edgar meint. Direkte Übernahmen aus Bürgers Ballade wie Emmas »Lilienhände« (V. 63), die bei Bürger wirkungsvoll mit Lenores rabenschwarzem Haar kontrastieren und auf ihre trotz der Gotteslästerung mögliche Erlösung im christlichen Sinne verweisen, laufen in Drostes Text semantisch ins Leere; das tut übrigens die plötzliche Leseransprache »Und horch!« (V. 41), bei Bürger Zeichen für die Problematisierung der Erzählinstanz (Conrad 2014, 174 f.), ebenso. Während allerdings Bürgers Wilhelm die beim Geisterritt zur vermeintlichen Brautkammer immer alarmierter werdende Lenore zur »Geduld« mahnt, fordert Drostes Edgar die trauernde Braut im Namen des höchsten Richters, Gott, zum »Dulde[n]« (V. 118) auf und setzt damit unmissverständlich einen christlichen Akzent.

Im Vergleich zu *Lenore*, die der studierte Gottfried August Bürger, Dichter, Amtmann, Beiträger des *Göttinger Musenalmanachs* und Mitglied des Göttinger Hains, als eine rhetorisch-poetisch äußerst komplexe Ballade vor dem Hintergrund der Herder'schen Theorien zur Volkspoesie schrieb, die ein dichtes intertextuelles Netzwerk zu den zeitgenössischen bürgerlichen Trauerspielen, Shakespeares Dramen, Percys *Reliquies* (Conrad 2014, 145) und alten Sagenstoffen spannt, die reich an sexuellen Anspielungen und blasphemischer Rede ist, sind die Abschwächungen aufschlussreich, die das Gedicht *Emma und Edgar* vornimmt. Auf der einen Seite ist zu vermuten, dass die sehr junge, an die Lektürevorlieben des Familienkreises gebundene Autorin die formale Virtuosität des Vorbilds, das erzählerische, lyrische und dramatische Verfahren in ein exaltiertes Spannungsverhältnis setzt und semantische Ambivalenzen erzeugt, zu diesem Zeitpunkt weder durchschauen noch nachahmen konnte. Auf der anderen Seite wird Bürgers Text moralisch zensiert. Lenores blasphemisches Streitgespräch mit der Mutter, das ihren Wunsch nach »unbedingte[r] Liebeserfüllung« im Diesseits (Conrad 2014, 157) äußert und den Generationsbruch zwischen der frommen Schicksalsergebenheit der Älteren und dem ›stürmischen‹ Aufbegehren der Jüngeren (durchaus im epochalen Sinne des ›Sturm und Drang‹) veranschaulicht, kann in Drostes familiengeprägter Frühdichtung keinen Platz haben. Doch fällt auf, dass Emma im Vergleich zu Lenore eine vollkommen solitäre, ungebundene, auf geradezu negative Weise freie Figur ist, deren inneren Aufruhr immerhin, wenn auch verformelt (»Es flogen die Wolken, es wälzte der Nord«, V. 5), die stürmischen Elemente spiegeln. Dass Lenores und Wilhelms sexualisierter Geisterritt (»Komm, schürze, spring und schwinge dich!«, V. 125, 142) entfällt, dass Wilhelms entschiedener Verführungswille durch Edgars christliche Mahnung zur Duldung ersetzt wird, wundert nicht. Doch ist der Gender-Index des Gedichtes nicht zu übersehen. Zwar nennt der Titel beide Liebende, die Darstellung konzentriert sich indes vor allem in den Strophen 10 bis 16 auf Emmas mutigen Abstieg in die schaurige Gruft zu Toten und Gespenstern und formuliert eine topische Szene, die im Prosafragment *Ledwina* und in den späteren Balladen wie *Das Fräulein von Rodenschild* und *Die Schwestern* wiederkehrt.

Literatur

Conrad, Maren: Aufbrüche der Ordnung, Anfänge der Phantastik. Ein Modell zur methodischen Balladenanalyse, entwickelt am Beispiel der phantastischen Kunstballade. Heidelberg 2014.

1.5. Der Dichter
Julian Werlitz

Einziger Anhaltspunkt für die Datierung des 1879 in einer von Johannes Claasen herausgegeben Werkauswahl (HKA II, 732) veröffentlichten Gedichtes (HKA II, 167 f.) ist ein Eintrag in das Album der Charlotte von der Decken am 16. Juni 1816 (HKA II, 731). Stilistische und inhaltliche Unterschiede zu dem Anfang 1816 entstandenen Gedicht *Unruhe* legen eine Entstehung

1814/15 nahe. Lange vor den späteren Gedichten *Mein Beruf, Poesie, Die todte Lerche,* ⟨*Das Wort*⟩ eröffnet *Der Dichter* (HKA II, 167f.) eine Reihe von lyrischen Reflexionen über Wesen und Mission der Dichtergestalt, die nicht in erster Linie als poetologische Gedichte zu lesen sind.

Eröffnet wird das elf Strophen zählende Gedicht durch die Inszenierung eines Wechselgesangs zwischen dem »unstete[n] Geist« des lyrischen Ich (V. 2) und einer »gewaltige[n] Macht« (V. 3), die es in den Traditionen des Gebetes einerseits, des Genius- und Musenanrufs andererseits durch die Dunkelheit zum Licht führen soll. Ab der dritten Strophe tritt ein dritter, die Bewegung des Dichters zwischen inspiriertem Höhenflug und »kärglicher« Erde von außen beobachtender Sprecher auf, dessen Aufgabe es ist, die fundamentale Differenz zwischen den »kleinliche[n]« (V. 11), bereits vom Abglanz des als höchste »Vernunft« (V. 12) missverstandenen Lichtes berauschten Menschen und dem Dichter stets weiter zu vertiefen. Vom Widerspruch, den ekstatischen Erkenntnismoment immer wieder für das irdische Lebens verlassen zu wollen, und doch von diesem so enttäuscht zu werden, dass nur Erinnerung an die »errungene Klarheit« (V. 32) oder Sehnsucht nach dem Tod Linderung versprechen, ist das Wesen des Dichters nicht mehr zu befreien.

Alle bisherigen Interpreten begründen das hier entworfene Bild des Genies (vgl. Rotermund 1962, 54) durch idealistische Dichtungskonzepte. Dementsprechend wird die »gewaltige Macht«, die in der zweiten Strophe in Dialog mit dem lyrischen Ich tritt, mit der Inspiration identifiziert (vgl. Meyer 1994, 299). Auch die Metaphern von Licht, Feuer, Aufstieg und Flug lassen sich als Zitate klassischer und romantischer Vorstellungen lesen. Solche Anklänge an Goethes (*Künstlers Apotheose*) und Schillers Dichtung (z. B. *Die Künstler, Der Pilgrim* und *Die Teilung der Erde*) versuchen einige Interpreten an konkreten Textstellen nachzuweisen (vgl. Pfeiffer 1914, 21; Koopmann 2000, 17). Andere formulieren vorsichtiger, die junge Droste greife ein »allgemein verbreitetes idealistisches [...] Gedanken- und Bildergut« (Meyer 1994, 300) und ein »gängiges Klischee« auf (Kortländer 1979, 133). Einen Ansatzpunkt für Drostes eigene Akzentsetzungen lassen jene Strophen erkennen, in denen die Rolle des Dichters in der Gesellschaft beschrieben wird. Während der Poet in *Der Dichter* noch ausgeschlossen und stigmatisiert wird, entwickeln spätere Gedichte zum Thema wie etwa *Mein Beruf* (HKA I, 97–99) die Vorstellung einer produktiven Verbindung von künstlerischer Berufung und gesellschaftlicher Verpflichtung. Möglicherweise deutet die starke Gegensatzbildung des frühen Textes auch auf die Präsenz einer unterschwelligen, noch drängenderen Problematik hin: Die maskuline Form des Titels muss nicht generisch verstanden werden, sondern kann die Differenz zum ambivalenten Selbstverständnis einer Dicht*erin* markieren. Im kurz zuvor entstandenen Dramenfragment *Bertha oder die Alpen* (HKA VI, 61–224) heißt es in analoger Bildlichkeit über die Protagonistin: »Zu männlich ist dein Geist strebt viel zu hoch / Hinauf wo dir kein Weiberauge folgt« (V. 108 f.).

Sowohl im Album der Charlotte von der Decken als auch in einer weiteren Abschrift fremder Hand steht *Der Dichter* zusammen mit dem Gedicht *Der*

Philosoph (HKA II, 169f.). Die inhaltliche Zusammengehörigkeit der Texte wurde bisher kaum interpretatorisch genutzt, obwohl sich ihre Komplementarität im Aufbau (vierzeilige Strophen mit Paarreim) und in der metrischen Gestaltung zeigt: Der durchgängig männlichen Kadenz in *Der Dichter* stehen die weiblichen Versenden in *Der Philosoph* entgegen. Beide Texte präsentieren zwei sich ergänzende Wege der Wahrheitssuche. Ist es doch ein philosophisch-rationaler, von außen gelenkter Blick, der die Problematik des »Dichters« im Diskurskontext der idealistischen Ästhetik formuliert, nachdem das Gedicht eigentlich ganz anders: nämlich im Modus der unvermittelten Wechselrede des Wortkünstlers mit einer ›göttlichen‹ Macht begonnen wurde. Gerade weil dieser formale Bruch bereits so früh erfolgt, stehen alle folgenden Strophen im Zeichen der Frage, ob ein solcher Diskurs das Wesen des Dichters in angemessener Form zur Darstellung bringen kann.

Literatur

Koopmann, Helmut: »Nicht fröhnen mag ich kurzem Ruhme«. Zum Selbstverständnis der Droste in ihren Dichtergedichten. In: Droste-Jahrbuch 4 (2000), S. 11–33.
Kortländer, Bernd: Annette von Droste-Hülshoff und die deutsche Literatur. Kenntnis – Beurteilung – Beeinflussung. Münster 1979.
Meyer, Matthias: Die ›Dichtergedichte‹ der Annette von Droste-Hülshoff. Probleme einer Identitätsbildung. In: Danielle Buschinger (Hg.): Europäische Literaturen im Mittelalter. mélanges en l'honneur de Wolfgang Spiewok à l'occasion de son 65ème anniversaire. Greifswald 1994, S. 297–319.
Pfeiffer, Georg Philipp: Die Lyrik der Annette von Droste-Hülshoff. Berlin 1914.
Rotermund, Erwin: Die Dichtergedichte der Droste. In: Jahrbuch der Droste-Gesellschaft 4 (1962), S. 53–78.

1.6. Der Philosoph
Julian Werlitz

Dieser frühe Text (HKA II, 169f.) teilt sich die Überlieferung im Album der Charlotte von der Decken (Eintrag vom 16. Juni 1816) mit *Der Dichter*, vermutlich entstand auch er in den Jahren 1814/15 (HKA II, 737). Thema des 15 Strophen zu je vier Zeilen umfassenden Gedichtes ist der schwierige, über mehrere Versuchsstationen führende Erkenntnisweg des Philosophen.
    Die ersten sechs Strophen zeigen den Philosophen nachts im »einsamen Zimmer« (V. 4), den »forschenden Blick[ ]« (V. 5) in antike Schriften versenkt. Die Strophen 7 und 8 führen ihn hinaus in die Natur, wo er, statt in petrarkistischer Tradition den Berg zu ersteigen, von den Strophen 9 bis 13 in das Bergesinnere dirigiert wird. Beschenkt mit der »Sprache, / Aus dem unterirrdschen Gemache« (V. 55f.) tritt er in den letzten beiden Strophen wieder ans Licht. Die Ortswechsel werden durch zum Teil imperativisch formulierte Botschaften

am Ende der dritten, sechsten, achten und elften Strophe eingeleitet. Diese gliedern das Gedicht inhaltlich und gestalten es, ohne dass Anführungszeichen die fremden Stimmen direkt hervorheben, als Dialog. Aus den Büchern und der unterirdischen Chiffrenschrift der Kristalle lernt der Philosoph: »Dich beseelt ein unsterbliches Leben, / Von gewaltger Hand dir gegeben« (V. 11 f.; vgl. »Von allmächtger Hand«, V. 44), der eigene »Busen« (V. 22) warnt ihn: »Aller Menschen Wissen ist eitel« (V. 24), und aus den Klüften herauf dröhnt es: »Mensch! die Wahrheit wohnt in der Tiefe« (V. 32). Während ihn sein Grübeln in den ersten sieben Strophen nicht zum sprichwörtlichen (von der Lampe präfigurierten) Licht der Erkenntnis führt, sondern nur verwirrende »Lichtlein« (V. 15, 18, 26) produziert, gewinnt er dank des hellen Schimmers der Edelsteine die Idee einer Partizipation am unsterblichen Leben der Natur und kann schließlich »mit innerer Wonne« (V. 53) zum natürlichen Sonnenlicht zurückkehren. Mit der an Faust erinnernden Anfangsszene im Studierzimmer öffnet das Gedicht einen Erwartungshorizont, der den Leser nach Analogien und Differenzen zu Goethes Prätext suchen lässt, bevor sich die Postulate der romantischen spekulativen Naturphilosophie (→ I.3.3.) in den Vordergrund drängen.

Von der Forschung wurde dem Text wenig Aufmerksamkeit zuteil. 1915 verwies Anna Freund auf das Gedicht als »Gegenstück« zu *Der Dichter* (Freund 1915, 20). Diese Lesart eröffnet einen Katalog von Gegensätzen: Den Künstler leitet die Inspiration, den Philosophen Vernunft und Studium; dem Flug des Dichters zum Licht antwortet das Hinabsteigen des Philosophen in die Bergschlucht; dem Künstler ist die Helligkeit, dem Philosophen das nächtliche Zimmer und das unterirdische »Zauberdunkel« (V. 57) zugeordnet; und nicht zuletzt steht der Todeswunsch des Einen dem Versprechen der Teilhabe an Unendlichkeit für den Anderen gegenüber. Beide Figuren teilen indes ihr problematisches Verhältnis zur Gesellschaft und bezahlen das Privileg der Erkenntnis mit Einsamkeit. Die inhaltliche Verbindung der Gedichte wird durch eine metrische Entsprechung verstärkt: Sie folgen im Grunde einer daktylischen Versform, doch verhalten sie sich gegensätzlich hinsichtlich der Kadenz, die in *Der Dichter* durchgängig männlich, in *Der Philosoph* hingegen weiblich ausfällt.

Indem die Gedichte den »Dichter« und den »Philosophen« wie Spiegelbilder präsentieren, rufen sie Ideen der Weimarer Klassik zum Verhältnis von Dichtung und Philosophie in Erinnerung. Das Motiv der Zeichenhaftigkeit und Lesbarkeit der Natur deutet indes auf romantische naturphilosophische Ansätze hin. Beide Medien, die alten Bücher und die Naturzeichen, ›sprechen‹, treten mit dem Philosophen in einen Dialog, fordern ihn als intelligibles und als sinnliches Wesen. Dass das Verhältnis zwischen Mensch und Natur, organischer und anorganischer Materie im Gedicht auf ideale Weise responsiv ist, erscheint als Leistung der Poesie. Denn der Philosoph tritt in eine Situation, die im Hinblick auf die »mistische Sprache« (V. 47) der Kristalle und Karfunkel in E.T.A. Hoffmanns Erzählung *Die Bergwerke zu Falun* (1819) und in *Der Runenberg* (1804) von Ludwig Tieck vorgebildet ist. Eine intertextuelle Beziehung unterhält das Gedicht ebenfalls mit dem Roman *Heinrich von Ofterdingen* (1802) von Novalis, der das Motiv des Absteigens ins Bergesinnere um das der Lektüre (Heinrich liest seine Lebensgeschichte in einem Buch, dessen Zeichen er rational nicht deuten kann) ergänzt. Während also der »Dichter« des gleichnamigen Gedichtes aus einer quasi philosophischen Außenperspektive charakterisiert wird, lädt *Der Philosoph* seinen Protagonisten genau umgekehrt auf eine hochpoetische romantische Bühne und führt um die zentrale Figur ein Miniaturschauspiel mit genuin literarischen Mitteln auf. Die Sphären der Literatur und der Philosophie interagieren, vermischen sich jedoch nicht. Dass der romantische ›Kristall‹ (V. 38, 52, 59) erkenntnis- und subjektphilosophische Konnotationen gewinnt, die im frühen Gedicht noch kaum entfaltet sind, zeigen Texte wie *Das Fräulein von Rodenschild* (→ II.5.7.7.) und *Das Spiegelbild* (→ II.5.5.16.). Deutliche Spuren führen vom Gedicht *Der Philosoph* zu jenen späteren Texten, die das Thema des entweder ›erlebten‹ (*Die Mergelgrube*, → II.5.3.8.; *Der Hünenstein*, → II.5.3.6.) oder ›imaginierten‹ (*Im Grase*, → II.6.8.; *Im Moose*, → II.5.4.6.) Abstiegs in Unterwelten zur Auseinandersetzung mit geologischen und archäologischen Erkenntnissen und vor allem zu poetologischen Überlegungen nutzen.

Literatur

Freund, Anna: Annette von Droste-Hülshoff in ihren Beziehungen zu Goethe und Schiller und in der poetischen Eigenart ihrer gereiften Kunst. München 1915.

1.7. Unruhe
Jürgen Gunia

Unruhe (HKA II, 171 f.) entstand vermutlich Anfang 1816 und existiert in zwei Reinschriften. Wichtigster Überlieferungsträger ist Drostes Brief von Ende Februar (HKA VIII, 11–13) an Anton Mathias Sprickmann (1749–1833; → I.1.2.1.). Ende Juni 1816 diktierte sie das Gedicht zudem ins Album Charlotte von der Deckens und 1819 trug Dorothea von Wolff-Metternich das Gedicht in ihr Album ein (HKA II, 743). Erstmals gedruckt wurde das Gedicht 1881 in der *Deutschen Rundschau*.

Unruhe handelt von der Sehnsucht des sprechenden Ich, das sich am Strand eines Meeres befindet und sich angesichts des vor ihm liegenden Horizonts vorstellt, seiner als begrenzt empfundenen Situation zu entfliehen. Da diese Flucht jedoch unmöglich ist, gehen die Verse über in eine melancholisch gefärbte Verinnerlichung dieser Entgrenzungsphantasie. Die für das Gedicht zentrale sehnsüchtige Unruhe scheint sich dabei in der Form niederzuschlagen: Die Länge der insgesamt zehn Strophen variiert zwischen vier und acht metrisch sehr heterogenen Versen: Der trochäische Versfuß (1. und 10. Strophe) kann zuweilen vom jambischen abgelöst werden (7. und 8. Strophe) und das Reimschema zwischen vorherrschendem Kreuzreim (1., 5., 7., 8. und 10. Strophe), Paarreim (4. Strophe) und umschließendem Reim (6. Strophe) wechseln.

Signifikant für das Thema des Gedichts ist die räumliche Positionierung des Ich: Es befindet sich »am Strande« (V. 1), also an der Grenze zwischen Land und Meer. Diese Grenze ist semiotisch aufschlussreicher als die im Gedicht erwähnte »Gränze[ ]« des Meeres (V. 12), also der Horizont, weil sie angesiedelt ist in der Opposition von ›fest‹ und ›flüssig‹, welche symbolisch auf Ordnung und Gesellschaft einerseits und auf Ordnungslosigkeit andererseits verweist. Der Strand verleiht als Grenzraum der Situation, in der sich das Ich befindet, jene ambivalente Prägung, die in späteren Gedichten wie *Die Steppe* eine noch stärkere Kontur erhalten wird (vgl. Ölke 2002, 93). In *Unruhe* markiert er das topographische Zwischen, in welchem die Bewegungen phantastischer Überwindung und resignativer Rückkehr als Konflikt ausgetragen werden: »Der entgrenzte Raum der Imagination konkurriert hier mit einem beengenden Sozialraum der Einschränkung, der dem Subjekt von außen auferlegt wird.« (Grywatsch 2009c, 79)

Diese ambivalente Topographie ist zentral für die Bewegung der Sehnsucht als (innerer) Unruhe, die in der Struktur des Gedichtes entfaltet wird: In der zweiten Strophe hebt mit dem Ausruf »Ach! wie ists erhebend sich zu freuen« (V. 5) zunächst eine Evokation der Freude angesichts »des Ozeans Unendlichkeit« (V. 6) an. Diese wird in der dritten Strophe von einer reflektierenden Haltung abgelöst. Deutet man das bereits zu Beginn indirekt angesprochene Du als das später konkret genannte eigene »Herz« (V. 34, 40, 45), lässt sich die vierte Strophe vollends als Selbstgespräch deuten, das bald in die erwähnte, als lustvoll erlebte Ausbruchsimagination mündet (V. 21). In der fünften Strophe erfährt diese Phantasie dann eine Steigerung (V. 26), bevor sie in der sechsten mit der diesmal direkt ans Herz gewandten Wendung »Stille, stille, mein thörichtes Herz« (V. 34) abrupt umschlägt in jenen resignativen Gestus, der fortan die melancholische Stimmung des Gedichts bestimmt. In der neunten Strophe wird die Sehnsucht mit der identisch wiederholten Aussage »Laß uns heim vom feuchten Strande kehren« (V. 48, 53) und mit den Worten »Wandrer auf den Wogen, fahret wohl!« (V. 54) allem Anschein nach verabschiedet. Die zehnte Strophe eröffnet mit dem empörten Ausruf »Fesseln will man uns am eignen Heerde!« (V. 55) allerdings eine neue Perspektive, die auch die vorherige Selbstermahnung zur Bescheidenheit (V. 44) hinfällig werden lässt: Das Ich gibt sich insofern als weibliches zu erkennen, als »Heerde« sehr direkt auf die biedermeierliche Rollenzuweisung der Frau als Hausfrau anspielt und gegen diese mit jugendlich-emanzipatorischem Pathos opponiert. Der letzte Vers bringt schließlich eine Art Revision des Abschieds: Die »ganze Schöpfung« (V. 58) wird ins eigene Innere verlagert.

Dass Räumlichkeit zentral ist für die Struktur des Gedichts, zeigt sich auch auf der topologischen Ebene, für welche die Pole ›nah‹ und ›fern‹ bzw. ›oben‹ und ›unten‹ signifikant sind. In der dritten Strophe wird die »Tiefe« des Ozeans (V. 14) mit »[d]es Senkbley's Schwere« (V. 16) »ergründet« (V. 11). Da »[d]es Ankers Rettung vergeblich bleibt« (V. 18), wird zudem das semantische

Feld melancholisch gestimmter, metaphorisch von oben nach unten, also grüblerisch in abgründige Tiefe zielender Reflexion (vgl. Meyer-Sickendiek 2010) abgerufen. Diese vertikale Ausrichtung schwenkt freilich in dem Moment in die Horizontale, in dem das Ich sich mit den Vögeln und »Wimpeln« in die Weite phantasiert (V. 21 f.). Die neunte Strophe nimmt das topologische Moment wieder auf: Die Schwere melancholischer Vertikalität gibt sich dort als verinnerlichte zu erkennen, wenn es heißt: »Meine Träume drücken schwer mich nieder« (V. 50).

In der letzten Strophe erscheint das, was in der Ferne als »fremde Schöpfungen« (V. 27) imaginiert wurde, als »ganze Schöpfung« (V. 58), die im eigenen Herzen »Raum« hat. Die innere Bewegung sehnsüchtiger Unruhe kann mit der finalen expliziten Nennung der Raumkategorie geradezu als Raumsuche apostrophiert werden: Gesucht wird ein Raum für die Imaginationen des Ichs, gefunden wird er am Ursprung dieser Imaginationen, im Subjekt selbst. Sein »Herz« bietet Raum für die »Doppelbewegung zwischen Vagabondage und Heimweh, Ausbrechen und ›Einflicken‹« (Ölke 2002, 58), die im Gedicht schon dadurch präsent ist, dass auch »[a]us der Ferne [...] Heymathslieder« (V. 51) erklingen.

Im Gedicht finden sich Spuren unterschiedlicher Diskurse, was als charakteristisch für diese Phase der literarischen Entwicklung Drostes angesehen werden kann. Entstammt der Herz-Topos empfindsamer Rhetorik, so klingen bei der melancholischen Tiefenphantasie und beim Sehnsuchtsmotiv romantische Einflüsse an. Vor allem letzteres erfährt bei Droste aber eine spezifische Umakzentuierung. (Früh-)romantische Sehnsucht wird von der Vorstellung begleitet, dass sie in der Wiederherstellung eines Goldenen Zeitalters ihre Erfüllung findet (Kremer/Kilcher 2015, 76). Indem der Akzent bei Droste jedoch schon im Titel auf Unruhe fällt, wird die geschichtsphilosophische Dimension romantischer Sehnsucht einkassiert zugunsten reiner Prozessualität: »Die Unruhe verlangt die Anerkennung des Prozesses und nicht irgendeines Ziels.« (Konersmann 2015, 259) Übrig bleibt eine ateleologische Verschiebung, Überlagerung und Differenzierung von Gedanken, Gefühlen und Vorstellungen.

Unruhe ist programmatisch für die existenzielle Dimension von Drostes poetischen Projekten, das demonstrieren ihre Briefe. Das Gedicht findet sich nicht nur in dem erwähnten Brief an Sprickmann, sein titelgebendes Thema wird im näheren wie im weiteren Kontext der Briefe auch immer wieder aufgegriffen, reflektiert und variiert – ob Droste nun von ihrer »fast fieberhafte[n] Unruhe« (HKA VIII, 11) schreibt oder ob sie feststellt: »[I]ch bin keinen Augenblick mit meinen Gedanken zu Hause« (HKA VIII, 27). Unruhe avanciert in den Briefen zur Chiffre für das »endlose Umherfahren [der] Phantasie« (HKA VIII, 230).

Die Relevanz der Briefe für die Definition von »Unruhe« als Bewegungsmodus und Reflexionsfigur poetischer Einbildungskraft zwischen ›Heim- und Fernweh‹ und als »Phantasie- Gefühls- und Gedanken-Anspannung« (HKA VIII, 174), wird zudem darin sichtbar, dass Droste dort die mit Unruhe verbundene Rhetorik radikalisiert. Im Gedicht korrespondiert dem »Kreisen«

(V. 20) und »[Z]iehen« (V. 22) der Vögel als nach außen projizierte Sehnsuchtsbewegung das konvulsivisch-lustbetonte ›Pochen‹ und »glühendheiße[ ] Beben« (V. 29, 40) in der Brust bzw. im Herzen des Ich. Insbesondere der Flug der Vögel ist als vergleichsweise übersichtlich strukturierte Bewegung vorstellbar. In den Briefen werden diese differenten Bewegungsmodi in verschiedene Tier-Vergleiche integriert und insofern dramatisiert, als mit ihnen eine wesentlich chaotischere Bewegung, ja eine »bewegliche Unordnung« (Schlaffer 1973, 71) nahe gelegt wird: So agieren Ideen und Bilder in Drostes Kopf z. B. »wie scheugewordne Pferde« (HKA VIII, 173), »wie Mücken-Schwärmer« (HKA VIII, 174) oder auch »wie Bienenschwärme« (HKA X, 300).

In den Briefen wird Unruhe außerdem beziehbar auf die Körperlichkeit des Schreibvorgangs. Sie nehme, schreibt Droste in einem weiteren Brief an Sprickmann, kein Schreibwerkzeug in die Hand, »ohne ein magnetisches Zucken in den Fingern zu fühlen« (HKA VIII, 22). Unmöglich scheint es ihr, bemerkt sie 1837 in einem Brief an Wilhelm Junkmann, die »geplagten Gedichte endlich einmahl zur Ruhe zu bringen« (HKA VIII, 227). Und als sie von Elise Rüdiger 1842 eine Schreibfeder geschenkt bekommt, kommentiert sie das in einem Dankesbrief an die Freundin wie folgt: »mich dünkt es kann nur Lava daraus fließen, – Werther hat vielleicht sein Tagebuch mit einer ähnlichen geschrieben« (HKA IX, 389). Der Verweis auf Goethes Roman *Die Leiden des jungen Werthers* (1774) geschieht nicht zufällig, spricht darin Werther doch selbst wiederholt von der »Unruhe meines Charakters« (Goethe [1774] 1994a, 84 f.).

Literatur

Goethe, Johann Wolfgang: Die Leiden des jungen Werthers [1774]. In: Johann Wolfgang Goethe: Sämtliche Werke. Briefe, Tagebücher und Gespräche. 1. Abt. Bd. 8. Hg. von Waltraud Wiethölter. Frankfurt/M. 1994, S. 10–268. [Goethe 1994a]
Grywatsch, Jochen: Poetische Imagination und räumliche Struktur. Zu einer Poetologie des Raums bei Annette von Droste-Hülshoff. In: Jochen Grywatsch (Hg.): Raum. Ort. Topographien der Annette von Droste-Hülshoff. Hannover 2009 (= Droste-Jahrbuch 7), S. 69–94. [Grywatsch 2009c]
Konersmann, Ralf: Die Unruhe der Welt. Frankfurt/M. 2015.
Kremer, Detlef/Kilcher, Andreas B.: Romantik. Lehrbuch Germanistik. 4., akt. Aufl. Stuttgart, Weimar 2015.
Ölke, Martina: ›Heimweh‹ und ›Sehnsucht in die Ferne‹. Entwürfe von ›Heimat‹ und ›Fremde‹ in der westfälischen und orientalischen Lyrik und Prosa Annette von Droste-Hülshoffs. St. Ingbert 2002.
Schlaffer, Heinz: Lyrik im Realismus. Studien über Raum und Zeit in den Gedichten Mörikes, der Droste und Liliencrons. 2., um ein Nachwort erw. Aufl. Bonn 1973.

1.8. Rosamunde
Cornelia Blasberg

Aufgrund motivischer Parallelen wird angenommen, dass dieser rätselhafte Text (HKA II, 174f.) zeitgleich mit *Walther* (→ II.1.9.) 1818 entstanden ist (HKA II, 749). Wie andere Gedichte dieses Zeitraums spiegelt er die Lektüre von Bürgers Balladen, Wielands Werken und mittelalterlichen, durch historische Romane u. a. vermittelten Stoffen, die sich bereits in Drostes Trauerspiel *Bertha* (1813/14) finden. Thema ist der Tod von Rosamunde de Clifford, der schönen Geliebten von Heinrich II. (1133–1189), zu der sich der König bekannte, »nachdem er 1173/74 ein Komplott seiner Ehefrau Eleonore von Aquitanien und seiner Söhne gegen ihn und seine Regentschaft entlarvt hatte« (Plachta 1995, 41). Bereits in volkstümlichen Sagen wurde spekuliert, dass Eleonore ihre von Heinrich im Parklabyrinth von Woodstock versteckte Rivalin ermordete. Spätere Versionen wie Joseph Addisons Libretto *Rosamond* (1707), das seinerseits die Grundlage für Christoph Martin Wielands von Anton Schweitzer vertontes Libretto *Rosamund. Ein Singspiel in drey Aufzügen* (1778) bildete, komplizierten das Geschehen zum Beispiel durch ein intrigantes Spiel am Königshof, in dem Eleonore Rosamunde statt des Giftes nur einen Schlaftrunk verabreicht, Heinrich den vermeintlichen Mord entdeckt und seine Frau einkerkern lässt, worauf Rosamunde ihrer Liebe im Kloster entsagt, schließlich aber doch erdolcht wird. Wielands »Musikalisches Drama« (Wieland [1778] 2011, 578) spitzte die altbekannte Handlung zu, verlieh den Protagonisten individuelle Züge und ließ sie ihre Gefühle in ausdrucksstarken Arien verkünden.

Vermutlich war das Rosamunde-Thema den Zeitgenossen so bekannt, dass einzelne Stichworte wie »Waldes Schatten« (V. 3), »das dunkle Münster« (V. 40) und »dreißig Jungfraun« (V. 41) genügten, um Erinnerungen an die tragische Liebesgeschichte der in Woodstock versteckten Frau, ihre Bestattung im Kloster Godstowe und die Verehrung durch Jungfrauen wachzurufen. Drostes Gedicht, das 46 in sechs unterschiedlich lange Strophen gegliederte Verse umfasst, setzt tatsächlich diesen durch punktuelle Andeutungen in der ersten und letzten Strophe evozierten Kontext voraus und entfaltet im Mittelteil zwei eigene Szenen. Zunächst widerspricht Rosamunde ihrer Begleiterin Klara, die offenbar die Unvergänglichkeit ihrer Schönheit und Liebe gerühmt hatte, mit deutlichen Hinweisen auf die sich immerzu wandelnde, sterbende und wieder aufkeimende Natur (V. 11–18). Dann folgt, in gleicher Weise kryptisch und verrätselt, die Szene der Ermordung, die allerdings durch mythologische Anspielungen (Amors Pfeil, der sich als »liebste Lagerstatt« Rosamundes Brust wählt, V. 24) und Blumen-Symbolik (»Marienblümchen«, V. 33, als Tränen der Muttergottes, »Rose[n]«, V. 35 f., als Sinnbild für Liebe) eine zusätzliche Bedeutungsdimension erhält. Im *locus amoenus* des Waldes, dessen »Zweige« sich gleichsam stellvertretend für das königliche Paar »[f]lüsternd küssen« (V. 1), scheint Rosamunde einen Liebestod im Einklang mit der Natur zu sterben. Durch Verben wie schauen, neigen und glänzen (V. 33–36) werden, analog zu den einander liebkosenden Zweigen der ersten Strophe, die Blumen der fünften als Akteure jener vom Großteil der Jungfrauen längst schon verlassenen Szene ausgewiesen. Sie, ursprünglich zu Rosamundes Gefolge im Liebeswald gehörend, erscheinen in der letzten Strophe als trauernde, allem Irdischen abschwörende Nonnen. Offenbar haben sie die *unio mystica* ihrer Herrin mit der sich unentwegt erneuernden Natur nicht verstanden. Statt Glieder einer lebendigen Traditionskette zu werden, wie sie das Gedicht mit seinen Anspielungen auf die romantische Naturphilosophie (→ I.3.3.) vorstellbar macht, erstarren sie in Verehrung und halten das *traditum* »unwandelbar« (V. 18) fest.

So gelesen, würde sich das Gedicht in der langen, durch Andeutungen präsent gehaltenen literarischen Rosamunde-Tradition verorten und könnte im Sinne eines Verfahrenseinspruchs verstanden werden. Dadurch gewinnt es in Drostes überwiegend aus Lektüren erschriebenem Frühwerk den Status eines selbstreflexiven Textes, in dem zum Thema wird, was formal geschieht. Vor diesem Hintergrund erklärt sich auch der kurzzeitige Tempuswechsel vom Präsens in den ersten beiden Strophen zum Präteritum in den beiden folgenden, während die letzten wieder im Präsens stehen: Das Sujet ist historisch und vergangen, die Beschäftigung mit ihm findet hingegen in der Gegenwart statt, worauf die Bezeichnung »Münster« (V. 40) für das »Kloster G o d s t o w « (Wieland [1796] 1984, 347) hindeutet. Dem Experimentieren mit andeutenden und metareflexiven Schreibverfahren korrespondiert der Experimentstatus der Form, die man ähnlich wie im Fall von *Walther* als »Mischform« (Gesse 1997, 72) beschreiben kann. Das Gedicht folgt durchgängig einem vierhebigen jambischen Metrum, das es so melodisch wirken lässt, als hätte man die Kurzfassung eines »[m]usikalischen Dramas« in Wielands Sinn vor sich. Wie im *Walther* hat der Leser den Eindruck, eine kunstvoll dekorierte Theaterbühne zu betrachten, auf der im Zeitraffer ein »Rosamunde«-Singspiel aufgeführt und gleichzeitig eine lyrische Reflexion darüber angestellt wird. Statt durch Reime, auf die auch Wielands deutlich als Prätext erkennbares Singspiel verzichtet, wird Kohärenz rhythmisch und klanglich durch Anaphern und Wiederholungen erzeugt. Anders als die längeren Texte der nächsten Jahre, die psychologisches (*Walther*, → II.1.9.; *Ledwina*, → IV.2.; *Des Arztes Vermächtniß*, → II.4.3.), historisches (*Die Schlacht im Loener Bruch. 1623*, → II.4.4.) und naturwissenschaftliches Wissen (*Das Hospiz auf dem großen St. Bernhard*, → II.4.2.) entfalten, weist das Gedicht *Rosamunde* auf die Entwicklung einer kürzeren selbstreflexiven Lyrik voraus.

Literatur

Gesse, Sven: ›Genera mixta‹. Studien zur Poetik der Gattungsmischung zwischen Aufklärung und Klassik-Romantik. Würzburg 1997.
Plachta, Bodo: »1000 Schritte von meinem Canapee«. Der Aufbruch Annette von Droste-Hülshoffs in die Literatur. Bielefeld 1995.
Wieland, Christoph Martin: Rosamund. Ein Singspiel in drey Aufzügen [1778]. In: Wielands Werke. Historisch-kritische Ausgabe. Hg. von Klaus Manger und Jan Philipp Reemtsma. Bd. 13,1. Bearb. von Peter Henning Haischer und Tina Hartmann. Berlin, Boston 2011, S. 575–626.

Wieland, Christoph Martin: Nachtrag zur Geschichte der schönen Rosemunde [1796]. In: Christoph Martin Wieland: Sämmtliche Werke [1794–1811]. Hg. von der Hamburger Stiftung zur Förderung von Wissenschaft und Kultur in Zusammenarbeit mit dem Wieland-Archiv, Biberach/Riß und Dr. Hans Radspieler. Abt. 8. Bd. 26. Hamburg 1984, S. 343–354.

1.9. Walther. Ein Gedicht in sechs Gesängen
Cornelia Blasberg

Droste begann die Arbeit an dem rund 2000 Verse umfassenden, in sechs Gesänge unterteilten Gedicht *Walther* (HKA III, 139–197) Anfang 1818 und brachte sie ihrem Bericht an Anton Mathias Sprickmann (1749–1833; → I.1.2.1.) zufolge im Oktober desselben Jahres zum Abschluss (HKA VIII, 15 f.). Eine Reinschrift des Textes übergab Droste Ende 1818 zusammen mit dem Widmungsgedicht *An meine liebe Mutter* (HKA III, 141) an die als Erstrezipientin und Zensurinstanz fungierende Therese von Droste-Hülshoff. Die Mutter, angetan von dem Werk und seinem mittelalterlichen Thema, das seine Nähe zu Walter Scotts Schottland-Poesien und Friedrich de la Motte-Fouqués historistischen Ritterdramen und -romanzen (vgl. Kortländer 1979, 178–184) nicht verhehlte, bestand allerdings auf einer Streichung der Verse 291–302 des zweiten Gesangs (abgedruckt in HKA III, 975), die den Selbstmord von Walthers Großvater Hugo darstellten (HKA VIII, 24). Eine eigenhändige Abschrift sandte sie mitsamt einem neuen Widmungsgedicht ihrer Tochter, ⟨*Ich hab ein frommes Ritterkind erzogen*⟩ (HKA III, 233 f.), an die Bökerhofer Verwandtschaft (HKA III, 957). Gegenüber diesen Mittelalter-Enthusiasten trat Droste bescheiden auf: Voll von »Fehlern« (V. 11) sei ihre Gabe, folge »flachgetretnen Pfaden« (V. 13) und müsse ihr »arm und ungepflegt Entstehn« (V. 18) entschuldigen, komme sie doch weder aus »Rom«, »London« noch »Weimar« (V. 19f.). Diese Anspielungen könnten die eigene provinzielle Randständigkeit gegenüber der Literaturproduktion und -kritik kultureller Metropolen betonen, aber auch präziser auf die Prätexte des *Walther* hinweisen. Mit Rom verbindet sich der Name Torquato Tassos und seines europaweit berühmten Kreuzzugs-Epos *La Gerusalemme liberata* (1574), mit London das Reisepoem *Childe Harold* (1812–1818) sowie die in mehrere Canti unterteilten Langgedichte *The Giaour. A Fragment of a Turkish Tale* (1813) und *The Corsair. A Tale* (1814) von George Gordon Byron. In Weimar residierte Christoph Martin Wieland, dessen *Oberon. Ein romantisches Heldengedicht in zwölf Gesängen* (1780) mit seinen Referenzen auf Romanzen und Ritterbücher aus Spanien und Frankreich des 12. bis 14. Jahrhunderts nicht nur inhaltliche, sondern auch formale Spuren in Drostes Text hinterließ: Wieland bevorzugte die achtzeilige Stanze in Ariost-Tradition, die Droste für das Widmungsgedicht an die Stieftanten wählte. Während Sprickmann 1819 in seinen fragmentarischen Anmerkungen zu *Walther* (HKA III, 966–968) vor allem handwerkliche Mängel rügte, lehnte Christoph Bernhard Schlüter 1829 das Gedicht als »süßlich, leer, ja zum Teil affektirt« (HKA III, 968) ab. Zu Drostes Lebzeiten blieb der Text unveröffentlicht.

Gegen die Einreihung des *Walther* in den Band »Versepen« (HKA III, 955; → II.4.1.) und für die Gattungsbezeichnung »Rittergedicht« (Sengle 1972, 667) sprechen werk- und literaturgeschichtliche Argumente. Bereits Drostes vermutlich 1810 entstandenes Gedicht *Emma und Edgar* (HKA II, 133–137; → II.1.4.) zeugt für den Einfluss einer in Herders Spuren historistisch aufbereiteten volkstümlichen Balladendichtung, wie sie mit Scotts Romanzen und Bürgers *Lenore* auf ein neues künstlerisches Niveau gehoben wurde. Auch die 13-strophige Ballade *Die drey Stunden im Reich der Todten* (HKA II, 152–155) steht in der Tradition spätaufklärerischer Gattungsmischung, die sich z. B. auch im lyrisch-episch retardierten Dramenfragment *Bertha* (1813/14) zeigt. Die europäische Romantik, vertreten durch Scott und Byron, favorisierte das durch epische, idyllische und dramatische Elemente vergrößerte, also über das Balladenformat hinausgehende Gedicht. Von »epische[n] Balladen« (Scott 1819, LXV) sprach der deutsche Übersetzer von Scotts *Das Fräulein vom See. Ein Gedicht in sechs Gesängen*, Adam Storck. Ein weiterer Prätext zu *Walther*, Ernst Schulzes *Die bezauberte Rose* (HKA III, 979), hatte sogar einen Preis als »gehaltvolle[s] Gedicht von größerem Umfang« (Schulze 1837, 148) gewonnen.

Walther ist in sechs Gesänge unterteilt. Zuerst wird eine 25 Strophen umfassende Rahmenhandlung aufbaut, so dass die folgenden fünf Gesänge à 50 Strophen wie eine Binnenerzählung erscheinen. Dem sechsten Gesang ist zusätzlich eine weitere, den Rahmen schließende Strophe angefügt. Bis auf das in II eingeblendete, zehnzeilige Lied (V. 92–141) mit trochäischem Versmaß (Reimschema abbabccaca) und das Lied in V (V. 36–51) sind die sieben Verse umfassenden Strophen (Reimschema ababccb) im jambischen Fünftakter der Byronschen Tradition verfasst. In I (»Der Klausner«) wird Walther als ein von Träumen und Erinnerungen gequälter Eremit porträtiert, der zweite Gesang (»Theatilde«) ist Walthers Eltern, dem Ritter Alhard und der schönen Theatilde, die kurz nach Walthers Geburt aus Kummer um die Gewalttaten ihres Mannes stirbt, gewidmet. Im dritten Gesang (»Walther«) verspricht Alhard seinem mutigen, bei gefährlicher Jagd erfolgreichen Sohn das Ritterschwert; kurz darauf trifft Walther auf die in einer Waldhütte lebende Alba. Nach der Ankunft des Ritters Ebbo und seiner Ziehtochter Cecilia beschließt Alhard im vierten Gesang (»Cecilia«), gemeinsam mit seinem Sohn und Ebbo dem Kreuzzug zu folgen; zudem stellt er Walthers und Cecilias Hochzeit in Aussicht. Im fünften Gesang (»Alba«) trifft der zurückgekehrte Protagonist erneut auf Alba und verspricht ihr seine Hand, was Cecilia und Alhard zu einem Komplott veranlasst: Alba wird ermordet, Walther inhaftiert. Befreit wird der Protagonist erst nach Alhards Tod im letzten Gesang (»Verenus«); Walther legt seinen Ritterstand ab und wählt, unterstützt durch den Mönch Verenus, ein Leben als Einsiedler, seine Rüstung und Albas Bild verbleiben in seiner Klause.

Auf seiner Oberfläche reproduziert der Text die beliebten Lesestoffe der Zeitgenossen, er geht tatsächlich in »flachgetretnen Pfaden« (HKA III, 233,

V. 13). Dass Droste ihr Gedicht für »in der Ausführung ziemlich gelungen« (HKA VIII, 15) hielt, lenkt den Blick auf die formalen Experimente, die im Rahmen der Mischgattung möglich waren. Statt im epischen Präteritum eine alte Geschichte zu erzählen, imaginiert der erste Gesang zwei Beobachter einer vorgeblich präsentischen Naturszene mit »Mondenlicht« (V. 1), »Felsengrotte« (V. 2) und anderen schauerromantischen Attributen, auf der alsbald, als würde man die Seite eines illustrierten Buches aufschlagen, ein »verblichnes Jünglingsbild« (V. 27) zu sehen ist. Die Nähe zum weltschmerzgeplagten, todessüchtigen *byronic hero* ist ebenso deutlich wie die Anspielung auf Wielands *Oberon*, der in der achten Strophe des ersten Gesangs – »Komm, laß dich nieder zu uns auf diesen Kanapee« (V. 57) – eine ähnliche Erzählsituation inszeniert. Während Wieland indes mahnt: »[...] statt zu rufen, ich seh, ich seh, / Was niemand sieht als Du – erzähl uns fein gelassen« (V. 58 f., Wieland [1780] 1964, 10), baut Drostes Rittergedicht zunächst eine Bühne auf, deren Spielgeschehen gesehen werden soll (»Sieh her!«, I, V. 22; »Sieh da!«, I, V. 127; »Schau her!«, I, V. 135; »hoch zu Rosse prangen siehst Du Beyde«, III, V. 18; »Erwartungsvoll steht Walther, sieh!«, III, V. 64). Im lyrischen Medium erfindet die Rahmenhandlung zu *Walther* also eine theateranaloge Situation, die einen der beiden Zuschauer, irritiert durch die beobachteten Widersprüche in Walthers Einsiedler-Verhalten und die seltsam fetischisierten Erinnerungsträger Ritterrüstung und Frauen-Porträt, zu vielen Fragen anregt. Dem unsicheren »du« (I, V. 37) steht ein souveränes, kundiges »Ich« (I, V. 36) gegenüber, das die Widersprüche der Szene durch die Erzählung einer genealogischen Binnenhandlung zu klären versucht. Zwar wird in den folgenden Gesängen also eine Vorgeschichte ›erzählt‹, doch geschieht dies wiederum durch ein dramatisch zeigendes und lyrisch vergegenwärtigendes Visualisieren, das sich in Form sporadischer Anreden an den Protagonisten selbst ausdrückt: »Was ist's? das schmerzlich sanft dich lächeln hieß?« (I, V. 131). Auf diese Weise gewinnt der Leser Abstand zum Rittersujet, das immer mehr zur mittelalterlichen Kulisse für ein in geradezu modernem Sinn psychodramatisches Spiel wird.

Während die kleineren Mittelalter-Gedichte wie *Emma und Edgar* (1810), *Die drey Stunden im Reich der Todten* (1810) oder *Rosamunde* (1818) eine schaurige *Lenoren*-Stimmung mit Grabsteinen und Gespenstern erzeugen, bietet die Form des Langgedichts die Möglichkeit, das Dargestellte durch das psychologische Wissen der Zeit inhaltlich zu untermauern. *Walther* verhandelt als prekäre Familiengeschichte einen doppelten Leidenskonflikt: das Versagen des titelgebenden Protagonisten vor familiären Ansprüchen, die er nicht zu erfüllen bereit ist, sowie das Leiden des Ritters an seiner schwierigen Psyche, verstärkt durch Erinnerungen, (Alb-)Träume und Traumata. Nachdem nämlich der verstörte, seelisch leidende Protagonist im ersten Gesang vorgestellt wurde, nehmen die folgenden Gesänge eine Art Anamnese seiner Traumatisierung vor. Als habe Sigmund Freud den ›Fall‹ Walther analysiert, wird dem Leser eine sich unheilvoll wiederholende Familiengeschichte über drei Generationen hinweg präsentiert. Nachdem Walthers Großmutter Sophie gestorben ist, verfällt ihr Gatte Hugo einer schweren Depression, die dazu führt, dass er seine Tochter Theatilde vernachlässigt und ihren Ehebund mit dem Ritter Alhard nicht segnet. Theatilde wiederum stirbt ebenso früh wie ihre Mutter, allerdings aus Kummer über ihren gewalttätigen Mann (II, V. 345–351). Ihr Sohn Walther verliert seine Liebe Alba (das dritte weibliche Opfer) an den Vater Alhard, der diese ermorden und den Sohn einkerkern lässt (V, V. 346–352) und noch *post mortem* als »Riesenleiche« (VI, V. 79) seine grausame Autorität ausübt.

Subkutan entfaltet *Walther* die moderne Diagnose dysfunktionaler, krankmachender Familienverhältnisse, denen man – sozialhistorisch, psychologisch respektive ethnographisch noch stärker profiliert – in *Ledwina* (→ IV.2.) ebenso wiederbegegnet wie in *Die Judenbuche* (→ IV.5.; vgl. Wortmann 2010, 330). Der seinen Träumen ausgelieferte Protagonist (Grywatsch 2013, 219), der bei der ersten Begegnung mit Alba über seine dem Vater allzu ähnliche Gewaltbereitschaft (III, V. 134–158) erschrickt, nicht immun gegen Cecilias Verführung ist (IV, V. 134–140; IV, V. 232–315) und alle seine »Dämon[en]« (VI, V. 337) mit in die Einsiedlerklause nimmt, weist dergestalt auf den Arzt in *Des Arztes Vermächtniß* (→ II.4.3.) voraus. Das »Rittergedicht« spiegelt zugleich die Gestaltung der Glaubenssehnsüchte und -zweifel im Parallelprojekt des *Geistlichen Jahres* (→ II.2.1.). Denn ein wirklich frommes Leben ist Drostes »Ritterkind« nicht beschieden. »Es ist ein furchtbar Etwas das sich müht, / Sich zwischen ihm und seinen Gott zu stellen« (VI, V. 346 f.) heißt es am Ende – kein noch so heiterer Tag »kann der Seele Dunkel hellen« (V. 350). Da diese Diagnose auf der Gegenwartsebene der Rahmenhandlung getroffen wird und die Irritation darüber sogar diejenigen betrifft, die Walthers ›historisches‹ Schicksal aus großer Distanz und wie ein Theaterstück betrachten, wird die Brüchigkeit der Ritterkulisse noch deutlicher. So gesehen, gehört der unveröffentlichte Text *Walther* zu jenen gewagten, oft Fragment bleibenden Gattungsexperimenten wie *Bertha* (→ III.2.) und *Ledwina*, die Droste im lyrischen Medium offenbar erfolgreicher meisterte. In gewisser Weise profiliert er sich sogar als ein wichtiges Scharnier zwischen frühem und mittlerem Werk, was nicht zuletzt dadurch sichtbar wird, dass es frappante Ähnlichkeiten zwischen den Protagonisten in *Ledwina* und *Walther* gibt, wird doch Walther als »verblichnes Jünglingsbild« (I, V. 27), als »bleiche wankende Gestalt« mit »matte[m] welkende[n] Gesicht« (I, V. 50, 54) ganz ähnlich wie die moribunde, schwindsüchtige Protagonistin des Erzählprojekts eingeführt.

Literatur

Grywatsch, Jochen: »Wo Träume lagern langverschollner Zeit«. Zum Verhältnis von Traum und Zeit in den Epen und der Landschaftsprosa der Annette von Droste-Hülshoff. In: Cornelia Blasberg in Verb. mit Jochen Grywatsch (Hg.): ZwischenZeiten. Zur Poetik der Zeitlichkeit in der Literatur der Annette von Droste-Hülshoff und der ›Biedermeier‹-Epoche. Hannover 2013 (= Droste-Jahrbuch 9), S. 211–234.

Kortländer, Bernd: Annette von Droste-Hülshoff und die deutsche Literatur. Kenntnis – Beurteilung – Beeinflussung. Münster 1979.

Schulze, Ernst: Die bezauberte Rose. Romantisches Gedicht in drei Gesängen. 6. Aufl. Leipzig 1837.
Scott, Walter: Das Fräulein vom See. Ein Gedicht in sechs Gesängen. Aus dem Englischen und mit einer historischen Einleitung versehen von D. Adam Storck. Essen 1819.
Sengle, Friedrich: Biedermeierzeit. Deutsche Literatur im Spannungsfeld zwischen Restauration und Revolution 1815–1848. Bd. 2: Die Formenwelt. Stuttgart 1972.
Wieland, Christoph Martin: Oberon. Ein romantisches Heldengedicht in zwölf Gesängen [1780]. In: Christoph Martin Wieland: Ausgewählte Werke in sechs Bänden. Hg. von Wolfgang Jahn. Bd. 1. München 1964, S. 9–254.
Wortmann, Thomas: Kapitalverbrechen und familiäre Vergehen. Zur Struktur der Verdoppelung in Droste-Hülshoffs *Judenbuche*. In: Claudia Liebrand/Irmtraud Hnilica/Thomas Wortmann (Hg.): Redigierte Tradition. Literarhistorische Positionierungen Annette von Droste-Hülshoffs. Paderborn u. a. 2010, S. 315–337.

2. Geistliches Jahr in Liedern auf alle Sonn- und Festtage

2.1. Einleitung

Thomas Wortmann

1. Entstehung 124
2. Editionsfragen: Textstatus und Schreibprozess 127
3. Struktur und Aufbau 128
4. Positionen der Forschung 131

Das *Geistliche Jahr in Liedern auf alle Sonn- und Festtage* (HKA IV, 1–166) ist eine Sammlung von 72 geistlichen Gedichten, deren Texte in zwei fast zwanzig Jahre auseinanderliegenden Phasen entstanden. Zu einem Ende fand das Projekt zu Drostes Lebzeiten nicht: Die Gedichte durchliefen nach dem vorläufigen Abschluss des Schreibprozesses im Januar 1840 mehrere Überarbeitungsphasen, eine Reinschrift fertigte Droste nie an. Erst postum erschien 1851 ein aus den Varianten erstellter Text. Der Zyklus ist chronologisch organisiert, die Gedichte orientieren sich am Ablauf des Kirchenjahres und nehmen größtenteils einen Ausschnitt des jeweiligen Tagesevangeliums, der sogenannten Perikope, zur thematischen Grundlage, um die Worte der Heiligen Schrift auf die subjektive Position der Sprechinstanz zu beziehen. Dabei ist die Klage über die eigene Sündhaftigkeit ebenso prominent wie das Moment des Glaubenszweifels. Für die gegen Ende des 19. Jahrhunderts erfolgende Kanonisierung Droste-Hülshoffs als Vertreterin eines literarischen Katholizismus (→ VII.2.) war der Zyklus – verstanden als Frömmigkeitsübung und Bekenntnisdichtung – zentral. Für Droste selbst waren beide Phasen der Arbeit am *Geistlichen Jahr* im Hinblick auf ihr Selbstverständnis als Autorin von großer Bedeutung. So distanzierte sie sich mit den Gedichten des ersten Teils von der im Familienkreis gepflegten Gelegenheitsdichtung, während dem vorläufigen Abschluss des Großprojektes eine Phase hoher Produktivität folgte, gipfelnd in der Publikation der Gedichtausgabe von 1844. Dieses spannungsvoll-produktive Verhältnis von Literatur und Religion organisiert den Zyklus: Er dokumentiert einerseits Drostes lebenslange, intensive Auseinandersetzung mit dem (eigenen) Glauben, andererseits avancierte der Text darüber zum unabschließbaren literarischen Lebenswerk und ›machte‹ die Schreibende damit zur Autorin. Diese Ambivalenz ist auch den Gedichten des *Geistlichen Jahres* selbst eingeschrieben, die religiöse und poetologische Reflexion konsequent überblenden.

1. Entstehung

Kein anderes Schreibprojekt beschäftige Droste so lange wie der Gedichtzyklus. Erste geistliche Lieder verfasste sie bereits in den Jahren 1818 und 1819 (u. a. ⟨*Das Morgenroth schwimmt still entlang*⟩, *Morgenlied, Abendlied, Glaube, Hoffnung, Liebe*; vgl. HKA IV, 171–187). Aus dieser Zeit stammt der Plan, eine Sammlung religiöser Gedichte als Geschenk für die von tiefer Frömmigkeit geprägte Stiefgroßmutter Maria Anna von Haxthausen anzulegen – über mehrere Umwege erwuchs daraus in der Folge das Projekt des *Geistlichen Jahres*, dessen erster Teil, die Gedichte vom *Neujahrstag* bis zum *Ostermontag* umfassend, bis zum Herbst 1820 geschrieben wurden. Der zweite Teil des Zyklus mit den Gedichten von *Ersten Sonntage nach Ostern* bis zum *Letzten Tage des Jahres (Sylvester)* entstand gut zwei Jahrzehnte später von 1839 bis 1840.

Anfang 1820 begann Droste damit, Gedichte auf alle Festtage des Kirchenjahres zu schreiben. Die Begegnung mit dem als Dichtertalent angesehenen Heinrich Straube (1794–1847) im Frühjahr 1820 in Bökendorf und die sich daraus entwickelnde (vertraute-intime) Freundschaft (→ I.1.1.) hatten entscheidenden Einfluss auf Struktur, Inhalt und Ausrichtung des ersten Teils des *Geistlichen Jahres*. Straube wurde zum Ansprechpartner in literarischen Fragen und zum impliziten Adressaten des Zyklus, formale Modifikationen des Projektes waren die Folge. Neben den Festtagen wurden von nun an auch die Sonntage des Kirchenjahres mit einem Gedicht bedacht, der Zyklus also deutlich größer angelegt. Intensiviert wurde außerdem der Bezug auf die Heilige Schrift: Während die bis dahin geschriebenen Festtagsgedichte sich thematisch am jeweiligen Festtag orientiert hatten (*Am Feste der h. drey Könige, Am Feste vom süßen Namen Jesus, Am Feste Mariä Lichtmeß* usw.), nahmen die nun der Sammlung hinzugefügten Gedichte auf die Sonntage des Kirchenjahres explizit die jeweilige Tagesperikope zur Grundlage der literarischen Reflexion, die den Texten zudem als Motto vorangestellt wurde. Für die Genese des *Geistlichen Jahres* mindestens ebenso wichtig wie der Beginn der Freundschaft mit Straube war deren abrupter Abbruch im selben Jahr. Die sich anbahnende Liebesbeziehung zwischen den beiden endete durch eine aus dem Familienkreis herbeigeführte Intrige (→ I.1.1.). Das als »Jugendkatastrophe« (Heselhaus 1971, 51) bezeichnete Ereignis hatte entscheidenden Einfluss auf das *Geistliche Jahr*; die »existentielle Erschütterung« (HKA IV, 261) ist den Gedichten eingeschrieben und zeigt sich etwa in der vermehrten Verhandlung der Schuldhaftigkeit der Sprechinstanz. Die Etikettierung des *Geistlichen Jahres* als ›Schuldbuch‹ und Selbsttherapie – ein bis in jüngste Forschungsbeiträge immer wieder vorgenommene Zuschreibung (vgl. Rösler 1997) – basiert auf den Bökendorfer Geschehnissen. So nachvollziehbar diese biographische Kontextualisierung auch scheint, der Konnex von Literatur und Leben ist komplizierter: Zum einen variiert Drostes Text mit der Inbezugsetzung von Liebesleid und Literaturproduktion bzw. der ›Geburt der Dichtung aus dem Trauma‹ ein Narrativ zum Ursprung künstlerischer Kreativität, dessen Traditionslinien sich von Dante und Petrarca über Goethe und Hölderlin bis zu Drostes Zeitgenossen Mörike nachzeichnen lassen (vgl. Wortmann 2014a, 31–45). Zum anderen ist mit dem Konnex von Liebe, Eros und geistlicher Literatur ein Topos aufgerufen, der nicht nur für Drostes *Geistliches Jahr*, sondern für die gesamte zeitgenössische religiöse Lyrik von Eichendorff bis Lenau zentral ist: »[S]ofern der Eros die subjektive Leidenschaft und das persönliche Triebbedürfnis entzügelt, gilt er als asozial, als Verhinderer der sozialen, im Auftrag Gottes tätigen Liebe, folglich als widergöttlich, sündhaft – und vom Sündenbewußtsein hallt die religiöse Lyrik der Zeit wider, sobald sie den sinnlichen Eros zum Thema hat.« (Sautermeister 1998b, 510) Festzuhalten ist: Eine auf den biographischen Kontext fokussierte Lesart wird der Komplexität des *Geistlichen Jahres* nicht gerecht.

Mit dem Freundschaftsbruch ging zwangsläufig auch ein Wechsel der Adressierung des Zyklus einher: Nicht der Stiefgroßmutter oder Straube, sondern der eigenen Mutter machte Droste im Oktober 1820 eine Reinschrift der ersten fünfundzwanzig Gedichte (Neujahr bis Ostermontag) zum Geschenk. Versehen war dieser Band mit einer Vorrede, in der die Verfasserin erklärt, sich vom »Gedanken, für die Grosmutter zu schreiben[,] völlig frey gemacht« und die Gedichte »für k e i n e n Einzelnen« (HKA IV, 194 f.) geschrieben zu haben. Das Etikett der Gelegenheitsdichtung wird damit durchgestrichen, die Texte richten sich an ein Publikum, entsprechend wird die Reinschrift der Gedichte – auch in ihrem materialen Status als fast dreihundert Seiten umfassendes Buch – zum Gründungsdokument von Drostes schriftstellerischer Existenz. Gekennzeichnet ist dieses Dokument als eine veritable Psychographie. Die Gedichte trügen »die Spuren eines vielfach gepreßten und geteilten Gemüthes«, als Schreibende habe sie, so erklärte Droste der Mutter, »keinen Gedanken geschont, auch den geheimsten nicht« (HKA IV, 194 f.). Die Reaktion der Beschenkten auf diese Widmung beschrieb Droste in einem Brief an Anna von Haxthausen: »Mama las dieselbe sehr aufmerksam und bewegt durch, legte dann das Buch in ihren Schrank, ohne es weiter anzurühren, wo ich es acht Tage liegen ließ, und dann wieder fortnahm – sie hat auch nie wieder danach gefragt, und so ist es wieder mein geheimes Eigenthum« (HKA VIII, 53). Das aus dieser Schilderung fälschlicherweise abgeleitete Bild der Mutter, die dem literarischen Engagement ihrer Tochter skeptisch, ja sogar kritischeinschränkend gegenüberstand, ist in der Droste-Forschung zu lange gepflegt worden. Überzeugender ist es, das im Widmungsbrief entwickelte Szenario als ein todernstes, aber produktives Rollenspiel zu lesen. Die Selbstanklage bzw. die Selbstdarstellung als sündige Tochter fungiert dann als »Spielanordnung, als Produktionsmaschinerie, als Motor des Schreibens« (Liebrand 2010, 97). In diesem Sinne lässt sich der Widmungsbrief als programmatischer Text verstehen, prägt diese Konstellation doch den gesamten Zyklus: Die Gedichte des *Geistlichen Jahres* kreisen geradezu versessen um die Schuldhaftigkeit der Sprechinstanz, um diese perpetuierte Selbstanklage literarisch wieder und wieder fruchtbar zu machen. Und im selben Schritt ist damit schon im Vorwort jenes Oszillieren zwischen Rollenrede und individuellem Sprechakt in Szene gesetzt, die auch die Sprechsituation in zahlreichen Gedichten des *Geistlichen Jahres* auszeichnet.

Nach dem Abschluss des ersten Teils ruhte die Arbeit an den Texten fast zwanzig Jahre. Erst durch den Kontakt mit Christoph Bernhard Schlüter (1801–1884; → I.1.2.2.) ab 1834 rückten die Gedichte wieder auf die Agenda. Schlüter, dem die Autorin aus dem ersten Teil des Perikopenzyklus vorgelesen und schließlich die ehemalige Reinschrift sogar geschenkt hatte (HKA IV, 299), sah Drostes Talent in der geistlichen Lyrik verortet und arbeitete deshalb auf ein stärkeres Engagement der Autorin in diesem Genre hin. Im Rahmen der Zusammenstellung der Texte für die erste Gedichtausgabe bat er sie darum, Texte aus dem *Geistlichen Jahr* zur Veröffentlichung auszuwählen. Im Anhang des 1838 in münsterschen Aschendorff-Verlag erscheinenden Bandes wurden dann insgesamt acht Gedichte des ersten Teils publiziert.

Obwohl von einer Fortführung des *Geistlichen Jahres* in Briefen bereits zuvor gelegentlich die Rede war, ließ erst die Beschäftigung im Kontext der 1838er Gedichtausgabe diese Pläne konkret werden. Im Sommer 1839 nahm Droste die Arbeit am Zyklus mit dem Ziel wieder auf, die Gedichtsammlung bis zum Ende des Jahres zu vollenden. Im Januar 1840 verkündete sie brieflich den Abschluss des *Geistlichen Jahres* (HKA IX, 93). Dass es sich dabei aber nur um ein vorläufiges Ende der Schreibarbeit handelte, zeigte sich schon wenige Wochen später. Bereits im Februar 1840 ist von ersten Überarbeitungen die Rede, in der Folge unterzog Droste-Hülshoff die Texte einer Revision und versah sie mit zahlreichen Varianten, setzte den Schreibprozess also erneut in Gang – und beendete ihn nicht mehr. Bis zu ihrem Tod fertigte die Autorin, obwohl sie dies in ihrer Korrespondenz immer wieder ankündigte, keine Reinschrift des *Geistlichen Jahres* an. Trotzdem lässt sich der Perikopenzyklus als eine Art Durchbruchstext für die Autorin verstehen. Hatte sie sich mit den Gedichten des ersten Teils gegenüber ihrer Familie als Autorin positioniert, so folgte dem vorläufigen Abschluss des Gesamtprojektes eine Zeit hoher Kreativität: 1841 beendete sie die – ebenfalls langwierige – Arbeit an der *Judenbuche,* im Winter 1841/42, den Droste mit Levin Schücking (1814–1883; → I.1.2.3.) auf der Meersburg verbrachte, produzierte sie einen Großteil jener lyrischen Texte, aus denen die von ihr selbst konzipierte und sorgsam zusammengestellte Gedichtausgabe von 1844 besteht (→ II.5.1.). Zwar fanden die Texte des *Geistlichen Jahres* darin keinen Eingang, allerdings änderte dies nichts daran, dass dieser »einzige Großtext, den die Autorin [...] selbständig zu einem Ende brachte« (Nutt-Kofoth 2002, 205 f.) *auch* als ein Effekt des (zumindest vorläufig) abgeschlossenen Perikopenzyklus gesehen werden kann.

2. Editionsfragen: Textstatus und Schreibprozess

Schlüter war 1846 von Droste ermächtigt worden, die Herausgabe des *Geistlichen Jahres* nach ihrem Tod zu befördern (HKA IV, 283). Durch die fehlende Reinschrift gestaltete sich die gleich nach dem Tod der Autorin von Schlüter, Wilhelm Junkmann (1811–1886) und Drostes Schwester Jenny von Laßberg (1795–1859) angegangene Publikation des *Geistlichen Jahres* allerdings schwierig. Während für die Gedichte aus der ersten Arbeitsphase auf den für die Mutter angelegten Band zurückgegriffen werden konnte, war der Textstatus des zweiten Teils ungleich schwieriger. Die auf sechs Blättern in kleinster Schrift verzeichneten Texte – veritable Mikrographien – wurden mehrfach überarbeitet, einzelne Verse und ganze Strophen umgestellt, gestrichen oder ergänzt. Die kryptographisch anmutenden Blätter dokumentieren damit den für Droste typischen Schreibprozess. Während eine erste, im Kopf konzipierte Fassung der Gedichte in einem Zug niedergeschrieben wurde, begann anschließend die Arbeit auf dem Papier. Die in dieser Grundschicht schon sehr ausgereiften, ja fertig erscheinenden Texte wurden wieder und wieder redigiert, einzelne Wörter und Verse ersetzt, ganze Strophen hinzugefügt. Die zum Großteil von oben bis unten beschriebenen Seiten des Manuskripts vermitteln den Eindruck, als sei nicht geschrieben worden, um die Gedichte zu verbessern, sondern »*weil* noch Raum zur Verfügung [stand], der gefüllt werden muss[te]« (Wortmann 2014a, 163). Die Grenzen des Schreibraumes bestimmten dann umgekehrt das Ende des Schreibprozesses zumindest im Hinblick auf die Hinzufügung einzelner Verse und auch ganzer Strophen. Alternativen zu einzelnen Wörtern fanden hingegen auch zwischen den Zeilen noch Platz.

Aus editorischer Perspektive sind die zahlreichen Alternativvarianten, die einige der Gedichte aufweisen, besonders problematisch. Gemeint sind damit Ergänzungen, Verbesserungen und Korrekturen, bei denen Droste die ursprüngliche Fassung nicht getilgt hatte. Mit ihnen setzten sich Schlüter, Junkmann und Jenny von Laßberg auseinander und erstellten aus dem Material die Druckfassung des 1851 bei Cotta erschienenen Bandes. Aus dem unvollendeten Text machte das Herausgeberteam durch Tilgung der Varianten ein abgeschlossenes Werk. Vor allem Schlüter hatte auf diese Publikation des *Geistlichen Jahres* gedrängt, um Droste auf dem literarischen Markt als christliche Autorin zu positionieren – und das mit Erfolg: Die Erstauflage von 1200 Exemplaren verkaufte sich innerhalb von sechs Jahren; neben der erst sehr viel später wieder publizierten *Judenbuche* avancierte das *Geistliche Jahr* im 19. Jahrhundert zu Drostes prominentestem Text. Dass sie schließlich als Galionsfigur des literarischen Katholizismus den Weg in den Kanon fand – und bis heute gemeinhin mit dem Label der katholischen Autorin versehen wird –, ist nicht zuletzt auf diese Prominenz des als Frömmigkeitsübung und Bekenntnisdichtung verstandenen Gedichtzyklus zurückzuführen (vgl. Jordan 1980; Heydebrand/Winko 1996, 224–250).

Der Textstatus des zweiten Teils des *Geistlichen Jahres* stellte die Herausgeber der ersten Ausgabe vor große Herausforderungen und beschäftigte weiterhin ganze Generationen von Editionsphilologen: Der Text gilt als das ›Kreuz der Droste-Forschung‹ (vgl. Schröder 1947, 111). Die schrittweise Entzifferung und editorische Aufarbeitung der Manuskripte zog sich über Jahrzehnte hin und fand erst mit Erscheinen des von Winfried Woesler erarbeiteten Text- und Kommentarbands im Rahmen der *Historisch-kritischen Ausgabe* ihr (vorläufiges) Ende. Woeslers editionsphilologischer Ausgangspunkt ist die Betonung der Unabgeschlossenheit des Zyklus, die eine endgültige Fassung des *Geistlichen Jahres* unmöglich mache (vgl. HKA IV, 310f.). An genau diesem Punkt haben in den letzten Jahren zahlreiche Arbeiten angesetzt, die den Zustand des Manuskriptes nicht als Problem verstanden haben, sondern als Zeugnis eines spezifischen Schreibprozesses, der nicht mehr auf einen abgeschlossenen Text hin ausgerichtet sei (vgl. Nutt-Kofoth 2002; Wortmann 2014a). Dass die Schreibarbeit zu keinem Ende gefunden hat, wird nicht als Ausdruck einer mangelnden Fähigkeit der Autorin gesehen, Projekte zu einem Ende zu bringen, sondern als ein strategisches Festhalten des Textes im Arbeitszustand. In diesem Sinne wird das *Geistliche Jahr* tatsächlich als ein ›Lebenswerk‹ kenntlich: »[Drostes] literarisches Leben war das Schreiben, das fortwährende, und so im ganzen nicht aus der Hand zu geben, denn lebendig konnte es nur im Prozeß des Schreibens bleiben, nicht aber im fertigen Geschriebenen« (Nutt-Kofoth 2002, 217). Eine Edition, die diesem Befund Rechnung trägt und das Manuskript in seiner Unabgeschlossenheit bzw. die Prozessualität des Textes dokumentiert, ist bis heute Desiderat (vgl. Liebrand/Wortmann 2015).

3. Struktur und Aufbau

Mit der im Sommer 1820 getroffenen Entscheidung, neben den Festtagen auch die Sonntage des Kirchenjahres als Referenzdaten der Gedichte zu nehmen, griff Droste die Traditionslinie der Perikopenlyrik auf. Seine Hochzeit hatte das Genre in der Frühen Neuzeit; Andreas Gryphius' *Sonn- und Feiertagssonette* zählen zu den bekanntesten Beispielen. Die Prominenz von Perikopenzyklen nahm im Folgenden stark ab, als Frömmigkeitsübungen und Andachtsbücher wurden entsprechende Texte aber weiterhin verfasst und gelesen. Außerdem fanden einzelne Gedichte als Kirchenlieder ihren Weg in das kulturelle Gedächtnis. Im 19. Jahrhundert kam es zu einer kleinen Renaissance der Gattung, allerdings konfessionell unter umgekehrten Vorzeichen. Stammten die großen Perikopenzyklen der Frühen Neuzeit hauptsächlich aus den Federn protestantischer Autoren, entdeckten katholische Autoren das Genre als einen Gegenentwurf zur liberalen Literatur des Vormärz wieder. Neben Droste sind als weitere Verfasser von Perikopenzyklen Clemens Brentano (1778–1842) und Ida Hahn-Hahn (1805–1880) zu nennen (vgl. Berning 1975, 7–41).

2. Geistliches Jahr in Liedern auf alle Sonn- und Festtage

Formal streng organisiert ist die Makrostruktur des *Geistlichen Jahres* – den Genrevorgaben der Perikopenlyrik entsprechend – durch die strukturelle Ausrichtung am Kirchenjahr. Die Sonn- und Festtage des christlichen Jahreskreises geben die Anzahl der Gedichte vor. Anfang- und Schlusspunkt der Gedichtsammlung sind damit klar fixiert. Dass Droste die Arbeit am Zyklus nach fast zwanzigjähriger Pause wieder aufnahm, mag auch dem Umstand geschuldet sein, dass die immer wieder mit dem Abschluss größerer Projekte hadernde Autorin hier ein festes Programm zu schreibender Texte vorfand, das wenige Möglichkeiten zur Ausuferung bot und Schritt für Schritt parallel zum Jahreskreis abgearbeitet werden konnte. Gleichzeitig bezog Droste aus der stabilen Perikopenstruktur die Lizenz zur Ausgestaltung eines ausdifferenzierten Formenpanoramas. Mit einer einzigen Ausnahme – der Strophenbau des *Vierten Sonntages in der Fasten* stimmt mit demjenigen des Gedichts zum *Grünendonnerstag* überein – gleicht kein Gedicht dem anderen. Das konsequente Beibehalten dieser Variation ist umso erstaunlicher, als zwischen der Fertigstellung des ersten und dem vorläufigen Abschluss des zweiten Teils fast zwanzig Jahre liegen.

Über diese strenge Wahrung formaler Vorgaben lässt sich das Projekt des *Geistlichen Jahres* auf den zeitgenössischen Diskurs um den ambivalenten Status der Lyrik im 19. Jahrhundert beziehen. Einerseits avanciert die Gattung zu *dem* massenhaft verbreiteten Kommunikationsmedium schlechthin: »Auf allen Ebenen der Gesellschaft (von der Panegyrik bis hin zur ›Arbeiterlyrik‹) und in allen Segmenten des alltäglichen Lebens (von der Familie über die Vereinslandschaft bis zur Staatspolitik) diente sie als Ferment einer im Umbruch befindlichen Kultur, die bis in ihre grundlegenden Ordnungsmuster irritiert ist« (Martus/Scherer/Stockinger 2005, 15 f.). Andererseits wird sie in der literarästhetischen Debatte der Zeit (Gervinus, Gutzkow, Scherer) als eine im Niedergang begriffene literarische Form verstanden, die – gerade im Vergleich mit der Prosa – nach dem Ende der ›Kunstperiode‹ als epigonal charakterisiert wird. Es sind vor allem zwei formale Tendenzen in der Lyrik des 19. Jahrhunderts, die als Reaktion auf diesen Vorwurf der Epigonalität zu verstehen sind: die Prosaisierung auf der einen und die strikte Formalisierung auf der anderen Seite; also Lockerung der Form einerseits, Erstarrung der Form andererseits (Scherer 2014, 175 f.). Während in Bezug auf Drostes späte, nach Abschluss des *Geistlichen Jahres* verfasste Lyrik, etwa für *Im Grase*, die Tendenz zur Prosaisierung hervorgehoben worden ist (vgl. Scherer 2014, 175 f.), gilt im Falle des Perikopenzyklus das Gegenteil: Reim, Metrum und rhetorische Mittel werden hier fast im enzyklopädischen Sinne entfaltet, der Primat des ›metrischen Käfigs‹ (Bianchi 1992) bleibt – in mannigfaltiger Variation – über alle 72 Gedichte streng gewahrt (vgl. zur ›Episierung‹ der Lyrik durch die Zusammenstellung der Gedichte in Form eines Zyklus Detering 2009; Liebrand 2010, 105; → VI.3.). Zugleich präsentiert sich der Zyklus als ein Kompendium historischer und zeitgenössischer lyrischer Genres. Dieser Bezug ist nicht auf den religiösen Bereich (Gebet, Litanei, Kirchenlied) beschränkt, inhaltlich und formal greifen die Texte ebenso auf Konventionen der Gedankenlyrik, der Erlebnislyrik Goethe'scher Prägung oder der romantischen Naturlyrik zurück und steigern sich gar, etwa durch den Einbezug naturwissenschaftlicher Erkenntnisse und der Hinwendung zur konkreten Detailbeobachtung, bis hin zu einer ›protorealistischen Lyrik‹ (vgl. Scherer 2014, 174–176).

Wenn Lyrik im 19. Jahrhundert die Funktion übernimmt, »spezifische Orientierungsleistungen für die Reorganisation der Gesellschaftsstruktur« zu liefern (Martus/Scherer/Stockinger 2005, 17), lässt sich die Orientierung des Zyklus am Kirchenjahr wiederum als eine programmatische Entscheidung verstehen. Dem sozialen Phänomen der Beschleunigung (vgl. Rosa 2005; Erhart 2008) setzt das *Geistliche Jahr* die Hinwendung zum Glauben und – mit dem Kirchenjahr – die Restitution einer transzendenten Zeitkategorie bzw. den Glauben als Bezugs- und Ordnungssystem gegenüber. Entsprechend interpretierte die Forschung den Text als einen »Appell […] gegen alles aufgeklärte Denken und für eine ›Restauration‹ des unverfälschten christlichen Glaubens und der gottgewollten politisch-gesellschaftlichen Ordnungsstrukturen« (Schneider 1995, 75). Mag dies auch die Zielsetzung des Projekts gewesen sein, der Text selbst erfüllt diese Anforderungen in seiner materialen Überlieferung gleich in zweifacher Hinsicht nicht: Erstens verfehlt das *Geistliche Jahr* die konsequente Orientierung am Kirchenjahr, denn mit dem Gedicht zu Neujahr, das den Zyklus eröffnet, und demjenigen zu Silvester, das ihn beschließt, ist es gerade das bürgerliche Jahr, das die Eckpunkte des *Geistlichen Jahres* bestimmt. Zweitens wird der Text nach dem vorläufigen Abschluss durch die zahlreichen Überarbeitungen wieder in einen Projektstatus übergeführt. Die Ordnung, die die am Kirchenjahr orientierte Schreibarbeit liefern soll, kollabiert auf dem Papier. Das Projekt des *Geistlichen Jahres* reflektiert damit den Verlust der gesamtgesellschaftlichen Relevanz christlicher Ordnungsstrukturen: »Die Weltflucht durch die Hinwendung zur Religion – wie es als typisch für die Autoren des Biedermeiers beschrieben wird – markiert gerade Drostes vorgeblich konservativster Text nicht als Option, sondern als ein zum Scheitern verurteiltes Unternehmen« (Wortmann 2016, 169).

Wie die Sonn- und Festtage des Kirchenjahres die Struktur des *Geistlichen Jahres* vorgeben, so bestimmen die den Tagen jeweils zugewiesenen Evangelienstellen die thematische Ausrichtung der Gedichte. Drostes Texte schließen an die Heilige Schrift an, präsentieren sich aber als Lektüre derselben, denn in den meisten Fällen ist es ein einzelner Aspekt des biblischen Textes, der zur Grundlage der folgenden Ausgestaltung wird. Vor allem im zweiten Teil des Zyklus wird diese Konzentration noch unterstrichen, indem den Gedichten nicht nur die Evangelienangabe als Untertitel voransteht, sondern auch ein Ausschnitt aus der Perikope zitiert wird, um als eine Art Motto für das folgende Gedicht zu dienen. Damit wird »der objektive Evangelienzusammenhang […] in einzelne subjektive Aspekte aufgelöst, die sich nicht mehr um eine objektive Deutung des Evangeliums bemühen, sondern […] allein zu einer Deutung des lyrischen Ich führen« (Berning 1975, 49). Der Anschluss an die Perikope kann dabei unterschiedlich ausfallen. Möglich ist eine direkte Fortführung des Bibeltextes in der Übernahme dort gegebener Motive und Bilder bis hin zur wörtlichen

Adaption. Meistens aber hadert die Sprechinstanz mit dem im biblischen Prätext Entwickelten – und dieses Hadern kann bis zu einem offenen Widerspruch gesteigert werden. Diese Übernahme des biblischen Textes lässt sich als ein tropologischer Zugriff beschreiben, die Gedichte werden zum Medium einer Exegese der Perikope, die auf die subjektive Position der Sprechinstanz bezogen und ausgerichtet ist.

Möglich ist aber auch eine andere Lesart, beschreibt man die Übernahme des Evangelientextes als ›Privatisierung‹ im ökonomischen Sinne: Aus einem »religiösen Gemeingut« wird in Drostes Text eine »individualpoetische[ ] Schöpfung« transsubstantiiert (Honold 2013, 157) – der biblische Prätext wird dann zum ›pretext‹, zum Vorwand, der lediglich die Funktion hat, die literarische Produktion anzustoßen (Liebrand 2010, 118). Die Hierarchie der Texte wäre damit umgekehrt: Nicht das Gedicht dient dem Evangelium (in Form der Exegese bzw. der Frömmigkeitsübung), sondern die Perikope dem Gedicht (indem es einen Anlass zur Schreibarbeit liefert, mithin als ›Textbaustein‹ fungiert). Dieses Prinzip setzen die Texte des *Geistlichen Jahres* schriftbildlich in Szene, sie machen es im Leseakt erfahrbar, indem das Evangelium den mehrere Strophen umfassenden Gedichten zum Motto verkürzt vorangestellt wird: »[D]ie Bewegung, die der Leser, die Leserin bei der Lektüre des Zyklus vollziehen, [ist] die von der Heiligen Schrift zum Gedicht« (Liebrand 2010, 117). Und diese Bewegung lässt sich bis in die ambivalente Bildsprache der Texte nachverfolgen, wenn beispielsweise das vielfach variierte Motiv des Blutes nicht mehr nur, gängigen christlichen Auslegungstraditionen folgend, für den Bund zwischen Gott und den Menschen oder das alle Sünden tilgende, ewiges Leben spendende Blut Christi steht, sondern als gleichsam poetologische Metapher mit der Tinte gleichgesetzt wird, die ein ›Überleben‹ der Schreibenden in der Schrift in Aussicht stellt, wie Horaz es geradezu topisch in seinen *Carmina* entworfen hat (vgl. *Am zehnten Sonntage nach Pfingsten*, HKA IV, 103 f.; vgl. dazu Wortmann 2014a, 130–136).

Im Spannungsfeld von Literatur und Religion kommt der Gedichtsammlung damit ein ambivalenter Status zu: Auch als religiöser Text tritt das *Geistliche Jahr* nicht mehr hinter das Autonomiepostulat goethezeitlicher Dichtung zurück. Insofern ist mit der Feier des die Zeiten überdauernden Dichterwortes, wie sie beispielsweise in den Gedichten *Am fünften Sonntage in der Fasten* (HKA IV, 36 f.) oder *Am zweyten Sonntage nach Pfingsten* (HKA IV, 85 f.) zelebriert wird, ein zentraler Aspekt des poetologischen Programms des *Geistlichen Jahres* umrissen.

4. Positionen der Forschung

Die Orthodoxie des *Geistlichen Jahres* hat die frühe germanistische Auseinandersetzung beschäftigt (vgl. Bankwitz 1899; Weidemann 1911; Werle 1921; Eilers 1953), und sie prägt den Zugriff auf den Text bis heute. Zu einem Konsens ist die Forschung dabei nicht gelangt, zu beobachten ist vielmehr eine gegensätzliche Einschätzung, die entlang disziplinärer Grenzen verläuft:

Während literaturwissenschaftliche Beiträge die Modernität des *Geistlichen Jahres* immer wieder in der Infragestellung des Glaubens begründet sehen (vgl. Stockinger 2008; Woesler 2008; Gössmann 2008; Liebrand 2010), bis hin zu der Einschätzung, dass »die weithin rezeptionsbestimmende Annahme, es handle sich beim *Geistlichen Jahr* überhaupt um katholische Bekenntnisdichtung, sich womöglich eher dem Wissen um die Entstehungsumstände des Textes und Schreibabsichten der Autorin verdankt als seiner Lektüre« (Detering 2009, 62), kommen theologische Interpretationen zu gänzlich anderen Einschätzungen. Selbst in ihren »kühnsten Aussagen« bleibe Droste, so Marius Reiser, »mit unfehlbarem Gespür [...] im Rahmen [...] des verbindlichen kirchlichen Glaubens, dessen Kern das Credo bildet«. Und weiter: »Von dogmatischer Seite jedenfalls stünde einer Heiligsprechung der Droste nichts entgegen. Da fehlen höchstens die Wunder.« (Reiser 2007, 273) Mit dem Verhältnis von Literatur und Religion setzen sich auch jene Arbeiten auseinander, die das *Geistliche Jahr* in frömmigkeitsgeschichtliche und sozialhistorische Kontexte einordnen (vgl. Sengle 1971; Schneider 1995; Jaeschke 2002). Den Konnex von Literatur und Leben hingegen setzen Beiträge zentral, die das *Geistliche Jahr* – etwa in Bezug auf die ›Jugendkatastrophe‹ – als einen autobiographischen Text verstehen (vgl. Heselhaus 1971; Beuys 1999); in diesen Zusammenhang sind auch die psychoanalytisch-feministischen Arbeiten einzuordnen, die zum *Geistlichen Jahr* vorgelegt wurden (vgl. Heinz 1986/89; Heinz/Heinz 1993).

Neben sozialen, kulturellen und biographischen Kontexten ist die ästhetische Faktur des Perikopenzyklus in den Fokus gerückt. Zu nennen sind Studien zur Verortung des *Geistlichen Jahres* in der Traditionslinie der Perikopenlyrik (vgl. Berning 1975; Schumacher 1998), vor allem aber anzuführen sind die von Günter Häntzschel und Stephan Berning stammenden Standardwerke zur Bildsprache des *Geistlichen Jahres* (vgl. Häntzschel 1968; Berning 1975). An diese Arbeiten anschließend hat sich die Forschung in den letzten Jahren erneut mit Drostes idiosynkratischem Gebrauch von Metaphern und Allegorien beschäftigt und dafür plädiert, die Heterogenität der Bildkombinationen als selbstreflexive Verhandlung künstlicher und gewaltsamer Sinnkonstruktionen zu verstehen (vgl. Detering 2009; Liebrand 2010). Der besondere Textstatus des *Geistlichen Jahres* hingegen ist Gegenstand einer Vielzahl editionsphilologischer Beiträge, vor allem Winfried Woesler hat hier Grundlagenarbeit geleistet (vgl. Woesler 1967), zu der nicht zuletzt die Edition und skrupulöse Kommentierung des Zyklus im Rahmen der *Historisch-kritischen Ausgabe* zählen. Ebenfalls auf die Manuskripte fokussiert sind Forschungsbeiträge, die die spezifische Medialität des Textes bzw. die Schriftbildlichkeit der handschriftlichen Aufzeichnungen analysieren und den spezifischen Arbeits- und Aufzeichnungsprozess Droste-Hülshoffs in den Blick nehmen (vgl. Nutt-Kofoth 2002; Nutt-Kofoth 2009; Nutt-Kofoth 2011). Das *Geistliche Jahr* ist in diesem Zusammenhang als unendliches Schreibprojekt verstanden worden, das sich vom Werkideal verabschiede und Literatur als Prozess verstehe (vgl. Wortmann 2014a).

2. Geistliches Jahr in Liedern auf alle Sonn- und Festtage

Literatur

Berning, Stephan: Sinnbildsprache. Zur Bildstruktur des *Geistlichen Jahrs* der Annette von Droste-Hülshoff. Tübingen 1975.

Detering, Heinrich: Versteinter Äther, Aschenmeer. Metaphysische Landschaften in der Lyrik der Annette von Droste-Hülshoff. In: Jochen Grywatsch (Hg.): Raum. Ort. Topographien der Annette von Droste-Hülshoff. Hannover 2009 (= Droste-Jahrbuch 7), S. 41–67.

Heselhaus, Clemens: Annette von Droste-Hülshoff. Werk und Leben. Düsseldorf 1971.

Heydebrand, Renate von/Winko, Simone: Einführung in die Wertung von Literatur: Systematik – Geschichte – Legitimation. Paderborn u. a. 1996.

Honold, Alexander: Die Zeit schreiben. Jahreszeiten, Uhren und Kalender als Taktgeber der Literatur. Basel 2013.

Liebrand, Claudia: Todernstes Rollenspiel. Zur Poetik von Annette von Droste-Hülshoffs *Geistlichem Jahr*. In: Claudia Liebrand/Irmtraud Hnilica/Thomas Wortmann (Hg.): Redigierte Tradition. Literaturhistorische Positionierungen Annette von Droste-Hülshoffs. Paderborn u. a. 2010, S. 93–120.

Liebrand, Claudia/Wortmann, Thomas: Drostes Kryptographien: Editionsprobleme des *Geistlichen Jahres*. In: Gaby Pailer u. a. (Hg.): Scholarly Editing and German Literature. Revision, Revaluation, Edition. Boston 2015, S. 145–166.

Martus, Steffen/Scherer, Stefan/Stockinger, Claudia: Einleitung. Lyrik im 19. Jahrhundert – Perspektiven der Forschung. In: Steffen Martus/Stefan Scherer/Claudia Stockinger (Hg.): Lyrik im 19. Jahrhundert. Gattungspoetik als Reflexionsmedium der Kultur. Bern u. a. 2005, S. 9–30.

Nutt-Kofoth, Rüdiger: »ich fand des Dichtens und Corrigierens gar kein Ende«. Über Annette von Droste-Hülshoffs dichterisches Schreiben – mit einem besonderen Blick auf das *Geistliche Jahr*. In: Ortrun Niethammer (Hg.): Transformationen. Texte und Kontexte zum Abschluss der Historisch-kritischen Droste-Ausgabe. Bielefeld 2002, S. 199–218.

Reiser, Marius: Die Himmelfahrt der morschen Trümmer. Schuld und Heilung im *Geistlichen Jahr* der Droste. In: Literaturwissenschaftliches Jahrbuch 48 (2007), S. 269–285.

Sautermeister, Gert: Religiöse und soziale Lyrik. In: Gert Sautermeister/Ulrich Schmid (Hg.): Hansers Sozialgeschichte der deutschen Literatur. Bd. 5: Zwischen Restauration und Revolution. 1815–1848. München, Wien 1998, S. 505–525. [Sautermeister 1998b]

Scherer, Stefan: »[…] für das Lied […] Jeder warmen Hand meinen Druck« [zu: *Im Grase*]. In: Claudia Liebrand/Thomas Wortmann (Hg.): Interpretationen. Gedichte von Annette von Droste-Hülshoff. Stuttgart 2014, S. 167–178.

Schneider, Ronald: Annette von Droste-Hülshoff. 2., vollst. neu bearb. Aufl. Stuttgart 1995.

Schröder, Cornelius: Zur Textgestaltung des *Geistlichen Jahres*. In: Jahrbuch der Droste Gesellschaft 1 (1947), S. 111–128.

Wortmann, Thomas: Literatur als Prozess. Drostes *Geistliches Jahr* als Schreibzyklus. Konstanz 2014. [Wortmann 2014a]

Wortmann, Thomas: Art. Biedermeier, Vormärz. In: Daniel Weidner (Hg.): Handbuch Literatur und Religion. Stuttgart, Weimar 2016, S. 164–169.

2.2. Am ersten Sonntage nach h. drey Könige
Thomas Wortmann

Das Gedicht zählt zum ersten Teil des *Geistlichen Jahres,* der die Texte von Neujahr bis Ostermontag umfasst. Droste-Hülshoff schrieb sie im Laufe des Jahres 1820. Entstanden sein muss das Gedicht auf den *Ersten Sonntag nach h. drey Könige* (HKA IV, 7f.) in einer späteren Phase dieser ersten Schreibarbeit, auf jeden Fall nach der Begegnung mit Heinrich Straube (1794–1847) im Frühjahr 1820 (→ I.1.1.), als Droste dazu übergangen war, nicht mehr nur auf die Festtage, sondern auch auf die Sonntage des Kirchenjahres Gedichte zu schreiben, um dabei die Texte thematisch eng an die Perikope zu knüpfen.

Für diese Orientierung am biblischen Prätext ist auch das vorliegende Gedicht ein Beispiel, ihm steht ein kurzer Verweis auf das Thema des Tagesevangeliums (Lk 2,42–52) voran: »Jesus lehrt im Tempel«. Dieses Motto ist in doppelter Hinsicht von Bedeutung: Der biblische Text bildet sowohl im Produktions- als auch im Rezeptionsprozess den Ausgangspunkt des Gedichtes. Dieser Bezug ist entscheidend, weil der Text in seinem Rekurs auf die Perikope – im Zuge eines »tropologischen Verfahren[s]« (Berning 1975, 49) – eine entscheidende Modifikation vornimmt: Während im Prätext Maria und Josef den in Jerusalem zurückgebliebenen Jesus verzweifelt suchen (um ihn im Tempel wiederzufinden), wendet Drostes Gedicht, das den im Evangelium von Maria gesprochenen Text fast wörtlich zitiert, diese Suche metaphorisch und übersetzt sie in die Frage nach einer persönlichen Erkenntnis Gottes. Das sprechende Ich, das Gott sucht und nicht findet (V. 1 f.), thematisiert in einer Aneignungs- und Aktualisierungsstrategie den Verlust von Glaubensgewissheit und ruft so eins der zentralen Themen des gesamten Zyklus auf.

Damit ist der religiöse Kontext des Textes umrissen. Artikuliert ist diese Botschaft aber im Medium des Gedichtes – und dessen formaler Eigensinn ist dem Text eingeschrieben. Im Verhältnis zum biblischen Prätext definiert sich das Gedicht nämlich von Anfang an durch seine Poetizität, und zwar durch die rhetorische Fundamentaloperation der Trope. Die Perikope wird umgeformt, aus- und überschrieben. Der biblische Text wird *literarisch* vereinnahmt. Und das geschieht vor allem über die lyrische Form: Das Gedicht besteht aus acht Strophen mit jeweils sechs jambischen Fünfhebern, die in den ersten vier Versen als Kreuz-, in den letzten beiden als Paarreim zusammengefügt sind. Das steigende Versmaß korrespondiert dabei mit den topographischen Ordnungen des Gedichtes. Der Gegensatz von Oben und Unten, von Höhe und Tiefe organisiert den Text: In der zweiten Strophe verortet das Ich sich im »Thal« (V. 12), von wo es auf den Berg Tabor, den Ort der Verklärung Christi, aufschauen muss; in der vierten Strophe bringt die Wahrnehmung der Natur, wörtlich: das »*Auf*horchen« (V. 20; Herv. T.W.) auf den Gesang der Vögel, dem Ich nicht mehr die Möglichkeit der Erkenntnis Gottes; in der siebten Strophe wird schließlich ein fast erzwungenes Fühlen Gottes als ein »[D]rücken« durch eine »schwere kalte Hand« (V. 38) beschrieben. Das lässt sich im religiösen Kontext als das Aufrufen einer Bußgeste verstehen; andererseits ist mit der Tiefe auch eine Sprechposition aufgerufen, die Droste später in mehreren anderen lyrischen Texten wie etwa *Im Moose* (→ II.5.4.6.), *Im Grase* (→ II.6.8.) oder *Das öde Haus* (→ II.5.4.5.) als eine Position spezifischer Kreativität in Szene gesetzt hat.

Semantisch bedeutsam ist die Koppelung der Reimworte, wie sich exemplarisch an der ersten Strophe zeigen lässt: Der erste und der dritte Vers rufen mit der Verbindung von »Herz[ ]« und »Schmerz[ ]« einen Konnex von Liebe und Leid auf, der in den religiösen Diskurs (zurück-)geführt und mit einem Todesszenario verbunden wird: Die Suche nach Gott wird als Tortur beschrieben, das Gedicht unterstreicht die Kategorisierung des *Geistlichen Jahres* als »Schmerzenswerk« (Detering 2009, 41). Gleichzeitig wird die Aussichtslosigkeit dieser Suche mit dem Tod assoziiert. Das Ebenbild Gottes im Herzen ist »erlosch[en]« (V. 4), damit aber ist auch das Herz »ausgestorb[en]« (V. 3). Diesem Zusammenhang folgt auch das zweite Reimpaar, das *in nuce* die Problemkonfiguration des gesamten Gedichtes umreißt. Denn mit »finden« (V. 2) und »Sünden« (V. 4) folgt ein unreiner Reim – und diese akustische Dissonanz ist programmatisch zu verstehen: Zum einen ist die Sündhaftigkeit der Sprechinstanz lautlich als Unreinheit markiert, zum anderen ist in dieser leichten akustischen Verwerfung nicht nur das Grundproblem des Gedichts, sondern des gesamten *Geistlichen Jahres* gefasst: Wer in *Sünden* lebt (und als sündhafte Subjekte bezeichnen sich die Sprechinstanzen im Zyklus stets), kann Gott nicht *finden*. Das mag im Hinblick auf den Glauben problematisch sein, gleichzeitig, und dafür ist das Gedicht ebenso ein Beispiel wie der gesamte Zyklus, bietet dieses religiös prekäre Szenario die Möglichkeit, Text über Text zu produzieren. Die Sündhaftigkeit des Ichs wird zu einem »Motor des Schreibens« (Liebrand 2010, 97).

Geradezu tragisch an dieser schmerzhaft empfundenen Sündhaftigkeit ist aber, dass das Ich in diesem Fall unschuldig schuldig wird. Denn das mit dem Glauben hadernde Ich kann schlicht nicht hinter den Erkenntnisstand seiner aufgeklärten Zeit zurücktreten. Insofern ist die dogmatische Wendung des ersten Reimpaares zu relativieren: Mit dem Glauben zu hadern, ist keine individuelle Sünde, sondern ein kollektives Schicksal in der Moderne. Die Gleichsetzung des »weltlich[en] Wissen[s]« mit der »eitle[n] Frucht« (V. 24) weckt Assoziationen an den Sündenfall und lässt die wissenschaftliche ›Entzauberung‹ der Welt als ›Erbsünde‹ erscheinen, der das Ich sowie seine Zeitgenossen unterworfen sind. Damit ist schon in diesem frühen Text eine Aussage über den Status geistlicher Lyrik im 19. Jahrhundert getroffen: Die Verse der vierten Strophe, die an die religiöse, naturfromme Lyrik früherer Jahrhunderte erinnern (V. 20, 22), können nur noch als Zitat aufgegriffen, nicht mehr selbst gesprochen werden (vgl. Häntzschel 1968, 72). Die letzten beiden Zeilen der ersten Strophe formulieren die Konsequenz dieses Szenarios, auch formal sind sie durch den Wechsel vom Kreuz- zum Paarreim als *conclusio* markiert: Das sprechende Ich ruft Gott noch einmal flehend an (»dich«, V. 5), es bleibt aber auf sich alleine zurückgeworfen (»mich«, V. 6).

Diese solipsistische Position wird rhetorisch doppelt betont: Einerseits durch die männliche Kadenz der letzten beiden Verse, durch welche die Reimwörter »dich« und »mich« geradezu aufeinanderprallen, anderseits durch die Alliteration von »mein« und »mich« als erstes und letztes Wort des Schlussverses. Dass diese Erkenntnis ausgerechnet im Motivfeld des Akustischen gefasst wird – das Ich ruft nach Gott, ist aber nur mit seinem eigenen »Echo« (V. 6) konfrontiert – lässt sich als selbstreflexive Schlussvolte verstehen, verweist es doch zum einen darauf, dass der Droste'sche Text im Verhältnis zur Perikope als ein verzerrtes Echo, als Echo *ex negativo* erscheint (Honold 2013, 157 f.). Andererseits ist damit der Status des Gedichts als Klanggebilde betont, das nicht mehr wie ein Gebet zu Gott dringt und eine Botschaft transportiert, sondern nur noch in sich selbst klingt, ja auf sich selbst bezogen bleibt. Vor diesem Hintergrund avanciert das Echo zum Leitmotiv des Gedichtes, das sich zugespitzt im (provokanten) Widerhall von »Gott« (V. 2) und »Spott« (V. 6) zeigt. Als lautliche Allusion findet sich die Verbindung dieser beiden Wörter bereits in der ersten Strophe, als Echo aufgerufen wird diese Koppelung noch einmal in der fünften, um nun sogar zu einem Reimpaar zusammengefügt zu werden: »Dann scheint mir alle Liebe wie ein Spott, / Und keine Gnade fühl' ich, keinen Gott!« (V. 29 f.)

Der letzte Vers greift – auch hier ließe sich an ein Echo denken – als Ausruf auf die fragende Eröffnung des Gedichtes zurück, versieht den Text also formal mit einer Rahmung. Allerdings schließt der Schlusssatz den Argumentationsgang nicht, sondern öffnet ihn erneut: Ist der erste Satz des Gedichts – der (epischen) Tempusvorgabe des Evangeliums folgend – im Perfekt gehalten und verortet damit den schmerzhaften Suchvorgang distanzierend in der Vergangenheit, so markiert der Wechsel des Schlusssatzes ins Präsens, mithin in die Gegenwärtigkeit der lyrischen Rede, die Suche als einen fortdauernden und unabgeschlossenen Prozess. Das Gedicht inszeniert auf diese Weise die Such- und Klagebewegung des gesamten Zyklus und entfaltet gleichzeitig einen performativen Widerspruch: Wenn das gesamte Gedicht darum kreist, dass Gott nicht erkannt werden kann, ja dass alles Rufen des Ichs als Echo zurückschallt, weil die Welt »im vollen Sinne des Wortes […] gottlos« ist (Detering 2009, 50), so scheint der den Text schließende Ausruf in religiöser Hinsicht paradox, in literarischer Hinsicht hingegen konsequent: Wer sollte ihn hören? Nicht Gott, aber die Leserinnen und Leser des Gedichts.

Literatur

Berning, Stephan: Sinnbildsprache. Zur Bildstruktur des *Geistlichen Jahrs* der Annette von Droste-Hülshoff. Tübingen 1975.
Detering, Heinrich: Versteinter Äther, Aschenmeer. Metaphysische Landschaften in der Lyrik der Annette von Droste-Hülshoff. In: Jochen Grywatsch (Hg.): Raum. Ort. Topographien der Annette von Droste-Hülshoff. Hannover 2009 (= Droste-Jahrbuch 7), S. 41–67.
Häntzschel, Günter: Tradition und Originalität. Allegorische Darstellung im Werk Annette von Droste-Hülshoffs. Stuttgart u. a. 1968.

Honold, Alexander: Die Zeit schreiben. Jahreszeiten, Uhren und Kalender als Taktgeber der Literatur. Basel 2013.
Liebrand, Claudia: Todernstes Rollenspiel. Zur Poetik von Annette von Droste-Hülshoffs *Geistlichem Jahr*. In: Claudia Liebrand/Irmtraud Hnilica/Thomas Wortmann (Hg.): Redigierte Tradition. Literaturhistorische Positionierungen Annette von Droste-Hülshoffs. Paderborn u. a. 2010, S. 93–120.

2.3. Am fünften Sonntage in der Fasten
Thomas Wortmann

Das Gedicht *Am fünften Sonntage in der Fasten* (HKA IV, 36–38) aus dem ersten, im Laufe des Jahres 1820 entstandenen Teil des *Geistlichen Jahres* und dabei aus der späteren Phase, als nicht mehr nur die Festtage, sondern die Sonntage des ganzen Kirchenjahres Bezüge lieferten, schließt eng an die Tagesperikope aus dem Johannesevangelium (Joh 8,46–59) an. In diesem halten die Juden Christi Verheißung (»Wenn jemand an meinem Wort festhält, wird er auf ewig den Tod nicht schauen«) entgegen, dass sogar Abraham und die Propheten gestorben seien (Joh 8,51–53). Drostes Text erweitert dieses Argument zum Bild einer dem Tode verfallenen Welt, die als veritabler »Hades« erscheint (Liebrand 2010, 119). Durch die Apostrophe heraufbeschworen werden ganze Legionen von Toten; entworfen ist eine für das *Geistliche Jahr* geradezu topische Welt »metaphysische[r] Verlorenheit« (Detering 2009, 62). Die Menschheitsgeschichte wird als eine Geschichte des Sterbens dargestellt. Gleich in der ersten Strophe werden am Beginn und am Ende zwei Reimworte wiederholt, um damit nicht nur formal und thematisch die Strophe zu rahmen, sondern auch die biblische Zeit bzw. die Vergangenheit mit der persönlichen Gegenwart zu verklammern: Wie die Propheten »begraben« (V. 1) sind, so sind es auch diejenigen, die dem Ich »Liebe gaben« (V. 5); wie Abraham »todt« ist (V. 2), so sind es auch diejenigen, denen das Ich Liebe »bot« (V. 6). In beiden Fällen ist die Wiederholung der Reimwörter auch syntaktisch auffallend. Während die Binnenverse über Enjambements einen durchgängigen Satz bilden, beenden die mit »begraben« und »todt« endenden Zeilen jeweils den Satz in einem Ausruf, der im Falle von Vers 2 und 8 über die männliche Kadenz sogar noch einmal besonders betont ist. Der Tod bildet also auch syntaktisch einen Schlusspunkt. Das Ich scheint einsam und verlassen, rückt gar in die »Position eines letzten Überlebenden« (Wortmann 2014a, 123).

Das Gedicht umfasst neun Strophen mit jeweils acht Versen, in denen trochäische Drei- und Vierheber alternieren. Diesem Wechsel zwischen den Zeilen entspricht auch das Reimschema. Mit einem Kreuzreim werden die langen und die kurzen Verse jeweils verbunden, leicht variierend greifen dabei die letzten beiden Zeilen auf die ersten beiden zurück, indem sie deren Reimwörter wiederholen und damit den Binnenteil rahmen. Dieser durchgängig gehaltenen formalen Ordnung steht auffallend eine mehrfach sich wandelnde Redesituation gegenüber, die jeweils auch mit einer thematischen Neuausrichtung einhergeht. Die erste Strophe präsentiert sich als rekapitulierende Aneignung des biblischen Textes und folgt damit der Subjektivierungsstrategie des gesamten Zyklus (vgl. Berning 1975). Die zweite Strophe zitiert mit dem ersten Vers das Genre des Gebets (V. 9) und verhandelt noch einmal das im biblischen Text genannte Christuswort (V. 10–12), um anschließend, markiert durch den Affektmarker »Ach« (V. 13), in einen Modus der Klage überzugehen, der die folgenden vier Strophen rhetorisch bestimmt. Diese Passagen kreisen um die Reflexionen der Sprechinstanz, in denen das Alleinsein nicht mehr auf die in der ersten Strophe genannten »Liebe[n]« (V. 5) bezogen ist, sondern auf die Abwesenheit Gottes, der, damit wird eine Traditionslinie der geistlichen Lyrik durchgestrichen, in der »Natur« (V. 26) nicht mehr gefunden werden kann. Sie ist nicht mehr als Schöpfung an ihren Schöpfer gebunden, sondern hängt – aufgerufen ist biologisches und medizinisches Wissen der Zeit – an »Nerve[n]« (V. 28). An die Stelle eines religiösen Offenbarungserlebnisses tritt die Kenntnis eines physiologischen Prozesses. Auffallend ist, dass das Gedicht die Problematik einer Gotteserkenntnis über unreine Reimpaare spiegelt: In der zweiten Strophe steht das zwei Mal wiederholte »verkündet« (V. 9, 15) in leichter lautlicher Dissonanz zu den Reimworten des Binnenteils (V. 11, 13). Gottes Verkündigung haftet, von der formalen Ebene des Gedichts her vermittelt, also ein Makel an. Ähnlich bezeichnend ist auch die akustische Verwerfung in der dritten Strophe: Ausgerechnet die Zeile »Der dein Ebenbild bedeutet« (V. 21) fügt sich hier reimtechnisch nicht nahtlos ein. Auch diese mikrostrukturelle Irritation lässt sich auf die oben skizzierte Problematik beziehen. Weder ist die Natur als ›Schöpfung‹ wahrzunehmen, noch der Mensch als Ebenbild Gottes. Zu finden ist kein Geist mehr, sondern nur noch der Körper, mithin vergängliche Materie (vgl. Berning 1975, 180). Vor diesem Hintergrund erscheint Christi Versprechen, dass »nur der das Leben findet, / Der das Leben läßt« (V. 11 f.), haltlos, hat das Ich doch nichts mehr außer den vergänglichen Leib.

An diesem Punkt sind zentrale Aussagen der Perikope durchgestrichen, argumentativ scheint ein Endpunkt erreicht. Im Folgenden tendiert die Reflexion aber in eine andere Richtung, indem sie das Thema der Vergänglichkeit des Irdischen fortführt, aber in eine literarhistorische Linie einrückt. Die Strophen fünf und sechs etwa rufen alle motivischen Versatzstücke des Melancholie-Diskurses auf: Dazu zählt neben dem nächtlichen Setting (V. 42, 48), der Einsamkeit und der qualvollen Reflexion (V. 41) vor allem die Thematisierung der Vergänglichkeit (V. 33–40). Die grüblerische, ›dunkle‹ Selbstversenkung bezeichnet das Ich zwar explizit als »[s]chrecklich« (V. 41), nicht von der Hand zu weisen ist aber die Faszination der Sprechinstanz für die melancholische Stimmung, die in den Versen der fünften und sechsten Strophe ausführlich zelebriert wird. Ist damit schon ein poetischer bzw. ein poetologischer Kontext aufgerufen (Melancholie- und Kreativitäts- bzw. Geniediskurs weisen zahlreiche Schnittstellen auf), so wird dieser Zusammenhang in der siebten Strophe noch einmal pointierter. Sie setzt sich durch ihren expressiven, zur souveränen Selbstbehauptung wechselnden Gestus vom bisherigen Text ab. Was den Tod nämlich überwinden kann, ist nicht (nur) Gottes Wort, sondern sind auch die schriftlich fixierten »Lieder« (V. 49). Diese Verse, die gemeinhin als Drostes »Dichtertestament« (HKA IV, 379) gelten, lassen sich auf antike Traditionslinien zurückführen, wie etwa die *Carmina* des Horaz. Als ein auf die Nachwelt bezogenes hat Droste ihr Schreiben oft konzeptualisiert. Wie andere »schlechte Poeten«, so schrieb sie am 11. Mai 1843 an Levin Schücking, müsse auch sie sich »mit der Nachwelt trösten« (HKA X, 44). Interessant ist, dass Droste im Brief an Schücking auf den postumen Erfolg der eigenen Texte spekuliert. Im Falle des *Fünften Sonntages in der Fasten* übernimmt das Ich selbst eine »jenseitige[ ] Blickposition« (Liebrand 2010, 120): Die Lieder »durften« leben, während das Ich »entschwand« (V. 55, 56). Der Ewigkeitsanspruch der eigenen Dichtung wird also in einer temporalen Volte durch die Sprechinstanz selbst verifiziert.

Gegenüber diesem Monolog stellen die letzten beiden Strophen wiederum einen Wechsel dar. Adressiert wird nun ein bisher nicht angesprochenes Gegenüber (V. 57). Interessanter ist jedoch, dass die achte und neunte Strophe insgesamt eine Gegenbewegung zum Verlauf der anderen Strophen darstellen. Entfernten diese sich immer weiter von der Perikope, um in einer poetologischen Selbstsetzung zu gipfeln, so folgt nun plötzlich – im direkten, ja wörtlichen Anschluss an die zweite Strophe (V. 10) – die Umkehr zu »Gottes Wort« als Orientierungspunkt (V. 58). Der Glaubenszweifel wird fast »gewaltsam« überwunden (Häntzschel 1968, 72), das bisher Gesagte als »Verwirrung« (V. 59) und »Verstörung« (V. 64) denunziert. Das irritierende Potenzial dieser Verstörung zeigt sich formal daran, dass nach ihrer Nennung zum ersten Mal die sonst im Gedicht strikt gewahrten Strophengrenzen in einem Enjambement transgrediert werden (V. 64 f.). Erst ein erneuter Ausruf (V. 69) setzt dem Redefluss ein Ende, um die bis hierhin genutzten Metaphern anders zu semantisieren. Kann der sich der »Stirn« (V. 68) entwindende »Faden« (V. 65) als etymologischer Verweis (›Text‹ und ›textum‹) auf den Schreibprozess und die Textproduktion verstanden werden, so führen die letzten drei Verse – damit *in nuce* die Bewegung des gesamten Gedichts iterierend – diese Metapher zurück in das Bild eines über allem waltenden Gottes, der, gleich einem Puppenspieler, die »Fädchen und die Faden« (V. 71) sicher in seiner Hand hält.

Es bleibt die Frage, wie dieser Schluss bzw. diese Rückkehr zu »Gottes Wort« (V. 58) zu bewerten ist, ob also die Schlussvolte die grandiose poetologische Selbstsetzung der siebten Strophe durchstreicht. So scheint es auf den ersten Blick. Möglich ist es aber auch, die Strophen acht und neun als eine Fortführung der Nobilitierung der Poesie über den Vergleich mit Gottes Wort zu lesen (vgl. Liebrand 2010, 119 f.). In Ewigkeit bestehen können nämlich beide. Und in diesem Sinne lässt sich auch die Metapher der Fäden verstehen, interpretiert man sie als selbstreflexiven Verweis auf die Form des Gedichtes. Wie Gott die »Fädchen« (V. 71) gleich einem Puppenspieler ausspannt, so kann die Sprechinstanz verschiedene Redesituationen aufrufen, verschiedene Sprechpositionen ›durchspielen‹ und nicht zuletzt: diese heterogenen Sprechakte durchgängig in kunstvolle Verse fassen.

Literatur

Berning, Stephan: Sinnbildsprache. Zur Bildstruktur des *Geistlichen Jahrs* der Annette von Droste-Hülshoff. Tübingen 1975.
Detering, Heinrich: Versteinter Äther, Aschenmeer. Metaphysische Landschaften in der Lyrik der Annette von Droste-Hülshoff. In: Jochen Grywatsch (Hg.): Raum. Ort. Topographien der Annette von Droste-Hülshoff. Hannover 2009 (= Droste-Jahrbuch 7), S. 41–67.
Häntzschel, Günter: Tradition und Originalität. Allegorische Darstellung im Werk Annette von Droste-Hülshoffs. Stuttgart u. a. 1968.
Liebrand, Claudia: Todernstes Rollenspiel. Zur Poetik von Annette von Droste-Hülshoffs *Geistlichem Jahr*. In: Claudia Liebrand/Irmtraud Hnilica/Thomas Wortmann (Hg.): Redigierte Tradition. Literaturhistorische Positionierungen Annette von Droste-Hülshoffs. Paderborn u. a. 2010, S. 93–120.
Wortmann, Thomas: Literatur als Prozess. Drostes *Geistliches Jahr* als Schreibzyklus. Konstanz 2014. [Wortmann 2014a]

2.4. Am Charsamstage
Thomas Wortmann

Das Gedicht (HKA IV, 56 f.) entstand 1820 in der ersten Arbeitsphase des *Geistlichen Jahres*, in der Droste die Texte von Neujahr bis Ostermontag schrieb. Innerhalb des Zyklus bildet es den Schlusstext der Gedichtgruppe zur Karwoche (vgl. Kühlmann 2010). Das Gedicht besteht aus sieben Strophen mit jeweils neun Versen, die ein kompliziertes Versmaß aufweisen. Jambische Vierheber und trochäische Dreiheber wechseln sich ab, teilweise läuft der Rhythmus dem Versmaß entgegen. Am Ende jeder Strophe finden sich Anrufungen, die an die Gebetsform der Litanei erinnern, syntaktisch herausstechen und auch aus dem Reimschema fallen: Während die vorhergehenden Verspaare durchgängig über zwei Kreuzreimgruppen verbunden sind (ababcdcd), bildet der letzte Vers jeder Strophe eine Waise. Formal gesehen steht er allein, zugleich jedoch verbinden die nur leicht variierten Ausrufe mit durchgehend wiederholtem Reimwort (»uns«) die einzelnen Strophen miteinander. Auf der Inhaltsebene ergibt sich eine ähnliche Spannung zwischen dem ›verwaisten‹ Beter und der Gemeinschaft (»uns«), die er in sein Flehen einschließt.

Das Gedicht klagt über den Tod von Jesus Christus und deutet seine Auferstehung in der letzten Strophe nur als eine Möglichkeit an. Im Zentrum der Reflexion steht vielmehr der tote, im Grabe liegende Christus. Vorrangig thematisiert werden seine Grabesruhe (Strophen 3–4), sein Abstieg in das Reich der Toten und die Befreiung der Seelen gerechter Verstorbener aus der Vorhölle (Strophen 5–6), was sich mit theologischen Überlegungen zu den Ereignissen zwischen der Grablegung Christi und seiner Auferstehung deckt. Den Einstieg in das Gedicht bildet jedoch eine Landschaftsbeschreibung, die mit dem biblischen Prätext nichts zu tun hat. Wie in zahlreichen anderen Texten des *Geistlichen Jahres* löst Droste die mit der Heiligen Schrift traditionell verbundenen

Vorstellungen auf, um sie durch poetische Entwürfe zu ersetzen. Statt in die biblische Ölberg-Kulisse wird der Leser in eine vulkanisch anmutende, von Naturkatastrophen zerstörte Landschaft versetzt, die den Seelenzustand des klagenden Sprechers widerspiegelt (vgl. Detering 2009, 43).

Das zu Beginn entworfene Bild einer versteinerten Welt zählt zu den bemerkenswertesten des ganzen Zyklus: Ein tiefes Schweigen herrscht, die Sonne leuchtet nicht mehr, Lerchen steigen »ohne Lieder« (V. 3). Evoziert werden Bildfelder der Kälte, der Dunkelheit und der Erstarrung. Gleichzeitig spielt der Text im Hinblick auf seine Bildsprache mit dem Übergang von wörtlicher und übertragener Bedeutung: Erscheint der Himmel zunächst *wie* ein gefrorenes Meer, so ist im Folgenden – der Wechsel zwischen erster und zweiter Strophe bedeutet auch einen »Wechsel zwischen metaphorischer und literaler Bedeutung« (Wortmann 2014a, 53) – von tatsächlichen »Meereswogen« die Rede (V. 10), allerdings toben und brechen auch diese »sonder Schall« (V. 11). Gleichzeitig ist diese Welt jetzt aber eine von »Menschenkinder[n]« (V. 12) bewohnte, der *locus terribilis* ist nicht nur eine Stimmungslandschaft, sondern *auch* ein Lebensraum. Die Vieldeutigkeit der Topographie hat Beachtung verdient: Sie lässt sich ebenso auf ikonographisch-emblematische Traditionslinien zurückführen wie auf prominente Motive frühneuzeitlicher Dichtung (vgl. Häntzschel 1968, 71). Entscheidend ist allerdings, dass es sich im Falle des *Charsamstages* – und dieser Befund lässt sich für das *Geistliche Jahr* verallgemeinern – nicht mehr nur um ein ausschließlich allegorisches Landschaftsmodell handelt. Es handelt sich *auch* um eine Seelenlandschaft, der die verworfene religiöse Existenz des Ichs eingeschrieben ist, gleichzeitig nimmt »die synthetisch-allegorische Zeichenlandschaft die Gestalt eines realen sinnlichen Objekts an – als handle es sich eben doch um eine real existierende, auch dem Leser prinzipiell zugängliche Topographie« (Detering 2009, 56). In genau dieser toten und traurigen Welt ist nämlich das Ich (und mit ihm die Menschheit) gefangen. Selbst der Himmel ist versperrt, das Flehen zu Gott ist aussichtslos, wenn »wohl kein Gebeth« (V. 16) mehr in der Lage ist, durch den »Aether« zu dringen (V. 15.). Diese Feststellung stellt den Status des Gedichtes selbst in Frage, das sich ja durch das Zitat der Litanei-Form selbst als Gebet präsentiert – und diese Form konsequent beibehält, obwohl mit dem Ende der zweiten Strophe die Sinnhaftigkeit dieses Sprechaktes in Frage gestellt ist. Nähme die Sprechinstanz sich selbst beim Wort, müsste sie nach der zweiten Strophe verstummen. Genau das aber passiert nicht, stattdessen wird das Gebet in dem Wissen fortgesetzt, dass es seinen Adressaten »wohl« nicht erreichen wird (V. 16).

Damit verhandelt der *Charsamstag* die Grundproblematik des gesamten Zyklus, der geradezu versessen um die schmerzhaft empfundene Abwesenheit Gottes kreist. Was für die religiöse Existenz problematisch ist, wird poetologisch zu einer Voraussetzung für Kreativität umgedeutet: Die Klage über den Verlust der Glaubensgewissheit lässt Text nach Text entstehen, das spirituelle Leid erweist sich als literarisch produktiv. Genau dieses Phänomen setzt *in nuce* der *Charsamstag* in Szene, indem es den ersten beiden Strophen, in denen die Aussichtslosigkeit des Sprechaktes in religiöser Hinsicht formuliert wird, unbeeindruckt noch fünf weitere folgen lässt.

Seine besondere Dramatik aber leitet das Gedicht aus einer spezifischen Redesituation ab, in der das Ich offensichtlich nicht um die dem Karsamstag folgende Osternacht und die Auferstehung Christi weiß. Noch die Schlussstrophe des *Charsamstags* verharrt in dieser Haltung (V. 60 f.). Entsprechend endet das Gedicht mit der abschließenden Bitte »O Herr, erhalt' uns!« und greift damit die Gebetsformel auf, die sich bereits in der ersten Strophe findet. Das Gedicht bietet also keinen Ausweg, sondern schließt wieder an den Beginn des Textes an, wirft das Ich wieder auf die »wie todt« (V. 2) scheinende Erde zurück. Erst das folgende Lied zum *Ostersonntage* kann mit einem euphorischen Jubel anheben (HKA IV, 58) und damit als eine Kontrafaktur zum *Charsamstag*-Gedicht fungieren.

Wenn mit dem *Ostersonntage* die im vorhergehenden Gedicht formulierte Verzweiflung des Ichs aber auch nachträglich ›kuriert‹ wird, ist die Entscheidung, Christi Auferstehung aus dem *Charsamstags*-Gedicht auszuschließen, als eine programmatische zu verstehen. Anders gesagt: Vielleicht wird die vorösterliche Sprechsituation des Karsamstages absolut gesetzt, weil die Sprechinstanz nicht um das Auferstehungsereignis wissen *will*. Damit ergibt sich nämlich die Möglichkeit, eine Konstellation offen zu thematisieren, die das phantasmatisch aufgeladene, nur mühsam zu verbergende Zentrum des gesamten Zyklus bildet: den Tod Gottes. Wie faszinierend diese Idee eines toten Gottes zumindest in literarischer Hinsicht ist, zeigen die dritte und vierte Strophe eindrücklich: Von einer Erde, die »wie todt« erscheint, ist bereits in der ersten Strophe die Rede. Die Verse der dritten Strophe greifen dieses Motiv noch einmal auf, steigern es aber zu einem beeindruckenden Bild, das über ein Graviditätsszenario Leben und Tod auf spezifische Weise koppelt und in »Aporien und Inversionen« gipfelt (Liebrand 2010, 110): Der Leichnam Christi figuriert als Fötus, den die Erde im »Schooß« trägt (V. 22). Das Gedicht kehrt damit – in einer katachrestisch anmutenden Überblendung von Oster- und Weihnachtsgeschehen – die Rollenverteilungen um: Nicht die Erde nährt als Mutterleib den Embryo, sondern dieser (gleichsam tote) Embryo nährt die Welt, die wiederum in ihrer Versteinerung, Kälte und Stille selbst als todesstarr erscheint. In Bezug setzen lässt sich diese Faszination durch Vergänglichkeit und Tod zu anderen Texten Drostes wie etwa dem Romanfragment *Ledwina* (HKA V, 77–121; → IV.2.), dem Gedicht *Die todte Lerche* (HKA I, 324; → II.6.6.) oder der Ballade *Die Schwestern* (HKA I, 269–275; → II.5.7.8.). Vorausgewiesen ist damit auf die Lyrik der Moderne, denn der performative Gegensatz »zwischen der Hässlichkeit der Sünden- und Todeswelt und metrischen Prachtentfaltung, in der sie geschildert wird, [...] erinnert nicht von ungefähr an denjenigen zwischen dem Anblick eines verwesenden Stücks Aas am Straßenrand und den Alexandrinerversen, in denen Baudelaire es schildert« (Detering 2009, 65).

Im Falle des *Charsamstag*-Gedichtes ist dieser spannungsreiche Gegensatz zwischen Form und Inhalt ebenfalls als Andeutung einer zweiten, poetologischen Sinndimension zu verstehen. Das Gebet zielt nicht mehr auf die Sphäre der Transzendenz, die gleichwohl als Bezugsgröße vorausgesetzt und stets präsent gehalten wird, sondern weist auf das Gedicht als solches und das Dichten zurück. Weder dient Kunst der Religion, noch stellt sie sich wie im romantischen Verständnis über Religion – die Gedichte des *Geistlichen Jahres* inszenieren stattdessen einen unauflöslichen Widerstreit beider Symbolsysteme. Obwohl dieser Widerstreit im Medium der Lyrik ausgetragen wird und die Gedichte sich in brillantem Formenreichtum präsentieren, löschen sie das Verlangen nach Religion nicht aus; und die Traditionsformeln der religiösen Sprache prägen noch die selbstreflexiven Passagen über das Dichten als fortgesetztes Schreibexerzitium (vgl. Nutt-Kofoth 2002; Wortmann 2014a).

Literatur

Detering, Heinrich: Versteinter Äther, Aschenmeer. Metaphysische Landschaften in der Lyrik der Annette von Droste-Hülshoff. In: Jochen Grywatsch (Hg.): Raum. Ort. Topographien der Annette von Droste-Hülshoff. Hannover 2009 (= Droste-Jahrbuch 7), S. 41–67.

Häntzschel, Günter: Tradition und Originalität. Allegorische Darstellung im Werk Annette von Droste-Hülshoffs. Stuttgart u. a. 1968.

Kühlmann, Wilhelm: Das fremde eigene Leid: Zur Karwoche im *Geistlichen Jahr* (1851) der Annette von Droste-Hülshoff. Aus der Spätzeit der Perikopenlyrik. In: Johann Anselm Steiger/Ulrich Heinen (Hg.): Golgatha in den Konfessionen und Medien der frühen Neuzeit. Berlin u. a. 2010, S. 445–455.

Liebrand, Claudia: Todernstes Rollenspiel. Zur Poetik von Annette von Droste-Hülshoffs *Geistlichem Jahr*. In: Claudia Liebrand/Irmtraud Hnilica/Thomas Wortmann (Hg.): Redigierte Tradition. Literaturhistorische Positionierungen Annette von Droste-Hülshoffs. Paderborn u. a. 2010, S. 93–120.

Nutt-Kofoth, Rüdiger: »ich fand des Dichtens und Corrigierens gar kein Ende«. Über Annette von Droste-Hülshoffs dichterisches Schreiben – mit einem besonderen Blick auf das *Geistliche Jahr*. In: Ortrun Niethammer (Hg.): Transformationen. Texte und Kontexte zum Abschluss der Historisch-kritischen Droste-Ausgabe. Bielefeld 2002, S. 199–218.

Wortmann, Thomas: Literatur als Prozess. Drostes *Geistliches Jahr* als Schreibzyklus. Konstanz 2014. [Wortmann 2014a]

2.5. Am dritten Sonntage nach Ostern
Thomas Wortmann

Das Gedicht *Am dritten Sonntage nach Ostern* (HKA IV, 67 f.) entstand in der zweiten Arbeitsphase des *Geistlichen Jahres*. Nach einer fast zwanzigjährigen Pause nahm Droste 1839 auf Drängen Christoph Bernhard Schlüters (1801–1884; → I.1.2.2.) die Arbeit am Perikopenzyklus wieder auf und schrieb einen Großteil der Texte parallel zum Verlauf des Jahres in chronologischer Reihenfolge.

Das Sonntagsgedicht umfasst sieben Strophen mit jeweils neun jambisch alternierenden Versen, die wechselnd zweihebig (jeweils Verse 1, 6 und 8) oder fünfhebig sind (Verse 2, 3, 4, 5, 7 und 9). Diese unterschiedliche Länge der Verse korrespondiert mit den Reimen: Der kurze erste und sechste Vers umklammern jeweils ein langes, kreuzgereimtes Verspaar, während der sechste und der achte Vers mit den anderen beiden langen Versen einen Kreuzreim bilden (abcbcadad). Insgesamt sind die Verse innerhalb der einzelnen Strophen so mehrfach verschlungen, gleichzeitig ist das Aufeinandertreffen von kurzen und langen Zeilen oftmals mit Bedeutung aufgeladen – und das in mindestens dreifacher Hinsicht: Erstens können Kurz- und Langverse im Widerspruch zueinander stehen. Beispiele dafür finden sich u. a. in der ersten Strophe, deren erster Vers kürzer als das vorangestellte Zitat aus der Perikope ist und so den Eindruck einer forcierten Gegenrede vermittelt. Einen identischen Effekt haben die Verse sieben und acht der ersten Strophe: Die im Konjunktiv formulierte Langzeile (V. 7) verneint der folgende Kurzvers im Indikativ (V. 8). Zweitens können die kurzen, sich auch schriftbildlich vom Rest der Strophe absetzenden Verse auch dazu dienen, eine verstärkende Zusammenfassung des vorher Entwickelten zu liefern (V. 17, 26). Drittens fungieren die Kurzzeilen innerhalb des Sprechaktes als gliedernde Einschübe, die – fast wie der Nebentext im Drama – über Position und Emotion der Sprechinstanz informieren oder aber innerhalb des geschilderten Naturereignisses topographische, temporale und akustische Kontextualisierungen bieten (V. 10, 19, 28).

Inhaltlich kreist das Gedicht um das Dilemma der Gotteserkenntnis, hier exemplifiziert anhand der Frage nach der Deutung von Naturphänomenen als Offenbarungsereignisse. Der subjektivierende Zugriff vollzieht sich im offenen Widerspruch (vgl. Stockinger 2008). Der dem Gedichttext vorangestellten Verkündigung Christi entgegnet die Sprechinstanz mit der Exclamatio »Ich seh dich nicht!« (V. 1), um an diesen Ausruf zwei vorwurfsvolle Fragen anzuschließen. Der Kontext des Zitats – der Verweis auf die Auferstehung Christi – wird damit ausgeblendet, stattdessen fokussiert die Sprechinstanz auf den Begriff des ›Sehens‹, der in der Folge entlang einer Naturbeschreibung im Sinne einer sinnlich-anschaulichen Erkenntnis Gottes ausgeführt wird. Denn sichtbare »Zeichen« (V. 5) für die Präsenz Gottes, wie sie das Alte Testament kennt – das »Wüstenlicht« (V. 6; vgl. Ex 13, 21 f.) oder der plötzlich grünende »Aaronsstab« (V. 7; vgl. Num 17, 23) –, bleiben dem Ich vorenthalten. Geradezu topisch für das *Geistliche Jahr* ist in diesem Zusammenhang die Selbstverurteilung des Ichs (V. 9), das die Verse aus einer »Zelle« spricht, von deren Wänden selbst der Sonnenstrahl »[ab]prallt« (V. 11). Das drastische Bild der lichtabweisenden Zelle führt eine doppelte Bedeutung mit sich, deren epochale Tragweite in der letzten Zeile der zweiten Strophe aufgezeigt wird: »Mein Wissen musste meinen Glauben tödten« (V. 18). Im Zeitalter von Aufklärung und Säkularisation, in dem das ›Sehen‹ zur diesseitigen, empirisch fundierten Wissensform geworden ist, wird die Beibehaltung des Glaubens parallel zu modernen Erkenntnisweisen problematisch. Gerade weil die Zerstörung des Glaubens zwangsläufig zu sein scheint und auch längst erfolgt ist (»musste«

im Imperfekt), stellt sich die Frage, warum das Ich so dramatisch seine innere Not ausstellt. Zieht es eine besondere Kraft, wenn nicht aus der Intensität, so doch aus der fulminanten Darstellung seines Leidens?

Ansätze zu einer Antwort bieten die nächsten Strophen, die das Medium der Literatur ins Spiel bringen. Schließlich erinnert die folgende Gewitterszene deutlich an die literaturgeschichtlich prominent gewordene (in Goethes *Werther* zitierte) Szene in Klopstocks Ode *Frühlingsfeyer* (1759/71), die identische Bibelstellen aufruft (Kittstein 2009, 140 f.). Doch auch dieser Anschluss verläuft nicht ohne Brüche, die in Drostes Gedicht mitzulesen sind. Bei Klopstock etwa ist Gottes Gegenwart für die Sprechinstanz in der Natur erfahrbar: »Die Morgensonne wird schwül! / Wolken strömen herauf! / Sichtbar ist, der kommt, der Ewige« (Klopstock [1759/71] 1962, 91). Während sich hier der Schöpfer in seiner Schöpfung offenbart, negiert die Droste'sche Sprechinstanz eine solche Erfahrung grundlegend. Möglich ist ihr nur noch eine »wissenschaftlich-rationale[ ] Betrachtung der Natur« (Kittstein 2009, 141). Und auch wenn in der fünften Strophe der Regenbogen als »Friedensbogen« (V. 41) interpretiert wird, um mit dieser »dekorativen Allegorie« (Häntzschel 1968, 74) fast in wörtlicher Übernahme des Klopstock'schen Textes zu einer religiösen Deutung der Naturphänomene zurückzukehren: Mit »Dunstgebild[e]« (V. 43) und »Reibung« (V. 45) sind gleichzeitig Begriffe aufgerufen, die an einen naturwissenschaftlichen Diskurs erinnern und damit der empfindsamreligiösen Schilderung der Natur entgegenlaufen.

Aus dem ›Stichwort‹ des Sehens, das die Perikope liefert, leitet das Gedicht »nach lyrischem Gutdünken« (Detering 2009, 43) ein visuelles Spektakel ab. Es hebt zu einer Landschafts- und Naturbeschreibung an, die sich nicht aus der Perikope ableiten lässt. Vollzogen ist eine doppelte Distanzierungsbewegung. Die erste führt über die imaginierte Landschaft vom biblischen Text in das Bezugsfeld der Literatur, die zweite vollzieht die Absetzung von den aufgerufenen literarischen Prätexten. So ist in der *Frühlingsfeyer* zwar von der »[S]chwül[e]« die Rede und der Wald »beugt« und »neigt« sich unter dem aufkommenden Wind, allerdings ist das Gewitter selbst – steht es doch für die Präsenz Gottes – als »Erfrischung« angelegt (Klopstock [1759/71] 1962, 91). Im Gegensatz dazu zeichnet Drostes Gedicht ein Ereignis, das über die »Schwefelhülle« (V. 21), den Donner und die Blitze Assoziationen an die Hölle oder die Apokalypse weckt. Hier ist die auch über den Vergleich mit der Sprechinstanz anthropomorphisierte Natur »krank[ ]«, sie ächzt und seufzt und keucht, sie stöhnt in Angst – und all das wird auch rhythmisch nachvollzogen (vgl. Häntzschel 1968, 73). Die Bedeutung dieser Umwertung ist nicht zu unterschätzen: Während bei Klopstock die Bedrohung der Natur als kurzer Einschub fungiert, um vor dieser Folie Gottes Gnade und Milde noch einmal vehementer zu feiern, nimmt die Schilderung der kranken, gequälten, erniedrigten Natur, in die das Ich einbezogen ist, in Drostes Text den größten Raum ein. Die Sprechinstanz scheint geradezu lustvoll diesen *locus terribilis* in Verse zu fassen. Das Gedicht ist damit ein weiteres Beispiel für das spannungsvolle Verhältnis zwischen »geschilderter Höllenwelt und der himmlischen Klangschönheit der Verse« (Detering 2009, 64), das Drostes Lyrik in die Nähe der Texte Baudelaires oder Celans rückt.

Mit den letzten drei Strophen scheint sich die Verzweiflung des Ich langsam zu lösen. Das »Dunkel« (V. 37) weicht, die Stimmung ändert sich (vgl. Häntzschel 1968, 73 f.). Das Ich vergleicht sich sogar mit dem Propheten Elias, von dessen erfolgreicher Gottessuche die sechste Strophe berichtet (V. 51–54). Lesen kann man darin eine »Hinwendung zur Erhabenheit des Kleinen« (Honold 2013, 164) analog zum Klopstock'schen Prätext, in dem selbst der »Tropfen am Eimer« noch »aus der Hand des Allmächtigen« rann (Klopstock [1759/71] 1962, 89). Allerdings ist diese Strophe vom Rest des Textes durch den Tempuswechsel in das Präteritum als ein erzählerischer Einschub deutlich abgesetzt, mithin in die Vergangenheit gerückt – und die Ausnahmestellung des Elias wird formal dadurch hervorgehoben, dass der »Prophet« (V. 53) als Reimwort eine Waise darstellt. Ob tatsächlich eine Wendung zum Guten eintritt, indem das lyrische Ich in der letzten Strophe von einem »Hauch« (V. 55) Gottes angeweht wird, kann aufgrund des Fragesatzes bezweifelt werden.

Vor diesem Hintergrund wundert es, dass das Gedicht mit einem im Hinblick auf den Numerus modifizierten Zitat aus dem Johannesevangelium positiv endet. Statt »Und Eure Freude soll niemand von Euch nehmen« (Joh 16, 22) heißt es bei Droste »'Und meine Freude wird mir Niemand nehmen'« (V. 63). Markierung und Modifizierung des Zitats sind ambivalent: Einerseits kennzeichnen sie den Schlusssatz als eine übernommene, fremde Rede, andererseits eignet sich die Sprechinstanz diesen Text an, indem sie ihn grammatikalisch anpasst. Sehr persönlich hatte das Ich zuvor seine Not geklagt, für den Ausdruck seiner Stärke und seines Widerstandswillens leiht es sich indes eine andere Stimme. Auf diese Weise werden die Verse von Bibelzitaten gerahmt, wenngleich die Anfangsperikope zum Anlass für Widerspruch und lyrisches Raisonnement genommen und das zweite Zitat sprachlich verändert wird. Stellt man in Rechnung, dass das Gedicht in seiner Mittelstrophe den intertextuellen Verweis auf Klopstock exponiert, dann erklärt sich die »Freude« des Ich durch die im Gedicht stattfindende Response zwischen religiösen und lyrischen Texten. Wenn sich das Ich auch nicht mehr in ein göttliches, die Natur als Medium nutzendes Offenbarungsgeschehen eingliedern kann, so schafft es doch in seiner beredten lyrischen Klage darüber einen sprachlichen Responsionsraum, in dem es immerhin einen (einseitigen) Dialog mit Gott imaginieren, in dem es ihn anrufen, herausfordern, fragen und bitten kann, und in dessen Rahmen es – im poetologischen Sinne – über Texte reflektiert, die verkünden, dass Gott sich im »Donnerschlag« (V. 28) gezeigt habe.

Literatur

Detering, Heinrich: Versteinter Äther, Aschenmeer. Metaphysische Landschaften in der Lyrik der Annette von Droste-Hülshoff. In: Jochen Grywatsch (Hg.): Raum. Ort. Topographien der Annette von Droste-Hülshoff. Hannover 2009 (= Droste-Jahrbuch 7), S. 41–67.

Häntzschel, Günter: Tradition und Originalität. Allegorische Darstellung im Werk Annette von Droste-Hülshoffs. Stuttgart u. a. 1968.
Honold, Alexander: Die Zeit schreiben. Jahreszeiten, Uhren und Kalender als Taktgeber der Literatur. Basel 2013.
Kittstein, Ulrich: Deutsche Naturlyrik. Ihre Geschichte in Einzelanalysen. Darmstadt 2009.
Klopstock, Friedrich Gottlieb: Die Frühlingsfeier [1759/71]. In: Friedrich Gottlieb Klopstock: Ausgewählte Werke. Hg. von Karl August Schleiden. München 1962, S. 89–92.
Stockinger, Ludwig: »Atheismus wider Willen«? Annette von Droste-Hülshoff: *Am dritten Sonntage nach Ostern*. In: Christa Grimm/Ilse Nagelschmidt/Ludwig Stockinger (Hg.): Exemplarische AutorInnen und Texte der deutschen Literaturgeschichte in der interkulturellen Kommunikation. Leipzig 2008, S. 163–188.

2.6. Am Pfingstsonntage
Thomas Wortmann

Das Gedicht *Am Pfingstsonntage* (HKA IV, 77 f.) zählt im Hinblick auf den Strophenbau zu den formal aufwändigsten Texten des *Geistlichen Jahres*. Jede Strophe besteht aus einem alternierend vier- und fünfhebigen jambischen Siebenzeiler und dem Reimschema ababcbc. Die Strophen setzen sich also aus zwei Kreuzreimpaaren zusammen, die jeweils durch den vierten Vers jeder Zeile verbunden werden. Die einzige und entsprechend auffallende Ausnahme bilden die jeweiligen Schlussverse der Strophen, die stets nur zwei Hebungen haben und mit starker Kadenz enden. Sie wirken in ihrer Kürze – auch im Hinblick auf die Schriftbildlichkeit des lyrischen Textes – fast als eine Art *conclusio* für das bis dahin Elaborierte. Diesen Aufbau der Strophen spiegelt der Text zum *Pfingstsonntage* auch in seiner Makrostruktur: Während die ersten fünf Strophen, den Festtag zum Ausgangspunkt nehmend, das Pfingstereignis narrativ rekapitulieren, liefert die sechste und letzte Strophe, eröffnet durch einen doppelten Ausruf (V. 36), in sieben knappen Versen einen Bezug der Perikope auf die individuelle Position der Sprechinstanz.
Das Gedicht folgt thematisch der Tagesepistel (Apg 2,1–11) in der das Pfingstgeschehen geschildert wird, also das Herabkommen des Heiligen Geistes auf die Jünger Christi (vgl. HKA IV, 444); entsprechend ist das Warten der Jünger auf die Wiederkehr Christi Thema des Gedichtes. Die in ihm entworfene Welt wirkt, sieht man einmal von dem »Häuflein« Menschen ab (V. 5), die »knieend« (V. 6) und stumm »bethen[d]« (V. 7) auf den Erlöser warten, vollkommen leblos. Die von Christus verlassene Welt erscheint als wüstenhafte Ödnis, als lebensfeindlicher Ort und so kann man das Bild der Erde, die unter der brennenden Sonne vergeht, allegorisch auf die Situation des Glaubensverlustes beziehen. Zweitens kann das Gedicht – in Anlehnung an die Epistel – als Rekonstruktion des biblischen Schauplatzes im Stil tradierter ikonographischer Darstellungen des Orients gelesen werden. Drittens schließ-

lich weist dieses Setting stupende Parallelen zur Welt der Sprechinstanz auf, die sich ebenfalls als »schmachte[nd] in der schwülen Nacht« (V. 40) beschreibt und damit die eigene Sprechsituation als eine ›vorpfingstliche‹ markiert (vgl. zu den topographischen Ordnungen des Zyklus Detering 2009).

Das Gedicht folgt einer Logik der Steigerung. Der expositorischen Beschreibung des Settings folgen zwei Strophen, in denen das Warten auf Christi Wiederkehr als fast endlos beschrieben wird: Für die Wartenden »schleich[en]« (V. 12) die Stunden, »reihen« sich »Minuten [...] an Minuten« (V. 16), »bang und trübe« (V. 11) scheint die Zeit. Die sich bereits über vierzig Tage ziehende Wartezeit – das Gedicht scheint hier weniger auf die eigentlich fünfzig Tage während Zeitspanne zwischen Ostern und Pfingsten, sondern auf Christus vierzig Tage währenden Aufenthalt in der Wüste anzuspielen – wird zur Glaubensprobe. Die Wartenden aber »zagen« nicht, weil sie – im Gegensatz zum Ich – auf das »Wort« Christi (V. 10) und auf die Wiederkehr, die er verheißen hat, vertrauen. Ganz ohne Brüche bleibt dieses Bild ungetrübten Gottesvertrauens allerdings nicht; auch diesen Passagen ist ein Moment des Zweifels eingeschrieben. In die konzentrierte Atmosphäre der »leis[e]« gesprochenen Gebete (V. 7) und der sich »leise[ ] [b]luten[d]« (V. 18) äußernden Seele bricht ein »ächz[ender]«, »keuchend[er]« und »lechz[ender]« Tiger (V. 19–21) ein – eine ebenso spektakuläre wie eigenwillige Figuration eines offensichtlich überaus gefährlichen Moment des Zweifels.

Der Aneinanderreihung von Fragen in der dritten Strophe korrespondieren die Ausrufe, mit denen die vierte Strophe beginnt und das Ende des Wartens verkündet. Die bisher todesstarr erscheinende Umwelt wirkt plötzlich – wieder vermittelt über die Akustik – wie verändert: Das »Säuseln« (V. 22) schwillt zu »Sturmes Rauschen« (V. 23), die Natur wird anthropomorphisierend belebt, wenn es scheint, als ob die Palmen »starr und staunend [...]« lauschen (V. 25). Auf diese Weise aufgeweckt, sind es nun visuelle Eindrücke, die, über die Aufforderung der Sprechinstanz an das ›Figurenpersonal‹ (V. 28), in das Zentrum des Textes rücken. Die Wartenden tauschen »glühe Blicke« (V. 27), richten sich aus ihrer knienden, gebückten Haltung auf, um Christi Wiederkehr wahrzunehmen. Die fünfte Strophe schließlich fügt das bisher Entwickelte zusammen, um das zuvor eingeführte Bildrepertoire radikal umzuwerten. Das bezieht sich zum einen auf das Bildfeld des Feuers, das nun in den Kontext des Pfingstereignisses übergeführt wird: Die »Flamme« (V. 29) zuckt auf den Häuptern und ist nicht mehr lebensfeindlich wie der »Brand« der Luft (V. 3), von der noch in der ersten Strophe die Rede war. Sie steht für die Präsenz Gottes unter den Gläubigen und wird als Neubelebung verstanden: Die Flamme »[k]reis[t]« (V. 30) nicht nur über den Häuptern, sondern »quillt und ruckt« auch durch die »Adern« (V. 31). In diesem Bild eines spirituellen Blutkreislaufs wird das religiöse und physiologische Wissen der Zeit überblendet. Lesen lassen sich darin auch Anleihen an den Mesmerismus (vgl. Nettesheim 1960b, 181), über den das religiöse Ereignis in die Nähe einer spiritistischen Praxis rückt, deren Wissenschaftlichkeit bereits um 1800 in Frage gestellt wurde (vgl. Barkhoff 1995; Börnchen 2010).

Eine Umwertung wird im Kontext des Pfingstereignisses auch im Hinblick auf die Sprache vollzogen: Die bisher das Gedicht beherrschende Stille wird durch das »unaufhaltsam ström[ende] [...] Wort« (V. 33) gebrochen (vgl. Gössmann 1963, 455). Für die Jünger hat das Warten ein Ende, für sie »bricht« – auch dies ist im religiösen Sinne zu verstehen – »[d]ie Zukunft« an (V. 32). Mit der Gabe der Zungenrede beschenkt, werden sie zu Medien, über die Gottes Wort in die Welt kommt. Wenn die letzte Strophe des Gedichtes den Blick wieder auf das lyrische Ich lenkt, das weiterhin in der »schwülen Nacht« »schmachte[n]« (V. 40) »weine[n]« und »wach[en]« (V. 42) muss, dann scheint es die euphorische Vision des Sprachenwunders wieder aufzuheben. Es tut dies allerdings nur begrenzt auf der ›Handlungsebene‹ des Textes, wird doch durch die dialektische Argumentation, die Sprechinstanz und Jünger als Gegensätze miteinander verbindet, deutlich, dass es in beiden Fällen um das »Wort« (V. 33) geht, das göttliche auf der einen, das dichterische auf der anderen Seite. Sind die Jünger nur die Mundstücke, durch die sich eine göttliche Wortmacht kundtut, so verantwortet das Ich sein leises Sprechen selbst, und nicht zuletzt ist es als Instanz, die das verstörte Innere auszusprechen weiß, Schöpfer der Topographie und Rede im Gedicht.

Literatur

Barkhoff, Jürgen: Magnetische Fiktionen. Literarisierung des Mesmerismus in der Romantik. Stuttgart, Weimar 1995.

Börnchen, Stefan: »König über Alle, der Magnet«. Magnetismus und Liebe in Annette von Droste-Hülshoffs Gedicht *An ****. In: Claudia Liebrand/Irmtraud Hnilica/Thomas Wortmann (Hg.): Redigierte Tradition. Literaturhistorische Positionierungen Annette von Droste-Hülshoffs. Paderborn u. a. 2010, S. 197–221.

Detering, Heinrich: Versteinter Äther, Aschenmeer. Metaphysische Landschaften in der Lyrik der Annette von Droste-Hülshoff. In: Jochen Grywatsch (Hg.): Raum. Ort. Topographien der Annette von Droste-Hülshoff. Hannover 2009 (= Droste-Jahrbuch 7), S. 41–67.

Gössmann, Wilhelm: Das *Geistliche Jahr* Annette v. Droste-Hülshoffs. In: Hochland 55 (1963), S. 448–457.

Nettesheim, Josefine: Die geistige Welt Christoph Bernhard Schlüters und seines Kreises im *Geistlichen Jahr* Annettes von Droste-Hülshoff. In: Literaturwissenschaftliches Jahrbuch 1 (1960), S. 149–184. [Nettesheim 1960b]

2.7. Am zweyten Sonntage nach Pfingsten

Thomas Wortmann

Das Gedicht *Am zweyten Sonntage nach Pfingsten* (HKA IV, 85 f.) zählt zum zweiten Teil des *Geistlichen Jahres*; es gehört zu den Texten, die nach einer Pause von fast zwanzig Jahren ab 1839 entstanden. Es besteht aus sechs Strophen mit jambischen Achtzeilern. Der Aufbau der Strophen ist kompliziert:

Einer ersten, stets expositorisch angelegten Langzeile mit sechs Hebungen folgen sieben kurze, dreihebige Verse. Das Reimschema (aabcbcab) hebt mit einem Paar- und einem Kreuzreim an, die letzten beiden Verse jeder Strophe greifen reimtechnisch auf die vorhergehenden Verse zurück und erscheinen so als Widerhall. Sonderlich eingängig ist dieses Reimschema nicht, es erscheint wenig liedhaft. Gleichzeitig ergeben sich lautliche Rahmungen, mit denen die einzelnen Verspaare innerhalb der jeweiligen Strophe miteinander verschlungen sind. Dabei werden zum Teil auch semantische Einheiten im Reim zusammengefasst. In der ersten Strophe beispielsweise fügen sich mit dem »Erdenleib« (V. 3), dem »Weib« (V. 5) und dem »süßen Zeitvertreib« (V. 8) die ›Verfehlungen‹ des sprechenden Ichs zueinander, um deren Bewertung die folgenden Strophen kreisen; in der zweiten Strophe fügen sich »Stützen« (V. 9) »nützen« (V. 10) und »Der lichten Stunden Blitzen« (V. 15) nur zu einem unreinen Reim zusammen: Diese lautliche Dissonanz fügt sich in den Diskurs zu Literatur und Religion ein, den der gesamte Text verhandelt. Der für das Gedicht zentrale Gegensatz zwischen einem heteronomen und autonomen Poesiekonzept wird in dieser akustischen Verwerfung herausgestellt.

Vorangestellt sind dem Gedicht *Am zweyten Sonntage nach Pfingsten* Auszüge aus dem Gleichnis vom großen Gastmahl aus dem Lukasevangelium (Lk 14,15–24). Das Gedicht kreist demnach um die Frage, ob die Menschen der Einladung Gottes folgen oder sich weltlichen Dingen hingeben. Die ersten Zeilen scheinen den Bibeltext fast wörtlich in die Rede des sprechenden Ichs zu überführen: »Ein Haus hab ich gekauft, ein Weib hab ich genommen, / Drum Herr kann ich nicht kommen« (V. 1 f.). Ein ›Gespräch‹ zwischen Gedicht und Perikope wird einmal durch diese Analogien, zum andern aber dadurch inszeniert, dass Drostes Verse die verschiedenen Sprecher (»Der Eine«, »Der Andere«) und deren im Bibeltext dramatisch arrangierten Dialog in die Rede eines einzelnen Subjekts projizieren (vgl. Berning 1975, 49). Aus dem Wortmaterial der Perikope baut der Gedichttext eine eigene poetische Wirklichkeit auf. Diese verdankt sich dem Sprechakt eines Subjekts, das sich der Vielgestaltigkeit und Gespaltenheit seiner (modernen) Identität bewusst ist. Aus dem Bildrepertoire der Perikope wird das »Haus« als Allegorie für den Körper, das »Weib« als Allegorie für die Poesie ins Gedicht übernommen. Über diese Gleichsetzung ist die Poesie ambivalent semantisiert. Erstens ist sie libidinös besetzt, bietet »süße[n] Zeitvertreib« (V. 8): »Belegt wird sie [...] mit Attributen (beispielsweise dem Zu-Füße-legen), die sonst eher dem Göttlichen zuzuschreiben sind« (Wortmann 2012, 2019). Dies wird in der zweiten Strophe sogar noch verstärkt. Die Frau Poesie ist lieblich, ihre Schönheit gar so überwältigend, dass das Ich alle Zeit ihrer Betrachtung (V. 15 f.) widmen möchte. Die ersten beiden Strophen erscheinen so als überschwängliche ›Ode an die Poesie‹, die verehrt wird wie eine Gottheit – und damit direkt in Konkurrenz zu jener göttlichen Instanz gerät, deren Wort die Perikopendichtung doch eigentlich aufgreifen sollte. Die Brisanz dieser Gegenüberstellung aber ist der Allegorie ebenfalls eingeschrieben, denn sie ist, zweitens, auch mit der Sündhaftigkeit assoziiert – das Ich zieht sie der Einladung Gottes vor und setzt damit sein Seelenheil aufs Spiel.

2. Geistliches Jahr in Liedern auf alle Sonn- und Festtage

Die dritte Strophe unterbricht diese ambivalente Lobrede auf die Poesie, indem sie – analog zur zitierten Perikope – einen Sprecherwechsel signalisiert: Eine »Stimme« (V. 20), die als göttliche Stimme aufgefasst werden kann, warnt das ›törichte‹ Ich vor Hochmut und allzu großer Selbstgewissheit. Das Haus sei nur verpfändet, also nur für eine bestimmte Dauer überlassen, der Leib sterblich und zudem nur gegen ein Pfand verliehen. Aufgerufen ist mit dieser Gegenrede *auch* die Form der *confessio*, auf die große Teile des *Geistlichen Jahres* formal rekurrieren. Wenn das Gedicht auf den *Zweyten Sonntag nach Pfingsten* ein solches »Ins-Gericht-Gehen mit sich selbst« (Gössmann 1963, 454) in Szene setzt, unterscheidet es sich formal also nicht sonderlich von den anderen Texten des Zyklus – auffällig ist aber, dass die *confessio* hier ganz konsequent um poetologische Fragestellungen kreist; in Frage steht mithin – und das lässt den Text zu einem Zentralgedicht des Zyklus werden (HKA IV, 458) – der Status der Poesie selbst. Wird sie nämlich zunächst als eine »lieblich[e]« Frau allegorisiert (V. 11), von der das Ich geradezu magisch angezogen wird, so findet beginnend mit der dritten Strophe eine radikale Umwertung der allegorischen Figur statt. Von der zweiten Sprechinstanz wird die Poesie als »strenge Norne« bezeichnet, als nordische Schicksalsgöttin also, vor deren Zorn man »[e]rzitt[ern]« muss (V. 33 f.). Bilden die Nornen eigentlich das Pendant zu den antiken Moiren oder Parzen, so werden sie hier zu bedrohlich-vampirischen Gestalten, die das Leben »[auf]schlürf[en]« (V. 35). Neben dieser Warnung bietet die Stimme des Textes auch eine Alternative an, die in der letzten Strophe als Didaxe formuliert wird. Aufgerufen ist der Topos der »Dichtung als ›Magd der Theologie‹« (Berning 1975, 84). Einer Verurteilung entgehen kann die Poesie, wenn sie religiösen Zwecken dient. *In nuce* formuliert wäre damit ein Literaturverständnis, wie es beispielsweise Christoph Bernhard Schlüter (1801–1884; → I.1.2.2.) gegenüber der Autorin vertrat, auf dessen Anregung Droste die Arbeit am *Geistlichen Jahr* überhaupt erst wieder aufgenommen hatte.

Allerdings lässt sich diese didaktisch-zahme Schlussvolte auch als eine widersprüchliche Schlusskonfiguration interpretieren. Erstens wird die Absage an die Poesie in kunstvoll geschmiedeten Versen formuliert, die u. a. durch das auffällige Reimschema immer wieder auf die eigene poetische Faktur verweisen. In Szene gesetzt ist ein performativer Widerspruch, wenn die Sprechinstanz, die die Poesie verurteilt, in Versen spricht, die auf diese Weise die Varianz des Strophenbaus zelebrieren. Zweitens wird der Verve, den eindrücklichen Bildern, die die ersten beiden Strophen in Bezug auf die Allegorie der Poesie entwickeln, in den folgenden Strophen nichts mit solcher Ausdruckskraft entgegengesetzt, ist doch »das eindringlichste Bild, das sich im Gedicht findet, [...] die Poesie in ihrer Autonomie und Grandiosität, auch in ihrer Monstrosität« (Liebrand 2010, 114). Drittens operieren auch die ›poesiefeindlichen‹ Strophen 3 bis 6 mit Bildern, die sich als poetologische Metaphern verstehen lassen und damit der propagierten Ablehnung der autonomen Poesie entgegen laufen. Beispielhaft sei das für die vierte Strophe gezeigt: Der Faden, der jederzeit enden kann, weist als Prolepse auf die später im Text genannten

Nornen voraus, die laut Mythos den Lebensfaden sowohl spinnen, als auch aufteilen und schließlich abschneiden. Weitergeführt wird das Bild aber mit der Spindel, die »rollt und rennt« (V. 29) und damit eine *tempus-fugit*-Thematik einspielt. »Keiner« – so die Rede im Gedicht – kann diesen Faden verlängern und dem Tod entgehen (V. 31). Aufgerufen werden mit dem Faden und der Spindel aber Handarbeitsmetaphern, die gleichzeitig auf den Text als *textum* verweisen – und damit auf die Textproduktion bzw. die Poesie, die der Endlichkeit des Lebens entgegen zu setzen ist. Denn die Poesie, das formuliert das sprechende Ich im Anschluss an Horaz an anderer Stelle des Zyklus, etwa im Gedicht *Am fünften Sonntage in der Fasten*, hat die Möglichkeit, in Ewigkeit zu bestehen und die Vergänglichkeit zu überwinden.

Vor diesem Hintergrund lässt sich auch die letzte Strophe anders lesen. Die »Spende«, so heißt es dort im Anschluss an das Gleichnis vom anvertrauten Talent (Mt 25,14–30; Lk 19,12–27), soll zum wuchernden Pfund werden und reichen Ertrag bringen. Kann das Talent, die göttliche Spende zum »Himmelshauch« (V. 47) transformiert werden, so sind auch Assoziationen möglich, die das sprechende Ich als *alter deus* konzipieren, das, wie Gott dem Menschen, dem Werk Leben einhaucht. Die Leistung des Gedichtes ist es, einen Vorstellungsraum zu öffnen, in dem diese Denkmöglichkeit nicht nur gleichberechtigt neben anderen steht, sondern in dem eine der Poesie vorbehaltene Ästhetik der Ambiguität vorgeführt wird. So unterscheidet die poetisch evozierte ›Wechselrede‹ zwischen Perikopen- und Gedichttext zwar kategorial zwischen der göttlichen und der poetischen Stimme, doch wird nicht zuletzt durch das Fehlen der Anführungszeichen deutlich, dass diese Wechselrede, die sich im Gedicht sogar noch einmal wiederholt, einzig und allein der Regie des Gedichttextes gehorcht. Andererseits arbeitet dieser Gedichttext mit Worten, Bildern und dem Redegestus der Perikope und drückt den Wunsch des lyrischen Ich aus, seiner Selbstaussprache möge der Dialog mit dem Göttlichen eingeschrieben sein.

Literatur

Berning, Stephan: Sinnbildsprache. Zur Bildstruktur des *Geistlichen Jahrs* der Annette von Droste-Hülshoff. Tübingen 1975.
Gössmann, Wilhelm: Das *Geistliche Jahr* Annette v. Droste-Hülshoffs. In: Hochland 55 (1963), S. 448–457.
Liebrand, Claudia: Todernstes Rollenspiel. Zur Poetik von Annette von Droste-Hülshoffs *Geistlichem Jahr*. In: Claudia Liebrand/Irmtraud Hnilica/Thomas Wortmann (Hg.): Redigierte Tradition. Literaturhistorische Positionierungen Annette von Droste-Hülshoffs. Paderborn u. a. 2010, S. 93–120.
Wortmann, Thomas: Zweckdichtung, zweckentfremdet. Poetologische Dimensionen im *Geistlichen Jahr* Annette von Droste-Hülshoffs. In: Claudia Liebrand/Oliver Kohns (Hg.): Gattung und Geschichte. Systematische und historische Perspektivierungen von Gattungstheorie(n). Bielefeld 2012, S. 205–227.

2.8. Am letzten Tage des Jahres (Sylvester)
Thomas Wortmann

Das Gedicht (HKA IV, 165 f.) bildet den Schlusstext des *Geistlichen Jahres*. Wie alle Texte des zweiten Teils des Zyklus ist das *Sylvester*-Gedicht im Manuskript H überliefert; niedergeschrieben ist es als letzter Text auf dem Blatt 6 des Manuskriptkonvoluts (HKA IV, 302 f.). Dem Gedichttext folgt ein Schlussstrich, der den oberen, beschriebenen Teil des Blattes vom unteren, unbeschriebenen absetzt. Die Funktion des Gedichtes als Schlusstext für den Zyklus ist damit auch schriftbildlich in Szene gesetzt (Wortmann 2014a, 215).

Das Gedicht besteht aus neun Strophen mit jambischen Sechszeilern. Dabei wird ein vierhebiger Kreuzreim von einem zweihebigen Paarreim umarmt, jede Strophe ist also mit einer Rahmung *en miniature* versehen, die mit der Rahmung auf der Makrostruktur durch den nur im Prädikat variierten ersten und letzten Vers des Gedichtes korrespondiert. Da bis auf eine Ausnahme (V. 42) Strophenende und Satzende zusammenfallen und die letzte Silbe des ersten und des letzten Verses jeweils mit betonter Kadenz enden, präsentieren sich die Strophen formal geschlossen und strikt voneinander abgesetzt. Doch durch die zahlreichen Ausrufe und rhetorischen Fragen, die innerhalb der einzelnen Strophen syntaktische Zäsuren darstellen, wird der Lesefluss gewaltsam unterbrochen. Auf formaler Ebene spiegelt sich so der immer wieder aufs Neue ansetzende, als qualvoll markierte Reflexionsprozess der Sprechinstanz.

Das Silvesterfest am Ende des Jahres ist – wie auch das Neujahrsfest an dessen Beginn – kein Bestandteil des kirchlichen Festkalenders, entsprechend gibt es auch keine dem Text vorangestellte Evangelienangabe. In den Fokus rückt der Jahreswechsel als Moment eines säkularen und persönlichen Innehaltens und Büßens, als Moment der Reflexion über das vergangene Jahr. Thema des *Sylvester*-Gedichtes ist das Vergehen der Zeit: Das Jahr nähert sich seinem Ende, der sich »sausend« (V. 2) abrollende Faden erinnert an das antike Bild des Lebensfadens, der von den Parzen gewebt, gemessen und durchtrennt wird; die »stäubend riesel[nde]« Zeit evoziert das Bild einer sich leerenden Sanduhr (V. 4). Wenn die »einst« »lebendige Zeit« aber in ein »Grab« rieselt und sich der ›Lebensfaden‹ des Jahres abrollt (V. 2–4), so findet bereits in der ersten Strophe eine Überlagerung auf der semantischen Ebene statt, die das gesamte Gedicht durchzieht: So wie das Jahr vergeht, so vergeht auch das Leben des Ichs (vgl. zu diesem offengelegten »Vorgang der Symbolisation« Berning 1975, 214). Die Bildsprache des Gedichtes oszilliert damit zwischen metaphorisch-allegorischer Rede und der Schilderung einer realistischen Szenerie (vgl. Heselhaus 1956a, 162; Woesler 1983, 152). Aufgegriffen ist eine Subjektivierungsstrategie, die das gesamte *Geistliche Jahr* auszeichnet, allerdings in diesem Fall nicht in Bezug auf die Aneignung des biblischen Prätextes, sondern im Hinblick auf die Inbezugsetzung von Jahresverlauf und Lebenslauf des Ichs. Nimmt man das *Sylvester*-Gedicht ernst, so findet mit dem Ende des

Textes auch das Leben der Sprechinstanz ein Ende, mit dem Jahreskreis endet deren »›Pilgrim's Progress‹« (Detering 2009, 51).

Die im Gedicht entworfene Sprechsituation ruft unterschiedliche Facetten eines kulturell tradierten Bildrepertoires auf. Prominent ist einerseits ein religiöser Kontext. Die »[e]insam durchwacht[e]« (V. 12), letzte Nacht lässt sich auf den inneren Kampf Jesu im Garten Gethsemane beziehen. Das Warten ist über den biblischen Intertext auch als ein Warten auf den Tod markiert (HKA IV, 587). Dieses Themenfeld verhandelt das Gedicht andererseits aber auch über das Aufrufen von ikonographischen Traditionslinien. Zu nennen ist in diesem Zusammenhang die Vanitas-Symbolik, die der Text über Motive wie die Sanduhr (V. 4 f.), die verbrennende Kerze (V. 31–33) und schließlich – als expliziter Verweis auf den Tod – über das sich öffnende Grab (V. 35 f.) einspielt. Schließlich wird die Eitelkeit als Wechselbegriff für *vanitas* explizit genannt (V. 37–41). Ähnlich verfährt das *Sylvester*-Gedicht auch mit dem Bildrepertoire der Melancholie. *Das* Motiv für die Darstellung des Melancholie-Topos schlechthin ist der in die Hand gestützte Kopf. Genau auf diese prominente Geste wird auch bei Droste im Übergang von der siebten zur achten Strophe angespielt: Sie wird durch die Engführung von »Stirn« und »Hand« (V. 44) über das ›Medium‹ des Angstschweißes, der auf beiden »brüht« (V. 42), mimetisch nachgebildet, ohne konkret genannt zu werden. In der Aussparung der direkten Nennung der Geste wird aber umso mehr auf die topische Haltung der Melancholie verwiesen. Folgt man diesem Verweis, so zeigt sich, dass Drostes Gedicht alle ikonographischen Versatzstücke der Melancholie aufruft: die Einsamkeit bei Nacht (V. 11 f.), die (quälerische) Kontemplation und Introversion (V. 13 f.) und schließlich die Schwermut, die sich bis zur Todessehnsucht (V. 35 f.) steigert (Wortmann 2014a, 199 f.)

Dieser Rekurs auf das Bezugsfeld der Melancholie ist in poetologischer Hinsicht von Interesse. Zwar unterscheidet sich das *Sylvester*-Gedicht im Hinblick auf die Sprechsituation, das topographische Setting und die Stimmung nicht sonderlich von den anderen Texten des Zyklus: Szenarien des Eingeschlossenseins, der Entropie, des Wartens auf ein epiphanisches Ereignis finden sich auch dort in Szene gesetzt (Detering 2009, 52 f.), Momente der qualvollen Introversion und der Reflexion über die eigene Vergänglichkeit ebenso. Das *Sylvester*-Gedicht aber verortet all diese Motive nicht primär in einem religiösen, sondern in einem literarischen, mithin in einem kreativitätstheoretischen Kontext, versteht man die ›holy melancholy‹ als Krankheit der Dichter und als »Erkennungszeichen schöpferischer Genialität« (Völker 1982, 9). Die existentielle Bedeutung der religiösen Krisenerfahrung, die das *Geistliche Jahr* trägt, ist damit nicht in Frage gestellt. Dieser ›Schmerz‹ aber wird, dem Muster folgend, wie es Goethes *Torquato Tasso* wirkmächtig etabliert hat, zur Voraussetzung dichterischer Kreativität und zum Movens des Schreibens. Dass es ausgerechnet das Schlussgedicht des *Geistlichen Jahres* ist, das diese Umwertung zentraler Motive vornimmt, ist wiederum von entscheidender Bedeutung. Nimmt man die Form des Zyklus ernst, so ist die Gedichtsammlung strukturell auf wiederholte Lesedurchgänge ausgelegt und der Lektüre des letzten Textes folgte eine erneute Lektüre des gesamten *Geistlichen Jahres*. Vor der Folie des *Sylvester*-Gedichtes kann der Zyklus dann aber ebenso als melancholisches wie als religiöses »Schmerzenswerk« (Detering 2009, 41) gelesen werden. Und wie die Melancholie wäre dann auch das Hadern mit dem Glauben als eine ›Krankheit‹ gekennzeichnet, die nicht ›geheilt‹, sondern gepflegt werden muss, um Literatur zu produzieren.

Eine poetologische Reflexion enthält der Schlusstext des Zyklus aber auch im Hinblick auf den Schreibprozess selbst: Die Motivkomplexe Vanitas und Melancholie werden in der siebten und achten Strophe durch ein Enjambement prägnant zusammengeführt und mit dem »br[e]ch[enden] Leben« in Verbindung gesetzt (vgl. Schönert 2007, 149). Drostes Gedicht konzeptualisiert die Melancholie, die ›Krankheit der Dichter‹, als eine ›Krankheit zum Tode‹ und etabliert einen Konnex von Schreiben und Tod. Vor dieser Folie kann der sich abrollende Faden (V. 2) *auch* als Verweis auf das Gewebe des Textes (*textum*) und genauer: auf das Ende des Schreibprojektes verstanden werden, immerhin handelt es sich beim *Sylvester*-Gedicht um den Schlusstext des Zyklus. Vor diesem Hintergrund stellt sich die Schlusskonfiguration (V. 49–54) noch einmal anders dar: Mit dem letzten Vers des Gedichtes fallen nicht nur das Ende des Jahres und das Ende des Lebens in zwei parallel gesetzten Ausrufen zusammen, sondern auch das Ende des Schreibprozesses. Engeführt sind damit das Ende des Schreibens (in diesem Fall: an den Texten des Zyklus) und das Ende des Lebens. Dass Droste die Arbeit am *Geistlichen Jahr* bis zum Schluss nicht beendet und den Zyklus stattdessen zu einem »perpetuum mobile der Textproduktion« gemacht hat (Wortmann 2014a, 226), scheint vor diesem Hintergrund nur konsequent: Das fortwährende Schreiben an den Gedichten lässt sich als ein lebensverlängernder Aufschub verstehen.

Literatur

Berning, Stephan: Sinnbildsprache. Zur Bildstruktur des *Geistlichen Jahrs* der Annette von Droste-Hülshoff. Tübingen 1975.

Detering, Heinrich: Versteinter Äther, Aschenmeer. Metaphysische Landschaften in der Lyrik der Annette von Droste-Hülshoff. In: Jochen Grywatsch (Hg.): Raum. Ort. Topographien der Annette von Droste-Hülshoff. Hannover 2009 (= Droste-Jahrbuch 7), S. 41–67.

Heselhaus, Clemens: Annette von Droste-Hülshoff: *Am letzten Tage des Jahres. Silvester*. In: Benno von Wiese (Hg.): Die deutsche Lyrik. Form und Geschichte. Interpretationen. Bd. 2: Von der Spätromantik bis zur Gegenwart. Düsseldorf 1956, S. 159–167. [Heselhaus 1956a]

Schönert, Jörg: Annette von Droste-Hülshoff: *Am letzten Tage des Jahres (Sylvester)*. In: Jörg Schönert/Peter Hühn/Malte Stein (Hg.): Lyrik und Narratologie. Text-Analysen zu deutschsprachigen Gedichten vom 16. bis zum 20. Jahrhundert. Berlin, New York 2007, S. 145–157.

Völker, Ludwig: Dichtung aus Melancholie – Spiegelungen eines literarischen Topos im Werk der Droste. In: Beiträge zur Droste-Forschung 5 (1982), S. 9–30.

Woesler, Winfried: Religiöses Sprechen und subjektive Erfahrung. Annette von Droste-Hülshoffs *Am letzten Tage des Jahres (Sylvester)*. In: Jürgen Häntzschel (Hg.): Gedichte und Interpretationen. Bd. 4: Vom Biedermeier zum Bürgerlichen Realismus. Stuttgart 1983, S. 147–156.

Wortmann, Thomas: Literatur als Prozess. Drostes *Geistliches Jahr* als Schreibzyklus. Konstanz 2014. [Wortmann 2014a]

3. Klänge aus dem Orient
Mirjam Springer

1. Entstehungs-, Druck- und Rezeptionsgeschichte 156
2. Orientalische Imaginationen im 18. und 19. Jahrhundert 157
3. Die *Klänge aus dem Orient* 159

1. Entstehungs-, Druck- und Rezeptionsgeschichte

Als Anfang Juni 1838 Christoph Bernhard Schlüter (1801–1884; → I.1.2.2.) und Wilhelm Junkmann (1811–1886) damit beschäftigt waren, eine erste Ausgabe mit ausgewählten Werken Drostes zusammenzustellen, schickte sie ihnen noch eine Reinschrift (vgl. HKA II, 347f., 356f., 362) mit 21 Gedichten, die, wenigstens zum Teil, unbedingt in den Band aufgenommen werden sollten. Am 19. Juli 1838 – da war die Ausgabe bereits im Druck – fragte sie beunruhigt bei Schlüter nach: »[I]ch habe, vor einiger Zeit, eine Anzahl morgenländischer Gedichte, zur Auswahl an Jungmann geschickt, weder in Ihrem Briefe noch in dem Seinigen wird Deren erwähnt, sie werden doch nicht verloren gegangen seyn?« (HKA VIII, 308) Sie waren nicht verloren gegangen – Schlüter und Junkmann hatten sie einfach ignoriert, sie verweigerten den *Klängen aus dem Orient* (HKA II, 9–35) eigenmächtig den Zutritt in den öffentlichen Raum der Literatur. Nichts ›Fremdartiges‹ oder ›Störendes‹ (HKA XI, 144) sollte die Konturen der westfälisch-katholischen Dichterin verunklaren, dieses biedermeierlich-antimoderne Bild, wie es in den Kanon eingeschrieben wurde. Schlüters Angebot, die »orientalischen Klänge« (HKA XI, 145) in Ignaz Hubs *Rheinischem Odeon* unterzubringen, nahm Droste nicht an. Der Zyklus wäre wahrscheinlich ohnehin nur rudimentär erschienen, noch dazu in Nachbarschaft zu Beiträgen von Schlüter und Junkmann. So viel hatte sie von ›Werkpolitik‹ und ›Werkherrschaft‹ nach dem Misserfolg der Ausgabe von 1838 mittlerweile gelernt. In die *Gedichte* (1844) wurden nur die Balladen *Der Barmekiden Untergang* und *Bajazeth* aufgenommen; zusammenhängend blieben die *Klänge aus dem Orient* bis zu den *Letzten Gaben* (1860) unveröffentlicht. Die ältere Droste-Forschung nahm den Zyklus eher als exotisches Unikum wahr, erst spät ließ man sich auf ihr widerständiges Potential ein (Kraft 1994; Kraft 1996; Wagner-Egelhaaf 1998; Ölke 2002; Springer 2008; Springer 2009). Der Wagnerianer Peter Cornelius (1824–1874), dessen ›orientalische‹

3. Klänge aus dem Orient 157

Oper *Der Barbier von Bagdad* 1858 uraufgeführt wurde, hat die atmosphärische Energie der Texte wohl erahnt: Er vertonte 1862 *unerhört*, *Das Kind* und *gesegnet*.

2. Orientalische Imaginationen im 18. und 19. Jahrhundert

Die *Klänge aus dem Orient* schreiben sich ein in den zeitgenössischen Orientdiskurs. Von den anderen exotischen Topographien (wie etwa den unerreichbar erscheinenden Südseeinseln, meist mit den dazugehörigen ›Wilden‹) unterschied sich der Orient in besonderer Weise. In der deutschen Wahrnehmung »präsentierte sich das Morgenland bis zur Mitte des 19. Jahrhunderts [...] als andere *Kultur*, d.h. als zwar differente, dem Abendland jedoch völlig analoge Zivilisation« (Polaschegg 2008, 19). Bereits die Monarchen vergangener Jahrhunderte hatten eine große Affinität zum orientalischen Ambiente gezeigt, hatten sich mit chinoisen Teehäusern, Pyramiden oder orientalischen Zimmern umgeben und sich für orientalische Herrscherfiguren in den prächtigen Kulissen der höfischen barocken Oper begeistert. Seit dann ab 1704 die *Erzählungen der Tausendundeinen Nacht* in der Übersetzung des französischen Orientalisten Jean Antoine Galland erschienen, lässt sich eine Verbürgerlichung des literarischen Orients erkennen, denn Scheherazades Geschichten sind – mit ihren weisen Derwischen und Kaufmannssöhnen – von ›bürgerlichen‹ Protagonisten bevölkert (Polaschegg 2008, 20f.). Die *Erzählungen der Tausendundeinen Nacht* trafen auf die zeitgenössische Mode der Feenmärchen und bereicherten sie um attraktive Stoffe, Schauplätze und Figuren. Ob in den didaktischen ›moralischen Erzählungen‹ der Aufklärung oder in Christoph Martin Wielands skeptisch-ironischer Verserzählung *Oberon* (1780) – das Morgenland wird zum Spiegel der eigenen Gesellschaft.

Spätestens seit dem letzten Drittel des 18. Jahrhunderts erhielt der deutsche Orientalismus eine weitere Facette: Ins Morgenland führte die Begeisterung für die Suche nach Ursprüngen und Genealogien. Schon Herders Poetik alttestamentlicher Dichtung (vor allem seine Schrift *Vom Geist der Ebräischen Poesie*, 1782/83) entwarf den Orient als Kindheitsort der Menschheit (Kauffmann 2007, 33), als Ursprungsland von Religion und Dichtung. Genau hier knüpft Goethes *West-östlicher Divan* (1819) an, wenn im *Hegire*-Gedicht präludiert wird: »Nord und West und Süd zersplittern, / Throne bersten, Reiche zittern, / Flüchte du, im reinen Osten / Patriarchenluft zu kosten, / Unter Lieben, Trinken, Singen, / Soll dich Chisers Quell verjüngen. // Dort, im Reinen und im Rechten, / Will ich menschlichen Geschlechten / In des Ursprungs Tiefe dringen« (Goethe [1819] 1994b, 12). Im Kontext der romantischen Begründung einer disziplinären sprachgeschichtlichen und etymologischen Forschung, die ›Sprache‹ als umfassendes, unbewusstes kulturelles Archiv begreift, steht auch der Frühorientalismus, stehen Entdeckung und Erforschung des indogermanischen Sprachzusammenhangs und die mit all dem einhergehende neue Begeisterung für orientalische Poesie. Über *Texte* reiste man in die orientalische (Sprach-)Vergangenheit und entwickelte in solchen ja immer bereits literarischen Begegnungen ein neues Bewusstsein für die besonderen Formen und Klänge dieser ›anderen‹ Poesie.

Auch im Rüschhaus gehörte der Orient mittlerweile längst zum kulturellen Inventar. Für die Wände des kleinen neuen Salons im Hochparterre hatten Therese von Droste-Hülshoff und die Töchter 1825/26 eine kostbare sepiafarbene, von der Manufaktur Dufour & Leroy in Paris unter dem Namen »Vue d'Italie« herausgebrachte Bildtapete mit einer neapolitanischen Ideallandschaft ausgesucht (Schumacher 2015). An der rechten Wand ist eine märchenhafte Hafenszene zu sehen: Ein orientalisch gekleideter Mann mit Wasserpfeife steht inmitten verschnürter Ladung, die sofort orientalische Imaginationen freisetzt, denn im 19. Jahrhundert waren Luxusgüter für die semiotische Konstitution des Orients noch immer von ungebrochener Bedeutung. Die Tapete ist Teil jener biedermeierlich-exotischen Staffage, zu der die Palmen der filigranen Scherenschnitte der beiden Schwestern genauso gehören wie die Pfauen auf dem Hof der westfälischen Wasserburg und auch das um 1831 komponierte *Indische Brautlied* (HKA XIII, 8 f.; → V.). Drostes Komposition auf einen Text, den sie einer Volksliedsammlung mit (u. a.) »madecassische[n]« und »brasilianische[n]« Volksliedern entnahm (HKA XIII, 433), versucht, wenngleich dilettantisch, mit Melismen, Arpeggien, Überdehnungen der betonten Silben durch Fermaten, irgendwie ›indisch‹ zu klingen, wie die Janitscharenmusik des 17. und 18. Jahrhunderts vorgab, *alla turca* aufzuspielen (Springer 2009, 96–98). Ähnlich wie in Wilhelm Hauffs *Märchen-Almanachen* (1826–1828) geht es bei Tapete und Lied natürlich nicht um die Entdeckung oder gar Vermittlung ›des Orients‹ – Wasserpfeife, Turban und absonderliche Töne bedienen nichts anderes als die biedermeierliche Lust am exotischen Kostüm. Auch Ferdinand Freiligraths berühmt-berüchtigte »Wüsten- und Löwenpoesie« (Buchner 1882, Bd. 2, 264) funktionierte nach diesem Muster; in seinen an Lord Byrons orientalischer Lyrik, Thomas Moores orientalischer Romanze *Lalla Rookh* (1817; mit ihr hat sich 1834/35 auch Droste beschäftigt, vgl. HKA II, 361) und Victor Hugos *Orientales* (1829) ausgerichteten Orientphantasien liefert das exotische Setting die Kulisse und Requisiten für ein schrankenloses Ausleben aggressiv-erotischer Sehnsüchte (Ammann 1989, 120). Als dann 1828 Albert Lortzings Singspiel *Ali Pascha von Janina* im Theater am Roggenmarkt mit Erfolg uraufgeführt wurde, war der Orient samt Harem und grausamem Pascha endgültig in Münster angekommen. Ob Droste diese Oper gesehen hat, ist nicht bekannt, doch sie verfolgte das Theatergeschehen zu dieser Zeit durchaus mit großem Interesse, denn mit August Pichlers herausragender Truppe war seit 1818 kurzzeitig so etwas wie Theaterleidenschaft beim Münsteraner Publikum erwacht. Und von Lortzing sprach man ohnehin: Der Schauspieler, Tenor und Komponist war 1826 zu Pichlers Detmolder Gesellschaft gestoßen und gehörte bald, in seinen bunten Fräcken *à la mode* gekleidet, zu Münsters Stadtbild.

3. Die *Klänge aus dem Orient*

Sind diese Art Orientalia stereotype Tableaus, auf denen Wunderbares, Abenteuerliches, Grausames gefahrlos konsumierbar erscheint, finden sich in Drostes Lektüren und in ihren Texten auch Reflexe der anderen Facette des Diskurses, nämlich der Historisierung des Orients, die sich der epistemischen Wende des 18./19. Jahrhunderts verdankt. Droste kannte wahrscheinlich die orientalisierende Lyrik von Friedrich Rückert, des einzigen Dichter-Orientalisten ihrer Zeit, mindestens versuchte Schlüter ihr den Abdruck der *Klänge* im *Rheinischen Odeon* u. a. mit seinem Namen schmackhaft zu machen, und sicherlich kannte sie auch die Ghaselen von August von Platen (HKA VII, 663, 666). Zwar hatten bereits Anfang des 19. Jahrhunderts Friedrich und August Wilhelm Schlegel ghaselenartige Gedichte geschrieben, doch seit der österreichische Diplomat und Orientalist Joseph von Hammer-Purgstall (1774–1856) persische Dichtung ins Deutsche übersetzt hatte, war Ghaselen-Dichten zu einer echten (und durchaus populären) Herausforderung geworden. Hammers Übersetzung der Gedichtsammlung (pers. *divan*) des Muhammad Schams ed-Din Hafis (1317/26–1389/90) von 1812/13 hatte nicht nur den Anstoß zu Goethes *West-östlichem Divan* gegeben, sondern auch Rückerts und Platens Bemühungen um ein deutsches Ghasel angeregt. Beide versuchten insbesondere, der komplizierten Reimstruktur mit den sich ständig wiederholenden identischen Reimen beizukommen, was bei Zeitgenossen wegen der daraus resultierenden Künstlichkeit durchaus Skepsis, gar Häme hervorrief. Unter Drostes Gedichten findet sich der Versuch eines Ghasels, wenn es auch der einzige bleibt: *An Louise, am 9ten April. Ghasele* (wahrscheinlich 1846; vgl. HKA II, 214). Mit Rückerts und Platens Ringen um die strenge, komplexe Form hat dieses harmlose volksliedartige Geburtstagsständchen jedoch nichts zu tun. Immerhin: Auch hier ist zu beobachten, dass sich Droste im literarischen Feld ihrer Zeit auskannte, wie sie Moden, Trends und ästhetische Auseinandersetzungen verfolgte. Auf Hammer-Purgstall war sie bereits in den 1820er Jahren bei Familie Haxthausen gestoßen, wie sie sich in einem Brief an Schücking vom 6. Februar 1844 auf dessen Nachfrage nach den Quellen für die beiden Balladen *Der Barmekiden Untergang* und *Bajazeth* erinnert:

> »Rosenöhl« ist allerdings ein Buch, und machte vor zwanzig Jahren Aufsehen – meine Onkels Haxthausen besäßen es, waren entzückt davon, und es wurde damals in allen Zeitschriften rühmlich erwähnt, als höchst werthvoller Beytrag zur Kenntniß orientalischer Sitten und Sagen, – leider habe ich den Namen des Verfassers vergessen. Was ist da zu machen? wahrscheinlich weiß Cotta ihn, denn es war ein damals berühmter Gelehrter, der es aus dem Arabischen entweder übersetzt, oder die Sagen selbst im Oriente gesammelt hatte. (HKA X, 153)

Auch wenn ihr der Name des berühmtesten Orientalisten ihrer Zeit nicht mehr einfiel, die Lektüre seiner Sammlung *Rosenöl. Erstes/Zweytes Fläschchen, oder Sagen und Kunden des Morgenlandes aus arabischen, persischen und türkischen Quellen* von 1813 muss eindrücklich gewesen sein. Wie die

Anmerkung zu *Der Barmekiden Untergang*, die Droste dem Text in der Reinschrift von 1838 beifügte, zeigt, hielt sie sich bei Namen und Handlung genau an die Vorlage (Hammer-Purgstall 1813, *Zweytes Fläschchen/Bändchen*, 157–168, 195). Für die anderen Gedichte der *Klänge aus dem Orient* lässt sich ein so eindeutiger Bezug zu dieser Quelle allerdings nicht nachweisen. Es ist eher Atmosphärisches, das sich aus der zwanzig Jahre zurückliegenden Lektüre in Bildern und Motiven für die eigenen *Klänge* wieder aufrufen ließ.

Mit Hammer-Purgstall, Rückert und Platen nahm Droste diejenigen wahr, die mit Vehemenz die Historisierung des Orients literarisch vorantrieben. In diesem Feld positioniert sich auch Goethes *Divan*-Projekt, indem es den Orient als fremden Raum einer idealen Vergangenheit entwirft, von dem aus der »west-östliche[ ] Akkulturationsprozeß« (Polaschegg 2005, 311) beginnen kann. Goethes *Divan* lebt von der hermeneutischen Bewegung, von permanenten Grenzüberschreitungen und -aufhebungen. Droste muss Goethes *Divan* genau gelesen haben, auch wenn es dafür keine Belege gibt, so luzide sind die Korrespondenzen (vgl. Wagner-Egelhaaf 1998). Doch die *Klänge aus dem Orient* suchen den Ursprungsort nicht länger. Die aneinander gereihten Miniaturen ergeben ein goldbesticktes, blutgetränktes Gewebe aus orientalischen Klängen. Die Semantik der Grenze hält zusammen, was antithetisch gegeneinander steht: Schleier, Gitter, Fenster, Spiegel, Oben und Unten, Außen und Innen, reich und arm, Recht und Unrecht, Gewalt und Ohnmacht, Frau und Mann, tot und lebendig, Glück und Unglück, alt und jung, Feuer und Wasser – Drostes *Klänge aus dem Orient* sind bestimmt von Grenzziehungen (Wagner-Egelhaaf 1998, 154 f.). Der gleichsam hermetische Textraum der *Klänge* wird dabei komplementär inszeniert zum zugänglichen und auch nach oben offenen Raum des *Divans*.

Droste hat die Gedichte des Zyklus immer wieder umgruppiert. Die HKA folgt der Anordnung in der letzten Reinschrift. Die beiden Balladen *Der Barmekiden Untergang* und *Bajazeth* eröffnen die *Klänge*. Es folgen zwei titellose Gedichte (⟨*O Nacht! du goldgesticktes Zelt!*⟩, ⟨*Wer bist du doch, o Mädchen?*⟩), dann vier Gedichte, die mit Figuren überschrieben sind (*Der Fischer, Der Kaufmann, Das Kind, Der Greis*). Den letzten Teil nennt Droste *Sprachübungen*. Er enthält dreizehn Gedichte mit Adjektiven als Titel: *geplagt, getreu, freundlich, verliebt, verliebt, bezaubernd, verhenkert, verteufelt, verflucht, herrlich, unaussprechlich, unbeschreiblich, unerhört*. Auffällig ist, dass »durch die drei Anordnungsschemata« der drei überlieferten Handschriften »hindurch bestimmte ›Gedichtpärchen‹ konstant bleiben«: die beiden titellosen Gedichte, dann *Der Fischer/Der Kaufmann, getreu/freundlich* und *verhenkert/verteufelt* (HKA II, 360). Neben den 21 Gedichten existieren vier weitere, die Droste in die letzte Reinschrift nicht übernommen hat: *Der Gärtner, herzlich, Unzählbar, englisch* (HKA II, 32–35).

Wie in einem Fadenknäuel sind beinahe alle Motive, Bilder, Figuren der *Klänge* in den beiden Eröffnungsballaden versammelt. Von hier aus lassen sich zwischen allen Gedichten Verbindungslinien ziehen. In der *Barmekiden*-Ballade (HKA II, 9 f.) wird die brutale Geschichte einer verbotenen Liebe erzählt.

3. Klänge aus dem Orient

Maimuna, die Schwester des Kalifen Harun-al-Raschid, liebt heimlich dessen Großvezier, den Barmekiden Dschafer. Nach etlichen Jahren wird das Verhältnis entdeckt. Der despotische Kalif vertreibt das Barmekiden-Geschlecht und lässt seinen Großvezier hinrichten. Damit sind die Vorzeichen für den Zyklus gesetzt. Die Ballade liest sich wie das eingeschwärzte Spiegelbild zu Goethes Eröffnungsgedicht des ersten Teils, *Moganni Nameh. Buch des Sängers*: »Zwanzig Jahre ließ ich gehn / Und genoß was mir beschieden; / Eine Reihe völlig schön / Wie die Zeit der Barmekiden.« (Goethe [1819] 1994b, 11) Mit diesem Prologgedicht des *Divan* ruft Goethe den Mythos der Barmekiden als Bewahrer des »heilige[n] Feuer[s] der Dicht- und Redekunst« (Goethe [1819] 1994b, 161) auf, den er bereits bei Hammer-Purgstall vorgeformt gefunden hatte. Goethe inszeniert die berühmte Dynastie als persischen Nucleus arabischer Kultur und vorhumanistischer Politik. In Drostes Erzählung ist der Orient hingegen längst nicht mehr die schöne, fremde Welt der Dichter und Mäzene. Der Genozid an den Barmekiden in der ersten, die entfesselte Gewalt zwischen Herrn und Diener in der zweiten Ballade setzen ein dissonantes Eröffnungssignal. In *Bajazeth* (HKA II, 11 f.) beobachtet der Erzähler das Geschehen zunächst von fern, vermag die durch die Wüste taumelnde Figur nicht zu erkennen, verwechselt sie mit einem Tier. Als das Perspektiv gleichsam scharfgestellt ist, fällt die Identifikation leicht: »Es ist der mächtge Bajazeth, / Der Reichste in Cairo« (V. 13 f.). Nun wechselt der Fokus und der Sultan Bajazeth beginnt zu sprechen. Er verflucht seinen Diener, der ihn auf dem Weg durch die Wüste beraubt und ausgesetzt hat.

Nicht nur werden in den Eröffnungsballaden bereits fast alle Grenzmarkierungen aufgerufen, die die *Klänge* insgesamt bestimmen, hier wird zudem die räumlich-visuelle Grundfigur des Zyklus etabliert. Das Zyklus-Ich, das nicht zu verwechseln ist mit den vielen sprechenden Rollen-Ichs der verschiedenen Gedichte, verlässt den Raum des Eigenen nie wirklich. Wie der Erzähler aus der *Bajazeth*-Ballade schaut es in den folgenden Szenen, in denen auf unterschiedliche Weise »Grenzen in ihrer tödlichen Realität erfahren werden« (Wagner-Egelhaaf 1998, 154), wie durch ein scharf gestelltes Perspektiv in die Gemächer, die Gassen, die Hütten und Paläste. Erst dieser ›Theaterblick‹ ermöglicht es, dass die in den Orient hineingehörten Klänge von dort aus über die Grenze zurück ins Eigene wehen und es alterieren können. Als stünde es vor einem Guckkasten mit wechselnden orientalischen Szenerien, reiht das Zyklus-Ich Miniatur an Miniatur. Nur weil die Füße den Halt nicht verlieren, werden Reisen im Kopf möglich, kann sich das Zyklus-Ich in den Raum des *parcours* projizieren, kann es Voyeur, Lauscher, Erzähler sein. Das Zyklus-Ich hinter dem jeweils Sprechenden vollzieht dessen Sehbewegung zwar nach, doch es bleibt Leerstelle, es zeigt sich nicht. Von diesem sicheren Standpunkt aus scheint das Erzählen zunächst noch zu gelingen, wie die Gattung am Anfang des Zyklus suggeriert, doch schnell ist der Balladenton aus dem Zyklus verschwunden, die auktorialen Weltaneignungsmodelle werden abgelöst durch orientalische Impromptus.

Auf die beiden Balladen folgen zunächst die zwei einzigen titellosen Gedichte, ⟨*O Nacht! du goldgesticktes Zelt!*⟩ und ⟨*Wer bist du doch, o Mädchen?*⟩. Verhüllen und Enthüllen sind die bestimmenden Bewegungen dieser beiden Texte. Dass dies autopoetische Lesarten ermöglicht, hat Wagner-Egelhaaf (inspiriert von Barthes' Schleier-Gewebe-Text-Analogien) vorgeführt (Wagner-Egelhaaf 1998, 162). Darüber hinaus ist bemerkenswert, dass ausgerechnet in dem Moment, als das lineare, die Verfügbarkeit des Dargestellten noch behauptende Erzählen an sein Ende gekommen ist, jegliche Benennung problematisch wird. Die unmittelbar auf die Balladen folgenden Gedichte sind titellos, sie verweigern sich damit der Benennung – eine Haltung, die im zweiten der Gedichte (HKA II, 14) wiederkehrt, indem es die Antwort auf die Frage »Wer bist du doch, o Mädchen?« schuldig bleibt. In beiden Gedichten verliert das Ich des Zyklus die Kontrolle über die Szenen im Guckkasten; das Geschehen hinter dem Schlüsselloch beginnt eine Eigendynamik zu entwickeln.

In ⟨O Nacht! du goldgesticktes Zelt!⟩ (HKA II, 13) lässt sich eine »zwischen den Polen schwebende (weibliche) Identität vernehmen, die sich allen Einheits- und Eindeutigkeitskonstruktionen entzieht.« Das »nicht genannte Mädchen erscheint als ein Produkt der Wahrnehmung anderer, vor der es geschützt werden muß«. »Ungewiß ist die Referenz, das Urbild« des Spiegelbildes (Wagner-Egelhaaf 1998, 158f.): »Erblicktest du ein Bild darin? / Und war es, ach! das Meine?« (V. 17f.) Genau hier ist die einzige Stelle der *Klänge aus dem Orient*, an der das Zyklus-Ich für einen kurzen Augenblick Gestalt annimmt (Springer 2009, 103), nicht von ungefähr in einer Spiegelszene. Nur an dieser Stelle im Zyklus wird die Grenze zwischen den Räumen durchlässig, nur hier wagt es das Ich, sich ›drüben‹, im ›anderen Raum‹ zu verorten. Auch im zweiten titellosen Gedicht, ⟨Wer bist du doch, o Mädchen?⟩ (HKA II, 14), wird der Name ausgespart. Die Konturen des namenlosen Mädchens bleiben inmitten der orientalischen Kulisse diffus, als sei dies die Bedingung für den einen wortlosen, sinnlichen Moment reiner Präsenz: »Und tausendfach gesegnet / Die Sklavinn der du lächelst / An ihre Schulter lehnend / Dein unverschleyert Haupt« (V. 17–20).

Eine Gruppe aus Gedichten, die Figuren im Titel tragen, folgt: *Der Fischer, Der Kaufmann, Das Kind, Der Greis* (HKA II, 15–18). In diesen vier Gedichten ist der Orient der »fernen Spiegel[ ]«(Polaschegg 2005, 440) – in dichten Überblendungen von Eigenem und Anderem werden die vertrauten Grenzkonstellationen fremd gemacht, damit sie sichtbar werden können. In *Der Fischer* und *Der Kaufmann* wird der Imaginationsraum ›Orient‹ bloß noch durch Signalwörter wie »Sandalen« oder »Pirat« aufgerufen. Die auch aus der westfälischen Wirklichkeit vertrauten Auswirkungen ökonomischer Grenzziehungen wie Hunger und Armut, feindliche Übernahmen und Konkurs, werden in der fernen Welt gespiegelt (Kraft 1996, 66–68). In den beiden Gedichten *Das Kind* und *Der Greis* beschwört der Name »Zillah« (für den sich Droste erst spät entschied: in H¹ stehen alternativ »Zuleima« und »Alma«; vgl. HKA II, 377) noch den Ursprung, die Grenzaufhebung (vgl. 1. Mose 4,22; Springer 2009, 104). Doch die Gedichte verlieren sich nicht in Phantasmen, sie wissen um die Abgründe, die sich auftun, reicht man doch in der Wirklichkeit an die Vollendung der Liebe nicht heran: Während sich der eine (in *Das Kind*) in seinen erotischen Phantasien infantilisiert, ist dem anderen (dem Greis) die Fähigkeit sinnlichen Erlebens abhanden gekommen. *Der Greis* liest sich wie eine direkte Einrede gegen Goethes *Phaenomen*. Euphemistisch verheißt der Sänger im *Divan*: »So sollst du, muntrer Greis, / Dich nicht betrüben, / Sind gleich die Haare weiß, / Doch wirst du lieben.« (Goethe [1819] 1994b, 19) Erneut antwortet Droste der Goethe'schen Harmonisierungseuphorie mit erschütterndem Realismus. Auch in dieser Gedichtgruppe bleibt das Zyklus-Ich gestaltlos, uneindeutig. Im *Fischer* und im *Kaufmann* wird zwar erzählt, doch die Erzählerposition wird durch die monologische Figurenrede geschwächt. Im *Kind* und im *Greis* ist der Erzähler dann wieder verschwunden, stattdessen werden (männliche) Rollenspiele geboten.

Dem letzten Teil des Zyklus, den *Sprachübungen* (HKA II, 19–31), ist eine Anmerkung beigefügt: »Das Nachdenken über den engsten und ursprünglichen Sinn mancher Adjectiven, und der Einfall ihn in kleinen Bildern darzustellen, veranlaßte diese flüchtigen Skizzen.« (HKA II, 19) Das Zyklus-Ich gibt sich den Habitus des romantischen Sprachforschers. Doch die folgenden Gedichte befriedigen kein etymologisches Interesse: In den *Sprachübungen* verdichtet sich das Netz der Demarkationslinien: Gitter, dichte Schleier, gepfählte Köpfe, giftige Pfeile, Feuer, Verfluchungen, tödliche Wettkämpfe. Wie überhaupt im Zyklus, finden sich gerade auch in diesem Teil zahlreiche Rollengedichte, in denen das sprechende Ich mal Frau oder Mann, Herr oder Diener ist. Die Rollengedichte erzeugen eine besondere Präsenzempfindung, als würde die Außenperspektive während des Sprechakts zugunsten einer partizipierenden Innenperspektive aufgegeben, die aber ist im Rollengedicht grundsätzlich simuliert. Das Zyklus-Ich bleibt in den *Klängen* stets diesseits der Grenze. Die Paratexte (der Titel *Sprachübungen*, die Gedichttitel und die Anmerkung) halten seine sichere Außenposition präsent. Erst im Schutz der Paratexte, die die orientalischen Szenen wie harmlose ›Fingerübungen‹ erscheinen lassen sollen, kann die Gefahrenzone virtuell betreten werden.

Alle dreizehn Gedichte der *Sprachübungen* tragen Adjektive im Titel, offensichtlich nach dem Muster einiger Gedichttitel aus dem *Usch Nameh. Buch der Liebe* überschriebenen Teil von Goethes *Divan*. Die Attribuierung der Dinge ist ein Akt der Weltaneignung und -ausdifferenzierung. Bei Goethe funktioniert sie noch und treibt Sprachblüten hervor; die *Sprachübungen*, in denen die Verwendung ausgerechnet der Adjektive fragwürdig geworden ist, präsentieren stattdessen Gewaltexzesse *en miniature*. Nirgendwo sonst sind die Parallelen zu Goethes *Divan* derart deutlich. Während in *Höchste Gunst* (Goethe [1819] 1994b, 47 f.) das sprechende Ich sich glücklich schätzt, ›Herrn‹ und ›Herrin‹ gefunden zu haben (»Herr und Herrin sehn es gern / Daß sie beyde mich gefunden, / Und mir leuchtet Glück und Stern / Da ich beyde Sie gefunden.«), wird der Knabe in *geplagt* (HKA II, 19) zwischen »zwey Herrinnen« (V. 1) lebensbedrohlich aufgerieben (Wagner-Egelhaaf 1998, 156 f.). Genießt bei Goethe Suleika ihren Anblick im Spiegel als Moment vollkommener Identität (»Der Spiegel sagt mir ich bin schön! / [...] / Vor Gott muß alles ewig stehn, / In mir liebt Ihn, für diesen Augenblick«, Goethe [1819] 1994b,

49), ist in *verliebt* (HKA II, 23) das Mädchen der eigenen Sinnlichkeit hilflos ausgeliefert (»Und immer Spiegel mir flirren, / Blind geworden bin ich schon ganz, / Taub werd' ich nächstens werden, / Mutter, löse die Spangen mir! / Mich hat ein Fieber befallen.«; V. 10–14). Goethe feiert in *Unbegrenzt* den Wettkampf mit Hafis als poetologische Offenbarung: »Und mag die ganze Welt versinken, / Hafis mit dir, mit dir allein / Will ich wetteifern! Lust und Pein / Sey uns den Zwillingen gemein!« (Goethe [1819] 1994b, 31) In *unaussprechlich* (HKA II, 29) gerät der Sängerwettstreit von Nachtigall und Lerche zum Massaker: »Doch die Nachtigallen reihten sich / Und die Lerchen, wie Perlenschnüre, / All' lagen sie todt in Gras und Strauch, / Verhaucht im süßen Gesange.« (V. 5–8)

Immer wieder zeitigt die Gewalt Sprachlosigkeit. Und so endet der Zyklus in *unerhört* (HKA II, 31) auch mit dem Unsagbarkeitstopos, den die Gedichte der *Sprachübungen* in vielfältiger Weise variieren: Ossa und Pelion, die beiden Berge, die die Zwillingsriesen Otos und Ephialtes übereinander türmten, um den Himmel zu stürmen, rätseln hier über einen noch nie vernommenen Klang. Das Gedicht *unerhört* ist der einzige Text des Zyklus, der den arabisch-persischen Orient verlässt. Das Perspektiv wendet sich nach Griechenland, streift damit einen anderen Raum des Diskurses, den nicht zuletzt der Philhellenismus, ebenfalls auf der Suche nach dem Ursprung, vermessen hatte (Polaschegg 2005, 232–275). Der Zyklus endet mit einer Grenzkonstellation unüberschaubaren Ausmaßes. Dort die Berge der Himmelsstürmer, hier die Klage einer Mutter um ihren toten Sohn. Dort die unzählbare Zeit, hier der *eine* Moment der Trauer. Dabei gibt es einen auffälligen semantischen Wechsel: Ist zu Beginn noch von »Klang« die Rede (V. 2), spricht der Ossa am Ende von »Laut« (V. 9). Ein Blick in die Varianten zeigt: An der Besetzung dieser Positionen hat Droste gefeilt (HKA II, 401 f.). In der ersten Fassung stand in V. 2 noch »Laut«. In Vers 9 stand zunächst »Schrey«, dann »Laut«, dann, in der zweiten Fassung, »Klang«. Erst in der letzten Fassung scheint die richtige Wort-Konstellation gefunden: Hier wird innerhalb der Figurenrede der »Klang« vom »Laut« abgelöst. Der Zyklus ist damit an *seinen* Ursprung gelangt: statt (künstlichem) Klang ein (menschlicher) Urlaut. Goethes *Divan* endet mit der Apotheose des Dichters. Er wird von der Houri eingelassen ins Paradies. Das Ich des vorletzten *Divan*-Gedichts (*Höheres und Höchstes*, Goethe [1819] 1994b, 131–133) imaginiert die eigene Elevation bis zur Selbstauflösung, das Paradies als Ort ohne Sprache: »Ton und Klang jedoch entwindet / Sich dem Worte selbstverständlich, / Und entschiedener empfindet / Der Verklärte sich unendlich.« (V. 29–32) Auch Drostes Zyklus endet sprach-los. Doch anders als bei Goethe bleibt das Paradies verschlossen. Bis zum Schluss gibt es keine Erklärung für das Gehörte – zum letzten Mal wird das Perspektiv scharf gestellt: »Eine Mutter am Hange steht, / Die weint ihr einzig Söhnlein!« (V. 11 f.) Damit ist der Zyklus gleichsam kurzgeschlossen, war doch in der vorletzten Strophe der *Barmekiden*-Ballade bereits von den weinenden Müttern erzählt worden: »Mütter auf den dürren Mäulern, / Blind geweint die schönen Augen« (V. 42 f.).

3. Klänge aus dem Orient

Vier Gedichte haben es nicht in den Zyklus geschafft. Drei von ihnen, *Der Gärtner, Unzählbar, englisch* (HKA II, 32–35), wiederholen aus den Zyklus-Gedichten bereits bekannte Konstellationen (Hassan – Zillah – Gitter in *Der Gärtner*), Zahlenspiele (»30 000« in *englisch*), Unsagbarkeitstopoi (*Unzählbar*). Droste wählte eindeutig die besseren Gedichte für die letzte Reinschrift aus, um Doppelungen zu vermeiden. Außerdem wäre, zumindest im Falle der Gedichte, die Figuren im Titel tragen, mit dem *Gärtner* die Symmetrie der Gedichtpaarungen aus den Fugen geraten. Von ganz eigenem Gewicht aber ist *herzlich* (HKA II, 33), das immer wieder einmal als ›Vermächtnis‹ Drostes gelesen wurde (Kraft 1996, 117f.): »All meine Rede und jegliches Wort / Und jeder Druck meiner Hände / Und meiner Augen kosender Blick / Und alles was ich geschrieben / Das ist kein Hauch und ist keine Luft / Und ist kein Zucken der Finger / Das ist meines Herzens flammendes Blut / Das dringt hervor durch tausend Thore«. Dieses Gedicht, das bis auf die anaphorische Rhetorik keinen orientalischen Klang hat, wäre auf andere Weise dem Zyklus gefährlich geworden. Metaphorisch korrespondiert es mit der ersten Strophe des Zyklus, die zur *Barmekiden*-Ballade in keinem inhaltlichen Bezug steht und deshalb als Prolog für die gesamten *Klänge* gelesen werden kann: »Reiche mir die Blutorange, / Mit dem süßen Zauberdufte, / Sie die, von den schönsten Lippen, / Ihre Nahrung hat geraubt.« (V. 1–4) Diese Darreichungs- und die in ihr präfigurierte Empfangsgeste, mit der der »Imaginationsraum« eröffnet wird (Ölke 2002, 171), markieren und transzendieren die Grenze zwischen Dort und Hier gleichermaßen. Doch das Ich bleibt auch im Folgenden an seinem Ort diesseits der Grenze, es wirft den Blick hinüber, der den anderen Raum modelliert. Nur einmal, wie gezeigt am Ende von ⟨*O Nacht! du goldgesticktes Zelt!*⟩, nimmt das Zyklus-Ich jenseits der Grenze, wenn auch nur im Spiegel, Kontur an. Überall sonst, wo ein Ich spricht, simuliert bloß die Rolle Präsenz. In *herzlich* hingegen gibt es keine Ichpräsenz simulierende Rolle, kein Spiegel garantiert die Uneigentlichkeit der Ich-Kontur, und die Grenze ist passierbar, wenngleich um den Preis der Selbstauflösung (»Das dringt hervor durch tausend Thore«). Auch hier ließe sich, wie bei ⟨*O Nacht!*⟩, die Frage stellen: Wer spricht hier eigentlich? Hier spricht ein Ich, das sich jeglicher Zuordnung entzieht, weder Kultur noch Geschlecht noch Sprache in jedweder Form sind als Begrenzung (mehr) von Relevanz. Damit werden die Strategien des Zyklus-Ichs, einen wenn auch noch so brüchigen ›stabilen fiktiven Raum‹ (vgl. Erhart 2008, 138–151) hinter dem Schlüsselloch zu generieren, vollends unterlaufen. Wäre *herzlich* in den Zyklus integriert worden, wäre es um die (trügerische) Sicherheit des Guckkastens geschehen gewesen.

Literatur

Ammann, Ludwig: Östliche Spiegel. Ansichten vom Orient im Zeitalter seiner Entdeckung durch den deutschen Leser 1800–1850. Hildesheim u. a. 1989.
Buchner, Wilhelm: Ferdinand Freiligrath. Ein Dichterleben in Briefen. Leipzig 1882.

Erhart, Walter: »Das Wehtun der Zeit in meinem innersten Menschen«. ›Biedermeier‹, ›Vormärz‹ und die Aussichten der Literaturwissenschaft. In: Euphorion 102,2 (2008), S. 129–162.
Goethe, Johann Wolfgang: West-östlicher Divan [1819]. In: Johann Wolfgang Goethe: Sämtliche Werke. Briefe, Tagebücher und Gespräche in vierzig Bänden. Bd. 3,1. Hg. von Hendrik Birus. Frankfurt/M. 1994. [Goethe 1994b]
Kauffmann, Kai: ›Bilderrede‹. Zur Beziehung von Theorien des Sprachursprungs und einer Poetik des Orientalismus bei Rousseau und Herder. In: Klaus-Michael Bogdal (Hg.): Orientdiskurse in der deutschen Literatur. Bielefeld 2007, S. 31–48.
Kraft, Herbert: Annette von Droste-Hülshoff. Ein Gesellschaftsbild. Münster 1996.
Ölke, Martina: ›Heimweh‹ und ›Sehnsucht in die Ferne‹. Entwürfe von ›Heimat‹ und ›Fremde‹ in der westfälischen und orientalischen Lyrik und Prosa Annette von Droste-Hülshoffs. St. Ingbert 2002.
Polaschegg, Andrea: Der andere Orientalismus. Regeln deutsch-morgenländischer Imagination im 19. Jahrhundert. Berlin, New York 2005.
Polaschegg, Andrea: Die Regeln der Imagination. Faszinationsgeschichte des deutschen Orientalismus zwischen 1770 und 1850. In: Charis Goer/Michael Hofmann (Hg.): Der Deutschen Morgenland. Bilder des Orients in der deutschen Literatur und Kultur von 1770 bis 1850. Paderborn, München 2008, S. 13–36.
Springer, Mirjam: ›Flirrende Spiegel‹. Annette von Droste-Hülshoffs *Klänge aus dem Orient*. In: Charis Goer/Michael Hofmann (Hg.): Der Deutschen Morgenland. Bilder des Orients in der deutschen Literatur und Kultur von 1770 bis 1850. Paderborn, München 2008, S. 151–164.
Springer, Mirjam: Verbotene Räume. Annette von Droste-Hülshoffs *Klänge aus dem Orient*. In: Jochen Grywatsch (Hg.): Raum. Ort. Topographien der Annette von Droste-Hülshoff. Hannover 2009 (= Droste-Jahrbuch 7), S. 95–108.
Wagner-Egelhaaf, Martina: Grenz-Rede. Annette von Droste-Hülshoffs *Klänge aus dem Orient*. In: Ernst Ribbat (Hg.): Dialoge mit der Droste. Kolloquium zum 200. Geburtstag von Annette von Droste-Hülshoff. Paderborn u.a. 1998, S. 147–164.

4. Gedichte von Annette Elisabeth v. D.... H.... (1838)

4.1. Einleitung

Cornelia Blasberg/Jochen Grywatsch

Den größten Raum im Band *Gedichte von Annette Elisabeth v. D.... H....*, der 1838 im münsterschen Aschendorff-Verlag erschien, nehmen die Langgedichte *Das Hospiz auf dem großen St. Bernhard* (entstanden 1825–1833), *Des Arztes Vermächtniß* (1833/34) und *Die Schlacht im Loener Bruch. 1623* (1837/38) ein. Unter der Überschrift *Gedichte vermischten Inhalts* folgen die Texte *Der Säntis* (HKA I, 87–89), *Am Weiher* (HKA I, 90–92), die Ballade *Der Graf von Thal* (HKA I, 221–228) und die *Fragment* betitelten ersten 42 Verse des von Droste nicht für den Druck vorgesehenen dritten Gesangs vom *Hospiz* (HKA I, 93 f.). Unter dem Titel *Geistliche Lieder nach den Sonn- und Fest-täglichen Evangelien* schließen sich – versehen mit dem Zusatz »(Proben aus einem grö-

4. Gedichte von Annette Elisabeth v. D.... H.... (1838)

ßeren Ganzen.)« – acht Gedichte aus dem ersten Teil des *Geistlichen Jahres* an (vgl. HKA II, 345; HKA III, 261–264). Bis auf die geistlichen Gedichte wurden alle genannten Texte später in die Ausgabe von 1844 übernommen. Droste hatte Christoph Bernhard Schlüter (1801–1884; → I.1.2.2.), der den Verlagskontakt angebahnt hatte, und Wilhelm Junkmann (1811–1886), die gemeinsam für die Zusammenstellung des Bandes verantwortlich zeichneten (HKA II, 345–349; HKA III, 245–269; → VII.1.), noch weitere Gedichte zur Verfügung gestellt, darunter die Zyklen *Des alten Pfarrers Woche* (HKA I, 197–210) und *Die Elemente* (HKA I, 71–75), das Gedicht *Der Venuswagen* (HKA II, 5–8) sowie »eine Anzahl morgenländischer Gedichte«, die später als *Klänge aus dem Orient* (HKA II, 9–35; → II.3.) bekannt wurden. Schlüter nahm weder diese noch *Die rechte Stunde* (HKA I, 126), *Nach dem Angelus Silesius* (HKA I, 104 f.), *Der Barmekiden Untergang* (HKA II, 9 f.) und *Bajazeth* (HKA II, 11 f.) in den Band auf. *Des alten Pfarrers Woche* platzierte Schlüter in der Zeitschrift *Coelestina* (1838), für *Die Elemente* und die *Klänge aus dem Orient* hatte er eine Publikation in der Zeitschrift *Rheinisches Odeon* (HKA XI, 145) vorgesehen, die allerdings nicht zustande kam. Der Zyklus *Die Elemente* erschien 1841 in Louise Marezolls *Frauen-Spiegel*; die *Klänge* blieben zu Lebzeiten unpubliziert, ebenso *Der Venuswagen*, das als Pendant zu der Ballade *Der Graf von Thal* konzipiert war. Ebenfalls aus dem Druck ausgeschieden wurden *Die rechte Stunde* und *Nach dem Angelus Silesius*, die erst in der Ausgabe von 1844 erschienen, ebenso wie die Balladen *Der Barmekiden Untergang* und *Bajazeth* aus den *Klängen aus dem Orient*. Zwar gab es über die genannten Texte hinaus noch viele weitere vor 1838 entstandene Gedichte (vgl. HKA II, 90–196), doch verbat sich Droste deren Aufnahme in die Ausgabe ausdrücklich (z. B. *Die Sterne. Frage*; HKA VIII, 309). Die Zusammenstellung des Bandes als Kombination von drei Langgedichten von je unterschiedlicher Thematik mit wenigen kürzeren Gedichten, deren inhaltlicher Schwerpunkt auf der geistlichen Lyrik lag, bei gleichzeitiger Eliminierung vor allem des werkgenetisch außergewöhnlichen Zyklus der *Klänge aus dem Orient*, war nicht dazu angetan, die Lyrikerin Droste mit einer eigenen Stimme und einem unverwechselbaren Profil auf dem literarischen Markt zu lancieren, und entsprechend dünn war die Rezeption des Bandes (→ VII.1.; → VII.2.).

Die HKA fasst das *Hospiz* (HKA III, 1–46), *Des Arztes Vermächtniß* (HKA III, 47–70), die *Schlacht* (HKA III, 71–132) und *Walther* (HKA III, 139–197) in dem Band III *Epen* zusammen. Damit übernehmen die Herausgeber den von Friedrich Sengle in seiner Monographie *Biedermeierzeit* stark gemachten Begriff des »Versepos« (HKA III, 237). Gleichzeitig betonen sie, Sengles Einschätzung folgend, die ideologisch (Sengle 1972, 630) wie ästhetisch konservative Ausrichtung sowohl der ›Biedermeier‹-Autoren allgemein wie des Genres Versepos im Besonderen. Mit Ausnahme von zwei frühen Rezensionen (Woesler 1980, 26, 56) favorisierten die zeitgenössischen Literaturkritiker indes die Begriffe ›erzählende Gedichte‹ und ›Verserzählungen‹, und auch die Literaturgeschichten des 19. und frühen 20. Jahrhunderts sprachen vorrangig von »größeren Verserzählungen« (Engel 1906, 800) oder »erzählenden Gedichten« (Koch 1903, 229). Die ersten postumen Werkausgaben (Schücking 1878; Kreiten 1884; Arens 1904) übernahmen diese Nomenklatur, von der erst Schwering (1912) und Schulte Kemminghausen (1925) abwichen. Eine Würdigung epischer Traditionen hatte offenbar Schlüter im Sinn, als er Droste Ende 1837 in einer in Hexametern verfassten Epistel zur Fertigstellung von *Die Schlacht* antrieb (HKA XI, Nr. 154). Angesichts der Tatsache, dass bekannte ›Epen‹ in Drostes Zeit entweder eine Tendenz zur Idylle (Goethes *Hermann und Dorothea*, 1798) oder zur Karikatur (Heines *Atta Troll*, 1846) aufwiesen, das Genre also gleichsam in Anführungszeichen genutzt wurde, fällt an Drostes größeren Gedichten auf, dass sie allesamt eposuntypische, nämlich jambische Metren bevorzugen, keine Heldenfiguren auftreten lassen und keine nationalen Sujets verhandeln. Im Gegensatz zu der These »Annette von Droste-Hülshoff zählte zu den Praktikern des Epos in der Biedermeierzeit« (HKA III, 235) wird deshalb hier argumentiert: Im Zeichen einer spätaufklärerischen »Dissoziierung der normativ-systematischen Gattungspoetik« (Scherpe 1968, 169) und zugunsten einer innovativen Ausweitung des Lyrischen im Rahmen der »Genera mixta« (Gesse 1997; → VI.4.) experimentierte Droste mit einer Form, die man heute als »Langgedicht« (Höllerer 1965) bezeichnen würde. So gelesen, weisen die Texte des Bandes von 1838 statt in die Vergangenheit des Epos in die Zukunft einer später von Stephane Mallarmé, Walt Whitman und T.S. Eliot ausgestalteten lyrischen Großform. Sie erscheinen in diesem Licht als lyrische Experimente, die den zeitgenössischen Tendenzen zur Episierung Rechnung trugen (→ VI.3.).

Entsprechend sucht man den Begriff ›Epos‹ bei Droste selbst vergebens. Das von ihr im Januar 1844 angefertigte Verzeichnis V^5 reihte *Das Hospiz*, *Des Arztes Vermächtniß* und *Die Schlacht* wie bereits V^3 (zwischen Mai und November 1843 entstanden; HKA I, 553) unter der Überschrift »Größre Gedichte« (HKA I, 570) nach den »Balladen« ein. Das Inhaltsverzeichnis der gedruckten Ausgabe von 1844 stellte die Texte *Der SPIRITUS FAMILIARIS des Roßtäuschers*, *Das Hospiz*, *Des Arztes Vermächtniß* und *Die Schlacht* ohne Gattungsbezeichnung direkt hinter die Balladen. Während Droste den in beiden Ausgaben ausgeschiedenen *Walther* ein »Gedicht in sechs Gesängen« (HKA VIII, 15) nannte, verwendete sie ausnahmslos den Terminus »größres Gedicht« (HKA VIII, 283) für *Hospiz*, *Vermächtniß* und *Schlacht*. Ihre ersten Leserinnen, Adele Schopenhauer und Elise von Hohenhausen, sprachen ebenfalls von *Die Schlacht* nie anders als von »Ihr großes Westphälisches Gedicht« (HKA III, 773) und einem »Gedicht, das an [...] Lord Byrons ›Parisina‹« erinnert (Woesler 1980, 12). Auch die Rezension der 1838er-Ausgabe im Würzburger *Allgemeinen Religions- und Kirchenfreund* nannte *Die Schlacht* »[e]in historisches Gedicht« (Woesler 1980, 19). In seiner Besprechung der *Gedichte*, als deren »Hauptinhalt« er »drei erzählende Gedichte« (Woesler 1980, 14) ansah, erinnerte Levin Schücking nicht zufällig an das Preisausschreiben, mit dem der Herausgeber der Zeitschrift *Urania*, Friedrich Arnold Brockhaus, 1816 für solche Erzählgedichte geworben hatte:

4. Gedichte von Annette Elisabeth v. D.... H.... (1838)

> Jedem Freunde der deutschen Poesie wird sich die Bemerkung aufdrängen, daß wir bei einer Menge von Dichtern doch wenige Gedichte besitzen, die, zwischen den größern epischen und dramatischen Darstellungen und den kleinen lyrischen Gattungen die Mitte haltend, durch das Interesse des reichhaltigen Stoffs sowol als durch den Reiz einer gediegenen Kunstform zu stets wiederholtem Genusse einladen, und statt flüchtig und gleichsam spurlos vorüberzugehn, den Verstand und das Gemüth auf gleiche Weise befriedigen. [...] Dagegen fehlt es fast ganz an gehaltvollen Gedichten von größerem Umfang [...]. (Schulze 1837, 148)

Den Wettbewerb gewann damals Ernst Schulze mit *Die bezauberte Rose*, einem Prätext zu Drostes *Walther* (HKA III, 979), den Schücking seinerseits weit unter Drostes Langgedichte stellte (Woesler 1980, 15). Wie Elise von Hohenhausen (1789–1857) betonte er den Einfluss der »Britten« (Woesler 1980, 15) auf Drostes Dichtung, wobei vorrangig an deren Übersetzung ins Deutsche zu denken ist. So hatte Adam Storck seiner Übertragung von Walter Scotts *The Lady of the Lake* (*Das Fräulein vom See. Ein Gedicht in sechs Gesängen*, 1819), die bereits Eduard d'Alton (1772–1840) 1834/35 bei seiner Durchsicht von Drostes *Hospiz* als Subtext identifiziert hatte (HKA XI, 85), den Hinweis vorangestellt, er habe Scotts notorisch durchgehaltene vierfüßige Jamben durch »Daktylen« aufgefrischt und hoffe »dem deutschen Leser, der dieß schon von Schillers Balladen gewöhnt ist, zu Dank gehandelt zu haben« (Scott 1819, LXIV). Indem Storck Scotts »größere Gedichte« als »epische Balladen« (Scott 1819, LXV) bezeichnete, ging er wie Brockhaus vom lyrischen Kern eines Textes aus, der seinen den Publikumswünschen nach ›gehaltvollen Inhalten‹ entsprechenden Umfang durch eine – von der Ballade im kleineren Format bereits erprobte – episierende Aufschwellung erhielt.

Für die Genese der »größre[n] Gedichte« aus der Lyrik sprechen weiterhin werkgeschichtliche Argumente. *Des Arztes Vermächtniß* ging direkt aus dem Gedicht *Des Arztes Tod* (HKA III, 225–228; vgl. HKA III, 646 f.) hervor, während sich *Das Hospiz* wie eine wissenspoetisch fundierte Erweiterung des 80 Verse umfassenden, jambischen Gedichts *Der Alpenwanderer* von Friedrich Matthison und der alle wichtigen Motive vorgebenden, jambischen Gedichte *The Great St. Bernard*, *The Descent* und *The Alps* aus Samuel Rogers lyrischer Reisereflexion *Italy. A Poem* (Rogers 1830, 11–13, 17–20, 29–31) liest. Auch die ebenfalls von der HKA als Prätexte für *Das Hospiz*, *Des Arztes Vermächtniß* und *Die Schlacht* genannten Versdichtungen von Walter Scott, namentlich *The Lady of the Lake* (1810), *Marmion* (1808) und *Harold the Dauntless* (1816), werden von der Forschung als »metrical romances« (Lynch/Stillinger 2012, 419) bezeichnet. Sie sind in ›Canti‹ unterteilt, die ihrerseits aus unterschiedlich langen Strophen mit einem auftaktigen jambischen Metrum bestehen. Scott thematisierte nicht nur die Figur des Barden, des Volks- und Kriegssängers, wie er auch für Herder anlässlich des *Ossian*-Fragments und für Klopstocks lyrische Innovationen neue Attraktivität gewann, er verstand sich selbst als moderner Barde, belebte seine Versdichtungen durch eingeflochtene Bardengesänge und andere Lieder, und er fügte ebenfalls geradezu szenisch gestaltete Dialoge in die Texte ein. Dasselbe gilt für die von der HKA angeführten Prätexte von George Gordon Byron wie den in der (ihrerseits die italienische Stanze erweiternden) Spenserstrophe abgefassten *Childe Harold* (1812–1816). Statt durch die nordische Bardenfiktion romantisierte Byron seine Texte durch den Rekurs auf orientalische Erzähltraditionen, so dass die langen, jambischen Gedichte *The Giaour* (1813; 1323 Verse), *The Corsair* (1814; 1984 Verse) und *Lara* (1814; 1271 Verse) den Untertitel »A Tale« tragen, ohne dass sie dadurch ihren primär lyrischen, durch Selbst- und Naturreflexionen geprägten Charakter zugunsten eines epischen aufgäben. In der Nachfolge von Scott, Byron, Schulze, Rogers u. a. experimentierte auch Droste mit den faszinierenden Möglichkeiten der Gattungsmischung und erreichte den von Brockhaus geforderten »größere[n] Umfang« ihrer Lyrik über eine Ausweitung der Balladenform durch eingeblendete Lieder, Naturschilderungen und -reflexionen sowie idyllische Passagen (→ VI.4.).

Literatur

Engel, Eduard: Geschichte der Deutschen Literatur von den Anfängen bis zur Gegenwart. Bd. 2. Leipzig, Wien 1906.
Gesse, Sven: ›Genera mixta‹. Studien zur Poetik der Gattungsmischung zwischen Aufklärung und Klassik-Romantik. Würzburg 1997.
Höllerer, Walter: Thesen zum langen Gedicht. In: Akzente 2 (1965), S. 128–130.
Koch, Max: Geschichte der deutschen Literatur. 5. Aufl. Leipzig 1903.
Lynch, Deidre Shauna/Stillinger, Jack (Hg.): The Norton Anthology of English Literature. Ninth Edition. Volume D. The Romantic Period. New York, London 2012.
Scherpe, Klaus R.: Gattungspoetik im 18. Jahrhundert. Historische Entwicklung von Gottsched bis Herder. Stuttgart 1968.
Schulze, Ernst: Die bezauberte Rose. Romantisches Gedicht in drei Gesängen. 6. Aufl. Leipzig 1837.
Scott, Walter: Das Fräulein vom See. Ein Gedicht in sechs Gesängen. Aus dem Englischen und mit einer historischen Einleitung versehen von D. Adam Storck. Essen 1819.
Sengle, Friedrich: Biedermeierzeit. Deutsche Literatur im Spannungsfeld zwischen Restauration und Revolution 1815–1848. Bd. 2: Die Formenwelt. Stuttgart 1972.
Woesler, Winfried (Hg.): Modellfall der Rezeptionsforschung. Droste-Rezeption im 19. Jahrhundert. Dokumentation, Analysen, Bibliographie. Erstellt in Zusammenarbeit mit Aloys Haverbusch und Lothar Jordan. 2 Bde. in 3. Frankfurt/M. u. a. 1980.
Woesler, Winfried: Zu Geschichte, Wirkung und Wirkungslosigkeit einer Erstpublikation. In: Winfried Woesler (Hg.): Gedichte von Annette von Droste-Hülshoff. Faksimile-Druck der Ausgabe von 1838. Zum 200. Geburtstag der Dichterin. Münster 1997, S. 3–73.

4.2. Das Hospiz auf dem großen St. Bernhard
Florian Schmidt

1. Entstehungsgeschichte 171
2. Aufbau und Inhalt 172
3. Zerbrechliche Allegorien und experimentelles Erzählen
   (1. Gesang) 173
4. Subversion durch Verähnlichung (2. Gesang) 175
5. Verrinnende Idyllik (3. Gesang) 176

1. Entstehungsgeschichte

Die Arbeit an *Das Hospiz auf dem großen St. Bernhard* (HKA III, 1–46, 203–221) beschäftigte Annette von Droste-Hülshoff über ein ganzes Jahrzehnt, von 1828 bis zur Publikation in den *Gedichten* (1838). Der Text greift einen im frühen 19. Jahrhundert populären Stoff auf, die Legende um den Bernhardinerhund Barry (1800–1814), dem die Rettung eines Kindes vor dem Erfrieren zugeschrieben wurde (HKA III, 613–621). Neben der zeitgenössisch verbreiteten Faszination für alpine Themen und private Berichte von Reisen in die Schweiz (Werner von Droste-Hülshoff 1819, Julie von Thielmann 1828) scheint Droste vor allem von der Legendenbildung um Barry angeregt worden zu sein, die offenbar fester Bestandteil gerade auch lyrischer Darstellungen der Passhöhe des Großen St. Bernhard war, wie etwa Samuel Rogers *The Great St. Bernard* (aus *Italy. A Poem*, 1830) zeigt. Drostes Text trug jedenfalls bis kurz vor der Veröffentlichung den Titel BARRY *der Hund vom* ST. BERNHARD.

Von den drei Gesängen entstanden der erste und der Beginn des zweiten von Mai bis November 1828. Dass es Droste dann um mehr ging als um eine Hundegeschichte, zeigen entstehungsgeschichtlich gesehen die Verzögerungen im Schreibprozess: Droste war um nähere Informationen über den Ort des Geschehens in den Walliser Alpen bemüht, die sie bei Bekannten und Verwandten brieflich einholte, um die ihr vorliegenden Quellen – Horace-Bénédict de Saussures *Reisen durch die Alpen* (1788) und John Carnes *Reise durch die Schweiz* (1828) – zu ergänzen (HKA III, 298–300). Drostes Projekt eines ›größeren Gedichtes‹ sah also von Anfang an vor, den narrativen Nukleus der Barry-Geschichte, der sich ja auch als Ballade hätte realisieren lassen, mit zeitgenössischen Wissensbeständen anzureichern. Erst im Winter 1832/33 wurde der dritte Gesang abgeschlossen. In den folgenden Jahren unterzog die Autorin den Text in der für sie charakteristischen Arbeitsweise mehreren Überarbeitungen. In dieser Zeit diente das *Hospiz* der Autorin gleichsam als Visitenkarte, mit der sie sich um eine Publikation ihrer Texte bemühte; sie übersandte eine Abschrift an die Bonner Bekannten um Sybille Mertens-Schaaffhausen, Auszüge an Joseph von Laßberg sowie an Johann Wilhelm Braun, der die Veröffentlichung im DuMont-Verlag vermitteln sollte (HKA III, 244–254). Droste maß ihrem ersten längeren, mit Publikationsabsicht geschriebenen Text also eine größere Bedeutung zu, als es die bisher spärliche Forschung zum

Hospiz vermuten lässt. Im Zuge der Druckvorbereitungen der *Gedichte* nahm sie schließlich noch einen gravierenden Eingriff vor, indem sie den dritten, im Vergleich zu den ersten beiden Gesängen versöhnlicheren und konventionelleren Gesang von der Veröffentlichung ausschloss. Unter dem signifikant veränderten Titel *Das Hospiz auf dem großen St. Bernhard*, der den Fokus von der Tiergeschichte auf das Kloster richtet (HKA III, 301–303), eröffneten der erste und der zweite Gesang schließlich die *Gedichte*. Die Verse 1 bis 42 des dritten Gesanges wurden als *Fragment* mit aufgenommen, dessen Umfang zu bestimmen Droste allerdings Christoph Bernhard Schlüter (→ I.1.2.2.) überließ.

2. Aufbau und Inhalt

Der Text besteht aus drei annähernd gleich langen Gesängen (827, 819 und 752 Verse), die durchgängig in vierhebigen Jamben verfasst sind; als formales und metrisches Vorbild gelten die Versdichtungen Walter Scotts (HKA III, 632–634). Paarreime wechseln sich mit Kreuzreimen, Haufenreimen und zum Teil weit gesperrten umarmenden Reimen ab, ein strophisches Schema ist nicht erkennbar. Selten finden sich Waisen, die auf Kürzungen zurückzuführen sind (z. B. I, V. 402, 540). Erzähltempus ist das Präsens. Auf eine einheitliche Stillage wird verzichtet, die Spannbreite reicht von geradezu hyperbolischer Rhetorik bis zu genrehaft-volkstümlichen, ans Triviale grenzenden Passagen (Schneider 1976, 126–128). Strukturbildend ist die Bewegung der Figuren durch die verschneite Hochgebirgslandschaft zum »Hospiz«, dem Kloster auf der Passhöhe des Großen St. Bernhard hin bzw. von ihm weg.

Der erste Gesang (HKA III, 3–24) beginnt bei Sonnenuntergang. Der alte Senne Benoit, der seinen Enkel Henry trägt, ist auf dem Weg zum Hospiz, hat sich jedoch verirrt und wird nun von der einbrechenden Dunkelheit überrascht. Es folgt ein Irrgang durch die lebensfeindliche Umgebung. Der Wanderer erreicht schließlich die entscheidende Brücke über einen Wildbach, die sich jedoch wegen Eisglätte als unpassierbar erweist. Er beschließt deshalb, im nahen Totenhaus Zuflucht zu suchen. Dieses scheint zunächst Schutz zu versprechen, in der folgenden schauerromantischen Episode lassen die dort aufgebahrten Leichen den Protagonisten jedoch im Grauen vor der eigenen Vergänglichkeit die Flucht ergreifen. Die Wanderung endet nahe der Brücke, wo Benoit im Schnee zusammenbricht. Der zweite Gesang (HKA III, 25–46) setzt mit einer Beschreibung des nächtlichen Klosters ein. Die Stille wird unterbrochen durch den Bernhardiner Barry, der mit Henry auf dem Rücken ins Kloster zurückkehrt. Die Mönche machen sich auf den Weg, die Begleitperson des Kindes zu retten und steigen zur Brücke ab, die sie unter Lebensgefahr überqueren, um Benoit zu bergen. Bei Sonnenaufgang treffen sie schließlich wieder am Kloster ein. Erst jetzt wird die Vorgeschichte preisgegeben: Henrys Eltern sind verstorben, der alte Senne war mit seinem Enkel auf dem Weg ins Nachbartal zu seiner zweiten Tochter Rose. Ein längerer Einschub thematisiert die Reue eines alten Mönches, der sich seines cholerischen Temperaments wegen anklagt; seine selbstauferlegte Buße lässt die Brüder ratlos zurück. Der Gesang – und damit der publizierte Teil des Textes – endet mit dem Tod Benoits. Der dritte Gesang (HKA III, 203–221) beginnt in St. Remi, am Wohnort der verbliebenen Tochter Rose. Eine detailreiche Naturbeschreibung geht in die Darstellung eines savoyischen Jahrmarktssonntags über. Das mit reichlich Lokalkolorit versehene Idyll wird jäh durch die Nachricht vom Tod Benoits getrübt; ein Trauerzug bricht mit Rose zum Kloster auf. Die Schilderung des Aufstiegs präsentiert die alpinen Vegetationsstufen in der Art eines Lehrgedichtes, im Verfahren hier Scotts *The Lady of the Lake* (1810, dt. 1819) folgend. Die Handlung nimmt dann eine überraschende Wende, indem der Tod Benoits zurückgenommen wird. Die im zweiten Gesang nur angedeutete Vorgeschichte wird nun noch einmal ausführlich von Benoit selbst erzählt; zuletzt zeigt ein versöhnliches Schlusstableau den Abstieg der Familie ins Tal.

3. Zerbrechliche Allegorien und experimentelles Erzählen (1. Gesang)

Die Bildwelt des Hospiz-Textes ist von traditionellen religiösen Sinnbildern geprägt, wie sie sich auch im *Geistlichen Jahr* finden (Iehl 1965, 185–189, 207–209; Häntzschel 1968, 127–130). Die Beschreibung der verschneiten Landschaft als Ödnis (I, V. 199), »Steppe« (I, V. 136) und »Wüste« (II, V. 29), die Bilder der Vereisung und Versteinerung rufen Topoi der Erbauungsliteratur auf, die für Glaubensferne und den Verlust der Gnade stehen. Die Landschaftsbeschreibung im *Hospiz* scheint insofern eine allegorische Lektüre nahezulegen: Eine heillose Welt harrt auf Erlösung, die Wanderung durch die Eiswüste erscheint als Suche nach dem verlorenen Glauben (paradigmatische Referenzpunkte im *Geistlichen Jahr* sind *Am Charsamstage* (→ II.2.4.) und *Am zweyten Weihnachtstage* (STEPHANUS); eine systematische Aufarbeitung der Bezüge auf dem Stand der neueren Droste-Forschung steht noch aus). Droste montiert im Text weitere Sinnbilder aus dem gleichen Bedeutungsbereich, etwa die sich in die alpine Szenerie nur auf der sinnbildlichen Ebene fügende Allegorie des Schiffbruchs (I, V. 27–29), die Finsternis und die Desorientierung in Nebel, »Duft« und »Gewölke« (I, V. 698–703). Der Wanderer trägt als »Trümmer« in »Frostes Haft« (I, V. 724–727) die Züge des vom Glauben Verlassenen, der nach Zeichen dieses verlorenen Glaubens sucht. Diese werden gleichfalls topisch in Lichtmetaphorik veranschaulicht, konzentriert im »Strahl« (I, V. 5) der göttlichen Gnade. Es ist bemerkenswert, dass der Text die so deutlich angebotene allegorische Lesart gerade über den Signifikanten ›Strahl‹ unterläuft. Gleich zu Beginn erweist sich ein solcher als »bloßes Naturphänomen« (Peters 2004, 119), nämlich als Lichtreflexion an einer Felsenwand (I, V. 70–74). Die sinnbildliche Bedeutung wird verweigert und so eine zweite, mit der allegorischen unvereinbare Sinnschicht erzeugt, die die Wanderung durch die Eiswüste, die Desorientierung und Verzweiflung ihrer metaphysischen Einbettung enthebt. Der Ambivalenz von sinnbildlicher Transparenz und einer nur auf sich selbst verweisenden und in diesem Sinne opaken Natur entspricht die intensive Darstellung der versagenden Sinneswahrnehmungen, die zwar allegorisch auf die Glaubensferne verweisen, aber betont immanent als physiologische Phänomene geschildert werden (vgl. z. B. I, V. 42–44, 249–252).

Auch die schauerromantische Episode im Totenhaus folgt der Strategie, tradierte Topoi durch eine litterale Lesart zu unterlaufen: Scheinen die toten Körper zunächst Vanitas-Motive aufzurufen, so wird das diesen immer noch inhärente Heilsversprechen aufgekündigt (Köhn 2009, 210), denn der Tod wird Figuren (und Leserschaft) durch den drastisch-detaillierten, intern fokalisierten Blick auf die toten Körper als rein somatisch verstandener »chemischer Prozess« (Peters 2004, 128) vor Augen geführt. Das »Spiel« der »Phantasie« (I, V. 497) tut ihr Übriges, den Protagonisten die heillose Vergänglichkeit auf sich selbst beziehen zu lassen und den *locus horribilis* in »tollem Graus« (I, V. 679) zu verlassen, um schließlich (in der publizierten Version) einsam und unerlöst zu sterben. Die erzählte Wanderung erscheint so wie das wandernde Subjekt als »sinnberaubt« (I, V. 102). Die doppelte semiotische Strategie, allegorische und litterale Lektüre zugleich anzubieten, ist von Ronald Schneider (1976, 134f.) für den Aufbruch Drostes zu einem ›realistischen‹ Erzählen in Anspruch genommen worden, dem allerdings die Vermittlung von realistischer Tendenz und religiösem Sinnhorizont ›noch nicht‹ gelinge. Das gezeigte Verfahren scheint allerdings an einer solchen Vermittlung, etwa im Symbol, auch nicht interessiert. Insofern geht der Versuch dieser literarhistorischen Positionierung trotz Drostes Bemühungen ums topographische und landeskundliche Detail am Text vorbei. Allegorische und litterale, religiöse und ›realistische‹ Bedeutung der Zeichen bleiben miteinander unvereinbare Sinnschichten, deren wechselseitige Durchkreuzung das Beunruhigungspotential des Textes ausmacht, insofern keines der beiden Angebote auf eine kohärente Lektüre hinauslaufen kann.

Insbesondere im ersten Gesang entspricht dem ein heterogenes Erzählen, das unterschiedliche Perspektiven kombiniert und unmerklich ineinander übergehen lässt (Schneider 1976, 121–126). Die Erzählinstanz ist uneinheitlich gestaltet: In nullfokalisierten Einschüben fungiert sie als Träger von Hintergrundinformationen und als sinnstiftende Instanz, die in moralisierenden Reflexionen das allegorische Lektüreangebot stärken soll (z. B. I, V. 30–35, bes. 409–437). Diese Übersicht wird aber immer wieder unvermittelt aufgegeben. Die Erzählinstanz scheint die Figuren dann als ein unsichtbarer Beobachter zu begleiten, dessen ontologischer Status in bemerkenswerter Schwebe bleibt: Die Erzählinstanz präsentiert sich als ein Ich, ohne aber handelnde Figur zu sein (»Mich dünkt«, I, V. 580; »deut' ich recht«, II, V. 736). Auffällig ist das unmerkliche Gleiten der Fokalisierung von diesem fragilen Erzählersubjekt zur Hauptfigur, das an manchen Stellen erst im Nachhinein rekonstruiert werden kann (z. B. I, V. 116 f., vgl. die Analyse bei Peters 2004, 121 f.), auch die Zuordnung erlebter Rede ist oft nicht eindeutig möglich (z. B. I, V. 70, 100). Effekt ist eine Desorientierung sowohl auf der Ebene der *histoire* (Irrgang im Schnee) als auch des *discours* (Verunklarung der Erzählperspektiven). Letztere wird formal durch Reime, deren Zusammengehörigkeit durch

4. Gedichte von Annette Elisabeth v. D.... H.... (1838) 175

weite Sperrungen kaum noch erkennbar ist, verstärkt. Wurde der »Eindruck einer Art erzähltechnischen Experimentierfeldes« von Schneider (1976, 125) noch negativ als Unvermögen der Dichterin gewertet, betont Peters (2004, 122) das stimmige Verhältnis des Erzählens zu dem im Text verhandelten konfliktuösen Verhältnis von transzendent-religiöser und immanent-naturwissenschaftlicher Weltsicht. In der Tat wirkt der unvermittelte Wechsel zwischen sinnstiftender Übersicht und deren Auflösung in verunklarte Einzelperspektiven diesen Brüchen angemessen. Hinzu kommt eine gezielte Verdunkelung der Handlungsführung: Gründe und Motive für das erzählte Geschehen bleiben zunächst unklar, das Erzählte somit selbst fragmentarisch, ein Status, der durch den rudimentären, doppelt vermittelten Bericht am Ende des zweiten Gesanges kaum gehoben wird. Die kritische Reaktion des Bonner Bekannten d'Alton, es gebe im Text »gar keine Geschichte« (HKA III, 247), trifft insofern *nolens volens* den Punkt: Der prekäre Status der *histoire* richtet den Fokus automatisch auf einen *discours*, der (auch) die Bedrohung sinnstiftender Instanzen inszeniert.

4. Subversion durch Verähnlichung (2. Gesang)

Der zweite Gesang ist geprägt von dem Bemühen, die im ersten Gesang angekündigte *moralisatio*, das Lob der tätigen Nächstenliebe der Mönche, einzulösen; hinzu kommt das der Populärkultur bzw. Trivialliteratur entnommene Barry-Motiv. Die Erzählweise ist insgesamt konventioneller und durch größere Übersicht gekennzeichnet, der Stil teils trivial-genrehaft (»Aus jeder Thür ein Mönchlein guckt«, II, V. 178). Vorherrschend ist die Tendenz, die semiotische Verdopplungsstrategie zurückzunehmen und vereinheitlichend auf eine allegorische Deutung hinzuarbeiten. Im Text werden zu diesem Zweck Strukturanalogien ins Werk gesetzt, Verfahren der »Verähnlichung« (Thums 2013, 144), die sich allerdings bei näherem Hinsehen gerade gegen die an der Textoberfläche in Aussicht gestellte narrative und semiotische *clôture* richten. Die Analogiebildung in Schließungsabsicht beginnt mit der Figurenzeichnung. So wird der Prior genau wie Benoit mit einem »Stab« (II, V. 215) versehen, im Unterschied zu diesem aber als ausgesprochen orientierungssicher beschrieben (II, V. 206–216). Auffällig ist weiterhin die dem ersten Gesang strukturanaloge Bewegung der Figuren durch den Raum. Die Mönche durchwandern wie Benoit zunächst eine »Schlucht« (II, V. 354), um schließlich an die Brücke zu gelangen. Die Wirkungsabsicht, den Mut der Mönche zu illustrieren, wird durch eine bis zu hyperbolischen Vergleichen gesteigerte Darstellung der lebensfeindlichen Natur verfolgt (»formlos wüstes Thier«, »verstümmelt Riesenhaupt«, II, V. 598 f.). Die vereiste Brücke wagen die Mönche im Gegensatz zu Benoit zu überqueren, wenn auch erst auf Drängen Barrys und des dienstältesten Mönches Denis. Die mutige Erfüllung der karitativen Pflicht gelingt, wie die Erzählinstanz betont, mit »Gottes Huld« (II, V. 520). Dem Sonnenuntergang, dem im ersten Gesang Glaubensferne und Verlust der Gnade folgen, korreliert nun der Sonnenaufgang, der mit der glücklichen Rückkehr der Mönche ins

Kloster, später noch mit einer Gebetssituation verschränkt und so der ›Strahl‹ wieder auf seine sinnbildliche Bedeutung zu fixieren versucht wird.

Zugleich ist der Text von einer gegenläufigen Bewegung durchzogen. Sie beginnt schon bei der Beschreibung des Klosters, das als von der gottverlassenen Ödnis distinkter Schutzraum fungieren soll, zugleich aber von der umgebenden Natur kaum unterscheidbar ist bzw. durch Naturvergleiche allererst zur Darstellung kommt (»wie eine Klippenwand«, II, V. 16; vgl. Köhn 2009, 206). Das Hospiz ist, nimmt man die Metaphorik ernst, selbst Teil der Ödnis: Seine Mauern sind inwendig vereist, Schnee ist in die Zellen gedrungen (II, V. 29–32, 58). Die Atmosphäre am Beginn des zweiten Gesangs unterscheidet das Kloster kaum von dem trügerischen Schutzraum des Totenhauses im ersten Gesang, von der Lichtregie bis zu den Körperhaltungen der Figuren (Thums 2013, 144). Es erweist sich so als ein zwar heiliger Ort, an dem jedoch die gleichen existentiellen Fragestellungen verhandelt werden wie in der Eiswüste. Die »gestörte Mönchsordnung« (Thums 2013, 142) manifestiert sich zunächst in der Trägheit des wachhabenden Mönches, dem »das Hirn am Schädel« anfriert (II, V. 92), eine innere Vereisung, die die Todsünde der *acedia* (und zugleich eine melancholische Disposition) verbildlicht. Breiten, die Linearität der eigentlichen Handlung unterbrechenden Raum nimmt später die *ira* des alten Denis ein, der sich für die Beschimpfung eines Bruders zu mehrtägiger Buße bei Wasser und Brot verurteilt. Das Missverhältnis zwischen Sünde und Buße bleibt unklar und scheint auf eine dunkle, von der Erzählung nur angedeutete traumatische Schuld in der Biographie der Figur zu verweisen. Dem fragwürdigen *exemplum* der Reue folgt keine weitere Erklärung, sondern, wiederum in Analogie zum ersten Gesang, nur ein letzter Blick auf den Körper Benoits. Die publizierte Fassung verzichtet auf eine Rahmung, die die ohnehin prekären Sinnstiftungstendenzen stützen könnte, und überlässt es der Figurenrede des Priors, den Protagonisten für tot zu erklären.

5. Verrinnende Idyllik (3. Gesang)

Die Forschung ist Annette von Droste-Hülshoffs Einschätzung des dritten Gesangs als mit den ersten beiden inkompatibel weitgehend gefolgt, die »Scheinlösung« (Kurz 1955, 180) einer nachgereichten Idylle könne nicht überzeugen (Iehl 1965, 212–214) und vertiefe die »innere Brüchigkeit«, anstatt sie zu überwinden (Schneider 1976, 141). In der Tat scheinen weite Strecken des Textes auf die Publikumserwartungen im unmittelbaren Umfeld hin geschrieben zu sein, ein Horizont, den Droste mit dem *Hospiz* gerade überschreiten wollte. Die aus heutiger Sicht ermüdende und klischeehafte, mit landes- und naturkundlichem Detail garnierte Idyllik des Beginns scheint weitgehend unhinterfragt im Dienste einer Kompensation der inhaltlichen und erzählerischen Beunruhigung der ersten beiden Gesänge zu stehen. Naturbeschreibung und Handlung werden (Benoits Bericht ausgenommen) ungebrochen nullfokalisiert erzählt und die semiotischen Schließungsbemühungen des zweiten Gesangs fortgesetzt, wenn der Sonnenaufgang zu Beginn ostentativ mit Glockengeläut und Gottesdienst parallelisiert wird und zuletzt die Mönche und die vereinigte Familie von einem, unmissverständlich göttlichen »Strahl« (III, V. 752) eingehüllt werden. Der geradezu überkompensatorisch ins Bild gesetzten Wirkungsabsicht entspricht die überproportionale Nachlieferung der ›Geschichte‹ durch den körperlich und geistlich genesenen Benoit. Das sich aus der Vorgeschichte ergebende Theodizeeproblem – nach dem Tod der Mutter ist Henrys Vater von einem Eisblock erschlagen worden – wird handstreichartig durch den plötzlich unerschütterlichen Glauben der Figur umgangen (vgl. III, V. 627).

Dass der Text unter dieser nicht unbedingt wegen der religiösen Botschaft, sondern wegen der Simplizität ihres Zustandekommens trivialen Schicht erneut gegenläufige Tendenzen aufweist, überrascht nach der Lektüre des zweiten Gesanges nicht, ist jedoch von der Forschung bisher nur in Ansätzen in den Blick genommen worden. Hingewiesen sei hier nur darauf, dass sich Drostes savoyische Idyllik wie die westfälische als eine von der Zeit immer schon überholte erweist, nämlich als »ein Jahrhundert, was entrann« (III, V. 119). »[D]ie Zeit! die Zeit! [...] Wer könnte bleiben was er war!« (III, V. 564–568) Ferner ist das Verfahren der subversiven Verähnlichung auch im dritten Gesang präsent, so wird das Glockengeläut metaphorisch bzw. vergleichend als »gewalt'ger Sturm«, der »[w]ie der Orkan die Felsen packt« (III, V. 95–98), mithin durch der heillosen Eiswelt zugehörige Signifikanten, beschrieben. Mit Gewinn hat Anja Peters (2004, 102–115) die Thematisierung des zeitgenössischen geologischen Wissens im Hospiz in den Blick genommen. Wie die spätere *Mergelgrube* (→ II.5.3.8.) reflektiert der Text die um 1830 populäre Cuvier'sche Katastrophentheorie, derzufolge die Welt durch eine den Schöpfungstagen entsprechende Reihe von Erdumwälzungen entstanden ist. Genesis und Geologie, religiöses und naturkundliches Wissen konnten so noch einmal miteinander vereinbart werden. Im Text wird die Katastrophentheorie zur Beschreibung der Hochgebirgsszenerie herangezogen, die als »todtes CHAOS [...] Den neuen Schöpfungstag erharrt« (III, V. 429, 431; vgl. auch Drostes Fußnote zu I, V. 73). Durch den strategischen Einbezug des geologischen Wissens wird vordergründig die problematische Gleichzeitigkeit von Immanenz und Transzendenz befriedet, zugleich aber eine kontrovers geführte zeitgenössische Debatte aufgerufen, in der eine solche Befriedung längst nicht mehr in Aussicht stand und die so auf die semiotische Ambivalenz des Textes wieder zurückweist. Die Problematisierung der Prähistorie vermehrt zudem die spannungsreiche Überlagerung von »Zeitschichten« (Thums 2013) im Text: Geologische Tiefenzeit, historische Zeit (punische und napoleonische Kriege, die erzählte Gegenwart als zerrinnende Vormoderne) und auch die eschatologische Zeit treten in Allianzen und Konkurrenzen, die sich einem einheitlichen Sinnzusammenhang und auch einem kohärenten Erzählen nicht fügen. Drostes ›größeres Gedicht‹ verwebt einen populären narrativen Stoff, Topoi geistlicher Lyrik und zeitgenössische naturwissenschaftliche Verwerfungen – ohne jedoch, und darin liegt sein modernistisches Potential, diese heterogenen Wissensbestände noch überzeugend in eine ›große Erzählung‹ zu überführen.

Literatur

Häntzschel, Günter: Tradition und Originalität. Allegorische Darstellung im Werk Annette von Droste-Hülshoffs. Stuttgart u. a. 1968.
Iehl, Dominique: Le monde religieux et poétique d'Annette von Droste-Hülshoff. Paris 1965.
Köhn, Lothar: Ort, Nicht-Ort, Heterotopie in Brief und Versepos der Droste. In: Jochen Grywatsch (Hg.): Raum. Ort. Topographien der Annette von Droste-Hülshoff. Hannover 2009 (= Droste-Jahrbuch 7), S. 197–213.
Kurz, Wilhelm: Formen der Versepik in der Biedermeierzeit. Ein Beitrag zu Problem und Geschichte der großen Epik und der Kleinepik. Diss. Univ. Tübingen 1955.
Peters, Anja: »Die rechte Schau«. Blick, Macht und Geschlecht in Annette von Droste-Hülshoffs Verserzählungen. Paderborn u. a. 2004.
Schneider, Ronald: Realismus und Restauration. Untersuchungen zu Poetik und epischem Werk der Annette von Droste-Hülshoff. Kronberg/Ts. 1976.
Thums, Barbara: Zeitschichten: Abstiege ins Totenreich bei Annette von Droste-Hülshoff und Adalbert Stifter. In: Cornelia Blasberg in Verb. mit Jochen Grywatsch (Hg.): ZwischenZeiten. Zur Poetik der Zeitlichkeit in der Literatur der Annette von Droste-Hülshoff und der ›Biedermeier‹-Epoche. Hannover 2013 (= Droste-Jahrbuch 9), S. 137–157.

4.3. Des Arztes Vermächtniß
Bernhard Greiner

1. Verstörende Handlung und komplexe Erzählstruktur	179
2. Erzählen im Zeichen der Traumlogik	181
3. Unterscheidbare Figuren? Theodora und der Arzt	184
4. Selbstreflexive Textpoetik	185

Zwischen Februar 1833 und September 1834 entstand dieser aus 836 Versen bestehende Text (HKA III, 47–70), für den Annette von Droste-Hülshoff die formale Gattungsbezeichnung »größres Gedicht« wählte (HKA VIII, 283). Im Oktober 1834 verfasste Droste eine Prosazusammenfassung der Handlung, verbunden mit Textproben und einer formalen Charakteristik der Erzählung (HKA III, 733–739) für ihren Schwager Joseph von Laßberg, der die Publikation dieses und des zuvor verfassten *Hospiz auf dem großen St. Bernhard* vermitteln wollte, was jedoch ohne Erfolg blieb. Erstmals wurde der Text in Drostes erster Werkausgabe *Gedichte* 1838 publiziert, dann wieder in der Ausgabe *Gedichte* 1844. Motivische Anklänge zeigt ein wahrscheinlich in den 1820er Jahren entstandenes Gedicht *Des Arztes Tod* (HKA III, 225–228), das das Sterben eines Arztes und die Wirkung dieses Ereignisses auf seine beiden Söhne behandelt. Die früheste erhaltene Fassung des *Vermächtnisses*, die – soweit ausgearbeitet – der Endfassung schon weitgehend entspricht, trägt den Titel *Theodora* (HKA III, 662–683), hebt damit die Rätsel- und Schlüsselfigur der Erzählung hervor, die als einzige im Text einen Eigennamen hat, während

4. Gedichte von Annette Elisabeth v. D.... H.... (1838)

der endgültige Titel auf die Medialität der Beichte der Perspektivfigur abhebt, die den Hauptteil des Textes ausmacht (vgl. HKA III, 643–658).

Längere erzählende Gedichte waren in den 1830er Jahren eine noch geschätzte, wenn auch schon etwas antiquiert anmutende Gattung, durch sehr erfolgreiche Werke Scotts und Byrons vertraut. Scheffel konnte in diesem Genre noch 1854 mit seinem *Trompeter von Säckingen* Erfolg erringen, ebenso zuvor Heine mit seinem *Atta Troll* (1843), hier allerdings bei ironischer Behandlung dieser Form. Heine und Scheffel haben vierhebige Trochäen gewählt, das Versmaß der Romanzen. Rahmen- und Binnenhandlung des *Vermächtnisses* unterscheidet Droste auch in der Versform: Für den Rahmen wählte sie vierhebige Jamben, das Versmaß des berühmten historischen Epos *The Lady of the Lake* (1810) von Walter Scott. Die Binnenhandlung steht demgegenüber in fünfhebigen Jamben, wie sie Byron bevorzugte, u. a. in seiner populären Verserzählung *The Corsair* (1814). Byrons melancholischer und geheimnisvoller Heldentypus, sein Anhäufen schauerromantischer Motive, Dunkelheiten seiner Texte durch Brüche der Handlung und deren Zurücktreten zugunsten der Darstellung innerer Zustände spielen in *Des Arztes Vermächtniß* durchaus herein, was in Drostes Bekanntenkreis und ebenso in den ersten Rezensionen hervorgehoben wurde (HKA III, 654, 660). Grundlegend geschieden ist Drostes Erzählung jedoch von Byrons Manier, ebenso von der räuber- und schauerromantischen Populärliteratur, die Droste vertraut war, durch ihren poetologischen und selbstreferentiellen Charakter. Motivähnlichkeiten mit Drostes Gedicht finden sich in Schellings Verserzählung *Die letzten Worte des Pfarrers von Drottning auf Seeland*, die im *Musenalmanach für das Jahr 1802* unter dem Autorenpseudonym Bonaventura erschienen war. Hier wird ein einsamer Pfarrer um Mitternacht von Räubern abgeholt, mit verbundenen Augen zu einer Kirche gebracht, um ein Paar zu trauen. Er muss schwören, nichts zu verraten, wird auf dem Rückweg vor Schreck ohnmächtig. Die Braut liegt am nächsten Tag tot im Grab, der Pfarrer bleibt durch dieses Erlebnis für den Rest seines Lebens verstört.

1. Verstörende Handlung und komplexe Erzählstruktur

Über die Gliederung in Rahmen- und Binnenhandlung hinaus verschachtelt die Erzählung fünf verschiedene Ebenen (und auch Typen) der Fokalisierung (von »Verwischung der Erzählinstanzen« spricht Reinert 2010, 85). Von außen nach innen: eine Ich-Erzählinstanz, die sich am Anfang des Textes nur implizit in den gewählten ästhetischen Formen bekundet, in der vorletzten Zeile der Erzählung dann explizit hervortritt und so als Textgeschehen die Selbsthervorbringung eines erzählenden Ichs, mithin die Begründung von Autorschaft als Anliegen und Leistung des Textes anzeigt. Als nächste Perspektivfigur, nun in der fiktiven Welt, fungiert der Sohn eines Arztes, der das ihm hinterlassene Manuskript seines Vaters liest, das dieser in seinen letzten Lebenstagen und -stunden geschrieben hat. Das Erzählen bindet sich zunehmend an die Gegenwart und den Bewusstseinshorizont dieses Lesenden, was durch die Deixis

»Hier steht's« (V. 292) und am Ende der Lektüre durch präsentisches »Das Blatt ist leer« (V. 826) angezeigt wird. Erzählt wird auf dieser Ebene eine Lektüre, die auch Unterbrechungen des Textes vorfindet (»Hier folgt ein Blatt, bekritzelt und zerpflückt, / Quer über'n Raum die wilden Schnörkel fahren«, V. 287f.), und Textteile auch überspringt, die dann ausgespart bleiben. Der Sohn liest die Erzählung seines Vaters über das traumatische Erlebnis einer Nacht vor vierzig Jahren, das, so der Vater, seinen Geist zerrüttet hat. Diese Erzählung wechselt von der Ebene der Jetztzeit des Erzählens, den letzten Lebensstunden des Vaters, und dessen jetzigem Bewusstseinshorizont – angezeigt in Reflexionen des Vaters über die Wirkung des damaligen Erlebnisses bis heute, über seinen derzeitigen Geisteszustand und in direkten Anreden an den Sohn – zum Bewusstseinshorizont des Vaters in der erzählten Zeit, dem eigentlichen Erlebnis: schauriger nächtlicher Marsch und Ritt zu einer Räuberhöhle, um einem Verletzten zu helfen; Todesangst, da dies unmöglich ist, der Tod des Mannes wohl auch sein Ende bedeutet. Durch Verabreichen von Äther kann der Arzt die Lebensgeister des Verwundeten nochmals aufflackern lassen. Wahrnehmung einer Frau am Lager des Mannes, die ihm bekannt vorkommt, an die er sich dann auch erinnert: Theodora. Wahrnehmung eines weiteren Mannes, nachfolgend stets ›der Dunkle‹ genannt, der ihn nach einem Eidschwur, das Erlebte nicht zu verraten, wieder in wildem Ritt aus der Höhle an den Ausgangsort zurückführt. Verfallen in eine Schreckensstarre, während der er drei Männer und Theodora hört, die diese offenbar zu ermorden haben, da sie dem Verwundeten in den Tod folgen soll. Vergebliche Versuche der Frau, dies abzuwehren. Zuletzt hört der Lauschende einen Schrei. Bei anbrechendem Tag findet er zuerst keine Spuren einer Mordhandlung, dann aber eine Felsspalte, hinter der sich ein Abgrund öffnet, in deren Tiefe ein Tuch weht, mögliches Überbleibsel der hier zu Tode gestürzten Theodora, das aber auch eine Taube sein könnte, die sich an einem Strauch im Abgrund verfangen hat. Die innerste Fokalisierung des Erzählens macht die Erinnerung des Arztes in der Räuberhöhle an die Wahrnehmung Theodoras drei Jahre zuvor auf einem Maskenball und an das damalige Gerede über deren Untreue gegenüber ihrem Verlobtem aus: dass ein anderer Mann – es bleibt offen, ob dies der tödlich Verwundete in der Höhle ist – sie habe »erglühn« (V. 370) lassen: »Der folgt sein [des Verführers] Blick, wie dem Kometen klar / Die Seuche und das segenlose Jahr.« (V. 371 f.) Auch das Bild, das hier von Theodora gegeben wird, ist perspektivisch gebunden: Mitgeteilt wird nur, was dem Gerede der Gesellschaft über sie zu entnehmen ist und wie sie, auch aufgrund dieses Geredes, beim Fest auf den Erinnernden gewirkt hat und wie sie jetzt in der Räuberhöhle auf ihn wirkt. Ihre Geschichte bleibt unaufgeklärt: Ist sie dem Verführer gefolgt? Ist er der tödlich Verwundete in der Räuberhöhle? Dies wird nahe gelegt: Der Arzt erkennt in dessen Zügen noch einen Hauch »[v]on dem was Herzen anlockt und verführt« (V. 216); wodurch wurde er zum Ausgestoßenen und sie mit ihm? Kam es zu seiner tödlichen Verwundung innerhalb der Konstellation ›attraktive und stolze Frau zwischen mittelmäßigem Bräutigam und verwegenem Verführer‹? Die Mordwaffe, ein Küchenmesser, ist weiblich konnotiert, die Mörder versichern Theodora aber »Deine Hand ist rein« (V. 708): Warum hat sie dem Mann in den Tod zu folgen? Dies ist der erste Gedanke des Arztes, nachdem er die bisher unbemerkte Frau neben sich wahrgenommen hat: »[...] neben mir [...] / Sitzt eine Frau, das Auge wie von Stein, / Auf Den gewendet, der dem öden Seyn, / Es scheint, mit sich zugleich sie wird entrücken.« (V. 258–261) Der Arzt hört später den ›Dunklen‹ dieses Urteil dem Sterbenden bekräftigen: »Sie folgt dir!« (V. 475) Auch die Szene des eventuellen Mordes an Theodora wird perspektivisch gebunden wiedergegeben: Der in Schreckensstarre am Boden liegende Arzt sieht nichts, er hört nur die Stimmen dreier Männer und Theodoras, die nicht um ihr Leben bittet, sondern es ablehnt, von der Hand dieser Männer zu sterben und zuletzt klagt, sie könne nicht »schmachvoll und allein« sterben (V. 714). Hätte es also eine Möglichkeit gegeben, ihre als Räubergenossin verlorene Ehre wiederherzustellen? Als letztes hört der Lauschende einen Schrei: Haben die Männer Theodora von der Klippe gestürzt? Hat sie sich selbst den Tod gegeben? Ist sie überhaupt zu Tode gekommen? Der Erzählende erwägt selbst, das Wahrgenommene könne eine Wahnvorstellung oder ein Traum gewesen sein, findet dann aber die Felsspalte, von der der Sturz in den Abgrund geschehen konnte und die ungewissen Zeichen in der Tiefe.

2. Erzählen im Zeichen der Traumlogik

In ihrer Prosazusammenfassung der Erzählung betont die Autorin: »Der Stoff ist gewöhnlich, aber, wie ich hoffe, vermöge der Darstellung, nicht ohne Interesse« (HKA III, 733). Auffälligstes Moment der Darstellung ist die vielfache Rahmung und Perspektivierung des Erzählens, wobei die Perspektivfiguren sämtlich unzuverlässig sind: Das zuletzt hervortretende Erzähler-Ich endet mit Zurücknehmen der Unterscheidung von Leben und Traum (vgl. V. 836, ebenso der Vater in der erzählten Situation, V. 686), was das Erzähler-Ich als Wirklichkeit fingiert hat, könnte also auch den Status eines Traumes haben. Der Arztsohn wird in einem Zustand eingeführt, in dem ihm die Unterscheidung von Fremdem und Eigenem ungewiss ist (vgl. V. 23), alsbald deutet der Vater in seinem Vermächtnis an, dass auch der Sohn schon von den Wahnvorstellungen (dem ›Dunklen‹) heimgesucht werde, die seine eigene Geisteszerrüttung ausmachen, was allerdings selbst wieder nur eine Wahnvorstellung des Vaters sein kann (vgl. V. 47–50). Dem Vater werden »Leiden« einer »gestörte[n] Seele« zugesprochen und das Unvermögen Wahr und Falsch zu unterscheiden (vgl. V. 29 f.), in seinem Vermächtnis weist er mehrfach auf seinen ›umdunkelten Geist‹ (V. 52, 816) hin, in der erzählten Situation vor vierzig Jahren berichtet er von der Berührung seiner Schläfen durch den ›Dunklen‹, seit der sein Hirn »voll Brand« sei (V. 601, 821), bei der Wiedergabe des Geredes über Theodora auf dem Ball wiederum, an das er sich in der Räuberhöhle erinnert, verwirrt sich seine Rede (vgl. V. 357–360).

Die vielfache Bindung des Erzählens an den Bewusstseinshorizont von Perspektivfiguren, denen grundlegende Unterscheidungen (Leben – Traum,

Eigenes – Fremdes, wahr – falsch) ungewiss sind, gibt den viel diskutierten ›Dunkelheiten‹ des Textes Raum und erzählerische Plausibilität: Dunkelheiten der kausalen und funktionalen Zusammenhänge der Handlung wie Dunkelheiten der Identität und des ontologischen Status (Wirklichkeit oder Wahn) der Figuren sowie der Bezüge, in denen sie zueinander stehen. Diese Dunkelheiten aufklären zu wollen, würde den Text verfehlen, denn sie sind für ihn konstitutiv: Sie ermöglichen die Züge der Traumlogik, die ihn durchwirken, so dass er sich selbst in einem Schwebeverhältnis zwischen Wachzustand und Traum präsentiert (zu Drostes Verbindung von Traum und Poesie sowie zu ihrer geistigen Nähe zum Traumdiskurs des frühen 19. Jahrhunderts, insbesondere zu G. H. Schuberts Theorien, Grywatsch 2013; → I.3.3.) und sie sind ein wesentliches Moment der Poetologie des Textes, seiner Begründung und seiner Verwirklichung von Autorschaft.

Die durch das Erzählverfahren eröffnete Welt nicht sicherer Unterscheidung gibt dem Verfahren der ›Verdichtung‹ Raum als dem einen Grundvorgang der Traumarbeit (im Sinne der Traumdeutung Freuds): Im Vorstellungsfeld des einen Bereichs entfaltet sich das des entgegengesetzten, als Grundstruktur des Textes, seines Schwebeverhältnisses zwischen Wirklichkeit und Wahn, aber auch in spezifischen Konkretionen. So geht die Vorstellung, dass ein von einem Baum fallendes Blatt die Hand des Arztsohnes streift, in die eines beschriebenen Blattes über, des Vermächtnisses des Vaters, das der Sohn in der Hand hält, der umgekehrt auch als Schreibender auf der Natur als Schreibfläche gezeigt wird, dem Boden Zeichen eingrabend (vgl. V. 14 f., 25 f.). Oder die Vorstellung des Irre-Gehens in der Natur öffnet sich zu der geistiger Verwirrung: »Ich ging ja ungefährdet, ob auch irr. / Mich dünkt in dieser Stunde litt mein Hirn, / Brand und Gekrimmel fühlt' ich in der Stirn.« (V. 661–663) Markanteste Verdichtungsfigur der Erzählung ist die Überblendung des Jünglings, der sich in der Räuberhöhle von der Wand ablöst, den Arzt einen Schweige-Eid schwören lässt und ihn aus der Räuberwelt wegführt, mit dem ›Dunklen‹ als Gestalt gewordenem Wahnsinn, der den Arzt allnächtlich heimsucht. Er wird als »es« eingeführt (»Ein Fleck, ein Schatten, ha! / Nun rückt es vor – und nun, nun steht es da!« (V. 429 f.), der Arzt vertraut ihm Geheimes an (»Ich sprach zu ihm, nicht nur was ich beschloß, / Geheimes selbst mir von den Lippen floß« (V. 450 f.), er öffnet ihm sein Innerstes, von dem der Andere Besitz ergreift, so wird der Geber zu einem vom Dunklen ›Besessenen‹.

Zwingender noch entsteht die Traumlogik des Textes aus dem zweiten Verfahren der Traumarbeit, der ›Verschiebung‹. Dieser Vorgang berührt den affektiven wie ideellen Kern der Erzählung, das Geschehen um Theodora und den Bezug des Arztes zu ihr. Dem Arzt wird schnell offenbar, dass der unabwendbare Tod des Verwundeten seinen eigenen Tod nach sich ziehen wird: »Ich sah wohl wie es mit uns zweien stand, / Mit mir und ihm, wir beid' an Grabes Rand« (V. 217 f.). Im Augenblick, da dieser Tod spielerisch durch Zücken der vorgelegten Mordwaffe gegen ihn angedeutet wird, bemerkt der Arzt neben sich eine Frau, über die ihm als erstes feststeht, dass der Tod des Verwundeten gleichfalls ihren sicheren Tod bedeute (V. 260 f.). Im Augenblick aber, da der aus dem Dunkel hervorgetretene Jüngling den Bezug des tödlich Verwundeten zu Theodora mit dem Urteil »Sie folgt Dir!« (V. 475) als einen des Todes bekräftigt, gibt der Verwundete den Arzt frei. So wird die Todesgemeinschaft Verwundeter–Arzt metonymisch durch die Todesgemeinschaft Verwundeter–Theodora ersetzt, respektive auf diese ›verschoben‹, erscheint der Tod Theodoras als eine Art Opfer für den Arzt und Erzähler des größten Teiles der Verserzählung. Agent dieser Verschiebung ist der ›Dunkle‹. Diese Verschiebung lässt es zwingend erscheinen, dass der Arzt an Theodora gefesselt bleibt (V. 400), dass der ›Dunkle‹ zur Gestalt gewordenen Geisteszerrüttung des Arztes wurde, dem Eigenes und Fremdes durcheinander gehen, das eine das andere ausdrücken kann (er also auch in Theodora stirbt wie sie in ihm). Ebenso wird mit Blick auf diesen Akt der Verschiebung nachvollziehbar, dass der Arzt davon sprechen kann, dass ihm eine »fremde Sünde«, die dann im Bezug zwischen dem verwundeten Mann und Theodora zu suchen ist, auferlegt worden sei (V. 42 f.). Bezugspunkt und Energiezentrum dieser Welt nicht sicherer Unterscheidung, ihrer Verdichtungen und Verschiebungen, ist Theodora, die einzige weibliche Figur des Textes. Nur in größtmöglicher Distanzierung, in vielfacher Einschachtelung des Erzählens, kann sie offenbar berufen werden. In die Ambivalenz von Distanzierungsbedürfnis und Gebannt-Sein gegenüber dieser Figur und in die um sie verbreitete Atmosphäre von Schuld mag die unglückliche Liebeserfahrung der Autorin und ihre selbstverurteilende Verarbeitung eingeflossen sein, die Theodora-Figur des Textes ist jedoch von diesen biographischen Vorgaben vollständig abgelöst. Ganz wörtlich nimmt der Erzähler Theodora auf dem Maskenball als Faszinosum wahr: als ein von Fackeln (*fasces*) entzündeter Lichtstrom (»Es war als ob auf sie die Fackeln zielten, / Wenn sie vorüberglitt, ein Lichtstrom ganz«, V. 345 f.). Immer neu wird bezogen auf sie im einen Vorstellungsfeld das jeweils entgegengesetzte entfaltet. In ihrem jetzigen Antlitz – erfrorner Seele, eisigen Blicks, der die Umwelt durchkältet, erloschenen Auges, jedoch immer noch voll ›toten Lichts‹ (V. 262–267) – das andere des Maskenballs: des Faszinosen, der vom Verführer ›erglühten‹ Braut, eines strahlenden ›Kometen‹, aus dem sich dann wieder die Vorstellungen von ›Seuche‹ und ›segenloser Zeit‹ entfalten (V. 345–372). Schon in der erinnerten Situation auf dem Maskenball ist der Arzt von Theodoras widersprüchlichem Wesen gebannt (maßloser Stolz und ›stilles Entbrannt-Sein‹, Zorn über das Verführt-Werden und doch Hinwendung zu dem, der zu ihr ›den Schlüssel fand‹, V. 379–382): »Doch all mein Sinnen hielt sie so gebannt« (V. 384). Und schon hier ist der Arzt an sie gefesselt: »Um sie das Fest vor meinem Auge schwand; / Und als sie zeitig ging, da ging auch ich.« (V. 386 f.) In der Situation in der Räuberhöhle, da sein eigenes Leben bedroht ist, zeigt sich dem Arzt die ›Fesselung‹ an Theodora ungebrochen: »Ich sann, und daß ich's that in dem Moment, / Bezeugt wie seltsam fesselnd diese Frau.« (V. 399 f.) Durch den Akt der Verschiebung des Todes wird die Fesselung dann unauflöslich, wie sich dann auch dem Schreiber, nachdem er Theodora in seine Erzählung eingeführt hat, die Schrift verwirrt (V. 287–290).

3. Unterscheidbare Figuren? Theodora und der Arzt

Theodora ist dem Arzt in der erzählten Situation wie in der Jetztzeit des Erzählens ganz wörtlich Schlüssel, aufschließende Figur einer Welt nicht sicherer Unterscheidung, vor allem anderen von Leben und Tod und als solche Grundfigur der Semiosis, der Zeichenbildung. Als noch Lebende sieht er sie schon als versteinerte Grabfigur, die auf den zerfallenden physischen Körper im Grab verweist (V. 389f.), wie auf den unsterblichen Anteil des Menschen, »[w]enn Seele fordernd stehn die Formen da« (V. 391): ein Urbild des Zeichens, Symbol des Symbols.

Die traumatische Erfahrung der Nacht, die den Arzt zerrüttet, ist in dem Akt der Verschiebung beschlossen, durch die sich ihm Leben und Tod verwirren, ebenso Wirklichkeit und Wahn. Dieser Akt bannt den Erzähler in die Welt Theodoras. Der Agent der Verschiebung, der ›Dunkle‹, verfestigt diesen Bann und damit das Trauma durch den gegen die Außenwelt gerichteten Eid, der den Schwörenden in eine nicht auflösbare Double-Bind-Situation zwingt: »[L]ieß er mich schwören dann, / Des Räubers Fluch, daß, sinne ich Verrath, / Geschick mich treiben soll' zu gleicher That« (V. 497–499). Bewahrt der Arzt das Geheimnis der Nacht, ist und bleibt er Teil der Räuberwelt, zu der der tödlich Verwundete, der ›Dunkle‹ und Theodora gehören sowie die traumatische Verschiebung der Todesbeziehung zum Verwundeten von sich auf Theodora. Verrät er das Geheimnis, entlastet ihn dies nicht von der traumatischen Verschiebung des Todes auf Theodora und damit vom Bann des ›Dunklen‹, er wird zudem als Genosse der Räuber aus der Gemeinschaft der anderen ausgestoßen und als solcher zu deren Taten getrieben. Nimmt man den ›Räuber-Fluch‹ nicht allgemein, sondern in der Konkretion des Geschehens der Nacht, stellt sich die Frage, zu welch »gleicher That« der Arzt bei Verraten des Erlebten getrieben würde? Die zu wiederholende Tat müsste in dieser Nacht geschehen sein. Das Erzählen und Schreiben des Arztes, sein Vermächtnis *ist* der Verrat. Die Tat, die er damit auf sich lädt, führt, dem Mechanismus der Verdichtung gemäß, entgegengesetzte Gehalte ineinander: zum einen den ›Mord‹ an Theodora. Verraten/Erzählen ist offenbar an den Untergang dieser Figur gebunden, die eine Welt nicht sicherer Unterscheidung eröffnet. Die andere ›Tat‹ der Nacht war der Akt der Verschiebung des Todes vom Arzt auf Theodora. Dieser Akt kann nur in Umkehrung wiederholt werden, da Theodora mit der ersten Verschiebung dem Tod überantwortet worden ist. So muss die Verschiebung entgegengesetzt erfolgen, Theodora ist ›freizugeben‹ um den Preis des eigenen Todes. Auch dieser Akt beinhaltet Verwirren der Unterscheidung von Leben und Tod, nun in reziprokem Bezug: Theodora kann nur als Wiedergängerin weiterleben, der Arzt reziprok nur sich in den Tod erzählen, der dann auch, verkörpert im ›Dunklen‹, die Binnenerzählung abbricht: »[I]ch fühle wie das Blut sich dämmt. / Geduld, Geduld! Da kömmt er – kömmt er – kömmt! / Das Blatt ist leer; hier hat die Schrift ein Ende.« (V. 824–826) Der Räuber-Fluch beschreibt das Ausgestoßen-Werden des Verräters in Bildern (vgl. V. 501–504), die an den Fluch des Ödipus über den erinnern, der vom

Mörder des Laios etwas weiß und ihn nicht verrät, ein Fluch also über Nicht-Verräter, unter den sich Ödipus zuletzt selbst stellen wird (V. 224–251). Diese Verweisung ist sinnvoll, da Ödipus nicht unterschieden hat, wo er hätte unterscheiden sollen, er das grundlegend zu Scheidende verwirrt hat: Vater und Feind, Mutter und Gattin.

4. Selbstreflexive Textpoetik

Erzählen, seine Bedingungen und Folgen, sind das Grundthema des Textes (das hat die Forschung schon in verschiedenen Perspektiven entwickelt: Lange-Kirchheim 1996; Köhn 1997; Arnold-de Simine 2004; Liebrand 2008). Die Binnengeschichte wird als eine erzählte (geschriebene und gelesene) im Mitvollziehen-Lassen des Erzählvorgangs gegeben. Der Rahmen der Erzählung macht diesen Erzählvorgang als Selbsthervorbringung eines Erzähler-Ichs offenbar. Der Text stellt sein Erzählt-Werden aus, häuft entsprechend Motive der Zeichen, des Schreibens und Lesens und spielt verschiedene kommunikative Funktionen des Erzählens durch wie Beichte, Verrat, Vermächtnis. Wie also entwirft dieses in seinem Grundzug selbstreferentielle, poetologische Gedicht das Erzählen? Erzählen handelt hier vom und ist Eintreten in die Welt Theodoras und Gebanntwerden von dieser Welt als einer nicht sicherer Unterscheidungen, der Verdichtungen und Verschiebungen. Insofern letztere gleichbedeutend sind mit den Grundfiguren poetischer Rede, Metapher und Metonymie, erscheint Erzählen hier, was zunächst trivial anmutet, als Überantwortung an die poetische Welt bestimmt, an der allerdings, hierin gewinnt das vorgestellte Erzählen seine spezifische Kontur, Aufheben des Unterscheidens akzentuiert ist, das Verwirren und Sich-Durchdringen des Gegensätzlichen. Bei umfassender Aufhebung des Unterscheidens gäbe es keine bestimmte Gestalt mehr, würde Erzählrede entsprechend zu bloßem Geräusch und würde die Schrift, die sie fassen will, zu wirren Linien, wie solche im Manuskript des Vermächtnisses auch aufscheinen (V. 27, 187–190). Dem entgegen wird Erzählen nicht nur als Öffnung für die Welt nicht sicherer Unterscheidung vorgestellt, sondern zugleich dem Gebot unterworfen, diese Welt in ihrer weiblichen Repräsentantin auszulöschen, zu ›opfern‹, um sie, Theodora, von der nur Zeichen bleiben, ein weißes Tuch und eine weiße Taube (letztere u. a. der Vogel der Venus), wiedererstehen zu lassen in der Dichtung, die diesen ganzen Vorgang erzählend fasst: ein Verwirren von Tod und Leben, in gendertheoretischer Perspektive ein Entwurf des Bezugs von »Tod, Weiblichkeit und Ästhetik« (Bronfen 1994), der das Todesmoment des Erzählens allerdings von der weiblichen Inkarnation der poetischen Welt auf den männlichen Erzähler verschiebt, der sich in seinen Tod erzählt als Fluch und Sühne seines Erzählens, das mit der vorgestellten geheimnisvollen traumatischen Nacht zugleich das Geheimnis des hier in seinen Bedingungen dargestellten und vollzogenen Erzählens verraten hat. Diese Bestimmung des Erzählens betrifft aber nicht nur den Erzähler der Binnengeschichte und den dargestellten Leser, an den der Erzähler die Verwirrung seines Geistes weitergibt, sondern ebenso das erzählende Ich der Rahmenerzählung, das sich durch das Erzählen dieses Textes hervorgebracht hat und ebenso die Autorin Annette von Droste-Hülshoff, die sich mit diesem Werk, wie dies in der Forschung schon früh erkannt worden ist, künstlerische Selbstsicherheit und Reife erschrieben hat (von einem »Wendepunkt im künstlerischen Entwicklungsgang« spricht Schneider 1995, 60). Der Text gibt in einer gedanklich, motivisch, poetisch wie poetologisch in sich schlüssig und konsequent geformten Erzählung die Begründung und ›Anschauung‹, also Theorie der Autorschaft Annette von Droste-Hülshoffs als Erzählerin, er entfaltet die ›Urszene‹ dieser Autorschaft, deren Geheimnis das Erzählen verrät, wofür es sich durch den Tod seines Repräsentanten in der Binnenerzählung bestraft, dem jedoch die Geburt eines Erzähler-Ichs in der Rahmenerzählung entgegensteht: erneut ein Verwirren von Tod und Leben.

Literatur

Bronfen, Elisabeth: Nur über ihre Leiche. Tod, Weiblichkeit und Ästhetik. München 1994.
Reinert, Bastian: Metaleptische Dialoge. Wirklichkeit als Reflexionsprozess in Annette von Droste-Hülshoffs Versepos *Des Arztes Vermächtniß*. In: Claudia Liebrand/ Irmtraud Hnilica/Thomas Wortmann (Hg.): Redigierte Tradition. Literaturhistorische Positionierungen Annette von Droste-Hülshoffs. Paderborn u.a. 2010, S. 77–91.
Schneider, Ronald: Annette von Droste-Hülshoff. 2., vollst. neu bearb. Aufl. Stuttgart, Weimar 1995.

4.4. Die Schlacht im Loener Bruch. 1623
Christian Schmitt

1. Entstehung, Rezeption 187
2. Gattung, Einflüsse, Struktur 188
3. Dimensionen der Deutung 190

Mit der Arbeit an *Die Schlacht im Loener Bruch. 1623* (HKA III, 71–136) begann Droste im Winter 1834/35, nachdem sie *Das Hospiz auf dem großen St. Bernhard* und *Des Arztes Vermächtniß* vorläufig abgeschlossen hatte. Zusammen mit diesen beiden Texten bildete die *Schlacht*, die Droste selbst als »größres Gedicht in zwey Gesängen« und »vaterländisches Stück« bezeichnete (HKA VIII, 283), den Hauptteil der *Gedichte* von 1838. Der zweite und letzte Druck zu Lebzeiten Drostes, der vom Erstdruck nur in Einzelheiten abweicht und Grundlage der HKA ist, erfolgte in den *Gedichten* von 1844. Neben den Drucken sind Vorstudien in Prosa und in Versen, Motivsammlungen und Exzerpte historischer Quellen überliefert (HKA III, 777–890).

Der Text erzählt in 2328 Versen von einer Schlacht des Dreißigjährigen Krieges, in der die Truppen des protestantischen Feldherrn Christian von

Braunschweig-Wolfenbüttel und das Heer der Katholischen Liga unter Johann von Tilly im Heideland (›Bruch‹) beim heutigen Stadtlohn zusammentrafen. Die Begegnung endete mit der Niederlage der protestantischen Truppen, was zu einer vorläufigen Konsolidierung der katholischen Vormachtstellung auch im nördlichen Deutschland führte und eine erste Phase des Krieges abschloss. Die eigentliche Schlachtbeschreibung nimmt in Drostes Text, der sich in zwei Gesänge und 37 Strophen unterschiedlichen Umfangs gliedert, vergleichsweise geringen Raum ein. Der Fokus liegt auf den Ereignissen vor der Schlacht und der Figur Christians, dessen Vorgeschichte im ersten Gesang in Rückblicken erschlossen wird. Ausführlicher wird von der Plünderung einer Kirche erzählt, über die der Soldat Johannes May Reue empfindet. Er beschließt ein Attentat auf Christian. Einen Nebenschauplatz eröffnet auch die Geschichte der Katholikin Gertrude, die von dem geplanten Anschlag erfährt und mit Hilfe Christians nur knapp einer Vergewaltigung durch zwei Soldaten entkommt. Gertrude revanchiert sich, indem sie dem Herzog von den Anschlagsplänen berichtet. Der erste Gesang endet mit der Ankunft der gegnerischen Truppen im Münsterland. Im zweiten Gesang wechselt die Perspektive zwischen den Parteien hin und her. Hier nimmt der nächtliche Erkundungsritt eines neuen Protagonisten, des jungen Albrecht Tilly, breiteren Raum ein, bevor von der Schlacht und der Flucht der Protestanten berichtet wird. Auch Gertrude tritt am Schluss noch einmal auf, inzwischen glücklich verlobt. Der Text endet, wie er begonnen hatte: mit dem Blick auf die münsterländische Landschaft – eine Landschaft, die immer wieder auch in eingeschobenen Szenen erkundet wird, wobei diese Erkundung Motive des späteren *Haidebilder*-Zyklus vorwegnimmt.

1. Entstehung, Rezeption

Die Entstehung der *Schlacht* (vgl. HKA III, 758–771) ist, wie ihre Charakterisierung als »vaterländisches Stück« schon andeutet, eng mit Drostes Hinwendung zur regionalen Geschichte verbunden. Bei der *Schlacht* handelt es sich um die »erste moderne Literarisierung eines auf Westfalen bezogenen Geschehens« (Ribbat 2011, 35). Anregungen empfing Droste dabei nicht nur von ihrer Familie, sondern vor allem auch vom Austausch mit der literarischen Gruppe um Christoph Bernhard Schlüter, den sie Anfang 1834 kennengelernt hatte (→ I.1.2.2.). Droste beteiligte sich an den Projekten der Gruppe und griff für die Arbeit an der *Schlacht* auf das *Taschenbuch für vaterländische Geschichte* (1. Jg., 1833) zurück, dessen Herausgeber Friedrich Arnold Steinmann zum Umfeld des Schlüter-Kreises gehörte. Hier fand Droste gleich im ersten Band Informationen zur Schlacht bei Stadtlohn und exzerpierte den entsprechenden Aufsatz für ihre Materialsammlung. Auch Details über ihren Protagonisten fanden sich hier, dessen Name – »Christian von Braunschweig« – die *Schlacht* zunächst als Titel tragen sollte: »Christian 22 Jahr alt, den Krieg auf eigne Hand fortgesetzt, der tolle Herzog genannt, sich selbst so nennend, seine Liebe zu der Königin von Bohmen, [...] ihren Handschuh am Hut getragen« (HKA III, 783). Der Ergänzung ihrer Materialsammlung widmete sich Droste in der Folgezeit auch, nachdem der erste Gesang bereits abgeschlossen und im Schlüter-Kreis verlesen worden war (1837): Sie konsultierte weitere historische Quellen und war noch kurz vor der Publikation, im Januar 1838, überzeugt, dass ihrer »Phantasie keines Wegs das große Feld zu Gebote steht, was ich ihr bereits geöffnet hatte« (HKA VIII, 279). Mit dem Verweis auf Schillers freien Umgang mit historischen Quellen, etwa im *Wallenstein* (HKA XI, 133), konnte Schlüter sie jedoch beruhigen, und die Arbeit am Text, der nun auch seinen endgültigen Titel erhielt, kam zum Abschluss. Die Titeländerung, die die Aufmerksamkeit auf das Ereignis selbst lenkt, war vermutlich von aktuellen Entwicklungen bedingt, hatte doch die Amtsenthebung des Kölner Erzbischofs durch die preußischen Behörden (1837) auch im katholischen Münsterland zu Unruhen geführt (→ I.2.). Diesbezügliche Bedenken gegenüber der Veröffentlichung der *Schlacht* wurden von Drostes Bruder Werner geäußert, während Schlüter solche Bedenken wiederum zerstreuen konnte.

Lassen sich der Entstehungsgeschichte der *Schlacht* dergestalt im Ansatz die Bedingtheiten weiblichen Schreibens in Zeiten männlicher Hegemonie ablesen, so setzt sich das in der Rezeption des Textes in anderer Weise fort (vgl. HKA III, 771–777). Den meisten zeitgenössischen Leserinnen und Lesern erschien dieser Text, in dem nach Drostes eigenem Bekunden »nicht viel Schlachterey« (HKA VIII, 283) vorkomme, erstaunlich. Der Rezensent des Berliner *Gesellschafters* hielt es »für unmöglich, daß eine weibliche Feder diese Zeilen geschrieben« und »diese schauerlichen Bilder, vor denen des Mannes Sinn erbebt, geschaffen haben könne« (HKA III, 775), während Levin Schücking in seiner Besprechung im *Telegraphen für Deutschland* das Gegenteil behauptete, habe sich doch der »weiblich fühlende Genius der Dichterin« gescheut, »tiefer in die Metzelei eines so blutigen Kampfes einzudringen« (HKA III, 774). Geschlechtliche Kategorien spielen auch in einer anonymen Rezension der Leipziger *Blätter für literarische Unterhaltung* eine Rolle; hier wird die fehlende »epische Kürze« des Textes bemängelt, der unter »basenhafter, selbstgefälliger Geschwätzigkeit« leide (HKA III, 776). Die bis heute die Forschung beschäftigende Frage, ob sich in der *Schlacht* ein spezifisch weiblicher Blick auf Geschichte manifestiere, ist in solchen Rezeptionszeugnissen bereits vorgeprägt.

2. Gattung, Einflüsse, Struktur

Als zeitgenössische Retterin des Epos wurde Droste dagegen von Joseph Eduard Braun im *Neuen Europa* wahrgenommen, der in seinem Urteil dezidiert auf die *Schlacht* Bezug nimmt und die Frage der Gattung in den Blick rückt (→ II.4.1.). Mit ihren drei Langgedichten schreibt sich Droste in ein literarisches Feld ein, in dem Versepik einen großen Stellenwert besitzt, wenngleich es keine »einhellige Meinung zum Epos, zu seiner Zeit- und Unzeitgemäßheit« gibt (Jäger 1998, 435). Populär sind erzählende Texte in Versen in der ersten Hälfte des 19. Jahrhunderts allemal, und sie werden als literarisch hochwertige Form insbesondere gegen die Prosa in Stellung gebracht.

4. Gedichte von Annette Elisabeth v. D.... H.... (1838)

Was überhaupt als Epos gelten kann, bleibt allerdings ebenso umstritten, wie vielfältige Gattungsmischungen an der Tagesordnung sind. Sie betreffen auch die Lyrik und haben hier innovative Ausweitungen zur Folge (→ VI.4.). Die *Schlacht*, Drostes »größres Gedicht« (HKA VIII, 283), steht dem Epos insofern nahe, als der Text ein historisches Sujet verhandelt (wenngleich ein regionales) und Heldenfiguren auftreten lässt (wenngleich gebrochene). Allerdings bleibt die lyrische Dimension im jambischen Metrum ebenso erkennbar wie in den Szenen der Selbst- und Naturreflexion, die einen Gegenpol zur Narration bilden. Formal wie thematisch sind darüber hinaus auch die Übergänge zu den Balladen fließend, insbesondere zu solchen, die sich mit historischen westfälischen Stoffen befassen (→ I.5.7.).

Vorbilder für solche lyrisch-epischen Mischformen fand Droste unter anderem in der englischen Literatur (HKA III, 893–901). Vor allem Walter Scott kann als maßgebliches Vorbild gelten. In seiner Verserzählung *Marmion; A Tale of Flodden Field* (1808) berichtet Scott in sechs Canti von der Schlacht von Flodden (1513), in der sich englische und schottische Truppen gegenüberstanden, und verwebt den Schlachtenbericht (der erst im letzten Canto erfolgt) mit einem intriganten Liebes-Plot. Drostes Hinwendung zur westfälischen Geschichte ist in Scotts Blick auf schottische Geschichte ebenso vorgeprägt wie der Einbezug von Landschaft in diese Geschichte. Mit dem titelgebenden Lord Marmion steht dabei eine ebenso ambivalente Heldenfigur im Zentrum wie in Drostes *Schlacht*. Solche Ambivalenzen sind auch für ein weiteres Vorbild konstitutiv, die Verserzählungen Byrons, die Scotts epische Versuche an Popularität schnell übertrafen. Exemplarisch nimmt der Typ des ambivalenten Byron'schen Helden in *The Giaour, a Fragment of a Turkish Tale* (1813) und in *The Corsair, a Tale* (1814) Gestalt an – in letzterem als Korsar Conrad, der in seiner Jugend von der Gesellschaft verstoßen wird und sich daraufhin gegen sie wendet. Dass hier keine geradlinigen Heldengeschichten mehr erzählt werden, lässt sich auch den sprunghaft wechselnden Perspektiven und dem Zurücktreten der Handlung zugunsten reflexiver Passagen ablesen. Weitere Anregungen zur *Schlacht* mag Droste aus der deutschsprachigen Helden- und Schlachtenepik ihrer Zeit gewonnen haben, aus Schillers *Wallenstein* (1800) und Fouqués Unterhaltungsroman *Alwin* (1808), der am Hofe Christians spielt.

Die *Schlacht* ist das umfangreichste der drei in den *Gedichten* von 1838 enthaltenen Langgedichte. Wie das *Hospiz* ist der Text in (epenunüblichen) jambischen Vierhebern verfasst – mit Ausnahme eines eingelagerten Landsknechtlieds (II, V. 413–432) – und folgt einem lockeren Reimschema. Die narrative Präsentation der Ereignisse ist an eine Erzählerfigur gebunden, die sich gleich zu Beginn als heimatverbundener »Sänger« (I, V. 58) einführt und zwei unterschiedliche Rollen einzunehmen in der Lage ist: Auf der einen Seite tritt dieses Erzähler-Ich gleich zu Beginn als phantasievoller Visionär auf, dem sich die Ereignisse der Vergangenheit in Form einer »Traumvision« (Grywatsch 2013, 219) eröffnen. Auf der anderen Seite erscheint der Erzähler als »berichtende[r] Kommentator[ ]« (Schneider 1995, 62), der die historischen Ereignisse distanziert zu betrachten weiß. Noch näher an den Fakten scheint eine dritte Erzählfunktion zu stehen, die in einem der *Schlacht* beigefügten Anmerkungsapparat Gestalt annimmt. Allerdings sind dessen Informationen in Sachen historischer Wahrheit ebenso mit Vorsicht zu genießen wie der Text selbst, der sich schon auf den ersten Blick als Mischung von Fakt und Fiktion darstellt. Zu den fiktiven Figuren gehören nicht nur Gertrude und Johannes, sondern auch der Protagonist des zweiten Gesangs, Albrecht Tilly, dem erklärtermaßen die Sympathien des Erzählers gehören (»mein Graf«, II, V. 404; »unser Held«, II, V. 258). Auch historisch verbürgte Eckdaten werden verändert: Während die historische Schlacht am 6. August stattfand, wird daraus bei Droste der 7. August. Einfacher, nämlich aus dramaturgischen Gründen, ist der Eingriff beim Tod Christians zu erklären, der der Anmerkung zufolge bald nach der Schlacht »sowohl vor Kummer als an den Folgen seiner Wunden starb« (HKA III, 133) – tatsächlich jedoch, wie Droste ihren Quellen entnehmen konnte, erst drei Jahre später an einer Krankheit gestorben war.

3. Dimensionen der Deutung

Wie die anderen Verserzählungen auch, ist die *Schlacht* selten in den Blick der Forschung geraten, obgleich mit der HKA (Bd. III, bearbeitet von Lothar Jordan, 1991) ein umfassender Textapparat zur Verfügung steht. Als einschränkend haben sich werkgenetisch argumentierende Beiträge erwiesen, die dem Text ein »pathetische[s] Bekenntnis zur Heimat« oder eine »mangelnde künstlerische Durchformung« unterstellen (Heselhaus 1971, 106). Aber auch hermeneutische Ansätze, die monokausalen Deutungen Vorschub leisten, indem sie etwa die Frage nach der »Wirkungsweise des Bösen in der Geschichte« zum »zentrale[n] Themenbereich« erklären (Schneider 1995, 64), werden der Vielschichtigkeit des Textes nicht gerecht. Solche Ansätze operieren mit einem restaurativen Droste-Bild, das längst von der Forschung revidiert worden ist. Was dabei aus dem Blick gerät, ist die gesellschaftliche Bedingtheit der Droste'schen Figuren, die mit einer kritischen Perspektivierung sozialer Ordnungen einhergeht. Das »ethische Verhalten des Menschen« (Schneider 1995, 66) steht in der *Schlacht* durchaus, gerade auch für Nebenfiguren wie Gertrude und Johannes, zur Diskussion; es ist aber nicht nur abhängig von »Erbsünde und Gottesfluch« (Schneider 1995, 66), sondern von sozialen Strukturen, in die die Figuren eingebettet sind. Produktive Ansätze dieser Art haben in jüngerer Zeit gendertheoretisch orientierte Untersuchungen verfolgt, in denen die Figur Gertrude zudem als Vertreterin eines »spezifisch ›weiblichen Blick[s]‹ auf die Geschichte« diskutiert wurde (Peters 2004, 188).

Eine solide Forschungsgrundlage hat die Strukturanalyse des Textes bereitgestellt. Diese Struktur stellt sich als lockeres narratives Gefüge dar, das in szenischen »Bilder[n]« (Schneider 1995, 63) Gestalt annimmt, wie schon Drostes Zeitgenossinnen erkannt haben, wenn sie den Text als »Perlenschnur vollkommen allerliebster Einzelheiten« deuten (HKA XI, 150). Im Ergebnis entsteht eine Szenenfolge, die Grillparzers Befund der ›fragmentarischen

Stückelepik‹ zu bestätigen scheint. Was aus Sicht mancher Zeitgenossen als Mangel erscheint, der auch den Marktzwängen periodischer Publikationsformen geschuldet ist, kann man allerdings auch als (epochentypische) Antwort auf eine Herausforderung verstehen: die Herausforderung, überhaupt noch Zusammenhänge darzustellen (→ VI.9.). Gerade in der multiperspektivischen Szenenfolge ihrer ›Einzelbilder‹ stellt sich die *Schlacht* so als Reflexion auf die Erzählbarkeit von Geschichte dar. Dabei tritt die lyrisch-statische Dimension dieser ›Bilder‹ von Anfang an in Opposition zur Dynamik von Narration und Geschichte, wie sie vor allem in der Figur Christians Gestalt annimmt. Er wird vom Text gleich zu Beginn als dynamisches Element eingeführt, das in die »stille Gegend« (I, V. 121) einbricht, kurz beschrieben wird und sogleich weitereilt (I, V. 147–226). Am Ende des Textes werden auch die Verfolger lediglich augenblickhaft, als »wilde Jagd« und »im Vorüberfliegen blos« (II, V. 1193, 1196) zu sehen sein, während sich andernorts, etwa im »Qualm« und »Dampf« (II, V. 841, 923) der Schlacht, dann gar keine Sichtbarkeit mehr einstellt. Die Dynamik und Gewalttätigkeit der Kriegshelden wird immer wieder auch mit natürlichen (»Die Elemente brechen ein«, I, V. 1085) und mit sprachlichen Dynamiken verschaltet, etwa in einer Szene, die den Einbruch der Gewalt in den geschützten Bezirk eines Schlosses in wenigen Versen andeutet, bevor die Perspektive erneut wechselt: »Stieg denn das Wetter auf? Es blitzt, / Entlang die Zweige zuckt der Strahl, / [...] / Und alle trifft des Wortes Wucht: / ›Der tolle Herzog auf der Flucht!‹ / So stürmt er fort, ein Meteor / Mit Flammenspur am Himmelsthor« (I, V. 453–460). Immer wieder manifestieren sich Dynamik und Gewalt auch in phallischen Symbolen der Macht: in Blitzen, Strahlen, Waffen oder bohrenden Blicken (»Kalt, tödtlich bohrt sein Blick sich ein: / [...] / Und als den Strahl er tiefer trug«, I, V. 778–780).

Die Dynamik der ins Münsterland einbrechenden Geschichte hat von Anfang an einen strukturellen Gegenspieler, der in spielenden Mädchen am Weiher ebenso Gestalt annimmt wie im »Häuschen« von Gertrude (I, V. 648): die Idylle. Allerdings sind die Bereiche von Stillstand und Bewegung, idyllischem Genrebild und historischem Schlachtengemälde, Natur und Geschichte, Heimat und Fremdem in Drostes Text weniger deutlich getrennt als es zunächst scheint. Die verträumte Heidelandschaft, die die Eingangsverse entwerfen (»Am Ufer Wasserlilien stehn, / Und durch das Schilf Gesäusel gehn, / Wie Kinder, wenn sie, eingewiegt, / Verfallen halb des Schlafes Macht«, I, V. 7–10), wird an anderer Stelle zum schaurigen und chaotischen Moor, in dem feste Standpunkte verloren gehen: »Bei jedem Tritt es schwankt und quillt, / Und dampfend aus dem Grund empor / Sich Nebelchaos wirbelnd streckt« (I, V. 978–980). Die Bedrohung kommt in solchen Konstellationen von innen, was die »Möglichkeit der Konversion des Vertrauten ins Unheimliche« einschließt (Böschenstein [1975] 2007, 33). Umgekehrt kontern Szenen, die Christian oder die katholischen Anführer schlafend zeigen, die kriegerische Dynamik dieser Figuren, die dergestalt noch einmal als ambivalente Byron'sche Helden erscheinen (vgl. II, V. 585–684). Auch die Rückblicke in Christians Vergangenheit setzen ein Gegengewicht, indem sie den psychologischen und sozialen Untergrund solcher entfesselter Dynamiken freizulegen suchen, mit Folgen für die Charakterisierung der Figur. Eindeutig böse ist auch der ›tolle Herzog‹ anfänglich nicht. Wenn sich seine charakterliche »Mischung« und sein »seltsam Wesen« seinem Gesicht als »Schrift« einschreiben (I, V. 384–386), dann kann man das auch als poetologischen Kommentar auf die generische Mischform des Textes lesen. Dass solche Mischungen prekär sind, wird in dem Moment deutlich, wo die ambivalente physiognomische »Schrift« zum »Runenmahl« (I, V. 408) auf der Stirn Christians wird, das nun eindeutig für die Gewalttätigkeit des Herzogs steht. Diese Ambivalenz nimmt prägnant auch noch einmal in einem Motiv Gestalt an, das auf das Gedicht *Die Steppe* voraus- und auf Byrons *Corsair* zurückweist: Erscheint Christian im Text als Abenteurer, der unter »des Corsaren Flagge« (I, V. 113) auftritt, »auf eigne Hand« (I, V. 365) handelt und mitsamt seinem Heer aus der gesellschaftlichen Ordnung herausfällt (»Ein Heer, vom Reiche ausgestoßen, / Landstreicher, flüchtige Matrosen«, I, V. 367f.), so schwingt darin für das berichtende Ich auch Faszination mit. Der Korsar steht hier auch für eine imaginierte Existenzmöglichkeit außerhalb der Ordnung, für den Ausbruch »aus der langen Haft« (I, V. 287) einer Existenz, die laut Erzähler Christians Wesen nicht entspricht, sondern vom System verordnet wird: »Der siechte in des Hofes Schlamm; / Denn damals man wie heute that, / Und zog nicht die Natur zu Rath« (I, V. 242–244). Dass die Natur allerdings einen gültigen Leitfaden im Chaos bereitstellt, gar am Ende »den Sieg über die Wirren der Geschichte« feiere (Jäger 1998, 458), wäre wiederum ein voreiliger Schluss, der dem Text nicht gerecht wird: Natur und Geschichte sind hier immer schon verquickt. Das machen insbesondere Bilder deutlich, die solche »Wirren« nun gerade auch im natürlichen Bereich aufspüren, wo sie sich als »Nebelchaos« oder »Krautes Schlingen« manifestieren (I, V. 980, 983).

Ein produktives Mischungsverhältnis lässt sich auch für das Verhältnis von historischer Faktizität und literarischer Produktivität konstatieren, das der Text auslotet. Die *Schlacht* betreibt eine Form der Geschichtsschreibung, die nur bedingt den »Diskurs des Historismus« (Ribbat 2011, 32) aufnimmt, obgleich sie allegorisch-religiösen oder idealistischen Deutungen von Geschichte ebenso fernsteht wie deren Inanspruchnahme durch nationale Mythologien. In der szenischen und multiperspektivischen Textur der *Schlacht* ist die von Leopold von Ranke geforderte deduktive Methodik, die von einer genauen Erfassung der Details zur narrativen Formung fortschreitet, ebenso angelegt wie die von Ranke eingeforderte Gerechtigkeit, die nur möglich sei, »wenn man Jedweden nach dessen eigenem Standpunct, nach dem ihm inwohnenden Bestreben würdigt« (Ranke 1832, 2). Eben das ist für die Christian-Figur der Fall. Das impliziert allerdings keine Orientierung an empirischen, objektiven Prämissen. Drostes Text bleibt nicht beim ›Gerippe der Begebenheit‹ (Humboldt) stehen, sondern füllt dessen Zwischenräume im subjektiven Rückgriff auf fiktionale Freiheiten und verschafft dabei insbesondere auch »Positionen an den Rändern des Geschehens« (Peters 2004, 218) Geltung. Dem Eindruck eines unvoreingenommenen Sehens kommt der Text dabei vor allem auch mit der Markierung von Perspektiven zuvor, die in ihrer Bedingtheit ausgestellt werden: von Standpunkten, die Übersicht ermöglichen (oder auch nicht); Medien wie Albrechts »Sehrohr« (II, V. 308); oder Leerstellen der Wahrnehmung, wo es nichts mehr zu sehen gibt (I, V. 1090) oder das Ich nichts zu berichten weiß (II, V. 798). Speziell die von Droste schon in frühen Textentwürfen betonten Erkundungs-Szenen, das »RECOGNOSCIREN« des jungen Tilly im feindlichen Lager (HKA III, 797, 843), ermöglichen solche Reflexionen von Beobachtbarkeit, indem sie das Verhältnis von objektivem und subjektivem Sehen, von »Überblick und Ausschnitt« (Peters 2004, 216) zu verschränken wissen. Die wissensgeschichtlichen Bezüge, die sich hier andeuten, wurden von der Forschung erst in Ansätzen verfolgt. Die *Schlacht* ist so auch auf Umbruchserfahrungen in der Geschichte des Sehens beziehbar, wie sie auch die Natur- und Geschichtswissenschaften im 19. Jahrhundert prägen (→ I.3.3.).

Am Ende des Textes trifft Drostes vielschichtige Erkundung westfälischer Vergangenheit dann noch einmal auf das ›einfache Volk‹, ähnlich wie in der *Mergelgrube* (→ II.5.3.8.). Allerdings verkennt der »Landmann« (II, V. 1230) die Bedeutung der historischen Relikte, die er im Moor entdeckt: »Ein Heidenknochen! Schau, hier schlug / Der Türke sich im Loener Bruch!« (II, V. 1237f.). Die *Schlacht* stellt solchen Verkennungen allerdings kein sicheres Erkennen gegenüber: Obgleich der Text eine andere Geschichte freilegt, rechnet er mit den Beschränkungen der dichterischen Optik. In seiner Multiperspektivität baut der Text insbesondere auch vorschnellen Identifizierungen vor, etwa mit den ›Helden‹ der Geschichte oder religiösen Parteien. Wie prekär solche Identifizierungen sind, zeigen die vielfältigen (Spiegel-)Blicke im Text, die zu Erkenntnis führen können, wie bei Johannes May, der sich im gläsernen »Kruzifixchen« als »Teufel« sieht (I, V. 629, 640) und daraus moralische Konsequenzen zieht. Sie implizieren aber eben auch – da nimmt der Text psychoanalytische Theoreme vorweg – Verkennungen: Die spielenden Mädchen zu Beginn haben weibliche Normen bereits verinnerlicht, wenn sie beim Blick in den Spiegel »die Mützchen fein« (I, V. 156) ordnen. So entzieht sich auch die Christian-Figur, die sich am Weiher, in der Perspektive des Erzählers in zwei Bilder aufspaltet (»Wo ihm sein Bild entgegen steigt«, I, V. 198), letztlich einer klaren Definition. In solchen Verdopplungen liegt aber gerade auch poetische Produktivität begründet, die der Text ebenso auszuschöpfen weiß wie spätere Texte. In den *Westphälischen Schilderungen* (→ IV.6.) ist es gerade die Verschiedenheit der Landstriche, Sitten und Physiognomien, aus der sich ästhetisches Potenzial schöpfen lässt, während *Die Judenbuche* (→ IV.5.) der Verwirrung von Recht und Unrecht narrative Energie abgewinnt, statt restaurativen Ordnungsphantasien unkritisch das Wort zu reden.

Literatur

Böschenstein, Renate: Die Struktur des Idyllischen im Werk der Annette von Droste-Hülshoff [1975]. In: Renate Böschenstein: Idylle, Todesraum und Aggression. Beiträge zur Droste-Forschung. Hg. von Ortrun Niethammer. Bielefeld 2007, S. 15–35.

Grywatsch, Jochen: »Wo Träume lagern langverschollner Zeit«. Zum Verhältnis von Traum und Zeit in den Epen und der Landschaftsprosa der Annette von Droste-Hülshoff. In: Cornelia Blasberg in Verb. mit Jochen Grywatsch (Hg.): ZwischenZeiten. Zur Poetik der Zeitlichkeit in der Literatur der Annette von Droste-Hülshoff und der ›Biedermeier‹-Epoche. Hannover 2013 (= Droste Jahrbuch 9), S. 211–234.
Heselhaus, Clemens: Annette von Droste-Hülshoff. Werk und Leben. Düsseldorf 1971.
Jäger, Hans-Wolf: Versepik. In: Gert Sautermeister/Ulrich Schmid (Hg.): Zwischen Restauration und Revolution 1815–1848. München, Wien 1998 (= Hansers Sozialgeschichte der deutschen Literatur vom 16. Jahrhundert bis zur Gegenwart. Bd. 5), S. 434–458.
Peters, Anja: »Die rechte Schau«. Blick, Macht und Geschlecht in Annette von Droste-Hülshoffs Verserzählungen. Paderborn u. a. 2004.
Ranke, Leopold von: Einleitung. In: Historisch-politische Zeitschrift 1 (1832), S. 1–8.
Ribbat, Ernst: Schreckensbilder westfälischer Geschichte. *Die Schlacht im Loener Bruch. 1623* als ein Schlüsseltext. In: Droste-Jahrbuch 8 (2011), S. 31–48.
Schneider, Ronald: Annette von Droste-Hülshoff. 2., vollst. neu bearb. Aufl. Stuttgart, Weimar 1995.

5. Gedichte von Annette Freiin von Droste-Hülshof (1844)

5.1. Einleitung
Cornelia Blasberg/Jochen Grywatsch

Die *Gedichte von Annette Freiin von Droste-Hülshof* [sic] von 1844 bilden das literarische Hauptwerk der Autorin. Mit insgesamt 108 Einzeltexten umfasst diese Ausgabe nicht nur die Lyrik der Jahre 1841 bis 1844, sondern – mit Ausnahme von acht geistlichen Gedichten – auch die vor 1838 entstandenen Texte aus Drostes erster Veröffentlichung im münsterschen Aschendorff-Verlag 1838 (→ II.4.1.). Aufgrund ihrer Vollständigkeit und der größeren Verbreitung ist die Ausgabe von 1844 dasjenige Werk, das das Bild der Lyrikerin Annette von Droste-Hülshoff für ihre Zeitgenossen prägte und auch die weitere Rezeption bestimmte. Die in die Ausgabe aufgenommenen drei langen Versdichtungen (*Das Hospiz auf dem großen St. Bernhard, Des Arztes Vermächtniß, Die Schlacht im Loener Bruch. 1623*) werden im vorliegenden Band nicht wie in der HKA als ›Epen‹ geführt, sondern als innovative lyrische Mischformen gewürdigt. Sie gehören somit in die Rubrik »Das lyrische Werk« (→ II.4.1.; → VI.6.) und werden im Abschnitt zur Ausgabe von 1838 analysiert.

Zur Vorgeschichte dieser Gedicht-Ausgabe gehören entscheidende Veränderungen in Drostes Werkpolitik nach Abschluss der *Gedichte* von 1838 (→ VII.1., → VII.2.). Dadurch, dass die Autorin 1838 dem von Elise Rüdiger in Münster gegründeten Literaturkreis der »Hecken-Schriftsteller-Gesellschaft« (HKA IX, 20; → I.3.2.) beitrat, zu dem auch Levin Schücking (→ I.2.3.)

gehörte, konnte sie sich mehr und mehr aus dem literarischen Umfeld von Christoph Bernhard Schlüter (→ I.2.2.) lösen, Anregungen aus der zeitgenössischen Literaturszene aufnehmen, sich als deren Teil erkennen und ein neues Verständnis der eigenen Autorschaft gewinnen. Ihre Kreativität wurde auf neue Genres und Formate gelenkt, auch indem Schücking sie um Mithilfe bei dem von Freiligrath übernommenen kulturhistorisch-literarisch orientierten landesbeschreibenden Projekt *Das malerische und romantische Westphalen* gebeten hatte. Zwischen September 1840 und Februar 1841 entstanden Prosaskizzen (HKA VII, 20–68) sowie die Balladen *Das Fräulein von Rodenschild*, *Der Graue*, *Vorgeschichte (SECOND SIGHT)*, *Kurt von Spiegel*, *Das Fegefeuer des westphälischen Adels* und *Der Tod des Erzbischofs Engelbert von Cöln*, die wichtiger Bestandteil der Gedichtausgabe von 1844 wurden. Die Zusammenarbeit mit Schücking erreichte im gemeinsam am Bodensee verbrachten Meersburger Winter 1841/42 ihren Höhepunkt. Glaubt man Schückings *Lebenserinnerungen*, hatten beide eine Wette abgeschlossen, ob Droste täglich ein Gedicht schreiben könne (→ I.1.1.). In der Tat lässt sich für die Zeit zwischen Oktober 1841 und April 1842 die Entstehung von etwa sechzig Gedichten nachweisen, darunter die Gruppen der *Haidebilder* und der *Zeitbilder*.

Nach Drostes Rückkehr ins Rüschhaus im August 1842 entstanden nur noch zwei Gedichte, *Nach fünfzehn Jahren* und *Der SPIRITUS FAMILIARIS des Roßtäuschers*, im Laufe des Jahres 1843 kamen weitere acht Texte (*Die Verbannten*, *Der Prediger*, *Meine Todten*, *Alte und neue Kinderzucht*, *Nachruf an Henriette von Hohenhausen*, *Clemens von Droste*, *Die Unbesungenen* und *Der Strandwächter am deutschen Meere und sein Neffe vom Lande*) hinzu. Während des erneuten Aufenthalts auf der Meersburg im Winter 1843/44 entstanden *Das öde Haus* und am 1. Januar 1844 *Ein braver Mann*, ansonsten bemühte Droste sich um die Fertigstellung der Reinschrift als Druckvorlage, da die erhofften Hilfen durch Abschreiber an der Unleserlichkeit ihrer Handschrift scheiterten. Seit 1843 fanden parallel zu diesen Arbeiten Überlegungen hinsichtlich der Wahl eines geeigneten Verlages statt (vgl. Blakert/Grywatsch/Thürmer 1997). Nachdem Droste zuerst das Angebot des Bielefelder Verlags Velhagen und Klasing favorisierte, erschien letztlich der renommierte Stuttgarter Cotta-Verlag, in dessen *Morgenblatt* dank Schückings Vermittlung bereits etliche Gedichte und *Die Judenbuche* erschienen waren, als beste Option. Schücking führte alle weiteren Verlagsverhandlungen und schloss in Drostes Namen im Februar 1844 einen lukrativen Verlagsvertrag ab, der ihr ein Honorar von 875 Gulden bei einer Auflage von 1200 Exemplaren zusicherte.

Nach der Übersendung der fertiggestellten Druckvorlage am 17. Januar 1844 an den Verlag traten Droste und Schücking in eine intensive briefliche Diskussion über Detailfragen ein, in deren Verlauf sich Droste Schückings eigenmächtige redaktionelle Eingriffe in ihre Texte (wie im Fall von *Der Graue*, → II.5.7.6.) verbat. Die Auseinandersetzung wirft ein bezeichnendes Licht auf Drostes Ambivalenzen gegenüber ihrem durchaus von Eigeninteressen gelenkten Literaturagenten Schücking, dem sie an literarischem Sachverstand weit überlegen war, der aber im literarischen Feld besser vernetzt war und den

Markt bestens überblickte, so dass er alle geschäftlichen Angelegenheiten für sie übernehmen konnte, was ihr untersagt war.

Zwischen Februar 1842 und Januar 1844 hatte Droste immer wieder an Gliederungsentwürfen für die Ausgabe (V^1 bis V^5; vgl. HKA I, 523–578) gearbeitet. Immerhin sollte der Band formal sehr differente Texte aus verschiedenen Werkphasen enthalten: 14 Gedichte aus den 1830er Jahren, 18 Balladen, von denen acht im Zusammenhang mit dem *Malerischen und romantischen Westphalen* entstanden waren, gut 60 Gedichte aus dem Meersburger Winter 1841/42 und 14 weitere aus den Jahren 1843 und 1844. Die Gedichtverzeichnisse dokumentieren auf der einen Seite den Zuwachs an (nur im Fall der Balladen generischen) Überschriften zur Gruppeneinteilung, auf der anderen Seite wird Drostes Bemühen deutlich, an Thematiken und wirkungsästhetischen Aspekten orientierte Binnenstrukturen für die einzelnen Abteilungen zu schaffen (→ II.5.3.1.; → II.5.4.1.; → II.5.5.1.). Auf diese Weise war eine ästhetisch kalkulierte Feinstruktur entstanden, die nach Drostes Willen durch eine Präambel in Gestalt der als »Einleitung« (HKA I, 567) fungierenden Gedichte *Mein Beruf*, *Meine Todten* und *Katherine Schücking* begründet werden sollte. Diese Texte legitimieren das Dichteramt durch die Autorität der Toten, deren Gedächtnis es zu wahren gilt, und sie machen unmissverständlich klar, dass sie einem poetologischen Programm verpflichtet sind. Schücking, die Konkurrenz der zeitgenössischen Lyrikszene im Blick, schlug hingegen die *Zeitbilder* als Auftaktgruppe vor und versetzte die Trias an den Anfang der Abteilung *Gedichte vermischten Inhalts*. Es gibt keine Zeugnisse, die Drostes schnelle und erstaunlich bereitwillige Billigung dieser Rochade erklären. Letztlich trug (neben anderen Faktoren) Schückings kurzsichtiges Erfolgskalkül, durch das er Drostes Dichtung als ›tendenz‹freie Alternative zur Vormärzdichtung lancieren wollte, dazu bei, dass die Dichterin als Konservative in die Literaturgeschichte einging (→ VII.2.).

Das Erscheinen der *Gedichte von Annette Freiin von Droste-Hülshof* am 14. September 1844 im J. G. Cotta'schen Verlag (Stuttgart/Tübingen) löste eine im Grundsatz positive zeitgenössische Reaktion (→ VII.2.) aus, deren Kritikpunkte wie ›männliche‹ Schreibweise, schwerverständlicher, ›dunkler‹ Stil und ungewöhnliche Naturdarstellung (vgl. HKA I, 500–518) sich in der späteren Rezeption zu Stereotypen verdichteten. Ein unerfreuliches juristisches Nachspiel hatte die Veröffentlichung insofern, als die Autorin Texte aus der nicht abverkauften Ausgabe der Gedichte 1838, die sie aber für vergriffen hielt, in den Band aufgenommen hatte. Die Familie erfüllte entsprechende Regressforderungen des Aschendorff-Verlags. Wirtschaftlich gesehen wurde auch die 1844er Ausgabe zu keinem Erfolg; eine zweite Auflage erschien erst 1861.

5.2. Zeitbilder

5.2.1. Einleitung
Cornelia Blasberg/Jochen Grywatsch

Die in den *Zeitbildern* versammelten zehn Gedichte stammen aus verschiedenen Arbeitsphasen: *Ungastlich oder nicht?*, *An die Schriftstellerinnen*, *Die Gaben*, *Vor vierzig Jahren*, *An die Weltverbesserer* und *Die Schulen* entstanden im Meersburger Winter 1841/42 zwischen dem 30. September 1841 und Anfang Februar 1842. Die Gedichte *Die Stadt und der Dom*, *Die Verbannten*, *Der Prediger* und *Alte und neue Kinderzucht* folgten nach Drostes Rückkehr ins Rüschhaus zwischen Dezember 1842 und Mai 1843 (HKA I, 573f.). Erstmals gruppiert das dritte, zwischen Mai und November 1843 verfasste Gedichtverzeichnis V³ die thematisch heterogenen Texte (zuzüglich *Der Spekulant* und *Der Strandwächter*; vgl. HKA I, 550f.) unter dem Titel »Unsre Zeit«, und nur das letzte Verzeichnis vom Januar 1844 setzt *Ungastlich oder nicht?* an die erste Stelle. Der Titel der Abteilung stellte einen so deutlichen Zusammenhang zur politischen Lyrik des Vormärz und den Zeitgedichten von Rückert, Herwegh, Freiligrath, Heine und anderen her, dass Droste Missverständnisse befürchtete (als »zu grell« empfanden sowohl sie selbst, wie auch ihre Schwester und Laßberg [HKA X, 146] die Gedichte) und es unter rhetorisch-ästhetischen Variationsaspekten bevorzugt hätte, wenn ihre *Zeitbilder* einzeln in der Rubrik »Vermischtes« untergebracht worden wären. Zudem sah ihr ursprünglicher Plan vor, die Gedichtausgabe mit drei einleitenden Gedichten *Mein Beruf*, *Meine Todten* und *Katharine Schücking* beginnen zu lassen (vgl. Gedichtverzeichnis V⁵; HKA I, 567) und damit alles Folgende in das Zeichen ihrer persönlichen Auffassung vom »Beruf« des Dichters und dessen Legitimation und Beglaubigung durch das Totengedächtnis zu stellen. Die Entscheidung, die *Zeitbilder*, von denen *An die Weltverbesserer* bereits im *Morgenblatt* und weiteren Blättern (*Kölnische Zeitung*, *Westfälischer Merkur*) Furore gemacht hatte, an die prominente Auftaktposition zu setzen (HKA XII, 124), traf Schücking in der Hoffnung, einerseits das politisch interessierte Lesepublikum anzulocken, andererseits Drostes Gedichtband für den Verleger Cotta im Sinne einer seriösen Alternative zu den kursierenden radikaldemokratischen Zeitgedichten attraktiv zu machen (Theiss 1990, 20).

Der Redegestus der Gedichte variiert von der Aussage eines ›Ich‹ bis zur unpersönlich gehaltenen Ansprache an andere (›Du‹, ›Ihr‹), während die für politische Lyrik charakteristischen starken Imperative wie z.B. in Herweghs *Gedichten eines Lebendigen* (1841) oder Formeln eines solidarisierenden ›Wir‹ weitgehend fehlen. Das Themenspektrum der Gedichte ist breit. Ähnlich wie *An die Weltverbesserer* kann man *Die Gaben* (HKA I, 20f.) und *Die Schulen* (HKA I, 29) als an den modernen Menschen gerichtete Mahnung lesen, weder die Fortschrittstendenzen der Epoche zu verabsolutieren, noch Hybris und Eitelkeiten (»Nie fand […] / Ich einen […], // Der nicht gemeint, des Herrscherthumes Bürde / Sey seinen Schultern grad das rechte Maaß«, HKA I, 20, V. 1–6) aller Art aus ihnen zu entwickeln. Den Verlust christlicher Tugenden wie Kindesliebe, Gattentreue und Caritas beklagt das Gedicht *Die Verbannten* (HKA I, 11–14), indem es dem träumenden lyrischen Ich deren Personifikationen vorführt. Dass die Verse entsprechend im Stil des mittelalterlichen Klageliedes gehalten sind, könnte man poetologisch als ironische Reflexion auf die Frage lesen, wie überhaupt in der modernen Zeit an alte Sitten erinnert werden kann. Diesen ironischen Gestus trägt das Gedicht *Alte und neue Kinderzucht* (HKA I, 26–28) sehr viel deutlicher an die Oberfläche, dessen erster Teil die würdige, zu einem guten Leben in Respekt und Ehrfurcht mahnende Rede eines Greises an seinen Sohn imaginiert, während der zweite Teil einen vom übermütigen Kinderspiel drangsalierten »bleiche[n]« (HKA I, 27, V. 33) jungen Mann auftreten lässt, der, »[s]chnellfingrig für die Druckerei den Lückenbüßer fert'gend« (V. 36), wie eine Karikatur des zeitgenössischen Journalschreibers und Berufsschriftstellers wirkt. Unter diesem Aspekt der Kritik am Literaturbetrieb gibt es Verbindungen zu *An die Schriftstellerinnen in Deutschland und Frankreich*, während das Gedicht *Der Prediger* (HKA I, 15 f.), das man als Reaktion auf zwei Todesfälle (von Pastor Karl Franz Halsband und Kaplan Anton Ignatz Vohrmann, vgl. HKA I, 639) ansieht, das diametral entgegengesetzte Thema anschlägt. Hier geht es um die fulminante Redegabe eines ›Predigers‹, der in einer früheren Fassung des Gedichtes sogar als »Prophet [...] der alten Zeit« (HKA I, 643) bezeichnet wird und die Gemeinde seinerseits mit einem vernichtenden ›Zeitbild‹ konfrontiert: Er greift »in der Zeiten Wunde« (HKA I, 16, V. 49), hebt »den seidnen Mottenfraß an's Licht« (V. 51) und zieht »der Lust den Schleier vom Gesicht« (V. 54). Die *mise en abyme*-Technik, die das ›Zeitbild‹ im ›Zeitbild‹ präsentiert, gibt der Lyrik auf der einen Seite den ultimativen Maßstab der Predigt mit, macht aber im selben Modus auf die Problematik der Rezeption aufmerksam. Ebenso wie die flammende Predigt unerhört bleibt (»Ein Fräulein gähnte leise hinterm Flore, / Ein Fahnenjunker blätterte im Buch«, V. 59 f.), ist zu befürchten, dass die Zeitkritik des Gedichtes nicht auf fruchtbaren Boden fallen wird. Während *Die Stadt und der Dom* durch präzise zeitgeschichtliche Bezüge aus dem ansonsten eher abstrakt-allgemeinen Rahmen der *Zeitbilder* fällt und zudem ein gesamtdeutsches Sujet verhandelt, verengt das direkt vorangehende und die Gruppe einleitende Gedicht die Perspektive auf Westfalen und sein kleines »Volk« (HKA I, 5, V. 3): *Ungastlich oder nicht? (In Westphalen)* (HKA I, 5 f.). Das wie in *Bei uns zu Lande auf dem Lande* (→ IV.4.) und in den *Westphälischen Schilderungen* (→ IV.6.) als sensationslos und rückständig ironisierte Land wird aufgefordert, diejenigen, die ihm Vorurteile (›Ungastlichkeit‹) entgegenbringen, zu einem kritischen Blick auf sich selbst und ihr Verhalten als ›Gäste‹ zu zwingen. In sieben der acht Strophen präsentiert sich Westfalen deshalb als sprechendes, Respekt und freies Urteil einforderndes Subjekt, das eine Gemeinschaft (»Der Grund wo *unsre* Gräber blühen«, V. 42; »Der Tempel wo *wir* gläubig knieen«, V. 44 [Herv. C.B./J.G.]) hinter sich weiß. Auch die politische Lyrik des Vormärz arbeitet mit der Idee stellvertretender Aussage und nutzt die rhetorische Figur der Prosopopeia, die Dingen oder Abstrakta Gesicht und Stimme verleiht, damit die lyrische Instanz unter dieser Maske ungeschützter sprechen kann. In Drostes *Zeitbildern* tritt der Gestus der Agitation hinter den der Reflexion zurück, und nicht selten ist Ironie im Spiel, wenn Kritik geübt und gleichzeitig deutlich gemacht wird, dass die Position des Kritisierenden von dieser Kritik nicht ausgenommen wird.

Ob Drostes *Zeitbilder* tatsächlich Ausdruck »konservative[r]« (Theiss 1990, 20) Gesinnung sein sollten, ist zu bezweifeln. Denn auf diese Weise würde Dichtung ja ebenfalls zum operativen Genre des Meinungsstreits herabgestuft, nur eben auf anderer als der liberalpolitischen Seite. Sieht man Drostes *Zeitbilder* hingegen als lyrische Auseinandersetzung mit der Frage, ob die – auch von ihr als wichtig erkannte – dichterische Stellungnahme zu Zeitfragen das Wesen des Lyrischen nicht verletzt, wird die Aufmerksamkeit auf die komplexe, oft mehrfach verschachtelte dialektische Argumentation der Gedichte gelenkt. Mit formaler Raffinesse und ironischer Selbstreflexion üben Drostes *Zeitbilder* Einspruch gegen die von den Zeitgenossen als revolutionär empfundene Schlichtheit zum Beispiel der *Gedichte eines Lebendigen* (1841) von Georg Herwegh mit ihren direkten Aufrufen, Polemiken und Parolen. Ein Fragezeichen wird hinter diese Rhetorik der Agitation auch aus anderem Grund gesetzt: Sie ist nicht nur bei Herwegh und Freiligrath (*Ein Glaubensbekenntniß. Zeitgedichte*. Mainz 1844) einem äußerst virilen, rebellisch auftrumpfenden Sprechersubjekt in den Mund gelegt (»[I]ch schleudre meinen Handschuh / Dir in dein ödes Zelt«, Herwegh 2006, 6), das durchweg in militaristischen Szenarien agiert (»Frisch auf, zum heiligen Krieg!«, Herwegh 2006, 15). Um 1840 haben Zeitgedichte offenbar einen so ausgeprägten Genderindex, prägen ein so einseitiges Autorbild aus, dass man die politische Funktion von Drostes *Zeitbildern* weniger in ihrem ideologischen Widerspruch zur Vormärzlyrik als im Versuch sehen kann, einem nationalistischen Männlichkeits-Pathos entgegenzutreten und im lyrischen Medium die Frage zu stellen, wie denn weibliche Zeitgedichte aussehen könnten. So wäre zu überlegen, ob die Auftaktposition von *Ungastlich oder nicht?* vor diesem Hintergrund als Kritik an einer männlichen Aneignungsrhetorik gelesen werden kann, die Freiheit, Einheit und ›Vater‹-Land (zentrale Vokabeln bei Herwegh, Freiligrath, Hoffmann von Fallersleben u.a.) umstandslos maskulin codiert. »Westphalen« markiert demgegenüber eine periphere, partikulare, gleichsam ›weibliche‹ Position, die sich weder als rückständig abstempeln noch für andere Zwecke vereinnahmen lassen will, und das Gedicht imaginiert entsprechend keine machtvolle Sprecherinstanz, sondern macht sich zur Bühne, auf der diese unterdrückte Stimme Gesicht und Figur erhält.

Auch die Zeitgedichte des Vormärz thematisieren Zeit. Hoffmann von Fallersleben erhebt den »Dichter« zum »Seher«, der »[d]as große Spiel der Zeit« überblickt (Hoffmann von Fallersleben 1842, 82), der »[d]ie alte gute Zeit« (Hoffmann von Fallersleben 1842, 40) so weit wie möglich von der Gegenwart wegzurücken versucht und den »Augenblick« (Hoffmann von Fallersleben 1842, 135) feiert. Ferdinand Freiligrath allegorisiert die »[m]it raschen

Pferden« jagende »Zeit« als »[e]in heißes Weib, nach Freiheit lechzend« (Freiligrath 1844, 47). Der reflexive, rhetorisch-philosophische Gestus von Drostes *Zeitbildern* verdeutlicht hingegen, dass über ›Zeit‹ anders gesprochen werden muss, nämlich eingedenk der Tatsache, dass das Sprechen selber der Zeitlichkeit unterliegt. So ist es in *Vor vierzig Jahren* (»Nun aber sind die Zeiten, / die überwerthen, da«, HKA I, 23, V. 41 f.), in *An die Schriftstellerinnen* (»Die Zeit hat jede Schranke aufgeschlossen«, HKA I, 18, V. 41) und in *Der Prediger*, dessen Rede tief »in der Zeiten Wunde« (HKA I, 16, V. 49) greift. Brieflich formuliert Droste gerade mit Blick auf die kurzfristige Berühmtheit von Freiligrath und Heine ihre Verwunderung darüber, dass auf Gegenwärtigkeit ihrer Texte drängende Dichter so wenig ernst nehmen, was sie als Theoretiker des Augenblicks eigentlich wissen müssten: dass ihre Aussagen mit Rasanz historisch, also von der Zeit überholt werden (HKA X, 88 f.). Mithin gilt es, für die Analyse von Drostes *Zeitbildern* ihre Informiertheit im Hinblick auf die zeitgenössischen Beobachtungen zur grundsätzlichen Zeitlichkeit von Wahrnehmung und Wissen fruchtbar zu machen (→ I.3.3.). Die Einsicht in die Macht einer Zeit, die nicht mehr durch Gottes Schöpfungs- und Erlösungsplan gebändigt werden kann, im Gegenteil: die durch paläontologische, geologische, evolutionstheoretische und physikalische Forschungen (Blasberg 2013a, 13) immer gewaltsamer erscheint, macht weder die Hoffnung auf eine bessere Zukunft noch das Festhalten an der Vergangenheit plausibel, ist also auf keinen Fall zu vereinbaren mit der Politik der Restauration.

Literatur

Blasberg, Cornelia: Zur Einführung. In: Cornelia Blasberg in Verb. mit Jochen Grywatsch (Hg.): ZwischenZeiten. Zur Poetik der Zeitlichkeit in der Literatur der Annette von Droste-Hülshoff und der ›Biedermeier‹-Epoche. Hannover 2013 (= Droste-Jahrbuch 9), S. 7–16. [Blasberg 2013a]
Freiligrath, Ferdinand: Ein Glaubensbekenntniß. Zeitgedichte. Mainz 1844.
Herwegh, Georg: Werke und Briefe. Kritische und kommentierte Gesamtausgabe. Hg. von Ingrid Pepperle. Bielefeld 2006.
Hoffmann von Fallersleben, August Heinrich: Unpolitische Lieder. 2 Teile. 2. Aufl. Hamburg 1842.
Theiss, Winfried: Lyrik im Jahre 1844. Zeitgedichte von Freiligrath, Heine und der Droste. In: Droste-Jahrbuch 2 (1990), S. 17–35.

5.2.2. Die Stadt und der Dom. Eine Carricatur des Heiligsten
Jörg Löffler

Die Stadt und der Dom. Eine Carricatur des Heiligsten (HKA I, 7–10) ist das zweite Gedicht der *Zeitbilder*, die die Ausgabe von 1844 eröffnen. Entstanden ist es »zwischen dem 27. Dezember 1842 und Ende Januar 1843«

(HKA I, 608). Zusammen mit *Der Prediger* und *Die Verbannten* gehört es zu den »Rüschhauser Zeitgedichte[n] [...] mit ihrer schroffen und unerbittlichen Zeitkritik, die stärker religiösen Charakters sind als die früheren Zeitbilder« (Heselhaus 1962, 83). Zwar sind das rhetorische Mittel einer beißenden Ironie und die Propagierung eines religiös fundierten Ethos Merkmale, die auf eine ganze Reihe von Gedichten aus diesem Eröffnungs-Zyklus zutreffen, doch eines hebt *Die Stadt und der Dom* in der Tat aus dieser Reihe heraus: sein unmittelbarer Zeitbezug, der dieses Gedicht zusammen mit seiner nahezu propagandistischen Eindringlichkeit zu einem prototypischen ›Zeitbild‹ macht.

»Die Stadt« im Titel ist unverkennbar Hamburg, das vom 5. bis zum 10. Mai 1842 von einer verheerenden Feuersbrunst heimgesucht wurde; »der Dom« ist derjenige zu Köln, dessen Weiterbau am 4. September desselben Jahres mit einer feierlichen Grundsteinlegung in Angriff genommen wurde. Zwei großangelegte Projekte einer ›Restauration‹ also, die von Droste aber keineswegs freudig begrüßt werden, wie es ihr poetischer Beitrag zu Levin Schückings Buch *Der Dom zu Köln und seine Vollendung* (Köln 1841) nahelegen könnte (die Ballade *Der Meister des Dombau's. Ein Notturno*, später unter dem Titel *Meister Gerhard von Cöln. Ein Notturno* veröffentlicht). Hatte sie sich mit diesem Text noch in die verklärend-historisierende Tradition der spätromantischen Mittelalterrezeption eingeschrieben, geht sie mit ihrem ›Zeitbild‹ eigene Wege.

Schückings Schrift ist dennoch als ein wichtiges Movens anzusehen, das zur Profilierung von Drostes Position zum Dombau-Projekt (und der damit verbundenen nationalen und religiösen Diskurse) beigetragen hat. Sein Buch steht in Beziehung zu den publizistischen Bemühungen von Joseph Görres und anderen Autoren der Romantik, die sich der Fertigstellung des Kölner Doms in besonderer Weise gewidmet hatten. Trotz aller Begeisterung für dieses Vorhaben zeigt sich bei Schücking bereits ein Anflug von Skepsis, wie ihn *Die Stadt und der Dom* wenige Jahre später in aller Deutlichkeit zum Ausdruck bringen wird. Es ist dies die Kritik an einer Veräußerlichung der ebenso national wie religiös motivierten Bestrebungen, so dass bei aller Spendenbereitschaft im Bürgertum eine entsprechende innere Haltung oftmals nicht anzutreffen sei (vgl. Nettesheim 1950, 124). Es geht also um die Verschränkung bzw. das Auseinanderklaffen von nationalen, ökonomischen und religiösen Motivationen, wie es in *Die Stadt und der Dom* ungleich radikaler zum Ausdruck kommt.

Das Gedicht beginnt mit einem metrisch-rhetorischen ›Paukenschlag‹, freilich in Anführungszeichen gesetzt: »›Der Dom! der Dom! der deutsche Dom! / Wer hilft den Cölner Dom uns baun!‹« (V. 1 f.) Diese Frage, die vielmehr ein Aufruf ist (vier Ausrufezeichen!), verbreitet sich publizistisch in Windeseile durch die deutschen Lande, gerade auch in gereimter Form (»Liederklänge«, V. 9), was die vielen zeitgenössischen Gedichte zu diesem Thema demonstrieren. Zu nennen sind hier unter anderem *Nach dem Brande in Hamburg* von Friedrich Notter, das am 2. Juni 1842 in Cottas *Morgenblatt* erschien und bereits die beiden großen Wiederaufbau-Aktionen dieses Jahres gemeinsam thematisiert, allerdings aus einer nationalliberalen und antiklerikalen Position heraus. Diese Haltung teilt Notter mit dem ungleich berühmteren Heinrich Heine, der in den Abschnitten IV und XXI von *Deutschland. Ein Wintermärchen* (1844) ebenfalls die großen Projekte in Köln und Hamburg thematisiert, allerdings mit einer prononciert anti-nationalistischen Tendenz.

Mit ihren temporeichen vierhebigen Jamben gibt die rhetorische Frage zu Beginn des Gedichts den Ton an für die Verse 1 bis 48, die eine gesamtdeutsche Solidarität beschwören, die tatsächlich zu einer großen Spendenbereitschaft für die kostspieligen Rekonstruktionsarbeiten in beiden deutschen Städten geführt hatte. »Im Stakkato der vierhebigen Jamben wird die propagandistische Lyrik zum Thema zitiert« (Kilchmann 2014, 114) – gemeint sind Gedichte wie das von Notter, das den architektonischen Wiederaufbau als Blaupause eines republikanisch-patriotischen *nation building* in Stellung bringt. Damit reiht sich *Die Stadt und der Dom* formal in die zahlreichen Zeitgedichte des Vormärz und des Jungen Deutschlands ein (vgl. Theiss 1990), während es ideologisch in eine ganz andere Richtung zielt, die sich in den Versen 49 f. (also kurz vor der Mitte des Gedichts) erstmals kundgibt: »Der Demuth Braun nur hat gefehlt, / Jehovah's Namen hört ich nicht.« Die Farbe der Demut kontrastiert mit all dem Silber und Gold, das buchstäblich (V. 87) und metaphorisch (V. 16) herbeigeschafft werden muss, um die vermessenen Großprojekte (»Babels Zinne«, V. 64) zu finanzieren.

Quer zu den liedhaft-eingängigen Jamben steht auch die artifizielle Strophenform und die auffällige Länge des Gedichts: zwölf zehnzeilige Strophen mit zwei umrahmenden Kreuzreimen und einem Paarreim in der Mitte. Dies signalisiert ein Moment des Innehaltens und der Reflexion, das in der zweiten Gedichthälfte überhandnimmt. Die sechste Strophe beginnt mit einer Frage, die diesmal nicht mit einem Ausrufezeichen schließt: »Wo deine Legion, o Herr, / Die knieend am Altare baut?« (V. 51 f.) Den beiden ›Landmarken‹, hoher Dom und ausgedehnter Hafen, wird die wahre, die unsichtbare Kirche gegenübergestellt, zusammengehalten durch den gemeinsamen Kirchgang (V. 51 f., 83 f.) und die tätige Nächstenliebe (im Bild des Samariters, V. 53, 88). Ganz ähnlich die Argumentation in zwei weiteren Gedichten aus den *Zeitbildern*: Den »Tempel wo wir gläubig knieen / [...] soll kein frevler Spott entweihn« (*Ungastlich oder nicht?*, HKA I, 5 f., V. 44 f.), während *An die Schriftstellerinnen in Deutschland und Frankreich* die Mahnung ergeht: »Des Tempels pflegt, den Menschenhand nicht baute, / Und schmückt mit Sprüchen die entweihten Wände« (HKA I, 17–20, V. 61 f.).

Doch was ist es nun genau, das diesen Rückzug in die Innerlichkeit und das Althergebrachte provoziert? Der Turmbau zu Babel und das ihm innewohnende Motiv der Hybris wurden bereits erwähnt, doch sitzt die Skepsis gegenüber dem Aufbau-Optimismus tiefer. Zentraler Kritikpunkt ist die Indienstnahme der sakralen Sphäre (Nächstenliebe gegenüber den gebeutelten Hamburgern, Fertigstellung der Kölner Kathedrale im Geiste der Gotik) für durchaus profane, ja ›unheilige‹ Zwecke: ein übersteigerter Nationalismus (die Deutschen als »Weltenvolk«, V. 106), zweckrationale Technikbegeisterung (das »Dampfrad«, V. 96), nicht zuletzt aber (wenn auch nur indirekt benannt)

5. Gedichte von Annette Freiin von Droste-Hülshof (1844)

kapitalistische Profitgier (der Hamburger Hafen als »Handelsstift«, V. 58, auf den ein wahrer »Goldregen« an gutgemeinten Spenden niedergeht, V. 16). Die letzten beiden Strophen bringen schließlich eine Ausweitung des Moralisch-Religiösen ins Geschichtsphilosophische, indem der deutschen Großmannssucht das Schicksal Roms prophezeit wird, von dessen Größe nur noch sein funktionslos gewordenes »Collosseum« (V. 110) zeugt.

Am Ende des Gedichts wird damit »ein dem Geschichtsoptimismus des 19. Jahrhunderts im buchstäblichen Sinne entgegengewandter Blick auf die den historischen Fortgang säumenden Trümmer geworfen« (Kilchmann 2014, 121). Dem säkular-nationalen Aufbruchspathos wird ebenso eine Absage erteilt wie einer rückwärtsgewandten, katholisch konnotierten Mittelalter-Begeisterung. So lässt sich erkennen, »dass das Gedicht hier ein zentrales Konstruktionsmoment nationaler Rhetorik und Ikonographie offenlegt, nämlich die Sakralisierung der Nation, die religiöse Erbschaft im scheinbar säkularen politischen Diskurs« (Kilchmann 2014, 117). Durch diese Kritik an unterschiedlichen ideologischen Formationen bewahrt sich der Text seine Unabhängigkeit, obwohl er zusammen mit den anderen *Zeitbildern* oft der Tendenzlyrik zugerechnet wird. *Die Stadt und der Dom* erweist sich im Gegenteil als ein »Metagedicht über die Vormärz-Lyrik und deren Inszenierung des Nationalen« (Kilchmann 2014, 115).

Die Zeitkritik als Kritik des zeitgenössischen Schreibens über Fragen der Zeit zeigt sich auch in der Wahl biblischer und archaisierender Stilmittel, die eigentümlich quer zur tagesaktuellen Thematik stehen, die gerade dieses der *Zeitbilder* auszeichnet. Was als Gedicht über und gegen gesamtdeutsche Spendenaktionen für lokale Wiederaufbau-Projekte beginnt, bekommt zunehmend einen Zungenschlag, der an »barocke *memento*-Figuren« (Kilchmann 2014, 119) gemahnt. Wenn die »Seele« der in der 2. Person Plural angesprochenen Adressaten als »ödes Haus« (V. 92) figuriert und der »Grabeswurm« (V. 112) sich antithetisch auf den »Liedersturm« (V. 114) der dichtenden Zeitgenossen reimt, dann verkleidet sich das lyrische Ich als Bußprediger im Stile eines Abraham a Sancta Clara. Das Unzeitgemäße dieses Tons ist als Protest gegen eine Lyrik zu verstehen, die sich voll und ganz der Gegenwart verschreibt und damit jeglichen Maßstab einer übergeordneten Perspektive preisgibt. Dass sich solch ein Maßstab »Jehovahs Schrift« (V. 60) entnehmen ließe, wird im Gedicht zwar suggeriert, doch scheint es letztlich nur *ex negativo* auf. Denn das lyrische Ich berichtet lediglich davon, wie es diese Schrift »verlöschen« »sah« (V. 59 f.), so dass der ›rechte Weg‹ nicht als ein vorgezeichneter erscheint, sondern als nur vage angedeutete Alternative zu den drastisch ausgemalten Fehlentwicklungen (im Bild christlicher Demut und Nächstenliebe). Es ist diese Skepsis gegenüber politischen (Vormärz), doch auch gegenüber religiösen (katholische Romantik) Heilsbotschaften, die dieses ›Zeitbild‹ ausbuchstabiert und die es zu einem gewichtigen Beitrag zur zeitgenössischen Debatte machen (was auch der Autorin selbst bewusst zu sein schien, als sie Schücking dieses Gedicht nachdrücklich zur Aufnahme in die Ausgabe von 1844 empfahl, vgl. HKA X, 148).

Literatur

Heselhaus, Clemens: Die Zeitbilder der Droste. In: Jahrbuch der Droste-Gesellschaft 4 (1962), S. 79–104.

Kilchmann, Esther: Wurm drin – Droste-Hülshoff und die deutsche Nation [zu: *Die Stadt und der Dom. Eine Karikatur des Heiligsten*]. In: Claudia Liebrand/Thomas Wortmann (Hg.): Interpretationen. Gedichte von Annette von Droste-Hülshoff. Stuttgart 2014, S. 111–124.

Nettesheim, Josefine: Die Droste und der Kölner Dombau: Eine geistesgeschichtliche Studie zu dem Gedicht *Die Stadt und der Dom*. In: Jahrbuch der Droste-Gesellschaft 2 (1950), S. 120–131.

5.2.3. An die Schriftstellerinnen in Deutschland und Frankreich
Martina Wernli

Der Titel dieses im Meersburger Winter 1841/42 entstandenen Gedichtes (HKA I, 17–19) lautete zuerst *Die Blaustrümpfe* und wurde dann von *An die Blaustrümpfe* bis zu *An die Blaustrümpfe in Deutschland und Frankreich* geändert (HKA I, 649). Im *Deutschen Wörterbuch* der Brüder Grimm wird der Ausdruck ›Blaustrumpf‹ mit »diabolus« erklärt, und nach Zitaten aus der Literatur ergänzt mit »heute, nach *bluestocking*, gelehrtes frauenzimmer« (Grimm 1986, Bd. 2, Sp. 85). Der Bedeutungswandel von Teufel zu gelehrtem Frauenzimmer kann parallel gelesen werden mit dem literaturhistorischen Auftreten von Autorinnen Mitte des 18. Jahrhunderts. Das Mit- und Umschreiben des Ausdrucks steht für ihr Selbstverständnis: Die Zuschreibung des Teuflischen wird durch eine frühe Frauenbewegung im 19. Jahrhundert aufgenommen und mit ins Positive gewendeter Bedeutung zur Eigenbeschreibung benutzt. Bei Droste jedoch wird ›Blaustrumpf‹ spöttisch abwertend verwendet. In ihrem Lustspiel P‌ERDU! *oder Dichter, Verleger, und Blaustrümpfe* kommen die Blaustrümpfe im Titel und als Figuren vor (Frau von Thielen, Johanna von Austen und Claudine Briesen). Im Gedichttitel hier werden sie gestrichen. Die Änderung von der allgemeiner gehaltenen Metapher ›Blaustrümpfe‹ hin zur Nennung der Nationalitäten erfolgte durch Schücking (HKA I, 649). Die neue Adressierung scheint auf den ersten Blick genauer, weil eine bestimmte Berufs- oder Künstlergruppe zweier Länder angesprochen wird. Diese Gruppen sind aber Kollektive, nicht Individuen, weswegen offen bleibt, wer genau damit gemeint ist. Unter biographischer Perspektive kann man an die Autorinnen denken, zu deren Werk Droste Lektürenotizen angefertigt hat: Bei den Französinnen ist vor allem George Sand als umstrittene, aber beindruckende Autorin zu erwähnen (HKA VII, 469–472).

Das Gedicht besteht aus Stanzen in neun Strophen, also jeweils aus acht Versen, das Reimmuster ist abababcc. Zu Beginn wird eine Opposition aufgebaut: Das »Ihr« (bereits in V. 1 und 2 genannt) auf der einen Seite wird kritisiert. Die andere Seite ist unbesetzt, nur ein einziges Mal meldet sich ein

»Ich« (V. 47) zu Wort. Das kritisierte Gegenüber wird von der Sprecherinstanz unterteilt in zwei Gruppen, in die zu Nüchternen und die zu Aggressiven. Die rhetorischen Mittel lassen keinen Zweifel an der Verachtung gegenüber beiden Gruppen aufkommen: Das Schreiben der rückwärts einer empfindsamen Schäferdichtung zugewendeten Autorinnen wird mit einer Antiklimax, dem dreifach genannten Hauchen, lächerlich gemacht (»Haucht wie des Hauches Hauch in Syrinxflöten«, V. 3). Den anderen wird vorgeworfen, sie würden in ihrem Übereifer sämtlichen Göttern den Krieg erklären (V. 6). Die Strophe endet mit der rhetorischen Frage: »Ward denn der Führer euch nicht angeboren [...]?« (V. 7) Danach widmen sich die Strophen zwei und drei der karikierenden Darstellung jeweils einer der beiden Gruppen. Die vierte Strophe warnt davor, den Ruhm über die Ehre zu stellen. Noch einmal wird appelliert, der innere »Führer« möge wahrgenommen werden. (V. 31 f.)

Schließlich werden »Führer« und »Natur« emphatisch miteinander verbunden. Mit der Aussicht, dass die »geheimnißreichste[n] Laute« (V. 59) der »Natur« geweckt werden könnte, wenn das eigene »Blut[ ]« als »gnadenvolle[ ] Spende« (V. 60) gewürdigt würde, wird Kunst als Ausgangsmittel wie als Ziel beschrieben. Die metaphorische Verwendung des Ausdrucks Natur in der Bedeutung von Wesen enthält gleichzeitig deskriptive wie auch normative Elemente, was in Bezug auf die damit naturalisierten Geschlechterrollen bedeutsam ist: Beschreibt der Begriff der ›Natur‹ die Frau, fordert er umgekehrt ein Verhalten ein, das den Regeln ebendieser Natur gehorcht. Mit dem Blut lässt sich der Reproduktionszyklus assoziieren, die dazugehörenden Rollen werden genannt: Es sind die »Gattin«, das »Kind« und die »Mutter« (V. 64). In einem späteren Brief an Elise Rüdiger vom 24. Juli 1843 stellt sich Droste dann in das eigene, vom Gedicht geforderte Schreibprogramm und gelobt »keinem andern Führer als der ewig wahren Natur durch die Windungen des Menschenherzens zu folgen, und unsre blasirte Zeit und ihre Zustände gänzlich mit dem Rücken anzusehn« (HKA X, 89).

Als singuläres Ereignis in diesem Gedicht spricht in Strophe sechs ein Ich. Es sagt: »Ich will den Griffel eurer Hand nicht rauben, / Singt, aber zitternd, wie vom Weih' die Tauben.« (V. 47 f.) Nach zwei Dritteln des Gedichts meldet sich hier also eine Stimme, die als überheblich interpretiert werden kann: Eine Schreibende maßt sich an, anderen das Schreiben verunmöglichen zu können und gibt großzügig Anweisungen, wie zu schreiben sei. Dass diese Stimme selbst nicht, wie sie es fordert, »zitter[t]«, zeigt die paradoxe Ausgangslage des Gedichtes auf.

Ermuntert werden die Schreibenden in der siebten Strophe: »Ja, treibt der Geist euch, laßt Standarten ragen!« (V. 49) Diese Passage lässt an Drostes Gedicht *Am Thurme* (→ II.5.4.4.) denken, das im gleichen Zeitraum entstanden ist. Darin sieht das lyrische Ich in einem »drüben [...] Wimpel wehn / So keck wie eine Standarte« (HKA I, 78, V. 17 f.). Während die Flaggen für das lyrische Subjekt in *Am Thurme* sichtbar, aber unerreichbar sind, ermuntert die Erzählinstanz in *An die Schriftstellerinnen* ihre Kolleginnen, solche weithin sichtbaren Zeichen zu setzen. Auch Zeitzeugenschaft ablegen sollen die Schreibenden (V. 41), was zur Herausforderung für das Individuum wird, muss es sich doch gegen zu starke Eindrücke von außen wehren und sich gleichzeitig als schreibende Person behaupten. Hier fällt allerdings auf, dass gerade mit Blick auf die eigene Zeit sprachliche Bilder aus dem Mittelalter verwendet werden: »Feldbind' und Helmzier mag ein Weib bereiten« (V. 52). Das Modalverb »mag« ermöglicht hier eine doppelte Lesart als potentielle oder normative Handlungsbeschreibung, deren Wahl den jeweiligen Blick auf die Mittelalter-Metaphern (Ironie/Spott oder Ernst?) steuert. Wie nämlich diese historische weibliche Beihilfe für ein ritterliches Turnier mit der »wild bewegte[n]« Aktualität (V. 50) zusammen gedacht werden könnte, bleibt offen. Es folgt auch sogleich auf die Ermunterung die Warnung vor einem möglichen Absturz. Verpackt ist diese Ermahnung in eine (mittelalterliche) Vogel-Allegorie mit Falke und Adler, und diese Bildlichkeit wird zudem noch verbunden mit einem von Daedalus inspirierten quasi-väterlichen Ratschlag. Während die mittelalterlichen Bilder ironisch verstanden werden können, scheint der Brückenschlag von der Weisheit des Mythos zur Gegenwart als tragfähig dargestellt. Strophe neun schließt mit weiteren emphatischen Imperativen und dem Hinweis, dass »ein Segen [mehr sei] als zehntausend Kronen!« (V. 72) Religiöse Besinnung nach innen wird also über eine öffentliche Wertschätzung des Schaffens gestellt.

Die Reaktion auf das Gedicht war gespalten – es überwog aber das Lob. Der zeitgenössische Rezensent Joseph Christian von Zedlitz bekundete seine Freude an den »schönen Stanzen« und hielt die normative Moral des Gedichtes fest: »Wir theilen sie mit, um zu zeigen mit welcher klaren Ueberschauung hier den dichtenden Frauen das Gebiet bezeichnet ist, in dem sie sich zu bewegen berufen sind.« (HKA I, 649f.) Elise von Hohenhausen hingegen kritisierte an dem Gedicht die »Ueberfülle« (HKA I, 650). Weil sie das Gedicht als Programmdichtung verstanden, setzten Zeitgenossen wie auch die Forschung das sprechende Ich meist mit der Autorin gleich. In der Analyse der Schreibweise wird dann jedoch oft erstaunt von einem ›männlichen Schreiben‹ gesprochen (historische Kritiken finden sich gesammelt bei Plachta 1995, 119). Auch die Forschung hat auf das Irritationspotential dieses Gedichtes hingewiesen (Heselhaus 1971; Plachta 1995): Der Text richte sich mit Forderungen an andere, überschreite diese aber performativ. Dies wird auf zwei Ebenen sichtbar. Erstens in Bezug auf das lyrische Ich: Eine Sprecherin tritt an die Öffentlichkeit, um anderen Schriftstellerinnen mitzuteilen, dass sie diese Öffentlichkeit nicht suchen sollten. Die zweite Ebene betrifft die Sprache und genauer die rhetorischen Mittel: Das Gedicht zeigt die Sprache der Empfindsamen und der Frauenrechtlerinnen auf, indem beide Stile karikiert vorgeführt werden. Lustvoll werden hier überbordende Stilfiguren aneinandergereiht, um die Schreibweise der Nüchternen und der Aggressiven lächerlich zu machen; die alternative, ›richtige‹ Schreibweise aber kommt nicht zum Ausdruck. Wie also ein solches, dem »Führer« (V. 7, 32) – auch zu verstehen als »weibliche Intuition« (HKA I, 655) – folgsames Schreiben aussehen würde, bleibt eine Leerstelle. Es ergibt sich ein doppelter performativer Widerspruch, wenn eine Autorin publiziert, was nicht publiziert werden sollte, und dabei eine bestimmte Schreibweise verwendet, die der geforderten gerade nicht entspricht.

Pickar versteht das Gedicht als Drostes Aufruf an ihre Schriftstellerkolleginnen, »ihre eigene, weibliche Schreibart zu realisieren« (Pickar 2000, 114). Ansonsten hat die Forschung das Gedicht, wenn überhaupt, kritisch registriert: Häntzschel bemerkt in einigen *Zeitgedichten* »trivial erscheinende[ ] Zurechtweisungen« (1968, 80), Heselhaus »herbeikommandierte Vergleiche« (1971, 226) und ein »leeres Bildgedränge« (1971, 227). Schließlich lautet sein Verdikt über Droste-Hülshoff: »Selten hat sie eine dem Thema so wenig angemessene Sprache verwendet wie in diesem Versuch, blaustrümpfig zu den Blaustrümpfen zu reden« (Heselhaus 1971, 227). Aber lässt sich aus dieser Kritik nicht auch Positives extrahieren? Könnte diese offensichtliche Widersprüchlichkeit im Text weniger als Mangel, sondern vielmehr als (gelungene) Darstellung eines »zeittypische[n] Symptom[s]« (Plachta 1995, 134) verstanden werden? Dieser Text ermöglicht doch gerade einen Einblick in das zeitgenössische Ringen um ›richtiges‹ weibliches Schreiben. Er bietet im Schwanken zwischen Zittern und Ausrufezeichen keine glattgebügelte Poetik und keine didaktische Anleitung, sondern zeigt das Dilemma einer konservativ geprägten Intellektuellen auf. So viel Pathos in strengen Stanzen präsentieren zu wollen, ist Ausdruck einer echten Auseinandersetzung und ein Hadern mit der Zeit, den Umständen und auch – den schreibenden Frauen. Zu denen gehört dieses »Ich«, ohne dass ein »Wir« im Text darauf hinweisen würde. Es bleibt in performativer Ambivalenz ein »Ich«, das zur Feder greift und sich dazu durchringt, anderen den Griffel nicht aus der Hand zu nehmen.

Literatur

Häntzschel, Günter: Tradition und Originalität. Allegorische Darstellung im Werk Annette von Droste-Hülshoffs. Stuttgart u. a. 1968.
Heselhaus, Clemens: Annette von Droste-Hülshoff. Werk und Leben. Düsseldorf 1971.
Pickar, Gertrud Bauer: »Läßt walten die verborg'ne Kraft!« Drostes Lyrik aus heutiger amerikanischer Sicht. In: Droste-Jahrbuch 4 (2000), S. 103–126.
Plachta, Bodo: »1000 Schritte von meinem Canapee«. Der Aufbruch Annette von Droste-Hülshoffs in die Literatur. Bielefeld 1995.

5.2.4. Vor vierzig Jahren
Jörg Löffler

Das Gedicht (HKA I, 22 f.) entstand in Meersburg zwischen September 1841 und Anfang Februar 1842 und erschien in der Ausgabe von 1844 als siebtes der zehn *Zeitbilder*. Fast zeitgleich wurde es am 16. September 1844 gemeinsam mit *Meine Todten* »zu Werbezwecken« (HKA I, 664) in Cottas *Morgenblatt* abgedruckt. Ein Wiederabdruck zu Lebzeiten erfolgte 1848 in der Anthologie

Bildersaal der Weltliteratur des Schriftstellers und Kulturhistorikers Johannes Scherr, der ganz am Ende des mehr als tausend Seiten umfassenden Buches eine kleine Gruppe von deutschen Autorinnen platzierte, darunter Droste mit *Vor vierzig Jahren*, *Die beschränkte Frau* (→ II.5.6.4.) und dem *spiritus familiaris des Rosstäuschers* (→ II.5.7.12.; vgl. HKA I, 663). Diese aus heutiger Sicht kuriose Auswahl dokumentiert das zeitgenössische Interesse an Drostes *Zeitbildern*, die, im Gegensatz zu Gedichten der Vormärz-Autoren, nicht die schlechte Politik der Restauration, sondern das überhebliche (lyrische) Gebaren der Restaurationskritiker in den Fokus rücken.

Wie in *Der Prediger*, *Ungastlich oder nicht?* und *Die Gaben* lässt sich Drostes Zeitkritik in *Vor vierzig Jahren* ihre Argumente von der romantischen Kapitalismuskritik vorgeben. Das »[W]ühlen in den Schätzen« (V. 45), der zerstörerische Spott, das »zu Stein« (V. 56) Werden alles Ergriffenen, die »kalt und leer« (V. 60) bleibenden Hände – sie erinnern an Achim von Arnims Figur des geldscheffelnden Bärenhäuters aus *Isabella in Ägypten*, an den Topos des »kalte[n] Herz[ens]« (Frank 2005), an Tiecks und E.T.A. Hoffmanns Jünglinge, die im Bergwerk große Schätze sehen und, da ihnen die wahre poetische Kraft fehlt, nur Steine ans Tageslicht fördern. Drostes Gedicht richtet diese ›alte‹ Kritik maliziös gegen jene Zeitgenossen, die Aktualität, »Geistesflug und Dampf« (V. 48) fetischisieren und sich allen anderen Epochen überlegen glauben. Dazu passt, dass sich das Gedicht, acht Strophen zu acht Versen umfassend, mit dreihebigem Jambus und Kreuzreim (mit alternierend weiblich-männlichen Kadenzen) einer liedhaften Form anähnelt, wie sie ebenfalls für Heines zeitgenössische Dichtungen mit ihrer ironischen Romantikkritik charakteristisch ist. So gesehen, nimmt Droste tatsächlich »den Rhythmus der neuen Zeit« (Heselhaus 1971, 215) an, allerdings gerade nicht im Sinne des vormärzlichen »Engagement[s]« (Gössmann 1972, 110).

Das Gedicht ist klar untergliedert: Die ersten drei Strophen entfalten im Imperfekt das Bild einer vergangenen Kulturepoche (durch die Anspielung auf Friedrich Matthissons Gedichtband *Lied aus der Ferne* auf 1794, durch Novalis' Notiz *Die Religion des unbekannten Gottes zu Athen* auf 1799 datierbar, vgl. HKA I, 669), die der Gegenwart an Fortschrittlichkeit unterlegen ist, ihr aber ein sicheres Traditionsbewusstsein auch im Hinblick auf lyrische Formen wie »Ode« (V. 23) und »Ekloge« (V. 24) voraus hat. Bereits die zwei Mittelstrophen wechseln ins Präsens und schildern das aktuelle Dilemma: Die sterbenden »Greise« (V. 33) können gegenüber der jüngeren Generation (Strophe vier), die alles Alte verhöhnt, kein Zeugnis von der Vergangenheit mehr ablegen. Das Band des kollektiven Gedächtnisses ist zerrissen, und entsprechend werden die letzten drei Strophen mit dem Kontrastbild eines radikalen Zeitenbruchs eingeleitet: »Nun aber sind die Zeiten, / Die überwerthen, da« (V. 41 f.) und entfalten die Erfahrung der »faszinierenden wie bedrohlichen Beschleunigung des Lebens« (Blasberg 2013a, 8). Drostes *Zeitbilder* gestalten die moderne Zeitkrise nicht nur als Verlust vormoderner Sicherheiten, die retrospektiv allzu harmlos wirken, sondern auch als Schwierigkeit, über die Gegenwart zu sprechen: Schließlich sind alle menschlichen Urteils- und Sprecherpositionen ausnahmslos der Zeitlichkeit unterworfen. So verschwindet auch das lyrische Ich hinter den grammatischen Figuren des »Man« (V. 15) und des »Wir« (V. 25, 45 f. u. ö.), wobei dieses »Wir« im Unterschied zu Herweghs oder Freiligraths Zeitgedichten keine emphatisch bejahte (nationale, patriotische) Gemeinschaft konnotiert, sondern eine erduldete Zeitgenossenschaft meint. Anders als Walter Scotts berühmte Formel »It's sixty years since« in *Waverly* (1814), die das historische Interesse an romantisierter Vorgeschichte feiert, kritisiert *Vor vierzig Jahren* nicht zuletzt den problematischen Umgang der Gegenwart mit ihrer eigenen Vergänglichkeit.

Literatur

Blasberg, Cornelia: Zur Einführung. In: Cornelia Blasberg in Verb. mit Jochen Grywatsch (Hg.): ZwischenZeiten. Zur Poetik der Zeitlichkeit in der Literatur der Annette von Droste-Hülshoff und der ›Biedermeier‹-Epoche. Hannover 2013 (= Droste-Jahrbuch 9), S. 7–16. [Blasberg 2013a]
Frank, Manfred (Hg.): Das kalte Herz. Texte der Romantik. Frankfurt/M. 2005.
Gössmann, Wilhelm: Das politische Zeitbewußtsein der Droste. In: Jahrbuch der Droste-Gesellschaft 5 (1972), S. 102–122.
Heselhaus, Clemens: Annette von Droste-Hülshoff. Werk und Leben. Düsseldorf 1971.

5.2.5. An die Weltverbesserer
Cornelia Blasberg

Das Gedicht (HKA I, 24 f.) entstand während des mit Levin Schücking auf der Meersburg verbrachten Winters zwischen dem 30. September 1841 und Anfang Februar 1842 (HKA I, 672) und firmierte zunächst unter dem präziseren Titel *Warnung an die Weltverbesserer* (HKA I, 524, 675 f.). Das Gedicht weist eine außergewöhnliche, durch Schücking initiierte Druckgeschichte auf: Gemeinsam mit *Der Knabe im Moor* und *Im Moose* gehörte es zu den bereits im Frühjahr 1842 in Cottas *Morgenblatt für gebildete Leser* einzeln erschienenen Texten und öffnete damit nicht nur den Weg für kontinuierliches Publizieren in diesem einflussreichen Journal, sondern wurde zudem noch in der *Kölnischen Zeitung* und im *Westfälischen Merkur* wieder abgedruckt. Für einen Moment wurde Droste sogar in die Phalanx der »Tendenz«-Dichter (HKA IX, 295), also jener jungdeutschen und vormärzlichen Schriftsteller wie Heine, Freiligrath und Herwegh, eingereiht, als *An die Weltverbesserer* in Hermann Marggraffs Sammlung *Politische Gedichte aus Deutschlands Neuzeit* (Leipzig 1843, S. 350, vgl. HKA I, 674) erneut veröffentlicht wurde. In einer anonymen Rezension in den Leipziger *Blättern für literarische Unterhaltung* (8. Juni 1845) wurden die »Tiefe der Reflexion« und »die kräftig-männliche classische Sprache« des Gedichtes gerühmt (HKA I, 675). Für Droste, die den literarischen Markt sehr genau, wenn auch kritisch beobachtete (→ I.3.2.) gab dieser

Erfolg Rätsel auf, zweifelte sie doch daran, dass das Gedicht »besser wie die Uebrigen« sei (HKA IX, 295). Obwohl sie nie tagesaktuellen Moden huldigen wollte, hatte sie in diesem Fall offenbar den ihr aus der Lektüre von Heines, Freiligraths und Hoffmann von Fallerslebens »Zeitgedichten« bekannten Stil mit seinem lebhaften Redegestus und den mythisierenden, zum Teil exotischen Bildern (Theiss 1990, 28) übernommen.

Dadurch erklärt sich, dass Drostes explizite »Warnung« an alle ungestümen Rufer nach Freiheit und Menschheitsverbrüderung sowie an politische Utopisten wie Henri de Saint-Simon und Charles Fourier nicht primär als konservative Verlautbarung aufgenommen wurde. Metrisch ist das Gedicht mit seinen fünf, jeweils neun Verse umfassenden Strophen dem aus der Antike stammenden, für dramatische Chorgesänge verwendeten und von Klopstock und Hölderlin wiederbelebten Chorjambus verpflichtet. Das eher seltene Versmaß mit dem Wechsel von Jamben und Trochäen kann ebenso wie das seit dem Mittelalter bekannte Reimschema ababcdccd als Indiz für einen strengen, traditionalistisch begründeten Ordnungswillen gelesen werden. Allerdings legt die Syntax nahe, an eine Zweiteilung jeder Strophe zu denken, die, gäbe es nicht eine zusätzliche Zeile und die Wiederholung des Reims in der siebten und achten Zeile, aus zwei kreuzgereimten Quartetten bestünde. Vom Ende her gelesen, könnte auf diese Weise einer der beschriebenen Regelverstöße inszeniert und eine Zeile als zu hoch geworfener »Stein« (V. 41) realisiert worden sein. Da das Gedicht nicht wie das Himmelgewölbe aus dem mythologischen Beispiel zusammenstürzt, macht es glauben, dass tatsächlich »ein Gott« die hochfliegenden Wörter berührt haben könnte (V. 45).

Dem ersten Anschein nach hat das Gedicht einen didaktischen Charakter: Erste und fünfte Strophe raten zu vorsichtigem, bedachtem Verhalten und rahmen dadurch die drei mittleren Strophen, die mit starken Bildern die sonst zu befürchtenden Schreckensszenarien ausmalen. Das direkt angesprochene »Du« soll weder zu laut an Türen pochen (V. 1 f., 37), noch vorschnell alle Hände drücken (V. 3 f., 39). Vor allem darf es keinen Stein werfen (V. 5–9, 41 f.), eine Aktion, die eigentlich auf den politischen Barrikadenkampf verweist, hier aber – in prominenter Parallele zum Einleitungsgedicht zu *Die Judenbuche*: »Wo ist die Hand so zart, daß ohne Irren / Sie sondern mag beschränkten Hirnes Wirren, / So fest, daß ohne Zittern sie den Stein / Mag schleudern auf ein arm verkümmert Seyn?« (HKA V, 3) – die moralische Geste der vorurteilsgestifteten Verleumdung konnotiert. Das Problem in allen drei Fällen scheint die Unkalkulierbarkeit der Wirkung zu sein, und zwar einerseits im Hinblick auf die Ziele – Einlass in das Haus, brüderliche Freundschaft, Vertreibung der Feinde –, zum zweiten aber mit Rücksicht auf das »Du« selbst, das seine Kräfte über- und die tödliche (»Obol« als Münze, mit der die Überfahrt in den Hades bezahlt werden muss, HKA I, 678 f.) Macht der Gegenkräfte unterschätzt. Was treibt den Menschen, fragt die erste Strophe implizit, zu umstürzlerischen politischen Ideen und Taten, was gibt ihm das Recht, alle gewohnten Lebensverhältnisse zu zerstören, obwohl ihm erwiesenermaßen Weitblick, intellektuelle und moralische Kraft fehlen, um die Konsequenzen seines Tuns vorherzusehen? Der Kontext der *Zeitgedichte* legt die Antwort nahe, dass die Zeit buchstäblich aus den Fugen geraten ist, dass das Wechselspiel von Revolutionen und Restauration langfristige politische Orientierungen vereitelt und den gegenseitigen Überbietungskampf tagesaktueller Lösungen anfacht. Auf diesen Kontext abgestimmt sind die grellen Bilder, die in den Mittelstrophen aufgerufen werden: eine Bootsfahrt in Höhlen »am Meeresstrand« (V. 10), deren Gesteinsmassen beim leisesten Geräusch zusammenbrechen, eine orientalische Verführungsszene, die mit der Pest infiziert (V. 19–27), der antike Mythos vom Götterpfeil, der, wenn er einst vom Himmel niederstürzt, die Welt vernichten wird (V. 28–36).

Heines und Freiligraths »Zeitgedichte« der 1840er Jahre sind nicht weniger abstrakt als Drostes *An die Weltverbesserer*. Auch sie argumentieren – mit Rücksicht auf Zensur und Untertanen-Mentalität der Bevölkerung, in realistischer Einschätzung der politischen Machtverhältnisse – mit moralischem Nachdruck, frappieren durch gewagte Bilder, öffnen Augen und Ohren durch ungewohnte Rhetorik. Die Individualität von Drostes Gedicht und zugleich ihre Verwandtschaft zu Heines ironischer, selbstreflexiver Lyrik ergeben sich durch die letzten fünf Zeilen. Die Rede ist dort vom Stein, der bis in eine »gestaltlos[e]« (V. 42), der »Form« entbehrende »Höh'« (V. 41) aufsteigt und damit (und mit der Anspielung auf Ikarus) Vokabeln poetologischer Reflexion aufruft. Dieser Lesart zufolge ist fraglich, ob das »Du« immer noch die ungestümen Weltverbesserer oder aber die Sprecherinstanz und Verantwortliche für das ›politische‹ Gedicht adressiert, das Gefahr läuft, das Ideal reiner, überzeitlicher Poesie zu verraten. Doch führt diese These eine Antithese mit sich. Denn auch dieses Ideal, würde es von der Sprecherinstanz vertreten, beruht auf radikal einseitigen Postulaten und erscheint angesichts der bewegten Zeitumstände unbedacht. Ausgehend von dieser dialektischen Argumentation bieten die letzten Zeilen eine Synthese an: Angesichts der »Zeiten«, »Wo offen alle Weiten, / Und jede Ferne nah« (*Vor vierzig Jahren*, HKA I, 23, V. 41, 43f.) *muss* der ›Stein‹ zu hoch geworfen, ein neuer ›formloser‹ Stil erprobt werden, und das Nachdenken über Poesie *muss* sich grundlegend verändern – doch darf das nicht ohne Hoffnung auf Legitimation aus einer nicht zeitgebundenen Perspektive geschehen. Da von »ein[em]«, nicht von *dem* »Gott« (V. 45) die Rede ist, schwächen sich die christlichen Assoziationen ab, die man mit dem Kniefall verbindet, wenn sie auch nicht vollständig verschwinden. Neben ihnen tauchen gleichberechtigt ästhetische Reminiszenzen aus dem kulturellen Gedächtnis auf: Darstellungen des antiken Musenkusses etwa oder das Bild jener zarten Fast-Berührung der Fingerkuppen von Gott und Adam aus Michelangelos Deckenfresko *Die Erschaffung Adams* (nach Gen 1,26) in der Sixtinischen Kapelle.

Literatur

Theiss, Winfried: Lyrik im Jahre 1844. Zeitgedichte von Freiligrath, Heine und der Droste. In: Droste-Jahrbuch 2 (1990), S. 17–35.

5.3. Haidebilder

5.3.1. Einleitung
Cornelia Blasberg/Jochen Grywatsch

Die Gruppe der *Haidebilder*, die Drostes Ruhm als Dichterin »der reinsten Naturanschauung und trefflicher Bildlichkeit« (Rezension von Zedlitz in der Augsburger *Allgemeinen Zeitung*, HKA I, 706) begründete und Freiligrath von der »westfälischen Haidenachtigall« (zit. n. Woesler 1980, 39) schwärmen ließ, verdankt sich weitgehend der kompakten Schaffensphase des Meersburger Winters 1841/42 (→ I.1.1.). Mit Ausnahme des *Knaben im Moor*, der schon Anfang Februar vorlag, kann man die Entstehung der Gedichte mit hoher Wahrscheinlichkeit noch präziser auf den Februar/März 1842 datieren (HKA I, 703 f.). Drostes Erinnerung, sie habe die Texte »in Einem Anlauf« (HKA X, 144) verfasst, lässt sich für acht der zwölf *Haidebilder* anhand der überlieferten Arbeitsmanuskripte verifizieren. Denn diese Texte sind auf einem einzigen Doppelblatt niedergeschrieben (MA I 4), wobei die Anordnung auf dem Blatt die detaillierte Entstehungsfolge sichtbar macht. Lediglich *Die Lerche*, *Das Haus in der Haide*, *Der Haidemann* und *Der Knabe im Moor* befinden sich auf anderen Überlieferungsträgern. Den Titel *Haidebilder* hatte Droste bereits über die acht zusammen niedergeschriebenen Texte gesetzt und behielt ihn in allen Gedichtverzeichnissen, die sie bis Anfang 1844 zur Anordnung der einzelnen Texte in der Ausgabe von 1844 konzipierte, für die von Anfang an homogen und kompakt wirkende Gruppe bei. Nur *Das Haus in der Haide* hatte sie zwischenzeitlich aussondern wollen, diesen Plan aber wieder rückgängig gemacht, und vorübergehend zählte auch *Die Schmiede* zu dem Zyklus.

In den komplexen Gedichten von Drostes Zyklus liegen mehrere Referenzrahmen übereinander. Zunächst assoziiert man mit dem Wort ›Heide‹ ein Stück freie Natur (»unser gefilde, feld und flur im weitesten sinne«) in Opposition zum urbar gemachten Garten, wobei laut Grimm'schem *Wörterbuch* zugleich »die vorstellung eines nicht urbar zu machenden, unfruchtbaren landes« aufgerufen wird (Grimm 1986, Bd. 10, Sp. 797). Tatsächlich war die Münsterländer Heide im 19. Jahrhundert eine widerspenstige, dem nährstoffarmem Sandboden angepasste Landschaft, die genügsame Pflanzen (wie Heide) und Sträucher hervorbrachte, aber auch Waldgebiete und großflächige Moore aufwies. Die Heidebewohner waren aufgrund des kärglichen Bodens arm und lebten prekär. Als Bauern bewirtschafteten sie genossenschaftlich genutzte Weiden aus Heide, Moor und Wald, die Allmenden. So wundert es nicht, dass sich im Anschluss an Voltaires Westfalen-Verunglimpfung als *terra incivilis* (*Candide*, 1759) im 18. Jahrhundert das kulturelle Stereotyp einer wüsten, erbärmlichen und elenden Landschaft herausbildete. Das waren gute Voraussetzungen für die Rehabilitierung Westfalens, die Autoren wie Möser, Weddigen und Immermann auch im Zuge des nach 1800 wachsenden ästhe-

5. Gedichte von Annette Freiin von Droste-Hülshof (1844)

tischen Interesses am Abseitigen und Exotischen voran trieben, und diesem Trend folgte auch das von Freiligrath an Schücking übergebene Projekt *Das malerische und romantische Westphalen* (1841), zu dem Droste anonyme Beiträge, Prosaskizzen bestimmter Orte und Landschaften sowie ortsbezogene Balladen beisteuerte. Zuvor hatte bereits Wilhelm Junkmann (1811–1886) aus dem Schlüter-Kreis, dessen Lyrikband *Elegische Dichtungen* (1836) Texte wie *Der Haidemann* und *Münsterland* enthielt, zur Literarisierung der westfälischen Heide beigetragen (vgl. Heselhaus 1971, 113). Mit seinem Rückbezug auf Nikolaus Lenaus vier *Heidebilder* in den *Gedichten* (1832), die allerdings die ungarische Steppe vergegenwärtigen, arbeitete Junkmann mit an einem Textnetz, aus dem heraus Droste ihre ›Heide‹-Gedichte entwickeln und auf das sie mittels Bildlichkeit und Strophenform (Weiß-Dasio 1996, 188) sowie metapoetisch anspielen konnte. Stellt man zudem in Rechnung, dass Drostes ›westfälische‹ Naturdichtung am Bodensee entstand, also einen *de facto* entrückten, nurmehr über Erinnerung und Imagination zugänglichen Ort entwarf – ähnlich wie Wordsworth seine *Lyrical Ballads* (1800) als »emotion recollected in tranquillity« (zit. n. Nettesheim 1967, 71) verstand –, wird deutlich, dass der literarische und poetologische Referenzrahmen der *Haidebilder* in einem kalkulierten Spannungsverhältnis zum geographischen steht. Vor diesem Hintergrund muss man der These vom Ursprung der *Haidebilder* in der 1834 entstandenen Verserzählung *Die Schlacht im Loener Bruch. 1623* (HKA III, 71–136; → II.4.4.) skeptisch gegenüberstehen, sofern die tatsächliche Referenz auf Region, Städte und Landschaften damit gemeint ist (vgl. Arens 1923a, 166). Zwar knüpft das Gedicht *Die Krähen*, in dem Geschehnisse des Dreißigjährigen Krieges von den das Schlachtfeld ›plündernden‹ Krähen kommentiert werden, direkt an die historisierende Verserzählung an. Doch wird erstens im Rückblick erkennbar, dass bereits Anfangs- und Schlusssequenzen der *Schlacht* topische Bilder entfalten und der von Schilf und Wasserlilien umstandene und von der Linde überwölbte Weiher (vgl. *Der Weiher*) die Argumentationsqualität eines referenzlosen, sich aus rhetorischen und poetischen Traditionen speisenden *locus amoenus* aufweist. Und zum zweiten ist es gerade *Die Schlacht*, die das historische Schauspiel auf einer Erinnerungsbühne spielen lässt, die gleichsam unter der Grasnarbe lokalisiert und in der Landschaft selber gar nicht sichtbar ist. Nicht nur übertrumpft, so gesehen, die poietische Energie die mimetische in den *Haidebildern* um ein Vielfaches (→ VI.6.), zusätzliche Bedeutung gewinnt ein dritter Referenzrahmen der Gedichte: die poetologische Reflexion (→ VI.12.).

Aufgrund ihrer lyrischen Komplexität stand die Gedichtgruppe bereits früh im Fokus der Forschung, die im Verlauf ihrer Entwicklung unterschiedlichste Werkaspekte erhellte. Während Kaysers Untersuchung zur Sprache und Redeform die *Haidebilder* »noch in einem dichterischen Urzustand vor aller entschiedenen Formung« (1940, 86) sah, arbeitete Clemens Heselhaus (1959) vor allem Bildstruktur und verschiedene Stilprinzipien der Gedichtgruppe heraus und machte an dieser Drostes Entwicklung einer eigenen lyrischen Sprache fest. Niggl (1986) konzentrierte sich auf Fragen der Anordnung und des inneren

Zusammenhalts der von ihm als Zyklus verstandenen Gruppe. Kraft (1988) diskutierte Drostes *Haidebilder* im Hinblick auf ihr Verhältnis zur zeitgenössischen gesellschaftlichen Ordnung, und Arend (1990) arbeitete die ironische und humoristische Komponente der Heidelyrik heraus. Ribbat ging es darum, Drostes Sprachbewusstsein in den *Haidebildern* aus dem Spannungsverhältnis zwischen Stimme und Schrift zu erklären und in diesem Zusammenhang auf die »intertextuelle Dialogizität« (1998, 235) der Gedichte aufmerksam zu machen. Zum facettenreichen Bild der Forschung gehören ebenfalls Herrad Heselhaus' Ansatz, die *Haidebilder* als »Formen des Erinnerns« (1998, 197) zu verstehen, sowie Pomps und Zumlohs (1998) sozialkritische Lektüre der Gedichte.

Sahen Drostes Zeitgenossen die Besonderheit der Gedichtgruppe vor allem durch die Thematik begründet, die der im Titel angekündigten Vielzahl an *Haidebildern* die Gegenkraft inhaltlicher Geschlossenheit entgegensetzt, so ziehen in den letzten Jahrzehnten formale Aspekte die Aufmerksamkeit auf sich. Im Fokus stehen dabei zwei ästhetische Strategien, die eine faszinierende Symbiose eingehen: Diversifikation und Sequenzbildung. Tatsächlich nähern sich die einzelnen Gedichte ihrem Gegenstand auf so unterschiedliche Weise, dass von einer Kollektion von Perspektiven, Einzelbeleuchtungen und Sichtweisen gesprochen werden kann. Jedes Gedicht der Gruppe bildet einen eigenen Modus der Annäherung an das Sujet ›Heide‹ aus und wirkt dadurch hochgradig individuell, und doch lassen sich die Einzelbilder kaleidoskopisch zu wechselnden Mustern zusammensetzen, oder, betont man die Musikalität der Verse, bilden die Einzelgedichte eine klangintensive Komposition. Die ästhetische Strategie der Diversifikation gehorcht dem rhetorischen Prinzip der *variatio* (vgl. *Gedichte vermischten Inhalts*; → II.5.5.1.) und trägt gleichzeitig der zeitgenössischen Erkenntnis Rechnung, dass Wahrnehmung ein je nach Spezies individueller, zeitlich bedingter und konstruktiver Akt ist (→ I.3.3.). Unterstützend wirken generische Vielfalt und die Durchmischung der Formen in der Gruppe (vgl. Heselhaus 1959, 152). Anklänge an die Lied- und die Balladenform (*Die Mergelgrube, Der Knabe im Moor*) finden sich ebenso wie reine Bildgedichte (*Die Steppe, Der Weiher*), die auch erzählende Passagen aufweisen können (*Die Lerche, Das Haus in der Haide*). *Der Hünenstein* und *Die Mergelgrube* enthalten Visionen und bilden Phantasmagorien aus, die das sprechende Ich an seine Grenzen treiben und der Gefahr der Auflösung aussetzen. Nicht immer weiß man auf diese Weise, wer sieht und wer spricht, und diese Konfusion existenzieller Kategorien der Wahrnehmung und Kommunikation wird noch dadurch verstärkt, dass fast alle Texte aus dem Formenfundus je neue Kombinationen bilden. Exemplarisch vorgeführt und auf den Punkt seiner größten Sichtbarkeit getrieben wird dieses Verfahren in drei Gedichten, die interne Sequenzen divergenter Teiltexte ausbilden: *Die Vogelhütte, Der Weiher, Die Krähen*.

Das Stilelement der Diversifikation zeigt sich auch darin, dass kein Gedicht die Versform eines anderen wiederholt, und dabei handelt es sich immer um sehr elaborierte Metren und Reimformen. Gleichzeitig prägen die *Haidebilder*

5. Gedichte von Annette Freiin von Droste-Hülshof (1844)

eine in Drostes Lyrik bisher unbekannte Tendenz zur strophenlosen Form aus. Es scheint, als greife Droste dabei auf Verfahren zurück, die sie bereits in der episch-lyrischen Mischgattung der Balladen und der Erzählgedichte (→ VI.4.) entwickelt hatte. Während die zuerst entstandenen Texte *Der Knabe im Moor*, *Der Haidemann* und *Das Hirtenfeuer* noch die herkömmliche Strophenform aufweisen, ersetzen die auf MA I 4 niedergeschriebenen Gedichte sämtlich die Strophen durch satztechnisch markierte Sinnabschnitte. Somit zeichnen sich den *Haidebildern* Prozesse der Lockerung und Individualisierung klassischer Strophenbauweisen durch Episierung ab (→ VI.3.). Aufgrund dieser Episierung kommt es zu einer neuen Vielfalt an Sprechsituationen und zum Wechsel narrativer Perspektiven in den einzelnen Gedichten, so dass Bezüge zwischen Form und Inhalt, aber auch wirkungspoetische Strategien der Leseransprache sehr flexibel gehandhabt werden können, was wiederum den Eindruck kunstfertiger Varianz erhöht. Neben dem traditionellen, aus der Erlebnislyrik bekannten Aussagemodus des lyrischen Ich (*Die Mergelgrube*, *Der Hünenstein*, *Die Vogelhütte*) finden sich apostrophische, invokatorische Sprechweisen, in deren Regie die Natur sich gleichsam selbst erzählt (*Der Weiher*, *Die Krähen*), und zusätzlich sind heterodiegetische, nullfokalisierte Modi nach dem Vorbild eines distanzierten Erzählens zu beobachten (*Die Jagd*, *Die Lerche*, *Die Steppe*, *Der Knabe im Moor* u. a.).

Als Gegengewicht zur Strategie der Diversifizierung kann man Strukturprinzipien des Zusammenschlusses durch Sequenzbildung in der Gedichtgruppe beobachten, und oft wird zur Beschreibung dieser Konfiguration der Begriff des Zyklus ins Spiel gebracht. Anders als die eher mechanistische Vorstellung von Sequenz ist die des Zyklus philosophisch-weltanschaulich beladen und transportiert die Idee einer organischen, dem Kunstwerk aus Naturrhythmen wie Sonnenumlauf oder Vegetationsperioden zuwachsenden Einheit, und tendenziell werden zyklische Raumzeitmodelle zum Fundament antimoderner Einstellungen: Schließlich kann es in einem geschlossenen System dieser Art keine grundlegenden, das System selbst revolutionierenden Veränderungen geben. So hat es Konsequenzen für die Interpretation der *Haidebilder*, ob man – allerdings nicht vollkommen stringent – in ihnen einen Tagesablauf abgebildet sieht, oder ob man eine Kreisform annimmt, die dadurch entsteht, dass die Gedichte komplementäre, unterschiedlich perspektivierte Einzelbelichtungen eines in ihrer Mitte liegenden Sujets darstellen.

Heselhaus (1959) und Niggl (1986) machen in der Binnenstruktur der *Haidebilder* drei Abteilungen mit jeweils vier Gedichten aus. Eine erste Untergruppe von vier Gedichten (*Die Lerche*, *Die Jagd*, *Die Vogelhütte*, *Der Weiher*) ist zeitlich dem Morgen zugeordnet und verbindet die als barocke Allegorie gestaltete Ouvertüre des Heidemorgens mit weiteren Belichtungen der Heidelandschaft, die mit der Welt des Adels und dem Ich des Dichters in Beziehung gesetzt wird. Explizit (*Die Vogelhütte*) und implizit (*Der Weiher*) wird eine poetologische Positionierung vorgenommen. Anders ist der Mittelteil mit *Der Hünenstein*, *Die Steppe*, *Die Mergelgrube*, *Die Krähen* durch seinen übergreifend reflexiven Charakter geprägt, in dem sich das Thema der

Historizität von Landschaftsdichtung mit der Darstellung eines Ich verbindet, das die grundsätzlichen Koordinaten der Orientierung in dieser poetischen Landschaft verliert. Besonders deutlich wird das im virtuellen Mittelgedicht der Gesamtsequenz, *Die Steppe*, das am Beispiel der Überblendung von Bildern einer Meeres- und einer Steppenlandschaft prinzipielle Unsicherheiten der subjektiven, täuschungsanfälligen Weltwahrnehmung anspricht wie es poetisch-rhetorische Verfahren der ›Wirklichkeits‹-Darstellung exponiert. In einer ersten Anordnung der *Haidebilder* (HKA I, 525) hatte Droste *Die Steppe* übrigens an den Anfang gesetzt und auf diese Weise die poetologische Relevanz des Textes verdeutlicht, und auch die Verschiebung des Gedichtes in die Mitte lässt sich poetologisch deuten: Aus der Präambel mit präskriptiver Wirkung wird ein zu entdeckendes inneres Prinzip. Der Mittelteil, der vorwiegend Tagbilder präsentiert, ist stark von der Position des lyrischen Ich dominiert, das die Reflexion eigener Innerlichkeit mit dem Wesen der Heide und ihrer Geschichtlichkeit verknüpft. Der Dämmerung und Dunkelheit zugewandt, bilden *Das Hirtenfeuer, Der Haidemann, Das Haus in der Haide* und *Der Knabe im Moor* den Schlussteil der Sequenz und lenken den Blick auf die menschlichen Heidebewohner, die armen Bauern und Schäfer. Diese Gedichte verbinden ethnographische Befunde mit sozialkritischen Kommentaren. Wenn sie entsprechend das Wohnhaus in ihren Bildbereich aufnehmen, dann zeigt sich, dass es als Schutzort versagt, wie überhaupt eine harmonische Verbindung von Mensch und Natur verloren zu sein scheint. Man mag das auch auf die verlorene (als natürlich empfundene) alte Ordnung beziehen, wie sie zunächst zu Beginn der Sequenz im barocken Hofzeremoniell der *Lerche* aufscheint. Allerdings lässt Droste den Vogel, der symbolisch für den Dichter steht, am Ende der poetischen Zeremonie verstummen: Die schönen Bilder entstammen dem literarischen Repertoire alter, abgedienter Theaterstücke, in deren Dienst sich die *Haidebilder* keinesfalls stellen wollen. Ihr Argumentationsfeld ist die Schreibgegenwart, gekennzeichnet durch eine unumkehrbare Entfremdung des Menschen von der Natur, und diese Diagnose poetisch zu gestalten, macht es notwendig, über die theologischen Implikationen eines solchen Naturverständnisses (vgl. Detering 2009) ebenso nachzudenken wie über die Repräsentationskraft der Poesie.

Bildet *Die Steppe* das Drehkreuz und die Achse der poetologischen Reflexion, stecken das erste und das letzte Gedicht der Sequenz deren Rahmen ab. Im Gewand der Naturdichtung werden die gesellschaftlichen und historischen Antagonisten von Adel (*Die Lerche, Die Jagd, Die Vogelhütte*) und Bürger- und Bauernklasse (*Das Hirtenfeuer, Der Haidemann, Das Haus in der Haide, Der Knabe im Moor*) vorgestellt. So ist der Vogel im ersten Vers des Lerchen-Prologs: »Hörst du der Nacht gespornten Wächter nicht?« (HKA I, 33, V. 1), der den gesamten Zyklus einleitet, wohl weniger als Nachtigall denn als Hahn zu identifizieren, worauf sowohl der »[S]porn[ ]«, der »Schrei« (V. 2) als auch die verworfene Erstfassung des Verses »Hörst du des Tages frühen Boten nicht« (HKA I, 708) verweist. Mit dem Topos des gallischen Hahns wird zugleich der Kontext der Französischen Revolution aufgerufen.

Als Symbol für das aufständische Volk ersetzte der gallische Hahn die Insignien des Königshauses auf der Tricolore und zierte, Drostes während der napoleonischen Kriege mehrfach unter französischer Besatzung stehenden Zeitgenossen zweifellos erinnerlich (→ I.2.), zahlreiche Münzen und Siegel. Während das Auftaktgedicht *Die Lerche* den Heidemorgen unter den Auspizien des Hahnenrufs als höfisches Zeremoniell inszeniert, zeigt das Schlussgedicht *Der Knabe im Moor* die unsichere, im schwankenden Moorboden verbildlichte Lebenssituation der Menschen nach dem Zusammenbruch des Alten Reichs. »Es geht um den unausweichlichen Prozess der Veränderung, des Wechsels, um die Transformation« (Grywatsch 2008b, 31). Selbst wenn *Die Mergelgrube* das Thema der geologischen Tiefenzeit im Kontext der Heide-Dichtung anspricht und über Versteinerungen und Mumien zu spekulieren scheint, bleibt die Idee einer elementaren Zeitenwende präsent: »Es ist gewiß, die alte Welt ist hin« (HKA I, 51, V. 61). Ein Übriges tut *Das Haus in der Haide* mit seiner ostentativ gebrochenen Idyllik, das die Wünsche nach häuslich-familiärer Harmonie und nach »Gottesfriede[n]« (HKA I, 66, V. 36) als Phantasmen entlarvt. Wenn die Hütte vordergründig als Geburtsstall Jesu inszeniert wird, geschieht das in solch grotesker Überzeichnung (sichtbar an der Verknüpfung der Szenerie eines Spätsommerabends in der Heide mit dem Weihnachtsbild), dass das Gedicht die Sinndimension, die es aufruft, sogleich widerruft und *en passant* Assoziationen zur wichtigsten politischen Flugschrift des Vormärz, Büchners *Hessischen Landboten* mit dem Aufruf »Friede den Hütten! Krieg den Palästen!« weckt. Ausgehend von solchen Beobachtungen kann man Verbindungslinien zu den *Zeitbildern* in der Ausgabe von 1844, in Anbetracht der im Subtext der Gedichte virulenten poetologischen Reflexionen zu Drostes Gesamtwerk ziehen, und als Konsequenz daraus gewinnen die modernen, metapoetischen Qualitäten der *Haidebilder* an Profil.

Literatur

Arens, Eduard: Die *Heidebilder* der Droste. In: Die Heimat (Dortmund, Münster), 5. August 1923, S. 163–167. [Arens 1923a]

Grywatsch, Jochen: Produktive Leerstellen. Anmerkungen zur Aktualität des dichterischen Werks der Annette von Droste-Hülshoff und zur Veränderlichkeit seiner Wertschätzung. In: Monika Salmen/Winfried Woesler (Hg.): »Zu früh, zu früh geboren ...«. Die Modernität der Annette von Droste-Hülshoff. Düsseldorf 2008, S. 18–35. [Grywatsch 2008b]

Heselhaus, Clemens: Die *Heidebilder* der Droste. In: Jahrbuch der Droste-Gesellschaft 3 (1959), S. 145–172.

Heselhaus, Herrad: »Hier möcht' ich Haidebilder schreiben«. Annette von Droste-Hülshoffs Poetisierung der Naturgeschichte. In: Ernst Ribbat (Hg.): Dialoge mit der Droste. Kolloquium zum 200. Geburtstag von Annette von Droste-Hülshoff. Paderborn u. a. 1998, S. 185–208.

Kayser, Wolfgang: Sprachform und Redeform in den *Heidebildern* der Annette von Droste-Hülshoff. In: Jahrbuch des Freien Deutschen Hochstifts 40 (1940), S. 52–91.

Nettesheim, Josefine: Die geistige Welt der Dichterin Annette Droste zu Hülshoff. Münster 1967.

Niggl, Günter: Die *Heidebilder* der Droste als Gedichtzyklus. In: Droste-Jahrbuch 1 (1986), S. 94–106.
Pomp, Sandra/Zumloh, Thorsten: Die Konkretion im Abstrakten. Annette von Droste-Hülshoffs *Haidebilder*. In: Gert Vonhoff (Hg.): Naturlyrik. Über Zyklen und Sequenzen im Werk von Annette von Droste-Hülshoff, Uhland, Lenau, Heine. Frankfurt/M. u. a. 1998, S. 95–118.
Ribbat, Ernst: Stimmen und Schriften. Zum Sprachbewußtsein in den *Haidebildern* und in der *Judenbuche*. In: Ernst Ribbat (Hg.): Dialoge mit der Droste. Kolloquium zum 200. Geburtstag von Annette von Droste-Hülshoff. Paderborn u. a. 1998, S. 231–247.
Weiß-Dasio, Manfred: Heidewelt. Eine Einführung in das Gedichtwerk der Annette von Droste-Hülshoff. Bonn 1996.
Woesler, Winfried (Hg.): Modellfall der Rezeptionsforschung. Droste-Rezeption im 19. Jahrhundert. Dokumentation, Analysen, Bibliographie. Erstellt in Zusammenarbeit mit Aloys Haverbusch und Lothar Jordan. Bd. 1,1. Frankfurt/M. u. a. 1980.

5.3.2. Die Lerche
Grit Dommes

Es gilt als gesichert, dass Droste diesen Text (HKA I, 33–35) als ersten der *Haidebilder* im Februar/März 1842 auf der Meersburg (HKA I, 695 f.) verfasst hat. Aus dem Manuskriptblatt geht hervor, dass sie zunächst den Zyklustitel *Haidebilder* über den Text schrieb und den Gedichttitel später ergänzte. Sie begann auf dem gleichen Blatt weiter das Gedicht *Der Weiher* (noch unter dem Titel *Der Teich*), brach aber ab und schrieb den Text, über den sie die Ordnungsnummer »2.« notierte, auf einem anderen Blatt nieder (HKA I, 704, 707).

Das Gedicht besteht aus zehn Abschnitten von unterschiedlicher Länge, die gelegentlich auch als Strophen bezeichnet werden. Da der stark abweichende Umfang der Versgruppen jedoch strukturelles Gewicht besitzt, wird dieser Begriff hier vermieden (→ II.5.3.1.). Der sechste Abschnitt ist mit 19 Versen der längste, der Schluss besteht aus nur zwei Versen. Es handelt sich um jambische Zehn- oder Elfsilber mit abwechslungsreichen Reimstellungen. Wie der Variantenapparat zeigt, hat Droste sorgfältig an der Füllung des metrischen Schemas gearbeitet (HKA I, 708–715). Als Einführung in den Zyklus ist *Die Lerche* ein exponierter Text, doch lange schien diese prominente Position des Gedichtes seine Bedeutung zu verengen, da die Schilderung des Sonnenaufgangs als Startsignal für die folgenden Naturszenen verstanden wurde. Analysiert man jedoch die Textstrukturen, so zeigt sich, dass *Die Lerche* in einem viel substantielleren Sinne in den Zyklus einführt, indem sie nämlich poetologische Fragen stellt, die in vielen der folgenden Texte wieder aufgegriffen werden.

In Form einer Allegorie inszeniert der Text den Sonnenaufgang als absolutistisches Hofzeremoniell und stellt damit Form und Sujet in einen barocken Traditionszusammenhang (vgl. Häntzschel 1968, 94 f.). Das Gedicht beginnt mit einer Anleihe beim mittelalterlichen Tagelied (vgl. Heselhaus 1971, 236). Denn der Lerche aus dem Titel wird die Nachtigall als »der Nacht gespornte[r] Wächter« (V. 1) beigestellt (→ II.5.3.1.). Im Wächterlied als einer Untergattung des Tagelieds wacht eine dritte Figur über ein Paar, das sich nach verbotener Liebesnacht am Morgen trennen muss. Weil sich der Ritter und die Dame oft nur auf Drängen des Wächters aus dem geschützten Bereich der Nacht lösen können, ist der Tagesanbruch negativ besetzt. In Drostes Gedicht dagegen ist bereits zu Beginn der Einfluss der Nachtigall im Verschwinden begriffen (»verzittert«, V. 2), die Sonne geht auf und mit ihr erscheint triumphal die Lerche. Indem sich so im Verlauf des ersten Abschnitts die negative Erwartungshaltung ins Gegenteil verkehrt, wird geschickt eine Dynamik der Steigerung angestoßen, die bis zu den Schlussversen anhält. Als Morgenvogel ist die Lerche seit dem Spätmittelalter ein Topos, aber erst durch den Einfluss der englischen Literatur kommt ihr vom frühen 18. Jahrhundert an auch in der deutschsprachigen Lyrik immer häufiger die Aufgabe zu, die anderen Vögel in der Dämmerung zu wecken (vgl. Doebele-Flügel 1977, 125 f., 129 f., 310). Diese Rolle als des »Tages Herold« (V. 11) oder »Bote« (V. 16) spielt die Lerche auch im ersten der *Haidebilder*: In drei Phasen (vgl. Häntzschel 1968, 94) kündigt sie die Sonne an, in der allegorischen Lesart »die junge Fürstin« (V. 17) oder auch »die Königin« (V. 63). Drei kürzere Versgruppen (II, V, VIII) geben ausschließlich die Rede der Lerche wieder und verstärken so die Bedeutung, die ihr bereits der Titel verleiht. Fast vergessen lässt sich darüber, dass der Text von einer Sprecherinstanz organisiert wird, die allerdings nirgends so deutlich hervortritt wie in der Leseransprache des Anfangsverses (vgl. Arend 1990, 52; dagegen Heselhaus 1971, 236).

Die Versgruppen II und III beschreiben das Aufwachen, die eilige Morgentoilette des Hofstaats und die Vorbereitungen für das Lever der Fürstin. Gerade der dritte Abschnitt macht deutlich, welche disparaten Elemente die Allegorie zusammenzwingt: das repräsentative Sujet (»Hoheit«, V. 30) und die kleinteilige Pflanzenwelt der Heide (»tausend Wimper«, V. 23). Die Vermittlung erfolgt durch die konsequente Anthropomorphisierung, die sich vor allem in den Adjektiven ausdrückt und das Naturbild in eine hierarchische Struktur übersetzt (»ein wenig bleich«, »[e]rschrocken«, »verschämt und zage«, »kleine«, »dienend«, V. 25–28, 34). So stellt sich ein »ironisch-kokette[r] oder herablassend-gutmütige[r] Ton« (Heselhaus 1971, 235) ein, der auf eine wertende Instanz schließen lässt. Mit dem vierten Abschnitt beginnt die nächste Phase des Sonnenaufgangs. Nun verkündet die Lerche (Abschnitt V), durch die Wiederholung noch verstärkt: »Die Fürstin kömmt, die Fürstin steht am Thor!« (V. 39, 43). Der musikalische Empfang ist das Thema des folgenden längsten Abschnitts. Mit großem Einfallsreichtum lässt Droste die Insekten der Heide als fähige Musikanten auftreten. Der siebte Abschnitt leitet zur letzten Phase, der Huldigung, über. Die Sonne ist aufgegangen, die Königin hat den Thron bestiegen. Schätze und Reichtümer sollen vor ihr ausgebreitet werden. Bis hierhin betreibt das Gedicht eine permanente Steigerung: Subtil wird die Erwartung eines großartigen Ereignisses nur stückweise eingelöst und dabei immer weiter aufgeschoben. Die angekündigten Schätze sind nicht auszumachen, das »roh Gestein« (V. 76) der Ameisen kann vor der wertenden Instanz nicht bestehen und das mit Perlen besetzte »Elfenkleid« (V. 79) verweht mit dem Wind. Die enttäuschte Erwartung führt zur letzten Versgruppe, zur »matter-of-factness« des Schlusses (Arend 1990, 52). Auf dem Höhepunkt der Zeremonie wird die Natur im Bild der schweigenden Lerche aus allen Verweisungszusammenhängen entlassen: »Die Wolke dehnte sich, scharf strich der Hauch, / Die Lerche schwieg, und sank zum Ginsterstrauch.« (V. 83 f.) Mit wenigen Federstrichen ist die kunstvoll ausgestaltete Allegorie, das ganze anspielungsreiche Konstrukt, ausgelöscht.

Die Zeitgenossen priesen *Die Lerche* als »ein kleines Meisterstück, voll Anmuth und Frische« (Rezension in der Augsburger *Allgemeinen Zeitung*, HKA I, 706), Schücking sah das Gedicht gar für einen Probeabdruck im *Morgenblatt* vor (HKA I, 707). Die Forschung hat sich lange vor allem mit dem Inhalt der Allegorie beschäftigt, der ganz unterschiedliche Bewertungen erfuhr, kritisch als »Anti-›Morgenruf‹« im Kontext der Lyrik des Vormärz (Kraft 1988, 16 f.; vgl. Pomp/Zumloh 1998, 96) oder zustimmend im Sinne einer »Aufwertung des Volks« (Sautermeister 2006, 35). Allegorien sind in Droste-Hülshoffs Lyrik keine Seltenheit (vgl. Häntzschel 1968, 11 f.; Detering 2009, 42). Bei der *Lerche* handelt es sich um eine *allegoria permixta*, weil sich bereits in den konkreten Bildern Hinweise auf das Gemeinte finden. Immer wieder ist die Beschreibung der Heidelandschaft bei Sonnenaufgang durch einzelne Begriffe mit der Zeremonie verknüpft. Gelegentlich sind allegorische Details regelrecht übersetzt (z. B. »Da schüttelt auch die Lerche ihr Gefieder, / Des Tages Herold seine Liverei«, V. 10 f.; »Ein tüchtiger Hornist, der Käfer, schnurrt«, V. 48). Die Allegorie ist in allen Teilen durchsichtig auf ihre Bedeutung. Es geht gar nicht um Veranschaulichung eines Abstraktums, sondern um das allegorisierende Verfahren als solches. Dieser Eindruck wird noch verstärkt durch den Kontrast der Bildwelten, die im regelmäßigen Metrum verschmelzen. Zum Material der Allegorie wird eine Natur, die in all ihren Details von Interesse ist (vgl. Sautermeister 2006, 35). Ähnlich wie in Barthold Heinrich Brockes' Lyrik der Physikotheologie erfährt der Mikrokosmos gerade durch die genaue Beobachtung und mehr noch durch die vom Text behauptete Eignung als Gegenstand der Allegorie eine ungeheure Aufwertung. Gleichzeitig erzeugt die Aufladung des winzigen Gewimmels mit hochgespannter Bedeutung Komik (vgl. Arend 1990, 52; Sautermeister 2006, 35). Die »hybride[n] Räume« (Detering 2009, 61), die Droste-Hülshoff in ihrer geistlichen Lyrik entworfen hat, setzen sich in den Naturgedichten, namentlich den *Haidebildern*, fort. Gerade das Eklektizistische, Kulissenhafte und die ironischen Brüche des Gedichtes machen seine besondere Qualität aus. So gelesen fügt sich *Die Lerche* in eine dekonstruktivistische Lektüre der *Haidebilder* als Zyklus, in dem »verschiedene Zugriffe, Vertextungsstrategien von Natur und Erinnerungsmodelle, durchgespielt« werden (Heselhaus 1998, 197). Die akribischen Beschreibungen und die kunstvolle Steigerung des Gedichts verpuffen in den beiden Schlussversen. Dadurch offenbart sich die angebliche »Naivität« der *Lerche* (Heselhaus 1971, 236) als aufwendig kalkulierter Effekt. Der abrupte Bruch lenkt den Blick noch einmal zurück an den Anfang und gibt die rhetorische Frage des ersten Verses als Anstoß zu einer Projektion zu erkennen. Damit steht am Anfang des Zyklus eine Demonstration: Im Textraum wird die Natur zum hochartifiziellen Material.

Literatur

Arend, Angelika: Humor and Irony in Annette von Droste-Hülshoff's *Heidebilder*-Cycle. In: The German Quarterly 63,1 (1990), S. 50–58.
Detering, Heinrich: Versteinter Äther, Aschenmeer. Metaphysische Landschaften in der Lyrik der Annette von Droste-Hülshoff. In: Jochen Grywatsch (Hg.): Raum. Ort. Topographien der Annette von Droste-Hülshoff. Hannover 2009 (= Droste-Jahrbuch 7), S. 41–67.
Doebele-Flügel, Verena: Die Lerche. Motivgeschichtliche Untersuchung zur deutschen Literatur, insbesondere zur deutschen Lyrik. Berlin, New York 1977.
Häntzschel, Günter: Tradition und Originalität. Allegorische Darstellung im Werk Annette von Droste-Hülshoffs. Stuttgart u. a. 1968.
Heselhaus, Clemens: Annette von Droste-Hülshoff. Werk und Leben. Düsseldorf 1971.
Heselhaus, Herrad: »Hier möcht' ich Haidebilder schreiben«. Annette von Droste-Hülshoffs Poetisierung der Naturgeschichte. In: Ernst Ribbat (Hg.): Dialoge mit der Droste. Kolloquium zum 200. Geburtstag von Annette von Droste-Hülshoff. Paderborn u. a. 1998, S. 185–208.
Kraft, Herbert: Annette von Droste-Hülshoffs *Haidebilder*. In: Literatur in Wissenschaft und Unterricht 21,1 (1988), S. 15–23.
Pomp, Sandra/Zumloh, Thorsten: Die Konkretion im Abstrakten. Annette von Droste-Hülshoffs *Haidebilder*. In: Gert Vonhoff (Hg.): Naturlyrik. Über Zyklen und Sequenzen im Werk von Annette von Droste-Hülshoff, Uhland, Lenau und Heine. Frankfurt/M. u. a. 1998, S. 95–118.
Sautermeister, Gert: Annette von Droste-Hülshoffs *Haidebilder*. Mit einer Interpretation der *Lerche*. In: Der Deutschunterricht 58,2 (2006), S. 29–37.

5.3.3. Die Jagd
Jochen Grywatsch

Das Gedicht *Die Jagd* (HKA I, 36–38) entstand gemeinsam mit fast allen anderen Texten des Zyklus im Februar/März 1842 während Drostes erstem Meersburg-Aufenthalt. Im Arbeitsmanuskript trug das Gedicht zuerst den Titel *Weidendes Vieh*, der dann zu *Jagd und weidendes Vieh* erweitert wurde (HKA I, 719). Die folgenden Gedichtverzeichnisse und die Reinschrift für den Erstdruck in der Gedichtausgabe von 1844 führen den gültigen Titel *Die Jagd*. In der Gruppe der *Haidebilder* steht das Gedicht an zweiter Stelle.

Die Jagd ist nach dem Auftaktgedicht *Die Lerche* als zweiter Teil einer Einleitung in den Zyklus der *Haidebilder* zu verstehen, der dazu freilich einen vollkommen anderen Zugang wählt. Beide Gedichte wurden in der Phase der

Erwägungen zur Anordnung des Zyklus immer als zusammengehöriges Paar behandelt (Niggl 1986, 100). Auf die große Eröffnung in Form der mit barockfeudaler Bildlichkeit opulent ausgestatteten Allegorie des Heidemorgens in *Die Lerche* folgt mit *Die Jagd* ein volkstümlich-genrehafter Zugang zu jener Landschaftsszenerie (vgl. Niggl 1986, 102; Heselhaus 1971, 237), die Droste in insgesamt zwölf Gedichten beleuchtet. Kontrastiv zu der lebendigen Geschäftigkeit der Heidefauna in der *Lerche* eröffnet *Die Jagd* zunächst einmal einen Blick auf eine selbstzufriedene Natur, wenngleich dieser Zustand nicht von langer Dauer ist. Mit dem Fokus auf Stille und Friedlichkeit in der Natur, der den ersten Teil des Gedichts prägt, steht es dem im Zyklus folgenden *Weiher* (HKA I, 43–45) nahe.

Der Betonung einer in sich ruhenden Natur entspricht die zurückgenommene Erzählerstimme des Gedichts. Kein lyrisches Ich tritt auf den Plan, das Teil des Geschehens wäre; es ist vielmehr eine abstrakt bleibende Erzählinstanz, die mit einem das Geschehen nur am Rande wahrnehmenden Subjekt identifiziert werden kann. Dieses Beobachtersubjekt gibt seine zunächst akustischen, später auch visuellen Sinneseindrücke weiter, wobei es an einer Stelle ein imaginäres Gegenüber anspricht (»Da horch«, V. 9). Es sind, auffällig abweichend zur vorangehenden *Lerche*-Allegorie, realistisch verankerte Beschreibungen von Gehörtem oder Gesehenem (Heselhaus 1959, 160) – keine Wertung, kaum mal ein Vergleich, kein metaphorisches Sprechen bestimmt die Rede des Gedichts. Wenn so dem Menschen zugehörige Artikulationsweisen ausgeschlossen bleiben, dann wird verstärkt, was das Gedicht in seiner Grundhaltung durchgehend bestimmt: Der Mensch bleibt der Natur fremd; er kommt in der Natur zunächst nicht vor, die ganz und gar ohne ihn existieren kann. Dennoch, und davon spricht das Gedicht, nimmt er Einfluss auf die Natur, und er tut dies in rücksichtsloser Weise. Sein unerbittliches Eindringen kündigt sich alsbald an, wenn in Vers 10 zum ersten Mal die Stimme des Jägers hörbar wird. Was das Gedicht in Form von akustischer und optischer Wahrnehmungsschilderung über eine Länge von sieben ungleich langen Strophen zur Darstellung bringt, ist eine Fuchsjagd, an deren Ende Jäger und Hundemeute über den zur Strecke gebrachten »Schelm« (V. 85) triumphieren. Die Erzählerstimme steht zu dem grausamen Geschehen und auch zu der Haltung, die sich darin ausdrückt, in strikter, wenn auch passiver Opposition. So organisiert sie zwar die lyrische Narration, scheint sich ansonsten jedoch als Medium respektive Schaltzentrale der Sinne zu verstehen, weshalb das Gedicht viele onomatopoetische Wortbildungen enthält. Neben den mehrfach auftauchenden Ausrufen »Halloh« und »Hoho« findet eine Vielzahl lautmalender Begriffe (»Rispeln«, »Kling! klang!«, »jappen«, »klaffen«, »knirrt«) und klanglicher Metaphern (»der Fliege Angstgeschrill«, »Läuten«, »lebend'ge[ ] Glocken«, »Glockenspiel der Bracken«) Verwendung.

Als Ausgangssituation kommt eine friedvolle, vom Menschen ungestörte Naturszenerie in den Blick. Als ein »lang gezogen[er]« (V. 10) Ruf erklingt, kündigt sich Unheil an, das der Leser allerdings nicht dem »Halloh« der Jägerstimme selbst, jedoch der alarmierten Reaktion der Natur entnehmen kann:

»der Fliege Angstgeschrill« (V. 15), »den Fall der Beere« (V. 16). Diesen äußerst zarten Hinweisen auf etwas Beängstigendes folgen mit dem »Kling! klang!« (V. 20) der Hundemeute bald deutlichere Signale. Die lange erste Strophe von 49 Zeilen hat hier, nach Vers 20, eine kleine Zäsur; die Aufmerksamkeit wendet sich nun, im zweiten Abschnitt der ersten Strophe (V. 21–49) auf die Meute der »Bracken« (V. 49), Jagdhunde, die mit ihren Halsglocken und ihren Jagdgeräuschen (»jappen«, »klaffen«, »Kiefern knacken«, »fletschend«) für ein akustisch anschwellendes, zunehmend bedrohlicher wirkendes Szenario sorgen. Die akustische Sensation wird zu einer visuellen, wenn die Gier der Jagdmeute sich nun in den übereifernden Bewegungen der Hunde im Wettstreit um den besten Zugriff zeigt: »Radschlagend« (V. 27), »Wie Aale schnellen sie« (V. 28). Sie sind dem »Fuchs« (V. 22, 29, 35) auf der Spur, der, zunächst noch »[g]elassen« (V. 36) und »verächtlich« (V. 38), bald auf Leben und Tod fliehen muss.

Dass der Frieden der Natur massiv gestört ist, macht die zweite Strophe mit ihrem Blick auf die Reaktion einer Viehherde deutlich, die, von dem Geschehen und einem versprengten Hund aufgeschreckt, in »holprichte[m] Galopp« (V. 51) über die Wiese stampft. Wie schon bei der Beschreibung der Meute und des Fuchses genügen dem Gedicht nur einige wenige, aber umso treffender gewählte Beobachtungen, um dem Leser ein präzis-realistisches und äußerst anschauliches Bild zu vermitteln. Mit dem Abschwellen der Geräusche (»Fort grasen sie«, V. 67) beruhigt sich erneut die Situation, bis die dritte Strophe mit dreifachem Schuss und folgendem »Jubelschrei« (V. 75) vom Ende des Fuchses kündet. Bemerkenswert ist, dass der Blick des Erzählers im Gedicht abgewandt ist – er hat die Viehherde im Fokus. Die Zeugenschaft am grausamen Ende des verfolgten Tieres ist nur eine indirekte, allein akustisch vermittelte. Damit wird eindeutig Stellung bezogen: Das Gedicht will sich weder mit der Jagdgesellschaft gemein noch sich mitschuldig machen am blutigen Geschehen. Mit der kurzzeitigen Zentralstellung des »brüllend Heerdenvieh[s]« (V. 52) schafft Droste ein inhaltliches Äquivalent zur reserviert-distanzierten Position der Erzählinstanz und eine »ironische Differenz« (Heselhaus 1998, 202) zur gängigen Erwartung an die Darstellung einer Fuchsjagd. Die Strategie distanzierender Verschiebung von Haupt- auf Nebenhandlungen und -schauplätze wird fortgesetzt, wenn ab Vers 76 erstmals im Gedicht ein Mensch auftritt, und zwar ausdrücklich nicht der Jäger selbst, sondern ein »Waidmann ohne Tasch und Büchse« (V. 80), der mit seinem Horn (»[d]en halben Mond am Lederband«, V. 77) zum ›letzten Halali‹ ansetzt. Am Ende wird der Tod des Fuchses halb zynisch, halb verharmlosend in Form zweier Strophen eines Volks- oder Kinderliedes vermittelt, das dem Hornsignal des ›Fuchs-tot-Blasens‹ unterlegt ist (HKA I, 730). Die so dem Volkslied-Einsprengsel in *Die Mergelgrube* (HKA I, 50–53) vergleichbar gestalteten Strophen 4 und 7 umrahmen das Schlussbild des Gedichts in Strophe 6, das den Fokus auf die in kollektives Geheul einstimmende Hundemeute richtet. Das Volkslied schließlich, das unkommentiert am Schluss stehen bleibt, vermittelt für sich – und damit steht es konträr zu der Grausamkeit des Geschehens – nichts als Freude, Spott und Hohngelächter ob des getöteten Tieres. Es verweist damit, subtil unterstützt durch die Parallele von Menschengesang und Hundegeheul, auf die herrisch-arrogante Überhebung des Menschen gegenüber der Kreatur.

Das übergreifende Thema dieses Gedichts ist die durch den Menschen in Aufruhr gebrachte, »aufgestörte Natur« (Heselhaus 1959, 159f.), die gewissermaßen ihre Unschuld verliert. Präzise Aussagen zu dieser Störung formuliert das Gedicht im Bild einer Parforcejagd auf den Fuchs mit Hundemeute, einer Form der Hetzjagd, die ihrer Grausamkeit wegen heute verboten ist. Stellt man in Rechnung, dass die Jagd auf lebendes Wild zu den Privilegien des Adels gehörte, dann kann man aus dem Gedicht eine subtile, wenn auch deutliche Kritik der Autorin an den Gepflogenheiten ihres Standes herauslesen. Während die realistischen Schilderungen auf der einen, der Volksliedtext mit seinen hämischen Untertönen auf der anderen Seite die Grausamkeit des Geschehens vergegenwärtigen, geschieht doch beides unter der Observanz eines distanzierten Vermittlers, der sich selbst aus der Handlung herausnimmt und auch den Blick des Lesers immer wieder auf Nebenschauplätze lenkt.

So bietet der Text eine raffiniert angelegte Camouflage, die Droste Kritik ermöglicht, ohne ihre Standesgenossen und Familienmitglieder direkt anzugreifen. Vor diesem Hintergrund reiht sich der Text in eine mit der Aufklärung beginnende literarische Tradition ein, die, wie z.B. Bürger in seinem Gedicht *Der Bauer an seinen durchlauchtigen Tyrannen* (1775), eine scharfe Sozialkritik an die rücksichtslosen Jagdpraktiken des Adels knüpfte, die vor allem auch die Zerstörung ganzer Land- und Ackergründe zur Folge hatte. Wenn schließlich die Hetzjagd ein rein männlich konnotiertes »Vergnügen der adeligen Grundherren« (Kaiser 1996, 76) ist, lässt das Gedicht implizit auch die Genderfrage aufscheinen.

Die Distanziertheit des Sprechersubjekts, das sich im scheinbar neutralen Übermitteln sinnlicher Eindrücke zur Geltung bringt, zeigt sich ebenso an der rhythmisch-metrischen Form des Gedichts, die mit ihrem vergleichsweise monotonen Wechsel von vier- (Strophe 1, 4 und 6) und fünfhebigen jambischen Versen (Strophe 2 und 3) eben gerade nicht die Turbulenz des Jagdgeschehens spiegelt. Das komplexe Reimschema, das immer wieder Kreuz-, Paar- und umschließende Reime abwechselt, etabliert zwar eine gewisse innere Bindekraft im Gedicht, eine übergreifende Geschlossenheit allerdings erzeugt es nicht. Stattdessen unterstreichen Metrik und Reimgestaltung variantenreich die verschiedenen inhaltlichen Abschnitte des Textes: Geschmeidigkeit und Schnelligkeit des Fuchses werden durch vierhebige, Langsamkeit und Schwerfälligkeit der Viehherde durch fünfhebige Jamben zum Ausdruck gebracht; Kreuzreimverse vermitteln die Aufgeregtheit der Tiere, Paarreime deren Beruhigung. Auf diese Weise fingiert das Gedicht eine »Anonymität des Wahrnehmens« (Kaiser 1996, 79), mit der Droste einen Schritt hinter die goethezeitliche Erlebnislyrik zurück tritt und Anklänge an die physikotheologische Lyrik von Barthold Heinrich Brockes hörbar werden lässt. Wenn die »›Stimmung‹ der Objekte« statt der »Stimmung des erlebenden Subjekts« (Kaiser 1996, 79) in den Vordergrund gerückt wird, dann gibt das Gedicht der fundamental bedrohten Natur eine Stimme. Mit einer Formulierung wie »der

Fliege Angstgeschrill« (V. 15) weist es überdies voraus auf den späten Text ⟨An einem Tag wo feucht der Wind⟩ (HKA IV, 207–209; → II.6.18.), der die Bedrohung aller Kreatur in der gefallenen Schöpfung zum Thema macht. Es ist kein »im wesentlichen friedliches Bild der Heide« (Niggl 1986, 102), sondern eins, das unterschwellig eine »somber note« in Anschlag bringt, die durchgehend hinweist auf »transience and destruction« (Arend 1990, 54). Auch wenn das Gedicht mit dem »Victoria« (V. 97) des Menschen über die Natur endet, besteht kein Zweifel, dass die Stille der Natur, wie sie die Eingangsverse 1 bis 8 eindrucksvoll vermitteln, der Sehnsuchtspunkt des Gedichtes und seiner impliziten Poetik bleibt.

Literatur

Arend, Angelika: Humor and Irony in Annette von Droste-Hülshoff's *Heidebilder*-Cycle. In: The German Quarterly 63,1 (1990), S. 50–58.
Heselhaus, Clemens: Die *Heidebilder* der Droste. In: Jahrbuch der Droste-Gesellschaft 3 (1959), S. 145–172.
Heselhaus, Clemens: Annette von Droste-Hülshoff. Leben und Werk. Düsseldorf 1971.
Heselhaus, Herrad: »Hier möcht' ich Haidebilder schreiben«. Annette von Droste-Hülshoffs Poetisierung der Naturgeschichte. In: Ernst Ribbat (Hg.): Dialoge mit der Droste. Kolloquium zum 200. Geburtstag von Annette von Droste-Hülshoff. Paderborn u. a. 1998, S. 185–208.
Kaiser, Gerhard: Geschichte der deutschen Lyrik von Goethe bis zur Gegenwart. Ein Grundriß in Interpretationen. Bd. 2: Von Heine bis zur Gegenwart. Frankfurt/M. 1996.
Niggl, Günter: Die *Heidebilder* der Droste als Gedichtzyklus. In: Droste-Jahrbuch 1 (1986), S. 94–106.

5.3.4. Die Vogelhütte

Grit Dommes

Die Vogelhütte (HKA I, 39–42) ist wie fast alle Texte dieser Abteilung im Februar/März 1842 auf der Meersburg entstanden. Das Gedicht trug zunächst den Titel *Die Heerdhütte* (HKA I, 732), die Bezeichnung wurde im Entstehungsprozess durch das Synonym ›Vogelhütte‹ ersetzt. Erstmals veröffentlicht wurde *Die Vogelhütte* in der Gedichtausgabe von 1844 (HKA I, 695f., 702, 732).

Ähnlich wie *Das Hirtenfeuer* und *Das Haus in der Haide* benennt der Titel des Gedichts einen von Menschen geschaffenen Ort im Naturraum der Heide. Eine Vogelhütte ist ein möglichst unauffälliges Häuschen, das in der Nähe des Herdes, der eigentlichen Vogelfalle, häufig am Waldrand (V. 45), errichtet wird (vgl. Krünitz 1855). In diesem Raum verbirgt sich der Vogelfänger, durch ein dem Herd zugewandtes Guckloch (»Luke«, V. 78) lockt er die Vögel mit seiner Stimme an, mit Hilfe einer Leine, die durch ein weiteres kleines Loch in derselben Wand geführt wird, kann er die Falle schließen. Wenn der Herd nicht genutzt wird, wie es im Gedicht der Fall ist, bietet die Hütte Platz für Utensilien, etwa Gestelle zum Anbinden der Lockvögel (V. 39) oder Netze (V. 41). Der Raum ist also funktional definiert und gerade deshalb geeignet für die Bedeutungsverschiebungen, die der Text vornimmt: Die Vogelhütte wird zunächst zum Unterstand und dann zu einem Ort der dichterischen Inspiration: »Hier möcht ich Haidebilder schreiben« (V. 46). Diese Selbstreferenz lässt den Text zu einer Instanz der Metareflexion des gesamten Zyklus werden; die Forschung hat es deshalb schon länger als »poetologisches Gedicht« (Ölke 2002, 76; vgl. Heselhaus 1998, 203; Pomp/Zumloh 1998, 101) gelesen. Die Reflexionen über das Schreiben verbinden sich wie in anderen Texten Annette von Droste-Hülshoffs mit räumlichen Konzepten (vgl. Grywatsch 2009c, 69–71, 89). Neben die Vogelhütte tritt ein zweiter Raum »im Schloß« (V. 27), der die soziale Herkunft des Dichters konturiert und ebenfalls ambivalent bewertet wird. Auch der ›Raum‹ des Gedichtes ist nicht homogen, sondern weist vier im Hinblick auf Umfang, Stil, Reim und Metrik deutlich voneinander unterschiedene Teile auf. So gelingt es, in einem einzigen Text »die meisten Themen und Tonlagen des Zyklus, den Jubel über die Schönheit der Heide wie das Bedrohliche ihrer Naturgewalt, sowie das Prekäre von Heide und Haus« (Oesterle 2010, 268) zusammenzubringen.

Den ersten Teil bilden zwölf Strophen, die aus jeweils zwei ungewöhnlich langen Versen bestehen. Die Verse mit ihren 15 oder 16 Silben sind durch Paarreime und häufig noch durch Zeilenenjambements miteinander verbunden. Abgeleitet vom trochäischen Oktonar des antiken Dramas, aber flexibler bei der Umsetzung von Mittelzäsuren, ermöglichen die zweizeiligen Strophen ein atemloses, aber wortreiches Lamentieren des sprechenden Ichs über seine missliche Lage. Der Titel nennt den Ort, der Eingangsvers den Grund für den Aufenthalt: Im dreimal wiederholten »Regen« (V. 1) drücken sich von Beginn an Unmut und Ungeduld aus; zehn Ausrufezeichen verleihen der Klage in den zwölf Verspaaren Nachdruck. Die Vogelhütte, die als Regenschutz dient, wird aufgrund ihrer Enge und Unentrinnbarkeit mit einem Sarg verglichen (V. 2 f.). Durch die vielen Übertreibungen und den Hang zum Dramatisieren (V. 9 f.) angesichts eines für das westfälische Münsterland geläufigen Phänomens wie Dauerregen klingt von Anfang an ein ironischer Ton an, den die Forschung bereits früh registriert (vgl. Heselhaus 1959, 160) und später als »the dominant stylistic feature« (Arend 1990, 54) erkannt hat. In der vierten Strophe geht es zum ersten Mal indirekt um das Thema Schreiben, wenn der Regen als »Schwätzer« (V. 7) und »langweilig Seile drehende[r] Phrasensetzer« (V. 8) beschimpft wird, was sich wiederum ironisch gegen das Lamento selbst wenden lässt (Arend 1990, 54). Nachdem die »verkörperten Hyperbeln« (V. 12) das Bild vom geschwätzigen Regen wieder aufgenommen haben, wird in der siebten Strophe explizit, dass es sich bei der Sprecherinstanz um einen Dichter handelt: Sein »Gedicht« wird nämlich zur gleichen Zeit »beim Thee« (V. 14) vorgelesen und in seiner Abwesenheit, so argwöhnt er, schonungslos kritisiert. Die Teegesellschaft auf dem Schloss stellt eine räumliche Opposition zur Enge und Unbehaglichkeit der Vogelhütte dar (»die heitre Stube« mit dem »weiche[n] Kanapée«, V. 13). Doch ist die Identifikation mit diesem Gegen-Raum nicht ungebrochen, bestimmen ihn doch Misstrauen und Konkurrenzdenken (V. 14f., 26–32). Im Gedichtband von 1844 ergibt sich eine intertextuelle Verbindung zum Gedicht *Der Theetisch*, einer Parodie auf einen Literaturzirkel, die sich an der Teezeremonie entfaltet. In den Kontext der bei den Zeitgenossen beliebten satirischen Darstellungen solcher Lesekreise (vgl. HKA I, 1203) gehört auch das zu Drostes Lebzeiten unveröffentlicht gebliebene Lustspiel PERDU! *oder Dichter, Verleger, und Blaustrümpfe*, in dem man Anspielungen auf jenen literarischen Zirkel erkannt hat, den Elise Rüdiger 1838 in Münster gründete und dessen Mitglied Annette von Droste-Hülshoff war (→ I.1.1.; → I.3.2.). Diesen »kleinen Klubb«, den sie »Hecken-Schriftsteller-Gesellschaft« nannte, hat sie Jenny von Laßberg im Brief vom 29. Januar 1839 (HKA IX, 20) geschildert.

In der *Vogelhütte* gilt die Ironie nicht so sehr dem dilettantischen Zirkel, als vielmehr dem sprechenden Ich in seinem überzogenen Selbstmitleid (bes. V. 33f.). Der Dichter fühlt sich den Naturgewalten ebenso ausgeliefert wie den gesellschaftlichen Zwängen. Der einzige Ort, an dem Identität möglich scheint, ist das Schreiben – das Polyptoton weist darauf hin: »mein Gedicht, das meine« (V. 14). Die Sprache wird sogar als Waffe im Kampf gegen den Dauerregen erwogen: »Alte Wassertonne, hab ich endlich dich entzwei gesprochen?« (V. 20) Doch der vergebliche Versuch, das Element mit Worten zu bannen, rückt den Dichter in ironische Nähe zu Goethes *Zauberlehrling* (vgl. Heselhaus 1998, 204; Ölke 2002, 79, 85f.). Auch den üblichen Bildungsballast aus der griechischen Mythologie (»Faß der Danaiden«, V. 24) bietet er auf, ohne dadurch einen Ausweg aus Unzufriedenheit und Selbstbespiegelung zu finden.

Der zweite Teil des Gedichtes aus fünfzehn Strophen à vier Versen beginnt mit dem Ausdruck von Resignation (V. 25–36). Während der Dichter den Raum im ersten Teil in seiner Ungeduld mit den Füßen ausgemessen hat (V. 3), hat er sich nun »gesetzt« (V. 25) und der Ton wird durch die Jamben und Kreuzreime getragener, zumal die Verkürzung von fünf auf vier Hebungen am Strophenende jeweils Gelegenheit für ein Resümee bietet. War im ersten Teil der Raum nur Gegenstand der Empörung, wird er jetzt genauer inspiziert (V. 37). Obwohl die Opposition zum Ort des Literaturzirkels sich durch die Konkretisierung noch einmal verschärft, wird die Vogelhütte nun positiver bewertet, indem sie zur Klause umdefiniert und die Landschaft vor dem Fenster mit »Waldung« und »Quellgewässer« (V. 45) als *locus amoenus* inszeniert wird (vgl. Woesler 2017, 51). Der Dichter überwindet seine Distanz (»Für einen Klausner wär's ein hübscher Ort«, V. 38) und identifiziert sich mit seiner »kleinen Zelle« (V. 37), die als Ort der Konzentration und Inspiration der poetischen Produktion förderlich erscheint: »Hier möcht ich Haidebilder schreiben« (V. 46). Indem an dieser zentralen Textstelle der Titel des Zyklus und dann auch der des Gedichtes genannt wird, bricht die *mise en abyme*-Struktur die Erlebnisfiktion des Textes auf. Ließ sich die *Vogelhütte* bis zu dieser Stelle noch als Erlebnisgedicht mit ironischen Untertönen lesen, so öffnet sich nun der Blick auf eine poetologische Metaebene. Während der Dichter eine Reihe von Titelvarianten durchspielt (»›Die Vogelhütte‹, nein – ›der Heerd‹, nein besser: / ›Der Knieende in Gottes weitem Tempel‹«, V. 47 f.), steht über dem Gedicht selbst der erste, von der Sprecherinstanz verworfene Titel. *Die Vogelhütte* entwirft auf der Ebene der Selbstreflexion geradezu das Gegenprogramm zum Impuls der Huldigung und der damit einhergehenden metaphysischen Überhöhung des Titels und so bewahrt das Gedicht den konkreten Raum in seinem Titel.

Die auf die Metalepse folgenden Strophen sieben bis fünfzehn reflektieren und ironisieren das Inspirationsgeschehen in mehrfacher Hinsicht. Die Erlebnisstruktur des Textes wird fortgeführt, gleichzeitig häufen sich die literarischen Anspielungen signifikant. Zunächst wird die Landschaft genauer beschrieben und gerät dabei in eine ironische Spannung zum *locus amoenus*, der traditionell als arkadische, also südliche Landschaft aufgefasst wird. Thymian (V. 43), »Immortellen und Wachholderstrauch« (V. 50) wollen dazu ebenso wenig passen wie Nebel, Wiesel und Kibitzrufe (V. 51, 52, 55). Der schwarzweiße Kibitz wird sogar mit dem farbenfrohen Eisvogel, den »Halcyonen« (V. 55) aus Ovids *Metamorphosen*, verglichen. Beim genaueren Betrachten der Landschaft wird der Dichter außerdem auf »Hut« und »Hammer« (V. 60) gestoßen, die er in der Vogelhütte abgelegt hat. Durch diese Attribute stellt der Text einen Bezug zum Gedicht *Die Mergelgrube* her, in dem das sprechende Ich nach Fossilien sucht und dabei ein traumartiges Verständnis von geologischer, anthropologischer und psychologischer Tiefenzeit gewinnt (→ I.3.3.). Der »Widerstreit von Genesis und Geologie« (Braungart 2000, 111), der sich in der *Mergelgrube* entfaltet, kann im Kontext der *Vogelhütte* als kritischer Kommentar zu der hier ausgestellten Demutsbekundung des Dichters vor der Schöpfung gelesen werden. Dazu passt ein weiteres Motiv, das eine intertextuelle Referenz eröffnet: Der hungrige Dichter findet in der Vogelhütte »Backwerk« (V. 62) und »Rebensaft« (V. 72). Der Fund von Brot und Wein durch Wanderer in einer Schutzhütte ist ein zentrales Handlungselement in Drostes Verserzählung *Das Hospiz auf dem großen St. Bernhard* (→ II.4.2.) In der dramatischen Handlung des Langgedichts kommt der Nahrung essentielle und – durch die Anspielung aufs christliche Abendmahl – metaphorische Funktion zu. Ganz anders in der *Vogelhütte*, wie die manierierte Ausdrucksweise hervorhebt. Dem Dichter gibt der Fund Anlass zu weiteren Rollenspielen: Er vergleicht sich mit einer Figur aus Walter Scotts Roman *Ivanhoe*, dem erbsenkauenden »Bruder Tuck« (V. 76), will selbst jedoch die Erbsen nicht essen, sondern damit den Kibitz locken (V. 77). Doch nicht um ihn wie ein Vogelsteller zu fangen, sondern damit er sich ihm auf die Schulter setzt, wie »man es lies't in manchem Buch« (V. 80). An dieser Stelle wird explizit, was sich in den zahlreichen literarischen Bezügen bereits andeutet: Anders als der Topos der Eremitenklause erwarten lässt, wird hier kein unmittelbares Naturerlebnis konstruiert, sondern die Naturerfahrung im Modus von »Gesellschaftspoesie« (Heselhaus 1959, 160) als immer schon kulturell vorgeformte gezeigt. Im Medium der Komik, die das Gedicht prägt, wird allerdings auch die Möglichkeit eines Umkehrschlusses erwogen: ob sich nämlich »die gesellschaftlich und kulturell geformte Poesie wieder in scheinbar elementare Naturpoesie« zurückverwandeln lasse (Oesterle 2010, 269).

In seinem dritten Teil (V. 85–111) präsentiert das Gedicht in wiederum neuer, durch die kurzen Zeilen mit vierhebigen Trochäen und das Fehlen strophischer Binnengliederung exklusiv wirkender Form einen lyrischen Lobgesang, den man als Realisierung des Wunsches ansehen kann, ein Heidegedicht unter dem Titel »Der Knieende in Gottes weitem Tempel« (V. 48) zu schreiben (vgl. Grywatsch 2009c, 91). Dadurch und durch das Motiv der »Tropfen« (V. 93) verweist dieser Teil auf Klopstocks Ode *Das Landleben* (später *Die Frühlingsfeyer*), auf das auch Goethes Protagonisten Werther und Lotte anspielen, während sie aus einem Fenster des Ballsaales die Landschaft im Regen betrachten (*Die Leiden des jungen Werthers*, 1774). Klopstocks Ode feiert die Größe der Schöpfung in jedem noch so kleinen Naturphänomen. In der Vogelhütte erscheint die Schönheit der »Haide nach dem Regen« (V. 111) selbst den als erhaben geltenden Landschaften Gebirge und Meer überlegen (V. 109). Mit Klopstock wird außerdem jene Konzeption von unmittelbarem Naturerleben aufgerufen, die in Empfindsamkeit und Sturm und Drang zu einer Poetik der Spontanität und Natürlichkeit führte. Dieses Programm wird von Drostes Text im Text subtil unterlaufen. Dessen Bildlichkeit, in dem vom »Sonnenadel« (V. 87), von einer schönen Frau, die sich den »Spitzenschleier« (V. 91) feststeckt, vom »Glasgehänge« eines Lüsters (V. 95), vom »gold'ne[n] Panzerhemd [d]es Kurier's« (V. 100 f.) und schließlich von einer glänzenden »Klinge« (V. 104) die Rede ist, knüpft an *Die Lerche*, das Eingangsgedicht der *Haidebilder* an, in dem Naturschilderung und Gesellschaftsordnung allegorisch verklammert sind (vgl. Pomp/Zumloh 1998, 100). Auf diese Weise wird der Leser erneut auf den real vorliegenden Zyklus mit seinen Gedichten, von denen *Die Vogelhütte* eines ist, zurückorientiert. Hier entsteht nicht, wie Winfried Woesler formuliert, ein »Naturgedicht ohne Zwischentöne«, das die »Schönheit der Natur« (Woesler 2017, 62, 63) ein für allemal festhält, sondern ein im historischen Kontext erstaunlich modernes Heidegedicht. Was der Dichter hier produziert, unterscheidet sich also nur graduell von den Texten, die er für die Teegesellschaft geschrieben hat. Auf der Ebene der Metareflexion ist eine Rückkehr zum selbstironischen Ton der beiden ersten Teile deshalb evident.

Vom kurzen vierten und letzten Teil aus lässt sich das Naturgedicht als Schöpfung des Dichters in einem Moment der Pflichtvergessenheit lesen (»Nun fällt mir alles ein, was ich vergaß!«, V. 115) und, weil es das Ende des Regens markiert, in die Erzählstruktur des Gedichtes einordnen. In der Vogelhütte, diesem Zwischen-Raum, konnte sich das denkende oder schreibende Ich eine Zeitlang von den äußeren Zwängen freimachen wie etwa auch in *Der Hünenstein* (→ III.5.3.6.) und *Die Mergelgrube* (→ III.5.3.8.; vgl. Grywatsch 2009c, 85–94). Doch hat dieser »Ich-Ort« (Grywatsch 2009c, 90) keinen Bestand, die Turmuhr des Schlosses schreckt den Dichter in seiner Zurückgezogenheit regelrecht auf (V. 112–115). Der Text findet für die Rückkehr zur Ordnung eine Form, die mit den fünfhebigen Jamben, der Reimstruktur in den ersten acht Versen und den fast regelmäßigen Mittelzäsuren an ein Sonett erinnert, dessen Strenge durch die Unvollständigkeit des zweiten Terzetts allerdings aufgebrochen ist (vgl. Heselhaus 1959, 161). Dem Dichter erschient sein Tun in der Vogelhütte in der Rückschau als »Federlesen« (V. 118), also als Zeitverschwendung. Auf der Reflexionsebene jedoch versammelt der redensartliche Begriff noch einmal zentrale Bildbereiche des Textes: Vogel- und Jagd-Motivik, das Schreiben (mit dem Federkiel, vgl. Ölke 2002, 88 f.), aber auch das Lesen von Geschriebenem im Sinne poetologischer Betrachtungen (vgl. Grywatsch 2009c, 91). Während der Dichter eilig wieder auf Distanz zu seinem ›Eremiten-Erlebnis‹ (V. 124) geht, wird auf der Metaebene des Textes also für den gesamten Zyklus festgehalten, dass es keinen Ort ungebrochener Einheit des Schreibenden mit der Natur gibt, das Gedicht aber zum Reflexionsraum einer gebrochenen Subjektivität werden kann.

Literatur

Arend, Angelika: Humor and Irony in Annette von Droste-Hülshoff's *Heidebilder*-Cycle. In: The German Quarterly 63,1 (1990), S. 50–58.
Braungart, Georg: Apokalypse in der Urzeit. Die Entdeckung der Tiefenzeit in der Geologie um 1800 und ihre literarischen Nachbeben. In: Ulrich G. Leinsle/Jochen Mecke (Hg.): Zeit – Zeitenwechsel – Endzeit. Zeit im Wandel der Zeiten, Kulturen, Techniken und Disziplinen. Regensburg 2000, S. 107–120.
Grywatsch, Jochen: Poetische Imagination und räumliche Struktur. Zu einer Poetologie des Raums bei Annette von Droste-Hülshoff. In: Jochen Grywatsch (Hg.): Raum. Ort. Topographien der Annette von Droste-Hülshoff. Hannover 2009 (= Droste-Jahrbuch 7), S. 69–94. [Grywatsch 2009c]
Heselhaus, Clemens: Die *Heidebilder* der Droste. In: Jahrbuch der Droste-Gesellschaft 3 (1959), S. 145–172.
Heselhaus, Herrad: »Hier möcht' ich Haidebilder schreiben«. Annette von Droste-Hülshoffs Poetisierung der Naturgeschichte. In: Ernst Ribbat (Hg.): Dialoge mit der Droste. Kolloquium zum 200. Geburtstag von Annette von Droste-Hülshoff. Paderborn u. a. 1998, S. 185–208.
Ölke, Martina: ›Heimweh‹ und ›Sehnsucht in die Ferne‹. Entwürfe von ›Heimat‹ und ›Fremde‹ in der westfälischen und orientalischen Lyrik und Prosa Annette von Droste-Hülshoffs. St. Ingbert 2002.
Oesterle, Günter: Annette von Droste-Hülshoffs lyrische »Versuche im Komischen«. In: Claudia Liebrand/Irmtraud Hnilica/Thomas Wortmann (Hg.): Redigierte Tradition. Literaturhistorische Positionierungen Annette von Droste-Hülshoffs. Paderborn u. a. 2010, S. 253–269.
Pomp, Sandra/Zumloh, Thorsten: Die Konkretion im Abstrakten. Annette von Droste-Hülshoffs *Haidebilder*. In: Gert Vonhoff (Hg.): Naturlyrik. Über Zyklen und Sequenzen im Werk von Annette von Droste-Hülshoff, Uhland, Lenau und Heine. Frankfurt/M. u. a. 1998, S. 95–118.
Woesler, Winfried: Annette von Droste-Hülshoff: *Die Vogelhütte*. Eine Interpretation. In: Franz Schwarzbauer/Winfried Woesler (Hg.): Natur im Blick. Über Annette von Droste-Hülshoff, Goethe und Zeitgenossen. Bern 2017, S. 47–65.

5.3.5. Der Weiher

Jochen Grywatsch

Die fünfteilige Gedichtsequenz *Der Weiher* (HKA I, 43–45), die im Zyklus der *Haidebilder* einen wichtigen Platz innehat, entstand im Februar/März 1842 im Kontext der reichen lyrischen Produktion des Meersburger Aufenthalts 1841/42 (vgl. HKA I, 742). Auf dem Manuskriptdoppelblatt MA I 4, das die Entwürfe eines Großteils der *Haidebilder*-Gruppe umfasst, ganz oben stehend, wurde *Der Weiher* vermutlich als erster Text des Zyklus konzipiert. Der Gedichtfolge, die im ersten Ordnungsverzeichnis der *Haidebilder* die zentrale Position exakt in der Mitte der Gedichtfolge einnimmt, um zuletzt an vierter Position veröffentlicht zu werden, kommt ein herausgehobener und programmatischer Status zu, erscheint sie doch wie ein Modell und Muster des ganzen Zyklus. Der Heideweiher steht in Drostes Werk als das zentrale Motiv der (bedrohten und fragilen) Idylle. Es begegnet in der Eingangssequenz der Verserzählung *Die Schlacht im Loener Bruch. 1623* (HKA III, 73; → II.4.4.) ebenso wie in *Bei uns zu Lande auf dem Lande* (HKA V, 126; → IV.4.) und in den *Westphälischen Schilderungen* (HKA V, 46; → IV.4.6.). Mit zahlreichen Naturrequisiten wie Wasserlilien, Libellen, Schmetterlingen und Schilfpflanzen wird eine Atmosphäre von Stille und Frieden vermittelt. Doch dieser poetisch evozierten Idylle ist ihre eigene Gefährdung, die in der Natur selbst präsent zu sein scheint, stets immanent.

Wenngleich dem Gedicht nicht die seiner Bedeutung angemessene Aufmerksamkeit zuteil wurde, hat die Forschung einige Akzente gesetzt. Liest man es als Ausdruck einer »idyllische[n] und befriedete[n] Natur«, in der »die elementarische[n] Zustände der Natur, Friede, Geborgenheit, Verlockung und Gefährdung, lebendig werden« (Heselhaus 1959, 158), erfasst man wichtige Aspekte, greift aber insgesamt zu kurz, während die These vom Weiher als Vater-Symbol mit der Analogie der Wasserfäden als Symbol des Mütterlichen allzu forciert Naturerfahrung und ontologische Prinzipien zusammenführt (Nettesheim 1958, 542). Auf dieser Basis entdeckt eine psychoanalytische Deutung in dem Gedicht die »Liebe der Dichterin zum Vater« sowie »als verborgene elementare Sprengkraft die potentielle erotische Beziehung«, was mit den Genremerkmalen der gebrochenen Idylle in Verbindung gesetzt wird (Böschenstein [1975] 2007, 42). Zuletzt hat eine gesellschafts- und sozialkritische Lesart Reflexe hierarchischer Machtstrukturen der biedermeierlichen Gesellschaft aufgespürt und »in ihrer herrschaftsstabilisierenden Wirkung« dargestellt (Ludwig 1998, 93). Ausgehend von neueren topographisch fundierten Forschungen (Grywatsch 2009a) erscheint es indes angezeigt, den *Weiher* als poetologisches Gedicht zu lesen (hierzu Grywatsch 2014), ohne ihm damit den Charakter eines Naturgedichts abzusprechen. Im Gegenteil: Seine poetologische Relevanz entfaltet das Gedicht subtil und versteckt, gewissermaßen verborgen unter dem Mantel der Naturreflexion.

In formaler Hinsicht ist unter dem Titel *Der Weiher* eine Kleingruppe von fünf Gedichten angelegt. Während die erste Versgruppe, die den Weiher selbst in den Fokus rückt und damit vom zentralen Sujet des Gedichts spricht, keine eigene Überschrift aufweist respektive dem Gesamttitel zugeordnet ist, führen die weiteren vier Versgruppen die fiktiven Weiher-Anrainer als Sprecher mit unterschiedlichen Bezügen zum Weiher im Titel: *Das Schilf, Die Linde, Die Wasserfäden* und *Kinder am Ufer*. Auf solche Weise inszeniert das Gedicht eine Art Sprechtheater, auf dessen Bühne die Natur auf stark anthropomorphisierte Weise selbst ihre Stimme erhebt (Heselhaus 1998, 201). Der Weiher, der im Zentrum des rollenperspektivisch angelegten Wechselgesprächs steht und der allseits Besprochene ist, spricht allerdings nicht selbst. Für die erste Versgruppe, die den Weiher als Inbegriff der Idylle inszeniert, ist eine abstrakte Dichterstimme als Ursprung anzunehmen.

Eine Analyse der Binnenstruktur der Sequenz lässt erkennen, dass die einzelnen Versgruppen formal wie inhaltlich in kunstvoll-subtiler Weise untereinander verknüpft sind. Die Gedichte nehmen durch einzelne Wendungen den jeweiligen Folgetext immer schon mit in ihren Blick und weisen so voraus auf den Wechsel zum nächsten Titel und Sprecher. Im ersten Text leitet des »Schilfes Schlummerlied[ ]« (V. 10) über in *Das Schilf*, von wo aus »der alte Baum« (V. 20) und der »Ast« (V. 28) auf *Die Linde* vorausdeutet, von der wiederum durch die »Fäden« in ihrem »Wassernest« (V. 48 f.) die Verbindung zum *Wasserfäden*-Gedicht hergestellt wird. Eine signifikante Abweichung zu diesem Verfahren ist für die letzte Versgruppe der *Kinder am Ufer* zu konstatieren, die eher unverbunden bleibt. Während die ersten vier Versgruppen dank ihrer fugenartigen Struktur aufs Engste miteinander verzahnt sind und damit zur Evokation einer stillen, friedlichen und einträchtigen Weiherwelt beitragen, zeigen sich in der letzten Sequenz Risse in der harmonischen Komposition. Diese Feststellung kann als erster Hinweis darauf gelten, dass das *Weiher*-Gedicht im Ganzen den Bruch zwischen Natur- und Menschensphäre in Szene setzt. Genau in dem Moment, als die *Kinder am Ufer* als Störenfriede in die Natur eindringen und das harmonische Gleichgewicht unterlaufen, bricht das Gedicht sein ästhetisches Gefüge auf. Deutlich kommt damit zum Ausdruck, dass durch das Auftreten des Menschen die natürliche Ordnung der Natur gestört wird.

Wenn in der ersten Versgruppe (V. 1–12) der Heideweiher als friedlicher Schläfer in der morgendlichen Stille der Natur erscheint, dann transportiert sich damit das exponierte Bild der hier noch intakt scheinenden Idylle. Der Westwind streicht sanft über die Oberfläche und kann mit dieser kaum merklichen Berührung den makellosen »Spiegel« (V. 3) ebenso wenig verletzen wie die »Wasserspinne« (V. 8) mit ihrem schwerelosen Tanz. Auch die bunten »Libellen« (V. 5) und »Schwertlilien[ ]« (V. 9) am Ufer tragen, konfiguriert wie zu einem Stillleben, zur Atmosphäre träumerischer Selbstvergessenheit bei. Es ist das zeitlose Bild einer in sich ruhenden, harmonischen Natur, das hier evoziert wird. Doch wie in der Malerei das Stillleben mit dem Vanitas-Motiv verknüpft ist, signalisiert die erste Versgruppe, indem der Konjunktiv »Als flüstr' es« das dreifach ausgesprochene »Friede!« (V. 12) in den Modus des Irrealis setzt, bereits die Gefährdung der Idylle. Mit der analogen dreifachen

Nennung der »Stille« (V. 14) im zweiten Gedicht *Das Schilf* (V. 13–29) werden Friede und Stille als Grundstimmungen eng miteinander verbunden. Weiter ausgebaut wird das Aufgebot aus dem Stoff- und Motivfundus der Naturidylle: Die wiederkehrende »Libelle« (V. 14), »Ufergrün« (V. 16), »Baum« (V. 20) und »Vogel« (V. 22) stehen bereit, um für den ungestörten Schlaf des Weihers zu sorgen (»halt gute Wacht«, V. 16), und die kleine, vom herabfallenden Zweig verursachte Regung kann durch ein Schlaflied (»Su, Su!«, V. 28 f.) schnell besänftigt werden. Auch die am Ufer stehende Linde im dritten Gedicht (V. 30–51) breitet ihr »Blätterdach« (V. 30) zur Hut des Weihers aus und spendet »Duft« (V. 35) und »Blüten« (V. 37). In dieser Situation tritt ein Dichter auf, der mit dem Sprecher der ersten Versgruppe identifiziert werden kann, greift er doch die Signalwörter »Libell'« (V. 41) und den »frommen Schläfer« (V. 42) wieder auf. Seine Stimme selbst ist nicht zu hören; sie wird als »wunderliche Weise« (V. 40) lediglich referiert im Bericht der Linde, die seine Anwesenheit am »Uferdamm« (V. 39) beiläufig erwähnt. Ein Rollentausch ist vollzogen: Natur wird nicht im Medium der Dichtung sichtbar, sondern der Dichter gewinnt seinen Status im Angesprochenwerden durch die Natur. Diese Umkehrung wertet die Symbolkraft der Linde auf, stärkt sie nicht nur als Friedensstifterin, sondern auch als Liebesbaum, so dass sie im Folgenden ein starkes, ja erotisches Begehren nach einer Vereinigung mit dem Weiher mittels ihrer »Wurzeln« (V. 46) kundtut. Für die Linde allerdings bleiben solche Wünsche unerfüllt – ihr Selbstbild zeigt sie zum Schluss, wie sie »einsam niederlechzt« (V. 51).

Die vierte Versgruppe wechselt von den Akteuren am Weiherufer zu einem Sprecher, der unmittelbar der Wasserwelt zugehört: *Die Wasserfäden* (V. 52–69). Elementar verbunden mit dem Weiher, leben sie in jener symbiotischen und leidenschaftlichen Verbindung, die der Linde versagt ist. Der Grad der anthropomorphen Überformung der Natur ist aufs höchste gesteigert. Als »Blutsverwandte« (V. 56) liegen die Wasserfäden eng an die »Brust« (V. 57) des Weihers gedrückt, ihn mit ihren »Adern« (V. 60), »Herz« (V. 59) und »Leib« (V. 60) durchdringend, in »kosen[der]« (V. 65) Umarmung. Die Fruchtbarkeit dieser Unterwasserwelt symbolisieren »Schmerle« (V. 63) und »Karpfenmutter« (V. 64). Am Ende wird mit dem Blick auf die kurze Blüte des Trifoliums, Dreiblatt (Biberklee), der Bogen zurück geschlagen zu den jeweils dreifach genannten Signalwörtern »Friede!« (V. 12) und »Stille!« (V. 13) am Beginn der Sequenz. In dieser originellen Bezugsetzung, die sich in der eigens zugefügten Fußnote weiter expliziert (»sehr vergänglich[ ]«), wird die Flüchtigkeit von Frieden und Stille, die unausweichliche Zerstörung der Idylle subtil bekräftigt.

Drostes botanisch-naturgeschichtliches Wissen (→ I.3.3.) hatte eine wesentliche Quelle in F. J. Bertuchs *Bilderbuch für Kinder* (12 Bde. Weimar 1790–1830), das den Wasserfaden unter der Rubrik ›Sonderbare Pflanzen‹ vorstellt und botanisch als *conferva riticulata* nachweist. In der Abbildung einer mikroskopischen Vergrößerung wird der Anblick eines unförmigen »gallertartige[n] Schleim[s]« zugunsten der verborgenen Struktur eines »schön gestrickte[n] Netz[es]« (Bertuch 1798, 91 f.) überwunden. Diese Vorstellung von aus

Unscheinbarkeit erwachsendem Außergewöhnlichen oder Wunderbaren ist im *Linden*-Gedicht durch die Wendung »grünlicher Asbest« (V. 48) bereits präfiguriert, die auf die in ihrer faserförmigen Zellstruktur begründete besondere Kohäsionskraft der Wasserfäden hinweist, was auch in der etymologischen Ableitung der Mineralbezeichnung ›Asbest‹ (griech. *asbestos*, unvergänglich) angelegt ist. Seine Sonderstellung unter den einzelnen Teilgedichten markiert der *Wasserfäden*-Text ebenso durch seine metrische Gestaltung mit fünfhebigen Trochäen, während ansonsten durchgehend das jambische Versmaß bestimmend ist.

In dem Bild der Wasserfäden ist jene zentrale Vorstellung des Gedichts aufgerufen, die Ausgangspunkt seiner poetologischen Deutung ist. Offenbar haben die dem Weiher elementar verbundenen Wasserfäden dem Idyllendichter der ersten und seinem Pendant in der dritten Versgruppe ebenso wie dem Schilf und der Linde einen intimen, privilegierten Zugang zur Natur voraus. Dafür führt das Gedicht mehrere Gründe an: Zunächst eignet den Wasserfäden die Fähigkeit, den ganzen Kosmos, »des Himmel Sterne« (V. 54) und die »Sonne« (V. 55), mit dem Wasser als dem Urelement des Lebens zu verbinden. Das Universum, und damit das gesamte stofflich-kreative Reservoir der Dichtung, wird auf diese Weise eins mit der Wasserwelt. Wesentlicher Hinweis auf den poetischen Impuls ist die Identifizierung der Wasserfäden mit dem »Traum[ ]« und den »Gedanken« (V. 61) des Weihers. Gerade im Werk Drostes steht der Traum sinnbildlich für Imaginationskraft und Dichtung. Indem sich die Wasserfäden im selben Modus des wachträumenden »Dämmern[s]« (V. 61) wie der Weiher bewegen, haben sie Teil an dessen Poetizität. Bekräftigt wird die poetische Implikation schließlich dadurch, dass mit dem leidenschaftlichen Anruf »Schleuß« (V. 68) der umgangssprachlich veraltete, in der Poesie aber immer noch verwendete Imperativ von ›schließen‹ gebraucht wird. Die gleichzeitige intertextuelle Bezugnahme auf die Bach-Kantate *Gott, nun schleuß den Himmel auf* betont auf religiöser Folie den Aspekt der Vergänglichkeit.

Die poetologische Lesart gründet auf Parallelen in anderen Droste-Texten, an denen explizit der poetische Diskurs aufgerufen wird. Im Romanfragment *Bei uns zu Lande auf dem Lande* ermuntert der Erzähler eine literarisch begabte Nebenfigur zum weiteren Schaffen mit dem Appell: »bleib in deiner Haide«, »laß deine Phantasie ihre Fasern tief in deine Weiher senken« (HKA V, 49). Wahre Kreativität, so die beschwörende Formel, speise sich aus der tiefen, innigen Verbundenheit mit der Natur. Diese Vorstellung, die rückgebunden ist an das zentrale poetologische Diktum Drostes, nur im »Naturgetreuen, durch Poesie veredelt, etwas leisten« (HKA VIII, 332 f.) zu können und in ihrem Schaffen »keinem andern Führer als der ewig wahren Natur« (HKA X, 89) folgen zu wollen, inszeniert auch das Gedicht *Meine Sträuße*, das für die Verbindung von Poesie und Natur als deren wesenhafte Inspirationsquelle explizit auch das Bild der Wasserfäden fruchtbar macht: »Und wie Blutes Adern umschlingen mich / Meine Wasserfäden und Moose« (HKA I, 157, V. 55 f.).

Mit dem letzten Teilgedicht *Kinder am Ufer* (V. 70–83) tritt *Der Weiher* aus dem Reich der anthropomorphisierten Natur in die Menschenwelt hinein.

5. Gedichte von Annette Freiin von Droste-Hülshof (1844)

Auch wenn Kinder im Diskurs der Romantik und Nachromantik für eine noch nicht entfremdete, natürliche Phantasiebegabung stehen, verkörpern sie in diesem Text doch etwas mit der Natur Unvereinbares. Zunächst nähern sie sich der Weiherwelt ehrfurchtsvoll und bewundern die Schönheit der Natur, deren göttliche Immanenz (»Glocke«, V. 74) sie noch auf die Erzeugnisse ihrer Kultur beziehen können (»wächsern Engelchen im Schrein«, V. 75). Mit der bisher so sorgfältig gewahrten Stille ist es allerdings nun vorbei. Nicht nur, dass die Kinder mit »Stecken« (V. 72) und »Haselstab« (V. 76) den unversehrten Wasserspiegel aufpeitschen, auch ihre Ausrufe – vom zurückhaltenden »O!« (V. 72) zum energischen »Pah!« (V. 78) – zerstören den stillen Frieden des Weiherensembles. In seinem lakonischen Schluss ähnelt *Der Weiher* anderen Droste-Gedichten (*Die Lerche*, *Der Hünenstein*, *Die Mergelgrube* u.a.), die eine aufwändig evozierte Naturwelt unvermittelt auflösen und, wie in der *Lerche*, sogar dekonstruieren. Die Kinder projizieren ihr eigenes Gewaltpotential auf die Natur, indem sie die abergläubische Vorstellung vom »Wassermann« (V. 79) aufrufen, jener Sagen- und Märchengestalt, die Menschen in die Tiefe des Gewässers zu ziehen vermag. So wie der »Wassermann« in das negativ konnotierte Szenario der Entfremdung zwischen Mensch und Natur gehört, so ist sein weibliches Pendant, die »Wasserfey« (V. 66), im Rahmen der Natursymbiose des *Wasserfäden*-Gedichts ganz und gar positiv besetzt (»hold[ ]«, V. 66; »lieblich[ ]«, V. 67). Das Gedicht schließt mit der Vorstellung einer Flucht in die Zivilisation, die sich als Schutz vor der vom Menschen zuletzt als feindlich erlebten Natur anbietet.

Übergreifend ist die Sequenz durch eine vertikale inhaltliche Strukturanlage gekennzeichnet. Sie führt eine Bewegung aus, die von oben nach unten gerichtet ist, von der Oberfläche der Naturwelt auf den Grund des Weihers. Dabei kehrt sich der Blick vom Menschen auf die Natur um zu einem Blick von der Natur auf den Menschen. Dieser allerdings, in der Figur der Kinder, vermag die Natur nur noch als verängstigende, abergläubische Vorstellung zu interpretieren, wodurch zuletzt die tiefgreifende Entfremdung beider Sphären hervorgehoben ist. In die vertikale Linie des Gedichts schreibt sich auch das Verhältnis ein zur Herrscherin Sonne, symbolisch für die Erkenntnis, das Göttliche, das Leben selbst. Sie, die »[h]och oben [...] glüht« (V. 21), hat zunächst auf dem Weiher ihren Abglanz (»Sonnenbildes Glanz«, V. 7), wird dann mittels des Schattens des fliegenden Vogels der Weiherwelt näher assoziiert (V. 21–24), bis sie durch die Wasserfäden schließlich vollends dem Inneren des Weihers einverleibt wird (»Sonne sich in unserm Netz gefangen«, V. 55). Indem sich die Symbiose von Weiher und Wasserfäden auf solche Weise um diesen dritten, wenn man so will, ranghöchsten Partner erweitert, wird die Naturwelt, mithin das »Naturgetreue« und die »Poesie«, nochmals in hohem Maß aufgewertet. An diesem Verständnis einer göttlichen Immanenz können die »Kinder am Ufer«, für die die Sonne lediglich eine feindliche, krankmachende Erscheinung (»die Sonne sticht!«, V. 83) ist, in keiner Weise teilhaben.

Im Ganzen betrachtet, kann man das *Weiher*-Gedicht als Echoraum des zeitgenössischen romantischen Diskurses der spekulativen Naturphilosophie verstehen. Das Gedicht simuliert gewissermaßen das harmonische Zwiegespräch einer mit sich selbst im Einklang befindlichen Natur und zeichnet so ein Bild der romantischen Idee natürlicher Vollkommenheit nach, die dem Menschen verschlossen bleibt, solange es ihm nicht gelingt, den Zugang zu der ihm nicht mehr verständlichen Ursprache der Natur wiederzuerlangen. In der Nachfolge Schellings hat neben anderen Gotthilf Heinrich Schubert (1780–1860) in mehreren Schriften die Frage nach einer ursprünglichen Harmonie von Mensch und Natur thematisiert, am prominentesten in seiner *Symbolik des Traumes* (1814), die letztlich die Sprache des Traums und der Poesie als diejenige begreift, die der Ursprache nahesteht (vgl. Grywatsch 2013). Im *Weiher*-Gedicht sind es am Ende die Kinder, denen als menschliche Wesen der Zugang zur Natur versperrt bleibt. Auch wenn in der (post-)romantischen Anthropologie das Kind noch als unverbildet und unverdorben gilt, sind in ihm doch schon die Keime künftiger menschlicher Entwicklung angelegt. So steht das Kind stellvertretend für den (erwachsenen) Menschen, für den die Trennung von der Natur umso mehr zu gelten hat. Die Vorstellung der Responsivität in der Natur, die ein Postulat romantischer und nachromantischer Naturlyrik auf der Grundlage naturphilosophischen Denkens ist, bleibt bei Droste auf die Natur selbst beschränkt. Dass der Mensch, und sogar das unschuldige Kind, an diesem symbiotischen Prozess nicht Teil nimmt respektive sich selbst ausgeschlossen hat, steht für das Wissen um die Zerrüttung der Sphären, das dieses Gedicht einer nur scheinbar ungetrübten Idylle dezidiert mit Denkfiguren der Moderne in Verbindung bringt.

Literatur

Bertuch, Friedrich Justin: Bilderbuch für Kinder: enthaltend eine angenehme Sammlung von Thieren, Pflanzen, Früchten, Mineralien [...] alle nach den besten Originalen gewählt, gestochen und mit einer [...] den Verstandes-Kräften eines Kindes angemessenen Erklärung begleitet. Bd. 3. Weimar, Gotha 1798.

Böschenstein, Renate: Die Struktur des Idyllischen im Werk der Annette von Droste-Hülshoff [1975]. In: Renate Böschenstein: Idylle, Todesraum und Aggression. Beiträge zur Droste-Forschung. Hg. von Ortrun Niethammer. Bielefeld 2007, S. 15–35.

Grywatsch, Jochen: Fragile Idylle und implizite Poetologie [zu: *Der Weiher*]. In: Claudia Liebrand/Thomas Wortmann (Hg.): Interpretationen. Gedichte von Annette von Droste-Hülshoff. Stuttgart 2014, S. 76–92.

Heselhaus, Clemens: Die *Heidebilder* der Droste. In: Jahrbuch der Droste-Gesellschaft 3 (1959), S. 145–172.

Ludwig, Kirsten: Gegen das Genrebild geschrieben. *Der Weiher* von Annette von Droste-Hülshoff. In: Gert Vonhoff (Hg.): Naturlyrik. Über Zyklen und Sequenzen im Werk von Annette von Droste-Hülshoff, Uhland, Lenau und Heine. Frankfurt/M. u.a. 1998, S. 80–94.

Nettesheim, Josefine: Wissen und Dichtung in der ersten Hälfte des 19. Jahrhunderts am Beispiel der geistigen Welt der Annette von Droste-Hülshoff. In: Deutsche Vierteljahrsschrift für Literaturwissenschaft und Geistesgeschichte 32,4 (1958), S. 516–553.

5.3.6. Der Hünenstein
Christian Schmitt

Der *Hünenstein* (HKA I, 46–48) gehört zum festen Kern der *Haidebilder*, die innerhalb der *Gedichte* von 1844 eine zusammenhängende Gruppe bilden. Entstanden ist das Gedicht wie die Mehrzahl der *Haidebilder*, die Droste nach eigenem Bekunden »in Einem Anlauf« (HKA X, 144) schrieb, zwischen Februar und März 1842 in Meersburg (HKA I, 752). Auf *Der Weiher* folgend, eröffnet das Gedicht eine Mittelzone von vier Texten, die die Abgründigkeit der westfälischen Heidelandschaft in traumhaften Visionen erkunden (Niggl 1986, 100 f.). In allen vier Texten kommt es zu je spezifischen Bildüberlagerungen. Die Zentralachse dieser Gruppe bildet das Gedicht *Die Steppe*, das die ästhetischen Verfahren emblematisch vorführt. In den beiden umfangreicheren Texten, die diese Achse einrahmen, manifestiert sich die Abgründigkeit der Heide nicht nur hinsichtlich der Wahrnehmung, sondern zugleich in einer »geschichtlichen Tiefendimension« (Niggl 1986, 101), die bis in urgeschichtliche (*Der Hünenstein*) oder sogar prähistorische Zeiten (*Die Mergelgrube*) zurückreicht. Das abschließende Gedicht der Mittelgruppe, *Die Krähen*, erkundet solche Tiefendimensionen dann im sukzessiven Rückgriff auf immer entferntere historische Schichten. Auch wenn man die *Haidebilder*, wie es die jüngere Forschung vertritt, nicht als Zyklus, sondern als »Gruppe vielstimmiger, in differenzierten Bezügen zueinander stehender Gedichte« (Grywatsch 2009c, 92) versteht, fallen die Gemeinsamkeiten der vier Gedichte auf, sodass die Forschungsbefunde zu den *Krähen*, der *Steppe* und vor allem zur *Mergelgrube* auch für den *Hünenstein* relevant sind – der zudem als eigenständiger Text kaum in den Blick der Forschung geraten ist. Auf die »treffliche[ ] Bildlichkeit« (zit. n. HKA I, 752) des *Hünensteins* wies bereits eine Rezension der *Gedichte* von 1844 hin, die Joseph Christian von Zedlitz für die Augsburger *Allgemeine Zeitung* verfasst hatte. Eine anonyme Rezension in den *Blättern für literarische Unterhaltung* (1845) hob die gelungene »Naturmalerei« (zit. n. HKA I, 753) hervor und druckte als Beleg die fünfte bis achte Strophe des Gedichts ab. Eindrückliche Bilder, die den Anschluss an Topoi zeitgenössischer Schauerliteratur suchen, bietet aber bereits die erste Strophe auf, die der Heidelandschaft den Körper eines »siech[en] Greis[es]« (V. 2) verleiht, dem »Wolkenschichte[n]« (V. 6) wie ein »dunkler Mahr« (V. 5), ein Gespenst, aufsitzen.

Das Gedicht weist mit seinen dreizehn gleichgebauten sechszeiligen Strophen eine vergleichsweise strenge Architektonik auf, die von der Bindungskraft der verwendeten Schweifreime (aabccb) noch verstärkt wird. Gerade diese Bindungskraft wird allerdings auch poetologisch mitreflektiert und vom Erzähler-Ich, das sich ab der zweiten Strophe als Dichter/in in kreativer Not zu erkennen gibt, als Stillstand erfahren: »Doch, wie die Schlange packt den eignen Schweif, / Fand ich mich immer auf derselben Stelle« (V. 20 f.). Für Abwechslung sorgt erst ein unvorhergesehenes Ereignis, das auch den sonst meist eingehaltenen tonlosen Auftakt der jambischen, fünfhebigen Zeilen unterbricht: »Da plötzlich fuhr ein plumper Schröter [ein Hirschkäfer, C.S.] jach / An's Auge mir« (V. 22 f.). An anderer Stelle ist es ein »Kibitz«, der (»Husch«, V. 43) aus dem Moos wie aus dem Versschema fährt, während das betonte »Ha!« (V. 49) der neunten Strophe dann vom lyrischen Ich selbst stammt. Das Gedicht nutzt solche rhythmischen Unterbrechungen auch zur Betonung von Aspekten (»Krankhafte«, V. 4; »Einsam«, V. 8; »Nachdenklich«, V. 10), die dergestalt mehr Gewicht erhalten. Bereits aus diesem Zusammenspiel von Form und poetologischem Kommentar ergibt sich eine reizvolle selbstbezügliche Lesart des Gedichts: Die formale Strenge des rhythmisch-lautlichen Gedicht-Korsetts ist gerade kein Hindernis für dichterische Freiheit – analog zur unbeweglichen Position, in die das Grab den Dichterkörper wenig später versetzt. Die neue, starre Lage wird zum Ausgangspunkt der kreativen Vision.

Wie bei anderen Gedichten auch, ist die Ausgangssituation als Grenz- bzw. Übergangssituation zwischen Tag und Nacht gestaltet und inszeniert damit die Durchlässigkeit von Wirklichkeits- und Fiktionsraum (Grywatsch 2009c, 85). Obgleich diese Durchlässigkeit bereits in der ersten Strophe erkennbar ist, nimmt der Erzähler, der in der zweiten Strophe zu einem nächtlichen Spaziergang über die Heide aufbricht, für sich in Anspruch, nicht bemerkt zu haben, »was es draußen treibe« (V. 9) (»und bemerkte nicht«, V. 10; »Ich sah auch nicht«, V. 12). Stattdessen richten sich Wahrnehmung und Denken nach innen. Das ändert sich mit dem Sturz in das Grab, in dem sich der Erzähler unvermittelt wiederfindet: »ich schreckte auf und lag / Am Grund, um mich des Haidekrautes Welle« (V. 23 f.) – wobei die Meeresmetaphorik eine Überblendung von Meer und Heide vornimmt, wie sie noch deutlicher *Die Steppe* (und auch *Die Mergelgrube*) bestimmt. Im *Hünenstein* nehmen weitere Überblendungen von der neuen Situation des Erzählers ihren Ausgang. Die fünfte Strophe konkretisiert dieses »Lager« (V. 25) zunächst in fünf Dimensionen (rechts, links, oben, Kopfende und Fußende), wobei der Bewegungslosigkeit des Beobachters eine erstaunliche, durch Verben ausgedrückte Beweglichkeit der pflanzlichen und mineralischen Umgebung gegenübersteht: Das Gestein »schwoll« empor, der Bau »reckte sich«, Flechten »rührten« an die Stirn und ein Ginsterschössling »schwankt'« (V. 26–30). Eine solche Beweglichkeit, die sich in den vielfältigen Wasserbezügen fortsetzt (»Welle«, V. 24; »Wellenkamm«, V. 62; »schwimmt«, V. 71), muss zur Bedrohung für stabile Orientierungen werden. Sie wird aber auch zum Ausgangspunkt einer Vision, die aus einer extremen Verdichtung des Wahrnehmungsraums (Grywatsch 2009c, 84) hervorgeht und nun auch die letzte, bisher ungenannte Dimension einbezieht: »Ich wußte gleich, es war ein Hünengrab, / Und fester drückt' ich meine Stirn hinab« (V. 31 f.). Zu sehen ist unten wie oben allerdings nicht mehr viel. Das, was wahrnehmbar ist, wird vom Beobachter sogleich in ein neues, mythologisches Bildfeld mit Schauer- und Todesbezügen eingereiht. Das »Mondlicht« wird zur »Wittwe an des Gatten Grabe«, die Holzreste eines Hirtenfeuers werden als »leichenbrandig« erfahren (V. 38–41). Insgesamt verkehrt sich in dieser Lage, die den »merkwürdigen Perspektiven« (Niethammer 2009,

782) der *Haidebilder* eine weitere hinzufügt, die anfängliche Konstellation des Gedichts in ihr genaues Gegenteil. Während der Spaziergang Bewegung impliziert, sich das Ich gedanklich »immer auf derselben Stelle« (V. 21) befindet (und das beklagt), wird die Immobilität des im Grabe liegenden Körpers von größtmöglicher gedanklicher Beweglichkeit begleitet, der die Beweglichkeit der Naturphänomene entspricht. Erst jetzt kann die halluzinatorische Überblendung konkreter Details mit urzeitlich-germanischen Bedeutungpartikeln beginnen. Die Decke des Grabes, die den Blick versperrt, wird zur Projektionsfläche der »Phantasie« (V. 45): »Und immer mußt ich an die Decke starren« (V. 48).

Wie in der *Mergelgrube* wird die westfälische Landschaft im *Hünenstein* von Bildschichten überlagert, deren ontologischer Status unsicher bleibt. In beiden Gedichten wird eine historische Tiefenzeit erschlossen, die im *Hünenstein* immerhin im historischen Raum menschlicher Ur- und Frühgeschichte verbleibt. Von hier lassen sich beide Texte zu geologischen bzw. archäologischen Wissensformationen in Bezug setzen, wie es für die *Mergelgrube* bereits verschiedentlich unternommen wurde (vgl. Schnyder 2013; → I.3.3.). Allerdings geht es im literarischen Text nicht um archäologische Genauigkeit. Während die Archäologie in der ersten Hälfte des 19. Jahrhunderts bereits zwischen länglichen Hünenbetten, Steinkistengräbern und gewölbten Hügelgräbern differenziert, verschwimmen in Drostes Gedicht auch hier die Konturen. Das Gedicht orientiert sich am populären Verständnis, das unter Hünengräbern »alle aus der heidnischen Vorzeit stammenden Grabmäler« (Brockhaus 1845, Bd. 7, 358) versteht, und bezieht aus dem archäologischen Relikt, wie es im Münsterland vielfältig nachgewiesen ist, entsprechende Stimmungswerte (»Wollüstig saugend an des Grauens Süße«, V. 33). Megalithkultur und germanische Mythologie gehen dabei ebenso fließend ineinander über wie Landschaft und Geschichte, Meer und Heide, Detail und Vision, Riesenkörper und Wolkenformation, Realität und Imagination.

Immer weiter steigert sich das Ich in seinen selbstinduzierten Zustand. Deutet die Frageform in der neunten Strophe zunächst noch Distanz an (»welche Sehnen wälzten diesen Stein?«, V. 49), so gibt die zehnte Strophe die Mutmaßungen und poetischen Bilder im Präsens schon als Tatsachen bzw. als verstetigten (»lagert«, V. 58) Traum aus: »Dort steht die Urne und in ihrem Rund / Ein wildes Herz zerstäubt zu Aschenflocken« (V. 56 f.). Die Vision des heranschreitenden Riesenleibes, der auch in der wiederholten Lektüre weder den Gewitterwolken noch dem Diener zweifelsfrei zuzuordnen ist, gipfelt im Einbezug des Lesers (»Schau«, V. 65) und der direkten Anrede der mythischen Erscheinung. Die letzte Strophe bricht die Vision dann ironisch: Der Riese entpuppt sich als pragmatischer Diener, der an den Regenschirm für den Herren gedacht hat. Einerseits relativiert das die vorausgehende Vision. Es findet eine Entwirrung und Abgrenzung (Heselhaus 1971, 242) der zuvor ineinanderfließenden, beweglichen Perspektiven statt, der die geschlechtliche und klassenspezifische Festlegung des Erzählers entspricht. Auch die zuvor überblendeten Bildschichten werden jetzt unterscheidbar: Das Ich blickt noch einmal zurück und sieht »nur ein rohes Grab« (V. 77). Auf der anderen Seite – und von hier erst wird die visionär-schaurige Bildlichkeit der ersten Strophe erklärbar – ist das Gedicht ja von Anfang an als ein anderer, nämlich zeitlicher Rückblick auf eine vergangene Erfahrung ausgewiesen. Erst diese Erfahrung hat zur Überwindung eines statischen Zustands dichterischer Resignation geführt, wovon die erste Strophe bereits zeugt. Ein Bekenntnis zu einer pragmatischen Orientierung an den Fakten beinhaltet das Gedicht also am Ende ebenso wenig wie die *Mergelgrube*. Hier wie dort bleiben beide Perspektiven, die pragmatische wie die poetische, als gültige stehen.

Literatur

Brockhaus, F.A. (Hg.): Allgemeine deutsche Real-Encyklopädie für die gebildeten Stände. Conversations-Lexikon. In funfzehn Bänden. Bd. 7. 9. Aufl. Leipzig 1845.
Grywatsch, Jochen: Poetische Imagination und räumliche Struktur. Zu einer Poetologie des Raums bei Annette von Droste-Hülshoff. In: Jochen Grywatsch (Hg.): Raum. Ort. Topographien der Annette von Droste-Hülshoff. Hannover 2009 (= Droste-Jahrbuch 7), S. 69–94. [Grywatsch 2009c]
Heselhaus, Clemens: Annette von Droste-Hülshoff. Werk und Leben. Düsseldorf 1971.
Niethammer, Ortrun: Annette von Droste-Hülshoff: Das lyrische Werk. In: Heinz Ludwig Arnold (Hg.): Kindlers Literatur Lexikon. Bd. 4. 3., neu bearb. Aufl. Stuttgart, Weimar 2009, S. 781–785.
Niggl, Günter: Die *Heidebilder* der Droste als Gedichtzyklus. In: Droste-Jahrbuch 1 (1986), S. 94–106.

5.3.7. Die Steppe
Florian Pehlke

Das kürzeste Gedicht (HKA I, 49) der *Haidebilder*, zusammen mit acht weiteren des Zyklus auf einem Doppelblatt notiert, entstand in der Zeit zwischen Februar und März 1842 in Meersburg. Nach Abbruch eines ersten Entwurfs, der unter dem Titel *Die Krähen im Sande* möglicherweise auch Motive des im Anschluss verfassten Gedichtes *Die Krähen* entfalten sollte, wurde der Text – erst *Im Sande*, später *Die Haard* überschrieben – als Landschaftsgedicht neu konzipiert (HKA I, 763). In der Reinschrift firmieren die drei Kreuzreimstrophen zu je acht jambischen Versen (mit durchgehend klingenden Kadenzen) dann unter dem Titel *Die Steppe*. Innerhalb der Ordnung der *Haidebilder* steht das Gedicht an sechster Stelle, markiert also nahezu die Mitte. Aufgrund dieser Position und der relativen Kürze weist die neuere Forschung dem Gedicht eine Sonderstellung zu (Nutt-Kofoth 1999c) und beschreibt es als eine den Zyklus interpretierende »Achse, um die sich das Ganze dreht« (Niggl 1986, 101). In der Tat lässt sich, arbeitet man die metapoetische Qualität von *Die Steppe* heraus, von diesem Rotationszentrum aus auf die selbstreflexive und poetologische Dimension der gesamten *Haidebilder* schließen.

5. Gedichte von Annette Freiin von Droste-Hülshof (1844)

Charakteristisch für *Die Steppe* ist die Überblendung zweier Landschaftsbilder: Weckt der Titel noch Assoziationen mit einer Heidelandschaft, wird mit der Erinnerungsfrage »Standest Du je am Strande [...]?« (V. 1–8) die Perspektive auf »die Seelandschaft« verschoben, »von der der Leser doch zunächst annehmen muß, sie sei lediglich Bildspender für eine metaphorische Betrachtung der Steppe« (Heselhaus 1998, 198). Solche Erwartung wird jedoch nicht eingelöst: Am Ende ist umgekehrt die Heidelandschaft zum Bildspender für ein »[i]m gelben Oceane« (V. 16) auftauchendes Schiff geworden. Der Prozess semantischer Verschiebung wird im Rahmen von zwei Bildbereichen durchgeführt, deren Gemeinsamkeit durch die Figur des Übergangs definiert ist: In räumlicher Hinsicht ist dies der Strand, in zeitlicher das Äquinoktium. Im Zwielicht und am Ort einer transitorischen, ihre Gestalt permanent verändernden Landschaft verbinden sich Wahrnehmung und Imagination zu immer wieder neu ansetzenden Prozessen metaphorischer Übertragung. Ausdruck finden diese in der rhetorischen Form aneinander gereihter Vergleiche: »Schäferkarrn« (V. 11) und »Kanonen« (V. 10), »Mastkorb« (V. 23) und »Weihenneste« (V. 24), »Seile« (V. 22) und »Aeste« (V. 22); außerdem – durch Gedankenstriche verbunden – »Regenrinnen« (V. 4) und »Schmugglerquellen« (V. 5), schließlich »Mast« (V. 19) und »Fichtenhüne« (V. 20). Das Gedicht stellt die rhetorisch-poetische Assoziationsbildung so offensiv zur Schau, dass nicht mehr wichtig zu sein scheint, was gesehen und was gedeutet wird. Fragen der Referenz treten ab der Mitte des Gedichtes vollends in den Hintergrund: »Gilt's etwa dem Korsaren / Im flatternden Kaftane« (V. 13 f.). Spätestens nun wird klar, dass es »soweit das Auge / Nur reicht [...]« (V. 6 f.) »ursprüngliche Wahrnehmung« gar nicht geben kann (Heselhaus 1998, 198). Wenn der Fokus auf das Piratenschiff wechselt, schieben sich die Bildbereiche so übereinander, dass die neue Topographie des Zwischenreichs anschaulich wird: »Sein Schiff verdeckt die Düne« (V. 18). Wie dem Vers die Struktur zur Differenzierung von Subjekt und Objekt fehlt, hält der Text seine Motive zwischen Imagination und Anschauung ostentativ in der Schwebe (Heselhaus 1971, 246). So werden eingespielte, durch Zeilenbruch bekräftigte Unterscheidungsversuche (»Hier ist die Dün' und drunten / Das Meer [...]«, V. 9 f.) vom fluiden Metaphernspiel aufgehoben. Im Modus dieser immer neu deutenden Wahrnehmung vollzieht die letzte Strophe eine assoziative Umkehr: Waren die Bilder von Strand, Schiff und Meer zunächst aus der Wahrnehmung der Heide erwachsen, stellt die heimische Landschaft nun das Bildrepertoire für die Beschreibung des Schiffsmastes. »Alles Fremde hat, so gesehen, im Blick aufs Nahe, auch seine bekannte Lesart.« (Kraft 1991, 412)

Das durch Vergleichsrhetorik und Metaphorik ins Wort gefasste Zwischenreich, in dem sich Wahrnehmung und Imagination überkreuzen, verleiht dem Gedicht *Die Steppe* zweifellos einen poetologischen Charakter: Es wird gezeigt, wie ein (Natur-)Gedicht entsteht. Man könnte aber auch einen anderen Schluss ziehen, nämlich dass das Gedicht wissenspoetisch argumentiert, indem es Wahrnehmung problematisiert (→ I.3.3.), sich also in die Anfang des 19. Jahrhunderts geführten Debatten um Subjektivierung, Zeit- und Körpergebundenheit des Sehens im Rahmen eines somatisch-physiologischen Wahrnehmungsmodells (Crary 1996, 96) einschaltet. Und nicht zuletzt öffnet das Gedicht den Horizont für eine Frage, die Friedrich Nietzsche dreißig Jahre später stellen wird: »Was ist also Wahrheit? Ein bewegliches Heer von Metaphern, Metonymien, Anthropomorphismen [...]« (Nietzsche [1873] 1973, 374).

Literatur

Crary, Jonathan: Techniken des Betrachters. Sehen und Moderne im 19. Jahrhundert. Aus dem Amerikanischen von Anne Vonderstein. Dresden, Basel 1996.
Heselhaus, Clemens: Annette von Droste-Hülshoff. Werk und Leben. Düsseldorf 1971.
Heselhaus, Herrad: »Hier möcht' ich Haidebilder schreiben«. Annette von Droste-Hülshoffs Poetisierung der Naturgeschichte. In: Ernst Ribbat (Hg.): Dialoge mit der Droste. Kolloquium zum 200. Geburtstag von Annette von Droste-Hülshoff. Paderborn u. a. 1998, S. 185–208.
Kraft, Herbert: »Aus der Ferne klingts wie Heymathslieder«. Anmerkungen zu Gedichten von Annette von Droste-Hülshoff mit einer Interpretation des Heidebilds *Die Steppe*. In: Yoshinori Shichiji (Hg.): Begegnung mit dem Fremden. Akten des VIII. Internationalen Germanisten-Kongresses. Bd. 9. München 1991, S. 406–413.
Nietzsche, Friedrich: Ueber Wahrheit und Lüge im aussermoralischen Sinne [1873]. In: Friedrich Nietzsche: Werke. Kritische Gesamtausgabe. Hg. von Giorgio Colli und Mazzino Montinari. Dritte Abt. Bd. 2. Berlin, New York 1973, S. 367–384.
Niggl, Günter: Die *Heidebilder* der Droste als Gedichtzyklus. In: Droste-Jahrbuch 1 (1986), S. 94–106.

5.3.8. Die Mergelgrube
Peter Schnyder

Das siebte Gedicht (HKA I, 50–53) im Zyklus der *Haidebilder* entstand im Februar und März 1842. Es ist freilich davon auszugehen, dass das eingeschobene, in naiv-volksliedhaftem Ton gehaltene Lied des Schäfers (V. 95–106) – zu dem es auch eine postum publizierte Vertonung von Droste gibt (Droste-Hülshoff 1877, 36) – schon früher verfasst wurde. Das legt eine erhaltene Vorstufe der entsprechenden Verse nahe (HKA I, 767f., 773). Zum ersten Mal gedruckt wurde *Die Mergelgrube*, deren Titel ursprünglich noch *Die Sandgrube* lauten sollte, in der Ausgabe der *Gedichte* von 1844.

Das Gedicht hat insofern einen biographischen Hintergrund, als Droste selber eine begeisterte Sammlerin von Steinen und Versteinerungen war; ein Interesse, das sie mit vielen Zeitgenossen – darunter auch prominente Literaten wie Mörike oder Stifter – teilte. Sie war fasziniert von den Erkenntnissen der Geologie, wie sie sich erst seit den letzten Jahrzehnten des 18. Jahrhunderts herauszubilden begonnen hatte (Rudwick 2005; → I.3.3.). Durch diese neue Wissenschaft war deutlich geworden, dass die Erde in Zeiträumen, die den Rahmen einer christlich verstandenen Weltgeschichte von rund 6000 Jahren entschieden sprengten, verschiedene grundlegende Veränderungen durchlaufen haben musste; also nicht in einem einzigen Schöpfungsakt geschaffen worden war. Und angesichts der Geschichte jener geologischen »Revolutionen« (Cuvier 1825) wurde klar, dass die Epoche des Menschen bloß eine späte – und vielleicht auch kurze – Episode in einem übergreifenden »plot without man« (Beer 2009, 17) ist. Hatten die astronomischen Entdeckungen der frühen Neuzeit zu einer räumlichen Dezentrierung des Menschen geführt, so ergab sich nun durch die Erschließung einer unvorstellbar langen menschenlosen Vergangenheit, in der Wesen von irritierender Alterität gelebt hatten, eine nicht minder beunruhigende temporale Marginalisierung. Droste nahm mithin Anteil an der zeittypischen Begeisterung für geologische Fragen, und sie kannte die Mergelgruben des Münsterlandes aus eigener Anschauung. Doch zugleich ist die autobiographische Erfahrung im Gedicht – das nicht in Westfalen, sondern auf der Meersburg entstanden ist – sehr deutlich stilisiert und verfremdet; am offensichtlichsten dadurch, dass das lyrische Ich in Vers 114 vom Schäfer als »Herr« angesprochen wird.

Mergel ist eine Mischung aus Kalk und Ton, die meistens auch andere Gesteinsarten enthält. Er zeichnet sich also durch Vielfalt und Heterogenität aus, und diese Charakteristika treffen auch auf Drostes *Mergelgrube* zu: Als formal recht frei gestaltetes »langes Gedicht« (vgl. Jordan 2006, 153–156) vereint es in sich Elemente des Lehrgedichts, des Erlebnisgedichts und, in den Versen des Schäfers, des Volkslieds. Ebenso weit ist das Spektrum an Stimmungen, das es durchmisst, von der Freude an der Buntheit der Steine über die abgründige Melancholie, die durch die Reflexion über das erdgeschichtliche Woher und Wohin ausgelöst wird, bis zur nicht ohne Humor gezeichneten pastoral-friedlichen Abendstimmung am Ende des Gedichts. Die – fasst man das dreistrophige Lied des Schäfers als eine Einheit auf – sieben Versgruppen sind unterschiedlich lang und in wechselnden Schemata von Paar- und Kreuzreimen gehalten. Und das Versmaß schließlich ist, abgesehen vom sechshebigen Schäferlied, fünfhebig und folgt grundsätzlich einem jambischen Rhythmus, der freilich mehrfach durch Unregelmäßigkeiten durchbrochen wird.

Das Gedicht beginnt mit der (Selbst-)Aufforderung zum Graben in der Mergelgrube; einer Aufforderung, die zugleich an das dichtende Ich gerichtet ist, denn mit diesem Anfang stößt es auch gleichsam seinen ›Dichterspaten‹ in den Mergel der Sprache, während wir, als Leser, aufgefordert sind, unseren ›Lektürespaten‹ anzusetzen (Schnyder 2013, 106 f.). Von Anfang an wird damit die Aufmerksamkeit auf die wichtige poetologische Dimension des Gedichts gelenkt (vgl. Liebrand 2013). Nach diesem prägnanten Auftakt wird eine differenzierte Beschreibung der Zusammensetzung des Mergels und der Herkunft verschiedener darin enthaltener Steine gegeben, die von weither in diese Gegend verschlagen worden sind, wie das Ich in einer hybriden Kombination wissenschaftlicher Theorien und idiosynkratisch modifizierter Versatzstücke biblischen Wissens ausführt (vgl. Weiß-Dasio 1996, 246). Die Frage nach dem Woher dieser Steine – für die Droste die damals in der Geologie noch ganz junge terminologisierte Metapher der »Findlinge« (V. 43) verwendet (vgl. Schellenberger-Diederich 2006, 205–215), signifikanterweise freilich nicht bezogen auf große Blöcke, sondern auf kleine Steinchen – öffnet die Perspektive auf die für den weiteren Verlauf des Gedichts zentrale Dimension der Zeit hin. Denn angesichts solcher »Findlinge«, deren metaphorisches Potential Droste virtuos elaboriert, werden die erdgeschichtlichen Revolutionen erahnbar, die der gegenwärtigen Schöpfung vorausgegangen sein müssen. Die vermeintliche Statik der Welt der Steine dynamisiert sich also, womit sich paradigmatisch zeigt, wie die biedermeierliche Beschäftigung mit Mineralogie und Geologie nicht, wie oft suggeriert, mit einer Flucht in eine statische, zeitlose Welt gleichzusetzen ist. Vielmehr ergibt sich – wie etwa auch bei Stifter – gerade über die Welt der Steine eine vertiefte Beschäftigung mit der Zeit (vgl. Schnyder 2009).

Gemeinhin wird der Ablauf des Geschehens im Gedicht so verstanden, als würde das Ich erst zu Beginn der zweiten Versgruppe in die Grube hinuntersteigen (Robertson 2000, 351; Pittrof 2001, 152; Jordan 2006, 138). Doch wie das Plusquamperfekt zeigt – »Tief in's Gebröckel, in die Mergelgrube / War ich gestiegen« (V. 33f.) –, befindet sich das Ich auch schon zuvor in der Vertiefung. Diese Ausgangsposition in der Grube ist symptomatisch für die Perspektive des Gedichts. Hier wird die erdgeschichtliche Vision nicht durch einen souveränen Panoramablick ausgelöst, wie zum Beispiel in Goethes *Über den Granit* (1785), sondern durch die Beobachtung des Nahen und Kleinen, das sich in seiner Heterogenität nicht in einer klar umrissenen Form fassen lässt. Es bestätigt sich damit ein allgemeiner Befund Heinz Schlaffers: Der »objektiv-totale Raum- und Zeitaufbau«, der »als dichterische Haltung ein Überschauen des Ganzen und ein Hinwegsehen über das Einzelne« erfordert, ist Droste »in extremem Maße« fremd (Schlaffer 1984, 89). Über dem Anblick des Gebröckels der kleinen Findlinge versinkt das Ich dann zunehmend in einen Tagtraum, der zunächst von verschiedenen akustischen Phänomenen eingeleitet wird, bis er sich schließlich in einem erschreckenden »Bild [...] / Von einer Erde, mürbe, ausgebrannt« (V. 47f.) verdichtet. Es sieht sich nun selbst als »Findling im zerfall'nen Weltenbau« (V. 51), und die Dichterin entwirft in dieser Passage endzeitliche Visionen einer fundamental disharmonischen Welt, die in der modernen Lyrik, nicht zuletzt bei Celan, ein unmittelbares Echo finden sollten (vgl. Böschenstein 1973). Freilich ist unversehens nicht mehr klar, ob sich das Ich auf seiner imaginierten Zeitreise in die Vergangenheit oder in die Zukunft bewegt hat, denn es fragt sich erschrocken, ob es wohl »der erste Mensch oder der letzte« (V. 56) sei, ob es am Anfang oder am Schluss der kurzen erdgeschichtlichen Epoche des Menschen stehe. Hier kommt bei Droste prominent jene für die heraufkommende Moderne so typische Figur des ›letzten Menschen‹ in den Blick, die in der Literatur seit 1800 vielfältige Spuren hinterlassen hat (Jordan 2006, 147f.).

Die Frage danach, ob es der erste oder der letzte Mensch sei, bleibt in der Vision des Ichs freilich unbeantwortet. Stattdessen wird die Aufmerksamkeit unvermittelt auf eine reale Versteinerung von »Medusen [d.h. urzeitlicher

Quallen, P.S.]« (V. 57) gelenkt. Nun sieht sich das Ich weit in die prähumane Urwelt zurückversetzt. Der Anblick der versteinerten Medusen führt ihm vor Augen, dass es einst eine ganz andere, »die alte Welt« (V. 61) gegeben hat, die von der neuen durch (mindestens) eine katastrophische Revolution getrennt ist. Und die versteinernde Wirkung, die der Medusa in der Mythologie zugeschrieben wird, macht sich unversehens auch in den versteinerten Medusen bemerkbar, denn der Blick auf diese führt dazu, dass sich nun auch das Ich als »Petrefakt« (V. 62) imaginiert. Es sieht sich als einen fundamentalen Anachronismus gegenüber der Jetztwelt der gegenwärtigen Schöpfung, wobei diese Unzeitgemäßheit hier nicht nur in erdgeschichtlichem, sondern auch in (sozial-)historischem (Jordan 2006, 150–153) oder psychologischem Sinne (Beland 2003) verstanden werden kann.

Haben die versteinerten Medusen das Ich in seiner Vision in die vormenschliche Urzeit zurückversetzt, so bewegt es sich danach wieder zurück in das aktuelle Erdzeitalter. Das wird freilich nur allmählich klar, denn zunächst erzählt das Ich bloß, wie es müde an den Rand der Grube gesunken sei, die nun zur »staub'gen Gruft« (V. 64) geworden ist. Mit der »Gruft« ist, obschon im Zeichen des Todes, ein erster Hinweis auf menschliches Leben gegeben. Doch dass sich das Ich wieder im Zeitalter des Menschen befindet, registriert es erst bewusst angesichts einer toten »Wespe« (V. 72), die, wie es mit zoologisch geschultem Blick erkennt, »von dieser Welt« (V. 72) ist. Damit ist das Ich endgültig wieder in der gegenwärtigen Schöpfungsepoche angekommen, freilich erst in einer frühen Phase der Kulturgeschichte: »Zu einer Mumie ward ich versandet« (V. 74). Und diese altägyptische Szene wird dann zunächst fortgeführt, wenn dem Ich ein Knäuel feiner antiker Seide »in den Schooß« rollt (V. 78). Doch die Seide erweist sich unversehens als ganz normale Wolle. Damit erwacht das Ich aus seinem Tagtraum, klettert aus der Grube und betrachtet stumm den strickenden Schäfer, dem die Wolle offenbar gehört. Nachdem dieser sein Lied gesungen hat, das an dieser Stelle wie ein Findling in das Gedicht eingeschoben ist, tritt das Ich zu ihm heran und spricht ihn auf ein Buch an, das neben ihm am Boden liegt: »›Bertuchs Naturgeschichte‹« (V. 112). Dieses Buch des Weimarer Verlegers Friedrich Justin Bertuch, der zum Beispiel in seinem berühmten – und Droste bekannten – *Bilderbuch für Kinder* (12 Bde., 1790/92–1830) das aktuellste naturgeschichtliche Wissen pädagogisch aufbereitet präsentierte, gibt abschließend Anlass zu einem kurzen Gespräch, in dem der Schäfer deutlich zu verstehen gibt, dass er Bertuchs Ausführungen zu Petrefakten als Zeugen einer vormenschlichen Urzeit für bloße Hirngespinste hält. Und davon lässt er sich auch nicht abbringen, als ihm das Ich die gefundene Versteinerung vorlegt und erklärt, dass dies ursprünglich »ein Thier« (V. 120) gewesen sei: »Da zwinkert er die Brau, / Und hat mir lange pfiffig nachgelacht – / Daß ich verrückt sey, hätt' er nicht gedacht! –« (V. 120–122). Damit endet das Gedicht, und der naive Bibelglaube des Schäfers einerseits und die naturgeschichtlich informierte Haltung des Ichs andererseits bleiben unvermittelbar nebeneinander bestehen.

Indem sie dieses Nebeneinander ausstellt, nimmt Droste Bezug auf ein Problem, das etwa auch in der zeitgenössischen Abhandlung *Die Urzeit oder Beweis vom Daseyn und Untergange von mehr als einer Vorwelt* von Johann Georg Justus Ballenstedt angesprochen wird: Ungebildeten kann man nicht begreiflich machen, dass es sich bei Versteinerungen um Zeugnisse vormenschlicher Erdepochen handelt (1818, 30). Der Belehrungsversuch des Ichs in der *Mergelgrube* muss fehlschlagen, da es selbst und der Schäfer sich in ganz unterschiedlichen Denkwelten bewegen. Es wäre allerdings vorschnell, diese Inkompatibilität ganz allgemein als eine solche von Religion und Wissenschaft zu lesen, denn Theologie und Geologie standen in der ersten Hälfte des 19. Jahrhunderts keineswegs zwingend in Opposition zueinander (Rudwick 2008, 563–566). So sah zum Beispiel der berühmte Geologe William Buckland, dessen Schriften auch in Deutschland populär waren, keinen Widerspruch zwischen seinen wissenschaftlichen Erkenntnissen und seinem religiösen Glauben (Buckland 1836). Anstatt von einer starren Opposition ist demnach von einem weiten Spektrum an Haltungen in der Auseinandersetzung zwischen Geologie und Theologie auszugehen. Auch das Ich in Drostes Gedicht ist ja nicht als Repräsentant einer strengen Wissenschaftlichkeit gezeichnet. Vielmehr verwandeln sich unter seinem Blick geologische Befunde zu poetischen Bildern, und seine Ausblicke in die Erdgeschichte werden wiederholt mit biblischen und mythologischen Vorstellungen amalgamiert, wodurch eine ganz eigene Gemengelage entsteht, die übrigens auch deutlich mit den ›unwissenschaftlichen‹ Landschaftsbildern des *Geistlichen Jahres* korrespondiert (vgl. Detering 2009). Der Schäfer seinerseits aber ist auch nicht als Repräsentant einer engagiert wissenschaftskritischen Religion zu verstehen, denn dazu fehlt ihm die (theologische) Bildung. Er kann und will sich nicht auf eine Debatte »Geologie contra Genesis« (Braungart 2000, 114) einlassen, sondern lacht nur »pfiffig« (V. 121). Auf dieser Grundlage kann es nicht zu einem Gegeneinander, sondern eben nur zu einem Nebeneinander kommen.

Literatur

Ballenstedt, Johann Georg Justus: Die Urzeit oder Beweis vom Daseyn und Untergange von mehr als einer Vorwelt. Quedlinburg, Leipzig 1818.
Beer, Gillian: Darwin's Plots. Evolutionary Narrative in Darwin, George Eliot and Nineteenth-Century Fiction. 3., erw. Aufl. London u. a. 2009.
Braungart, Georg: Apokalypse in der Urzeit. Die Entdeckung der Tiefenzeit in der Geologie um 1800 und ihre literarischen Nachleben. In: Ulrich G. Leinsle/Jochen Mecke (Hg.): Zeit – Zeitenwechsel – Endzeit. Zeit im Wandel der Zeiten, Kulturen, Techniken und Disziplinen. Regensburg 2000, S. 107–120.
Cuvier, Georges: Discours sur les révolutions de la surface du globe. 3. Aufl. Paris, Amsterdam 1825.
Jordan, Lothar: Annette von Droste-Hülshoffs langes Gedicht *Die Mergelgrube*. Paläontologie und literarische Innovation. In: Dietrich von Engelhardt/Hans Wißkirchen (Hg.): Von Schillers *Räubern* zu Shelleys *Frankenstein*. Wissenschaft und Literatur im Dialog um 1800. Stuttgart, New York 2006, S. 131–156.

Liebrand, Claudia: Versteinerte Zeit. Annette von Droste-Hülshoffs *Mergelgrube*. In: Cornelia Blasberg in Verb. mit Jochen Grywatsch (Hg.): ZwischenZeiten. Zur Poetik der Zeitlichkeit in der Literatur der Annette von Droste-Hülshoff und der ›Biedermeier‹-Epoche. Hannover 2013 (= Droste-Jahrbuch 9), S. 119–135.

Pittrof, Thomas: »›Bertuchs Naturgeschichte‹; les't Ihr das?« Annette von Droste-Hülshoff: *Die Mergelgrube*. Naturgeschichte, Poesie, Apokalypse. In: Literaturwissenschaftliches Jahrbuch N.F. 42 (2001), S. 145–173.

Robertson, Ritchie: Faith and Fossils. Annette von Droste Hülshoff's Poem *Die Mergelgrube*. In: Jürgen Barkhoff/Gilbert Carr/Roger Paulin (Hg.): Das schwierige neunzehnte Jahrhundert. Tübingen 2000, S. 345–354.

Rudwick, Martin J.S.: Worlds Before Adam. The Reconstruction of Geohistory in the Age of Reform. Chicago, London 2008.

Schellenberger-Diederich, Erika: Geopoetik. Studien zur Metaphorik des Gesteins in der Lyrik von Hölderlin bis Celan. Bielefeld 2006.

Schlaffer, Heinz: Lyrik im Realismus. Studien über Raum und Zeit in den Gedichten Mörikes, der Droste und Liliencrons. 3., um ein zusätzl. Nachwort erw. Aufl. Bonn 1984.

Schnyder, Peter: Die Pluralisierung der Schöpfung. Annette von Droste-Hülshoffs Urzeit-Vision in der *Mergelgrube*. In: Cornelia Blasberg in Verb. mit Jochen Grywatsch (Hg.): ZwischenZeiten. Zur Poetik der Zeitlichkeit in der Literatur der Annette von Droste-Hülshoff und der ›Biedermeier‹-Epoche. Hannover 2013 (= Droste-Jahrbuch 9), S. 99–118.

Weiß-Dasio, Manfred: Heidewelt. Eine Einführung in das Gedichtwerk der Annette von Droste-Hülshoff. Bonn 1996.

5.3.9. Die Krähen
Christian Schmitt

Wie die meisten *Haidebilder*, die in den *Gedichten* von 1844 eine zusammenhängende Gruppe bilden, ist das Gedicht *Die Krähen* (HKA I, 54–58) zwischen Februar und März 1842 in Meersburg entstanden (HKA I, 781). Innerhalb des *Haidebilder*-Zyklus beschließt das umfangreiche erzählende Gedicht einen Mittelteil von vier Texten, die die westfälische Heidelandschaft in einer »geschichtlichen Tiefendimension« (Niggl 1986, 101) erkunden. Besonders eng ist der entstehungsgeschichtliche Bezug zur *Steppe*, den das handschriftliche Manuskript dokumentiert: Unter dem Titel *Die Krähen im Sande* schreibt Droste zunächst den Anfangsvers der *Steppe* nieder, bricht dann »wegen eines Fettfleckes« ab (HKA I, 781) und setzt mit dem Gedicht *Die Steppe* neu an. Erst kurz vor der Drucklegung der *Gedichte* erhält der Text, der zwischenzeitlich (auf Betreiben Levin Schückings) *Die Raben* betitelt war, seinen endgültigen Titel – wobei Droste dezidiert auf die für das Gedicht konstitutive Differenz von ›geschwätzigen‹ Krähen und dem ›vornehmen‹ Raben hinweist (HKA X, 171). Dass die Sympathien der Autorin dabei den Krähen gelten, macht ein Brief an Schücking deutlich, in dem Droste sich selbst den »Krähenpelz« zuspricht (HKA X, 136), sodass die Figurenkonstellation des Gedichts auch als Kommentar auf die Bedingungen weiblicher Autorschaft lesbar ist (Blasberg 2011, 30).

Im Unterschied zu den anderen Vorwelt-Texten der Gruppe (*Die Mergelgrube, Der Hünenstein*) verbleibt *Die Krähen* ganz im Bereich bezeugter Geschichte, präsentiert diese Geschichte allerdings aus der Vogelperspektive mehrerer tierischer Beobachter/innen. Die Multiperspektivität des Gedichts manifestiert sich bereits in der Vielzahl der verwendeten lyrischen Formen, die die einzelnen Erzählinstanzen voneinander abgrenzen. Die ersten fünf Strophen, die als jambische Dreiheber mit acht Zeilen gestaltet sind, etablieren den narrativen Rahmen des Gedichts als balladeske Konstellation. Stehen diese ersten Strophen dem Balladenton auch aufgrund ihrer Reimfolgen (abab / cddc) nahe, so nähern sich die folgenden sechs Strophen einer Krähenfrau, die als jambische Fünfheber dem Blankvers nahestehen, einem dramatischen Duktus an. Auf zwei paar- bzw. kreuzreimende Vierergruppen folgt ein abschließender Paarreim, der sich für Sentenzen und Zuspitzungen anbietet. Die sieben Strophen des Krähenmannes, die sich daran anschließen, kehren zum Balladenton der Anfangsstrophen zurück, deren Reimschema sie aufgreifen. Als jambische Vierheber bringen diese Strophen einen weiteren Rhythmus in das Gedicht ein, der in einer überleitenden Strophe bereits vorbereitet wird. Die das Gedicht beschließende, zwanzigste Strophe variiert dann noch einmal den Duktus der Krähenfrau-Verse: Wie diese ist sie als jambischer Fünfheber gestaltet und schließt mit einer paarreimigen Pointe.

Ähnlich wie in Drostes Geschichtsballaden treffen in den *Krähen* »Episoden aus verschiedenen konkurrierenden Perspektiven« (Niethammer 2009, 784) aufeinander, sodass die Frage nach dem Verhältnis dieser Perspektiven entscheidende Aspekte des Textes zu erschließen erlaubt. Die drei historischen Episoden, von denen drei Erzähler/innen berichten, führen zeitlich immer weiter zurück. Während die erste Erzählung aufgrund von Details als Bericht der Schlacht bei Stadtlohn (1623) zu identifizieren ist, von der auch Drostes Versdichtung *Die Schlacht im Loener Bruch. 1623* (→ II.4.4.) erzählt, hat die zweite, mittelalterliche Episode, die vielleicht von Drostes Beziehungen zum Stift Metelen angeregt wurde (HKA I, 792), im Gedicht selbst keine konkreten historischen Bezugspunkte mehr. Das gilt in noch größerem Maße für die germanisch-mythologische Vorzeit, von der abschließend ein Rabe zu berichten ansetzt. Während das Gedicht mit seinem eröffnenden Rahmen (der allerdings am Ende nicht geschlossen wird) populäre zeitgenössische Verfahren historischen Erzählens aufgreift, deutet sich in der Weitergabe des Wortes vom lyrischen Ich an tierische Erzähler/innen eine ironische Distanzierung zu solchen Verfahren an, die die Forschung als »kritische Auseinandersetzung mit der historistischen Mode der zeitgenössischen Literatur« (Blasberg 2011, 30) gewertet hat. Die Zuweisung der Binnenerzählungen an unterschiedliche Erzählinstanzen impliziert im Gedicht offensichtlich Konkurrenzen und Relativierungen, auch wenn die »Entwertung jeder darin eingelagerten Geschichtserzählung durch die nächstfolgende« (Niggl 1986, 101) daraus nicht zwingend hervorgeht. Wichtiger ist die ausgestellte Reflexion historiographischer Verfahren insgesamt, sodass die *Krähen* zu den Vertretern von Geschichtslyrik zu zählen sind, die »ihr historiographisches Verfahren reflektieren« (Niefanger 2005, 170) und zugleich die Fiktionalität und Perspektivität historischer Wahrheit herausstellen – wozu auch die Einreihung der tierischen Erzähler/innen in weltliterarische Traditionen (»Scheh'razade«, V. 104; »Seladon«, V. 110) beiträgt.

Präsentieren die *Krähen* dergestalt »Weltgeschichte aus der Krähenschau« (Heselhaus 1971, 248), so geraten nicht nur die Bedingungen historischen Erzählens in den Blick, sondern die Bedingtheiten der Wahrnehmung überhaupt – was auch für andere Gedichte der *Haidebilder* gilt. Das wird bereits in der ersten Strophe deutlich, die den Raum der folgenden Erzählungen aus visuellen Grunddaten schichtenweise aufbaut, als dreigeteilte Zone von »Zenith«, gelbem »Sand« und beide trennendem grünem »Strich« (V. 2–5). Dient die Reduktion des Wahrnehmbaren auf wenige Grunddaten in anderen *Haidebildern* als Voraussetzung für einen »halluzinatorischen Bildertausch« (Niggl 1986, 101), wie er insbesondere in der *Steppe* programmatisch durchgeführt ist, so wird die aufs Äußerste reduzierte, optisch wie akustisch entleerte Landschaft in den *Krähen* zum Erinnerungs- und Erzählraum, wobei die Krankheits- und Todesmetaphorik (»Der blasse Aether siecht«, V. 9) die gewalttätigen Dimensionen der folgenden Berichte bereits vorwegnimmt. Dazu kommt die Reflexion der identitätsstiftenden Funktion von Geschichte: Für die Gruppe der Krähen, die sich vom Raben abgrenzt und »behaglich« (V. 102) im Sandbad suhlt, wird die Besinnung auf Vergangenes zugleich zum gemeinschaftsstiftenden Moment.

Alle drei Binnenerzählungen bieten Ausschnitte historischen Geschehens, die sich immer wieder mit persönlichen Erfahrungen vermischen, was bereits in der ersten Erzählung der Krähenfrau deutlich wird. Anders als in *Die Schlacht im Loener Bruch. 1623*, in der die genaue und quellenkritische Rekonstruktion der historischen Ereignisse in eine weitläufige psychologische Analyse der Beteiligten eingebunden ist, sind es hier einzelne, zum Teil drastische Szenen, die den Weg in den Bericht finden. Dabei ist der perspektivische Standpunkt der tierischen Zeugen klar markiert, wodurch ihre Geschichte dezidiert als subjektive und interessegeleitete Perspektivierung ausgewiesen ist. Die Krähenfrau beobachtet die Feldschlacht »auf einem Galgen« sitzend, »wo das Bruch / Man überschauen konnte« (V. 71 f.). Im Blick hat sie von diesem erhöhten Standpunkt den Protagonisten ihrer Erzählung, Herzog Christian von Braunschweig, der seinerseits mit »seinem Sehrohr« (V. 74) den Überblick über die Schlacht behält. Im alle Sinne überwältigenden Chaos der Schlacht (»Am Grunde, welch' Geschrei, Geschnaub', Geächze!«, V. 84) geht der Überblick dann allerdings ebenso verloren wie der Herzog aus dem Blick gerät. Er verliert sich im Leichenfeld, in das sich die Krähen nach der Schlacht kulinarischer Interessen wegen noch einmal begeben, ebenso wie im Dunkel der Geschichte: »Nicht kam er heut', noch sonst mir zu Gesicht, / Wer ihn gefressen hat, ich weiß es nicht« (V. 99 f.). Es ist vor allem der Hinweis auf das »köstlich Mahl« (V. 94), der die Krähenperspektive als bedingte, von ›tierischen‹ Interessen geleitete ausweist und sowohl das heroische Pathos wie die grausamen Details des Schlachtenberichts ironisch bricht.

Erzählt die Krähenfrau von einem Menschenmann, so steht in der folgenden Erzählung des Krähenmanns eine Menschenfrau im Mittelpunkt. Die chiastische Konstruktion inszeniert den historischen Blick damit als geschlechtlichen, überlässt der weiblichen Erzählinstanz allerdings die Schlachtenbeschreibung, während die männliche Instanz eine mittelalterliche Romanze beisteuert. Erneut ist die Perspektive auf das historische Geschehen gebrochen. Erfuhr die Krähenfrau die Schlacht (und ihren Helden) als »köstlich Mahl«, so nimmt der männliche Zeuge den Klostereintritt einer adeligen Dame als einer Hinrichtung analog wahr (»wie am Blutgerüst«, V. 135), wobei die auffällige Identifikation mit dem Opfer (»als ob der Stahl / Nach meinem Nacken wolle zücken«, V. 139f.) auf ein erotisches Begehren hinweist, das die Perspektive des Berichts bedingt. Wieder ist der Standpunkt des Zeugen klar ausgewiesen, beobachtet der Krähenmann die Szene doch von einem Kirchenfenster aus, das den heiligen Tobias in Begleitung seines Attributs, eines Hündchens, darstellt. Das auffällige Motiv greift nicht nur die Tier-Mensch-Konstellation auf, sondern erweitert die Semantik des Sehens: Der heilige Tobias ist auch der Heilige der Augenleiden. Die Erzählungen beider Krähen weisen allerdings auch einen gemeinsamen blinden Fleck auf: Was den beiden Zeugen trotz ihrer Position auf einem »Galgen« (V. 71) bzw. »Leichensteine« (V. 148) entgeht, ist der Tod der beiden historischen Figuren. Dieser Tod markiert eine Leerstelle der Wahrnehmung (und der Geschichte), den das Gedicht nicht einholen kann, obgleich es mit den Rabenvögeln, als Todesboten, die denkbar geeignetsten Zeugen bemüht: »Wie sie gestorben, weiß ich nicht; / Die Fenster hatte man verhangen, / Ich sah am Vorhang nur das Licht« (V. 151–153). Diese Wahrheit der Geschichte hat sich freilich in der ›siechenden‹ Landschaft der Eingangsverse schon abgezeichnet.

Die Wahrheit der Geschichte ist dann auch vom letzten Zeugen des Gedichts nicht zu erwarten, obgleich dieser Rabe nicht nur aufgrund seines Alters, sondern auch aufgrund seiner mythologischen Bezüge verlässliche Augenzeugenschaft über germanische Ursprünge verspricht. In der nordischen Mythologie treten zwei Raben als Begleiter Odins auf, die diesem Bericht über das Weltgeschehen erstatten, die beschränkte Sehkraft des einäugigen Göttervaters ausgleichend. In den Namen der beiden Raben, Huginn (der Sinnende) und Muninn (der Gedenkende), wie sie etwa Jacob Grimms *Deutsche Mythologie* (1835) überliefert, ist die Verbindung von Wahrnehmung und Erinnerung angelegt, die auch Drostes Gedicht thematisiert. Allerdings kommt dieser Zeuge, der von »Walhall«, »Teut und Thor« und »dem Hünengrabe« (V. 173f.) schnarrt, gar nicht mehr zu Wort; seine Zuhörer/innen ergreifen ebenso die Flucht wie das lyrische Ich. Seiner vermeintlichen Autorität, die der Text zuvor in der Gegenüberstellung von »Baum« (Rabe) und »Kraut« (Krähen) (V. 50) als soziale Differenz etabliert hatte, fügen sich die Krähen nicht, sodass es naheliegt, das Ende des Textes als Kritik all jener »rabenhafte[n] Instanzen« (Blasberg 2011, 30) zu lesen, die wortmächtig an der Nationalisierung historischer Diskurse mitwirken und nationale Ursprünge in mythisch-germanischen Vorzeiten verorten. Die drei Stichworte des Raben präzisieren den Befund: Während das »Hünengrab[ ]« (V. 174) einen Bezug zur westfälischen Landschaft herstellt und auf Drostes Gedicht *Der Hünenstein* verweist, ruft »Teut« (V. 174) jene Phantasiebezeichnung für einen germanischen Gott auf, der seit der Bardenpoesie des 18. Jahrhunderts als ›teutscher‹ Ahnherr firmiert. Den Anschluss an aktuelle Entwicklungen stellt »Walhall« (V. 173) her, steht doch die Eröffnung des Nationaldenkmals Walhalla bei Regensburg zur Entstehungszeit des Gedichts unmittelbar bevor (18. Oktober 1842). Es sind solche nationalen Einheitsphantasmen, die Droste in den *Krähen* mit einer subtilen Reflexion der narrativen Zurichtung von Geschichte kontert und denen sie – ganz ähnlich wie auch in ihren Beiträgen zum Westfalen-Projekt (vgl. Kilchmann 2009; → IV.3.) – die Heide als alternativen Geschichtsraum gegenüberstellt, der von Multiperspektivität, Heterogenität und Vielstimmigkeit geprägt ist; in dem geschwätzige Krähen das letzte Wort gegenüber diskursiven Autoritäten behalten; in dem allerdings auch die Gewalttätigkeit des Vergangenen für den aufbewahrt ist, der diesen Raum zu lesen weiß.

Literatur

Blasberg, Cornelia: Rahmungen. Zur Semantik einer Strukturform in Annette von Droste-Hülshoffs Dichtung. In: Droste-Jahrbuch 8 (2011), S. 7–30.
Heselhaus, Clemens: Annette von Droste-Hülshoff. Werk und Leben. Düsseldorf 1971.
Niefanger, Dirk: Lyrik und Geschichtsdiskurs im 19. Jahrhundert. In: Steffen Martus/ Stefan Scherer/Claudia Stockinger (Hg.): Lyrik im 19. Jahrhundert. Gattungspoetik als Reflexionsmedium der Kultur. Bern u. a. 2005, S. 165–181.
Niethammer, Ortrun: Annette von Droste-Hülshoff: Das lyrische Werk. In: Heinz Ludwig Arnold (Hg.): Kindlers Literatur Lexikon. 3., neu bearb. Aufl. Bd. 4. Stuttgart, Weimar 2009, S. 781–785.
Niggl, Günter: Die *Heidebilder* der Droste als Gedichtzyklus. In: Droste-Jahrbuch 1 (1986), S. 94–106.

5.3.10. Das Hirtenfeuer

Christina Wehnert

Der Text (HKA I, 59–61) entstand wie die übrigen *Haidebilder* im Februar/ März 1842 (HKA I, 796). Während die meisten Gedichte der Sammlung auf einem gemeinsamen Manuskriptblatt überliefert sind, wurden *Das Hirtenfeuer* sowie *Der Haidemann* separat notiert. Möglicherweise sind sie die jüngsten der Gruppe (HKA I, 704).

Das Gedicht ist dreigeteilt. Auf die Beschreibung der nächtlichen Heidelandschaft (V. 1–12) folgt eine Schilderung der Hirtenjungen am Feuer (V. 13–60), den Abschluss bildet der in Strophe und »Gegenstrophe« (HKA I, 61) präsentierte Hirtengesang. Die beiden ersten sechszeiligen Strophen enthalten je einen Kreuzreim mit vollen sowie einen Paarreim mit klingenden Kadenzen. Jeder Vers beginnt auftaktlos mit einer betonten Silbe, ein strenges Alternieren im trochäischen Versmaß wird aber durch eine unregelmäßige (zwei- oder dreisilbige) Taktfüllung gebrochen. Dieser ›stolpernden‹ Sprachbewegung korrespondieren schlaglichtartige Einzelbeobachtungen des lyrischen Ich in der »Unheimlichkeit der Nacht« (Rösener 1962, 134). Mit mikroskopischer Genauigkeit nimmt der Sprecher die diskret belebte Landschaft wahr. Geräusche und kaum wahrnehmbare Bewegungen gehen nur von dem »rieselnde[n] Rohr« (V. 3) und den »[s]chwellende[n] Tropfen« (V. 6) an den Speichen der Wassermühle aus, während die Fauna zu ruhen scheint. Die Tiernamen referieren zwar auf die außertextliche Realität (Böschenstein [2000] 2007, 148), doch bewirkt der Verzicht auf Pronomina (»Unke kauert im Sumpf, / Igel im Grase duckt«, V. 7f.), dass die vertraute heimatliche Heidelandschaft verfremdet wird und ihre un-heimliche Nachtseite zeigt (Dettmering 2004, 60).

In den Strophen drei bis acht richtet sich der Blick auf eine Gruppe junger Hirten, die sich um ein Feuer scharen. Während es zunächst das Feuer ist, dessen diffuser Schein in der Dunkelheit den Sprecher anlockt, ist es dann das Treiben der Knaben, die dem Ich in der Flammenglut wie »Dämonen« oder »Haidewichte« erscheinen (V. 43f.). Mit dieser thematischen Verschiebung ändert sich das Versmaß: Je zwei syntaktische Einheiten von vier Versen werden durch ein Kreuzreimschema gestützt; ein dreihebiger Trochäus mit Auftakt bildet einen streng alternierenden Rhythmus. Akzentverschiebungen (»Der da, der Unbeschuh'te«, V. 45; »Hah, noch ein Hirtenfeuer«, V. 51) machen auf Irritationen des Geschehens und Brüche in der mythischen Szenerie des nächtlichen Feuers aufmerksam. Zweimal lodern die Flammen auf und sinken nieder. Die Wiederholung des Ereignisses hat ihr formales Komplement in der doppelten Reimstruktur der Strophen sowie in der Verwendung von Anaphern (V. 39f.). Die Entdeckung eines zweiten Hirtenfeuers bereitet die Echowirkung der einander antwortenden Hirtengesänge im letzten Teil vor.

Die volksliedhaften Schlussstrophen rufen die Tradition des natürlichen, kunstfernen Wechselgesangs auf, der aus der antiken Bukolik stammt und in der romantischen Lyrik als Indikator für die im Gedächtnis der Poesie aufbewahrte Zwiesprache zwischen Mensch und Natur verwendet wurde (Langen 1966). Sie werden durch zwei eingeschobene fünfhebige Verse voneinander abgesetzt. Das in Abwandlungen mehrfach wiederholte ›heloe‹ ähnelt dem dionysischen Jubelruf ›evoe‹ und spielt ein zweites mythisches Element ein. Es wird auch quellengeschichtlich als Hirtenruf bezeugt, speziell in einem Brief von Ludowine von Haxthausen an Wilhelm Grimm (März 1815), der einige Verse enthält, die als Vorlage für die Strophen gedient haben dürften (HKA I, 801 f.). Als »alte Haideweise« (V. 59) beglaubigt werden die beiden Strophen durch die gegenseitige Stimulierung der Singenden und die Medialisierung der Landschaft: »Verzittert durch die Schmehlen« (V. 60) singen die vom Sprecher beobachteten Hirten die Strophe, »leise durch den Ginster« (V. 68) tönt die Gegenstrophe als Echo zurück.

Wer das Gedicht als Hommage an die »abgründige magische Kraft, die gerade in der westfälischen Moorlandschaft lebt« (van Rinsum/van Rinsum 1987, 196), deutet, missachtet die metapoetische Qualität der *Haidebilder.* »Westphalen«, das machen Drostes Arbeiten für das *Malerische und romantische Westphalen* deutlich, hat sich zum Projektionsraum unterschiedlichster: naturhistorischer, ethnographischer und kulturkonservativer Interessen (→ I.3.3.; → IV.3.) verflüchtigt. Wenn Dichtung das Andenken an die »Haide« wach hält, dann schließt sie deren latente Poetizität auf und macht zugleich in selbstreflexiver Wende deutlich, dass Dichtung diese Poetizität auf ihrem Weg in die von Vormärz und Realismus entschieden anders perspektivierte Zukunft nötig hat. Wie *Die Mergelgrube* vorführt, gehören Volksliedweisen dabei zum (ironisch verwendeten) Zitatenvorrat desjenigen, der Romantizismen dabei einen ambivalenten Wert beimisst.

Literatur

Böschenstein, Renate: Die Boa: Die Darstellung von Aggression in den Gedichten der Droste [2000]. In: Renate Böschenstein: Idylle, Todesraum und Aggression. Beiträge zur Droste-Forschung. Hg. von Ortrun Niethammer. Bielefeld 2007, S. 147–175.
Dettmering, Peter: Sieben Gedichte der Annette von Droste-Hülshoff. In: Peter Dettmering (Hg.): Konfliktbewältigung durch Kreativität: Studien zu Literatur und Film. Würzburg 2004, S. 60–71.
Rinsum, Annemarie van/Rinsum, Wolfgang van: Dichtung und Deutung. Eine Geschichte der deutschen Literatur in Beispielen. 11. Aufl. München 1987.
Rösener, Rudolf: Vom Rhythmus in Droste-Gedichten. In: Jahrbuch der Droste-Gesellschaft 4 (1962), S. 121–139.

5.3.11. Der Knabe im Moor
Thomas Wortmann

Wie zahlreiche andere ihrer lyrischen Zentraltexte ist das Gedicht *Der Knabe im Moor* (HKA I, 67 f.) in jenem Winter 1841/42 entstanden, den Droste zusammen mit Schücking auf der Meersburg am Bodensee verbrachte (HKA I, 817). Das meist als Ballade interpretierte Gedicht wurde zuerst im Februar 1842 im *Morgenblatt für gebildete Leser* publiziert, bevor Droste es in ihre zweite Gedichtausgabe von 1844 aufnahm und es den *Haidebildern* zuordnete, als deren Schlusstext das Gedicht fungiert.

Die insgesamt sechs Strophen bestehen jeweils aus acht Versen mit regelmäßigem Reimschema und variierendem Versmaß; die Anzahl der Hebungen unterscheidet sich in den einzelnen Versen: Während alle b-Reime dreihebig sind mit weiblicher Kadenz, weisen alle a- und c-Reime vier Hebungen auf und enden mit männlicher Kadenz. Dabei können die Senkungen ein- oder zweisilbig gefüllt werden, ebenso wie der jeweilige Auftakt ein- oder zweisilbig und mit einer schwebenden Betonung versehen sein kann. Streng durchkomponiert ist der Strophenbau: Zwei Kreuzreimen in den ersten vier Versen folgt jeweils ein Paarreim, abgeschlossen wird jede Strophe wiederum von einem Kreuzreim, der formal die ersten beiden Reimpaare aufgreift und so die einzelne Strophe rahmt (ababccab). Dieser rahmende Rückgriff innerhalb der einzelnen Strophe findet sich in der Makrostruktur des Gedichtes gespiegelt, wenn die letzte Zeile der Schlussstrophe auf den Eröffnungsvers der Ballade rekurriert, um so den Text als Ganzes zu umklammern. Eine solche Rahmenfunktion kommt dem *Knaben im Moor* auch als Schlusstext der *Haidebilder* zu: Dort korrespondiert die Ballade als ›Nachtstück‹ mit der den Morgen thematisierenden *Lerche* (→ II.5.3.2.), die den Zyklus eröffnet.

Gliedern lässt sich das Gedicht in drei große Abschnitte: Exposition (Strophe 1), Hauptteil (Strophen 2–5) und Schluss (Strophe 6). Entworfen wird in der ersten Strophe ein Setting, für das der Begriff des »[S]chaurig[en]« zentral ist: Gleich im ersten Vers genannt, wird der Begriff im letzten Vers wiederholt und beide Male durch die Koppelung mit dem Affektmarker »O« besonders betont. Und Drostes Ballade präsentiert sich auch über die skizzierte Topographie und die zahlreichen Personifizierungen als veritable ›Schauerliteratur‹. Die Natur erscheint unheimlich verlebendigt, wenn etwa die »Ranke« nicht am Strauche ›hängt‹, sondern daran »häkelt« (V. 4), wenn die »Dünste« sich wie »Phantome« »drehn« (V. 3) oder es aus der »Spalte [...] zischt und singt« (V. 6). Verstärkt wird dieser Eindruck der numinosen Verlebendigung durch das unbestimmte »es«, das in der ersten Strophe eingeführt wird (›es‹ »wimmelt«, V. 2; ›es‹ »zischt und singt«, V. 6), um von dort ausgehend das gesamte Gedicht zu durchziehen (V. 15, 21, 26, 27). Zwei Lesarten sind möglich: Entweder präsentiert *Der Knabe im Moor* ein naturmagisches Szenario, in der die Natur zum Leben erweckt ist, oder aber alle der genannten Erscheinungen haben einen Ursprung, nämlich den Knaben selbst, der seine Ängste auf die Naturszenerie projiziert – das Moor avanciert in dieser Perspektive zur Seelenlandschaft.

Während die erste Strophe die Beschreibung der verlebendigten Natur liefert, betritt mit dem »zitternde[n] Kind« (V. 9) erst zu Beginn der zweiten Strophe eine menschliche Figur die Textbühne: Das Kind »rennt als ob man es jage« (V. 10). Zwar ist das Setting durch das konjunktivische ›als ob‹ als ein imaginiertes gekennzeichnet, für das Kind selbst aber ist diese modale Differenz nicht von Relevanz. Ganz im Gegenteil: Dem ambivalenten ›als ob‹ wird wiederholt ein deiktisch-bestimmendes »das ist« entgegen gesetzt (V. 13, 22 f., 30 f.). Für das Kind wirkt der imaginäre Ursprung der »gespenstige[n]« (V. 13, 29) Gestalten unerheblich, davon legt sein panischer Lauf durch das Moor Zeugnis ab. Und der Text folgt dabei einem Prinzip der Steigerung: Zum einen unterstützen die zahlreichen Ausrufe den Eindruck der unmittelbaren Bedrohung (V. 15, 21), zum anderen ahmt die Ballade den Lauf des Knaben performativ nach, bspw. durch die wiederholten anaphorischen Reihungen (»Das ist«, »Das ist«), gipfelnd in jenen zwei Versen, die die vierte Strophe eröffnen: »Voran, voran, nur immer im Lauf, / Voran als woll' es ihn hohlen«

(V. 25 f.). Ein radikaler Tempowechsel erfolgt erst in der letzten Strophe mit dem Vers »Tief athmet er auf« (V. 45). Der Übertritt auf den »mählig« sich »gründe[nden]« Boden (V. 41) bedeutet damit gleichsam den Übergang zum Schluss des Textes, der durch den distanzierenden Wechsel ins Präteritum und den Umschlag in die Retrospektive gekennzeichnet ist.

Auffallend ist, wie stark Drostes Text die Landschaft geschlechtlich semantisiert, ja geradezu sexualisiert: »Die Topographie des ›westfälischen‹ Moors ist *auch* eine Körpertopographie« (Wortmann 2014b, 67). Eindrückliches Beispiel dafür ist das phallisch konnotierte Landschaftsinventar wie das »Röhricht« (V. 8) und das »Geröhre« (V. 24), aber auch die »Riesenhalme«, die – damit die martialisch-phallische Anmutung noch verstärkend – wie »Speere« aufragen (V. 20). Konträr dazu erscheint die nicht weniger bedrohliche »Spalte«, aus der es lautmalerisch »zischt« und »singt« (V. 6). Nimmt man die Spalte als (bereits grammatikalisch) feminin bestimmt in den Blick, so wird mit dem aus der Tiefe dringenden Gesang ein kulturelles Phantasma bedrohlicher Weiblichkeit aufgerufen, wie es zahlreiche Texte der Romantik verhandeln. Lesbar wird der Gang des ›Knaben‹ durch das Moor damit als *rite de passage* zwischen Kindheit und Erwachsensein. Vor allem psychoanalytische Arbeiten haben auf diesen kulturtheoretischen Aspekt fokussiert und etwa den Rekurs des Gedichtes auf im kollektiven Gedächtnis verankerte Konzeptionen von Weiblichkeit und Mütterlichkeit untersucht (Beland 2003). Zur Bedeutung des Moors etwa bemerkt Rolf Vogt: »Sein verschlingender Modus verweist auf eine archaische infantile Phantasie von einer Mutter, die die Kinder, die sie geboren hat, wieder verschlingt.« (Vogt 2003, 114) Eher sozialhistorisch interpretiert Winfried Freund den Lauf durchs Moor, den er als »Gang durch die staatlich und klerikal im Bewußtsein des Untertans installierten Schreckenskabinette« liest (Freund 1997, 57). Auf den sozialkritischen Impetus des Textes hat auch Herbert Kraft hingewiesen: Alle der ›verdammten‹ Figuren stammten aus den untersten Schichten: Die Moorgestalten repräsentieren diejenigen, die in die Schuld gezwungen werden: »[D]er Knecht wird schuldig, nicht der Herr; die Arbeiterin, nicht der Verleger; [...] die Kindsmörderin, nicht der Verführer« (Kraft 1987, 115 f.). Die Fortsetzung dieser sozialen Repression werde gerade im Knaben sichtbar. Dessen Angsterfahrung führt Kraft auf die »Abhängigkeit von unbegriffener Realität« zurück, die Fibel interpretiert er als »Chiffre für die von Generation zu Generation durch Erziehung weitergegebene Fremdbestimmung« (Kraft 1987, 114).

Verwiesen wurde aber auch auf die intertextuellen Verknüpfungen, die der Text prozessiert. Gelesen wurde Drostes Gedicht etwa in Bezug auf Goethes Ballade vom Erlkönig. Dabei liefern die Texte differierende Schlusskonfigurationen: Erzählt Goethes Text von einem fiebernden Kind, das, als der heimatliche Hof erreicht ist, tot in den Armen des Vaters liegt, so erreicht Drostes Knabe das sichere Zuhause physisch unversehrt – in der Forschung ist von einem »versöhnlichen Schluß« (Woesler 1981, 249) die Rede, die »Gewissheit« um die Gnade Gottes sei »unerschütterlich« (Baumgärtner 1998, 117). Tatsächlich aber ist die Schließungsfigur ambivalent – und weniger versöhnlich, denn das ›gute Ende‹ ist nur ein vorläufiges: Ob es sich bei dem panischen Lauf durch das dunkle Moor um eine Gefahr handelt, der sich der Knabe nur einmal auszusetzen hat, ist fraglich. Der Gang zur Schule muss schließlich jeden Tag aufs Neue angetreten werden. Entsprechend hätte das Kind das bedrohliche Szenario immer wieder zu durchlaufen. Angedeutet ist eine Zirkelstruktur, die das Gedicht auch formal in Szene setzt, indem die Schlusszeile der Ballade den ersten Vers aufgreift. Vor diesem Hintergrund liest sich der *Knabe im Moor* als Radikalisierung des Goethe'schen Prätextes, weil er das Grauen perpetuiert.

Gleichzeitig verweist das Gedicht immer wieder auf die eigene Faktur und entwickelt poetologisches Potenzial. Ein Beispiel dafür ist der erste Vers der zweiten Strophe: »Fest hält die Fibel das zitternde Kind« (V. 9). Beim Eintritt in das Moor, so lautet die gängige Lesart, klammert sich der Knabe an das, was ihm bekannt ist: eben jene Fibel, die ihn als Schulkind kennzeichnet. »Bemerkenswert«, so erklärt Plachta, sei »der Gegensatz zwischen der ›Fibel‹ (V. 9), dem darin gesammelten, als Lernstoff vorgesehenen Wissen, und dem aus volkstümlicher Oralität stammenden Erfahrungswissen über Gespenster und ihre Bedeutung im Volksglauben« (Plachta 1997c, 228). Poetologisch gewendet bezeichnet der Vers aber weniger den Eintritt in die Moor-, als den Eintritt in eine Textlandschaft, ermöglicht die Fibel, die der Einübung von Lesekompetenz dient, doch nichts anderes als den Eintritt in die Welt der Literatur. Entsprechend ist auch die Verteilung von Handlungsmacht an dieser Stelle ambivalent: Dass der Knabe die Fibel im Arm hält, ist die offensichtliche Lesart. Möglich ist aber auch eine andere: Nicht das Kind hält die Fibel fest, sondern diese das Kind. Der Knabe befindet sich also im Griff der Fibel bzw. im Bann des Textes.

Dass die geschilderte Landschaft eine Text-Landschaft ist, setzt das Gedicht durch die gehäuften Handarbeitsmetaphern offensiv in Szene. Der *Knabe im Moor* verweist auf seine Materialität, markiert ist der Text als *textum*. Der Lauf des Knaben ist damit auch als das ›Durchlaufen‹ eines komplexen Textgewebes interpretierbar. Dafür steht nicht zuletzt das vom Gedicht aufgerufene Figurenpersonal, denn begegnen kann man im Moor nicht nur Gestalten aus dem oral tradierten Aberglauben, sondern eben auch Figuren, die dem literarischen Höhenkamm entstammen: Die sich um ihre Seele sorgende, ›verdammte Margreth‹ kann bspw. als Wiedergängerin der Protagonistin aus Goethes *Faust* und anderen Kindsmörderinnen-Dramen in den Blick genommen werden (vgl. Plachta 1997c). Drostes Ballade aktualisiert damit einen juristischen Diskurs, der für die Literatur um 1800 von größter Bedeutung war.

Es ist diese selbstreflexive Wendung des Textes, die es ermöglicht, das in der Ballade Entwickelte als eine Allegorie des Schreib- wie des Leseprozesses zu verstehen. Denn zum einen bedeutet Literaturproduktion in einem nicht geringen Maße die agonal konfigurierte Auseinandersetzung mit den Prätexten: Harold Bloom hat dies wirkmächtig im Konzept der Einflussangst gefasst (Bloom 1994). Zum anderen ist auch der Lese- bzw. der Verstehens- und Interpretationsprozess – prominent etwa im Modell des hermeneutischen Zirkels –

als eine zyklische Operation, als das mehrmals zu wiederholende ›Durchlaufen‹ des Textes konzipiert worden (vgl. Wortmann 2014a).

Literatur

Baumgärtner, Alfred Clemens: *Der Knabe im Moor* von Annette von Droste-Hülshoff. In: Karl Hotz (Hg.): Gedichte aus sieben Jahrhunderten – Interpretationen. Bamberg 1998, S. 111–120.
Freund, Winfried: Annette von Droste-Hülshoff. Was bleibt. Stuttgart u. a. 1997.
Kraft, Herbert: »Mein Indien liegt in Rüschhaus«. Münster 1987.
Plachta, Bodo: Der Verlust des festen Bodens. Sozialgeschichtlicher und literarischer Kontext des Droste-Gedichts *Der Knabe im Moor*. In: Jahrbuch des Freien Deutschen Hochstifts 1997, S. 206–231. [Plachta 1997c]
Vogt, Rolf: Annette von Droste-Hülshoffs Gedicht *Der Knabe im Moor* und *Der zu früh geborene Dichter* im psychoanalytischen Kontext. In: Gisela Greve/Herta E. Harsch (Hg.): Annette von Droste-Hülshoff aus psychoanalytischer Sicht. Tübingen 2003, S. 103–128.
Woesler, Winfried: Annette von Droste-Hülshoff: *Der Knabe im Moor*. In: Wirkendes Wort 31,1 (1981), S. 241–251.
Wortmann, Thomas: Schrecken ohne Ende [zu: *Knabe im Moor*]. In: Claudia Liebrand/Thomas Wortmann (Hg.): Interpretationen. Gedichte von Annette von Droste-Hülshoff. Stuttgart 2014, S. 62–73. [Wortmann 2014b]

5.4. Fels, Wald und See

5.4.1. Einleitung
Cornelia Blasberg/Jochen Grywatsch

Die in dieser Gruppe zusammengefassten zehn Gedichte stammen aus unterschiedlichen Arbeitsphasen. *Fragment* (entstanden zwischen November 1832 und Februar 1833), *Am Weiher* (November/Dezember 1835) und *Der Säntis* (vor Oktober 1836) waren bereits in der Ausgabe von 1838 veröffentlicht worden, der Zyklus *Die Elemente* (vor Juni 1834 verfasst) erschien 1841 in der Zeitschrift *Frauen-Spiegel*. *Die Schenke am See, Am Thurme, Im Moose, Am Bodensee* und *Das alte Schloß* sind der Meersburger Schaffensphase 1841/42 zuzurechnen; *Das öde Haus* entstand während Drostes zweitem Meersburg-Aufenthalt 1843/44. Das 1843 konzipierte Verzeichnis V³ ordnete die Gedichte zu einem kleineren Teil in die Abteilung »Vermischte Gedichte« ein und führte die meisten gemeinsam mit den *Haidebildern* unter dem Titel »Landschaftsbilder« (HKA I, 551 f.) auf; erst kurz vor Fertigstellung der Druckvorlage im Januar 1844 bildete V⁵ zwei separate Gruppen, *Haidebilder* und *Fels, Wald und See* (HKA I, 567 f.). Da Droste *Am Weiher* und *Der Säntis* in Eppishausen schrieb, ist der Entstehungsort aller Gedichte mit Ausnahme von *Fragment* die Bodensee-Region, wobei *Fragment*, die Auftaktverse des aus den *Gedich-*

ten 1838 ausgeschiedenen dritten Gesangs von *Das Hospiz auf dem großen St. Bernhard* (→ II.4.2.), die Landschaft der Savoyer Alpen beschreibt. Fasst man die Texte der Gruppe *Fels, Wald und See* demnach im weitesten Sinn als ›Bodensee‹-Gedichte auf und berücksichtigt die Platzierung des Ensembles in der Ausgabe von 1844, liegt die These nahe, sie als »ergänzende Gegenbilder« (Kraft 1988, 16) zu den in Meersburg entstandenen *Haidebildern* (→ II.5.3.1.) zu lesen. Damit billigt man den Gedichten allerdings nur einen sehr eingeschränkten, nämlich mimetisch-referentiellen Aussagemodus zu: Wie die *Haidebilder* von ihrem Bezug auf das westfälische Münsterland her verstanden werden sollen, so die Gedichte von *Fels, Wald und See* durch die Abbildung der Bodensee-Landschaft um Meersburg, die Droste in einem Brief tatsächlich als »zweite Hälfte meiner Heimath« (HKA X, 209) beschrieben hatte. Abgesehen davon, dass auch so komplexe, von der Forschung längst als poetologische Gedichte erkannte Texte wie *Am Thurme* und *Im Moose* zum Korpus gehören, gerät unter diesem Blickwinkel die intertextuelle Dimension der Verse aus dem Blick. Schließt doch bereits das 1813 begonnene und Fragment gebliebene Trauerspiel *Bertha oder die Alpen* (→ III.2.) an die im 18. Jahrhundert mit Albrecht von Hallers *Die Alpen* (1729) beginnende Literarisierung extremer Berglandschaften an. Wenn Droste im Romanfragment *Bei uns zu Lande auf dem Lande* (→ IV.4.) schreibt, dass zu einer »schöne[n] Gegend« gemeinhin »Gebirg, Strom, Felsen« (HKA V, 148) gehören, dann stellt sie dem friedlichen *locus amoenus* der antiken Tradition einen modernen, dissonanteren, einer Ästhetik des Erhabenen verpflichteten Topos zur Seite: das Felsengebirge. Zu Drostes Lebzeiten ist das Bildfeld ›Fels, Wald und See‹ längst zum kulturellen und ästhetischen Modell der Verständigung darüber geworden, wie mit Ambivalenzen, also den gleichzeitigen, sich eigentlich ausschließenden Energien von Anziehung und Abstoßung, Faszination und Grauen umzugehen ist. Als Leserin von Byrons Verserzählungen und Scotts historischen Romanen, die allesamt in wilden schottischen Gebirgsgegenden spielen, kannte Droste das Repertoire literarischer Naturdarstellung zu gut, um nicht zu wissen, dass ›Landschaft‹ im Gedicht als Code funktioniert und in einer Zeit, die sich längst von einer *ut pictura poiesis*-Poetik verabschiedet hat, die bildlich vorstellbare Szenerie eines vom Gedicht hergestellten Reflexionsraums meint. Nicht zufällig wird demnach die Gruppe durch die allegorischen Kleinzyklen *Die Elemente* und *Der Säntis* gerahmt, in denen gerade der mehrfache Schriftsinn und die Dynamik der Bedeutungsübertragung zwischen Landschaft, Jahres- und Tageszeiten, Naturrhythmen und menschlicher Arbeit im Vordergrund stehen.

Die mehrfach veränderten Verzeichnisse für die Ausgabe von 1844 und die Gruppierung der Gedichte unter spezifischen Titeln verraten Drostes Kompositionswillen, durch eine kalkulierte Binnenstruktur der Abteilungen sinnstiftende Kontexte für das jeweilige Gedicht zu schaffen. Dieser innere Zusammenhalt auf Gruppen- oder Werkebene kann mehr oder weniger stark sein, immer jedoch wirken ihm Strategien der Diversifikation und Individualisierung entgegen. Auch in *Fels, Wald und See* fällt die große Formvarianz im Hinblick auf Strophenformen, -länge und Reimschemata auf. Allegorische und scheinbar realistische Darstellungsstile wechseln sich ab, zeitweise meldet sich ein lyrisches Ich zu Wort (*Am Thurme, Das öde Haus, Am Bodensee*), mal steht die Landschaft im Vordergrund, mal ein in sich selbst versunkenes (*Im Moose*) oder rebellisches (*Am Thurme*) Sprechersubjekt, es gibt narrationsähnliche (*Das öde Haus*) und als Apostrophe gestaltete Gedichte (*Der Säntis*). Standorte der Wahrnehmungs- und Sprecherinstanz werden thematisch: In *Die Schenke am See* und *Am Thurme* gerät eine Seelandschaft von einem hohen Überblickspunkt aus in den Blick; das »öde Haus« und das »alte Schloß« in den gleichnamigen Gedichten werden von einem Ich durchwandert, das sich auf Augenhöhe mit den verfallenden Gegenständen begibt, während das »im Moose« träumende Ich ganz unten ist, in die Mikrowelt der Grasnarbe eintaucht. Auf diese Weise wird mehr der jeweils unterschiedliche Wahrnehmungsakt als das jeweils Wahrgenommene betont und damit verdeutlicht, dass ›Landschaft‹ nichts dem Blick Vorgängiges, sondern von ihm Geschaffenes und immer bereits Gedeutetes ist, ebenso wie der Sprechakt des Gedichtes die Basis des in ihm Dargestellten ist. Vor diesem Hintergrund wird verständlich, dass in den ›Landschafts‹-Gedichten von *Fels, Wald und See* Zeit eine so große Rolle spielt. Tages- und Jahreszeiten (*Die Elemente, Der Säntis*) verändern den Anblick der Gegend. Schlösser und Hütten zerfallen, und mit ihnen verschwinden soziale Strukturen, Herrschaftsformen (*Das alte Schloß*) und die Lebensgeschichten kleiner Leute (*Das öde Haus*). Menschen altern und werden sich selbst und anderen fremd (*Die Schenke am See*), oder sie haben Teil an einer Traum- und Tiefenzeit (*Im Moose*). Die sich in der ersten Hälfte des 19. Jahrhunderts durchsetzende Erkenntnis, dass Wahrnehmung eine körperhafte Dimension hat und aufgrund dieser Qualität existenziell zeitgebunden ist (vgl. Crary 1996; → I.3.3.), prägt Drostes Dichtung (vgl. Blasberg/Grywatsch 2013) und hat zur Konsequenz, dass auch der Sprechakt, der das Gedicht formiert, unter dem Aspekt der Zeitlichkeit reflektiert wird. Darauf deuten die lebhaften Tempuswechsel in den Gedichten, die ihrerseits zerbrechende Ordnungen und vom Zerfallsprozess bedrohte Gegenstände thematisieren, und darauf weisen Begriffe wie »Romantik« (HKA I, 86, V. 34), die im Kontext von *Das alte Schloß* eine überlebte Gesellschaftsform und Literaturepoche konnotieren, der buchstäblich »Glieder und Genick« (HKA I, 86, V. 36) gebrochen werden.

Diese Beobachtungen sind aufschlussreich im Hinblick auf eine Gruppe, die Texte aus mehreren Jahrzehnten vereint, also selbst einen Zeitindex trägt. Im Vergleich mit der Abteilung *Gedichte vermischten Inhalts*, deren interne Ordnung und Abfolge von der Idee des Lebensbogens inspiriert ist, wodurch die letzten Gedichte *Abschied von der Jugend* (HKA I, 174f.) und *Was bleibt* (HKA I, 176f.) vor allem Evokationen der verlorenen Kindheit und Jugend sind, fällt auf, dass *Fels, Wald und See* die frühesten Gedichte ans Ende stellt. Damit öffnet sich die Gruppe zum Gesamtwerk hin. *Fragment* stellt die Verbindung zum Erzählgedicht *Das Hospiz auf dem großen St. Bernhard* (HKA III, 1–46) und der Ausgabe von 1838 her, während *Am Weiher* (HKA I, 90–92) intratextuelle Bezüge zu den Eingangsstrophen der *Schlacht* (→ II.4.4) und dem »Haidebild« *Der Weiher* (→ II.5.3.5.) aufruft. Auf diese Weise wird *Am Weiher* in eine Gedichtreihe aufgenommen, die scheinbar eine vollkommene Naturidylle inszeniert (vgl. Grywatsch 2014), hauptsächlich aber deren topischen, also auf eine lange Texttradition verweisenden Charakter aufzeigt. Angesichts eines »milde[n] Wintertag[s]« (HKA I, 90) kann das Ich die Naturidylle fruchtbar genießen und einen Sommertag am Weiher imaginieren, wobei dieser Transfer poetologische Relevanz hat, stellt doch das Ich explizit den Konstruktionscharakter als eigene Poesie heraus (»Sind stumm die Nachtigallen, / So sing' ich selbst ein Lied«, V. 27f.). Das kontrastierende, einen »harte[n] Wintertag« (HKA I, 91) inszenierende Gedicht stellt mit der Erinnerung an Jugendzeiten auf der Eisbahn das Thema unterschiedlicher Zeitebenen und der Vergänglichkeit in den Vordergrund, wobei der Weiher selbst, ob sonnenbeschienen oder verschneit, »Oase[ ]« (V. 43) und »freundlich Element« (V. 42) bleibt. Damit fasst *Am Weiher* die Aussagen vieler Gruppengedichte prägnant ins Bild und stellt dadurch, dass sich auf solche Weise Korrespondenzen zum poetologischen Gedicht *Am Thurme* auftun, den metapoetischen Impuls der ›Landschafts‹-Gedichte heraus.

Literatur

Kraft, Herbert: Annette von Droste-Hülshoffs *Haidebilder*. In: Literatur in Wissenschaft und Unterricht 21,1 (1988), S. 15–23.

5.4.2. Die Elemente
Urte Stobbe

Der vor dem 20. Juni 1834 (HKA I, 836) entstandene Zyklus *Die Elemente* (HKA I, 71–75) umfasst vier unterschiedlich lange Gedichte, bei denen eine Verschränkung der vier Elemente mit den vier Tageszeiten und den entsprechenden Gewerken angelegt ist, die bereits aus den Überschriften der Einzelgedichte hervortritt. So ist die Luft mit dem Morgen und dem Jäger, das Wasser mit dem Mittag und dem Fischer, die Erde mit dem Abend und dem Gärtner sowie das Feuer mit der Nacht und dem Hammerschmied verbunden. Der Gedichtzyklus greift damit auf ein Modell zur Ordnung des Kosmos bzw. der Natur zurück, das bis in die Antike zurückreicht und seitdem verschiedene Adaptionen und Modifikationen in unterschiedlichen Wissensgebieten und Künsten erfahren hat. Seit der Antike sind den Elementen bestimmte Naturerzeugnisse oder -erscheinungen zugeordnet, die auf die Gaben der Natur für den Menschen verweisen: »bei der Erde sind es Feldfrüchte, Blumen, Obst, Landtiere; beim Wasser Muscheln und Fische, bei der Luft Vögel, beim Feuer Blitze«; zudem repräsentieren spezifische Attribute das, was man »mit ihm [dem Element, U.S.] machen oder aus ihm herstellen kann, und schließlich auch die Werkzeuge, mit denen dies geschieht« (Böhme/Böhme 1996, 262).

Der Erde ist folglich das Mauerwerk oder ein Pflug zugeordnet, dem Wasser das Schiff oder die Kanne; Luft wird mit einem wehenden Schleier, einem geblähten Segeltuch oder Musikinstrumenten verbunden und dem Feuer sind Schmiedewerkzeuge zugeordnet und das, was man dort herstellen kann.

In Drostes Gedichtzyklus wird nur zurückhaltend auf diese antiken Attribute und Zuordnungen rekurriert, z. B. indem im Gedicht *Erde* von Blumen die Rede ist oder das Feuer im gleichnamigen Gedicht wie ein Blitz zuckt. Doch findet sich in Bezug auf die *Luft* kein Hinweis auf die Vögel als Früchte des Himmels, in Bezug auf die *Erde* bleiben Feldfrüchte unerwähnt, ebenso wie beim *Wasser* weder Muscheln noch Fische als die für dieses Element typischen Nahrungsmittel für den Menschen genannt werden. Statt bei diesen drei Elementen die ihnen zugeordneten Naturalien als Gaben der Natur zu zeigen, sind es bei Droste die Elemente selbst, zu denen der Mensch in ein jeweils unterschiedliches Verhältnis tritt. Im Gedicht *Luft* empfindet der Jäger in den Berghöhen nicht nur eine tiefe Verbundenheit mit dem alten Stein, dem Berg Chimborazo, sondern auch mit dem ihn umgebenden Element Luft (V. 24). Beim Gedicht *Wasser* fühlt sich der Fischer einerseits getragen von den Wellen, andererseits verspürt er eine große Nähe zum Element Wasser im Bewusstsein dessen, dass sich auch sein Blut aus dem Wasser speist (V. 57). In *Erde* wird das umsorgende Naturverhältnis in den Vordergrund gerückt, indem der Gärtner die Erde bittet, die Pflanzen gut zu versorgen und marienartig während der Nacht zu behüten (V. 89–94). Im vierten Gedicht *Feuer* ist das entsprechende Element mit christlichen Teufelsvorstellungen überblendet und folglich die potentiell aggressive Kraft dieses Elements in den Vordergrund gerückt.

Die Elemente treten also in Drostes gleichnamigem Gedichtzyklus als der »Grundstoff, Urstoff« bzw. die »(Natur-)Kraft« in Erscheinung und damit genau als das, was ›Element‹ dem Wortsinn nach bedeutet (Leitner 2009, 16). Der Mensch wird in Drostes Gedichtzyklus von den vier Elementen mal geistig beflügelt (Luft), mal getragen und genährt (Wasser), mal unterstützt in der Sorge um die Pflanzen (Erde) oder aber in seiner Existenz und Stellung als Mensch bedroht (Feuer). Zudem klingen verschiedene Kulturstufen an, denn der Weg führt vom unbehaust umherschweifenden Jäger hin zu demjenigen, der in seiner Schmiede das Feuer hegt oder zumindest zu bändigen versucht.

Droste vollzieht mit dieser Darstellung eine »Refaktur« (Liebrand 2008, 18) der antiken Vorstellungen von den vier Elementen. Gleichzeitig überschreibt sie die typischen Tätigkeiten, die den einzelnen Gewerken im Umgang mit Natur insbesondere in allegorischen Darstellungen der vier Elemente in der Frühen Neuzeit verbunden sind. Dort wurden die vier Elemente häufig durch Handwerke repräsentiert: Feuer ist mit der Bäckerei und mit der Artillerie verbunden, Wasser mit der Fischerei, Luft mit der Vogeljagd insbesondere der Falknerei und Erde mit Agrikultur im weitesten Sinn, also Ackerbau, Viehzucht und Gärtnerei (vgl. Böhme/Böhme 1996, 263). Mustergültig zeigt sich das in Claes Jansz Clocks Kupferstichfolge (1597; vgl. Weydt 1982, 57f.) oder in einem Tageszeitenzyklus in Georg Philipp Harsdörffers Lehrsammlung *Poetischer Trichter* (Bd. 2, 1648; vgl. Häntzschel 1968, 99f.). Im Vergleich dazu treten in Drostes Gedichtzyklus Unterschiede hervor. Zwar zeigen sich ähnliche allegorische Züge, doch ist insbesondere die Darstellung des Feuers christlich-allegorisch mit Teufelsvorstellungen überblendet (Häntzschel 1968, 99–108). Die vier Putti im Garten des Rüschhauses, die wiederholt als Vorlage gedeutet worden sind (vgl. Riehemann 1898; Heselhaus 1971, 99), sind als Inspirationsquelle ebenfalls zu vernachlässigen, da sonst z. B. beim Element Feuer der Salamander oder bei der Erde ein Hase hätte im Gedichtzyklus Erwähnung finden müssen; ein Verweis auf die bei den Putti dargestellten Tiere findet sich bei Droste indes nicht. Stattdessen stehen die Elemente selbst viel stärker im Vordergrund. Folglich rekurriert sie insgesamt nur partiell auf die traditionellen Elemente-Darstellungen; ihr Zugriff auf diese Überlieferung erfolgt stattdessen aus einer spezifischen Perspektive, die für den Ecocriticism von Interesse ist.

Im Ecocriticism wird danach gefragt, »wie das Natürliche definiert und der Zusammenhang zwischen Menschen und Umwelt charakterisiert wird und welche Wertvorstellungen und kulturellen Funktionen der Natur zugeordnet werden« (Heise 2008, 146; vgl. Dürbeck/Stobbe 2015). Bei Droste fehlt der Aspekt der Nutzbarmachung der Natur. Der Jäger verfolgt im ersten Gedicht eine Gams, aber er erschießt sie nicht; der Fischer befindet sich im zweiten Gedicht zwar in einem Boot, doch hält er dort Mittagsruhe, anstatt zu fischen; im dritten Gedicht hegt der Gärtner seine Pflanzen, ohne indes Früchte zu ernten und dem Schmied gelingt es schließlich nicht, das Feuer zu bändigen und nutzbar zu machen. Ebenfalls wird bei den ersten drei Gedichten auf eine Erwähnung der potenziellen Gefahren verzichtet, die von den einzelnen Elementen ausgehen können: Wasser kann Überschwemmungen verursachen, Luft kann in Form von Stürmen zerstörerisch sein und die Erde kann bei Erdbeben tödliche Folgen haben. Nur beim Gedicht *Feuer* wird die von diesem Element ausgehende Gefahr für den Menschen in den Fokus gestellt. Während in den ersten drei Gedichten der Mensch zu den Elementen spricht, verkehrt sich hier das Verhältnis, indem das Feuer in direkter Du-Ansprache den Menschen bedroht und ihn in seiner Stellung in der Natur degradiert (»Du ruchlos Menschenthier«, V. 129). Dass das vierte Gedicht gerade mit dieser Einschätzung endet, steht im Kontrast zu der Art und Weise, wie zuvor Jäger, Fischer und Gärtner agiert haben. Darin zeigt sich eine im christlichen wie übertragenen Sinn verstandene, unüberwindbare Heillosigkeit des Verhältnisses des Menschen zur Natur. Der Zorn des wiederholt unterdrückten Elements Feuer ist übermächtig und bleibt bestehen, obgleich sich in anderen Bereichen eine friedliche Koexistenz zwischen Mensch und Elementen zeigt.

Dieser Schluss bricht mit der für Gedichtzyklen typischen Struktur der inneren Verknüpfung der einzelnen Teilgedichte untereinander, bei der das Grundthema »in seinen verschiedenen Aspekten und Perspektiven ›kreisförmig‹ abgeschritten wird, um am Ende auf einer höheren Sinnebene den Anfang wieder aufzunehmen« (Henckmann 2007, 844). Mit diesem Schlussvers ist eine kreis- oder spiralförmige Wiederholung unterbrochen; eine Rückkehr zum Anfang bzw. ein wiedereinsetzender Beginn ist kaum denkbar. Der Eindruck einer inneren Geschlossenheit, den die zyklische Grundstruktur zunächst suggeriert, wird auch dadurch konterkariert, dass sich die einzelnen Gedichte hinsichtlich Länge, Strophenstruktur, Reimschema und Versmaß unterscheiden. Im ersten Gedicht *Luft* spiegelt sich die frische Morgenstimmung im vierhebigen Trochäus als ein »lebhaft-bewegte[r] Rhythmus« (Häntzschel 1968, 103). Mit einer Du-Ansprache wird zur Wahrnehmung der Luft mit allen Sinnen aufgefordert; das Hören und Fühlen steht im Vordergrund. Das Gedicht *Wasser* greift die Strophenstruktur des vorangegangenen Gedichts modifizierend auf, lässt der morgendlichen Aufbruchsstimmung jedoch eine allumfassende Mittagsruhe folgen. Dass der erste Vers abrupt nach zwei bzw. drei Hebungen abbricht (»Alles still ringsum –«, V. 25), verleiht der Ruhe sprechenden Ausdruck. Mit »Natur schläft – ihr Odem steht« (V. 31) wird eine inhaltliche Verbindung zum vorherigen Element Luft hergestellt, wie auch die Stille durch den Hebungsprall bei »Natur schläft« metrisch vergegenwärtigt wird. Der Fischer wird in der zweiten, mit 25 Versen längsten Strophe analog zur Natur im Zustand des Ruhens gezeigt. In seiner Vorstellung durchströmt das Wasser den Leib der Erde. Dies wird wiederum im darauffolgenden Gedicht *Erde* aufgegriffen, indem sich in der Abenddämmerung überall Tau auf den Blättern abgelagert hat, den der Gärtner vorsichtig abstreift.

Im Kontrast dazu steht das letzte Gedicht *Feuer*, das die »eigentümlich dämonische[n] Züge« (Häntzschel 1968, 105) im Zusammenhang mit dem Element Feuer hervortreten lässt. Die repetitive Betonung der Dunkelheit, der Vergleich der Wolken mit Riesen, die Dominanz von schwarzen bzw. grauen Erscheinungen und das unregelmäßige Versmaß mit Hebungsprall in »[s]onst Alles Nacht – Nacht – nur Nacht« (V. 102) evozieren eine unheimliche Stimmung. Das Aufleuchten des Feuers wird sprachlich und metrisch durch Reihungen und ein gleichsam zuckendes Versmaß vergegenwärtigt (V. 105 f.; Häntzschel 1968, 106). In den letzten beiden Strophen wird das Feuer als kaum beherrschbares Element dargestellt, während der Hammerschmied vom äußeren Erscheinungsbild an den Tod erinnert und mit Hinterhältigkeit assoziiert ist (V. 112 f.). Das Element muss sich als »gefang'ne Macht« (V. 116) beugen, was jedoch zu »Wuth« (V. 118) und einer »wilde[n] hartbezähmte[n] Glut« (V. 117) führt. Es reckt »tückisch« (V. 120) seine »rothe Kralle« (V. 121) und bebt »vor verhaltnem Grimme« (V. 123). Erstmals spricht hier das Element selbst und erhebt offen Widerspruch gegen seine Behandlung seitens des Menschen (V. 124–129).

Bisherige Deutungen haben diesen Bruch entweder gar nicht berücksichtigt, indem die Temperamente-Lehre in dem Zyklus vergegenwärtigt gesehen wird. Demnach wäre ›sanguis‹ dem Element Luft, ›phlegma‹ dem Wasser, ›melancholia‹ der Erde und schließlich ›cholera‹ dem Feuer zuzuordnen (vgl. Weydt 1982, 60). Oder aber der Bruch mit dem Idyllischen wird zwar konstatiert, aber ausschließlich sozialgeschichtlich gedeutet. Demnach diene der Zyklus der »Bewahrung des Bestehenden«, da das Feuer nicht mehr als Metapher der Revolution seine volle Kraft entfalten könne und »das Ständesystem durch die

Elemente erklärbar« und gefestigt bleibe (Binek 1998, 50, 51). Bildsprachlich betrachtet ist im vierten Gedicht eine »Spannung von dämonisch-mythischer und christlich-allegorischer Darstellung« zu verzeichnen, bei der »die Elemente sich ihrerseits den Menschen untertan machen und über ihn triumphieren« (Häntzschel 1968, 108).

Richtungsweisend für die Interpretation ist eine in einer Notiz überlieferte Selbstaussage Drostes: »NB ich muß ein Gedicht auf die 4 Elemente machen, wie sie dem ⟨*im Ms. gestrichen:* Bergmann⟩, ⟨*später hinzugefügt:* Gärtner⟩, Fischer, Jäger und Schmiedt erscheinen« (HKA I, 836). Das ästhetische Verfahren sieht demnach eine Perspektivierung des Blicks auf die vier Elemente durch die Wahrnehmung der vier Figuren vor. Die männlichen Figuren agieren nicht wie in den vergleichbaren Darstellungen beherrschend, tötend, jagend, umformend-gestalterisch im Umgang mit der Natur, sondern das Mensch-Natur-Verhältnis ist hier als eines gezeichnet, das auf eine Einverleibung und Eins-Werdung mit den Elementen zielt, bis das Feuer unmissverständlich den Menschen in seine Schranken verweist.

Der für die Gedichtausgabe von 1838 ausgeschiedene Text wurde zuerst 1841, auf Vermittlung Adele Schopenhauers, in Louise von Marezolls *Frauen-Spiegel* veröffentlicht. In Drostes Gedichtausgabe von 1844 steht der Zyklus an erster Stelle der Abteilung *Fels, Wald und See*. Indem der Gedichtzyklus die Gruppe von Naturgedichten eröffnet, kann er als ein Versuch gewertet werden, das Verhältnis des Menschen zur Natur neu zu bestimmen, wenn nicht zu verkehren. Ähnliches ist z. B. in *Der Weiher* (→ II.5.3.5.), einem weiteren Gedichtzyklus Drostes, zu beobachten: Auch hier »kehrt sich der Blick um vom Menschen auf die Natur zu einem Blick von der Natur auf den Menschen« und zeigt sich eine »tiefgreifende Entfremdung beider Sphären« (Grywatsch 2014, 90, 91). Der Gedichtzyklus *Die Elemente* ist getragen von dem Wunsch nach Veränderung und einer kulturellen Umcodierung, indem die Natur ihr eigenes Recht behauptet und im Falle des Feuers sogar zu einem Aggressor wird. Und doch entwirft der Gedichtzyklus auch die Utopie eines auf friedliche Koexistenz ausgerichteten Mensch-Natur-Verhältnisses.

Literatur

Binek, Melanie: Eine Ordnung ›zusammengebaut‹. *Die Elemente* von Annette von Droste-Hülshoff im Vergleich mit Harsdörffers Tageszeiten-Zyklus. In: Gert Vonhoff (Hg.): Naturlyrik. Über Zyklen und Sequenzen im Werk von Annette von Droste-Hülshoff, Uhland, Lenau und Heine. Frankfurt/M. u. a. 1998, S. 39–55.

Böhme, Gernot/Böhme, Hartmut: Feuer, Wasser, Erde, Luft. Eine Kulturgeschichte der Elemente. München 1996.

Dürbeck, Gabriele/Stobbe, Urte (Hg.): Ecocriticism. Eine Einführung. Köln u. a. 2015.

Grywatsch, Jochen: Fragile Idylle und implizite Poetologie [zu: *Der Weiher*]. In: Claudia Liebrand/Thomas Wortmann (Hg.): Interpretationen. Gedichte von Annette von Droste-Hülshoff. Stuttgart 2014, S. 79–92.

Häntzschel, Günter: Tradition und Originalität. Allegorische Darstellung im Werk Annette von Droste-Hülshoffs. Stuttgart u. a. 1968.

Heise, Ursula: Ecocriticism/Ökokritik. In: Ansgar Nünning (Hg.): Metzler Lexikon Literatur- und Kulturtheorie. Ansätze – Personen – Grundbegriffe. 4., akt. u. erw. Aufl. Stuttgart, Weimar 2008, S. 146 f.
Henckmann, Gisela: Art. Zyklus. In: Dieter Burdorf/Christoph Fasbender/Burkhard Moennighoff (Hg.): Metzler Lexikon Literatur. Begriffe und Definitionen. 3., völlig neu bearb. Aufl. Stuttgart, Weimar 2007, S. 844 f.
Heselhaus, Clemens: Annette von Droste-Hülshoff. Werk und Leben. Düsseldorf 1971.
Leitner, Anton G.: Vorwort. In: Anton G. Leitner: Feuer, Wasser, Luft und Erde. Die Poesie der Elemente. Stuttgart 2009, S. 15–21.
Liebrand, Claudia: Kreative Refakturen. Annette von Droste-Hülshoffs Texte. Freiburg/Br. u. a. 2008.
Weydt, Günther: Annette von Drostes Zyklus *Die Elemente* und sein barocker Ursprung. In: Beiträge zur Droste Forschung 5 (1982), S. 55–61.

5.4.3. Die Schenke am See
Cornelia Blasberg/Jochen Grywatsch

Das Gedicht (HKA I, 76 f.) entstand während des ersten Meersburger Aufenthalts zwischen September 1841 und Februar 1842; es wird unter dem ursprünglichen Titel *Das Glaserhäuschen* bereits im Gedichtverzeichnis V^1 geführt (HKA I, 859). Im Verzeichnis V^3, im Sommer 1843, ordnete Droste das Gedicht in die Rubrik *Landschaftsbilder* ein (HKA I, 552); in V^5 vom Januar 1844 erhielt es unter dem Titel *Die Schenke am See* seinen endgültigen Platz in dieser, nun mit dem Titel *Fels, Wald und See* überschriebenen Gruppe zwischen *Die Elemente* und *Am Thurme* (vgl. HKA I, 568). Während das Arbeitsmanuskript die später hinzugefügte Widmung »an S.« enthält, die Levin Schücking auf sich bezog (HKA I, 859), gab Droste ihm im Februar 1842 eine Reinschrift unter dem Autor-Pseudonym »L. Frhr. von Wyck« (Lehnsherren des Rüschhauses von 1378 bis 1729, vgl. HKA I, 865) und mit dem veränderten Zusatz »An Eugen M.« für einen Vorabdruck in Cottas *Morgenblatt für gebildete Leser* mit. Schücking, mit der veränderten Widmung zunächst nicht einverstanden (Plachta 1995, 140), sandte das Gedicht erst später ab, so dass das *Morgenblatt* die »Eugen M.« zugedachte *Schenke am See* im Februar 1843 mit der von Schücking korrigierten korrekten Autornennung veröffentlichte (vgl. HKA X, 40 f.; entsprechend hieß es dort in V. 39 »Eugen«, vgl. HKA I, 862). Für die Ausgabe von 1844 wählte Droste den Zusatz »An Levin«, den Schücking durch ein »S.« erweiterte (vgl. HKA I, 860). Offenbar war Droste die rhetorische Geste der Ansprache, die das Gedicht von Anfang bis Ende prägt, wichtiger als die konkrete Adressierung. *Die Schenke am See* ist ein Gelegenheitsgedicht, das in Goethes Tradition auf die Verankerung der Poesie in der zeitgenössischen Wirklichkeit zielt sowie eine kunstvolle Spannung zwischen der Verpflichtung der Dichtung auf die Zeitlichkeit des Lebens einerseits, die ästhetische Autonomie andererseits erzeugt (→VI. 9.).

Eingedenk des mit Schücking auf der Meersburg verbrachten Winters ist Drostes Gedicht indes immer wieder als Freundschaftsgabe für Schücking und realistische Erinnerung an gemeinsame Spaziergänge gelesen worden (Plachta 1995; Heselhaus 1971). In dieser Perspektive wird die »Schenke« mit dem hoch über dem See gelegenen und nach einem Vorbesitzer so genannten ›Glaserhäuschen‹ identifiziert, die von dem kleinwüchsigen Wirt Johann Baptist Figel (1776–1858) betrieben wurde und von der aus man einen Rundblick über die Appenzeller Alpen und den Säntis genießen konnte (vgl. HKA I, 859, 863 f.). Die nahe »Burg«, ein »heimisches Gemäuer« (V. 34) voller »Träume«, »Mähr[en]« und »Abentheuer« (V. 35 f.), ruft entsprechend das Bild der Meersburg mit Laßbergs Archiv kostbarer mittelalterlicher Handschriften auf. Das Grübeln über »dunkler Thaten Reste« (V. 38) kann man auf Schückings Roman *Das Stifts-Fräulein* (1843) beziehen, an dem Droste mitwirkte und der 1846 unter dem Titel *Eine dunkle That* neu erschien. Denkt man das alles mit, entfaltet das Gedicht Szenen einer Begegnung zwischen ›Ich‹ (Droste) und ›Du‹ (Schücking), die das Ziel haben, einen besonderen Moment aus dem Zeitfluss heraus zu heben, ihn im Medium der Poesie zu bewahren und zugleich die schwebende Ambivalenz der dargestellten Beziehung zu erkunden. Zugrunde liegt dieser lyrischen Vergegenwärtigung ein Kompositionsmuster, das sich von Anfang bis Ende über die paradigmatischen Gegensätze wie alt und jung, nah und fern, erhaben und komisch, optimistisch und pessimistisch, heiter und melancholisch definiert und diese im Syntagma zusammenführt. So hat das »Ineinanderspielen von Heiterkeit und Trauer« (Crichton 1973, 47) auch als Leitfaden für die Interpretation gedient. Dazu passt, dass *Die Schenke am See* aus sieben achtzeiligen, kreuzgereimten Strophen (ababcdcd) besteht, die ihrerseits je zwei Quartette enthalten. Während Satz- und Sinneinheiten die Quartettgrenzen überspringen, also Verbindung stiften, unterstreichen Reim und Metrum den Wechsel. Die ersten vier Verse jeder Strophe sind mit Auftakt trochäisch, die folgenden jambisch. Auf formaler Ebene realisiert das Gedicht mithin jenen »neckischen Contrast« (V. 5), den die erste Strophe inhaltlich zwischen der imposanten Bergwelt und dem verschmitzten »Wurzelmännchen«-Wirt (V. 6) aufbaut. Überhaupt arbeitet die lyrische Choreographie mit der Idee spielerischer Annäherung gegensätzlicher Attribute und Positionen: Reicher Herbst und karger Winter treffen sich im evozierten Spätnachmittag (V. 15 f.). Wenngleich sich das ›Ich‹ im Vergleich zum »junge[n] Blut« (V. 17) des ›Du‹ alt, im Zeichen der »Neige« (V. 19) stehend fühlt, obwohl beide mitunter in andere Richtungen schauen (V. 37–40) und die Bewegungen der Taucherente unterschiedlich interpretieren (V. 43 f.), lässt die vierte Strophe, die mittlere des Gedichts, ihre Wahrnehmungen kurzfristig übereinstimmen, während gleichzeitig auch die Gegensätzlichkeit von Nähe und Ferne ganz aufgehoben scheint. Doch mit der Strophe fünf, die mit dem Ausruf »Trink aus!« (V. 33) zum Aufbruch ruft, ist die Illusion der Übereinstimmung der Sphären abrupt aufgehoben, wenn realisiert wird, dass die täuschend nah liegenden Berge in Wirklichkeit »Stundenweit« (V. 33) entfernt sind. Damit wird auch deutlich, dass das die Spannungen klar erkennende, aber eben illusionsbereite ›Ich‹ vergeblich auf Harmonie mit dem ›Du‹ gehofft hat. So gesehen, reflektieren die Wirtshausszenen eine im Grunde tragische Situation zwischen den Protagonisten, während Anfangs- und Schlussstrophen durch den Auftritt des lustigen Wirts komödienhafte Züge tragen und darauf aufmerksam machen, dass es dem lyrischen ›Ich‹, dem nicht nur melancholischen, sondern durchaus selbstbewussten Gestalter des Arrangements, auf eine ironische, an die Gedichte der *Scherz und Ernst*-Gruppe (→ II.5.6.1.) erinnernde Relativierung des Dargestellten ankommt. Damit wird die Aufmerksamkeit auf die metapoetischen Qualitäten des Gedichts gelenkt.

Aus diesem Blickwinkel erkennt man, welches Irritationspotential die sich beim ersten Lesen in den Vordergrund drängende Erlebnisfiktion mitführt. Sie besitzt virtuell eine narrative Grundstruktur, indem sie suggeriert, dass ein Paar in die Gaststätte einkehrt, Trauben verlangt, über den See schaut, sich unterhält und schließlich den Heimweg antritt. Solche Erzählmuster sind in Drostes Gelegenheitsgedichten nicht selten (vgl. *Clemens von Droste, Die Taxuswand*, → II.5.5.14.; *Der Traum* und *Locke und Lied*, → II.5.5.9.), in der Regel aber mit dem Imperfekt verbunden, denn ihnen ist es um das Festhalten von Erinnerung in einer (später auf das Erlebnis folgenden) Schreibsituation zu tun. Das Präsens im Text könnte darauf deuten, dass das Erlebnis szenisch vergegenwärtigt werden soll, doch fehlen fast alle dramatischen Elemente. Weder handeln die Personen noch führen sie Dialoge. Ihre Zwiesprache findet bezeichnenderweise allein im Kopf des lyrischen Ichs statt, das »Levin[s]« vier geflüsterte Worte indirekt wiedergibt (V. 47) und nur dem Wirt zum Schluss eine Zeile direkter Rede gestattet (V. 55). Präsentisch wird das Gedicht durch die deiktischen Sprachgesten des lyrischen Ichs und seine zahlreichen Imperative: »Sitz nieder« (V. 9), »O sieh« (V. 11), »Schau her« (V. 20), »Trink aus!« (V. 33), »Brich auf!« (V. 53), unter die sich eine Frage mischt, »Hörst Du« (V. 25). Das ›Erlebnis‹ und das angesprochene ›Du‹ scheinen geradezu aus diesen machtvollen Kommandos zu entstehen.

Zur Besonderheit des Ich gehört, dass es selbst aus Gegensätzen besteht und diese im Gedicht dialektisch entfaltet: Als Schreibendes verfügt es über die fabelhafte Kraft, eine ganze Welt inklusive Gasthaus, »Wurzelmännchen« (V. 6) und ›Du‹ aus Worten entstehen zu lassen. Gleichzeitig verfügt es über die Einsicht, dass diese Macht die in der Erlebnisfiktion offenbarte Schwäche und Resignation nur kompensiert. Auf die Spur dieser komplexen ›Ich‹-Figur gelangt man über das in der Gruppe *Fels, Wald und See* direkt folgende, im selben Zeitraum entstandene Gedicht *Am Thurme*, das den Burgturm als Ort der dichterischen Kreativität auszeichnet (Bianchi 1993, 29). Auch in *Die Schenke am See* erscheint die Burg als Archiv uralter »Träume« und »seltsame[r] Mähr[en]« (V. 35f.). In ihren Bann gerät das ›Ich‹ in den »schwer und grau« (V. 37) wirkenden Räumen und versinkt in Gedanken. Ihm »ziemt es« (V. 37) zu grübeln, wobei ›ziemen‹ »sich gehören im sinne einer inneren oder äuszeren übereinstimmung« meint (Grimm 1986, Bd. 31, Sp. 1103), also die Doppelbedeutung von ›sich an Normen und Zwänge anpassen‹ und ›eine eigene Lebenshaltung kultivieren‹ trägt. Wie in *Am Thurme* (HKA I, 78) das

Sitzen – »Nun muß ich sitzen so fein und klar / Gleich einem artigen Kinde« (V. 29f.) – kann das Grübeln in *Die Schenke am See* demnach Schwäche und Zwang, zugleich aber Selbstbestimmung und Stärke signalisieren. Auf diese Weise erkennt man drei einander überlagernde Bedeutungsschichten im Gedicht: Auf der Ebene der Erlebnisfiktion wird das ambivalente Verhältnis zwischen ›Ich‹ und ›Du‹ dargestellt, das sich auf den zweiten Blick als Hinweis auf die Gespaltenheit und Ambiguität des ›Ich‹ selber erweist. Dieses wiederum stellt im Rahmen einer kreativen, Welt aus Worten schaffenden und doch mit starken Realitätseffekten ausgestatteten Schreibszene die grundlegende (meta-)literarische Frage nach dem Status der Poesie.

Besonders erhellend dafür ist die Doppelstruktur des Imperativs »O sieh« (V. 11) in der zweiten Strophe. Er richtet sich einerseits an das ›Du‹, das eine Kristallschale mit Weintrauben anschauen soll, verwickelt indes gleichzeitig den Leser in einen hermeneutischen Diskurs, der die ›reale‹ Szene als Anschauungsseite symbolischer Deutungsarbeit ausweist. Die sechs Zeilen (V. 11–16) sind prall gefüllt mit Bildungsassoziationen: So wandelt sich der Wirtshaustisch zur Staffage eines barocken Vanitas-Stilllebens, in dem der zerbrechliche Kristall Allegorie der Vergänglichkeit aller irdischen Kostbarkeiten ist, die Trauben ihrerseits auf Fruchtbarkeit, Fülle und Reichtum des Lebens verweisen. Dies steht im Einklang mit der antiken Tradition, die Wein mit dem Halbgott Dionysos assoziiert, der wiederum in der abendländischen Kulturgeschichte als Gott des Rausches, der maßlosen Verausgabung, des Wahnsinns und der künstlerischen Produktivität gilt. Andererseits deutet die »verletzte Beere« (V. 11), als »[b]lutige Thräne[ ]« (V. 12) apostrophiert, im christlichen Kontext auf Jesus, der sich selbst einem Weinstock verglich (Joh 15,1), in der Ikonographie der »Traubenmadonna« (z.B. bei Lucas Cranach d. Ä.) als Kind gezeigt wird, das Maria eine Weintraube darbietet, und der den Kreuzestod stirbt (Wiedner 2008, 390f.). Wie die Traube in der Kelter zerfleischt wird, opfert der christliche Märtyrer seinen Körper unter der Folter. In der metaphorischen Reihe, die der Text aufbaut, folgen auf die Weinbeeren die »[b]lutige[n] Thränen« (V. 12), auf diese die »Rubine« (V. 14), im Volksmund ›Blut der Erde‹ genannt, in der europäischen Geschichte als Edelsteine für Kaiser- und Königskronen auserkoren, um den Herrscher mit der Erinnerung an die Passion Christi Demut zu lehren. Das lyrische ›Ich‹ entfaltet mit nur wenigen Worten ein schier unendliches, zutiefst ambivalentes Bedeutungspanorama, an dessen einem Pol die Fülle des Lebens und der künstlerischen Inspiration aufscheint, während am anderen Pol Vergänglichkeit, Schmerz und Trauer zu finden sind. Dadurch, dass die dritte und vierte Strophe Wahrnehmungstäuschungen thematisieren, wie sie ›typisch‹ für Drostes Dichtung sind (vgl. *Der Schloßelf, Der Graue, Der Knabe im Moor, Im Grase, Schloß Berg* u.a., → I.3.3.; → VI.6.), lässt sich die Demonstration poetischer Meisterschaft in den Zeilen davor der Dichterin zurechnen, was gänzlich ohne Hochmut geschieht, da von Anfang an der Preis genannt wird, der dafür bezahlt werden muss. Genau in diesem Sinn kann man *Die Schenke am See* als kunstvolles, nämlich metapoetisches Gelegenheitsgedicht bezeichnen (→ VI.9.). Dazu steht die Lesart, *Die Schenke* sei ein Freundschaftsgedicht für Levin Schücking (Plachta 1995; Heselhaus 1971), nicht im Widerspruch. Das ›Du‹ fungiert als Ansprechpartner, der zur Teilhabe am komplexen Metaphernspiel aufgefordert wird, sich aber als mäßig begabt erweist (»Das sind dir Hieroglyphen, junges Blut«, V. 17) und erst im eher schlichten, angeleiteten (»recht wie ein Lebenslauf«, V. 45) Ausdeuten des Taucherenten-Bildes wieder ins Spiel kommt.

Literatur

Bianchi, Bruna: Verhinderte Überschreitung. Phänomenologie der »Grenze« in der Lyrik der Annette von Droste-Hülshoff. In: Ortrun Niethammer/Claudia Belemann (Hg.): Ein Gitter aus Musik und Sprache. Feministische Analysen zu Annette von Droste-Hülshoff. Paderborn u. a. 1993, S. 17–34.
Crichton, Mary C.: Heiterkeit und Schatten der Tragik. Gedanken zum Droste-Gedicht *Die Schenke am See*. In: Luanne T. Frank/Emery E. George (Hg.): Husbanding the Golden Grain. Studies in Honor of Henry W. Nordmeyer. Ann Arbor 1973, S. 46–63.
Plachta, Bodo: »1000 Schritte von meinem Canapee«. Der Aufbruch Annette von Droste-Hülshoffs in die Literatur. Bielefeld 1995.
Wiedner, Saskia: Art. Traube. In: Günter Butzer/Joachim Jakob (Hg.): Metzler Lexikon literarischer Symbole. Stuttgart, Weimar 2008, S. 390 f.

5.4.4. Am Thurme
Cornelia Blasberg

Das Gedicht (HKA I, 78) ist in der kreativen Arbeitsatmosphäre des Winters 1841/42 auf der Meersburg entstanden (HKA I, 866). In der Literaturgeschichte wird diese Produktivitätsphase in der mythisierenden Stilisierung von Schückings Memoiren überliefert: »[Sie] bot [...] mir eine Wette an, und stieg dann gleich in ihren Thurm hinauf, um sofort an's Werk zu gehen« (Schücking 1862, 144). Förderlich wirkten zweifellos die Möglichkeit zu kontinuierlicher poetischer Arbeit und zu unmittelbarer Kritik des Geschriebenen sowie die Aussicht auf schnelle Veröffentlichung dank Schückings Kontakten zum Cotta-Verlag (→ I.1.1.; → I.3.2.). Bereits im August 1842, nur drei Monate nach der *Judenbuche*, konnte *Am Thurme* im *Morgenblatt für gebildete Leser* erscheinen (HKA XIV, 15). In der Ausgabe von 1844 wurde das Gedicht mit *Der Säntis, Die Schenke am See* u. a. erst kurz vor Absendung des Manuskriptes in die Abteilung *Fels, Wald und See* eingeordnet (HKA I, 568, 831 f.), während es vorher der Rubrik »Vermischte Gedichte« (HKA I, 551) zugehörte.

Vor diesem Hintergrund wurde *Am Thurme* biographisch interpretiert (HKA I, 870) und als poetische Entsprechung zu Drostes brieflichen Darstellungen ihres abgelegenen Zimmers im nordöstlichen Turm der Meersburg (HKA IX, 256) gelesen. Die geographische Lokalisierung des im Gedicht genannten Turms muss sich indes nicht nur gegen die Tatsache durchsetzen, dass Bodensee-untypisch von »Wallroß« (V. 16), »korallene[m] Wald« (V. 15) und »brandende[m] Riff« (V. 23) die Rede ist (vgl. Schellenberger-Diederich 2004), sondern ignoriert auch die Abstraktheit der Situationsschilderung: Zwar steht das lyrische Ich anfangs auf »hohem Balkone am Thurm« (V. 1), viel ausführlicher werden jedoch seine Wahrnehmungen, Wünsche und Verzichtsleistungen zur Sprache gebracht. Von der ersten Strophe an dominiert die innere die äußere Welt. In der Abteilung *Gedichte vermischten Inhalts* hätte *Am Thurme* mit *Die Bank, Meine Sträuße, Die Taxuswand* u. a. zusammengestanden. Diese Umgebung hätte nahegelegt, die evozierten Landschaftsrequisiten als lyrische Topoi oder Erinnerungsbilder zu lesen und sie poetologisch zu deuten. So gesehen, gewinnt Bianchis verallgemeinernde These, der »Thurm« sei der »spezifische Ort der Poesie« (Bianchi 1993, 29), große Überzeugungskraft.

Am Thurme ist in vier Strophen zu je acht Zeilen gegliedert. Auffallend ist der starke Kontrast zwischen der dargestellten ekstatischen Grenzüberschreitung und der Strenge lyrischer Form. Das auftaktige daktylische Metrum wird nur selten gebrochen, im Kreuzreim wechseln weibliche und männliche Endungen. Wörter am Zeilenbeginn wiederholen sich (»Und«: V. 3, 7, 9, 12, 15, 17, 23, 31, 32; »O«: V. 5, 13, 21; »Wär ich«: V. 25, 27) innerhalb der Strophen und über deren Grenzen hinweg und sorgen gemeinsam mit dem Reim dafür, dass ein Sprachraum voller Gleichklänge und grammatischer Homologien entsteht, gegen den sich der lineare Lesefluss nur schwer durchsetzen kann. Alle Strophen sind durch Punkt oder Semikolon in jeweils zwei Aussagefelder geteilt, die ihrerseits Verbindungen über die Strophengrenzen hinweg miteinander eingehen. So setzt die erste Strophe ein Ich in Szene, das mit dem Wind wie mit einem Liebespartner ringt, woran die zweite mit dem Wunsch anknüpft, das Ich könne in die Wellen springen und Walrösser jagen. Die dritte Strophe führt den Bildbereich des wildbewegten Wassers weiter, während das Ich seine Rolle wechselt: Nun träumt es sich in die Figur eines Steuermanns hinein, der sein Schiff durch den Sturm zu lenken versucht. Die vierte Strophe ersetzt das Wunschbild des Matrosen durch das eines »Jäger[s]« (V. 25), wählt aber als Verbmodus bereits den Konjunktiv II. Indiziert der optionale Verbmodus (»möcht' ich«, V. 13, 21) die Energie eines heftigen Wunsches, so gibt der Irrealis der vierten Strophe zu erkennen, dass sich das Ich der phantasmatischen Qualität seiner Wünsche immer bewusster wird. Das »[g]leich einem artigen Kinde« (V. 30) sitzende Ich stellt sich »[n]un« (V. 29) vor, wie es heimlich die Haare löst und sie dem Spiel des Windes überlässt. Auf diese Weise wird der Leser auf die Anfangszeilen zurück orientiert.

Das Gedicht *Am Thurme* ist durch eine dichotome Struktur geprägt, die Gegensätze aus so unterschiedlichen Sphären wie oben und unten (Raum), Luft und Wasser (Elemente), Mann und Frau (soziales Geschlecht), können und wünschen (menschliche Vermögen) kombiniert. Die Motivpaare sind ihrerseits in eine Gender-Ordnung eingefügt, deren unerschütterliches Fundament durch die Herrschaft des Mannes über die Frau gebildet wird. Vor diesem Hintergrund weisen feministisch informierte Forschungsbeiträge zu *Am Thurme* auf zahlreiche andere Texte der Autorin hin, in denen weibliche Figuren mit den sozialen Grenzen ihres Lebensentwurfes konfrontiert werden. Dabei verweigern Protagonistinnen wie »Bertha«, »Ledwina« oder die junge Frau aus der gleichnamigen Ballade *Das Fräulein von Rodenschild* (→ II.5.7.7.) die Übernahme der traditionellen Frauenrolle durch die Flucht in Krankheit und Wahn (Howe 1993, 25–41). Das lyrische Ich in *Spätes Erwachen* (→ II.6.5.) schließt sich in »[s]einer Träume Zauberthurm« (HKA I, 323, V. 30) ein. Im Zusammenhang mit der Vorstellung, dass weibliches Begehren, sei es geistiger oder erotischer Natur, gewaltsam unterdrückt wird, taucht das Bild des Turms hingegen in *Das Fräulein von Rodenschild* auf. Hier dient der Turm nicht mehr als Versteck, das die Träume schützt, sondern wie in *Am Thurme* als Austragungsort eines agonalen Kampfes, in dessen Verlauf sich das weibliche Ich dissoziiert und spaltet. Vielfach ist in solchen Kontexten auf Drostes gute Kenntnis der romantischen Literatur mit ihren prominenten Doppelgänger- und Spiegelmotiven hingewiesen worden (Liebrand 2008, 19–33). Wie steht es in dieser Hinsicht mit dem lyrischen Ich von *Am Thurme*? Ist es nicht ebenfalls gespalten in ein Wesen, das sich zu Beginn ›männlich‹ konnotierte Gesten und Handlungen anmaßt, Herrschafts- und Vereinigungsphantasien entfesselt, während am Ende des Gedichtes der andere, mit gesellschaftlichen Normen konformere Wesensteil die Oberhand gewinnt? Hätte Peter von Matt die Argumentation seiner Analyse von *Die Schwestern* (→ II.5.7.8.) auf *Am Thurme* übertragen, hätte er diese Frage bejahen müssen. Dort lautet seine These nämlich, dass im Versteck einer Geschichte zweier ungleicher Schwestern das »seelische Trauerspiel eines einzigen Subjekts«, die »Tragödie der verbotenen Ganzheit der weiblichen Existenz« (von Matt 1995, 204) aufgeführt werde. Anders als die Schwestern verharrt »die Frau« in *Am Thurme* »im Blick auf die wilden Wogen«, ohne zu rebellieren, aber »dieses Verharren ist durchfressen vom Wunsch nach dem Sturz als einer radikalen Aktion« (von Matt 1995, 207). Auch diese kritischen Interpretationen lesen *Am Thurme* wie ein Erlebnisgedicht und nehmen einen sich in drei Phasen abspielenden Resignationsprozess an. Dazu gehört eine erste Zeitphase, in der das »Ich« mit triumphalen Freiheitsgefühlen auf dem Turm steht, gefolgt von einer zweiten, in der diese Haltung durch Wünsche nach ekstatischem Tun transzendiert wird, und schließlich einer dritten, in der diese Entgrenzung als eine Möglichkeit erkannt wird, die allein dem männlichen Geschlecht offensteht. Das Fortschreiten der Zeit korreliert mit der Herabstufung eines Subjekts von einer Mänade zum artigen Kind.

Nimmt man hingegen die Form des Gedichtes zum Ausgangspunkt der Analyse, werden zahlreiche Wiederholungen wichtig, die auf den ersten Blick eine symmetrische Struktur schaffen und für Stabilität der Bedeutung sorgen. Der zweite Blick entdeckt jedoch, dass die Wiederholungen haarscharf voneinander abweichen. Die rhetorische Figur, die grammatische Parallelität und inhaltliche Antithesen miteinander verbindet, ist der Chiasmus (de Man 1988, 71–81), der in der Tat das gesamte Gedicht strukturiert. Die Struktur der Überkreuzstellung lenkt die Aufmerksamkeit auf Argumentationsqualität und Rhetorizität eines Textes, und er unterstreicht die Vorstellung einer räumlichen Textordnung, die nicht durch die lineare Abfolge der Wörter gegeben ist. So könnte man als Hinweis auf die regulative und (chrono-)logisch erste Vorstellung des Gedichtes das Zeitadverb »Nun« (V. 29) in der letzten Strophe ansehen. Es markiert die Jetztzeit einer Situation, in der reflexiv Abstand zu den Visionen genommen wird und jenes dichterische Sprechen einsetzt, das für den präsentischen Aussagemodus aller Verse verantwortlich ist. Auf diese Weise hat das sitzende »Ich« die Realitätsmacht auf seiner Seite und erfindet das mänadische »Ich« als virtuelles *alter ego*. So gelesen, baut das Gedicht eine Erlebnisfiktion auf und durchkreuzt diese am Ende mit einer Reflexions- und Schreibfiktion. Keine Lesart hebt die andere auf, beide sind absolut gleich-zeitig und gleich-gültig. Die Erlebnisfiktion impliziert die im pragmatischen Sprachgebrauch mitgedachten Machtverhältnisse (stehen – sitzen, oben – unten, Mann – Frau), die poetologische Schreibfiktion setzt sich darüber hinweg. Man muss nicht an die biographischen Daten und den realen Entstehungsort des Gedichtes erinnern, um das versteckte Sitzen im »Thurme« als initialen Moment für den Entwurf des inspirierten, mit allen Attributen genialer Kreativität ausgestatteten »Ich« zu erkennen, das dadurch, dass es die Grenzen zwischen Realität und Irrealität ignorieren kann, auch nicht an jene Gesetze gebunden ist, denen sich männliche »Jäger« (V. 25) und »Soldaten« (V. 26) beugen müssen. Wenn diesen »der Himmel« (V. 28) rät, verpflichtet er sie auf eine strenge patriarchale Logik, von der sich das schreibende »Ich« so frei weiß, dass es sie in den Konjunktiv setzt (Blasberg 2014, 57 f.).

Literatur

Bianchi, Bruna: Verhinderte Überschreitung. Phänomenologie der »Grenze« in der Lyrik der Annette von Droste-Hülshoff. In: Ortrun Niethammer/Claudia Belemann (Hg.): Ein Gitter aus Musik und Sprache. Feministische Analysen zu Annette von Droste-Hülshoff. Paderborn u. a. 1993, S. 17–34.
Blasberg, Cornelia: Überkreuzstellung. Zur Dialektik von Erlebnis- und Schreibfiktion [zu: *Am Turme*]. In: Claudia Liebrand/Thomas Wortmann (Hg.): Interpretationen. Gedichte von Annette von Droste-Hülshoff. Stuttgart 2014, S. 51–61.
De Man, Paul: Allegorien des Lesens. Aus dem Amerikanischen von Werner Hamacher und Peter Krumme. Frankfurt/M. 1988.
Howe, Patricia: Breaking into Parnassus. Annette von Droste-Hülshoff and the Problem of Poetic Identity. In: German Life and Letters 46,1 (1993), S. 25–41.
Liebrand, Claudia: Kreative Refakturen. Annette von Droste-Hülshoffs Texte. Freiburg/Br. u. a. 2008.
Matt, Peter von: Verkommene Söhne, mißratene Töchter. Familiendesaster in der Literatur. München, Wien 1995.
Schücking, Levin: Annette von Droste. Ein Lebensbild. Hannover 1862.

5.4.5. Das öde Haus
Thomas Wortmann

Das Gedicht (HKA I, 79 f.) entstand vermutlich zwischen Anfang Oktober und Ende Dezember 1843 (HKA I, 872). Der Titel fand zum ersten Mal in einem zwischen Mai und November 1843 angelegten Gedichtverzeichnis Erwähnung, in das der Text nachträglich aufgenommen wurde. Das Arbeitsmanuskript dokumentiert mehrere Textstufen und zahlreiche Überarbeitungen; am 31. Dezember 1843 wurde die Reinschrift des Gedichtes fertiggestellt. Seine Erstpublikation erfuhr es in Drostes zweiter Gedichtausgabe im Jahr 1844. Überlegungen zur Umstellung einzelner Strophen gab es allerdings bis kurz vor Drucklegung (Woesler 1972; HKA I, 876 f.).

Gliedern lässt sich der Text in drei Teile: Als Exposition bestimmen die ersten beiden Strophen das Setting und skizzieren die Stimmung. Mit der Nennung der Sprechinstanz zu Beginn der zweiten Strophe (»Ich horche träumend«, V. 9) hebt die akribische Beschreibung der das Försterhaus umgebenden Landschaft an, bevor die dritte Strophe zur detaillierten Schilderung der Ruine wechselt (»Wo an zerrißner Laube Joch«, V. 17), in die Flora und Fauna Einzug gehalten haben: Der Übergang von Natur zu Kultur ist in *Das öde Haus* auch formal ein fließender. Der akribischen Beschreibung der zerfallenden Architektur widmet sich der zweite Teil des Textes (Strophen 3–7). Die erneute Nennung der Sprechinstanz im ersten Vers der achten und letzten Strophe (»Sitz ich so einsam am Gesträuch«, V. 57) schließt – auch über die akustische Konfiguration – an die zweite Strophe an, rahmt den Mittelteil also und leitet zum Schlussteil des Gedichtes über, in dem das Ich in den anschwellenden Geräuschen der Natur die lange Verstorbenen zu hören glaubt.

In der Ausgabe von 1844 ist das Gedicht der Rubrik *Fels, Wald und See* zugeordnet – und wie zahlreiche der dort versammelten, das Genre der Naturlyrik aufrufenden Gedichte ist auch *Das öde Haus* während Drostes Aufenthalt am Bodensee entstanden. Entsprechend ist die im Text entworfene Topographie mit der Landschaft rund um das Laßberg'sche Anwesen in Bezug gesetzt worden. Die HKA lokalisiert den »Tobel« (V. 1), mit dem im Oberdeutschen ein enges Tal oder eine Schlucht bezeichnet wird, in der Nähe der Meersburg (HKA I, 877 f.). Wenn mit dem »Tobel« tatsächlich das Meersburger ›Töbele‹ gemeint ist, so wurde diese Verortung von der Schreibenden nachträglich vorgenommen. In einer der früheren Textfassungen lautete der erste Vers nämlich noch »Weitab vom Wege liegt ein Haus« (HKA I, 873). Wird hier das titelgebende Haus noch alliterierend in der die Horizontale betonenden Peripherie platziert, so ist es mit dem Wechsel zum finalen, ebenfalls alliterierenden »Tiefab im Tobel liegt ein Haus« (V. 1) die Vertikale, aus der sich die im Gedicht entwickelte topographische Ordnung ableitet. Dass aus dem im dialektalen Diminutiv gehaltenen ›Töbele‹ ein »Tobel«, mithin aus dem Tal *en miniature* eine veritable Schlucht wird, ist nicht nur den Anforderungen des vierhebigen jambischen Versmaßes geschuldet, sondern auch als Steigerung der vertikalen Achse zu verstehen, die im Verlauf der ersten Strophe konsequent weiterentwickelt wird: Am Grunde der »tiefe[n] Kluft« (V. 7) »liegt« das Haus (V. 1); noch tiefer positioniert sich die Sprechinstanz selbst, »[v]ergraben unter Rank' und Lode« (V. 4). Fast scheint es, als habe Droste das Ich »gleichsam unter einem Bedeutungsdickicht für das Wort öde vergraben« (Donhauser 2009, 9). *Das öde Haus* bekundet auf diese Weise eine Faszination für die Tiefe und eine damit verbundene Mikroperspektive auf die Natur, die in zahlreichen Droste-Texten formuliert wird; am radikalsten vielleicht in *Im Moose*, das in der sorgsam komponierten Ausgabe von 1844 auf *Das öde Haus* folgt.

Mit dieser »ruh[enden]« (V. 3) Haltung ist die Sprechinstanz in Bezug gesetzt zu dem im Vers zuvor genannten toten Förster: Über den Kreuzreim »Tode«/»Lode« sind der Verstorbene und das Ich ebenso verbunden wie über den Umstand, dass sich die Position des »begr[a]b[enen]« Mannes (V. 55) und der »[v]ergraben[en]« (V. 4) Sprechinstanz ähneln. Den nach seinem Tod *Be*grabenen und die zu Lebzeiten *Ver*grabene trennt nur eine Vorsilbe, die beschriebene Ruine ist ein veritables Totenhaus. Mit dieser Todesnähe des Ichs überträgt das Gedicht in metonymischer Verschiebung den semantischen Gehalt seines Titels auf die Sprechinstanz: Für den Begriff ›öde‹ führt das *Deutsche Wörterbuch* die Explikation »leer an menschen und an lebenden wesen« an, um zu ergänzen: »von gegenden und ländereien, die unbewohnt, verlassen und unbebaut, wüst und unfruchtbar oder verödet sind« (Grimm 1986, Bd. 13, Sp. 1142). Tod, Einsamkeit und Ödnis fallen damit in den ersten beiden Strophen zusammen und skizzieren – vermittelt auch über das im Gedicht dominierende, dunkle Farbspektrum und die durch schwere Genitive geprägte, ein gewisses Phlegma vermittelnde Syntax (Schultz 1981, 287 f.) – ein Szenario der Melancholie, das poetologisch aufgeladen ist. Beschrieben ist ein *locus desertus,* der im kulturellen Repertoire emblematisch für den ›Ort‹ des Dichters steht. Wenn das Ich diesen Platz aufsucht, um dort »träumend« zu »horche[n]« (V. 9), wird das abseits gelegene, verfallene Haus nicht nur zum Thema des Textes, sondern auch zum Ort der auf Muße angewiesenen Inspiration – und auch damit rekurriert das Gedicht auf seinen Titel, wird der Begriff ›öde‹ doch etymologisch in Bezug zum lateinischen ›otium‹ gesetzt (Grimm 1986, Bd. 13, Sp. 1142).

Peter von Matt liest *Das öde Haus* als einen der Texte, in dem das Verhältnis Droste-Hülshoffs zum 17 Jahre jüngeren Levin Schücking verhandelt wird. Es gebe »nicht viele Deutungs-Abenteuer in der deutschen Literatur, die so schauerlich spannend sind wie das Unternehmen, ihr Gedicht ›Das öde Haus‹ [...] auf ihr sinnlich-körperhaftes, ihr Leibesleben hin zu lesen. Dann erscheint das verwitterte Bauwerk als schlimme Darstellung einer golemisierten Frau: sinnlos die bewahrte Jungfräulichkeit, sinnlos der unbegattete Schoß« (von Matt 1995, 215 f.). Für von Matts Lesart spricht, dass mit dem Namen der Hündin des Försters, Diana, nicht nur auf die römische Göttin der Jagd angespielt wird, sondern ebenso auf weibliche Sexualität bzw. Virginität, ist Diana doch die Schutzgöttin der Jungfrauen, die ihre eigene Unberührtheit drastisch verteidigt: Ovid erzählt in seinen *Metamorphosen* die Geschichte des Jägers Aktaion, der die Göttin nackt im Bade überrascht und zur Strafe von Diana in einen Hirsch verwandelt und von seinen eigenen Hunden zerfleischt wird. Mindestens ebenso sehr, wie sich das Gedicht aus biographischen Erfahrungen speisen mag, schreibt es sich also von mythologischen Intertexten und ikonographischen Traditionslinien her – und das betrifft auch die in *Das öde Haus* entwickelte Ästhetik des Verfalls. Wenn die »schillernden [...] Flügel« und der »goldne[ ]« »Panzer« einer »kopflos[en]« Libelle gehören (V. 30–32), erinnert dies an barocke Stillleben, in denen die Vergänglichkeit alles Irdischen über eine elaborierte Symbolsprache in Szene gesetzt wird. Es ist bemerkenswert, mit welchem Engagement sich die Sprechinstanz der ausgiebigen und detaillierten Schilderung der Vergänglichkeit widmet: Der Zerfall wird zelebriert, das Gedicht zeigt geradezu Lust an der intensiven Beschreibung der Zerstörung. So erscheint die Natur, die gleich in der ersten Strophe als »Wildniß« (V. 5) beschrieben wird, als invasive Kraft, die den Raum der Kultur, für die das Haus und dessen Inventar symbolisch stehen, nach dem Tod des Försters gewaltsam zurückgewinnt. Gleichzeitig scheint diese Natur selbst vom Verfall affiziert: Die »Schoßen« sind »lang[ ]« und »mager[ ]« (V. 18), die Narzisse ist »kränkelnd[ ]« (V. 36), das »überjärig[e]« (V. 48) Nest der Schwalbe lange verlassen. Wenn schließlich die »schwarzen Fliegen taumelnd summen« (V. 10), »irre Käfer brummen« (V. 12), Mäuse »schrillen« (V. 58) und Eichhörnchen »blaff[en]« (V. 59) ist eine Szenerie entworfen, die von Trostlosigkeit und Irrsinn geprägt ist (vgl. Liebrand 2008, 71).

Von dieser allumfassenden Verwirrung und Versehrung aber bleibt der Text formal unberührt. Der ›Bau‹ des Gedichtes, das von der Zerstörung eines Gebäudes spricht, ist vollkommen intakt. Ja mehr noch: Den Zerfall des Hauses, den Verlust von Form und Struktur beschreibt das Gedicht vollkommen symmetrisch: Die acht Strophen bestehen aus jeweils acht Versen, das Reimschema aus einem Kreuz- und einem umarmenden Reim wird konsequent durchgehalten, nur in der letzten Strophe zeigt sich eine Irritation, wenn »Gesträuch« auf »Zweig« (V. 57, 59) gereimt wird; eine klangliche Verwerfung, die sich durch eine dialektale Aussprache mildern lässt. Trotzdem ist damit auch im Reimschema auf einen Bruch verwiesen, den die letzte Strophe gegenüber dem Vorangegangen bedeutet. Fügen sich die vorhergehenden Geräusche (»summen«, V. 10; »brummen«, V. 12; »Girren«, V. 38) und Bewegungen (»streichen«, V. 18; »schleichen«, V. 20; »schwirren«, V. 39) in die Stille der Umgebung ein, verstärken sie mithin das Bild der Erstarrung, so steigern sich die Naturgeräusche in den letzten Versen zu einer lauten Kakophonie (die Maus »schrill[t]«, das Eichhörnchen »blafft«, die Frösche und Grillen »läuten«, V. 58–60), die erst der Gedankenstrich typographisch strikt unterbricht (vgl. Donhauser 2009, 12). Was folgt, ist eine über diese Geräuschkulisse geblendete Imagination des Ichs, das im Wald den Förster und seine Hündin zu hören glaubt, die Toten also zum Leben erweckt. Die Schlussstrophe avanciert über diese Kontrafaktur zum Lektüreschlüssel. Sie zeigt in drei Versen, was das Gedicht auch hätte schildern können, nämlich ein idyllisch-lebendiges Szenario. Diese Idylle aber rückt der Text in den Modus des Konjunktivs und verfolgt stattdessen über sechzig Verse die Erstarrung und den Zerfall. Sozialhistorisch gelesen lässt sich das als biedermeierlich-konservative Zeitdiagnose verstehen, literaturhistorisch perspektiviert gleichsam als Anschluss an barocke Vanitas-Dichtung wie als Refaktur romantischer Naturlyrik. Der Text ist also seiner Zeit verpflichtet – und weist im selben Schritt durch seine Vergnügen an der Ästhetik des Verfalls auf die Lyrik der Moderne voraus. Der Schritt vom *Öden Haus* zu Baudelaire ist kein großer.

Literatur

Donhauser, Michael: Nahe der Neige. Weil am Rhein 2009.
Liebrand, Claudia: Kreative Refakturen. Annette von Droste-Hülshoffs Texte. Freiburg/Br. u. a. 2008.
Matt, Peter von: Verkommene Söhne, mißratene Töchter. Familiendesaster in der Literatur. München, Wien 1995.

5.4.6. Im Moose

Anke Kramer

Das Gedicht (HKA I, 81 f.) entstand im Winter 1841/42 während Drostes Aufenthalt auf der Meersburg. Es wurde erstmals am 4. März 1842 in Cottas *Morgenblatt* abgedruckt und erschien in der Abteilung *Fels, Wald und See* der Ausgabe der *Gedichte* von 1844 (HKA I, 879). Es besteht aus sechszeiligen Schweifreimstrophen (aabccb) mit jambischen Fünfhebern, in denen die Reimpaare aa und cc jeweils männlich, die auf diese folgenden Verse b weiblich enden. »So entsteht in der Strophenmitte eine leichte Zäsur [...]. Der Gleichklang der weiblich schließenden Zeilen verklammert beide Strophenhälften« (Frank 1980, 511).

Das Gedicht setzt mit der Schilderung einer Situation ein, die Droste in ihren Werken und Briefen wiederholt als Inspirations- und Schreibsituation darstellt (Brall 1975, 15 f.; Grywatsch 2013): Es ist Dämmerung, die Zeit zwischen Tag und Nacht; das Ich hat sich an einen abgeschiedenen »Ort[ ] der Konzentration und der Ich-Versenkung« (Grywatsch 2013, 211) in der Natur zurückgezogen und befindet sich in einem Zustand des »Schlummerwachen[s]« (*Durchwachte Nacht*, HKA I, 351–353, V. 21) zwischen Wachen und Schlafen. Damit beginnt ein für Drostes Lyrik der 1840er Jahre typischer, »von außen nach innen verlaufender Prozess der Subjektorientierung [...], der bei der topographischen Ich-Verortung beginnt und über Wahrnehmungsverdichtung zu Modi der imaginären Entgrenzung bei gleichzeitiger Auflösung der Bezüge führt« (Grywatsch 2009c, 82). Droste greift hier auf den in der Barockliteratur gern verwendeten Topos der Traumeinleitung zurück, den sie in einer für moderne Schreibweisen charakteristischen Weise individualisiert (Häntzschel 1968, 89;

vgl. Liebrand 2008). Die in den ersten drei Strophen geschilderte Idylle wird von der Wahrnehmung winzigster, der gewöhnlichen Sinneserfahrung kaum mehr zugänglicher Details bestimmt, bis schließlich die Wahrnehmung des eigenen Herzschlags die Wendung ins Innere initiiert. Dabei lenkt das Gedicht die Aufmerksamkeit von Anfang an auf die Zeit und deren Wirkung auf alles Irdische, die Vergänglichkeit. In diesem Kontext erscheint dem Ich sein Herzschlag nicht als Lebenszeichen, sondern als körperliches Zeichen für das Voranschreiten der Zeit, das auf seinen Tod vorausweist. Mit dieser Antizipation des Lebensendes beginnt nun eine Bewegung des Denkens durch die eigene Lebenszeit in einem Tagtraum, der als Konstitutionsprozess einer der sozialen Zeit enthobenen subjektiven Eigenzeit (Nowotny 1989) zugleich eine »Reflexion über die Zeit« (Böschenstein [1975] 2007, 32) ist. Damit gehört das Gedicht zu den zahlreichen Werken Drostes, in denen der Traum zum »Medium literarischer Gegenzeiten respektive Auszeiten wird, zum Imaginations- und Entfaltungsraum für individuell-subjektive, der vorgängigen Zeit und ihrem Diktat enthobene Zeitrechnungen« (Grywatsch 2013, 214).

Der Tagtraum beginnt mit einer Evokation der Vergangenheit bis zur Gegenwart (Strophe 4) und geht in eine Zukunftsvision über, die bis zum Tod des Ich reicht (Strophen 5–7). Allerdings kommen dabei keinerlei einzelne Ereignisse vor, die sich bestimmten Zeitpunkten zuordnen ließen. Stattdessen beschreibt das Ich qualitative Aspekte seiner Zeiterfahrung: Bilder und Töne, die auf Beziehungen, Handlungen und die mit ihnen verknüpften Gefühle verweisen. Die Zeit, die dieses Gedicht entwirft, verläuft – im Gegensatz zur Zeitkonzeption Kants und der sich ausdifferenzierenden Naturwissenschaften – nicht linear (Kramer 2013). Zwar zeichnet der Tagtraum den Lebenslauf des Ich scheinbar konventionell chronologisch nach (von der Kindheit bis zum Grab), doch die Verschmelzung des im Moos liegenden Ich mit dem vergangenen und zukünftigen Ich im Tagtraum und mit dem rückblickend über seinen Tagtraum berichtenden Ich erzeugt immer wieder Kurzschlüsse zwischen Momenten, die auf einer aufgezeichneten geraden Lebenslinie weit auseinanderliegen würden; etwa, wenn das Ich beschreibt, wie es in der imaginierten Zukunft auf die – von der Gegenwart aus gesehen möglicherweise ebenfalls in der Zukunft liegende – Vergangenheit zurückblicken und um seine inzwischen verstorbenen »Lieben« (V. 31) trauern wird. Die Vermischung der Zeitebenen wird sprachlich dadurch gestaltet, dass das Gedicht durchgängig im Imperfekt steht, so dass auch die Zukunftsvision des Ich, die weit über den Gegenwartszeitpunkt des schreibenden Ich hinausreicht, in der sprachlichen Vergangenheitsform dargestellt wird. Diese gegenseitige Durchdringung der Zeitebenen wird besonders frappant im Fall der beiden deiktischen Ausdrücke »jetzt« (V. 32) und »horch [...]!« (V. 40). Beziehen sie sich auf die Gegenwart des im Moos liegenden und tagträumenden Ich, auf die im Tagtraum imaginierte Zukunft oder vielleicht auf die Gegenwart des schreibenden und sich an seinen Tagtraum erinnernden Ich? Es ist nicht zu entscheiden, weil Vergangenheit, Gegenwart und Zukunft verschmelzen und kein zeitlich eindeutiges Bezugssystem für die Deixis bilden.

Der Modus der subjektiven Zeiterfahrung, die Dynamik des Aufscheinens und Aufeinanderfolgens der Gedanken und Empfindungen im Tagtraum, wird durch die fortgeführte Metapher eines Gewässers bezeichnet. Wenn »Gedanken [...] aus Gedanken auf[tauchen]« (V. 19), ist ein Auseinander-Hervorgehen und Einander-Durchdringen impliziert, keine lineare Abfolge klar abgrenzbarer Einheiten. Wenn die »Welle« (V. 24) der Erinnerungen an der Grenze der Gegenwart Halt macht, im »Schlund« »verrinnt« (V. 25) und »drüben« (V. 26) wieder hervorquillt, so verbindet das unterirdisch weiterrinnende Gewässer (für das die Donauversinkung einen der geologisch interessierten Autorin möglicherweise präsenten Bezug darstellte) beide Bereiche; der Gedankenstrom, so ist zu lesen, verbindet Vergangenheit und Zukunftsvision. Erinnerung und Zukunftsimagination hängen zusammen; sie unterscheiden sich in ihrem Inhalt, aber nicht in ihrem Modus. Die Gegenwart jedoch kann in diesem Modus der Zeiterfahrung nicht erfasst werden. Auch davon handelt das Gedicht: Während das Ich seine zukünftige Betrachtung vermorschter »Löckchen« (V. 34) imaginiert, die auf die Abwesenheit der inzwischen verstorbenen »Lieben« (V. 31) verweisen, erfreuen sich vielleicht im selben Moment die noch lebendigen Lieben, von denen sich das Ich ins Moos zurückgezogen hat, in der nahen »Heimath« (V. 11) ihrer Löckchen. Im Modus der in die Zukunft projizierten Erinnerung erfährt das Ich seine Liebe zu den noch Lebenden, die sich in der Gegenwart des liebevollen Gedenkens entziehen, weil sie eben noch leben. Hier zeigt sich eine »Verschränkung der Richtungen«, wie sie kennzeichnend für die ambivalente Struktur des Idyllischen in Drostes Werken ist (Böschenstein [1975] 2007, 19); ein räumliches Korrelat für sie stellt die Schreibsituation des Gedichts dar, das in Meersburg entstand, jedoch die westfälische ›Heimat‹ zum Gegenstand hat.

Zur Konstitution der nichtlinearen Zeit des Gedichts trägt auch sein Reimschema bei. Der Schweifreim vollzieht eine Bewegung, die keiner geraden Linie folgt. Der dritte Vers verweist unter Aussparung der beiden auf ihn folgenden Verse auf den sechsten, der sechste Vers verweist auf den dritten zurück, entgegen der Richtung und Reihenfolge des Lesens. Die Kurzschlüsse in der Zeit, das Verschmelzen von Momenten, die auf einer Linie weit auseinanderliegen würden, wie sie auch in der Metapher des versickernden und wieder an die Oberfläche tretenden Gewässers dargestellt werden, finden hier ein Korrelat auf der Signifikantenebene. Der Modus einer radikal subjektiven Zeiterfahrung, bei der die Zeit nicht als Folge abgrenzbarer Ereignisse, sondern als Ineinandergreifen verschiedener Empfindungen erlebt wird, weist Parallelen zu der von Henri Bergson 1889 beschriebenen Auffassung der Zeit als ›reiner Dauer‹ auf. Bergson schildert eine Zeiterfahrung, in der sich die Empfindungen durchdringen und die vergangenen oder imaginierten Momente mit dem jeweils gegenwärtigen Moment verschmelzen, ähnlich wie Drostes Gedicht es im Tagtraum schildert (vgl. Kramer 2013).

Auch zum zeitgenössischen sinnesphysiologischen Diskurs über Wahrnehmung (→ I.3.3.) weist das Gedicht – wie zahlreiche andere Werke Drostes – Parallelen auf, insbesondere zur Erkenntnis der Subjektivität und Temporalität der Wahrnehmung. Tatsächlich führt der Tagtraum zu einer Verunsicherung über die Wirklichkeit des Wahrgenommenen. Das Ich beschreibt, wie es »zweifel[t]« (V. 46), in welcher Zeit es sich befindet: in der Gegenwart der Lebenden, von der es ausgegangen ist und in der das wahrgenommene Licht vom Schein der »Schlummerlampe« (V. 47) kommt, oder bereits in der Zukunft, in der das Ich tot ist und das Licht deshalb »das ew'ge Licht am Sarkophage« (V. 48), also die nach katholischem Brauch an den Sarg gestellte Kerze, sein müsste. Während das Ich zu Beginn des Gedichts noch weiß, dass es sich um das Licht in seiner »Kammer« (V. 12) handelt, hat es nach seinem Tagtraum die Sicherheit des Wissens um die Zeit und damit um die Wirklichkeit, der dieses Licht angehört, verloren. Die für eine sichere Deutung notwendige Zuordnung des wahrgenommenen Reizes zu einer Zeit, die unabhängig und außerhalb des Bewusstseins des Ich gilt, ist nicht mehr möglich. Nicht nur lässt die Vorwegnahme des Todes in diesem Text »jeglichen Ansatz einer Todüberwindung vermissen« (Brall 1975, 18), sie bedingt auch den Verlust einer objektiven Wirklichkeit.

Literatur

Böschenstein, Renate: Zur Struktur des Idyllischen im Werk der Annette von Droste-Hülshoff [1975]. In: Renate Böschenstein: Idylle, Todesraum und Aggression. Beiträge zur Droste-Forschung. Hg. von Ortrun Niethammer. Bielefeld 2007, S. 15–35.

Brall, Arthur: Vergangenheit und Vergänglichkeit. Zur Zeiterfahrung und Zeitdeutung im Werk Annettes von Droste-Hülshoff. Marburg 1975.

Frank, Horst Joachim: Handbuch der deutschen Strophenformen. München, Wien 1980.

Grywatsch, Jochen: Poetische Imagination und räumliche Struktur. Zu einer Poetologie des Raums bei Annette von Droste-Hülshoff. In: Jochen Grywatsch (Hg.): Raum. Ort. Topographien der Annette von Droste-Hülshoff. Hannover 2009 (= Droste-Jahrbuch 7), S. 69–94. [Grywatsch 2009c]

Grywatsch, Jochen: »Wo Träume lagern langverschollner Zeit«. Zum Verhältnis von Traum und Zeit in den Epen und der Landschaftsprosa der Annette von Droste-Hülshoff. In: Cornelia Blasberg in Verb. mit Jochen Grywatsch (Hg.): ZwischenZeiten. Zur Poetik der Zeitlichkeit in der Literatur der Annette von Droste-Hülshoff und der ›Biedermeier‹-Epoche. Hannover 2013 (= Droste-Jahrbuch 9), S. 211–234.

Häntzschel, Günter: Tradition und Originalität. Allegorische Darstellung im Werk Annette von Droste-Hülshoffs. Stuttgart u. a. 1968.

Kramer, Anke: Hydrographie der Zeit. Erlebte Zeit bei Annette von Droste-Hülshoff, Henri Bergson und Johannes Müller. In: Cornelia Blasberg in Verb. mit Jochen Grywatsch (Hg.): ZwischenZeiten. Zur Poetik der Zeitlichkeit in der Literatur der Annette von Droste-Hülshoff und der ›Biedermeier‹-Epoche. Hannover 2013 (= Droste-Jahrbuch 9), S. 189–209.

5.4.7. Am Bodensee
Anke Kramer

Das Gedicht (HKA I, 83 f.) entstand im Winter 1841/42 während Drostes Aufenthalt in Meersburg. Levin Schücking (1814–1883) schickte es Anfang Februar 1842 an das *Morgenblatt*, wo es jedoch nicht abgedruckt wurde; es erschien in der Abteilung *Fels, Wald und See* der Ausgabe der *Gedichte* von 1844 (HKA I, 884). Die sieben jeweils achtzeiligen Strophen bestehen aus jambischen Vierhebern im Reimschema ababcddc, die stark daktylisch bewegt sind und durchgängig betont enden.

Das Gedicht schildert die Wahrnehmungen und Reflexionen eines Ich, das den See betrachtet und sich in Bezug zu den Menschen setzt, die in der Vergangenheit am See gelebt haben; diese erinnern es an seine eigene Vergänglichkeit (Brall 1975, 169). Jedoch tritt der See dabei zunehmend selbst als belebter Organismus in Erscheinung (Gössmann 1986, 91), der durch »Pulsschlag« (V. 7), »Stimme« (V. 14), »Auge« (V. 23), »Wimper« (V. 23), »Nerv'« (V. 27) und durch die physiologischen Vorgänge Schlaf und Traum als anthropomorphes, wahrnehmendes Wesen charakterisiert wird. In der allegorischen Darstellung des Sees als Organismus greift das Gedicht topische Analogiebezüge auf (See als Auge, See als Träumer; vgl. Grywatsch 2013), die es jedoch durch die Verknüpfung der verschiedenen dem See zugeschriebenen physiologischen Organe und Prozesse so stark konkretisiert, dass die Allegorie kaum mehr als solche erscheint (zur Konkretisierung von Metaphern als Verfahren in Drostes Gedichten vgl. Liebrand 2008). Die »Mittel der allegorischen Naturmythologie, Personifikation, Apostrophe, Attribute« gehen »eine enge Verbindung und wechselseitige Durchdringung mit dem lyrischen Ich« ein und erfahren als »Träger subjektiver Stimmung und persönlichen Ausdrucks [...] eine erneute, dynamische Mythisierung« (Häntzschel 1968, 98). Durch diese modernen Textverfahren sowie durch die Fokussierung auf die Wahrnehmung verschwimmen die Grenzen zwischen dem Ich und dem See. So bleibt in der Schwebe, ob die Gestalten aus der Vergangenheit der Imagination und Wahrnehmung des Ich, dem Gedächtnis des träumenden Sees oder beiden entstammen; die Wahrnehmungen des Ich vermischen sich – analog der im Gedicht dargestellten Auflösung aller Strukturen durch das Wasser – mit den Wahrnehmungen, die dem See zugeschrieben werden. Wie in anderen Werken Drostes wird der See im Zustand des Traums »zum Medium der Imagination und kann so Vergangenes bewahren. [...] Während die Oberfläche die Gegenwärtigkeit des Betrachters reflektiert und verdoppelt, scheint durch sie hindurch das Vergangene auf, das in der Tiefe des Gewässers, die auch eine Zeittiefe ist, verborgen liegt.« (Grywatsch 2013, 212) Charakteristisch für Drostes Lyrik der 1840er Jahre, die programmatisch das Thema Wahrnehmung verhandelt (Preisendanz 1977), dient das Wasser als Metaphernreservoir für die Darstellung von Wahrnehmungsphänomenen, die auf Erkenntnisse der zeitgenössischen Sinnesphysiologie verweisen (Kramer

2014; → I.3.3.). Das Zerfließen des vom See produzierten »Spiegelschein[s]« (V. 31) z. B. inszeniert eine Temporalität der Wahrnehmung, die eine eigene, subjektive Zeitlichkeit konstituiert. Der Text inszeniert den »Widerspruch des alterslosen Sees zu den Menschen, die wechselnd an ihm vorüberziehn« (Heselhaus 1971, 214), als kompliziertes Zusammenspiel verschiedener Zeitlichkeiten. Das pulsierende, einer nichtlinearen Zeit unterworfene Wasser löst alle festen Strukturen auf und fungiert dadurch als Agens der Vergänglichkeit, der die Menschen unterworfen sind. Jedoch ermöglicht die repetitive Zeit des Sees zugleich die Wiederkehr des Vergangenen in der Wahrnehmung und damit die Erinnerung an die Menschen, die am See gelebt haben. Das Ich wendet sich deshalb in der letzten Strophe an die »alte Wasserfey« (V. 49) des Sees in der Hoffnung, ebenfalls in das Gedächtnis des Wassers aufgenommen zu werden, das, so impliziert der Schluss des Gedichts, als ästhetisches Substrat einer »Bodenseepoesie« (Gössmann 1986, 92) den zerfallenden Monumenten des Festlandes überlegen ist.

Literatur

Brall, Arthur: Vergangenheit und Vergänglichkeit. Zur Zeiterfahrung und Zeitdeutung im Werk Annettes von Droste-Hülshoff. Marburg 1975.
Gössmann, Wilhelm: Der Bodensee in den Briefen und Gedichten der Droste. Poetisierung und Realität. In: Droste-Jahrbuch 1 (1986), S. 73–93.
Grywatsch, Jochen: »Wo Träume lagern langverschollner Zeit«. Zum Verhältnis von Traum und Zeit in den Epen und der Landschaftsprosa der Annette von Droste-Hülshoff. In: Cornelia Blasberg in Verb. mit Jochen Grywatsch (Hg.): ZwischenZeiten. Zur Poetik der Zeitlichkeit in der Literatur der Annette von Droste-Hülshoff und der ›Biedermeier‹-Epoche. Hannover 2013 (= Droste-Jahrbuch 9), S. 211–234.
Häntzschel, Günter: Tradition und Originalität. Allegorische Darstellung im Werk Annette von Droste-Hülshoffs. Stuttgart u. a. 1968.
Heselhaus, Clemens: Annette von Droste-Hülshoff. Werk und Leben. Düsseldorf 1971.

5.4.8. Das alte Schloß
Jörg Löffler

Das Gedicht (HKA I, 85 f.) ist zwischen dem 30. September 1841 und Anfang Februar 1842 (HKA I, 893) entstanden und bildet gemeinsam mit dem in der Ausgabe von 1844 vorausgehenden Gedicht *Am Bodensee* (HKA I, 83 f.) und dem folgenden *Der Säntis* (HKA I, 87–89) eine Gruppe in der Abteilung *Fels, Wald und See*, die, wie auch *Die Schenke am See*, Meersburger Lokalbezüge andeutet. Die vierhebigen Trochäen als Metrum sind für Droste eher ungewöhnlich, was für die weiteren formalen Merkmale nicht gilt: Die fünf Strophen enthalten je acht kreuzgereimte Verse mit alternierend weiblich-männlichen Kadenzen. Die Wahl eines fallenden Metrums passt zur elegischen Grundstimmung (»Von Zerfallendem umgeben«, V. 40), wozu sich motivische Parallelen aus dem nur lose verknüpften Zyklus *Fels, Wald und See* finden lassen: »Wohl ziemt es mir, in Räumen schwer und grau / Zu grübeln über dunkler Thaten Reste« (*Die Schenke am See. An Levin S.*, HKA I, 77, V. 37f.), vor allem aber die letzten Verse aus *Am Bodensee*: »O, schau mich an! ich zergeh' wie Schaum, / Wenn aus dem Grabe die Distel quillt« (HKA I, 84, V. 53f.).

In *Das alte Schloß* wirkt dem jedoch die hoch ironische Darstellung von alter Burg und geradezu touristisch neugierigem Besucher-»Ich« entgegen. Auf der einen Seite bietet das Gedicht »the perfect setting for a Gothic horror story« (Guthrie 1989, 56), auf der anderen ironisiert es dieses Angebot aber so deutlich, dass der Leser die poetische Inszenierung nach dem Modell schauerromantischer Schlossruinen-Literatur gar nicht übersehen kann. Darauf weist nicht zuletzt die selbstironische Reflexion der eigenen Schreibweise (»[d]ieses Schlosses Romantik«, V. 34), wobei sich »Romantik« auf »Genick« (V. 36) reimt, wodurch ähnlich satirische Effekte entstehen wie in Heinrich Heines Versepos *Deutschland. Ein Wintermärchen* (Caput III, V. 42, 44; vgl. HKA I, 897). Einer ironischen Kritik muss sich hier indirekt auch der Adel stellen, wenn die »grauen Ahnenbilder« nicht etwa mit Stolz betrachtet, sondern zu bloßen »Stubenkameraden« degradiert werden (V. 5f.).

Tatsächlich verhandelt das Gedicht drei verschiedene Gegenstände in einem. Zunächst spricht nichts dagegen, das ›alte‹ Meersburger Schloss aus dem 12. Jahrhundert mit Ursprüngen im 7. Jahrhundert (im Unterschied zum 1710–1712 gebauten ›neuen‹) mit dem Entstehungsort des Gedichtes zu assoziieren; auch *Am Bodensee* (»Ich beuge mich lauschend am Thurme her«, HKA I, 83, V. 17; → II.5.4.7.) und *Am Thurme* (HKA I, 78; → II.5.4.4.) nennen die Burg als »spezifische[n] Ort der Poesie« (Bianchi 1993, 29). Zum zweiten ist eine intertextuell fundierte Bedeutungsschicht auszumachen, die schauerromantische Stereotype aufruft (»Geist am Runenstein«, V. 10; »Käuze«, V. 14; »Lose modergrüne Rampe«, V. 24). Das alte Schloss ist durch und durch literarischer Topos, der in der europäischen Romantik produktiv gewirkt, aktuell aber seinen Zauber eingebüßt hat: In Texten wie Tiecks *Klausenburg* (1836), Stifters Erzählungen *Die Narrenburg* (1842/44), *Das alte Siegel* (1844/47), Eichendorffs *Das Schloß Dürande* (1836) u.a. wird das Schloss zum Zeugnis einer in der Gegenwart nicht mehr lebensfähigen Feudalkultur. Aus Drostes Briefen ist bekannt, dass sie um Laßbergs »Alterthümler«-Freunde, »die in meines Schwagers muffigen Manuskripten wühlen möchten, sehr gelehrte [...] Leute in ihrem Fach – aber langweilig wie der bittre Tod, – schimmlich, rostig, prosaisch wie eine Pferde-Bürste« (HKA VIII, 189) als Produzenten von »Romantik« und ideologischen Verehrern abgelebten Wissens einen großen Bogen zu machen versuchte. Zum dritten schließlich geht es im Gedicht um die Fiktion eines »Ich«, das sich der Imprägnierung seiner Wahrnehmung durch die literarischen Muster ironisch bewusst ist, während es seinen Erkundungsgang durch das alte Gemäuer macht. Dabei analysiert es gleichzeitig seine eigene Befindlichkeit, nämlich den Wechsel zwischen Mut (»Ha, ich öffne«, V. 22), Hingabe an Unergründliches, Lust an Selbstauslöschung (»Ob ein Brunnen? ob Gefängniß?«, V. 27), Langeweile und Trotz. Spätestens die letzte Strophe mit dem Reimwort »Romantik« macht deutlich, dass alle drei Bedeutungsdimensionen des Schlosses (Entstehungsort des Gedichtes, literarische Intertexte, Performanz des Schreibprozesses) im Sinne einer impliziten Poetologie zusammenwirken. Ironischerweise auf einem alten Schloss entsteht ein modernes selbstreflexives Gedicht, das seine Herkunft und Tradition so kritisch betrachtet, dass es sich am Ende »trotzig« (V. 37) gegen sie erhebt. Das Mittel dieses Trotzes ist hier aber nicht der poetische Höhenflug und das rhetorische Pathos (wie in *Am Thurme*), sondern sprachliche Ironie und Situationskomik (das lyrische Ich, das sich in den »Trümmern« verfallenen feudalen Glanzes »Glieder und Genick« bricht, V. 35 f.). Es ist dieser skeptisch-humoristische Zug, der das Gedicht von jenen verflachten Zeugnissen einer schwarzen Romantik abhebt, mit der es intertextuell so virtuos spielt.

Literatur

Bianchi, Bruna: Verhinderte Überschreitung. Phänomenologie der »Grenze« in der Lyrik der Annette von Droste-Hülshoff. In: Ortrun Niethammer/Claudia Belemann (Hg.): Ein Gitter aus Musik und Sprache. Feministische Analysen zu Annette von Droste-Hülshoff. Paderborn u. a. 1993, S. 17–34.

Guthrie, John: Annette von Droste-Hülshoff. A German Poet between Romanticism and Realism. Oxford 1989.

5.4.9. Der Säntis
Urte Stobbe

Der Säntis (HKA I, 87–89) entstand 1835/36 (HKA I, 899) gezielt für Drostes zeitweise im Kölner DuMont-Verlag geplante Gedichtausgabe (HKA III, 252–255; → I.1.1.), der gescheiterten Vorläuferin des ersten Gedichtbands von 1838, wobei dieses mit 72 Versen vergleichsweise kurze Gedicht im Vergleich zu den Verserzählungen eine Art »Ruhepunkt« (HKA VIII, 220) bilden sollte. Der Titel verweist auf die gleichnamige Bergkuppe des Alpsteins in der Ostschweiz. Droste kannte den Säntis aus eigener Anschauung und wusste, dass dort die Regeln des jahreszeitlichen Wechsels aufgehoben sind. Briefäußerungen belegen, dass er der Dichterin selbst als eine Art Orientierungs- und Ruhepunkt diente, wenn sie bei Wanderungen vom nahe gelegenen Eppishausen aus häufig bei einem Gartenhäuschen im Gebirge Rast machte, von wo aus sie den Säntis im Blick hatte. Drostes enge Bindung an die Bergkuppe tritt hervor, wenn sie vertraulich von »meine[m] SENTIS«, einem »alten Herrn« sowie »Liebling und tägliche[m] VIS A VIS« spricht und bekennt: »[H]ier droben ist meine Heimath, geht Alles an mir vorüber, was ich mir in meinem Herzen habe mitnehmen können« (HKA VIII, 176–178).

Thematisch und strukturell steht *Der Säntis* einerseits in der Tradition des Alpengedichts, andererseits zeigt das vierstrophige Ordnungsmuster eine Verwandtschaft mit der allegorischen Jahreszeitendichtung (Häntzschel 1968, 94). Wie auch im Bereich der bildenden Kunst (z. B. bei Arcimboldo oder Caspar David Friedrich) vergegenwärtigt die formale Struktur des *Säntis* einen inhaltlichen Zusammenhalt, wie er für Zyklen typisch ist (vgl. Ort 2003; Henckmann 2007). Beginnend mit dem Frühling werden die vier Jahreszeiten in vier identisch gebauten Teilgedichten abgeschritten. Die ersten drei Strophen widmen sich der Wahrnehmung der äußeren Welt, wobei die ersten beiden Strophen mit ihrem Wechsel aus Waisen und Reimen der Volksliedstrophe entsprechen (xaxa, xbxb), während die dritte Strophe aus zwei Paarreimen besteht (ccdd). Durch diesen Wechsel im Reimschema wird ein Übergangsbereich markiert, bis sich das lyrische Ich in der vierten Strophe dem zumeist schneebedeckten Säntis zuwendet. Indem die sogenannte Säntisstrophe auf drei Verspaare anwächst (eeffgg), »triumphiert« sie über die vorangegangenen Strophen »wie die Eisregionen sich dämonisch von den Jahreszeiten der Menschen abheben« (Heselhaus 1971, 98). Auch der vierhebige Jambus erfährt in der vierten Strophe eine Variation, indem im vorletzten Reimpaar zwei klingende Kadenzen das ansonsten aus stumpfen Kadenzen bestehende Gedicht kurzfristig aufweichen.

Zwar folgt Drostes Zyklusgedicht *Der Säntis* im Hinblick auf äußere Form und Wahl der Teilüberschriften den Konventionen von Zyklen, weicht jedoch in entscheidenden Punkten davon ab. Denn gerade die regionalspezifische Besonderheit am Säntis, der lombardische Tauwind (V. 71 f.), wird von Droste auf eine Weise ästhetisch fruchtbar gemacht, die keineswegs einer dilettierenden »Flucht ins Allgemeine« (Heselhaus 1971, 99) entspricht, sondern den *Säntis* als gezielte Modifikation einer etablierten Lyriktradition erscheinen lässt. Die Sprengkraft entfaltet sich unter der scheinbar glatten und geordneten Oberflächenstruktur. Zum einen sind in dem topographischen und zugleich topischen Gegensatz zwischen dem lyrischen Ich in der Ebene und der Bergkuppe in der Höhe mehrere Kontraste miteinander verschränkt: ich – du, unten – oben, Kälte – Wärme, Tod – Leben sowie gebändigte Natur – erhabene unzivilisierte Natur. Der Gedichtzyklus ist zudem durchzogen von einer latenten Todesmetaphorik, die mit den Vorstellungen von Enge und Eingeengt-Sein, dem Ver-/Bedeckt-Werden und dem Ersticken verbunden sind (V. 15–17, 33, 54, 64), worin sich die Befindlichkeiten des lyrischen Ich spiegeln bzw. diese auf den Säntis projizieren.

Darüber hinaus korrespondieren die inhaltlichen und formalen Gegensätze zwischen den jeweils ersten drei Strophen und der Schlussstrophe mit einer Kontrastivstellung zwischen den ersten drei Gedichten und dem vierten. So dient der Säntis in den ersten drei Gedichten als dauerhaft-winterlicher Gegenpol, der wegen seiner Kälte im Frühling bemitleidet, im Sommer beneidet und im Herbst als Bedrohung empfunden wird (V. 18, 36, 53), bis sich im vierten Gedicht diese Kontrastivstellung in ihr Gegenteil verdreht und der Säntis um lebensspendende Wärme angerufen wird (V. 72). Als quasi-menschliches

5. Gedichte von Annette Freiin von Droste-Hülshof (1844)

Gegenüber konzipiert und wiederholt mit »du« angesprochen (V. 13, 36, 49f., 54), wird ihm das Potenzial zugesprochen, gottesgleich als übergeordnete Macht in die Geschicke des Menschen ausgleichend eingreifen zu können. Die subjektiv-erlebnishafte Perspektivierung in Verbindung mit einer realistischen Einbeziehung topographisch identifizierbarer Wetterphänomene verweist im *Säntis* darauf, dass literarische Traditionen für subjektiv anmutende Wahrnehmungs- und Deutungsweisen der äußeren Natur geöffnet werden. Verschiedene Positionen des Mensch-Natur-Verhältnisses werden dabei abgeschritten, die allesamt nicht von einem Dominanzverhältnis des Menschen über die Natur ausgehen, sondern im Gegenteil auf die, im Extremfall, totbringende oder lebensspendende Kraft der Natur setzen.

Literatur

Häntzschel, Günter: Tradition und Originalität. Allegorische Darstellung im Werk Annette von Droste-Hülshoffs. Stuttgart u. a. 1968.
Heselhaus, Clemens: Annette von Droste-Hülshoff. Werk und Leben. Düsseldorf 1971.

5.5. Gedichte vermischten Inhalts

5.5.1. Einleitung

Cornelia Blasberg/Jochen Grywatsch

Erstmals erscheint die mit dem Titel »Vermischte Gedichte« versehene Gruppe von 39 Texten in dem zwischen Mai und November 1843 entstandenen Verzeichnis V³ (HKA I, 550–553; zum Prozess der Anordnung der Texte für die Gedichtausgabe von 1844 → II.5.1.). Wie im etwa gleichzeitigen V², in dem Droste alle nicht in anderen Gruppen untergebrachten Texte unter »kleine Gedichte« (HKA I, 538) fasste, taucht in der »[v]ermischte[n]« Abteilung alles das auf, was nicht den Rubriken »Unsre Zeit«, »Die Todten«, »Landschaftsbilder«, »Balladen und Erzählendes«, »unsre Zeit« und »größere Gedichte« (HKA I, 550–557) zugeordnet wurde. In diesem Stadium waren die *Scherz und Ernst*-Gedichte noch über die Gruppe »Vermischte Gedichte« verstreut, aus der sie das im Januar 1844 entstandene Verzeichnis V⁵ endgültig herauslöste. Umgekehrt nahm die in V⁵ zu *Gedichte vermischten Inhalts* (HKA I, 568) umbenannte Abteilung das frühere Ensemble »Die Todten« (SIT ILLI TERRA LEVIS!, *Clemens von Droste*, VANITAS VANITATUM!, *Katharine Schücking, Nachruf an Henriette von Hohenhausen, Meine Todten* und *Das Spiegelbild*) in sich auf (HKA I, 552, 568f.). Während Droste die Gedichte *Mein Beruf, Meine Todten* und *Katharine Schücking* als »Einleitung« (HKA I, 567) für den gesamten Band favorisierte, setzte Schücking kurz vor der Drucklegung die seiner Meinung nach verkaufsfördernden *Zeitbilder* (→ II.5.2.1.) an den Anfang. In der Ausgabe von 1844 wanderten die drei programmatischen Einleitungsgedichte dann an den Beginn der *Gedichte vermischten Inhalts*. Das erklärt sich aus früheren Zuordnungen, führt aber dazu, dass so von vornherein ein starker poetologischer Akzent auch auf jener Gedichtgruppe liegt, die man ansonsten eher als Sammelsurium ansehen könnte. Schließlich handelt es sich um inhaltlich völlig heterogene Gedichte aus unterschiedlichen Werkphasen (vgl. HKA I, 575 f.), für deren Aufeinanderfolge Droste nach dem Prinzip der größtmöglichen Varianz nach immer wieder neuen Lösungen suchte. Indem die Einzelgedichte auf diese Weise in ausgesuchte Nachbarschaften gerückt werden, bilden sie Kontexte füreinander, die Droste zufolge nicht nur eine hermeneutische Funktion haben, sondern einen wirkungspsychologisch kalkulierten ästhetischen Reiz entfalten (→ VI.4.). Das kurz nach dem Verzeichnis V^5 im Februar/März 1844 entstandene Gedicht *Gemüth* (HKA I, 363 f.; → II.6.3.), dem schöpferischen Organ des Menschen gewidmet, setzt nicht zufällig das Bild des wie ein Prisma wirkenden Tautropfens an zentrale Stelle: So wie die kleine Spiegelfläche des Tropfens im Auge des Betrachters viele farbig funkelnde Bilder entstehen lässt, so regt Poesie das Vorstellungsvermögen des Lesers an, und dies umso mehr, je intensiver sich die prismatische Kraft ihrer Erscheinungsform – zum Beispiel in einem auf diesen Effekt hin komponierten Zyklus – entfalten kann.

Damit die rhetorische Lehre der Vergnügen bereitenden Abwechslung (»varietas maxime delectat«, *Rhetorica ad Herennium*) nicht zu viel Heterogenität entstehen lässt und durch übergroße Mannigfaltigkeit die Konzentrationsfähigkeit des Lesers überfordert, werden die *Gedichte vermischten Inhalts* durch zwei die gesamte Gruppe durchziehende Strukturen in engen Zusammenhang gebracht. Eine dieser Strukturen lässt sich als Zentren- oder Knotenbildung, die andere als Narrativierung nach dem Modell der Lebensgeschichte beschreiben. Beide haben ihren Grund darin, dass die Abteilung (bis auf *Die Schenke am See. An Levin S.*, HKA I, 76 f.) »alle an Personen gerichteten Gedichte« (HKA I, 928) bzw. Gelegenheitsgedichte enthält (→ VI.9.). Durch die Veröffentlichung in diesem Kontext hob Droste einige ausgewählte Widmungsgedichte aus der Privatheit und Flüchtigkeit der Entstehungs- und Adressierungssituation heraus. Der Publikationsrahmen ›reiner‹ Lyrik, wie er mit den Gedichten von 1844 vorliegt, überschreibt die erste, nämlich persönlich-historische Gelegenheit durch eine zweite (die objektiven Bedingungen und Intentionen der Veröffentlichung) und eine dritte (die Gegebenheiten der Lektüre durch ein abstraktes Publikum). Überhaupt ist zu bedenken, dass Drostes an Förderer und Freunde adressierte Verse lange nach der Hochkonjunktur des Genres im 17. und frühen 18. Jahrhundert, lange auch nach seiner darauf folgenden Diffamierung geschrieben wurden, und dass Goethe 1828 sogar eine Rehabilitierung des Gelegenheitsgedichtes anstrebte, indem er seine gesamte Lyrik als fest in Zeit und Raum verankert und den Zeitgenossen konkret zugesprochen definierte (→ VI.9.). In Goethes Tradition sind Drostes Gelegenheitsgedichte poetologisch, nämlich reflexiv auf den Aussage-Akt gerichtet, und in dieser Eigenschaft bilden sie charakteristische Untergruppen bzw. Knoten im

Netzwerk der Abteilung. Mit *Katharine Schücking* (HKA I, 102 f.) kann man *Gruß an Wilhelm Junkmann* (HKA I, 106 f.) als Widmungsgedichte an zwei Dichterfreunde zusammen sehen, die auf Textebene durch das in ihrer Mitte liegende Gedicht *Nach dem Angelus Silesius* (HKA I, 104 f.) verbunden sind. Letzteres wurde im Auftrag von Christoph Bernhard Schlüter (→ I.1.2.2.) geschrieben, was wiederum auf die lebensgeschichtliche Mittelpunktstellung von Schlüter für Wilhelm Junkmann und zeitweise auch für Droste verweist. Einen weiteren Knoten bildet die Trias aus zwei *Stammbuchblättern* und dem *Nachruf an Henriette von Hohenhausen* (HKA I, 118–121) mit Ausstrahlungen auf VANITAS VANITATUM! (HKA I, 122 f.) und *Clemens von Droste* (HKA I, 133 f.), während die zweite Hälfte der Abteilung durch nah beieinanderstehende Widmungsgedichte an die späteren Freunde Amalie Hassenpflug, Levin Schücking (→ I.1.2.3.) und Elise Rüdiger (→ I.1.2.4.) eröffnet wird (HKA I, 137–145). Dabei kommt das explizit poetologische Gedicht *Poesie* (HKA I, 141 f.) genau zwischen den beiden Schücking zugeeigneten Texten zu stehen. Von dieser Mittelposition aus verstärkt es den selbstreflexiven Charakter der flankierenden Gedichte, hebt ihn hervor und zeigt das hohe Abstraktheitsniveau des Dichtens an. Schaut man nicht von der Mitte auf die Ränder, sondern dreht die Blickrichtung um, entsteht der Eindruck, das Gedicht mit dem abstrakt poetologischen Titel liege eingebettet zwischen zwei direkten Ansprachen *An **** (HKA I, 140, 143) und Evokationen einer intensiven Begegnung, die als Zeit, Raum und Person verbindendes lebensgeschichtliches Fundament aus der Poetik offenbar nicht wegzudenken ist. Das Prinzip der Knotenbildung ist eine Möglichkeit, die enge Vernetzung von Gelegenheitslyrik in Goethes Sinn und prominenten, poetologisch bedeutsamen Gedichten wie *Die Bank, Die Taxuswand* und *Das Spiegelbild* herzustellen.

Das zweite Strukturmuster verbindet Anfang und Ende der Abteilung, also die Gedichte zwischen *Mein Beruf* und *Was bleibt*, durch eine gedankliche Linie, die man als Lebensbogen bezeichnen kann. Sucht das lyrische Ich in *Meine Todten* Legitimation und Beistand für das Wagnis des Dichtens (*Mein Beruf*), so führt das Totengedicht *Katharine Schücking* an den Ursprung dieser Tätigkeit zurück und rekapituliert die jugendliche Begeisterung des Ich für »Westphalens Dichterin« (HKA I, 102, V. 15). Mit Katharina Schücking und Wilhelm Junkmann (*Gruß an Wilhelm Junkmann*) werden zwei frühe Begleiter Drostes auf dem Weg zur Dichterin genannt. Darauf folgen lyrische Reflexionen über die Liebe eines jungen Mädchens (*Junge Liebe, Das vierzehnjährige Herz, Brennende Liebe,* HKA I, 108–112) und die Miniaturballade *Der Brief aus der Heimath* (HKA I, 113 f.). Träfe man jeweils einzeln und in einem anderen Kontext auf die Gedichte, läge es nicht nahe, sie biographisch zu lesen. In der ihnen zugedachten Umgebung der *Gedichte vermischten Inhalts* (es folgen Nachrufe auf mit Droste bekannte Persönlichkeiten) muss der Leser diese Möglichkeit zumindest erwägen und stößt so auf die wiederum poetologische Frage, ob und wie jede, nicht nur die Gelegenheitsdichtung im Leben verankert ist. Dasselbe gilt für die sich anschließenden Evokationen von Lebensstationen (*Die Bank, Die Taxuswand*) und Freundschaften sowie für die expliziten poetologischen Stellungnahmen (*Poesie, Meine Sträuße, Das Liebhabertheater*). Mit Gedichten über Erinnerung und Rückblick (*Die Taxuswand, Nach fünfzehn Jahren*) beginnt der imaginäre Lebensbogen sich zu neigen. Wenn nun der Tod thematisch wird (*Der Todesengel*, HKA I, 173), dann betrifft er nicht wie in *Meine Todten* Andere, von denen das lyrische Ich im Laufe seines ›Lebens‹ Abschied nehmen musste, sondern erscheint dem Ich selbst als so entsetzlich verzerrte, als so ultimativ das konventionelle Verständnis von Ab- und Nachbild zerstörende Spiegelung, dass alle zuvor unternommenen Versuche, den Tod literarisch darzustellen (»das Bild in Reimes Netz« zu fangen, V. 14) anmaßend und nichtig wirken. Die Schlussgedichte *Abschied von der Jugend* (HKA I, 174f.) und *Was bleibt* (HKA I, 176f.) lenken den Blick des Lesers auf den Anfang der Gedichtgruppe zurück und ziehen Bilanz. Goethes umfassenden Anspruch an Gelegenheitsdichtung als Lebensdichtung rekapitulierend und für sich selbst in Anspruch nehmend, inszeniert die letzte Strophe des letzten Gedichts einen Blicktausch aus nächster Nähe als das, »was bleibt«. Im Unterschied zu Hölderlins Hymne *Andenken* (1803) mit der bekannten Schlusszeile »Was bleibet aber, stiften die Dichter« ist in Drostes *Was bleibt* dem poetischen Stiftungsakt ein existenzieller vorausgegangen, ohne den das dichterische Wort nichts Bleibendes stiften könnte. Wie in *Das Spiegelbild* und *An *** ⟨O frage nicht ...⟩* (»an deine klare Stirn gelegt«, HKA I, 143, V. 3) hat der Blicktausch (→ VI.9.) abstrakt poetologische Funktion, eröffnet jedoch zugleich – vor dem Hintergrund der Lebensbogen-Struktur der *Gedichte vermischten Inhalts* – die Möglichkeit, das »Angesicht / Der Frau, die meine Kindheit pflegte« (V. 35f.) autobiographisch zu lesen.

5.5.2. Mein Beruf
Tilman Venzl/Yvonne Zimmermann

Das poetologische Gedicht *Mein Beruf* (HKA I, 97–99) entstand im Winter 1841/42 in Meersburg und sollte ursprünglich die Ausgabe der Gedichte von 1844 eröffnen (HKA I, 929–931). Auf den brieflich vermittelten Vorschlag Schückings wurde es allerdings mit den beiden weiteren Einleitungsgedichten *Meine Todten* und *Katharine Schücking* an den Anfang der Rubrik *Gedichte vermischten Inhalts* verschoben (HKA I, 567). Hatte Droste in ihrem Antwortbrief vom 6. Februar 1844 »[g]egen die Versetzung der Einleitungsgedichte« zwar »Nichts« einzuwenden (→ II.5.1.), verwahrte sie sich aber gegen Eingriffe in den Text: »[S]owohl einfache[ ] als fast überbildete[ ] Menschen« hätten das Gedicht »für Eins der besten gehalten« und Unklarheiten nicht »zugeben wollen« (HKA X, 150f.). Am 14. September 1844 wurde es im Rahmen der Anzeige der *Gedichte* von 1844 im *Morgenblatt* erstmals veröffentlicht. Obgleich hauptsächlich von der ›Berufung‹ zur Dichtung handelnd, spielt der Gedichttitel auch auf das Thema des bürgerlichen ›Berufs‹, des

Lebenserwerbs, an. Somit stellt sich die Frage, welche Bedeutung der zunehmenden Ökonomisierung des Literaturmarkts sowie dem damit verbundenen Aufkommen des Berufsschriftstellertums für das Gedicht zukommt (→ I.3.2.).

Mein Beruf besteht aus neun regelmäßigen achtversigen Strophen mit jambischen Vierhebern, die kreuzreimen und abwechselnd akatalektisch und hyperkatalektisch enden. Die komplexe Kommunikationsstruktur gliedert das Gedicht in drei Teile: In einem ersten Abschnitt (V. 1–15) beharrt das Ich gegenüber anderslautenden Erwartungen auf dem eigenen poetischen Auftrag, den die »Stunde« (V. 15) weise. Dieser lyrischen Gegenrede wird im zweiten und längsten Teil (V. 15–56) durch einen vom Ich zitierten Appell Gewicht verliehen, sich als Mahner für ein ›gutes Leben‹ zu verstehen. In den beiden Schlussstrophen, die den dritten Teil (V. 57–72) bilden, überträgt das Ich das zitierte moralische Credo auf die eigene Dichtungsauffassung, die ins Bild einer geruch- und farblich unscheinbaren, aber Tau speichernden Blume in der Wüste gesetzt wird.

Mein Beruf beginnt mit einem Vorwurf, den das betroffene Ich reformuliert: »›Was meinem Kreise mich enttrieb, / Der Kammer friedlichem Gelasse?‹« (V. 1 f.), und als Angriff auf das eigene Dichten expliziert, das offenbar als illegitimer Einbruch »am Parnasse« (V. 4) verfemt wird. Da das kritisierende »ihr« (V. 3) unbestimmt bleibt, wird hier tendenziell eine »Grenze zwischen dem Dichter und dem Rest der Welt« (Meyer 1994, 303) gezogen, was sich als Spiel »mit dem autobiographischen Bezug« (Pott 2004, 249) interpretieren und auf die ständisch-gesellschaftlichen (Rotermund 1962, 64) und/oder die geschlechtsspezifischen (Howe 1993, 35; Kohl 2007, 331; Niethammer 1993a, 57 f.) Rollenerwartungen beziehen lässt. Die »Überschreitung« und »Entgrenzung« (Bianchi 1993, 24) der auferlegten Rollenlizenzen bedeuten eine »waghalsige Kühnheit« (Nettesheim 1967, 142), wie sich an der epanaleptischen Trotzgeste des Ich zeigt: »So hört denn, hört, weil ihr gefragt« (V. 5). Es folgt die Reklamation eines »Recht[s]« der »Geburt« (V. 6 f.) und der Anspruch auf »Macht von Gottes Gnaden« (V. 8), »soweit der Himmel tagt« (V. 7), wobei sich aristokratisches und religiöses Selbstverständnis in traditionsreicher Weise verbinden (Arnold-de Simine 2004, 160; Schneider 2002).

Die zweite Strophe bedeutet eine Intensivierung des prophetischen Auftrags im Kontext naturmetaphorisch gestalteter Zeitkritik. Wie den Naturbeschreibungen des *Geistlichen Jahres* und den *Zeitbildern*, denen *Mein Beruf* ursprünglich vorangehen sollte, eine »physisch-metaphysische Ambivalenz« eignet, so weisen auch hier die topographischen Elemente »›realistische[ ]‹ Beziehbarkeit« und »metaphysisch-allegorische Perspektivierung« gleichermaßen auf (Detering 2009, 58): Einerseits könnten der »modervolle[ ] Stumpfe« (V. 10), der »schönste Blumenrain« (V. 11), der »erstorbne[ ] Sumpfe« (V. 12) oder das »Moorgeschwehle« (V. 14) eine reine Landschaftsbeschreibung meinen. Andererseits sind der »todte Schein« (V. 9) und »blutlos Meteor« (V. 13) als »allegorische[ ] Umschreibung der Verderbtheit der Zeit« (Schneider 1976, 52) zu interpretieren, in der der »schönste Blumenrain« den »erstorbnen Sumpfe« allenfalls überdecken kann und dadurch nachgerade selbst moralisch verdächtig wird (V. 11 f.). Dabei lässt sich das raum- und zeitdeiktische »Jetzt wo« (V. 9) in *Mein Beruf* einerseits konkret auf die Schreibsituation beziehen, andererseits aber auch im Sinne eines potenziellen Immer und Überall verstehen.

Der zweite Teil wird durch die Inquit-Formel »[j]etzt ruft die Stunde« (V. 15) eröffnet und besteht in einem langen Zitat, das als Gebot der Zeit die poetische »Selbstrechtfertigung« (Pott 2004, 249) des Ich weitertreibt. In der überaus komplexen Kommunikationsstruktur reformuliert das Ich eine an jede »lebend'ge Seele«, gleich ob »Mann oder Weib« (V. 16), gerichtete Forderung, andere zu einem guten, gottgefälligen Leben anzuhalten. Diese Mahnung zur Mahnung, die im vorliegenden Zusammenhang freilich in erster Linie an das Ich selbst gerichtet ist, deckt die »vielfache[ ] Sündenverfallenheit« (Schneider 1976, 52) der Menschen auf. Dabei kommen in Binnenzitaten Appelle zur Sprache, mit denen Betroffene aufgerüttelt werden sollen: Der vom betäubenden Nachtschattengewächs »Datura« (V. 18) umnebelte »Träumer« (V. 17), der der »Sinnenlust« (V. 25) Frönende, die sich in ihrer Ehe »in Haft« (V. 41) gesetzt Glaubende und der vom »Opiat« (V. 50) Sedierte sollen je nach ihrem Zustand in sanfter oder rabiater Weise aus ihrer Verirrung gelöst werden. Dabei bildet eine noch nicht gänzlich erstorbene »Erinnerung« (Niethammer 1993a, 57) an ein besseres Leben den Ansatzpunkt, um die ›Sünder‹ durch die erweckungsrhetorische Aktivierung der Sinne zu bekehren. In ihrem Brief an Schücking vom 6. Februar 1844 löste Droste das Bild des Drogenberauschten als »innerlich früh Gealterten« auf, »der die Empfänglichkeit theilweise, aber nicht das Gefühl seiner Lage verloren hat« (HKA X, 151). Der hohe Allgemeinheitsgrad der Erläuterung deutet darauf hin, dass die einzelnen Strophen eine »Diärese« (Rotermund 1962, 63) des ›falschen Lebens‹ im Allgemeinen bilden, womit eine generelle Zeitkritik zwar nicht konkret bedeutet, aber mitgemeint ist.

Unter den imperativischen und stark rhetorischen Strophen nimmt die fünfte eine Sonderstellung ein. Während die Handschrift in dieser Hinsicht Varianten aufweist (HKA I, 931–935), richtet sich in der autorisierten Druckfassung der *Gedichte* von 1844 die Ermahnung direkt an das Ich und alle Adressaten des Gebots der Stunde. Insofern kann man zu Recht konstatieren, dass die »moralische[ ] Aufrüstung« im zweiten Teil des Gedichts »gegen die Gesellschaft, aber nicht weniger gegen sich [den Sprecher, T.V./Y.Z.] selbst gerichtet« (Koopmann 2000, 20) ist. Die geforderte flehentliche Hinwendung zur »Mutter« (V. 40), die »[d]ein Schmerzenslager dir gebreitet« (V. 36), besitzt neben dem konkret lebensweltlichen auch einen Bezug auf die für Droste Trost repräsentierende Gottesmutter (Kallinger 1997, 334).

Im dritten und letzten Teil des Gedichts bezieht das Ich das fremde, nicht explizit poetische moralische Credo, damit auf den Beginn rekurrierend, auf sein »Amt / Von Gottes Gnaden« (V. 57 f.). Dabei kommt es insofern zu einem »Wechsel der Stillage« (Meyer 1994, 304 f.), als der »hyperbolische[ ] Anfang[ ]« gedämpft wird und die »schroffe[ ] Antithetik« von Künstler und Gesellschaft zurücktritt (Rotermund 1962, 63 f.). Der Aufruf der »Stunde« (V. 15) wird durch den Tempuswechsel zur Erinnerung entrückt und zur poetischen Aufgabe »[i]m frischen Muth, im warmen Leben« (V. 60) umgestimmt. Das rhetorische Ermahnungspathos zwar anverwandelnd, aber relativierend, vertritt das Ich ein im Gleichnis ausgedrücktes Dichtungsverständnis, das die Metaphorik des Gedichteingangs kontrastiv aufgreift: Eine »Blume« im »Wüstensand« der »Sahara«, »[f]arblos und Duftes baar« und von »nichts« wissend, hütet »den frommen Thau«, um »dem Verschmachtenden ihn leis / In ihrem Kelche anzubieten« (V. 63–68). Dieses rätselhafte Gleichnis der eigenen Dichterrolle ist mit dem Verzicht auf »kurze[n] Ruhme«, dass »ihr mich nennt« (V. 61 f.), verbunden und spielt insofern (wie die *Zeitbilder*) *ex negativo* auf die »liberale[ ] oder revolutionäre[ ] Tendenzpoesie« (Kortländer 1979, 275) an. Das Bild der visuell und olfaktorisch reizlosen Blume stellt einerseits eine Abgrenzung, andererseits aber auch eine würdigende »Reminiszenz[ ]« an die »Wüstenexotik« (Kortländer 1979, 261) Ferdinand Freiligraths dar. Drostes Metaphorik rekurriert allerdings auch auf ein »christlich-moralische[s] Bezugssystem« (Niethammer 1993a, 57): Die Wüste ist im *Geistlichen Jahr* eine Allegorie für die »Gottesferne« (HKA IV, 479), und auch Begriffe wie »fromme[r] Thau« (V. 66), »Kelche«, »Schlange« (V. 68 f.), »Leu« und »Pilger« (V. 71 f.) besitzen hohen religiösen Anspielungsreichtum. Im Bild der Wüstenblume, die den sündhaften Anfechtungen ihrer Umgebung problemlos widersteht, kommt am Schluss von *Mein Beruf* »die Bestimmung der Dichtung: zu ›nützen‹« (Schneider 1976, 52) bündig zum Ausdruck. Das Dichtungsverständnis, das dem »Karitative[n]« (Niethammer 1993a, 57) nahesteht und »heilende Funktion« für »den Bedürftigen und Heilsuchenden« besitzt (Salmen 1985, 173), steht dabei in struktureller Konkurrenz zum zeitgenössischen Berufsschriftstellertum. Freiligrath verkörperte aus der Sicht Drostes beispielhaft die Gefahren, »ums liebe Brod« zu dichten, zum »Sklave[n] der öffentlichen Meinung« und »sogar der Mode« zu werden und somit »sein Bestes und am tiefsten Gefühltes, Ueberzeugung, Erkenntniß, Geschmack, [zu] verläugnen« (HKA IX, 85).

Dass sich im Dichter »gewissermaßen die Zeit ihrer Fragwürdigkeit bewußt« (Koopmann 2000, 20) wird und diesem die Aufgabe der Mahnung und Heilung zukommt, wird in *Mein Beruf* inhaltlich bezeichnet, aber auch durch die Appellstruktur des Gedichts performativ inszeniert. So ist nicht nur der Mittelteil, obgleich vom Ich aufgegriffen, als allgemeine, nicht zuletzt an den Leser ergehende Forderung gesprochen, sondern auch der Gedichtschluss auf Wirkung konzipiert. Das Gleichnis der Wüstenblume wird mit einer Zusicherung (»[d]och wißt«, V. 63) eingeführt, womit das Angebot ausgesprochen ist, auch dem Leser »frommen Thau« (V. 66) zu spenden, sofern sich dieser als »Verschmachtende[r]« (V. 67) in einer sündigen Welt erkennt und zum »Pilger« (V. 72) wird.

Literatur

Arnold-de Simine, Silke: Schreiblegitimationen und -strategien in Annette von Droste-Hülshoffs Dichtergedichten und ihrem Versepos *Des Arztes Vermächtnis*. In: German Life and Letters 57,2 (2004), S. 158–169.
Bianchi, Bruna: Verhinderte Überschreitung. Phänomenologie der »Grenze« in der Lyrik der Annette von Droste-Hülshoff. In: Ortrun Niethammer/Claudia Belemann (Hg.): Ein Gitter aus Musik und Sprache. Feministische Analysen zu Annette von Droste-Hülshoff. Paderborn u. a. 1993, S. 17–34.
Detering, Heinrich: Versteinter Äther, Aschenmeer. Metaphysische Landschaften in der Lyrik der Annette von Droste-Hülshoff. In: Jochen Grywatsch (Hg.): Raum. Ort. Topographien der Annette von Droste-Hülshoff. Hannover 2009 (= Droste-Jahrbuch 7), S. 41–67.
Howe, Patricia: Breaking into Parnassus: Annette von Droste-Hülshoff and the Problem of Poetic Identity. In: German Life and Letters 46,1 (1993), S. 25–41.
Kallinger, Christine: Mother Mary. In: Friedrike Ursula Eigler/Susanne Kord (Hg.): The Feminist Encyclopedia of German Literature. Westport/Conn., London 1997, S. 34 f.
Kohl, Katrin: Poetologische Metaphern. Formen und Funktionen in der deutschen Literatur. Berlin, New York 2007.
Koopmann, Helmut: »Nicht fröhnen mag ich kurzem Ruhme«. Zum Selbstverständnis der Droste in ihren Dichtergedichten. In: Droste-Jahrbuch 4 (2000), S. 11–33.
Kortländer, Bernd: Annette von Droste-Hülshoff und die deutsche Literatur. Kenntnis – Beurteilung – Beeinflussung. Münster 1979.
Meyer, Matthias: Die ›Dichtergedichte‹ der Annette von Droste-Hülshoff. Probleme einer Identitätsbildung. In: Danielle Buschinger (Hg.): Europäische Literaturen im Mittelalter. Mélanges en l'honneur de Wolfgang Spiewok à l'occastion de son 65ème anniversaire. Greifswald 1994, S. 297–319.
Nettesheim, Josefine: Die geistige Welt der Dichterin Annette von Droste-Hülshoff. Münster 1967.
Niethammer, Ortrun: Die programmatischen Einleitungsgedichte zur 1844er Gedichtausgabe der Droste. In: Ortrun Niethammer/Claudia Belemann (Hg.): Ein Gitter aus Musik und Sprache. Feministische Analysen zu Annette von Droste-Hülshoff. Paderborn u. a. 1993, S. 55–62. [Niethammer 1993a]
Pott, Sandra: Poetiken. Poetologische Lyrik, Poetik und Ästhetik von Novalis bis Rilke. Berlin, New York 2004.
Rotermund, Erwin: Die Dichtergedichte der Droste. In: Jahrbuch der Droste-Gesellschaft 4 (1962), S. 53–78.
Salmen, Monika: Das Autorbewußtsein Annette von Droste-Hülshoffs. Eine Voraussetzung für Verständnis und Vermittlung ihres literarischen Werks. Frankfurt/M. 1985.
Schneider, Manfred: Das Amt der Dichterin. In: Ortrun Niethammer (Hg.): Transformationen. Texte und Kontexte zum Abschluss der Historisch-kritischen Droste-Ausgabe. Bielefeld 2002, S. 51–68.
Schneider, Ronald: Realismus und Restauration. Untersuchungen zu Poetik und epischem Werk der Annette von Droste-Hülshoff. Kronberg/Ts. 1976.

5.5.3. Meine Todten
Juliane Prade-Weiss

Meine Todten (HKA I, 100 f.) entstand zwischen dem 8. Mai und etwa dem 19. November 1843 (HKA I, 937) zusammen mit zwei anderen Totengedichten des Bandes, *Clemens von Droste* (HKA I, 133 f.) und *Die Unbesungenen* (HKA I, 167). Bei der Anordnung des Bandes machte Droste *Meine Todten* zum Titelgedicht einer Gruppe von sieben Texten (V³, HKA I, 552). An Levin Schücking (→ I.1.2.3.) schrieb sie am 17. Januar 1844: »Zuerst hatte ich die Gedichte an und über Verstorbene zusammen RANGIRT, es nahm sich aber gräulich MONOTON und trübselig aus, man hätte denken sollen sie seyen die schlechtesten im ganzen Buche, während sie doch Alle zu den Bessern gehören.« (HKA X, 144) *Meine Todten* rückte darum nach *Mein Beruf* und vor *Katharine Schücking* in einer Gruppe programmatischer Einleitungstexte an den Beginn (V⁵, HKA I, 567), wodurch der poetologische Charakter des Bandes betont wird (→ II.5.1.). Schücking hingegen favorisierte die *Zeitbilder* für die Anfangsposition und so rückte die Trias an den Beginn der *Gedichte vermischten Inhalts* (→ II.5.5.1.). Dadurch geht ihr programmatischer, die »Traditionsbildung« einer weiblichen Dichtung betonender Charakter »verloren« (Niethammer 1993a, 56).

Meine Todten ist in sieben Schweifreimstrophen zu je sechs Versen gegliedert (aabccb). Alle Verse sind vierhebige Jamben, dennoch ist das Metrum variiert: Während die beiden Paarreime im ersten und zweiten sowie vierten und fünften Vers jeweils akatalektisch aus acht Silben bestehen und eine männliche Kadenz aufweisen, ist der umarmende Reim des dritten und sechsten Verses je hyperkatalektisch aus neun Silben gebildet und hat eine weibliche Kadenz. Die zusätzliche, unbetonte Silbe gehört oft zur Artikulation von Schlüsselworten des Textes wie der Adresse »Ihr meine stillen strengen Todten« (V. 9). In der Benennung des Mediums der Inspiration – »der Oede Odem« (V. 33), »Grabesbrodem!« (V. 36) – sowie dem finalen »[Q]uillen« (V. 42), das die »stille[ ]« (V. 39) Stimme der Toten bewirken soll, erscheint die Hyperkatalexe als artikulatorische Realisierung des »frischen Wind[s]« (V. 2).

In der Forschung hat *Meine Todten* nur sporadisch Beachtung gefunden. Es wird unter die »poetological poems« Drostes gezählt (Krimmer 2001, 122; vgl. Peucker 1987, 107 f.; Peterli 1958, 41), vor allem aber in psychologische Deutungen ihres Werks eingebettet: Als »picture of a mind oppressed by the presence of the dead« (Guthrie 1989, 59), das eine Idylle zur »Totenlandschaft« werden lässt (Böschenstein [1975] 2007, 34); populär auch als Symptom »unterschiedliche[r] Ängste«, die »in den Toten ihre Verkörperung« finden (Beuys 1999, 309). Diese Einordnungen gehen kaum auf den Text ein, in dem Droste darüber reflektiert, in welcher Weise Tote gegenwärtig sind. Dabei transzendiert sie eine Poetik von Trauer, Verlust und Affekt hin zu sprach- und medientheoretischen, ästhetischen sowie metaphysischen Überlegungen jenseits theologischer Topoi.

Strophe 1 hebt an mit der Evokation einer »ernste[n] Fahrt« (V. 1) – »which may be the poetic venture itself« (Peucker 1987, 107) – und scheint eine generelle Regel zu formulieren mit der Formel »Wer« / »Er« (V. 1, 3). Die Strophe zitiert das romantische Sehnsuchtsmotiv des Blicks »in die Weite« (V. 3) und entfaltet diese im dreimaligen anaphorischen »Nach« (V. 4–6). Strophe 2 formt das lyrische Ich in Abgrenzung: Zwar schließt es sich dem aufgerufenen Paradigma des männlichen Dichters (»Er«, V. 3) an, indem es ein »ernstes Wagen« (V. 7) beginnt, doch statt in die Ferne zu schauen, hört es auf das ihm Nahe, auf die paradoxe »Stimme« der ihr angehörigen »stillen [...] Todten« (V. 12, 9). An sie wendet sich die Rede durchgehend. Ihre »Gruft« (V. 10) ist kein spezifischer Ort, sondern liegt in den Elementen, in die Verstorbene sich physisch zersetzen und auf welche die Vertrautheit übergeht, die einst mit den Lebendigen bestand. Strophe 3 erläutert, dass die Toten nicht stumm sind, sondern »still« in Naturerscheinungen sprechen, in denen die Elemente in je besonderer Weise gegeneinander wirken. In der irregulären Ästhetik des »ernste[n] Wagen[s]« (V. 7) liegt mithin keine Bescheidung gegenüber dem Blick in die »Weite«, sondern sie ist auf viel Grundsätzlicheres aus: auf »eine[ ] Ewigkeit« (V. 17) von Formulierungsregeln, die den Naturerscheinungen zugrunde liegt. »[U]nerschöpften Lichtes Bronnen« (V. 18) greift das Thema der Anschauung aus Strophe 1 auf und sucht, über alles Optische weit hinausgehend, einen neuen, in den Metaphorisierungen des Gedichtes vorgebildeten poetischen Zugang zur Natur. *Meine Todten* variiert das von Augustinus kanonisierte Verständnis der Schöpfung als Buch der Natur, das lesbar ist wie die Bibel. Die »Lesbarkeit der Welt« (Blumenberg 1981) offenbart hier anders als in der Tradition weder deren Schöpfer noch deren Gesetze, sondern ist ein platonisches Wiedererkennen als vertraut, das zur Intimität mit dem Transzendenten führt. Dies schildert Strophe 4: »[D]as welke Blatt« (V. 20) erscheint als Botschaft der Toten. Die halluzinatorische Naturwahrnehmung von »Warnungsflüstern« (V. 21) im Laub und »Blumenaugen« (V. 24) lotet die Ästhetik des Lesens aus, das Anschauung durch halluzinatorische Verschränkung von Sehen und Hören ermöglicht, bei der Lektüre des Buchs der Natur wie der phonetischen Schrift. Sie ist das dauerhafte Medium des in Strophe 1 gesuchten »Wort[es], das [...] geleite« (V. 6). Paulus jedoch sagt, der Buchstabe töte, während der Geist (*spiritus*) belebe (2. Kor 3,6). So verwerfen seit Augustinus' Metaphorik der Innerlichkeit klassische Ästhetiken und Hermeneutiken das entzifferte Wort zugunsten der vermittels seiner erlangten Anschauung oder Einsicht. *Meine Todten* wendet die Relation ab Strophe 5 anders: Die Angesprochenen sind es, die sichtlich vergingen, ihre vertraute Gestalt in der Erscheinungswelt verloren, als im Tod ihr Blick erstarb: »Vom Auge hauchtet ihr den Schein« (V. 28). Ihnen wird umgehend neue Gestalt gegeben als »Ihr meine Richter« (V. 29). Die Toten fungieren nicht als Last oder Todesdrohung, auch nicht zuerst als Fürsprecher, die bereitstehen, um etwa die *caritas* der Krankenpflege im Jenseits zu bezeugen (Krimmer 2001, 123–125), sondern als *maiores*, als Autoritäten, die dem Adel, dem Droste entstammt, sein genealogisches Vorrecht verbürgen, und die in gleicher Weise der Text sich erschafft, indem er in Zitaten den Maßstab artikuliert, an dem er seine Rede misst – ein »Wort«, das »geleite[t]«. Ein solches Wort ist »hauchtet« (V. 28), d. h. *exspiravit*, wie Markus (15,37) den Moment von Jesu Tod am Kreuz benennt. Strophe 6 greift es auf, um jedoch keineswegs simpel zu schließen, die Toten seien im Wort der Lebenden gegenwärtig, gilt doch die Schrift für ebenso tot wie sie. Den Angesprochenen fehlen die Mittel zur Erwiderung, »euer Laut der Oede Odem« (V. 33) ist ein Oxymoron: »Odem« ist seit Luthers Bibelübertragung konnotiert als der dem Menschen eingeblasene Atem, der ihn belebt (Gen 2,7), die »Oede« aber ist das Unbelebte. Ein erweiterter Reim parallelisiert den »Odem« mit »Grabesbrodem«, einer Ausdünstung, die spricht wie »kein Wort« (V. 36). Die Assonanz von »drückt« und »geblickt« (V. 34 f.) hebt die Artikulation hervor, das heißt den strukturierten Atem, der Worte von der elementaren, stillen Stimme der Toten unterscheidet. Unterdessen insistiert die dreimalige (Binnen-)Anapher »so« (V. 35 f.) darauf, dass »meine stillen strengen Todten« (V. 9) sich gleichwohl an das lyrische Ich wenden und der Brodem »spricht« (V. 36). Strophe 7 erklärt wie: Das lyrische Ich beugt die »Stirn hinab« (V. 38) zur Erde, in der die Toten begraben und zersetzt werden, wodurch »Grabesbrodem« zu »stille[m]« »Gräserhauch« wird (V. 39). In dieser elementaren Übersetzung wird der Odem, den die Toten aushauchten, zur Inspiration der poetischen Rede, die auf den »Gräserhauch« horcht und eng verwandt ist mit ihm. Denn auch dies ist ein traditionsreiches Leitwort: Es evoziert das Konzept der Dichtung als Gesang und das mythische Bild Pans, der auf einer Syrinx spielt – die einst eine Nymphe war und auf der Flucht vor Pan zu Schilfgras wurde, das er zur Flöte zusammenfügte, die einen Klageton verlautbart (Ovid, *Metamorphosen* I, 689–712). Der »Gräserhauch« setzt wie ein Seufzer in V. 40 einen Affekt frei, der im Syntagma keinem Objekt sicher zugeordnet ist. Die Wiederkehr der Vertrautheit gibt das fünfte der Elemente frei, die übersinnliche Quintessenz: »Aether« (V. 41) ist keine Atemluft, sondern die Sphäre der Götter und der klarste, aber unzugängliche Teil des Kosmos. Das Gedicht bringt ihn durch die spezifische Unschärfe poetischer Sprache zur Erscheinung: »lauter wie der Aether fließt« (V. 41) heißt so »wie« dessen Fluss, unaufhörlich und harmonisch, aber »lauter« als dieser, also artikulierbar, mit mehr Atem. Die erbetene »Wahrheit« (V. 42) erhält damit Gedichtform: harmonisch und hörbar, obgleich aus der stillen Schrift hervorgehend.

Die Entgrenzung des anthropozentrischen Verständnisses der Sprache auf Naturerscheinungen hin erfasst die Dichtung als Medium der Formung von Tradition durch Neuartikulation des Vergangenen vermittels der Respiration dessen, was die Toten ausgehaucht haben. Das macht ihren Verlust nicht rückgängig, wendet aber die Entfremdung von der Welt in Trauer zur Vertrautheit mit ihr. *Meine Todten* analysiert den nekrologischen Aspekt poetologischer und ästhetischer Paradigmen, in denen Dichter ihr Werk traditionell dem Tod weiblicher Figuren abgewinnen, und wendet ihn ins Kosmologische: Dichten erscheint bei Droste nicht als Unterweltfahrt, sondern als Weltfahrt bis ins Mikroskopische.

Literatur

Beuys, Barbara: »Blamieren mag ich mich nicht«. Das Leben der Anette von Droste-Hülshoff. München 1999.
Blumenberg, Hans: Die Lesbarkeit der Welt. Frankfurt/M. 1981.
Böschenstein, Renate: Die Struktur des Idyllischen im Werk der Annette von Droste-Hülshoff [1975]. In: Renate Böschenstein: Idylle, Todesraum und Aggression. Beiträge zur Droste-Forschung. Hg. von Ortrun Niethammer. Bielefeld 2007, S. 15–35.
Guthrie, John: Annette von Droste-Hülshoff. A German Poet between Romanticism and Realism. Oxford u. a. 1989.
Krimmer, Elisabeth: A Perfect Intimacy with Death. Death, Imagination, and Femininity in the Works of Annette von Droste-Hülshoff. In: Women in German Yearbook 17 (2001), S. 121–140.
Niethammer, Ortrun: Die programmatischen Einleitungsgedichte der 1844er Gedichtausgabe der Droste. In: Ortrun Niethammer/Claudia Belemann (Hg.): Ein Gitter aus Musik und Sprache. Feministische Analysen zu Annette von Droste-Hülshoff. Paderborn u. a. 1993, S. 55–62. [Niethammer 1993a]
Ovid: Metamorphosen. Hg. von Niklas Holzberg. Zürich, Düsseldorf 1996.
Peterli, Gabriel: Zerfall und Nachklang. Studien zur deutschen Spätromantik. Zürich 1958.
Peucker, Brigitte: Lyric Descent in the German Romantic Tradition. New Haven 1987.

5.5.4. Junge Liebe / Das vierzehnjährige Herz / Brennende Liebe

Jochen Grywatsch

Drei in enger zeitlicher Nähe während des Meersburger Winters 1841/42 (vgl. HKA I, 977 f., 982 f., 986) entstandene Gedichte der Abteilung *Gedichte vermischten Inhalts*, die als Ensemble zusammenstehen, widmen sich dem Liebesthema. Während *Junge Liebe* (HKA I, 108 f.) zuerst (auf Schückings Betreiben) im *Morgenblatt für gebildete Leser* (9. September 1842) erschien, wurden *Das vierzehnjährige Herz* (HKA I, 110) und *Brennende Liebe* (HKA I, 111 f.) in der Gedichtausgabe von 1844 erstveröffentlicht.

Alle drei Gedichte sind formal vollkommen regelmäßig gestaltet; sie bestehen je aus vier bzw. fünf achtzeiligen Strophen mit durchgehendem Kreuzreim und einem regelmäßigen Wechsel von männlichen und weiblichen Kadenzen, womit die Geschlechterbeziehung auch formal inszeniert wird. Lediglich *Brennende Liebe* wechselt innerhalb der achtzeiligen Strophen zwischen vier nacheinander männlich betonten Versenden und vier alternierend betont und unbetont endenden Versen.

Die drei Gedichte stellen das Thema der individuellen Liebe gewissermaßen in drei Stadien vor. Das den Auftakt gebende *Junge Liebe* fokussiert auf die kindlich-schwärmerische Liebe – die unterschwellig jedoch auch bereits eine begehrende ist –, die ein kaum 15-jähriges Mädchen erstmals für eine Person außerhalb des Familienkreises empfindet. Von dieser vor dem Hintergrund »der biedermeierlichen Tabuisierung der Geschlechter« (Heselhaus 1971, 216) als ungehörig und schamlos (»[i]n argem Schämen und Grämen«, V. 26) empfundenen Gefühlsregung einem Mann gegenüber (»Der Carl«, V. 32) stark im Grundverständnis der Liebe verunsichert, die in der kindlichen Vorstellung allein den Eltern vorbehalten ist, sieht es sich der moralischen Gretchen-»Frage« (V. 28) ausgesetzt, wie dem verstörenden emotionalen Andrang zu begegnen sei. Gelöst wird die Gewissensfrage mit der die Normerwartung erfüllenden Beteuerung der Mutterliebe, wohingegen das eigentliche Bekenntnis der Geschlechterliebe gilt, die jedoch ein Irrealis bleiben muss. So sind alle im Gedicht angesprochenen Liebesvarianten – das entworfene »Abentheuer« (V. 29) des in Flammen stehenden Hauses ebenso wie das Blumenorakel der ersten beiden Strophen – stets gedankliche Konstrukte der gefühlsverwirrten Mädchenfigur, deren Liebeswunsch sich allein in der Vorstellung des gemeinsamen Feuertods verwirklichen kann. Wenn das Gedicht die schwärmerisch-sentimentale Gefühlsverwirrung einer Heranwachsenden in starker Überzeichnung präsentiert und so mit Mitteln der Ironie zur Schau stellt, dann lenkt es damit auch von der darunterliegenden Ebene einer drängenden Virulenz des sinnlich-erotischen Begehrens ab, die es so auch zu überdecken sucht.

Dass das Gedicht die Geschlechterliebe implizit viel mehr thematisiert, als die vorgestellte Szenerie es zu erkennen gibt, wird – neben der versteckten biblischen Anspielung auf das durchaus sinnenfrohe *Hohelied* – auch durch die doppelte Verwendung und Betonung des Minnebegriffs (V. 20) deutlich. Dessen explizite Konnotierung mit der vorgestellten Liebe des Mädchens verweist zunächst auf die historische Wortbedeutung der »fürsorgliche[n] liebe« (Grimm 1986, Bd. 12, Sp. 2239) im Sinne der mittelalterlichen Stilisierung der Minne als hingebungsvoller Dienst des Ritters an der Dame zum Ideal platonischer Liebe – eine Wortbedeutung, die explizit auch die Argumentation des Gedichts aufgreift (»Kannte sie nie ein anderes Band / Als des Blutes [...]«, V. 21 f.). Dennoch ist – gerade wenn man sich vergegenwärtigt, dass der Text im Haus des Mediävisten Joseph von Laßberg (1770–1855) entstanden ist, der dort oft im Beisein der Autorin mit zahlreichen Kollegen fachsimpelte – selbstverständlich auch die im Mittelhochdeutschen stärker gebräuchliche Bedeutung des Begriffs als »liebe zum andern geschlecht« (Grimm 1986, Bd. 12, Sp. 2241) angesprochen. Diese Beobachtung wird gestützt durch eine augenfällige lexikalische Parallele, als die »Ringelblumen« (V. 9), an denen das Blumenorakel vollzogen wird, auch in dem Gedicht *Am Bodensee* (→ II.5.4.7.) begegnen und zwar in expliziter Verbindung zu einem im Kontext der stark mittelalterlich geprägten Szenerie geäußerten Gedanken, der das geschlechtliche Begehren nicht kaschiert, sondern offen zum Ausdruck bringt (»Die glühende Braut, die lächelnd dir / Von der Ringelblume gab Blatt um Blatt«, HKA I, 84, V. 43 f.). Der Paratext des Mottos zum Erstdruck im *Morgenblatt* tut ein Übriges. Dort sind dem Gedicht die ersten vier Verse eines Goethe-Gedichts *Neue Liebe, neues Leben* (1775) vorangestellt, die von einer neuen Liebeserfahrung sprechen: »Herz, mein Herz, was soll das geben? / Was bedränget dich so sehr? / Welch ein fremdes neues Leben! / Ich erkenne dich nicht mehr«. Das Weitere bleibt der Phantasie des Lesers überlassen, dem das wohl bekannteste Liebesgedicht Goethes *Das Heidenröslein* geläufig ist, das seine sexuelle Komponente kaum ernsthaft verschleiert. Dass *Junge Liebe* von einer verlorengehenden Unschuld sprechen wird, vermittelt versteckt auch das einleitende Versquartett, das das Setting einer idyllischen Natur- oder Genreszene vorgibt zu sein, während sich jedoch die blass-weißen Blüten durch den Strahl der Abendsonne rot färben (V. 3 f.), und damit die Farbe annehmen, mit der am Ende des Gedichts der Angebetete assoziiert wird.

Wenn *Junge Liebe* so eher beiläufig von der Liebe zur Mutter spricht und vielmehr die erwachende Geschlechterliebe in den Fokus stellt, so folgt ihm in der Ausgabe von 1844 das scheinbar ganz und gar auf die vorbehaltlose Vaterliebe bezogene *Das vierzehnjährige Herz*. Doch auch dieses Gedicht, das ungleich vielfältiger Aussehen und Gebaren der zunächst nicht näher benannten geliebten Person beschreibt, sagt fast mehr über das spezifische Verhalten einer Jugendlichen bezogen auf ihre Befähigung zum Ausdruck von Liebe aus, als es das Lob des Vaters spricht. Attribute, die der Figur aus Sicht des Kindes zugeschrieben werden, sind Schönheit (trotz lichten, grauen Haars), würdevolles Auftreten, Autorität, Güte und achtbares Wirken. Das kindliche Ich, dessen »Albernheit eine Form von Verlegenheit und Geschämigkeit ist« (Heselhaus 1971, 222), wird in seiner Bezogenheit auf den Bewunderten und Geliebten präsentiert, der zuletzt sogar gottgleich gestellt wird, wenn Vers 29 (»Ruft mich bei Namen, und zieht mich nah«) die biblische Referenz zur Liebe Gottes zu den Menschen aufruft (vgl. Jes 43,1: »Ich habe dich bei deinem Namen gerufen«). Eine Liebe vorbehaltlos zu bekennen, das vermag im Konvolut der Texte der 1844er Ausgabe nur dieses die kindliche Vaterliebe fokussierende Gedicht. Das komplementär dazu die Mutterliebe thematisierende *Der Brief aus der Heimath* (HKA I, 113 f.), das gleich auf *Brennende Liebe* folgt, vermittelt diese lediglich indirekt als Ausdruck der Sorge um die Mutter angesichts lang ausbleibender Lebenszeichen.

Der dritte Text *Brennende Liebe* schließlich thematisiert in der kleinen Gruppe der Liebesgedichte die Geschlechterliebe. Dabei ist es keine offen gelebte respektive vollzogene Liebe, die hier im Fokus steht, sondern eine versteckte, im Verborgenen aber durchaus als sinnliches Begehren empfundene Liebe. Über diese »brennende« (V. 40) Liebessehnsucht, die einem männlichen Wesen gilt, berichtet das lyrische Ich in fünf Strophen einem angesprochenen Du, dem es sich offenbart. Ob sich diese Liebe jemals erfüllen können wird, danach fragt das Gedicht nicht. Es betont die Heimlichkeit der Liebe, deren Bild das in einer »Lade« (V. 7) verborgene Andenken ist, das einer Reliquie gleicht, die später zum religiös besetzten »Schrein« (V. 34) wird. Jedoch wird in der Kommunikationssituation des literarischen Textes die »heimlich[e]« (V. 7, 36) in einem doppelten Sinn zur bekannten Liebe – einmal für das eingeweihte Du, zum anderen für den gleichzeitig zum Wissenden werdenden Leser. Während die rahmenden Strophen 1 und 5 den geheimen Ort der verwahrten Reliquie fokussieren, geben die drei Binnenstrophen Auskunft über das Objekt des Begehrens und dessen Wirkung auf das lyrische Ich. Es ist nicht nur so, dass es ihm allenthalben begegnet, sondern sich diese allein an die Imagination gebundene Präsenz mittels stark körperlich-sinnlich aufgeladener Wahrnehmungen (»Augen«, V. 9; »Stimme«, V. 17; »Gestalt«, V. 25) ausprägt. Während der Begehrte sich zuletzt als irreal, als »Form, wie ein Rauch« (V. 32) erweist, zu dem es aber doch eine Begegnung der Zuwendung gab (»Beeren vom Strauch er mir hieb«, V. 38), bleibt dem Ich nur die Reliquie eines von seinem Blut getränkten Taschentuchs, das zum Symbol der »brennende[n] Lieb[e]« (V. 40) wird.

Im Arbeitsmanuskript und auch in den frühen Verzeichnissen trug das Gedicht zunächst den Titel *Die Vertraute* (HKA I, 987), bevor es mit *Brennende Liebe* überschrieben wurde und so den Fokus weg von dem angesprochenen Du auf das eigentliche Thema des Gedichts lenkt. Mit der dem Gedichttitel beigegebenen Fußnote »*CRATEGUS PYRACANTHA, auch sonst der ›brennende Busch‹ genannt« (HKA I, 111) wird eine gegenläufige Bewegung vollzogen, denn die botanische Bezugsetzung, die gleichzeitig eine religiös-biblische ist, führt wiederum von der Thematik des Textes weg. Mit ihr ist zudem eine Irritation verbunden, ergeben sich doch Schwierigkeiten mit einer Rückbindung dieser Angaben. ›Brennende Liebe‹ als botanischer Begriff bezeichnet nach heutigem Verständnis die Lichtnelke (Lychnis chalcedonia), eine Zierpflanze mit roten Blüten (vgl. HKA I, 988 f.), die aber nicht identisch ist mit den Rosengewächsen Crataegus (Weißdorn) und Pyracantha (Feuerdorn). Zur Zeit der Gedichtentstehung war jedoch die Bezeichnung »der brennende, der feurige busch« für »mespilus pyracantha« (Grimm 1986, Bd. 2, Sp. 559) geläufig. Gleichzeitig ist mit der Nennung des »brennende[n] Busch[s]« in der Fußnote explizit auch der biblische Kontext der Erscheinung Gottes auf dem Berg Horeb eben als brennender Busch aufgerufen, als Moses beauftragt wird, das Volk Israel aus Ägypten zu führen (Ex 3,2). Wie schon in *Das vierzehnjährige Herz* deutlich wurde, verwenden diese Texte mehr oder weniger offen biblische Anspielungen, mit denen das Thema der profanen, menschlichen Liebe, um die es in den Texten geht, um eine zweite spirituelle Ebene erweitert wird. So lassen sich ohne große Anstrengung »Tuch« (V. 35) und »Blut« (V. 40) mit Christusreliquien in Beziehung setzen. Jedes Konzept der Liebe erscheint also stets durchwirkt von einem elementaren göttlichen Prinzip.

Nicht so offensichtlich, aber dennoch unleugbar ist die Verbindung, die *Brennende Liebe* – das in Drostes eigenem Sprachgebrauch die Form eines lyrischen Liedes hat (Heselhaus 1971, 212 f.) – zu dem biblischen *Hohelied*, dem *Lied der Lieder*, herstellt. Dieses biblische Buch von hoher dichterischer Kraft spricht in einer Folge von gedichtähnlichen Texten mit überraschender Offenheit von einer menschlichen, geschlechtlichen Liebe (Hld 1,2: »Mit Küssen seines Mundes bedeckte er mich«), während, in allegorischer Deutung, gleichzeitig auch das Bild der spirituellen, göttlichen Liebe aufgerufen ist. Menschliche und göttliche Ebene sind in diesem ›lyrisch-literarischen‹ Buch des Alten Testaments auf vielfältiger Ebene miteinander verknüpft. So wie das *Hohelied* schon in den ersten Versen stark auf Sinnlichkeit abhebt und den Tast-, Geruchs- und Geschmackssinn gleichermaßen anspricht, ist es pointiert die explizit sinnliche Wahrnehmung, mittels der dem Geliebten in *Brennende Liebe* in den drei Binnenstrophen nahe gekommen wird. Mit dem Blick auf das *Hohelied* werden auch zwei Anspielungen im ersten hier behandelten Gedicht *Junge Liebe* verständlich, die – gut verborgen hinter einem Vorhang der Heiligen Schrift – versteckt eine erotische Komponente in den Text einbringen. Wenn das Mädchen als »scheue[ ] Gazelle« (V. 8) und als »schüchterne Hinde« (V. 22) beschrieben wird, so bedient sich der Text der bevorzugten und aufgeladenen Bilder, mit denen die (sinnlich) Liebenden des *Hohelieds* vielfach verglichen werden (vgl. Hld 1,2: »Ich beschwöre euch, Jerusalems Töchter, bei den Gazellen und Hindinnen der Flur: Stört doch die Liebe nicht ...« [Jerusalemer Bibel]; vgl. auch Spr 5,19: »Die liebliche Hindin, die anmutige Gazelle! Sie habe Umgang mit dir, ihre Brüste sollen dich sättigen jederzeit, ihre Liebe mache dich immerfort trunken« [Jerusalemer Bibel]). Eine weitere indirekte Anspielung auf das *Hohelied* lässt sich in der Farbsymbolik von *Junge Liebe* (V. 3f.) festmachen, die auf den Vers »Mein Geliebter ist weiß und rot« (Hld 5,10) verweist. Der »Schlehdorn« (V. 3) wiederum spannt den Bogen aus zum Gedicht *Brennende Liebe* mit seiner vom Gedicht forcierten botanischen Lesart. Die vielen versteckten intertextuellen Bezüge sowie die zahlreichen kleinen Zeichen und Anspielungen der hier in Rede stehenden Gedichte lassen keinen Zweifel daran, dass diese Texte, die als vermeintlich harmlose Rollentexte über die Unschuld der Liebe scheinen, sehr viel mehr über erotisches Begehren und die geschlechtliche Liebe zu sagen haben, als sie es vorgeben.

Literatur

Heselhaus, Clemens: Annette von Droste-Hülshoff. Werk und Leben. Düsseldorf 1971.

5.5.5. Instinkt
Cornelia Blasberg/Jochen Grywatsch

Das Gedicht *Instinkt* (HKA I, 124f.) entstand im Winter 1841/42 auf der Meersburg (HKA I, 1025) und wurde 1843 in die Rubrik »Vermischte Gedichte« (V³) der geplanten Werkausgabe eingeordnet (HKA I, 551). Es weist viele thematisch aufschlussreiche Bezüge zu anderen Gedichten in diesem Kontext auf. Vielfach verbunden ist es den *Zeitbildern* durch Kritik an der neuen, schrankenlosen Epoche (*An die Schriftstellerinnen in Deutschland und Frankreich*, HKA I, 17–19; → II.5.2.3.), die den Zeitgenossen, wie *Vor vierzig Jahren* (HKA I, 22 f.) darlegt, einen rasanten Wissensfortschritt (»Ist Wissen denn Besitzen?«, V. 29), aber auch Angst vor einer unendlichen, für den Menschen fremden und kalten Welt beschert (»Nun aber sind die Zeiten, / Die überwerthen, da« (V. 41f.). Ähnlich wie in *Im Moose, Der Hünenstein*

5. Gedichte von Annette Freiin von Droste-Hülshof (1844)

und *Die Verbannten* zeigt die Anfangsszene des Gedichtes ein lyrisches Ich, das sinnend im Gras ruht, und ruft damit den Topos des heimlichen, der Poesie günstigen Ortes auf (Grywatsch 2009b, 17–20). Mit *Die Mergelgrube* (→ II.5.3.8.) verbindet *Instinkt* ein hoch aktuelles naturwissenschaftliches Sujet (→ I.3.3.). Beide unterstreichen ihre Fachkompetenz ähnlich, wie es *Am Thurme* (→ II.5.4.4.) und *Der Weiher* (→ II.5.3.3.) tun, durch Referenzen auf Begriffe aus Friedrich Justin Bertuchs Naturkundebuch. Neben Analogien fallen indes Differenzen zu diesen Kontexten auf. Weder spricht die Natur selbst wie in *Der Weiher*, noch hält das Ich im Sinne der romantischen Naturphilosophie Zwiesprache mit Pflanzen und Tieren. Vor allem gleitet die Ich-Instanz von *Instinkt* nicht in unbewusste, traumverlorene Zustände ab und gelangt auf diese Weise in das Verhältnis idealer Responsivität zu ihrer Umgebung, wie es Bedingung für romantisches Dichten wäre. Stattdessen dominiert von Anfang an der Gestus eines klaren, wissbegierigen Nachdenkens mit deutlicher Distanz zum Gegenstand: Über den Instinkt, die »angeborene Fähigkeit zu artmäßig verschiedenen, vorbewusst zweckmäßigen Handlungs- und Tätigkeitsweisen« (Rohde 1976, 408), wird im Rahmen des Gedichtes mit wachem Verstand reflektiert, und darüber hinaus beobachtet sich das Ich selbst bei diesem Denkprozess und notiert das Schwanken seiner Gefühle zwischen Verwunderung, Skepsis, Verzweiflung und Ironie.

Das Gedicht ist sehr regelmäßig gebaut: In den sechs achtzeiligen Strophen mit Kreuzreim dominiert das jambische Metrum. Die Botschaft dieser lyrischen Form ist doppelt. Auf der einen Seite betont das Ebenmaß die Literarizität des Gesagten und weist sie als dessen *conditio sine qua non* aus. Auf der anderen Seite rückt eben dieses Gleichmaß die Form in den Hintergrund des weitaus spektakuläreren, von wissenschaftlichen Diskursen geprägten Inhaltes. Die ›lyrische‹ Szene des einsamen, seinen Gedanken nachhängenden Ich wird durch die imperfektisch formulierten Endzeilen – »O schlechte Welt, die mich so lang' und tief / Ließ grübeln über eines Pudels Treue!« (V. 47 f.) – als vergangen dargestellt und in die Vorstellung einer Schreibszene überführt, die sich ähnlich wie die popularisierenden Informationsmedien der Zeit dem Prinzip einer aufklärerisch-didaktischen Wissensvermittlung verpflichtet weiß (»Gedanken, die uns könnten tödten«, V. 41). Die im Gedicht vorgeführte Denkbewegung des Ich wandert unabhängig von der Strophengliederung zwischen zwei Argumentationspolen hin und her: Auf der einen Seite findet man die Begriffe »Bewußtlos« (V. 12), »Gefühllos« (V. 16), »Instinkt« (V. 21) und »Trieb« (V. 30), auf der anderen »Seele« (V. 33), »Gedanken« (V. 36, 41), »Geist« (V. 42) und »Heilge« (V. 24). Entsprechend kann man die Akteure entweder den Bereichen des Tier- und Pflanzenhaften (»Hund«, V. 5; »Vogel«, V. 4; »Dionæa«, V. 11; »Sparrmannia«, Fußnote) oder der Sphäre des mit Intellekt und Seele begabten Menschen zuordnen. Im Arbeitsmanuskript notierte Droste zu der in Zeile 23 genannten Fürstin »die Fürstin Schwarzenberg« (HKA I, 1025). Gemeint ist Pauline von Schwarzenberg (1774–1810), die ihr Leben verlor, als sie versuchte, ihre Tochter aus einem brennenden Saal zu retten (HKA I, 1029).

Die Forschung hat das Gedicht wenig beachtet. Während Schneider *Instinkt* neutral als Beispiel für den »rational-reflexiven« Typus von Drostes »Bekenntnisgedicht[en]« (1995, 137) aufführt, liest Kaiser eine entschiedene Anklage gegen das zeittypische »fruchtlose[ ] Sinnieren« (1996, 82) aus ihm heraus. Vermutlich hätte er sich gehütet, Droste eine solch negative Haltung zur Wissenschaft zu unterstellen, wären ihm Josefine Nettesheims Ausführungen zu *Instinkt* bekannt gewesen. Sie skizziert nämlich, indem sie auf Mesmers, Arndts, Okens u. a. Schriften aufmerksam macht, den naturphilosophischen Hintergrund des Gedichtes (Nettesheim 1967, 48–53). Dank der modernen bibliographischen Möglichkeiten und der aktuellen Forschungen zur Wissenspoetik (→ I.3.3.) lassen sich ihre Hinweise auf die botanischen Schriften von Charles Brisseau de Mirbel (1776–1854) und Hugo Mohl (1805–1872) über »Irritabilität und Sensibilität« (Nettesheim 1967, 50) von Pflanzen wie Zimmerlinde (Sparrmannia) und Sonnentau (Dionaea) in den Diskursraum der sich seit 1800 entwickelnden Biologie einordnen.

Geht man davon aus, dass Literatur in Auseinandersetzung mit jeweils zeitgenössischen Wissenschaften eigene Wissensmodelle ausbildet, dann wird Drostes *Instinkt* als Versuch einer solchen Modellbildung lesbar. Zentraler, starker Akteur dabei ist das lyrische Ich, das sich trotz seiner offensichtlichen naturkundlichen Bildung nicht in Labor oder Bibliothek, sondern direkt »im braunen Haideland« (V. 2) befindet. Spannungsreicher könnte die Szene nicht sein: Im hautnahen Kontakt zur Natur, gleichsam mit Erde und Gras verschmelzend, denkt das Ich scharf, kompromisslos und ohne Furcht vor irritierenden, skandalösen Erkenntnissen über die Natur nach, die es nicht nur außer sich, sondern ebenso in sich verortet. Es beobachtet den Vogel, der seine Brut auch gegen übermächtige Feinde schützt, und den Hund, der seinen Herrn selbst dann bewacht, wenn ihn Hunger oder Müdigkeit ablenken, und es stellt die traditionelle Dichotomisierung von seelenloser Natur und seelenhaftem Menschen so radikal in Frage, dass es am Ende vor den Konsequenzen dieses Denkens erschrickt. Hat die als »Heilge« (V. 24) verehrte Fürstin Schwarzenberg nicht anders gehandelt, als jeder Vogel und jeder Hund es tun würde? Was bedeuten diese Einsichten dann für den Umgang des Menschen mit sich und der Natur? Wie hat sich ein Gedicht zu den Wissensbereichen der Biologie, der Philosophie, Psychologie und Theologie zu verhalten, wenn es Fragen anschneidet, die dort mit unterschiedlicher Expertise verhandelt werden?

Im Unterschied zum wissenschaftlichen behauptet das literarische Wissensmodell keine Eindeutigkeit, im Gegenteil. *Instinkt* öffnet zunächst vor den Augen des Lesers eine lyrische Szene mit Aussagen, die sinnfällig mit Beobachtungen verbunden, nacheinander zur Kenntnis gebracht und im Grunde schlicht formuliert werden. Gleichzeitig wird der Leser zum Eintritt in einen zwischen den Zeilen eingelagerten synchronen Diskursraum geladen, der Hinweise auf die Herkunft der verhandelten Wissensbestände gibt und diese zur Bewertung und Verhandlung freigibt. Im Fall von *Instinkt* sind diese Diskurse heterogen, und die spekulative Naturphilosophie mit ihrem totalisierenden, poesieaffinen Denkkonzept ist nur eine Kraft unter anderen. Franz Anton Mesmer (1734–1815) beispielsweise begriff Instinkt als eine Grundformel der Übereinstimmung aller Wesen gemäß der harmonischen Ordnung des Kosmos (Nettesheim 1967, 48). Die Naturphilosophen Henrich Steffens (1773–1845) und Carl Ritter (1779–1859) gingen davon aus, dass Mineralien, Pflanzen, Tiere und Menschen zu einer Stufenleiter des Lebendigen gehören (Engelhardt 1979, 134, 140), die als ganze von Gott gegeben sei, so dass Natur- und Gotteserkenntnis eins sind. Instinkt wäre in diesem Denkmodell der magnetischen Energie vergleichbar, die als Produktivkraft eines kosmologisch inspirierten Vernetzungsmodells Mensch, Umwelt und Transzendenz umspannt. Gottfried Reinhold Treviranus (1776–1837, vgl. Nettesheim 1967, 50), einer der ersten Biologen, der die Reizbarkeit von Pflanzen untersuchte, hatte bei dem naturphilosophischen Zoologen und Anthropologen Johann Friedrich Blumenbach (1752–1840) in Göttingen studiert und mit der sechsbändigen Studie *Biologie oder die Philosophie der lebenden Natur für Naturforscher und Ärzte* (1802–1822) ein Standardwerk vorgelegt. Zu potentiell ›tödlichen‹ Fragen hätten die Überlegungen des lyrischen Ichs im Rahmen dieses Denkmodells nicht geführt. Auch die sich zu einer naturwissenschaftlichen Disziplin entwickelnde Biologie, die zunehmend evolutionstheoretisch dachte, hatte mit der Idee einer Instinktgrundlage des menschlichen Verhaltens kein Problem, da sie von der Immanenz und Eigentätigkeit des Lebens ausging und Fragen der Transzendenz ausschloss. In diesem Sinne hatte Hugo Mohl (1805–1872) seine Preisschrift *Ueber den Bau und das Winden der Schlingpflanzen* (1827) geschrieben. Zu denken gibt, dass das Gedicht am Begriff der ›Seele‹ festhält, obwohl diese nicht mehr als Differenzkriterium dem Menschen vorbehalten ist: auch dem »Hund[ ]« (V. 33) wird sie zuerkannt. Tatsächlich verliert das Konzept der Seele um 1800 seine Bedeutung. Die idealistische Philosophie überführt es in den Begriff des Ich- und Selbstbewusstseins, und um 1820 beginnt die neue Disziplin der Psychologie sich seiner zu bemächtigen und Forschungen über den Zusammenhang zwischen sichtbarem Verhalten und unsichtbarer Innerlichkeit anzustellen (→ I.3.3.). Da das Gedicht an der theologischen Vorstellung festhält, die Seele (des Hundes!) könne entweder auf- oder absteigen, wird deutlich, dass naturphilosophischem und -wissenschaftlichem Diskurs ein dritter zugesellt ist. Dabei steht nicht die Theologie, sondern ein schlichter, alltäglicher Glaube im Vordergrund, in dessen Rahmen Himmel und Hölle eine Rolle spielen und die Fürstin Schwarzenberg als »Heilge« (V. 24) gelten kann. Zweifellos sind die Sprachmuster des lyrischen Ichs von religiösen Formulierungen durchdrungen, und fast scheint es so, als könne man als Konvergenzpunkt aller im Gedicht spürbaren Spannungen den Fundamentalwiderspruch »Mein Wissen mußte meinen Glauben tödten« (*Am dritten Sonntage nach Ostern*, HKA IV, 67, V. 18; → II.2.5.) aus dem *Geistlichen Jahr* identifizieren.

Die letzte Strophe negiert solche Lösungsansätze entschieden und setzt mit der konjunktivischen Formulierung (V. 41) zu neuen Pointen an. Wenn man Instinkt als »tiefsten Gefühles Heerd« (V. 21) begreift, damit allerdings nicht nur – im Sinne der Biologie – arterhaltende Tätigkeiten erklärt, sondern auch selbstzerstörerische Akte der Treue, dann gerät man zwischen alle Diskurse. Einem solchen Denken *in extremis* erschiene jede noch so flüchtige Tätigkeit wie das Pflücken einer Blume (⟨*Wie sind meine Finger so grün*⟩, HKA II, 185) als Mord an der Natur. Mit kunstvoller Rhetorik zieht sich das lyrische Ich schließlich aus dieser Aporie heraus. Der Unmöglichkeit des Lebens unter den skizzierten Umständen setzt es – ironisch markiert – die Position eines Zeitgenossen entgegen, dessen Gemüt wie das des Westfalen in *Bei uns zu Lande auf dem Lande* von »harmlos lichte[r] Bläue« (V. 46; → IV.4.) gekennzeichnet ist und es erlaubt, dass wissenschaftliche Probleme im Sprichwort von des »Pudels Treue« (V. 48) miniaturisiert werden. So schlicht diese Position ist: Sie ist pragmatisch, lebensfördernd und human. Sie hat beileibe nicht die Kraft, die wissenschaftlichen Herausforderungen des Zeitalters zu bannen, denen das Gedicht seine ganze Aufmerksamkeit widmet, und anders als ironisch wäre sie nicht zu ertragen. *Instinkt* ist kein Naturgedicht, sondern ein ›Zeitbild‹ (→ II.5.2.1.), das seine Epoche als ungleichzeitige ausweist.

Literatur

Engelhardt, Dietrich von: Historisches Bewußtsein in der Naturwissenschaft von der Aufklärung bis zum Positivismus. Freiburg, München 1979.
Grywatsch, Jochen: Topographien der Annette von Droste-Hülshoff. Zur Einführung. In: Jochen Grywatsch (Hg.): Raum. Ort. Topographien der Annette von Droste-Hülshoff. Hannover 2009 (= Droste Jahrbuch 7), S. 7–24. [Grywatsch 2009b]
Kaiser, Gerhard: Geschichte der deutschen Lyrik von Goethe bis zur Gegenwart. Ein Grundriß in Interpretationen. Bd. 2: Von Heine bis zur Gegenwart. Frankfurt/M. 1996.
Nettesheim, Josefine: Die geistige Welt der Dichterin Annette Droste zu Hülshoff. Münster 1967.
Rohde, Klaus: Art. Instinkt. In: Joachim Ritter/Karlfried Gründer/Gottfried Gabriel (Hg.): Historisches Wörterbuch der Philosophie. Bd. 4. Basel u.a. 1976, Sp. 408–417.
Schneider, Ronald: Annette von Droste Hülshoff. 2., vollst. neu bearb. Aufl. Stuttgart, Weimar 1995.

5.5.6. Die rechte Stunde

Tilman Venzl/Yvonne Zimmermann

Die rechte Stunde (HKA I, 126) entstand am 17. November 1835 in Eppishausen im Blick auf den geplanten, letztlich aber nicht realisierten Gedichtband beim Kölner Verlag Joseph DuMont (HKA I, 1030 f.; HKA III, 252). Das »ganz kleine[ ] Gedicht« war als »Grundstein« (HKA VIII, 188) für die Langgedichte *Das Hospiz auf dem großen St. Bernhard* (→ II.4.2.) und *Des Arztes Vermächtniß* (→ II.4.3.) vorgesehen. Neben dem Arbeitsmanuskript findet sich eine Überlieferung des Gedichts im Brief an Christoph Bernhard Schlüter (→ I.1.2.2.) vom 19. November 1835 (HKA VIII, 188). Zudem sind zwei weitere Reinschriften des Gedichts überliefert, die Droste im Hinblick auf den vorgesehenen Druck in der Gedichtausgabe von 1838 sowie den realisierten Abdruck in der Ausgabe von 1844 erstellte. Wie der durch zahlreiche literarische Anspielungen und rhetorische Mittel poetisch codierte Brief zeugt auch *Die rechte Stunde* von Drostes intensiver Reflexion über poetologische Fragen. Warum *Die rechte Stunde* in der von Wilhelm Junkmann und Schlüter verantworteten Ausgabe der Gedichte von 1838 keine Aufnahme fand (HKA III, 262), ist nicht belegt. Als allgemeine Ausschlussgründe nannte Schlüter im Brief vom 2. August 1838 Uneinheitlichkeit, nachahmende Schreibverfahren sowie einen »fremdartig[en] und störend[en]« Charakter (HKA XI, 144). Anzunehmen ist aber auch, dass neben den drei Langgedichten nur wenig Platz für Einzelgedichte blieb, deren Auswahl sich an einem »ästhetische[n] Harmonie-Ideal« (HKA III, 263) orientierte. Mit ihren Protesten gegen Schlüters Bevormundung bei der Textzusammenstellung, die Droste im Brief vom 19. Juli 1838 erhob (HKA VIII, 309), konnte sie sich nicht durchsetzen. *Die rechte Stunde* wurde schließlich in der Ausgabe von 1844 erstveröffentlicht.

Obgleich Droste ihr Gedicht als »weder schön noch häßlich, aber was man so u n t a d e l i c h nennt«, als »bessere[n] Füllstein« ansah (HKA VIII, 188), ist es als geplantes Einleitungsgedicht ihrer ersten nicht realisierten Gedichtausgabe auf seinen programmatischen Gehalt zu befragen. *Die rechte Stunde* nimmt die anhand konkreter Orte und Personen behandelte poetologische Thematik des über einige Wochen entstandenen Briefs an Schlüter auf und steigert sie, dabei poetologische Reflexion und Dichtung überblendend, ins Überindividuelle und Allgemeine. Droste berichtet Schlüter im Brief von zwei ortsbezogenen Inspirationsmomenten in Eppishausen. So spricht sie von einem »Gartenhäuschen« (HKA VIII, 176), wo sie in der Abenddämmerung sitze, »wenn ich den ganzen Tag mit andern Vorstellungen bin gefüttert worden« und »mein eignes Schatzkästlein auf[mache]« (HKA VIII, 178). Anschließend beschreibt sie das meteorologische Phänomen des »A l p e n - G l ü h e n [s]«, nach dessen Beobachtung sie sich verträumt »in die Sopha-Polster« (HKA VIII, 179f.) zurückziehe. Solche Momente des Rückzugs werden mit Verweisen auf die gesellschaftlichen Verpflichtungen im Bekanntenkreis ihrer Schwester Jenny und deren Ehemann Laßberg konturiert, die mitunter zwar auch inspirative Momente bergen können, oft aber als Hindernis für Kreativität verstanden werden. In diesem Zusammenhang fällt der für ihr zeitweiliges inneres Aufbäumen gegen gesellschaftliche Pflichten, denen sie im Allgemeinen nachkam, so bezeichnende Satz: »was ich soll, das mag ich nie« (HKA VIII, 184). Während dieses Thema der Verhinderung von, auch weiblicher, literarischer Selbstbestimmung in *Die rechte Stunde* nicht zur Sprache kommt, prägen die für den Brief konstitutive Antithese von »Einsamkeit« (HKA VIII, 178f.) und Geselligkeit, die wechselnden Stimmungen während des Tages, aber auch die später reflexiv eingeholte Inspiration durch (Natur-)Beobachtungen das Gedicht.

Das rhetorisch durchstrukturierte Gedicht *Die rechte Stunde*, in dem ein Sprecher gegenüber einem generischen Du Situationen literarischer Produktivität durchspielt, ist in zwei achtversige Strophen mit abwechselnd umarmenden Reimen und Kreuzreimen gegliedert. In der ersten Strophe wird zunächst die Situation geselliger und naturbegeisterter Gestimmtheit als »nicht die rechte Stunde, / Die dir der Genius bestimmt« (V. 7f.), zurückgewiesen, bevor diese rechte Stunde in der zweiten Strophe im Zeichen von Zurückgezogenheit und Sinnensensibilität ästhetisch gestaltet wird. Beide Strophen stehen in einem temporalen und konditionalen Abfolgeschema: In der zweiten Strophe werden die Wenn-Sätze und die präsentische Situationsgestaltung aus der ersten Strophe grammatisch aufgelöst bzw. als Vergangenes erinnert und auf die Zukunft bezogen.

Die in der ersten Strophe dargestellte, für das Dichten inadäquate Situation wird durch bekannte Momente des topischen Musenkusses gestaltet, die in Form einer steigernden konditionalen Reihung aufsummiert werden (»[w]enn«, »[u]nd gar«, »[w]enn«, »[u]nd vollends«, »[w]enn«, V. 2–6): eine gesellige Atmosphäre »[i]m heitren Saal« (V. 1), eine frühlingshafte Naturstimmung (V. 3f.) sowie der Moment einer Liebeserfahrung (V. 5f.). Indefinitpronomina (»alle Lippen sprühen«, V. 2, »jeder Finger«, V. 4) und auf Zweisamkeit deutende Momente (»an geliebtem Munde«, V. 5) bezeugen eine Geselligkeit, in der jeder Anwesende sich an gemeinsamen Tätigkeiten beteiligt und individuelle Differenzierung nicht am Platz ist. Durch das Wortfeld von Feuer und Licht (»Kerzenlicht«, »Funken«, »Sonnenscheine«, »Flammen«, V. 1–6) wird zudem ein »Gefühl der Entgrenzung« (Meyer 1994, 301) in Form dichterischer Exaltiertheit evoziert, das im sentenzhaften Verspaar am Strophenende allerdings zurückgewiesen wird: »Das ist sie nicht die rechte Stunde, / Die dir der Genius bestimmt« (V. 7f.).

Erst in der zweiten Strophe, in der der Sprecher dem Du einen Ort der Stille und der »Dämmerung«, der »Zwischenzeit, die auch die Aussage in der Schwebe hält«, anempfiehlt (Woesler 2009, 130), kommt es zur Berührung durch den »Genius« (V. 16). Die poetisch fruchtbare Situation gestaltet Droste im Sinne der für sie typischen »Poetologie des Raums« (Grywatsch 2009c, 69), die Raumvorstellungen und poetologische Reflexionen verknüpft. Der Ort der Ruhe kann je nach Situation und subjektivem Empfinden ausgewählt werden, erinnert dabei aber an die Beschreibungen gegenüber Schlüter: »Vielleicht in deines Sopha's Kissen, / Vielleicht auf einer Gartenbank« (V. 11f.). Dabei lassen beide Orte, bezieht man sie auf die Schilderungen im Brief, eine Kategorisierung als sogenanntes »Turm-Gedicht[ ]« (Bianchi 1993, 24) zu, in dem der Blick in die ersehnte Weite schweift. Entscheidend für den Schaffensprozess ist zudem der Übergang von den Eindrücken des Tages zum imaginativen Dichten in der Zurückgezogenheit, der durch den Tempuswechsel (»wenn so Tag als Lust versank [...] / Dann klingt's«, V. 9–13) den schöpferischen Prozess auch als eine Form nachträglichen Erinnerns markiert. Statt der enthusiastischen und exaltierten Gestimmtheit der ersten Strophe tritt nun die differenzierte, gleichwohl träumerische Sinnensensorik in den Vordergrund.

So werden wahrgenommene Töne und Farben ins Vage überführt, erklingen nur mehr als »halb verstandne Weise« und erscheinen als »halb verwischter Farben Guß« (V. 13 f.). Hier zeigt sich Drostes »Poesie der Wahrnehmung« (Preisendanz 1977, 12), die Wirklichkeit nur über unzuverlässige Sinneseindrücke greifbar werden lässt.

Ist die erste Strophe syntaktisch steigernd mit einem unaufgelösten Konditionalsatz gebaut, nach welchem die unergiebigen Wenn-Situationen mit dem folgenden Gedankenstrich geradezu abbrechen, folgt in der zweiten Strophe direkt auf die nunmehr einfache Konditionalkonstruktion (»Doch wenn«, V. 9) das Korrelat, das durch die Anfänge der Verse 10 bis 13 eine umarmende Bewegung bildet (»[d]ann«, »[v]ielleicht«, »[v]ielleicht«, »[d]ann«). Folglich verweist auch die Form nicht teleologisch auf ein Ziel (den Musenkuss), sondern stellt in der Form der Umkreisung das zögerliche Besinnen auf sich selbst dar. Die mit dem letzten Vers des ersten Teils korrespondierende Sentenz bringt für den Dichter, dessen Tag versunken (V. 9) und dessen Erlebnisse verronnen sind (V. 15), die Berührung durch den nun persönlichen, nämlich »dein[en] Genius« (V. 16). Die Ansprache des Du wird somit zur poetologischen Selbstansprache, zu einer monologischen, das Private betonenden Reflexion des Ich über Dichten und Dichtung.

Die rechte Stunde wurde meist als biedermeierliches Programmgedicht interpretiert (Meyer 1994, 301; Rotermund 1962, 55; Woesler 2009, 130), dessen Kennzeichen Ruhe, Zurückgezogenheit, Vertrautheit und Einsamkeit sind. Diese Interpretation basiert auf der Ansicht, dass die Zweiteilung des Gedichts eine strikte Entgegensetzung zweier Dichterbilder bedeutet, die auf eine Überwindung exaltierter, genialischer zugunsten kontemplativer Inspiration hindrängt. Aufgrund des prozessualen Duktus des Gedichts, in dem beide Strophen in zeitlicher Folge organisiert sind, ist statt einer Überbietung allerdings vielmehr ein tendenziell dialektisches Verhältnis zu konstatieren. In der zweiten Strophe wird die Spannung des gereihten Konditionalgefüges aufgelöst und die präsentische Situationsvergegenwärtigung als bedeutungsreiche, verheißungsvolle Erinnerung gefasst und der dichterischen Gestaltung verfügbar gemacht: »Doch wenn so Tag als Lust versank, / Dann wirst du schon ein Plätzchen wissen« (V. 9 f.).

Literatur

Bianchi, Bruna: Verhinderte Überschreitung. Phänomenologie der »Grenze« in der Lyrik der Annette von Droste-Hülshoff. In: Ortrun Niethammer/Claudia Belemann (Hg.): Ein Gitter aus Musik und Sprache. Feministische Analysen zu Annette von Droste-Hülshoff. Paderborn u. a. 1993, S. 17–34.

Grywatsch, Jochen: Poetische Imagination und räumliche Struktur. Zu einer Poetologie des Raums bei Annette von Droste-Hülshoff. In: Jochen Grywatsch (Hg.): Raum. Ort. Topographien der Annette von Droste-Hülshoff. Hannover 2009 (= Droste-Jahrbuch 7), S. 69–94. [Grywatsch 2009c]

Meyer, Matthias: Die ›Dichtergedichte‹ der Annette von Droste-Hülshoff. Probleme einer Identitätsbildung. In: Danielle Buschinger (Hg.): Europäische Literaturen im

Mittelalter. Mélanges en l'honneur de Wolfgang Spiewok à l'occastion de son 65ème anniversaire. Greifswald 1994, S. 297–319.

Preisendanz, Wolfgang: »... und jede Lust, so Schauer nur gewähren mag«. Die Poesie der Wahrnehmung in der Dichtung Annette von Droste-Hülshoffs. In: Beiträge zur Droste-Forschung 4 (1977), S. 9–21.

Rotermund, Erwin: Die Dichtergedichte der Droste. In: Jahrbuch der Droste-Gesellschaft 4 (1962), S. 53–78.

Woesler, Winfried: »Und schier zerflossen Raum und Zeit«. Verortung und Entortung in der Lyrik der Droste. In: Jochen Grywatsch (Hg.): Raum. Ort. Topographien der Annette von Droste-Hülshoff. Hannover 2009 (= Droste-Jahrbuch 7), S. 129–143.

5.5.7. Noth

Hauke Kuhlmann

Um die Entstehung des Gedichts *Noth* (HKA I, 130), das im Band der *Gedichte* von 1844 erschien, zeitlich zu konkretisieren, fehlen externe Belege. Die Datierung der HKA auf 1820 basiert auf zwei Indizien: Zum einen wird die inhaltliche Gestaltung einer Not- und Schuldsituation mit der biographischen Situation im Zusammenhang mit der ›Jugendkatastrophe‹ (→ I.1.1.) in Verbindung gebracht und deshalb ein wahrscheinliches Entstehen nach dem 6. August 1820 (Schreiben Arnswaldts und Straubes zur Aufkündigung der Freundschaft) angenommen, zum anderen sorgt ein werkgenetischer Aspekt für die Festlegung des *terminus post quem* auf »nach April 1820« (HKA I, 1043), denn für das Arbeitsmanuskript von *Noth* (Strophe 1–3) wurde die Rückseite des Manuskriptblatts *Am Ostermontage* aus dem ersten Teil des *Geistlichen Jahres* genutzt (vgl. HKA IV, 256–260, 295), das ebenso das Motiv der seelischen Not behandelt.

Augenscheinlich sind die Begriffe »Angst« (V. 1), »Noth« (V. 1), »Sorge« (V. 3), »Seele« (V. 8) und »Schuld« (V. 10) durch eine religiöse Semantik geprägt, die durch das Zitat aus Klopstocks gottpreisender *Frühlingsfeyer* unterstrichen wird (Kraft 2008, 54). Während die Vorstufen des Textes allerdings noch explizit das »Gebeth« (HKA I, 1044) nennen, spricht die veröffentlichte Version von »Gesang« (V. 13), schwächt den religiösen Deutungshorizont der existenziell erschütternden, aber abstrakt-allgemein formulierten Not- und Schulderfahrung also ab. Da die kritische, fast verächtliche Wendung der nicht personalisierten Sprecherinstanz gegen die »frommen Leute« (V. 3) aus einer über-individuellen Perspektive heraus geschieht, kann das Gedicht sogar zum Anlass für eine sozialkritische Deutung genommen werden (Kraft 1994, 54 f.).

Das vier Strophen zu je vier Zeilen umfassende Gedicht ist bis in die vielen expressiven Satzzeichen hinein als rhetorische Geste des heftigen Tadels gestaltet. Unter der Oberfläche der bewegten Rede herrscht indes eine klare Argumentation vor, die zwei konträre Positionen profiliert. Zunächst wird das

Recht der »frommen«, »tadellosen« (V. 2), Tränen des Mitleids vergießenden und doch sehr oberflächlichen Leute bestritten, überhaupt etwas über »Angst und Noth« (V. 1) auszusagen. Denn ihrer Gruppe fehlt das Wissen um jene wirklich existenzbedrohende, maßlose »Schuld«, deren Gewalt die menschliche Seele wie »dunkle Fluth« (V. 7) überschwemmt. Was die Anderen, die Schuld und Not reell erfahren haben, indes in ihren Begriff des Lebens aufnehmen, sind nicht nur diese bodenlosen Tiefen, sondern auch »seine grauenvollen Höhn« (V. 12). Für sie haben tradierte religiöse Vorstellungen von Schuld, Sühne und Erlösung ihre Bedeutung verloren. In Umkehrung der christlichen Topologie, die der Transzendenz das ›Oben‹ als Ort zuweist, »horsten« »droben« im Gedicht die »dunklen Geyer« (V. 16). Assoziiert man den Prometheus-Mythos (Böschenstein 2000 [2007], 152 f.), dann wird auf der einen Seite die lebenslange Qual der Schuldigen thematisch, auf der anderen Seite ihr Frevel an Gott. Denn sie erkennen, überheblich wie Prometheus, die vollkommene Andersheit des Göttlichen und die Sinnhaftigkeit seines Wirkens auch dort, wo es menschlich unbegriffen bleibt, nicht an. Eine inhaltliche Synthese bietet das Gedicht nicht. Während das Arbeitsmanuskript in der dritten Strophe mit der Formel »wir, wir« (HKA I, 1044) statt »sie, sie« (V. 11) noch eine deutliche Verbindung zwischen der Sprecherinstanz und der Gruppe der Schuldbeladenen herstellt, grenzt der veröffentlichte Text den Sprecher radikal aus jeder Gemeinschaft aus. Weder die »grauenvollen Höhn« (V. 12) noch die »still im Thal« (V. 15) liegenden, mit Blumen geschmückten und von Gesang erfüllten Wohnungen bieten ihm einen Ort.

Eine andere Art der Synthese wird sichtbar, wenn man die Aufmerksamkeit auf die metapoetische Ebene des Gedichtes lenkt. Hier hat das lyrische Ich seinen Ort, der indes eine Leerstelle bleibt wie die »dunkle Fluth, die Keiner meint« (V. 7), die also niemand adäquat benennen kann. In Erscheinung tritt die Sprechinstanz in der verdichteten Versrede, die suggestive Kontraste schafft, metaphorische Verschiebungen nutzt und Metrik und Reimordnung semantisiert. So ist die Hebungszahl der Strophen einer Dynamik unterworfen, die der Beunruhigung des ungenannten Ich entspricht: Das betrifft den Wechsel von fünf- und vierhebigen Versen jeweils in der ersten und dritten Strophe und den Wechsel dieser Strophenform zu vier fünfhebigen Versen in der zweiten und zu vier vierhebigen Versen in der letzten Strophe. Unruhe herrscht auch in der Reimordnung, die sich vom Kreuzreim der ersten drei Strophen zum umarmenden Reim der vierten verschiebt. Die vierte Strophe zeichnet sich daher durch den höchsten Grad an Reduktion, der im Gedicht erreicht wird, und durch äußerste Rundung aus, da der umarmende Reim die vorwärts gerichtete Reimfolge des Kreuzreims durch seine zirkuläre Struktur aufhebt. Was sich hier aber als volksliedhafte Strophe gibt, deren Form und paratatktische Homogenität dem Gedicht einen finalen Ruhepunkt gewähren könnte, wird über die Parataxe selbst wieder in einzelne Setzungen zersplittert, deren Botschaft die beunruhigende Verkehrung der religiösen Topologie ist. Aber auch der auf Rundung zielende Reim vermittelt diese nicht zu behebende Unsicherheit, wiederholt er doch in seinen äußeren Reimwörtern »Loben«

(V. 13) und »droben« (V. 16) den Vokal ›o‹, der in der ersten Strophe durch den Reim von »Noth« (V. 1) auf »todt« (V. 3) eingeführt wurde.

Noth bildet demnach nicht nur mit Blick auf die handschriftliche Überlieferung die Rückseite des Gedichtes *Am Ostermontage*, sondern auch im Sinn der Problemlage: Gelingt dort wenigstens noch temporär die Vermittlung von leidendem Subjekt und göttlicher Macht, so wird hier der grundsätzlich prekäre Status des modernen Subjekts sichtbar, dessen Denken in der religiösen Ordnung keinen festen Ankerpunkt mehr findet.

Literatur

Böschenstein, Renate: Die Boa. Die Darstellung von Aggression in den Gedichten der Droste [2000]. In: Renate Böschenstein: Idylle, Todesraum und Aggression. Beiträge zur Droste-Forschung. Hg. von Ortrun Niethammer. Bielefeld 2007, S. 147–175.
Kraft, Herbert: Annette von Droste-Hülshoff. Reinbek bei Hamburg 1994.

5.5.8. Die Bank
Mathias Mayer

Das in der Gedichtausgabe 1844 gedruckte Gedicht (HKA I, 131 f.) entstand während Drostes erstem Aufenthalt auf der Meersburg, vermutlich bis Anfang Februar 1842 (HKA I, 1046 f.). Dafür spricht zunächst die Titelvariante *Die Bank am Wege* im ältesten Gedichtverzeichnis V[1], in dem 53 Gedichte aufgeführt sind, die bis etwa Anfang Februar vorlagen; sodann die Überlieferung auf demselben Manuskriptblatt, das das Gedicht SIT ILLI TERRA LEVIS! umfasst – in beiden Texten findet sich ein Bezug auf den Hülshoffer Hauskaplan Caspar Wilmsen (1769–1841), dessen Todestag sich am 5. Februar 1842 zum ersten Mal jährte.

Die sieben achtzeiligen Strophen zu je vierhebigen Jamben mit alternierender Kadenz sind jeweils in zwei Kreuzreimpaare gegliedert (ababcdcd). Die thematisch deutlich angelegte Kreisstruktur, wenn vom lyrischen Ich die Rede ist, das sich von der Sonne »rösten« lässt (V. 6, 55), korrespondiert mit dem stark autobiographischen Gehalt des Textes, der es erlaubt, das lyrische Ich eng an die Autorin selbst anzubinden.

Die Bank erweist sich bei genauem Hinsehen als komplexe Engführung unterschiedlicher Bedeutungsschichten, bei denen zunächst die räumliche Situierung eine Rolle spielt: Die nach dem ursprünglichen Titelentwurf *am Wege* stehende Bank ist »[i]m Parke« (V. 1) zu finden, mithin an einem Ort gezähmter Natur, der als von Menschenhand gestalteter zwischen Natur und Kultur liegt. Diese Positionierung im Zwischenreich bildet das Gedicht in einer zweiten Schicht dadurch ab, dass es im übertragenen, im zeitlichen Sinn ebenfalls ›am Weg‹ und in einem Zwischenreich angesiedelt ist, zwischen

Erinnerung und Gegenwart, »Im Gestern halb und halb im Heute« (V. 42). Aus dieser ambivalenten räumlichen und zeitlichen Situierung ergibt sich eine Verfassung des lyrischen Ich, die als Inspirationsvorgang dem Gedicht, in einer dritten Schicht, eine poetologische Bedeutung zukommen lässt. Daran hat die imaginäre Raumgestaltung des Gedichts erheblichen Anteil, denn die berufene Bank steht im Entstehungskontext der Autorin nicht unmittelbar vor Augen. Das »weiß ich eine Bank« (V. 1) deutet auf die Vergegenwärtigung der Bank im Park von Haus Rüschhaus, wodurch die Wiederholung der Vergangenheit – besonders in den Strophen drei und vier – noch einmal gebrochen ist durch die Repräsentation der Rüschhaus-Bank aus dem Abstand von Meersburg. Somit handelt es sich nicht um ein harmloses Dinggedicht, sondern autobiographische Momente rücken in eine poetisch reflektierte Erinnerungsspur.

Schon in der ersten Strophe wird die Aufmerksamkeit vom Anschein eines idyllisch abgesonderten *locus amoenus* auf eine innere Wahrnehmung hin gelenkt, denn die Szenerie kommt ohne das topische Rauschen einer Quelle aus: Vielmehr kann von einer poetischen Quelle der Erinnerung gesprochen werden, die »im Herzen« (V. 8) des lyrischen Ich angesiedelt ist. Die leicht kolloquiale Wendung vom sich »rösten« lassen an der Sonne (vgl. Nutt-Kofoth 2013, 237) demonstriert den ungeschönten Realismus der Dichterin, die der Versuchung zum biedermeierlichen Rückzug in einen geschützten, schattenreichen Raum ausweicht. Diese Bedingung in der unmittelbaren Wirklichkeit wird in ihrer Bedeutung für das Gedicht und seinen Erinnerungsweg dadurch unterstrichen, dass es am Ende zu diesem Ausgangspunkt zurückkehrt. Entsprechend wird in der zweiten Strophe der Ort der Bank als ein Kreuzweg beschrieben, als Ausgangspunkt von »liebe[n] Spur[en]« (V. 13), die nur noch in der Vergegenwärtigung existieren. Die Bank steht am Weg, der »[n]ach allen Seiten« (V. 10) führt, d. h. der ebenso den Staub wie das lebendige Grün (V. 11), das Schmerzliche wie das Erfreuliche (V. 15) heraufruft. Wenn dabei die zweite Strophe mit der Wendung »nur / Von drüben kam es hergezogen« (V. 15 f.) schließt, deutet sich ein Ausblick in ein nur imaginär zugängliches, völlig unromantisches Jenseits an, das mit den folgenden Strophen gefüllt wird.

Indem mit dem »fromme[n] Greis« (V. 17) auf den Hülshoffer Hauskaplan Caspar Wilmsen (Plachta 1995, 109) angespielt wird, zeigt sich die ganze zeitliche Komplexität des Gedichts, seine Verbindung von Erinnerung und poetischer Einbildungskraft, wenn man die in Meersburg schreibende Autorin als das lyrische Ich fassen möchte, das vom Bodensee aus den Park von Rüschhaus imaginiert. Über die Erinnerung an Wilmsen, der zwischen 1826 und 1840 regelmäßig die Sonntagsmesse im Rüschhaus las, öffnet sich auch der Blick in die – gemeinsam mit dem »liebe[n] Bruder« (V. 31) verbrachte – Vergangenheit von Schloss Hülshoff, aus dem die Familie nach dem Tod des Vaters 1826 ausziehen musste. Dass seine Evokation diejenige eines Verstorbenen, von »drüben« (V. 16), ist, wird durch den Zeitpunkt der Niederschrift bezeugt, etwa ein Jahr nach dem Tod des Geistlichen.

Ein zweites Bild der Vergangenheit skizziert die vierte Strophe als eine Steigerung persönlicher Betroffenheit: Die Anrufung des frühverstorbenen

Bruders Ferdinand, der nur 29 Jahre alt wurde (Plachta 1995, 109), bildet den Mittelpunkt des Gedichts, das somit als poetisches Totengedächtnis, als eine Elegie in Strophenform, beschrieben werden könnte. Die Affektivität dieser Beschwörung wird unprätentiös und fraglos eingeräumt, »Mein lieber schlanker blonder Junge« (V. 26): Das ist ein Bekenntnis zur Familienliebe, das sich über jede Konventionalität bewusst hinwegsetzt, die in der Schlusswendung der Strophe als banaler Hintergrund ausdrücklich abgewehrt wird: »Mein lieber Bruder warst du ja, / Wie sollte mir das Herz nicht pochen?« (V. 31 f.) Diese Intensität der poetischen Vergegenwärtigung des Toten führt mit der fünften Strophe zu einer Reflexion des Vorgehens, sie thematisiert den zuvor zweimal vollzogenen Vorgang der Beschwörung. Dazu greift die Autorin auf Shakespeares *Macbeth* zurück, wo die Hexen eine Reihe künftiger Könige vor Macbeth erscheinen lassen. Das Vergangene und leblos-kalt Gewordene der eigenen Lebenserfahrung wird hier als gleichsam befremdliche Szenerie »aus des Waldes Spalten« (V. 36) charakterisiert, als Ergebnis einer dunklen Erfahrung. Selbst noch das gegenwärtig Erlebte, dem sich die zweite Strophenhälfte (V. 37–40) zuwendet, erscheint im Licht der Vergangenheit und eines präsent gehaltenen Jenseits – »Von drüben muß ich ihn erwarten« (V. 40). Aber die Erinnerung verliert sich nicht im Nebulösen, sondern sie wird als Folge von bewusst erlebten Abschieden gestaltet. In einem Brief an Levin Schücking vom 27. Mai 1842, also wohl wenige Monate nach der Niederschrift, heißt es über die Bank im Rüschhaus: »[M]eine Bank unter den Eichen? von der ich so schwer Abschied genommen habe, als ob es mich geahndet hätte, daß ich dir dort nie wieder mit meinem Fernrohr auflauern würde, wenn du durch den Schlagbaum trabtest, deinen Rock auf dem Stocke. – das Vergehen und nie s o Wiederkommen ist etwas Schreckliches!« (HKA IX, 310)

Auf diese Weise gewinnt die Dichtung fast den Charakter einer Geisterbeschwörung, einer Prosopopoie des Abwesenden und Verstorbenen – selbst die Gegenwart steht im Bann des Verlorenen, von dem der Beginn der sechsten Strophe spricht. Das lyrische Ich und seine Kraft der Erinnerung verdanken sich nicht einem freiwilligen Entschluss, sondern sie sind gelenkt von einer Übermacht, die zwischen Vergangenheit und Gegenwart wirksam ist. Über Stunden fest gebannt – so erscheint das lyrische Ich als Opfer irrationaler Kräfte, denen es mit seinem »Fernrohr« (V. 43) allerdings mutig und rational gelenkt entgegensieht. Daher fällt es auch nicht in eine romantische Schwärmerei zurück, sondern *weiß* um sein Betrogensein (V. 46). Die Beschwörung der lieben Toten wird nicht irrational verklärt, sondern sie wird als Imagination bewusst gehalten. Dieser Vorgang bestätigt sich aus dem Brief an Schücking vom 5. Mai 1842 (HKA IX, 289). Die im Gedicht apostrophierte »geliebte Lüge« (V. 52) ist eine gewollte Blindheit, die ebenso kreativ wie tröstlich ist. Die Skepsis und das Vertrauen in die Imagination halten sich auf beklemmende Weise die Waage. Der Weg nach »drüben« (V. 16) ist nicht wirklich gegeben, sondern allein die Sympathie der Einbildungskraft vermag die Abwesenden zu re-präsentieren. Der »wilde[ ] Strauch« (V. 45) ist dabei der Droste-typische Naturort, an dem statt idyllischem Entzug die »wilde Muse« (*Lebt wohl*, V. 24; HKA I, 325) eine imaginäre Brücke zwischen Jenseits und Diesseits, zwischen Irrationalismus (drüben, der Bann) und Realismus (die Sonne, das Fernrohr) schafft. Der »wilde[ ] Strauch« wird in der Schlussstrophe zum Zeichen poetisch-phantastischer Verwandlung, er passt sich »jedem Schritt« (V. 49) der Einbildung an, und doch ist sich das gänzlich unromantische Ich im Klaren, dass es hier einem poetischen Tagtraum stattgibt. Der skeptische Tonfall – »So fern ich mich des Lebens freue« (V. 54) – und die Selbstbezeichnung als »[g]eduld'ger Märtyrer der Treue« (V. 56) offenbaren die Schonungslosigkeit dieses Wissens, dass die Toten von drüben nicht einfach wiederkehren, dass das lyrische Ich verlassen ist und selbst nur wenig Zukunftshoffnung aufbringt, so sehr vom Hoffen »für und für« (V. 53) die Rede ist. Wohl nur selten wird der poetischen Imagination vor Freud ein so schonungsloses Zeugnis ausgestellt.

So rückt *Die Bank* in die Nähe anderer großer, bekannterer Droste-Gedichte, die eine äußere und innere Verortung ihres Schreibens vornehmen: Im Gedicht *Die Taxuswand* (HKA I, 160f.; → II.5.5.14.), im Winter 1841/42 entstanden, vollzieht sich der analoge Versuch, achtzehn Jahre aus dem »Lebensbuch« (V. 32) zu streichen, an die verlorene Liebe zu Heinrich Straube anzuknüpfen, wobei auch hier eine »grüne Gartenbank« (V. 18, diesmal in Bökendorf) und der »bleiche[ ] Krönungszug« (V. 8, vermutlich wieder eine *Macbeth*-Anspielung) eine Rolle spielen. Vor allem ist aber die Taxuswand wie die Bank ›am Wege‹ ein Erinnerungsort, der Vergangenheit und Gegenwart in der poetischen Vision verknüpft. Noch näher steht der Totenbeschwörung der *Bank* das bis an die Grenze des Selbstverlustes gehende Gedicht *Im Moose* (HKA I, 81f.; → II.5.4.6.), das auf eine unheimliche Weise die Verbindung nach »drüben« (V. 26) schlägt, zu einer Wiederholung der Vergangenheit und überdies zu einer Vorwegnahme der Zukunft. Mit Gedichten wie *Am Thurme* (→ II.5.4.4.) oder *Im Grase* (→ II.5.6.8.) teilt *Die Bank* den Charakter, Fantasie, Erinnerung und Selbstreflexion des eigenen Schreibens in einen komplexen Zusammenhang zu führen, der das Gedicht zum Schnittpunkt weit ausgreifender Spannungsbögen macht. Auch *Die Bank* ist dabei ein hochgradig aufgeladener Augenblick lyrischer Selbstverortung, der in seiner Verbindung von Präzision und Erlebnisreichtum, von Erschütterung und Selbstbeherrschung zu den großen Gedichten der Autorin zu zählen ist.

Literatur

Nutt-Kofoth, Rüdiger: Aporien temporaler Situierung bei Annette von Droste-Hülshoff. In: Cornelia Blasberg in Verb. mit Jochen Grywatsch (Hg.): ZwischenZeiten. Zur Poetik der Zeitlichkeit in der Literatur der Annette von Droste-Hülshoff und der ›Biedermeier‹-Epoche. Hannover 2013 (= Droste-Jahrbuch 9), S. 235–247.

Plachta, Bodo: »1000 Schritte von meinem Canapee«. Der Aufbruch Annette von Droste-Hülshoffs in die Literatur. Bielefeld 1995.

5.5.9. Der Traum / Locke und Lied
Barbara Potthast

Die Gedichte *Der Traum. An Amalie H.* (HKA I, 137f.) und *Locke und Lied* (HKA I, 139) hat Droste ihrer Freundin Amalie Hassenpflug gewidmet, wobei beim zweiten Text die Widmung »an A H.« des Arbeitsmanuskripts im Druck der 1844er Ausgabe nicht übernommen wurde (HKA I, 1068). Die Gedichte sind in zeitlicher Nähe zwischen Anfang Dezember 1841 und Anfang 1842 entstanden (HKA I, 1064, 1068f.). Einige Jahre später verfasste die Autorin drei weitere Gedichte, die wohl von der Beziehung zu der Freundin angeregt wurden: *Das Bild* (HKA I, 345–347; → II.6.11.), *Auch ein Beruf* (HKA I, 360–362) und *Spätes Erwachen* (HKA I, 322f.; → II.6.5.). Die Freundschaft der beiden Frauen, die sich erst im reiferen Alter näher kennenlernten (Hassenpflug war 37, Droste 40 Jahre alt), scheint innig und tief gewesen zu sein. Über keine ihrer Freundinnen hat sich Droste so zärtlich geäußert, und Amalie Hassenpflug ließ sich neben der Freundin auf dem Meersburger Friedhof begraben, nachdem sie im Alter bei Drostes Nichten auf der Meersburg Unterschlupf gefunden hatte. Seit 1837 datiert der ehemals umfangreiche Briefwechsel zwischen beiden (Ditz/Maurer 2006, 27–43; Gödden 1986, 167); nach Auskunft Dorothea von Hassenpflugs, der Nichte Amalies, wurden die Briefe auf Wunsch Drostes wegen der Intimität ihres Inhalts verbrannt.

Die fünf Amalie Hassenpflug zugeeigneten respektive durch das Freundschaftsverhältnis angeregten Gedichte weisen – von konkreten Widmungen einmal abgesehen – spezifische Gemeinsamkeiten auf, die sie zu einer Werkgruppe zusammenschließen. Immer spricht darin das lyrische Ich ein Du, das meist als weiblich identifizierbar ist, direkt an, und zwar aus einer tiefen Zuneigung heraus. Ein nur kleines Repertoire von Themen und Motiven liegt den fünf Gedichten zugrunde: die innige Freundschaft, die Kontroversen über Religion und Literatur, die Schönheit des Du (und die fehlende Schönheit der Sprecherin). Amalie Hassenpflug galt in ihrem Umkreis als auffallend schöne Frau; auch Droste bewunderte die Schönheit der Freundin mit den braunen Locken und klassischen Zügen neidlos. Am 3. September 1839 schrieb die Dichterin an Elise Rüdiger:

> nur von Malchen Hassenpflug habe ich Ihnen schon erzählt, – sie hat mich lange warten lassen, und die Freude war groß bey der Ankunft – sie ist doch gar lieb und schön! mir war ordentlich wunderlich zu Muthe, als sie die Treppe hinauf kam, und ich das stolze NOBLE Gesichtchen immer deutlicher erkannte, was in diesem Augenblicke, durch eine Bewegung der Liebe und Freude schöner war als je. – wir giengen auf meine Stube, und traten zusammen vor den Spiegel, weil sie ihr Haar ordnen wollte, – ich fuhr beschämt zurück, so miserabel nahm ich mich neben ihr aus, – ich sagte ihr dies auch, und sie antwortete, noch weinend vor Freude »Du bist wohl toll! ich denke eben, wie garstig ich neben dir aussehe« so blind macht die Freundschaft das gute Ding! – soll es Einem nicht freuen, wenn man so geliebt wird? (HKA IX, 70f.)

Diese beiläufig scheinende Episode über Freundschaft und Schönheit ist für Droste bedeutsam – Spiegelbilder, die Anlass zur Ich-Reflexion geben, sind eines der wichtigsten Motive ihrer Lyrik (vgl. *Das Spiegelbild*; → II.5.5.16.). Gut zwei Jahre nach dieser Begebenheit entstand das Gedicht *Der Traum. An Amalie H.*, in dem Droste die in der Briefstelle beschriebene Figur des doppelten Spiegelbildes, des gleichzeitigen Blicks auf das Ich und das Du im Spiegel, wieder aufnahm und abwandelte.

In dem siebenstrophigen, einfach und regelmäßig gefügten Gedicht hat sie die Blickrichtungen verkompliziert: Das Ich sieht im Traum eine weibliche, mit Du angesprochene Figur, die ihrerseits den Blick auf etwas gerichtet hat, das vom Ich zunächst nicht gesehen werden kann. Indem das Ich dann an die Schulter des Du »huscht[ ]« (V. 23), wird deutlich, dass das Du das Ich nicht sehen kann: Die Voyeur-Situation wird zur Mitsicht – auf einen Finken. Bei dessen Anblick spricht die geträumte Frauenfigur den Namen des Ichs aus, wofür dieses sie mit einem Schlag strafen will, als es plötzlich aufwacht (V. 39–43). Die als Du bezeichnete Figur ist mit zahlreichen Bildbezügen aus Mythos, Religion, Ideengeschichte und Natur versehen, die wie in einem Traum unmerklich ineinander übergehen, einander überlagern und semantisch verändern – bis hin zur Verkehrung in eine entgegengesetzte Bedeutung. Die angeredete Frauenfigur hat Züge der Madonna mit dem Finken, einem Madonnentypus, der für Demut steht. In der Tradition schreibt man dem Distelfinken besondere Leidensfähigkeit und gleichzeitig einfältige Fröhlichkeit zu. In eine entgegengesetzte Richtung verweisen die »Thräne« (V. 15) im Auge der Frauenfigur und die »Narzisse« (V. 16): Hier wird auf die narzisstische Eigenliebe angespielt, denn die Tränen des Narziss, des in sein Spiegelbild verliebten Jünglings aus der griechischen Mythologie, sind Ausdruck seiner verzweifelten Selbstliebe, in der er sich am Ende verzehrt. Als man seinen Körper bestatten will, findet man an seiner Stelle eine blühende Narzisse. Der Fink, der in der vierten Strophe als Gegenüber der madonnenhaften Frauenfigur erscheint, spricht mit seinem »Schau her, schau wieder!« (V. 27) den Konflikt des Narziss aus, der in zwei Ichs gespalten und dabei gezwungen ist, sein zweites Ich permanent anzuschauen.

Das traumartige Arrangement von Figuren, Symbolen und Zeichen steht für eine spannungsvolle Disparität von Vorstellungen des Selbst – frommen, narzisstischen, demütigen, selbstbewussten; es hinterlässt Irritation – nicht nur in Bezug auf die Frage, wer das Ich sei, sondern auch in Hinblick auf die Frage nach Gott. Mit der Überblendung von religiösen und narzisstischen Bildern kommen verstörende Fragen auf: Wie verhält sich Frömmigkeit zur Selbstliebe und der Frage nach dem Selbst? Ist Gott womöglich als Spiegelbild der Eigenliebe denkbar? Schließlich zeigt der Fink in Drostes Gedicht keine Anzeichen von Demut – im Gegenteil: »Er sah so keck und fröhlich aus, / Als trüg er des Flamingo Kleider«, heißt es in der vierten Strophe (V. 29 f.). Dieser Fink zirpt fröhlich nicht aus Erlösungs-, sondern aus Selbstbewusstsein, und er hat das Ego eines prächtigen Flamingos. Dabei ist er nicht narzisstisch in sich selbst verliebt, er ist vielmehr stolz auf sein Werk: »Und wenn ein Reischen er gelegt, / Dann rief er alle Welt zu Zeugen, / Als müsse was der Garten hegt, / Blum' und Gesträuch sich vor ihn neigen« (V. 33–36). Dabei wird die scheinbare Geringfügigkeit seines Tuns hervorgehoben.

Zwischen der fünften und der sechsten Strophe liegt eine Zäsur; sie wird markiert durch die plötzlich gegen das geliebte Du erhobene Hand des Ichs und durch sein Aufwachen aus dem Traum (betont durch die einzige doppelte Hebung am Versanfang: »Allein«, V. 43). Ursache dieser Zäsur ist wohl, dass die geträumte madonnenhafte Frauenfigur beim Betrachten des Finken den Namen des Ichs nennt. Der Vogel ist ein archaisches und in vielen Kulturen beheimatetes Symbol für die Seele; in Freuds *Traumdeutung* ist er das Sinnbild für das Ich des Träumenden. Am Ende des Gedichts steht er für das moderne Ich, das selbstbewusst gegen seine (christliche) Demutsrolle, sein Unterworfen-Sein aufbegehrt, und zwar durch sein Tun und seine Werke. Autobiographisch gewendet ist hier die Rede von Drostes Dichtungen, nur scheinbar geringfügigen Werken, die in Wahrheit Anlass zu größtem Selbstbewusstsein geben. In irritierender Weise greift Droste in *Der Traum* auf Ideen der Psychoanalyse und des Poststrukturalismus voraus, indem sie die Vorstellung vom Ich als geschlossene Einheit aufgibt und zeigt, wie das Ich sich durch äußere, höchst widersprüchliche Bilder konstituiert und andere Ichs zu »Teile[n]« (Böschenstein [1990] 2007, 37) von sich zu machen vermag – ein Gedanke, der bei einem geliebten Menschen wie der Freundin besonders nahe liegt (vgl. Helfer 2010).

Auch in dem zeitgleich mit *Der Traum* entstandenen Gedicht *Locke und Lied* bildet die Konstellation eines Ich und eines Du, die sich einerseits nahestehen, sich andererseits aber auch fremd sind, die Folie für Drostes Auseinandersetzung mit den Problemen des Ich, des Selbst und des Selbstbewusstseins. Wie in der Spiegelsituation in ihrem bereits zitierten Brief, in der sich das Ich im Du spiegelt, mit ihm also gleichsam verschmilzt, und sich zugleich in einem harten Kontrast zu ihm wahrnimmt – »ich fuhr beschämt zurück, so miserabel nahm ich mich neben ihr aus« –, so ist auch für *Locke und Lied* die Entgegensetzung von Gleichheit und Verschiedenheit von Ich und Du konstitutiv. Und wie in *Der Traum* wird auch in *Locke und Lied* – und hier bereits im Titel – die Verschiedenheit, ja Gegensätzlichkeit von Ich und Du mit dem Gegensatz von Schönheit und Geist verbunden. Die (auto)biographische Konstellation zwischen Droste und Hassenpflug scheint also bei den der Freundin gewidmeten Gedichten hindurch und bildet doch nur den Anlass für ein kunstvolles Spiel mit Gleichheit und Verschiedenheit, Zusammengehörigkeit und Trennung, welches im Dienst der Selbstreflexion steht (→ VI.9.).

In dem vierstrophigen Gedicht *Locke und Lied* spricht das lyrische Ich von der räumlichen Distanz zwischen sich und dem geliebten Du; ihre Freundschaft versuchen beide durch die wechselseitige Zusendung von Symbolen, nämlich Locke und Lied, lebendig zu halten (vgl. Rapisarda 2007). Die Alliteration betont die Zusammengehörigkeit von Locke und Lied und schließt sie zu einer Formel zusammen; die Allianz der Begriffe wird noch unterstützt, indem beide mit der Metaphorik des Fließens verbunden werden: »Meine Lieder sandte ich dir, / Meines Herzens strömende Quellen, / Deine Locke sandtest du mir, / Deines Hauptes ringelnde Wellen« (V. 1–4). Und doch sind Locke und Lied ein heterogenes Paar: Während die Locke ein körperlich-materielles Symbol ist, ist das Lied nicht an Materielles gebunden, besteht es doch unabhängig von der Schrift. Das Gedicht unterstreicht die Unverbundenheit, ja Getrenntheit von Locke und Lied dadurch, dass die Freundschaftszeichen einander auf dem Weg zu ihren Adressaten nicht begegnen: »Sie zogen einander vorüber« (V. 6). In der zweiten und dritten Strophe des Gedichts werden noch weitere Trennungsmomente angesprochen. Locke und Lied sind nämlich der Zeit unterworfen; sie altern und scheinen so ihre Symbolkraft als Freundschaftszeichen zu verlieren: Die Handschrift, in der das Lied geschrieben wurde, verblasst und die Locke verliert ihre Spannkraft. Und doch zeigt sich gerade in ihrer Vergänglichkeit in einem tieferen Sinn ihre Symbolkraft, denn die getrennten Freunde gehen mit dem Verfall von Locke und Lied in ganz entgegengesetzter Weise um. Der chiastisch gebaute Mittelteil des Gedichts spricht daher von einer Paradoxie: Die Symbole, die eigentlich Verbindung stiften sollen, machen in Wahrheit die Getrenntheit und Verschiedenheit von Ich und Du offenbar.

Denn während die als Du Angesprochene über das Verbleichen der Schriftzeichen klagt, hat sich die Sprecherin des Gedichts um die ausgehängte Locke bemüht, sie geküsst und gestreichelt: »Und nun ringelt sie sich aufs neu, / Wie eine Rebe im Lenze« (V. 23 f.). Dem Du fehlen offenbar Vorstellungskraft und Phantasie, sich beim Betrachten der Schrift die abwesende Schreiberin zu vergegenwärtigen; und ebenso wenig gelingt es ihm, in die Gedankenwelt des Liedes einzudringen. Dagegen nimmt das Ich, der materialistischen Haltung des Du entgegengesetzt, den toten Gegenstand der Locke als etwas Lebendiges wahr und behandelt ihn auch so: »Auch deine Locke hat sich gestreckt, / Verdrossen, gleich schlafendem Kinde, / Doch ich hab' sie mit Küssen geweckt« (V. 17–19). Das Ergebnis seines Tuns gibt dem Ich recht: Die Locke »ringelt [...] sich aufs neu« (V. 23). Für den Sprecher des Gedichts ist in der Locke ihr ursprünglicher Besitzer gegenwärtig; das Ich behandelt die Locke als lebendige Repräsentantin des (oder der) Abwesenden und kann daher von der Beständigkeit der Zuneigung überzeugt sein.

In einem tieferen Sinn ist das Freundschaftsgedicht *Locke und Lied* daher ein poetologisches Gedicht. Poetische Imagination ist die Bedingung der Freundschaft, ist das Fluidum, in dem Ich und Du sich nahe sein und bleiben können. Das Gedicht endet mit der Imagination von Bildern der zirkulären Geschlossenheit: Das Freundespaar sitzt im Frühling »am rieselnden Damm, / Die Händ' in einander geschlossen. / Schaun in die Welle, und schaun in das Aug' / Uns wieder und wieder und lachen« (V. 27–30). Ich und Du scheinen wie zwei Hälften einer Person – in einer Variation der oben beschriebenen Spiegelsituation – in das jeweils gegenüberliegende Auge zu blicken. Locke und Lied, die problematischen Fetische, treten angesichts dieser lebendigen Vorstellung eines Zusammenseins in den Hintergrund; sie sind nur noch beiläufig von Bedeutung (»Und Bekanntschaft mögen dann auch / Die Lock' und der Liederstrom machen«, V. 31 f.). Überhöht werden in dem Gedicht *Locke und Lied* nicht das Du und auch nicht die Konventionen der Freundschaft, sondern die poetische Imagination des Ich.

Literatur

Böschenstein, Renate: Das Ich und seine Teile. Überlegungen zum anthropologischen Gehalt einiger lyrischer Texte [1990]. In: Renate Böschenstein: Idylle, Todesraum und Aggression. Beiträge zur Droste-Forschung. Hg. von Ortrun Niethammer. Bielefeld 2007, S. 37–65.
Ditz, Monika/Maurer, Doris: Annette von Droste-Hülshoff und ihre Freundinnen. Meersburg 2006.
Gödden, Walter: Ein neues Kapitel Droste-Biographie. Die Freundschaft der Droste mit Anna von Haxthausen und Amalie Hassenpflug in ihrem biographischen und psychologischen Kontext anhand neuen Quellenmaterials. In: Droste-Jahrbuch 1 (1986), S. 157–172.

5.5.10. An *** ⟨Kein Wort, und wär' es scharf wie Stahles Klinge⟩

Cornelia Blasberg/Jochen Grywatsch

Wie *Poesie* (HKA I, 141 f.) und *An* *** ⟨*O frage nicht was mich so tief bewegt*⟩ (HKA I, 143), mit denen es inhaltlich eng zusammen gehört, entstand das Gedicht (HKA I, 140) im gemeinsam mit Levin Schücking (→ I.1.2.3.) in Meersburg verbrachten Winter, genauer zwischen dem 9. Oktober 1841 und Anfang Februar 1842 (HKA I, 1072). In der Gruppe *Gedichte vermischten Inhalts* wird diese Trias durch die Amalie Hassenpflug zugedachten Gedichte *Der Traum* (HKA I, 137 f.) und *Locke und Lied* (HKA I, 139) sowie durch das an Elise Rüdiger gerichtete Gedicht *An Elise. Am 19. November 1843* (HKA I, 144 f.) gerahmt und dadurch doppelt bestimmt. Auf der einen Seite verstärkt der Kontext den Adressierungsgestus und den Charakter des Drostes engsten Freunden gewidmeten Gelegenheitsgedichts (→ VI.9.), auf der anderen Seite relativiert die Mittelstellung des poetologischen Gedichts *Poesie* den biographischen Gehalt des Ensembles. Im ersten Gedichtverzeichnis V^1 hatte Droste das Gedicht mit den Initialen »an L.S.« betitelt (HKA I, 524), seit dem letzten Verzeichnis V^5 galt indes der Titel der Ausgabe von 1844: *An ***. Zwar betonte Schücking mehrfach die Zueignung an ihn, rekonstruierte sogar einen literarischen Streit, auf den das Gedicht eine Antwort gewesen sei (HKA I, 1073), doch ändert das nichts an der Tatsache, dass die Anonymisierung der Verse im Gedichtband deren Aussage ins Allgemeingültige hebt und den Blick auf wissenspoetische und poetologische Dimensionen des Textes lenkt, der sich explizit auf die Magnetismuslehren der spekulativen Naturphilosophie und des Mesmerismus (→ I.3.3.) bezieht (vgl. Nettesheim 1967, 106–110; Börnchen 2010, 207–212).

5. Gedichte von Annette Freiin von Droste-Hülshof (1844)

Der Versuchung, die beiden *An* ***-Gedichte biographisch, also als Freundschafts-, »Schücking-« (Heselhaus 1948, 5, 13; Plachta 1995, 138) oder »Liebesgedicht[e]« (Börnchen 2010, 201, 203) zu lesen, hat die Forschung selten widerstanden. Tatsächlich gibt es in *An* *** ⟨*Kein Wort ...*⟩ wie bei vielen Droste-Gedichten eine *histoire*-Ebene mit stark referentiellen Signalen. Als Ausgangspunkt der *histoire* wird in diesem Fall eine Krise zwischen zwei eigentlich eng verbundenen Menschen, die eine Unstimmigkeit entzweit hat, angenommen, und aus dieser Situation heraus richtet eine Sprechinstanz begütigende Worte an ein Du, beschwört grundlegende Gemeinsamkeiten (Heselhaus 1950c, 333) und verstärkt diesen Appell durch Metaphern aus den Bereichen Physik und Mythologie. So gesehen, stellen beide Bildbereiche – magnetische Anziehung und das antike Freundschaftsbündnis der Dioskuren – die Idee einer überzeitlichen, schicksalhaft wirkenden, vom Individuum nicht aufzukündigenden Verbundenheit zentral. Vor dem Hintergrund der vielen Legenden, die sich um die Beziehung zwischen Droste und Schücking ranken, ist spekuliert worden, dass die Bruder-Metapher am Ende des Gedichts die sexuelle, zwischen den Polen ›Frau‹ und ›Mann‹ herrschende Spannung durch die Utopie einer von Geschlechtlichkeit freien Liebe ersetze (Börnchen 2010, 220 f.). Außerdem wird im Rahmen der biographischen Lesart auf Gemeinsamkeiten zwischen *An* *** ⟨*Kein Wort ...*⟩ und dem 1844 entstandenen und seinerzeit Levin Schücking, der im Mai des Jahres mit seiner Frau Louise auf der Meersburg zu Gast war (vgl. *Lebt wohl*; → II.6.7.), zur Veröffentlichung mitgegebenen Text *An einen Freund* ⟨*Zum zweyten Mahle will ein Wort*⟩ (HKA II, 73 f., 75 f.) hingewiesen. Grund dafür sind strukturelle und motivische Parallelen (»Sieh mir ins Auge«, V. 5; »Um alte Fäden anzuknüpfen«, V. 20; »Dann reich ich eine Hand nicht nur / Ich reiche Beyde Euch entgegen«, V. 49 f.). Ausgehend von dem »zweyte[n]« Streitwort von 1844 wird ein erstes Wort der Entzweiung in *An* *** ⟨*Kein Wort ...*⟩ von 1842 konstruiert, und zwar ungeachtet der Tatsache, dass es dort explizit »Kein Wort« heißt und dieser Satzbeginn eine sehr allgemeine, auf die potentiell zerstörerische Kraft von Worten zielende Aussage nach sich zieht, über deren Bedeutung in einem Wortkunstwerk man allerdings erst nachdenken kann, wenn man die biographische Lesart distanziert.

An *** ⟨*Kein Wort ...*⟩ besteht aus vier Strophen zu je sechs jambischen Zeilen, die in zwei Kreuzreim- und zwei Paarreim-Verse aufgeteilt sind. Das Zusammenspiel beider Reimformen unterstreicht die Verbundenheit zwischen der Sprechinstanz und dem adressierten Du, während die zweite Strophe die Misstöne in dieser Beziehung durch unreine Reime (»erhöht« [V. 8] – »Magnet« [V. 10]; »gefährde« [V. 11] – »Erde« [V. 12]) zum Ausdruck bringt. Im lyrischen Sprachmaterial selbst wirkt demnach eine existenzielle Spannung, die deshalb für das Gedicht produktiv wird, weil sie unter dem Eindruck einer übergeordneten Harmonie steht. Die erste Strophe setzt nämlich mit den Reimwörtern »Eins« (V. 2) und »Weins« (V. 4) eine sich durch das gesamte Gedicht ziehende Assonanzen-Reihe in Bewegung (»deine« [V. 13], »meine« [V. 15], »reich« [V. 16], »Bleichen« [V. 19], »Zeichen« [V. 21]), produziert Echophänomene und lässt buchstäblich das An- und Widerklingen (lat. *assonare*) von Lauten in einem lyrisch hergestellten, harmonischen Natur- und Lebensraum erahnen. So wundert es nicht, dass der Bildbereich der ersten drei Strophen durch den totalisierenden, anorganische und organische Materie, Mensch und Natur verbindenden Diskurs der romantischen spekulativen Naturphilosophie (→ I.3.3.) geprägt wird. Friedrich Wilhelm Joseph Schelling (1774–1854), Franz Anton Mesmer (1734–1815) und Gotthilf Heinrich Schubert (1780–1860) gingen davon aus, dass die ganze Welt ursprünglich von dichten, mikrofeinen elektrischen Kommunikationsnetzen (»in tausend Fäden Eins«, V. 2) durchzogen war und dass erst der rationalitätsversessene, Wissen und Bewusstsein verabsolutierende Mensch der Neuzeit diese fundamentalen Informationsströme blockiert habe. Im Gedicht interagieren mithin zwei ›Sprachen‹: auf der einen Seite die des modernen pragmatischen Alltagsgebrauchs mit »Wort[en]«, die »scharf wie Stahles Klinge« (V. 1) sind, und die gleichsam ›elektrische‹ Sprache der Poesie, die einen erneuten Durchfluss des urzeitlichen Fluidums ermöglicht (»Stral [...] durchs Herz der Erde«, V. 12). Zu Drostes Lebzeiten hatte die spekulative Naturphilosophie, nicht zuletzt aufgrund ihrer Diffamierung durch die Naturwissenschaften, bereits an gesellschaftlichem Einfluss eingebüßt (»Worüber alle Lippen freundlich scherzen«, V. 17), während Kunst und Literatur die mit ihr verbundene romantische Ästhetik und das Ideal einer universalen poetischen Sprache schätzten und tradierten (vgl. Barkhoff 1995). In *An* *** ⟨*Kein Wort ...*⟩ ist es die Sprechinstanz, die dem adressierten Du dieses Wissen voraus hat. Sie fordert es auf, die subkutanen Verbindungen wahrzunehmen, die unter allem auf der Oberfläche Getrennten wirken. Nur etwas, das gegensätzlich gepolt ist (»feindlich starre Pole«, V. 8), kann durch den »Magnet[en]« (V. 10) voneinander angezogen werden.

Die dritte Strophe schwächt den naturphilosophischen Bildbereich dadurch ab, dass sie ihn durch die traditionell mit dem Blicktausch assoziierte Zwillings- und Spiegel-Metaphorik (Nettesheim 1967, 108, 115; Börnchen 2010, 213) überschreibt. Damit gerät die Vorstellung umfassender Resonanz, wie sie für die Naturphilosophie charakteristisch ist, in direkte Nachbarschaft zur ebenfalls romantischen Idee einer Spaltung und Verdoppelung des lyrischen Ich (→ VI.7.). Passen diese beiden Bildbereiche schon nicht optimal zueinander, wechselt die vierte Strophe unvermittelt in den Bereich der Mythologie, zu »Pollux und Castor« (V. 19), jenem treuen Bruderpaar, das von Zeus nach Castors Tod erbittet, nicht auseinander gerissen zu werden, sondern gemeinsam je einen Tag im Hades und einen im Olymp zu verbringen. Die wechselnden Überlieferungen kennen auch andere Szenarien, je nachdem, ob beide Dioskuren sind oder nur Pollux als Sohn des Zeus unsterblich ist – in diesem Fall hätte Castor tatsächlich das »Licht geraubt dem Andern« (V. 20). Deshalb bilden die Brüder im Sternbild der Zwillinge einen dunklen und einen hellen Stern. In älterer Überlieferung wurden sie auch mit der elektrischen Lichterscheinung des Elmsfeuers assoziiert, das, wenn zwei Flammen an der Mastspitze eines Schiffes aufleuchteten, als glückbringend gedeutet wurde (HKA I, 1077; vgl. Börnchen 2010, 219). Erzählt der Mythos die Geschichte einer unverbrüchlichen Treue zwischen Brüdern, hebt soziales Handeln und ethisches Vorbild hervor, steht der Magnet für die gegenseitige Anziehung polarer Gegensätze, beschreibt eine physikalische Gesetzmäßigkeit. Von dieser Beobachtung ausgehend, drängen sich zwei Überlegungen auf. Zum einen könnte der Bruch im Metaphergefüge Indiz dafür sein, dass das Gedicht zu viel will, wenn es persönliche Adressierung und allgemeingültige Aussage, biographische und poetologische Dimensionen der Lyrik zu verbinden bemüht ist; d. h. es würde an seinem eigenen Anspruch scheitern. Zum andern könnte es sein, dass die verschiedenen Bildbereiche zu unterschiedlichen Argumentationsebenen des Gedichts gehören. In diesem Zusammenhang muss die Konfiguration der beiden *An* ***-Gedichte um das in ihrer Mitte stehende Gedicht *Poesie* bedacht werden.

Alle drei Gedichte setzen mit der Thematisierung des Redeaktes und der Sprache ein: »Kein Wort« (V. 1), »Frägst du mich« (HKA I, 141, V. 1), »O frage nicht« (HKA I, 143, V. 1). Vom zentralen Gedicht *Poesie* (→ II.5.5.11.) her sind sie als poetologische Gedichte lesbar: Sie denken darüber nach, was Poesie ist und zu leisten vermag, sie variieren experimentell dasselbe Thema. Nur das mittlere Gedicht tut dies indes, ohne dass der konstitutive Sprechakt verneint wird. In allen dreien spricht das lyrische Ich im Rahmen seiner poetologischen Reflexionen ein Du an, doch gewinnt man nur in *Poesie* den Eindruck, zwischen »Ich« und »Du« herrsche ein Verhältnis von Ebenbürtigkeit und Übereinstimmung. In beiden *An* ***-Gedichten inszeniert sich die Sprechinstanz zur Autorität gegenüber dem Du und zur Regisseurin der Stimmführung. Ist die Trias von der Mitte her poetologisch zu interpretieren, so von den Rändern her als Ensemble von ›Gelegenheitsgedichten‹ in Goethes Verständnis (→ II.5.5.1.; → VI.9.).

Einerseits entwirft *An* *** ⟨*Kein Wort* ...⟩ demnach das (vom naturphilosophischen Diskurs formulierte) Ideal einer umfassenden Responsivität, das nur poetisch realisiert werden kann. Das Gedicht kann aber andererseits nur zu den Bedingungen der die poetische Sprache »scharf wie Stahles Klinge« verletzenden Alltagssprache geschrieben werden, wenn es in der wirklichen Welt seinen Platz erhalten soll. Seine Verankerung in dieser Wirklichkeit stellt das das Gedicht zusätzlich durch die Ansprache eines Du her. Insofern ist nicht ausgeschlossen, dass es Bezug auf die inspirierenden, aus den unterschiedlichen Auffassungen von Dichtung resultierenden Meersburger Literaturgespräche nimmt, von denen Schücking in seinem *Lebensbild* Drostes (1862) berichtete (Rotermund 1962, 68). Die Kunst des Gedichts besteht darin, diese in der ›Gelegenheit‹ verwurzelte Ursprungsszene sowohl auf der Ebene einer dem Text vorausgesetzten Wirklichkeit zu thematisieren, als auch – vor allem in den ersten beiden Strophen – deutlich zu machen, welche grundsätzlich anderen Sprach- und Kommunikationsregeln auf der poetischen Ebene herrschen. Demzufolge ist die Sprechinstanz des Gedichtes, wie die Blicktausch- und Spiegelszene der dritten Strophe nahelegt, gespalten. Sie agiert auf beiden Ebenen, spricht aber (wie aus dem Off, ohne sich als Ich zu identifizieren) mit einer poetischen Autorität, die über den »frevle[n] Witz[ ]« des »Geschick[s]«

(V. 7) erhaben ist. Das zeigt sich an den Imperativen, die das »Du« dirigieren, das zeigt sich aber auch an der latenten Ironie der letzten Strophe: »So reiche mir die Hand, mein Dioskur!« (V. 22) Auf der einen Seite wird eine heroische Vision beschworen, auf der anderen Seite schwächt das Possessivpronomen das mythische Bild zum Bildungszitat ab. Stellt man in Rechnung, dass der Begriff der Dioskuren, mit dem bereits Goethe im übertragenen Sinne die Brüder Schlegel, Humboldt oder Stolberg bezeichnete und der seit Ernst Rietschels Weimarer Denkmal (1856) vor allem auf Schiller und Goethe gemünzt wurde, zwischen 1800 und 1840 populär und weitverbreitet war (Cölln/Middeke 2014; Brüning 2015), dann entbehrt die letzte Strophe nicht der Selbstironie: Mit den Mitteln der Poesie lässt sich die Idee einer umfassenden Responsivität andeuten, die in der Lebenswirklichkeit in herausgehobenen, einzigartigen Kommunikationsmomenten aufscheinen kann und nur schwer in Sprache zu fassen ist; versucht man es, verfängt man sich in heroischen Bildern, die an historischen Konstellationen (Goethe – Schiller) vorbeigehen und in der Übertragung auf andere (Droste – Schücking) wie ein ›frevler Witz‹, also vollends unangemessen wirken. Ohne diesen Preis zu zahlen, würde das Gedicht aber in der Sphäre reiner Idealität verbleiben und Drostes Poetik, die deshalb auf Ironie nicht verzichten kann, zuwiderlaufen.

Literatur

Börnchen, Stefan: »König über Alle, der Magnet«. Magnetismus und Liebe in Annette von Droste-Hülshoffs Gedicht *An* ***. In: Claudia Liebrand/Irmtraud Hnilica/Thomas Wortmann (Hg.): Redigierte Tradition. Literaturhistorische Positionierungen Annette von Droste-Hülshoffs. Paderborn u. a. 2010, S. 197–221.
Brüning, Gerrit: Ungleiche Gleichgesinnte. Die Beziehung zwischen Goethe und Schiller 1794–1798. Göttingen 2015.
Cölln, Jan/Middeke, Annegret (Hg.): Dioskuren, Konkurrenten und Zitierende. Paarkonstellationen in Sprache, Kultur und Literatur. Göttingen 2014.
Heselhaus, Clemens: Annette und Levin. Münster 1948.
Heselhaus, Clemens: »Castor und Pollux, wechselnd Glühn und Bleichen«. In: Jahrbuch der Droste-Gesellschaft 2 (1950), S. 331–333. [Heselhaus 1950c]
Nettesheim, Josefine: Die geistige Welt der Dichterin Annette Droste zu Hülshoff. Münster 1967.
Plachta, Bodo: »1000 Schritte von meinem Canapee«. Der Aufbruch Annette von Droste-Hülshoffs in die Literatur. Bielefeld 1995.
Rotermund, Erwin: Die Dichtergedichte der Droste. In: Jahrbuch der Droste-Gesellschaft 4 (1962), S. 53–78.

5.5.11. Poesie

Tilman Venzl/Yvonne Zimmermann

Das während des ›Meersburger Winters‹ nach dem 1. Dezember 1841 entstandene Gedicht *Poesie* (HKA I, 141 f.) zählt zu den 53 Gedichten, die Anfang Februar 1842 nachweislich vorlagen, sowie zu den acht Gedichten, die im *Morgenblatt für gebildete Leser* (am 10. Oktober 1842) zur Bewerbung der *Gedichte* von 1844 veröffentlicht wurden (HKA I, 1078 f.). In der Ausgabe von 1844 bilden die beiden als *An* *** titulierten Gedichte den unmittelbaren intratextuellen Kontext, die in Drostes zwischen 1841 und 1844 angelegten Gedichtverzeichnissen zeitweise namentlich an Levin Schücking adressiert waren (HKA I, 536, 551, 569). Es ist daher anzunehmen, dass *Poesie* die äußerst produktive »Dialogsituation« zwischen Schücking und Droste auf der Meersburg aufgreift und insofern eine »Widerspiegelung der Schaffenssituation« darstellt (Meyer 1994, 306). Am 5. Mai 1842 gestand Droste Schücking bekanntlich: »mein Talent steigt und stirbt mit deiner Liebe – was ich werde, werde ich durch dich und um deinetwillen« (HKA IX, 295). Die Eliminierung der personalen Bezüge der angrenzenden Widmungsgedichte in der Ausgabe von 1844 deutet allerdings darauf hin, dass auch bei *Poesie* eine Abstraktion stattgefunden hat. Wichtiger als die biographischen Details ist offenbar der Grundgestus, einen Dialog über Dichtung auf komplexe Weise zu imaginieren und zu inszenieren. Mehr denn als »Rätselgedicht[ ]« (HKA I, 1081) ist *Poesie* daher als Reflexionsgedicht anzusehen, welches das Wesen der Dichtung zu ergründen vorgibt, deren Unergründlichkeit aber vor allem performativ inszeniert und so selbst zu Dichtung wird.

Poesie besteht aus sechs achtversigen kreuzgereimten Strophen, die stets trochäisch sind und abwechselnd akatalektisch und katalektisch enden. Diesen »geläufigsten deutschen Achtzeiler« (Frank 1980, 621), der »seit der Wende zum 19. Jahrhundert insbesondere für Gemeinschaftslieder, patriotische Hymnen und Bekundungen politischer Zusammengehörigkeit«, aber auch »für innigere Töne« Verwendung fand (Frank 1980, 624), gebraucht Droste hier in einer Spielart, in der die ungeraden Verse nur selten reimen oder assonieren. Der Aufbau des Gedichts lässt sich als dreiteilig beschreiben: Während in der ersten Strophe das Rätsel gestellt und gelöst wird, wird in den Strophen zwei bis fünf die Auflösung erläutert, die dabei mit poetologischen Ansichten verknüpft wird. In der Schlussstrophe leitet schließlich das Ich mit einer Inquit-Formel eine Erwiderung des Du ein, wobei nicht zuletzt wegen der fehlenden Anführungszeichen zu vermuten ist, dass auch diese Erwiderung allein das Produkt der Imagination des Ich ist.

In der ersten Strophe richtet das Ich eine Frage an sich selbst, die es einem Du im imaginierten »Räthselspiele« (V. 1) in den Mund legt: Welche »zarte lichte Fey« sei selbst »ein Stral« und gleiche dabei »drei Kleinoden« (V. 2–4). Auch wenn das Feenmotiv einen volkstümlichen Hintergrund andeutet, handelt es sich um ein für das rätselbegeisterte 19. Jahrhundert nicht ungewöhnliches »Kunsträtsel« (Fischer 2004, 267). Der typische »intellektuelle[ ] Anspruch« des Rätsels und sein Charakter des »unterhaltsame[n] gesellschaftliche[n] Spiel[s]« erscheint hier allerdings zur intimen Zwiesprache abgedämpft (Fischer 2004, 270). Schließlich will das Ich, das sein Gegenüber als »Liebchen« adressiert, gar nicht »pfiffig« sein und löst das Rätsel stattdessen mit Hinweis auf ein vorrationales Seelenverständnis: »in meiner tiefsten Seele / Hallt es: das ist Poesie!« (V. 6–8).

Bevor das Ich in der zweiten Strophe die »Kleinode« als »Türkis«, »Amethist[ ]« und »Perle« benennt (V. 14–16), identifiziert es zunächst »[j]ene[n] Stral« als »Licht und Flamme« (V. 9). Die Erläuterung greift die Eigenschaften der Flamme, nämlich zu entzünden, und des Sonnenlichts, in Spektralfarben zerlegbar zu sein, auf und bezieht beides auf eine Besonderheit, die auch für die Dichtung gelten soll. Dass das Licht »über Alles gleitend / Tausend Farben zündet an«, ist Zeichen dafür, dass es »Jedes Recht und Keines Eigen« ist (V. 11–13). Dieses der Poesie zugestandene und selbst deutungsbedürftige Charakteristikum, mit dem wohl Nicht-Exklusivität einerseits und perennierendes Herausforderungspotenzial andererseits gemeint sind, wird durch weitere ethische Qualitäten ergänzt, die in den folgenden drei Strophen den drei genannten Preziosen allegorisch zugeschrieben werden. Dabei rekurriert Droste auf die Tradition der »Edelsteinallegorese« und schafft mit *Poesie* ein Beispiel der »kombinierten Farbendeutungen«, indem sie die »Farbveränderung« sowohl des Türkises und des Amethysten als auch der Perle zum Gegenstand der Auslegung macht (Meier-Staubach 1977, 235).

Droste greift den traditionellen Gedanken der Abhängigkeit der »Farbe des Türkises [...] von seinem Träger« (Meier-Staubach 1977, 228) in der dritten Strophe ihres Gedichts ebenso auf wie seine Fähigkeit »im Spenden von Trost« im »theologisch[en]« Sinne (Meier-Staubach 1977, 441 f.): Der Türkis in der »milde[n] Bläue« des »Himmels« sei zwar einer »Himmelsgabe« gleich (V. 22 f.), doch sein »frommes Auge bricht«, falls sich ihm »verborgner Säure Brodem« nähert (V. 18 f.). Wie in diesem ersten Preziosengleichnis wird »Poesie« (V. 17) auch im Vergleich mit dem Amethysten durch ihre Gefährdung bestimmt. Die vierte schließt an die überlieferte Bedeutung dieses Edelsteins an, »Trunkenheit« im Dienst tugendhafter »Nüchternheit und Mäßigung« aufzuheben (Meier-Staubach 1977, 434 f.) und »Wachsamkeit und Aufmerksamkeit« für die Heilsgeschichte zu gewähren (Meier-Staubach 1977, 452): »An des Ungetreuen Hand; / Der [...] gemeinen Götzen fröhn[t]« (V. 28 f.), erblasse »sein veilchenblau Gewand / [...] zu schnödem Grau« (V. 26 f.), während er »[s]einen edlen Glanz bewahrt«, sofern sein Träger »nur Einer Flamme dien[t]« (V. 31 f.). Das letzte Gleichnis setzt die Poesie mit der Perle in Verbindung, der die Fähigkeit zugeschrieben wurde, »krankhafte[r] überflüssige[r] Feuchtigkeit [...] im ganzen Körper des Menschen« abzuhelfen, was als »Festhalten an überflüssigem Reichtum sowie generell auf Sünde und Laster hin gedeutet« wurde (Meier-Staubach 1977, 390 f.): Die »Perle«, die am »Gesunden thauig klar« ist, »saug[t], was da Krankes / In geheimsten Adern war« (V. 33–36), und wird dadurch »[g]rünlich, wie ein modernd Tuch«, und bleibt also auch forthin, obgleich nach wie vor »Perle«, vom ehedem »Sieche[n]« gezeichnet (V. 38–40).

Drostes Verfahren, die Dichtung durch den Vergleich mit Preziosen in sittlicher Hinsicht zu bestimmen, ist als »Physiko-Poetik« beschrieben worden, »die Strukturmerkmale der Physikotheologie aufnimmt« (Pott 2004, 252). Während allerdings die Physikotheologie die »sinnlich erscheinende Welt« als »vernünftige[n] Beweisgrund für die Existenz Gottes« und »Anlass für sein Lob« und »Liebe zu ihm« begreift (Michel 2008, 3), basiert die Physiko-Poetik auf einer »doppelten Allegorie«, die die Poesie auf Elemente der Natur und diese wiederum auf ethische Qualitäten bezieht: »Natur wird allegorisiert, um sie zu poetisieren«, wobei »die Natur dem poetologischen Zweck, der Selbstreflexion von Poesie« untergeordnet wird (Pott 2004, 252f.). Von den im Rahmen der Edelsteinallegorese erhobenen Forderungen an den Dichter, die auf die Begriffe »Reinheit, Treue und Lebenskraft« gebracht wurden (Rotermund 1962, 69), lässt sich lediglich mittelbar auf die Dichtung schließen, die dann etwa als »[h]eilig, moralisch und gesund« (Pott 2004, 251) zu beschreiben ist. Bildet die Dichtung also einerseits eine Art Sensorium für die »ethische[ ] Einstellung des Dichters«, übt sie andererseits auch »heilende Wirkung« aus (Salmen 1985, 176f.). Denn sie nimmt auf, »was da Krankes / In geheimsten Adern war« (V. 35f.) und ist fortan als »Perle« erkennbar, »die ein Siecher trug« (V. 39f.). Das Ich schreibt der Dichtung also die Funktion zu, einerseits um den Preis der eigenen Vollkommenheit »verborgner Säure Brodem« (V. 19) sowie den »Ungetreuen« (V. 28) und den »Sieche[n]« (V. 40) zu indizieren, anderseits aber auch zumindest Letzterem Hilfe zu verschaffen.

Die Schlussstrophe lässt allerdings fraglich erscheinen, dass das Gedicht tatsächlich auf eine derartige Wesens- und Funktionsbestimmung der Dichtung zielt. Denn das Ich imaginiert abschließend eine nur scheinbare Bestätigung des Du: »Poesie« wird nun mit »dem Pokale / Aus venedischem Kristall« verglichen, der durch »Gift« zwar in »tausend Trümmer« zersplittert, dabei aber »Schwanenliedes Melodie« erklingen lässt (V. 43–47). Dieses Bild bedeutet zwar einerseits die Weiterführung der Preziosen-Motivik »im Gesamtbild des *Pokals*« (Meyer 1994, 308), bildet aber andererseits eine »Gegenthese« zu den Aussagen des Sprecher-Ichs. Denn obgleich auch hier »die Dichtung mit einem glänzenden erlesenen Gegenstand verglichen« und im Hinblick auf die »negative Reaktion auf ein zerstörendes Element beschrieben« wird, ist die Konstellation entdifferenziert und ganz auf die »sinnliche Seite, auf Glanz und Musik« bezogen (Rotermund 1962, 69). Ohne die Aspekte Sensorik und Heilung im sittlich-religiösen Bezugsfeld aufzugreifen, wird die Dichtung hier mit dem Ergebnis »völliger Zerstörung« regelrecht vergiftet, was »paradoxerweise« zur »höchsten und letzten Entfaltung« führt (Rotermund 1962, 69). Der »[gef]lüster[te]« vorgebliche »Widerhall« (V. 42) der Schlussstrophe entpuppt sich daher als mehr denn latenter Widerspruch, der entgegen der zuvor entfalteten ethischen und karitativen Dichtungskonzeption den Aspekt der Gefährdung in den Vordergrund stellt. Bei Zugeständnis gewisser zeitadäquater Assoziationslizenzen lässt die Bildlichkeit an ein barock anmutendes

Vanitas-Stillleben oder auch an einen Schierlingsbecher denken, der ähnlich wie die Ikarus- und Prometheus-Mythen seit dem späten 18. Jahrhundert die Risiken genialischer Dichtung aufruft.

In *Poesie* werden in einem vom Ich imaginierten und insofern inszenierten Dialog verschiedene topische Zuschreibungen an die Dichtung perspektivisch aufgefächert. Da diese Zuschreibungen nur scheinbar vermittelt werden, sich vielmehr regelrecht entgegenstehen, bleibt die Frage nach dem Wesen von Dichtung am Ende des Textes performativ als Rätsel stehen. Die wahre Zauberkraft von Dichtung kann reflexiv nicht eingeholt, sie muss durch das Gedicht erfahrbar werden. Paradox genug kommt *Poesie* just mit dem Hinweis auf die Zerstörung der »Poesie« (V. 48) zum Abschluss.

Literatur

Fischer, Helmut: Art. Rätsel. In: Rolf Wilhelm Brednich u. a. (Hg.): Enzyklopädie des Märchens. Bd. 11. Berlin, New York 2004, Sp. 267–275.
Frank, Horst Joachim: Handbuch der deutschen Strophenformen. München, Wien 1980.
Meier-Staubach, Christel: Gemma Spiritalis. Methode und Gebrauch der Edelsteinallegorese vom frühen Christentum bis ins 18. Jahrhundert. Bd. 1. München 1977.
Meyer, Matthias: Die ›Dichtergedichte‹ der Annette von Droste-Hülshoff. Probleme einer Identitätsbildung. In: Danielle Buschinger (Hg.): Europäische Literaturen im Mittelalter. Mélanges en l'honneur de Wolfgang Spiewok à l'occasion de son 65ème anniversaire. Greifswald 1994, S. 297–319.
Michel, Paul: Physikotheologie. Ursprünge, Leistung und Niedergang einer Denkform. Zürich 2008.
Pott, Sandra: Poetiken. Poetologische Lyrik, Poetik und Ästhetik von Novalis bis Rilke. Berlin, New York 2004.
Rotermund, Erwin: Die Dichtergedichte der Droste. In: Jahrbuch der Droste-Gesellschaft 4 (1962), S. 53–78.
Salmen, Monika: Das Autorbewußtsein Annette von Droste-Hülshoffs. Eine Voraussetzung für Verständnis und Vermittlung ihres literarischen Werks. Frankfurt/M. 1985.

5.5.12. An *** ⟨O frage nicht was mich so tief bewegt⟩
Cornelia Blasberg/Jochen Grywatsch

Da das Gedicht *An *** ⟨O frage nicht was mich so tief bewegt⟩* (HKA I, 143), das von der Rezeption so wie sein Pendant *An *** ⟨Kein Wort, und wär' es scharf wie Stahles Klinge⟩* (HKA I, 140; → II.5.5.10.) als ›Schücking-Gedicht‹ tituliert wurde, im Gedichtverzeichnis V² geführt wird, das bis zu Drostes Abreise aus Meersburg am 29. Juli 1842 entstand (HKA I, 542 f.), ist es in die Zeit ihres dortigen Aufenthalts seit dem 9. Oktober 1841 zu datieren (HKA I, 1084). Die Zuschreibung an Levin Schücking resultiert, analog zu

5. Gedichte von Annette Freiin von Droste-Hülshof (1844)

An *** ⟨Kein Wort ...⟩, mit dem es sich auf einem Arbeitsmanuskript befindet (MA I 9), aus der dort notierten Zueignung »An L.« sowie der Titelvariante »An L.S. O frage nicht« der Gedichtverzeichnisse V² und V³. Auch die Titelvariante *Spiegelung. An Levin S.* in der von Schücking betreuten zweiten Auflage der Gedichte 1844 sowie in seiner Droste-Werkausgabe von 1878/79 (*Spiegelung. An Levin Schücking*) reklamiert diese Zuschreibung. Allerdings ordnet Drostes letztes Gedichtverzeichnis V⁵ das Gedicht gemeinsam mit *An Elise. Am 19. November 1843* (HKA I, 144 f.) der Sammelüberschrift *An Elise* zu (HKA I, 1084), wie es auch die Reinschrift für die 1844er Ausgabe tut. Entsprechend wurde das Gedicht in der Forschung (seit Arens' Werkausgabe 1904) auch als an Elise Rüdiger gerichtet verstanden, wogegen sich zuletzt die Festlegung auf eine Schücking-Zuschreibung durchsetzte (Heselhaus 1948; Heselhaus 1950b; HKA I, 1085; dagegen unentschieden Weydt 1996). Dafür sprechen folgende Gründe: der Titelzusatz »An L.« im Arbeitsmanuskript; der gemeinsame Überlieferungskontext mit dem anderen *An ****-Gedicht und zuletzt Drostes fraglose Einwilligung in die von Schücking vorgenommene Umbenennung in *An **** für die 1844er-Gedichtausgabe (vgl. zusammenfassend Plachta 1995, 142 f.). Jeder Versuch aber, eine vermeintlich eindeutige Zuschreibung an Schücking hermeneutisch zu begründen, muss fehlschlagen, da die im Text genannten Instanzen »Ich« und »Du« rein rhetorisch sind. Motivähnlichkeiten zu anderen an Schücking bzw. an Elise Rüdiger gerichteten Gedichten führen ebenfalls zu keiner zwingenden Festlegung (vgl. Heselhaus 1950b, 327–330). Erklärungsversuche, die von »vorsätzliche[r] Irreführung« und »Kaschierungs-Versuch[ ]« (Heselhaus 1948, 17) sprechen und von der Vermutung, Droste habe das Gedicht »absichtlich zu dem Elisengedicht gesellt, um den Eindruck zu vermeiden, als gebe es einen Zyklus von Schücking-Gedichten« (Heselhaus 1950b, 327 f.), bleiben spekulativ.

Das Gedicht, das aus fünf Vierzeilern mit fünfhebigen Jamben und durchgehendem Kreuzreim mit alternierenden männlichen und weiblichen Kadenzen besteht, ist vollkommen regelmäßig gebaut. Auf diese Weise entsteht ein Spannungsverhältnis zwischen der klaren Form und der thematisierten ›tiefen Bewegung‹ des lyrischen Ich, die sich in seinem Weinen, »Hoffen« und seiner »Seele Brand« (V. 17) äußert. Der Widerspruch zwischen dargestellter Dynamik und statischer Form hat sein Pendant in der rhetorisch erzeugten Illusion eines das ganze Gedicht durchziehenden Zwiegesprächs zwischen »Ich« und »Du«, die aber bereits mit der ersten Zeile aufgelöst wird, schließlich heißt es: »O frage nicht« (V. 1). Nur die Entgegensetzung von Alter und Jugend, Wehmut und Zuversicht bleibt im Gedichtverlauf konstant und erinnert an die analoge Szene in *Die Schenke am See* (HKA I, 76 f.; → II.5.4.3.), die ebenfalls auf Drostes Freundschaft zu Schücking bezogen wurde. Hier wie dort charakterisiert sich das Ich durch Gefühle der Trauer und des Abschieds (der »Liebessonne dämmernd Scheinen«, V. 18), während das Du als »junges Blut« (V. 2) mit »frische[n] Lebenskeime[n]« (V. 14) ausgestattet wird. Auf diese Weise wird eine Bilderfolge erzeugt, die Ich und Du in enger Berührung, Stirn an Stirn gelehnt (V. 3), zeigt, so dass das Ich sich einbilden kann, das »Antlitz« (V. 13) seines Gegenübers sei ein »Zauberspiegel« (V. 16), in dem es sich selbst als Anderes – verjüngt, hoffend, die »Liebessonne« (V. 18) genießend – erkennen könne. Zugleich aber weiß es, dass es sich täuscht (»Da ist es mir«, V. 15) und gerne getäuscht werden will, weil seine emotionale Disposition zutiefst melancholisch ist und es Gegenwart nur im Schatten drohenden Vergehens und erlebter Verluste (»Was noch entschwinden wird und was entschwand«, V. 19), also im Grunde gar nicht wahrnehmen kann.

Die zweite und dritte Strophe wechseln ins Präteritum und überblenden die virtuelle Dialogszene der ersten mit einer erinnerten, also weit zurückliegenden und nicht durch die Begegnung mit dem Du angestoßenen Traumsequenz. Sie ist für das Ich, das sie aus der Gegenwart kommentiert (die damals schwer zu lernenden »Vokabeln« [V. 7] sind inzwischen wieder vergessen, zu »Hieroglyphen« [V. 8] geworden) wichtig, um die aktuell verhandelte Situation zu verdeutlichen. Damals, als das Ich aus dem Traum erwachte, weinte es »heiß« (V. 9), weil es, erwachsen, »klar und nüchtern« (V. 10) geworden, nie wieder in den Stand kindlicher Naivität und unschuldiger Wissbegier zurückkehren kann. Analog verkörpert das Du für das Ich eine Seinsweise, die es als sich elementar zugehörig und zugleich different empfindet. Wie dem »albern Kind« (V. 5) im Traum hat das Ich dem Du das Bewusstsein von Zeitlichkeit und Vergänglichkeit voraus. Nicht nur emotionale Turbulenzen muss die regelmäßige Gedichtform beruhigen, sie hilft darüber hinaus einen Vorstellungsraum zu gestalten, in den die Zeit als grammatische Kategorie eingelassen, aus dem sie als fundamentale Zerstörungskraft jedoch ausgeschlossen wird.

Als Gelegenheitsgedicht mit Adressierungsgestus betont das Gedicht, dass ein vertrauter, produktiver Dialog die Bedingung seiner Existenz ist – nur auf diese Weise gewinnt das Ich ein Verhältnis zu seinen Ängsten und Wünschen. Das heißt nicht, dass dieses Zwiegespräch real stattgefunden hat und das Gedicht darauf referiert, im Gegenteil schließt bereits die erste Zeile mit dem Verbot des Fragens nach dem Grund der Tränen diese pragmatische Sprachkommunikation aus und wechselt auf die poetische Ebene. *An *** ⟨O frage nicht ...⟩* gehört wie *An *** ⟨Kein Wort ...⟩* in die unmittelbare Nähe zu *Poesie* (HKA I, 141 f.), weil es im Kern ein poetologisches Gedicht ist. Dazu gehört die ›Wirklichkeit‹ schaffende Apostrophe des ›Du‹, die einer Selbstbegegnung der Sprechinstanz im Spiegel des Gedichts und Reflexionen darüber Vorschub leistet, was Poesie vermag – und was sie nicht vermag: ein lebendiges Du ersetzen.

Literatur

Heselhaus, Clemens: Annette und Levin. Münster 1948.
Heselhaus, Clemens: »O frage nicht ...«. An Levin Schücking oder an Elise Rüdiger? In: Jahrbuch der Droste-Gesellschaft 2 (1950), S. 327–330. [Heselhaus 1950b]
Plachta, Bodo: »1000 Schritte von meinem Canapee«. Der Aufbruch Annette von Droste-Hülshoffs in die Literatur. Bielefeld 1995.
Weydt, Günther: Macht und Machtlosigkeit des Worts. Zu den Levin-Gedichten der Annette von Droste. In: Beatrice Wehrli/Gabriele Scherer (Hg.): Wahrheit und Wort. Festschrift für Rolf Tarot zum 65. Geburtstag. Bern u. a. 1996, S. 519–535.

5.5.13. Ein Sommertagstraum
Cornelia Blasberg/Jochen Grywatsch

Das zwischen Februar und Juli 1842 (HKA I, 1093f.) entstandene Gedicht (HKA I, 146–155) ist 266 Verse lang, kompositorisch wie ein gerahmter Kleinzyklus aufgebaut und, den Gedichten *Der Weiher* (→ II.5.3.5.) und *Die Krähen* (→ II.5.3.9.) vergleichbar, verschiedenen Sprecher-Personifikationen in den Mund gelegt. Während auch *Der Weiher* seine Szenerie der sprechenden Weiher-Anrainer an einem heißen Sommertag entfaltet, wird das märchenhaft anmutende Reden von Vögeln respektive von *Autograph*, *Denar*, *Erzstufe* und *Muschel* in den beiden anderen Texten dadurch eingeleitet und plausibilisiert, dass drückend schwüles Sommerwetter die Sinne des lyrischen Ichs trübt und in *Ein Sommertagstraum* dazu führt, dass das Ich in einen unruhigen, von Träumen durchzogenen Halbschlaf fällt. Wie in *Der Hünenstein* (→ II.5.3.6.), *Die Mergelgrube* (→ II.5.3.8.) und *Im Moose* (→ II.5.4.6.) wird durch die Beschreibung dieses »wunderliche[n] Schlummerwachen[s]« (*Durchwachte Nacht*, HKA I, 351–353, V. 21) ein produktiver Schwebezustand angezeigt, in dem das ›erlebende‹ Ich mit höchster Sensibilität auf eine ihm plötzlich unvertraute Umwelt reagiert, fabelhafte Bilder und dem Verstand nicht zugängliche Zusammenhänge wahrnimmt (vgl. Grywatsch 2009c). Den Leser macht das Motiv darauf aufmerksam, dass der Text ein kalkuliertes Spiel mit diegetischen Ebenen und ontologischen Kategorien treibt: Vom ›Traum‹ als ›Fiktion‹ her gesehen, scheint die Rahmenerzählung über aufziehendes Gewitter und einschlummerndes Ich auf ›Realität‹ zu referieren – was sie, betrachtet man das gesamte Gedicht als sprachliche Konstruktion, natürlich nicht tut. Indem der Text solche Differenzen einzieht, sichtbar macht und letztlich widerruft, zeigt er, wie Poesie die unterschiedlichsten Modalitäten der Weltsicht und des Weltverhaltens erarbeitet und ihre Leser mit einer gehörigen Portion Skepsis gegenüber dem pragmatischen Alltagsverständnis von ›Wirklichkeit‹ ausstattet (→VI. 6.). Unter diesem Aspekt weisen Drostes Gedicht und Shakespeares fast titelgleiche Komödie *A Midsummer Night's Dream* (1596) Übereinstimmungen auf, obwohl Shakespeares Drama von tollkühnen, durch Zaubertränke und Verwandlungen aller Art stimulierten Liebeswirren handelt und ein großes Ensemble unterschiedlichster Figuren auf die Bühne bringt. Doch auch der »Sommer*nacht*straum« thematisiert die Grenze zwischen ›Wirklichkeit‹ (Athen, Heiratspolitik) und ›Fiktion‹ (Zauberwald, Liebe), die seine Protagonisten permanent durchbrechen und die in der Handwerker-Aufführung des Ovid'schen Pyramus und Thisbe-Stoffes (›Spiel im Spiel‹) metapoetisch verdoppelt wird. Vor diesem Hintergrund scheint der theatrale Gestus des *Sommertagstraums*, der vier Gegenständen eine Bühne bietet, sie nacheinander auftreten, ihr ›Spiel‹ spielen und einen weit auseinandergezogenen Dialog führen lässt, die lyrische Struktur inspiriert zu haben. Dadurch, dass Gedicht und Komödie ihre Intertextualität so deutlich markieren, lenken sie die Aufmerksamkeit darauf, dass die kreative, zu Verwandlungen fähige und grenzüberschreitende, gleichwohl im Leben verankerte Kraft von Liebe und Traum auch die der Literatur ist.

Seinen Platz in der Gruppe *Gedichte vermischten Inhalts*, für den das Prinzip der *variatio* Programm ist, rechtfertigt das lange Gedicht inhaltlich, indem es von einem zufälligen Nebeneinander höchst unterschiedlicher Sammelobjekte ausgeht. Formal fallen die oft wechselnden Strophenlängen, Metren und Reime auf. Die ersten sechs Strophen (V. 1–48), die den Rahmen bilden, haben jeweils acht jambische Verse (ababcdde). Darauf folgen unter der Überschrift *Das Autograph* acht ebenfalls achtzeilige, kreuzgereimte Strophen (ababcdcd) sowie eine neunte, zehnzeilige mit zwei Paarreimen endende Strophe mit jambischem und daktylischem Metrum (V. 49–122). Das dritte Gedicht *Der Denar* umfasst nur eine Langstrophe von 34 Versen (V. 123–156) und weist variierende Reimformen auf; außerdem steht sie im Unterschied zum vorausgehenden, imperfektisch gestalteten Text im Präsens. *Die Erzstufe* umfasst die nun wieder achtzeiligen, kreuzgereimten Strophen 17 bis 23 (V. 157–214), während die folgenden sieben Strophen unter der Überschrift *Die Muschel* (V. 215–266) als Entsprechung zum dramatischen ›Spiel im Spiel‹ ein ›Lied im Lied‹ enthalten, da die Muschel ihrerseits einem Najadengesang lauscht, der Paarreime und ein trochäisches Metrum aufweist. Am Ende der 28. Strophe gleitet die Binnen- in die Rahmenfiktion zurück: Das lyrische Ich erwacht im Licht der Abendsonne. Die beiden abschließenden, nun wieder imperfektischen Strophen, von denen die letzte lediglich zwei Zeilen umfasst, greifen die Anfangsszene nicht nur auf, sondern scheinen zugleich eine Erklärung für das ganze Arrangement zu liefern: »So hab' ich Donner, Blitz und Regenschauer / Verträumt, in einer Sommerstunde Dauer.« (V. 265 f.) Zusammengehalten werden die ungleichen Szenen durch das kunstvoll Rahmen- und Binnenstrophen durchziehende Gewitter-Narrativ (»[...] es blitzt! – es blitzt!«, V. 156; »Ja, Blitze, Blitze! [...]«, V. 157; »[...] regnet's?«, V. 214; »Hörst du sie plätschern und rauschen«, V. 217), das an Klopstocks berühmte Ode *Die Frühlingsfeyer* erinnert und entsprechend in ein friedliches Naturbild mündet.

Die vier genannten und zu Drostes eigenem, historisch, paläontologisch, numismatisch und biologisch (→I. 3.3.) interessiertem Sammeln passenden Objekte treten im Text weniger als hintersinnige Symbole denn als *dramatis figurae* auf, die ihre eigene Geschichte erzählen. Der Brief in *Das Autograph* wird in der Forschung als Schreiben des westfälischen Adeligen, Abenteurers und kurzzeitigen Königs von Korsika, Theodor von Neuhoff (1690–1755), vom 12. März 1736 an seinen Cousin identifiziert, das tatsächlich zu Drostes Autographen-Sammlung gehörte (HKA I, 1114 f.; Wagner-Egelhaaf 2002, 42). Aus der virtuellen Perspektive des Schriftstücks selber, das die Königskrönung bestätigt, werden ausschnitthaft Versatzstücke einer absolutistischen, rokokohaft anmutenden Repräsentationskultur geschildert (»Demanten«, V. 54; »Brüsseler Kanten«, V. 56; »schäfernde Damen«, V. 60; »Tisch auf güldenen Krallen«, V. 74). Dass aus dem eingeschränkten Blickwinkel des auf dem Tisch, später am Boden liegenden Objekts ein ausschnitthaftes Panorama

5. Gedichte von Annette Freiin von Droste-Hülshof (1844)

des Sichtbaren entfaltet wird, ist ein erstaunlicher poetischer Kunstgriff, der an moderne Kamera- und Montagetechniken denken lässt, wie sie auch in Drostes Balladen zu beobachten sind (→ II.5.7.1.). Besonderes Augenmerk lenkt die Schilderung auf die Materialität des Papiers und des gesamten Schreibvorgangs: Dazu gehören der »stäubende[ ]« (V. 79) Löschsand, das Knarren der Schreibfeder, aus der mit »dintige[r] Galle« (V. 103) gezogene Buchstabenreihen fließen. Das Papier wird wie die anderen Gegenstände in paradoxer Gleichzeitigkeit als aktiver Beobachter und Redner, zugleich aber als passives Objekt der Geschichte charakterisiert. Es ist Spielball des Windes (V. 67–75), Unterlage für die Beschriftung, es wird achtlos fallen gelassen (V. 101 f.) und zum Schluss von den Blicken des Königs durchbohrt, so dass die materiellen Buchstaben im Dienst des gottgleichen »Geist[es]« (V. 115) und seiner Botschaft nichtig werden – »Licht! Leben! durch die Fasern gießt / Gleich Ichor sich der Menschengeist« (V. 105 f.). *Das Autograph* erscheint nicht zufällig als erster Sammelgegenstand auf der inneren Bühne des träumenden Ichs, ist es doch ein Schriftstück wie das Gedichtmanuskript auch und spiegelt dessen Ausgesetztheit und ästhetische Resistenz gegenüber dem hermeneutischen Akt. Die ›Spiel im Spiel‹-Struktur, die dadurch an dieser Stelle aufscheint, wird in der zwölften Strophe durch das Geräusch der über Marmor wischenden »Manschette« (V. 92) (es »summt und säuselte mir wie Traum«, V. 93; zur akustischen Einleitung vgl. V. 41–48) und das Motiv des wie »seidener Schaum« (V. 95) fallenden Spitzenvolants unterstrichen, das seinerseits auf den »Perlenschaum« (V. 220) vorausweist, der die als schaumgeborene Venus aus dem Wasser steigende Najade umhüllt.

Führt *Das Autograph* in die vorrevolutionäre Zeit des frühen 18. Jahrhunderts (vgl. Bruch 1998), so geht die Rede des *Denars*, der Hauptsilbermünze Roms, in die Epoche der großen römischen Kaiser zurück und ironisiert aus dieser Perspektive die Duodezkönige und Miniaturcaesaren des europäischen Absolutismus. Wie diese Münze gehört die *Erzstufe* ursprünglich, bevor sie seit dem 16. Jahrhundert als walnussgroßer ›Handstein‹ die fürstlichen Kuriositätenkabinette schmückte, zur Naturwelt der Mineralien und Metalle. Im Sammelobjekt verbinden sich, damit ist ebenfalls der Konnex zum aus Pflanzenfasern gemachten Papier hergestellt, Natur- und Kulturgeschichte. Mit der *Erzstufe* wird der menschliche Zeithorizont der Gedichtrede um jene geologische Tiefenzeit erweitert, deren Entdeckung im frühen 19. Jahrhundert für große Aufregung sorgte (→ I.3.3.). Die Erzählung der Erzstufe beginnt indes wie eine gewaltsame Geburts- und Ursprungsmythe (»O, wie war ich zerbrochen und krank«, V. 161), und wenn sie das teuflische Wirken des »Bergmönch[s]« (V. 165), des spukhaften Gegenspielers der Steiger und Knappen, schildert, dann verdrängen romantische Bergwerkspoesie und Grimm'sche Märchenplots die Erkenntnisse der geologischen Wissenschaften völlig. Wie in Tiecks und E.T.A. Hoffmanns Erzählungen wird der Stollen einem »funkelnden Kellerhaus« (V. 160) verglichen, aus dem die Dichter Edelsteine der Poesie, die Arbeiter indes, deren Raubbau Natur zerstört, totes Gestein zu ökonomischem Vorteil bergen. Auch *Die Muschel* entstammt der Urwelt, der des Wassers, das im Gedicht allein über Gestalten und Bilder aus der römischen Mythologie vergegenwärtigt wird. Diese Strophen inszenieren ein ›Hörspiel im Hörspiel‹ und rufen die Entstehung der Lyrik aus dem Gesang in Erinnerung. Denn wie das sich im Traum verlierende Ich von »halbe[m] Klang« (V. 42) umsäuselt, vom hellen »Schwirren« (V. 47) winziger Insektenfüßchen in den Schlaf begleitet wird, so lässt die Muschel ein in alliterierende, onomatopoetische Verse übersetztes (»Webe, woge, Welle, wie / Westes Säuselmelodie« (V. 223 f.) Urgeräusch erklingen. Dem Verweis auf den Schriftcharakter des Gedichts (*Das Autograph*) steht am Ende die Evokation seines elementaren Liedcharakters gegenüber.

Zunächst scheint es so, als ließen Titel, Anfangsszene und Schlussverse durch die entschiedene Deutung, dass hier ein Traum in Rede stehe, von Anfang an nicht zu, dass die märchenhaften Schilderungen echte Irritationen auslösen. Die Tatsache indes, dass die rätselhaften Vorgänge während eines Gewitters geschehen, das die »Nerve[n]« des ›Ich‹ (V. 23) ebenso elektrisiert wie die Gegenstände (V. 33–40, besonders das »dürre Züngelchen« am Papier) und die Luft vibrieren lässt (V. 41–48; vgl. »[...] halber Klang, / Am Teppich schien es sacht zu streichen«, V. 42 f.), fundiert den dargestellten Traum im Diskurs der spekulativen Naturphilosophie (Grywatsch 2013, 228–231) und bringt ihn mit Friedrich Anton Mesmers (1745–1815) Ideen des animalischen respektive elektrischen Magnetismus zusammen. Diese wiederum sind in Gotthilf Heinrich Schuberts Studie *Die Symbolik des Traumes* (1814) eingeflossen. Alle romantischen Naturphilosophen gehen davon aus, dass von Urzeiten an ein elektrischer Strom alle Lebewesen sowie die anorganische Natur durchfließt und sie mit einem elementaren Wissen, einer Art vorsprachlichen Sprache versorgt, und dass erst der Rationalismus der Neuzeit diese Nabelschnur gekappt habe (→ I.3.3.). Nur in Zuständen, in denen der Verstand außer Gefecht gesetzt werde – im Fieber, Wahnsinn, Traum – habe der Mensch, so Schubert, wieder Zugang zu dieser elektrischen Energie, verstehe die ›Sprache‹ der Dinge und seines eigenen, im Innern »versteckte[n] Poet[en]« (Schubert 1814, 3; vgl. Grywatsch 2013, 230). Vor diesem Hintergrund sprechen *Autograph*, *Denar*, *Erzstufe* und *Muschel* miteinander respektive verstehen die ihnen von mythischen Wesen überbrachten Geschichten, und auch das Ich kann an diesem Austausch partizipieren. Tatsächlich aber ist der magnetische Zustand, den die Erlebnisfiktion evoziert, flüchtig und fragil wie ein Traum, und ebenso muss man sich das ›erlebende‹ Subjekt als ein gar nicht erlebnisfähiges, weil unbewusstes, von elementaren Kräften und einer fremden Sprache überflutetes Ich vorstellen. Gestalt gewinnt die rauschhaft kreative und zugleich zerstörerische Sensation (wie sie auch an Shakespeares Figuren im Zauberwald sichtbar wird) erst im Textraum des Gedichts mit seinen von Verstand, poetischem und diskursivem Wissen, Rhetorik und Grammatik gebildeten Koordinaten. Auf dieser Ebene verknüpfen sich die Lexeme »Traum« und »Schaum« (V. 93, 95, 220, 222) zu dem altbekannten Sprichwort ›Träume sind Schäume‹ (Körte 1837), womit angezeigt wird, dass die Übersetzung der einen Sprache in die andere mit Verlusten und Verfremdungen kalkulieren muss, aber auch die poetische Kraft der Ironie hervorbringt. So gelesen, erscheint *Der Sommertagstraum* als ein poetologisches Gedicht, das durch seine Art der Apostrophe den selbstreflexiven Gelegenheits- und Widmungsgedichten (→ VI.9.) der Gruppe *Gedichte vermischten Inhalts* verwandt zur Seite steht.

Literatur

Grywatsch, Jochen: »Wo Träume lagern langverschollner Zeit«. Zum Verhältnis von Traum und Zeit in den Epen und der Landschaftsprosa der Annette von Droste-Hülshoff. In: Cornelia Blasberg in Verb. mit Jochen Grywatsch (Hg.): ZwischenZeiten. Zur Poetik der Zeitlichkeit in der Literatur der Annette von Droste-Hülshoff und der ›Biedermeier‹-Epoche. Hannover 2013 (= Droste-Jahrbuch 9), S. 211–234.
Schubert, Gotthilf Heinrich: Die Symbolik des Traumes. Bamberg 1814.
Wagner-Egelhaaf, Martina: »Stigma und Berührung« – Droste anders lesen. In: Ortrun Niethammer (Hg.): Transformationen. Texte und Kontexte zum Abschluss der Historisch-kritischen Droste-Ausgabe. Bielefeld 2002, S. 33–49.

5.5.14. Die Taxuswand
Claudia Liebrand

Veröffentlicht wurde das Gedicht *Die Taxuswand* (HKA I, 160 f.), das im Meersburger Winter 1841/42 entstand (vgl. HKA I, 1134 f.), zuerst am 12. August 1842 in Cottas *Morgenblatt für gebildete Leser*. Schon Emil Staiger markiert in seiner Dissertation zur Lyrik Drostes *Die Taxuswand* als Meisterwerk, bezeichnet den »Rückblick der alternden Frau auf eine frühe Liebe, [als] das einzige persönliche Bekenntnis, das bis in den Rhythmus und jede geringste Prägung hinein echt ist« (Staiger [1933] 1962, 92). Auch die Forschung in der zweiten Hälfte des 20. Jahrhunderts fokussiert den autobiographischen Hintergrund des Gedichts: In Szene gesetzt sei eine Auseinandersetzung mit einer viele Jahre zurückliegenden verlorenen Liebe, an die sich das sprechende Ich an der Bökendorfer Taxuswand erinnere (*Taxus* ist die botanische Bezeichnung für die Eibe). 1837 hatte Droste erstmals wieder Bökendorf besucht – den Ort ihrer Liebesbeziehung zu Heinrich Straube, die 1820 aufgrund einer Intrige des Verwandtschafts- und Freundeskreises endete, die zu dem führte, was in der Forschung als ›Jugendkatastrophe‹ firmiert, Drostes skandalisiertem ›Nichtbestehen‹ einer Liebesprobe (→ I.1.1.). Rekurrierend auf den von Walter Benjamin herausgearbeiteten Zusammenhang von Modernität und Allegorie wurde für *Die Taxuswand* zuletzt die »Trennung von Ereignis und Dichtung« betont, die »in der Allegorie ihre adäquate Form« finde (Geisenhanslüke 2010, 251).

Formal kommt Drostes Gedicht eher unauffällig daher – sechs achtversige kreuzgereimte Strophen, die metrisch organisiert sind durch den dreihebigen

Jambus. Gelegentlich reibt sich das Metrum mit der vorzunehmenden Betonung: »Gern mag ich vor dir stehen« (V. 5) – damit wird hier die chiastische Umkehrung des ersten Verses der ersten Strophe (»Ich stehe gern vor dir«) besonders markiert. Das Du, von dem die Rede ist und das das Gedicht hindurch immer wieder adressiert und apostrophiert wird, ist nicht etwa der »Liebste[ ]« (V. 4), es ist jene Pflanzenhecke, die im Titel steht: die Taxuswand – insofern lässt sich Drostes Text auch in die Tradition der Dinggedichte stellen. Diese Taxuswand, *hinter* der das sprechende Ich sich befindet, präsentiert sich düster und abwehrend. Der auf der anderen Seite der Hecke phantasierte Geliebte wird durch die »als schartiges Visier« (V. 3) fungierende Wand verdeckt, dem Ich entzogen. Dieses Ich sieht auf der schwarzen Wand »[w]ie vor grundirtem Tuch« einen »bleichen Krönungszug« »gleiten« (V. 6–8). Scheint die grundierte Leinwand zunächst die Malerei anzusprechen, bringen Vers 7 und 8 das bewegte Bild, den gleitenden Krönungszug, ins Spiel.

Aufgerufen scheint hier die Technik der *Laterna magica* – eines Projektionsgerätes, auf das Droste schon in ihrem Romanfragment *Ledwina* referiert. Ob der »Krönungszug«, von dem die Rede ist, die Erscheinung von Banquos Königsreihe in Shakespeares *Macbeth* (IV, 1) alludiert oder ob mit dem »Krönungszug« eine Prozession zur ›Brautkrönung‹ heraufbeschworen wird, ist in der Forschung umstritten. Ist die Brautkrone aber auch verloren, die Dichterkrone ist es nicht: Das Ich des Gedichts adressiert mit großer Sprachmächtigkeit – damit in der Tradition der romantischen Liebesreligion seine eigene Konfession stiftend – die Vergangenheit: Die Taxuswand erscheint als mediales Dispositiv, als Projektionsfläche, aber auch als ›Allerheiligstes‹ (mit dem Hinweis auf den Vorhang der Bundeslade), als dunkles Leichentuch, als »Paradiesesthor« (V. 14), als »unsrer Liebe Thron«, als »Wächter« (V. 35 f.) (diese Wächterfunktion ist aus dem Tagelied, der mittelalterlichen höfischen Liedgattung bekannt) – und als das toxische Mahnmal einer gewesenen Liebe (werden dem Taxus, der Eibe, doch psychoaktive, halluzinogene Wirkungen nachgesagt). Das hervorbeschworene Paradies wird rekurrierend auf die *sobria ebrietas* evoziert, die nüchterne Trunkenheit, die dem Dichter seit der Antike zugeschrieben wird, aber verweist auch voraus auf die *paradis artificiels* im Sinne Charles Baudelaires – imaginative Räume, die psychodelisch modelliert sind. In Szene gesetzt ist die Taxuswand als – toxischer – Erinnerungsort und Imaginationsraum, sie fungiert als Fläche, auf der sich das sprechende Ich einmal mehr als Dichterin selbst hervorbringen kann.

In der letzten Strophe vergleicht sich dieses Ich mit einem von einem Baume wehenden Blatt, setzt sich – nimmt man die Polysemie ernst – zu »einem (Text-, einem Gedicht-)Blatt« (Liebrand 2014, 26) in Bezug, »das auch als Metonymie des dichtenden Ichs verstanden werden kann, dessen menschlicher Körper […] in einen Textkörper übergeht« (Liebrand 2014, 27). Das, was von diesem bleibt (wenn es sich dem Schlaf, der ein Bruder des Todes ist, anheim gegeben hat), ist Text – auf Blätter geschrieben. Ist die Zeit des Ichs, wie es emphatisch im letzten Vers betont, »herum« (V. 48), bleiben die Gedicht-Blätter zur Lektüre.

Literatur

Geisenhanslüke, Achim: Schwellenzauber. *Die Taxuswand*. In: Claudia Liebrand/ Irmtraud Hnilica/Thomas Wortmann (Hg.): Redigierte Tradition. Literaturhistorische Positionierungen Annette von Droste-Hülshoffs. Paderborn u. a. 2010, S. 243–251.
Liebrand, Claudia: Toxisches Mahnmal [zu: *Die Taxuswand*]. In: Claudia Liebrand/ Thomas Wortmann (Hg.): Interpretationen. Gedichte von Annette von Droste-Hülshoff. Stuttgart 2014, S. 17–28.
Staiger, Emil: Annette von Droste-Hülshoff. Zürich 1933. 2. Aufl. Frauenfeld 1962.

5.5.15. Der kranke Aar
Cornelia Blasberg/Jochen Grywatsch

Eine Besonderheit dieses vermutlich Ende 1838 (HKA I, 1149; HKA XIII, 458) entstandenen Textes (HKA I, 164) liegt in seiner Doppelexistenz als von Droste selber vertontem Lied mit Klavierbegleitung (HKA XIII, 33f.) und textlich minimal abweichendem Gedicht, das – wie das Lied – in frühen Gedichtverzeichnungen unter dem Titel *Der weiße Aar* geführt und erst im Verzeichnis V^5 vom Januar 1844 umbenannt wurde (HKA I, 539, 1150). Intertextuelle Bezüge zu dem aus dem Polnischen übersetzten Gedicht *Der Polen May* von Rajnold Suchodolski (HKA I, 1153), das Droste ebenfalls vertonte (HKA XIII, 66–68), geben den »weißen Adler[ ]« (HKA XIII, 67, V. 28) als Wappentier des polnischen Königreichs zu erkennen, so dass auch das Gedicht *Der kranke Aar* politische Konnotationen mit sich führt. Eine zweite Besonderheit des Textes entsteht dadurch, dass er als – wenn auch sehr kryptisches – Selbstzitat im Lustspiel PERDU! *oder Dichter, Verleger, und Blaustrümpfe* auftaucht (HKA VI, 26). Eine genauere Identifizierung des Zitats erlaubt die frühe Version des im November 1840 entstandenen Dramas, in der das »Gedicht auf einen wunden Aar« (HKA VI, 365) direkt benannt wird. Die Bedeutung dieses vielgestaltigen kleinen Textes ist deshalb wesentlich durch seine Kontexte zu erschließen, zu denen auch gehört, dass *Der kranke Aar* 1847 in dem Sammelband *Deutschlands Dichterinnen* und 1982 in der Anthologie *Polenlieder* (Kozielek 1982, 110f.) wieder abgedruckt wurde.

Der Gedichttext ist durch seine Liedhaftigkeit geprägt: Die fünf Strophen haben jeweils vier Zeilen, von denen drei durch Reim verbunden sind, während die vierte Zeile, die auch das ansonsten durchgehende jambische Metrum auflöst, durch die Wiederholung des Satzteils »Aar mit gebrochnen Schwingen« (V. 4, 8, 16, 20) wie ein Refrain wirkt. So einfach das Gedicht gebaut ist, so legt es der Text doch durch den Wechsel zwischen liedhafter Regelmäßigkeit und deren Unterbrechung (Metrum, Veränderung der vierten Zeile in der dritten Strophe) auf Irritation an, die musikalisch durch den im Forte zu spielenden Marschrhythmus und die verminderten Septimakkorde verstärkt wird. Die Musik hält »die Gewalt ständig gegenwärtig« (Springer 1994, 67). Ähnlich spannungsreich entfaltet das Gedicht auch sein Thema. Die Strophen zwei bis fünf inszenieren einen Wechselgesang zwischen »Adler« (V. 3) und »Stier« (V. 2), die in der ersten Strophe als höchst unterschiedliche Gesprächspartner eingeführt werden. Der »im fetten Wiesengras« (V. 1) wiederkäuende Stier neidet dem Adler seine Flugfähigkeit, fühlt sich aber gleichzeitig durch dessen Lamento belästigt (V. 14), während der Adler notorisch über seine »gebrochnen Schwingen« klagt, letztlich diese Existenz aber doch nicht gegen die einer »Henne« (V. 17) im »Ofenloch« (V. 18) tauschen möchte. Das aus der antiken Bukolik, dem Minnesang und romantischer Naturpoesie bekannte Modell des Wechselgesangs, das traditionsgemäß ein Höchstmaß an Responsivität in der Natur und Liebesverhältnisse zwischen Menschen konnotiert, wird bei Droste durch die völlig inkompatiblen Gesprächspartner und deren Unfähigkeit zu gegenseitigem Verständnis ironisiert. Nicht zufällig inszeniert auch die Wechselrede in *Perdu!*, in deren Rahmen der Liedtitel zitiert wird, das den flüchtigen Flirt schnell beendende Missverständnis zwischen zwei Dichtern, die wenig begeistert davon sind, dass man ihre Erzeugnisse mal dem einen, mal dem anderen zuschreibt (HKA VI, 26; → III.3.).

Der Kommentar der HKA weist auf den in zahlreichen deutschen Liedern besungenen »Aufstand der Polen 1830/31« als Hintergrund des Gedichtes hin (HKA I, 1149). Nachdem im Zuge der von den Siegermächten Preußen, Österreich und Russland durchgesetzten Teilungen 1772, 1773 und 1795 der souveräne polnische Staat von der Landkarte Europas verschwunden war, brach sich das polnische Nationalbewusstsein in verschiedenen Aufständen Bahn. Im November 1830 wagten 20 Patrioten den Angriff auf Warschau, am 25. Februar 1831 siegten die Aufständischen gegen Russland, wurden aber am 26. Mai 1831 bei Ostrolenka vernichtend geschlagen (vgl. *Der Polen May*). Nach der Kapitulation im September flüchteten viele Polen durch Deutschland, wo ihnen enthusiastische Hilfsbereitschaft und Begeisterung entgegenschlugen, in die Schweiz und nach Frankreich. Die Freundschaft zwischen Goethe und Adam Mickiewicz, die Liebe zwischen Frederic Chopin und George Sand wurden zum Symbol für mögliche Völkerverständigung jenseits politischer Systeme erhoben (Gabryś/Landgrebe/Pleitner 2005, 34), man feierte Polen auf dem Hambacher Fest 1832, tausende ›Polenlieder‹ entstanden (u. a. von Lenau, Uhland, Schwab, Platen, Herwegh), Gemälde wie Dietrich Montens *Finis Poloniae* (1831), das den Rückzug der Aufständischen mit ihrer zerrissenen Fahne zeigt (deren weißer Adler dadurch tatsächlich »gebrochne Schwingen« aufweist; Vanja 2005, 114), wurden mehrfach reproduziert und schmückten Tabaksdosen und andere Gebrauchsgegenstände (Gabryś/Landgrebe/Pleitner 2005, 25). Man kann die Polenbegeisterung des Vormärz (Börne, Herwegh, nur Heine war kritisch) als Kompensation der in Deutschland nicht durchsetzbaren Forderungen nach Freiheit und Einheit verstehen und in ihr eine andere Gestalt jener projektiven Energien entdecken, die aus der Lyrik der antinapoleonischen Befreiungskriege (Körner, Arndt, Rückert) bekannt waren und auch den Philhellenismus (Byron, Hölderlin, Platen, Uhland) nach

5. Gedichte von Annette Freiin von Droste-Hülshof (1844)

der Erhebung der Griechen gegen die Türken (1821–1827) inspiriert hatten. Die meisten ›Polenlieder‹ waren deshalb politisch wenig konkret. Sie bauten einen Mythos auf, der seine ideologische Integrationskraft entfaltete, indem er die biblische Erzählung von David und Goliath variierte (Kozielek 1982, 18) und die große Geschichte vom Kampf des Abendlandes gegen die Barbaren erzählte.

Die besondere Abstraktheit von Drostes Gedicht *Der kranke Aar* setzt diese Mythisierungen voraus und scheint sie zu verstärken, indem sie mit dem Ikarus-Mythos und der Vogel- oder (den Götterboten Hermes einschließend) Flügelwesen-Metapher für den Dichter überschrieben werden. Die Klage über das leidende Volk kann auf diese Weise als eine über den unverstandenen Dichter (Sengle 1980, 611) gelesen werden. Stellt man sich indes die urkomische Szene vor Augen, in der ein stolzer, verletzter Adler ausgerechnet den trivial-›biedermeierlichen‹ Ratschlägen eines gemütlich wiederkäuenden Stiers Rede und Antwort stehen muss, dann liegt es näher zu vermuten, die Abstraktheit von Drostes ›Polenlied‹ gründe in ihrer historischen Nachträglichkeit zur nationalen Euphorie und in deren ironischer Reflexion. Im Sommer 1838 hielt sich Droste zum zweiten Mal nach der ›Jugendkatastrophe‹ (→ I.1.1.) wieder in Abbenburg und Bökendorf auf, besuchte die Haxthausen'schen Verwandten, die in den frühen 1820er Jahren gemeinsam mit den Brüdern Grimm Volkslieder und Märchen gesammelt hatten und dieses Interesse weiterhin verfolgten (→ I.3.3.). Da genau in diesem Zeitraum Drostes *Gedichte* erschienen und neue Projekte begonnen werden konnten, sparte die Verwandtschaft nicht mit Wunsch und Rat, sie möge etwas über »den Zustand unseres Vaterlands« (HKA VIII, 329) schreiben, um »Sitten, Charakter, Volksglauben, und jetzt verloren gegangene Zustände desselben zu schildern« (HKA VIII, 330). Tatsächlich arbeitete Droste bereits an Notizen zur *Judenbuche*, und nachdem sie Ende 1838 dem literarischen Zirkel der »Hecken-Schriftsteller-Gesellschaft« (HKA IX, 20) beigetreten war, zu dem auch Schücking gehörte (→ I.3.2.), der seinerseits Ende 1839 von Freiligrath die Redaktion des Bandes *Das malerische und romantische Westphalen* übernahm, vertiefte sie sich in das ethnographisch orientierte literarische Westfalen-Projekt, allerdings nicht im Sinne der Haxthausen'schen Verwandtschaft. Genau von dieser Situation – Freiligrath (»Sonderrath«) verspätet seine Textlieferungen an den Verleger Langewiesche (»Speth«) – handelt *PERDU!*. Nun muss man noch hinzudenken, dass Schlüter Droste bereits im Februar 1837 das polnische Nationalepos von Adam Mickiewicz (*Pan Tadeusz*, 1834) in deutscher Übersetzung (*Herr Taddäus oder der letzte Zajazd in Litauen*, 1836) ausgeliehen hatte (Gödden 1994a, 221). Dabei handelt es sich um ein Heldenepos und zugleich um ein Memorialprojekt, in dem das – nach 1831 nicht mehr existente – Alltagsleben des altpolnischen Landadels (›Szlachta‹, Geschlecht) zur Zeit der napoleonischen Kriege geschildert wurde. Im September 1838 überbrachte Schlüter eine weitere Leihgabe: *Der polnische Parnaß oder eine Auswahl der schönsten Gedichte aus den vorzüglichsten polnischen Dichtern* in der Übersetzung von Juliusz Mendelson (1834).

In diese Kontexte gestellt, erscheint das Liedgedicht *Der kranke Aar* als Kreuzungspunkt unterschiedlicher Diskurse und als kritische, witzig-ironische Metareflexion dieser Koinzidenz. Es nimmt verspätet Bezug auf die Polenbegeisterung des Vormärz, indem es sich in die Tradition der ›Polenlieder‹ stellt, diese jedoch zugleich im Medium des Tiergesprächs persifliert. Dadurch gerät das eigene, von Nostalgie nicht freie Westfalen-Projekt mit ins kritische Visier, dem man – wären die Vorstellungen der Haxthausen-Verwandtschaft umgesetzt worden –, gleichfalls unterstellten könnte, eine konservative landadelige Vision »unseres Vaterlands zu sein. Die Szene jedenfalls, in der dem »Aar mit gebrochnen Schwingen« vom Weidevieh eine Spitzweg'sche ›Dachstubenpoeten‹-Existenz ausgemalt wird, erhält durch die biographischen Konnotationen eine Pointe, die den lustspielhaften Pointen des Dichtergesprächs in PERDU! nicht nachsteht.

Literatur

Gabryś, Anna/Landgrebe, Alix/Pleitner, Berit: Für Eure und unsre Freiheit! Deutsche und Polen im Europäischen Völkerfrühling 1830–1848/49. In: Wolfgang Michalka/ Erardo C. Rautenberg/Konrad Vanja (Hg.): Polenbegeisterung. Ein Beitrag zum »Deutsch-Polnischen Jahr 2005/2006«. Berlin 2005, S. 13–53.
Gödden, Walter: Annette von Droste-Hülshoff. Leben und Werk. Eine Dichterchronik. Bern u. a. 1994. [Gödden 1994a]
Kozielek, Gerard (Hg.): Polenlieder. Eine Anthologie. Stuttgart 1982.
Sengle, Friedrich: Biedermeierzeit. Deutsche Literatur im Spannungsfeld zwischen Restauration und Revolution 1815–1848. Bd. 3: Die Dichter. Stuttgart 1980.
Springer, Mirjam: Improvisationen. In: Herbert Kraft: Annette von Droste-Hülshoff. Reinbek bei Hamburg 1994, S. 62–68.
Vanja, Konrad: Dietrich Montens Bild *Finis Poloniae 1831* und seine Popularisierung nach dem niedergeschlagenen Aufstand vom November 1830 in Warschau. In: Wolfgang Michalka/Erardo C. Rautenberg/Konrad Vanja (Hg.): Polenbegeisterung. Ein Beitrag zum »Deutsch-Polnischen Jahr 2005/2006«. Berlin 2005, S. 114–144.

5.5.16. Das Spiegelbild

Christoph Kleinschmidt

Von den vielen Gedichten Annette von Droste-Hülshoffs, die Fragen der Identität behandeln, sticht *Das Spiegelbild* (HKA I, 168 f.) insofern heraus, als es die Auseinandersetzung des Subjekts mit sich selbst bereits im Titel führt. Schon vor der Lektüre wird damit ein zentrales Motiv der literarischen Romantik aufgerufen, das Assoziationen zu Ich-Spaltungen, Doppelgängern sowie Szenarien des Unheimlichen weckt und damit den Blick in die Abgründe der eigenen Psyche lenkt. Entstanden während Drostes Aufenthalt in Meersburg im Winter 1841/42 (HKA I, 1164), wurde das Gedicht erstmals in der Ausgabe von 1844 veröffentlicht. Ursprünglich trug es den Titel *Mein*

Spiegelbild, bei dem der Akzent stärker auf der Zugehörigkeit des visuellen Ebenbildes zum bzw. zur Hineinschauenden liegt. Mit der Entscheidung, das Possessivpronomen durch einen neutralen Artikel zu ersetzen, erhält das Spiegelbild hingegen einen eigenständigen Charakter, was seine Fremdheit betont. Als unmittelbare literarische Einflussgröße gilt Ferdinand Freiligraths Gedicht *Die Rose* aus dem Jahr 1840 (HKA I, 1166), das zu Beginn eine ähnliche Konstellation der Ich- als Fremderfahrung entwirft, im Gegensatz zur ambivalenten Ausarbeitung bei Droste aber eine eindeutige Ablehnung des Gegenübers betont (vgl. Kortländer 1979, 263 f.; Freund 1997, 87 f.). Daneben lassen sich durch die zweifache Verwendung des Begriffs ›Kristall‹ (V. 1, 39) Parallelen zu E. T. A. Hoffmanns Kunstmärchen *Der goldne Topf* (1814) ziehen, in dem der Kristall als poetologische Chiffre für das Gefangensein in der Sphäre des Phantastischen steht. In Drostes Gedicht fungiert er ähnlich als Synonym für einen anderen Daseinszustand, allerdings weist dessen Bedrohungspotential weg von der Spiegelsphäre hinein in den ›realen‹ Raum der Betrachtungsinstanz.

Während *Das Spiegelbild* inhaltlich eine komplexe Identitätskonstruktion aufweist, folgt der formale Aufbau einem eingängigen Schema. Insbesondere das jambische Versmaß mit seinen überwiegend betonten Kadenzen – Ausnahmen bilden jeweils der dritte und der siebte Versschluss einer Strophe – und den größtenteils gefugten Versübergängen schafft die Voraussetzung für eine flüssige Lesbarkeit, die allerdings durch die vielen Inversionen und Hyperbata erschwert wird. Abweichungen vom Versmaß sind vor allem an den Versanfängen zu verzeichnen, wie bei »Schaust« (V. 1) oder »Weit« (V. 21), also bei semantisch tragenden Silben. Insgesamt besteht das Gedicht aus sechs Strophen mit jeweils sieben Versen, die eine analoge Reimstruktur aufweisen. Dabei folgt auf den Paarreim in den ersten beiden Versen stets die Verbindung eines umschließenden Reims mit einem Haufenreim, wodurch sich das Schema aabcccb ergibt. Wenn man diese Strophenarchitektur auf die Thematik des Gedichts beziehen will, dann lässt sie sich als ein Spiel von Identität und Alterität deuten, denn der Dreifachreim als nachhaltige Behauptung eines Gleichen wird zuletzt immer wieder eingefangen durch die Rückkehr zu einem Anderen. Aufschlussreich ist dabei, dass zumindest die Strophen 2, 3 und 4 dieses Regelmaß aufbrechen, indem sich jeweils mit den ersten drei und den letzten vier Versen zwei semantische Blöcke antithetisch gegenüberstehen: aab cccb (Haller 1956, 255). Hierbei werden zwei Gefühlswerte kontrastiert – ein positiver und ein negativer –, so dass bei diesen Strophen eine Spannung entsteht zwischen der Reim- und der Sinnordnung. Die Form erreicht also nicht einfach eine »Ästhetisierung des [...] Unheimlichen« (Frenschkowski 1995, 200), vielmehr trägt sie ihrerseits zur ambivalenten Grundsituation bei. Das lässt sich nicht zuletzt an den vielen Assonanzen und Alliterationen belegen, die im Gegensatz stehen zu den kühnen Metaphern und ungewöhnlichen Appositionen. Lautliche Ähnlichkeitsbeziehungen (»worin wunderlich«, V. 4) treffen hier auf widersprüchliche und damit sich dem homogenen Klangbild sperrende Bedeutungskomplexe (»todten Lichts«, V. 19).

Das wichtigste Strukturmerkmal des Gedichts besteht in der Kommunikationssituation, weil sie die Identitätsthematik mithilfe zweier grammatischer Personen umsetzt. Obwohl von einer intimen Situation der Selbstbetrachtung auszugehen ist, verfährt das Gedicht so, als handele es sich um einen Dialog mit einem von der Sprechperspektive unabhängigen Du. Dieses Du dominiert die Blickordnung (»Schaust du mich an aus dem Kristall«, V. 1) und erhält dadurch die aktive Rolle, wogegen die Sprechinstanz als Objekt eines scheinbar fremden Blicks auftritt. Die erste Strophe eröffnet zudem eine visuelle Tiefenebene, indem sie von den Augen auf die »[z]wei Seelen« verweist, die »wie Spione sich / Umschleichen« (V. 5f.). Eine derart konzipierte Blickführung suggeriert die Einsicht in ein verborgenes Geheimnis im Sinne eines Erkenntnisprozesses, an dessen Ende allem Weltwissen zum Trotz die behauptete Differenz beider Blickpartner steht: »Phantom, du bist nicht meines Gleichen!« (V. 7). Diese paradoxe Selbstversicherung wird in stärkerer Form und in Gestalt einer auffälligen Großschreibung des ›Ich‹ in der fünften Strophe wiederholt: »Es ist gewiß, du bist nicht Ich« (V. 29). Hierdurch entsteht der Eindruck, dass sich die Sprechinstanz gegenüber ihrem Ebenbild »reflektierend und räsonierend« (Freund 1997, 90f.) behauptet, allerdings geschieht das nur vorläufig, da alle Pronomen der ersten Person in den folgenden Versen wieder ausschließlich kleingeschrieben werden. Zudem funktioniert das Gedicht nicht nach einem hierarchischen Oppositionsmuster, wonach das Ich vor dem Spiegel den rationalen Part verkörpert, während das Ich darin das Unbewusste repräsentiert. In dieser Konstruktion geht Droste über die Doppelgängerfigurationen der literarischen Romantik hinaus, da beide Instanzen in sich ambivalent konzipiert sind (Böschenstein [1990] 2007, 60f.; von Matt 1995, 221). So führt das Gedicht aus der Perspektive der Sprechinstanz nicht nur den Versuch zur rationalen Beherrschung der Situation vor, sondern zeigt deren emotionales Schwanken zwischen Liebe und Hass. Ebenso werden der Erscheinung im Spiegel unterschiedliche Charakteristika zuteil: Mal wirkt sie wie ein bedrohlicher Dämon oder ein Verbrecher, mal erscheint sie liebenswürdig, bewundernswert, klug-überlegen, ja sogar göttlich oder im Kontrast dazu »hülflos wie ein Kind« (V. 23). Das Changieren zwischen Anziehung und Abstoßung als ambivalente Grundhaltung, die sich nicht zuletzt in der räumlichen Vergegenwärtigung der Szene als ein Wechsel von fast berührender Nähe und fluchtartiger Distanz manifestiert (vgl. Fitscher 1956, 224), lässt sich daher sowohl auf die psychisch-emotionale als auch die kognitiv-rationale Auseinandersetzung beziehen. In dem Gedicht geht es folglich nicht so sehr darum, im Moment des Blicks in den Spiegel mit einem Teil seiner selbst konfrontiert zu sein, den man verdrängt hat, sondern es ist das eigene äußere Bild als Ganzes, das nicht mit dem internen Selbstbild zusammengebracht werden kann. Der Text entwirft insofern eine komplexe »Selbstbetrachtung im Dreieck von Projektion, Externalisierung und Internalisierung« (Frenschkowski 1995, 196).

Vor diesem Hintergrund erschließt sich die suggerierte Entwicklung des Gedichts. Während die erste Strophe mit dem Blick in den Spiegel überhaupt erst die Spannung zwischen dem eigenen Selbstverständnis und der äußeren

Erscheinung initiiert, wirft die zweite Strophe die entscheidende Frage danach auf, was eigentlich passieren würde, wenn das Phantom aus dem ›Kristall‹ herausträte. Die Strophen 3 und 4 imaginieren genau dieses Szenario mit all der beschriebenen Ambivalenz, wogegen die Sprechinstanz in Strophe 5 die inneren Bilder verwirft und das Spiegelbild als »fremdes Daseyn« (V. 30) auf Distanz zu halten versucht, jedoch zum Ende eine innere Übereinstimmung beider befürchtet: »Gnade mir Gott, wenn in der Brust / Mir schlummernd deine Seele ruhet!« (V. 34f.). Im Sinne einer manischen Fixiertheit fragt die letzte Strophe erneut nach den Konsequenzen einer plötzlichen Verlebendigung des gespiegelten Ich, allerdings scheint sich nun ein Einstellungswechsel vollzogen zu haben. Denn einerseits geht es der Sprechinstanz darum, den Widerspruch der Gefühle auszuhalten – »Und Liebe muß der Furcht sich einen« (V. 38) –, und andererseits darum, die starken Emotionen abzumildern, um am Ende einem ganz anderen Verhalten den Vorzug zu geben: »Mich dünkt – ich würde um dich weinen!« (V. 42)

Nicht zuletzt aufgrund der durch den Gedankenstrich pointierten Volte hat dieser Schluss ganz unterschiedliche Interpretationen nach sich gezogen. So stuft Konrad Schaum ihn als »sittliche Lösung« (2004, 56) der zuvor entfalteten Gegensätze ein, ähnlich wie Renate Böschenstein, die eine finale Rettung des »ganze[n] Ich« ([1990] 2007, 63) diagnostiziert, und Anna Maria Stuby, die zumindest eine »in der Zukunft liegende Ich-Versöhnung« (1983, 77) angedeutet sieht. Im Gegensatz zu diesen positiven Annahmen versteht Lars Ingesman (1985, 389) den Schluss als ein Weinen um den Menschen, der das Ich hätte sein können, und Peter von Matt (1995, 223) verweist auf einen Trauerdiskurs, der im biblischen Sinne eine Genealogie zum Bösen impliziert. So unterschiedlich die Deutungen auch sind, sie alle nehmen die Sprechinstanz beim Wort, ohne freilich auf den genauen Modus zu achten. Formal betrachtet handelt es sich beim Schlussvers nämlich um einen Irrealis. So steht der ausgeführte Bedingungssatz »ich würde um dich weinen!« (V. 42) im Konjunktiv und das »Mich dünkt« (V. 42) stellt sprechakttheoretisch eine Vermutungsäußerung dar. Trotz der Suggestivkraft einer veränderten Einstellung geht es hier also nicht um einen tatsächlichen Sinneswandel, sondern um die mögliche Haltung gegenüber einem möglichen Ereignis (vgl. Freund 1997, 93). In dieser Konstruktion erinnert Drostes Gedichtende an den berühmten Anfang von Joseph von Eichendorffs *Mondnacht*, das mit seinem »Es war, als hätt'« das Kennzeichen der Literatur als ein ›Als-ob‹-Sprechen performativ vorführt. Ganz ähnlich lässt sich das auf den Zusammenhang von Sprache und Identität im *Spiegelbild* übertragen. Demnach bezieht sich die Trauer auf den Verlust des Abbildes in seinem imaginativen Status, so dass das Ende nur vordergründig die Spannung zwischen Wirklichkeit und Vision aufhebt. Vielmehr führt es auf subtile Weise den Widerspruch fort, indem das gespiegelte Ich *sprachlich* dort verbleibt, wo es scheinbar schon gar nicht mehr ist: im fiktiven Diskurs.

Neben den verschiedenen Interpretationen des Endes weist das Gedicht auch als Ganzes eine heterogene Deutungsgeschichte auf. Ein dominanter Interpretationsstrang liest es im Rückbezug auf die persönlichen Lebensumstände Annette von Droste-Hülshoffs, mitunter als Entsprechung der »Eigenart ihres westfälischen Raumes« (Fitscher 1956, 223). Das Gedicht erscheint dabei als »Selbstvergegenwärtigung der Dichterin bezüglich der ihr innewohnenden Kräfte« (Haller 1956, 261), als »Zwiespalt weiblichen Künstlertums« (Frenschkowski 1995, 201) oder als Ausdruck eines »fromme[n] Edelfräulein[s] mit der Seele Luzifers« (Borchmeyer 1997, 75). Je nach Perspektive vollzieht der Text bei diesen biographischen Interpretationen entweder eine pessimistische Introspektion oder bildet den Ort einer geglückten Selbstverwirklichung. Daneben wird *Das Spiegelbild* als Auseinandersetzung mit den Zeitumständen gedeutet, etwa im Hinblick auf die politische Situation eines revolutionären Aufbegehrens (Heselhaus 1956b, 170–172) oder in Bezug auf die gesellschaftliche Rolle der Frau im 19. Jahrhundert (von Matt 1995, 223). Eine Kombination biographischer und sozio-historischer Lesarten lässt sich in der psychoanalytischen Interpretation von Lars Ingesman beobachten (1985, 387–393), der das Gedicht mit Freuds Ödipuskomplex und Lacans Spiegelstadium in Verbindung bringt, um es von hier aus als unbewusste Auseinandersetzung Droste-Hülshoffs mit ihrem Vater und der patriarchalen Gesellschaftsordnung insgesamt zu erklären. Kritik an solchen Deutungen kann vor allem mit dem Argument vorgebracht werden, dass das Gedicht selbst gar keine eindeutige geschlechtliche Zuordnung der Ich-Figur und ihres Spiegelbildes macht. Auch die Änderung des Titels spricht dafür, dass im und mit dem Gedicht eher eine sprachliche als eine persönliche oder historische Identität verhandelt wird. Insofern verweisen manche Interpretationen nachdrücklich auf die Gebundenheit des Identitätskomplexes an die literarisch-metaphorische Verfasstheit des Textes (Kraft 1987, 159). Gerade von hier aus lassen sich neue Impulse für eine Deutung des *Spiegelbildes* setzen. Denn in formalästhetischer Hinsicht fällt auf, dass das ›Ich‹ als Zeichenfolge gewissermaßen im Gedicht selbst herumspukt. Besonders häufig ist dies in den ersten beiden Strophen der Fall, in denen es neben dem viermaligen expliziten Gebrauch des ›Ich‹ insgesamt zwölfmal auftaucht: ›mich‹, ›gleich‹, ›Verbleichen‹, ›wunderlich‹, ›sich‹, ›Umschleichen‹, ›nicht‹, ›Gleichen‹, ›Gesicht‹, ›Doppellicht‹, ›nicht‹, ›dich‹. Vor allem der Neologismus »Doppellicht« (V. 12) und die Kombination der Begriffe ›ich‹ und ›dich‹, die sich in der letzten Strophe häufen, erzeugen eine subtile Wirkung der wechselseitigen Durchdringung von Identität und Alterität. Das Gedicht erscheint als ein Vexierbild, bei dem sich die ohnehin schon zweifelhafte Ich-Instanz ständig verschiebt. Hinzu kommt, dass die grammatischen Positionen der ersten und zweiten Person als Leerstellen fungieren, die in jedem Lektüreakt neu eingenommen werden. Als Leserin bzw. Leser geht man dabei weder im angesprochenen Du noch im sprechenden Ich voll auf und nimmt doch beide Perspektiven zugleich ein. Die im Text vollzogene Bewegung von Anziehung und Abstoßung produziert somit einen analogen wirkungsästhetischen Effekt. Damit überträgt sich der im Gedicht verhandelte Versuch der Aneignung auf die Rezeptionssituation, in die Fragen der Identifikation ebenso hineinspielen wie der Versuch, die widersprüchlichen Komponenten des Gedichtes zu einem kohärenten Ganzen zu vereinen. Mit dem Sinn des Gedichts ist es wie mit dem Spiegelbild selbst: dessen Hervorbringung kann nur als Verlust erfahren werden.

Literatur

Böschenstein, Renate: Das Ich und seine Teile. Überlegungen zum anthropologischen Gehalt einiger lyrischer Texte [1990]. In: Renate Böschenstein: Idylle, Todesraum und Aggression. Beiträge zur Droste-Forschung. Hg. von Ortrun Niethammer. Bielefeld 2007, S. 37–65.
Borchmeyer, Dieter: Das Ich und sein Doppelgänger. In: Marcel Reich-Ranicki (Hg.): Frankfurter Anthologie. Gedichte und Interpretationen. Bd. 20. Frankfurt/M. 1997, S. 73–75.
Fitscher, Marita: Annette von Droste-Hülshoff: *Das Spiegelbild*. In: Rupert Hirschenauer/Albrecht Weber (Hg.): Wege zum Gedicht. München, Zürich 1956, S. 221–227.
Frenschkowski, Helena: Phantasmagorien des Ich. Die Motive Spiegel und Porträt in der Literatur des 19. Jahrhunderts. Frankfurt/M. 1995.
Freund, Winfried: Annette von Droste-Hülshoff. Was bleibt. Stuttgart 1997.
Haller, Rudolf: Eine Droste-Interpretation [zu: *Das Spiegelbild*]. In: Germanisch-Romanische Monatsschrift 6,3 (1956), S. 253–261.
Heselhaus, Clemens: Annette von Droste-Hülshoff: *Das Spiegelbild*. In: Benno von Wiese (Hg.): Die deutsche Lyrik. Form und Geschichte. Interpretationen. Bd. 2. Von der Spätromantik bis zur Gegenwart. Düsseldorf 1956, S. 168–173. [Heselhaus 1956b]
Ingesman, Lars: Annette von Droste-Hülshoff und ihr *Spiegelbild*. Versuch einer Interpretation. In: Germanisch-Romanische Monatsschrift N.F. 35,4 (1985), S. 382–394.
Kortländer, Bernd: Annette von Droste-Hülshoff und die deutsche Literatur. Kenntnis – Beurteilung – Beeinflussung. Münster 1979.
Kraft, Herbert: »Mein Indien liegt in Rüschhaus«. Münster 1987.
Matt, Peter von: Verkommene Söhne, mißratene Töchter. Familiendesaster in der Literatur. München, Wien 1995.
Schaum, Konrad: Ironie und Ethik in Annette von Droste-Hülshoffs *Judenbuche*. Heidelberg 2004.
Stuby, Anna Maria: Visions of Women, Wild ... Zum realen und fiktionalen ›Wahnsinn‹ von Frauen im 19. Jahrhundert. In: Liselotte Glage/Jörg Rubleck (Hg.): Wahn in literarischen Texten. Frankfurt/M. 1983, S. 71–89.

5.6. Scherz und Ernst

5.6.1. Einleitung

Cornelia Blasberg/Jochen Grywatsch

Die meisten Gedichte dieser zehn Texte umfassenden Gruppe entstanden im Winter 1841/42 auf der Meersburg (*Dichters Naturgefühl, Die Nadel im Baume, Die beschränkte Frau, Die Stubenburschen, Die Schmiede, Das Eselein, Die beste Politik*). *Des alten Pfarrers Woche* wurde bereits Ende 1835 geschrieben und Christoph Bernhard Schlüter 1837, weil Droste das Gedicht nicht mehr für die Ausgabe von 1838 vorsah, für eine Veröffentlichung in der Zeitschrift *Coelestina* zur Verfügung gestellt (HKA I, 1247–1252). Mit Rücksicht auf den sich dem »gemütliche[n] Humor« (Heselhaus 1971, 138) verdankenden Erfolg des Textes bei den ersten Lesern, in Drostes Augen »lauter Leute von veraltetem Geschmacke, aber, wie ich fürchte, kein kleiner Teil des Publikums«, reihte sie das Gedicht im Januar 1844 gleichsam als Gegengewicht zu »derben« Gedichten »und namentlich nach der ›Schmiede‹« (HKA X, 147) dem Verzeichnis für die Ausgabe von 1844 ein. *Der Theetisch* taucht erstmals im zweiten, von Februar bis Juli 1842 erarbeiteten Verzeichnis auf (HKA I, 527), könnte aber schon früher entstanden sein. Für die Konzeption von *Der Strandwächter am deutschen Meere* als das späteste Gedicht der Gruppe wird der Zeitraum zwischen Dezember 1842 und Mai 1843 angenommen (HKA I, 577). Während Drostes erste Gliederungen der geplanten Gedichtausgabe allein den Gruppentitel *Haidebilder* hervorheben und nur einige *Scherz und Ernst*-Gedichte nennen (HKA I, 527 [V¹], 536 [V²]), streuen sich die Gedichte der Gruppe in dem zwischen Mai und November 1843 erstellten Verzeichnis V³ über die Rubriken »Unsre Zeit«, »Vermischte Gedichte«, »Landschaftsbilder«, »Balladen und Erzählendes« (HKA I, 550–557). Auf der einen Seite wird dadurch deutlich, dass die Texte der Ausgabe von 1844 auf vielfache Weise miteinander verflochten sind, also verschiedene sinnstiftende Binnenkontexte füreinander bilden, dass andererseits das letzte, zwischen Dezember 1842 und Januar 1844 entstandene Verzeichnis V⁵ mit seiner bekannten Gliederung in *Zeitbilder*, *Haidebilder*, *Scherz und Ernst* u. a. einen entschiedenen Kompositionswillen spiegelt. So gesehen, bilden die *Scherz und Ernst*-Gedichte als Pendant zu *Zeitbilder* (→ II.5.2.1.) einen Rahmen um die Lyrik. Tatsächlich weisen die Texte beider Rahmen-Gruppen eine teilweise ironisch-spöttisch gestaltete, immer aber kritische Reflexion über die Zeitgenossenschaft der Sprecherinstanz auf, aus der heraus Stellung zu aktuellen Problemen, Verhaltensformen, Mentalitäten und Kuriositäten bezogen wird.

Als Gelegenheitspoesie und Zugeständnis an einen biedermeierlich derben Zeitgeschmack (vgl. Arend 1990; Oesterle 2010, 257) abqualifiziert, haben die *Scherz und Ernst*-Gedichte in der Forschung bisher keine »systematische Würdigung und Analyse erfahren« (Schneider 1995, 142). Untersuchungen, die eine Verbindung zwischen den heterogenen Gedichten der Gruppe sichtbar machen wollten, griffen entweder auf biographische Informationen zurück oder diskutierten Analogien zur Genremalerei. Im ersten Fall (vgl. Gössmann 1985) berief man sich auf Drostes briefliche Distanzierung von einem »Humor«, der »nur Wenigen« stünde, »und am seltensten einer weiblichen Feder, der fast zu engen Beschränkung durch die (gesellschaftliche) Sitte wegen – und Nichts [ist] kläglicher als Humor in engen Schuhen« (HKA IX, 64; vgl. HKA IX, 98). Äußerungen dieser Art, die im Übrigen den Zusammenhang mit dem Drama *Perdu! oder Dichter, Verleger, und Blaustrümpfe* (→ III.3.) erhellen, werden gendertheoretisch gedeutet und verdeutlichen Drostes Einsicht in die vielfältigen Beschränkungen, denen weibliches Schreiben in der ersten Hälfte des

19. Jahrhunderts unterlag – betreffen allerdings nicht nur die Gedichtgruppe *Scherz und Ernst*. Drostes mit idyllisierenden Elementen versetzte Kritik an literarischen Zirkeln und zeitgenössischen Philistern (*Die beschränkte Frau, Die Stubenburschen*) als »biedermeierlich« auszuweisen (Sengle 1980, 612) und mit der Vorliebe der Epoche für eine Revitalisierung der Genremalerei im Stil eines Carl Spitzweg oder Ferdinand Waldmüller zu erklären, geht ebenfalls nicht weit genug. Denn auf der einen Seite ziehen sich Genreszenen durch Drostes gesamtes Werk, und auf der anderen zeichnen sich die meisten davon (sofern es sich nicht explizit um negative Idyllen handelt, vgl. Böschenstein [1975] 2007), dadurch aus, dass sie ironische Distanz sowohl zu bäuerlichen wie zu bürgerlichen Genreszenen schaffen. Obwohl diese für Genrebilder charakteristischen sozialen Milieus im einerseits derb komischen (*Die Schmiede*) und anderseits subtil satirischen Ton (*Der Theetisch*) noch nachzuklingen scheinen, lässt sich die Gattungsbezeichnung angesichts der Tatsache, dass die Gedichte gerade die Vielschichtigkeit und Komplexität ihrer jeweiligen Gegenstände herausarbeiten, nur noch bedingt verwenden. Denn wenn es in Drostes Dichtung Darstellungen von Situationskomik im Alltagsleben, von überspitzten, der Lächerlichkeit preisgegebenen, auch allegorisch grundierten Figuren gibt, dann nicht, um Lesenden einen Spiegel vorzuhalten und ihnen moralische Bildung und sittliche Läuterung zu verabreichen, sondern um im aktuellen Text mit der Gattung ›Sittengemälde‹ zu experimentieren und die Bedingung ihrer Möglichkeit auszuloten. In diesem Doppelsinn weist sich auch Drostes Erzählung *Die Judenbuche* als ironisch-ernstes »Sittengemälde aus dem gebirgigten Westphalen« aus, und nicht zufällig heißt es über Mergels Gegner Hülsmeyer, dass dieser, »gewandter in Worten« als Friedrich, »immer, wenn der Stachel saß, einen Scherz daraus zu machen wußte« (HKA V, 26). Man könnte daraus folgern, dass der Gruppentitel *Scherz und Ernst* nicht nur eine Reihe von Gedichten zusammenhält, sondern auf einen ästhetischen und ethischen Modus von Drostes Dichtung generell aufmerksam macht: Die Freiheit des reflektierenden, intellektuell und sprachlich begabten Menschen besteht darin, auf das, was ihn zutiefst schmerzt, nicht nur mit Melancholie, sondern auch mit Scherz zu reagieren.

Vorausgesetzt, die Gedichte der Gruppe stehen im Zeichen der Kritik an zeitgenössischen Verhaltensmustern, Mentalitäten, Moden und Marotten, dann lassen sich unterschiedliche Referenzbereiche und Argumentationsebenen erkennen. In einigen Fällen (*Dichters Naturgefühl, Der Theetisch, Die beste Politik, Die Nadel im Baume*) verkörpert ein Rollen-›Ich‹ den für doppelsinniges Schreiben (das über einen Gegenstand nachdenkt und zugleich dieses Nachdenken reflektiert) unabdingbaren Beobachter, der seinerseits in den Blick des Lesers gerät; ansonsten übernimmt der ironische Sprachgestus diese Aufgabe. Gedichte wie *Die beschränkte Frau* (HKA I, 189–191) lenken den Blick in das Interieur einer Lebensweise, die sich paradoxerweise durch genau diejenigen Mängel verstetigt, die eigentlich ihr rasches Ende verheißen. In diesen Themenbereich gehört ebenso das Gedicht *Die Nadel im Baume* (HKA I, 187f.), das menschliche Illusionsbildung durch Vergesslichkeit und

Blindheit gegenüber sich selbst durch die sprichwörtliche Sentenz des Schleiers, der von den Augen gezogen wird, illustriert. Auch *Die Stubenburschen* (HKA I, 192–194) nehmen die Modellsituation der Wiederbegegnung – in diesem Fall: zweier altgewordener Freunde – zum Anlass zu zeigen, wie sich Konkurrenz unter dem Deckmantel der Freundschaft und damit das fatale Zurechtkommen von Menschen mit ihrer schlechten Gestaltung von Zwischenmenschlichkeit auswirkt. Auf den ersten Blick gehört auch das Protagonistenpaar aus dem Gedicht *Der Strandwächter am deutschen Meere und sein Neffe vom Lande* (HKA I, 211–213) in diese Rubrik. Allerdings weisen der mögliche Subtext des *Wandsbecker Bothen* von Matthias Claudius und der ursprüngliche Titel (*Der Strandwächter am deutschen Dichtermeere und sein Neffe*, HKA I, 1290), darauf hin, dass hier ähnlich wie in *Dichters Naturgefühl, Der Theetisch, Das Eselein* und *Die beste Politik* ein schmerzliches, weil die Angreifbarkeit des eigenen Dichtungsverständnisses betreffendes Unbehagen am zeitgenössischen poetischen Habitus in Rede steht. Weniger gut integrierbar sind die Gedichte *Die Schmiede* (HKA I, 195 f.) und *Des alten Pfarrers Woche* (HKA I, 197–210); letzteres, das über die Wochentage verteilte Wirken und Walten eines Dorfpfarrers im Stil der auf Oliver Goldsmiths *The Vicar of Wakefield* und Heinrich Voß zurückgehenden, Ende des 18. Jahrhunderts beliebten Pfarrhausidyllen schildernd, gewinnt allerdings durch den Kontext der *Scherz und Ernst*-Gruppe eine selbstironische Bedeutungsschicht.

Aus Drostes Briefen und ihren Texten geht hervor, dass sie sehr gut über die zeitgenössische Dichtung informiert war, sich indes mit keiner der literarischen Bewegungen und Stile identifizierte (→ I.3.2.). Vor diesem Hintergrund profiliert sich die *Scherz und Ernst*-Gruppe durch Widerspruch: zu den bissigen Karikaturen und politischen Satiren in den Vormärz-Journalen, deren Kritik direkt auf die Politik wirken sollte und – in Drostes Augen – den Status des Literarischen dadurch verspielte; zur Ironie im romantischen Sinne, die zur Auflösung jeglicher Form von Identität führte, und zum Humor als ästhetischem Korrektiv einer disharmonisch erfahrenen Welt und als Medium der Verklärung im Poetischen Realismus (→ VI.6.). Gleichzeitig setzen die Gedichte die Kenntnis dieser Verfahren und deren prominenteste Gestaltungen etwa in Heinrich Heines Lyrik oder in Christian Dietrich Grabbes Lustspiel *Scherz, Satire, Ironie und tiefere Bedeutung* (1827) voraus. Drostes ›Scherz‹ ist am ehesten mit dem englischen ›wit‹ verwandt und konnotiert Scharfsinn, Esprit, intellektuelle Wendigkeit, was sich nicht zuletzt an der dialektischen Argumentation und paradoxalen Situationsverdichtung in der Lyrik zeigt. Der existenzielle Zusammenhang von Scherz und Schmerz lässt sich durch Sigmund Freuds Studien *Der Witz und seine Beziehung zum Unbewußten* (1905) und *Humor* (1927) erhellen. Denn es sind in Freuds triebökonomischer Lehre (potentiell aggressive, auf jeden Fall kulturell verbotene) Triebe, die Lust erzeugen, wenn sie ihre Behinderung umgehen (statt diese frontal anzugreifen) und dadurch einen großen Kraftaufwand vermeiden. Dank Witz und Humor kann sich das Netz an Verdrängungen, das den Menschen als Kulturwesen umfängt, punktuell lockern, ein vorbewusster Gedanke kann kurzzeitig der (verschiebenden, verdichtenden) Arbeit des Unbewussten überlassen werden und eine revolutionäre Wendung erfahren. Für Herrscher und Autoritäten kann unzensierte Kreativität vor allem dann gefährlich werden, wenn sie Teil einer geselligen Situation ist und es zur Solidarisierung unter Gleichgesinnten kommt. Mit Freud gelesen, wird der subversive, zeitkritische Gestus der *Scherz und Ernst*-Gedichte und ihre Nähe zu den *Zeitbildern* sichtbar. Unverzichtbar ist ihnen das Element der Ironie, das poetische Mittel zur ›Umgehung von Hindernissen‹, des Sprechens mit doppelter Zunge, das die Gleichgesinnten einlädt, dem spielerischen Wechsel der Referenzebenen des Sprechens lustvoll zu folgen und zu wissen, dass auf diese Weise eine Realitätsverhandlung stattfindet, die sich mit der schmerzhaften Einsicht in Unabänderlichkeiten nicht abfinden will.

Literatur

Heselhaus, Clemens: Annette von Droste-Hülshoff. Werk und Leben. Düsseldorf 1971.
Schneider, Ronald: Annette von Droste-Hülshoff. 2., vollst. neu bearb. Aufl. Stuttgart 1995.
Sengle, Friedrich: Biedermeierzeit. Deutsche Literatur im Spannungsfeld zwischen Restauration und Revolution 1815–1848. Bd. 3: Die Dichter. Stuttgart 1980.
Oesterle, Günter: Annette von Droste-Hülshoffs lyrische »Versuche im Komischen«. In: Claudia Liebrand/Irmtraud Hnilica/Thomas Wortmann (Hg.): Redigierte Tradition. Literaturhistorische Positionierungen Annette von Droste-Hülshoffs. Paderborn u. a. 2010, S. 253–269.

5.6.2. Dichters Naturgefühl
Vera Mütherig

Die Gruppe *Scherz und Ernst* wird eingeleitet von *Dichters Naturgefühl* (HKA I, 181–183). Das Gedicht entstand während des Meersburger Aufenthalts im Winter 1841/42 und gehört laut Gedichtverzeichnis V[1] zu den Texten, die Anfang Februar 1842 vorlagen. 1844 entschied sich Droste gegen den ursprünglichen Titel *Dichters Spaziergang* (HKA I, 1191 f.) und hob dadurch hervor, dass es sich nicht um ein Erlebnisgedicht, sondern um das Ergebnis einer systematischen Reflexion über Naturdichtung handelt.

Auch innerhalb der Gruppe kommt dem Gedicht programmatische Funktion zu. Es greift ein ernstes Thema – die Schwierigkeiten einer angemessenen Darstellung von Natur – ironisch auf, diskutiert klassische poetologische Positionen und evaluiert zugleich Drostes eigenes Rollenverständnis als Dichterin kritisch, wodurch Bezüge zu weiteren Gruppengedichten wie *Der Theetisch*, *Das Eselein* und *Die beste Politik* hergestellt werden. Zunächst begegnen dem Leser Bilder einer nasskalten, wenig einladenden Landschaft, die Droste ähnlich auch in *Die Vogelhütte* (→ II.5.3.4.) schildert, aus der humorvollen

Sicht eines Spaziergängers: Das lyrische Ich bahnt sich in »Gummischuhen« (V. 11) seinen Weg durch »[s]umpfge Wiesen« (V. 6) und »hundert kleine Wassertruhen« (V. 9). Eine poetische Darstellung dieser ungastlichen Umgebung scheint wenig reizvoll, so dass sich der Unmut der Sprecherinstanz in der Forderung Bahn bricht, die vielbesungene Natur möge sich dem Dichter doch bitte »manierlich« (V. 16) vorstellen.

Bereits an dieser Stelle wird die fundamentale Spannung zwischen Realität und Poesie, zwischen *ars* (der Natur nachempfunden) und *téchne* (Produkt gelehrter »Kopisten«, Löffler 2016) deutlich und prägt sich dem Gedicht als durchgängig dualistischer Aufbau ein. So können die insgesamt elf achtzeiligen Strophen, die aus jambischen Versen bestehen, in zwei Blöcke (1–5, 6–11) mit unterschiedlichen Protagonisten unterteilt werden, während jede Strophe ihrerseits zwei Hälften mit jeweils einem Kreuzreim und darauf folgendem umarmenden Reim aufweist. Auch das lyrische Ich oszilliert zwischen Ernst und (Selbst-)Ironie. Darüber hinaus setzt sich das Bild gegensätzlicher Positionen bis in Einzelheiten der Beschreibung fort, indem z. B. die Natur selbst »im Streit« (V. 2) liegt. Nachdem in den ersten beiden Strophen das Tableau entfaltet wurde, führt die Sprecherinstanz zunächst vor, wie die poetische Inszenierung einer schönen Natur aussehen könnte, die vor allem durch ihre Details besticht (V. 17–36), so dass sich die Einzelheiten zum Bild eines Frühlingstags zusammenfügen, der Züge eines *locus amoenus* enthält (Meyer 1994, 309). Dass der Leser damit Zeuge eines ironisch dargestellten Schreibprozesses wird, ist spätestens klar, wenn das Ich sich niederlässt und »auf einen Frühlingsreim« sinnt (V. 36).

Diesem, einem »Kenner« (V. 27) zugesprochenen Dichtungsverständnis wird nun das des »dummen Jungen« (V. 39) entgegengesetzt, der als »Schreibers Sohn« (V. 40) und mit Hilfe gängiger Attribute als *poeta minor* (das Veilchen als Symbol der Bescheidenheit) ausgewiesen wird. Seiner Abstammung aus einer »staubtrockenen Schreibstube« (Löffler 2016, 75) gemäß verwaltet er einen bunt gemischten Zitatenschatz aus Schillers (V. 54, 76, 79) und Theodor Körners (V. 55) Texten, bringt triviale historische Romane (Christian August Spieß: *Die Löwenritter. Eine Geschichte des 13. Jahrhunderts*, 1794/95) und den antiken Narziss-Mythos zusammen (Löffler 2016, 72 f.; HKA I, 1196 f.). Die Art und Weise, wie er Natur thematisiert, und dass er noch ihre unangenehmsten und widerspenstigsten Aspekte verklärt (V. 45–48), ist auf seinen Status als »Copist[ ]« (V. 71) zurückzuführen. Er verkörpert einen Typus, den das Gedicht auf seiner Bühne als »blassen Abklatsch einer trivialisierten Empfindsamkeit« (Meyer 1994, 309) auftreten lässt. Damit wird die gesamte Szene, die ihrerseits ironisch auf Schillers berühmte Elegie *Der Spaziergang* (1795) verweist, ins Licht einer »*mock pastoral*« (Löffler 2016, 73) gerückt.

Zum Inventar der Pastoralsatire gehört allerdings auch das lyrische Ich, das die »[r]omantisch[en]« (V. 44) Gesten des Jungen verspottet und ihn gleichzeitig als sein *alter ego*, als Zerrbild, als Verkörperung einer aus der eigenen Dichtung noch nicht ganz verschwundenen Kopisten- und Verklärungsgefahr entworfen hat. Das zeigt sich besonders deutlich, wenn das Illusionspotential beider literarischer Positionen am Ende von der Realität eingeholt wird (»Der – hastig fuhr ich an die Stirne: / ›Wie, eine Mücke schon im Mai?‹«, V. 83 f.). Wie in anderen Gedichten der Gruppe trifft die Geste scherzhafter Distanzierung in *Dichters Naturgefühl* nicht nur das mit leichter Hand zum Spott freigegebene Sujet, sondern das lyrische Ich und sein Tun gleichermaßen. Der Clou des Gedichtes besteht in dem performativen Widerspruch, in den es sich lustvoll hinein steigert, um sich selbst in das ernste Spiel einzubeziehen.

Literatur

Löffler, Jörg: Die Fehler der Kopisten. Autorschaft und Abschrift von der Romantik bis zur Postmoderne. Heidelberg 2016.
Meyer, Matthias: Die ›Dichtergedichte‹ der Annette von Droste-Hülshoff. Probleme einer Identitätsbildung. In: Danielle Buschinger (Hg.): Europäische Literaturen im Mittelalter. Mélanges en l'honneur de Wolfgang Spiewok à l'occasion de son 65 ème anniversaire. Greifswald 1994, S. 297–319.

5.6.3. Der Theetisch
Vera Mütherig

Der Theetisch (HKA I, 184–186) ist eins der wenigen Gedichte der Gruppe, die wohl schon vor dem Meersburger Aufenthalt im Winter 1841/42 vorlagen. Seine Entstehung lässt sich mit den ab 1838 gelegentlich erfolgten Besuchen des Literaturzirkels der Elise Rüdiger in Münster, deren Mitglieder Droste ironisch als »Hecken-Schriftsteller-Gesellschaft« bezeichnete (HKA IX, 20; → I.1.1.; → I.3.2.), in Beziehung setzen. Vermutlich wurde das in verschiedenen Verzeichnissen aufgeführte Gedicht 1839 konzipiert und 1842 – bis zum 29. Juli, wie seine Position im Gedichtverzeichnis V[1] deutlich macht – noch einmal überarbeitet, bevor es Eingang in die Sammlung fand (HKA I, 1199). Das zentrale Thema der Kritik am zeitgenössischen Literaturmarkt verbindet den *Theetisch* mit anderen Gedichten aus Drostes Werk wie *Gastrecht* (→ II.6.15.) und dem Drama *PERDU! oder Dichter, Verleger, und Blaustrümpfe* (→ III.3.), während intertextuelle Bezüge zu Ferdinand Freiligraths Gedicht *Moos-Thee* (1826) und August von Kotzebues *Die respectable Gesellschaft* (1812; vgl. HKA I, 1203) deutlich machen, dass Satiren auf literarische Zirkel im vormärzlichen Literaturbetrieb keine Seltenheit waren.

Das 21 Strophen zu je vier Versen umfassende Gedicht, das Dichterlesung und Kritik des Vorgelesenen im Literatursalon in den Bildbereich einer chinesischen Teezeremonie transferiert, entfaltet eine komplexe Vorstellungs- und Rededramaturgie. Die jeweils ersten und letzten drei Strophen sowie die Strophen 7 bis 9 (V. 1–12, 25–36, 73–84) schaffen eine Rahmensituation, in der eine ungenannt bleibende Sprecherinstanz ein offenbar skeptisches, von der

Gewöhnlichkeit und Banalität der Vorgänge überzeugtes »du« (V. 1) von der Theatralität der Literaturlesungen überzeugen möchte und dazu selber eine Illusionsbühne nach allen Regeln der Kunst aufbaut. Der Angesprochene ist Rationalist und leugnet die Existenz von »Zaubertränke[n]« (V. 1), die in so prominenten mittelalterlichen Texten wie dem *Kudrun*-Epos und Gottfried von Straßburgs *Tristan* maßgebliche Handlungsfaktoren sind. Stattdessen betrachtet er die streitenden Literaten nach dem Modell historischer Parteien wie der »Christinos« und der »Carlisten« (V. 30; vgl. HKA I, 1205) aus den spanischen Bürgerkriegen und kann nichts anderes an ihnen entdecken als »gute Christen« und »[d]eutsche Michel« (V. 32), wie Heinrich Heine und andere Vormärzdichter die revolutionsunwilligen deutschen Zeitgenossen bezeichneten. Damit entwirft das lyrische Ich eine – durchaus asymmetrische – Kommunikationssituation, in der dem Du die Rolle eines Schriftstellers zugewiesen wird, der Literatur als Alltagsgeschäft im Wettbewerb von Autoren verortet und sie entsprechend als ein operatives, den »ordinäre[n] Leute[n]« (V. 31) zuträgliches Medium definiert.

In gewisser Weise, das machen die Strophen 6, 13 und 18 deutlich, hat der Rationalist sogar Recht: Die geladenen Damen stricken (V. 21 f.), »nicken« und »fächeln« (V. 51) und schielen insgeheim nach den labenden »Brezel[n]« (V. 71), die offenbar zum Tee gereicht werden. Die am Boden rollenden Wollknäule bestätigen den mächtigen Bildbereich weiblicher Handarbeit so unwiderlegbar, dass sogar die »Zauberreime« (V. 42) des vortragenden Dichters in seinen Bann geraten und mit Gebilden »zart wie Seidenwolle« (V. 43) verglichen werden. In dieser Perspektive scheinen alle Requisiten des Salons auf falschen Zauber angelegt zu sein. Die orientalische Szenerie um den zischenden »Silberkessel« (V. 14) soll die Sensationslosigkeit der Zusammenkunft verdecken wie das »Gesäusel« (V. 46) die vorgetragenen Verse, und nicht zuletzt verhindert das alles übertönende »Ting, tang, tong« (V. 45), dass eine ernsthafte Auseinandersetzung mit den vorgetragenen literarischen Texten stattfindet. Allerdings ist das dargestellte Theater *à la chinoise* so durchsichtig, dass der Leser des Gedichtes sich nicht mit dem angesprochenen Du identifizieren kann und die Frage stellen muss, ob die Sprecherinstanz es tatsächlich nur darauf anlegt, die Illusionsbühne literarischer Kränzchen zu entlarven.

Im Licht dieser Frage fällt auf, dass das Gedicht selber unter der Maske seiner volksliedhaft schlichten Strophenform perfekte Illusionsbildung betreibt und eine kunstvolle performative Dimension enthält. Es vermittelt vorwiegend auditive Eindrücke: Nicht nur »knittern« (V. 22) die Stricknadeln der Damen »hörbar« (V. 21), der Teekessel zischt auch in einem fort sein »Ting, tang, tong« (V. 45) und »Tschi, tsi, tsung« (V. 54). Lautmalerisch schafft das Gedicht genau jene Zauberatmosphäre, ohne die es wirkliche Kunst (wie die Gottfried von Straßburgs) offenbar nicht gibt. So spiegelt sich die dem Kessel zugeschriebene gleichförmige Ab- und Aufwärtsbewegung in den trochäischen Versen wider, die gemeinsam mit dem durchgängigen Kreuzreim als Verkörperungen der dialogisch zu verstehenden »Redewogen« (V. 19) gelesen werden können. Die ›reale‹ Imitation einer orientalischen Teezeremonie, die den Fachmann nicht über die Dürftigkeit des Geschehens in Literaturzirkeln hinwegtäuschen kann, steht weit zurück hinter der existenziellen Zauberkraft, die lyrischer Sprache eigen ist. Die selbstreflexive Kunst des Gedichts erscheint als kalkulierter Gegenentwurf – dieser Genderaspekt kann nicht zufällig sein – zur weiblichen Handarbeit aus Langeweile und Unverstand. Lässt sich der Leser auf die Ernsthaftigkeit dieses Dichtens ein, kann er auch begreifen, dass Kritik fähig ist, wie ein schneidendes Messer (V. 54 f.) zu verletzen und sogar zu töten. Der »aggressiv satirisch[en]« Gewalt (Oesterle 2010, 259), die der Kritik potentiell innewohnt, wird man nur ansichtig, wenn man die ›scherzhaft‹ übersteigerte Chinesenphantasie, die auf der Darstellungsebene dazu dienen sollte, den harmlos-banalen Literaturbetrieb zu dämonisieren und die Frauen ein wenig aufzuschrecken (V. 61–64), auf der performativen Ebene des Gedichts als wirklich versteht.

Literatur

Oesterle, Günter: Annette von Droste-Hülshoffs lyrische »Versuche im Komischen«. In: Claudia Liebrand/Irmtraud Hnilica/Thomas Wortmann (Hg.): Redigierte Tradition. Literaturhistorische Positionierungen Annette von Droste-Hülshoffs. Paderborn u. a. 2010, S. 253–269.

5.6.4. Die beschränkte Frau
Vera Mütherig

Während des Meersburger Aufenthalts 1841/42 entstanden, wurde das Gedicht (HKA I, 189–191) im ältesten Gedichtverzeichnis unter dem Titel *Die BORNIRTE Frau* geführt und erhielt erst im letzten Verzeichnis V^5 seinen späteren Titel (HKA I, 1214 f.). Ein Wiederabdruck erfolgte am 22. Dezember 1844 im *Unterhaltungsblatt*, Zugabe zum *Westfälischen Merkur* (Münster), sowie in zwei Anthologien: 1846 im *Album deutscher Dichter* von Hermann Kletke und 1848 in Johannes Scherrs *Bildersaal der Weltliteratur. Aus dem Literaturschatz der Morgenländer* (HKA I, 1213). Offenbar traf der Text den Zeitgeschmack. Die bisherige Forschung vereindeutigte die Botschaft des Gedichtes zum Ausdruck eines »christliche[n] Realismus« (Nettesheim 1947, 146) und als Zeugnis für die »Akzeptanz der männlichen Ideologie« (Yi 2000, 87), ohne die deutliche Kritik an der stereotypen Hierarchisierung zeitgenössischer Geschlechterrollen und den ironischen Redemodus zu würdigen.

Das im Imperfekt gehaltene Gedicht gehorcht einem erzählenden Gestus und einer dramatischen Regie. Die insgesamt zwölf Strophen zu je acht Versen zeichnen sich durch ihren strengen Aufbau aus, der durch das regelmäßig vierhebige jambische Metrum und den in männlichen und weiblichen Kadenzen alternierenden Kreuzreim unterstrichen wird. Lässt bereits dieser symmetrische Aufbau die formale Dominanz eines auf männliche Selbstbehauptung gegründeten Standpunktes nicht zu, wird die Position des Mannes zusätzlich durch die ironisierende Sprechinstanz desavouiert. Zwar erfolgt die Beschreibung der Frau zunächst aus der Perspektive des Mannes, doch wird dieser als »Krämer« (V. 1) – und somit als engstirnig und knauserig – charakterisiert. Mit Rücksicht auf die dem Gedicht immanente dialektische Argumentationsstruktur muss man die Abwertung der weiblichen Eigenschaften (»sanft« und »milde«) durch den Steigerungspartikel »zu« (V. 2) der eingeschränkten männlichen Perspektive zur Last legen. Das gilt ebenso für die Gereiztheit des Mannes durch die Floskel »In Gottes Namen« (V. 13), die seine Frau aus Gewohnheit im Munde führt. Während die Sprecherinstanz in dieser Eigenart nämlich weder »Sündlichkeit« (V. 23) noch »Tugend« (V. 24) erkennen kann, vergleicht sie den Ärger des Mannes über diese Kleinigkeit mit der sprichwörtlichen Fliege an der Wand (V. 25 f.). Die in den Gedichttext eingeblendete direkte Rede betont dadurch, dass ein einziges Wort (V. 10) die Abneigung auslöst und dass zwar immer jemand spricht, die Eheleute aber kaum miteinander kommunizieren, wie sehr sich beide im schlechten Zustand ihrer Beziehung eingerichtet haben.

Indes inszenieren die Mittelstrophen des Gedichtes einen Wendepunkt der Handlung: Geschäftlich hat sich der Mann in eine existenzbedrohende finanzielle Notlage gebracht; überraschend nimmt die bis dahin passive Frau die Zügel in die Hand und opfert ihr erspartes Vermögen. Indem die Attribute, die aus der Sicht des Mannes die Frau charakterisieren, nach dieser Wende wieder aufgenommen werden, erfolgt eine subtile Umdeutung der Frauenrolle. War sie anfangs noch »schier« (V. 2) demütig, reicht das Geld am Ende »schier« (V. 80); war ihr Blick zuvor wie »Mondenschilde« (V. 4), kommt die Retterin nun bei »Mondenschein« (V. 55). Gleichzeitig zu den expliziten Wiederholungen machen subtile Verweise darauf aufmerksam, dass der Wendepunkt nur äußerliche, aber keine inneren Veränderungen zeitigt. So fehlt dem Mann von Anfang an der wahre Blick für seine Frau: Sie »schien ihm lächerlich« (V. 17) zu sein, und er bedenkt sie lediglich »mit raschem Blick« (V. 69). Sie beobachtet ihn hingegen genau, im wahrsten Sinne des Wortes scharfsinnig, und sie versteht, was in ihm vorgeht (V. 49–52). Während der Mann in der fünften Strophe, als verdrehe er sinnbildlich die Wirklichkeit, die Zweige der Sträucher abdreht, erkennt die Frau den Schaden sofort (V. 33–40) und gebietet ihm Einhalt.

Oberflächlich betrachtet, endet das Gedicht glücklich. Allerdings stellt sich die Frage, warum die Versöhnung des Mannes mit seiner Frau durch bis in formale Details genaue Anspielungen an Klopstocks Liebesode *Das Rosenband* (1753) gestaltet, also derart überhöht wird, dass man sie kaum anders als ironisch verstehen kann. Das Bild des sich umarmenden Paares am Ende löscht weder die Abwertung der Frau im Titel aus noch macht es die lyrische Demaskierung des engstirnigen Mannes vergessen, aus der die Frau auf lange Sicht vermutlich keinen Vorteil ziehen kann. Aus dem Zwangssystem der patriarchalischen Definitionsmacht, die durchaus auch Klopstocks ekstatische Liebesvisionen durchzieht, kann das scharfsinnige, dialektisch argumentierende Gedicht keinen Ausweg weisen, selbst wenn es sich scherzhaft von dessen Zumutungen distanziert. Es formuliert nicht nur einen privaten, sondern auch einen gesellschaftlichen Einspruch gegen die Ungleichheit der Geschlechter, was daraus ersichtlich wird, dass der Titel die Beschränktheit nur der Frau zuschreibt, und dass Droste das hier genutzte Versmaß auch für das Gedicht *Mein Beruf* wählte.

Literatur

Nettesheim, Josefine: Annette von Droste-Hülshoff und die englische Frühromantik. Ein Beitrag zur europäischen Bedeutung des christlichen Realismus. In: Jahrbuch der Droste-Gesellschaft 1 (1947), S. 129–151.

Yi, Mi-Seon: Männlicher Wunsch und weibliche Wirklichkeit. Die Frauendarstellungen bei Annette von Droste-Hülshoff und Theodor Storm. Diss. Univ. Düsseldorf 2000.

5.6.5. Die Schmiede
Vera Mütherig

Ursprünglich entstand das Gedicht *Die Schmiede* (HKA I, 195 f.) im Februar/ März 1842 im Kontext der *Haidebilder*, doch ordnete Droste es diesem Zyklus niemals zu (HKA I, 1225). Es galt zunächst als »Genre[bild]«, wurde in einem Zwischenschritt den »Landschaftsbilder[n]« und schließlich im letzten Gedichtverzeichnis V⁵ der Gruppe *Scherz und Ernst* zugesprochen (HKA I, 1226). Mit den Umgruppierungen gehen zum Teil erhebliche Änderungen am Text einher, so dass insgesamt fünf unterschiedliche Fassungen vorliegen. Während die ersten 32 Verse ab der zweiten Fassung weitgehend unverändert blieben, betrafen die Umgestaltungen vor allem die bukolisch anmutenden Motive wie den faulenzenden Knaben, das melkende Mädchen, die Ritter-Dame-Allegorie und nicht zuletzt das Jägerlied, das sich durch seine zwei achtzeiligen Strophen auch formal von der übrigen Gestaltung abhob. In der Druckfassung ebenfalls gestrichen wurde der zwischenzeitliche Untertitel *Ein gefühlvolles Idyll* und das dazugehörige Motto »O Natur! Natur! Natur! (LOCUS COMMUNIS)« (HKA I, 1228). Unzufrieden mit dem fragmentarischen Text, übersandte Droste Schücking im Brief vom 6. Februar 1844 alternative Verse, die das Gedicht abschließen sollten (HKA I, 1226). Trotzdem oder gerade deshalb war sie über den Verbleib in der Sammlung so unsicher, dass Schücking auf ihre Bitte hin die Reinschrift von der Druckerei zurückforderte und seinerseits die letzten 16 Strophen ab Vers 32 wegkürzte (HKA I, 1226 f.). Indem auf diese Weise nur die Anfangsstrophen der Erst- (HKA I, 1228–1230) und Zweitfassung (HKA I, 1235–1238) des Gedichtes veröffentlicht wurden, ist von seiner »programmatisch derbkomische[n] Manier« (Oesterle 2010, 258) nicht mehr viel zu spüren.

Kennzeichnend für die verbliebene idyllische Darstellung ist die Distanz zwischen Sprecherinstanz und Natur, so dass die mythologischen Elemente vordergründig zwar ein von Melancholie beherrschtes Erinnerungsbild erzeugen, das auf den zweiten Blick aber in seiner Allgemeingültigkeit in Frage gestellt wird. Gibt *Die Schmiede* dergestalt – in Drostes Augen –»eine sehr günstige Folie« (HKA X, 154) für den Zyklus *Des alten Pfarrers Woche* ab, wird die Platzierung des Gedichts in der Gruppe *Scherz und Ernst* plausibel, da die heiter-humoristische Darstellung eines nicht mehr vollkommenen Pfarrhausidylls mit der eher düster-satirischen Illustration dieser ins Allgemeine gewendeten Dorfthematik korrespondiert. So lässt sich von Anfang an ein »Als-ob-Verfahren« (Jakubów 2005, 140) ausmachen, das sich in der ironischen Brechung des Dargestellten zeigt. Der Charakter der volkstümlichen Liedstrophe, bestehend aus jeweils vier Versen, deren im Wechsel aus vier- und dreihebigen Jamben bestehendes Metrum in einem entsprechend zwischen männlichen und weiblichen Kadenzen alternierendem Kreuzreim endet, zitiert nicht nur die Tradition romantischer Liebeslieder bis hin zu Heine, sondern lässt gleichzeitig deren ironisches Zitat in den politischen Zeitgedichten des Vormärz nachhallen. Dank seiner lyrischen Qualität bildet der Liedcharakter einerseits ein Gegengewicht zu den düster anmutenden Motiven, und er bindet andererseits die fragmenthaften Wahrnehmungseindrücke in ein einheitliches Kunstwerk ein.

Die ersten vier Strophen zeichnen das Bild eines Apfelbaums, dessen Situation – »[h]alb todt, halb lebend« (V. 5) – ausgesprochen prekär ist. Während eine Hälfte Verfallserscheinungen aufweist (»Gespinns, / Wurmfraß und Flockenhärchen«, V. 7 f.), hängt die andere im Feuer der Schmiede. Da der Baum auf dieser Seite immer noch Früchte trägt (V. 2), ist er keine eindeutige »Allegorie der Zerstörung« (Jakubów 2005, 143). Anders als der Römer Mucius Scaevola (V. 13–16), der in etruskischer Gefangenschaft Heldenmut bewies, indem er seine rechte Hand im Feuer verbrennen ließ, ist der Baum, dem das Feuer »kein Haar« (V. 15) krümmt, weder Held noch Märtyrer, sondern ähnelt eher einer Märchengestalt (V. 6), über deren Motive sich jede psychologische Spekulation verbietet. Ähnlich unzugänglich wirkt das Motiv der Schmiede. Parallel zum Überlebenskampf des Baumes wird das Eisen als Gewalt erleidende Materie dargestellt, deren »Funkenblut« (V. 27) spritzt. Regt der Verweis auf Figuren der griechischen Mythologie (»Cyklopen«, V. 24) dazu an, das Schmieden als einen archaischen, natürlicher wie zivilisatorischer Gewalt entspringenden und letztlich triumphalen Akt zu sehen, spricht die ironische Darstellung der geradezu kränkelnden Schmiede, deren »Balg aus hohler Flank'« (V. 19) keucht, dagegen. Die idyllisierende Überformung der Darstellung gelingt auf diese Weise geradezu offensiv nicht (vgl. Jakubów 2005, 143 f.). Das Gedicht reiht nur lose verbundene Wahrnehmungen und Angebote zu deren Deutung aneinander, die, würde ein Poet nach dem Vorbild der Figuren aus *Dichters Naturgefühl* (→ II.5.6.2.) oder *Das Eselein* (→ II.5.6.6.) sich ihrer annehmen, zu Objekten idealistischer Überformung verkämen. Im Kontext von *Scherz und Ernst* und als Gegengewicht zu *Des alten Pfarrers Woche* ist der Ruinenstatus des Gedichtes Programm: Idyllen sind nicht mehr zeitgemäß.

Literatur

Jakubów, Marek: Zur Problematik der ganzheitlichen Weltwahrnehmung im Werk von Annette von Droste-Hülshoff und Adalbert Stifter. »... weil man durch Menge und Mannigfaltigkeit der Teile nicht leicht zum Ganzen kömmt ...«. Lublin 2005.

Oesterle, Günter: Annette von Droste-Hülshoffs lyrische »Versuche im Komischen«. In: Claudia Liebrand/Irmtraud Hnilica/Thomas Wortmann (Hg.): Redigierte Tradition. Literaturhistorische Positionierungen Annette von Droste-Hülshoffs. Paderborn u. a. 2010, S. 253–269.

5.6.6. Das Eselein
Vera Mütherig

Als Entstehungszeit des Gedichtes (HKA I, 214–216) gab Levin Schücking (→ I.1.2.3.) in *Annette von Droste. Ein Lebensbild* (1862) den gemeinsamen Meersburger Aufenthalt im Winter 1841/42 an, so dass die Entstehung des Gedichtes zwischen dem 9. Oktober 1841 und dem 2. April 1842 verbürgt ist. Zugleich deutete Schücking *Das Eselein* als Drostes lyrische Antwort auf einen Positionsstreit, der sich anlässlich der allabendlichen Meersburger Diskussionen über die neu entstandenen Arbeiten herausbildete (HKA I, 1292 f.). Dabei schrieb er sich selbst die Rolle der »Doctrin« zu, die harte technische Arbeit und eine »sorgsamere Feile« an den Textentwürfen forderte, während er Droste als Verkörperung der »naturwüchsigen Praxis« darstellte (HKA I, 1293). Indem die bisherige Forschung dieser biographischen Lesart folgt, verliert sie nicht nur die deutlichen Parallelen zu *Dichters Naturgefühl* aus dem Blick, sondern reflektiert ebenfalls zu wenig über die Redesituation des Gedichts, das sich parodistisch auf Lessings Fabel *Zeus und das Pferd* bezieht (Woesler 2002, 375).

Das Gedicht besteht aus zwölf achtzeiligen Strophen, die durch je zwei Kreuzreime mit alternierenden männlichen und weiblichen Kadenzen verbunden sind. Das Metrum der sich abwechselnden vier- und dreihebigen Jamben lässt den Volksliedton anklingen und stellt sich damit ironisch in eine literarische Tradition, die durch das vorherrschende Imperfekt als ebenso vergangen ausgezeichnet wird, wie es die lehrhafte Fabeldichtung der Aufklärung in den 1840er Jahren ist. Mit den beiden ersten Strophen baut die Sprecherinstanz eine (Fabel-)Bühne auf, deren Bretter nacheinander ein »Schimmelchen« (V. 3) und ein »edler Jüngling« (V. 10) betreten, der in den Strophen zwei bis sechs zunächst als idealistischer Poet (»Federkiel«, V. 11; »Gänseflügel[ ]«, V. 13) mit nahezu gewaltsamem Hang zur Veredelung der Natur charakterisiert wird, bevor er im Folgenden den Schimmel zum Objekt seiner Kunst erwählt und an ihm ein Exempel statuiert. Folgt man der biographischen Lesart, verweisen die tierhaften, aber auch mythologischen (Pegasus, das Dichterpferd) Attribute des Pferdes, das beharrlich im Diminutiv erscheint, auf Drostes

»naturwüchsig[e] Praxis«, während der edle Jüngling Schücking durch die ihm beigegebenen Instrumente »Scheere, Pinsel und Flasche« (V. 42) sowie »Zangen« (V. 69), »Spiegel, Feder und Tasche« (V. 44) und deren Gebrauch weniger eine »Doctrin« als eine kuriose Mischung aus Dichter, Handwerker, Maler, Kostümbildner und Friseur darzustellen scheint. Im Fabelkontext des Gedichtes, das wie ein Gegenentwurf zu Schückings (später gestalteter) Wahrnehmung der Szene anmutet, gibt es keinen Disput zwischen Lyrikerin und Kritiker, sondern die handgreifliche Verwandlung eines sprachlosen, anmutigen Tieres durch einen alle seine Tätigkeiten wortgewaltig kommentierenden Dompteur. Dass überhaupt zwei so fundamental verschiedene Wesen zusammenkommen, ist der Phantasiekraft der Fabel geschuldet, die dem Tier einen kleinen menschlichen Makel, nämlich eine verschämte Neigung zur »Hoffart« (V. 72) und den Wunsch zu »gleißen« (V. 80) mitgibt und damit seine Autonomie hochgradig gefährdet.

Löst man sich von der biographischen Lesart, steht die Frage, wie Literatur zu schreiben sei und wie sie wahrgenommen wird, im Zentrum. Dafür sprechen intertextuelle Anspielungen auf Don Quijotes klapprigen Gaul »Rozinante« (V. 50), den der Ritter von der traurigen Gestalt für ein Heldenpferd hält, was diese extrem täuschungsbereite literarische Figur wiederum mit dem Drosteschen Jüngling verbindet, der Natur verklärt und sein Ideal auf sie projiziert. In dieser Eigenschaft gleicht der »Edle« (V. 49) dem klischeehaft dargestellten Jüngling aus *Dichters Naturgefühl* (→ II.5.6.2.). Ihm fehlt es außerdem – möglicherweise aufgrund männlicher Selbstüberschätzung – an Respekt für die ›Wirklichkeit‹, die er nicht nur als ›Poet‹ übermalt, sondern auch als ›Kritiker‹ immer schon in Kategorien wie »romantisch[ ]« (V. 75), »klare Geschichte« (V. 76) und »Kraftgenie« (V. 83) eingeordnet hat. Da die männliche Figur im Fabeltableau nichts lässt, wie es ist, wird ihr alles, auch Literatur, Mittel zum Zweck. Komplementär, wenn auch aus entgegengesetzten Gründen, trifft diese Kritik ebenfalls den Schimmel: Das schöne, doch ein wenig eitle Tier hat dieser Zweckorientierung nichts entgegenzusetzen.

Dazu passt die von der Sprecherinstanz gegen die Protagonisten gesetzte Pointe der Schlussszene. Zwar hält der Poet dem Pferd am Ende den Spiegel vor, doch der Ausruf »O Himmel, da war er ein Esel!« (V. 96) ist doppeldeutig und bezieht sich ganz im Sinne eines Lehrspruchs auf beide Fabelfiguren. Unter seinem scherzhaften Gewand verbirgt das Gedicht eine scharfe dialektische Argumentation, die traditionelle und aktuelle Konzepte von Dichtung, Kritik und die Erfordernisse des zeitgenössischen Literaturmarkts reflektiert.

Literatur

Woesler, Winfried: *Das Eselein*. Interpretation eines Droste-Gedichtes. In: Studia Niemcoznawcze/Studien zur Deutschkunde 24 (2002), S. 367–380.

5.6.7. Die beste Politik
Vera Mütherig

Wie die Mehrzahl der Texte in der Gruppe *Scherz und Ernst* ist das Gedicht (HKA I, 217f.) während des Meersburger Aufenthalts zwischen September 1841 und Anfang Februar 1842 entstanden (HKA I, 1296). Dem Anfangsgedicht der Gruppe *Dichters Naturgefühl* ähnlich, kann diesem Text als Abschluss der Gruppe ebenfalls programmatischer Charakter zugesprochen werden. So wird bereits in den ersten vier Zeilen deutlich, dass es sich um ein Resümee der Dichterin handelt, welches in der letzten Strophe einen allgemeinen Rat zum besonnenen Handeln bereithält. Bereits in einer Rezension der Gedichtausgabe von 1844 von Eugen Christoph Benjamin Künast, erschienen am 28. Dezember 1844 im *Westfälischen Merkur* (Nr. 319) in Münster, wird deshalb Drostes Schreiben eine »ernste stille Resignation« zugeschrieben, die ihr eine reflexive Beschäftigung mit ihrem Beruf und ihrer Zukunft bescheinigt (HKA I, 1297). Die biographische Lesart ist insofern legitim, als Drostes Gedichte eine kontinuierliche Auseinandersetzung mit ihrer Selbstbeobachtung als Autorin darstellen. Insofern ist *Die beste Politik* im Kontext der ›Dichtergedichte‹ (Koopmann 2000) zu lesen, insbesondere im Hinblick auf die in der Gruppe dargestellten Positionierungen in *Das Eselein* (→ II.5.6.6.) und *Dichters Naturgefühl* (→ II.5.6.2.).

Grundlage des Gedichts bildet das Spannungsfeld von zeitgenössischer – vormärzlich politisierter – literarischer Öffentlichkeit und dem eigenen, einem autonomen Literaturbegriff folgenden Dichtungsverständnis (→ I.3.2.). So liegt Droste nichts ferner als das Spiel der konkurrierenden und sich selbst vernichtenden »Blattläuse« (HKA X, 89), wie sie die Akteure des Literaturbetriebs in einem Brief vom 24. Juli 1843 gegenüber Elise Rüdiger bezeichnete. Deren literaturpolitisches Kalkül wird implizit in den letzten Strophen beanstandet, wenn es heißt, dass »[n]ur Offenheit zu allen Zeiten / Die allerbeste Politik« sei (V. 39f.). Die Darstellung verschiedener Aspekte des Literaturmarktes erfolgt in einer Bewegung, die sich vom Allgemeinen ins Spezifische und wieder zum Allgemeinen ausrichtet, so dass die Sentenzen der ersten und letzten Strophe die beispielhaften Gegenstände rahmen. Wird in der ersten Strophe das Leben insgesamt als Wechselverhältnis von Planung und Zufall gekennzeichnet, wobei die ironische Wendung klar macht, dass gerade bei intensiver Planung der Zufall entscheidend sei (V. 5–8), ist die in der letzten Strophe geäußerte Überzeugung Aufforderung und Leitlinie des eigenen dichterischen Schreibens und moralisch gültige Maxime für die in den übrigen drei Strophen dargelegten Fälle. Gemeinsam ist allen Strophen die konträre Bewegung der Gegenüberstellung von öffentlichem und privatem Anspruch, die sich auch in der formalen Gestaltung wiederfindet.

So beschäftigen sich die jeweils ersten vier Verse der achtzeiligen Strophen kritisch-ironisch mit der festgestellten Ist-Situation (»Leben«, V. 2; »Gönner«, V. 10; »Salons«, V. 19; »Ruhm«, V. 25). Durch das jambische Metrum, dessen

Alternation durch den Kreuzreim noch verstärkt wird, erfolgt die Darstellung in einem abwägenden Ton, der den reflexiven Gestus unterstützt und der Kritik die Schärfe nimmt. Die zweiten vier Zeilen der Strophen vermitteln dagegen die jeweils persönliche Situation oder ein spezifisches Ideal (Paradox der Lebensplanung, Lesepublikum, privates Umfeld, Inspiration/Produktionsprozess). Aus der Perspektive des lyrischen Ich wird die erste Passage eingeleitet durch das »Doch« (V. 5), das den Gegensatz noch deutlich benennt. In den darauffolgenden Strophen werden diese vier Zeilen jeweils mit einem »Und« thematisch mit der ersten Strophenhälfte verbunden, wobei der umarmende Reim einerseits den Gegensatz verdeutlicht, andererseits die jeweiligen Vorstellungen versöhnlich vorbringt. Indem die Themen und Motive der vorherigen Gedichte anklingen, mutet das Gedicht darüber hinaus wie eine Zusammenfassung der gesamten Gruppe an. So nimmt sich die zweite Strophe den Literaturmarkt vor und stellt die Schwierigkeiten der monetären Verwertung (»Doch blieben mir die Gönner kalt«, V. 10) der Bewunderung einer treuen Leserschaft entgegen. Die in zumeist politisch motivierten Journalen mögliche Vereinnahmung als »Zugpflaster« (HKA X, 89) ist Droste nämlich sehr wohl bekannt (vgl. *An die Weltverbesserer*; → II.5.2.5.). Indem Droste in der dritten Strophe das Motiv der Dichterlesung aufnimmt, wird der Leser an den literarischen Zirkel im Gedicht *Der Theetisch* (→ II.5.6.3.) erinnert (Dollinger 1998, 47). Allerdings klingt der Ablauf des vormals noch gefährlichen Rituals der Dichterlesung lediglich in abgeschwächter Form nach, bleibt der Dichter am Ende doch nur »verdutzt« (V. 20) zurück. Im Anschluss daran diskutiert die vierte Strophe die Gefahr der Anbiederung an einen modernen Zeitgeschmack. Indem die Attribute des Schreibers (»Feder«, V. 27; »Lorbeerkranz«, V. 32) auf die Jünglinge in *Dichters Naturgefühl* und *Das Eselein* verweisen und die flatternden Gedanken (V. 30) im Gegensatz dazu an den Schweif des Pferdes erinnern, werden die damit bereits diskutierten Dichtungsverständnisse implizit vorausgesetzt und Drostes Überzeugung »nie auf den EFFECT zu arbeiten« (HKA X, 89) bestätigt.

Literatur

Dollinger, Petra: Literarische Salons der Biedermeier- und Vormärzzeit. Beteiligung und Distanzierung der Annette von Droste-Hülshoff. In: Ernst Ribbat (Hg.): Dialoge mit der Droste. Kolloquium zum 200. Geburtstag von Annette von Droste-Hülshoff. Paderborn u. a. 1998, S. 39–69.

5.7. Balladen

5.7.1. Einleitung
Maren Conrad

Am Beginn der Balladenjahre 1840–1842 gewannen zwei zentrale Elemente in Drostes Leben und Arbeit an Bedeutung und wurden auch zueinander in ein völlig neues Verhältnis gestellt, nämlich die Motiviertheit ihres Dichtens auf der einen und die Positionierung des eigenen Werkes in dem sie umgebenden, männerdominierten literarischen Feld auf der anderen Seite. Mit ihrem Balladenschaffen distanzierte sie sich um 1840 sowohl von der dominanten Einflussnahme der Familie als auch von dem ironisch »Hecken-Schriftsteller-Gesellschaft« (HKA IX, 20) genannten Münsteraner Literaturzirkel (→ I.1.1.; → I.3.2.). Als Hintergrund der Balladen-Produktion muss entsprechend die gesellschaftliche Randstellung der Autorin berücksichtigt werden, die sie zu ihrem zentralen motivischen Anliegen und poetischen Prinzip erhob. Wesentlicher Auslöser für diese Phase war der konkrete Produktionsanlass: Wie später auch ihre *Westphälischen Schilderungen* (1845) entstanden Drostes Balladen im Kontext einer extern initiierten und extrinsisch motivierten Auftragslage und waren an ein konkretes Publikationsprojekt gebunden. Dabei handelte es sich um den Band *Das malerische und romantische Westphalen* (1841), den zu realisieren Levin Schücking (→ I.1.2.3.), der den Band nach der ersten von zehn Lieferungen von Ferdinand Freiligrath übernahm, sich für 1840/41 zur Aufgabe gemacht hatte. Sammlungen dieser Art, die literarische Werke, Gedichte und Erzählungen zu einem bestimmten regionalen Raum, ihren Mythen und historischen Ereignissen zusammentrugen, entstanden in diesem Zeitraum zahlreich in Deutschland. Drostes Balladen wurden dabei unmittelbar von Schücking für seinen Band ›bestellt‹. Das betraf insbesondere diejenigen Texte (*Das Fegefeuer des westphälischen Adels*, *Der Tod des Erzbischofs Engelbert von Cöln*), die Schücking von Droste als Alternative zu den von dem Dichter und Verleger Langewiesche für das Projekt zur Verfügung gestellten, gleichfalls durch einen regionalen Bezug geprägten, aber im klassischen Romanzenstil gehaltenen und künstlerisch wenig überzeugenden Balladen erbeten hatte.

Eine Zäsur und Besonderheit in Drostes Arbeitsprozess bildeten die Balladen mithin nicht nur, weil sie als Auftragsarbeiten innerhalb eines bestimmten zeitlichen Rahmens verfasst wurden. Regionalbezüge des Dichtens, Recherchen über historische Stoffe und Mythen erhielten einen höheren Stellenwert. Darüber hinaus aber kann man beobachten, dass die Autorin ihren für Schückings Band verfassten und dort, wie sie wusste, anonym veröffentlichten Texten eine unverwechselbar persönliche Handschrift und implizite Poetologie mitgab. Tatsächlich entwickelte Droste im Rahmen ihres Balladenschaffens eine neue, kohärente Poetik der Peripherie, mit der sie ihre individuelle Selbstpositionierung als Schriftstellerin innerhalb des historischen und zeitgenössischen literarischen Feldes vorantrieb. Vor diesem Hintergrund ist es nicht verwunderlich, dass Drostes Balladen eine besondere autopoetische wie autobiographische Dimension aufweisen, indem sie immer wieder die Potenziale von Sprache und Dichtung im Allgemeinen und die Gefahren des dichterischen Schaffens und weiblichen Sprechens und Schreibens im Speziellen mit reflektieren. Zur Besonderheit von Drostes Balladenproduktion trug demnach nicht nur die enge Zusammenarbeit der Autorin mit Schücking als erstem Redakteur und Kritiker bei, sondern ebenso das spannungsreiche Klima der konkurrenzorientierten Positionierung auf dem literarischen Markt, oszillierend zwischen Produktionsdruck, Anerkennungsbegehren und ästhetischer Innovation.

Innerhalb der deutschen Literaturgeschichte heben sich Drostes Balladen daher durch zwei zentrale Merkmale hervor, die zugleich eng miteinander und mit den oben genannten Entstehungsbedingungen zusammenhängen: Zum einen verzichtete die Autorin in ihren Balladen geradezu programmatisch auf jene lyrische oder narrative Komplexität, die seit dem Balladenjahr 1797 fest zum Programm der ›Kunstballade‹ sowie der epischen Lyrik in Klassik und Romantik gehörte. In ihrer Einfachheit erinnern ihre Werke sprachlich und strukturell vielmehr an die Romanzen der Frühen Neuzeit, weshalb ihnen immer wieder ein Volksballadenton unterstellt wird. Diesen Verzicht kompensierte sie durch die Entwicklung einer innovativen Inszenierungsform, die sich pointiert als Poetik der Peripherie beschreiben lässt. Zum Kernstück dieser Poetik gehört die Entwicklung einer dramatischen Bildrhetorik und Ereignisregie, mit deren Hilfe es ihr möglich war, immer wieder zwischen einer detaillierten Mikrofokussierung auf die erzählte Welt einerseits und einer schlaglichtartigen Erzählperspektivierung auf der Makroebene der Handlung andererseits zu wechseln. So reicherte sie die eigentlich traditionelle Balladenform um innovative poetisch-dramatische Elemente an und erzeugte auf der Basis der konservativen lyrischen Form einen für ihre Balladen ganz neuen poetischen Spannungsbogen auf der Darstellungsebene. Ereignisse und narrative Strukturen werden dabei geprägt von einem beständigen »Fluktuieren der Darstellungsperspektivik«, die die »Stilphysiognomie« Drostes wesentlich dominiert (Laufhütte 1979, 227), indem poetische Betrachtungen von Details der dargestellten Welt zu zentralen Handlungsträgern montiert werden. Sie folgt in diesem »thematisch wie stilistisch eine Vereinigung von Tradition und Modernität« leistenden Vorgehen (Müller-Seidel 1963, 57) auch Herders früher Forderung, die (Kunst-)Ballade müsse als »Nachgesang« den Übergang von Mimesis zu Poiesis, von Popularität zur Literarisierung markieren, indem sie das Prinzip der »Sprünge und Würfe« zum zentralen Stilmittel erhebt (Singer 2006, 198). Die Stärke von Drostes Balladenschaffen liegt daher nicht in der thematischen oder motivischen Innovation oder einer lyrisch und narrativ innovativen Arbeitsweise, sondern vielmehr in der bis heute unterschätzten Leistung der poetischen Destabilisierung von eigentlich konventionellen Inhalten durch eine Umkehrung der Fokussierung und poetische Betrachtung von Ereignissen.

Dass Droste grade die Ballade zum Medium für diese Innovation wählte, erscheint dabei wenig überraschend, bietet sich doch die Balladenform als

»Gattungshybrid« (Conrad 2014, 57) und »experimentelle poetische Form« (Conrad 2014, 34) in der Literaturgeschichte seit jeher als idealer Raum für literarische Experimente an den Grenzen von Gattungs- und Darstellungskonventionen an (→ VI.4.). Aus Sicht der Balladenforschung lässt sich dabei grundsätzlich feststellen, dass Droste ein klares Bewusstsein für die Anforderungen der Textsorte als Mischgattung hatte. Ganz im Sinne der ›Ur-Ei‹-Definition Goethes amalgamierte sie den dramatischen Modus der Unmittelbarkeit mit dem narrativen Modus einer Erzählinstanz und verband in der lyrischen Form sowohl dramatische als auch epische Elemente sowie Lieder zu einem formalen Spannungsfeld. Das bewusste Spiel mit der Hybridität der Ballade durch die Überlagerung mehrerer Gattungsschichten ist im Sinne der von der Autorin entwickelten Collage-Technik auffällig fest mit der Fokussierung auf motivische Details des dargestellten Inhalts verknüpft. Diese zum Ende ihrer Balladenjahre und insbesondere im SPIRITUS FAMILIARIS *des Roßtäuschers* (HKA I, 301–315) zur Perfektion gebrachte Inszenierungsstrategie ermöglichte es ihr schließlich, einerseits die von Schücking geforderten märchen- und sagenhaften sowie historischen Inhalte zu realisieren und trotzdem formal und literarisch aktuelle und gehaltvolle Texte zu produzieren. Mit diesen schrieb sie gegen die trivialromantisch abgenutzte Romanze an, nicht ohne diese Tradition und generell die Möglichkeiten des Genres und des dichterischen Sprechens immer wieder zu hinterfragen und die Texte autopoetisch zu profilieren. Auf der Motivebene avancierten Konzentration auf periphere Handlungsschauplätze und schwache Nebenfiguren (Kinder und Frauen) zu ihren Markenzeichen, wozu man gleichfalls das sensible Nachzeichnen der Spuren zählen muss, die die Handlung in diese Randbereiche einschreibt. Die Wahl der Ballade als Medium für Drostes Neupositionierung ist daher auch deshalb bemerkenswert und konsequent, als gerade die phantastische Kunstballade, wie etwa Bürgers *Lenore*, literarhistorisch an das bürgerliche Trauerspiel anknüpft und damit als eine der frühesten Gattungen erstmals eine weibliche (Rand-)Figur zu ihrer problematischen Protagonistin wählt. Mit ihrer Konzentration auf weibliche Figuren nahmen Drostes Balladen gegen das zeitgenössische, männlich dominierte literarische Feld mit seiner Bevorzugung traditioneller Geschlechterrollen und Darstellungsformen Stellung.

Zwischen Januar und April 1840, im Anschluss an den vorläufigen Abschluss des *Geistlichen Jahres*, entstanden Drostes Balladen *Der Graue* und *Der Mutter Wiederkehr*. In ihnen zeigt sich ihre in *Der Graf von Thal* (1835) entwickelte und nun ausgereifte neue Balladenform, zu der gehört, dass nach dem Status weiblichen Sprechens und literarischer Texte als Medium alternativer Realitäten gefragt wird. Auf diese ersten zwei Balladen folgte zwischen April und August 1840 *Der Geyerpfiff*. Die nächsten Balladen entstanden dann in kurzer Folge – nun auf Verlassung Schückings für *Das malerische und romantische Westphalen* – zwischen November 1840 und Januar 1841: *Der Schloßelf*, *Das Fräulein von Rodenschild* und *Vorgeschichte (*SECOND SIGHT*)*. Etwa gleichzeitig schloss Droste erste Recherchen zu den von Schücking in Auftrag gegebenen historischen Balladenstoffen ab. Im Anschluss daran entstanden – teilweise mit direkter Übernahme der Titel von Langewiesches Vorlagen – ihre Balladenversionen zu historischen Themen, im Januar 1841 *Kurt von Spiegel*, im Februar *Die Stiftung Cappenbergs* und *Das Fegefeuer des westphälischen Adels*. Mit *Der Tod des Erzbischofs Engelbert von Cöln* im April und Mai 1841 und *Meister Gerhard von Cöln. Ein Notturno* zwischen Juni und August 1841 kam die sogenannte Rüschhauser Balladenproduktion zum Ende. Das Notturno war allerdings nicht für *Das malerische und romantische Westphalen* gedacht, sondern wurde als Auftragstext für Schückings Programmschrift *Der Dom zu Köln und seine Vollendung* (1842) verfasst (vgl. HKA I, 1313–1332).

Mit der Reise nach Meersburg 1841/42 – wo Schücking sich nach Abschluss *des Malerischen und romantischen Westphalen* zeitgleich als Bibliothekar aufhielt und die entstehenden Werke mit Droste nun unmittelbar diskutieren konnte – begann die Phase der sogenannten ›Meersburger Balladen‹. Zu ihnen zählen *Die Schwestern*, *Die Vergeltung*, *Der Fundator* und *Die Vendetta*. Außerhalb dieser Zweiteilung stehen drei in die Ausgabe von 1844 aufgenommene, frühe Balladen. Zu nennen sind hier die orientalisierten, im Grunde wenig balladenhaften Texte *Bajazet* und *Der Barmekiden Untergang*, entstanden 1838, sowie der bereits alle Merkmale der klassischen Ballade aufweisende *Graf von Thal*. Die durchgängig sehr positive Aufnahme dieses letzten, schon im Band von 1838 publizierten Balladentextes gilt traditionell als wichtiger Grund für Drostes Interesse an der Gattung Ballade und ihre erfolgreiche Balladenproduktion ab 1840 (Schneider 1995, 77). Drostes in der öffentlichen Wahrnehmung am meisten geschätzte Ballade, *Der Knabe im Moor*, wurde von der Autorin bei der Zusammenstellung der Ausgabe von 1844 den *Haidebildern* zugeordnet, und bis heute ist in der Forschung die Gattungszugehörigkeit des Textes umstritten (Laufhütte 1979, 220; → II.5.3.11.).

Die Sonderstellung der achtzehn Balladentexte und damit die Bedeutung der Balladen für Drostes Werk lässt sich an der Struktur der Ausgabe von 1844 belegen: Hier bilden sie die einzige Werkgruppe, die von Droste nicht nach inhaltlichen Motiven, sondern ausschließlich nach Gattungsgesichtspunkten zusammengestellt wurde. Eine logische Ordnung in der Reihung der Balladen innerhalb des Kapitels lässt sich dabei weder thematisch noch motivisch, formal oder mit Blick auf die jeweiligen Entstehungskontexte rekonstruieren. Lediglich eine historische Kausalität ist erkennbar, insofern der *Graf von Thal* von 1835 als die früheste Ballade an erster Stelle steht und *Der SPIRITUS FAMILIARIS des Roßtäuschers* als das zentrale und die Balladenjahre abschließende Werk von 1842 im Verzeichnis an das Ende des Balladenkapitels gesetzt wurde. Einen weiteren Anhaltspunkt für die Positionierung bestimmter Balladen im vorderen Teil des Kapitels findet sich in Drostes Brief an Schücking vom 25. Mai 1842, in dem sie vier der 1844 publizierten Werke als ihre besten benennt, von denen drei gleich zu Beginn des Balladenkapitels stehen: »und ich auch wohl nie eine schönere Ballade machen werde als ›den Grafen von Thal‹, den ›Erzbischof Engelbert von Köln‹, den ›Geyerpfiff‹ und das ›SECOND SIGHT‹« (HKA IX, 308 f.).

Literatur

Conrad, Maren: Aufbrüche der Ordnung, Anfänge der Phantastik. Ein Modell zur methodischen Balladenanalyse, entwickelt am Beispiel der phantastischen Kunstballade. Heidelberg 2014.
Laufhütte, Hartmut: Die deutsche Kunstballade. Grundlegung einer Gattungsgeschichte. Heidelberg 1979.
Müller-Seidel, Walter: Die deutsche Ballade. Umrisse ihrer Geschichte. In: Rupert Hischenauer/Albrecht Weber (Hg.): Wege zum Gedicht. Bd. 2. München, Zürich 1963, S. 17–83.
Schneider, Ronald: Annette von Droste-Hülshoff. 2., vollst. neu bearb. Aufl. Stuttgart, Weimar 1995.
Singer, Rüdiger: Nachgesang. Ein Konzept Herders, entwickelt an ›Ossian‹, der ›popular ballad‹ und der frühen Kunstballade. Würzburg 2006.

5.7.2. Der Graf von Thal
Maren Conrad

Der *Graf von Thal* (HKA I, 221–228) ist Drostes erster als Ballade publizierter Text und stellt daher einen Schlüssel zu ihrem Balladenwerk dar. Nach dem frühen Erstdruck in den *Gedichten* (1838) erhielt die Autorin für den *Graf von Thal* fast durchgängig sehr lobende Rückmeldungen (HKA I, 1336). Diese positive Aufnahme, nicht zuletzt durch Levin Schücking, kann als einer der Hauptgründe für Drostes Balladen-Enthusiasmus ab 1840 angenommen werden. Die zentrale Bedeutung von *Der Graf von Thal* wird auch durch die Platzierung am Anfang des Balladenensembles in der Ausgabe von 1844 deutlich. Droste verfasste die formal vergleichsweise einfache Ballade, in der ein Ehekonflikt zwischen Graf und Gräfin ausgetragen wird, zwischen dem 17. November und 16. Dezember 1835 während des Besuches bei ihrer Schwester in Eppishausen (HKA I, 1334). Schücking gegenüber gab sie später an, die Ballade damals in nur zwei Stunden verfasst zu haben (HKA XII, 13). Der Text umspannt das individuelle Mikrodrama des Ehekonfliktes mit Szenen eines historischen Makrodramas, wobei Droste zu diesem motivischen Rahmen durch die Darstellung des Johann von Schwaben in Schillers *Wilhelm Tell* inspiriert wurde (HKA I, 1353), von dessen Lektüre sie im Brief an Christoph Bernhard Schlüter vom 19. November 1835 berichtete (HKA VIII, 184).

Wegen seiner stark ausgeprägten Hybridstruktur verdient *Der Graf von Thal* besondere Beachtung im Balladenwerk der Autorin, zeigen sich doch hier schon sehr deutlich die Reflexion auf die Wurzeln der Ballade im Volkslied einerseits wie auf die formalen Anforderungen an das Mischgenre andererseits. Dem dramatischen Anspruch wird Droste durch die Doppelstruktur des Kernkonfliktes gerecht, indem sie den Ehekonflikt des Grafenpaares mit dem Ehrkonflikt des Grafen engführt. Auch die Aufteilung der Ballade in drei Teile, die sich an den drei Kernelementen der Tragödie (Exposition, Peripetie und Katastrophe) orientieren, folgt dieser dramatischen Inszenierungsstrategie. In Bürgers *Lenoren*-Tradition stellt die Autorin eine weibliche Hauptfigur ins Zentrum des Geschehens, deren Tod auch das tragische Finale und Kernereignis der Ballade bildet. In den ersten 24 Strophen entdeckt die Gräfin Allgund das Mordkomplott des Grafen gegen ihren Onkel. Sie schwört ihrem Mann, entgegen ihrer Überzeugung, ihn nicht zu verraten. Der zweite Teil bis Strophe 47 schildert die unter ihrem Versprechen leidende, aber schweigende Frau in den ersten drei Tagen nach ihrem Schwur. Ihr Leid kulminiert schließlich in einem Ausbruch des Konfliktes durch ein von ihr vorgetragenes Lied am Abend des vierten Tages (V. 169–192). Dieses Lied fungiert zugleich als *mis en abyme* des Konfliktes und proleptische Warnung der Frau an den eigenen Mann. In diesem wird der geplante Mord des Grafen mit dem Verwandtenmord des Johann von Schwaben gleichgesetzt. Das Lied führt zum Wutausbruch des Grafen und unterbricht die sonst homogene lyrische Struktur von vierzeiligen, dreihebigen Strophen im Kreuzreim durch drei achtzeilige Strophen, die abwechselnd vier- und zweihebig sind und damit für ein Lied auffällig unmelodisch erscheinen. Das Lied wird so einerseits als Sprechakt in die Ballade integriert, stört aber im Moment des Vortrags die lyrische Struktur der Ballade und stellt damit formal wie inhaltlich einen Wendepunkt dar, der das Aufbrechen der Emotionen bei beiden Hauptfiguren markiert. Bemerkenswert neben dem abweichenden Strophen- und Reimschema ist der Liedton dieser Passage, der mit seinen zahlreichen emphatischen Elementen, den parataktischen Konstruktionen und beständigen Ausrufen den traditionellen Balladenton des frühen Sturm und Drang imitiert. Innerhalb des strukturell einfachen und durch christliche Topoi sprachlich konservativ gehaltenen Werkes trägt das Lied so die Gattungstradition und die damit verbundenen Prätexte explizit in seine Form hinein und markiert einen Umbruch innerhalb der Handlung von der Passivität hin zur Aktivität beider Hauptfiguren. Zugleich thematisiert die Ballade hier metapoetisch ihre Distanz zu traditionellen Erzähl- und Geschlechterkonzepten, deren Bedeutung der Leser gleichwohl kennen muss, um die neue Form wertzuschätzen. Das eingeschobene Lied unterbricht nämlich die bis dahin durch Stimm- und Blickhierarchien gestützten Konventionen in der patriarchal orientierten Darstellung von Paaren; im Moment des Singens jedoch übernimmt die Gräfin die alleinige Stimmführung und wird zum Motor der Erzähllogik, die wiederum den Fortschritt der Handlung bedingt. Metapoetisch kann das Lied auch als Hinweis auf Marginalität und Ausgrenzung weiblichen Sprechens verstanden werden, denn die Gräfin instrumentalisiert »das Medium des poetischen Sprechens zur Thematisierung von Zusammenhängen, über die in anderer Form zu sprechen ihr nicht zukommt« (Peters 2007, 179). Der dritte Teil der Ballade kann als Fortführung einer Emanzipationsbewegung gelesen werden, die Hauptfigur ebenso wie Textgestaltung betrifft. Dieser Teil umfasst die Strophen 48 bis 59 und setzt sieben Tage nach dem durch das Lied ausgelösten Konflikt ein. Die Gräfin stürzt darin vor den Augen des heimkehrenden und von ihr ›verratenen‹ Mannes in den Tod, um seine Sünde mit der ihren zu sühnen. Das Balladenende erhält sein Profil durch eine semantische Offenheit, der das Problem juristischer Unentscheidbarkeit korrespondiert: Stirbt die Frau einen Frei- oder Unfalltod? Hat das Schicksal oder der menschliche Wille entschieden? Handelt es sich um mittelbaren Gattenmord? Der Text inszeniert die Hinwendung der Gräfin zu Gott als direkte Rede, die christliche Entsagung bedeutet. Während Blick und Sprache der Frauenfigur, abwechselnd an Gott und Gemahl gerichtet und in beiden Fällen aktiv nach oben orientiert, im dramatischen Modus präsentiert werden, erscheinen Körper und Wille der Gräfin – Gegenstand erzählender Schilderung – als passiv den Mächten des Abgrunds hingegeben. Dieses poetische Verfahren, das die generisch fundierte Doppelperspektive nutzt, um eine Figur als zugleich aktiv und passiv, als Sünderin und Opfer darzustellen, erzeugt eine Ambivalenz, die es unmöglich macht, dass der Leser das tatsächliche Ereignis, also den Sturz der Frau, die Raumbewegungen der Figuren und damit die Schuldfrage präzise nachvollziehen und klären kann. Stattdessen bietet die Ballade abschließend im Medium direkter Figurenrede zwei einander unversöhnlich gegenüberstehende Deutungen an. Auf rhetorischer und thematischer Ebene wird damit, ein weiterer Beleg für die Kunstfertigkeit der Ballade, die textstrukturierende Opposition von scheinbar stringenter Handlung und der Störung dieser Stringenz durch komplexe, gegenläufige Kompositionselemente bekräftigt.

Literatur

Peters, Anja: »Ich späh' deiner Augen Schein«. Die Macht des Blicks in Annette von Droste-Hülshoffs Ballade *Der Graf von Thal*. In: Droste-Jahrbuch 6 (2007), S. 167–182.

5.7.3. Der Tod des Erzbischofs Engelbert von Cöln
Maren Conrad

Die Ballade *Der Tod des Erzbischofs Engelbert von Cöln* (HKA I, 229–233) behandelt den historisch belegten und vielfach literarisierten Tod des Kölner Erzbischofs Engelbert im 13. Jahrhundert. Überlieferungen zufolge überfiel Graf Friedrich von Isenburg nach Erb- und Rechtsstreitigkeiten den Erzbischof, seinen Onkel, am 7. November 1225 in der Nähe von Gevelsberg und tötete ihn. Das Ereignis war Drostes Zeitgenossen durch seine volkstümliche Verehrung als Heiliger und zahlreiche Veröffentlichungen gut bekannt, zumal man in Engelbert einen Vordenker des Dombaus und eine populäre Identifikationsfigur für den »Konflikt zwischen katholischer Kirche und der preußisch-evangelischen Regierung Westfalens« (HKA I, 1395) sah. Der populäre Stoff setzte einen politischen Akzent auf die Ballade und gab Droste dadurch, dass sie sich mit zahlreichen Prosa- und Gedichtbearbeitungen zum Thema auseinandersetzen musste, die Möglichkeit zusätzlicher poetologischer und autopoetischer Bedeutungsstiftung.

Konkreter Anlass der Themenwahl war die Einforderung eines als direkter Ersatz für Wilhelm Langewiesches Ballade *Ermordung des Erzbischofs Engelbert von Cöln* (abgedruckt in HKA I, 1373–1375) gedachten Textes durch Schücking, der ihn im Juli 1841, anonym und ohne Titel, in der 9./10. Lieferung des *Malerischen und romantischen Westphalen* veröffentlichte. Die Niederschrift der Schücking übersandten Fassung ist verloren, ebenso wie eine weitere Handschrift mit Notizen (ursprünglich im Meersburger Nachlass), die aber Kreitens Werkausgabe noch vorgelegen hat (HKA I, 1357). Da sich das vierseitige Arbeitsmanuskript der Ballade auf der Rückseite eines Briefes von Werner von Droste-Hülshoff vom 23. April 1841 befindet, ist seine Entstehung zu datieren auf den Zeitraum zwischen 23. April und 30. Mai 1841, den Tag, an dem Schücking seine Arbeiten am Manuskript für die 9./10. Lieferung abschloss (HKA I, 1331).

Droste verwendete einige Zeit darauf, sich mit Langewiesches und anderen Bearbeitungen des Themas zu beschäftigen, bevor sie selbst die Textproduktion begann. Dabei dienten ihr die beiden zeitgenössischen Geschichtsstudien von J.F. Knapp (1831) und von Heinrich Manz (1836) vor allem zur Sammlung historischer Fakten. Aus Montanus' *Biographischer Skizze* Friedrich von Isenburgs (HKA I, 1391–1394) notierte sie zudem vermeintlich wörtliche Zitate Isenburgs (HKA I, 1395–1400). Zusätzlich konsultierte sie ein historisches Gedicht Friedrich Rauterts, *Die Ruhrfahrt. Ein historisches Gemälde* von 1827 (HKA I, 1376–1382; vgl. Klein 1988, 256; Arens 1898), und die literarische Bearbeitung des Engelbert-Stoffes durch Montanus 1837, der in freien Versen die Geschichte des Erzbischofs als Heiligenerzählung inszenierte und entsprechend betitelte: *Engelbert der Heilige, als Märtyrer für die Klosterfreiheit gestorben bei Gevelsberg am 7. November 1225* (HKA I, 1388–1391). Rautert legte neben der historischen Darstellung einen Schwerpunkt auf die Liebes- und Eifersuchtsgeschichte zwischen den beiden Protagonisten und stellte die weibliche Figur in den Mittelpunkt seiner Romanze. Aus seinem Historiengemälde notierte Droste ebenfalls, an konkreten Vorstellungen und Bildern für ihr eigenes Gedicht interessiert, Details wie den Tod von Isenburgs Witwe binnen Jahresfrist nach der Hinrichtung; den von Rautert berichteten prophetischen Traum von Isenburgs Mutter überlegte sie, in der Schlussszene als Inschrift einer Säule zu zitieren. Später verwarf sie beide Motivübernahmen respektive deutete sie im Schluss der Ballade nur an. Gleichwohl bleibt festzuhalten, dass Droste in der Konzeptualisierung ihrer Ballade stärker der poetischen Ausgestaltung des Stoffes durch Rautert als dessen stark religiös gefärbter Darstellung bei Montanus folgte.

Im Vorfeld des Schreibprozesses gewannen drei zueinander in einem engen Spannungsverhältnis stehende Aspekte an Bedeutung: Erstens beabsichtigte Droste ein literarisches Werk entsprechend der Vorgaben und Anforderungen des Herausgebers Schücking zu schaffen. Dieses sollte zweitens eine ihrem Stand und ihrer Bildung angemessene Bearbeitung des historischen Stoffes darstellen, diente also ihrer Selbstpositionierung als Autorin gegenüber der zeitgenössischen männlichen Konkurrenz. Dabei musste sie aber drittens auch ihre eigene gesellschaftliche Stellung als Mitglied einer Adelsfamilie berücksichtigen, denn sie durfte die ihr persönlich bekannten Nachfahren der titelgebenden Figur durch ihre Darstellung keinesfalls kränken. Die umfangreiche und genaue historische Recherche wird unter diesem Aspekt auch als Schutz- und Absicherungsstrategie erkennbar. Möglicherweise geht die »um Neutralität und Aufklärung bemühte Darstellung« der Ereignisse (HKA I, 1371) ebenfalls auf diese Rücksichten zurück, wie man auch den vorläufigen Verzicht auf einen Titel dadurch erklären könnte. Erst später erfolgte die neutral gehaltene Titelwahl für die Ballade, die eben vom »Tod«, nicht aber, wie etwa in der Version Langewiesches, von der »Ermordung« des Erzbischofs spricht. Alle von Droste zur Vorbereitung gelesenen historisch-literarischen Studien ließen indes keinen Zweifel an der Täterschaft Isenburgs und dessen unmittelbarer Schuld an Engelberts Ermordung aufkommen. Langewiesches Version betonte die Reue des Grafen, ohne ihn dadurch freizusprechen, während Isenburg bei Rautert und Montanus eindeutig als Mörder identifiziert wird. Indem Droste als einzige seine Schuld im Text nicht explizit macht, inszeniert ihr Text den Verwandtenmord als poetische Leerstelle und gewinnt auf diese Weise ein formales und inhaltliches Distinktionsmerkmal im Vergleich zu den Darstellungen ihrer Zeitgenossen.

Formal weist die Ballade eine fast pedantische lyrische Form auf, was ebenfalls als Indiz für die Intensität der Textarbeit gelten kann. Mit 22 Strophen, die je sieben Zeilen umfassen, ist die Ballade ein eher kurzer Text, der entsprechend dicht in Sprache und Struktur erscheint. Das Metrum ist fast durchgängig jambisch mit je vier Hebungen pro Zeile, als Reimschema wird zunächst ein Kreuzreim verwendet, der mit der vierten Zeile unmittelbar in einen umarmenden Reim übergeht und so eine Lutherstrophe bildet (ababccb). Dieses Reimschema ist ohne Abweichung in der Ballade verwendet, die a- und c-Zeilen weisen je acht Silben auf und schließen entsprechend mit männlicher Kadenz, die b-Zeilen enden mit je neun Silben auf eine weibliche Kadenz. Einige unreine Reime sind nachweisbar, die in der Forschung zum Anlass genommen wurden, Droste einen ›Volksballadenton‹ (Hoffmann 2009, 200) zu attestieren. Tatsächlich lassen sich die unreinen Reime als durchgängig bedeutungstragend nachweisen. So ist es kaum Zufall, dass die um Ambivalenz der Darstellung bemühte Autorin den Ausruf des Knaben: »mein lieber Herr« (V. 120) mit einer nur unrein reimenden Ergänzung vervollständigte, nämlich: »Mein frommer, o mein Heiliger« (V. 122). So wird diese unmittelbar nach dem Tod des Erzbischofs reflexhaft erfolgte volkstümliche Verehrung des Opfers als Heiliger durch nahezu unauffällige Details der lyrischen Form in Frage gestellt. Verstärkt wird dieser Effekt durch die Tatsache, dass der Edelknabe, der die gewichtigen Worte im dramatischen Modus verantwortet, vom Text als naiv-unmündige Sprechinstanz ausgezeichnet wird. Die Heiligsprechung ist damit formal als unstimmiger und spontaner, ja kindlich unreflektierter Akt markiert. Ähnlich bedeutungstragende formale Brüche finden sich bei zahlreichen

Störungen des jambischen Reimschemas, die vor allem in der direkten Rede, d. h. im dramatischen Modus der Ballade nachweisbar sind. Ein solcher Bruch ist besonders auffällig in Vers 22, in dem der narrative Modus erstmals von einer direkten Rede abgelöst wird. Hier tritt eine Verführer-, ja Teufelsfigur auf, die entsprechend auf der lyrischen Ebene als Störer markiert ist. In dieser direkten Rede materialisiert sich auch die Figur des Grafen erstmalig. Er wird damit in die Ballade eingeführt als stummes Objekt der Einflüsterung, das erst später eine eigene Stimme entwickeln wird. Der dramatische Modus ist damit klar markiert als Mittel, Präsenz und Agens zu initiieren. Die Ballade verzichtet jenseits der direkten Rede vollständig auf eine Figurenfokussierung; es gibt außerhalb des dramatischen Modus keine Beschreibung der Personen, ihres Aussehens oder Handelns, sondern nur eine Darstellung der Folgen ihrer Taten, oft anhand von Details innerhalb der Natur. Als Handelnde und Sprechende lassen sich insgesamt sechs Instanzen ausmachen. In der Reihenfolge ihres Auftretens handelt es sich dabei um: den Einflüsterer Rinkerad, Graf Isenburg, den Erzbischof, einen ihn begleitenden Edelknaben und schließlich zwei Chöre, die Angreifer und die bischöflichen Reiter repräsentierend. Besonders der Auftritt der Chöre ist ein u. a. aus den Werken Bürgers bekanntes, typisch dramatisches Balladenelement. Auch die narrative Struktur der Ballade ist unterlegt mit einer dramatischen Struktur, sichtbar in der an Akte erinnernde, durch römische Ziffern hervorgehobene Dreiteilung des Textes. Der erste Teil umfasst sieben Strophen, in denen die Exposition auf Seiten der Angreifer und die Steigerung der Handlung durch den Entschluss zum Angriff beschrieben wird. Der zweite Teil umfasst die Klimax durch den Angriff und die Katastrophe des Todes des Erzbischofs. Unabhängig von der dramatischen Struktur steht dann der sehr kurze, ausschließlich narrativ gestaltete, dritte Teil (Strophe 20–22), der keinen dramatischen Modus mehr aufweist. Diese letzte Szene setzt ungefähr ein Jahr später, unmittelbar nach der Hinrichtung Isenburgs in Köln ein. Die Erzählinstanz macht einen räumlichen, zeitlichen und perspektivischen Sprung und beschreibt die Trauer der zurückgelassenen Frau am Richtplatz. Hier dominiert die Erzählinstanz die Handlungsvermittlung, während diese zuvor kaum auftrat und lediglich durch rhetorische Fragen sprachlich präsent war.

Dabei folgt die formale Makrostruktur der Ballade ihrer eigenen dramatischen Mikrostruktur: Wie der Titel annonciert, handelt die Ballade vom Tod des Erzbischofs, doch statt der historischen Tat stellt sie das Interesse an den Überlebenden und zurückbleibenden Opfern des Ereignisses ins Zentrum der Darstellung. Schon in der ersten Szene wird dieses Gestaltungsprinzip programmatisch etabliert: Die Wut des Isenburg wird nicht in Wort oder Tat, sondern im Zerbrechen eines Astes in seiner Hand visualisiert, so wie die Folgen seiner Tat in der Verzweiflung seiner Frau dargestellt werden. Ästhetisch konsequent und von Anfang bis Ende inszenierte Droste die Folgen der großen Ereignisse im ›Zerbrechen‹ der kleinen, eigentlich unbeteiligten Elemente und Figuren. Entsprechend zeigt sich die eigentliche Handlung der Ballade im Nebensächlichen, wird in Randbereiche ausgelagert und zu Spuren abstrahiert. Die Aktanten der Handlung haben Bedeutung als Verursacher von Zeichen, Spuren und Echos, die sie in der Natur und der Geschichte hinterlassen, und auf die Auskundschaftung, ›Lektüre‹ und Vergegenwärtigung dieser Zeichen konzentriert sich der Balladentext. Deutlich wird dies besonders in der Darstellung des Gefechtes: Selbst Kampf- und schließlich Todesszene sind bestimmt durch die Akustik und Visualisierung des Waldes als Schauplatz und zentraler Handlungsträger der Ereignisse. Die Bewegung der Meute wird durch Rufe, der Kampf durch das Schwirren und Klingeln des Laubes und der Tod durch »[b]lutrothe Rinnen« (V. 102) und »Blutes Lachen« (V. 115) verdeutlicht. Statt die kriegerische Auseinandersetzung zu schildern, fokussiert die Ballade auf den Blick des Engelbert auf sein Schwert und seinen Griff unter den Mantel, das Krachen der Zweige und das Stäuben der Eichenblätter. Entsprechend fehlt die Darstellung des Mordes und die letzte Szene des zweiten Teils schwenkt vom Wald als Handlungsträger auf eine Nebenfigur, den trauernden Edelknaben, der aber zuerst noch in einer rhetorischen Frage als »krankes Reh« (V. 118) und »wunde Taube« (V. 119) naturalisiert, also zum Element der naturalen Peripherie gemacht werden muss, bevor er Teil der ästhetischen Inszenierung werden darf.

Es sind demnach subtile poetische Strategien, die Droste nutzte, um mit ihrer Balladenversion die zeitgenössischen Gestaltungen des historischen Themas kritisch zu distanzieren, sich vor ideologischer Vereinnahmung zu schützen und zudem die Frage zu stellen, wie moderne Balladendichtung mit heroischen Geschichtssujets umgehen solle. Indem ihre Ballade die »›schwachen‹ Figuren« (Klein 1988, 252), nämlich Isenburgs Frau und den Edelknaben in den Mittelpunkt stellt und der Makrostruktur des historischen Ereignisses das individuelle Mikrodrama der Zurückgelassenen entgegensetzt, schrieb sich die Autorin als Anwältin einer ›weiblichen‹ Gegengeschichte in das aktuelle literarische Feld ein. Metapoetisch nahm Drostes Ballade Stellung zur historischen Dichtung ihrer Zeit, im metahistorischen Interesse lenkte sie den Blick auf das generelle Problem einer heroischen Geschichtsschreibung.

Literatur

Hoffmann, Werner: Annette von Droste-Hülshoff: *Der Tod des Erzbischofs Engelbert von Cöln*. In: Andreas Böhn/Ulrich Kittstein/Christoph Weiß (Hg.): Lyrik im historischen Kontext. Festschrift für Reiner Wild. Würzburg 2009, S. 196–208.

Klein, Ulrich: Zu Annette von Droste-Hülshoffs *Der Tod des Erzbischofs Engelbert von Köln*. In: Gunter Grimm (Hg.): Gedichte und Interpretationen. Deutsche Balladen. Stuttgart 1988, S. 244–263.

5.7.4. Das Fegefeuer des westphälischen Adels
Maren Conrad

Das Fegefeuer des westphälischen Adels (HKA I, 234–237) entstand in kürzester Zeit im Auftrag Schückings gegen Mitte Februar 1841 und erschien im Juni 1841 anonym in der achten Lieferung des *Malerischen und romantischen Westphalen* (HKA I, 1403 f.). Das Original ist auf vier Seiten zusammen mit dem Manuskript zu *Die Stiftung Cappenbergs* niedergeschrieben. Im Gegensatz zu *Der Tod des Erzbischofs Engelbert von Cöln* übernahm Droste nicht nur das Thema, sondern ebenfalls den Titel der Ballade von Wilhelm Langewiesche, dessen Bearbeitung des Stoffes (HKA I, 1418–1421) Schücking für sein *Westphalen*-Projekt abgelehnt hatte. Mit Drostes Text trat an die Stelle einer schwankhaften Ballade des bürgerlichen Autors Langewiesche eine Geisterballade einer adeligen Autorin, was eine Veränderung der inhaltlichen Akzentsetzung – auf der Basis von Gender-Interessen und sozialen Rücksichten – erwarten ließ. Schließlich war das Thema der Ballade für die Aristokratin Droste und ihre Standesgenossen hoch brisant: Der Volkssage zufolge ist im Lutterberg bei Paderborn das Fegefeuer des westfälischen Adels zu finden, es geht also um den Ort, »wo die westphälischen Edeln müssen / Sich sauber brennen ihr rostig Gewissen« (V. 5 f.). Der Sagenstoff verpflichtete sie demnach dazu, ihre gesamte Verwandtschaft und prospektiv sich selbst als im Fegefeuer Gemarterte vorzustellen. Zur Vorbereitung des Textes leistete Droste hier wie schon bei *Der Tod des Erzbischofs Engelbert von Cöln* intensive Quellenarbeit, wobei vor allem die *Westphälischen Volkssagen und Lieder* von H. Stahl (d. i. J. D. H. Temme) aus dem Jahr 1831 und Bernhard Wittes Chronik von 1778 als Bezugstexte dienten (vgl. HKA I, 1423–1429; Woesler 1999, 131–139).

Die Ballade ist mit 16 Strophen à sieben Zeilen relativ kurz gehalten und lässt sich nach Handlungsort und Handlungszeit in drei Teile unterteilen. Als Reimschema herrscht die Lutherstrophe (ababccb) mit durchgängig vier Hebungen pro Zeile vor. Die meisten Zeilen umfassen neun Silben, wobei Abweichungen insbesondere in den letzten vier Zeilen der Strophen auftreten, hier finden sich bis zu elf, in der ersten Strophe sogar zwölf Silben. Insbesondere der Paarreim weist dabei regelmäßig mehr als neun Silben und ein entsprechend unregelmäßiges Versmaß sowie eine weibliche Kadenz auf, während alle übrigen Zeilen fast immer mit einer männlichen Kadenz enden. Auffällig ist zudem die Tendenz der Verszeilen, zum Ende hin mindestens einen Anapäst aufzuweisen, der als Versmaß bereits die erste Zeile der gesamten Ballade klar dominiert und im weiteren Verlauf dann durchgängig mit dem Jambus kombiniert wird. Insgesamt entsteht so eine starke rhythmische Unruhe im Gedicht, die als inhaltliche Analogie zu den erschütternden und auch akustisch als außergewöhnlich beschriebenen Ereignissen fungiert. Prosodisch erinnert der Text durch diese unruhige Metrik und Silbenstruktur an Goethes *Erlkönig*, zu dem die Ballade auch in der Ereignisstruktur klare Analogien aufweist: Beide Texte berichten von einem jungen Protagonisten und seinem – von einem ihm Schutzbefohlenen initiierten und entsprechend unfreiwilligen – nächtlichen Ritt durch einen Transitraum. Zwar erreichen die Figuren beider Gedichte ihr Ziel, die Heimat, doch kostet der nächtliche Übertritt in die Geisterwelt das Leben. Auch die narrative Rahmung des *Fegefeuers* erinnert an Goethes berühmten Prätext, legt doch eine Erzählinstanz einen die Darstellung eröffnenden und sie wieder abschließenden Rahmen um den Text. Zu vermuten ist, dass die markierten intertextuellen Referenzen auf Goethes *Erlkönig* einerseits den hohen ästhetischen Anspruch der Ballade andeuten (so dass die ›Konkurrenz‹ zu Langewiesche virtuell durch die ›Konkurrenz‹ zu Goethe überboten wird), dass sie auf der anderen Seite aber ein inhaltsbezogenes Ablenkungsmanöver darstellen und die Autorin vor dem Vorwurf der ›Nestbeschmutzung‹ schützen sollen.

Die Exposition (Strophe 1–5) berichtet von dem Wanderburschen Johannes Deweth, der auf dem Heimweg am Lutterberg vorbeizieht und dort von einem Geisterreiter zum Schauplatz des Fegefeuers entführt wird. Dieser mythische Ort wird im zweiten Teil der Ballade (Strophe 6–14) als eine mit zahlreichen Attributen des Geisterhaften ausgestattete Festhalle beschrieben, in der die Adeligen unter ihren Wappen sitzen, würfeln, spielen, feiern und essen. Ihnen entkommt Johannes, als sich nach seinen Stoßgebeten die Türen der Halle für neu ankommende Adelige öffnen. Während seiner Flucht zerfallen drei seiner Finger zu Staub und die Zahl Sieben klingt in seinen Ohren. Der dritte und letzte Teil der Ballade (Strophe 15–16) zeigt den ergrauten Deweth in seinem Elternhaus, wo man ihn nicht wieder erkennt. Er zieht sich in das örtliche Kloster zurück, wo er, wie das Orakel im Fegefeuer vorhergesagt hatte, nach kurzer Krankheit genau sieben Wochen später stirbt.

Im Unterschied zu den drei ihr bekannten Vorlagen wählte Droste in dieser Ballade weder die Möglichkeit einer drastischen noch einer komischen Darstellung des Fegefeuers. Sie verzichtete ebenfalls auf die Deutung des Feuers als Hölle, die Langewiesche vorgelegt hatte. Vielmehr ist das Fegefeuer der westfälischen Adligen ein düsterer und kalter Ort voller hohler Gesten und sinnloser Geräuschkulissen. Verglichen mit bekannten Höllenbildern fällt die Darstellung der adligen Büßer denn auch gemäßigt aus. Obwohl sie mit Namen genannt werden, individualisieren sie sich kaum anders, als dass sie einen Trinkbecher leeren oder ein Würfelspiel zur Hand nehmen. Das liegt daran, dass der Text die Figurenreihe im Modus einer akkumulativen Aufzählung vergegenwärtigt, als würde eine Kamera durch den Raum und über die Anwesenden hinweg schwenken, ohne lange auf jeder Gestalt zu verweilen. Verstärkt wird dieser Inszenierungseffekt durch rhetorische Figuren der Repetition, teilweise in Form von direkten Wortwiederholungen innerhalb einer Zeile (V. 12, 54, 97) oder Strophe (etwa »Heil«, »Brod[ ]« in Strophe 5) oder in Form von Anaphern (V. 7, 46f., 89f.). Das Fegefeuer ist daher vor allem ein repetitiver, paradoxer Ort der Sinnlosigkeit, Überforderung und des Zeichenüberschusses, was zusätzlich zu den Wiederholungen in zahlreichen Onomatopoeia, alliterierenden Klangfiguren und Oxymoronkonstruktionen zum Ausdruck kommt. Als exemplarisch dominantes akustisches Oxymoron sind etwa die »Gläser [...] sonder Klang« (V. 46) und die »Messer [...] sonder Klirren« (V. 47) zu nennen.

Die Ballade wird auffällig dominiert von der vermittelnden Funktion der Erzählinstanz, die zwei Mal die kurze direkte Rede des Johannes indirekt wiedergibt (V. 16, 93). Sprechinstanzen im dramatischen Modus lassen sich nur drei identifizieren, nämlich Johannes Deweth, der Geisterreiter und schließlich der nicht näher klassifizierte Chor der Stimmen. Bemerkenswert ist der für eine Ballade verhältnismäßig geringe Sprechanteil der Figuren, insgesamt umfasst dieser nur sechzehn Zeilen, sieben fallen auf den Geisterchor (V. 85 f., 96–98, 108 f.), sieben auf den Geisterreiter (Strophe 5). In zwei Zeilen leitet die Erzählinstanz die ritualisierten Ausrufe des Johannes, »Jesus Maria« (V. 22) und »Mein Heiland« (V. 64), weiter. Diese Exklamationen bezeugen die verlorene Autonomie des vermeintlichen Handlungsträgers, der sich in einem für ihn – als nicht adelige und noch lebendige Figur – unpassenden Raum aufhält. Das einzige Merkmal, das Johannes mit allen Anwesenden teilt, ist seine Zugehörigkeit zur Gruppe der Männer. Indem Droste das Figureninventar des Fegefeuers ausschließlich männlich besetzt, folgt sie einerseits dem Stahl'schen Prätext, in dem es explizit heißt, dass man »gar keine Frauenzimmer in diesem Fegefeuer fand« (HKA I, 1427). Andererseits liefert dieses Motiv ein wichtiges Indiz für eine sozialkritische, im Endeffekt sogar poetologische Bedeutungsdimension der Ballade. In sozialkritischer Hinsicht macht sie darauf aufmerksam, dass die bürgerliche Figur des Johannes ihre körperliche und geistige Integrität verliert, als sie gegen ihren Willen in die Gemeinschaft der Adligen gezwungen wird. Im dargestellten Raum wirkt sie völlig deplatziert und verliert dadurch, sieht man von den wenigen christlichen Formeln ab, die »[d]er Jüngling« (V. 65) seufzt, die Sprache. In scharfem Kontrast zu ihm, dem Einzelnen und Sprachlosen, produziert die Masse der verstorbenen Adeligen einen überwältigenden, aber unmenschlichen Krach.

Dadurch zeichnet die Ballade die untoten Adligen als Sender unidentifizierbarer, arbiträrer akustischer Signale aus, als Produzenten von Zeichen, die dem lebendigen Bürgerlichen unverständlich bleiben, aber den Raum beherrschen und der Produktion von konventionellen Zeichen, die Lebendigkeit manifestieren würden, Grenzen setzen. Die Konfrontation gegensätzlicher akustischer Codes kulminiert in einer Kakophonie, die vorführt, wie das eigene Werk zur poetischen Echokammer wird, erfüllt vom Hall fremder Stimmen. Damit nutzte Droste die traditionelle Form der Geisterballade, um genau jene Effekte eines Rauschens fremder Texte ins Bild zu setzen, die notwendig im Rahmen der Auftrags- und Konkurrenzarbeiten entstanden. Dabei verwandelt der Text das motivisch wie sprachlich als Echokammer konzeptualisierte Fegefeuer in eine Bühne für eine zeit- und sprachkritische Reflexion und stellt so die Frage nach der Funktion und Artikulationsfähigkeit von zeitgenössischer Lyrik vor dem dominanten Hintergrund, dem ›Rauschen‹ bereits bestehender traditioneller Formen sowie dem ›Nachhall‹ zu berücksichtigender Sagenstoffe, historischer Materialien und kulturell bereits etablierter Figuren und Motive im Raum des eigenen, individuellen und innovativen Textes.

5. Gedichte von Annette Freiin von Droste-Hülshof (1844)

Indem der Text die magische Zahl Sieben zum Leitmotiv (»da ›sieben‹ schwirren die Lüfte / ›Sieben sieben sieben‹, die Klüfte«, V. 96 f.), also Anleihen aus dem Volks- und Aberglauben aufruft, inszeniert er sich geradezu demonstrativ als Geisterballade. Es werden sieben Adlige namentlich genannt, Chor und Geisterreiter haben je sieben Zeilen Sprechanteil und jede Strophe weist sieben Zeilen auf. Zudem wird die Zahl ›sieben‹ insgesamt sieben Mal in das Ohr des zum Tode verurteilen Johannes geflüstert und auch seine drei zu Staub zerfallenen Finger lassen Johannes mit sieben Fingern zurück. Diese sind dem anschließend sieben Wochen lang betenden Johannes ein physisches *memento mori*, das seinen nahenden Tod ankündigt, ihn aber auch ausdrücklich am Schreiben hindert und ihm damit das Vermitteln des Erlebten verbietet. Dieses Detail ist signifikant, weist es doch auf eine überraschende motivische und strukturelle Analogie zu Drostes Ballade *Das Fräulein von Rodenschild* (→ II.5.7.7.), in der das Bild der durch den Geisterkontakt versehrten Schreibhand des ›tollen‹ Fräuleins eine markante Schlusswendung darstellt. Die Übereinstimmung wirft die Frage auf, ob die ›volkstümliche‹ Geister- und Gespensteratmosphäre des *Fegefeuers* nicht der Produktion einer Deckgeschichte zuarbeitet, die das eigentliche, durch die Parallelen zum *Fräulein von Rodenschild* als autopoetisch zu charakterisierende Schreibanliegen schützt. Anders als der Arzt in *Des Arztes Vermächtniß*, der seinem Sohn die Aufzeichnungen über das exorbitante, traumatisierende Erlebnis vermacht, kann Johannes Deweth die Geschichte seiner Verschleppung weder mündlich noch schriftlich vermitteln. In seiner Heimat wird er zum Unbekannten und Ausgestoßenen, der nur im Gebet Trost und im Tod Ruhe finden kann. Ganz ähnlich das Fräulein von Rodenschild, das den Verlust der Schreibhand zwar überlebt, aber erst von einer Krankheit und anschließend von offensichtlichem Wahnsinn befallen und entsprechend sozial ausgegrenzt wird.

Wie auch im Fall der Ballade *Der Tod des Erzbischofs Engelbert von Cöln* (→ II.5.7.3.) nutzt Droste die Möglichkeiten der komplexen Balladenform, um ein in ihren Kreisen gesellschaftlich brisantes Thema sowohl anzusprechen wie inhaltlich abzumildern, zugleich aber poetologische Reflexionen einzuflechten, die auch das Problem des weiblichen Schreibens berühren, und sich als Autorin aus der kritisierten Gesellschaftsschicht in den bürgerlichen Kulturmedien zu etablieren. Dabei deutet das Schicksal des fiktiven Protagonisten Johannes die Gefahren an, die damit verbunden sind: Ihm haftet ein Makel an, der ihn sowohl aus der bürgerlichen wie aus der adligen Sphäre ausstößt. Als sprechendes, lebendiges Subjekt war er im Reich der untoten Adligen und ihres signifikationslosen Lärms fehl am Platz, in die bürgerliche Heimat zurückgekehrt, kann er selber keine sinnvollen Zeichen mehr bilden. Der schweigsame Zickzackkurs des Protagonisten, der gegen seinen Willen in die Hallen des Fegefeuers hineingezogen wird, lässt deutliche Analogien zur Statusproblematik einer adeligen Schriftstellerin erkennen, die zwischen poetischem Text und Sprachlosigkeit, Tradition und Innovation, Adelsstatus und Dichteridentität, Unterstützung und Verbot, Familie und Gesellschaft einen Platz an der Peripherie der literarischen Öffentlichkeit zu finden versuchte, indem sie – im Raum der für den bürgerlichen Betrachter unverständlichen Akustik ihrer adeligen Umgebung – nach einem alternativen Zeichensystem, einer neuen Sprache sucht.

Literatur

Woesler, Winfried: Die Droste und Langewiesche, der Barmer Verleger des *Malerischen und romantischen Westphalens*, in: Lothar Bluhm/Achim Hölter (Hg.): Romantik und Volksliteratur. Beiträge des Wuppertaler Kolloquiums zu Ehren von Heinz Rölleke. Heidelberg 1999, S. 123–143.

5.7.5. Vorgeschichte (SECOND SIGHT)
Anke Kramer

Die Ballade (HKA I, 245–248) entstand zwischen dem 7. Dezember 1840 und Mitte Januar 1841 (HKA I, 1461 f.) für den von Ferdinand Freiligrath und Levin Schücking herausgegebenen Band *Das malerische und romantische Westphalen* (Barmen und Leipzig 1841), in der sie ohne Verfasserangabe publiziert wurde. Eine überarbeitete Version erschien in der Ausgabe der Gedichte von 1844. Droste zählte sie zu ihren gelungensten Balladen (HKA IX, 308 f.). Sie besteht aus sechszeiligen Strophen im Reimschema ababcc, wobei die Verse a und c vierhebig sind und immer männlich enden, während die Verse b dreihebig sind und immer weiblich enden. Versmaß ist der Jambus, der jedoch stark daktylisch bewegt ist und dadurch einen Eindruck von Unruhe erzeugt, der die unruhige Verfassung des Protagonisten widerspiegelt.

Das Gedicht beschreibt die Vision eines westfälischen Adligen, der eines Nachts einen Begräbniszug im Hof seines Schlosses in der nahen Zukunft voraussieht; erst ganz am Schluss der Vision – und des Gedichts – wird deutlich, dass es sich dabei um sein eigenes Begräbnis und nicht, wie befürchtet, um das seines kleinen Sohnes handelt. Die Ballade verhandelt ein heterogenes biographisches, genealogisches, historisches, ethnographisches, anthropologisches, psychologisches und physiologisches Wissen. Das »Vorgesicht«, eine regionale Bezeichnung für das Vorsehen, ist – wie Droste in ihren *Westphälischen Schilderungen* erklärt – ein typisch westfälisches Phänomen: »ein bis zum Schauen oder mindestens deutlichem Hören gesteigertes Ahndungsvermögen, ganz dem Secondsight der Hochschotten ähnlich« (HKA V, 72). Die Ballade basiert wahrscheinlich auf der Droste'schen Familienüberlieferung, die einen ähnlichen Fall verzeichnet (HKA I, 1481); Drostes Vater zeichnete selbst Vorgeschichten auf (Heselhaus 1971, 171). Insofern die Ballade Wissen über den westfälischen Aberglauben sowie über regionale Begräbnisriten übermittelt, kann sie als Beitrag zu Drostes Projekt einer literarischen Topographie Westfalens gewertet werden (vgl. Grywatsch 2009b; Erhart 2013), wobei die implizite Anspielung auf die Zukunftslosigkeit der adligen Familie (deren Weiterbestehen von einem »zarten, schwächlichen Knaben« abhängt, V. 46) als Hinweis auf die tiefgreifenden Veränderungen zu Beginn der Moderne gelesen werden kann.

Die Ballade schildert die Vorgeschichte als Wahrnehmungsprozess, der durch die Einwirkung des Vollmondes auf die Seele des Freiherrn bewirkt wird. Diese Funktion des Mondes sowie die Flüssigkeitsmetaphorik für das Mondlicht (»seiner Strahlen züngelndes Meer«, V. 27) und für die Seele des Freiherrn als empfangendes Organ (»Weihers Rand«, V. 3; »Fluthen«, V. 22; »Strudel«, V. 22) verweisen auf den in der zeitgenössischen Literatur breit rezipierten Mesmerismus-Diskurs, nach dem magnetische Fluida den gesamten Kosmos durchströmen und Verbindungen zwischen Himmelskörpern und dem menschlichen Körper herstellen (vgl. Barkhoff 1995; → I.3.3.). Anders als im Mesmerismus ist die Vision in der Ballade allerdings nicht das unmittelbare Produkt der Einwirkung des Mondes auf die Seele, sondern wird unter dessen Einfluss im Zusammenspiel von Seele und Auge des Freiherrn erst erzeugt; diesen Produktionsprozess des Wahrnehmungsphänomens schildert der Text ausführlich in elf Strophen (2–12), die Vision selbst in nur acht Strophen (13–20). Die Funktion der Flüssigkeitsmetaphorik ist charakteristisch für Drostes Lyrik der 1840er Jahre, die programmatisch Wahrnehmungsphänomene verhandelt (vgl. Preisendanz 1977). Der Text verknüpft die an der Entstehung der Vorgeschichte beteiligten Faktoren Mond, Seele und Auge durch Wassermetaphern, die mittels der Aktualisierung topischer Analogien das komplexe, unmittelbarer Beobachtung entzogene Geschehen des Entstehungsprozesses der Vision veranschaulichen (Kramer 2014, 72–99). Im Gegensatz zu den von der Wassermetaphorik auch aufgerufenen hydraulischen Wahrnehmungsmodellen der vormodernen Anthropologie (vgl. Koschorke 1999) ist das in der Ballade geschilderte Wahrnehmungsphänomen jedoch als Produkt der Interaktion von Seele und Auge und damit als psychophysiologisches Geschehen lesbar. Die Vorgeschichte hat weder einen inneren noch einen äußeren Referenten, sondern wird als Projektion der von Seele und Auge im Lauf eines gewissen Zeitraums produzierten visuellen Erscheinungen nach außen beschrieben. Damit verweist die Ballade – wie zahlreiche andere Werke Drostes – auf Erkenntnisse der sinnesphysiologischen Wahrnehmungslehre (Müller 1833; vgl. Müller-Tamm 2005). Die Ballade schließt in ihrer Erkundung des Unbewussten mittels der Analogisierung von Wasser und Seele an die romantische Literatur an. Indem sie sowohl psychische als auch physiologische Vorgänge mit Wassermetaphern veranschaulicht, inszeniert sie bruchlose Übergänge zwischen Seele und Körper und verweist darin auf die intensive Erforschung des »Grenzbereich[s]« zwischen Physischem und dem Geistigen« in den zeitgenössischen Wissenschaften vom Menschen (Crary 1996, 138).

Mit der prozesshaft entstehenden und in die Zukunft vorausweisenden Vorgeschichte inszeniert der Text eine von der sozialen Zeit abgekoppelte subjektive Zeit des Protagonisten, die nur seinem eigenen Erleben und seiner Wahrnehmung, nicht der Messung und Objektivierung zugänglich ist (Nowotny

1989; Grywatsch 2013). Dabei wird der Traum des Freiherrn, der am Beginn der Vorgeschichte steht, zum »Imaginations- und Entfaltungsraum« (Grywatsch 2013, 214) für diese subjektive Zeit und für eine Wahrnehmungsweise, die auf das Wissen der spekulativen Naturphilosophie verweist. Die Passage greift den barocken Topos der Traumeinleitung auf und individualisiert ihn in moderner Weise (Häntzschel 1968, 89). Der Freiherr befindet sich in einer Situation zwischen Wachen und Schlafen, die zum Ausgangspunkt für »Modi der imaginären Entgrenzung« (Grywatsch 2009c, 82) wird; die Abfolge von Traum bzw. phantasiebestimmtem Zustand und Rückkehr ins Hier und Jetzt (in den letzten beiden Versen) ist bestimmend für Drostes Lyrik der 1840er Jahre (Heselhaus 1971, 173). Der entscheidende Übergang von der im Innern entstehenden Vorgeschichte zu ihrer Wahrnehmung als äußeres Geschehen vollzieht sich in einem Fensterblick. In Fortsetzung der den Wahrnehmungsprozess veranschaulichenden Wassermetaphorik hängen die Augen des Freiherrn »[w]ie Tropfen am Glase« (V. 70) am Fenster, durch das er den realen Schlosshof als Szenerie des phantastischen, zukünftigen Geschehens sieht. Durch dieses Ineinandergreifen der Wahrnehmungsgegenstände wird es für ihn selbst wie auch für den Leser unmöglich zu entscheiden, welche Wahrnehmungen auf einen äußerlich vorhandenen Referenten verweisen und welche nicht – eine Erfahrung, die der Physiologe Johannes Müller unter dem Begriff des »Eigenlebens« der Sinnesorgane beschrieb (Müller 1826, 126). Die durchs Fenster sichtbare Vorgeschichte spielt sich in einer Verzögerungsregie ab, die auf die Ästhetik des Kinos vorausweist. Zunächst nimmt der Freiherr nur ein unbestimmtes »Gewimmel« (V. 73) und »Gemurmel« (V. 74) wahr; nach und nach wird der dunkle Schlosshof durch Fackeln erleuchtet, wodurch das Geschehen als Begräbnisszene erkennbar wird, bis das Wenden des Sarges – der Höhepunkt der Spannung – zeigt, wer hier begraben wird.

Typisch für Drostes Gespensterballaden ist die Ambivalenzstruktur: Das Phantastische wird als Wahrnehmungsphänomen eines erlebenden Subjekts dargestellt (Heselhaus 1971; Kortländer 1979), das keine eindeutigen Schlüsse auf eine übersubjektive Wirklichkeit erlaubt. Dadurch gerät nicht nur das wahrnehmende Subjekt selbst, sondern, wie Droste 1843 erklärte, auch der Leser und die Leserin in Zweifel darüber, ob es sich bei dem beschriebenen Phänomen um »geistigen Einfluß? – unerklärte Naturkraft? – unabsichtliche Täuschung?« (HKA X, 98) handelt. Damit greift die Ballade ein Verfahren der zeitgenössischen phantastischen Erzählliteratur auf (»hésitation«, Todorov 1970, 29), die Droste intensiv rezipiert hat (HKA VII, 368–440; vgl. Kortländer 1979; Schneider 1982; Niethammer 2002). Dabei stellt der Text allerdings nicht lediglich den »Gültigkeitsanspruch der rationalen Weltsicht beim Leser […] in Frage […] zugunsten der Existenz transzendenter Mächte« (Schneider 1995, 22), sondern macht umgekehrt das spukhaft-magische Phänomen der Vorgeschichte als Resultat eines psychophysiologischen Prozesses lesbar, der nicht in den Bereich des Aberglaubens, sondern in den der Wissenschaften vom Menschen gehört. Anstatt einer »unverkennbar restaurative[n] und gegenaufklärerische[n]« Intention (Schneider 1995, 22) lässt sich aus

Drostes detaillierter, realistischer Schilderung nicht nur des Wahrnehmungsphänomens der Vision (Heselhaus 1971; Kortländer 1979), sondern auch seiner Produktionsprozesse die Auseinandersetzung mit der Subjektivität und Temporalität von Wahrnehmung ablesen, mit jenen Abläufen, die der Wahrnehmungswirklichkeit des Subjekts in der Moderne zugrundeliegen.

Das Reimschema, bei dem sich männlich und weiblich endende Verse in jeder Strophe zunächst abwechseln, inszeniert auf der Signifikantenebene die am Schluss der Ballade geschilderte spannungsvolle Situation des Zeichenlesens, nämlich die Frage, ob der Sarg nur die Wappen des Vaters oder auch die der Mutter trägt, d.h. ob hier Vater oder Sohn begraben wird. Indem zwei männlich endende Paarreimverse jede Strophe abschließen, verweist der Text von Anfang an auf ersteres als Botschaft der Vorgeschichte und bereitet dadurch den Lesenden die ins Ästhetische übertragene Erfahrung eines Voraussehens des Todes des Protagonisten. Dass die männlich endenden Verse a und c vierhebig, die weiblich endenden Verse b dagegen dreihebig sind, korreliert der Information, dass die Frau des Freiherrn bereits verstorben, ihre Lebensspanne demnach wohl kürzer als die ihres Mannes war.

Die Ballade endet mit einer Schreibszene. Die Vorgeschichte erweist sich als »die ›Vorgeschichte‹ der Niederschrift eines Testaments, die zugleich die ›Vorgeschichte‹ eines Todes ist« (Vedder 2013, 166). Wie in anderen Werken verknüpft Droste hier »die Figur des Wiedergängers mit dem Medium des Testaments«, um »die Frage nach der testamentarischen Bedeutung von Schrift, nach den Möglichkeiten eines Nachlebens der Toten in der Moderne und nach der Wahrnehmbarkeit und Darstellbarkeit von Tod und Ende« zu stellen (Vedder 2013, 163). Das Testament, das hier entsteht, ist allerdings kein autonom produzierter Text, er verweist nicht auf ein autonom handelndes (Autor-)Subjekt. Während die Gattung der historischen Ballade, bei der Droste Anleihen macht, einen »Held[en]« in den Mittelpunkt stellt, ein »Individuum, in einer einmaligen geschichtlichen Situation, das diese Geschichte maßgeblich mitgestaltet hat« (Woesler 2000, 7) und dessen »Männlichkeit, persönliche Ehre und körperliche Tugend« im Vordergrund stehen (Woesler 2000, 9), ist die Handlungsfähigkeit des Freiherrn stark begrenzt. Sein Schreibakt wird durch einen (je nach Lesart der Ballade magischen oder psychophysiologischen) Prozess bedingt, der gegen seinen Willen abläuft und dem er größtenteils hilflos ausgeliefert ist.

Dabei verknüpft die Ballade auf intrikate Weise das Thema der Geschlechterfolge mit der Frage nach dem Geschlecht. Der Freiherr betrachtet im Bemühen, die unheilvolle Vorgeschichte abzuwenden, den Stammbaum seines Sohnes, in dem die durch ihre Wappen bezeichneten Individuen als Glieder in der Geschlechterfolge aufgehen; seine Sorge gilt nicht nur dem Überleben seines Sohnes, sondern darüber hinaus dem seines Geschlechts. Dabei ist es gerade der Blick auf den Stammbaum, nämlich auf das Wappen seiner verstorbenen Frau, der den Freiherr seine Abwehr gegen die sich anbahnende Vision vergessen und ans Fenster treten lässt, wo die Vorgeschichte sichtbar wird. Die Wappen, denen in der Dramaturgie insbesondere der Schlussszene der Ballade (das Wenden des Sarges) so entscheidende Funktion zukommt, senden zudem eine verwirrende Botschaft. Denn die Rosen im Wappen des Freiherrn sind kulturgeschichtlich mit Weiblichkeit, die Pfeile im Wappen seiner Frau dagegen mit Männlichkeit konnotiert; es kam Droste wohl auf diese Symbolik an, denn sie hat das Wappen der Frau gegenüber der historischen Vorlage verändert (HKA I, 1481). Tatsächlich belegt die Ballade sowohl den Freiherrn selbst als auch seinen Sohn mit zahlreichen Merkmalen, die im Geschlechterparadigma um und nach 1800 mit Weiblichkeit verknüpft sind. Der Sohn ist »zart[ ]« und »schwächlich[ ]« (V. 46); der Freiherr selbst nimmt als Schlafender eine passive, erleidende Rolle ein, während der »Strahl[ ]« (V. 12) des Mondlichts in deutlich phallischer Metaphorik aktiv auf ihn »[h]ernieder bohr[t]« (V. 11). Nicht nur das »Nixenaug'« (V. 71) des Freiherrn, auch seine übrigen explizit genannten Körperteile Locke, Wimper und Wange sind mit verführerischer Weiblichkeit assoziiert. Sein Stöhnen, Zucken und Erröten (letzteres ist mit Magnetisiertwerden, d. h. mit einer üblicherweise den Frauen zugeschriebenen Rolle konnotiert, vgl. Börnchen 2000), sein Frösteln und seine Angst sowie der Vergleich mit einem »verzweifelnd Wild« (V. 29) verweisen auf Drostes »Verbannung der sexuellen Impulse in den Subtext« (Böschenstein [2000] 2007, 41 f.) und auf die zeitgenössische »Konzeption der Frau als eines durch Passivität und Opferhaltung gekennzeichneten Wesens« (Böschenstein [2000] 2007, 38). Umgekehrt gleichen die »[d]urch blaue Lüfte sich schnellen[den]« Pfeile (V. 64) im Wappen der Frau des Freiherrn dem bohrenden Strahl des Mondlichts, der genau wie ein Pfeil über einen »Schaft« (V. 12) verfügt; damit verweisen die Pfeile auch auf die »Vampyrzunge« (V. 12). Diese Assoziation der verstorbenen Frau mit dem aggressiven Mondlicht und der erotisch aufgeladenen Figur des Vampirs ermöglichen eine Lesart der fatalen Begräbnisvision des Freiherrn als Konsequenz einer Phantasie von einer unheimlichen, gewaltsamen sexuellen Begegnung mit seiner verstorbenen Frau, in der sich die herkömmlichen Geschlechterrollen vertauschen.

Literatur

Böschenstein, Renate: Die Boa. Die Darstellung von Aggression in den Gedichten der Droste [2000]. In: Renate Böschenstein: Idylle, Todesraum und Aggression. Beiträge zur Droste-Forschung. Hg. von Ortrun Niethammer. Bielefeld 2007, S. 147–175.
Crary, Jonathan: Techniken des Betrachters. Sehen und Moderne im 19. Jahrhundert. Aus dem Amerikanischen von Anne Vonderstein. Dresden, Basel 1996.
Grywatsch, Jochen: Poetische Imagination und räumliche Struktur. Zu einer Poetologie des Raums bei Annette von Droste-Hülshoff. In: Jochen Grywatsch (Hg.): Raum. Ort. Topographien der Annette von Droste-Hülshoff. Hannover 2009 (= Droste-Jahrbuch 7), S. 69–94. [Grywatsch 2009c]
Grywatsch, Jochen: »Wo Träume lagern langverschollner Zeit«. Zum Verhältnis von Traum und Zeit in den Epen und der Landschaftsprosa der Annette von Droste-Hülshoff. In: Cornelia Blasberg in Verb. mit Jochen Grywatsch (Hg.): ZwischenZeiten. Zur Poetik der Zeitlichkeit in der Literatur der Annette von Droste-Hülshoff und der ›Biedermeier‹-Epoche. Hannover 2013 (= Droste Jahrbuch 9), S. 211–234.

Häntzschel, Günter: Tradition und Originalität. Allegorische Darstellung im Werk Annette von Droste-Hülshoffs. Stuttgart u. a. 1968.
Heselhaus, Clemens: Annette von Droste-Hülshoff. Werk und Leben. Düsseldorf 1971.
Kramer, Anke: Hydrographien. Wasser als Medium der Wahrnehmung bei Novalis, Annette von Droste-Hülshoff und Theodor Fontane. Diss. Univ. Wien 2014.
Müller, Johannes: Ueber die phantastischen Gesichtserscheinungen. Eine physiologische Untersuchung mit einer physiologischen Urkunde des Aristoteles über den Traum. Coblenz 1826.
Müller, Johannes: Handbuch der Physiologie des Menschen für Vorlesungen. 2 Bde. Coblenz 1833–1840.
Schneider, Roland: Annette von Droste-Hülshoff. 2., vollst. neu bearb. Aufl. Stuttgart, Weimar 1995.
Todorov, Tzvetan: Introduction à la littérature fantastique. Paris 1970.
Vedder, Ulrike: Wiederkehr und Nachleben. Zur testamentarischen Zeitstruktur in Annette von Droste-Hülshoffs lyrischen Werken. In: Cornelia Blasberg in Verb. mit Jochen Grywatsch (Hg.): ZwischenZeiten. Zur Poetik der Zeitlichkeit in der Literatur der Annette von Droste-Hülshoff und der ›Biedermeier‹-Epoche. Hannover 2013 (= Droste Jahrbuch 9), S. 159–174.
Woesler, Winfried: Vorwort. In: Winfried Woesler (Hg.): Ballade und Historismus. Die Geschichtsballade des 19. Jahrhunderts. Heidelberg 2000, S. 7–13.

5.7.6. Der Graue
Jochen Grywatsch

Die Ballade *Der Graue* (HKA I, 249–254) entstand zwischen dem 14. Januar und dem 26. April 1840 (HKA I, 1486 f.); sie ist in der Konzeptfassung auf einem Manuskriptblatt gemeinsam mit *Der Mutter Wiederkehr* niedergeschrieben. Eine Reinschrift gab Droste über Schücking an Ferdinand Freiligrath, der im November 1840 nach »Gespenstergedichte[n]« der Droste gefragt hatte (HKA I, 1317). Eigenmächtig verleibte Schücking die übersandte Ballade parallel seinem von Freiligrath übernommenen Projekt des *Malerischen und romantischen Westphalen* (fünfte Lieferung) ein und kürzte sie dabei – ebenso eigenmächtig – um die Strophen 3 bis 9 (V. 17–72), reduzierte also das erzählte Geschehen weitgehend auf die nächtlichen Grenzerfahrungen des Protagonisten. Der doppelte Unmut Drostes betraf die mutwillige Deformation, die sie sich ausdrücklich verbat, ebenso, wie die Tatsache des nicht autorisierten Abdrucks überhaupt, hatte sie die Ballade doch bereits über Adele Schopenhauer an Louise Marezoll zur Veröffentlichung in deren *Frauen-Spiegel* gegeben. Es kam Anfang 1841 zu einem Doppelabdruck des Textes, der auch juristische Probleme nach sich zog (HKA I, 1317–1321). Eine weitere Reinschrift der Ballade schloss Droste bis zum 17. Januar 1844 ab, die als Vorlage für den Abdruck in der Gedichtausgabe von 1844 diente. Die bisherige Forschung behandelte die Ballade *Der Graue* kaum (kontextualisierend Laufhütte 2000); bereits 1959 wurde indes ein Nachweis über Drostes Kenntnisse von zeitgenössischen Papiermühlen erbracht (Langenbach 1959).

Mit seiner Entstehung Anfang 1840 gehört *Der Graue* noch nicht in den Produktionskontext im Rahmen von Schückings Westfalen-Projekt. Anders als die nachfolgenden Balladen, die sich mit ihren Sujets – mal realhistorisch kontextualisierend (auf der Ereignisebene), mal pseudohistorisch illustrierend (auf der Ebene des Sagen- und Märchenhaften) – den inhaltlichen Bezügen des entstehenden Westfalen-Bandes anpassen respektive von Schücking entsprechend eingebaut wurden, war *Der Graue* kein für das *Malerische und romantische Westphalen* geschriebener Text. Mit der etwa gleichzeitig entstandenen Ballade *Der Mutter Wiederkehr* teilt *Der Graue* das schauerromantische Motivarsenal und kann wie diese als eine implizite Auseinandersetzung mit der romantischen Tradition gelesen werden (→ II.5.7.10.). Romantisch sind zweifellos Ambiente und dargestellte Geistererscheinung, wobei die Fokussierung der Grenze zwischen Realität und Imagination, deren Überschreitung durch das Verschwimmen von Wahrnehmungsebenen und die Unmöglichkeit zuverlässiger Erklärung das zentrale Thema bilden. Darüber hinaus thematisiert das Gedicht jedoch die sich in Drostes Zeit langsam öffnenden Schranken zwischen feudal geprägter Adelswelt und moderner bürgerlicher Industriegesellschaft, hat also eine sozialkritische Bedeutungsdimension. In ihrem Interesse wird das romantische Sujet mit eher realistisch geprägter Erzählweise verknüpft, so dass das Gedicht auch die Transformation epochaler literarischer Diskurse im Modernisierungsprozess dokumentiert.

Zwei größere Zeilendurchschüsse nach der vierten und nach der neunten Strophe gliedern die die Ballade auf formal in drei Teile (Strophe 1–4: Exposition; Strophe 5–9: Binneneinleitung; Strophe 10–25: Schilderung der nächtlichen Grenzerfahrung). Genau besehen ist aber der dritte Abschnitt (ohne Durchschuss) nochmals unterteilt, indem die beiden letzten Strophen einen Endrahmen für das Vermittelte (Strophe 10–23) abgeben, denen der zweite Teil der Ballade (Strophe 5–9) als öffnender Binnenrahmen gegenübersteht. Erzählt wird das Geschehen von einer nicht weiter konkretisierten Erzählinstanz, die in Vers 9 ein »du« anspricht, das aber im weiteren Verlauf der Ballade nicht mehr genannt wird und ohne Funktion bleibt. Formal ist das Gedicht sehr regelmäßig gebaut und weist eine geschlossene Struktur von achtzeiligen, kreuzgereimten Strophen mit durchgehender männlicher Kadenz auf, die in einem vierhebigen Jambus gestaltet sind. An wenigen exponierten Stellen weicht das Versmaß von der regelmäßigen Gestaltung ab, indem am Zeilenauftakt eine gezielte Auftaktbetonung den sonst ruhigen Fluss des Gedichts durchbricht.

Im Zentrum des Gedichtes steht die nächtliche Grenzerfahrung des Protagonisten »Waller« (V. 39 u. ö.), eines international tätigen Geschäftsmanns, der mit anderen Kollegen bei einem »Brüß'ler Kaufherrn« (V. 18) auf dessen »Schlößchen« (V. 27) zu Gast ist. Die gemeinsame »Landparthie« (V. 63), die unter dem heftigem Regen zu einer »Wasserfahrt« (V. 64) geworden ist, nimmt einen feuchtfröhlichen Verlauf, bis sich die Gäste in ihre Zimmer zurückziehen. Nachdem sich Waller ganz und gar in die Lektüre von Walter Scotts *Ivanhoe* vertieft hat, erscheint ihm plötzlich aus einem Rauch der Geist eines vorherigen Schlossbesitzers. Offen bleibt das ganze Gedicht hindurch, ob es sich um Wallers von dieser Lektüre hervorgerufene oder durch Alkoholkonsum forcierte Einbildung handelt oder ob es andere Gründe für das Erscheinen der Spukgestalt gibt. Über neun Strophen detailreich geschildert, wird die zunehmend bedrängende, Waller auch körperlich zusetzende Situation, die, nachdem die Gestalt, »[e]in Leichnam! todessteif und nackt« (V. 179), sich zu ihm ins Bett »wälzt« (V. 181), schließlich seine Ohnmacht bewirkt. Bis zum Schluss der Ballade bleibt der Realitätsstatus des Erlebnisses unklar. Das »eisgraue[ ] Haar« (V. 200), mit dem Waller nach dem nächtlichen Ereignis »lebenslang ›gezeichnet‹« (Schneider 1982, 37) ist, suggeriert allein die Faktizität einer subjektiv traumatisierenden Erfahrung, nicht aber, dass dieser die objektive Begegnung mit einem Geist zugrunde lag. Das Ausreizen solcher Ambivalenzen teilt der Text mit der Ballade *Das Fräulein von Rodenschild* (→ II.5.7.7.), in der die Protagonistin durch die (vermeintliche) Berührung einer gespensterhaften Doppelgängerin eine verdorrte, eiskalte Hand zurück behält.

Während die ältere Forschung durch dieses wie durch andere schauerromantische Szenarien (*Der Knabe im Moor, Vorgeschichte (*SECOND SIGHT*), Der Schloßelf*) die »Existenz der göttlichen Schöpfungsordnung« (Schneider 1982, 37) irritiert sah, sind Zweideutigkeiten dieser Art eher als Indizien für eine den Zeitgenossen von den Dichtern ins Bewusstsein gerufene fundamentale Krise der Wahrnehmung zu verstehen (→ I.3.3.). Auch wenn altbekannte Deutungsvorgaben und -muster mit der rasanten Veränderung der Welt nicht mehr Schritt halten können, werden sie von den Zeitgenossen nicht zwangsläufig aufgegeben. Aus dem Fundus dieser Ideen bedienen sich die politischen Ideologen der Restauration, während Künstler und Schriftsteller die dysfunktional gewordenen Vorstellungen in ein subversives, gegen eine immer technizistischer und ökonomischer werdende Weltsicht gewendetes Instrument der Kritik verwandeln. Für eine postromantische Autorin wie Droste bedeutet das den verstärkten Einsatz multiperspektivischer, fragmentierender, Leerstellen lassender Darstellungstechniken, die auch dann im Dienst der Wahrnehmungsverunsicherung stehen, wenn der Text nicht in vollem Umfang die »für die Droste so typische Strategie der personalen Perspektivierung« (Laufhütte 2000, 141) aufweist. Verunsichert wird der Leser ebenfalls durch die Achronizität der Balladen-Erzählung: Schließlich erfährt er bereits in den ersten vier Strophen, also bevor ihm die Gespensterszenen präsentiert werden, dass der Schlossherr »die kleine Burg« (V. 1), bevor sie zu einer Papiermühle wurde, als Refugium vor den Zumutungen hektischer Berufswelt gekauft, aber kaum zu diesem Zweck genutzt hatte. Meint man dann, mit der Waller-Episode (»Es war um die Septemberzeit«, V. 33) den Grund für die Meidung des Ortes und Umnutzung des Schlösschens erfahren zu haben, wird diese Gewissheit durch die letzte Strophe der Ballade wieder kassiert. Denn die Geschäftsleute, »klug« und »belesen« (V. 197f.), wahren die Contenance: »So ward es denn für Traum sogleich, / Und alles für den Alp erkannt« (V. 193f.). Dass sie gleichzeitig schleunigst Reißaus nehmen, erklärt zwar die Anfangskonstellation der zur Papiermühle umfunktionierten Burg, verrät auch, dass die vorgeblich aufgeklärten Protagonisten ihren verleugneten archaischen Ängsten nachgeben, nicht aber, was wirklich in der Nacht geschah.

Da diese Leerstelle offenbar bewusst gesetzt ist, liegt es nahe, den Blick von der sensationsheischenden Gespenstergeschichte weg und Drostes Gestaltung des Rahmens zuzuwenden. Der zweite, von Schücking eliminierte Teil des Gedichts fungiert als Exposition für die Binnenerzählung der unheimlichen Geschehnisse. Der mit Regen und Sturm evozierten veritablen Schauerstimmung eines Septembertags setzen der Hausherr und die Gäste ihre durch Wein und Champagner beförderte ausgelassene Stimmung entgegen, die durch manch derben Witz und das angeregte Gespräch angeheizt wird. In ihrer Ausschweifung und Maßlosigkeit erweisen sich die Gäste der noblen Umgebung, so macht der Abschnitt subtil deutlich, als unwürdig. Die »Leuchter« (V. 53), edle Bestandteile des Schlosses, werden missachtet, wenn leere Weinflaschen als Kerzenhalter benutzt werden. An akzentuierter Stelle, exakt im Zentrum des Gedichts, bringt Strophe 13 den hinter der Erfahrung der Geistererscheinung verhandelten Konflikt auf den Punkt: Es ist der Antagonismus zwischen Adel und Bürgertum, zwischen »feudalistisch Gold« (V. 97), »Greifenklau'« (V. 98) und dem »plebejen Gast« (V. 104). Wendet man von hier aus, der achronen Erzählung angemessen, den Blick zum Anfang der Ballade zurück, wird sichtbar, dass bereits die ersten beiden Strophen diese beiden konkurrierenden Bereiche zusammen bringen und ihre besondere Bedeutung durch die Abweichung vom Versmaß im jeweils letzten Vers in Form einer Auftaktbetonung markieren: In der Burg, dem Adelssitz vergangener Zeit, hat sich eine moderne Fabrik/Manufaktur, eine Papiermühle, angesiedelt, deren Geschäftigkeit und Arbeitsgeräusche die Szenerie bestimmen. Dagegen ist das ehemalige Burgleben erloschen. Wie das Schlussbild der zweiten Strophe exemplarisch deutlich macht – »Und über'm grauen Wappenschild / Liest man: MOULIN A PAPIER« (V. 15 f.), hat die Industrialisierung sowohl das wirkliche Adelsleben der feudalen Vergangenheit wie das nostalgische, gleichsam touristische Nachspielen der »adelich[en]« (V. 23) Zeit durch die Geschäftsleute um Waller zerstört. Die Ballade eröffnet ihren Handlungsraum also dort, wo »die schlüpferige Decke, die allmählig Europa überfließt« (*Westphälische Schilderungen*, HKA V, 48), sich bereits ausgebreitet hat – und das ist hier eben nicht »ein stille[r] Erdwinkel« (HKA V, 48) in Westfalen (weshalb es für Droste auch so inakzeptabel war, dass Schücking die Strophen 3 bis 9 extrahierte, um die Ballade zur Illustration des westfälischen Teutoburger Walds zu verwenden), sondern ein Ort in Belgien, an dem die neue Zeit bereits die alte gänzlich verdrängt hat. Es ist dieser Konflikt zwischen der alten, untergehenden (Feudal-)Ordnung und der neuen Welt der bürgerlichen Industrialisierung, ein zentrales Thema in Drostes Werk, das der Ballade die innere Spannung gibt. Man mag die von der Ballade geschilderte Handlung als »Rache der alten Zeit an der modernen« (Schneider 1947, 64) bezeichnen, deutlich aber ist, dass von Seiten des Bürgerstands starke Aggressionen ausgehen – und dazu ist nicht nur der Vergleich Wallers mit einer »Boa« (V. 110) anzuführen, sondern auch sein Entgegentreten der Erscheinung aus dem adeligen Ahnenkreis mit Waffengewalt –, während der fortwährend mit dem Attribut ›grau‹ verknüpfte Adel (V. 15, 121, 142, 145 f., 166) eigentlich nicht mehr am Leben ist (»Ein Leichnam! todessteif und nackt!«, V. 179).

Ein Weiteres tritt hinzu. Unverkennbar ist die enge Verbindung von Literatur/Imagination und Wahrnehmung/Realität, die die Ballade auf mehreren Ebenen aufbaut. Eine Papiermühle, der Ort der Erzeugung des Trägermaterials für Literatur, ist expliziter Handlungsort der Ballade. Die Lektüre von Walter Scotts *Ivanhoe*, der im Hinblick auf die Geistererscheinung inhaltliche und motivische Parallelen aufweist (HKA I, 1503 f.) und aus dem die Ballade die Figur des Bruders Tuck besonders herausstellt, wird zum zentralen Movens der Handlung, wenn die vertiefte Lektüre die Geistererscheinung selbst hervorzurufen scheint. Dabei kommt es – überdeutlich in den Zeilen: »Ha! wie so wüst des Zimmers Raum! / Selbst ein romantisches Gedicht« (V. 95 f.) – regelrecht zu einem »Zerfließen von Perzeption und Imagination« (Grywatsch 2009c, 94), wenn in der Fiktion der reale Raum und der Raum der Imagination zur Deckung kommen. Die beiden Verse sind denn auch, abweichend vom sonstigen Gleichmaß des unbetonten jambischen Auftakts, mit ihren betonten Eröffnungen besonders markiert. Eine direkte Kausalität von Lektüre und Geistererscheinung konstruiert im Übrigen auch Ludwig Tiecks Briefroman *William Lovell* (1795/96), den Droste gekannt haben dürfte (HKA I, 1502 f.).

Der mit Barett und Hahnenfeder ausgestattete Graue, dergestalt in der christlichen Symbolik mit dem Teufel identifiziert, verweist auf mittelalterliche, aber auch zeitgenössische Literatur, z. B. auf das Grimm'sche Märchen vom Grabhügel. In E. T. A. Hoffmanns *Serapionsbrüdern* (1819/21) wird die rote Hahnenfeder Zeichen der Dichter und Sänger (die in einer sinnenfrohen Gruppe von Trinkern für jedes neue Trinklied durch zusätzlichen Wein belohnt wird). Mit ihrem »Grauen«, dessen Farbattribute sowohl auf die Erscheinung wie auf den gezeichneten Waller passen, der Gespenst und Literatur zugleich ist, zieht Droste virtuos alle möglichen Register der Literatur. Sie greift in ihrem Text auf das Motivarsenal der Romantik zurück, verformt das herkömmliche Schauergedicht aber zu einem avancierten Text, der sich metapoetisch mit eben dieser Tradition auseinandersetzt und deren Abnutzung ebenso offenlegt wie eine offenkundig doch nicht zu stillende Sehnsucht danach. Ohne das Schauersujet abzuwerten, schafft Droste durch Perspektivenverschiebung und Überblendungsstrategie einen in die Moderne vorausweisenden Text, der Fragen nach Identität, sozialer Rolle und Wahrnehmung verhandelt und anders als Eichendorffs Erzählung *Das Marmorbild* (1818), die viele inhaltliche und motivische Parallelen aufweist, keiner Verklärung des Verlorenen das Wort redet.

Literatur

Grywatsch, Jochen: Poetische Imagination und räumliche Struktur. Zu einer Poetologie des Raums bei Annette von Droste-Hülshoff. In: Jochen Grywatsch (Hg.): Raum. Ort. Topographien der Annette von Droste-Hülshoff. Hannover 2009 (= Droste-Jahrbuch 7), S. 69–94. [Grywatsch 2009c]

Laufhütte, Hartmut: Moderne Technik in Balladen des 19. Jahrhunderts. In: Winfried Woesler (Hg.): Ballade und Historismus. Die Geschichtsballade des 19. Jahrhunderts. Heidelberg 2000, S. 135–155.
Schneider, Reinhold: Der Lebenskampf der Droste. In: Jahrbuch der Droste-Gesellschaft 1 (1947), S. 56–82.
Schneider, Ronald: »Wollüstig saugend an des Grauens Süße«. Schauerliterarische Züge im Werk der Droste. In: Beiträge der Droste-Forschung 5 (1982), S. 31–39.

5.7.7. Das Fräulein von Rodenschild
Maren Conrad

Das Fräulein von Rodenschild (HKA I, 260–263) entstand im Zeitraum November/Dezember 1840 vermutlich nicht im Rüschhaus, sondern in Hülshoff, wo sich Droste seit dem 7. November aufhielt. Der erste Entwurf wurde auf der Rückseite eines Empfehlungsschreibens des Bürgermeisters von Roxel vom 28. April 1839 notiert (HKA I, 1321). Droste bot Schücking den Text unaufgefordert als Ersatz für das von ihm beanspruchte, von ihr aber bereits anderweitig zur Veröffentlichung eingereichte Werk *Der Graue* an (→ II.5.7.6.). Die Ballade erschien anonym in der dritten Lieferung des *Malerischen und romantischen Westphalen* im Februar 1841. Die erste Fassung wurde von der Autorin vor der erneuten Veröffentlichung 1844 umfangreich überarbeitet. *Das Fräulein von Rodenschild* ist bis heute einer der zentralen Referenztexte der feministischen Forschung und wurde entsprechend häufig analysiert (Treder 1993; Böschenstein [1990] 2007). Gegen die Lesart als Gespensterballade brachten neuere Studien die mit dem romantischen Doppelgängermotiv verbundenen, psychoanalytisch deutbaren Ideen der Ichspaltung (Böschenstein [1990] 2007, 60–62) und »das zentrale erotische Thema« weiblicher Selbsterfahrung (Freund 1981, 12) in Anschlag.

Tatsächlich inszeniert die Ballade in fünfzehn Strophen die Konfrontation des Fräuleins von Rodenschild mit einer geisterhaften Doppelgängerin. Die ersten neun Strophen beschreiben, wie die Protagonistin den Weg der Erscheinung passiv aus ihrem Fenster heraus beobachtet. Ihre Doppelgängerin schreitet durch den Innenhof, in welchem die Bediensteten um Mitternacht das Osterfest feiern. In den anschließenden Strophen 10 bis 14 nimmt das »Fräulein« die Verfolgung des Phantoms auf und kann ihr ›Spiegelbild‹ schließlich vor der Bibliothekstür stellen. Die letzte Strophe macht einen zeitlichen Sprung über mehrere Jahre und beschreibt aus Sicht einer Erzählinstanz, dass die junge Frau als Folge dieser Begegnung erkrankt, die Krankheit überlebt, dass ihrem Körper aber ein Stempel, ein Erinnerungszeichen an das Ereignis eingebrannt ist und man sie als »toll[ ]« (V. 105) diffamiert. Die Wortwiederholung macht darauf aufmerksam, dass über das initiale, verwirrte Selbstgespräch der Protagonistin mit seinen vielen unentscheidbaren Fragen (»O weh meine Augen! Bin ich verrückt?«, V. 36; »Weh, bin ich toll, oder nahet mein End'!«, V. 42) am

Ende aus einer borniertten, nur durch Hörensagen informierten Außenperspektive entschieden wird. Hinzu kommt die finale Feststellung: »Man sagt, kalt sey sie wie Eises Flimmer« (V. 103) – wobei die Forschung die Kälte durchgängig als Merkmal für die rechte Hand des Fräuleins annimmt, textlogisch kann sich »kalt sey sie« aber auch auf die Gesamtheit von Körper und Person der »Maid« (V. 104) beziehen. Die Kälte ist dabei das zweite sichtbare Zeichen, das auf dem weiblichen Körper haften bleibt und diesen versehrt, indem es irreversibel auf das Ereignis der Selbstkonfrontation zurückweist.

Die Ballade ist im Reimschema der Lutherstrophe (ababccb) verfasst, die c-Zeilen enden zumeist auf eine schwache, die übrigen auf eine starke Kadenz. Die durchgängig vierhebigen Zeilen variieren in der Silbenzahl zwischen neun und zwölf Silben, wobei die einzige zwölfsilbige Zeile der Ballade in formaler Äquivalenz zum Inhalt das Bild unterstreicht, in welchem sich, »Linie um Linie« (V. 94) etwas aufeinander zubewegt. Indem sich die überlange Gedichtzeile der darauf folgenden metrisch entgegen schiebt, performiert sie das Entgegenstrecken der Arme der Protagonistin und ihres Spiegelbildes. Der Text wird zur Bühne, auf der eine Verschmelzung sowohl der physischen wie der poetischen Körper stattfindet. Hierin zeigt sich bereits die ausgeprägte autopoetische Artifizialität, durch die sich die Ballade auszeichnet.

Eine diesem Programm folgende formale Besonderheit stellen die zahlreichen Fragezeichen und Gedankenstriche, Ausrufe und rhetorischen Fragen dar, die die Prosodie des Textes stark beeinflussen. Als einzige Sprechinstanz im dramatischen Modus tritt das Fräulein selbst auf, ihre direkte Rede ist monologisch angelegt, durch Anführungszeichen abgesetzt und klar markiert. Im Hinblick auf Tempuswahl und Sprachgestus geht der dramatische Modus jedoch trotz dieser Markierungen fast nahtlos in den narrativen Modus über, was auf der Formebene mit den in der Ballade inhaltlich verhandelten Problemen von Identität und personalen Grenzen korrespondiert. Bereits die ersten vier Zeilen der ersten Strophe sind zwar formal der externen Erzählinstanz zugewiesen, doch könnten die initialen Fragen auch, obwohl die Anführungszeichen fehlen, als direkte Rede der Protagonistin gelesen werden. So weckt der Auftakt der Ballade Zweifel an der Möglichkeit objektiver Wahrnehmung der Außenwelt; sie lässt den Leser im Unklaren darüber, ob die schwüle Aprilnacht die externe Witterung oder die Innenwelt der Figur mit ihrem »siedend jungfräulich' Blut« (V. 2) konnotiert. Wenn die beiden folgenden Zeilen im narrativen Modus beschreiben, dass die Protagonistin die Augen schließt, dann legen sie sich zwar formal auf die Außenbeobachtung fest, eröffnen inhaltlich aber zugleich die Deutungsmöglichkeit, dass der Leser gleichsam mit dem Fräulein den Blick nach innen wendet und alles Weitere aus der Perspektive ihrer Selbstwahrnehmung berichtet wird. Damit indiziert der narrative Akt zu Beginn bereits Tendenzen zur Aufspaltung in erzählende und erlebende, sprechende und besprochene Instanz. Die Ballade präfiguriert so den gesamten weiteren Handlungsverlauf schon in den ersten Zeilen durch die Vermischung und gleichzeitige Aufspaltung von Innen- und Außenperspektive, Subjekt- und Objektposition.

Hinzu kommt, dass die Kommunikationssituation des Gedichtes erweitert wird um das explizite lyrische Ich der Erzählinstanz (»bei meinem Eid!«, V. 70) und einen Adressaten (»Da siehst ein Mädchen du«, V. 100). Lediglich die Fokussierung macht eine Unterscheidung möglich: Die Erzählinstanz berichtet vom Fräulein und ihrer Doppelgängerin in der dritten Person Singular, schwankend zwischen Neutrum und Femininum, beansprucht aber auch die erste Person Singular für sich. Das Fräulein spricht in der direkten Rede ebenfalls von sich in der ersten Person, von und mit der Doppelgängerin aber ausschließlich in der zweiten oder dritten Person Singular im Neutrum – niemals im Femininum. Die Stimmen von Erzählinstanz und Protagonistin nähern sich durch diese Überkreuzungen aneinander extrem an, was dadurch verstärkt wird, dass es jenseits der Anführungszeichen als lexikalische Markierungen zwischen den Sprecherperspektiven im dramatischen und narrativen Modus einerseits und dem grammatischen Geschlecht andererseits kaum Unterscheidungen gibt. Durch diese aufgelöste Differenz zwischen einem klar identifizierbaren lyrischen Ich und der Protagonistin setzt die Ballade auch formal durchgängig um, was sie inhaltlich realisiert, nämlich das Motiv der Verschmelzung von Zeichenproduzent und Zeichenträger, Original und Kopie. Denkt man den fiktiven Handlungsort, die Schwelle zum Archiv hinzu, erhält diese Problemstellung im Werkkontext der Ballade zusätzliche Brisanz. Droste schrieb *Das Fräulein von Rodenschild* zeitgleich zu ihren Quellenstudien für die Balladen *Das Fegefeuer des westphälischen Adels* und *Der Tod des Erzbischofs Engelbert von Cöln*, die sie im Auftrag Schückings und im Rückgriff auf zahlreiche zeitgenössische Texte verfasste. Auch für die Ballade *Das Fräulein von Rodenschild* kann man etliche deutsche und englische Texte mit vergleichbaren Doppelgänger-Figuren nachweisen (HKA I, 1542), wenn die Idee der Selbstspaltung einer weiblichen Protagonistin auch innovativ ist. In diesem Zusammenhang kann *Das Fräulein von Rodenschild* auch im Sinne einer Selbstkonfrontation der Autorin mit ihrem Werk (z. B. im Medium der Selbstreferenz zum Gedicht *Das Spiegelbild*, vgl. Liebrand 2006, 41), ihren Schreibbedingungen und der individuellen, die ›Arbeit am Archiv‹ einschließenden Poetik gelesen werden. Das Motiv der Schwelle zum Archiv als Ort dieser Konfrontation, das zusätzlich dadurch Bedeutung gewinnt, dass die Bibliothek ein »Reich des [...] verbotenen Wissens« (Treder 1993, 169f.) zu sein scheint, lässt sich in der Kombination mit dem Motiv der vereisten rechten Hand auch als »topisches Requisit poetologischer, künstlerischer Selbstreflexion [...], die auch das ›materiale‹ Bedingungsgefüge von Textproduktion in den Blick nimmt« (Liebrand 2006, 40), verstehen. Entsprechend kann die Vereisung der Schreibhand die Unmöglichkeit einer weiblichen Dichterexistenz im frühen 19. Jahrhundert sowie das Begehren nach »Ganzheit, nach Selbstbestimmung, nach Integration auch gesellschaftlich inkriminierter künstlerischer, intellektueller und erotischer Selbstanteile« (Liebrand 2006, 41) symbolisieren. Auf Selbstreferentialität als zentrales Element der Sinnstiftung verweisen schließlich auch die doppelten Anführungszeichen in der letzten Zeile der Ballade, die keiner Sprechinstanz zugeordnet werden können. Dadurch, dass diese letzte

Zeile bis auf den Zusatz »tolle« (V. 105) mit dem Titel identisch ist, führt das Ende der Ballade unmittelbar zu ihrem Anfang zurück, so dass der Leser den Eindruck gewinnt, der Text thematisiere im Untergrund und neben der erzählten Geschichte unentwegt sich selbst und seine Entstehung. Ein weiterer Effekt dieser Zirkelstruktur ist, dass die Aufmerksamkeit auf die Parallelen zwischen Frauen- und Textkörper gelenkt wird und das traditionelle Doppelgänger-Motiv auf diese Weise eine innovative autopoetische Sinndimension erhält.

Literatur

Böschenstein, Renate: Das Ich und seine Teile. Überlegungen zum anthropologischen Gehalt einiger lyrischer Texte [1990]. In: Renate Böschenstein: Idylle, Todesraum und Aggression. Beiträge zur Droste-Forschung. Hg. von Ortrun Niethammer. Bielefeld 2007, S. 37–65.
Freund, Winfried: Annette von Droste-Hülshoff: *Das Fräulein von Rodenschild* – die phantastische Spiegelung einer Bewußtseinskrise. In: Wirkendes Wort 31,1 (1981), S. 11–17.
Liebrand, Claudia: Vereiste Schreib-Rechte. Das Unheimliche in Annette von Droste-Hülshoffs *Fräulein von Rodenschild*. In: Der Deutschunterricht 58,3 (2006), S. 34–41.
Treder, Uta: Annette von Droste-Hülshoff und die Schriftstellerinnen ihrer Zeit. In: Ortrun Niethammer/Claudia Belemann (Hg.): Ein Gitter aus Musik und Sprache. Feministische Analysen zu Annette von Droste-Hülshoff. Paderborn u.a. 1993, S. 159–171.

5.7.8. Die Schwestern
Maren Conrad

Entstanden in Meersburg zwischen dem 30. September 1841 und Anfang Februar 1842 (HKA I, 1561), weist die Ballade *Die Schwestern* (HKA I, 269–275) in den Landschaftsbeschreibungen deutliche Spuren ihres Entstehungsortes auf. Publiziert wurde der Text erstmals in der Gedichtausgabe von 1844. Das Thema der ungleichen Schwestern wurde vielfach in Sagen, Märchen und Gedichten (z.B. in Wilhelm Langewiesches *Die Schwestern*, vgl. HKA I, 1579 f.) gestaltet. Einen eigenen Akzent setzte Droste durch das Motiv der Schuld, das sie im Rahmen der zeitgleich entstandenen Erzählung *Die Judenbuche* mit Rücksicht auf seine religiösen, sozialen und psychologischen Dimensionen bearbeitete (Laufhütte 1979, 261).

Bei *Die Schwestern* handelt es sich in Drostes Werk um einen »einmaligen Gedichttyp« (Laufhütte 1979, 229). Die Ballade besteht aus insgesamt 27 Strophen, die in vier klar markierte Textblöcke geteilt sind. Diese sind inhaltlich durch drei szenische Zäsuren und große zeitliche Sprünge voneinander abgegrenzt. Die ersten drei Teile bestehen aus je sieben Strophen, der letzte umfasst lediglich sechs Strophen. Insgesamt sind die ersten drei Teile strukturell und formal ähnlich gestaltet, die narrativen Anteile darin sind im Präsens gehalten und werden nur von Gertrudes monologischer Personenrede unterbrochen. Der vierte Teil hingegen wechselt aus dem erzählenden Modus einer bisher scheinbar heterodiegetischen Erzählinstanz hin zu einer Rückblicksnarration in der ersten Person Singular. Die bisher anonyme Erzählstimme konzeptualisiert sich selbst durch diese plötzliche Veränderung neu und schlüpft in die Gestalt eines Jägers, der als rückblickender Ich-Erzähler über das Schicksal der Schwestern auf der Basis des Hörensagens berichtet. Dieser Rahmen, der von Anfang an besteht, jedoch erst am Ende der Ballade offengelegt wird, ist dabei ein außergewöhnlicher Kunstgriff der Autorin, der sich erst viel später in der Literatur als formales Verfahren etablieren wird, um nachträglich eine Erzählinstanz als unzuverlässig zu markieren und so den Status des Erzählten retrospektiv in Zweifel zu ziehen. Dabei macht intrikaterweise erst das Ende der Ballade erkennbar, dass der Jäger Autor der gesamten Erzählung ist. Indem die Eingangsformulierung »Sacht pocht der Käfer im morschen Schrein, / Der Mond steht über den Fichten« (V. 1 f.) am Balladenende ins Imperfekt gesetzt wird (V. 215 f.), erscheinen Bericht und Berichtetes in der Verdoppelung und zeitlichen Transformation der Phrase als abgeschlossen.

Die Ballade erzählt die Geschichte zweier Waisenkinder: Der erste Teil beschreibt Gertrudes angstvolle nächtliche Suche nach ihrer jüngeren Schwester Helene, die, seit sie in Begleitung des Hundes Fidel in die Stadt geschickt wurde, als vermisst gilt. Gertrudes geisterhaftes Durchstreifen der Landschaft bleibt vergeblich, sie wird morgens ohnmächtig im Wald gefunden. Der zweite Teil umfasst eine Stadt- und Marktszene, in der Gertrude die verlorene Schwester plötzlich in einer Kutsche zu entdecken glaubt. Sie folgt ihr, ihrer Sinne kaum mächtig, bis zu einem Eingangsportal, hinter dem Helene verschwindet, doch als dann der treue Hund Fidel aus dem Haus gejagt wird, bezichtigt sie sich selbst des Wahnsinns. Teil drei setzt zehn Jahre später ein: Gertrude wird Zeugin, wie eine Wasserleiche am Strand gefunden wird, die erst der Hund, dann sie selbst als Helene identifiziert. Auf den Hinweis der umstehenden Männer, es handle sich um eine stadtbekannte Dirne, bricht sie über der Leiche zusammen. Im vierten Teil berichtet ein männlicher Erzähler, der die Geschichte wiederum von seinem Burschen erfahren hat, von Gertrudes Wahnsinn und anschließendem Selbstmord. Der nachträglich als auktorialer Erzähler identifizierte Jäger rekonstruiert Gertrudes Geschichte also offenbar auf der Basis eines unvollständigen Wissens. Seine Funktion ähnelt der des zu Beginn und dann erneut am Ende der Ballade beschworenen »Käfer[s]« (V. 1, 215), der die Ruhe des Grabes nicht respektiert, sondern die weibliche Tragödie und das Schicksal der Schwestern erneut, wenn auch unvollständig, ans Licht bringt.

Droste entwickelte in dieser späten Ballade eine außergewöhnliche, in ihrer Unmittelbarkeit filmisch anmutende Inszenierungsstrategie, indem sie mindestens elf Jahre erzählte Zeit in vier, jeweils nur wenige Minuten umfassende, schlaglichtartig beleuchtete Szenen zusammendrängt und als Ausgangs- und Endpunkt dieser Präsentation exakt dieselbe ›Kameraeinstellung‹ (Landschaft im Mondlicht, Konzentration auf den morschen Sarg) wählt. Besonders gut lässt sich die auch in den übrigen Balladen genutzte Technik der Detailaufnahme, die sich immer auf völlig periphere, für das Geschehen unwichtige Gegenstände richtet, in der Imagination der Stadtszene (V. 69–100) erkennen. Hier werden mikroperspektivische Beschreibungen aus wechselnden Perspektiven zur Momentaufnahme eines komplexen Ereignisses montiert und poetisch verdichtet.

In der Forschung wurden *Die Schwestern* bis 1980 nur mangelhaft bearbeitet, was nicht zuletzt daran gelegen haben mag, dass die Ballade »[e]rstaunlicherweise [...] in Anthologien selten zu finden« ist (Laufhütte 1979, 229). In seiner konzisen Interpretation des Gedichtes weist Peter von Matt nach, dass und inwiefern die Ballade »die Tragödie der verbotenen Ganzheit weiblicher Existenz« inszeniert (von Matt 1995, 204). Sein Augenmerk liegt dabei vor allem auf der Spiegel- und Doppelstruktur zwischen den Schwestern, die durch zahlreiche Textindizien als Verkörperungen einer gewaltsam durch die Gesellschaft aufgespaltenen und erneut nach Einheit strebenden Weiblichkeit sichtbar werden. So weisen etwa beide Frauen beim ersten Aufeinandertreffen in der Stadt ähnliche Attribute auf: Während das Kleid der Helene »purpurn glüht« (V. 95) und ihr »Schleyer« segelt (V. 96), wird Gertrudes Gesicht von einem plötzlichen »Erglühen« (V. 82) gerötet, und ihr »Fürtuch reißt« (V. 87). Auch der Hund, der innerhalb der Handlung die beiden Frauenfiguren wie eine Nabelschnur verbindet, codiert diese Verdoppelung auf vielfache Weise. Die Konfrontation der Schwestern als aufgespaltene Einheit kulminiert schließlich in der Spiegelszene, die zusammen mit der Klassifizierung der Gertrude als »toll[ ]« (V. 182) als deutliche Reminiszenz auf *Das Fräulein von Rodenschild* (HKA I, 260–263; → II.5.7.7.) gelesen werden kann. In dieser Szene glaubt Gertrude, die Schwester im eigenen Spiegelbild zu erkennen, während sie in den See blickt, in dem sie später Selbstmord begehen wird (V. 195–200). Das Narrativ, in dessen Medium eine weibliche Figur aufgespalten wird und verzweifelt versucht, ihrer Doppelgängerin habhaft zu werden – immer in Gefahr, darüber den Verstand zu verlieren – ist aus *Das Fräulein von Rodenschild* und *Das Spiegelbild* (HKA I, 168f.; → II.5.5.16.) gut bekannt. Weibliche Selbstfindung wird auf diese Weise als existenziell gefährlicher, von Männern kontrollierter und bedrohter Vorgang dargestellt (von Matt 1995, 187). Unterstrichen wird diese verdeckte Botschaft dadurch, dass die Ballade zunächst ein passives männliches Publikum als implizite Textkonstante aufweist, das durch den abschließenden Perspektivwechsel aus der Zuschauer- in die Autorrolle versetzt wird. Indem jedoch die aus männlicher Perspektive geschilderte letzte Passage nur sechs statt wie Teil eins bis drei sieben Strophen aufweist, kann der Leser den Schluss ziehen, dass der männlichen Position etwas Entscheidendes fehlt. Das ›letzte Wort‹ und damit die Deutungshoheit über das dargestellte Schicksal bleiben demonstrativ als Leerstelle offen.

Literatur

Laufhütte, Hartmut: Die deutsche Kunstballade. Grundlegung einer Gattungsgeschichte. Heidelberg 1979.
Matt, Peter von: Verkommene Söhne, mißratene Töchter. Familiendesaster in der Literatur. München, Wien 1995.

5.7.9. Die Vergeltung
Ulrike Vedder

Die Vergeltung (HKA I, 280–283) entstand während Drostes erstem Aufenthalt in Meersburg im Winter 1841/42, im selben Zeitraum wie *Der Fundator*, *Die Schwestern* und *Die Vendetta* (wohl zwischen November 1841 und 9. Februar 1842, vgl. HKA I, 1603) und wurde 1844 in den *Gedichten* publiziert. Trug die Ballade im Entwurf noch den Titel »Gottes Hand – die Vergeltung«, so lautet er in der Reinschrift sowie im autorisierten Druck *Die Vergeltung*. Die Streichung der Hand Gottes markiert schon im Titel ein Prinzip, das Inhalt und Form der Ballade bestimmt: Ein Zusammenhang zwischen der Tat des Schiffsreisenden und seiner Hinrichtung – und damit eine ›gerechte Strafe‹ dank göttlichen Eingreifens – wird zwar nahegelegt, allerdings, wie eine genaue Lektüre zeigt, immer wieder in Frage gestellt. In der Handschrift ist ein solcher Zusammenhang noch ausformuliert: »Dann hat ein Schiff ihn aufgenommen / Viktoria nun ist er frey! / Des Meeres frey doch nicht der Schande / Denn ein Pirate nahm ihn auf / Und bald an dem ersehnten Strande / Zum Galgen blickt er schaudernd auf« (HKA I, 1606). In der Druckfassung ist die Verknüpfung zwischen Tat und Todesstrafe hingegen durch die Zweiteilung der Ballade unterbrochen.

Das Gedicht ist in zwei Teile gegliedert und nummeriert: Teil I umfasst acht Strophen, die vom Schiffbruch und Überleben des Reisenden erzählen, der einen anderen kranken Schiffbrüchigen vom rettenden Balken stößt und von einem Schiff aufgenommen wird; Teil II umfasst fünf Strophen, in denen der Passagier nach einem Justizirrtum – man hält ihn für einen Piraten – gehenkt wird. Die Zweiteilung entspricht der Erwartung an eine »Vergeltung«, bei der auf eine Tat die Strafe antwortet. Eine solche Logik entspricht der genretypischen Dynamik der Ballade mit ihrer »teleologische[n] Strukturierung« (Laufhütte 1979, 383). Das Zweierprinzip bestimmt auch die regelmäßige Strophenform: Jede Strophe besteht aus acht vierhebigen Versen mit alternierend weiblicher und männlicher Kadenz, die in zwei kreuzgereimten Vierergruppen (ababcdcd) angeordnet sind. Diese formale Sicherheit wird allerdings durch das berichtete Geschehen (Sturm und Schiffbruch, Verzweiflung und Zorn) sowie durch die Erzählinstanz unterlaufen: Auktoriale und personale Erzählinstanz wechseln mehrfach; ein durchgehend vergegenwärtigendes Präsens verhindert die – temporale, emotionale, rationale – Distanzierung vom

Geschehen; das Pronomen »er« ist mal dem Kranken, mal dem Passagier zugeordnet. Die erzählerische Verunsicherung korrespondiert mit der grundlegenden Problematik des Textes, die zu widersprüchlichen Deutungen geführt hat.

Die Ballade wird vielfach als Darstellung göttlicher Gerechtigkeit interpretiert, denn trotz des Fehlurteils menschlicher Gerichte, die den Passagier fälschlich als Pirat verurteilen, werde seine Todesstrafe zurecht vollzogen: Der Balken, von dem er den kranken Schiffbrüchigen stieß, um sich selbst zu retten, stellt nun den Galgen dar, wie er anhand von dessen identifizierender Inschrift erkennen müsse, auch wenn er »in des Hohnes Stolze« (V. 101) die Existenz Gottes verneine. In dieser Deutung siege am Ende »das unbestechliche, gerechte Urteil Gottes« (Häntzschel 1968, 133), was der Protagonist schließlich auch anerkenne (Rölleke 1981, 7). Allerdings argumentiert Wolf (1946, 280) dagegen: »Von einem Eingreifen Gottes ist ja gar nicht die Rede. Alles geht ganz natürlich zu, ohne Wunderzeichen.«

Auch die Justiz wird nicht als Vergeltungsinstanz etabliert. Zum einen zeigt das falsche Todesurteil die Unfähigkeit des Justizapparats, die auch in anderen Droste-Texten dargestellt wird (vgl. dagegen die Geringschätzung der Ballade als »einer falschen Kontrafaktur« der *Judenbuche* durch Kraft 1987, 162). Zum zweiten bleibt die Strafe ohne Folgen wie »Abschrecken, Sicherung, Erziehung« (Wolf 1946, 271), denn mit dem Moment unter dem Galgen endet die Ballade ohne weiteren Kommentar. Drittens mag die Tat des Schiffbrüchigen, den Anderen von der rettenden Planke zu stoßen, in religiöser und moralischer Perspektive verwerflich sein, stellt aber kein justitiables Verbrechen, sondern »ein Exempel für die Abwesenheit rechtlicher Sanktionierbarkeit« (Rohe 1998, 174) dar.

Damit ist der rechts- und moralphilosophische Konflikt angesprochen, der als »Brett des Karneades« bekannt ist: ein »Schulbeispiel des strafrechtlichen Unterrichts« (Wolf 1946, 278). Dabei geht es um den nicht strafbaren Notstand, in lebensbedrohlicher Situation das eigene Leben gegen das eines Anderen abzuwägen, konkret: den Anderen vom rettenden Brett zu stoßen, um das eigene Überleben zu sichern. Der durch Ciceros *De re publica* und *De officiis* überlieferte Kasus, den der griechische Philosoph Karneades 155 v. Chr. als »Dilemma von Klugheit und Gerechtigkeit« (Rohe 1998, 172) erörterte – der Kluge rettet sein Leben, auch wenn das Mittel dazu ungerecht ist –, ist vielfach literarisch gestaltet worden (vgl. Rölleke 1981; Kühlmann 2006). Droste-Hülshoff kannte zwei altgriechische Epigramme: Palladas' *Aufschub der Strafe* zum Motiv göttlicher Vergeltung sowie *Kampf in den Wellen* des Antipatros von Thessalonike (HKA I, 1616 f.). Für die Problematik in *Die Vergeltung* sind die Veränderungen der Quellen wichtig: Bei Antipatros wird der Schuldige vom »grässliche[n] Hayfisch« gefressen, die Tat mithin durch »der Himmlischen Zorn« direkt gesühnt (HKA I, 1617). Zudem sind dort die Schiffbrüchigen ebenbürtige Gegner im Kampf; hingegen ist bei Droste der Passagier dem geschwächten Fieberkranken überlegen, der Kampf also ungerecht. Auch steht bei Antipatros und Karneades nur ein rettendes Brett zur Verfügung, während in *Die Vergeltung* neben dem Balken noch eine »Kiste morschem Kahn« (V. 40) die Schiffbrüchigen über Wasser halten könnte, so dass hier der Notstand, der die Tat des Protagonisten rechtfertigen könnte, unklar ist. Damit zeigt sich das Gedicht insgesamt weder einer göttlichen Ordnung unterworfen noch für rechts- und moralphilosophische Inanspruchnahmen geeignet; vielmehr führt es vor, dass jede Deutung bestimmten Konditionen gehorcht, deren Gültigkeit hier systematisch in Frage gestellt wird (vgl. Rohe 1998; Vedder 2014).

Dazu trägt der beschriftete Balken als starkes Dingsymbol bei. Eine entscheidende Leerstelle der Ballade besteht darin, ob die Identität der zwei genannten Balken vom Protagonisten überhaupt erkannt wird, die den Leserinnen und Lesern geradezu aufgedrängt wird: durch die Wiederholung der Inschrift, ihre Hervorhebung (Sperrdruck) und Funktion als Schlussvers. Hingegen bleibt eine Antwort auf die Frage, ob die Identität der beiden Balken Ergebnis eines Gottesgerichts oder eines Zufalls ist, gezielt ausgespart. Die Beschriftung »B a t a v i a . F ü n f h u n d e r t Z e h n .« (V. 16, 104) wird im Text zweimal gelesen (in Teil I vom Kranken, in Teil II vom Todeskandidaten), aber nicht gedeutet; ihren Sinn erhält sie erst durch die Verdopplung: »Sinn wird aus Sinnlosem erzeugt, – ein Indiz für die höchst labile Art der Wahrheit, die Droste-Hülshoff in ihrem Text riskiert.« (Mayer 2007, 13) Will man jedoch über die Feststellung hinaus, es handele sich schlicht um einen nummerierten Balken »mit Bestimmung oder Herkunft ›Batavia‹« (HKA I, 1619), ergeben sich aus Namen und Zahl einige Deutungsmöglichkeiten.

So ist ›Batavia‹ als alter Name Jakartas, der Hauptstadt der niederländischen Kolonien in Ostindien, mit einer gewalttätigen Kolonialgeschichte und dem berüchtigten Batavia-Fieber verbunden, worauf in der Ballade das »fiebernd Hirn« des Kranken anspielt (V. 12). Zugleich ist ›Batavia‹ der Name eines Schiffes, das durch seinen Untergang 1629 und die anschließenden Gewaltexzesse berühmt war, für die einige der Überlebenden später gehenkt wurden. Unter solchen Vorzeichen kann der Kranke, der in der Ballade an die Barmherzigkeit appelliert, nichts bewirken: »Was im Naturzustand siegt […], ist nicht mehr wie einst bei Rousseau der mitleidige Mensch«, sondern »die von allen Hemmungen befreite Inhumanität« (Kühlmann 2006, 233 f.). Zwar geht es bei Droste nicht um ein singuläres historisches Ereignis, doch ist der Schiffbruch als Topos keineswegs ahistorisch. Laut Blumenberg steht der Schiffbruch als »Daseinsmetapher« im 19. Jahrhundert im Zusammenhang mit dem »neu sich bestimmenden Geschichtsbewußtsein und seinem unbezwingbaren Dilemma von theoretischer Distanz und lebendiger Involution« (Blumenberg 1979, 64). Der Name ›Batavia‹ fungiert mithin als ein Kristallisationspunkt neuzeitlicher Krisen des Menschen, seiner Naturbeherrschung, kolonialen Expansion und Formation von Gemeinschaft.

An dem Zahlwort »F ü n f h u n d e r t Z e h n« fällt seine chronogrammatische Besonderheit auf: Die »Summe der lateinischen Zählzahlen des von der Droste jeweils ausgeschriebenen Wortes FVENFHVNDERTZEHN (V+V+D) ergibt merkwürdigerweise genau 510« (Rölleke 1981, 10). Nimmt man diese Beobachtung nicht als esoterisches Wahrheitszeichen, sondern als literarischen Hinweis auf den Willen zur Deutung, dann fungiert der beschriftete Balken als

»hermeneutische Allegorie«, die auf eine »sich ihrer eigenen Fragwürdigkeit bewußte[ ] Lektüre« verweise (Mayer 2007, 17f.). Der Balken erinnert also an eine Untat, ohne ihr einen Sinn zu verleihen. Die Deutungssysteme, die in dieser populären Ballade untereinander kollidieren – Gott, Schicksal, Justiz, Geschichte usw. –, zeigen einerseits die reichhaltigen Horizonte, in denen das dramatische Geschehen angesiedelt ist, und bringen andererseits die irritierende Gewissheit zum Ausdruck, dass kein übergreifendes Gesetz alles lenkt.

Literatur

Blumenberg, Hans: Schiffbruch mit Zuschauer. Paradigma einer Daseinsmetapher. Frankfurt/M. 1979.
Häntzschel, Günter: Tradition und Originalität. Allegorische Darstellung im Werk Annette von Droste-Hülshoffs. Stuttgart u. a. 1968.
Kraft, Herbert: »Mein Indien liegt in Rüschhaus«. Münster 1987.
Kühlmann, Wilhelm: Schiffbruch, Notstand und ›rechtsfreier Raum‹. Zum epochalen und diskursiven Gehalt der Ballade *Die Vergeltung* von Annette von Droste-Hülshoff und eines frühen Romans von Willibald Alexis. In: Internationales Archiv für Sozialgeschichte der deutschen Literatur 31,2 (2006), S. 228–239.
Laufhütte, Hartmut: Die deutsche Kunstballade. Grundlegung einer Gattungsgeschichte. Heidelberg 1979.
Mayer, Mathias: Drostes Ballade *Die Vergeltung* zwischen Moral und Ethik. In: Wirkendes Wort 57 (2007), S. 11–18.
Rölleke, Heinz: Literarische Anregungen zur Droste-Ballade *Die Vergeltung*. Hinweise zu einer vergleichenden Interpretation. In: Wirkendes Wort 31,1 (1981), S. 6–10.
Rohe, Wolfgang: Schiffbruch und Moral. Annette von Droste-Hülshoffs *Die Vergeltung*. In: Ernst Ribbat (Hg.): Dialoge mit der Droste. Kolloquium zum 200. Geburtstag von Annette von Droste-Hülshoff. Paderborn u. a. 1998, S. 165–183.
Vedder, Ulrike: Buchstabengenauigkeit und die konjekturale Logik der Vergeltung [zu: *Die Vergeltung*]. In: Claudia Liebrand/Thomas Wortmann (Hg.): Interpretationen. Gedichte von Annette von Droste-Hülshoff. Stuttgart 2014, S. 32–49.
Wolf, Erik: Vom Wesen des Rechts in deutscher Dichtung: Hölderlin, Stifter, Hebel, Droste. Frankfurt/M. 1946.

5.7.10. Der Mutter Wiederkehr

Maren Conrad

»[S]eit drey Monaten«, schrieb Droste am 26. April 1840, »sind zwey Balladen das Einzige was ich geschrieben« (HKA IX, 98). Dabei handelt es sich um die zwischen dem 14. Januar 1840 und dem Datum des Briefes entstandenen Balladen *Der Graue* und *Der Mutter Wiederkehr* (HKA I, 284–290). Das Arbeitsmanuskript mit beiden Balladen ist stark beschädigt, die Reinschrift von *Der Mutter Wiederkehr* muss als zum Teil verloren gelten (Plachta 1990). Die Handschrift bietet zwei metrisch variante Fassungen von *Der Mutter Wiederkehr* und ist damit ein aufschlussreiches Zeugnis für Drostes Experimente mit der lyrischen Form (Plachta 1990, 65), die für den außergewöhnlichen Formenreichtum des *Geistlichen Jahres* verantwortlich sind und offenbar auch auf die beginnende Balladenproduktion ausstrahlen. *Der Mutter Wiederkehr* kann als früheste Ballade dieser Phase daher auch als Schlüsseltext für das Ensemble gelten. Bemerkenswert ist in diesem Zusammenhang die mehrfache Änderung des Titels, der einmal *Wiederkehr* und dann wieder *Heimkehr* (V[1], V[4.1]) lautet, wodurch das gesamte Werk einen Bedeutungswandel erfährt (HKA I, 1629). Eine elementare Analogie zu der viel später entstandenen Ballade *Die Schwestern* (→ II.5.7.8.) wird durch das Strukturelement der Rückblickserzählung gebildet, die vom Schicksal zweier verwaister Kinder berichtet, die einer hinterbliebenen Figur ›auf die Seele gebunden‹ werden und von denen mindestens eines einen grausamen Tod findet. Zunächst wie eine Beichte organisiert und virtuell an die Ehefrau adressiert, lässt die Ballade einen Mann vom frühen, traumatisierenden Verlust seiner Familie berichten. Nach dem Tod der Mutter, den der von schlechten Geschäften zermürbte und wenig liebevolle Vater mit verschuldete, erschien die Frau ihrer Familie als Geist, worauf der Vater floh und seine Söhne in der Obhut eines alten Kastellans zurück ließ. Die letzten beiden Strophen werden von einer heterodiegetischen Erzählinstanz präsentiert, die von dem kathartischen Effekt dieses Erinnerns und Erzählens berichtet, denn nachdem der Mann seiner Frau das Geheimnis seiner Herkunft offenbart hat, kann er mit seiner Familie glücklich zusammenleben.

Die Ballade umfasst 28 Strophen à acht Zeilen. Zur Gestaltung wählte Droste den doppelten Kreuzreim, wobei die erste Strophenhälfte mit alternierend vier- und dreihebigen Zeilen sowie starken Kadenzen den klassischen Balladenton der Chevy-Chase-Strophe zitiert, während die zweite Hälfte zu durchgängig vierhebigen Zeilen mit wechselnden Kadenzen übergeht. Auf diese Weise mischt die Autorin die klassische englische Balladenform mit jenen von ihr bevorzugten Gestaltungselementen, die in den späteren Werken noch dominanter werden. Auf eine klare Markierung einzelner Teile durch römische Nummerierung wie in einigen folgenden Balladen verzichtete Droste hier trotz des großen Textumfangs. Stattdessen fügte sie im Erstdruck der Ausgabe von 1844 nach Strophe 11 und Strophe 26 eine doppelte statt einer einfachen Leerzeile ein und unterteilte die Ballade so in drei Teile. Sie ordnete damit die Form dem narrativen Modus unter, stellen die Strophen doch strukturell zwar verschiedene Sinnabschnitte dar, werden formal aber durch den Bericht des rückblickenden Erzählers zusammen gehalten. Die Spannung zwischen Erzählgestus und lyrischen Formprinzipien wird auf diese Weise sichtbar gemacht, obwohl das Erzählen augenscheinlich die übergeordnete Struktur bildet. So kann man den namenlosen, homodiegetischen Ich-Erzähler bis zur 26. Strophe auch als lyrisches Ich bezeichnen, wie umgekehrt die Stimme, die das Gedicht verantwortet, irritierenderweise von der des Erzählers zunächst nicht zu unterscheiden ist.

Unter den Balladen der Ausgabe von 1844 sticht *Der Mutter Wiederkehr* deshalb hervor, weil sie kaum dramatische Anteile aufweist: In direkter Rede äußert die Mutter als einziges Wort den Namen ihres Mannes (V. 145,

147, 150), das Brüderchen spricht einen kurzen Satz (V. 56). Die männlichen Figuren, Sakristan und Vater, sind jeweils mit einer Gedankenrede (V. 171) und in Schriftsprache in Form eines vorgelesenen Briefes (V. 177–192) vertreten. Es findet sich auch keine direkte Anrede der Kinder durch ihre Beschützer. Überhaupt sind die vorgeführten Sprechakte nur zwei Mal kommunikativer Art, nämlich wenn der Ehemann seiner Frau Marie auf ihre Frage antwortet – in Form der kompletten Binnengeschichte – und wenn die Wiedergängerin ihren Mann beim Namen nennt und so zu sich ins »Geldverließ« (V. 145) ruft. Die Ballade stellt in dieser Konstruktion programmatisch zwei Typen von Paarkommunikation und zugleich zwei verschiedene Definitionen gelingender Ehe- und Familienkonzeption einander gegenüber. Das im Rahmen der Ballade abschließend als kathartisch klassifizierte Erzählen des erwachsenen Sohnes bildet ein erfolgreiches Konzept im Unterschied zum in der Binnengeschichte geschilderten Schweigen seines Vaters. Dieser spricht zu den Söhnen erst *in absentia* in seinem Brief – und auch hier nur, um sein Schweigen erneut zu legitimieren (»Was mich betroffen, das sag' ich nicht, / Eh dorre die Zunge aus!«, V. 177 f.). Auch die verhärmte und kranke Mutter des Ich-Erzählers, von der sein kindliches Ich annimmt, die Wiedergängerin käme »nach ihren zwei Knaben zu sehn!« (V. 72), wandert nur gesenkten Hauptes in die Schatzkammer der Familie und ruft nach dem Mann. Beide Elternteile komplettieren damit das Bild der schweigenden Familie, in der Erwachsenen- und Kinderwelt zwei verschiedene Sphären darstellen. Lediglich der christliche Glaube, verkörpert durch die Figur des vermittelnden alten Sakristans, bietet in dieser Konstellation die Möglichkeit zu gelingender Kommunikation zwischen Kindern und Eltern. So ist das einzige positive Bild der Mutter, wenn sie »[a]n unserm Bettchen gekniet und gebetet« (V. 23), und auch der Vater bittet nach seinem Weggang um die Gebete der Kinder (V. 191), was schließlich auch vom Erzähler im Erwachsenenalter übernommen wird, wenn er zwar die Heimat nicht betritt, aber an ihren Grenzen die einzige ihm bekannte und erträgliche Sprache seiner Kindheit, die des Gebets, verwendet: »Die Händ' gefaltet, schien er zu beten« (V. 221). Der Bericht über die eigene Kindheit in Kombination mit diesen Zeichen des Glaubens wird hier also zum Mittel, die Traumatisierung der Kindheit in der Form von Beichte und Gebet im Schutzraum der neuen, eigenen Familie aufzuheben. Marie etabliert damit ein alternatives Kommunikationsmodell, das eine erfolgreiche Beziehung und Öffnung zwischen den Eheleuten postuliert. Der Sprechakt, zu dem sie den Ehemann ›zwingt‹ ist damit auch ein Akt der Emanzipation von traditionellen Familien- und Geschlechterrollen, auf den sich der Erzähler der Ballade einlässt. Wie schon in *Der Graf von Thal* (→ II.5.7.2.) ist der Blick wichtiger Indikator für patriarchal codierte Geschlechterhierarchien und gibt Hinweise auf das Verhältnis der Ehepartner zueinander. So bricht der Ehemann die eigene Macht über seine Frau, indem er für den Akt des Erzählens verlangt: »Doch abwärts sitze – schau mich nicht an« (V. 8), während sein Vater noch als seiner Mutter »folgend mit den stechenden Blicken« (V. 141) beschrieben wird. Zusätzlich lässt sich die Ballade auch als ein metapoetischer Text lesen, der die »Modernitätspotentiale der romantischen

Literatur« (Blasberg 2011, 27) auslotet, indem er eine psychologisierende Rahmenkonstruktion um eine geisterhaft-phantastische Binnengeschichte legt. So gelesen, zeigt der Rahmen auch eine literarhistorische Distanzierung von einem Zustand früherer Naivität an, der in eine sekundäre Naivität überführt wird. Denn nur aus dieser ›kindlich‹ konnotierten Perspektive wirkt das Phantom der Mutter wie aus einer Schauergeschichte entsprungen. Das Verständnis für das traumatische Geschehen bleibt dabei uninformiert affektiv, und der heterodiegetische Erzähler der Schlussstrophen vermag aus der Außensicht lediglich die gute Praxis des ehelichen Zusammenlebens zu konstatieren. Auf diese Weise erscheint die Ballade als kunstvoll arrangiertes Kassiber, das eine verstörende, unverstandene Botschaft durch die Jahrhunderte schleust und die hermeneutischen Fähigkeiten der Leser herausfordert.

Literatur

Blasberg, Cornelia: Rahmungen. Zur Semantik einer Strukturform in Annette von Droste-Hülshoffs Dichtung. In: Droste-Jahrbuch 8 (2011), S. 7–30.
Plachta, Bodo: Das Manuskript als Experimentierfeld. Überlieferung und Entstehung der Droste-Ballade *Der Mutter Wiederkehr*. In: Droste-Jahrbuch 2 (1990), S. 65–73.

5.7.11. Der Schloßelf
Maren Conrad

Der Schloßelf (HKA I, 295–297) entstand Ende 1840 im Kontext anderer für Schückings *Malerisches und romantisches Westphalen* geschriebener Balladen und wurde gemeinsam mit dem Zyklus *Die Elemente* 1841 halbanonym in dem von Louise Marezoll herausgegebenen *Frauen-Spiegel* veröffentlicht (HKA I, 1681). Als Vorbild für das Wasserschloss, das den Schauplatz der Ballade darstellt, lässt sich Burg Hülshoff annehmen, worauf besonders die eingangs im Text beschriebenen Steinfiguren und Inschriften des Gebäudes hinweisen. Die Ballade schildert aus der Perspektive eines Bauern, dessen noch vor Sonnenaufgang begonnene Wallfahrt am Wasserschloss vorbeiführt, geisterhafte Erscheinungen, die der fromme Mann, dem »Heidennebel« (V. 34), also dem Aberglauben und der Spökenkiekerei nicht abgeneigt, als Zeichen für die Geburt des Schlosserben deutet. Die faszinierende Vision, in die er sich immer mehr verliert, endet abrupt, als tatsächlich die Geburt eines Sohnes verkündet wird.

Mit nur elf Strophen zu acht Zeilen zählt *Der Schloßelf* zu den kürzesten Balladentexten der Autorin. Die Ballade weist durchgängig zwei Kreuzreime pro Strophe auf (ababcdcd) und bis auf die c-Verse sind alle Verse mit acht Silben durchgängig vierhebig jambisch und enden mit einer starken Kadenz. Die c-Verse haben eine Silbe mehr und enden entsprechend mit schwacher

Kadenz, sind aber ebenfalls jambisch und vierhebig. Formal weist der Text relativ wenige balladeske Elemente auf, die zwei Sprechinstanzen (Bauer und Ausrufer auf dem Schloss) sind sprachlich kaum präsent, der narrative Modus und die lyrische Sprache dominieren das Dargestellte durchgängig.

Der Text zeichnet – Drostes Poetik der Peripherie entsprechend – ein in Detailbeobachtungen eingelagertes Epochenbild der Gleichzeitigkeit des Ungleichzeitigen: Christentum und Aberglauben, pragmatisches Weltwissen und Lust an der Verwirrung der Sinne, am schönen Schein, Naturbeobachtung und Wahrnehmungstäuschung werden als sich logisch ausschließende, *de facto* aber parallel genutzte Weltzugänge des Menschen ausgewiesen. Indem die Ballade eine Kette von Naturphänomenen inszeniert, ohne eindeutig auf der Präsenz oder Absenz eines Schlosselfen zu bestehen, verkoppelt sie auf intrikate Weise die Perspektiven des Bauern und der Dichtung. So sind die ersten drei Strophen von der märchenhaften Anthropomorphisierung unbelebter Gegenstände geprägt: Das Schloss erscheint als Wasserdrache, die Eichen verkörpern eine flüsternde Garde, Statuen wirken belebt und Lichter scheinen selbständig durch das Schloss zu geistern. Entsprechend bleibt unentscheidbar, ob die Ballade die poetische Sprache als Ursache der Belebung von eigentlich Unbelebtem auszeichnet, oder ob sich die alle Sinne ansprechende, Haut (»Da hui! streift's ihn«, V. 65), Augen und Ohren (»raschelt«, V. 49, 66; »zischt«, V. 67) berührende ästhetische Sensation der von Volkssagen inspirierten Täuschungsbereitschaft des Bauern verdankt. Aus beiden Richtungen betrachtet, erkennt man die metapoetische Aussage der Ballade als (ironische) Reflexion auf jene Form ›natürlicher‹ Volksdichtung, die seit Bürger und Herder als »Nachgesang« (Singer 2006) verehrt und von den Brüdern Grimm und dem Bökendorfer Märchenkreis um Drostes Haxthausen-Verwandtschaft (→ I.1.1.; → I.3.3.) mythopoetisch ideologisiert wurde. Auf diese Spur führt auch die Beobachtung, dass die Ballade zwei Genrekonventionen kollidieren lässt, nämlich die der Geisterballade mit denen der Volkssage. Hinzu kommt eine »überdeutliche personalperspektivische Darbietung des erlebten Vorgangs«, die »mit einer mindestens ebenso deutlichen Inszenierung der auktorialen Erzählerrolle einhergeht« (Laufhütte 1979, 260). Ähnlich wie *Der Knabe im Moor* (→ II.5.3.11.) macht *Der Schloßelf* deutlich, dass Interpretationen zu kurz greifen, die in Drostes Texten die Kollision von Christentum und Volksaberglauben oder das Dilemma einer von Sinnestäuschungen nicht unterscheidbaren vorgeblich rationalen Weltwahrnehmung gestaltet sehen. Immer geht es auch um die Kräfte der Poesie zur Schaffung ›anderer Welten‹, berückend schöner, aber auch furchteinflößender Visionen, die, von zeitgenössischen realistisch-pragmatischen Literaturströmungen abgewertet (→ I.3.1.), ihr Recht behalten, wenn sie poetologisch reflektiert und diskursiv begründet werden. Die Ironie und witzige Pointe von Drostes *Schloßelf* kann demnach in der Art und Weise gesehen werden, wie die Ballade ihre genuine Literarizität gegen thematisch vorhersehbare Lektüren ins Feld führt und nebenbei auch noch den mesmeristischen Fundus ihrer Erfindungskunst (→ I.3.3.) mit dem »phosphorisch« (V. 75) schimmernden Elfenleib ins Bild bringt.

Literatur

Laufhütte, Hartmut: Die deutsche Kunstballade. Grundlegung einer Gattungsgeschichte. Heidelberg 1979.
Singer, Rüdiger: »Nachgesang«. Ein Konzept Herders, entwickelt an ›Ossian‹, der ›popular ballad‹ und der Frühen Kunstballade. Würzburg 2006.

5.7.12. Der SPIRITUS FAMILIARIS des Roßtäuschers
Maren Conrad

Man hat das Langgedicht *Der SPIRITUS FAMILIARIS des Roßtäuschers* (HKA I, 303–315), das 70 Strophen zu sechs Versen (aufgeteilt in sieben ungleich lange Abschnitte) umfasst und das in der Ausgabe von 1844 den Übergang zwischen Balladen und Verserzählungen bildet, als Drostes »Faustdichtung« (Heselhaus 1957, 14) bezeichnet. Zwar belegen die als Motivfundament des SPIRITUS FAMILIARIS identifizierbaren Lektürenotizen, dass Droste sich in den 1830er Jahren mit der Teufelspaktthematik beschäftigte (HKA I, 1708), doch ist der arme Pferdehändler, dem alle Tiere sterben und der in seiner Not auf die dubiosen Ratschläge eines seltsamen Mannes hört, daraufhin tatsächlich zu Geld kommt und am Ende bereut, dass er einen falschen Lebensweg eingeschlagen hat, alles andere als eine Faust-Figur. Eher lässt die skorpionartige Gestalt, die bei Grimm in einer Phiole steckt, an jene Alraunen und Galgenmännchen denken, die aus den Grimm'schen Märchen und Sagen in die romantischen Erzählungen von Achim von Arnim (*Isabella von Ägypten*) und Wilhelm Hauff (*Das kalte Herz*) einwandern und dort eine spezifische Bedeutung entfalten, indem sie auf die Entfremdung des Menschen von Natur und Mitmenschen durch die kapitalistische, nur auf Akkumulation bedachte Geldwirtschaft aufmerksam machen. Anders als die Protagonisten von Arnim und Hauff ist Drostes »Roßtäuscher« von vornherein ein dunkler, unsteter, selber gespensterhafter Mann, der vorwiegend in nächtlichen Szenen agiert, und von dessen Geschichte dem Leser nur punktuelle Nahaufnahmen, aber keine kohärenten, in sich stimmigen Erzählstränge geboten werden.

Die Entstehung des Textes lässt sich auf den Zeitraum zwischen 14. August und 27. Dezember 1842 datieren (HKA I, 1707–1712); im selben Zeitraum wurden auch die Ballade *Die Schwestern* (→ II.5.7.8.) und das Gedicht *Das öde Haus* (→ II.5.4.5.) geschrieben, woraus sich einige Parallelen in der Motivik erklären. Als Adaption einer durch die Brüder Grimm überlieferten Sage macht *Der SPIRITUS FAMILIARIS* besonders deutlich, dass Drostes Balladenschaffen in kritischer Auseinandersetzung mit Postulaten und Genres der ›Volkspoesie‹ stattfand. 1813/14 half sie, wenn auch ohne Begeisterung, den Brüdern Haxthausen und Grimm beim Sammeln westfälischer Volkssagen für die beiden Bände *Deutsche Sagen* (1816, 1818). Im Brief an Ludowine von Haxthausen (HKA VIII, Nr. 44) trug sie noch einige Fundstücke nach, darunter Notizen über *Die Äbtissin und der Teufel*. Die Verschriftlichung des literarischen Textes erfolgte Ende 1842, wobei der Abschluss der Arbeit in einem auf den 27. Dezember 1842 datierten Brief explizit genannt wird: »ich habe so eben ein größeres Gedicht beendigt, (von ohngefähr 600–700 Versen) ›der SPIRITUS FAMILIARIS des Roßtäuschers‹ – sieben Abtheilungen – eine Grimmsche Sage zum Grunde – sie gefällt sehr.« (HKA IX, 396) An den Angaben der Verse lässt sich erkennen, dass die Autorin die vier Langzeilen der Strophen anfänglich als jeweils acht Verse zählte; die Druckversion umfasste dann genau 420 Verse.

Zu den Besonderheiten des SPIRITUS FAMILIARIS gehört, dass ihm die Autorin eine Prosaeinleitung voranstellte (HKA I, 301 f.), die aus einem redaktionell nur leicht veränderten Textauszug aus den *Deutschen Sagen* der Brüder Grimm (1816/18) und aus einer darauf Bezug nehmenden Nachbemerkung zu verschiedenen Variationen der Sage besteht. Außerdem wies Droste im Anschluss an den Sagentext zwei weitere Quellen nach, darunter zwei Kapitel aus Grimmelshausens *Courasche* (1670), die ihrerseits Prätexte zu dem Text der Grimms darstellen und teilweise von diesen wörtlich zitiert werden. Da diese Quellen in den *Deutschen Sagen* nicht genannt werden, fällt Drostes Gestus der gelehrten Annotation im Paratext besonders auf. Auf der einen Seite erweitert sich dadurch sichtbar das Spektrum der SPIRITUS-Intertexte, auf der anderen widerlegt der Nachweis schriftlicher Referenztexte die von den Grimms immer wieder behauptete mündliche Überlieferung der Volkspoesie. Die Genremischung im Paratext wird als Impuls zu weiteren Experimenten mit der von Goethe als ›Ur-Ei‹ aller Gattungen bezeichneten Ballade und mit dem erzählenden Langgedicht (→ VI.4.) in die Verse des SPIRITUS FAMILIARIS hineingetragen. Während Droste ihr Aufgreifen und Umschreiben bereits vorhandener Stoffe und dichterischer Verarbeitungen in den Balladen *Der Tod des Erzbischofs Engelbert von Cöln* und *Das Fegefeuer des westphälischen Adels* nicht explizierte, trat sie hier im Paratext mit eigener, selbstbewusster Autorinnenstimme auf. Dabei wird Autorschaft im Einklang mit romantischen Poetiken (die das grundsätzlich intertextuelle Schreiben häufig durch Herausgeber- und Archivfiktionen zum Ausdruck bringen) als Reorganisation von vorgängigen Stoffen und Texten durch individuelle Selektion (so verzichtete Droste auf die von Grimm überlieferte Frau des Rosstäuschers) und Kombination von Themen und Formen dargestellt. Zweifellos lag es in der Absicht der Autorin, die Spannung zwischen der Grimm'schen Vorlage, ihren paratextuellen Zusatzbemerkungen und dem balladesken Langgedicht des SPIRITUS FAMILIARIS für die Leser als Deutungsanreiz sichtbar zu machen.

Formal weist der Text eine sehr regelmäßige lyrische Struktur auf: Die sechs Zeilen jeder Strophe folgen durchgängig dem jambischen Metrum, die Langzeilen sind mit acht, die Kurzzeilen entsprechend mit vier Hebungen versehen. Der über das ganze Gedicht hinweg strikt durchgehaltene Paarreim trägt dazu bei, dass sich der SPIRITUS FAMILIARIS *des Roßtäuschers*, abgesehen von seinem Umfang, allein durch seine sehr schlichte lyrische Form von Drostes Balladen unterscheidet. Auf der anderen Seite grenzt die sechszeilige Strophenform den Text von den ihm umfangmäßig eher entsprechenden »größre[n] Gedichte[n]«

(HKA I, 570; vgl. *Gedichte* 1838) ab. Stellt man in Rechnung, dass Droste den SPIRITUS FAMILIARIS erst im Gedichtverzeichnis V[5] ohne weitere Genremarkierung zwischen die Abteilung Balladen und die der »größre[n] Gedichte« platzierte (HKA I, 570), während die früheren Verzeichnisse, sofern sie »Balladen und Erzählendes« (HKA I, 552) gesondert ausweisen, den Text direkt den Balladen zuordnen (HKA I, 553), erhalten kompositorische Veränderungen ihre Bedeutung als bestimmte Negation der bisher erprobten Balladenform. So nahm Droste Abstand vom üblicherweise eingesetzten Dreischritt der Handlung, der deutlich dem Modell der dramatischen Akteinteilung entlehnt ist. Stattdessen wählte sie in Anlehnung an mittelalterliche Passionsspiele und frühneuzeitliche Mysteriendramen die Form eines Stationen- bzw. Wanderdramas, um die Leidens- und Erlösungsgeschichte ihres Protagonisten zu inszenieren. Dabei folgen die Szenen II bis V insofern einem analogen Gestaltungsprinzip, als sie sich auf eine jeweils in drei Schritten vollzogene Raumbewegung des Protagonisten aus dem Zentrum in die Peripherie der dargestellten Welt verpflichten. Ist die Figur an deren jeweils äußerstem Rand, konzipiert als Extremraum, angekommen, unterbricht sich der Text und setzt die Handlung in der folgenden Strophe neu an, wobei die fünfte Szene auf den Tod des Täuschers vorausweist.

Es scheint, als überschriebe Droste mit der eher aus dem Bereich der Lyrik bekannten Idee der wiederholten Variation eines Gestaltungsschemas die mit dramatischen Postulaten verbundenen Erwartungen an stringente Handlungsführung, und dazu passt, dass der Text gänzlich auf den Dialog als handlungstragendes Element verzichtet. Zwar wird im Text geredet, der Rosstäuscher wird auch angesprochen, doch ist er zu keiner Gegenrede fähig. Dementsprechend sind es auch nicht die Worte, sondern ausschließlich die Taten des Protagonisten, die, Drostes Poetik der Peripherie folgend, keine unmittelbaren Auswirkungen haben, sondern sich als Spuren an den Rändern der die Figur umgebenden Welt niederschlagen. So kann der Leser im Medium der Naturschilderungen Relikte der Handlung auffinden, die Beschreibung kleinster Zustandsveränderungen von Licht- und Temperaturverhältnissen oder an der Oberfläche von Objekten werden ihm als Wirkungen von nicht eindeutig markierten Ursachen präsentiert, auf deren Suche er sich fortwährend begeben muss. Beispielhaft hierfür sind die Darstellungen der Marmorstatue des Erzengels und einer Marienstatue, die beide erst durch poetische Deskription belebt werden und durch diese Veränderungen jeweils einem starken Bedeutungswandel unterliegen. Dadurch werden innerpsychische Zustände des Helden offen gelegt, es wird aber auch symbolisiert, an welcher ›Station‹ der ›Passions‹geschichte sich Protagonist und Leser befinden. Die Delegation innerer Handlungsmotivation an sich verändernde Objekte, die Entmachtung des Handlungsträgers, das Auflösen des Dialogs in Monologe und schließlich die Dramaturgie des Schweigens und Schauens – all das sind Strukturmerkmale, die Drostes SPIRITUS FAMILIARIS aus traditionellen Gattungen herauslösen und ihn als überraschend modernes, episch-lyrisch-dramatisches Genrehybrid zu erkennen geben, das mehr Ähnlichkeiten mit den lyrischen Dramen von

Maeterlinck und Hofmannsthal um 1900 als mit zeitgenössischem Balladenschaffen aufweist (→ VI.4.).

Die beiden letzten Szenen des Werkes unterstützen solche Überlegungen, denn die Aufspaltung von SPIRITUS und Roßtäuscher durch den heiligen Nagel hat drastische Folgen, die als Effekt bis hinein in die narrative Gestaltung der sechsten Szene reichen. Hier rückt die Erzählinstanz erstmals vom Weg des Täuschers ab und schildert das zeitgleich stattfindende Ereignis eines Brandes, der den gesamten Besitz des Roßtäuschers vernichtet. Erst sterbend, also im Moment der Auflösung der Figur, gerät der Namensgeber der Ballade in der abschließenden Szene VII wieder in den Blick: Hier kehrt der greise Täuscher als Bettler zur Statue des Heiligen Michael zurück und schließt damit den Kreis der ›Handlung‹. Der im gesamten Werk angelegte autopoetische Gehalt wird in diesen letzten Strophen explizit gemacht: Wenn in dreifacher Wiederholung das »Buch« (V. 409) genannt wird, in welchem »gleich einem Rade / Die Zeichen kreisen« (V. 410 f.), die aus »blutgetränkten Lettern« bestehen (V. 412), so legt dies die Lesart nahe, den Täuscher als Dichter zu begreifen, der am Ende seines Lebens auf die von ihm hinterlassenen ›Zeichen‹, sein in blutiger Schrift manifestiertes Lebenswerk, zweifelnd zurückblickt, gleichwohl aber der göttlichen Gnade teilhaftig wird. Denn in einer letzten Todesvision wird seine einst für die Gesellschaft getätigte blutige Unterschrift durch einen »goldnen Fingerzug« (V. 412) aus dem Buch gestrichen. Der exklamatorische Verweis auf »Das Buch« und die Anrufung der »Gottesmutter« in derselben Zeile (V. 409) markiert den transzendenten Rahmen des Erzählten, obwohl offenbleibt, ob mit dem »Buch« das Buch der Bücher, metaphorisch das Lebensbuch des Roßtäuschers oder das selbstreflexiv ins Spiel gebrachte Werk der Autorin gemeint ist. Aus der Retrospektive des vermutlich im Oktober 1843 geschriebenen Gedichtes *Das öde Haus* betrachtet, scheint es zumindest so, als habe Droste aus dem Wortbestand des SPIRITUS FAMILIARIS den Titel eines weiteren Gedichtes herausgeschrieben.

Die Möglichkeit einer poetologischen Lesart wird auch durch den merkwürdigen Umstand unterstrichen, dass Droste die Beschreibung der körperlichen Erscheinung des Roßtäuschers mit einer Fußnote versah, die explizit auf eine Darstellung des Propheten Jesaja durch den extravaganten italienischen Maler und Satiriker Salvator Rosa (1615–1673) verweist. Die Fußnote erweitert den ohnehin ungewöhnlichen Paratext dieses Werkes zusätzlich um eine intermediale Aussage. Auf der einen Seite verband Rosa die Künste von Malerei und Dichtung in seiner Person, auf der anderen Seite bevorzugte er eine geradezu dramatische malerische Schlaglicht-Technik, die Droste in sprachliche Darstellung zu übersetzen scheint (→ VI.9.). Rosa »beglaubigt im Sinne der Dichterin diese Situation, in der die Verlorenheit ihrer Hauptfigur ihren Höhepunkt erfährt [...], deren Ausgeliefertsein an dämonische Mächte ihr Schicksal als Außenseiter bestimmt und bei der nicht ausgeschlossen bleiben kann, dass sich in ihr auch der schöpferische Mensch, mithin die Dichterin selbst widerspiegelt.« (Bomhoff 2008, 259; vgl. Aulbach-Reichert 1995, 84) Mit dem Verweis auf den völlig verarmten Rosa, der ähnlich dunkle, wilde Landschaften malte, wie sie als virtuelles Bühnenbild für Drostes Text vorstellbar sind, wird jene existenzielle Außenseiterposition des Künstlers betont, die auch in der gesellschaftlichen Randstellung des Ross- »Täuschers« sichtbar wird. Zur poetologischen Dimension des Textes gehört die angedeutete Identifikation mit diesem Künstlerschicksal ebenso wie der in Para- bzw. Subtext mitgelieferte Hinweis auf die Bildkunst zur Erläuterung der innovativen lyrischen Struktur.

Literatur

Aulbach-Reichert, Brunhilde: Annette von Droste-Hülshoff: *Der SPIRITUS FAMILIARIS des Roßtäuschers*. Ein Deutungsversuch auf der Grundlage der analytischen Psychologie von C.G. Jung. Münster 1995.

Bomhoff, Katrin: Zur Rezeption Salvator Rosas bei E.T.A. Hoffmann, Johann Wolfgang Goethe, Charles Sealsfield, Annette von Droste-Hülshoff und Adalbert Stifter. In: Achim Aurnhammer/Günter Schnitzler/Mario Zanucchi (Hg.): Salvator Rosa in Deutschland. Studien zu seiner Rezeption in Kunst, Literatur und Musik. Freiburg/Br. 2008.

Heselhaus, Clemens: Annette von Droste-Hülshoff: *Der SPIRITUS FAMILIARIS des Roßtäuschers* in der Handschrift der Dichterin. Münster 1957.

6. Gedichte von 1844 bis 1848

6.1. Einleitung

Cornelia Blasberg/Jochen Grywatsch

Von den nach Abschluss der Druckvorlage zur Ausgabe von 1844 verfassten Gedichten erschienen zu Drostes Lebzeiten 17 Texte in verschiedenen Jahrbüchern und Zeitschriften. Entstanden waren sie mit weiteren, erst postum veröffentlichten Texten im Zusammenhang mit Publikationsprojekten von Levin Schücking, Elise Rüdiger und Mathilde Franziska von Thabouillot (vgl. HKA I, 1785–1815). Für die Sammlung *Producte der Rothen Erde* (1846) stellte Droste die vor Mitte März 1845 verfassten Gedichte *Das Bild*, *Das erste Gedicht* und *Durchwachte Nacht* zur Verfügung, nachdem Thabouillot, die als geschiedene Frau ihren Lebensunterhalt mit literarischen Projekten zu verdienen versuchte, Droste um Beiträge gebeten hatte. Einen ähnlichen Freundschaftsdienst wollte Droste Elise Rüdiger (→ I.1.2.4.) erweisen, indem sie der *Kölnischen Zeitung* vier Gedichte unentgeltlich zur Verfügung zu stellen plante, um die Redaktion für die Veröffentlichung einer Erzählung von Rüdigers Mutter Elise von Hohenhausen zu gewinnen. Tatsächlich brachte die Zeitung die Gedichte *Grüße* und *Im Grase*, die Droste noch während ihres Meersburg-Aufenthalts bis Ende September 1844 verfasst hatte, im November

6. Gedichte von 1844 bis 1848

1844, das im Zeitraum ab Oktober 1844 entstandene Gedicht *Die Golems* am 15. Dezember 1844 und den Zyklus *Volksglauben in den Pyrenäen* (entstanden im März/April 1845) im April 1845 heraus. Direkt im Anschluss daran erfüllte die *Kölnische Zeitung* ihren Teil der Übereinkunft und ließ Elise von Hohenhausens Erzählung *Die Gattin* in einer von Droste korrigierten Fassung vom 20. bis zum 23. April 1845 erscheinen. Beide Fälle zeigen, dass Drostes eigene Werkpolitik weniger marktorientiert, sondern eher karitativen Zielen untergeordnet war und sich durch einen aristokratischen Habitus auszeichnete (→ I.3.2.).

Auf einem weitaus professionelleren Weg gelangten jene Gedichte in die Öffentlichkeit, die Droste für Levin Schückings (→ I.1.2.3) Publikationsprojekte bereitstellte. Zwar konnten nicht alle diese Pläne realisiert werden, aber Schückings weitgespannte Zeitschriften- und Verlagskontakte sorgten in fast allen Fällen für Ersatz. Die vielfältigen Publikationsorte, die sich dadurch ergaben, lassen Rückschlüsse auf die geographischen, weltanschaulichen und persönlichen Koordinaten des von Schücking aufgespannten literarischen Netzwerks zu, in dessen Rahmen Drostes Texte erschienen. So überließ Droste sechs im März 1844 fertiggestellte, zunächst für das *Morgenblatt für gebildete Leser* vorgesehene Texte Schücking für seinen mit Emanuel Geibel geplanten *Musenalmanach für 1845*. Dabei handelte sich um *Der sterbende General*, *Mondesaufgang*, *Gemüth*, *Sylvesterabend*, *Einer wie Viele, und Viele wie Einer* und *Der Nachtwandler*. Nachdem der *Musenalmanach* nicht zustande kam, löste Schücking die Gedichtgruppe auf und übermittelte das Gedicht *Mondesaufgang* an das von Carl Ferdinand Dräxler-Manfred herausgegebene *Rheinische Taschenbuch auf das Jahr 1846* (1845), die Texte *Der sterbende General* und *Sylvesterabend* an Gottfried Kinkels Sammlung *Vom Rhein. Leben, Kunst und Dichtung* (1847) und brachte *Gemüth* in dem von Woldemar Nürnberger herausgegebenen Band *Charitinnen. Phantasiestücke und Humoresken, nebst einem Lyrischen Album* (1847) unter. *Einer wie Viele, und Viele wie Einer* sowie *Der Nachtwandler* wurden erst postum in Schückings Nachlassedition *Letzte Gaben* (1860) veröffentlicht.

Zusätzlich zu den sechs Gedichten, die zunächst für das *Morgenblatt*, dann für den *Musenalmanach* von Schücking und Geibel vorgesehen waren, kündigte Droste Schücking im März/April 1844 die Übersendung weiterer Gedichte an, die, zu spät für die dortige Publikation, zwischen dem 17. April und dem 30. Mai 1844 entstanden waren: *Das Ich der Mittelpunkt der Welt*, *Spätes Erwachen*, *Die todte Lerche* und *Lebt wohl* sowie *Doppeltgänger*, *Der Dichter – Dichters Glück*, *Halt fest!*, *An einen Freund* und *An Philippa. Wartensee, den 24. May 44*. Vermutlich gab Droste Schücking bei dessen Besuch auf der Meersburg im Mai 1844 die Reinschriften dieser neuen Gedichte mit. Die vier erstgenannten Texte brachte Schücking im August 1844 im *Morgenblatt für gebildete Leser* zur Veröffentlichung, während die anderen Gedichte in der Nachlassedition *Letzte Gaben* (1860) erschienen. Nachdem Schücking das *Rheinische Jahrbuch* übernommen hatte, bat er Droste noch einmal im Juli 1845 um Beiträge. Schon am 25. August 1845 kam Droste seiner Aufforderung mit der

Sendung von fünf respektive sechs neuen Gedichten nach, nämlich *Gastrecht*, *Auch ein Beruf*, *Zwey Legenden (I Das verlorne Paradies; II Gethsemane)*, CARPE DIEM! und *Unter der Linde*. Von diesen Texten wurden aufgrund des beschränkten Umfangs des Jahrbuches nur *Gastrecht* und *Auch ein Beruf* abgedruckt. Warum drei weitere Gedichte des Ensembles nicht ersatzweise im Feuilleton der *Kölnischen Zeitung* erschienen, dessen Redakteur Schücking war, ist nicht bekannt; man darf jedoch annehmen, dass Droste, deren Familie wegen der antikatholischen Tendenz der *Kölnischen Zeitung* strikt gegen eine Zusammenarbeit mit der Zeitung votierte, in diesem Fall nicht weiter insistierte.

6.2. Mondesaufgang
Rüdiger Nutt-Kofoth

Droste konzipierte das Gedicht *Mondesaufgang* (HKA I, 354f.) zwischen dem 29. Februar und dem 24. März 1844. Es gehört zur Gruppe jener sechs Gedichte (*Der sterbende General, Mondesaufgang, Gemüth, Sylvesterabend, Einer wie Viele, und Viele wie Einer* sowie *Der Nachtwandler*), die nach dem Abschluss des Manuskripts für die Ausgabe der *Gedichte* 1844 bei Cotta die Wiederaufnahme der lyrischen Produktion anzeigen. Die ursprünglich für die Stützung von ihrer und Schückings Position gegenüber Cotta für das *Morgenblatt* gedachte Gedichtgruppe stellte Droste auf Wunsch Schückings für dessen mit Emanuel Geibel geplanten *Musenalmanach für 1845* zur Verfügung. Am 16. April 1844 fertigte Droste die Sammelreinschrift dieser Gedichte an und schickte sie am folgenden Tag an Schücking, dem sie zugleich die Entscheidung bei den noch vorhandenen Alternativvarianten überließ. Droste verstand die Gedichtgruppe als zusammengehörig und stellte im Brief an Schücking auch *Mondesaufgang* betreffende Anordnungsüberlegungen an (Abdruck im Kontext der Gedichtgruppe in HKA II, 54f.). Weil der *Musenalmanach* nicht zustande kam, löste Schücking den Zusammenhang der Gruppe auf. *Mondesaufgang* vergab er mit nachträglicher Genehmigung Drostes an Carl Ferdinand Dräxler-Manfred für dessen *Rheinisches Taschenbuch auf das Jahr 1846*, das im August 1845 erschien (vgl. HKA I, 1789–1797, 1949–1952; HKA II, 455–457).

Mondesaufgang gehört in seiner auf ein klares Muster ausgerichteten Form zu den typischen Produkten Droste'scher Lyrik. Die sechs Strophen des Gedichts bestehen aus je acht fünfhebig jambischen Versen im durchgehenden Paarreim. Die Stropheneinheit wird durch das Verfahren hervorgehoben, die mittleren beiden Verspaare mit weiblicher Kadenz jeweils von zwei Verspaaren mit männlicher Kadenz umfassen zu lassen.

Die Forschung hat eine inhaltliche Gliederung des Gedichtes in drei Gruppen zu jeweils zwei Strophen als Darstellung von »drei wichtige[n] Momente[n]« des Mondaufgangs benannt und diese als »die Erwartung, die Bedrohung, die Erfüllung« beschrieben, wobei die »lastende[ ] Endzeit- und Endgerichtserfah-

6. Gedichte von 1844 bis 1848

rung« der Strophen 3 und 4 durch die sich in Strophe 5 und 6 aussprechende »Versöhnung [...] von Gerechtigkeit und Gnade« als aufgehoben verstanden wurde (Heselhaus 1956c, 176, 179). »[Z]ahlreiche Elemente der vertrauten religiösen Sinnbildsprache« wurden im Gedicht gefunden und in den Schlussstrophen der »Vor-Schein der wahren, himmlischen Heimat« erkannt (Kittstein 2009, 145 f.). Auch die nicht religiös deutende Forschung nahm am Ende des Gedichts das Bild einer »unbeschwert heiteren Lebensrückschau aus der Perspektive des gelassenen, abgeklärten Ichs« wahr (Freund 1997, 95). Selbst wenn die poetologische Dimension des Textes akzentuiert wurde, wurde »in der Poesie eine Art Versöhnung« gesehen (Schwarzbauer 2015, 78).

Doch annoncieren schon Sprechsituation und Raumsemantik von *Mondesaufgang* die Problematik eines glückenden Aufgehobenseins des sprechenden Ichs (vgl. zum Folgenden Nutt-Kofoth 2014). Dieses Ich ist – ähnlich dem erhöht stehenden Ich in *Am Thurme* (HKA I, 78, V. 1) von 1841/42 – »[a]n des Balkones Gitter« (V. 1) situiert, befindet sich also an einer nicht überschreitbaren Grenze. Trotz des möglichen Überblicks (V. 9, 23, 35) ist es zwischen dem Raum des Unten, der Erde und Natur (V. 10–13, 25, 27), und dem des Oben, dem sich verdunkelnden Himmel (V. 3 f., 20), festgehalten.

Der Wunsch, diese Position zu verlassen, wird vom Ich deutlich artikuliert. Es spricht vom »Herz[en]«, das von dem Bedürfnis, »zum Hafen« zu gelangen, erfüllt ist (V. 14). Allerdings erweist sich die »Heimathlampe« (V. 40), die es erblickt, nur als Spiegelbild des Mondlichts in den Tropfen des Nachttaus. Gerade die Vervielfältigung dieser Heimatvorstellung (V. 39 f.) in jedem der Tropfen verdeutlicht die bloße Bildlichkeit dieser Vorstellung, in der die vermannigfachten Kopien nur noch Abbilder, nicht aber mehr die Realität von Heimat anbieten können. Die Sprechinstanz des Textes weiß davon sehr wohl, wenn nicht nur das Prädikat ›scheinen‹ (V. 39) das Vorgetäuschte im vermeintlichen Schutzraum des »Kämmerlein[s]« (V. 39) beschreibt, sondern der »Schein« (V. 40) in doppelter Bedeutung, nämlich als Lichtwurf und als Illusionskennzeichen, zum Auslöser des wahrgenommenen Phänomens wird. War in Drostes *Der Knabe im Moor* (1841/42) diese ›Heimat‹ noch erreichbarer Rettungsraum (HKA I, 68, V. 43–45), so konnte sie in *Im Moose* aus dem gleichen Zeitraum schon nicht mehr sicher vom Todesraum geschieden werden (HKA I, 81 f., V. 11 f., 47 f.). In *Mondesaufgang* bleibt sie nun bloße Projektion.

Eine solche Lektüre lässt sich durch eine Betrachtung der zunächst kaum sichtbaren, aber bezeichnenden Bruchstellen in der Gedichtform stützen. So wird die Bedeutsamkeit der Raumgestaltung im Text durch die schwebende Betonung der Antonyme »Hoch« und »Tief« im Auftakt von Vers 9 f. annonciert. Einer versöhnlichen Lesart des Gedichts steht auch der einzig unreine Reim entgegen, markant am Beginn der Schlussstrophe situiert und in einem Inhalt-Form-Gegensatz gerade keine Reim›ein‹heit herstellend: »Freund«/ »eint« (V. 41 f.). Der »Freund«, nämlich der in Vers 41 apostrophierte »Mond« bzw. sein mit ihm metonymisch in eins gesetztes »Licht« (V. 2, 8, 48), ist in der Kommunikationssituation des Textes der Adressat des ›einsamen‹ (V. 32) Ichs. Die ersehnte Beziehung zwischen dem Ich und dem Mond ist zudem durch das »wie« in Vers 41 als eine nur im Vergleichsbezug, nicht aber in der Realität der dargestellten Welt mögliche angezeigt. Der durch dreifaches Auftreten akzentuierte Reim auf -ein spiegelt diese Problematik. An zwei Stellen (V. 18, 40) wird er durch das doppeldeutige »Schein« getragen. Dazwischen findet sich im Reim von Vers 31 f. die Kernaussage über den Zustand des Ichs: »allein«/»Pein«, gerade also in jenem Verspaar, das durch das einzige Wort im Gedicht, das gegen das Metrum zu betonen ist, das Eingangswort von Vers 32: »Einsam«, zusammengebunden ist.

Während die Natur unter und über dem hilflos festgesetzten Ich hinfällig ist (V. 3–6, 20–22) und die auf der gleichen Höhe, aber in weiter Entfernung befindliche Natur zur bedrohlichen Kulisse wird (V. 23 f.), werden der Mond und sein Licht zu einer projektierten Rettungsinstanz. Dieser Adressatenbezug der Ich-Rede spiegelt sich in der mithilfe der Personalpronomen erfolgten Reimgestaltung zu Anfang und am Ende der ersten Strophe: »ich«/»dich« (V. 1 f.), »mich«/»dich« (V. 7 f.). Die weiteren i-Assonanzen bzw. (annähernden) Binnenreime in Vers 7 f. (»rieselte«, »Ich«, »mildes Licht«) unterstreichen diese Verbindung – und sie tun dies mit gleichen Wörtern (»ich«, »mildes Licht«) auch in Vers 1 f., stellen in diese Reihe aber zugleich das Grenzwort »Gitter« (V. 1). Von hier aus ist der Bogen zu den beiden Schlussversen des Textes geschlagen, deren Reimpaar nun das »Licht« des Mondes metapoetisch mit dem »Gedicht« in Bezug setzt (V. 47 f.).

Die letzte Strophe legt in dieser Wendung zur poetologischen Thematik, die von einem Tempuswechsel vom Vorgangspräteritum zum Zustandspräsens begleitet wird, den tieferen Kern des Gedichts frei. So wird der Vergleich des Ichs mit dem »kranken Sänger« und der des Mondlichts mit »sein[em] Gedicht« zur Schlusssentenz (V. 47 f.): In der Auflösung der doppelbezüglichen Attributstruktur ist das Ich des Textes genau wie der »kranke[ ] Sänger« als leidend charakterisiert. Doch nicht nur für das Subjekt bleibt damit die Krise, die sich in den ersten vier Strophen manifestiert, in den letzten beiden Strophen bestehen, auch für den Vergleichsbereich, nämlich die Kunst, wird diese Krisenerfahrung nun virulent. So wie das ersehnte »Licht« des Mondes dem Ich zwar »mild[ ]«, aber »fremd[ ]« (V. 48) gegenübertritt, so markiert der chiastische Bezug nun auch das Kunstprodukt (»Gedicht«, V. 47) als »fremd[ ]«. Der Dichter (»Sänger«, V. 47) und mit ihm die Kunst erscheinen folglich als doppelt dissoziiert. So handelt Drostes Gedicht *Mondesaufgang* nicht nur von der über die Haltungen von Ambivalenz (Sklenár 1997, 134) oder Resignation (Heselhaus 1956c, 179; Kraft 1987, 172) weit hinausweisenden Krise des Subjekts, sondern ebenfalls von der der Kunst. Sichtbar wird damit in *Mondesaufgang* wie in dem kurz darauf entstandenen *Der Dichter – Dichters Glück* (HKA II, 69 f.) Drostes Bewusstsein des sich für andere verzehrenden Dichters, bloß dass in *Mondesaufgang* nicht nur der Dichter, sondern das Subjekt überhaupt schutzlos ist.

Drostes *Mondesaufgang* steht in einer literaturgeschichtlichen Tradition, die den Mond als Sujet und Motiv immer wieder aufgerufen hat. In Brockes' *Kirsch-Blühte bey der Nacht* (1727) oder in Claudius' *Abendlied* (1779) etwa bildet das Nachtgestirn die Brücke zum Metaphysischen im Rahmen eines ungebrochenen christlichen Natur- und Weltverständnisses des 18. Jahrhunderts. In der zweiten Jahrhunderthälfte erhält der Mond eine Spiegelfunktion für die Befindlichkeit des einzelnen Menschen (z. B. in Goethes *An den Mond*, 1776–1778, Neufassung 1789); Bürgers Sprecher-Ich tritt in *Auch ein Lied an den lieben Mond* (1778) dabei schon als Dichter auf. Solch poetologische Funktion des Sujets verstärkt sich in der Romantik, etwa in Tiecks Prolog zum Lustspiel *Kaiser Octavianus* (1804). In Eichendorffs spätromantischem Gedicht *Mondnacht* (1837) ist schließlich das Bild einer ganzheitlichen Klammer evoziert, in dem Diesseitiges und Jenseitiges wieder vereint erscheinen.

Dagegen entschwindet hinter dem scheinbar Form- und Inhaltsglatten von Drostes *Mondesaufgang* dem Subjekt wie der Kunst jegliche Aussicht auf Rettung. Das »milde[ ] Licht« (V. 48) des Mondes an Drostes Gedichtschluss – eines Mondes, der schon in Drostes Ballade *Vorgeschichte (SECOND SIGHT)* (1840/41) mit »Vampyrzunge« sowie »giftige[m] Hauch« (HKA I, 245, V. 12, 24) ausgestattet ist und in *Die Schwestern* (1841/42) ein Element der rahmenden Grabszenerie bildet (HKA I, 269, V. 1 f.; HKA I, 275, V. 212, 215 f.) – bietet nur den Pseudo-Trost für das abgesonderte, vereinzelte Subjekt, dem eine beschädigte Kunst keinen Ausweg mehr anzeigen kann. Drostes *Mondesaufgang* transformiert damit zugleich das literarhistorische Bild vom vermeintlichen Rückzugsraum ›Biedermeier‹, dem die Autorin so gern zugerechnet wird, zu einer bloß suggerierten Beruhigung, hinter der sich das Subjekt wie die Kunst als rettungsloser denn je erweisen.

Literatur

Freund, Winfried: Annette von Droste-Hülshoff. Was bleibt. Stuttgart u. a. 1997.
Heselhaus, Clemens: Annette von Droste-Hülshoff: *Mondesaufgang*. In: Benno von Wiese (Hg.): Die deutsche Lyrik. Form und Geschichte. Interpretationen. Bd. 2: Von der Spätromantik bis zur Gegenwart. Düsseldorf 1956, S. 174–181. [Heselhaus 1956]
Kittstein, Ulrich: Deutsche Naturlyrik. Ihre Geschichte in Einzelanalysen. Darmstadt 2009.
Kraft, Herbert: »Mein Indien liegt in Rüschhaus«. Münster 1987.
Nutt-Kofoth, Rüdiger: Krisenerfahrung des Subjekts und Dissoziation des Künstlertums. *Mondesaufgang* als poetologische Rede. In: Claudia Liebrand/Thomas Wortmann (Hg.): Interpretationen. Gedichte von Annette von Droste-Hülshoff. Stuttgart 2014, S. 154–165.
Schwarzbauer, Franz: Naturverständnis, Selbstverständnis. *Mondesaufgang* von Annette von Droste-Hülshoff und *Monduntergang* von Giacomo Leopardi im Vergleich. In: Droste-Jahrbuch 10 (2015), S. 71–89.
Sklenár, Robert John: The centrality of the civic image in Droste's *Mondesaufgang*. In: Droste-Jahrbuch 3 (1997), S. 127–134.

6.3. Gemüth

Jens Kloster

Ursprünglich von Droste zur Veröffentlichung im *Morgenblatt* als Dank an Levin Schücking (1814–1883; → I.1.2.3.) für dessen Unterstützung bei der Publikation ihres zweiten Gedichtbands (1844) geplant, erschien das im Februar/März 1844 entstandene *Gemüth* (HKA I, 363 f.) erst in der Anthologie *Charitinnen* (1847) von Woldemar Nürnberger (HKA I, 1980–1982). Enge Motivverbindungen bestehen zu den zeitgleichen Gedichten *Der Dichter – Dichters Glück* (→ II.6.4.) und *Mondesaufgang* (→ II.6.2.), dem wegen »seine[s] poetologischen Charakter[s]« eine »zentrale Position« (Nutt-Kofoth 2014, 156) in Drostes letzter Werkphase zugesprochen wird. Dass *Gemüth* nicht minder zentral steht, wird daran sichtbar, dass es spezifische Strategien des programmatischen Gedichts *Poesie* (Winter 1841/42) aufgreift, nämlich die Titelgebung durch einen aus dem Bereich der Ästhetik stammenden Begriff und die Dynamisierung der Metaphorik durch eine Kaskade an Vergleichen. An *Im Grase* (Sommer 1844) gibt es außerdem die prägnante Formel vom »süße[n] Traum, im Grase liegend« (V. 17) weiter. Ebenso wie bei *Der Dichter – Dichters Glück* fällt bei *Gemüth* der invokatorische Gestus auf: Obwohl es sich in beiden Fällen um abstrakte Begriffe handelt, erscheinen der »Strahl aus der Höh« (HKA II, 70, V. 33) respektive das Gemüt als quasi lebendige Partner einer Sprecherinstanz, die sich durch die Apostrophe umgekehrt selbst ermächtigt (»poetic voice constitutes itself«, Culler 1981, 143). Das formal unauffällige Gedicht besteht aus neun Strophen mit jeweils sechs vierhebigen Versen. An den abwechselnd verwendeten Paar- und dominant wirkenden Kreuzreimen lässt sich jedoch erkennen, dass bis in die Mikrostrukturen hinein unterschiedliche Modi des Zusammengehörens ausgedrückt werden: Stimmen rufen sich an, topische Gegensätze wie ›Himmel‹ und ›Erde‹ finden im Gemüt zueinander.

Ähnlich wie das Gedicht *Instinkt* (→ II.5.5.6.) wagt sich *Gemüth* an ein im zeitgenössischen Diskurs umstrittenes Thema. Während die zweite Auflage von Adelungs Wörterbuch 1795 die Begriffe ›Gemüt‹ und ›Geist‹ voneinander absetzt, rekapituliert das Grimm'sche Wörterbuch die komplexe Vorgeschichte dieser mit wissenschaftlichen Ausdifferenzierungen im Bereich der Anthropologie und Seelenkunde (→ I.3.3.) zusammenhängenden Trennung, versammelt Belege für einen den ganzen Menschen, die »einheit unsers inneren« (Grimm 1986, Bd. 5, Sp. 3300) umfassenden Terminus und verweist darauf, dass »gemüt« noch bei Kant und Schiller »nicht blosz mit anschauungen, auch mit begriffen und ideen zu thun« (Grimm 1986, Bd. 5, Sp. 3299) habe. Während Gemütskräfte nach 1800 immer reduktiver als Emotionen (»Empfindelei, Zärtelei und Passivität«; Lasslop 1974, 260) gesehen werden, werten romantische Dichter das Gemüt durch die Gleichsetzung mit Poesie radikal auf und bezeichnen es als »schöpferisch im höchsten sinne« (Grimm 1986, Bd. 5, Sp. 3319). Aufgrund der zeitgenössisch starken Trivialisierung des

Begriffs dekretierte Goethe 1826 in seinen *Maximen und Reflexionen*: »Die Deutschen sollten in einem Zeitraume von dreißig Jahren das Wort Gemüth nicht aussprechen, dann würde nach und nach Gemüth sich wieder erzeugen« (Goethe [1833] 1907, 156). Bereits vor Ende dieser Frist entstanden, ist Drostes Gedicht ein Plädoyer für das alte, umfassende Verständnis des Begriffs und hebt durch die Figur der Apostrophe (vgl. Culler 1981, 143, 146) den schöpferischen Aspekt des Gemüts und den selbstreflexiven, poetologischen Charakter des Textes hervor.

Vor diesem Hintergrund erklärt sich das rasante Metaphernkarussell im Gedicht als expliziter Hinweis auf die Schöpferkraft der Sprache: Das »Gemüth« ist »der Seele Iris« (V. 6), zugleich ein »Tropfen Wolkenthau« (V. 7), der seinerseits der »Thräne« (V. 11) gleicht, aber auch als »Perle« (V. 15) angesprochen werden kann, was die Assoziation zu weiteren Schmucksteinen (V. 29–36, vgl. die Edelstein-Allegorien in *Poesie*) aufruft. Der Tropfen kann wie ein farbensprühendes Prisma (V. 29–36) oder wie ein konvexer Spiegel wirken, der die Bilder der Welt mikrokosmisch konzentriert. Am Ende verlässt die Metapher den Bereich empirischer Überprüfbarkeit und stellt den »Ball« (V. 40) des Tropfens, der seinerseits dem Augapfel ähnelt, als aus eigener Kraft leuchtenden und von »zarte[n] Schattenbilder[n]« durchzogenen »Krystall« (V. 41 f.) dar, als hätte sich die Träne in eine Zauberkugel verwandelt, die als Miniaturbühne für Träume und Erinnerungen dient und in der Tradition der romantischen spekulativen Naturphilosophie (→ I.3.3.) auf die im Schlaf aktiven Schöpferkräfte des Menschen und den im Traum ›versteckten Poeten‹ (vgl. Grywatsch 2013, 225–233) anspielt.

Das Gedicht *Gemüth*, strukturiert durch eine Metaphernkette, ist durch und durch rhetorisch. Mythologische und wissenschaftliche Kenntnisse zitierend, weist es zusätzlich auf die intellektuellen Gemütskräfte hin, denen es sich verdankt. Wenn von »der Seele Iris« (V. 6) die Rede ist, kann die Götterbotin aus der griechischen Mythologie gemeint sein (vgl. Schulz 1978, 58), die auch in ihrer Funktion als Windgöttin (»den Wald […] rauschen«, V. 51) und als Personifikation des Regenbogens eine Verbindung zwischen Himmel und Erde herstellt. Übertragen auf die Anatomie des Auges, bezeichnet Iris die um die Pupille gewölbte Regenbogenhaut, die durch ihre Pigmentierung den Lichteinfall auf die Netzhaut reguliert. In der Droste vertrauten Homöopathie gibt die Irisdiagnostik Aufschluss über den Zustand des Körpers, da die Iris als dessen Spiegel gesehen wird. Bedenkt man, dass in der älteren Wortbedeutung Gemüt auch als »wohn- und werkstätte der vorstellungen, inneren bilder« (Grimm 1986, Bd. 5, Sp. 3299) galt und man deshalb vom »auge des gemüts« sprach, »das die bilder in sich sieht« (Grimm 1986, Bd. 5, Sp. 3298), offenbart sich die diskursive Fundierung von Drostes mehrgliedrigen Metaphern umso mehr. Alle diese Informationen fundieren das Gedicht *Gemüth* und helfen, die eine Seite seiner Struktur zu verstehen.

Ebenso aufschlussreich ist indes, im Gedicht das Wirken der Himmel und Erde, Geist und »Geister« (V. 54), Vernunft und Traum, Licht und Dunkel im wörtlichen Sinne ineinander übersetzenden (meta-phorischen) Schöpferkräfte, die es beschreibt, zu beobachten. Von Strophe zu Strophe werden neue Metaphern aus den alten generiert, Vorstellungen von Sympathie und Responsivität (»O, Erd und Himmel lächeln auch«, V. 19) geweckt, die performative Qualität haben und den Rezipienten des Gedichts mit in die Zwiesprache zwischen Dichter, Natur und Tradition (auch der Bildtradition, vgl. Philipp Otto Runges *Der Morgen*) einbeziehen. Am Schluss inszeniert das Gedicht das Verlöschen aller äußeren Reize, die auf das Gemüt/das Auge/den Tropfen treffen, um jene innere Produktivität ins Bild zu setzen, die in den Ästhetiken des 19. Jahrhunderts immer daran beteiligt ist, Fiktion zu schaffen, mögliche Welten, die »nie gewesen« sind und »nie [...] werden« (V. 47) können: »[d]ie Embryone deiner Brust« (V. 48).

Literatur

Culler, Jonathan: The Pursuit of Signs. Semiotics, Literature, Deconstruction. London 1981.

Goethe, Johann Wolfgang von: Maximen und Reflexionen über Literatur und Ethik. Aus Kunst und Altertum [1833]. In: Goethes Werke. Weimarer Ausgabe. Bd. 42,2. Weimar 1907.

Grywatsch, Jochen: »Wo Träume lagern lang verschollner Zeit«. Zum Verhältnis von Traum und Zeit in den Epen und der Landschaftsprosa der Annette von Droste-Hülshoff. In: Cornelia Blasberg in Verb. mit Jochen Grywatsch (Hg.): ZwischenZeiten. Zur Poetik der Zeitlichkeit in der Literatur der Annette von Droste-Hülshoff und der ›Biedermeier‹-Epoche (= Droste-Jahrbuch 9), Hannover 2013, S. 211–234.

Lasslop, P.: Art. Gemüt. In: Joachim Ritter/Karlfried Gründer/Gottfried Gabriel (Hg.): Historisches Wörterbuch der Philosophie, Bd. 3. Basel u. a. 1974, Sp. 262–264.

Nutt-Kofoth, Rüdiger: Krisenerfahrung des Subjekts und Dissoziation des Künstlertums. *Mondesaufgang* als poetologische Rede. In: Claudia Liebrand/Thomas Wortmann (Hg.): Interpretationen. Gedichte von Annette von Droste-Hülshoff. Stuttgart 2014, S. 154–165.

Schulz, Eberhard Wilhelm: *Gemüt* – über ein Gedicht der Droste. In: Eberhard Wilhelm Schulz: Wort und Zeit. Aufsätze und Vorträge zur Literaturgeschichte. Neumünster 1968, S. 49–59.

6.4. Der Dichter – Dichters Glück

Tilman Venzl/Yvonne Zimmermann

Der Dichter – Dichters Glück (HKA II, 69 f.) entstand nicht vor dem 17. April 1844 und gehört zu den zehn bis zwölf Gedichten, die Droste Schücking, womöglich auch mit der Intention, »das frühere Einvernehmen wiederherzustellen« (Woesler 2004, 38), am 30. Mai desselben Jahres für das *Morgenblatt* mitgab, in dem allerdings nur vier Texte tatsächlich abgedruckt wurden (HKA II, 485–489). Der erste Teil des Gedichts (V. 1–32), überschrieben *Der Dichter*, wurde 1860 postum in den *Letzten Gaben* von Levin Schücking erstveröffentlicht, während der zweite Teil (V. 33–48), überschrieben *Locke nicht, du Strahl aus der Höh!*, 1930 im vierten Band von Schulte Kemminghausens Droste-Werkausgabe (1925–1930) unter der Rubrik »Fragmentarisches« erschien. Seit Heselhaus (1950a) geht die Forschung davon aus, dass beide Teile zusammengehören, wofür nicht nur die Nummerierung beider Teile, sondern auch ihre metaphorische Kohäsion sprechen. Editorische Probleme ergeben sich aus dem Fehlen einer möglicherweise verlorengegangenen Reinschrift. So ist schwer zu ermessen, wie die zahlreichen Alternativvarianten im erhaltenen Arbeitsmanuskript zu gewichten sind. Auch kann nicht sicher entschieden werden, ob das Gedicht, das in der vorliegenden Form lediglich mit einem Strophenabschlussstrich endet, überhaupt fertiggestellt wurde (HKA II, 500 f.). Der Forschung, die sich weithin auf die auch der HKA zugrundeliegende Textfassung bezieht, in der bei Alternativvarianten immer die älteste, nicht gestrichene Textstufe in den edierten Text aufgenommen wurde, gilt *Der Dichter – Dichters Glück* jedenfalls seit langem als rätselhaftes, faszinierendes und bisweilen auch als eines der gelungensten poetologischen Gedichte Drostes (Heselhaus 1971, 298; Schlegelmilch 1958, 116; Woesler 2004, 49). Die kunstvoll durchgeformte, stetig umcodierte Metaphorik zeigt nicht nur die Verbundenheit beider Teile, sondern spielt mit inter- und intratextuellen Verweisen auf der abendländischen Literaturgeschichte entstammende sowie auf eigene Werke an. Schließlich wird in Reaktion auf zeittypische Dichterbilder ein poetisches Selbstverständnis im Zeichen sozialer Nützlichkeit und Opferbereitschaft entworfen.

Die beiden Teile von *Der Dichter – Dichters Glück* weisen unterschiedliche Formen auf. Der erste Teil umfasst vier weitgehend gleichmäßige achtversige Strophen, die aus abwechselnd männlich und weiblich endenden alternierenden Vierhebern mit Auftakt bestehen und in denen jeweils auf einen Kreuzreim zwei Paarreime folgen. Eine Ausnahme bildet die vierte Strophe, in der die ersten vier Verse eine Symploke, also einen identischen Haufenreim aufweisen. Der zweite Teil besteht aus zwei Strophen, die vierhebige Verse mit Füllungsfreiheit und abwechselnd männlichen und weiblichen Kadenzen durch zwei Kreuzreime verbinden. Dabei bilden nicht nur Vers 37 mit fünf Hebungen, sondern auch die verknappten, je dreihebigen Schlussverse beider Strophen Ausnahmen. Die formale Zweiteilung hat ihre Entsprechung auf stilistischer und kommunikationsstruktureller Ebene: Während im ersten Teil ein Sprecher in impulsivem Ton teils mit Fragen, teils mit Ausrufen einer Gruppe die existenzielle Situation des Dichters aufzeigt, richtet sich im zweiten Teil ein Dichter-Ich mit zurückweisenden, zu Bitten abgetönten Imperativen an einzelne poetologisch codierte Adressaten.

Die ersten beiden Strophen von *Der Dichter – Dichters Glück* kontrastieren ein Kollektiv mit dem im generischen Singular gefassten Dichter, was den im frühen 19. Jahrhundert topisch gewordenen Gegensatz von Künstler und Philister aufruft. Den Beginn bildet eine regelrechte »Publikumsbeschimpfung« (Pott 2004, 249), die in Form einer vokativischen Fügung die Hälfte der ersten Strophe einnimmt, wobei die im Verlauf des Gedichts zentrale

Blumen- und Preziosenmetaphorik an dieser Stelle naturalisiert ist und einen selbstgerechten, ökonomisch gesicherten »wohlbehaglich[en]« (V. 4) Lebensstil anzeigt. Die folgenden beiden Halbstrophen, die eine syntaktische und gedankliche Einheit bilden, setzen das Unverständnis des adressierten Kollektivs für »de[n] Dichter« (V. 5) ins Bild, der die prosaische Wirklichkeit ins Poetische zu überführen vermag. Die topischen und auch im Volksmund belegten Bilder (Woesler 2004, 47) der »Disteln«, die in den Händen des Dichters zu »Rosen« werden (V. 6 f.), und der Träne, die sich in »Korall und Perle« (V. 8) verwandelt, codieren die Blumen- und Preziosenmotivik der Eingangsstrophe nun poetologisch (vgl. *Mein Beruf, Meine Sträuße, Poesie*). Das Motiv der Perle steht als »weltschmerzliche[s] Dichtungssymbol« für »die Entstehung des Kunstwerks aus Schmerz und Melancholie« (Reiter 2003, 73). Die Motive der Rose und des Koralls, die auf die »blutig[e] [...] Thräne« (V. 22) und das enigmatische Schlussbild der »mystische[n] Rose« (V. 42) vorausdeuten, weisen auf den religiösen, auf die Leiden Marias anspielenden Gehalt. Die sich in dieser Metaphorik von Vermögen und Leid ausdrückende Ambivalenz der Dichterexistenz wird in der ersten Hälfte der zweiten Strophe in zeittypischen Bildern weitergeführt: Im »Wettertoben wenn Euch bangt« (V. 11) findet sich der Dichter zurecht und entzündet – eine Anspielung auf Prometheus – seine »Lampe« (V. 10) am niedergehenden »Blitz« (V. 9). Die folgende Halbstrophe, die auf Vers 5 anapherierend den Gedichteingang resümiert, offenbart die rhetorische Faktur des Gedichts und enthüllt, auf inhaltlicher Ebene, die »Macht« des Dichters zugleich als seinen »Fluch« (Rotermund 1962, 73): Als »halb[ ]« beneideter »Geistescrösus seiner Zeit« muss er »seine Schätze« mit »Qualen« erkaufen (V. 13–16). Die Strophen 3 und 4 handeln von dieser negativen Seite des Dichterdaseins, indem die bisherigen »scheinbar positiven Bild[er]« durch ihre »bedrohliche Kehrseite in Frage gestellt« werden (Borchmeyer 1998, 239).

Die dritte Strophe, die aus einem elliptischen Satzgefüge besteht und mit Parallelismen und Anaphern rhetorisch gestaltet ist, leitet diese Neuperspektivierung des »Geistescrösus« (V. 14) als »Verdammten« mit dem deklarativen, auf das vorangegangene Resümee rückweisende »Wißt nicht« (V. 17) ein. Der Sprecher zeigt dem unkundigen Adressatenkollektiv auf, dass die Kühnheit in »der durchstürmten Wolke Reich« (V. 19) nicht Wahl, sondern Schicksal des Dichters ist. In ähnlicher Weise kommt die Herrschaft über das Feuer einem Leben in der Hölle gleich, womöglich eine Reminiszenz an das Inferno in Dantes *Divina Commedia* (HKA II, 507). Die Bilder der geweinten Perlen und Korallen werden im Bild der »blutig[en] [...] Thräne[n]« (V. 22) weitergeführt, während die Blumenmotivik der zur Rose gewandelten Distel aufgegriffen wird. Der Schutz des dornenreichen Gebüschs ist notwendig, damit sich die ›Rose‹ der Dichtung entfalten kann. Zugleich intensiviert die Rede von den Dornen den Bezug zur Heilsgeschichte und deutet darauf hin, dass das grammatisch bezugslose dativische Personalpronomen »ihr« (V. 21), was bislang unbeachtet blieb, auf die Gottesmutter verweist, die dem Dichter Vorbild und Inspiration ist.

6. Gedichte von 1844 bis 1848

In der vierten Strophe bündelt der Sprecher die Gefährdung und Ausgrenzung des Dichters im Ton der Empörung über das Unverständnis des Adressatenkollektivs: In vier parallelistischen, eine Symploke bildenden rhetorischen Fragen im Zeilenstil wird zunächst mit den Metaphern »Wetter«, »Sturm«, »Thräne« und »Dornen« die prekäre Existenzweise des Dichters erneut aufgerufen (V. 25–28). Die folgenden vier Verse bestehen aus zwei wiederum parallel gebauten und anaphorischen Ausrufungssätzen, die zunächst die Macht des Dichters anhand der beiden Bilder der »Lamp'« (V. 29) und der »Perlen« respektive der »Juvele[n]« (V. 31) mit einleitendem »Ja« (V. 29) konzedieren, um in weiterführenden Relativsätzen über das »sieden[de]« »Mark« (V. 30) und den Verlust der »Seele« (V. 32) das damit verbundene, auch spirituelle Leid nochmals sarkastisch zu pointieren. Der erste Gedichtteil gipfelt somit in der im Grunde inhaltlich redundanten vierten Strophe, die die Konfrontation des Dichters mit der Gesellschaft durch interrogative und exklamatorische Zuspitzungen noch steigert. Trotz seiner zunehmenden Involviertheit rechnet sich der Sprecher dieser mit dem generischen Singular *der* Dichter bezeichneten Gruppe nicht dezidiert zu, die gemäß der zeittypischen zwischen »Heroismus und Selbstbemitleidung« (Schlaffer 1966, 303) schwankenden Stilisierung konturiert ist.

Im zweiten Gedichtteil ist die Kommunikationsstruktur grundlegend verändert, da sich der Sprecher nun als Dichter-Ich zu erkennen gibt, das sich nicht mehr belehrend an die Gesellschaft, sondern imperativisch mit »bittend-abwehrende[r] Gebärde« (Heselhaus 1971, 297) an verschiedene poetologisch codierte Adressaten richtet. An die Stelle der polemischen, auf konventionellen Mustern basierenden Opposition von Fremd- und Selbstwahrnehmung des Dichters, die in metrisch starren Versen und Strophen mit sentenzhaftem Formimpuls ausgedrückt war, tritt der Gestus der Selbstverständigung, der in metrisch gelockerten Versen und durchgängigen Kreuzreimen gestaltet ist. Die Metaphorik des ersten Gedichtteils wird aufgegriffen und durch weitere intertextuelle Bezugnahmen auf traditionsreiche Werke der deutschen Literatur ergänzt, deren Bildbestände auf die Gefährdung des Dichters perspektiviert werden: Die Versuchung des Blitzes, des »Strahl[s] aus der Höh«, wird eingedenk der Leiden des »Prometheus«, seit Shaftesbury und Herder Symbol für die Dichtung, zurückgewiesen (V. 33f.). In ähnlicher Weise wird der »buhlende[ ] See« (V. 35), der womöglich eine Anspielung auf das Ophelia-Motiv darstellt (Peucker 1987, 100f.), zur Ruhe beschworen, da der »Hort[ ]« der Nibelungen von »Ungeheuer[n]« bewacht bleibe (V. 36f.). Und der auf Goethes *König in Thule* verweisende »fürstliche[ ] Zecher« ruft den Jüngling aus Schillers *Der Taucher* und dessen »morsche[s] Gebein« auf dem Grund in Erinnerung (V. 38f.).

In der Schlussstrophe wird diese literarische Adressatenreihe im Rekurs auf das Motiv der sich zur Rose wandelnden Distel um den »flatternde[n] Lodenstrauß« ergänzt, um »der Distel mystische Rose« (V. 41 f.) mit »umschlingend[en]« »Fäden« (V. 43 f.) und einem »Würmlein klein / Das dir heilend im Schooß mag weilen« (V. 45 f.). In der Forschung wurden vor allem vier Interpretationsvorschläge für dieses rätselhafte Bild unterbreitet, das womöglich durch William Blakes Gedicht *The Sick Rose* (Heselhaus 1950a, 40–44) oder einen Louise Hensel oder Clemens Brentano zuzuschreibenden Einakter angeregt wurde (Fetzer 1970, 118 f.): als »Kakteenblüte«, da Kakteen im Sprachgebrauch der Zeit auch »Fackeldistel[n]« und »kurzweg Distel[n]« genannt wurden (Heselhaus 1950a, 47), als »Distelblüte«, von der sich »die Raupe des Distelfalters ernährt«, die später zum »Schmetterling« wird (Schlegelmilch 1958, 115), als auf die »in Westfalen weit verbreitete[ ]« *Cirsium eriophorum* (Wollkopf-Kratzdistel) (Nettesheim 1958, 525, Anm. 12), in deren »Fruchtboden [...] die Larve der Trypeta-Fliege als Schmarotzer, ein Mittel der Volksmedizin« (Nettesheim 1973, 19), haust, oder als »Schlafäpfel der Wildrosen«: »Sie entstehen, wenn die Rosengallwespe Diplolepis rosæ ihre Eier in noch geschlossene Knospen abgelegt hat. Das befallene Gewebe schwillt bis zu einer gelegentlich faustgroßen Galle heran, die bis zu 60 Kammern mit je einer Larve enthalten kann« und »volksmedizinische[ ] Bedeutung« besitzt (Becker/Christian 2004, 239 f.). Das Bild der »Distel mystische Rose« (V. 42) mit einem »Würmlein [...] im Schooß« (V. 45 f.) hat allerdings nicht allein naturkundlichen, sondern auch ethisch-religiösen Bezug (Paulin 2007, 84), worauf Droste auch in ihrem Selbstkommentar zu dem motivisch parallelen, ebenfalls späten Gedicht ⟨*Im Keim des Daseyns, den die Phantasie*⟩ hinweist (Woesler 2004, 41). Der Wurm hat bei Droste »die traditionelle allegorische Bedeutung« von »Reue und Gewissen« und steht für den »Gewissenkampf[ ]« und die »seelische[n] Wunden« des Sprechers (Häntzschel 1968, 116 f.). Und bereits in der Lauretanischen Litanei findet sich die Anrufung der heiligen Jungfrau als ›rosa mystica‹ (HKA II, 509). Die Schlussverse von *Der Dichter – Dichters Glück*, in denen der Sprecher die poetisch-poetologischen Reflexionen in Form einer wehmütigen Frage erstmals explizit an sich richtet, stehen in diesem vielfältigen Verweisungszusammenhang, der naturkundliche Beobachtung, religiöse Selbstbefragung und dichtungstheoretisches Räsonnement verbindet: »Ach soll ich denn die Rose seyn / Die zernagte, um Andre zu heilen?« (V. 47 f.)

Der Dichter – Dichters Glück mündet nach einem ersten Teil, in dem mannigfache Parallelen zu poetologischen Texten etwa Freiligraths (Rotermund 1962, 74), Grillparzers (Woesler 1996) und Schückings (Jordan 2000) aufgewiesen wurden, in einem alternativen Dichtungsverständnis, das vermöge ästhetischer Übercodierung nicht vollständig zu enträtseln ist. Wird im ersten Gedichtteil eine konventionelle, Klage und Selbstglorifizierung verbindende, topische Dichterrolle aufgerufen, distanziert sich das Ich im zweiten Teil von dieser, den Gegensatz von Künstler und Gesellschaft betonenden Diskursfolie. Nach der Zurückweisung intertextuell markierter, mit Gefahr verbundener Dichterrollen mündet das Gedicht im Bild der Rose aus. Es wird ein Dichtungsverständnis evoziert, das sich im pluralen literarischen Feld situiert und anhand naturkundlicher Bilder Aspekte des Karitativen und des Selbstopfers verbindet. Die These, der zufolge in *Der Dichter – Dichters Glück* eine Dichterrolle im kritischen Durchgang durch die Literaturgeschichte gewonnen wird, wird neuerdings auch im Sinne einer grundsätzlichen Irritation dichterischen Sprechens zugespitzt: Die Fülle literarischer Anspielungen wird zu einem »*clash of topoi*« mit »widerstreitenden Zuschreibungen« prononciert, die »Ort« und »Funktion« des »*poeta*« prekär werden lassen (Liebrand 2008, 49; vgl. Fiedler 2014).

Literatur

Becker, Hans J./Christian, Erhard: Der Distel mystische Rose. Eine Neuinterpretation. In: Droste-Jahrbuch 5 (2004), S. 237–241.
Borchmeyer, Dieter: »Der Distel mystische Rose«. Annette von Droste-Hülshoff zum 150. Todestag. In: Heidelberger Jahrbücher 42 (1998), S. 233–258.
Fetzer, John: Old and New Directions in Clemens Brentano Research (1931–1968). In: Literaturwissenschaftliches Jahrbuch 11 (1970), S. 87–119.
Häntzschel, Günter: Tradition und Originalität. Allegorische Darstellung im Werk Annette von Droste-Hülshoffs. Stuttgart u. a. 1968.
Heselhaus, Clemens: Der Distel mystische Rose. In: Jahrbuch der Droste-Gesellschaft 2 (1950), S. 38–47. [Heselhaus 1950a]
Heselhaus, Clemens: Annette von Droste-Hülshoff. Werk und Leben. Düsseldorf 1971.
Liebrand, Claudia: Kreative Refakturen. Annette von Droste-Hülshoffs Texte. Freiburg/Br. u. a. 2008.
Nettesheim, Josefine: Wissen und Dichtung in der ersten Hälfte des 19. Jahrhunderts am Beispiel der geistigen Welt Annettes von Droste-Hülshoff. In: Deutsche Vierteljahrsschrift für Literaturwissenschaft und Geistesgeschichte 32,4 (1958), S. 516–553.
Nettesheim, Josefine: Annette Droste zu Hülshoff. Naturwissenschaftliches Lexikon. Lyrik und Epik. Münster 1973.
Paulin, Roger: Annette von Droste-Hülshoff. In: Hilary Brown (Hg.): Landmarks in German Women's Writing. Oxford u. a. 2007, S. 77–90.
Peucker, Brigitte: Lyric Descent in the German Romantic Tradition. New Haven/Conn. 1987.
Pott, Sandra: Poetiken. Poetologische Lyrik, Poetik und Ästhetik von Novalis bis Rilke. Berlin, New York 2004.
Reiter, Anette: Mein wunderliches verrücktes Unglück. Melancholie bei Annette von Droste-Hülshoff. Regensburg 2003.
Rotermund, Erwin: Die Dichtergedichte der Droste. In: Jahrbuch der Droste-Gesellschaft 4 (1962), S. 53–78.
Schlaffer, Heinz: Das Dichtergedicht im 19. Jahrhundert. Topos und Ideologie. In: Jahrbuch der Deutschen Schillergesellschaft 10 (1966), S. 297–335.
Schlegelmilch, Wolfgang: ›Entsagung‹: Zu einem späten Gedicht der Droste. In: German Life and Letters 11,2 (1958), S. 112–116.
Woesler, Winfried: *Der Dichter – Dichters Glück*. Interpretation eines späten Droste-Gedichtes. In: Droste-Jahrbuch 5 (2004), S. 37–55.

6.5. Spätes Erwachen
Japhet Johnstone

Das Gedicht *Spätes Erwachen* (HKA I, 322 f.) gehört zu einem Konvolut von vermutlich zehn Texten, die im April/Mai 1844 in Meersburg entstanden und die Droste Levin Schücking (→ I.1.2.3.) zur Veröffentlichung im *Morgenblatt für gebildete Leser* mitgab. Dort erschien das Gedicht am 16. August 1844 an prominenter Stelle (HKA I, 1797–1800). Das erhaltene Arbeitsmanuskript des Gedichts weist eine Widmung »an Amalie H.« (HKA I, 1826; d.i. Amalie Hassenpflug; → I.1.1.) auf, die im Erstdruck nicht erschien. Auf wessen Betreiben das geschah, ist ebenso unklar wie ein konkreter biographischer Anlass für die Zueignung fehlt. Beide Unklarheiten haben in der Deutungsgeschichte zu vielerlei Spekulationen geführt. Mit der Widmung an die enge Freundin rückt der Text in die Nähe weiterer Gedichte, bei denen eine Zueignung an Amalie Hassenpflug direkt oder vermittelt offenbar wird (*Locke und Lied*, *Das Bild*, *Der Traum. An Amalie H.*). Für die sich aus solcher Sichtweise ableitenden biographischen Interpretationen verbleibt das Gedicht »on the level of the hermetically autobiographical« (Guthrie 1989, 66).

Klanglich ist das Gedicht durch den regelmäßigen Rhythmus der 14 Strophen bestimmt, deren vier Verse als jambische Vierheber gestaltet sind und in der ersten und dritten Zeile unbetont enden. Die Nähe zum Volksliedton ist auch auf die lautliche Ausgestaltung der Strophen zurückzuführen, die durchgängig Kreuzreime verwenden. Die identischen Reimworte der Strophen 1, 5 und 13 (»Haus«/»hinaus«) setzen einen markanten Akzent, den die Schlussstrophe mit dem Reimpaar »Seyn«/»hinein« (V. 54, 56) aufgreift – womit bereits die Entwicklung in den Blick gerät, die das lyrische Ich erfährt. Der Entwicklungssprung, das »Erwachen« des Titels, wird allerdings nicht konkretisiert, sondern findet in einer Lücke zwischen Strophe 10 und 11 statt, die im Erstdruck durch einen Seitenwechsel zusätzliches Gewicht erhält und die Makrostruktur des Textes bestimmt. Die Zäsur wird ebenfalls durch den Übergang vom Imperfekt zum Präsens (V. 40 f.) betont.

Den dargestellten Wandlungsprozess hat die bisherige, weitgehend biographisch orientierte Forschung im Sinne einer Rückschau der Autorin auf ihr Leben gedeutet. Dabei ist von der »Entdeckung des Mitmenschlichen« (Heselhaus 1971, 301), der Einsicht in den »sozialen Auftrag« von Dichtung (von Heydebrand 2001a, 170), von »Freundschaftserfahrung« und einer »Lebenszäsur« die Rede, dank derer sich Droste »der Wirklichkeit mit neuem Lebens- und Selbstvertrauen« öffne (Schneider 1995, 141). Dementgegen allerdings behauptet das Gedicht seinen Rang im poetischen Werk durch die Semantik seiner Form. Es ist dreigeteilt, und indem es dadurch Bezug auf das triadische Geschichtsmodell der Romantiker nimmt, gibt es zu erkennen, dass es sich im Dienst poetologischer Selbstreflexion mit diesem Diskurs auseinander setzt. So konnotieren die ersten drei Strophen mit dem Tieck'schen Topos der Waldeinsamkeit (»im grünumhegten Haus«, V. 2) und der Darstellung einer träumerischen Responsivität zwischen Mensch und Natur (»Felsen meine Brüder«, V. 7; »Schwester mein Spiegelbild im Teich«, V. 8) im Sinne der romantischen Naturphilosophie (→ I.3.3.) den hermetischen Raum der Kindheit als ›goldenes Zeitalter‹. Die Strophen 4 bis 10 zitieren mit dem Bild der als »verdämmert und zerfahren« erlebten »Jugendzeit« des lyrischen Ich (V. 11 f.) die Gegenwartsdiagnose der Romantiker. Der Möglichkeitsraum der naturumgrenzten Kindheit verwandelt sich in den aus *Am Thurme* (HKA I, 78) bekannten Kerker (»eingeschlossen / In meiner Träume Zauberthurm«, V. 29 f.), und die früher direkt und natürlich funktionierende Zeichenlektüre weicht der anstrengenden Deutungsarbeit im Dickicht arbiträrer Zeichen: das »Fächeln« (V. 21) des Duftes führt nicht zur Blume, die Einladung zur »Liebe« (V. 23) verheißt kein »Paradies« (V. 24), aus der Notenschrift sind nur »verwirrt[e]« (V. 26) Töne zu entziffern, alle »Pfade« (V. 37) müssen befragt werden, ob sie zu vertrauten Bedeutungen führen. Mit der elften Strophe, die den intensiven Blicktausch mit einem Du beschreibt, verändert sich diese Situation erneut. Im Gegensatz zu früheren, erotisch konnotierten Kontakt-Erfahrungen (»heiße Lippen«, V. 16; »heiße Hände«, V. 15) ist diese Begegnung durch zurückhaltende Emotionalität (»warme[ ] Hände[ ]«, V. 45) gekennzeichnet, was die Überlegenheit weiblicher Freundschaftserfahrungen gegenüber anderen Beziehungsformen andeutet – wenn man denn das Du durch die Widmung »an Amalie H.« identifizieren will. Statt sich mit verwirrten Signaturen abmühen zu müssen, entziffert das Ich nun in den »leisen Pulse[n]« (V. 46) der Hände, im Schlag des »lebend'ge[n] Herzen[s]« (V. 51) und im »[l]ebend'ge[n] Odem« (V. 52) die Körperzeichen naher Verbundenheit und kann sich mit der religiös konnotierten, enthusiastischen Aufforderung »Auf ist mein Paradies im Herzen, / Zieht alle, alle nun hinein!« (V. 55 f.) an die gesamte Menschheit richten.

Während im triadischen Modell der Romantiker die zweite Stufe der Gegenwart, die dritte der sehnsüchtig erwarteten Zukunft entspricht, setzt das Gedicht *Spätes Erwachen* die letzten vier Strophen, die den neuen Zustand als genuin dichterischen profilieren, ins Präsens und hebt sie von den vorangehenden, im Tempus des Imperfekt geschriebenen ab. So markiert das »Erwachen«, das die lyrische Sprachlichkeit verändert und mit dem Begriff »Odem« (V. 52) an den Schöpfungsatem denken lässt, nicht nur die Grenze zu einer neuen (Lebens-)Zeit, sondern verändert – aus der Retrospektive – das romantische Modell als solches: Was dieses als Zukunft imaginiert, ist in Drostes Gedicht emphatische Gegenwart. Das »[s]päte Erwachen« hat demnach auch einen literarhistorischen Index, denn es entspricht der Nachzeitigkeit einer postromantischen Konstellation, die – in gewisser Verwandtschaft zu Heinrich Heines poetischem Humanismus – eine lebensnahe Sinnlichkeit und Mitmenschlichkeit zur neuen Grundlage lyrischen Sprechens erklärt.

Literatur

Guthrie, John: Annette von Droste-Hülshoff. A German Poet between Romanticism and Realism. Oxford 1989.

Heselhaus, Clemens: Annette von Droste-Hülshoff. Werk und Leben. Düsseldorf 1971.
Heydebrand, Renate von: Differenz der Geschlechter oder der Poetik? Annette von Droste-Hülshoff und Levin Schücking. In: Annegret Heitmann u. a. (Hg.): Bi-Textualität. Inszenierungen des Paares. Ein Buch für Ina Schabert. Berlin 2001, S. 156–178. [von Heydebrand 2001a]
Schneider, Ronald: Annette von Droste-Hülshoff. 2., vollst. neu bearb. Aufl. Stuttgart, Weimar 1995.

6.6. Die todte Lerche
Martina Wernli

Eine Vorstufe zu diesem Gedicht (HKA I, 324) befindet sich gemeinsam mit *An Philippa. Wartensee, den 24. May 44* auf einem eng beschriebenen Manuskriptblatt. Vermutet wird deshalb, dass das Gedicht anlässlich von Drostes Besuch bei der jungen englischen Musikerin und Künstlerin Philippa Pearsall (HKA VIII, 474) auf Schloss Wartensee entstanden ist (HKA I, 1833). Zusammen mit *Lebt wohl* wurde es am 28. August 1844 im *Morgenblatt für gebildete Leser* veröffentlicht und durch eine Strophe aus Percy Bysshe Shelleys *To a Skylark* eingeleitet. Sie lautet: »Higher still and higher / From the earth thou springest / Like a cloud of fire; / The blue deep thou evingest, / And singing still dost soar, and soaring ever singest.« Damit setzten die Herausgeber des *Morgenblattes* bereits ein intertextuelles Signal. Lerchen finden in Naturgeschichte und Lyrik seit dem Altertum Erwähnung, seit dem Mittelalter konnotieren sie ein positives Dichterbild (Doebele-Flügel 1977, 182). In der Poesie des 18. Jahrhunderts wird der Topos des betörenden Gesangs, der die Lerche mit der Nachtigall verbindet, durch die Motive des kreisend aufsteigenden Flugs und des Morgen- und Schöpferlobs (Doebele-Flügel 1977, 185) erweitert. Dank dieser charakteristischen Verdichtung von naturgeschichtlichen und religiösen Assoziationen figuriert die Lerche in der Literatur des 19. Jahrhunderts als Sinnbild des Dichters (Karlin 2013, 60).

Eine poetologische Dimension muss auch für *Die todte Lerche* angenommen werden. Lerchen konnotieren in Drostes Werk z. B. die ›heile‹, inspirierende Umwelt des jungen lyrischen Ich (*Spätes Erwachen*, HKA I, 322 f., V. 3). Zur Titelgestalt avanciert der Vogel im Gedicht *Die Lerche* (HKA I, 33–35; → II.5.3.2.), das die *Haidebilder* einleitet: Wenn die Lerche dort als »Tages Herold« (V. 11) bezeichnet und ihre Stimme direkt ›zitiert‹ wird (V. 17–22, 39–43, 67–70), dann erscheint dieses intime Zwiegespräch der Natur mit sich selbst als Allegorie eines fürstlichen Levers, das die religiöse Konnotation des Schöpferlobs präsent hält. Dadurch, dass diese nach allen Seiten sympathetische Vision in den letzten beiden, ins Imperfekt wechselnden Zeilen gebrochen wird (»Die Wolke dehnte sich, scharf strich der Hauch, / Die Lerche schwieg, und sank zum Ginsterstrauch«, V. 83 f.) und ein externer Beobachter und nachträglicher Verschrifter der Szene ins Spiel kommt, kann das Gedicht als ein Komplement zu *Die todte Lerche* gelesen werden. Im späteren Text wird die Abwärtsbewegung absolut gesetzt, und das titelgebende Tier erscheint nur noch als toter, zerstückelter Körper.

Das Gedicht ist sehr regelmäßig gebaut: Jede der vier Strophen enthält acht, aus vierhebigen Jamben bestehende Verse mit Kreuzreim. Die Anfangswörter der ersten und vierten Strophe (»Ich«) und die der zweiten und dritten (»Da«) sind identisch. Es scheint, als sei das formale Ebenmaß Ergebnis einer Anstrengung, die (ähnlich wie die sprachliche Distanzierung der Beschriebenen durch das Präteritum) im Gegensatz zu einem Erlebnis steht. Das initiale, oft wiederholte Personalpronomen »Ich« markiert das Zentrum eines Schreibens, das den Dialog mit dem als »Du« apostrophierten Vogel in Form des Wechselgesangs (Langen 1966) gestaltet und eine ideale Responsivität zwischen Poesie und ›Natur‹, zwischen Mensch und Tier imaginiert. Die Abstraktheit der Darstellung gehört folglich zum Programm des Gedichtes und bezeugt seine Konzentration auf die literarische Form, die dem jäh erfahrenen Ordnungsverlust ihre eigene Ordnung entgegenstellt. Dazu passt die Entwirklichung der lebendigen Lerche. Das schreibende Ich verfügt lediglich über eine akustische Reminiszenz (»Dein Lied«, V. 7) und das Nachbild schwirrender Bewegungen (V. 5), die an eine Mücke (V. 6) erinnern. Während die Formulierung »des ersten Strahles Glänzen« (V. 3) die Hochstimmung eines frischen, sonnigen Morgens wie im Gedicht *Die Lerche* assoziieren lässt, macht Strophe drei deutlich, dass die Sonne hier weder eine buchstäbliche noch eine allegorische Bedeutung hat, sondern auf den Ikarus-Mythos verweist. Ikarus, wie Prometheus Projektionsfigur der ›Sturm und Drang‹-Dichter und ihres Geniekonzepts, ist das *tertium comparationis* zwischen der »Lerche«, die »[a]m Strahl verflattert und versungen« (V. 23), verkohlt auf der Erde liegt, und dem lyrischen Ich, das seinen Tod voraussieht (V. 27 f.).

Auf der einen Seite ist das Gedicht von den tödlichen Kräften der Fragmentierung geprägt. Nur partielle Sinneseindrücke kommen zu Wort. Bevor die verkohlte Leiche des Vogels (»kleine Glieder«, »kalter Rest«, V. 19, 22) thematisch wird, hat das Gedicht seine Körperlichkeit neutralisiert: »Da plötzlich sank und sank *es* nieder« (V. 17, Herv. M.W.). Analog scheint das Ich des Gedichtes selber zerstückelt, nämlich auf Kognition und Selbstbeobachtung eingeschränkt zu sein, denn es nähert sich zwar dem Vogel (V. 20), doch betrachtet es nur den »Rest« und das »halbgebaute[ ] Nest« (V. 22, 24). So dominant ist das gerade *nicht* beschriebene Ereignis, dass dem Ich auf der erinnerten Handlungsebene die Begegnung mit dem Tier, jegliche Art der Berührung oder eine mitfühlende, respektvolle Handlung wie die Beerdigung der Leiche verwehrt bleibt. Auf der anderen Seite vermittelt der Gedichttext den Eindruck einer dicht gewebten Textur. Das leisten die Vergleiche, die zu einer Kette anwachsen. Zuerst wird aufgrund der schwirrenden Bewegung in Richtung des (potentiell verbrennenden) Lichts eine Analogie zwischen Lerche und »Mücke« (V. 6) hergestellt, die dann auf die Trias »Mücke«, »Ich« und »Lerche« ausgedehnt wird (V. 15 f.). Vorher hatte bereits die chiastische Formulierung »Dein Lied war wie ein Blüthenregen, / Dein Flügelschlag wie ein

Gedicht« (V. 7 f.) die enge Verbindung von Natur und Dichtung ausgestellt. Im ersten Moment könnte man den Eindruck gewinnen, dass die Reihe »Lerche« – »Mücke« – »Lied« – »Blüthenregen« – »Flügelschlag« – »Gedicht« Dichtung als ›Naturprodukt‹ ausweisen soll und Drostes Gedicht als ein Naturgedicht in diesem Sinne auszeichnet. Dem widerspricht indes der Irrealis vieler Verben: »Da war es mir, als müsse« (V. 9), »Als horch' ich meinem eignen Singen« (V. 11). Einer skeptischen Lesart arbeitet auch die Beobachtung der temporalen Struktur des Gedichttextes zu. Die ersten drei Strophen stehen als Erinnerung im Präteritum, die letzte Strophe wechselt zum Präsens und imaginiert – im Futur – das Lebensende des lyrischen Ich. Das Präsens indiziert die Reflexions- und Schreibzeit, aus deren Ich-zentrierter Sicht die Erfahrung des Lerchentodes in Erinnerung gerufen und zugleich das eigene Schreiben in eine testamentarische Perspektive gerückt wird (Vedder 2013). Hatte bereits der Topos der Lerche den poetologischen Charakter des Gedichtes angedeutet, so rückt die Verschränkung von »todte[r] Lerche« und mit der eigenen Sterblichkeit konfrontiertem lyrischen Ich eine generelle Aussage zum Dichten als testamentarischer, im Wissen um den Tod erfolgter Geste in den Fokus.

Erfolgreich konkurriert das Syntagma der Vergleiche auch mit dem Verdoppelungsprinzip. Bereits die Anfangsszene ruft das Bild der Grenze auf und damit die Idee einer topographischen Zweiheit, von der nur ein Bereich, nämlich der »Saatenwald« (V. 2) der Lerche, genauer bezeichnet wird, während die andere, dem Ich durch Analogien zugewiesene Seite des »eignen Singen[s]« (V. 11), des »eignen Flügelschlag[s]« (V. 12) und des »Grab[s] auf grüner Flur« (V. 30), keine Realität zu haben scheint. Diese Doppelstruktur findet sich in der Architektur des Gedichtes wieder: Nach dem ersten Quartett als kleinster Reimeinheit einer Strophe folgt jeweils eine Zäsur. Orientiert man sich an Klang und Interpunktion, könnte man die Strophe als Verdoppelung eines Quartetts lesen. Aber nicht nur formal, sondern auch inhaltlich gibt es eine Wende nach der zweiten Strophe, so dass das Gedicht wie eine Doppelung von zwei Strophen wirkt. Markiert wird dieser lokale und temporale Wechsel durch das »Da plötzlich« (V. 17) in der dritten Strophe. Spätestens hier zeigt sich, dass die Doppelung der Struktur nicht eine Spiegelung von Gleichem und Austauschbarem indiziert, sondern im Licht der romantischen Philosophie der Nicht-Identität gelesen werden muss (Liebrand 2008, 24–29). Wie in den Gedichten *Das Spiegelbild* (→ II.5.5.16.) und *Am Thurme* (→ II.5.4.4.) ist nämlich auch das lyrische Ich gespalten. Während das Personalpronomen »Du« in den ersten drei Strophen die Lerche bezeichnet, deutet das Selbstzitat aus *Das Spiegelbild* (»Mich dünkt – ich würde um dich weinen«, HKA I, 169, V. 42) in *Die todte Lerche* (»Ich möchte Thränen um dich weinen«, V. 25) bereits einen Wechsel an, der dann in Vers 29 vollzogen wird: Das zuvor als Gegenüber der Lerche imaginierte einheitliche »Ich« erscheint nun als ein Gespaltenes und Doppeltes, bestehend aus einer (ungenannten) Seele und einem Leib, der zusätzlich pluralisiert wird (»ihr armen Reste«).

Das komplexe Gedicht führt vor, wie Naturgedichte entstehen – Wahrnehmungsfragmente werden in einen magisch dichten Verweiszusammenhang gebracht – und welche Wünsche sich damit verbinden. Dabei handelt es sich um Wünsche nach Ganzheit und Integrität, die von einem gespaltenen Ich ausgehen, das in der Natur einen Spiegel sucht und ihr dabei unterstellt, eine solche Ganzheit zu verkörpern. Der Ursprung aller Imaginationen in *Die todte Lerche* gründet im existenziellen Schrecken, der in diesem Gedicht mit dichterischer Sprache in gebundner Form dargestellt wird und damit gleichzeitig überwunden wie auch akut gehalten wird: Es bleibt die Sehnsucht nach dem »Neste« (V. 31) und einer »Heimath« (V. 32), deren Unerreichbarkeit offenbar wird.

Literatur

Doebele-Flügel, Verena: Die Lerche. Motivgeschichtliche Untersuchung zur deutschen Literatur, insbesondere zur deutschen Lyrik. Berlin, New York 1977.
Karlin, Daniel: The Figure of the Singer. Oxford 2013.
Liebrand, Claudia: Kreative Refakturen. Annette von Droste-Hülshoffs Texte. Freiburg/Br. u. a. 2008.
Vedder, Ulrike: Wiederkehr und Nachleben. Zur testamentarischen Zeitstruktur in Annette von Droste-Hülshoffs lyrischen Werken. In: Cornelia Blasberg in Verb. mit Jochen Grywatsch (Hg.): ZwischenZeiten. Zur Poetik der Zeitlichkeit in der Literatur der Annette von Droste-Hülshoff und der ›Biedermeier‹-Epoche. Hannover 2013 (= Droste-Jahrbuch 9), S. 159–174.

6.7. Lebt wohl
Thomas Wortmann

Für wenige Texte Drostes ist der biographische Kontext so exakt beschrieben wie für das Gedicht *Lebt wohl* (HKA I, 325): Im Mai 1844 besuchten Levin und Louise Schücking die Meersburg. Bei ihrer Heimreise gab Droste ihnen ein Konvolut von Texten zur Publikation im *Morgenblatt* mit, darunter die Reinschrift von *Lebt wohl*, das hier noch »An L. und L.« überschrieben war – und als Gelegenheitsgedicht die beiden Abreisenden adressiert. Am 28. August 1844 erschien es unter dem Titel *Lebt wohl* im *Morgenblatt* (HKA I, 1837f.). Diese Modifikation mag Schückings Gespür für Dezenz geschuldet sein; auch die Verfasserin selbst plädierte nachträglich für Diskretion. Im September ließ sie Louise Schücking – offenbar in Unkenntnis der bereits erfolgten Publikation – wissen, dass ihr das Gedicht nun »fast zu persönlich« scheine und bat sie, es »zurück zu halten« (HKA X, 212). Interpretieren lässt sich das Schreiben als persönliche Spitze, führte Droste der Frau ihres engen Freundes doch noch einmal den intimen Gehalt des Gedichtes und damit auch die Intimität ihrer Beziehung zu deren Ehemann vor Augen.

Auch *Lebt wohl* ist also ein Zeugnis jener besonderen Beziehung zwischen Droste und Levin Schücking. Dass sich die beiden ausgerechnet auf der Meersburg wiedersahen, ist von Bedeutung, denn der Ort hatte für beide Geschichte. Den Winter 1841/42 verbrachten sie gemeinsam am Bodensee und Droste-Hülshoff schrieb, eine Wette mit dem Freund einlösend, jeden Tag mindestens ein Gedicht (→ I.1.1.). Der knapp 17 Jahre jüngere Schücking rückte für die Schreibende hier in eine die gängige Geschlechterkonstellation verkehrende Musenfunktion. Einen tiefen Bruch erhielt die Beziehung, als Schücking sich mit Louise von Gall verlobte und sie schließlich 1843 gegen Drostes Rat heiratete (→ II.1.2.3.). Entsprechend aufgeladen war der Antrittsbesuch des Ehepaars, dessen Ende das Gedicht verhandelt: *Lebt wohl* zelebriert den Abschied – und ist gleichzeitig ein »Bekenntnis zur souveränen Existenz in der Isolation von der Gesellschaft« (Freund 1997, 102).

Das sechs Strophen mit jeweils vier Versen umfassende Gedicht lässt sich in zwei Teile gliedern, die kontrafaktisch angeordnet sind. Während die ersten drei Strophen ein schmerzhaftes Abschiedsszenario beschreiben, liefern die letzten drei Strophen das Gegenbild einer poetischen Selbsterhöhung, auf die das jambisch-steigende Versmaß schon vorausweist. Zunächst konstatiert die Sprechinstanz in einer *exclamatio* die Unvermeidbarkeit der Trennung: »Lebt wohl, es kann nicht anders seyn!« (V. 1). Während indes das Ich »allein« (V. 3) zurückbleibt, ziehen die Aufbrechenden gemeinsam fort. Das Leiden an Einsamkeit ist also nur das Schicksal der Sprechinstanz – und dieser Gegensatz organisiert das Gedicht. Gegenübergestellt sind Aufbruch und Mobilität vs. Zurückbleiben und Stasis. Den Gegensatz zum sich »flatternd« (V. 2) ausspannenden, Bewegung und Weite symbolisierenden Segel bildet das »Schloß« als ›Immobilie‹ im buchstäblichen Sinne (V. 3 f.). Der Kommentar der HKA setzt es mit der Meersburg gleich (HKA I, 1840), dabei transgrediert das semantische Potenzial des Begriffs die biographische Kontextualisierung. Anders als in der »Burg«, die sich auch in den Textfluss eingepasst und dem Ort der Aufzeichnung entsprochen hätte, klingt im »Schloß« auch das Ein- oder Wegschließen mit. Radikalisiert ist dies durch die Bestimmung des Schlosses als »öde[s] geisterhafte[s] Haus« (V. 4; vgl. *Das öde Haus*, HKA I, 79 f.; → II.5.4.5.): In einer Art Prolepse erscheint es hier bereits als ein von allen Menschen verlassener Ort, als ein Totenhaus, in dem sich das Ich lokalisiert. Abschied und Tod fallen symbolisch zusammen. Und das Arbeitsmanuskript H, auf dem *Lebt wohl* überliefert ist, setzt diese Verschränkung der Zeitebenen noch einmal in Szene: Auf der Rückseite des Blattes sind die Paragraphen des Stiftungsentwurfs notiert, mit dem Droste ursprünglich ihr Erbe regeln wollte. Die Kehrseite des Abschiedsgedichtes ist ein Testamentsentwurf (HKA I, 1837).

Die zweite Strophe schließt an die Todesallusion an und verknüpft sie motivisch mit dem Liebesdiskurs. Die Fortziehenden nehmen nicht nur das »Herz« der Sprechinstanz mit sich, sondern auch deren »lezten Sonnenstrahl« (V. 5 f.); zurück bleibt ein versehrtes, ja ein lebensunfähiges Ich. Peter von Matt hat für den »Sonnenstrahl« eine biographische Lesart vorgeschlagen und in der Metapher einen Verweis auf Schücking gesehen. Die pronominale Ersetzung des »Sonnenstrahls« (»Er scheide, scheide nur sogleich, / Denn scheiden muß er doch einmal«, V. 7 f.) ermögliche es der Schreibenden, »die Wahrheit im

6. Gedichte von 1844 bis 1848

Singular« zu sagen: »Sie spricht von beiden [...] und meint doch nur ihn, den Mann« (von Matt 2009, 83).

Die dritte Strophe übernimmt eine Art Scharnierfunktion für das Gedicht. Sie schließt alliterierend an die vorgehenden Strophen an (»*Lebt*«, V. 1, 5; »*Laßt*«, V. 3, 9), verweist aber schon in Assonanzen auf die folgenden drei Strophen (»*Laßt*«, V. 9; »Ver*la*ssen«, V. 13; »So *la*nge«, V. 15, 17, 21). Diese Verknüpfung der beiden Gedichtteile vollzieht sich auch auf der inhaltlichen Ebene. Während das Ich die Aufforderung zur Trennung noch einmal wiederholend verstärkt, nennen die darauf folgenden Verse mit dem »Zauberwort«, dem »Alpengeist« und dem »Ich« jene ›magische‹ Trias (V. 11 f.), über deren Zusammenspiel die Einsamkeit der Sprechinstanz eine Umwertung erfährt. Diese – poetische – Dreifaltigkeit wird in den Strophen 4, 5 und 6 zur Grundlage einer umfassenden Selbstermächtigung. Steht schon in den ersten drei Strophen das Ich, wie die gehäuften Pronomina »mich« und »mein« anzeigen, im Zentrum der Rede, so wird dieser Fokus auf das Selbst im zweiten Teil von *Lebt wohl* noch einmal gesteigert. Kein Gegenüber wird mehr adressiert, stattdessen wird die Position der Sprechinstanz, formuliert als Einspruch gegen das bisher Gesagte, mit Force nobilitiert: »Verlassen, aber einsam nicht, / Erschüttert, aber nicht zerdrückt« (V. 13 f.). Die Bedingung dieser Selbstbehauptung liefert der folgende Vers: Wenn das »heil'ge Licht« mit »Liebesaugen« auf die Sprechinstanz blickt, sind Liebesdiskurs, Religion und Literaturproduktion überblendet (V. 15 f.); bezieht man dieses »Licht« zudem auf das vorher genannte »Zauberwort« (V. 11), so ist gleichzeitig eine Vergöttlichung der Poesie vollzogen, deren Wirkmacht am Beispiel der sich verlebendigen Natur beschrieben wird. Dabei ruft das Gedicht zahlreiche literarische Intertexte auf, beginnend in der das Gedicht eröffnenden Formel »Lebt wohl«. Zitiert sind damit ebenso die letzten Worte Thoas' aus Goethes Drama *Iphigenie auf Tauris* (vgl. Nutt-Kofoth 2010, 137) wie der Titel des Byron-Gedichtes *Farewell! If Ever Fondest Prayer* (vgl. Guthrie 1990, 42), topographisch verweist das Abschiedsbild auf den Ariadne-Mythos (vgl. Woesler 1986, 71 f.). Die Szene ist damit als eine markiert, die sich nicht nur in biographischer Erfahrung gründet, sondern auch in literarischen Traditionen. Gleichzeitig rekurriert *Lebt wohl* in der Gegenüberstellung von Abschied und poetischer Selbstbehauptung auf den Konnex von Liebesleid und Literaturproduktion als Mythos künstlerischer Kreativität. Und dabei ist die poetologische Wende des zweiten Teils von *Lebt wohl* intertextuell fundiert: Mit dem »Zauberwort« (V. 11) wird ein »Zentralphantasma romantischer Lyrik« (Liebrand 2008, 72) genannt, das Eichendorffs Gedicht *Wünschelruthe* wirkmächtig in vier Verse fasst. Diese poetische Verzauberung der Welt wird zum Remedium gegen die Einsamkeit, wenn die »rausch[ende]« Natur nicht nur zum Ich spricht (V. 18), sondern ihm auch noch »[b]efreundet« zu »lausch[en]« vermag (V. 20). Die letzte Strophe skizziert schließlich eine veritable *victoria*-Pose. Nun scheint nicht mehr das »heil'ge Licht« auf das Ich herab, sondern als prometheisch anmutende Figur »streckt« sich dessen »Arm« hier »frei / [u]nd waltend« gen Himmel (V. 21 f.). Mit der »wilde[n] Muse« und dem »wilden [...] Schrei« des

Geiers wird ein ekstatisch anmutendes, Bewegung in der Stasis implizierendes Schlussbild entworfen (V. 23 f.). Liest man vor der Folie dieser Schlussfigur noch einmal den ersten Teil des Gedichtes, so erschließt sich eine andere Konstellation. Der Abschied ist nichts, was das Ich ereilt, sondern etwas, das es imperativisch über sich selbst und sein Gegenüber verfügt, um damit jene leidvoll-produktive Spielanordnung zu etablieren, die aus der emotionalen Versehrung die poetische Produktivität gebiert.

Dass auch dieser Schließungsfigur Friktionen eingeschrieben sind, hat die Forschung herausgearbeitet. Die Selbstbehauptung des Dichters in *Lebt wohl* gelinge zwar, allerdings um den Preis der Wirkungslosigkeit, weil der Sprechinstanz der menschliche Kommunikationspartner fehle (Nutt-Kofoth 2010, 139). So perspektiviert, nimmt das Gedicht den Goethe'schen Prätext ernst. Thoas' Abschiedsformel »Lebt wohl« bedeutet für Iphigenie die Heimkehr zur Familie, für den Taurerkönig aber bedeutet sie nicht nur Einsamkeit, sondern auch das Ende seiner Genealogie, seines ›Hauses‹. Diese tragische Konsequenz prozessiert *Lebt wohl*, denn die grandiose Schlusspose ist keine finale, sondern eine, deren Endlichkeit das Gedicht immer wieder betont. Liebrand hat von einer »[v]orläufigen Selbstrettung« gesprochen und auf den persuasiven Aufwand verwiesen, mit dem diese Position erlangt werde. Zwar avanciere die Poesie zu einer »Überlebensstrategie«, allerdings stehe im Hintergrund stets die Frage, wie lange dieses »so lange« andauern kann (Liebrand 2008, 75–77). Wendet man diese Überlegungen produktionsästhetisch, so ist Drostes Status als ›Projektemacherin‹, für die das Ende eines Schreibprozesses stets problematisch ist, nur konsequent – der immer wieder überarbeitete Stiftungsentwurf auf der Rückseite des Manuskriptes wäre dafür ein Beispiel. Das Nicht-Abschließen von Schreibprojekten dient dazu, den Zeitraum des »so lange« zu dehnen, die *victoria*-Pose bis zum Schluss zu halten.

Literatur

Freund, Winfried: Annette von Droste-Hülshoff. Was bleibt. Stuttgart u. a. 1997.
Guthrie, John: »[...] kein weiblicher Byron«. Zur Byron-Rezeption der Droste am Beispiel von *Lebt wohl*. In: Droste-Jahrbuch 2 (1990), S. 36–50.
Liebrand, Claudia: Kreative Refakturen. Annette von Droste-Hülshoffs Texte. Freiburg/Br. u. a. 2008.
Matt, Peter von: Wörterleuchten. Kleine Deutungen deutscher Gedichte. München 2009.
Nutt-Kofoth, Rüdiger: Verfügbarkeit, Unzuverlässigkeit. Zur literatursysteminternen Funktion literarischer Tradition in der Lyrik Annette von Droste-Hülshoffs. In: Claudia Liebrand/Irmtraud Hnilica/Thomas Wortmann (Hg.): Redigierte Tradition. Literaturhistorische Positionierungen Annette von Droste-Hülshoffs. Paderborn u. a. 2010, S. 121–150.
Woesler, Winfried: *Lebt wohl* – Die Wiederbegegnung der Droste mit Schücking auf der Meersburg im Mai 1844. In: Droste-Jahrbuch 1 (1986), S. 53–72.

6.8. Im Grase
Wolfgang Braungart

Das Gedicht (HKA I, 328), im September/Oktober 1844 entstanden und in Nr. 329 der *Kölnischen Zeitung* vom 24. November 1844 ohne Honorar als Einzelveröffentlichung publiziert (HKA I, 1846–1848), gilt mit Recht als eines der berühmtesten Gedichte und große poetische Leistung Droste-Hülshoffs (zur älteren Forschungsgeschichte: Klein 1982, 87–90). Ganz unvergleichlich sensibel ist es formal durchgearbeitet: metrisch-rhythmisch in der so kunstvollen wie lebendigen Verschränkung von trochäischen und daktylischen Einheiten, die Droste auch in anderen Gedichten verwendet; lautlich durch intensive, alliterierende und assonierende Bindungen (Rölleke 1983; Scherer 2014, 168–171); semantisch durch eine in sich kohärente Bildwelt. Die Dichterin hielt sich, als sie das Gedicht schrieb, in Meersburg auf und kehrte dann nach Rüschhaus zurück. Um ihre Gesundheit war es nicht gut bestellt, um die Beziehung zu Schücking auch nicht (im Mai 1844 entstand *Lebt wohl*, HKA I, 325; → II.6.7.). Zu allzu großer persönlicher Zuversicht gab es grundsätzlich keinen Anlass, auch wenn die Meersburger Monate vergleichsweise gut waren (Rölleke 1983, 160), die zweite Werkausgabe abgeschlossen wurde, das Fürstenhäuschen gekauft war und sie Hoffnung hatte, nun einen Ort gefunden zu haben, an den sie gehörte. Aber dies ist allenfalls biographische Hintergrundmusik zu einem Gedicht, dessen Motive und Stimmungen schon in *Im Moose* (HKA I, 81) von 1841/42 (Lindenbaum, Erinnerung, Tod: »Fast war es mir als sey ich schon entschlafen«, V. 18) und in anderen Gedichten anklingen. Weitere Resonanzen aus dem Werk (*Meine Todten*, HKA I, 100 f.) finden sich darüber hinaus. Keines aber forciert sie so wie *Im Grase*. Auch wenn man einräumen kann, dass Lyrik für Droste ein Medium zur inneren Kommunikation, zur Selbstverständigung war – zu offensichtlich sind häufig die biographischen Bezüge (Gössmann 1982) –, gewinnt man durch weitere biographische Verortungen für das Gedicht nicht sehr viel.

Vier Strophen mit jeweils acht Versen, von denen sich nur immer der zweite und der vierte Vers, der sechste und der achte reimen, scheinen auf den ersten Blick von einer Situation zu sprechen, die nicht ungewöhnlich ist und in vielen Lebensgeschichten ihren festen, sentimentalisch getönten Erinnerungsplatz hat: Von einem lyrischen Subjekt sprechen diese Verse, das aus Alltag und Lebenswelt herausgetreten ist und sich in seine subjektive Abgeschiedenheit (»Süße Ruh'«, V. 1) zurückgezogen hat – ins Gras, wo die Welt mikrokosmisch ganz nah ist, geradezu intim wird mit diesem Ich (vgl. *Im Moose*, HKA I, 81 f., V. 5 f.). Alle Sinne sind wach und erfahren sich unmittelbar und flüchtig zugleich angesprochen, »[v]on des Krautes Arom umhaucht« (V. 2). Ein ekstatischer Zustand von »süße[m] Taumel« (V. 1) und ›Trunkenheit‹, eine Erfahrung des Sich-Vergessens und Sich-Verlierens, der Auflösung der Subjektgrenzen. Wenigstens mit der ersten Strophe scheint hier ein Gedicht vorzuliegen, das vom Liebeserlebnis, vielleicht sogar vom ›kleinen Tod‹ spricht. Unter dieser

Perspektive würden sich Bilder, Stimmung und Anspielungen dieser ersten Strophe leicht zusammenfügen: das »müde schwimmende Haupt« (V. 5), das »[s]üße[ ] Lachen« (V. 6), die »[l]iebe Stimme« (V. 7) und die »Lindenblüth'« (V. 8) des Liebesbaumes schlechthin (seiner herzförmigen Blätter wegen). Die erste Strophe lädt zu dieser Deutung ein.

1827 war Karl Lachmanns Walther-Ausgabe erschienen, die auch *Unter der Linden* enthält, das Drostes Gedicht aufzunehmen scheint. Vielleicht hat sie die Ausgabe in der Bibliothek ihres Schwagers Joseph von Laßberg lesen können. Erwähnt wird Walther von der Vogelweide jedenfalls von ihr (Kortländer 1979, 22). Schon seit Johann Jakob Bodmers *Sammlung von Minnesingern* (1758) war Walthers Lied wieder gut bekannt. Bleibt bei Walther das Glück der beiden Liebenden aber unangefochten, wenn auch verschwiegen und verborgen, so durchaus nicht in Droste-Hülshoffs Gedicht (vgl. Rölleke 1983, 164 f.). Gewiss, es sind alles auch literaturgeschichtlich eingeführte, romantische Motive (Linde, Grab, der in der tiefen Flut sich verlierende Sehnsuchtsblick). Von der »[s]üße[n] Ruh'« des ersten Verses bis zum »Grab« des letzten spannt sich der Bogen dieser ersten Strophe. Dass auch hier, in diesem Arkadien sinnlich-erotischer Gegenwärtigkeit, der Tod anwesend ist, bereitet sich durch die melancholische Stimmung vor. Auch so lässt sich das »müde schwimmende Haupt« (V. 5) deuten. In die Gegenwärtigkeit der sinnlichen Erfahrung hinein kehren »die Todten« (V. 9) für das Subjekt zurück, einem Tagtraum gleich (Ilbrig 2011, 157), wenn es nach innen blickt und sich von der sichtbaren Welt abwendet, der Erinnerung zu (»geschloss'ne Wimper«, V. 12; noch einmal eine Todesanspielung). Eine Situation des Übergangs, der Grenzauflösung, der Verflüssigung strukturierter Bedeutungsordnungen, wie sie auch Mörike gerne wählte, etwa in *Am Walde* (1830): »Am Waldsaum kann ich lange Nachmittage, / Dem Kukuk horchend, in dem Grase liegen« (Mörike 1984, 127). Es ist literaturgeschichtlich aufschlussreich, Droste-Hülshoff mit Mörike zu vergleichen (vgl. Sautermeister 2011).

Die Stimmung verändert sich mit der zweiten Strophe völlig, bis mit definitiver Härte und Endgültigkeit in asyndetischer Reihe konstatiert wird: »Todte Lieb', todte Lust, todte Zeit« (V. 13). Vorbei sind die synästhetischen Erfahrungen der »Lieb'« und der »Lust«, auf die sich die erste Strophe noch eingelassen hatte, vorüber das ›süße Lachen‹ der ›lieben Stimme‹. Ganzheit gibt es nur aus dem »Schutt« der Erinnerungen, die dem Subjekt kommen. »All die Schätze, im Schutt verwühlt« (V. 14): Durch ihn hindurch müssen sie sich hörbar machen. Droste war keine philosophische Dichterin wie Hölderlin oder Schiller. Dennoch lassen sich solche Verse als poetische Geschichtsphilosophie *in nuce* verstehen – als würden sie antworten wollen auf den Hegelianismus, der in der Literatur des 19. Jahrhunderts tiefe Spuren gezogen hat. »Todte Lieb', todte Lust, todte Zeit« – an der Härte dieser Einsicht führt für das poetische Subjekt nichts vorbei. Sie anzuerkennen ist Voraussetzung für jede Sinnkonstitution, auch der folgenden Strophen.

Die erste Strophe hatte noch auf eine sinnlich erfahrbare, universelle Korrespondenz und Ganzheit angespielt: der weite makrokosmische Azur dort oben, das berauschende, narkotische, sinnliche Erlebnis da unten. Indem das Subjekt sich an die sinnliche Erfahrung hingibt, kann es auch zum Erinnerungsgefäß werden, das sich mit »schüchternem Klang« (V. 15) füllt und nun aber zu einer melancholischen Windharfe des Verlustes und des Todes wird. Daraus entsteht, wenn überhaupt, eine zaghafte, ganz subjektive Musik: Eine erneuerte, gewissermaßen objektive *harmonia mundi* wird es jedoch nicht mehr. Diese Vorstellung eines mikro-/makrokosmischen Zusammenklangs, aber unter der Bedingung radikaler Zeitlichkeit und Subjektivität, diese Verschränkung von völliger sinnlicher Gegenwärtigkeit und unhintergehbarem Vergänglichkeitsbewusstsein wird von der dritten Strophe nun noch einmal in poetischen Bildern durchgespielt, die versteht, wer sehen, hören, fühlen, die Welt also mit seinen Sinnen erfahren kann. Die Natur selbst trauert, als wüsste sie genau darum, dass es mehr als ein ›Vize-Glück‹ (Odo Marquard) nicht mehr geben wird, wenn sie noch einmal den *hieros gamos*, die Hochzeit zwischen Himmel und Erde, zu feiern versucht, von der auch Eichendorffs berühmtes Gedicht *Mondnacht* spricht (1835 entstanden, 1837 erstveröffentlicht). Auf die Romantik und auch Eichendorff ist Drostes Werk oft und schon früh bezogen worden; einfach fortgeschrieben wird sie aber keineswegs (vgl. Kortländer 1979; Schultz 1981; Niethammer 2002). Ganz und gar subjektiv ist hier die Zeit. Die Stunden des Liebestaumels in der Natur sind noch kürzer als der plötzlich durch die Wolken brechende Sonnstrahl, der den »trauernden See« (V. 18) küsst; als das Lied des Vogels, das die »Höh'« (V. 20) mit dem Subjekt da unten verbindet und erst eigentlich zum Lied wird, weil es ein Ich zu hören vermag; als der Lichtblitz, den der Käfer aussendet, wenn ihn der Strahl der Sonne trifft. Dem ›Gold-Käfer‹ hat sich schon Barthold Heinrich Brockes in physikotheologischer Absicht zugewandt. An dieses Modell poeto-religiöser Sinnstiftung aus der ästhetischen Erfahrung heraus mag Droste zwar anschließen (Braungart 2005); rückhaltlos bekräftigen aber kann sie es nicht mehr. Dreimal werden diese Korrespondenzen zwischen Himmel und Erde, zwischen oben und unten betont und der ästhetische Reiz auch, der für das empfängliche Subjekt daraus augenblickshaft entsteht. So muten die beiden Schlussverse dieser dritten Strophe fast emblematisch an. Die flüchtige Schönheit der Welt kulminiert in der Flüchtigkeit des letzten Abschieds. Und sogar der ist paradoxerweise noch von längerer Dauer als die »Stunden« (V. 17) im Grase: so einmalig, so unwiederbringlich, so kostbar und so vergänglich sind sie.

Über den trotzigen, energischen Neueinsatz der letzten Strophe ist oft geschrieben worden. Diese Strophe ist motivisch parallel zur dritten aufgebaut; alle Motive werden noch einmal aufgegriffen (Vogel/Lied; Lichtstrahl/Lichtblitz; der Druck der Hand). Gegen die Melancholie der Zeitlichkeit gerade in der glücklichsten, unüberbietbaren Gegenwärtigkeit des »Taumel[s] im Gras« (V. 1) muss sich das Subjekt selbst stemmen. So wie Glück nichts ist, was es objektiv in einer großen, metaphysisch stabilisierten Weltordnung gibt, sondern nur in der sensibelsten ästhetischen Offenheit des Subjekts und darum vollkommen an dieses selbst gebunden, so gibt es auch Sinn nur vom Subjekt aus, gewissermaßen als seine Leistung. Ganz ähnlich ist es in Mörikes berühmtem ›Gebet‹ *Herr, schicke was du willt*, das rhythmisch mit der zweiten Strophe neu ansetzt. Das Ich weiß selbst, was für es gut ist: die Mittellage nämlich; und das sagt es seinem ›Herrn‹ (»Wollest mit Freuden / Und wollest mit Leiden / Mich nicht überschütten!«, Mörike [1848] 1984, 132). Ästhetische Kommunikation in einem ganz wörtlich zu nehmenden Sinn: Das wünscht sich das Subjekt von Drostes Gedicht. Ja, es fordert sie direkt vom »Himmel« (V. 25); er muss sich das von diesem Ich auch sagen lassen. Das ist Selbstbehauptung des poetischen Subjekts gegenüber diesem »Himmel« in der Gemeinschaft einer Seele mit dem »freien Vogel[ ]« (V. 27), dessen Gesang durch die »[e]ine Seele, die mit ihm zieht« (V. 28; aber wohin?) zum Lied werden kann. Frei muss er freilich sich auch in die Luft erheben können – und spätestens jetzt darf man wohl doch auch an die poetologischen Implikationen denken. Seit der Antike ist das Fliegen eine Metapher für die Tätigkeit der Phantasie und der Vogel eine für das Gedicht und den Dichter. Baudelaire nützt sie etwa (*Albatros*), George auch (*Der Herr der Insel*), um nur zwei besonders bekannte Gedichte zu nennen.

Im Unterschied zur dritten Strophe werden mit dieser vierten Strophe nun die menschliche Sphäre überhaupt und die Kraft des Subjekts zu Korrespondenz und Kommunikation deutlich aufgewertet: Der »kärgliche[ ] Strahl« (V. 29) des Lichtes – mehr kommt von oben nicht – trifft auf »*[m]einen* farbig schillernden Saum«; »*[j]eder warmen* Hand« wünscht die Sprecherinstanz »*meinen* Druck« und »für *jedes* Glück« auch »*meinen* Traum« (V. 30–32, Herv. W.B.). Diese Lesart ist freilich strittig. Statt des Possessivpronomens (»*meinen* Traum«) steht im Erstdruck der *Kölnischen Zeitung* der unbestimmte Artikel (Kraft 1987, 171f., 349); das hätte Konsequenzen für die Interpretation. Die gedankliche Logik der Strophe forderte jedoch das Possessivpronomen, mit dem sich der Dreischritt erfüllt. ›Ein‹ Traum ist es dennoch. Aber das Subjekt ist ganz und gar unersetzbar; es allein garantiert diese kosmische Kommunikation. An seiner Kraft hängt alles und eben doch nicht am »Himmel« (V. 25). Die gewissermaßen objektive, universale, harmonikale Korrespondenzordnung ist dahin: Das ist der letzte Grund der Melancholie, die über dem ganzen Gedicht liegt. Die Dinge und Erfahrungsmöglichkeiten der Welt sollen und können sich nur in diesem Subjekt vollenden, das sich ihnen sinnlich so zugänglich zeigt. Die mystische Subjektentgrenzung in der erotisch-religiösen, kosmischen Verschmelzungsphantasie der ersten Strophe findet hier ihren Gegenpol. Das Gedicht ist nun ganz beim selbst-bewussten Subjekt angekommen. Es wird, dem Schluss von *Lebt wohl* nicht unähnlich, voll und ganz bejaht, bei aller metaphysischen Melancholie. Dieses Gedicht weiß, dass das moderne Subjekt in seiner Subjektivität nicht mehr zu hintergehen ist, auch nicht in der Sphäre des Religiösen.

Literatur

Ilbrig, Cornelia: »Jede Leiche sich streckt und regt« – Bewahren in der Zeit und Wiederbelebung in der Poesie. Annette von Droste-Hülshoffs frühes Romanfragment *Ledwina* und das späte Gedicht *Im Grase*. In: Droste-Jahrbuch 8 (2011), S. 141–158.
Klein, Ulrich: »Dennoch, Himmel, immer mir nur ...«. Marginalie zu einer Droste-Zeile aus *Im Grase*. In: Beiträge zur Droste-Forschung 5 (1982), S. 84–94.
Kortländer, Bernd: Annette von Droste-Hülshoff und die deutsche Literatur. Kenntnis – Beurteilung – Beeinflussung. Münster 1979.
Kraft, Herbert: »Mein Indien liegt in Rüschhaus«. Münster 1987.
Mörike, Eduard: Sämtliche Gedichte. Hg. von Heinz Schlaffer. München 1984.
Rölleke, Heinz: »Dennoch, Himmel ...«. Zu Annette von Droste-Hülshoffs Gedicht *Im Grase*. In: Günter Häntzschel (Hg.): Gedichte und Interpretationen. Bd. 4: Vom Biedermeier zum Bürgerlichen Realismus. Stuttgart 1983, S. 158–167.
Scherer, Stefan: »[...] für das Lied [...] Jeder warmen Hand meinen Druck« [zu: *Im Grase*]. In: Claudia Liebrand/Thomas Wortmann (Hg.): Interpretationen. Gedichte von Annette von Droste-Hülshoff. Stuttgart 2014, S. 167–178.

6.9. Die Golems
Stefan Tetzlaff

Das am 15. Dezember 1844 in der *Kölnischen Zeitung* veröffentlichte Gedicht (HKA I, 329f.) entstand im Zeitraum seit Oktober 1844 nach Drostes Rückkehr aus Meersburg (HKA I, 1856). Es wurde wohl über Elise Rüdiger an die *Kölnische Zeitung* geschickt, um einer Erzählung von deren Mutter, Elise von Hohenhausen, zum Abdruck zu verhelfen (HKA I, 1800–1805). Da sich das Golem-Motiv bereits im Gedicht *Halt fest!* (HKA II, 71f.) findet, das in Erwartung von Levin Schückings und Louise von Galls Besuch im Mai 1844 auf der Meersburg geschrieben wurde und die hochkreative Schaffensphase vom Winter 1841/42 (→ I.1.1.) in Erinnerung ruft, könnte man *Die Golems* entsprechend als enttäuschten Nachtrag zu diesem Besuch lesen. Allerdings sind Drostes poetische Reflexionen zu den Verdrängungsstrategien (mit hohem Selbsttäuschungspotential), die der Mensch seiner Angst vor Vergänglichkeit und Verlust entgegensetzt, in diesem Gedicht so abstrakt-allgemein formuliert, dass man rein biographischen Interpretationen (Heselhaus 1971, 307f., 314) heute mit Skepsis begegnet. In der Forschung findet sich neben sozialgeschichtlichen Untersuchungen, die den Golem als Verkörperung restaurativer Interessen auf die politische Situation nach dem Wiener Kongress beziehen (vgl. Heselhaus 1971, 86f., 138; Weiß-Dasio 1996, 96–98), auch die These einer »Analogie zwischen Golemschöpfer und Dichter«, so dass die Golems als »Metapher für Literatur« erscheinen (Liebrand 2008, 87). Kritisch in den Blick gerät auf diese Weise das Ungenügende vorgetäuschter (Erzähl-)Welten im leblosen Medium der Textualität, die Abbildung von vermeintlich Lebendem im toten Material der Schrift.

Vermittelt über Jacob Grimms Darstellung des Golems als künstlichem Diener in der *Zeitung für Einsiedler* vom 23. April 1808 (*Entstehung der Verlagspoesie*), machten Achim von Arnim (*Isabella von Ägypten*, 1812) und E.T.A. Hoffmann (*Die Geheimnisse*, 1822) das Sujet in der romantischen Literatur prominent. Ein Golem ist eine aus Ton oder Lehm geformte menschliche Gestalt, die durch das Aussprechen des Gottesnamens lebendig wird und eigeninitiativ, von ihrem ›Schöpfer‹ nicht mehr zu kontrollieren, in der Welt handeln kann. In die Stirn des Golems ist das Wort ›emeth‹ (Wahrheit) graviert, das durch Ausstreichen des ersten Buchstabens zu ›meth‹ (er ist tot) wird und den Golem wieder zerstört. In der jüdischen Mystik wird der vom »Anhauch Gottes noch nicht betroffene Adam« (Scholem 1973, 213; vgl. Goodman-Thau 1999, 90–94) als Golem bezeichnet. Am Ursprung der Sage steht die Erschaffung des Anthropoiden demnach weder im Zeichen blasphemischer Hybris noch führt sie zu einer Katastrophe, sondern stellt einen genuinen Schöpfungsakt dar. Im 19. Jahrhundert kursierten verschiedene Varianten des Motivs, das im Kern die wortmagische Erschaffung bei gleichzeitiger Sprachunfähigkeit des Geschöpfes selbst, dessen Dienerfunktion sowie die abschließende Rückverwandlung in Erde enthielt (Frenzel 2005, 308). Während die Vorstellung, dass die ›tote‹ Materie wie der Buchstabe durch den Geist beseelt wird, das Golem-Motiv für die romantische Hermeneutik attraktiv machte, implantierte ihm der romantische Nationaldiskurs antisemitische Vorurteile und bot die Möglichkeit zur Diffamierung der »corrupt nature of the Jews and their artistic creations« (Gelbin 2011, 18). In Drostes Gedichten zeigen sich – zum Beispiel durch das Fehlen des Arnim'schen Antisemitismus (Heselhaus 1986, 131) – Differenzen zu romantischen Vorlagen; andererseits werden Traditionsbezüge zu E.T.A. Hoffmann etwa in der Variante für Vers 22 erkennbar, in der von »starren Automaten« (HKA I, 1857) die Rede ist. Drostes Metaphorisierung des Golems als »Figur gespenstischer Erinnerung« (Gelbin 2006, 146) hat Literaturgeschichte geschrieben und taucht u. a. in Gustav Meyrinks Roman *Der Golem* (1915) und bei Esther Dischereit (*als mir mein golem öffnete*, 1996) wieder auf.

Formal sind die sechs achtzeiligen Strophen mit fünfhebigen Jamben jeweils in zwei Quartette mit Kreuzreim- und Klammerreim-Schema gegliedert. Die erste Strophe präsentiert eine stattliche Frau, die zweite einen ebensolchen Mann, deren Erscheinung gefällig wirken würde, könnte sich das lyrische Ich nicht beide als »süßes Kind« (V. 1) bzw. glutvollen Jugendlichen vorstellen. Die spöttische Charakteristik des Mannes als »wahrer Heros auf der Mittelbahn« (V. 14) wird unterstrichen durch das Horaz'sche Bild des Mäuse gebärenden Berges. Die dritte Strophe geht mit der vergangenheitssüchtigen Imaginationslust des Ich ins Gericht, schafft diese doch »Monumente ohne Todte[ ]« (V. 21), »wandernde[ ] Gebilde ohne Blut« (V. 22). Um diese falsche ›Schöpfung‹ zu verbildlichen, wird in den folgenden beiden Strophen das Binnennarrativ (»Sage aus dem Orient«, V. 25) des Golems eingeblendet. Drostes eigenwillige Prägung des Motivs zeigt sich daran, dass der im Gedichtkontext fatale, weil der Täuschung dienende Schöpfungsvorgang (»todter Masse

Formen gebend«, V. 26) durch das »Zauberwort[ ]« (V. 28) initiiert und auf diese Weise an das romantische Konzept der Poetisierung der Welt – im Wortlaut von Eichendorffs *Wünschelrute* (1835) – gebunden wird. Somit stehen die titelgebenden »Golems« für einen alten, in Alltagspraktiken indes überdauernden poetischen Diskurs, und wenn die sechste Strophe das Gedicht mit dem Rat beschließt, die wirklich Gestorbenen zu betrauern, Vergänglichkeit und Veränderungen zu akzeptieren, dann kann das als Hinweis auf die Notwendigkeit einer neuen Poetik gelesen werden, die jegliche Art von (ästhetischem) Schein dekonstruiert. Dazu hat Droste in ihren Briefen mehrfach Stellung bezogen (HKA VIII, 180–182; HKA IX, 57; HKA X, 40, 94–97).

Als Beleg dafür, dass das Gedicht sich bereits dieser neuen Poetik verpflichtet, kann die Störung der Entsprechung von natürlicher Betonung und Versmaß gleich zu Beginn gesehen werden. So hebt die natürliche Betonung gegen das Metrum den Konjunktiv »Hätt'« (V. 1) hervor und stellt das Geschilderte unter das Vorzeichen des Uneigentlichen. Identisch ist Vers 45 gebaut, der durch die Korrespondenz seiner abweichenden Betonung (in diesem Fall markierte Betonung auf »dein«) am Versanfang die inhaltliche Verknüpfung mit dem Eröffnungsvers ausweist. Komplex ist ebenfalls die inszenierte Kommunikation. Während das lyrische Ich zunächst Frau und Mann anspricht (»dich«, V. 1; »du«, V. 9), folgt danach eine abstrakte Adressierung (»Weh ihm«, V. 17), an die sich wiederum die Binnenerzählung der »Sage aus dem Orient« (V. 25) anschließt, bis die letzte Strophe ein nun das lyrische Ich objektivierendes »du« (V. 42) zur Rede stellt. Diese topischen Adressatenmodelle werden über einen erstaunlich modernen Perspektivwechsel so in Reihe geschaltet, dass das lyrische Ich im Rahmen von sechs Strophen die kommunikative Haltung einer situativen Schilderung, einer gnomischen Betrachtung, eines Binnennarrativs sowie eines Appells einnimmt. Die multiple Redesituation spiegelt dabei die Dissoziation des Ich, das sich selbst wie die anderen in derselben grammatischen Form anspricht und offenbar nicht gefeit ist vor »Golem«-Täuschungseffekten aller Art.

Literatur

Frenzel, Elisabeth: Art. Golem. In: Elisabeth Frenzel: Stoffe der Weltliteratur. 10., überarb. und erw. Aufl. Stuttgart 2005, S. 308–312.
Gelbin, Cathy S.: Das Monster kehrt zurück: Golemfiguren bei Autoren der jüdischen Nachkriegsgeneration. In: Eva Kormann/Anke Gilleir/Angelika Schlimmer (Hg.): Textmaschinenkörper. Genderorientierte Lektüren des Androiden. Amsterdam, New York 2006, S. 145–159.
Gelbin, Cathy S.: The Golem Returns: From German Romantic Literature to Global Jewish Culture 1808–2008. Ann Arbor 2011.
Goodman-Thau, Eveline: Golem, Adam oder Antichrist. Kabbalistische Hintergründe der Golemlegende in der jüdischen und deutschen Literatur des 19. Jahrhunderts. In: Eveline Goodman-Thau/Gert Mattenklott/Christoph Schulte (Hg.): Kabbala und die Literatur der Romantik. Zwischen Magie und Trope. Tübingen 1999, S. 81–134.
Heselhaus, Clemens: Annette von Droste-Hülshoff. Werk und Leben. Düsseldorf 1971.

Heselhaus, Clemens: Die Golem-Gespenster der Droste-Hülshoff. In: Droste-Jahrbuch 1 (1986), S. 129–156.
Liebrand, Claudia: Kreative Refakturen. Annette von Droste-Hülshoffs Texte. Freiburg/Br. u. a. 2008.
Scholem, Gershom: Zur Kabbala und ihrer Symbolik. Frankfurt/M. 1973.
Weiß-Dasio, Manfred: Heidewelt. Eine Einführung in das Gedichtwerk der Annette von Droste-Hülshoff. Bonn 1996.

6.10. Volksglauben in den Pyrenäen
Jochen Grywatsch

Der sechsteilige Gedichtzyklus *Volksglauben in den Pyrenäen* (HKA I, 331–344) gehört zu den vier Gedichten, die Droste 1844/45 unentgeltlich der *Kölnischen Zeitung* zur Verfügung stellte, um damit die Veröffentlichung der Erzählung *Die Gattin* von Elise von Hohenhausen, der Mutter Elise Rüdigers, im Feuilletonteil der Zeitung zu ermöglichen (HKA I, 1800–1805). Nach *Grüße*, *Im Grase* und *Die Golems* erschien *Volksglauben in den Pyrenäen* vom 16. bis 22. April 1845 in der *Kölnischen Zeitung*, bei der Levin Schücking ab 1845 fester Redakteur war. Die Entstehung des Textes lässt sich aufgrund von zwei Briefäußerungen Drostes gegenüber Elise Rüdiger zwischen den 21. März und den 9. April 1845 datieren, wobei eine weitere Briefäußerung vom 20. Februar 1845 denkbar erscheinen lässt, dass sie auch schon seit Ende Februar mit dem Text beschäftigt war (HKA X, 260).

Das Gedicht ist ein Beitrag zum zeitgenössischen Pyrenäen-Diskurs, der, in den 1820er Jahren von Frankreich ausgehend, nach 1840 auch in Deutschland Fuß fasste. Zugang dazu erhielt Droste durch den anonymen Aufsatz *Aberglaube in den Pyrenäen*, der 1840 im *Pfennig-Magazin der Gesellschaft zur Verbreitung gemeinnütziger Kenntnisse* (Bd. 8, 386 f., vgl. HKA I, 1893 f.) erschienen war und seinerseits auf den ebenso anonym erschienenen Aufsatz *Aberglauben in den Pyrenäen* in der Zeitschrift *Das Ausland. Ein Tagblatt für die Kunde des geistigen und sittlichen Lebens der Völker* (Nr. 173, 22. Juni 1837) zurückging. Dieser wiederum nennt das zweibändige Werk *A Summer in the Pyrenees* (London 1837) von James Erskine Murray als Bezugsquelle. Als möglicher Quelltext für vier Einzelgedichte wurden außerdem Reiseberichte wie die *Voyages pittoresques dans l'ancienne France* von Charles Nodier (Paris 1820–1829, vgl. Berens 1913, 225–235) namhaft gemacht, aus denen Passagen in W. von Rhez' Reiseschilderung *Aus den Hochpyrenäen* (*Morgenblatt für gebildete Leser*, 1843) übernommen wurden (Arens 1932, 460). Im von Droste regelmäßig gelesenen Cotta'schen *Morgenblatt für gebildete Leser* erschienen 1843 und 1844 neben dem genannten Artikel von Rhez zwei weitere Reiseberichte respektive Erzählungen zum Thema Pyrenäen, ohne dass diese in ihrem Gedichtzyklus fruchtbar geworden sind (vgl. HKA I, 1894). Im literarischen Diskurs haben vor Drostes Zyklus vor allem Heinrich Heines Vers-

6. Gedichte von 1844 bis 1848

epos *Atta Troll* (1843), Hermann von Pückler-Muskaus *Semilassos vorletzter Weltgang. In Europa* (1835) und Felix von Lichnowskys Reisebeschreibung *Erinnerungen aus den Jahren 1837, 1838 und 1839* (1842) auf die Region hingewiesen. Allerdings verspottete Heine im *Atta Troll* und mehr noch in seinen Artikeln *Hautes Pyrénées* (1846, später u. d. T. *Aus den Pyrenäen* im Anhang der *Lutetia* veröffentlicht) die aus adliger Feder stammenden Reiseberichte wegen ihres restaurativen Charakters und rückwärtsgewandten Tons. In der Tat fällt auf, dass vor allem Adelige die Pyrenäen-Mode journalistisch und literarisch beförderten. Abgesehen davon, dass nur ihnen die notwendigen Reisen überhaupt möglich waren, hatten sie aufgrund ihrer politischen Gesinnung an der Darstellung traditioneller, als vorrevolutionär empfundener Lebensformen in den bereisten Gebieten besonderes Interesse.

Diese Ambivalenz ist auch für Drostes Zyklus charakteristisch. Analog zum heimischen Westfalen sah sie die Pyrenäen als eine geographisch periphere, vom Modernisierungsprozess abgekoppelte Region, in der sich »Gleichförmigkeit« (*Westphälische Schilderungen aus einer westphälischen Feder*, HKA V, 45; → IV.6.) und innere Geschlossenheit erhalten hatten. Entsprechend hatte der ihr zur Quelle dienende Artikel betont: »Die mannigfachen politischen Revolutionen haben die Sitten und Meinungen der Vorzeit bei diesem Bergvolke noch nicht verwischt« (*Das Ausland*, 22. Juli 1837). Die in Drostes Gedichtsequenz auftretenden Figuren repräsentieren Personen des einfachen Volks, das offensichtlich in feudaler Unfreiheit lebt und mit einer noch als naiv zu bezeichnenden Frömmigkeit, in die sich volksabergläubische Bestandteile mischen, ausgestattet ist. Die sechs Gedichte der Sequenz stellen je ein Beispiel des Volksaberglaubens in der Pyrenäenregion dar. Dabei nutzte Droste den zeitgenössischen Diskurs gänzlich frei: Einige Ortsbezeichnungen finden Verwendung, andere werden angepasst und verändert, wieder andere neu dazu erfunden (HKA I, 1895). Die Gedichte folgen nicht dem Ziel, eine gewissermaßen proto-ethnographische und dabei möglichst authentisch-präzise Darstellung alter Volksriten und -gebräuche zu geben, sondern sie stehen als literarische Gestaltungen von Phänomenen des Volksaberglaubens im Dienst einer übergeordneten Wirkungsabsicht, die Analogien aufweist zu derjenigen Intention, die sich an spezifische, vergleichbare Passagen und Aspekte anderer Droste-Texte knüpft. Hier ist zu denken an das Gedicht vom *Knaben im Moor* (→ II.5.3.11.) mit seinen aus dem Volksaberglauben entlehnten Schreck- und Spukgestalten, an die Ballade *Vorgeschichte (Second sight)* (→ II.5.7.5.), die die im Westfälischen verbreitete Spökenkiekerei thematisiert, sowie an die Prosatexte *Bei uns zu Lande auf dem Lande* (→ IV.4.) und vor allem die *Westphälischen Schilderungen* (→ IV.6.) mit ihren Bezugnahmen auf Ausprägungen des Volksaberglaubens im Westfalen des 18. und des 19. Jahrhunderts.

In ihrer Gedichtsequenz thematisierte Droste sechs der in der Vorlage erwähnten Ausformungen des Volksaberglaubens, wenngleich in abweichender Reihung, mit je einem Gedicht. Durch die Anordnung der einzelnen Teilgedichte ließ sie dabei einen Halbjahreszyklus entstehen, der sich von der Silvesternacht (*I Sylvesterfey*) über den Übergang vom Winter zum Frühling

(*II Münzkraut* und *III Der LOUP GAROU*) weiter in den Mai (*IV Maisegen*) bis zum St. Johannistag, den 24. Juni, (*VI Johannisthau*) erstreckt (während das Gedicht *V Höhlenfey* ohne jahreszeitliche Einordung bleibt). Die Orientierung des Gedichts an kirchlichen Feiertagen wie Silvester/Neujahr und St. Johannis markiert eine Verschiebung heidnischer Riten, wie etwa der Feiern der Winter- und Sommersonnenwende, in einen christlichen Kontext, was analog auch mittels des Gedichttitels, der den Begriff des Volksglaubens an die Stelle des Aberglaubens setzt, geschieht (HKA I, 1895).

Der erste Text des Droste-Zyklus *Sylvesterfey* (V. 1–88) ist ein sehr regelmäßig gestaltetes Gedicht, das aus elf Strophen à acht Zeilen mit vierhebigen Jamben, regelmäßigem Reimschema (ababcddc) und ebenso regelmäßig wechselnden Kadenzen besteht, und damit auf der Formebene eine Starrheit produziert, die der winterlichen Vereisung der Szenerie entspricht. Es eröffnet den Halbjahreszyklus mit der lyrischen Darstellung der abergläubischen Vorstellung einer Mutter von der Heimsuchung durch ein feenhaftes Wesen in einer schlaflos verbrachten Silvesternacht. Diese Vorstellung besagt, dass diejenige Person, die in dieser Nacht der Fee, die mit dem Glück in Form eines bekränzten Kinds an der rechten Hand und dem Unglück in Form eines kranken Kindes an der linken Hand ins Haus tritt, die beste Nahrung und Aufnahme bietet, auf zukünftiges Glück hoffen darf. Nur ein Textsignal (»jener Kammer dünne Barren«, V. 17) gibt zu erkennen, dass hier von den Nöten einer sozial prekär lebenden Bevölkerungsschicht gesprochen wird. Insbesondere Strophe 8 erinnert mit der Schilderung der indirekten akustischen Wahrnehmung an Szenen der *Judenbuche*, die gleichermaßen eine ärmliche, von sozialen Missständen geprägte Dorfgesellschaft fokussiert. Diese Mutter scheint die Fee nicht zufriedengestellt haben; das tatsächlich in dieser Nacht erfolgte Erkranken ihres Kindes wird als Einzug des Unglücks gedeutet.

Das zweite Gedicht *Münzkraut* (V. 89–152) gibt weitere Hinweise auf das prekäre Dasein der armen Dorfbevölkerung, wenn von »Hunger« (V. 137) und »Bettelbrod« (V. 138) gesprochen wird und von der Notwendigkeit, die Kinder mit den »Händen zu ernähren« (V. 130). Erneut besteht das Gedicht aus acht Strophen, ist ansonsten unregelmäßig gestaltet und vielfach variiert – bei der Versanzahl, beim Versmaß und mit sechs verschiedenen Reimschemata. Auf drei Strophen aus übergeordneter Perspektive folgen fünf Strophen Figurenrede, in denen die abergläubische Frau das Münzkraut als Gottheit anspricht und dieser Brot, Salz und Wein opfert, um die Gesundheit ihres Kindes zu erwirken. Dieses Ritual findet statt in einem »Beet« (V. 99) am Felsen-»Riff« (V. 97), wohin die Frau insgesamt neun Mal aufsteigen muss. Mit der Überblendung der in der Figurenrede angesprochenen »Heil'ge[n] Fraue von Embrun« (V. 142), die aus dem katholischen Wallfahrtskontext (die Kirche Notre-Dame d'Embrun war eine bekannte Marienwallfahrtsstätte) entstammt, und des Münzkrauts, das im abergläubischen Ritus angebetet wird, verbinden sich, wie bereits der Titel indiziert, volkstümliche und christliche Traditionen.

6. Gedichte von 1844 bis 1848

Während die ersten beiden Gedichte der Sequenz heterodiegetisch verfahren und jeweils größere Anteile an Figurenrede ausprägen, ist das dritte Gedicht *Der Loup Garou* (V. 153–232) aus Figursicht und als Mahnrede einer Mutter an ihre Kinder gestaltet: Die Mutter ruft das Schreckbild des Loup Garou (Werwolf), eines zum Wolf verwandelten Menschen, auf, um die Kinder einzuschüchtern und zu erziehen. Das regelmäßig gebaute, neun Strophen umfassende Gedicht, die wechselweise aus acht und zehn Versen bestehen und dabei Kreuz- und Paarreime variieren, stellt die mit Angst disziplinierende und so machtstabilisierende Funktion des Aberglaubens heraus. Während die Kinder immer wieder auf Wahrnehmungen hingewiesen werden, die die vermeintliche Anwesenheit des Fabelwesens nahe legen, wird ihnen zudem von grausamen Taten des Ungeheuers erzählt. Die spezifische Stoßrichtung des erzieherischen Moments ist den berichteten Nachrichten eingeschrieben: Der geizige, unbarmherzige »Kaufmann« (V. 179) und der »Trunkenbold[ ]« (V. 197), also ausschließlich »schlimme[ ] Leute« (V. 169), werden Opfer des Loup Garou, nicht die »[f]rommen Kinder[ ]«, ihnen »geschieht kein Leid« (V. 157). Als verwerfliche Haltungen und Lebensweisen werden somit Rücksichts- und Maßlosigkeit gegeißelt, während andererseits Frömmigkeit, Folgsamkeit und Stillsein (»Drückt nur immer die Lippen zu«, V. 158) als wohlgefällige Verhaltensweisen eingefordert werden. Die letzte Strophe weicht von diesem Darstellungsmuster und Erzählgestus in signifikanter Weise ab. Anders als zuvor werden die Kinder nicht erneut zum Gehorsam aufgerufen, sondern auf die Realität des fallenden Schnees hingewiesen. Kein Imperativ mehr, wie er konstitutiv für alle achtzeiligen Strophen des Gedichtes war, findet sich in dieser Schlussperspektive. Das plötzliche Ausbleiben der Drohattitüde ist programmatisch zu verstehen: Der Aberglaube wird in den Hintergrund verbannt, wichtig ist die real erlebbare Wirklichkeit – zugespitzt in der Aussage: »[…] wer heut / Draußen wandelt, braucht keine Gespenster« (V. 227 f.). Mehr noch, der Aberglauben ist entlarvt als Erzeugnis der Einbildung, wenn deutlich wird, dass die natürlichen Wetterphänomene Nebel und Sturm an die Stelle der abergläubischen Vorstellungen von »Irrlicht« (V. 229) und »Todteneul'« (V. 231) treten. So wird auch der Loup Garou enttarnt als ein Konstrukt der Phantasie, das aus einer durch den Einfluss der Wettererscheinungen zwar unheimlich wirkenden, aber doch ganz natürlichen engen Schlucht entstand. Und wenn schließlich in diesem Enthüllungskontext erneut die »Heilige Frau von Embrun« (V. 227) angerufen wird, betont dies die bestimmende Wende zum christlichen Glauben.

Das folgende Gedicht *Maisegen* (V. 233–330) setzt einen Brauch in Szene, der die Bauern und Dorfbewohner nach der Schneeschmelze an einem frühen Morgen auf dem Berg zusammenführt, wo sie, im Kreis betend, dem gemeinsam erwarteten Sonnenaufgang huldigen, dabei Segen für ihr Dorf, ihre Familien, ihre Häuser und ihr Vieh erbitten sowie Gastfreundschaft und Rücksichtnahme schwören, bevor sie einvernehmlich die Aufteilung der Weiden vornehmen. Von seinem regelmäßigem Wechsel von sieben- und achtzeiligen, jambischen Strophen, die auch ihre Reimschemata (ababccb / abababcc) abwechseln, weicht das Gedicht nur an einer Stelle ab, nämlich wenn in den Strophen 8 bis 10 über 24 Verse das gemeinsame Gebet gesprochen wird und damit Strophe 9 abweichend dem Maß der beiden umgebenden Strophen folgt. Ansonsten produziert das Gedicht eine Alternation von siebenzeiligen und dreihebigen, gravitätischen Strophen, die die erhabene Natur mit übergreifendem Fokus schildern, und achtzeiligen und fünfhebigen, eher belebten Strophen, die die Aktivitäten der Dorfbevölkerung in den Blick nehmen und in vier Strophen auch deren direkte Rede reproduzieren. Der vorgängige Frühlingsaufbruch hat hier wenig von einer erwartbaren Lieblichkeit; er ist in einer noch beängstigenden Kulisse situiert, wo sich Schmelzwässer reißend ins Tal hinab stürzen und den auf den Berg ziehenden Dorfbewohnern durch den Bären Gefahr droht. Bei Sonnenaufgang knien die Dorfbewohner nieder und sprechen unter der Leitung der Dorfältesten ihr Gebet. Verschiedene Textsignale bestärken die Nähe und Verbundenheit zum christlichen Glauben: Zahlreiche katholische Heilige, so wieder auch die »Fraue von Embrun« (V. 308), werden in das Gebet einbezogen. Metaphorisch heben zwei Adler den Schwur zum »Himmelthore« (V. 311), während vom Tal aus »Glockenklang« (V. 323), das »Angelusgeläute« (V. 329), hochschallt. Das vollzogene Ritual steht also keineswegs außerhalb der christlichen Lehre, sondern erfüllt sich als Teil derselben. Erst jetzt, in der letzten Strophe des Gedichts, verliert vor der akustischen Kulisse der läutenden Kirchenglocken die Natur ihren Schrecken und liegt in »Sonnenruh'« (V. 325). Der Sturm, der im vorangehenden Gedicht noch abergläubische Vorstellungen evozierte, wird nun zum Träger der christlichen Botschaft, die des ganzen »Thales Breite« (V. 328) erfüllt.

Auch das Gedicht *Höhlenfey* (V. 331–394), regelmäßig gestaltet in acht Strophen mit je acht Versen und einem wiederkehrenden Reimschema (ababccab), rückt seine Erzählperspektive, ebenso wie es in *Der Loup Garou* der Fall ist, ganz in die Sicht einer am Geschehen beteiligten Figur. Das Ich ist in diesem Fall eine nicht näher identifizierte, aber unzweifelhaft eine im Dorf beheimatete Person, die einem Du von der Fee der »Höhle Trou de fer« (V. 336) berichtet, die den Bedürftigen reich zu machen in der Lage ist, wenn er seinen Beutel unter der Eiche an der Höhle hinterlegt (Strophe 1 bis 5). Eine Warnung (Strophe 6 bis 8) hält die Erzählstimme bereit für diejenigen, die sich mit Ungeduld, Gier und Maßlosigkeit an der Geldquelle bereichern wollen, wie es ein »Wucherer« (V. 375) getan hat. Dieser verliert das Geld nicht nur, sondern erleidet schließlich auch einen als gerecht empfundenen Tod (V. 377). Unabhängig von den im Gedicht geschilderten Vorgängen, macht die Sprecherinstanz unmissverständlich deutlich, dass eine unrechtmäßige Bereicherung in jedem Fall mit christlichem Gesetz und Glauben unvereinbar ist – und droht implizit mit der Richtinstanz Gottes (»Kurz das Leben, und Gott ist mächtig«, V. 370). Hier also findet sich erstmals eine klare Aufforderung zur Abkehr von abergläubischen Vorstellungen, während das Gedicht im Ganzen zugleich von der ungleichen Verteilung von Wohlstand spricht, diese aber nicht in Frage stellt, sondern das Sich-Bescheiden des Christen einfordert und damit zur Zementierung der gesellschaftlichen Verhältnisse beiträgt.

Mit dem *Johannisthau*-Gedicht (V. 395–442) schließt sich der Halbjahreszyklus mit einem erneut sehr regelmäßig gebauten Text, der sechs Strophen à acht Verse mit fünfhebigen Jamben und einem wiederkehrenden Reimschema (aabbcdcd) umfasst. Als Exposition fungiert die erste Strophe, in der aus übergeordneter Perspektive einer nicht-personalen Sprecherinstanz die einsetzende Sommerzeit in den Pyrenäen in Szene gesetzt wird, während die weiteren Strophen des Gedichts der Rede eines fast blinden Waisenkindes, der den Kameraden Jerome anspricht, zu den Ritualen des »Sanct Johannis Bad[s]« (V. 404) vorbehalten wird. Dabei handelt es sich um die in der Nacht von St. Johannis (24. Juni) vorgenommenen rituellen Handlungen des Waschens der Augen oder anderer erkrankter Körperteile mit dem Tau des Morgens. Auch das hier im Blickpunkt stehende Kind, das harte Arbeit gewöhnt ist, entstammt einer armen und sozial prekär lebenden Familie. Es spannt sich zudem ein Bogen zurück zu dem kranken Kind des *Sylvesterfey*-Gedichts, womit eine gewisse Geschlossenheit des Zyklus erreicht wird. Die Parallelisierung des Knaben mit Johannes dem Täufer, dem Wegbreiter Jesu Christi, den er anspricht und dessen Heilwirkung er erbittet, steht am Ende der Sequenz als klares Bekenntnis zur christlichen Lehre, der freilich die in den Fokus genommenen abergläubischen Anteile eingeschrieben sind.

Obwohl reichhaltig mit Material ausgestattet, das vielfältig künstlerisch ausgestaltet wird, geht es in Drostes Pyrenäen-Sequenz nur vordergründig um eine folkloristische Darstellung bestimmter Ausformungen des lokalen Volksaberglaubens, die die Autorin freilich mit stilistischer Raffinesse und Fertigkeit zu geben in der Lage ist. Die Charakterisierung des Gedichts als »Utopia der Vergangenheit« (Heselhaus 1971, 319) ist insofern problematisch, als dass sie ausschließlich einen rückwärtsgewandten Aspekt dieser Dichtung betont, die ihre ästhetische Kraft aufwenden würde, allein um verlorengehende Strukturen und Werte literarisch zu erhalten, während das Gedicht eben auch als ein kritischer Kommentar zur sozialen Situation der einfachen Landbevölkerung zu verstehen ist und insofern, in ähnlicher Weise wie es im *Knaben im Moor* der Fall ist, als sozialgeschichtlicher Kommentar zu lesen ist. Die Pyrenäen bilden vielmehr ein »Panorama für die Reflexion gesellschaftlicher Wirklichkeit« (Bremer 1998, 163), ebenso für die Abwägung abergläubischer Ausformungen und christlicher Lehrmeinung.

Literatur

Arens, Eduard: Quellenstudien zu Annette von Droste. Neue Mitteilungen über ihren *Volksglauben in den Pyrenäen*. In: Euphorion 33,4 (1932), S. 451–465.
Berens, Ernestine: Étude sur les Oeuvres d'Annette von Droste-Hülshoff. Paris 1913.
Bremer, Björn: »Wer heute draußen wandelt, braucht keine Gespenster«. Annette von Droste-Hülshoffs *Volksglauben in den Pyrenäen*. In: Gert Vonhoff (Hg.): Naturlyrik. Über Zyklen und Sequenzen im Werk von Annette von Droste-Hülshoff, Uhland, Lenau und Heine. Frankfurt/M. u. a. 1998, S. 161–176.
Heselhaus, Clemens: Annette von Droste-Hülshoff. Leben und Werk. Düsseldorf 1971.

6.11. Das Bild

Kristin Eichhorn/Lothar van Laak

Das Bild (HKA I, 345–347) entstand zwischen Oktober 1844 und Mitte März 1845. Im Brief an Schücking vom 5. März 1845 berichtete Droste, dass sie Gedichte für die von Mathilde Franziska von Tabouillot projektierten *Producte der Rothen Erde* schreiben wolle, in denen *Das Bild* 1846 erschien (HKA I, 1905). Von dem Gedicht existiert nur das handschriftliche Arbeitsmanuskript mit Korrekturen; die Reinschrift der Druckvorlage ist verloren. Bei dem im Gedicht angesprochenen Bildnis eines weiblichen Du könnte es sich um Amalie Hassenpflug handeln, die mit Annette von Droste und Anna von Arnswaldt befreundet war. Denn in deren für ihren Sohn angelegten Stammbuch ist eine nach dem 23. Januar 1853 gefertigte Abschrift des Gedichts mit der Widmung »An Tante Male« zu finden (HKA I, 1906). Droste und Amalie von Hassenpflug hatten sich seit 1839 nicht mehr gesehen. Anlass des Gedichts könnte also das Betrachten einer Daguerreotypie von ihr gewesen sein (Heselhaus 1971, 315; Heselhaus 1986, 153).

Die 14 Strophen sind in drei Gruppen mit je sieben Versen gegliedert und gleichmäßig in vier- (erste und dritte Gruppe) bzw. fünfhebigen Jamben (zweite Gruppe) mit dem Reimschema ababccb gebaut. Die Strophen 1 bis 5 thematisieren die (räumliche) Entfernung, die Strophen 6 bis 9 die in und durch die Zeit erfolgende Entfremdung und die Strophen 10 bis 14 den Entwurf eines alternativen Bilds des angesprochenen weiblichen Du. Es ergibt sich so ein Dreischritt von Entfernung und Verlust und dessen Kompensation durch ein angereichertes poetisches Bild, das die nur abbildliche Leistung der Daguerreotypie übertrifft. Das erst in Vers 15 erkennbare lyrische Ich betrachtet das Bild einer einst vertrauten, aber jetzt entfernten Person. Es stellt seine eigene Perspektive der anderer Betrachter gegenüber, die keine Ähnlichkeit zwischen dem Bild und seinem Gegenstand erkennen wollen und sagen, »du seist es nicht« (V. 4). Demgegenüber kann das lyrische Ich die Entfernung überwinden, weil es statt des »verschleiert[en] Augenlicht[s]« (V. 2) in seinem »treue[n] / Gemüth die kleinsten Züge hegt« (V. 8 f.) und sich an die gemeinsame Vergangenheit erinnert (Strophe 5), wodurch der »reine[ ] Blick« der Augen (V. 27) erkennbar wird. Das unverschleierte Augen-Bild ist das wahre und zu hütende Licht (V. 20 f.), es wird bewahrt durch die Erinnerung, in der aber auch die Differenz zwischen der Gegenwart und Vergangenheit und mit ihr das Vergehen der Zeit markiert sind. Identität stellt sich her durch die Empathie des lyrischen Ichs: »Mir bist die immer Gleiche du geblieben« (V. 42) und »Ich weiß in ihr die ungebeugte Seele« (V. 44). Diese gilt es wahrhaft zu erfassen und getreu abzubilden.

Dafür spielt das Gedicht verschiedene Möglichkeiten durch. Weil die konkrete Abbildung in Form eines Gemäldes bzw. einer Daguerreotypie problematisiert wird und selbst das Seelenwort in der Form des Leibes (»Die Form, die staubgeborne, wandelbare«, V. 58) eingeschlossen ist, wird schließlich die Natur selbst als das bessere Bild erwogen (V. 98), die »dein Lieben übers Grab« (V. 84) zeigt. Im Blick auf die Spiegelfläche des Wassers, in die sich – das Gezeigte anreichernd – die eigene Literatur (im Selbstzitat [V. 75 f.] von *Am Thurme*: »Und jagen durch den korallenen Wald / Das Wallroß, die lustige Beute!«, HKA I, 78, V. 15 f.) und das Wissen der Zeit (Bertuchs *Naturgeschichte*) einschreiben (van Laak 2012, 166–168), erkennt das lyrische Ich die Freundin. Dabei kehren auch die im ersten Abbild zu sehenden »Locken« (V. 16) in Naturbildern wieder: »Von Thaue schwer die grünen Locken, / Leuchtwürmer in der Wimper Flocken« (V. 82 f.). Neben dieser ›Ähnlichkeit‹ der Unterwasserwelt mit der Freundin, erinnert der See das lyrische Ich an deren Wohltätigkeit (Strophe 13), die für Amalie von Hassenpflug auch belegt ist. Das so gewonnene, von der Kraft ethisch guten Handelns gespeiste neue Bild hat nicht nur den Vorteil größerer Ähnlichkeit mit dem Original, sondern auch den der Ebenbildlichkeit mit dem Göttlichen, das in seiner Überzeitlichkeit besteht: »Ihm kann nur gleichen wessen Walten / Nie siechen kann und nie veralten« (V. 96 f.).

Das Gedicht reflektiert somit die Kraft der Mimesis in der doppelten Perspektive des Abbildlichen und des Ebenbildlichen. Das neue fotografische Medium ist zu einer so naturgetreuen Abbildung der Wirklichkeit fähig, dass die Abbildungsleistung der Kunst als notwendig und sinnvoll in Frage gestellt ist. Drostes Antwort auf die Frage, welchen Wert die Mimesis der Kunst gegenüber der der Fotografie hat, liegt deshalb in der Abbildung des ›inneren Werts‹ bzw. des Überzeitlichen einer Person, ihrer Seele und ihres Lichts, die sie in ihrer Ebenbildlichkeit mit der Natur und im Einklang mit dem Göttlichen zeigt. Die Poesie als Medium der Erinnerung kann diese Ebenbildlichkeit zur Darstellung bringen und zugleich bewahren, während die Abbildung der nur äußerlichen Form das wahre Augenlicht verschleiert. Die besondere Pointe von Drostes Argumentation im dritten Teil des Gedichts ist dabei, dass die Poesie sich nicht nur auf die Mimesis der Natur beschränkt, sondern in der Lage ist, Natur als Bild des Quells der Seele bewusst werden zu lassen und damit eine höhere memoriale Leistung erbringt.

Literatur

Heselhaus, Clemens: Annette von Droste-Hülshoff. Werk und Leben. Düsseldorf 1971.
Heselhaus, Clemens: Die Golem-Gespenster der Droste-Hülshoff. In: Droste-Jahrbuch 1 (1986), S. 129–156.
Laak, Lothar van: »... und ein Bild erstand / Von einer Erde ...«. Zum Verhältnis von Einbildungskraft und Wissen in Annette von Droste-Hülshoffs Gedicht *Die Mergelgrube* (1842). In: Study of the 19th Century Scholarship 6 (2012), S. 163–171.

6.12. Das erste Gedicht
Kristin Eichhorn/Lothar van Laak

Droste schrieb das ursprünglich den Titel *Dereinst* tragende Gedicht (HKA I, 348–350) auf eine Anfrage Mathilde Franziska von Tabouillots als Beitrag für die *Producte der Rothen Erde* zwischen Dezember 1844 und Mitte März 1845, wobei sie hauptsächlich nach dem 5. März 1845 daran gearbeitet haben dürfte (HKA I, 1919f.). Gemäß ihrer Erwägung, Tabouillot bereits vorhandene Gedichte zur Verfügung zu stellen, sah Droste ihre ersten lyrischen Erzeugnisse durch, entschied sich dann aber für eine Neudichtung, die sich mit ihren frühen dichterischen Versuchen auseinandersetzt. Neben dem Arbeitsmanuskript und dem Erstdruck von 1846 in den *Producten der Rothen Erde* existiert eine Reinschrift mit zwei zusätzlichen Strophen (HKA I, 1918).

Das erste Gedicht besteht aus elf stanzenförmigen Strophen mit durchgängigem Kreuzreim und alternierenden Kadenzen, allerdings nur dreihebigen jambischen Versen. Das Gedicht reflektiert eine Kindheitserinnerung des lyrischen Ichs an einen »[a]uf meiner Heimath Grunde« (V. 1) stehenden »Zinnenbau« (V. 2). Dieser Turm wird zum Ausgangspunkt einer vielschichtigen poetologischen Selbstverortung. Die Sprechinstanz gibt ihn als Ort an, an dem sie einst ihr erstes Gedicht verborgen hat, das nun in dem verfallenen Turm »einsam [...] vermoder[t]« (V. 79). Die handschriftliche Variante verweist hier explizit auf das älteste von Droste überlieferte Gedicht (»Es war, ich irre nicht / In Goldpapier geschlagen, / Mein allererst Gedicht / Mein Lied vom Hähnchen«, HKA I, 1924). Die Druckfassung hingegen tilgt nicht nur den expliziten biographischen Verweis. Auch die Sicherheit der Erinnerung wird durch »ein Ahnen leise«, die Verwendung des Konjunktivs und den Verweis auf den Traum verunklart (V. 57–64). Nicht zuletzt die Bestimmung des ersten Gedichts als »Mein schüchtern arm Idol« (V. 80) relativiert es aus der Sicht der Gegenwart noch weiter. Der Turm regt auch nicht die Entstehung neuer Dichtung an, sondern soll das erste poetische Produkt »in [s]eine Hut« (V. 84) nehmen.

Das lyrische Ich fühlt sich anfangs, als es das Gedicht im Turm verbirgt, »halb als Falke[ ], / Als Mauereule halb« (V. 35f.), während es sich am Ende des Textes – nun aus der Gegenwart zurück – und von außen auf den Turm blickend – einzig mit dem Falken identifiziert (V. 81f.). Damit sind zwei verschiedene Dichtungskonzepte erkennbar: Die Eule als ambivalentes Symbol für Erkenntnis und Wissen sowie für Tod und Verfall (Dormann 2012) steht dem Bild des freien Falken als Symbol der Tat gegenüber (Gramatzki 2012). Dichtung wird »mit Gefahr des Lebens« (V. 55) heimlich errungen. Darin steckt die schrittweise Entfernung von der eigenen Herkunft und »meiner Heimath Grunde« (V. 1). Sie wird erst mit dem Zurücklassen der dichterischen Anfänge und der Weiterentwicklung zu größerer (ästhetischer) Unabhängigkeit erreicht, ist aber gleichzeitig unumkehrbar; denn in der Gegenwart kann das lyrische Ich den Turm nicht mehr betreten.

Mit dem damit verbundenen Verlust hat sich die Sorge um das Erstlingswerk gewandelt, für das das lyrische Ich schließlich von der »fromme[n] Biene« (V. 87) »bleibende Bergung« und Schutz des hinterlassenen Blattes erhofft (Nettesheim 1971, 29). Mit ihrem Fleiß und der christlichen Heilssymbolik steht die Biene für ein Modell von Dichtung, das auf einer anderen symbolischen Ebene ansetzt als das des Falken: Die Biene findet auch dort noch Platz, wo die Vögel nicht mehr wohnen können, sie bewahrt und schützt das Vorhandene und veredelt es, während der Falke »schlechter / Für seine erste Brut«(V. 81 f.) gesorgt hat. *Das erste Gedicht* zeigt sich damit als Reflexion über das Verhältnis von (dichterischer) Herkunft und Schreibgegenwart, in der das lyrische Ich das Brüchigwerden der Vergangenheit, die Archivierung der eigenen Anfänge und das Modell einer Dichtung, die nun das Kleine und Nicht-Heroische ausmacht, zusammendenkt.

Literatur

Dormann, Helga: Art. Eule. In: Günter Butzer/Joachim Jacob (Hg.): Metzler-Lexikon literarischer Symbole. 2., erw. Aufl. Stuttgart 2012, S. 103–105.
Gramatzki, Susanne: Art. Falke. In: Günter Butzer/Joachim Jacob (Hg.): Metzler-Lexikon literarischer Symbole. 2., erw. Aufl. Stuttgart 2012, S. 113.
Nettesheim, Josefine: Bienenmystik in Gedichten der Droste. In: Auf roter Erde. Monatsblätter für Landeskunde und Volkstum Westfalens, Nr. 147 (1971), S. 29.

6.13. Durchwachte Nacht
Jens Kloster

Eine durchwachte Nacht erlebt das lyrische Ich in diesem Gedicht (HKA I, 351–353), das zwischen dem 1. Oktober 1844 und Mitte März 1845 entstanden ist (HKA I, 1934). Gemeinsam mit den Gedichten *Das Bild* und *Das erste Gedicht* verfasste Droste es für das von Mathilde Franziska von Tabouillot herausgegebene Jahrbuch *Producte der Rothen Erde*, in dem die drei Texte 1846 erschienen. Das 14-strophige, im jambischen Versfuß verfasste Gedicht weist in seinen einzelnen Strophen abwechselnd sechs und acht Verse auf. Begonnen wird mit einer der »kürzere[n] Strophen mit refrainartigem Schluß«, die eine »Individualisierung eines traditionellen, vielfach belegten Brauches des Nachtwächter-Rufs« (HKA I, 1946) darstellen, bestehend aus einem Kreuz- und nachfolgendem Paarreim. Die ersten fünf Verse dieser Strophen sind jeweils vierhebig, der letzte Vers hingegen, der immer die Uhrzeit angibt, ist nur zweihebig. Die längeren Strophen mit acht fünfhebigen Versen sind Stanzen mit dem Reimschema ababacc.
   Die ganze Nacht hindurch unterliegt das Ich intensiven sinnlichen Eindrücken. Diese sind vornehmlich akustische, wie sie auch in *Der Knabe im Moor* eine tragende Rolle spielen, aber auch visueller und olfaktorischer Art.

Während Stern urteilt: »sie wecken Erinnerungen und Sehnsüchte, jedoch nie Angst oder Beklemmung« (2012, 94), argumentiert Häntzschel, dass bereits der Titel des Gedichts mit dem ›Durchwachen‹ ein ›Durchstehen‹ konstatiere und »die Nacht bei der Droste in allegorischer Strenge eindeutig feindliche und bedrohende Züge« (1968, 124) trage. Diese unterschiedliche Bewertung der nächtlichen Phänomene ist Resultat ihres nicht eindeutig zu bestimmenden Status innerhalb des Gedichts. Lassen sich die Wahrnehmungen der ersten beiden und der letzten zwei Strophen ungebrochen als bildliche Beschreibungen von diegetisch Realem durch ein (noch) waches lyrisches Ich fassen, so ist bei den Sinnesreizen der anderen Strophen nicht eindeutig zu bestimmen, ob es sich um Traumbilder eines schlafenden Ichs oder um eine magisch aufgeladene, geisterhafte Natur handelt, die vom beobachtenden (und möglicherweise halluzinierenden oder berauschten) Ich beschrieben werden. Diese Unsicherheit ist intendiert, wie die Entstehungsgeschichte des Gedichts zeigt. Für *Durchwachte Nacht* griff Droste auf Teile des bereits zwischen April und Mai 1844 entstandenen Gedichts *Doppeltgänger* (HKA II, 67 f.) zurück, das sie nach der Fertigstellung des motivisch und sprachlich weiterentwickelten Nachfolgers verwarf – es wurde erst postum in den von Levin Schücking herausgegebenen *Letzten Gaben* (1860) veröffentlicht.

Zentrales Moment beider Gedichte und Höhepunkt der Wahrnehmungen ist das Auftauchen eines »schöne[n] Kind[es]« (V. 70; vgl. HKA II, 67, V. 24). Während das lyrische Ich in *Doppeltgänger* noch die Situation nach dessen plötzlichem Verschwinden eindeutig reflektiert – »Doch nur mein Herz ist ihre [der Geister, J.K.] stille Gruft« (HKA II, 68, V. 35) –, wird in *Durchwachte Nacht* der Fokus stärker auf die Beobachtung und Beschreibung der (Natur-) Phänomene gelenkt, ohne in eine abschließende tiefgreifende Reflexion zu münden. Das »Kind« und die Klänge und »Bilder[ ]« (V. 65), die es ankündigen, sind semantisch polyvalent, wobei sich vier wesentliche Lesarten differenzieren lassen, die einander partiell ergänzen können. Im Werkkontext lässt sich zunächst beobachten, dass Droste in Anknüpfung an antike Traditionen schon in *Ledwina* (→ IV.2.) das Kind als Figuration des Todes einsetzt. Ein Wechsel der Augenausdrücke des Kindes spricht für diese Lesart: »Gleich Feuerwürmern [...] glühen« (V. 68) seine Augen nämlich, bevor sie »feucht« werden, »blau und lind« (V. 69). Die feuchten Augen und Blau als Farbe des Wassers und der Kälte, aber auch der Literatur, stehen im klaren Gegensatz zum vorherigen Bild eines verzehrenden Feuers. So betrachtet erzählt das Gedicht von einem Ich, das knapp dem Tod entrinnt. Gegen diese Lesart spricht allerdings die Wiedergewinnung von Vitalität gerade durch die Erscheinung. Sind die Natur und das Ich am Anfang des Gedichts »matt« (V. 19), findet unter dem Einfluss der fortschreitenden Nacht und ihrer Phänomene eine (Re-)Vitalisierung beider statt: »Im Blute Funken, Funk' im Strauch« (V. 60) – diese »Funken« sind Bilder der Aktivität und antizipieren zugleich die Erscheinung des Kindes. Ebenfalls gegen das Kind als Bild des Todes spricht, dass das Ich den anschwellenden Morgen – und damit das ›Zerfließen‹ des »süße[n] Bild[es]« (V. 77) – bedauert.

6. Gedichte von 1844 bis 1848

Eine zweite Lesart stellt die sinnlichen Wahrnehmungen aufgrund ihrer Intensität in den Kontext von Opiumkonsum. Zuerst darauf aufmerksam gemacht hat Ernst Jünger (1978, 47), der das Gedicht sehr schätzte. Ein Drogenkonsum wird im Gedicht direkt angesprochen – nicht im Zusammenhang mit dem lyrischen Ich selbst, wohl aber mit einem Ross, das »vom Mohn getränkt / [...] schlaff die regungslose Flanke senkt« (V. 13 f.). Für eine mögliche Rauscherfahrung als Basis für das Gedicht sprechen ebenfalls die Intensität der sinnlichen Reize und die Tatsache, dass Schlafmohn lange Zeit als Hypnotikum eingesetzt worden ist. Diese Lesart kann eine weitere ergänzen: »Betäubend gleitet Fliederhauch« (V. 15) nämlich ins Haus und wirkt sedierend auf das lyrische Ich – ähnlich wie der Mohn auf das Pferd. Die Syringe / der Flieder ist Symbol romantischer Liebe, und in *Durchwachte Nacht* taucht er auch entsprechend konnotiert auf: »Und wieder, wie verhaltnes Weinen, steigt / Ein langer Klageton aus den Syringen, / [...] Und selig kämpft verschämter Liebe Ringen« (V. 37–40). Diese »Liebe« hat ihr Objekt dann in der Erscheinung des Kindes, und mit ihm verschwindet auch »des Flieders Thaugefunkel« (V. 80), das sich vor seinem Auftauchen noch von einem »Fünkchen« (V. 53) zum »Funk'« (V. 60) steigerte. Möglicherweise handelt es sich beim Kind um eine Figuration Amors, des Gottes der Liebe, womit die Formulierung der fliehenden »Pfeile[ ]« (V. 66) sowie der »Locken Hang« (V. 67) korrespondiert. Da Opium auch aphrodisierend wirkt, ergänzen sich die zweite und dritte Lesart.

Die vierte, in der gegenwärtigen Forschung dominante Lesart schließlich fokussiert die Subjektivität des lyrischen Ichs und legt dabei einen Akzent auf dessen Erfahrung von Zeit. Diese ist generell ein wichtiges Thema von Drostes Schreiben (Blasberg/Grywatsch 2013) und im Gedicht *Durchwachte Nacht* ein zentrales Strukturmoment, wie schon eine signifikante Differenz des Gedichts zu seinem Vorgänger zeigt: Heißt es in *Doppeltgänger* noch »S' war eine Stunde wo der Seiger ruht« (HKA II, 67, V. 13), ist es hier gerade die Uhr mit ihren Schlägen, die das Ich immer wieder an Realität bindet: »Und – horch! der Seiger hat gewacht, / S' ist Mitternacht« (V. 33 f.). Zur Verhandlung von Zeit gehört auch der Aufgriff der Daguerreotypie in beiden Gedichten. Diese frühe Form der Fotografie stellt angesichts der »Erfahrung einer Dynamisierung und ungebremsten Beschleunigung« einen Augenblick auf Dauer, der so »als ein besonderer Wert herausgestellt wird« und »das Kristallisieren von bestimmten Dimensionen der Zeit im Augenblick« exponiert (Fauser 2013, 55). Gegen die empfundene Flüchtigkeit des modernen Lebens auf der einen, das ›objektive‹ Zeitmaß der äußeren Welt auf der anderen Seite scheint sich das Gedicht auf einen subjektiven, für Visionen und Selbstgespräche (Labaye 1995, 242 f.) offenen Innenraum, der zwischen »Wachen, Schlaf und Traum« (Grywatsch 2013, 216) angesiedelt ist, zu beziehen und diesen poetisch herzustellen, was wiederum Vergleiche zum Gedicht *Im Grase* (HKA I, 328; → II.6.8.) aufruft. Vor der Folie von *Im Grase* und anderer Gedichte, die eine Ich-Spaltung thematisieren (*Das Fräulein von Rodenschild*, *Das Spiegelbild*), kann es sich beim Kind auch um ein Bild für das lyrische Ich als Dichterin handeln, wie eine motivische Überschneidung mit dem poetologischen Gedicht *Am Thurme* zeigt, wenn es heißt: »Und drunten das Gewölke rollt und klimmt« (HKA I, 352, V. 49; → II.5.4.4.). Die topologische Angabe »drunten« zeigt, dass sich das Ich im Turm der Poesie, im Raum der Entgrenzung befindet.

Im Hinblick auf die pluralen Lesarten sowie Drostes Auseinandersetzung mit der christlich-kirchlichen Tradition ist die formale Gestaltung des Gedichts von eminenter Bedeutung. Zwischen den stündlichen Uhrenschlägen liegen jeweils 14 Verse; nimmt man die der ersten mit der letzten Strophe zusammen, ergibt sich eine poetisch evozierte Zeit von sieben Stunden. Die einzelnen Stunden werden in der Darstellung in Stropheneinheiten zu je sechs und acht Versen ›geteilt‹. Dass es sich in diesem streng durchkomponierten Gedicht eben nicht um zwei Mal sieben Verse handelt, ist vor dem Hintergrund christlicher Zahlensymbolik bedeutsam: Die Sieben steht für Vollendung und schließt eine Verbindung von Geist und Materie ein, die im Gedicht aber nur als rechnerisches Mittel erreicht wird. Das »schöne[ ] Kind« (V. 70) taucht in einer Stanzenstrophe mit acht Versen auf. Die Acht steht in christlicher Symbolik für den achten Schöpfungstag, also die Neuschöpfung des Menschen, und gilt auch als Christuszahl. Ihr steht die Sechs als Symbol für das Unvollkommene, Körperliche und Böse gegenüber. Mit dieser Symbolik spiegeln die beiden Zahlen die rhetorische Frage, die die vierte Strophe einleitet: »O wunderliches Schlummerwachen, bist / Der zartren Nerve Fluch du oder Segen?« (V. 21 f.). Der Raum der Vollendung, die Vereinbarkeit von Leben und Schreiben, vom Reich der Toten und der Lebenden, von Traum und Realität wird – bezogen auf die erfahrbare Zeit des Subjekts – lediglich als Idee erreicht.

Literatur

Fauser, Markus: Zu früh oder zu spät geboren? Annette von Droste-Hülshoff und die Zeit der Epigonen. In: Cornelia Blasberg in Verb. mit Jochen Grywatsch (Hg.): ZwischenZeiten. Zur Poetik der Zeitlichkeit in der Literatur der Annette von Droste-Hülshoff und der ›Biedermeier‹-Epoche. Hannover 2013 (= Droste-Jahrbuch 9), S. 41–69.

Grywatsch, Jochen: »Wo Träume lagern langverschollner Zeit«. Zum Verhältnis von Traum und Zeit in den Epen und der Landschaftsprosa der Annette von Droste-Hülshoff. In: Cornelia Blasberg in Verb. mit Jochen Grywatsch (Hg.): ZwischenZeiten. Zur Poetik der Zeitlichkeit in der Literatur der Annette von Droste-Hülshoff und der ›Biedermeier‹-Epoche. Hannover 2013 (= Droste-Jahrbuch 9), S. 211–234.

Häntzschel, Günter: Tradition und Originalität. Allegorische Darstellung im Werk Annette von Droste-Hülshoffs. Stuttgart u. a. 1968.

Jünger, Ernst: Sämtliche Werke. Bd. 11. Essays V: Annäherungen. Stuttgart 1978.

Labaye, Pierre: *Durchwachte Nacht*: une peinture de l'éphémère chez Annette von Droste-Hülshoff. In: Université de Toulouse Le Mirail, CERAM et Département d'allemand (Hg.): Les Songes de la Raison. Mélanges offerts à Dominique Iehl. Bern u. a. 1995, S. 227–248.

Stern, Martin: Ein ungelöstes Rätsel in Annette von Droste-Hülshoffs spätem Gedicht *Durchwachte Nacht*. In: Germanisch-Romanische Monatsschrift 62,1 (2012), S. 93–97.

6. Gedichte von 1844 bis 1848   445

6.14. ⟨Das Wort⟩
Mathias Mayer

⟨*Das Wort*⟩ (HKA II, 208f., in der Fassung vom 9. Mai 1845), 1860 von Schücking in *Letzte Gaben* veröffentlicht, gehört nicht allein seiner komplizierten Entstehung und Überlieferung wegen (vgl. HKA II, 848f., 850–852) zu den mehrfach diskutierten Werken der Autorin: Die mit zahlreichen Bearbeitungsspuren versehene Handschrift H¹ findet sich auf der Rückseite eines Briefentwurfes an Melchior von Diepenbrock (HKA X, Nr. 365), der die Dichterin am 26. April 1845 um ein Autograph gebeten hatte. Eine siebenstrophige Fassung ist in H² auf den 9. Mai 1845 datiert, aber Droste hat den Text sowohl weiter bearbeitet (H³, H⁴), um die sechste Strophe gekürzt, wie ihn für andere Zwecke verbreitet (H¹, für Charlotte von Harff-Dreiborn). Die auf den 1. Juni 1846 datierte Handschrift H⁴ ist »Meiner lieben Euphrosine« gewidmet. Die Tatsache, dass es sich um eines der späten Gedichte, vor allem, dass es sich um die letzten die Dichtung selbst thematisierenden Verse handelt, hat dem Gedicht besondere Aufmerksamkeit zugetragen (Rotermund 1962, 76; Marquardt 1977, 55–57; Meyer 1994, 316; Koopmann 2000, 27f.).

Dabei hat die metrische Eigenwilligkeit dieses Textes eine eher geringe Rolle gespielt: Die vierhebigen Jamben lassen in jeder Strophe einen klingenden Paarreim von einem stumpfen Reim umarmen, allerdings mit der Besonderheit, dass Vers 1, 9 und 25 daktylische Unruhe und einen Hebungsprall riskieren. Auf diese Weise entzieht sich der Text, bis in seine letzte Stufe, der schematisierten Eindeutigkeit. Der metrischen Struktur ist eine gewisse Wildheit nicht ganz abzusprechen, obwohl man den Text durch die Entstehungsgeschichte und den jedenfalls konservativ erscheinenden Brief der Autorin an den designierten Bischof von Breslau vom Mai 1845 als Zeugnis einer neuen religiösen Besinnung gelesen hat.

Die metaphorischen Potentiale des Gedichtes sind zum Teil aus der Bibel – das »Körnlein« in Vers 5 wird auf das Gleichnis vom Sämann aus dem Neuen Testament bezogen –, zum Teil aus dem Vorrat der Sprichwörter gespeist: Der Zusammenhang von Wort und Pfeil (V. 1) sowie die Rede von der Lebendigkeit des Funkens (V. 9) sind in Wanders *Sprichwörter-Lexikon* (1867–1880) belegbar (HKA II, 857). Indes sollte das Gedicht nicht auf eine resignierende Restauration reduziert werden.

Die erste Strophe stellt das Wort nicht nur als aggressives Potential dar, im Licht einer wenig religiösen Jagdmetaphorik, die eher antike Wurzeln hat (Artemis), sondern sie rückt es in die Spannung von Leichtigkeit und Ernsthaftigkeit, vor allem aber setzt sie es dem Verdacht der Unberechenbarkeit und Unkontrollierbarkeit aus. Beim christlich konnotierten Bild vom »Körnlein« dominiert nicht die Hoffnung auf sein Wachstum, sondern das Moment der Unauffindbarkeit, der Nichtbeherrschbarkeit. Das Wort droht sich zu verselbständigen und sich dem Sprecher zu entziehen. Seine Entfaltungsmöglichkeiten sind nicht absehbar, – der ›Autor‹ des Wortes hat jegliche

Autorität verloren, der »Funke[ ]« (V. 9) kann erlöschen oder ein »Flammenmeer« (V. 12) entfachen. Wie sehr das Gedicht von der Frage der Verantwortung geprägt ist, zeigt die zentrale vierte Strophe, in der ein eschatologischer Zusammenhang eröffnet wird – trotz des Entzugscharakters des Wortes ist der Sprecher dafür haftbar zu machen: Der für Droste erhebliche Komplex von Schuld und Sühne kommt auf bedrohliche Weise ins Spiel. Eine Verantwortung eines lyrischen Ich ist nur in der indirekten Form der zweiten Person erkennbar geworden, erst mit der fünften Strophe (»Mein Gott«, V. 18) wird sie greifbar, allerdings um sich zugleich als »Zagenden und Blinden« (V. 18) in seiner Ohnmacht zu charakterisieren. Hier wird die Erkenntnisproblematik zum Thema, die Begrenztheit auch des Wissens. Der Mensch ist weder Herrscher über sein Wort noch im Besitz der Erkenntnis, – er ist auf das Licht einer göttlichen Instanz angewiesen. Das ›Dichtergedicht‹ wird zur Abrechnung mit der menschlichen Beschränktheit, bevor es eine Dialektik von Geschenk und Gabe einerseits (V. 21, 23), von Allmacht (V. 21) andererseits eröffnet. Drostes Poetik der Gabe verdankt sich dabei der völligen Unverfügbarkeit, sie mündet in den Anruf einer existentiellen Unwissenheit, die keineswegs mit einer schlichten Geborgenheit im Glauben verwechselt werden sollte. Was zunächst Dichtergedicht scheinen mag, vertieft sich zu einer Abrechnung mit der Existenz des Menschen – als des sprechenden Lebewesens, das selbst in dieser Auszeichnung, in diesem Geschenk sich nur bedingt einrichten kann. ⟨Das Wort⟩ ist damit auch eine Auseinandersetzung mit der Ausgesetztheit, der Unwissenheit der menschlichen Existenz. Denkt man an Sören Kierkegaard, so steht Droste damit nicht allein in dieser Zeit, aber der Blick geht weit über sie hinaus, in Richtung Moderne.

Literatur

Koopmann, Helmut: »Nicht fröhnen mag ich kurzem Ruhme«. Zum Selbstverständnis der Droste in ihren Dichtergedichten. In: Droste-Jahrbuch 4 (2000), S. 11–33.
Marquardt, Axel: *Das Wort* und der Brief der Droste an Melchior von Diepenbrock (Mai 1845). In: Beiträge zur Droste-Forschung 4 (1977), S. 53–66.
Meyer, Matthias: Die ›Dichtergedichte‹ der Annette von Droste-Hülshoff. Probleme einer Identitätsbildung. In: Danielle Buschinger (Hg.): Europäische Literaturen im Mittelalter. Mélanges en l'honneur de Wolfgang Spiewok à l'occasion de son 65ème anniversaire. Greifswald 1994, S. 297–319.
Rotermund, Erwin: Die Dichtergedichte der Droste. In: Jahrbuch der Droste-Gesellschaft 4 (1962), S. 53–78.

6.15. Gastrecht
Julian Kanning

Das im August 1845 entstandene Gedicht *Gastrecht* (HKA I, 356–359) bildet zusammen mit *Gethsemane, Das verlorne Paradies, Auch ein Beruf, Unter der Linde* und CARPE DIEM! die Werkgruppe der ›Abbenburger Gedichte‹. Levin Schücking hatte Droste am 21. Juli 1845 um Texte für das *Rheinische Jahrbuch* für 1846 gebeten, dessen redaktionelle Betreuung er übernommen hatte. Von den sechs Gedichten, welche Droste Schücking in ihrem Brief vom 25. August 1845 in – nicht überlieferter – Reinschrift zusandte, fanden darin lediglich *Gastrecht* und *Auch ein Beruf* Aufnahme (HKA I, 1959).

Formal bilden die Strophen 1 bis 7 und 13 einen Rahmen, der zu Beginn den zunehmend unwillig ertragenen Gastaufenthalt des lyrischen Ichs in Gesellschaft geistreich dilettierender Literaten und am Ende seine Flucht beschreibt, während die Binnenstrophen aus einem orientalischen Buch zitieren, in dessen Lektüre sich das Ich vertieft. Die achtzeiligen Rahmenstrophen sind metrisch durch die Regelmäßigkeit des vierhebigen Jambus mit gleichbleibend männlicher Kadenz geprägt und weisen mit dem Wechsel zwischen umarmendem Reim und Kreuzreim ein sich strophenweise wiederholendes Reimschema auf. Im Gegensatz dazu wirkt der Text der orientalischen Geschichte (V. 57–115), durch unregelmäßige Metrik und wechselnde Strophen- sowie Verslängen charakterisiert, ungleich lebendiger und dynamischer.

Gastrecht steht in der Tradition der Literatursatiren von Ferdinand Freiligrath (*Moos-Thee*, 1826), Karl Immermann (*Die Prinzen von Syrakus*, Lustspiel, 1821) und Christian Dietrich Grabbe (*Scherz, Satire, Ironie und tiefere Bedeutung*, Lustspiel, 1827), an die Droste ebenfalls in dem Gedicht *Der Theetisch* (→ II.5.6.3.) und dem Lustspiel PERDU! *oder Dichter, Verleger, und Blaustrümpfe* (→ III.2.), eigene Erfahrungen in der münster'schen »Hecken-Schriftsteller-Gesellschaft« (HKA IX, 20) verarbeitend (→ I.1.1.; → I.3.2.) anknüpft. Wenn das lyrische Ich in dem zweiten, als »Musenlicht« (V. 24) annoncierten Gast sofort einen Konkurrenten um Aufmerksamkeit und Anerkennung wittert, reflektiert diese ironisch dargestellte Szene im Kleinen jenen fatalen Verdrängungswettbewerb auf der großen Bühne der vormärzlichen Literatur, auf der »die Celebritäten sich einander auffressen und neu GENERIREN wie Blattläuse« (HKA X, 89).

Indem die Binnengeschichte den literarischen Fluchtraum des lyrischen Ichs als eine »Konstruktion des Orients als Sehnsuchtsraum« (Ölke 2002, 212) ausweist, stellt das Gedicht der kritisierten Realität eines der Orientmode verfallenen Salons eine andere Orientkonstruktion gegenüber, in der christliche und aufklärerische Vorstellungen von Gastfreundschaft und Humanität mit den »feste[n] Regeln des Gastrechts« des arabischen Ostens (Hiltbrunner 2005, 20) eine Verbindung eingehen. Die in Anführungszeichen gesetzte Binnengeschichte stammt weder aus *Tausendundeine Nacht* noch aus der Sammlung *Rosenöl* des Wiener Orientalisten Joseph von Hammer-Purgstall

(1774–1856), sondern ist ein aus verschiedenen orientalischen Quellen zusammengesetztes Kunstprodukt. Dazu gehören ebenfalls die Figuren von Kalif und Verbrecher sowie das Trank-Motiv aus einer Geschichte des *Qabus-nama* von Kay-ka'us (HKA I, 1969), während der Topos des Gastrechts an eine Erzählung aus Hammer-Purgstalls *Rosenöl* erinnert (Ölke 2002, 210).

Die Verbindung zwischen Gastfreundschafts- und Gastrechtskonzeptionen in der Binnengeschichte ergibt sich aus der Ambivalenz des Verhältnisses zwischen Gastgeber und Gast, das zum einen durch Verantwortung, zum anderen durch die Angst vor dem als bedrohlich empfundenen Fremden gekennzeichnet ist. Zwar steht die arabische Ethik des Gastrechts im Kontext von Gewalt und Mord, von Grenzerfahrungen des beinahe erstickenden Gefangenen und rätselhaft bleibenden schuldhaften Verstrickungen des Kalifen (V. 63). Doch zugleich zeigt die ›orientalische‹ Handlung letztlich das Funktionieren eines kodifizierten Gastrechts. Denn der Herrscher handelt in dem dramatisch verdichteten Moment aus einem fundamental humanen Impuls heraus, indem er den »Sclave[n]« (V. 94) durch die Gabe des Tranks vor dem Tod bewahrt. Hier tritt ein Wesensmerkmal von Gastlichkeit zutage, dass sowohl arabische als auch westliche Konzeptionen auszeichnet: die vorübergehende einseitige Verkehrung von Herrschaftsverhältnissen (Mein 2009, 79). Der Sklave nutzt diesen Aspekt seines Zu-Gast-Seins aus, das durch die wechselseitige Abhängigkeit von Gast und Gastgeber und damit durch die »Abwesenheit jedes Souveräns« (Mein 2009, 81) geprägt ist. Indem Droste das lyrische Ich mit dieser existentiellen Grundkonstellation des Zu-Gast-Seins in den Versen des »altbekannte[n] Buch[s]« (V. 54) konfrontiert, rückt sie einen in der westlichen Schwundstufe von ›Gastfreundschaft‹ verdrängten Aspekt von Gastlichkeit in den Blick. Denn in der orientalischen Szenerie der Binnengeschichte zeigt sich eine Praxis von Gastlichkeit, die sowohl im Alten als auch im Neuen Testament betont wird: in der Beherbergung und der Pflege des Gastes erweist sich die individuelle Gottesliebe (Mein 2009, 75). Man kann die arabische Geschichte daher analog der Forschung zu *Klänge aus dem Orient* (HKA II, 9–35) als »fremden Spiegel« (Springer 2008, 161) sehen, der die »verdeckten Ausschlüsse der eigenen kulturellen Situation« (Wagner-Egelhaaf 1998, 155) sichtbar macht (→ II.3.).

Die Verbindung und ironische Brechung beider Gastlichkeits-Konzepte im Gedicht verdeutlicht *Gastrecht* an drei einander spiegelnden Gast-Figuren: dem hochgelobten und später verleumdeten Salongast (V. 24, 40, 45–48), dem ertappten Attentäter, den der Kalif tränkt und begnadigt (V. 89–93, 105–107) und dem lyrischen Ich als einer »Schwellenfigur« (Mein 2009, 71). Es hat Teil und schafft zugleich Distanz, es beobachtet, vergleicht, diagnostiziert und flieht schließlich aus der Situation ohne jene performative Kraft aufzubringen, derer der orientalische Sklave fähig ist. Das im Imperfekt gehaltene Gedicht wird als verspätete, machtlose Geste poetologisch lesbar: es bietet einen versifizierten Nachtrag zu ausgebliebener Realkritik am zeitgenössischen Literaturbetrieb.

Literatur

Hiltbrunner, Otto: Gastfreundschaft in der Antike und im frühen Christentum. Darmstadt 2005.
Mein, Georg: Gäste, Parasiten und andere Schwellenfiguren. Überlegungen zum Verhältnis von Hospitalität und Liminalität. In: Peter Friedrich/Rolf Parr (Hg.): Gastlichkeit. Erkundungen einer Schwellensituation. Heidelberg 2009, S. 71–88.
Ölke, Martina: ›Heimweh‹ und ›Sehnsucht in die Ferne‹. Entwürfe von ›Heimat‹ und ›Fremde‹ in der westfälischen und orientalischen Lyrik und Prosa Annette von Droste-Hülshoffs. St. Ingbert 2002.
Springer, Mirjam: »Flirrende Spiegel«. Annette von Droste-Hülshoffs *Klänge aus dem Orient*. In: Charis Goer/Michael Hofmann (Hg.): Der Deutschen Morgenland. Bilder des Orients in der deutschen Literatur und Kultur von 1770 bis 1850. München 2008, S. 151–164.
Wagner-Egelhaaf, Martina: Grenz-Rede. Annette von Droste-Hülshoffs *Klänge aus dem Orient*. In: Ernst Ribbat (Hg.): Dialoge mit der Droste. Paderborn u.a. 1998, S. 147–164.

6.16. Zwey Legenden: Das verlorne Paradies / Gethsemane
Jürgen Gunia

Zwey Legenden – die Gedichte *Das verlorne Paradies* und *Gethsemane* (HKA IV, 203–206) – entstanden im August 1845 unter ungünstigen Umständen, da Droste zu dieser Zeit ihren schwer erkrankten Onkel Friedrich von Haxthausen in Abbenburg pflegte. In einem Brief an Levin Schücking, der Gedichte bei ihr in Auftrag gegeben hatte, klagte sie, die Gedichte »in einem Wirrwarr gemacht« zu haben, meist abends, wenn sie »todtmüde« war; auch habe ihr jede Zeit zum »Durchfeilen« gefehlt (HKA X, 307f.). Gemeinsam mit diesem Brief und mit vier weiteren in diesem Zeitraum verfassten Gedichten sandte Droste sie an Schücking, der ankündigte, sie im von ihm herausgegeben *Rheinischen Jahrbuch* und in der *Kölnischen Zeitung* zu veröffentlichen. Im November 1845 riet Droste Schücking von der Publikation ab, da sie die Gedichte mittlerweile als »völlig misrathen« (HKA X, 333) ansah. Zuvor hatte obendrein Drostes Bruder ihr von einer Veröffentlichung in der aus katholisch-konfessioneller Sicht allzu liberalen *Kölnischen Zeitung* abgeraten (HKA IV, 284–286). So wurden die *Zwey Legenden* erst postum abgedruckt: *Gethsemane* 1851 als Anhang des von Christoph Bernhard Schlüter herausgegebenen *Geistlichen Jahres* und das *Verlorne Paradies*, dessen Überlieferung unvollständig zu sein scheint (HKA IV, 642), 1860 in den von Schücking verantworteten *Letzten Gaben*.

In den *Zwey Legenden* wird die alttestamentarische Erzählung vom Sündenfall (*Das verlorne Paradies*, vgl. 1. Mos 3) mit der neutestamentarischen Passionsgeschichte Christi (*Gethsemane*, vgl. Lk 22,39–46) in einen poetischen Verweisungszusammenhang gebracht. Eine Konstruktion, mit der sich Droste

»in der Tradition sowohl der theologischen Deutung als auch der christlichen Kunst« bewegt: »Verbreitet war die Auffassung, daß das Kreuz, an dem Jesus hingerichtet wurde, auf der Begräbnisstätte Adams errichtet worden sei.« (HKA IV, 644) Dass jedoch einerseits im ersten, dreistrophigen Gedicht nicht die verbotene Frucht vom Baum der Erkenntnis thematisiert wird, sondern ein mit dem Sündenfall konnotierter, aber biblisch nicht überlieferter Traum Evas, und dass andererseits im zweiten, sechsstrophigen Gedicht die ebenfalls in der Bibel so nicht auffindbare visionäre Vergegenwärtigung des geschundenen Leibs Christi im Vordergrund steht, unterstreicht bereits die jeweilige literarische Transformation der biblischen Sujets. Das inhaltliche Verweisungsgefüge der Gedichte findet dabei Entsprechungen auf formaler Ebene: Beide sind jambisch akzentuiert und beide wechseln – wie allerdings oft bei Droste – zwischen umschließendem Reim, Paar- und Kreuzreim.

Zudem zeichnen sich beide Gedichte durch eine dreigliedrige Struktur aus: In *Das verlorne Paradies* wird der paradiesische Urzustand (V. 1–23) mit dem Ende des Tages verabschiedet und in eine Sequenz überführt, die mit dem schlaf- bzw. traumartigen Befinden Evas, welches das allmähliche Hereinbrechen des sündigen Verlangens nahelegt, genau diesen Ausgangszustand problematisiert (V. 26–46). Evas Erwachen am Morgen (V. 50–52) vollendet den Bruch, der durch die lediglich zwei Verse umfassende zweite Strophe vorbereitet wird, welche die Warnung vor der Schlange enthält (V. 24 f.). *Gethsemane* lässt sich unterteilen in die Zeit vor der Vision Christi, die er im Garten von Gethsemane empfängt (V. 1–8), in die Vision seiner Kreuzigung auf Golgatha (V. 9–58) und schließlich in die Rückkehr zur Situation in Gethsemane (V. 59–62). Die erste und die sechste Strophe rahmen den Mittelteil inhaltlich durch das wiederholte Erscheinen des Mondes sowie des Engels (V. 7, 61), welcher Jesu zu Beginn den »bittern Leidenskelch« (V. 8) und am Schluss den »Lilienkelche« (V. 61) reicht. Dass der Kelch nun nicht mehr mit dem Leid, sondern ikonisch mit der Lilie als christlichem Symbol der Unschuld und der Gnade verbunden wird, verleiht dem Ende des Gedichts ein Moment des Versöhnlichen und des Trostes. Droste bleibt hier sehr nah an der biblischen Vorlage, in welcher Jesu in Gethsemane fleht, der Kelch möge an ihm vorübergehen, um dann von dem ihm erscheinenden Engel gestärkt zu werden – wobei an dieser Stelle im Lukas-Evangelium, in dem allein der Engel auftritt und dem Droste hier in erster Linie zu folgen scheint, nicht ausdrücklich vom Kelch die Rede ist (vgl. Lk 24).

Den Mittelteil beider Gedichte bilden also traumartige Visionen, wobei diese in *Das verlorne Paradies* eher angedeutet als beschrieben und in *Gethsemane* ausführlich dargestellt werden. Diese Differenz zwischen den beiden Gedichten hängt mit deren unterschiedlicher Perspektivierung zusammen. Was mit und in Eva offensichtlich des Nachts geschieht, wird von einer anonymen Wahrnehmungsinstanz von außen geschildert. Einer Instanz, die folglich zahlreiche Unsicherheiten im Hinblick auf das Bewusstsein Evas artikuliert, was sich z. B. in zwei Fragen dokumentiert: »Das Auge lodernd von verbotnem Wissen?« (V. 34) und »Ob sie entschlief?« (V. 42). Könnte man die Vermittlungsinstanz von *Das verlorne Paradies* erzähltheoretisch als extern fokalisiert beschreiben, so ist sie in *Gethsemane* dagegen intern fokalisiert: Die vermittelnde Instanz nimmt wahr und weiß, was Jesu im Garten von Gethsemane wahrnimmt und weiß (vgl. »Er sah [...]«, V. 26; »Er hörte [...]«, V. 27; »Er kannte [...]«, V. 30). Mit der unterschiedlichen Perspektivierung vor allem des Mittelteils der Gedichte geht der unterschiedliche Stellenwert des inneren Geschehens einher: In *Das verlorne Paradies* läuft sie auf die Inszenierung eines quasi von außen beobachteten Kontrastes zwischen Ausgangszustand und nächtlicher Veränderung bzw. Endzustand am Morgen hinaus, während in *Gethsemane* der Fokus auf die schrittweise Identifikation des Gethsemane- mit dem Golgatha-Jesus gerichtet ist.

Die kontrastive Struktur des *Verlornen Paradieses* lässt sich als Scheidelinie zwischen der ersten Strophe und dem Rest des Gedichtes sowie an Motiven festmachen, die sich als Opposition zueinander verhalten und die aufgrund der fehlenden Innenperspektive als Veranschaulichung der veränderten äußeren Natur fungieren. Auf der Makroebene ist der Kontrast bereits durch die Tageszeiten gegeben. Spielt die erste Strophe allem Anschein nach bei Tage und bei schönem Wetter, so die dritte abends, nachts und morgens. In diese Zeit bricht außerdem das Gewitter – »[d]es Donners Rollen« (V. 45) – über die Szene herein. Auf der Mikroebene korrespondiert die »unschuldsvolle Wangenröthe« (V. 8) mit dem späteren wollüstigen »Brennen ihr[er] [...] Wangen« (V. 38). Und heißt es zu Beginn »fröhlich scholl der Nachtigallen Flöte« (V. 5), so »weint'« später »der Nachtigall Gestöhne« (V. 31). Große Wichtigkeit kommt zudem dem Motiv der Rosen zu, die anfangs »dornenlos« sind und als weiße, duftende Blumen vorgestellt werden (V. 10f.), während sie später Dornen haben, welche die Brust Evas verwunden (V. 57). Die besondere Bedeutung dieses Motivs offenbart sich außerdem im Aufgehen der Rosenblüten am Ende Gedichts. Dort wird das Erblühen mit einem »[z]um Kusse« geöffneten »üppgen Mund« (V. 55) in ein analoges Verhältnis gesetzt, sodass es semantisch kurzgeschlossen wird mit dem Erwachen des sexuellen Begehrens Evas, das als »glüh Verlangen« (V. 41) oder auch »glüher Sehnsucht« (V. 54) im Gedicht überdeutlich thematisiert wird. Diese Allegorisierung des Rosenmotivs lässt sich deuten als fundamentale Ambivalenz: So wie die Blüten nicht zu denken sind ohne die Dornen, so gibt es kein Begehren ohne Leid – oder ohne den ›Stachel‹ des religiösen Sündenbewusstseins. Ein wenig relativiert sich die Kontraststruktur allenfalls durch den Vers »Und in ihr Träumen schlich das Paradies.« (V. 20) Nicht nur weicht der Vers durch seine Innenperspektive von den anderen Versen des Gedichts ab, auch die semantische Ambivalenz des Verbs »schlich« fällt auf, lässt es doch bereits an die Schlange denken und weist somit schon dem Paradies selbst die Aura des Verdorbenen zu.

In *Gethsemane* geht es um die sukzessive Überblendung zweier Situationen und Zeitebenen, der gegenwärtigen Gethsemane- mit der zukünftigen Golgatha-Situation, die zugleich den Prozess der Identifikation der beiden Jesus-Figurationen vorführt, wobei der verletzte und verfallene Körper des am Kreuz hängenden Jesu mit großer Detaildrastik vorgeführt wird: »Zerrissen,

ausgespannt, wie Stricke drangen / Die Sehnen an den Gliedern ihm hervor.«
(V. 11 f.) Der Angstschweiß des Gethsemane-Jesus wandelt sich allmählich
zum Blut des Golgatha-Jesus, er wird zum Blutschweiß, von dem etwa auch
in den Evangelien (z. B. Lk 22, 44) die Rede ist. Vom Jesus in Gethsemane
heißt es jeweils am Strophenende »[d]rang ihm der Schweiß« (V. 20) bzw.
»[u]nd stärker quoll der Schweiß« (V. 32), bis schließlich die Identifikation
körperlich benannt wird: »Da ward sein Schweiß zu Blut.« (V. 43) Diese
Wandlung ist Gipfelpunkt innerhalb des dramatischen Identifikationsgeschehens, auf das die Passionsgeschichte hier verkürzt wird. Rhetorische Signatur
dieser Dramatik ist das anaphorische, dreifache ›Da‹, mit dem die Verse 41 bis
43 beginnen (Gunia 2013, 182–185).

Jenseits des religiösen Kontextes – d. h. der in der Bibel überlieferten christlichen Heilsgeschichte – vollzieht sich der Zusammenhang innerhalb der beiden
Gedichte auf der Motivebene. Als signifikant erscheinen die in *Das verlorne
Paradies* mit Leid und Schmerz konnotierten Dornen, die in *Gethsemane* wiederkehren als Dornenkrone, an denen »Blutestropfen« hängen (V. 15). Dem
entspricht, dass Eva »[i]m Schlaf des Todes Bild« (V. 49) empfängt, das dann
als Bild vom »Todeskampfe« (V. 24) des am Kreuze gemarterten Jesu voll ausbuchstabiert wird. Wiederholt wird in *Gethsemane* obendrein das Motiv des
nächtlichen Gewitters (V. 16). Der durch diese Motive hergestellte gedichtimmanente Verweisungszusammenhang lässt sich beziehen auf das religiöse und
offensichtlich von Christoph Bernhard Schlüter bestärkte Denken Drostes,
demzufolge durch den Sündenfall der Tod in die Welt gekommen sei (vgl.
Woesler 2014, 186 f.). Mit Grywatsch und Detering muss man dem allerdings hinzufügen, dass das in *Gethsemane* gegebene Szenario auf den Modus
einer Naturdarstellung verweist, den man bei Droste häufig findet. Natur
ist hier immer schon »Natur nach dem Sündenfall« (Grywatsch 2009c, 86).
Charakteristisch für Natur als Raum ist zudem das Zerfließen von Raum-
und Wahrnehmungsstrukturen, wie es in *Gethsemane* imaginiert wird: »im
grauen Meer / Schwamm eine todte Sonne« (V. 21 f.). Es handelt sich um
nichts weniger als um die »sinnlich[e] Evokation einer realistischen Höllen-
Landschaft« (Detering 2009, 65), die jene noch topographisch einigermaßen
klar umrissene Ordnung der Welt nach Jesu Tod überbietet, die Droste in *Am
Charsamstage* (HKA IV, 56 f.; → II.2.4.) beschreibt (V. 1–15). Insofern haben
Zwey Legenden eine eminent poetologische Ebene: Als spät entstandene
Texte, die sie selbst zu »unterdrücken« wünschte, da sie sie poetisch als von
eher minderem Wert erachtete (HKA X, 333), erzählen sie diesem Befund zum
Trotz mit auffallender Radikalität die Gründungsgeschichte der Droste'schen
Poesie aus dem Geiste religiöser Sujets. Heilsgeschichte wird dabei nahezu
völlig konterkariert und zum *locus terribilis* verdichtet. Das Verhältnis der
beiden Gedichte kann folglich in poetischer Hinsicht als das einer Steigerung
gelesen werden: Waren die Dornen in *Das verlorne Paradies* noch als religiöse Allegorie lesbar, so verweist das unerhörte Bild der ›todten Sonne‹ – im
Lukas-Evangelium heißt es, »die Sonne verlor ihren Schein« (Lk 22,45), und
in Drostes *Am Charfreytage* (HKA IV, 53–55) verbirgt sie sich lediglich hinter

einer »Trauerhülle« (V. 10) – in *Gethsemane* auf kein vergleichbares Signifikat. Es legt geradezu die Negation der Möglichkeit einer transzendenten Repräsentation nahe.

Der poetisch-poetologische Gehalt, der sich gleichwohl aus dem religiösen herschreibt, dokumentiert sich im übergeordneten Titel, den Droste den Gedichten gegeben hat: *Zwey Legenden*. Die zeitgenössische Semantik erlaubt es, den Terminus Legende auf zweierlei Weise zu interpretieren: einmal als »erzählung aus dem leben der heiligen« und einmal als »unbeglaubigte[ ] erzählung« (Grimm 1986, Bd. 12, Sp. 535). Gespielt wird folglich mit dem Status des Fiktionalen und des Faktischen, hier: mit der biblisch-religiösen Vorgabe und deren poetischer Transformation. Dieses Hin und Her lässt sich auf der intertextuellen Ebene wiederfinden. *Das Verlorne Paradies* bezieht sich auf die biblische Geschichte vom Sündenfall, geht jedoch allein durch die unverhohlene Anspielung auf John Miltons Epos *Paradise Lost* aus dem Jahre 1667 weit darüber hinaus. In Miltons Epos wird im 5. Buch ebenfalls Evas Traum als Vorwegnahme des Sündenfalls geschildert (Milton 1986, 140–144). Berichtet bei Milton Eva ausführlich Adam von ihrem Traum, in welchem eine Stimme sie heimsucht und zur verhängnisvollen Tat lockt, so bleibt der Inhalt des Traums bei Droste vollständig ausgespart. Auch Adam bleibt bei ihr unerwähnt, und selbst Gott kommt eine vergleichsweise marginale Rolle zu. Stattdessen übernimmt sie von Milton neben dem Motiv des Traums das der brennenden Wangen (V. 38). *Gethsemane* kann geradezu als Kontrafaktur traditioneller Passionslieder verstanden werden, widerspricht der darin ausgestellte Verfall des Körpers doch völlig dem christlichen Heils- bzw. Erlösungsgedanken. Insbesondere das Rosenmotiv kann dabei auf Calderón de la Barcas Fronleichnamsspiel *La vida es sueño* (1634/35) zurückgeführt werden, das Droste unter dem Titel *Das Leben ein Traum* durch Melchior von Diepenbrocks *Geistlicher Blumenstrauß aus spanischen und deutschen Dichter-Gärten* (1829) bekannt gewesen sein muss (Heselhaus 1971, 322f.).

Als Spätwerk nehmen die *Zwey Legenden* schließlich Bezug auf Drostes Gedichte selbst. Genannt sei nur eine kleine, exemplarische Auswahl: Die flatternden Haare Evas (V. 46), die symbolisch auf die Freisetzung weiblichen Begehrens hindeuten, finden sich bereits in *Im Thurme* (HKA I, 78; → II.5.4.4.), die freundlich-versöhnende Instanz des Mondes bereits in *Mondesaufgang* (HKA I, 354f.; → II.6.2.) und das Motiv der Lilie in *Das Haus in der Haide* (HKA I, 65f.). Die Rückverweise lassen sich jedoch nicht nur auf das lyrische Werk beziehen: So erscheint die Schlange von einer geradezu »obsessive[n] Präsenz« im Werk, wobei es zwischen »religiösen, militärischen und sexuellen Bezügen« jeweils changiert (Böschenstein [2000] 2007, 148). Die Konfrontation und Identifikation von Jesu mit seinem leidenden und sterbenden Leib schließlich verweist geradezu verblüffend auf die Eingangssequenz des Romanfragments *Ledwina*, in welchem die Hauptfigur in der Spiegelfläche des Sees ebenfalls mit einem Bild ihres versehrten Körpers konfrontiert wird (HKA V, 79). »Die Protagonistin visioniert«, so Liebrand, dort »ihr eigenes Abbild als fragmentiert und zerstört«, sodass letztlich nur »Phantasmen der

Auflösung, der Versehrung, der Defizienz und der Todesverfallenheit« übrig bleiben (2008, 106).

Literatur

Böschenstein, Renate: Die Boa. Die Darstellung von Aggression in den Gedichten der Droste [2000]. In: Renate Böschenstein: Idylle, Todesraum und Aggression. Beiträge zur Droste-Forschung. Hg. von Ortrun Niethammer. Bielefeld 2007, S. 147–175.
Detering, Heinrich: Versteinter Äther, Aschenmeer. Metaphysische Landschaften in der Lyrik der Annette von Droste-Hülshoff. In: Jochen Grywatsch (Hg.): Raum. Ort. Topographien der Annette von Droste-Hülshoff. Hannover 2009 (= Droste-Jahrbuch 7), S. 41–67.
Grywatsch, Jochen: Poetische Imagination und räumliche Struktur. Zu einer Poetologie des Raums bei Annette von Droste-Hülshoff. In: Jochen Grywatsch (Hg.): Raum. Ort. Topographien der Annette von Droste-Hülshoff. Hannover 2009 (= Droste-Jahrbuch 7), S. 69–94. [Grywatsch 2009c]
Gunia, Jürgen: Schattenzeiten des Raumes. Überlegungen zur ›Chronotopologie‹ der Sonnenfinsternis bei Adalbert Stifter und Annette von Droste-Hülshoff. In: Cornelia Blasberg in Verb. mit Jochen Grywatsch (Hg.): ZwischenZeiten. Zur Poetik der Zeitlichkeit in der Literatur der Annette von Droste-Hülshoff und der ›Biedermeier‹-Epoche. Hannover 2013 (= Droste-Jahrbuch 9), S. 175–188.
Heselhaus, Clemens: Annette von Droste-Hülshoff. Werk und Leben. Düsseldorf 1971.
Liebrand, Claudia: Kreative Refakturen. Annette von Droste-Hülshoffs Texte. Freiburg/Br. u. a. 2008.
Milton, John: *Das verlorene Paradies*. Hg. von Hans Heinrich Meier. Stuttgart 1986.
Woesler, Winfried: Die ächzende Kreatur [zu: ⟨*An einem Tag wo feucht der Wind*⟩]. In: Claudia Liebrand/Thomas Wortmann (Hg.): Interpretationen. Gedichte von Annette von Droste-Hülshoff. Stuttgart 2014, S. 182–190.

6.17. CARPE DIEM!

Kristin Eichhorn/Lothar van Laak

CARPE DIEM! (HKA II, 81 f.) gehört zur Werkgruppe der ›Abbenburger Gedichte‹, die Droste während ihres Sommeraufenthalts 1845 in Abbenburg auf Anfrage von Levin Schücking für das *Rheinische Jahrbuch* für 1846 zwischen dem 2. und 25. August verfasste (HKA II, 543). Allerdings kamen nur *Gastrecht* und *Auch ein Beruf* zum Abdruck im *Jahrbuch*. CARPE DIEM! erschien zusammen mit *Unter der Linde, Zwey Legenden: I Gethsemane, II Das verlorene Paradies* erst 1860 in den von Schücking herausgegebenen *Letzten Gaben* (HKA II, 539 f.). Der Erstdruck folgte dabei einer Abschrift des Arbeitsmanuskripts durch Jenny von Laßberg, während der Text der HKA auf das Arbeitsmanuskript zurückgeht. Die Schücking mit Brief vom 25. August 1845 zugesandte Reinschrift ist verloren.

Das Gedicht besteht aus acht sechszeiligen Strophen mit dem Reimschema aabccb. Es überwiegen fünfhebige Jamben, doch setzt bereits der erste Vers daktylisch ein. Auch im weiteren Verlauf des Gedichts treffen zu Versbeginn zwei Silben aufeinander, die gleichermaßen die Betonung tragen könnten (z. B. V. 10, 13), so dass eine kalkulierte Spannung zwischen Regelmaß und Unterbrechung, Ordnung und Spontaneität entsteht. Sie könnte im Charakter der Reflexion über das titelgebende Horaz-Zitat: »carpe diem quam minimum credula postero« (»Drum genieße den Tag! Aber vertrau dem nächsten möglichst nicht!«, HKA II, 546) begründet sein: Ist es doch in einer Epoche radikalen Nachdenkens über Beschleunigung und Vergänglichkeit (Blasberg 2013a, 8) unumgänglich, über den Horaz'schen Imperativ nicht nur lyrisch zu meditieren, sondern ihn vor dem Hintergrund zeitgenössischer Diskurse zu befragen.

Das Gedicht thematisiert Zeitlichkeit in zweierlei Hinsicht: einerseits inhaltlich durch den Blick auf Vergangenheit und Zukunft, dem das Festhalten des gegenwärtigen Moments gegenübersteht, andererseits aber auch über die Beschäftigung mit der Autorität des titelgebenden Ausspruchs selbst. So weicht das Gedicht von der klassischen Verwendung des Diktums ab, indem der Text in seiner Gesamtheit weniger dazu auffordert, die glücklichen Stunden zu genießen, als er die Sehnsucht nach »entflohnem Leide« (V. 6) zum Thema hat. Der Großteil des Gedichts wird entsprechend von dunklen Vokalen dominiert und von Adjektiven, die das Fehlen von Farbe betonen (›blasse‹ Stunde, V. 1; »falbes Moos«, V. 2; »farblos Blümchen«, V. 3; »grauverhängte Stunden«, V. 9; »nicht des Aethers Blau«, V. 29). Wenn das Gedicht in der zweiten Hälfte auf die traditionelle Deutung des *carpe diem*-Motivs anspielt, in vierfacher Wiederholung zur Freude aufruft und dies mit positiven Begriffen (»Lächeln«, V. 31; »Jauchzen[ ]«, V. 32; »lebensfroh[ ]«, V. 33) und hellen Vokalen unterstreicht, dann arbeitet es gleichzeitig das Schema der Lebensalter ab und stellt den Menschen als Säugling, Jüngling, erwachsenen Freund und Greis dar. Konzentriert man sich nur auf diese Strophen, wundert es nicht, dass die Forschung dem Gedicht einen biedermeierlich-didaktischen Charakter zugesprochen hat (Heselhaus 1971, 299). Indem die letzte Strophe dieses kurzzeitig hervorbrechende Vergnügen »ernst und fest« (V. 43) wieder einfängt, wird der innere Widerspruch der Argumentation sichtbar gemacht. Der Text gehört nicht zu den »zeitkritisch-didaktischen Gedichte[n]« (Schneider 1995, 130), da die Imperative, die auf der Oberfläche den Versuch einer Selbstbescheidung im biedermeierlichen Sinne zu artikulieren scheinen, tatsächlich nicht von einer sich ihrer Sache sicheren Instanz formuliert werden. Sträubt sich der Sprachfluss fast durchgängig gegen das jambische Metrum, ist auch die Syntax äußerst brüchig (Fehlen von Satzzeichen zwischen eigenständigen Sätzen oder Aufzählungen), sodass Droste teils auch eigenständige syntaktische Strukturen nur durch Kommata verbindet (V. 3 f.) und so die Sätze gezielt ineinander fließen lässt. Das Regelmaß irritiert zusätzlich der sentenzartige letzte Vers, der mit seinen erneut dunklen Vokalen und den lautlichen Wiederholungen geradezu hervorgepresst scheint: »Und unsre Morgen morden unsre Heute« (V. 48). Dass sich die Gegenwart auf diese Weise immer wieder entzieht, formuliert den Zweifel daran, ob der Horaz'sche Ausspruch angesichts der im Beschleunigungsrausch gefangenen Moderne noch umsetzbar ist.

Literatur

Blasberg, Cornelia: Zur Einführung. In: Cornelia Blasberg in Verb. mit Jochen Grywatsch (Hg.): ZwischenZeiten. Zur Poetik der Zeitlichkeit in der Literatur der Annette von Droste-Hülshoff und der ›Biedermeier‹-Epoche. Hannover 2013 (= Droste-Jahrbuch 9), S. 7–15. [Blasberg 2013a]

Heselhaus, Clemens: Annette von Droste-Hülshoff. Werk und Leben. Düsseldorf 1971.

Schneider, Ronald: Annette von Droste-Hülshoff. 2., vollst. neu bearb. Aufl. Stuttgart, Weimar 1995.

6.18. ⟨An einem Tag wo feucht der Wind⟩
Thomas Wortmann

Annette von Droste-Hülshoffs letztes längeres Gedicht (HKA IV, 207–209), im August 1846 auf Anregung von Christoph Bernhard Schlüter (→ I.1.2.2.) entstanden (HKA IV, 657–661), fand unter einem anderen Titel Eingang in die Anthologien. Seine Erstpublikation erfuhr es erst Anfang 1898 durch Hermann Hüffer in der *Deutschen Rundschau*. Dort setzte der Herausgeber den Text in Ermangelung eines Titels auf dem Manuskript und rekurrierend auf die Verse 39 f. unter die Kapitelüberschrift *Das Gedicht von der »ächzenden Creatur«*. In seiner Ausgabe von 1878/79 überschrieb Levin Schücking (→ I.1.2.3.) das Gedicht mit *Die ächzende Kreatur* – unter diesem Titel wurde es jahrzehntelang rezipiert. Im Gegensatz dazu entschied sich Winfried Woesler in der HKA – gängigen editionsphilologischen Grundsätzen folgend – mit Blick auf den Textstatus dazu, den ersten Vers des Gedichtes zum Titel zu nehmen. Mit eckigen Klammern und dem Untertitel »Erste Fassung« versehen, ist damit dem Umstand Rechnung getragen, dass Drostes Arbeit am Text, entgegen dem Eindruck, den vorhergehende Ausgaben erweckt hatten, zu keinem Ende gefunden hat (HKA IV, 662).

Auf dem Arbeitsmanuskript lassen sich zwei Textfassungen unterscheiden. Die erste wurde offensichtlich vor der Niederschrift konzipiert und dann in einem Zug niedergeschrieben; das Autograph dokumentiert Drostes Status als ›Kopfarbeiterin‹ (Plachta 2006, 48). In der Folge allerdings beginnt die zweite Phase des Schreibprozesses, nämlich die Arbeit auf dem Papier: Die zweite Fassung des Textes entsteht durch die intensive Überarbeitung des Niedergeschriebenen, das Faksimile des Blattes zeigt zahllose Streichungen, Ersetzungen und Ergänzungen (HKA IV, 702). Einen finalen Text hat Droste-Hülshoff aus diesen Varianten nicht erstellt. Auf dem Manuskript präsentiert sich ⟨*An einem Tag wo feucht der Wind*⟩ als *work in progress*. Das Gedicht laboriert damit an einer Konstellation, die für viele Droste'sche Schreibprojekte zentral ist. Varianten zu tilgen und den Text in eine finale Fassung zu bringen, ist für die Autorin oft problematisch. Der Schreibprozess selbst, bei dem das Streichen, Verbessern und Hinzufügen einen wichtigen Status einnimmt, wird von ihr mindestens ebenso hoch geschätzt wie das fertige literarische Produkt (vgl. Nutt-Kofoth 2011).

Gleichzeitig ist der fragmentarische Status von ⟨An einem Tag wo feucht der Wind⟩ auch auf den schwierigen Entstehungsprozess des Textes zurückzuführen. Wie bei einigen anderen religiösen Schreibprojekten – das Gedicht *Nach dem Angelus Silesius* ist dafür ebenso ein Beispiel wie das *Geistliche Jahr* (→ II.2.1.) – geht auch dieses Engagement Drostes in der geistlichen Lyrik auf eine Anregung Schlüters zurück. Und wie bei den genannten Texten haderte die Schreibende auch im Falle von ⟨An einem Tag wo feucht der Wind⟩ mit dem religiösen Sujet und mit Schlüters Vorstellungen zur Realisierung desselben. Im April 1846 bat er sie brieflich um ein Gedicht, das sich mit einer Passage aus dem achten Kapitel des Römerbriefes auseinandersetzt, vor allem mit dem Vers: »Denn wir wissen, dass die gesamte Schöpfung bis zum heutigen Tag seufzt und in Geburtswehen liegt« (Röm 8,22). Der biblische Text behandelt das Leiden der Schöpfung als Folge der Erbsünde und das sehnsüchtige Erwarten der Offenbarung. Dieses Leiden bildet aber gleichsam die Folie, vor der im Paulus-Brief die Hoffnung auf eine zukünftige Erlösung formuliert wird.

Droste nahm den Vorschlag an, nur um Schlüter knapp 14 Tage später brieflich mitzuteilen, dass ein erster Versuch, sich dem Thema zu nähern, vollkommen misslungen sei. Daraufhin explizierte Schlüter noch einmal seine Vorstellungen. Sein Schreiben liefert eine Exegese des Bibeltextes; beigelegt war dem Brief der Band *Christoterpe. Ein Taschenbuch für christliche Leser auf das Jahr 1843*, in dem sich ein Aufsatz des Herausgebers Albert Knapp mit dem Titel *Das ängstliche Harren der Kreatur* befand, der zur Orientierung dienen sollte. Daraufhin verwarf Droste das bisher Geschriebene und notierte die erste Fassung des Gedichtes ⟨An einem Tag wo feucht der Wind⟩. Dieser Text durchlief mehrere Überarbeitungsphasen, bevor sie ihn Schlüter schließlich im August 1846 mündlich vortrug. Schlüter zeigte sich zufrieden, äußerte aber den Wunsch nach einer neu hinzuzufügenden Schlussstrophe. Einen Grund dafür gab er nicht an, vermutlich aber war er mit der Schließungsfigur des Textes, die den hoffnungsvollen Ton des Römerbriefes durchkreuzt, nicht zufrieden (Woesler 2014, 182; zur Entstehung insgesamt vgl. HKA IV, 657–661). Wie irritierend diese wirken kann, zeigt die Tatsache, dass sie sogar germanistische Interpreten dazu verleitet hat, die ›katholische‹ Autorin vor ihrem Text in Schutz zu nehmen (Hasenkamp 1962, 27).

Das Gedicht lässt sich in zwei Teile gliedern. Während der erste Teil (Strophe 1–4) erzählerisch angelegt ist, widmet sich der zweite Teil (Strophe 5–10) der Reflexion. Die erste Strophe hebt expositorisch mit einer kurzen Beschreibung des Settings an und führt eine die Natur beobachtende weibliche Figur als Protagonistin ein. Dabei entspricht die über die Beschreibung der Licht- und Wetterverhältnisse entworfene, traurige Stimmung dem melancholischen Gemütszustand des »hartgeprüfte[n] Kind[es]« (V. 3) vollkommen. Wie der Sonnenstrahl »grau verhängt« ist (V. 2), so ziehen um den »Geist« (V. 7) der Beobachtenden »blutge Schleyer« (V. 8). Vor dem »kleinen Gartensaal« sitzend (V. 4), befindet sie sich in einer isolierten Position: Ihre »Liebsten« kann sie in der Ferne nur als »Schemen« erahnen (V. 10), eine Kommunikation ist nicht möglich. Die »Einsamkeit« wird also negativ konnotiert, um dann in einer bemerkenswerten Verteilung von Aktivität und Passivität als »selbstgewählt« (V. 14) markiert zu werden. Wie in anderen Gedichten (z. B. *Lebt wohl*; → II.6.7.) ist das Alleinsein kein Schicksal, das die Einsame ereilt hat, sondern ein Zustand, den sie – zumindest rhetorisch – über sich selbst verfügt. Gleichzeitig ist es diese Einsamkeit, die ihr die aufmerksame Beobachtung der Natur, das »hautnah[e] Maßnehmen am Wirklichen« (Hasenkamp 1962, 26) ermöglicht; »Wind und Vogel« werden zu »Gefährten« (V. 13). Trotz dieser intensiven Verbindung von Individuum und Natur tendiert die Beschreibung aber nicht zur Idylle, vielmehr präsentiert sich die Tier- und Pflanzenwelt als Raum der Angst, der sich durch den dauernden Kampf um Leben und Tod auszeichnet. Heselhaus beschreibt den Text als zwischen Realismus und »halluzinative[r] Angst« changierend (Heselhaus 1971, 329): Eine Mauerwespe sucht »ängstlich« (V. 22) ihr Nest, dessen Eingang von der Frau verdeckt wird; ein Käfer rettet sich auf der Flucht vor einem hungrigen Vogel in die Kleider der Sinnenden.

Der Beobachtung im ersten Teil des Gedichtes folgt die Reflexion im zweiten. Die Zäsur wird in der fünften Strophe durch einen Moment der Erkenntnis deutlich markiert: »Da ward ihr klar« (V. 33). Das Gesehene wird im Folgenden auf den Kontext des Römerbriefes bezogen, die Verse 39 f. (»In aller aller Kreatur / Nach oben um Erlösung ächzt«) sind als expliziter Verweis auf den biblischen Text zu verstehen. »[K]lar« wird der Figur nämlich, dass die Natur, vom »bangen Wurm« über das »scheue[ ] Wild« bis zum »durstgen Halme« um Erlösung »ächzt« (V. 33–40). Dieser »Fluch« wird in der sechsten Strophe auf die Erbsünde zurückgeführt, denn durch sein Fehlen hat Adam – »[d]er Erde Fürst« (V. 42) – »Tod«, »Moder«, »Mord« und »Zorn« in die Welt gebracht (V. 46). Diese »Schuld« des Ahnherrn – der Text wechselt mit dem Übergang in die Reflexion auch in das generische Maskulinum – überträgt sich auf den Menschen, des »Gewissens roher Dorn« quält ihn (V. 48). Der Text entwirft in der siebten Strophe ein gewaltvoll-eindrückliches Szenario, das den Menschen als von Scham Tag und Nacht Verfolgten, ja als Gemarterten erscheinen lässt. Die in die Welt gebrachte Sünde aber wird von dem so Malträtierten »[b]ewußtlos« fortgeführt (V. 71), jede seiner Sünden wiederholt den »Mord an der Natur« (V. 72). Das bis hierhin Ausgeführte erhält in der Schlussstrophe eine Steigerung, die letzten zehn Verse des Gedichtes fungieren als fatalistisches Resümee. Der »Lieblichkeit und Huld« der Erde (V. 74) steht die doppelt genannte, über den Reim noch einmal betonte »Schuld« des Menschen gegenüber (V. 73, 76). Die letzten vier Zeilen zählen hämmernd in anaphorischer Reihung (»Und an«) und in ausschließlich männlichen Kadenzen in großer Verdichtung die Facetten des »Bann[s]« (V. 75) auf, den der Mensch über die Schöpfung bringt: den »Grimm« (V. 77), die »List« (V. 78), den »Schmerz[ ]« (V. 79), den Tod (»Moder«, V. 80). Über die Attribuierung des Banns als »dumpf[ ]« (V. 75) schließt das Gedicht endlich in einer rahmenden Bewegung noch einmal an die Exposition an (»Ihr war das Haupt so dumpf und schwer«, V. 6).

Vor allem der erste Teil des Gedichtes ist biographisch gelesen worden, die Protagonistin des Textes gilt vielen Interpreten als *stand-in* der Autorin. Für diese Lektüre gibt es textgenetische Argumente, denn bei der Erstellung der zweiten Fassung wird das Gedicht in Richtung einer Ich-Perspektive überarbeitet: Aus dem »ihr« wird ein »mir«, aus dem »sie« ein »ich« (HKA IV, 662; vgl. Woesler 2014, 182f.). Für die biographische Lesart könnten auch die topographischen und jahreszeitlichen Verweise sprechen: Einen »kleinen Gartensaal« (V. 4) gibt es im Rüschhaus, wo Droste den Text schrieb, das Sommer- und Ernteszenario (»Vom fernen Felde nun und dann / Ein schwach vernommner Sensenklang«, V. 19f.) entspricht der Entstehungszeit des Gedichtes im August 1846. Schließlich lassen sich die an »fernen Sees Bord« zu erahnenden »Liebsten« (V. 9f.) als Verweis auf die am Bodensee lebende Schwester Jenny verstehen; der Text greift hier wortgetreu eine Formulierung aus dem Gedicht *Lebt wohl* (HKA I, 325, V. 9) auf, das zwei Jahre zuvor auf der Meersburg entstanden war. »Die Autorin«, so resümiert Woesler, »verschleiert [...] von Anfang an nicht, dass sie selbst das von Krankheit ›hartgeprüfte[ ]‹ [...] Gotteskind – im weiteren Verlauf des Gedichtes ein Femininum – ist« (2014, 185). Mindestens ebenso prominent wie die biographischen Kontexte sind aber die ikonographischen Traditionslinien, in die sich das Gedicht einschreibt. Die vermeintlich so exakt beschriebene biographische Position ruft alle Versatzstücke gängiger Melancholie-Darstellungen auf, angefangen bei der das Gedicht bestimmenden, dunklen Farbsymbolik und den körperlichen Symptomen wie dem »dumpf[en]« und »schwer[en]« Haupt oder der »enge[n] Brust« (V. 5f.), über die »selbstgewählte[ ] Einsamkeit« (V. 14) und die mittels des Chiasmus noch einmal betonte schwermütige Reflexion (»Sie sann und saß, und saß und sann«, V. 17), bis hin zur Vanitas- und Todes-Symbolik, die der »Sensenklang« (V. 20) der dritten Strophe ebenso aufruft wie der »Moder« (V. 80) der letzten Strophe. Die Melancholie der Protagonistin ist also nicht nur auf die biographische Position der Verfasserin zu beziehen, sondern rekurriert auf das Konzept der »holy melancholy«, mit der eine gesteigerte Sensibilität und Fähigkeit zur Reflexion existenzieller Fragen einhergeht (Kühlmann 1986, 437).

Das Gedicht schreibt sich nicht nur motivisch, sondern auch thematisch in Traditionslinien ein, vor allem über den Bezug auf den Römerbrief. In der Philosophie, der Theologie und der Literatur des 19. Jahrhunderts erhält die Passage besondere Virulenz: Auf dem Spiel stehe die Validität christlicher Naturdeutungen bzw. die Angemessenheit einer christlich geprägten Naturlyrik vor dem Hintergrund aufklärerisch-säkularer Denkvorgaben und der sich entfaltenden Wirkmacht naturwissenschaftlicher, vor allem: darwinistischer Evolutions- und Selektionsmodelle (Kühlmann 1986, 420f.). Wenn für die Autoren des 18. Jahrhunderts wie Barthold Heinrich Brockes oder Friedrich Gottlieb Klopstock der Blick auf die Natur noch das Potenzial zu einer sinnlich-anschaulichen Gotteserkenntnis hat, so ist Droste diese Möglichkeit verstellt (Kittstein 2009, 140). Schon im einige Jahre zuvor entstandenen *Geistlichen Jahr* wird dieses Problem immer wieder prozessiert, etwa im Gedicht zum *Ersten Sonntage nach h. drey Könige* (→ II.2.2.). Dort erklärt die Sprechinstanz: »Ich habe dich in der Natur gesucht, / Und weltlich Wissen war die eitle Frucht!« (HKA IV, 7, V. 23; vgl. Woesler 2014, 187f.) In ⟨*An einem Tag wo feucht der Wind*⟩ ist die Perspektive auf die Natur ähnlich angelegt, auch hier bietet der Blick auf die Schöpfung keine Erkenntnis und keine Möglichkeit der Transzendenzerfahrung mehr, stattdessen verweigert Drostes Gedicht einen die Heilsgeschichte betonenden Anschluss an den biblischen Text. Droste letztes Gedicht verharrt vielmehr im Modus der Klage, die Reflexion schließt resigniert (Kühlmann 1986, 431).

Vor dem Hintergrund der oben beschriebenen, problematischen Entstehungsgeschichte des Textes erscheint diese Entscheidung der Schreibenden als überaus selbstbewusst. Droste verfehlt programmatisch die Anforderungen Schlüters – und das gleich mehrmals. Zunächst, indem sie einen ersten Entwurf schreibt, der die Vorgaben des Auftraggebers umgeht, dann aber, nachdem Schlüter sich beharrlich zeigt, indem sie ein Gedicht zum Römerbrief verfasst, das den Vorstellungen, die der Philosophieprofessor ihr brieflich ausführlich expliziert, widerspricht. Drostes Text setzt einen Schwerpunkt, der Schlüters Dogmatik und seinem heteronomen Konzept von Literatur zuwiderläuft. Anders gesagt: Sie schreibt zwar ein Gedicht zum gewünschten Thema, allerdings keines nach den Vorstellungen Schlüters – und sie belässt diesen Text überdies auch noch im Status des Fragments: »Das Gedicht, was ich das Ihrige nennen möchte, da es ja einzig für Sie geschrieben wird, hoffe ich Ihnen noch vor Ihrem Ausfluge schicken zu können, – Es bedarf dazu nur einer einzigen völlig freyen Stunde, unbehindert von Beklemmung oder Kopfweh, und die sind freylich jetzt seltne Vögel, und Niemand weiß wann sie kommen« (HKA X, 405). Der Brief an das »Professorchen« (HKA X, 405) hat Beachtung verdient: Erstens sagt sich die Schreibende gleich zwei Mal von ihrem Gedicht los und übereignet dem ›Auftraggeber‹ den problematischen Text, dessen Vollendung unwahrscheinlich erscheint. Zweitens verhandelt der Brief Drostes Abwendung vom Projekt performativ: Dass die Arbeit am Gedicht zu keinem Ende kommt, wird von der Schreibenden mit ihrer labilen Gesundheit begründet, die nicht eine einzige Stunde der Muße ermögliche. Zeiträume, in denen die Physis das Schreiben erlaubt, sind offensichtlich selten, die kränkelnde Autorin muss sparsam mit ihnen umgehen. Und genau hierin liegt der *double bind,* um den das Schreiben an Schlüter kreist: Der Brief, der von der Unmöglichkeit der Arbeit am Text berichtet, dokumentiert in seinem materialen Status als Schriftstück, dass es diese Zeiträume zum Schreiben durchaus gibt. Sie werden aber nicht zur Finalisierung des Gedichttextes genutzt, sondern zur ausgiebigen brieflichen Korrespondenz. Für die seltenen Stunden der Muße hat Droste also Prioritäten gesetzt – und Schlüters Text fällt nicht unter die priorisierten Schreibprojekte. Das Arbeitsmanuskript mit den unvollendeten Entwürfen zu ⟨*An einem Tag wo feucht der Wind*⟩ kann damit *auch* als subtile Unabhängigkeitserklärung gegenüber dem ›Mentor‹ gelesen werden.

6. Gedichte von 1844 bis 1848

Literatur

Hasenkamp, Gottfried: Das verlorene Paradies der Tiere. Zu dem Gedicht *Die ächzende Kreatur*. In: Jahrbuch der Droste-Gesellschaft 4 (1962), S. 18–30.

Kittstein, Ulrich: Deutsche Naturlyrik. Ihre Geschichte in Einzelanalysen. Darmstadt 2009.

Kühlmann, Wilhelm: Das Ende der ›Verklärung‹. Bibel-Topik und prädarwinistische Naturreflexion in der Literatur des 19. Jahrhunderts. In: Jahrbuch der Deutschen Schillergesellschaft 30 (1986), S. 417–452.

Plachta, Bodo: Editionswissenschaft. Eine Einführung in Methode und Praxis der Edition neuerer Texte. Stuttgart 2006.

Woesler, Winfried: Die ächzende Kreatur [zu: ⟨*An einem Tag wo feucht der Wind*⟩]. In: Claudia Liebrand/Thomas Wortmann (Hg.): Interpretationen. Gedichte von Annette von Droste-Hülshoff. Stuttgart 2014, S. 182–190.

III. Dramatik

1. Einleitung
Julia Bodenburg

Die HKA verzeichnet im Band VI Droste-Hülshoffs dramatische Texte unter dem Titel *Dramatische Versuche*. Diese Titelgebung, die das Unfertige, Experimentelle betont, impliziert eine Herabstufung des dramatischen Schaffens gegenüber der Lyrik. Im Werkganzen nehmen die dramatischen Arbeiten in quantitativer Hinsicht in der Tat eine marginale Stellung ein. Von dem womöglich ersten Vorhaben, dem Stück *Hedwig und Sophie oder Verzweiflung und Rache* (HKA VI, 227–231), das die HKA auf den Entstehungszeitraum zwischen November 1812 und März 1813 datiert, ist lediglich ein Teil des ersten Auftritts, nicht mehr als eine Seite, erhalten. Unsicher ist die Entstehungszeit des aus vier Szenen bestehenden dramatischen Scherzes *Das Räthsel oder Wie viele Pfund Freyer gehn auf 1 Pfund Nehmer Antwort: Keins denn Sie fliegen alle davon* (vermutlich zwischen 1813 und 1820; HKA VI, 233–245) wie auch der eher sketchartigen *Scenen aus Hülshoff* (wahrscheinlich Oktober 1817; HKA VI, 247–261). Das 1813/14 entstandene Trauerspiel *Bertha oder die Alpen* blieb zwar unvollständig, hat aber mit den fertig gestellten zwei von geplanten drei Akten den größten Umfang. Neben diesen Arbeiten, die Droste-Hülshoff als junge Erwachsene auf Burg Hülshoff und während ihrer Bekanntschaft mit Anton Mathias Sprickmann (→ I.1.2.1.) tätigte, existiert das 1840 verfasste und abgeschlossene Lustspiel *Perdu! oder Dichter, Verleger, und Blaustrümpfe*. Jedoch nicht nur aufgrund der quantitativen Verhältnisbestimmung wurde den dramatischen Texten vergleichsweise wenig Aufmerksamkeit seitens der literaturwissenschaftlichen Forschung und der universitären Rezeption zuteil. Der Großteil der vorhandenen Forschung hat das Potential der Texte, das in Bezug auf *Bertha* in der Problematisierung der Gattungskonventionen, in Bezug auf *Perdu!* in der Autorschaftsinszenierung liegt, bisher nicht ausreichend herausgearbeitet. So rekapituliert die germanistische Forschung nicht selten die Regeln des Gattungs- und Genderdiskurses und schreibt sie auf diese Weise fest: »Es versteht sich für einen in kultivierten Kreisen aufwachsenden Dichter um 1820 von selbst, daß er seine Verskünste vor allem auf dem Gebiet des Dramas und Epos übt [...]. Bei Frauen mögen die Dinge normalerweise etwas anders liegen.« (Sengle 1980, 618) In diesen Kontext eingebettet, werden ihre Texte von vornherein als jugendliche Experimente von ästhetisch unergiebiger Beschaffenheit abgewertet. Droste-Hülshoff sei im Dramatischen gescheitert (vgl. Plachta/Woesler 1994, 915), Ausdruckswillen und Gestaltungsmöglichkeiten klafften bei *Bertha* weit auseinander (vgl. Schneider 1995, 39), *Perdu!* sei »ästhetisch[ ] fragwürdig« (Schneider

1995, 118). Neuere Studien (vgl. Liebrand 2008; Liebrand/Hnilica/Wortmann 2010a) gehen jedoch auch in Bezug auf die dramatischen Texte literatur- und kulturwissenschaftlichen Fragen nach Transformationen und Überschreitungen von Gattungsvorschriften und Genderkonventionen ebenso gewinnbringend nach wie dem in der ersten Hälfte des 19. Jahrhunderts so diffizilen Verhältnis von Öffentlichkeit, Privatheit und politisch-kultureller Teilhabe; außerdem richten sie den Blick auf die Inszenierung von Autorschaft.

Das kontinuierliche Interesse der Familie Droste-Hülshoff am Theatergeschehen dokumentieren die wenn auch in geringer Anzahl vorhandenen Tagebucheinträge von Jenny von Droste-Hülshoff und Annette von Droste-Hülshoffs eigene brieflichen Äußerungen. Die Familie besuchte ab 1810 regelmäßig das Hohenholter Laientheater, bei dem sie auch selbst einmal mitwirkte, die Aufführungen der Wanderbühnen und besonders gern Auftritte der Schauspielgesellschaft von August Pichler im Theater Münster (HKA VI, 263–275). Gelegenheiten zu Theaterbesuchen in Köln und Bonn im Zeitraum 1825–1837 waren eher selten, weil die Städte nicht über stehende Bühnen verfügten. In der Meersburger Zeit äußerte sich die Schriftstellerin positiv über das sogenannte Liebhabertheater, das die Familie Laßberg häufig besuchte (Kortländer 1979, 232–237) und das sie zu dem gleichnamigen Gedicht (HKA I, 158 f.) inspirierte, sowie über das Wurschbauer Laientheater. Wenn die Theaterangebote besonders im Hinblick auf das Repertoire auch begrenzt waren, gab Droste-Hülshoff doch weder ihr Interesse am Theaterbesuch auf noch an der Lektüre dramatischer Literatur, darunter Lessing, Schiller und Goethe. Durch die Freundschaft mit Sprickmann war sie mit der Literatur des Sturm und Drang und der Empfindsamkeit, d. h. auch mit dem Gattungsraster des bürgerlichen Trauerspiels vertraut, das den Rahmen für *Bertha* bildet (Nutt-Kofoth 1999b, 197). Darüber hinaus boten öffentliche Bibliotheken Möglichkeiten zur Vertiefung ihrer Dramenkenntnis und lieferten den Lesestoff für Lektüren im Familienkreis und im münsterschen Literaturzirkel, wo bisweilen sogar die Jungdeutschen gelesen wurden (Gödden 1990b, 36, 40). Sowohl der Bestand der Theissing'schen Leihbibliothek als auch die Darbietungen der verschiedenen Theaterensembles waren allerdings, was die literarische Bandbreite betrifft, begrenzt. Meistgespielt wurden Komödien von August von Kotzebue, August Wilhelm Iffland und Julius von Voß. Aus ihren Aufzeichnungen geht hervor, dass sie als Zuschauerin eine Vorliebe für Komödien, Operetten und Schicksalsdramatik hatte, aber als Schriftstellerin die Stücke der ›Modedramatiker‹ Kotzebue und Voß kritisch beurteilte (Kortländer 1979, 125).

Dass Droste-Hülshoffs dramatische Praxis so gering ausfällt, ist zum einen mit der restriktiven Einflussnahme der Familie auf ihre schriftstellerische Tätigkeit zu begründen, zum anderen mit der im 18. und 19. Jahrhundert wirkmächtigen Entgegensetzung von Drama und weiblichem Geschlecht. Dagmar von Hoff führt mit Referenz auf Novalis, Kant, Schiller, Hegel und Aristoteles die These aus, dass Dramenpoetik eine »diskursive Sperre für Frauen« (von Hoff 1989, 21) darstellte. Mehr als andere literarische Gattungen schien das

1. Einleitung

Drama eine stark reglementierte und mit genderspezifischen Zuschreibungen behaftete Form zu sein, dessen Poetik ein hohes Maß an formaler Disziplin einforderte, die sich mit der zeitgenössischen Vorstellung der Frau als weniger rational ausgerichtetes ›Naturwesen‹ schlecht vereinbaren ließ. Wenn sich Frauen überhaupt schreibend betätigten, wurden ihnen eher intime, private Formen wie der Brief zugestanden. Allerdings bezog sich die von männlichen Dramenpoetikern geforderte formale Disziplin auch auf lyrische Gattungen, wie etwa auf das Sonett, dessen Bauformen Droste-Hülshoff offenkundig beherrschte. Stärker als dieses Argument wiegt indes ein anderes, das im Aufführungscharakter und der damit einhergehenden Öffentlichkeit dramatischer Texte begründet liegt. So ist das Drama die am stärksten auf ein Publikum hin ausgerichtete Gattung, »da es durch die Aufführung in den öffentlichen Raum vordringt, in einen Bereich, der der Frau nur erschwert zugänglich war, insofern sie hier als Rechtsperson auftreten musste« (Jung-Hoffmann 2004, 151), sie von dieser ökonomischen Sphäre aber gerade ausgeschlossen werden sollte. Dass Frauen der private Ort jenseits des öffentlichen, gesellschaftlichen Bereichs zugeschrieben wird, Weiblichkeit als ›Anderes‹ der männlich repräsentierten Kultur konstruiert und von dieser ausgeschlossen wird, hat die kulturwissenschaftliche Gendertheorie mit Blick auf Medien, soziale Praktiken und Kommunikationstechniken gezeigt (vgl. Bovenschen 1979; Bischoff 2002). Der diskursiv hergestellte Konnex von Gender und Genre entfaltet seine Kraft, wenn die Schriftstellerin in Bezug auf das Komödiantische die gesellschaftliche Begrenztheit weiblicher Artikulationsformen anmerkt, »– ich meine der HUMOR steht nur Wenigen, und am seltensten einer weiblichen Feder, der fast zu engen Beschränkung durch die (gesellschaftliche) Sitte wegen« (HKA IX, 64; vgl. zum Humor als Darstellungsform HKA VI, 287), oder wenn sie hinsichtlich der Arbeit am Trauerspiel auf Form, Ordnung und Sujet anspielt. So bemerkt sie mit Blick auf das Trauerspiel, dass es »mitunter ganz gute Stellen« enthalte, der Stoff aber im Ganzen »übel gewählt« sei (HKA VIII, 25), und dass anfangs die Strophen »hell und glänzend« vor ihrem inneren Auge stünden, »aber bis ich sie alle geordnet und aufgeschrieben habe, ist ein großer Theil meiner Begeisterung verraucht« (HKA VIII, 6).

Angesichts der Einschränkungen, die Droste-Hülshoffs Schreibsituation gerade im Hinblick auf das Drama kennzeichnen – die familiären Erwartungen und Restriktionen auf der einen Seite, die literaturpolitische Reglementierung der Gattungswahl für Autorinnen auf der anderen –, sind die beiden dramatischen Haupttexte hinsichtlich gattungsästhetischer Überlegungen und der Inszenierung einer auf Öffentlichkeit orientierten Autorschaft besonders bemerkenswert. Vor diesem Hintergrund erscheint die von ihr selbst geäußerte Unzufriedenheit mit *Bertha* keineswegs als Ausdruck des Scheiterns, vielmehr zeigt sich darin die »Krise des Dramatischen, die im Verlauf des 19. Jahrhunderts in den bürgerlichen Formexperimenten zwischen Tragödie und Komödie entsteht« (Berndt 2010, 22; → IV.4.). In Bezug auf *PERDU!* kommt ein heikles Moment hinzu: Von ihrer Verwandtschaft wurde Droste-Hülshoff immer wieder zum Verfassen humoristischer Texte gedrängt. Adele Schopenhauer hatte sie 1838 motiviert, die Haxthausen-Verwandtschaft und deren Reaktionen auf ihre Gedichte zum Anlass einer Komödie zu nehmen: »Lassen Sie die gute Tante Sophie und die Vettern reden, lachen Sie herzhaft, beschwichtigen Sie die Tante mit den allmählich ruhig urtheilenden Männern von Fach [...] Es kann keine artigere Komödie geben, als diese Scenen, die Sie mir erzählen [...].« (HKA XI, 150). Die ›artigen‹ Szenen erweisen sich dann aber als scharfzüngige Literatursatire, in der alle beteiligten Figurengruppen, Dichter, Verleger und Blaustrümpfe, verspottet werden. Weil Droste-Hülshoff in der Gestaltung der dramatischen Figuren tatsächlich auf reale Personen Bezug nahm, wurde es innerhalb des Verwandten- und Freundeskreises als »vollständiges PASQUILL auf sie Alle« (HKA IX, 250) wahrgenommen.

Literatur

Berndt, Frauke: »Die Kunst des Rahmens und das Reich der Töne«. Weibliche Medien der Konversation in Droste-Hülshoffs *Bertha oder die Alpen*. In: Claudia Liebrand/Irmtraud Hnilica/Thomas Wortmann (Hg.): Redigierte Tradition. Literarhistorische Positionierungen Annette von Droste-Hülshoffs. Paderborn u.a. 2010, S. 21–57.

Bischoff, Doerte: Gender-Theorien. Neuere deutsche Literatur. In: Claudia Benthien/Hans Rudolf Velten (Hg.): Germanistik als Kulturwissenschaft. Eine Einführung in neue Theoriekonzepte. Reinbek bei Hamburg 2002, S. 298–322.

Bovenschen, Silvia: Die imaginierte Weiblichkeit. Exemplarische Untersuchungen zu kulturgeschichtlichen und literarischen Präsentationsformen des Weiblichen. Frankfurt/M. 1979.

Gödden, Walter: Lesekultur in Westfalen. In: Westfälisches Museumsamt/Arbeitsgruppe für Westfälische Literatur (Hg.): Als Westfalen lesen lernte. »von den Musen wachgeküßt ...«. Paderborn 1990, S. 8–54. [Gödden 1990b]

Hoff, Dagmar von: Dramen des Weiblichen. Deutsche Dramatikerinnen um 1800. Opladen 1989.

Jung-Hoffmann, Christina: Ideologie und Ideologiekritik in Annette von Droste-Hülshoffs *Bertha oder die Alpen* (1813/14). Ein Beitrag zur Genderfrage um 1800. In: Katharina Rennhak/Virginia Richter (Hg.): Revolution und Emanzipation. Geschlechterordnungen in Europa um 1800. Köln u.a. 2004, S. 149–164.

Kortländer, Bernd: Annette von Droste-Hülshoff und die deutsche Literatur. Kenntnis – Beurteilung – Beeinflussung. Münster 1979.

Liebrand, Claudia: Kreative Refakturen. Annette von Droste-Hülshoffs Texte. Freiburg/Br. u.a. 2008.

Liebrand, Claudia/Hnilica, Irmtraud/Wortmann, Thomas (Hg.): Redigierte Tradition. Literaturhistorische Positionierungen Annette von Droste-Hülshoffs. Paderborn u.a. 2010. [Liebrand/Hnilica/Wortmann 2010a]

Nutt-Kofoth, Rüdiger: Mentorschaft als Problem – Die Rolle Anton Mathias Sprickmanns für die persönliche und literarische Entwicklung Annette von Droste-Hülshoffs. In: Erpho Bell (Hg.): »Dank Gott und Fürstenberg, daß sie mich auf den Weg brachten«. Anton Matthias Sprickmann (1749–1833). Münster 1999, S. 193–208. [Nutt-Kofoth 1999b]

Plachta, Bodo/Woesler, Winfried: Kommentar. In: Annette von Droste-Hülshoff: Sämtliche Werke. Hg. von Bodo Plachta und Winfried Woesler. Bd. 2: Prosa, Versepen, Dramatische Versuche, Übersetzungen. Frankfurt/M. 1994, S. 773–981.

Schneider, Ronald: Annette von Droste-Hülshoff. 2., vollst. neu bearb. Aufl. Stuttgart, Weimar 1995.
Sengle, Friedrich: Biedermeierzeit. Deutsche Literatur im Spannungsfeld zwischen Restauration und Revolution 1815–1848. Bd. 3: Die Dichter. Stuttgart 1980.

2. Bertha oder die Alpen. Trauerspiel in drei Aufzügen
Julia Bodenburg

Das Fragment gebliebene, in größtenteils ungereimten Blankversen verfasste Trauerspiel (HKA VI, 61–224) ist in einem Arbeitsmanuskript überliefert. Von den geplanten drei Akten sind der erste Akt mit zwölf Auftritten und der zweite mit sechs abgeschlossen. Aufgrund zahlreicher wechselnder Federstärken im Manuskript und konzeptioneller Veränderungen – im ursprünglichen Personenverzeichnis tragen die Figuren italienische Namen – ist von einem mehrmals unterbrochenen und sich über einen fast zwei Jahre erstreckenden Arbeitsprozess 1813/14 auszugehen (HKA VI, 535–669). Neben der Tatsache, dass auch die Handlungskonzeption brüchig ist und Fragmentcharakter aufweist, fallen ausufernde, nahezu epische Polyloge auf, die nicht handlungsmotivierend sind. Da eine über den Dialog auszuagierende Konfliktstruktur fehlt und die Dramaturgie des Figurenverkehrs auf der Bühne nicht ökonomisch erscheint, entsteht auf den ersten Blick der Eindruck eines zerfaserten Textes, der in formaler Hinsicht nicht dem Gattungsformat ›Drama‹ genügt. Wie kenntnisreich, tiefschürfend und originell Droste-Hülshoff in ihrem dramatischen Erstlingswerk jedoch gattungsästhetische Motive, Topoi und zeitgenössische Diskurselemente miteinander verschränkt, zeigen literaturwissenschaftliche Lektüren, die am Zusammenhang von Genre und Gender sowie diskursgeschichtlichen Fragestellungen interessiert sind.

Das Stück folgt in seiner grundsätzlichen Dramaturgie dem bürgerlichen Trauerspiel (vgl. Berndt 2010), es vereint eine empfindsame und durch Standesschranken verhinderte Liebesgeschichte mit einem politischen Ränkespiel. So besteht das Figurenpersonal aus der Familie des Reichsgrafen, der zur Stärkung seiner Machtposition gegenüber dem Landesfürsten seine beiden Töchter Bertha und Cordelia mit den lasterhaften, finanzstarken Grafen Reihersdorf und Hellbronn verheiraten möchte. Berthas Liebe zum fahrenden, an den Hof des Reichsgrafen eingeladenen Musiker Edward Felsberg darf keine Realisierung finden. Die politische Verschwörung zwischen den drei Männern wird durch die Figur Marco Godowesi gleichermaßen eingefädelt und unterminiert, da dieser selbst an einer Verbindung mit Bertha interessiert ist, um seinen Einfluss beim Reichsgrafen zu vergrößern. Das Drama verzeichnet zwar nur spärliche Raumangaben im Para- und Nebentext – konkreter Schauplatz ist das Landgut des Reichsgrafen –, da diese aber topischer Natur sind, lässt sich die Semantik des Textes sinnvoll über die dramenanalytische Kategorie des Raumes entfalten (vgl. Schwarzbauer 2009, 177–196). Ein Beispiel ist der Titel. Die Alpen sind hier weniger als geografische Angabe zu lesen, sondern vielmehr als literarischer Topos und genauer als *locus amoenus*. Der Titel und ein weiteres paratextuelles Merkmal sind metonymisch aufeinander bezogen (vgl. Berndt 2010, 28): Die Figur, in die sich Bertha leidenschaftlich verliebt, kommt nicht zufällig aus der Schweiz und heißt Felsberg. In der Musikerfigur respektive in dem kulturellen Ort ›Alpen‹ vereinen sich ein romantisches Liebeskonzept und die Vorstellung von einer idyllischen, naturrechtlich legitimierten Lebensform nach ›altem Recht‹, so wie sie der Männerbund in Schillers *Wilhelm Tell* verteidigt, und damit gegen die preußische Säkularisierung und Kapitalisierung, der sich die aristokratische Familie ausgesetzt sah. Das dramenpoetische Verfahren, ›Raum‹ durch topische und intertextuelle Verweisstrukturen produktiv zu machen, wird auch in Bezug auf die Kategorie ›Zeit‹ beschreibbar. ›Zeit‹ lässt sich primär durch die Figurenrede erschließen. Im Gespräch zwischen Bertha, Cordelia und ihrer Cousine Laurette spricht Cordelia über ihre Mentorin, die Äbtissin, die mit zwölf Jahren an den Hof Karls des Achten geschickt wurde. Dementsprechend ist die Zeit im beginnenden 16. Jahrhundert anzusetzen, wobei der Text implizite Referenzen auf die politischen Umstände seiner Entstehungszeit anführt. Der gesamte erste Aufzug spielt im alten Bildersaal, einem durch die Zurschaustellung antiker Büsten ausgewiesenen Ort der Bildungs- und Machtrepräsentation. Hier entspinnt sich zwischen dem Reichsgrafen und seinem Bruder, einem am städtischen Hofe tätigen Minister, ein Gespräch über gute Regierungsführung. Die Büste Caesars nimmt dabei eine zentrale Stellung als politisch konnotiertes Requisit ein, wenn der Reichsgraf, seine eigenen Ambitionen offenbarend, dessen »stolze[ ] Herrscherallmacht« (HKA VI, 97, V. 937) preist, während der Minister, ein Mann vom Hof und »nicht weich« (HKA VI, 99, V. 998), die mörderischen Konsequenzen von Caesars Machtmissbrauch gegenüber dem eigenen Volk zu bedenken gibt. Die Caesar-Büste symbolisiert hier die zeitgenössische Kritik an Napoleons rigoroser Machtpolitik. Eine komödiantische Funktion bekommt das Requisit an späterer Stelle: Der Minister und sein Neffe Ferdinand hatten sich den Spaß erlaubt, »[d]en blutigen Tyrannen wenn auch nur / Im Bild ein wenig zu enttrohnen« (HKA VI, 214, V. 3611 f.) und die Caesar-Büste aus dem Blickfeld geräumt. Als die gesamte politische Intrige des Reichsgrafen, des Grafen Reihersdorf und Marco Godowesis aufgespürt zu werden droht, wendet sich der Reichsgraf in existenzieller Not an das steinerne Vorbild und entdeckt nichts weiter als eine Leerstelle – seine Macht scheint gestürzt und vernichtet. Die nachfolgende und letzte fertig gestellte Szene stellt die politischen Ansichten des Ministers ins Zentrum. Dieser erweist sich nicht als der vom Bruder abgewertete kleingeistige »Höfling« (HKA VI, 214, V. 3630); vielmehr wird mit ihm eine Figur gezeichnet, der nicht nur das Wohl des Volkes am Herzen liegt (vgl. HKA VI, 215, V. 3643–3651), sondern der auch empfindsame Begriffe wie ›Tugend‹, ›Bruderliebe‹ und ›Herz‹ ins Feld führt. So wird bemerkenswerterweise die traditionelle Stadt-Land-Differenz in dem Text umgewertet: Intrigantentum, rhetorische Verstellung und politisches Kalkül werden dem Raum ›Land‹ zugeordnet,

2. Bertha oder die Alpen. Trauerspiel in drei Aufzügen

während die aus der Stadt kommende und am Hof angestellte Figur des adligen Ministers Volksnähe und empfindsame Werte vertritt. In welche Richtung die mit dieser Figur angedeutete, an den Interessen des Volks ausgerichtete Staats- und Gesellschaftsauffassung führt, lässt sich aufgrund des Fragmentcharakters nicht weiter verfolgen.

Neben dem Motiv der verfeindeten Brüder, das den politischen Handlungsstrang des Dramas strukturiert, wird das schon angedeutete Gattungskonstituens der auch und gerade durch das politische Ränkespiel verhinderten Liebe zwischen einer adligen und einer bürgerlichen Figur ins Werk gesetzt. Droste-Hülshoff geht jedoch weit über dieses Gattungselement hinaus, indem sie deren zugrunde liegende Geschlechtermodelle nicht nur aufdeckt, sondern in den Figuren Bertha und Eduard Felsberg überschreitet. Bertha hat im Verhältnis zu ihrer titelgebenden Funktion nur wenige Redeauftritte; sie ist ebenso wie Felsberg vorwiegend Gesprächsobjekt der anderen Figuren. Aufschlussreich ist hinsichtlich des grundlegenden *gender trouble*-Konflikts, der sich schon in der Verschränkung der weiblichen Hauptfigur mit der männlich konnotierten Chiffre der Alpen im Dramentitel andeutet, der erste Auftritt von Bertha, Cordelia und ihrer Cousine Laurette. Hier werden die Reduktionen der bürgerlichen Geschlechterideologie nicht nur entfaltet, sondern in den Figuren Bertha – von ihrer Schwester »Zwitter« (HKA VI, 68, V. 118) geschimpft – und Felsberg überschritten. Berthas Melancholie wurzelt nicht nur in der verhinderten Liebe zum Musikus, sie will viel mehr, nämlich künstlerische und ästhetische Freiheit. Indem das Trauerspiel eine der Form nach intertextuelle Relektüre der binären Geschlechtermatrix empfindsamer und klassischer Texte (*Emilia Galotti, Torquato Tasso, Wilhelm Tell*) aufmacht, zeigt es Berthas Konflikt »als Effekt suspendierter weiblicher Tatkraft beziehungsweise politischer Partizipation« (Schößler 2010, 64). Ihr wird mit Felsberg eine ebenfalls androgyne, ›ganzheitlich‹ konzipierte Figur an die Seite gestellt, die die Zweiteilungen der Geschlechterordnung nicht mit vollzieht, sondern Empfindsamkeit, Freiheit und Kunst zu einem ästhetischen Ideal von Männlichkeit synthetisiert. Droste-Hülshoffs Gegenentwurf versucht das Zusammenspiel von geschlechtsunabhängiger Emotion und Wagemut als Voraussetzung von Kunst jenseits ästhetischer Grenzziehungen sowohl auf Figurenebene als auch auf einer Metaebene. Es sind mithin die weiblichen jungen Figuren, die das Trauerspiel mit einer überaus verdichteten ästhetischen Debatte über Gattungen, Medien und den damit verbundenen Geschlechterdiskurs eröffnen. Gerade die Form dieses informierten Kunstgesprächs ist in der eingangs genannten, den Dramen gegenüber kritisch eingestellten Forschung zum Anlass genommen worden, auf die Überfrachtung durch Dialoge bzw. Konversation aufmerksam zu machen. Anders gewendet erscheint die überwiegend epische Organisationsform der Rede als weiterer Gattungsbruch. So fällt nicht nur die Figur Bertha aus dem weiblich-sittlichen Geschlechterkodex-Rahmen, wofür der Stickrahmen ihrer Schwester Cordelia metaphorisch steht, sondern Droste-Hülshoff gestaltet auch formal den Ausbruch aus den Gattungskonventionen des Trauerspiels und webt in ihren Text eine Fülle von Sprachhandlungen ein:

polylogisch gestaltete Konversationen über poetologische Grundfragen, über die (Un-)Ethik politischen Handelns, über Geschlechterdiskurse, aber auch die innere Ambivalenz von Figuren zeigenden Monologen.

Literatur

Berndt, Frauke: »Die Kunst des Rahmens und das Reich der Töne«. Weibliche Medien der Konversation in Droste-Hülshoffs *Bertha oder die Alpen*. In: Claudia Liebrand/Irmtraud Hnilica/Thomas Wortmann (Hg.): Redigierte Tradition. Literaturhistorische Positionierungen Annette von Droste-Hülshoffs. Paderborn u. a. 2010, S. 21–57.

Schößler, Franziska: Schiller und Goethe, »männliche Sittlichkeit« und »weibliche Freiheit«: Genrehybride und Geschlechterdiskussion in Droste-Hülshoffs Dramenfragment *Bertha oder die Alpen*. In: Claudia Liebrand/Irmtraud Hnilica/Thomas Wortmann (Hg.): Redigierte Tradition. Literaturhistorische Positionierungen Annette von Droste-Hülshoffs. Paderborn u. a. 2010, S. 59–75.

Schwarzbauer, Franz: »Bilder deiner wilden Phantasie«. Sehnsuchts- und Schreckensorte in Drostes Tragödienfragment *Bertha*. In: Jochen Grywatsch (Hg.): Raum. Ort. Topographien der Annette von Droste-Hülshoff. Hannover 2009 (= Droste-Jahrbuch 7), S. 177–196.

3. Perdu! oder Dichter, Verleger, und Blaustrümpfe. Lustspiel in einem Ackte
Julia Bodenburg

Die Literaturkomödie (HKA VI, 1–60) ist 1840 im Zusammenhang mit dem von Droste-Hülshoff abschätzig als »Hecken-Schriftsteller-Gesellschaft« (HKA IX, 20) bezeichneten Literaturzirkel (→ I.1.1.) entstanden (vgl. HKA VI, 295). Die Forschung hat in dem Lustspiel überwiegend ein satirisches Porträt der zeitgenössischen, insbesondere münsterschen Literaturszene gesehen. In der Tat lebt der dramatische Text von den überzeichneten Figuren und jener Mischung aus Ironie und Bitterkeit, die die Schriftstellerin gegenüber dem ›Literaturmarkt‹ empfand, der Autoren wie Schücking und Freiligrath eine Bühne bot, während sie lediglich eine Beobachterposition inne hatte (→ I.3.2.). Ferdinand Freiligrath war von den Verlegern Langewiesche und Volckmar beauftragt worden, Westfalen für das Buchprojekt *Das malerische und romantische Westphalen* zu würdigen. Nachdem er einen ersten Teil geliefert hatte, ging ihm offenbar trotz des wiederholten Drängens von Langewiesche die Motivation aus, wie aus seinem Brief an Schücking (→ I.1.2.3.) zu urteilen ist, der auf Vorschlag des Verlegers Freiligraths Aufgabe übernehmen sollte (vgl. HKA VI, 291–293). Schücking erzählte Droste-Hülshoff von diesem Vorfall; diese nahm Freiligraths unrühmliches Scheitern zum Ausgangspunkt ihrer Personalsatire. Denn nicht nur Freiligrath wird darin als prokrastinierender

3. PERDU! oder Dichter, Verleger, und Blaustrümpfe. Lustspiel in einem Ackte

Dichter verspottet, auch die Mitglieder des Literatursalons von Elise Rüdiger (→ I.1.2.4.) werden karikiert (vgl. HKA VI, 477). Nicht besonders schmeichelhaft ist neben ihrer Beschränkung auf repräsentative Funktionen das Alter, das der Rüdiger-Figur im Text gegeben wird. Dort ist es die erst 16-jährige und damit recht unreif wirkende Tochter Ida des Verlegers Speth, die versucht, die Rolle der Moderatorin zu übernehmen. Freiligrath wird schon aufgrund des Figurennamens Sonderrath erkennbar, durch die räumliche Verlegung an den Rhein gibt Droste-Hülshoff dessen Saumseligkeit ein passendes Ambiente. In der Figur des Rezensenten Seybold ist Schücking zu identifizieren, dem sie weniger Talent als Dichter, wohl aber als Literaturkritiker bescheinigt hat. Gespannt gestaltet sich das Verhältnis der »Blaustrumpf«-Figuren bzw. realen Dichterinnen untereinander. Mit der exaltierten Claudine Briesen wird ein Charakterzug, die überbordende, unmäßige Phantasie, von Luise von Bornstedt (1806–1870) überzeichnet. Wegen ihrer Vorliebe zum Artifiziellen, die dem konservativen Stil der Johanna von Austen, sprich Henriette von Hohenhausen, diametral gegenübersteht, wird der Briesen-Figur im Text das geringste literarische Talent zugesprochen – und Droste-Hülshoffs kritischer Blick auf Luise von Bornstedts Dichtung offen gelegt. Sich selbst schreibt sie die Figur der Anna von Thielen zu, die ebenfalls parodiert wird und zwar insbesondere ihr ›dunkler‹, für ein großes Publikum unverständlicher Schreibstil, der mithin als elitär kritisiert wird (vgl. HKA VI, 475–483).

Eine neue Sicht auf den Text ergibt sich, wenn man ihn nicht mehr am Maßstab traditioneller Gattungstheorie misst, ihm also Handlungsarmut und fehlendes *happy end* vorwirft: Dann erscheinen genau diese Mängel als gattungsinnovatives Moment. Das Lustspiel besteht aus vierzehn Szenen und ist in Prosa gehalten, wobei das bildungsbürgerliche Vokabular deutlich zu erkennen gibt, dass man es eher mit einer Literatursatire im Stil von Christian Dietrich Grabbes *Scherz, Satire, Ironie und tiefere Bedeutung* (1827) zu tun hat, also mit einem Medium, das den Kampf mit der literarischen Konkurrenz in Szene setzt, und nicht mit einer Komödie, die den sogenannten niederen Stand und dessen Sprachstil zum Gegenstand hat. Der Schauplatz des Einakters ist die Buchhandlung des Verlegers Speth, der in der ersten Szene die dramatische ›Intrige‹ in einem Monolog entfaltet: Speth bekommt einen Brief vom Schriftsteller Sonderrath, der ihm »REMINISCENZEN vom Rhein« (HKA VI, 6) zu liefern versprochen hat, ihm nun aber aufgrund weinseliger Laune und eines saisonal bedingten Flirts die verabredeten Texte schlicht verweigert, obwohl Speth schon finanziell in die Produktion investiert hat – *PERDU!* Auf diese erste Szene, die die prekären Produktions-, Verbreitungs- und Rezeptionsbedingungen eines sich in der ersten Hälfte des 19. Jahrhunderts wandelnden Buchmarkts formuliert, bezieht sich die Schlussszene mit dem titelgebenden, das Stück schließenden Wort »*PERDU!*« (HKA VI, 60). Beim Anblick des weinseligen Sonderraths vergeht dem Verleger jede Hoffnung auf die Einreichung von Manuskripten. Für Speth bedeutet das einen großen ökonomischen Verlust, zumal sich die an ihn herangetragenen Publikationswünsche noch weiterer Dichter und insbesondere Dichterinnen ebenfalls als Fehlinvestitionen erwiesen haben. Die erste Szene benennt demnach einen zentralen thematischen Aspekt des Lustspiels, nämlich die für alle Beteiligten schwierigen ökonomischen Verhältnisse des Buchmarkts in der ersten Hälfte des 19. Jahrhunderts (vgl. Eke 2005, 44–53; → I.3.2.). Wenn Speth in der vierten Szene geradezu vor dem Publikationsdrang des Dichters Willibald in ein Nebenzimmer und damit von der Bühne flüchtet, sorgen schon diese Anlage des Schauplatzes und die räumliche Figurenkonstellation für Komik und Verwirrung. Denn die nacheinander im Kontor eintreffenden Dichter und Blaustrümpfe wollen alle eines von Speth: dass er ihre literarischen Ergüsse verlegt. Eben jenes Zentrum, jene Hauptfigur ist allerdings über weite Szenen des Stückes abwesend und bildet damit eine produktive Leerstelle. Auf diese Weise schafft der Text im wörtlichen Sinne Raum für das stets von Konkurrenz geprägte Verhältnis der Dichter und Dichterinnen untereinander und kann ein spannungsreiches, von ironischen, bösartigen Anspielungen geprägtes Zusammentreffen inszenieren. So sind die Szenen nicht lose aneinandergereiht, sondern mit dramaturgischer Absicht montiert und mit dem Effekt des Spannungsanstiegs konstruiert. Nicht Handlungsarmut zeichnet die Szenen aus, sondern eine Fülle an rhetorischem Wortwitz und satirischen Anspielungen auf die Eitelkeiten von Schreibenden, die sich wie in einem Haifischbecken dem Zwang zur Selbststilisierung als Gelegenheitsdichter oder Universalgenie ausgesetzt sehen. Die ernsthafte und in der außertextuellen Wirklichkeit verankerte Kehrseite dieser karikierten Literaturszene bildet der wirtschaftliche und somit existenzielle Druck, der auf den Schreibenden mit dem Wunsch, Berufsschriftsteller sein zu können, lastet. Mit den aufeinanderfolgenden Figurenauftritten von Sonderrath (8. Szene), Seybold (9. Szene) und schließlich Speth (11. Szene) entfaltet der Text seinen rhetorischen Höhepunkt. Ganz gleich, ob *PERDU!* als Lesetext oder Stück für die Bühne konzipiert wurde: In jedem Fall haben Speths Anfangsmonologe über Verlagsprobleme und Figurencharaktere die Aufgabe, dem Leser bzw. Zuschauer einen Wissensvorsprung zu geben, vor dessen Hintergrund das gegenseitige ›Abtasten‹ der Akteure im Hinblick darauf, wer als ›Freund‹, wer als ›Feind‹ auf dem Feld der Konkurrenz zu gelten hat, überaus komische Effekte zeitigt.

Während die Damen, insbesondere Claudine Briesen, mit großem Redeaufwand versuchen, den ›lorbeergekrönten‹ Sonderrath für einen literarischen Zirkel zu gewinnen, ist dieser mehr an der Aussicht interessiert, auf dem Dampfboot den Rhein hinunter zu fahren und dabei dem Wein und einigen Damen zuzusprechen. So stellen die zentralen Szenen auch weibliche Salon- und Redekultur einer männerbündlerischen Vergnügungskultur gegenüber, vielmehr aber noch die Systematik des auf Konkurrenz basierenden Buchmarkts. Mit dem Eintreffen des Rezensenten Seybold verschärft sich die komische Spannung, liegt doch der Dichter Willibald aufgrund einer vernichtenden Kritik seines ›Eichenhains‹ mit Seybold im Streit. Bemerkenswert ist, wie der Text zum einen anhand der Figur des Verlegers und zum anderen anhand der Rezensionskultur, der schriftlich basierten Literaturkritik (vgl. grundlegend Hohendahl 1985; vgl. zum Lustspiel Jakob 2001), die diskursive Größe ›literarische Öffentlichkeit‹ entwickelt. Der Text macht das nicht programmatisch – dieser Umstand verweist indirekt auf die Problematik literarhistorischer Einordnungsversuche –, sondern benutzt als Rahmen das Gattungsformat der Literatursatire. Droste-Hülshoff erweist sich hier einmal mehr als interdiskursiv arbeitende und kontextsensible, äußerst zeitkritische Autorin.

Wechselseitige finanzielle Abhängigkeiten zwischen Verleger und Schriftsteller, Konkurrenten aus dem eigenen Fach und eine unbeständige »Poetennatur«, die »nun mahl etwas vom Irrwische an sich [hat]« (HKA VI, 52), sorgen für eine grundlegende Fragilität der verlegerischen Existenz. Eine weitere Herausforderung für den Publizisten ist der stets in Dynamik begriffene Geschmack des Lesepublikums, der wiederum von Rezensionen im von Speth herausgegebenen Zeitungsprojekt »Abendblatt« gelenkt wird. Die publizistische Tätigkeit wird in der Komödie als ein fortwährendes Taktieren, als das ›Ablauschen‹ vorkritischer, aus Launen geborener Geschmacksurteile eines Publikums problematisiert, das unterhalten werden will (vgl. HKA VI, 55). So muss der von Seybold eingefädelte Plan, Speth die Gedichte der adligen Frau von Thielen gegen den Austausch von Rezensionen drucken zu lassen, scheitern. Denn die Dichterin, die im Text als einzige Figur mit literarischem Talent ausgewiesen wird, verweigert in ihrem einmaligen Auftritt die mit Blick auf ein Massenpublikum gerichteten Überarbeitungswünsche des Verlegers und verhindert damit, dass ihre Werke überhaupt an die Öffentlichkeit gelangen. Mit diesem kurzen, aber beeindruckenden Auftritt nimmt der Text die Differenz von ernsthafter und unterhaltender Kunst auf und deutet das Eingebundensein jedweder Literatur in ökonomische Verhältnisse an. Da die hermetisch anmutenden Gedichte einer adligen Figur – Droste-Hülshoff selbst – zugeschrieben werden, kann diese Passage auch als Adels- und Selbstkritik (vgl. HKA VI, 480) verstanden werden: »SPETH [...] ich wette die Frau ist reich, und in glänzenden aristokratischen Verhältnissen. / SEYBOLD Das haben Sie getroffen. / SPETH Sehn Sie? – sehn Sie? – die schreibt für ihre Kaste, und wenn wir andern es nicht lesen wollen, so können wir es lassen« (HKA VI, 56). Die Thielen-Figur und damit die Selbstinszenierung als Autorin ist, wie von vielen Seiten konstatiert wurde (vgl. Brandes 1997, 16), keineswegs ungebrochen. Einerseits wird durch die Überzeichnung der adligen Herkunft das von Speth treffend geäußerte »aristokratische[ ] Heimweh nach der Feudalzeit« (HKA VI, 6) ironisch ausgestellt. Andererseits ersteht ausgerechnet Anna von Thielen in Speths Buchhandlung die »Schriften der JANE BAILLIE« (HKA VI, 57) und implantiert dem Dramentext auf diese Weise das positive Wunsch- und Gegenbild einer erfolgreichen Lyrikerin und Dramatikerin, wie sie die englische Autorin Joanna Baillie (1762–1851) darstellt. Durch Allen Cunninghams Literaturgeschichte (vgl. HKA VI, 528) 1834 auf Baillie aufmerksam gemacht, las Droste-Hülshoff vermutlich nicht nur *Plays on the Passions* (ab 1798; dt. 1806) in deutscher Übersetzung (vgl. HKA VI, 529), sondern nahm auch Baillies poetologische und dramentheoretische Aussagen zur Kenntnis (dazu Heeke 2002, 119–125). Ihre Lektürenotizen greifen Cunninghams Würdigung der Baillie als »der weibliche SHAKSPEARE« (HKA VII, 383, 388) auf und setzen als bedeutsame Aspekte von Baillies Dramatik hinzu: »mit großer Natürlichkeit und Weltkenntniß, höchst kräftig und GENIAL, wie männlich« (HKA VII, 388). Die Anmerkung »und möcht ich einer Dichterin einst gleichen So müste die BAILIE dies seyn« (HKA VI, 529) erhellt, dass sich unter der unauffälligen Namensnennung in PERDU! ein wahrhaft ehrgeiziger Selbstanspruch zugleich verbirgt und verrät, und dass sich das unpublizierte Lustspiel seinen ästhetischen Maßstab wie einen Spiegel vorhält.

Neben den männlich konnotierten Dichtern und Verlegern stellt der Dramentitel einen dritten Begriff zentral, der im Personenverzeichnis den weiblichen Figuren zugeordnet wird. Als ›Blaustrümpfe‹ wurden im 19. Jahrhundert gebildete Frauen bezeichnet, die aufgrund ihrer schriftstellernden Tätigkeit nicht dem zeitgenössischen Frauenbild – einer guten Hausfrau und Mutter – entsprachen (vgl. *An die Schriftstellerinnen in Deutschland und Frankreich*; → II.5.2.3.). Der Spottname geht zurück auf das englische *bluestocking* und wurde zunächst für einen männlichen Teilnehmer des literarischen Salons von Elizabeth Montagu (ab 1750) verwendet, der zu den Treffen des Zirkels stets unpassend gekleidet, mit blauen Strümpfen, erschien. Aus einer geschlechtsneutralen Bezeichnung für ein vernachlässigtes äußeres Erscheinen wurde im 19. Jahrhundert ein abwertender Begriff, der intellektuelle Aktivitäten von Frauen herabsetzte. Durch die Differenzierung der weiblichen Dichter-Figuren in »Blaustrumpf von Stande«, »naiv-gefühlvoller Blaustrumpf« und »Blaustrumpf DU BON VIEUX TEMPS« (HKA VI, 3) gelingt dem Text eine differenzierte Kritik am zeitgenössischen Literaturdiskurs, indem sowohl sentimentale Stile als auch der Habitus von Literaten parodiert werden. Während die Figur mit dem anspielungsreichen Namen Johanna von Austen sich mit ihrer Vorliebe für Klopstock als Anhängerin eines zu Droste-Hülshoffs Zeit als altmodisch geltenden – empfindsamen – Literaturgeschmacks zu erkennen gibt, wird Claudine Briesen sprachlich und über die Kostümierung als im sozialen Umgang distanzlose Schwärmerin und Triviallyrikerin charakterisiert. Ihre Aufmachung, Hut mit weißen Schwungfedern und langem Schleier, lässt an einen Pfau denken. Den gespreizten Versen der Briesen sowie der pathetischen Verehrung Klopstocks stellt der Text die »CONFUS[EN]!« (HKA VI, 55) Gedichte der Frau von Thielen gegenüber. Diese Verballhornung von schriftstellernden Typen macht keineswegs vor den männlichen Figuren halt (vgl. zu Droste-Hülshoffs kritischer Haltung gegenüber schreibenden Frauen Pickar 1984). Sonderrath vertritt den Typ des hedonistischen Dichters, der sich mit konkreten Arbeitsaufträgen schwer tut. Willibald, der sich metonymisch als »der deutsche Eichenhayn« (HKA VI, 26) vorstellt, scheint über nationalromantische Topoi nicht hinauszukommen und der Name Gutzkow, ein expliziter Hinweis auf den vormärzlichen Zeitgenossen, ist erwartungsgemäß mit der Farbe Rot verknüpft (HKA VI, 33). In welcher Weise der literarische Markt in der ersten Hälfte des 19. Jahrhunderts von konkurrenzkapitalistischen Strukturen durchdrungen wurde, die ihrerseits einen geschlechtsspezifischen Index hatten, zeigt das Lustspiel anhand des Streitgesprächs zwischen den Verleger-Eheleuten sowie durch die wechselnden polylogischen Figurenkonstellationen treffsicher. Auch Literatur wird ›industrialisiert‹: Das zeigt die letzte Szene, in der Speth, während er Soll und Haben in seinem Büro verrechnet und Sonderrath das Weinglas hebt, durch das Fenster ein Dampfboot, das markante Wahrzeichen der neuen Zeit, erblickt.

Eine Sonderstellung nimmt in gewisser Hinsicht die Figur der Frau Speth ein. Sie tritt ausschließlich in der zweiten Szene auf und führt mit ihrem Mann einen Schlagabtausch über die säumigen Literaten. Durch den geistreichen Dialog werden zum einen die Dichter-Figuren karikiert, zum anderen wird die Frau des Verlegers selbst als patenter Hausvorstand eingeführt. Diese Figur, die weder dem adligen noch dem intellektuellen Stand zugeordnet ist, nimmt am deutlichsten von allen eine materielle Perspektive ein – anhand des dominierenden monetären Paradigmas dieser Szene wird das transparent (vgl. Jakob 2001, 289). Auffällig sind darüber hinaus ihr rhetorisches Geschick sowie ihre genaue Beobachtungsgabe, die in überaus scharfzüngigen Qualifizierungen der Dichtenden Ausdruck findet. Wenn auch Frau Speth nach dieser Szene nicht mehr auftritt, wird ihre Bedeutung im unmittelbar folgenden Monolog des Verlegers, der ihre Talente würdigt, hervorgehoben: »SPETH (ihr nachsehend) Die Frau hat den Teufel im Leibe, ein kapitales Weib! – Alles lebt und kribbelt an ihr. – einen Verstand! einen Witz! und eine Darstellungsgabe! Hui!« (HKA VI, 11). Allerdings geht es ihm letztlich um seinen ökonomischen Vorteil; so steht nicht der Kunstgedanke im Vordergrund, vielmehr bewertet er die ihn umgebenden schreibenden Menschen nach ihrem Marktwert: »[E]s gibt doch mitunter welche, zum Beispiel meine Frau, wo sich Geld daraus pressen ließ wie Heu« (HKA VI, 12). Dass es des Weiteren gerade Speths patente Hausfrau ist, der ein bissiges ›Wortfeuerwerk‹ hinsichtlich der unvorteilhaften äußeren Erscheinung und literarischen Qualifikation der Dichter und Blaustrümpfe in den Mund gelegt wird, erscheint vor dem Hintergrund des Konnexes ›Gender und Genre‹ von Relevanz. Im Gegensatz zu Droste-Hülshoffs eigener, auch mit Rücksicht auf soziale Normen formulierter Skepsis gegenüber ihrem Talent zum Komischen (vgl. HKA VI, 286–301) erscheint Frau Speth als komische Figur überaus gelungen. In einer privaten Situation mit ihrem Gatten, konzipiert als Hausfrau und damit dem niederen Stand näher als dem Adelsstand, ›darf‹ diese Figur nach allen Regeln der Komödie in Szene gesetzt werden. In ihrer lustvollen Verspottung der Dichtenden wirkt sie ungehemmt offensiv und ist damit ihrer zurückgenommenen, sich stets bedeckt haltenden Tochter Ida weit überlegen. Mit einem typisch weiblichen Requisit, einem Handarbeitskörbchen, ausgestattet, ist die Tochter-Figur und Elise-Rüdiger-Karikatur vorwiegend »*hinter* dem Fenstervorhange« (HKA VI, 19, Herv. J.B.) positioniert. Es erscheint lohnenswert, das für eine spezifische Figur zugeschnittene satirische Moment in Droste-Hülshoffs Texten gattungsübergreifend zu verfolgen. So gelingen der Autorin als Briefschreiberin ebenfalls pointierte, bildhafte und parodistische Figurenzeichnungen; die halböffentliche Kommunikation im Briefmedium bietet unzensierten Raum für satirische Schreibweisen (vgl. Gödden 1991, 58–71). Metapoetische Reflexionen, wie sie mittels der parodierten Dichter-Figuren in *Perdu!* und damit im Stil des Komischen lesbar werden (vgl. Oesterle 2010), finden sich darüber hinaus auch in der Lyrik, etwa in *Dichters Naturgefühl* (HKA I, 181–183; → II.5.6.2.).

Literatur

Brandes, Helga: »Dichter, Verleger, und Blaustrümpfe«. Über Annette von Droste-Hülshoffs Lustspiel *Perdu!*. In: Bodo Plachta (Hg.): Annette von Droste-Hülshoff (1797–1848). »aber nach hundert Jahren möcht ich gelesen werden«. Wiesbaden 1997, S. 12–19.
Eke, Norbert Otto: Einführung in die Literatur des Vormärz. Darmstadt 2005.
Gödden, Walter: Die andere Annette. Annette von Droste-Hülshoff als Briefschreiberin. Paderborn u. a. 1991.
Heeke, Ursula: »Sie sehen schärfer als ich, stehn dort die Schriften der Jane Baillie?« Transformationen von Theorie und Praxis oder der Einfluss der englischen Schriftstellerin Joanna Baillie auf Annette von Droste-Hülshoff. In: Ortrun Niethammer (Hg.): Transformationen. Texte und Kontexte zum Abschluss der Historisch-kritischen Droste-Ausgabe. Bielefeld 2002, S. 109–140.
Hohendahl, Peter Uwe: Literaturkritik in der Epoche des Liberalismus (1820–1870). In: Peter Uwe Hohendahl (Hg.): Geschichte der deutschen Literaturkritik (1730–1980). Stuttgart 1985, S. 129–204.
Jakob, Hans-Joachim: Vom Marktwert des Schönen. Literatur und literarischer Markt in Annette von Droste-Hülshoffs Lustspiel *Perdu! oder Dichter, Verleger, und Blaustrümpfe*. In: Peter Heßelmann/Michael Hueßmann/Hans-Joachim Jakob (Hg.): »Das Schöne soll sein«. ›Aisthesis‹ in der deutschen Literatur. Festschrift für Wolfgang F. Bender. Bielefeld 2001, S. 281–293.
Oesterle, Günter: Annette von Droste-Hülshoffs lyrische »Versuche im Komischen«. In: Claudia Liebrand/Irmtraud Hnilica/Thomas Wortmann (Hg.): Redigierte Tradition. Literaturhistorische Positionierungen Annette von Droste-Hülshoffs. Paderborn u. a. 2010, S. 253–269.
Pickar, Gertrud Bauer: *Perdu* Reclaimed. A Reappraisal of Droste's Comedy. In: Monatshefte 76,4 (1984), S. 409–421.

IV. Prosa

1. Einleitung
Cornelia Blasberg/Jochen Grywatsch

Die Bekanntheit der Erzählung *Die Judenbuche* und ihre Singularität in Drostes Werk als abgeschlossener, zu Lebzeiten veröffentlichter und seit dem Ende des 19. Jahrhunderts stark rezipierter Prosatext verstellen den Blick für die Vielfalt und Heterogenität der Prosaformate, die Droste nutzte. Tatsächlich wird dieser Reichtum erst durch die HKA sichtbar, die neben den Werken und Drostes Briefen auch anonym oder unter dem Namen Anderer publizierte sowie Fragment gebliebene Manuskripte, Exzerpte, Aufzeichnungen und Notizsammlungen zur Verfügung stellt. Überschaut man alle der Erzählprosa zuzurechnenden Werke Drostes, wird erkennbar, dass dieses Ensemble sein widersprüchliches Profil dem Doppelstatus der Prosa als Medium kommunikativ-pragmatischer Rede auf der einen, poetischer Erzählform auf der anderen Seite verdankt. Den Widerspruch entschärfte Droste zeitweise, indem sie das fiktionale Erzählen an (epische) Langgedichte wie *Das Hospiz auf dem großen St. Bernhard* oder an Balladen delegierte, in denen gebundene, durch Metrum und Reim geprägte Sprache den Kunststatus des Werks verbürgte. Weil Droste eine aufmerksame Beobachterin der Literatursituation ihrer Gegenwart und der in ihr wirksamen Traditionen war, blieben ihr die markanten Verschiebungen im Untergrund der vielen zeitgenössischen Prosaformate nicht verborgen. Hatte Christian Fürchtegott Gellert in seiner *Abhandlung von dem guten Geschmacke in Briefen* (1751) die neue, natürliche Prosasprache des Briefs literaturfähig gemacht, Friedrich Blanckenburg 1774 die erste systematische Romantheorie vorgelegt und wurde der Roman in Friedrich Schlegels *Athenäums*-Fragmenten (1798) zur höchsten, weil alle anderen Genres in sich fassenden Gattung ausgerufen, so avancierten gleichzeitig Prosadichtungen aller Art – Erzählungen, Skizzen, Novellen, Nachrichten, Reiseberichte – zur bestverkäuflichen Unterhaltungsware auf dem literarischen Markt und verloren zusehends an Niveau. Diese gegenläufigen Prozesse von Aufwertung und Herabstufung, Ästhetisierung und Kommerzialisierung der (Erzähl-)Prosa versuchten Jungdeutsche und Vormärzler in einer neuen Poetik einzufangen. In diesem Spannungsfeld experimentierte Droste zwischen 1813 und 1845 mit den unterschiedlichsten Prosaformen.

Am pragmatischen Pol der Prosa sind Drostes Notizen, Exzerpte und Abschriften (HKA VII, 253–649) anzusiedeln. Sie bilden ein virtuelles Archiv für poetische Arbeiten. In gewisser Weise umschließen auch die Briefe, darunter in früheren Jahren schulreife Beispiele für die Gellert'sche Empfindsamkeitsrhetorik, eine solche potentiell für spätere Literarisierung nutzbare

Sammlung von Landschafts- und Reiseschilderungen, Porträts, Anekdoten und literaturkritischen Aperçus (→ I.4.). Prosa ist die pragmatisch-neutrale Sprachform der ethnographisch-kulturhistorischen Forschung, die Droste im Bökendorfer Kreis durch die Arbeiten der Grimms kennenlernte. Auch ihr Vater Clemens August von Droste-Hülshoff nutzte sie für sein *liber mirabilis*, in dem er Botanica sowie Dokumente des Volksaberglaubens aus dem Münsterland versammelte. In Prosa sind die Niederschriften von Märchen, Sagen und Lokalgeschichten überliefert, wie z. B. die *Geschichte des Algierer-Sklaven* in der Zeitschrift *Die Wünschelruthe* aus dem Haxthausen-Kreis 1818 (HKA V, 214–223) und Drostes erste Notizen zu dem historischen Mordfall 1820/21 (HKA V, 256–258), Keimzelle der Erzählung *Die Judenbuche*. Zum Prosagenre zählt ebenfalls die Mitteilungsform des auf Augenzeugenschaft beruhenden Berichts, dessen Authentizitätsversprechen für Droste in genau dem Moment wichtig wurde, als sie 1838 »den Zustand unseres Vaterlands, wie ich ihn noch in frühster Jugend gekannt, und die Sitten und Eigenthümlichkeiten seiner Bewohner« zum Stoff der nächsten Arbeit wählte (HKA VIII, 329). Beobachtungs- und Erinnerungsprotokolle, die durchaus die erste Person Singular nutzen, Landschafts- und Brauchtumsschilderungen sind denn auch das sichtbare Fundament des »Entwurf[s] mit ausführlicher Einleitung« (HKA V, 205) zum späteren ›Sittengemälde‹ *Die Judenbuche* von 1829/30 (HKA V, 258–295), der an Schücking geschickten Textbausteine für das *Malerische und romantische Westphalen* (HKA VII, 20–68) und der 1844 zu einem »Aufsatz[ ] über Westphalen« (HKA X, 49) mit dem Titel *Westphälische Schilderungen aus einer westphälischen Feder* zusammengefügten Materialien. Alle diese Prosatexte balancieren einerseits zwischen dem Ideal rationaler Nachprüfbarkeit, wie es dem Berichtsformat eigen ist, und narrativer Gestaltung auf der anderen Seite. Das gilt auch für die Notizen zur Columba-Kirche in Köln (HKA VII, 225–227), die Droste Johanna Schopenhauer nach 1826 für deren Erzählung *Der Bettler von Sankt Columba* (1832) zur Verfügung stellte (HKA VII, 230–243). Vor diesem Hintergrund wird verständlich, dass Droste in den Jahren zwischen 1838 und 1841, als sie an *Bei uns zu Lande auf dem Lande* arbeitete, nach narrativen Vorbildern und Modellen suchte, die ihr hätten helfen können, die heterogenen ›westfälischen‹ Materialien zu einer lockeren Szenenfolge in einem »ellenlange[n] Buch« (HKA IX, 214) zu verbinden. Glaubte sie zunächst, diese bei den Spätromantikern Washington Irving (*Bracebridge Hall*) und Victor Joseph de Jouy (*L'Hermite de Londres, L'Hermite de la Guiane, L'Hermite de Paris*) gefunden zu haben, hielt sie 1844, inzwischen in Kenntnis der vormärzlichen Reisejournale, diese »Manier« für »verbraucht« (HKA X, 164) und nahm Abstand von dem Projekt, so dass *Bei uns zu Lande auf dem Lande* Fragment blieb.

Selbstverständlich war Droste auch mit literarischer Prosa vertraut, deren Formate sie am Anfang ihres Schreibens kopierte. Das Erzählfragment *Ledwina* war so deutlich den unterhaltenden Novellen der Theissing'schen Leihbibliothek nachgebildet, dass Droste, die nicht »gern das Dutzend voll [m]ach[en]« (HKA VIII, 20) wollte, den an trivialromantischen Vorläufern

1. Einleitung

orientierten Erzählplan aufgab. Sie kombinierte die introspektiven Passagen mit prägnanten Gesellschaftsszenen, die man zu einem zweiten Text, einem quasi-ethnographischen ›Sittengemälde‹ über das Leben landadeliger Familien um 1800 hätte zusammensetzen können. *Ledwina* beschäftigte sie von 1819 bis 1826, parallel zu den frühen epischen Langgedichten und vor dem 1829 einsetzenden (1840 vorläufig abgeschlossenen) Erzählprojekt der *Judenbuche*, das sich trotz seiner abgerundeten novellistischen Erzählform in das seit 1838 mit unterschiedlichen Zielsetzungen bearbeitete, nur fragmentarisch überlieferte, episodisch konzipierte Westfalenwerk integrieren sollte. An das Format der *Judenbuche* wollte Droste 1845 mit der »Criminalgeschichte« *Joseph*, die »wirklich in BRABAND passirt« sei (HKA VIII, 228), anschließen und plante gemeinsam mit Elise Rüdiger einen – letztlich nicht realisierten – Band mit drei Schriftsteller-Porträts von Rüdiger und drei eigenen Erzählungen. Zu diesem Zeitpunkt hatte Droste genug Einsichten in den Literaturmarkt gewonnen, um den Verkaufswert einer solchen Mischung aus erzählerischen und feuilletonistischen Prosatexten abschätzen zu können.

Die HKA überliefert ebenfalls zwei Textbausteine, mit denen Droste Schückings literarische Journalbeiträge unterstützte. Für den zweiten Teil der Erzählung *Der Familienschild*, der zwischen dem 1. und 8. Juli 1841 in Cottas *Morgenblatt* erschien, formulierte Droste das Konzept (HKA VII, 183 f.), für die 1843 erscheinende Erzählung *Das Stiftsfräulein* lieferte sie stoffliche Vorlagen für die Beschreibung des Lebens im adligen Damenstift (HKA VII, 193–207). Wie bei anderen Koproduktionen blieb die Autorin anonym, was ihr angesichts der poetischen Qualitätsmängel aller dieser Unterhaltungswerke recht gewesen sein mag. Umgeben von Vielschreibern wie Schücking und Elise Rüdiger, die gängige Erzählware produzierten, blieben Drostes hohe Kunstansprüche an Prosatexte ohne Resonanz. Zu Schückings *Paul* (immerhin »das Beste was ich in Prosa von Ihnen kenne«) bemerkte sie 1842: »mein Junge ist immer eiliger wie sein Pferd, und wenn er was Nettes weiß, so hat die arme Seele keine Ruhe, bis er es auf den ersten besten Zaun gehängt hat« (HKA IX, 397), und auch beim *Stiftsfräulein* bemängelte sie den »Fehler«, Schücking würde »hundert Federn in den Gang [...] setzen, und sich dann davon [...] machen, ehe die Maschine ihre gehörige Wirkung hat thun können« (HKA IX, 397). *Ex negativo* lässt sich daraus das erzählpoetische Postulat höchster argumentativer und sprachlicher Konzentration, Stringenz und Reflektiertheit erkennen, das Droste nie explizierte und das sie, wie die vielen abgebrochenen Erzählprojekte dokumentieren, möglicherweise selbst als unzureichend empfand.

2. Ledwina
Barbara Thums

1. Skizze der Romanhandlung 480
2. Erzähltraditionen in der Nachromantik 482
3. Die Diskurse von Krankheit und Wahnsinn 484
4. Orientalismus 486
5. Entgrenzungsphantasien und das neue Unbekannte 487

Das zu Lebzeiten unveröffentlicht gebliebene Prosa-Fragment *Ledwina* (HKA V, 77–121) steht chronologisch am Ende jener frühen Texte Annette von Droste-Hülshoffs, die nicht in die Erstpublikation von 1838 eingegangen sind. Es wurde über einen längeren, durch Pausen unterbrochenen Zeitraum zwischen Spätherbst 1820 und Winter 1825/26 verfasst: Ein fragmentarischer Entwurf zur Fortsetzung befindet sich, zusammen mit einem anonymen, auf den 24. Juli 1826 datierten Brieftext, in einem Nachlasskonvolut (HKA V, 173–177; HKA V, 581–585, 735). Allerdings lassen Briefe an Anton Mathias Sprickmann (→ I.1.2.1.) und an Anna von Haxthausen die Vermutung zu, dass erste Pläne bereits auf das Jahr 1819 zurückgehen: Das hier erwähnte Vorhaben einer Novelle, in deren Zentrum eine Heldin mit schwächlicher Konstitution steht, wird nach Auskunft der Autorin deshalb aufgegeben, weil es ihr in formaler Hinsicht als trivial und epigonal erschien (HKA VIII, 20). Das spätere Romanfragment behält zwar die Konzeption der Heldin bei – die schwindsüchtige und todessehnsüchtige Titelfigur Ledwina erinnert an empfindsame Schwärmer und romantische Exzentriker –, eröffnet aber sowohl in gattungs- wie epochengeschichtlicher Hinsicht neue Bezugsfelder.

1. Skizze der Romanhandlung

Die *Ledwina* auszeichnende Handlungsarmut, die mit ausgreifenden Dialogpassagen einhergeht, trägt dazu wesentlich bei. Im Zentrum steht die westfälische Adelsfamilie von Brenkfeld. Dieser steht die verwitwete Mutter vor, die für eine an strengen soziokulturellen Normen und Werten ausgerichtete, allerdings auch deutlich als überkommen markierte Ordnung steht. Der von der Universität zurückgekehrte Sohn Carl hingegen vertritt die neue Zeitordnung und wird auch deshalb zu ihrem familieninternen Gegenspieler, weil er seinen Machtanspruch als Familienoberhaupt nicht verhehlt. In dieses Spannungsfeld werden die drei Schwestern gestellt, von denen die beiden älteren, die selbstlos-aufopferungsvolle Therese und die kränkelnd-phantasievolle Ledwina deutlich mit romantischen Zügen charakterisiert werden. Insbesondere Ledwina fühlt sich in ihrer Umgebung fremd und unverstanden. Ihre Randständigkeit offenbart sich in den Gesprächen im Kreis der Familie, in den Gesprächen zwischen den beiden Schwestern, aber auch in den Gesprächen, die während der Besuche aus der Nachbarschaft geführt werden. Neben den Träumen und Visionen Ledwinas sind es vor allem diese vielen Gespräche, die den Fortgang der Handlung

2. Ledwina

immer wieder unterbrechen und sich derart in den Vordergrund des Erzählens schieben. Die wenigen handlungsrelevanten Ereignisse kreisen allesamt um den Tod. So beginnt das Romanfragment mit der Schilderung einer Spiegelszene – Ledwina blickt ins Wasser eines strömenden Flusses und sieht eine verzerrte, fragmentierte und sich auflösende Gestalt –, die als Tagtraum von Tod und Verwesung präsentiert wird. Ledwina kommt zur Besinnung, setzt ihren Spaziergang fort, begegnet dem schwarzen Hund des Fleischers, vor dem sie ins Wasser flieht. Der Fleischer rettet sie, bringt sie in das Bauernhaus zu Lisbeth, ihrer Amme aus Kindertagen. Hier versinkt sie in einen tiefen, erholsamen Schlaf. Sie kehrt ins Schloss zu ihrer Familie zurück, wo die Gespräche auch zu dem alten Diener Franz führen, an dessen Tod Ledwina sich schuldig fühlt. Sie wird ins Bett geschickt, wird von Träumen und Visionen gequält, die ebenfalls Tod und Verwesung zum Thema haben. Davon wach geworden, tritt sie ans Fenster und muss mit ansehen, wie nach Clemens, dem Sohn Lisbeths gesucht wird, der bei einem Unwetter dem Grafen Hollberg, einem Studienfreund von Ledwinas Bruder Karl, den Weg zum Schloss weisen wollte und dabei im Fluss zu Tode kommt. Dieser Graf Hollberg, der wie Ledwina an der tödlichen Schwindsucht leidet und während seines Besuchs einen Anfall bekommt, wird deshalb, darin Ledwina ebenfalls vergleichbar, von der Mutter als störender Fremdkörper wahrgenommen. Auch die Gutsnachbarn, Familie von Bendraet und Herr von Warneck, werden nicht als willkommene Besucher, sondern eher als störende Eindringlinge und Repräsentanten einer neuen, die tradierten Werte der ständisch-patriarchalisch geordneten Adelsgesellschaft zersetzenden Zeit wahrgenommen. Das Romanfragment endet mit einem am Abend im Garten stattfindenden, um Tod und Schuld kreisenden Gespräch zwischen Therese und Ledwina. Therese bemerkt Ledwinas bedrohlichen Gesundheitszustand und führt sie in dem Moment ins Schloss zurück, in dem der Repräsentant der neuen Zeit, Karl, in den Garten hinaustritt.

Dem Nachlasskonvolut ist zu entnehmen, dass Ledwina, die schwindsüchtige und todessehnsüchtige Titelfigur, deren Außenseiterexistenz, deren Leiden an und in der Welt sowie deren Fluchten aus den gesellschaftlichen und familiären Normvorstellungen in andere, imaginäre Welten das Romanfragment immer wieder herausstellt, am Ende sterben soll: »Ledwina stirbt ohne daß Jemand Anderes als ihr Mädchen dabey ist und im Mondschein ohne Licht, sie hat verboten Beydes zu holen, Minchen merkt, daß ihre Hände immer kälter werden ET CET« (HKA V, 585). Mit dieser präzisen szenischen Bestimmung ihres allmählichen Entschwindens, die den Mondschein, nicht aber das künstliche Licht gelten lässt, schreibt der Fortsetzungsentwurf in aller Nachdrücklichkeit fest, was bereits für das Fragment mit seinen zahlreichen (schauer-)romantischen Elementen zu konstatieren ist: Es ist als vielschichtige Auseinandersetzung mit der Romantik zu lesen. Einerseits zieht *Ledwina* das epochengeschichtliche Ende der Romantik in Betracht. Andererseits spielt die Frage nach den Bedingungen und Möglichkeiten einer Fort- und Weiterschreibung romantischer Konzepte eine entscheidende Rolle bei der Suche des Fragments nach neuen poetischen Ausdrucksformen.

2. Erzähltraditionen in der Nachromantik

Die für *Ledwina* insgesamt konstitutive Spannung zwischen Romantik und Nachromantik wurde in der Forschung bereits früh als »Überlagerung zweier verschiedener, heterogener *Romantypen*« erkannt: Nach Schneider bewegt sich der erste, perspektivisch an die Hauptfigur gebundene und sich »als verhüllt autobiographische Bekenntnisform zu erkennen« gebende Romantyp »in unverkennbar empfindsam-romantischen Traditionen«, wohingegen der zweite Romantyp mit seinen polyperspektivisch angelegten Dialogszenen jener auf »den späteren Realismus« voraus weisende »des Familien- und Gesellschaftsromans« ist (Schneider 1976, 105). Dem ersten Romantyp werden dabei die Ereignisse um Ledwina zugeordnet, die topographisch mit der Natur und mit dem Fluss, semantisch mit der Vergangenheit, mit der überreizten, Träume und Visionen produzierenden sowie zum Wahnsinn tendierenden Einbildungskraft Ledwinas verknüpft sind. Die Familiengespräche sowie die im Rahmen der Gespräche mit den benachbarten Gutsbesitzern ausgetauschten Reiseerlebnisse und Anekdoten werden dem zweiten Romantyp zugeordnet. Sie sind topographisch mit dem Schloss und semantisch mit Modernität, Vernunft und Ökonomie gekoppelt. Dieser Strukturbeschreibung des Romanfragments ist die weitere Forschung im Wesentlichen gefolgt, indem sie diese im Rahmen neuer methodischer Paradigmen ausdifferenziert hat. In jüngerer Zeit hat etwa Ölke die »doppelte Textbewegung des Romanfragments« mit Bezug auf das Alteritätsparadigma als eine zwischen »Innenräumen und Außenräumen und zwischen Vagabondage und Heimkehr« bestimmt (Ölke 2002, 44). Einen wichtigen Forschungsbeitrag leisten außerdem feministische Lesarten der *Ledwina*. Sie widmen sich vornehmlich den empfindsamen sowie den romantischen Traditionsbezügen, wobei der Eingangsszene mit Ledwinas Spaziergang am Fluss, dem Kirchhoftraum und der sich daran anschließenden Undinen-Vision eine besondere Aufmerksamkeit zukommt. Zum einen lässt sich die Modernität des Romanfragments mit Blick auf die Geschlechterdifferenz und die Ambivalenzstruktur des Textes (Hilzinger 1999) erfassen, zum anderen erhellen die Referenzen auf den romantischen Wasserfrauen-Mythos die in *Ledwina* geleistete Auseinandersetzung mit Gender-Normierungen (Geffers 2007).

In diesem Kontext ist die in *Ledwina* geleistete narrative Transformation romantischer und mythischer Konzepte von herausragender Bedeutung: Sie legt eine Perspektive auf das Prosafragment nahe, in der die Umschrift des männlich codierten, Selbstliebe bzw. Schöpfertum in Szene setzenden Narziss- und Pygmalion-Mythos als »Ursprungsgeschichte *weiblicher* Kreativität« (Liebrand 1996, 81) zu fassen ist, mit der Droste »einen Gründungsmythos ihrer dichterischen Existenz« stiftet (Liebrand 2008, 95). Textstrukturell betrachtet rücken damit die Eingangsszene und der nächtliche Kirchhoftraum in ein Komplementärverhältnis. Die Eingangsszene zeigt Ledwina bei einem ihrer Streifzüge am Fluss entlang, wie sie im Wasserspiegel ihr sich auflösendes Spiegelbild betrachtet:

2. Ledwina

Ledwinens Augen aber ruhten aus auf ihrer eignen Gestalt, wie die Locken von ihrem Haupte fielen und forttrieben, ihr Gewand zerriß und die weißen Finger sich ablösten und verschwammen und wie der Krampf wieder sich leise zu regen begann, da wurde es ihr, als ob sie wie todt sey und wie die Verwesung lösend durch ihre Glieder fresse, und jedes Element das Seinige mit sich fortreiße. (HKA V, 79)

Unverkennbar sind in dieser Szene, in der sich – psychoanalytisch gedeutet – das weibliche Ich in einem todesähnlichen Zustand des Zerfalls und der Auflösung ins Elementare erfährt (Böschenstein [2003] 2007, 184 f.), Anklänge an die Wasserfrauen Undine und Ophelia zu erkennen. Sie haben teil an der hier vollzogenen Umschrift des Narzissmythos, in welcher der Wasserspiegel nicht wie bei Ovid das Bild männlicher Schönheit und Vollkommenheit zurückwirft, sondern vielmehr das Bild eines weiblichen Körpers, das mit der Negation von Schönheit und Vollkommenheit auch die Vorstellung eines mit sich selbst identischen weiblichen Subjekts durchstreicht (→ VI.7.). Diese wird ersetzt durch eine Todesvision, die über den Bezug auf Shakespeares Heldin Ophelia auch im Hinblick auf den Undinen-Mythos neue Bezugsfelder stiftet: Das an die Undine geknüpfte Motiv künstlerischer Phantasie wird mit Auflösung und Tod sowie mit dem Motiv des Wahnsinnigwerdens aus Liebeskummer in Verbindung gebracht. In gattungs- wie epochengeschichtlicher Hinsicht ist für dieses Gendering des Narzissmythos, in dem Wasser, Normverletzung und Entgrenzungsbegehren zusammengeführt werden, überdies der Verweis auf die Ledwina-Legende von systematischer Relevanz. Mit der Ledwina-Legende werden auch der religiös codierte weibliche Liebeswahn und damit das Märtyrermotiv in die Mythenumschrift integriert, bei der mithin »der antike Narzissmythos mit dem christlichen Vanitas-Motiv und der Legende von der heiligen Ledwina« verschmolzen wird (Liebrand 2008, 99). Beide Ausgestaltungen weiblichen Liebeswahns werden über die Melancholie zusammengeführt, wodurch auch ein Verweis auf die humoralpathologische Auffassung der Schwindsucht als romantische Melancholiker- und Künstlerkrankheit sowie auf deren wissensgeschichtliche Transformation durch die vererbungstheoretische Neufassung der Tuberkulose als ansteckende Krankheit hergestellt wird. Im Zuge dieser Neuordnung des Wissens wird die romantische Melancholiker- und Künstlerkrankheit als überkommen bewertet und dem Vergessen anheim gegeben. Wenn *Ledwina* die romantische Melancholie ebenso wie das romantische Zeitkonzept »im Zeichen radikaler Verlust- und Todesangst« aktualisiert, so wird deutlich, dass den intertextuellen Verweisen auf die romantische Literatur in Drostes nachromantischem Werk die Bedeutung zukommt, »eine in der Gegenwart verlorene Poetizität in Erinnerung zu rufen und aus ihr den Maßstab auch für die neuere Literatur zu gewinnen« (Blasberg 2013b, 265, 264). Eine konstitutive Rolle spielt dabei außerdem die literarische Orientbegeisterung der Sattelzeit, die Anfang des 19. Jahrhunderts ihren Höhepunkt erlebte (Ammann 1989, 4–6) und nachweislich auch Droste-Hülshoff bereits in den 1820er Jahren erfasst hatte (HKA X, 153). Die Einbettung *Ledwinas* in diesen Wissenskontext, vor allem die Beziehung zum romantischen

Orientalismus als Sinnkonzept und produktives Spielfeld der Neuordnung von Eigenem und Fremden (Polaschegg 2005, 202), ist aufschlussreich: Sie führt zu einer Neubewertung und Präzisierung der in diesem frühen Text der Autorin erkennbaren Suche nach solchen neuen Ausdrucksmöglichkeiten, die im Zeichen einer nachidealistischen Poetik den Gegebenheiten der sich zunehmend beschleunigenden Moderne ebenso gerecht zu werden vermögen wie den Ansprüchen an eine weibliche Autorschaft (Thums 2017).

3. Die Diskurse von Krankheit und Wahnsinn

Mit dem Titel des Fragments wird ein Diskurszusammenhang von Askese, Einsamkeit, Wahnsinn, Märtyrertum, Orientalismus, exzessiver Einbildungskraft und Programmatik der Romantik eröffnet, dessen Topoi Spuren in beiden Teilen des Prosa-Fragments hinterlassen haben. Er ist somit leitend für das gesamte Fragment. Sein Verweis auf eine mittelalterliche Heiligenlegende, die Thomas von Kempen aufgezeichnet hat (Naumann 1991, 224f.), heftet der Gattungsbestimmung ›Roman‹ nicht nur ein Fragezeichen an, sondern bezieht damit zugleich religiöse, ästhetische und medizinische Wissensbestände sowie Epochenkonzepte der Aufklärung und Romantik aufeinander. Die Legende von der heiligen Ledwina, der Schutzpatronin der Kranken, erzählt von einer Märtyrerin, die ihr Leben dem himmlischen Bräutigam widmet und deren Bitte, ihre Jungfräulichkeit bewahren zu können, von Gott gewährt wird. Er schickt ihr jahrelanges Siechtum, fortan ist sie durch unerträgliche Krankheiten und Schmerzen ans Bett gefesselt, ihr Körper nimmt außer der Heiligen Kommunion keine Nahrung auf, sie hat zunehmend Visionen und macht mystische Erfahrungen, die ihre Auszeichnung als Offenbarungsmedium des göttlichen Heilswirkens zeichenhaft beglaubigen. Der Aufklärung galten Heiligenlegenden aufgrund ihrer frühchristlichen Herkunft und ihrer Verbindung zu klösterlichen Gemeinschaften als unzeitgemäße Gattung, die im Horizont der zeitgenössischen Klosterkritik mit Einsamkeit, Wahnsinn und sexualisierter Einbildungskraft in Verbindung gebracht wurde. Der asketische Verzicht auf Sinnlichkeit und Körperlichkeit, der das Klosterleben ebenso wie das Leben im Orient auszeichnet, so das gängige Argument, schließe das Laster nicht aus, sondern produziere es vielmehr. Dieses Wissen der Aufklärung über den Konnex von klösterlicher Askese und sexualisierter, wahnsinniger sowie topographisch dem Orient zugeordneter Einbildungskraft kehrt die Romantik programmatisch um. Im Rahmen ihrer Entgrenzungskunst vollzieht sie auch die Auflösung der Grenzen zwischen Kunst und Religion, die Positivierung des Orients als Heimat der Poesie sowie jene Modernisierung der Legende, die bereits Herder im Zuge seiner Klosterkritik gefordert hatte (Herder [1797] 1967, 393). All dies basiert auf der Aufwertung der entfesselten Einbildungskraft als Kennzeichen des romantischen Genies und damit auch als Zentrum der Idee, dass die Wunde einer durch Temporalisierung, Entfremdung und Ordnungsverlust geprägten Moderne durch die Poetisierung der Welt geheilt werden könne. Eben dieses Leiden an der Zeitkrankheit der Moderne um 1800 kennzeichnet auch Drostes *Ledwina* (Blasberg 2013b) und kommt insbesondere in den Visionen und Träumen Ledwinas zur Geltung, für deren narrative Gestaltung die Motive des Märtyrers und des Wahnsinns, deren asketische und poetische Dimension stets mit aufgerufen ist, eine zentrale Rolle spielt.

Für die epochengeschichtliche und wissenspoetologische Einordnung des gesamten Fragments ist nun aber entscheidend, dass dieses Gestaltungsmoment auch die in den Gesprächen von Familiengästen eingestreuten Anekdoten und Reiseerlebnisse steuert. Letztere erzählen von der Begegnung mit einem wahnsinnigen, orientalistisch als Anachoret und Einsiedler markierten Höhlenbewohner bei Nacht und Fackelschein; von einer wahnsinnigen Krämersfrau, die im Frühling Blumen sammelt, um den Himmel aufschließen zu können und derart an romantische Gestaltungen des Wunderbaren erinnert, in denen die Blumen der Poesie die Einheit von Endlichem und Unendlichem ins Bild setzen; von einer taubstumm geborenen Frau, die zwar »nicht viel besser als ein Thier« (HKA V, 116) gewesen sein soll, aber ihres Geldes wegen verheiratet war; schließlich von einer aus Vorsatz, um des Friedens mit ihrem Gatten willen verstummten und deshalb »für wahnsinnig« (HKA V, 116) gehaltenen Bäuerin aus der Gegend. Im Horizont des gesamten Romanfragments gelesen, übernehmen die Anekdoten und Reiseerlebnisse, in denen der Wahnsinn zunehmend in eine unheimliche Nähe rückt, das Verhältnis der Geschlechter markiert und mit dem weiblichen Verstummen die Position Ledwinas innerhalb der geselligen Runde und der Familie spiegelt, die Funktion von Deckerzählungen über den Ausschluss einer romantisch, orientalistisch und weiblich codierten Einbildungskraft. In ihnen werden einerseits die Bedingungen und Möglichkeiten weiblicher Autorschaft und andererseits die restriktiven Normen und Ausschlusspraktiken problematisiert, die Ledwina immer wieder dazu führen, die Flucht in die Einsamkeit der unbegrenzten Natur und in die unbegrenzten imaginären Welten ihrer Visionen und melancholischen Todessehnsucht zu ergreifen.

Ledwina fordert mithin zu einer diskursiven Einbettung der religiösen und orientalistischen Bezüge in die Moderne um 1800 auf (→ II.3.). Für die poetische Funktion des Krankheitsmotivs ist die Verschiebung von der religiös bedingten Auszehrung hin zum medizinischen Befund der Schwindsucht bedeutsam. In der um 1800 noch virulenten Humoralpathologie gilt die Schwindsucht, die Krankheit der Auszehrung, als Künstlerkrankheit schlechthin, deren Ursache in den traurigen Leidenschaften der Melancholie gesehen wird. Insbesondere in der Romantik wird die Melancholie als Krankheit der Einbildungskraft aufgewertet, sie kennzeichnet nun die gesteigerte Kreativität des romantischen Genies. In *Ledwina* sind es die Außenseiter, die Hauptfigur und ihre Spiegelfigur, Graf Hollberg, die mit diesen Zeichen versehen werden. Die explizite Benennung ihrer Krankheit als Erbkrankheit und damit der Verweis auf das aktuelle genealogische Wissen markiert jedoch eine zweite Verschiebung, mit der sich das diskursive Feld so erweitert, dass Ähnlichkeiten zu Poetiken der Ansteckung in Texten des Realismus und der Moderne um 1900 erkennbar werden.

4. Orientalismus

Diese Spannung zwischen Romantik und Nachromantik erfasst die Darstellung des Zusammenspiels von Einsamkeit, Melancholie, Imagination und künstlerischer Kreativität. An den Visionen und Träumen der weiblichen Protagonistin, die über ihre orientalistische Signatur in einen Verweisungszusammenhang treten, kommt dies besonders deutlich zur Geltung: So führt die bildkräftigste Vision, die sich aus einem Streitgespräch zwischen Ledwina und Karl über die heimatliche Landschaft entspinnende Wüstenvision, über die orientalistischen Marker und die Wassermetaphorik auf jene die Transformation romantischer und mythischer Konzepte einleitende Todesvision am Flussufer, die wiederum auf den Kirchhofstraum und die sich daran anschließende Undinen-Vision voraus weist. Dabei ist Ledwinas Wüstenvision als romantische Entgrenzungsvision gestaltet, bei der Ledwina die leere Fläche der heimatlichen Landschaft als einen zeichenlosen Raum imaginiert, der gleichermaßen biblisches Paradies, bukolische Idylle oder rousseauistische Wildnis sein kann und deshalb eine ideale Gegenwelt zu jener mit Karl in den heimatlichen Raum eindringenden Moderne darstellt. Die von Ledwina imaginär betretene Wüste ist eine orientalisierte, exotisierte und sexualisierte Bilderwelt und darin zugleich eine Referenz auf poetische Konzepte der Romantik, die, wie etwa Friedrich Schlegels *Gespräch über Poesie*, im Orient »das höchste Romantische suchen« (Schlegel [1800] 1967, 320). Auch in Ledwinas Wüstenvision ist die mit dem Orient in Verbindung gebrachte, entgrenzte Einbildungskraft, anders als in der Aufklärung, nicht als wahnsinnig pathologisiert, sondern ein die engen Grenzen der (philosophischen) Vernunft auflösendes Erkenntnisorgan, das in idealer Weise zwischen Endlichem und Unendlichem zu vermitteln vermag. Allerdings ist hier an die Systemstelle des Klosters, das die sexualisierte Einbildungskraft produziert, die familiäre Enge gerückt, aus der Ledwina mit ihrer romantisch-orientalistischen Fernsucht zu entfliehen sucht. Erschaffen die Romantiker subjektiv dynamisierte, transitäre Räume und entgrenzende, ›ozeanische‹ Bild- und Gefühlswelten (Koschorke 1990, 232), so gilt dies auch für die Bild- und Gefühlswelten Ledwinas, wenn sich dabei Löwen und Tiger zu Delphinen und rauschende Sandwogen zu schäumenden Fluten verwandeln. Der poetologisch-programmatische Gehalt von Ledwinas Wüstenvision wird nachdrücklich dadurch bestätigt, dass Delphine das Erotische sowie die Dichtkunst figurieren und auch das Ursprungselement Wasser eine poetologische Metapher für Grenzenlosigkeit ist.

Solche idealistischen Visionen der Entgrenzung jedoch sollen weder im Hause Brenkfeld noch in der Moderne des beginnenden 19. Jahrhunderts einen Ort in der Wirklichkeit bekommen. Hier dominiert die Perspektive des Ausschlusses, die Ledwina zum Störfaktor innerhalb der Familie macht und damit in epochengeschichtlicher Hinsicht auch den Bildwelten des Grenzenlosen, Erotischen und Poetischen eine Absage erteilt. Allerdings ist damit nicht das Textverfahren in seiner Gesamtheit erfasst. Denn für die Faktur des Romanfragments ist vielmehr ein Erzählen vom Ausgeschlossenen aus einer Position des Ausschlusses heraus strukturbildend. Deutlich wird dies etwa, wenn sich die Schwestern, nachdem Ledwina wegen ihrer nassen Füße bzw. poetologisch betrachtet wegen ihrer Undinenhaftigkeit aus dem Salon geschickt wird, abseits von der familiaren Gemeinschaft in Ledwinas Zimmer über ihre Liebessehnsüchte und – im Horizont der Wüstenvision betrachtet – über ihr sexuelles Begehren austauschen. Die sich an diese Szene anschließenden Passagen fügen sich ebenso in diese Struktur, aus einer Position des Ausschlusses vom Ausgeschlossenen zu erzählen: So folgt zunächst der schauerromantisch codierte Kirchhoftraum, dann die im Horizont des romantischen Fensterblicks dargestellte Undinen-Vision, die beispielhaft für jene Entgrenzung des Blicks zum »romantischen Fernblick« ist, die zahlreiche frühe Texte Drostes auszeichnen (Grywatsch 2009c, 94). Damit lassen sich diese Passagen insgesamt als erinnerndes Wiedererzählen romantischer Entgrenzungsutopien fassen, wobei auch hier systematisch relevante Verschiebungen zu beobachten sind.

5. Entgrenzungsphantasien und das neue Unbekannte

Dies gilt zunächst für den Kirchhoftraum, der groteske und nekrophile Bilder hervorbringt: Diese Bilder, in denen die Grenzen zwischen Tag und Nacht aufgelöst sind und Figuren ineinander übergehen, illustrieren die Nachtseiten und Abgründe romantischer Einbildungskraft und Subjektivität. Der Fackelschein produziert groteske Verzerrungen, Ledwina begegnet einem Traum-Ich, das sich verstört und aufgelöst, dem Wahnsinn gleich »mit einem furchtbar zerrissenen Angstgewimmer« (HKA V, 96) von der Gesellschaft löst, um nach ihrem Liebsten zu suchen. Abwechselnd erscheint das Ich als Suchende und als Zuschauerin, die »ihre eigne Gestalt todtenbleich mit wild im Winde flatternden Haaren, an den Gräbern wühlen [sieht], mit einem Ausdrucke in den verstörten Zügen, der sie mit Entsetzen füllte« (HKA V, 96). Der Versuch, die Inschriften der Grabsteine zu lesen, bleibt ergebnislos, es gibt hier also keine Traum-, Hieroglyphen- oder Natursprache zu lesen, die in eine wunderbare Welt der Poesie führen könnte. Vielmehr ist der Abstieg in die Nacht- und Traumwelt einerseits als Abschied von solchen romantischen Utopien gestaltet. Andererseits führt er aber auch, nachdem das Traum-Ich schließlich in eines der Gräber stürzt und dort ein Totengerippe als ihr Liebstes erkennt, zur liebenden Verschmelzung mit dem verlorenen Ich und sogar, vermittelt über ein plötzlich mit einem Korb voll Blumen und Früchten auftauchendes Kind, zu der pygmalionischen Idee des Traum-Ich, es könne »den verwesten Leib wieder aus Blumen zusammen setzen, daß er lebe und mit ihr gehe« (HKA V, 97). Diese Idee, in der die Schutzpatronin der Kranken aus der Legende die – wie es in der Todesvision am Anfang heißt – von der Verwesung zerfressenen Glieder einer an der Zeitkrankheit der Moderne leidenden »überspannte[n] Zehrungsperson« (HKA VIII, 20) heilt und gleichsam ein Wunder der Wiederbelebung und Neuschöpfung vollbringt, ist allerdings keine religiöse, sondern eine poetische (Liebrand 2008, 95, 110). Sie kann in das Erwachen hinübergerettet werden, das beim Aussuchen und Ordnen der Blumen erfolgt, die hier die Blumen der Poesie und vor allem auch der eingelassenen mythischen Intertexte sind. Somit wird hier auch die Idee einer Autorschaft gegeben, zu deren Selbstverständnis der Durchgang durch den Wahnsinn und die Nekrophilie der Romantik gehört und die deshalb Poesie, wie die Romantik, immer auch als Poesie der Poesie versteht (Thums 2017).

Ein in seinem Romantik-Bezug vergleichbar ambivalentes Bild entwirft auch die unmittelbar auf den Kirchhoftraum folgende Undinen-Vision, deren narrative Inszenierung des Mondlichts einen »Unterwassereffekt« und dadurch eine »ungewöhnliche Perspektive [...] aus dem Wasser heraus« erzeugt (Geffers 2007, 107). Hier ist insbesondere die Verschiebung interessant, die sich aus der narrativen Aneignung des romantischen Fenstermotivs ergibt. Die Passage beginnt insofern nachromantisch, als das Fenster geschlossen ist und der Mond nicht den entgrenzenden Sehnsuchtsblick in die Ferne initiiert, sondern vielmehr sein Licht auf den geschlossenen Vorhang eines jener Fenster wirft, unter denen der Fluss vorbeiströmt. Auch diese Flussszene ist, wie diejenige zu Beginn, eine Todesszene. Außerdem scheint durch das verschlossene Fenster auch der romantische Weg der Sehnsucht nach Ferne verschlossen, so dass sich der Blick zwangsläufig auf den Innenraum zurückwendet, mithin auf jenen Raum der Enge, der die Sehnsucht erst hat entstehen lassen. Allerdings ist dies nicht das Ende der Passage. Vielmehr ist auch hier wieder die Struktur des Erzählens vom Ausgeschlossenen aus der Position des Ausschlusses heraus von Bedeutung: Ledwina öffnet Vorhänge und Fenster, ermöglicht so den romantischen Fensterblick, der nun auch wieder – zumal Ledwinas Blick explizit als »lüstern« ausgewiesen wird – orientalistisch codierte Bilder zu sehen gibt, die den Donnerhall mit dem mächtigen »Gebrüll des Löwen« vergleichen (HKA V, 97). Allerdings wird Ledwinas Blick nicht nur als lüstern, sondern mit Bezug auf den naturwissenschaftlich codierten Terminus »Sehkraft« (HKA V, 99) als angestrengt dargestellt: Entsprechend produziert ihr Blick keine romantischen Sehnsuchtsbilder mehr, sondern Bilder der Gewalt, des Schreckens und des Todes. Ledwina sieht, wie ein Mann ins Wasser stürzt und ertrinkt. Sie, die mit ihren nassen Füßen einer Undine gleicht, scheint einerseits alle Macht über die Elemente und die Männer zu haben, wenn das Wasser »in gräulicher Lust über der gefallnen Beute [tanzt] und [...] sprühenden Schaum in die Augen derer [wirft], die sie ihm zu entreißen suchten«; andererseits aber wird sie hier nicht als das Andere der Vernunft dargestellt, sondern vielmehr als eine, die sehr genau sieht, die Situation erkennt, »ohne die Besinnung zu verlieren« (HKA V, 99) handelt und Hilfe holt. Poetologisch betrachtet ist der romantische Fensterblick hier also weniger als Blick ins Unendliche, als vielmehr ins Unbekannte einer nachromantischen Zeit gestaltet, die sich u. a. mit dem exakten Sehen auf naturwissenschaftliche Prinzipien der Wahrnehmung und Nachahmung von Wirklichkeit verpflichten wird.

Im Gesamten betrachtet ist also die Art und Weise, wie in *Ledwina* religiöse, romantische und mythische Konzepte dialogisch aufeinander bezogen sowie in den Horizont eines gegenderten Orientalismus gestellt werden, keineswegs als bedingungsloses Anknüpfen an den Idealismus der Romantik einzuordnen.

Benannt werden vielmehr die Operationen der Ausschließung, die sich auf der Ebene der Handlung auf Ledwina, auf der Ebene des Diskurses auf die Geltung romantischer Konzepte beziehen. Insbesondere in den Anekdoten werden überdies die Praktiken der Verdrängung und die Strategien des Vergessens deutlich, die damit einhergehen. Dies muss konsequenterweise auch den romantischen Orientalismus betreffen. Insofern aber der Orient nicht nur in der Romantik, sondern auch noch in der Nachromantik als Heimat und Ursprungsland der Poesie angesehen wird, steht der Orientalismus als moderner Mythos, der immer wieder neu und anders erzählt werden kann, weiterhin zur Verfügung. *Ledwina* eignet sich diese poetische Option an, um von möglichen Positionsbestimmungen einer weiblichen Autorschaft so zu erzählen, dass deren literarische Entwürfe sich den Anforderungen der Zeit und damit einer sich zusehends beschleunigenden Modernisierung stellen, ohne die berechtigten Ansprüche vergangener Sinnkonzepte zu vergessen.

Literatur

Ammann, Ludwig: Östliche Spiegel. Ansichten vom Orient im Zeitalter seiner Entdeckung durch den deutschen Leser 1800–1850. Hildesheim u. a. 1989.

Blasberg, Cornelia: Erzählen im Stundentakt. Zur Poetik der Flüchtigkeit in Annette von Droste-Hülshoffs Romanfragment *Ledwina*. In: Cornelia Blasberg in Verb. mit Jochen Grywatsch (Hg.): ZwischenZeiten. Zur Poetik der Zeitlichkeit in der Literatur der Annette von Droste-Hülshoff und der ›Biedermeier‹-Epoche. Hannover 2013 (= Droste-Jahrbuch 9), S. 249–269. [Blasberg 2013b]

Böschenstein, Renate: *Ledwina*: poetische Evokation einer Selbstanalyse [2003]. In: Renate Böschenstein: Idylle, Todesraum und Aggression. Beiträge zur Droste-Forschung. Hg. von Ortrun Niethammer. Bielefeld 2007, S. 177–196.

Geffers, Andrea: Stimmen im Fluss. Wasserfrau-Entwürfe von Autorinnen. Literarische Beiträge zum Geschlechterdiskurs von 1800–2000. Frankfurt/M. u. a. 2007.

Grywatsch, Jochen: Poetische Imagination und räumliche Struktur. Zu einer Poetologie des Raums bei Annette von Droste-Hülshoff. In: Jochen Grywatsch (Hg.): Raum. Ort. Topographien der Annette von Droste-Hülshoff. Hannover 2009 (= Droste-Jahrbuch 7), S. 69–94. [Grywatsch 2009c]

Herder, Johann Gottfried: Ueber die Legende [1797]. In: Johann Gottfried Herder: Sämtliche Werke. Hg. von Bernhard Suphan. Bd. 16. Hildesheim 1967, S. 387–398.

Hilzinger, Sonja: Ambivalenzstruktur und Geschlechterdifferenz in Annette von Droste-Hülshoffs Prosafragment *Ledwina* (1820/1825). In: Internationales Archiv für Sozialgeschichte der deutschen Literatur 24,2 (1999), S. 1–16.

Koschorke, Albrecht: Die Geschichte des Horizonts. Grenze und Grenzüberschreitung in literarischen Landschaftsbildern. Frankfurt/M. 1990.

Liebrand, Claudia: Verkehrter Mythos. ›Umschriften‹ in Annette von Droste-Hülshoffs Romanfragment *Ledwina*. In: Aurora 56 (1996), S. 79–93.

Liebrand, Claudia: Kreative Refakturen. Annette von Droste-Hülshoffs Texte. Freiburg/Br. u. a. 2008.

Naumann, Ursula: Nachwort. In: Annette von Droste-Hülshoff: Berta. Ledwina. Hg. von Ursula Naumann. Frankfurt/M. 1991, S. 209–238.

Ölke, Martina: ›Heimweh‹ und ›Sehnsucht in die Ferne‹. Entwürfe von ›Heimat‹ und ›Fremde‹ in der westfälischen und orientalischen Lyrik und Prosa Annette von Droste-Hülshoffs. St. Ingbert 2002.

Polaschegg, Andrea: Der andere Orientalismus. Regeln deutsch-morgenländischer Imagination im 19. Jahrhundert. Berlin, New York 2005.
Schlegel, Friedrich: Gespräch über die Poesie [1800]. In: Kritische Friedrich-Schlegel-Ausgabe. Hg. von Ernst Behler unter Mitwirkung von Jean-Jacques Anstett und Hans Eichner. Bd. 2: Charakteristiken und Kritiken I. Hg. von Hans Eichner. München u. a. 1967, S. 284–351.
Schneider, Ronald: Realismus und Restauration. Untersuchungen zu Poetik und epischem Werk der Annette von Droste-Hülshoff. Kronberg/Ts. 1976.
Thums, Barbara: Verzerrte Spiegelungen und Reflexionen des Romantischen in Annette von Droste-Hülshoffs *Ledwina*. In: Rüdiger Nutt-Kofoth (Hg.): Literaturgeschichte als Problemfall. Zum literarhistorischen Ort Annette von Droste-Hülshoffs und der ›biedermeierlichen‹ Autoren in der ersten Hälfte des 19. Jahrhunderts. Hannover 2017 (= Droste-Jahrbuch 11), S. 291–308.

3. Das Westfalen-Projekt
Esther Kilchmann

1. Inhalt und Entstehungsgeschichte.   490
2. ›Westfalen‹ als Verhandlungsraum zeitgenössischer Diskurse   491
3. Heimat- und Nationsdiskurs   493
4. *Second sight*: Wahrnehmung und Perspektivität   494

1. Inhalt und Entstehungsgeschichte

Die Beschäftigung mit ihrer Herkunftsregion Westfalen zieht sich wie ein roter Faden durch Drostes gesamtes Werk. Das geplante Herzstück der Literarisierung Westfalens aber, Drostes als ›Westfalen-Projekt‹ oder ›Westfalenwerk‹ bezeichnete umfangreiche Prosaschrift, blieb unvollendet. Geplant war ein in Inhalt und Form anspruchsvolles Buch, in dem in loser Rahmung topografische und ethnografische Beschreibungen und Beobachtungen, Dokumentationen von Sitten und Gebräuchen, historische Episoden, Sagen und Erzählungen wie die *Judenbuche* präsentiert werden sollten. Über diese im weitesten Sinne kulturgeschichtliche Ausrichtung hinaus, diente Droste die Darstellung des Herkunftsraumes auch als Medium der Reflexion zeithistorischer Veränderungen und der eigenen Schreibposition (Grywatsch 2009c). Die Anfänge der kontinuierlichen Arbeit am Westfalen-Projekt lassen sich auf 1837/38 datieren (HKA VIII, 227–231, 328–333). Ihren Höhepunkt erreichte sie zwischen 1840 und 1842 mit dem Abschluss der *Judenbuche*, der Konzipierung nebst Abfassung der ersten Kapitel von *Bei uns zu Lande auf dem Lande*, der anonymen Mitarbeit am von Levin Schücking und Ferdinand Freiligrath verfassten Band *Das malerische und romantische Westphalen*, für den Droste neben Ortsbeschreibungen auch acht Balladen zur Verfügung stellte, sowie der Erstellung der *Westphälischen Schilderungen aus einer westphälischen Feder*. In den weiteren Umkreis des Westfalen-Projektes gehören auch das in diesen

3. Das Westfalen-Projekt

Jahren entstandene Lustspiel PERDU! *oder Dichter, Verleger, und Blaustrümpfe* (→ III.3.), das die Wirren um die Produktion des Westfalen-Bandes von Schücking und Freiligrath zum Gegenstand hat, sowie der Gedichtzyklus *Haidebilder* (→ II.5.3.1.). Wie sehr die genannten Texte Teile eines übergeordneten Schreibprojektes sind, wird nicht zuletzt durch die zahlreichen intertextuellen Verbindungen zwischen ihnen deutlich. So finden sich in Gedichten der *Haidebilder* Motive, die auch in *Bei uns zu Lande* und den *Westphälischen Schilderungen* auftauchen (Weiß-Dasio 1996, 143–174) und in der *Judenbuche* stellenweise wörtliche Überschneidungen mit den ethnografischen Skizzen der *Westphälischen Schilderungen* (Zeller 1997, 177f.).

Nach 1842 stagnierte die Ausarbeitung des Westfalen-Projektes, nur in Briefen ist davon noch bis 1844 gelegentlich die Rede. Die Gründe für den Abbruch des Projektes sind nicht genau geklärt. Brieflich überliefert ist Drostes anhaltende Unentschiedenheit bei der Wahl einer geeigneten literarischen Form und ebenso ihre Bedenken wegen der autobiografischen Züge der Schrift. Daneben könnte die Zerfaserung des Projektes in die anonyme Mitarbeit bei Schückings Westfalenschriften einerseits sowie die Teilpublikation der *Judenbuche* andererseits eine Rolle gespielt haben. Wird in Betracht gezogen, dass Drostes Westfalen-Projekt in der Zeit der intensiven Beziehung und Zusammenarbeit mit Schücking entstand, könnte auch die spätere Abkühlung dieses Verhältnisses dazu beigetragen haben, dass Droste das Projekt *ad acta* legte. Im Brief vom 5. Mai 1842 an Schücking bindet sie gerade ihre Fähigkeiten zur Prosa eng an den Dialog mit ihm: »[W]ärst du noch hier, mein Buch wär längst fertig« (HKA IX, 294). Dass es Droste nicht gelang, die einzelnen Texte und Materialsammlungen ihres Westfalen-Projektes in ein geschlossenes literarisches Werk zu überführen, mag schließlich aber auch mit dem Stoff selbst zu tun haben. Drostes topo- und ethnografische ebenso wie historisierende Beschäftigung mit ihrer Herkunftsregion ist Teil jener in der ersten Hälfte des 19. Jahrhunderts sich formierender Diskurse, in denen Wissen um Mensch und Umwelt neu verhandelt und geordnet wird und auch neue kulturell-politische Einheiten wie jene der Nation Gestalt annehmen. In gewisser Weise korrespondiert die Unabgeschlossenheit des Westfalen-Projektes jener dieser zur Schreibzeit noch offenen Formationen.

2. ›Westfalen‹ als Verhandlungsraum zeitgenössischer Diskurse

Drostes briefliche Äußerungen zum Westfalen-Projekt und die metareflexiven Passagen in *Bei uns zu Lande*, der *Judenbuche* und den *Schilderungen* formulieren als Ziel des Projektes die Beschreibung des ländlichen Westfalens ›wie es war‹ und wie es Droste am Ende des Alten Reiches, an der Schwelle zur neuen Zeit mit ihren technischen und gesellschaftlichen Neuerungen (→ I.2.), gerade noch selbst kennengelernt hatte. Auch die Materialsammlungen, die Droste für das Projekt anlegte, scheinen geleitet vom Anliegen einer »literarischen ›Archivierung‹ Westfalens« (Ölke 2002, 16). Das Westfalen-Projekt lenkt so zunächst den Fokus auf einen wenig beachteten Aspekt von Drostes

Autorinnentätigkeit, dem Sammeln von landeskundlichen Quellen jeglicher Couleur: von Sitten und Bräuchen, Märchen, Sagen und historischen Anekdoten. Hierin partizipierte Droste ebenso wie im Interesse für klimatische und geologische Gemengelagen an den sich im Vormärz herausbildenden Wissensfelder der Völker- und Volkskunde, Topografie und Germanistik (Twellmann 2013). Auf den ersten Blick scheint sich Droste mit ihrem Projekt in guter Gesellschaft zu befinden; in ihrer Familie wurden namentlich von ihrem Onkel August von Haxthausen, aber auch ihrem Vater Clemens August landeskundliche Studien betrieben und ›Volksgut‹ in breitem Stil gesammelt (Heßelmann 1992). Darüber hinaus war Droste durch den Kontakt zu den Grimms und insbesondere zu Joseph von Laßberg mit den Arbeitsmethoden der frühen Germanistik, der Sammlung und Archivierung von Märchen, Sagen und mittelalterlichen Schriftstücken vertraut. Ihre Hinwendung zu Westfalen traf sich zeitlich mit der Literarisierung regionaler Räume, wie sie nach Ende des Alten Reiches im Rahmen des nationalen Diskurses betrieben wurde (Applegate 1990; Schumann 2002). Eine direkte Verbindung zu dieser Tendenz hatte Droste durch den Kontakt zu Levin Schücking und dessen Westfalenschriften und -romanen. Allerdings stand Droste diesen Projekten ausgesprochen kritisch bis ablehnend gegenüber (→ I.3.3.). Das Westfalen-Projekt muss mithin einerseits von (proto)wissenschaftlichen historisch-philologischen Quellensammlungen und -auswertungen, wie Haxthausen und Laßberg sie vornahmen, andererseits von einer literarisch-synthetisierenden Verarbeitung im Stil Schückings unterschieden werden. Letzteres betonte Droste Schücking gegenüber ausdrücklich anlässlich der Übersendung der *Westphälischen Schilderungen*: »[I]ch habe übrigens keineswegs, wie du mir riethest ›hübsch zusammen gedichtet‹ was mir doch für ein geschichtliches Werk zu gewagt schien, sondern mich streng an Thatsachen gehalten« (HKA IX, 321). Angesichts der Distanzierung gegenüber den historisch ausgerichteten Quellensammlungen der Haxthausens, Grimms oder Laßbergs stellt sich hierbei allerdings die Frage nach Drostes Auffassung eines »geschichtlichen« Werkes. *Nicht* gemeint ist damit offensichtlich eine auf Vollständigkeit abzielende Sammlung von Kulturgut und auch keine bloße Nacherzählung historischer Gegebenheiten, wie aus den Unterschieden der *Judenbuche* zu Haxthausens *Algierer-Sklaven* exemplarisch ersichtlich wird. Aus den ausgeführten Teilen des Westfalen-Werkes darf stattdessen geschlossen werden, dass es Droste statt um eine umfassende historisierende Präsentation der gesammelten Stoffe darum ging, ›Geschichte‹ selbst im Sinne von Transformationsprozessen zu studieren. Für das Westfalen-Projekt gilt somit buchstäblich die Formel: »Im Raume lesen wir die Zeit« (Schlögel 2003). Wird sowohl in *Bei uns zu Lande* als auch in der *Judenbuche* und den *Westphälischen Schilderungen* anfänglich das Anliegen formuliert, eine verschwundene Welt im Medium der Literatur zu bewahren, so rückt im Laufe des Erzählens selbst doch immer mehr der zeitgenössisch virulente Prozess des Verschwindens hergebrachter Sozialstrukturen und politisch-kultureller Einheiten sowie die durch die Modernisierung gewandelte Einstellung zu Zeit und Raum in den Fokus. In den *Westphälischen Schilderungen* und der *Judenbu-*

che geschieht dies in Gestalt einer Verfallsgeschichte sittlich-moralischer Werte ebenso wie des Rechtssystems an der Schwelle zur Moderne. In *Bei uns zu Lande auf dem Lande*, den Beiträgen zu Freiligrath/Schückings *Malerischem und romantischem Westphalen* und dem Zyklus der *Haidebilder* fokussierte Droste auf Erfahrungen des Bruchs und der Diskontinuität, stellte sich aber auch den zeitgenössisch diskutierten Fragen nach Modus und Perspektivität von Wahrnehmung. Im Westfalen-Projekt brachte Droste mithin die zentralen Probleme und Diskussionen ihrer Epoche zur Darstellung. Damit einher ging nicht zuletzt eine Hinwendung zu ästhetisch-literarischen Fragen nach der geeigneten Form der Darstellung. Erkennbar wird dies sowohl dadurch, dass innerhalb des Westfalen-Projektes Motive, Passagen, Stoffe zirkulieren und in verschiedenen Textgattungen neu aufbereitet werden als auch in den fortdauernden brieflichen Überlegungen zur geeigneten literarischen Form. Die unterschiedlichen Ansätze und selbstreflexiven Einschübe innerhalb des Westfalen-Projektes lassen dieses so auch als Raum erkennen, innerhalb dessen sich Droste den ästhetischen Fragen ihrer Zeit nach Form und Bedeutung von Literatur nach dem »Ende der Kunstperiode« (Heine) stellt.

3. Heimat- und Nationsdiskurs

Dass Droste zentrale Fragen der Zeit am Schauplatz des heimatlichen Raums diskutiert, hat ihr früh das entschärfende Etikett einer ›Heimatdichterin‹ beschert (Kortländer 1980; Salmen 1985, 45–57). In den Prosaschriften des Westfalen-Projektes, aber auch in den Balladen und dem Gedichtzyklus *Haidebilder* ist demgegenüber unschwer zu erkennen, dass sich Drostes Erforschung und Literarisierung des Raumes gegenüber dem zeitgleich entstehenden Heimatdiskurs mit seinen idyllisierenden und ausgrenzenden Techniken geradezu dekonstruktiv verhält. Im Zentrum ihres Interesses stand die Diagnose von Bruchstellen und Ungereimtheiten des Diskurses. Es ist geradezu eine »Topographie[ ] des Unheimlichen« (Ölke 2002, 19), die in der Schilderung der Moore und Gruben in den *Haidebildern*, der sittlich-moralischen Verworfenheit der Landbevölkerung in der *Judenbuche* und den *Schilderungen*, den Gespensterepisoden in den Balladen und den untot wirkenden Figuren in *Bei uns zu Lande* entworfen wird. So erscheint der heimatliche Raum im Westfalen-Projekt selbst als von Verfall, Mangel, Gewalt und Tod gezeichnet (Weiß-Dasio 1996; Böschenstein 2007). Neben diesen inzwischen gut erforschten Einsichten in den Charakter des (Un-)heimlichen dokumentiert das Westfalen-Projekt auch Drostes Auseinandersetzung mit einem anderen, um 1840 dominant werdenden kulturell-politischen Diskurs: der Idee nationaler Einheit. Den Ansatzpunkt dazu bildete die literarische Zusammenarbeit mit Levin Schücking im Rahmen des von diesem zusammen mit Ferdinand Freiligrath erstellten Buches *Das malerische und romantische Westphalen*. Dieser Band war als Ergänzung der seit 1836 vom Leipziger Verleger Georg Wigand mit großem Erfolg publizierten zehnbändigen Reihe *Das malerische und romantische Deutschland* konzipiert. In ihr wurde erstmals im großen Stil

Landesbeschreibung (d. h. die Präsentation historischer, geo- und ethnografischer Daten wie auch literarischer Stoffe) programmatisch unter ein nationales Einheitsnarrativ gestellt. Aufgabe war, vermittelt über die verschiedenen Teilregionen ein topografisches Gesamtbild Deutschlands zu entwerfen (Behschnitt 2006, 109–172). Westfalen war in dieser »Bibliothek der deutschen Sehenswürdigkeiten« (Gödden 1996b, 116) zunächst nicht enthalten, es galt weder als besonders malerisch noch romantisch. Dieses Bild wollten Freiligrath und Schücking revidieren; im *Malerischen und romantischen Westphalen* sollte die Region landschaftlich, historisch und literarisch aufgewertet und auf der Landkarte der deutschen Nation platziert werden. In den Lieferankündigungen des Bandes erschien Westfalen als Schauplatz der mythischen Hermannsschlacht und wurde zum Sitz der unverfälschten »Tugenden des alten Germaniens« (HKA VII, 15) stilisiert. Drostes in anonymer Mitarbeit erstellte Beiträge zum *Malerischen und romantischen Westphalen* teilten diese Tendenz allerdings nicht: Sie entwarfen statt der pittoresk-idealisierenden irreal und unheimlich anmutende Landschaften (Niethammer 1997). Dabei wird die präsentierte Landschaft als immer schon perspektivisch und poetisch überformte erkennbar. Droste unterlief so das Anliegen der Reihe, Regionen und Landschaften als quasi-natürliche und eindeutige Grundlagen des größeren Gebildes der Nation zu etablieren. In der *Judenbuche* und den *Westphälischen Schilderungen* steigerte sich die Kritik an der nationalen Mythisierung noch (Kilchmann 2009, 147–177). Ausgerechnet deren Kerngebiet, der Teutoburger Wald mit seiner Hermannsschlacht, wird als von der Frühindustrialisierung »durchlichtet« (HKA V, 49) beschrieben und zum Schauplatz ungesicherter Herkünfte und familiärer wie dörflicher Zwietracht stilisiert.

4. *Second sight*: Wahrnehmung und Perspektivität

Von zeitgleichen mythisierenden Darstellungen der Region unterscheiden sich Drostes Westfalen-Schriften dadurch, dass die Autorin ihren Gegenstand nicht in einer übergeordneten, universalen Sicht- und Deutungsweise präsentiert. An ihre Schwester Jenny schrieb sie, keiner solle aufgrund ihres Buches sagen können, »dies soll ein Bild von Westphalen seyn, und der Westphale ist s o u n d s o« (HKA IX, 22). Verbunden damit war die Suche nach Alternativen zu einem linearen, geschlossenen Erzählen. Dazu bot Schücking/Freiligraths *Malerisches und romantisches Westphalen* einen produktiven Ansatzpunkt, entstand darin doch durch die vielen beteiligten Autoren eine Textur verschiedener und teilweise widersprüchlicher Sichten auf den Gegenstand ›Westfalen‹. Im Buchprojekt *Bei uns zu Lande auf dem Lande* bildete Droste diese polyphone Struktur gleichsam nach, indem sie eine Vielzahl von fiktiven Schreibern generierte. Das Westfalen-Projekt erhält dadurch eine selbstreflexive Seite, der Akt der Literarisierung und Repräsentation wird als solcher thematisch. Generell darf die Frage nach der sich mit der Position des Beobachters verändernden Wahrnehmung und damit verbunden der Ungesichertheit des Wahrgenommenen als eine im Westfalen-Projekt zentral verhandelte

3. Das Westfalen-Projekt

Idee gelten. Ist dies für die *Judenbuche* mit ihren nicht lösbaren Kriminalfällen evident, so gälte es auch die anderen Schriften des Komplexes inklusive der Balladen genauer auf diese Auseinandersetzung mit den zeitgenössisch zentralen Wissensdiskursen um Beschaffenheit von Wahrnehmung hin zu untersuchen (→ I.3.3.). Eine besondere Beachtung verdient dabei Drostes Interesse an abergläubischen Praktiken, die in allen Texten des Westfalen-Projektes als besonderes Merkmal des Landlebens auftauchen. Bei deren Bewertung ist Droste – ganz im Gegensatz zu ihren scharfen sittlich-moralischen Urteilen – merkwürdig unentschieden. In den *Westphälischen Schilderungen* wird explizit auf Erfolge sympathetisch-magischer Praktiken hingewiesen, bei denen etwa aus der Ferne verletzte Tiere geheilt oder Schädlinge vertrieben würden. Bei diesem »Besprechen« handle es sich um einen »Akt, der Manches zu denken gibt, und dessen wirklich seltsame Erfolge sich durch bloßes Hinweglägnen keineswegs beseitigen lassen« (HKA V, 60). Hier sind Spuren von Drostes Kenntnis der spekulativen Theorien des Mesmerismus und Magnetismus erkennbar (Nettesheim 1967, 36–54). Eine klare Position im Hinblick auf Richtigkeit bzw. Falschheit dieser Theorien findet sich bei Droste allerdings nicht. Mehr als eine solche Qualifizierung scheint sie das Moment der Ungeklärtheit selbst in ihren Texten wiedergeben zu wollen. Ähnliches gilt auch für die Beschreibung der angeblich im Münsterland besonders verbreiteten seherischen Fähigkeiten, der sich Droste im Westfalen-Projekt ausführlicher als dem »Besprechen« widmete. Sowohl in *Bei uns zu Lande auf dem Lande* als auch den *Westphälischen Schilderungen* und den Balladen schilderte die Autorin das »Vorgesicht«, das sie als ein »bis zum Schauen oder mindestens deutlichem Hören gesteigertes Ahndungsvermögen« (HKA V, 72) beschrieb. Auch hierbei ging es ihr nicht um die Entscheidung, wie ›echt‹ im Sinne einer verlässlichen Zukunftsprognose diese Wahrsagerei sei. Im Gegenteil ironisierte Droste eine solche Auffassung in *Bei uns zu Lande* eher in Gestalt des kuriosen *liber mirabilis*, in dem der Baron Prophezeiungen aus seiner Umgebung quasi-wissenschaftlich in lateinischer Übersetzung erfasst und das er konsultiert, »wenn es in den Welthändeln confus aussieht« (HKA V, 147). Dies erscheint als denkbar unproduktiv, weshalb Droste auch an keiner Stelle den Inhalt einer solchen Vorhersage weitergab, sondern stattdessen herausstrich, dass es sich bei der münsterländischen ›Spökenkiekerei‹ um einen unkontrolliert in den Alltag einbrechenden alternativen Wahrnehmungsmodus, eine buchstäbliche »Secondsight« (HKA V, 72), handle. Dieses Motiv einer zweiten Sicht im Wechselspiel von Wachzustand und Traum, Kontrolle und Verlust der Sinne, gestalten mehrere der für *Das malerische und romantische Westphalen* angefertigte Balladen. In *Vorgeschichte (Second sight)* (HKA I, 245–248) ist es ein mit dem »Fluch der Haide« (V. 25) ausgestatteter münsterländischer Freiherr, dem sich gegen seinen Willen nächtliche Angstbilder aufdrängen. Die Pointe der Ballade ist dabei weniger der Wahrheitsgehalt des in der Nacht Erblickten, als dass noch in der Vision selbst nach der »andre[n] Seite« (V. 114) geforscht werden muss. Erscheint der Wechsel der Perspektive zu Beginn der Ballade als bedrohlich, weil er das scheinbar souveräne Subjekt als ein todgeweihtes ins

Bild setzt, so wird am Schluss gerade die Fähigkeit zum Perspektivwechsel zum Mittel der Befreiung und erneuten Selbstermächtigung. Insgesamt diskutiert Droste in den Balladen die aus der Mehrdimensionalität von Wahrnehmung resultierende existenzielle Erschütterung des Subjektes. Zwar kehren einige Protagonisten nach der als schockhaft inszenierten Erfahrung des ›zweiten Blicks‹ in die alte Ordnung zurück, sind dort aber als dauerhaft versehrte markiert: Im *Fegefeuer des westphälischen Adels* (HKA I, 234–237) ist Johann Deweth nach seiner Jenseitsvision nur noch ein »grauer Mann«, (V. 105), im *Fräulein von Rodenschild* (HKA I, 260–263) verbirgt die Protagonistin nach der spukhaften Konfrontation mit ihrem Spiegelbild die rechte Hand dauerhaft unter einem Handschuh (V. 102), der »blonde Waller« erwacht in *Der Graue* (HKA I, 249–254) nach einem nächtlichen Erlebnis übersteigerter Lektüre mit »eisgraue[m] Haar« (V. 199 f.). Mit ihren Anleihen bei schauerromantischen Motiven mögen die Balladen einen altmodischen Touch haben, das darunter liegende Erkenntnisinteresse ist allerdings das zeitgenössisch aktuelle nach Beschaffenheit und Verlässlichkeit von Wahrnehmung (vgl. Crary 1996). Droste geht es in ihrer Gestaltung von Stoffen aus einem volkstümlich-regionalen Archiv mithin darum, Erfahrungen des Ungefestigten, Ungesicherten und Nicht-Wissens zur Darstellung zu bringen, das auch in vermeintlich fest gefügten gesellschaftlichen Ordnungen buchstäblich spukt. Nicht zuletzt scheint hier auch Drostes Auffassung von der Aufgabe der Literatur auf und des Dichters als »Mahner[ ] und Verkünder[ ]« (Grywatsch 2009c, 70). Entsprechend erscheint im Westfalen-Projekt das Münsterland nicht nur als Ort der Wahrsagerei, sondern auch der Dichtung. Von der »stillnährenden Poesie dieses Landes« (HKA V, 145) ist in *Bei uns zu Lande* die Rede, die Bewohner »leben in einer innern Poesie« (HKA V, 137). Abergläubische Praktiken und ›Second sight‹ korrespondieren insofern mit der Literatur, als es sich bei allen um kulturelle Praktiken handelt, die einen alternativen Wahrnehmungs- und Wirkungsraum eröffnen wollen.

Vordergründig der Versuch, ein Bild des ländlichen Westfalens zu bewahren, ›wie es war‹, bevor es von der Moderne erfasst wurde, entpuppt sich das Westfalen-Projekt bei näherem Hinsehen als eine Meta-Schrift zu seinem Gegenstand, in der es mindestens ebenso wie um topografisch-historische und ethnografische Fakten um die Möglichkeit von deren Repräsentation, um Interpretationsszenarien und die Bedingtheit des Wahrgenommenen durch die Position des Betrachters geht. Dabei wird die Raumbeschreibung zum Medium poetologischer Reflexion (Grywatsch 2009c, 74–78). *Bei uns zu Lande auf dem Lande* ist in erster Linie eine »Geschichte[ ] vom Schreiben« (von Heydebrand 1998), statt der Beschreibung des Landlebens selbst gerät das Romanfragment zu einer Reflexion über verschiedene Aufschreib- und Repräsentationsprozesse. In den Beiträgen zu Schückings Westfalenschriften wird die Landschaft so deutlich poetisch überformt, dass daraus die genuin literarische Konstitution des vorgeblich natürlichen Gegenstandes ablesbar wird (Niethammer 1997). Tatsächlich hatte Droste nach eigener brieflicher Aussage ein Buch schreiben wollen, das »man öfter lesen kann«, eines, das jeder

Ansicht eine »günstige Seite« präsentiert (HKA IX, 23). Schücking gab sie als Leseanleitung für die *Westphälischen Schilderungen* mit, er müsse sich »erst ordentlich herein oder vielmehr heraus lesen« (HKA IX, 321). Mit anderen Worten: Im Westfalen-Projekt unternimmt Droste ein Schreibexperiment mit dem Ziel einen Text zu generieren, in dem sich das Gelesene je nach Position des Lesers ändert. Eine »MOULIN A PAPIER« (V. 16) gleichsam, wie es in der Ballade *Der Graue* heißt, in der sich über der intensiven Lektüre die Wahrnehmung des realen Raumes verschiebt. Weit davon entfernt, ein verlässlicher, autobiographischer Bericht über Drostes Westfalen zu sein, bleiben in den Texten des Westfalen-Projektes Autorin wie Authentizität des Gegenstands hinter dem Spiel der Repräsentations- und Interpretationsschichten ungreifbar.

Literatur

Gödden, Walter: »Sehnsucht in die Ferne«. Annette von Droste-Hülshoffs Reisen durch die Biedermeierzeit. Düsseldorf 1996. [Gödden 1996b]
Grywatsch, Jochen: Poetische Imagination und räumliche Struktur. Zu einer Poetologie des Raums bei Annette von Droste Hülshoff. In: Jochen Grywatsch (Hg.): Raum. Ort. Topographien der Annette von Droste-Hülshoff. Hannover 2009 (= Droste-Jahrbuch 7), S. 69–94. [Grywatsch 2009c]
Heydebrand, Renate von: Geschichten vom Schreiben. Annette von Droste-Hülshoffs *Bei uns zu Lande auf dem Lande*. In: Ernst Ribbat (Hg.): Dialoge mit der Droste. Kolloquium zum 200. Geburtstag von Annette von Droste-Hülshoff. Paderborn u. a. 1998, S. 209–229.
Kilchmann, Esther: Verwerfungen in der Einheit. Geschichten von Nation und Familie um 1840. Heinrich Heine, Annette von Droste-Hülshoff, Jeremias Gotthelf, Georg Gottfried Gervinus, Friedrich Schlegel. München 2009.
Nettesheim, Josefine: Die geistige Welt der Dichterin Annette Droste zu Hülshoff. Münster 1967.
Ölke, Martina: ›Heimweh‹ und ›Sehnsucht in die Ferne‹. Entwürfe von ›Heimat‹ und ›Fremde‹ in der westfälischen und orientalischen Lyrik und Prosa Annette von Droste-Hülshoffs. St. Ingbert 2002.
Salmen, Monika: Das Autorbewußtsein Annette von Droste-Hülshoffs. Eine Voraussetzung für Verständnis und Vermittlung ihres literarischen Werks. Frankfurt/M. 1985.
Schlögel, Karl: Im Raume lesen wir die Zeit. Über Zivilisationsgeschichte und Geopolitik. München 2003.
Weiß-Dasio, Manfred: Heidewelt. Eine Einführung in das Gedichtwerk Annette von Droste-Hülshoffs. Bonn 1996.
Zeller, Rosmarie: Vielfalt Westfalens im Blick der Droste. Zur Komposition der *Westphälischen Schilderungen aus einer westphälischen Feder*. In: Droste-Jahrbuch 3 (1997), S. 176–192.

4. Bei uns zu Lande auf dem Lande nach einer Handschrift eines Edelmannes aus der Lausitz. Erster Band
Esther Kilchmann

1. Inhalt, Entstehungsgeschichte und literarische Vorbilder 498
2. Reflexion der Autorposition 500
3. Reflexion des Zeitenbruchs 503

1. Inhalt, Entstehungsgeschichte und literarische Vorbilder

Das Prosa-Fragment *Bei uns zu Lande auf dem Lande* (HKA V, 123–150) blieb zu Drostes Lebzeiten unveröffentlicht und gehört zusammen mit der *Judenbuche* und den *Westphälischen Schilderungen* zum Komplex des Westfalen-Projekts. *Bei uns zu Lande* enthält die ersten Kapitel eines als umfänglich geplanten Erzähltextes, in den ursprünglich auch die *Judenbuche* als Binnenerzählung eingefügt werden sollte. Thema des projektierten Buches, an dem Droste zwischen 1838 und 1844 sporadisch arbeitete (vgl. HKA V, 650–654), ist die ausführliche Darstellung vergangenen westfälischen Landlebens. Wie für Drostes Raumdarstellungen charakteristisch, fungiert auch in *Bei uns zu Lande* der Raum als Medium der Erinnerung ebenso wie der Reflexion des eigenen Schreibens (Grywatsch 2009c). Als Handlungsstrang dient die von einem fiktiven Herausgeber im Archiv gefundene »Handschrift eines Edelmannes aus der Lausitz«, in der dieser tagebuchartig seinen Besuch bei entfernten münsterländischen Verwandten schildert. Eingestreut in die Exposition der Figuren und möglicher Handlungsstränge sind Anekdoten und Geschichten aus der Vergangenheit der Familie sowie der Landbevölkerung.

Die Planung des Buchs verdankte sich zunächst dem Kontakt zu Amalie Hassenpflug, wie Droste am 14. Dezember 1838 an Christoph Bernhard Schlüter schrieb: »[D]ie vielfachen, ich möchte fast sagen ungestümen, Bitten Malchen Hassenpflugs haben mich bestimmt, den Zustand unseres Vaterlands, wie ich ihn noch in frühster Jugend gekannt, [...] zum Stoff meiner nächsten Arbeit zu wählen« (HKA VIII, 329). Gleichzeitig grenzte sie sich aber von Hassenpflugs Vorstellung einer romantischen Darstellung ab. Anregungen erhielt Drostes Projekt einer Literarisierung ihres Herkunftsraumes stattdessen in den beiden folgenden Jahren durch die Mitarbeit an dem landeskundlichen Band *Das malerische und romantische Westphalen* von Levin Schücking und Ferdinand Freiligrath (→ IV.3.). Für *Bei uns zu Lande* plante Droste die Kombination einer fiktiven, romanhaften Handlung mit einzelnen kleinen Erzählungen sowie der Schilderung topo- und ethnografischer Sachlagen, für die sie eine eigene Materialsammlung anlegte (HKA V, 256–258, 676). Nach dem spätromantischen Stil des Jugendfragments *Ledwina* und dem novellistischen Ansatz in der *Judenbuche* wollte Droste offenbar mit einer neuen Form der Prosa experimentieren. Das angestrebte Mischgenre zwischen Fiktion und Sachtext,

Literatur und kritischer Kommentierung zeitgenössischer wie historischer Gegebenheiten weist durchaus Korrespondenzen zur zeitgenössisch beliebten Reiseliteratur auf (Sengle 1980, 633). Die prominent mit Autoren des Vormärz und des Jungen Deutschlands wie namentlich Heinrich Heine und Heinrich Laube verbundene Gattung kam für Droste als positiver Referenzpunkt allerdings nicht in Frage, bekanntlich schätzte sie diese einer politisch fortschrittlich bis revolutionären Agenda verpflichteten Autoren wenig. Hinsichtlich ihrer Vertrautheit mit Literatur und Literaturmarkt ihrer Zeit (→ I.3.2.) ist allerdings nicht auszuschließen, dass Droste auch in der vormärzlichen Reise- und Journalliteratur stilistisch-formale Anknüpfungspunkte fand, die sie inhaltlich in ihrem Sinne umwandeln konnte. Ein explizites Vorbild für *Bei uns zu Lande* bot sich Droste außerhalb der deutschsprachigen Literatur in Washington Irvings *Bracebridge Hall* mit der Schilderung einer von der Französischen Revolution untangierten englischen Adelswelt (Badt 1909, 58–62; Guthrie 1988; Plachta 1995, 91–96). An ihre Schwester Jenny schrieb sie am 29. Januar 1839, dass sie sich an Irving wegen der Form orientieren wolle, die in ihrer Aneinanderreihung von Erzählungen und Erörterungen »mannigfaltig« sei und es erlaube, im Rahmen einer lockeren Handlung »auch eigne Beobachtungen und MEDITATIONEN, kleine lächerliche Vorfälle, ET CET« (HKA IX, 23) in den Text aufzunehmen. Aber auch die inhaltliche Struktur und die Figuren von *Bei uns zu Lande* sind an Irving angelehnt. Ein entscheidender Unterschied liegt allerdings darin, dass Droste die Binnenebene systematisch zur Wiedergabe regionaler Geschichten und Bräuche nutzte. Das Vorbild Irving erlaubte es Droste, ihre topo- und ethnografischen Interessen in den Rahmen einer »genteel tradition« (Guthrie 1988, 363) zu betten und ihr Westfalen-Buch damit dezidiert von der vormärzlichen Reiseliteratur aber auch der romantischen Märchen- und Sagensammlung nationaler Ausrichtung wie jene der Grimms zu unterscheiden.

Trotz dieser klaren Planung war das Unternehmen mit grundsätzlichen Schwierigkeiten behaftet, die bereits aus dem zitierten Brief an Jenny von Droste-Hülshoff hervorgehen; Droste wollte erstens ein sachlich fundiertes, umfassendes Westfalen-Buch verfassen, zweitens aber um jeden Preis verhindern, dass sich jemand durch die vertretene Sichtweise angegriffen fühlen könnte oder eine zu große Nähe zu ihrem eigenen familiären Umfeld sichtbar würde. Probleme bereitete drittens schließlich das humoristische Moment, das Droste in *Bei uns zu Lande* integrieren wollte, mit dem sie aber stets Gefahr lief, an die engen Grenzen gesellschaftlich akzeptierten weiblichen Schreibens zu stoßen (Oesterle 2002, 88; Liebrand 2008, 164 f.). Schließlich blieb das Projekt bereits nach den ersten Entwürfen liegen und wurde erst zwei Jahre später, nach Abschluss des *Geistlichen Jahres* und der *Judenbuche*, wieder aufgenommen. Am 23. März 1841 stellte Droste in einem Brief an Schlüter das Konzept des Westfalen-Buches vor, das inzwischen den Titel *Bei uns zu Lande auf dem Lande* trug. Geplant waren nun drei Abteilungen: »[D]en verbindenden Faden giebt der Aufenthalt eines Edelmanns aus der Lausitz bey einem Lehnsvetter im Münsterlande, (erste und stärkste Abtheilung) der dann mit dieser Familie ihre Verwandten im Paderbörnischen besucht, (zweyte Abtheilung) und durchs Sauerland zurückkehrt [...] (dritte und kleinste Abtheilung)« (HKA IX, 214f.). Für die erste Abteilung hatte Droste zu diesem Zeitpunkt bereits eine Unterteilung in 24 Kapitel entworfen (HKA V, 702–707). Die Gründe für den Abbruch wurden immer wieder diskutiert. Aus einem Brief an August von Haxthausen vom 20. Juli 1841 geht hervor, dass Droste Bedenken hatte, die Schrift gerate zu autobiografisch:

> [E]s schien mir gut, und doch verlor ich auf einmahl den Muth, da ich meine lieben Eltern so deutlich darin erkannte, daß man mit Fingern darauf zeigen konnte [...] nun, fürchte ich, wird es Jedermann geradezu für PORTRAIT nehmen, und jede kleine Schwäche, jede komische Seite die ich dem Publikum preis gebe, mir als scheusliche IMPIETÆT anrechnen. (HKA IX, 250)

Spätere Briefe an verschiedene Adressaten informieren darüber, dass einerseits Familienpflichten Droste an der Weiterarbeit hinderten, das große Projekt andererseits durch den Separatdruck der *Judenbuche* zersplittert wurde. Auch die Zweifel bezüglich der für das Projekt geeigneten literarischen Form hielten an. Im Brief an Schücking vom 7. Februar 1844 kündete Droste an, die Niederschrift von *Bei uns zu Lande* wieder anzugehen, es werde nun aber »gewiß ein ganz [a]nderes« Buch als ursprünglich vorgesehen, da ihr die projektierte Schreibart nach Irvings Vorbild inzwischen »verbraucht« und »veraltet[ ]« erscheine (HKA X, 164). Diese Einschätzung ist insofern interessant, als Droste die wechselnden Moden der Zeitschriftstellerei eigentlich ablehnte (→ I.3.2.). War ihr Irvings Schilderung einer stabilen englischen Adelswelt zunächst als überzeitlich erschienen, entpuppte sich sein Stil nun als der Zeit unterworfene »Manier« (HKA X, 164). Drostes Arbeit an *Bei uns zu Lande* wurde somit von eben jenem Vorgang erfasst, der auch in der Schrift thematisch wird: dem um 1830 alle Lebensbereiche erfassenden Beschleunigungsprozess (vgl. Blasberg/Grywatsch 2013), der auch das jüngst Vergangene als längst überlebt erscheinen ließ.

2. Reflexion der Autorposition

Wie bereits der Schreibprozess, ist auch der Text von *Bei uns zu Lande auf dem Lande* von Brüchen, Heterogenitäten und Übertragungsprozessen geprägt. Dies gilt im Hinblick auf die Gattung mit ihrer Kombination von Tagebuchstil, romanhaften Erzählanlagen, parodistischen Momenten, philosophischen Reflexionen und landeskundlichen Beschreibungen ebenso wie für den Stil. Hier fällt ein an Drostes Briefe erinnernder durchgängiger Gebrauch von salonsprachlichem und volkstümlich-niederdeutschem Vokabular ins Auge (Sengle 1980, 633). Zusätzlich dient die Rahmung durch die Vorrede eines fiktiven Herausgebers zur Herstellung von Distanz (Blasberg 2011). In dieser konstitutiven Mehrdimensionalität durchkreuzt *Bei uns zu Lande* systematisch sowohl die an die westfälische Autorin gerichtete Erwartung auf Auskunft darüber, wie es vor Beginn der neuen Zeit gewesen war, als auch an eine idyllisierende Heimatdarstellung (Ölke 2002, 105). Vielmehr ist gerade das Spiel mit der entsprechend geweckten Erwartung und deren Enttäuschung Konstruktionsprinzip des Textes. Das beginnt bereits beim Titel: *Bei uns zu Lande auf dem Lande* verspricht, unterstrichen noch durch die Doppelung, Heimatschilderung aus erster Hand. Dies wird bereits durch den Zusatz *Nach der Handschrift eines Edelmannes aus der Lausitz* relativiert, handelt es sich doch offenbar um den Bericht eines Fremden. Die narrative Anlage, für die Droste die komplizierte Form einer Herausgeberfiktion wählte, führt das Spiel fort. Anstelle des im Titel angekündigten fremden Berichterstatters gerät der Leser in der Einleitung an einen in Drostes Schreibgegenwart verorteten fiktiven Herausgeber, der seine Erinnerungen an das Westfalen seiner Kindheit festhalten möchte. Immerhin stellt sich dieser als ein »Stockwestphale, nämlich ein Münsterländer« (HKA V, 125) vor und verspricht gleichsam als *alter ego* der Autorin aus eigener Anschauung zu berichten. Nach ein paar Seiten gesteht dieser Herausgeber aber, dass ihm das Schriftstellern letztlich doch zu mühselig sei und präsentiert dem Leser stattdessen ein im Schlossarchiv gefundenes Manuskript, in dem ein Edelmann aus der Lausitz von seinem Aufenthalt auf ebendiesem münsterländischen Schloss seiner Verwandten am Vorabend der Auflösung des Alten Reiches berichtet. Das Schloss ist ohne weiteres als Burg Hülshoff zu erkennen (HKA V, 688 f.) und so darf der Leser hoffen, nun endlich der versprochenen Reportage über das Leben »[b]ei uns zu Lande« habhaft zu werden, zumal der Herausgeber versichert: »es ist kein Roman, es ist unser Land, unser Glaube« (HKA V, 130). Auf diese Ankündigung aber ist kein Verlass, entfaltet sich in der nun folgenden Ich-Erzählung des Edelmannes doch eine romanhafte Handlungs- und Figurenexposition.

Ein ähnliches Verwirrspiel betreibt der Text mit den autobiografischen Bezügen, die lange im Vordergrund der Forschung standen (Heselhaus 1971, 23–26; Huge 1973, 131 f.). Tatsächlich sind entsprechende Anleihen unübersehbar. So fungiert Drostes Vater, Clemens August, als Vorbild für den Baron, im *liber mirabilis* findet sich der direkte Bezug zur handschriftlichen Sammlung von Weissagungen und Vorgeschichten, die Drostes Vater unter dem Titel *liber mirabilis, sive collectio prognosticorum, visionum, revelationum et vaticiniorum* anlegte (HKA V, 686). Weiter darf als historische Referenzfigur für den dichtenden Ahnherrn Everwin der schriftstellerisch tätige Everwin von Droste (ca. 1540–1604) angenommen werden (HKA V, 687). Nicht ganz so eindeutig verhält es sich mit der geschilderten jüngeren Generation. »Fräulein Anna«, die auf Drostes Schwester Jenny zu verweisen scheint, ist im Text eine Cousine, und anstelle der beiden Brüder der Droste gibt es hier nur den »jungen Herrn« Everwin, dem ein Freund in Gestalt von Wilhelm Friese, dem Neffen des Rentmeisters, zugesellt wird. In »Fräulein Sophie« glaubte bereits Schücking (1862, 39) die »Dichterin selbst« zu erkennen, »die hier mit einer fast schonungslosen Klarheit über sich ihr treues Spiegelbild zeichnet.« Peter von Matt (1995, 228–232) hat herausgearbeitet, wie an Sophie die rigiden Beschränkungen weiblichen Künstlertums hervortreten, die Droste selbst behinderten. Während Sophie aber ausschließlich musiziert, sind es Anna und Wilhelm, die dichterisch tätig sind. Letzterer verfasst die beiden Gedichte »[D]as Mädchen am Bache« und »[D]er Knabe im Rohr« (HKA V, 148), die leicht als selbstironische Anspielung auf Drostes Gedichte *Junge Liebe* (HKA I, 108 f.) und *Der Knabe im Moor* (HKA I, 67 f.) erkannt werden können. Wilhelm erscheint außerdem durch die ländliche Abgeschiedenheit in seiner dichterischen Entwicklung gehemmt zu werden. Anstelle einer direkten biografischen Identifikation der Figuren macht es deshalb angesichts dieser Verdoppelungen und Verschiebungen Sinn, den autobiografischen Charakter der Schrift darin zu erkennen, dass Droste bewusst unterschiedliche Aspekte ihrer Autorschaft reflektiert (Salmen 1985, 228–247). Hierzu gehört auch die Aufspaltung der Autorfunktion in fiktiven Herausgeber und Ich-Erzähler. Ist diese narrative Besonderheit allgemein als weiteres Erschwernis direkter Identifikation deutbar, so hat Renate von Heydebrand (1998, 225) *en passant* darauf hingewiesen, dass der Herausgeber mit Levin Schücking in Verbindung gebracht werden könnte. Droste hätte demnach in die Reflexion ihrer Autorposition auch Schücking als Herausgeber und »Promotor« (Schier 1980) ihrer Werke mit einbezogen. Parallelen zwischen Schücking und dem familienfremden Herausgeber in *Bei uns zu Lande,* ohne den das Manuskript im Familienarchiv begraben bliebe, sind unschwer herzustellen. Beide teilen eine ähnliche Laufbahn und werden von Droste trotz schriftstellerischer Ambition als mäßig begabt (von Heydebrand 2001b, 125) und als »geborne[ ] Philister« (HKA X, 44) eingeschätzt. Zwar wird der Herausgeber wie auch Schücking über die Lektüre historischer Romane von der Westfalenbegeisterung der Zeit erfasst. Um aber ein umfassendes Westfalen-Buch zu schreiben, gibt die eigene, von Droste als bürgerlich beschränkt gezeichnete Erinnerungswelt angeblich zu wenig her; der Herausgeber muss auf das Archiv seines adligen Herrn zurückgreifen. In diesem Szenario spiegelt sich die Entstehung des *Malerischen und romantischen Westphalen* und dessen nicht realisierter Fortsetzung: Schücking sollte ein Buch über Westfalen verfassen – und Droste lieferte Text und Material dazu aus dem Archiv ihrer Familie (von Heydebrand 2001b, 125). Dass Droste auf die ungenannte Einverleibung ihrer Schriften unter Schückings Namen durchaus empfindlich reagierte, zeigt ihr Brief an Elise Rüdiger vom 10. September 1842 (HKA IX, 347 f.). Für die Aneignung ihrer Texte im *Malerischen und romantischen Westphalen* könnte Droste Schücking in *Bei uns zu Lande* die Rechnung in Gestalt einer parodistischen Anspielung auf seine Person ähnlich wie in PERDU! präsentiert haben (von Heydebrand 2001b, 125). Die parodistische Dimension beschränkt sich aber nicht auf die Herausgeberfigur. Vielmehr begleitet sie in *Bei uns zu Lande* alle autobiografischen Verweise. Renate von Heydebrands Einsicht, dass es sich in *Bei uns zu Lande* angesichts der vielen schriftstellerisch tätigen Figuren um »Geschichten vom Schreiben« handle (1998, 209, 229), lässt sich deshalb dahingehend zuspitzen, dass Droste hier das Schreiben selbst und dessen – im Rahmen des Westfalen-Projekts – Anspruch an reale und authentische Abbildung geradezu parodiert. Mit seinen verschiedenen Erzählinstanzen, schreibenden Figuren und intertextuellen Verweisen zeigt *Bei uns zu Lande* vielmehr, dass ›Erlebtes‹ und ›Reales‹ sich perspektivisch auflösen und immer schon eine Übersetzung ins Medium der Literatur erfordern. Die Idee einer realistischen und einheitlichen Darstellung von Westfalen ebenso wie der vergangenen Zustände erweist sich dabei als nicht durchführbar.

3. Reflexion des Zeitenbruchs

Ein metareflexiver Text ist *Bei uns zu Lande* nicht allein wegen der vielschichtigen Erörterung von Autorposition und Schreibprozessen. Vielmehr erkundet Droste auf der Folie des ihr bekannten westfälischen Raums auch jene historischen Transformationsprozesse, die gleichermaßen ihre Schreibsituation erfassen. Komplementär zur Reise im Raum in den *Westphälischen Schilderungen* und den Beiträgen zu Schückings und Freiligraths *Malerischem und romantischen Westphalen* wird in *Bei uns zu Lande* eine Reise in der Zeit unternommen. Bereits in der Konzeption der Schrift hebt die Autorin deren Erinnerungscharakter hervor, indem sie als Thema den »Zustand unseres Vaterlands, wie ich ihn noch in frühster Jugend gekannt« (HKA VIII, 329) umreißt. Motiviert wird das Schreiben mithin durch den Willen zur Bewahrung des Vergangenen, ein literarhistorisch traditionell als »biedermeierlich« bzw. konservativ umrissenes Anliegen. Durch Rückwärtsgewandtheit und Herstellung stabiler fiktiver Räume soll versucht werden, sich den Zeitläufen zu entziehen (Erhart 2008, 143). Ähnlich wie in *Bei uns zu Lande* die Idee authentischer Darstellung von Raum und Personen in Frage gestellt wird, verrät der Text, dass angesichts der enormen politisch-lebensweltlichen Umwälzungen um 1800 eine solche Flucht aus der Zeit nicht möglich ist. Im Gegenteil affiziert die neue Zeit das Jetzt des Schreibens dergestalt, dass selbst der Zugriff auf die vermeintlich fest gefügte Vergangenheit durchkreuzt wird. Explizit beschäftigt sich die »Einleitung des Herausgebers« mit der Schwierigkeit, aus der von Beschleunigungserfahrung geprägten Gegenwart des Schreibens in die ›alte Zeit‹ zurückzublicken. Der fiktive Herausgeber wird parodistisch als Mann der neuen Zeit gezeichnet, als bürgerlich beschränkter *homo oeconomicus*, der Gelder und Schriften der vom Tod gezeichneten Adelswelt pragmatisch verwaltet. Er erweist sich als eine Figur der ›Sattelzeit‹, insofern er sowohl der Zukunft als auch der Vergangenheit angehört. So wird zu Beginn die allgegenwärtige Akzeleration durch den »Dampf« konstatiert, der »sein Bestes thut das Landeskind in einen Weltbürger umzublasen« (HKA V, 125). Die umfassende Beschleunigungserfahrung in der ersten Hälfte des 19. Jahrhunderts gefährdet hergebrachte Identitätskriterien wie Herkunftsort und Sesshaftigkeit. Der Raum büßt dramatisch an Bedeutung ein, was einst »Vaterland« hieß, so Drostes Herausgeber, werde bald nur ein »zufällige[r] Ort der Geburt« (HKA V, 125) sein. Dem Fortschrittsoptimismus des Vormärz, der Nivellierung von Raum und sozialer Differenz, kann der Herausgeber wenig abgewinnen (HKA V, 125). Als Signum der neuen Zeit erscheint ein alle ergreifendes Vagabundentum, ein Schwinden jeglicher

Ordnung stiftender Fixpunkte. Angesichts dieser Sachlage lässt Droste den Herausgeber eine rückwärtsgewandte, restaurative Position einnehmen. Nach einem Ausflug in die ›neue Zeit‹ in Gestalt auswärtiger Studien kehrt er an seinen Herkunftsort zurück und nimmt dort den altertümlichen Posten eines Rentmeisters, eines Verwalters adligen Grundbesitzes an. Daneben liest er historische Romane, die allerdings erneute Unruhe auslösen: »[Es war] mir so oft ich las, als rufe alles Todtgeschlagene um Hülfe und fordere sein Leben von mir – ich hatte seitdem keine Ruhe weniger vor dem, was besteht, als vor dem, was für immer hin ist« (HKA V, 127). Es stellt sich heraus, dass auch die Vergangenheit keinen festgefügten Zufluchtsraum bietet, sondern ihrerseits von der durch die Modernisierung hervorgebrachten Destabilisierung erfasst wird und in Bewegung gerät. Entworfen wird hier eine traumatische Struktur *avant la lettre*, in der aufgrund der schockhaften Beschleunigung der Lebensverhältnisse die Vergangenheit nicht als abgeschlossen und linear geordnet erscheint, sondern als unabgegoltene bruchstückhaft in die Gegenwart hinüber spukt. Der Herausgeber leidet, wie es Walter Erhart (2008, 140) der Literatur von ›Vormärz‹ und ›Biedermeier‹ gleichermaßen attestiert hat, an der Zeit selbst. Unmöglich wird es vor diesem Hintergrund, die momenthaft und unkontrollierbar aufblitzenden Erinnerungen in geordneter Form schriftlich festzuhalten. Rettung verspricht der Fund der Handschrift als ein scheinbar verlässliches Dokument dessen, »was für immer hin« (HKA V, 127) ist. Mittels der umständlichen Auflistung der Todesumstände des Handschriftenverfassers und der von ihm beschriebenen Familie wird in der »Einleitung« versucht, eine solche Mortifikation als Voraussetzung der Repräsentation zu festigen (HKA V, 129). Die Handschrift führt beinahe überdeutlich in die Welt der Toten: Der Lausitzer Edelmann schreibt nachts, wenn er sicher sein kann, »daß Alles ab und todt ist« (HKA V, 130). Das »Land seiner Vorfahren« bekommt Züge des Abgelebten, wenn es als »seltsames, schlummerndes Land« beschrieben wird, bevölkert von »stille[n], blonde[n] Leutchen, die niemals fluchen, selten singen oder pfeifen, aber denen der Mund immer zu einem behaglichen Lächeln steht« (HKA V, 130). Statt dass die Vergangenheit Sicherheit vor der unruhigen Gegenwart stiftet, stellt sich ein unbeabsichtigter Nebeneffekt ein: Der ›Westfalen-Roman‹, der selbst jahrelang durch Drostes Briefe »geisterte« (Heselhaus 1971, 309), ist ein Ort der Gespenster. Der Erfahrung des Zeitenbruchs ist nicht zu entkommen.

Literatur

Badt, Bertha: Annette von Droste-Hülshoff. Ihre dichterische Entwicklung und ihr Verhältnis zur englischen Literatur. Leipzig 1909.
Erhart, Walter: »›Das Wehtun der Zeit in meinem innersten Menschen‹. ›Biedermeier‹, ›Vormärz‹ und die Aussichten der Literaturwissenschaft. In: Euphorion 102,2 (2008), S. 129–162.
Guthrie, John: Washington Irving's *Bracebridge Hall* and Annette von Droste-Hülshoffs *Bei uns zu Lande auf dem Lande*. In: The Modern Language Review 83,2 (1988), S. 351–363.

Heselhaus, Clemens: Annette von Droste-Hülshoff. Werk und Leben. Düsseldorf 1971.
Heydebrand, Renate von: Geschichten vom Schreiben. Annette von Droste-Hülshoffs *Bei uns zu Lande auf dem Lande*. In: Ernst Ribbat (Hg.): Dialoge mit der Droste. Kolloquium zum 200. Geburtstag von Annette von Droste-Hülshoff. Paderborn u. a. 1998, S. 209–229.
Heydebrand, Renate von: Interferenzen zwischen Geschlechterdifferenz und Poetik. Annette von Droste-Hülshoff und Levin Schücking als schreibendes Paar. In: Internationales Archiv für Sozialgeschichte der deutschen Literatur 26,2 (2001), S. 121–157. [von Heydebrand 2001b]
Huge, Walter: *Bei uns zu Lande auf dem Lande*. Studien zur Arbeitsweise der Droste am Beispiel eines unbekannten Entwurfs. In: Kleine Beiträge zur Droste-Forschung 2 (1973), S. 119–138.
Liebrand, Claudia: Kreative Refakturen. Annette von Droste-Hülshoffs Texte. Freiburg/Br. u. a. 2008.
Matt, Peter von: Verkommene Söhne, mißratene Töchter. Familiendesaster in der Literatur. München, Wien 1995.
Ölke, Martina: ›Heimweh‹ und ›Sehnsucht in die Ferne‹. Entwürfe von ›Heimat‹ und ›Fremde‹ in der westfälischen und orientalischen Lyrik und Prosa Annette von Droste-Hülshoffs. St. Ingbert 2002.
Oesterle, Günter: Annette von Droste-Hülshoff: *Bei uns zu Lande auf dem Lande*. Dekonstruktion von Detailrealismus und Überbietung jungdeutscher Schreibmanier. In: Ortrun Niethammer (Hg.): Transformationen. Texte und Kontexte zum Abschluss der Historisch-kritischen Droste-Ausgabe. Bielefeld 2002, S. 87–102.
Plachta, Bodo: »1000 Schritte von meinem Canapee«. Der Aufbruch Annette von Droste-Hülshoffs in die Literatur. Bielefeld 1995.
Salmen, Monika: Das Autorbewußtsein Annette von Droste-Hülshoffs. Frankfurt/M. 1985.
Schier, Manfred: Levin Schücking. Promotor des Droste-Werkes. In: Winfried Woesler (Hg.): Modellfall der Rezeptionsforschung. Droste-Rezeption im 19. Jahrhundert. Dokumentation, Analysen, Bibliographie. Erstellt in Zusammenarbeit mit Aloys Haverbusch und Lothar Jordan. Bd. 2. Frankfurt/M. u. a. 1980, S. 1151–1177.
Schücking, Levin: Annette von Droste. Ein Lebensbild. Hannover 1862.
Sengle, Friedrich: Biedermeierzeit. Deutsche Literatur im Spannungsfeld zwischen Restauration und Revolution 1815–1848. Bd. 3: Die Dichter. Stuttgart 1980.

5. Die Judenbuche.
Ein Sittengemälde aus dem gebirgigten Westphalen
Lars Korten

1. Entstehungs- und Druckgeschichte 506
2. Kontexte zu Entstehung und Erstdruck 508
3. Die komplexe Handlung – Schwierigkeiten
   der (Re-)Konstruktion 512
4. Struktur-, Gattungs- und Epochenfragen 515
5. Aspekte der Interpretation 518
6. Themen und Motive 524

1. Entstehungs- und Druckgeschichte

Die früheste Beschäftigung Annette von Droste-Hülshoffs mit der *Judenbuche* (HKA V, 1–42) kann aus dem Nachlass rekonstruiert werden. Erhalten haben sich Ausführungen zu einzelnen ›Motiven‹, die dann eingegangen sind in ›Notizen‹ und umfangreichere ›Entwürfe‹ (Terminologie nach HKA V, 191–209). Die Motivsammlung enthält kürzeste Texte von einer bis maximal zwanzig Zeilen, beispielsweise über Figurencharakteristika (»Augen [...] wie ein paar gelbe carambolirende Billardkugeln«, HKA V, 249) und Handlungszusammenhänge (»Einem sehr frommen und friedliebenden Mann, wird zugesetzt, eine Rolle in irgend einer Sache zu übernehmen, [...]«, HKA V, 251). Sie basiert auf neun Textzeugen wohl von Anfang der 1820er Jahre und aus der ersten Hälfte der 1830er Jahre (HKA V, 201, 203).

Die erste umfangreichere handschriftliche Notiz kann ebenfalls auf den Anfang der 1820er Jahre datiert werden und greift teilweise auf die Motivsammlung zurück (HKA V, 201; zur Datierung der Handschriften und zur Textgenese vgl. Rölleke 1972, 114–136; Huge 1975, 529–543). Die Notiz beginnt mit den Zeilen: »Ein Förster wird erschlagen sein Hund kommt fort, in P. wohnt ein Mann, mit dem Simon viel Verkehr hat, dieser hat schon immer einen ähnlichen Hund gehabt der aber nicht abgerichtet ist [...]« (HKA V, 256). Auf demselben Überlieferungsträger wie das oben mitgeteilte Incipit findet sich auch der erste ausführlichere Entwurf für eine Erzählung mit dem Titel *Friedrich Mergel, eine Criminalgeschichte des 18ten Jahrhunderts* (HKA V, 258–295). Datierungsversuche für diesen Entwurf schwanken innerhalb des Jahrzehnts 1820 bis 1830 (HKA V, 202). Die Chronologie der erhaltenen Textzeugen verzeichnet weitere Notizen aus der Zeit zwischen 1831 und 1834 und von vor 1839 (darunter eine betitelt *Zum Friedrich Mergel*), ferner zwei unbetitelte Entwürfe aus der zweiten Hälfte des Jahres 1839.

Die Erzählung wurde am 4. August 1837 erstmals gegenüber Dritten erwähnt: »so steht auch jetzt mein Sinn ich weiß nicht wo hin, aber nach Etwas neu zu Beginnendem – und doch liegen noch so gute Sachen in meinem Schreibtische! [...] da sind vorhanden (Alles aus den spätern Jahren) 1. ein Roman, Ledwina, etwa bis zu Einem Bändchen gediehn, 2. eine Criminalgeschichte, Friedrich Mergel, ist im Paderbornischen vorgefallen, rein national, und sehr merkwürdig, diese habe ich mitunter große Lust zu vollenden, [...]« (HKA VIII, 228). Die Schwerpunktsetzung zumindest des hier besprochenen Entwurfs betrifft folglich das Genre »Criminalgeschichte«, die Hauptfigur »Friedrich Mergel« und den Handlungsort, das »Paderbornische[ ]«.

Weit gediehen war die Erzählung bis spätestens zum 24. August 1839 (vgl. HKA IX, 58), so dass die historisch-kritische Ausgabe von insgesamt zwei größeren Arbeitsphasen in den 1820er Jahren und zwischen 1838 und 1840 ausgeht (HKA V, 206 f.). Am 14. Januar 1840 berichtete Droste: »geschrieben habe ich eine Erzählung, in der mir Manches gelungen, aber das Ganze doch nicht der Herausgabe würdig scheint – es ist mein erster Versuch in Prosa, und

5. Die Judenbuche. Ein Sittengemälde aus dem gebirgigten Westphalen

mit Versuchen soll man nicht auftreten« (HKA IX, 93). Auch gegenüber der Schwester Jenny von Laßberg wurde die abgeschlossene Erzählung erwähnt und die Brisanz der realistischen Situierung betont: »ich habe jetzt eine Erzählung fertig, von dem Burschen im Paderbörnischen, der den Juden erschlug, von der Junkmann aber sagt, die Paderbörner würden mich auch todtschlagen, wenn ich sie heraus gäbe [...]« (HKA IX, 96; HKA V, 201 mit irrtümlicher Datierung).

Im Frühjahr 1842 leitete Levin Schücking die Publikation der *Judenbuche* im *Morgenblatt für gebildete Leser* in die Wege. Der Redakteur Hermann Hauff teilte Schücking am 4. April 1842 sein Einverständnis mit (»Die mir gütigst mitgetheilte Erzählung behalte ich mit Vergnügen, obgleich dieselbe etwa zwei Bogen unseres Formats füllen wird«, HKA V, 207) und fügte hinzu: »Der Erzählung wird ein Titel zu schöpfen seyn, Vielleicht fällt Ihnen einer ein und Sie hinterlassen mir denselben schriftlich. Wo nicht, so übernehme ich das Geschäft. Daß die jetzige Ueberschrift daneben stehenbleibt, versteht sich« (HKA V, 207). Demnach trug die (nicht erhaltene) Druckvorlage den Titel *Ein Sittengemälde aus dem gebirgigten Westphalen*, den Hauff, da Schücking keine weiteren Vorschläge machte, zugunsten von *Die Judenbuche* zum Untertitel abstufte. Ab dem 22. April 1842 erschien *Die Judenbuche* im *Morgenblatt für gebildete Leser* als in der Regel zweiseitige Fortsetzungsgeschichte. Der letzte Teil der Erzählung wurde in der Ausgabe vom 10. Mai 1842 veröffentlicht. Droste war mit dem Druck überwiegend zufrieden und schrieb Levin Schücking, dass sie

> nur das im vorigen Briefe Gesagte wiederholen kann, nämlich: daß ich den Effect fand wo ich ihn nicht suchte, und umgekehrt, das Ganze aber sich gut macht, – es ist mir eine Lehre für die Zukunft, und mir viel werth die Wirkung des D r u c k s kennen gelernt zu haben. – g e s t r i c h e n hat man mir nur einmahl ein paar Zeilen, nämlich das zweyte Verhör ein wenig abgekürzt (wenn du es nicht etwa schon gethan hattest, worüber ich ungewiß bin) – zuerst war ich zürnig-grimmig wie eine wilde Katze – und brauste im Sturmschritt nach Deisendorf, auf dem Rückwege war ich aber schon abgekühlt, und gab dem Operateur (Hauff, dir, oder gar mir selbst) Recht. – sonst ist Wort für Wort abgedruckt. (27. Mai 1842, HKA IX, 315)

Die Rekonstruktion dieses »zweyte[n] Verhör[s]« muss sich auch unter Einbezug der Vorstufen auf Vermutungen stützen (HKA V, 209). Die unmittelbare Wirkung des Erstdrucks schätzt die historisch-kritische Ausgabe als »gering« ein (nur eine einzige Rezension ist überliefert; vgl. Woesler 1980, 35), betont aber zugleich, dass Droste auf diese Weise »die erste überregionale Anerkennung« zuteil wurde (HKA V, 210). Auch ein vermutlich unautorisierter Nachdruck lässt sich nachweisen. Der *Westfälische Anzeiger* druckte die *Judenbuche* in seinen Ausgaben vom 1. Juni bis 13. Juli 1842 und sorgte für deren größere Verbreitung, so dass Droste am 17. November 1842 an Schücking schreiben konnte: »die ›Judenbuche‹ hat endlich auch h i e r das Eis gebrochen, und meine sämmtlichen Gegner zum Uebertritt bewogen, so daß ich des Andrängens fast keinen Rath weiß, und meine Mama anfängt ganz stolz auf mich zu werden. – O TEMPORA! O MORES! – bin ich denn wirklich jetzt besser oder klüger wie vorher?« (HKA IX, 387)

Während der Wiederabdruck der *Judenbuche* in den postum veröffentlichten *Letzten Gaben* (1860) folgenlos blieb, setzte mit der Aufnahme der Erzählung in den von Paul Heyse und Hermann Kurz herausgegebenen *Deutschen Novellenschatz* (Bd. 24, 1876) die Kanonisierung ein. Es ist anzunehmen, dass die dort mitgeteilte Einleitung zur Erzählung die weitere Rezeption beeinflusst hat: Hingewiesen wude auf »die Vorliebe der Dichterin für das Geheimnißvolle, ewig Räthselhafte im geistigen Leben wie in den Mächten der Natur«, auf die »Dunkelheit ihres Stils«, und schließlich heißt es, gleichsam in Erfüllung des für die zweite Jahrhunderthälfte maßgeblichen poetologischen Programms: »wie erschütternd in aller Einfachheit das Lebensbild, das hier mit einer so sicheren Herrschaft über alle Kunstmittel geschildert wird [...]« (Heyse 1876, 54). Die erste Einzelausgabe der *Judenbuche* erschien sechs Jahre später (1882) im Verlag der Aschendorff'schen Buchhandlung in Münster (HKA XIV, 104).

Eine Darstellung der Rezeptionsgeschichte im 20. Jahrhundert steht für die *Judenbuche* noch aus (zum 19. Jahrhundert vgl. Woesler 1980 und Huge 1975; zum 20. Jahrhundert Ansätze bei Moritz 1989). Die in viele Sprachen übersetzte Erzählung ist alleine als Reclam-Ausgabe 6 Millionen Mal zwischen 1884 und 2016 verkauft worden (Kortländer 2016). Weitere 150 Einzelausgaben in diversen Auflagen lassen sich nachweisen (Bode 2003). Zahlreich sind auch die künstlerischen Auseinandersetzungen mit dem Text – sei es im literarischen (Butkus/Göhre 2010), musikalischen oder bildkünstlerischen Umfeld (Willer 1997). Die bislang einzige Verfilmung stammt aus dem Jahr 1980 (Regie: Rainer Horbelt, Bayerischer Rundfunk; dazu Kleinschmidt 2007). Als Schullektüre hat die *Judenbuche* seit Jahrzehnten einen festen Platz im Kanon, und entsprechend hoch ist die Zahl der didaktischen Aufbereitungen.

2. Kontexte zu Entstehung und Erstdruck

Hinsichtlich der unmittelbaren Entstehungs- und Veröffentlichungskontexte der *Judenbuche* verdienen eine besondere Hervorhebung: (1) August von Haxthausens *Geschichte eines Algierer-Sklaven*, (2) die historisch nachweisbare Ermordung des Juden Soistmann Berend durch Hermann Georg Winckelhan und (3) die durch den geplanten Veröffentlichungsrahmen des Westfalen-Projekts (→ IV.3.) und (4) den Erstdruck im *Morgenblatt für gebildete Leser* sich ergebenden inter- bzw. paratextuellen Verflechtungen.

(1) Die Entstehungsgeschichte der *Judenbuche* ist unmittelbar verknüpft mit der Genese und Rezeption einer anderen Erzählung: In August von Haxthausens *Geschichte eines Algierer-Sklaven* (in: *Wünschelruthe. Ein Zeitblatt*, Nr. 11 vom 5. Februar bis Nr. 15 vom 19. Februar 1818; HKA V, 214–223) schuldet der Knecht Hermann (Johannes) Winkelhannes dem Schutzjuden Pinnes Geld. Als dieser es einfordert, bedroht ihn Winkelhannes, und es kommt zum Prozess, den Pinnes gewinnt. Am Abend begegnet ein Förster im Heiligen

5. Die Judenbuche. Ein Sittengemälde aus dem gebirgigten Westphalen 509

Geist Holz unabhängig voneinander sowohl Winkelhannes als auch Pinnes. Ebendort wird zwei Tage später Pinnes' Leiche gefunden, gezeichnet von siebzehn Knüppelschlägen. Den Baum, in dessen Nähe Pinnes erschlagen aufgefunden wird, erbitten sich die Juden aus, um einen Fluch gegen den Mörder hineinzuschreiben. Winkelhannes flieht vor der Gerichtsbarkeit. Nach sechs Jahren (1788) erreicht den Fürstbischof von Paderborn ein (nicht erwidertes) Gnadenschreiben Winkelhannes', nunmehr »Sclav de Minister Casnaczi in Algier«. Im Jahr 1807 kehrt Hermann Winkelhannes nach Bellersen zurück. Der mit dem Fall befasste Drost fragt Winkelhannes nach der durch die Sklaverei als verbüßt geltenden Mordtat, die dieser freimütig gesteht und die er durch die Geschichte seiner Flucht und Versklavung ergänzt. Winkelhannes findet sich nur schwer in die Gesellschaft ein, und eines Tages wird er erhängt am Baum gefunden. Der Baum wird zwei Jahre später gefällt.

Droste kannte diese Geschichte seit ihrer Veröffentlichung im Jahr 1818 – und ggf. schon früher durch mündliche Überlieferung während ihrer Besuche bei den Großeltern Haxthausen in Bökendorf (erster Aufenthalt 1805). Am 24. August 1839 schrieb sie Christoph Bernhard Schlüter:

> Hierbey fällt mir meine Erzählung ein – ich habe jetzt wieder den Auszug aus den Ackten gelesen, den mein Onkel August schon vor vielen Jahren in ein JOURNAL rücken ließ, und dessen ich mich nur den Hauptumständen nach erinnerte – es ist schade, daß ich nicht früher drüber kam – er enthält eine Menge höchst merkwürdiger Umstände und Aeußerungen, die ich jetzt nur zum Theil benutzen kann, wenn ich die Geschichte nicht ganz von Neuem schreiben will – vor Allem ist der Charackter des Mörders ein ganz anderer, was zwar an und für sich nicht schadet, aber mich nöthigt mitunter das FRAPPANTESTE zu übergehn, weil es durchaus nicht zu m e i n e m Mergel passen will – Das JOURNAL wird mir übrigens nicht schaden, es ist garnicht aufgekommen, und schon nach drey Monathen Todes verblichen, auch zwanzig Jahre drüber hingegangen – Herr CARAVACHI ist der einzige Mensch, der sich dessen erinnert, weil Einer seiner Bekannten, (Herr STRAUBE aus Cassel) es heraus gab – so fürchte ich die Vergleichung nicht, die sonst jedenfalls zu meinem Nachtheile ausfallen würde, denn einfache Wahrheit ist immer schöner, als die beste Erfindung. (HKA IX, 58)

Es wird in der Regel angenommen, dass Droste die Journalerzählung selbst als »Auszug aus den Ackten« verstand, dass sie also den dokumentarischen Charakter der Erzählung absolut setzte und deren literarischen, fiktionalen Charakter verkannte (Werner 1980). Nicht auszuschließen ist allerdings, dass sie nur einen Teil der Erzählung als dokumentarisch verstand, etwa das Gnadenschreiben Winkelhannes' oder die Lebensgeschichte, die der Drost Winkelhannes entlockt; oder die Formulierung »Auszug aus den Ackten« auf historische Dokumente zu beziehen ist, derer sich schon August von Haxthausen bedient hat (Huge 1975). In allen Fällen wird ein dokumentarisches Verständnis des *Algierer-Sclaven* gestützt durch einen Vermerk zu Beginn der Geschichte: »Die hier niedergeschriebene Geschichte ist wörtlich wahr; viele hundert Leute in der Gegend, wo der Unglückliche lebte, können das bezeugen« (HKA V, 214). Zu bedenken ist aber, dass in der *Judenbuche* ähnliche Wirklichkeitsbeteuerungen bzw. metafiktionale Reflexionen vorgenommen werden: »Aber dieß Alles hat sich wirklich zugetragen; ich kann nichts davon oder dazu thun«, »Dieß hat sich nach allen Hauptumständen wirklich so begeben im September des Jahrs 1788« (HKA V, 25, 42). Realien und Fiktives sind, auch wenn die zitierte Vorbemerkung anderes behauptet, in der *Geschichte eines Algierer-Sklaven* eng verwoben, wie es für den Publiktionsort, die *Wünschelruthe*, durchaus üblich war (vgl. Huge 1975). Zweifel an der Historizität des Dargestellten ergeben sich unter anderem durch chronologische und kulturelle Unstimmigkeiten (Werner 1980, 29; vgl. dagegen Krus 1990). Ferner sind für den Zeitraum von Winckelhans Gefangennahme zwischen 1782 und 1785 keinerlei Versklavungen genuesischer Schiffsleute nachweisbar und ist der Name »Winkelhagen« nicht auf der erhaltenen Liste freigekaufter Sklaven verzeichnet (Werner 1980; dagegen erkennt Krus 1990 in dem überlieferten Namen ›Jacob Viclani‹ Johann Winckelhan).

(2) Die historischen Begebenheiten lassen sich nach Krus 1990 wie folgt rekonstruieren: Der jüdische Waren- und Geldhändler Soistmann Berend (ca. 1730er Jahre–1783) und der in Bellersen gebürtige, dann als Knecht in Ovenhausen tätige Hermann Georg Winckelhan (1764–1806) verhandelten am 10. Februar 1783 vor dem Haxthausen'schen Patrimonialgericht in Abbenburg einen Rechtsstreit um ein nicht bezahltes Foerhemd (Teil der Alltagskleidung). Die Verhandlung endete mit einer Niederlage Winckelhans, der Soistmann Berend möglicherweise noch am selben Tag, auf dem Weg von Bökendorf nach Ovenhausen, an der Grenze zwischen Ostertal und Joelskamp ermordete. »Archivalisch belegt ist auf jeden Fall, daß der Jude *erschlagen* wurde. Ferner ist bekannt, daß zehn Schritt vom Ort des Totschlags ein Baum stand« (Krus 1990, 55). Der Drost Caspar Moritz von Haxthausen berichtete seiner Schwester Wilhelmine Antonette von Haxthausen von dem Mord, und sie antwortete ihm auf seinen Brief vom 24. Februar 1783: »mein gott was ist es eine erschreckliche mordthat welge der Bauer an den armen juden verübet ich entsetze mir wan nuhr dar auf gedencke den dähter wirdt noch endtlich aufgefangen werden« (HKA V, 227).

Winckelhan entzog sich in der Folge der durch den Drost angeordneten Verhaftung durch Flucht. Die Suche nach dem Täter schien allerdings alsbald eingestellt worden zu sein: Ein (sonst üblicher) Steckbrief im *Paderbornischen Intelligenzblatt* ist für 1783 nicht überliefert. Den erhaltenen Akten der Corveyer Verwaltung ist zu entnehmen, dass sich im August 1783 der Bauer Johann Jürgen Sander aus Bökendorf an Joseph Levi wandte, den jüdischen Obervorsteher und seit Soistmann Berends Tod Vormund von dessen Kindern. Sander erklärte, er habe Soistmann Berends Handelsbuch gefunden und biete es nun zum Verkauf an. Levi meldete das Angebot den Behörden, die Sander daraufhin verhafteten. Im Verhör gab Sander zu Protokoll, ihm sei »in Austerthale« (Ostertal) der tote Soistmann Berend erschienen, der ihn angewiesen habe, das unter dem Baum vergrabene, tatsächlich aber von Verwitterungsspuren freie, Handelsbuch zu nehmen und Soistmann Berends Frau zu bringen (Krus 1990, 67). Sander, der sich nicht zu Winckelhan äußerte und anscheinend auch nicht zu ihm befragt wurde, warf man nun vor, er sei zumindest tatbeteiligt gewesen. Da stichhaltige Beweise fehlten, wurde er nach einer (ungewissen) Haftzeit entlassen. Die Rückkehr Winckelhans nach Bellersen kann auf April 1806 datiert werden. Er wurde von dem seit 1787 amtierenden Drost Werner Adolf von Haxthausen begnadigt (oder zumindest nicht belangt) und lebte bis zu seinem Tod als Bettler im Ort. Im Sterbebuch der Pfarrei wurde das Begräbnis auf den 18. September 1806 datiert, ferner zu Winckelhan vermerkt (1.) der Stand: »lediger Tunpf« (langsamer, schwachsinniger Mensch), (2.) die Todesursache: »erdroßlet« (durch eigene Hand erhängt), (3.) die Identifizierung: durch »öfentliche [sic] Dorfsage«, und (4.) zum Todeszeitpunkt: »todt gefunden« (Krus 1990, 112 f.). Über die Ursache des Selbstmordes kann nur spekuliert werden: möglicherweise gründet sie in Winckelhans Verzweiflung über die sich stetig verschlechternden Bedingungen seiner Bettlerexistenz.

Die derart rekonstruierten Geschehnisse um den Mord an Soistmann Berend bilden ein neues, dokumentengestütztes Narrativ, das freilich nicht als deckungsgleich mit dem Quellenwissen Haxthausens und Drostes anzusehen ist. Zwischen dem Mord an Soistmann Berend (1783) und der Veröffentlichung der *Geschichte eines Algierer-Sklaven* (1818) liegen 35 Jahre, bis zu Veröffentlichung der *Judenbuche* (1842) vergingen weitere 24 Jahre. Neben der somit ins Unsichere abgleitenden mündlichen (Familien-)Überlieferung ist zu bedenken, dass bereits für die Zeitgenossen unklar war, was in diesem Mordfall überhaupt als gesichertes Tatsachenwissen gelten durfte. Unstrittig ist allerdings die Bedeutung des realen Mordfalls als Inspirationsquell für beide Autoren, und nicht zuletzt wird Drostes Besuchen auf dem Haxthausen'schen Gut in den Jahren 1837, 1838 und 1839 ein großer Einfluss auf die Weiterarbeit an der *Judenbuche* zugeschrieben (HKA V, 207).

(3) Die Druckvorlage mit dem Titel *Ein Sittengemälde aus dem gebirgigten Westphalen* erschließt einen weiteren Kontext, der für die Entstehung der Erzählung von Belang ist. Angeregt durch Amalie Hassenpflug nahm sich Droste spätestens zum Dezember 1838 vor, »den Zustand unseres Vaterlands, wie ich ihn noch in frühster Jugend gekannt, und die Sitten und Eigenthümlichkeiten seiner Bewohner zum Stoff meiner nächsten Arbeit zu wählen« (HKA VIII, 329; → IV.3.). Der Plan wurde jedoch weiter aufgeschoben, wohl auch weil Unklarheiten über die literarische Form bestanden (HKA V, 651 f.). Erst mit Fertigstellung der *Judenbuche* setzte Droste die Arbeit am Westfalenwerk fort (HKA IX, 214). Es ist anzunehmen, dass ein später Entwurf der *Judenbuche* von Juli 1841 dezidiert auf die Eingliederung in das Westfalen-Werk hin geschrieben wurde, die Erzählung innerhalb ihrer Genese also zumindest zeitweise als Teil eines Zyklus zu denken ist (HKA V, 207).

(4) Bezugnahmen anderer Art bringt schließlich die Veröffentlichung im *Morgenblatt für gebildete Leser* mit sich. Insbesondere bei den Zeischriftennummern, die direkt mit der *Judenbuche* beginnen, ist eine bewusste Anspielung des stets wechselnden *Morgenblatt*-Mottos auf die Erzählung denkbar (Auflistung: HKA V, 195 f.). So trägt etwa das Titelblatt der Ausgabe Nr. 96 vom 22. April 1842 das Motto »Then we are in order, when we are most out of order. Shake-

speare« (aus: *Henry VI.*, Teil 2, IV,2; Übersetzung von August Wilhelm Schlegel: »Wir sind erst recht in Ordnung, wenn wir außer aller Ordnung sind«), das sich durchaus als Meta-Kommentar verstehen lässt zu den Möglichkeiten, »ohne Irren« »beschränkten Hirnes Wirren« zu »sondern« (HKA V, 3). Sogar Aufnahme und Zusammenstellung anderer Zeitschriftentexte könnten von der *Judenbuche* beeinflusst sein. Sechs Tage nach Veröffentlichung des letzten Teils der *Judenbuche* erschien im *Morgenblatt für gebildete Leser Die Judenstadt in Prag* des Reiseschriftstellers Johann Georg Kohl (1808–1878) (Abdruck vom 16. Mai 1842, Nr. 116, bis zum 21. Mai 1842, Nr. 121). Droste nahm Kohls Beitrag zur Kenntnis und berichtete Levin Schücking:

> ich erschrak und dachte, es sey eine gute Erzählung, mit der man die Leser für meine schlechte entschädigen wolle, – statt dessen war es aber ein, meiner Geschichte gleichsam angereihter, Aufsatz über die Stellung der Juden überall, und namentlich in Prag, – jetzt schien mir eher etwas Günstiges darin zu liegen, als ob man das Interesse der Leser durch meine Judenbuche für diesen Gegenstand angeregt glaube – habe ich Recht oder nicht? (HKA IX, 315)

3. Die komplexe Handlung – Schwierigkeiten der (Re-)Konstruktion

Einige der Grundprobleme bei der Interpretation der *Judenbuche* resultieren aus Verständnisfragen, die zunächst einmal die Geschichte selbst betreffen, ganz ungeachtet ihrer narrativen Vermittlung und den einhergehenden interpretatorischen Herausforderungen. Es besteht ein so grundsätzlicher Dissens über Figurenkonstellationen und Handlungsverläufe, dass jede Inhaltsangabe der *Judenbuche* unter Verdacht steht, schon bei der Präsentation vermeintlicher Fakten das Dargestellte interpretatorisch zu verengen (Kraft 1987; Wortmann 2010). Dies mag erstaunen, da im Text recht offen sowohl die Leerstellen (»muß ich sagen, daß diese Geschichte nie aufgeklärt wurde«, HKA V, 24) als auch das vermeintlich Eindeutige benannt wird (»die That lag klar am Tage«, HKA V, 22; beide Zitate mit Bezug auf den Mord am Oberförster Brandis). Da jedoch Figurenidentität, Figurenmotivation und auch Teile des Handlungsverlaufs in der *Judenbuche* eklatant interpretationsbedürftig sind, sich also auf der Darstellungsebene zumindest nicht eindeutig erschließen lassen, ist schon eine Inhaltsangabe nur unter Vorbehalt möglich.

Die Judenbuche, die im Untertitel als *Ein Sittengemälde aus dem gebirgigten Westphalen* ausgewiesen ist, beginnt mit einem zwölfversigen paargereimten Gedicht bzw. Vorspruch. Auf zwei Fragen zu je vier Versen (»Wo ist die Hand so zart, [...] / So fest, daß [...]«; »Wer wagt es, [...] zu messen, / Zu wägen [...]«) folgen zwei Ausrufesätze, die das Verstehen, Beurteilen und Strafen eines »arm verkümmert Seyn« mit Sanktionen belegen und nachgerade verbieten: »Leg hin die Wagschal', nimmer dir erlaubt! / Laß ruhn den Stein – er trifft dein eignes Haupt!« (alle Zitate HKA V, 3)

Friedrich Mergel, geboren 1738, wächst als einziger Sohn eines Halbmeiers im Dorf B. auf, in dem Holz- und Jagdfrevel »an der Tagesordnung« sind

5. Die Judenbuche. Ein Sittengemälde aus dem gebirgigten Westphalen

und das als »die hochmüthigste, schlauste und kühnste Gemeinde des ganzen Fürstenthums« gilt (HKA V, 4). Mergels Vater heiratet zunächst »ein recht hübsches und wohlhabendes Mädchen«, das jedoch kurz nach der Hochzeit »schreiend und blutrünstig« bei ihren Eltern Zuflucht sucht und stirbt. Der Verlassene ist dem Zorn des Dorfes ausgesetzt, ergeht sich im Alkoholismus und Selbstverletzungen, so dass er bald anfängt »den gänzlich verkommenen Subjekten zugezählt zu werden« (HKA V, 5). Auch die zweite Ehe mit der als anständig, klug und selbstbewusst geltenden Margreth (Margareth) Semmler ist von Gewalt geprägt, woran die Geburt des Sohnes Friedrich zumindest teilweise etwas ändert: »[M]an meinte sogar, er sey seit der Geburt des Knaben ordentlicher geworden; wenigstens war der Lärmen im Hause geringer« (HKA V, 6). Als Friedrich neun Jahre alt ist, bricht der Vater bei dichtem Schneegestöber zu einer Hochzeitsfeier auf. Später in der Nacht bringen einige Männer, darunter Friedrichs Onkel Franz Semmler und Hülsmeyer (den Friedrich gegenüber seiner abwehrenden Mutter des Diebstahls und des Holzfrevels bezichtigt), den Vater ins Haus, der »todt im Holze gefunden sey« (HKA V, 8). Als Friedrich zwölf Jahre alt ist, nimmt Margreths jüngerer Bruder, Simon Semmler, den Jungen zu sich. Am anderen Morgen sieht die Mutter ihn am Herd stehen, allerdings kommt ihr das Kind »seltsam verändert« vor. Auf ihren erschrockenen Ausruf »Friedrich, Friedrich!« (HKA V, 13) erscheint dieser aus der Schlafkammer und stellt »sein verkümmertes Spiegelbild« als ›Johannes Niemand‹ vor, Schweinehirte von Simon Semmler (HKA V, 14). Das Geld, das ihr Friedrich von Simon bringt, will sie zunächst nicht annehmen, denn insgeheim bezichtigt sie Simon aufgrund der frappanten Ähnlichkeit der beiden Jungen eines Meineids, mit dem er vor Gott nicht bestehen könne (HKA V, 15). Unter Simons Obhut erscheint Friedrich schließlich »wie verwandelt« und wächst zu einem geachteten, »hübschen, gewandten Burschen« heran (HKA V, 16).

In Friedrichs 18. Lebensjahr werden die Wälder durch eine Bande von Holzfrevlern, die »Blaukittel«, stark geschädigt. Die mehr als ein Jahr andauernden, ergebnislosen Bemühungen der Förster lassen darauf schließen, dass die Bande vielfältige Unterstützung erhält, und das Dorf B. gilt als »das verdächtigste von allen« (HKA V, 17). In einer Julinacht des Jahres 1756 weidet Friedrich seine Kühe, horcht dabei aufmerksam in den Wald und beginnt laut zu pfeifen, als der Oberförster Brandis und weitere Förster ihn erreichen. Es kommt zu einem kurzen Wortgefecht wegen der (hörbaren) Holzfäller, dann schickt Mergel Brandis den anderen Förstern nach, denn diese seien »›[...] dort an der Buche hinaufgegangen.‹ – ›An der Buche?‹ sagte Brandis zweifelhaft, ›nein, dort hinüber, nach dem Mastergrunde.‹ – ›Ich sage Euch, an der Buche; [...] ich hab's ja gesehen!‹« (HKA V, 20). Mergel wird bald nach seiner Heimkehr vom Gerichtsschreiber aufgesucht, der von der Ermordung Brandis' berichtet und nach Mergels Alibi fragt. Dieses wird durch eine spätere gerichtliche Untersuchung bestätigt. Die plötzliche Konfrontation Mergels mit dem Mordinstrument, einer Axt, bleibt ohne Erkenntnisgewinn, und man schreibt die Ermordung schließlich der Blaukittel-Bande zu. Mergel aber glaubt in der Axt diejenige seines Onkels Simon zu erkennen, doch Simon streitet eine Tatbeteiligung ab und nutzt vielmehr den Leichtsinn, die Erregbarkeit und den »grenzenlose[n] Hochmuth« des jungen Mannes für seine Zwecke: »Wer zweifelt daran, daß Simon Alles that, seinen Adoptivsohn dieselben Wege zu leiten, die er selber ging?« (HKA V, 26)

Vier Jahre später gibt sich Friedrich Mergel auf einer Hochzeit großspurig und gebieterisch, bis der Jude Aaron, »ein Schlächter und gelegentlicher Althändler aus dem nächsten Städtchen« (HKA V, 29), das Geld für eine vor einem halben Jahr übergebene Taschenuhr einfordert. Mergel verlässt daraufhin die Hochzeit, Aaron folgt ihm wehklagend, und die Hochzeitsgesellschaft amüsiert sich über den Vorfall. Drei Tage später wird Aaron in der Nähe einer Buche tot aufgefunden, erschlagen »mit einem stumpfen Instrumente« (HKA V, 30). Aarons Witwe schwört Rache, und der tatverdächtige Mergel soll umgehend verhaftet werden. Man findet jedoch im Haus seiner Mutter nur noch seinen Koffer, gefüllt unter anderem mit zwei Leichenhemden für Mann und Frau, diversen Mahnbriefen sowie einem Schriftstück »von einem Manne unterzeichnet, den man in starkem Verdacht der Verbindung mit den Holzfrevlern hatte« (HKA V, 32). Die Juden der Umgegend fahnden unterdessen ihrerseits nach Aarons Mörder und erkaufen sich nach erfolgloser Gerichtsverhandlung (»der vermuthliche Thäter entflohen, die Anzeigen gegen ihn zwar gravirend, doch ohne persönliches Geständniß nicht beweisend«, HKA V, 33), die Zusage, dass die Buche, unter der der Mord vermutlich geschehen sei, nicht gefällt werde; nach dem Kauf hauen sie einen Spruch in die Buche ein. Nach einem halben Jahr wird der mit dem Fall befasste Gutsherr darüber informiert, dass Mergel womöglich nicht der Mörder sei, denn »[e]in Mitglied der Schlemmingschen Bande (die wir jetzt, nebenbei gesagt, größtentheils unter Schloß und Riegel haben), Lumpenmoises genannt, hat im lezten Verhöre ausgesagt, daß ihn nichts so sehr gereue, als der Mord eines Glaubensgenossen, Aaron, den er im Walde erschlagen« (HKA V, 34). Doch unmittelbar nach dieser Aussage, bei Unterbrechung des Verhörs, erhängt sich der Mann, so dass unklar ist, ob es sich um dasselbe Opfer handelt, das in den Wäldern des Dorfes B. getötet wurde.

Weitere 28 Jahre später, am 24. Dezember 1788, kommt ein von langer Wanderschaft gezeichneter Mann ins Dorf B., »die ganze Gestalt gebrochen und kraftlos; langes, schneeweißes Haar hing um sein Gesicht, das den verzogenen Ausdruck langen Leidens trug« (HKA V, 36), und wird als Johannes Niemand identifiziert. Auf die Nachricht, dass Mergel nicht länger unter Mordverdacht stehe, reagiert er bestürzt: »ganz umsonst so viel ausgestanden« (HKA V, 37). Für seine eigene Lebensgeschichte nach der Tat gibt er an, er sei mit Mergel geflohen, habe sich gemeinsam mit ihm als Handwerksbursche verdingt, sei für 26 Jahre in türkische Sklaverei geraten, schließlich von einem holländischen Schiff aus dem Bosporus gerettet und in Amsterdam in die Freiheit entlassen worden. Obwohl diese Geschichte wenig glaubwürdig klingt, nimmt der Gutsherr Niemand als Boten in seine Dienste. Als er von einem seiner Gänge nicht zurückkehrt, findet ihn Brandis' Sohn erhängt an der

»Judenbuche« im Brederholz, das Niemand seit seiner Rückkehr zu meiden suchte. Der Gutsherr entdeckt eine Narbe am Hals des Erhängten und zieht daraus einen überraschenden Schluss: »›Es ist nicht recht, daß der Unschuldige für den Schuldigen leide; sagt es nur allen Leuten: der da [...] war Friedrich Mergel.‹« (HKA V, 42) Der Leichnam wird auf dem Schindanger verscharrt. Die Erzählung schließt mit der Aussage, dies habe »sich nach allen Hauptumständen wirklich so begeben im September des Jahrs 1788«, und ganz am Ende wird die Übersetzung der hebräischen Inschrift am Stamm der »Judenbuche« präsentiert: »Wenn du dich diesem Orte nahest, so wird es dir ergehen, wie du mir gethan hast.« (HKA V, 42)

4. Struktur-, Gattungs- und Epochenfragen

Interpretationsansätze zur *Judenbuche* entzünden sich (1) an der strukturellen Einrichtung der Erzählung, (2) an ihrer Gattungszuordnung und (3) durch Kontextualisierung anhand von Epochenmerkmalen.

(1) Bedingt durch die geläufige, durch die historisch-kritische Ausgabe legitimierte Textkonstitution ist weitgehend unbeachtet geblieben, dass es sich bei der *Judenbuche* um eine Fortsetzungsgeschichte handelt. Der einzige Druck zu Lebzeiten der Autorin (*Morgenblatt für gebildete Leser*, 1842) präsentiert den Text als serielle Erzählung in 16 Teilen. Freilich ist diese für das 19. Jahrhundert durchaus übliche Publikationsform den Zwängen geschuldet, die die Veröffentlichung in einer Zeitschrift mit sich bringt. Jedoch lassen sich auch in der Handschrift H^8, die einen vollständigen Entwurf bietet und auf die zweite Hälfte des Jahres 1839 bzw. den Jahreswechsel 1839/40 datiert wird, immerhin zehn Absatzmarkierungen zählen (HKA V, 396–433), von denen ein Großteil identisch ist mit Enden der Teilabdrucke im *Morgenblatt*. Sofern die Datierung der Handschrift korrekt ist (HKA V, 206 mit Indizien wie Papiervergleich), lässt sich mutmaßen, dass die Möglichkeit eines Journalabdrucks entweder schon früh einkalkuliert wurde oder aber die Erzählung in sich viel kleinteiliger (im Schrift-/Druckbild) strukturiert ist als dies in den postumen Textausgaben ersichtlich wird.

Die HKA nimmt an, »daß ein zufälliges Zusammenfallen von Absatzstrich in der Druckvorlage und Fortsetzungsende auch im Druck erschienen wäre, und zwar [...] vor dem im ›Morgenblatt‹ üblichen Vermerk ›(Fortsetzung folgt)‹.« (HKA V, 197) Diese Argumentation ist insofern problematisch, als auf einen Absatzstrich vor diesem Vermerk notwendigerweise ein weiterer Absatzstrich hätte folgen müssen, um – den Gepflogenheiten des *Morgenblattes* entsprechend – die sichtbare Abgrenzung zum nachfolgenden Artikel zu leisten. Es ist durchaus denkbar, dass der Verzicht auf einen im Druckbild wohl kurios wirkenden zweiten Absatzstrich eine naheliegende Entscheidung war: die Unterteilung der Erzählung in Sinneinheiten ergibt sich bereits durch das Ende eines jeden Journaldrucks mit der Ankündigung »(Fortsetzung folgt)«. Erhalten hat sich in den Editionen ein einziger Absatzstrich, der auch im Erstdruck singulär ist (und dort nicht am Ende, sondern mittig des Teilabdrucks zur Geltung kommt): Über Friedrich Mergel heißt es, dass sich nach der Untersuchung des Förstermordes und durch den Einfluss seines Onkels Simon Semmler eine »unglückliche Wendung seines Charakters« bemerkbar macht. Er wird als »listig, prahlerisch und oft roh, ein Mensch, an dem Niemand Freude haben konnte« bezeichnet, und einzig Wilm Hülsmeyer bringt den Mut auf, es mit Friedrich Mergel aufzunehmen (HKA V, 26). Nach dem folgenden Absatzstrich beginnt die Erzählung mit einer zeitlichen Ellipse: »Vier Jahre waren verflossen«, als die Hochzeit stattfindet, auf der Johannes Niemand des Butterdiebstahls überführt wird und Aaron von Friedrich Mergel die Bezahlung der Uhr fordert (HKA V, 27). Vor diesem Hintergrund kann man eine konzeptionelle Zweiteilung der Erzählung annehmen, die durch diesen einzig im Druck (Erstdruck, HKA und üblicherweise auch alle Leseausgaben) überlieferten Absatzstrich angezeigt wird. In der Forschungsliteratur zur *Judenbuche* ist es nicht unüblich, den »Förstermord« im ersten Teil der Erzählung vom »Judenmord« im zweiten Teil der Erzählung abzugrenzen (HKA V, 213), wobei die Frage nach den Implikationen einer so deutlichen Absatzmarkierung in der Regel nicht gestellt wird (Ausnahme: Mecklenburg 2008, 19–21). Weitere, auf die Gliederung der Handlung bezogene Segmentierungsvorschläge schwanken in ihrer Einteilung zwischen vier und elf Gliederungsabschnitten (Rölleke 1972; Schneider 1976; Moritz 1989; Grywatsch 2006; Mecklenburg 2008).

(2) Geläufig ist die Zuordnung der Erzählung zur Kriminalliteratur, zumal Droste ihre Erzählung in einem frühen Konzeptionsstadium »Criminalgeschichte« genannt hat. Konstitutiv für dieses Genre in seiner Ausdifferenzierungsphase zwischen 1830 und 1890 ist die Konzentration auf die Selbstverantwortung des Individuums unter Berücksichtigung der wirtschaftlichen und sozialen Ursachen des Täterhandelns (Schönert 1983). Diese sozialen Ursachen sind in der *Judenbuche* im Dorf B. zu suchen, einem Milieu, in dem die Kriminalität fest verwurzelt und alltäglich ist (HKA V, 4; Stockhorst 2002). Des Weiteren sind körperbezogene Narrative und Erklärungsmodelle für die Kriminalgeschichte des 19. Jahrhunderts charakteristisch. In der *Judenbuche* lenken sie die Aufmerksamkeit auf die Körperzeichen als Indizien für Verborgenes und Tabuisiertes, unter deren Oberfläche die Gewalttaten zugleich offen und verdeckt liegen (Bosse 2004, 42–45). Versehrte und zugleich äußerlich vervielfachte Figuren (Mergels Vater, Friedrich Mergel, Simon Semmler, Johannes Niemand) bedürfen damit der Decodierung durch einen Leser-Detektiv, damit jenseits der oberflächlichen Körpermerkmale psychische Prozesse, mithin das Wesen der Figuren erkennbar wird (Bosse 2004, 48 f.). Parallelen werden daher auch zur Detektivgeschichte gezogen, allerdings unter dem Vorbehalt, dass in der *Judenbuche* nicht die genretypische Aufklärung eines Verbrechens erzählt wird. Die Detektivinstanz wird der Figur des Gutsherrn bzw. dem Leser selbst zugeordnet, zuweilen aber auch für absent erklärt, da sich die Dorfgemeinschaft gegenüber den schwach konturierten Instanzen der Verbrechensaufklärung und der Strafverfolgung als standhaft erweist (Huge 1975; Wigbers 2006). Als Mischform kriminalistischen Erzählens lässt sich die *Judenbuche*

in zweierlei Hinsicht verstehen (Huge 1980a; Gebauer 2009). Sie partizipiert an verschiedenen historischen Typen kriminalliterarischen Erzählens durch die Elemente: Erbauung durch eine Schuld-Sühne-Geschichte, sozialkritische Darlegung krimineller Karrieren, verkürztes Detektionsnarrativ (Schönert/Linder 1983). Ferner lassen sich genretypische formale Aspekte nennen: das täterzentrierte ›Whodunit‹, Schauerelemente, damit einhergehend die Ausprägungen des Unheimlichen, falsche Fährten (›red herring‹) und Authentizitätstopoi (Gebauer 2009). Gattungstheoretische Untersuchungen zur *Judenbuche* können demnach Momente der interpretatorischen Unsicherheit als gattungstypisch verbuchen, wenngleich die Grenzen zwischen einer kriminalliterarischen ›falschen Fährte‹ und unzuverlässigem Erzählen fließend sind (Rieb 1996; Meixner 2014).

Neben der Typisierung als Kriminalgeschichte hat die *Judenbuche* eine lange Tradition in der Geschichte der Novellistik (zur ›Kriminalnovelle‹ verbunden bei Moritz 1989). Rezeptionsgeschichtlich lässt sich dies mit der 1876 erfolgten Aufnahme der Erzählung in die populäre Reihe *Deutscher Novellenschatz* begründen, gattungsgeschichtlich durch eine Vielzahl an Untersuchungen, die das spezifisch Novellistische der Erzählung hervorheben. Alle diese Untersuchungen verfahren jedoch insofern ahistorisch, als die Novelle zur Mitte des 19. Jahrhunderts normativ weitgehend unbestimmt war und sich ein Konsens über die Eigenheiten der Gattung erst allmählich herauszubilden begann. Nichtsdestotrotz lassen sich novellistische Merkmale nach Goethe/Eckermann (›sich ereignete unerhörte Begebenheit‹), Tieck (spezifischer Wendepunkt innerhalb des ›wunderbaren‹ Novellengeschehens), Heyse (markanter Höhepunkt) und Storm (dramatische bzw. tragische Grundstruktur) für die *Judenbuche* nachweisen (diesbezüglicher Forschungsüberblick bei Becher Cadwell 1991; Laufhütte 2002). Besonders prominent geworden ist die Zuordnung zur Novellistik durch das Dingsymbol ›Judenbuche‹ im Anschluss an die Novellenreflexion Paul Heyses, die bereits Paul Ernst zur Würdigung von Drostes Erzählung vornahm: »Eine Novelle muss in ihrem Hauptpunkt ein irrationales Element enthalten, [...] am besten knüpft sich das an einen scharf bezeichneten Gegenstand, etwa wie in Baccaccios [sic] Meisternovelle an den Falken, [...]. Diese Rolle spielt hier die Buche.« (Ernst [1904] 1906, 83 f.) Auch die im 19. Jahrhundert für Novellen geforderte ästhetische Qualität legt es nahe, dass man die *Judenbuche* in den novellistischen Kanon integriert. Dank der Rahmung durch Anfangsgedicht und Inschrift, aufgrund von Wahrheitsbeteuerungen, Erzählerkommentaren und Unzuverlässigkeit avanciert die *Judenbuche* zum Paradigma novellistischen Erzählens (Korten 2009, 26–30).

Zum Narrativ der Fallgeschichte, das zwischen *historia* und *fabula* angesiedelt ist und in der *Judenbuche* sowohl täterorientiert als auch detektionsorientiert ausgestaltet ist, lassen sich vielfältige Bezüge herstellen (Ort 2014). Die Fallgeschichte, die das Wechselverhältnis von allgemeingültiger Regel (Rechtsnorm) und Einzelfall exemplifiziert, kann als emblematisch-epistemologische Figur verstanden werden, die die erzählte Geschichte (*pictura*) einrahmt durch *inscriptio* und *subscriptio*, welche die rechtliche bzw. moralische Deutung des

Erzählten mitliefern (Ort 2014, 111–113; zur *Judenbuche* als moralischer Erzählung: Koopmann 1980; Mecklenburg 2008, 31–34). Gerade im Vergleich zu Haxthausens *Algierer-Sklaven* zeichnet sich die *Judenbuche* durch eine metafiktionale Potenzierung der Komplexität sowohl auf der *pictura*-Ebene als auch auf der Ebene der *inscriptio* und *subscriptio* aus (Ort 2014; vgl. ferner Liebrand 2008).

Die *Judenbuche* zeigt nicht zuletzt durch ihren Untertitel eine eigenständige Genrezuordnung an. Das »Sittengemälde« lässt sich als episches und szenisches Tableau verstehen, mit dessen Hilfe die Gesinnung einer Gemeinschaft zur literarischen Darstellung kommt (Twellmann 2011). Die Erzählung kann damit als Teil einer retrospektiven Volks- und Sittenkunde Westfalens gelten, die freilich nur ein Baustein für das umfassendere Westfalen-Projekt Drostes ist. Räumt man ein, dass das Dorf und das Brederholz als Schauplatz des Geschehens gattungsbestimmende Bedeutung gewinnen, dann kommt auch eine Zuordnung zur zeitgenössisch populären Gattung ›Dorfgeschichte‹ infrage (Liebrand 2008, 217–222; Mecklenburg 2008, 31–34). Mit guten Argumenten lassen sich schließlich auch weitere Gattungszuschreibungen legitimieren (Idylle, Anti-Idylle und Familienroman, zu letzterem Liebrand 2008; Wortmann 2010, 330–337), so dass die *Judenbuche* nicht zuletzt als ›Genrehybride‹ verstanden werden kann (Liebrand 2008, 216 f.).

(3) Ebenso wenig eindeutig wie ihre Gattungszugehörigkeit ist die Epochenzugehörigkeit der *Judenbuche*. Mit dem Veröffentlichungsjahr 1842 steht der Text an der Schwelle von (Spät-)Romantik, Restauration/Biedermeierzeit und (Früh-)Realismus. In ihn sind ältere literarische Traditionen eingeschrieben, und nicht singulär ist die Ansicht, dass der Text einen »postmodernen Zugang im Zeichen von Polyphonie und Intertextualität nahe zu legen [scheint]« (Gebauer 2009, 55). Einerseits prägen die Erzählung also Traditionsbezüge, andererseits lässt sich mit ihr auf kommende literarische Entwicklungen vorausweisen: Selbstreflexivität, Doppelgängermotiv und die Nähe zum Schicksalsdrama knüpfen an die Romantik an (HKA V, 233; Fülleborn 1974; Kortländer 1979; Kilcher/Kremer 1998), die religiös motivierte Didaxe an die Restaurationszeit (Schneider 1979) und die ungeschönte Darstellung von Gesellschaftsverhältnissen und Figurenpsyche rückt die Erzählung vom Vormärz (Kreis 1974) bis in die Nähe des Naturalismus (Fülleborn 1974). Die Mehrzahl der Interpretationen verortet die *Judenbuche* allerdings in die Epoche des Realismus (mit unterschiedlicher Akzentuierung Laufhütte 2002; Stockhorst 2002; Korten 2009; → I.3.1.).

5. Aspekte der Interpretation

Die Deutungsgeschichte der *Judenbuche* ist voller Widersprüche, und bis auf weiteres scheint keine Aussicht darauf zu bestehen, dass die Forschung in gewichtigen interpretatorischen Fragen einen Konsens erzielt. In Anbetracht sowohl der Anzahl an Beiträgen als auch hinsichtlich ihrer Heterogenität ist es sinnvoll, apodiktische Urteile zu vermeiden und vermeintliche Fehldeutungen als Interpretationsspielraum zu würdigen, der durch die Verfahrensweise des Textes legitimiert ist: »Jede auf Einseitigkeit beruhende Deutung der ›Judenbuche‹ muss auf weitere Sicht jedoch unbefriedigend bleiben und kontraproduktiv werden, da sie die grundlegende Vieldeutigkeit des Textes, über die nach vielen Jahren der wissenschaftlichen Auseinandersetzung mit dem Text im Grunde Einigkeit besteht, aus dem Blick verliert.« (Grywatsch 2006, 116)

5.1. Narrative Darstellung

Nicht wenige der interpretatorischen Widersprüche beruhen auf der Art und Weise, wie das literarische Geschehen in der *Judenbuche* vermittelt wird. Kann man zunächst den Eindruck gewinnen, dass der Erzähler einen souveränen Überblick über seinen Erzählstoff hat und aus sicherer Distanz mal ironisch, mal kommentierend Stellung bezieht, so beginnen mit der Hinwendung zu Friedrichs Elternhaus die Unsicherheiten (HKA V, 3 f.; Rieb 1996, 47–49). Nicht wenige Einzelheiten der Erzählung werden vom Erzähler als Meinung Dritter angezeigt (›es hieß‹, ›wie man sagt‹, ›man weiß‹, ›manche meinten‹; Henel 1967, 153–157), einiges ist prinzipiell unsicher (›ob nun [...] oder [...]‹, ›es hieß, [...] obwohl‹) und manches ist (ggf. vorläufig) irreführend: »Als sie wieder in die dunkle Küche trat, stand Friedrich am Herde; er hatte sich vorn übergebeugt und wärmte die Hände an den Kohlen. [...] nein, das war ihr Kind nicht! und dennoch – ›Friedrich, Friedrich!‹ rief sie. [...] Der fremde Knabe hatte sich wieder über die Kohlen gebeugt« (HKA, V, 13 f.). Die Einführung der Figur Johannes Niemand geschieht also ganz aus der Perspektive Margreths, und die zunächst dominante Nullfokalisierung macht einer internen Fokalisierung Platz, mit der der Erzähler dann aber weniger mitteilt als die Figur selbst weiß oder zumindest ahnt: Das »dennoch –« markiert den Wechsel von erlebter Rede zu direkter Rede in dem Moment, in dem die Zweifel Margreths über die Identität des vor ihr Stehenden einer Gewissheit weichen könnten. Der Gestus der Allwissenheit ist also der Konzentration auf die Figurenperspektive gewichen, die aber zugunsten einer externen, gleichsam ›unwissenden‹ Fokalisierung wieder aufgegeben wird. So ist es kennzeichnend für die Erzählung, dass die handlungstragenden Ereignisse nicht erzählt werden. Der Erzähler, der zuweilen über intimste Zwiesprachen informiert ist, berichtet weder darüber, wie Hermann Mergel zu Tode gekommen ist, noch werden die Ermordung Brandis', der Mord an Aaron und der mögliche Selbstmord Friedrichs erzählt.

Dieses Defizit an Informationen wird scheinbar aufgehoben durch sprachliche Rekurrenzen und Motivsequenzen, die Sinnzusammenhänge herstellen, jedoch nicht zwangsläufig zur Erhellung der Sachverhalte beitragen. Dies betrifft beispielsweise die häufige Erwähnung von ›Eiche‹ und ›Buche‹, ohne dass sich mit Bestimmtheit sagen lässt, dass dieselben Bäume gemeint sind; ferner das Motiv der sechs (und fünf) Groschen, das zweimalige Verschwinden Friedrichs und die je anschließende Durchsuchung des Zimmers, die sechs

Hochzeiten usw. Demgegenüber steht eine sprachliche Gestaltung, die in der Regel als schlicht, unpreziös und entsprechend ›sachdienlich‹ gilt. Als sprachliche Merkmale der Erzählung lassen sich aufzählen: der Verzicht auf wertende Adjektive, Sparsamkeit in der Verwendung rhetorischer Figuren, eine Vielzahl asyndetischer Reihungen mit ungewöhnlich kurzen, zuweilen elliptischen Hauptsätzen und die Einheitlichkeit des bildhaften Ausdrucks (Rölleke 1972). Auffällig ist die besondere Bedeutung visueller und akustischer Sinneswahrnehmungen (Bosse 2004; Kleinschmidt 2007; Wortmann 2010; Schmitz-Burgard 2011).

5.2. Intertextualität

Vielfältig und zahlreich sind die Parallelen der *Judenbuche* zu anderen literarischen Texten (Überblick bei Rölleke 1972). Motivüberschneidungen mit Drostes eigenen Gedichten und Erzählungen (Wittkowski 1986; Gray 2003; Schaum 2004; Woesler 2011; Byrd 2014) finden sich ebenso wie Anspielungen auf Bibelzitate (Gardian 2015) bis hin zur These eines durch das Kirchenjahr und seiner biblischen Belegstellen determinierten strukturellen Aufbaus der *Judenbuche* (Wittkowski 1986). Die Identifikation Mergels anhand einer Narbe und die Vorstellung, ein Reisender im Umkreis des Dorfes B. erscheine als ein »Ulysses seiner Gegend« (HKA V, 3) nimmt direkten Bezug auf die *Odyssee* (Oppermann 1976; Linder 1997; Fricke 1998; Bonheim 2002; Liebrand 2008). Die *Judenbuche* als kriminalpsychologische Fallstudie bzw. moralische Erzählung steht in der Tradition von Friedrich Schillers *Verbrecher aus Infamie* (1786) (Huge 1980a; Ort 2014). Mit ihrer Zahlensymbolik ist sie dem Schicksalsdrama verpflichtet, insbesondere Zacharias Werners *Der vierundzwanzigste Februar* (1808) und Adolf Müllners *Die Schuld* (1816) (Thomas 1959; Rölleke 1968). Intertextuelle Bezüge zu Förster-Erzählungen der Zeit (Byrd 2014) lassen sich ebenso finden wie Parallelen zeitlich späterer Texte zur *Judenbuche*, bspw. bei Theodor Storm, Theodor Fontane, Franz Kafka (Huge 1980a; Horstmann-Guthrie 1989; Rölleke 1992; Lange-Kirchheim 2010).

5.3. Figuren

Friedrich Mergel und Johannes Niemand werden bereits durch ihren Nachnamen charakterisiert. Als ›Mergel‹ bezeichnet man eine aus Ton und Kalk bestehende, brüchige Erde, womit auf Mergels lose irdische Existenz angespielt sein kann (Rölleke 1976; → II.5.3.8.). Für Johannes Niemand hingegen stellt sich die Frage, ob er überhaupt ›jemand‹ ist. Friedrich Mergel und sein Doppelgänger (»sein verkümmertes Spiegelbild«, HKA V, 14; Bosse 2004; Wortmann 2010) bilden einerseits ein Gefälle zwischen Hybris und Armseligkeit, korrespondierend mit Friedrich Mergels Wunsch nach sozialem Aufstieg und der Angst vor sozialem Abstieg (Mecklenburg 2008). Andererseits lässt sich die Figur Johannes Niemand als derjenige Teil Friedrich Mergels ver-

5. Die Judenbuche. Ein Sittengemälde aus dem gebirgigten Westphalen 521

stehen, der sich im Moment seines Pakts mit dem Bösen – der Hinwendung zum Ziehvater Simon Semmler – von ihm ablöst (Rölleke 1968; Schneider 1980); »Johannes Niemand« ist demnach in der erzählten Welt gar nicht existent (Wiese 1954). ›Niemand‹ kann aus kunstgeschichtlicher Perspektive als Allegorie auf die Grenzen menschlicher Selbstreflexion erfasst werden (›Niemand erkennt sich selbst‹, Wells 1977). Mit Blick auf die Literaturgeschichte reflektiert der Name eine Inkognito-Existenz wie sie Odysseus vor dem Kampf gegen den Kyklopen Polyphem einnimmt (*Odyssee*, 23. Gesang). In diesem Sinne lässt sich die Narbe als Zeichen der Wiedererkennung auf ›Niemand‹ beziehen (HKA V, 42), ist also die abschließende Identifizierung durch den Gutsherrn nachgerade der Beleg für den Tod Johannes Niemands (Fricke 1998, 227–233). Für den Fall, dass man die Vaterschaft Simons für Johannes Niemand annimmt, sind Friedrich Mergel und er Vettern; Halbbrüder sind sie, wenn man ein inzestuöses Verhältnis zwischen Margreth und Simon plausibel macht, demzufolge Friedrich Mergel ihr gemeinsamer Sohn ist (McGlathery 1970; Kilchmann 2009, Wortmann 2010; Helfer 2013 zudem mit der Annahme, Friedrich Mergel habe eine camouflierte jüdische Identität).

Als maßgebliche Einflüsse auf Friedrich Mergels Werdegang können die Begegnung mit Simon Semmler und die Todesnacht von Hermann Mergel genannt werden, in der der junge Friedrich zunächst die Ungewissheit über den Verbleib seines Vaters, dann dessen Tod und schließlich die schwer einzuschätzenden, wahrscheinlich feindseligen Absichten seiner Mutter erfahren muss (Krauss 1995). Simon Semmler ist der diabolische Verführer des jungen Friedrich (Godwin-Jones 1983; Rölleke 1968; positiv gewendet bei Kreis 1974), er hat den Anschein eines Wiedergängers (Huge 1975) und gilt durch seinen Mord an Brandis als Doppelgänger Friedrich Mergels (Wiese 1954). Dessen weiterer Lebensweg ist wesentlich bestimmt durch seinen Hochmut (*superbia* als eine der Hauptsünden), der ihn mitschuldig am Mord an Brandis und zum Mörder Aarons werden lässt (Rölleke 1968; vgl. dagegen Mecklenburg 2008; Ort 2014; laut Huszai 1997 ist Lumpenmoises der Mörder Aarons, die Täterschaft Johannes Niemands zieht Lietina-Ray 1980 in Betracht). Friedrich Mergels rücksichtsloses Streben nach Wohlstand lässt ihn zum Prototypen eines Kleinbürgers und Unternehmers werden, bei dem die patriarchalisch-feudale Lebensordnung nicht mehr greift und dessen Hoffnungen sich auf eine neue, sozial und ökonomisch abgesicherte Identität gründen (Schneider 1980; Gray 2003). Er scheitert allerdings: Friedrich Mergel begeht Selbstmord aufgrund seiner Schuldverstrickung und Verzweiflung (Schneider 1980, 126–129) bzw. als einen letzten Akt der Selbstbehauptung gegenüber einer feindseligen Umwelt (Schaum 2004, 190 f.) – oder wird ermordet (laut Janda 2003 durch Hülsmeyer), da der gebrechliche Mann kaum die Kraft gehabt haben kann, sich hoch im Baum zu erhängen (Dick 1975; Kraft 1987, 98–102).

Margreth (Margareth) Mergel ist das Opfer ihres gewalttätigen Mannes, ihres verschlagenen Bruders und ihres eigensinnigen Sohnes. Sie ist seit Beginn ihrer Ehe sozial isoliert und stirbt verarmt und zerrüttet (Pickar 1993; Schmitz-Burgard 2011). Sie demzufolge als positive Figur in einer feindseligen Umwelt wahrzunehmen, ist jedoch problematisch. Margreth scheint zwar zerrissen zwischen Rechtschaffenheit und Loyalität gegenüber ihrer kriminellen Familie (Nollendorfs 1994), ist aber auch diejenige, die mit einer »selbstbewußten Vollkommenheit« ausgestattet ist (HKA V, 5; ›Hochmut‹ laut Brown 1978). Sie vermittelt ihrem Sohn zweifelhafte Wertvorstellungen, setzt (folgenreich) Juden und Förster herab und ist möglicherweise mitverantwortlich für den Tod bzw. Mord an ihrem Mann (Brown 1978; Brett 1985). Schon die Ehe der klugen Dorfschönheit Margreth mit dem verkommenen Witwer Hermann Mergel sorgt sowohl bei der Dorfbevölkerung als auch beim Erzähler für Verwunderung und geht möglicherweise auf die Verdeckung eines inzestuösen Verhältnisses zwischen Margreth Semmler und ihren Brüdern zurück (McGlathery 1970; Wortmann 2010; Helfer 2013).

Der Gutsherr von S. ist (gleichsam detektivisch) mit der Aufklärung des Verbrechens befasst. Er kümmert sich um den heimgekehrten Johannes Niemand/Friedrich Mergel und unterstützt Margreth Mergel in ihren letzten Lebensjahren. Die Figur vereint damit Glaubwürdigkeit und moralische Integritität (Oppermann 1976). Man kann allerdings auch in Betracht ziehen, dass der Gutsherr eine wenig gefestigte Persönlichkeit ist, denn er wird mehrfach als verärgert, unruhig, zweifelnd und überrascht dargestellt (Tytler 2000). Zudem strebt er (wie Friedrich Mergel) nach Ansehen bei der Dorfbevölkerung, die er zugleich außerordentlich geringschätzt (Schmitz-Burgard 2011, 91–103), und selbst sein »Schloß B. sah immer gleich grau und vornehm auf die Hütten herab, die wie alte hektische Leute immer fallen zu wollen schienen und immer standen« (HKA V, 35). Der Gutsherr hat Friedrich Mergel zunächst verdächtigt, dann für unschuldig erklärt und schließlich doch als Mörder identifiziert (Huszai 1997; Donahue 1999). Diese (Fehl-)Urteile sind aufgrund der einleitenden Verse der *Judenbuche* besonders heikel, da der Richtende (»Du Glücklicher, geboren und gehegt / Im lichten Raum, von frommer Hand gepflegt«, HKA V, 3) vor solcher ›Vermessung‹ explizit gewarnt wird (Wittkowski 1986; Bonheim 2002). Auch die Barmherzigkeit des Gutsherrn ist nur punktuell feststellbar. Auf die bedeutsame Bitte des heimgekehrten Niemand/Mergel, auf einem katholischen Kirchof begraben zu werden, reagiert er nicht, und die Leiche wird später auf dem Schindanger verscharrt (Wittkowski 1986, 119–128). Einzig dem Gutsherrn ist es möglich, den Toten als Friedrich Mergel zu identifizieren – die Erzählung liefert keine weiteren Belegstellen für eine Narbe Mergels (zur symbolischen Deutung der Narbe als Symbol der Schuld, der Sünde, von Trauma und Gewalt: Whitinger 1980; Rölleke 1990; Webber 2001; Kilchmann 2009). Dieser Wissensvorsprung durch ein ›Indiz *ex machina*‹ lässt sich auch als Inszenierung des Gutsherrn verstehen, der damit diejenige Interpretation des Todesfalles liefert, die ihm genehm ist und die er zu verbreiten wünscht um seine Macht zu sichern (Kraft 1987; Tytler 2000; Schmitz-Burgard 2011). Nicht der unter der Obhut des Gutsherrn stehende Johannes Niemand habe sich aus Verzweiflung umgebracht, sondern dem

Mörder Friedrich Mergel sei die gerechte Strafe widerfahren: »›Es ist nicht recht, daß der Unschuldige für den Schuldigen leide; sagt es nur allen Leuten: der da‹ – er deutete auf den Todten – war Friedrich Mergel.‹« (HKA V, 42)

5.4. ›Dunkelheit‹

Der womöglich folgenreichste Beitrag in der Deutungsgeschichte der *Judenbuche* geht auf Heinrich Henel zurück. Dieser hat angesichts der Summe an Inkonsistenzen dargelegt, dass in seiner Interpretation »der Sinn der Novelle eben in ihrer Dunkelheit gesehen wird. Man wird diese Deutung nur gelten lassen, wenn alle anderen Möglichkeiten der Erklärung versagen.« (Henel 1967, 159) Bis heute streitet man darüber, ob tatsächlich alle anderen Erklärungsmöglichkeiten versagt haben und ob mit Henels These die *Judenbuche* als ›nicht sinnvoll‹ bzw. uninterpretierbar gelten muss. Nicht wenige Interpretationen haben jedoch Anschluss an Henels These gesucht, sie variiert und erweitert.

Die auf ›Dunkelheit‹ abzielende Erzählstrategie der *Judenbuche*, die auch aus der Textgenese selbst herleitbar ist (Kortländer 1980; Kortländer 2016), lässt sich als Verfahren beschreiben, das den Leser gezielt herausfordert (Wells 1979). Mitdenken und kritische Reflexion sind somit weniger der Weg zu einer gelungenen Interpretation, als vielmehr das eigentliche Ziel der Textlektüre. Wenn die Urteile des Lesers über die Geschehnisse in der Schwebe bleiben, so lässt sich dies als adäquate Einsicht in die Gegebenheiten der erzählten Welt verstehen: Schein und Sein sind untrennbar verwoben, und es zeigt sich die Unmöglichkeit, Wirklichkeit aufzufassen, zu beschreiben und zu erklären (Schaum 2004, 163–171; Grywatsch 2006, 117f.). Damit gerät nicht nur das Erzählen in die Kritik, sondern auch die Sprache selbst. Die *Judenbuche* lässt sich verstehen als Auseinandersetzung mit den Grenzen menschlichen Sprachvermögens, mit den Modi sozialen Sprachgebrauchs, einschließlich des literarischen (Brown 1978; Ribbat 1998). Damit liegt auch das selbstreferentielle Potential der *Judenbuche* offen zutage, das sich dem Erzählverfahren ablesen lässt (Webber 2001; Wortmann 2010; Meixner 2014; Ort 2014), aber auch in intertextuellen Bezügen angelegt ist. »LE VRAI N'EST PAS TOUJOURS VRAISEMBLABLE« (das Wahre ist nicht immer wahrscheinlich, HKA V, 34) leitet der Präsident des Gerichts zu P. sein Schreiben ein, mit dem sich die Möglichkeit eröffnet, dass das Bandenmitglied Lumpenmoises den Mord an Aaron, dem Schlächter und gelegentlichen Althändler, begangen hat. Mit dem auf Nicolas Boileaus *L'Art poétique* (1674) zurückgehenden, verkürzten Zitat wird das Wechselverhältnis von Wahrheit und Wahrscheinlichkeit nun auf Figurenebene reflektiert (Rölleke 1990), ohne jedoch der Aufklärung des Mordes nahezukommen und ohne dass es Gewissheit gäbe, in welchen Fällen das Wahrscheinliche gerade nicht das Wahre ist (ganz zu schweigen von der Frage, was für wahrscheinlich zu halten ist).

Als selbstreferentieller Bezug lässt sich zudem der Erzählkommentar »Aber dieß Alles hat sich wirklich zugetragen; ich kann nichts davon oder dazu thun«

verstehen (HKA V, 25). Die Beteuerung von Wirklichkeitsbezug und Wahrhaftigkeit ist ein metafiktionales Signal, das die Konstruiertheit der Erzählung reflektiert (Korten 2009). Ähnlich verhält es sich mit dem nächtlichen Gebet im Schloss des Gutsherrn (Henel 1967, 147f.; Ribbat 1996): »›Kommt, wir wollen das Evangelium Johannis beten.‹ Alles kniete nieder und die Hausfrau begann: ›Im Anfang war das Wort und das Wort war bei Gott und Gott war das Wort.‹ Ein furchtbarer Donnerschlag. Alle fuhren zusammen; dann furchtbares Geschrei und Getümmel die Treppe heran.« (HKA V, 30) Hier wird das essentielle Verhältnis von Schöpfung und Sprache zunächst heraufbeschworen und sogleich wirkungsvoll (»Donnerschlag«) in ein unkommunikatives Chaos verkehrt (»furchtbares Geschrei und Getümmel«).

Mit dem Verweis auf Selbstreferenzialität und Metafiktionalität lassen sich ferner Unstimmigkeiten ausdeuten wie die – ansonsten als Textfehler zu wertende (Zeller 1982; Rieb 1996) – Rückkehr Niemands/Mergels am 24. Dezember 1788 und sein Tod im September des Jahres 1788 (Korten 2009, 67f.). Nicht zuletzt lässt sich das komplexe Erzählverfahren der *Judenbuche*, mit dem jedes gesicherte Wissen unterminiert wird, als Chance verstehen, möglichst viele Deutungsansätze gleichberechtigt zur Geltung kommen zu lassen (Kortländer 1980).

6. Themen und Motive

Einzelne Themen, Motive und Motivkomplexe der *Judenbuche* haben zu anhaltenden Forschungsdiskussionen geführt. Insbesondere konzentrieren sich die Beiträge auf die Aspekte: (1) Strafe und Vergebung, (2) Buche und Brederholz, (3) Holzfrevel, (4) Antisemitismus, (5) Gender.

(1) Schon in der Rahmung des Textes durch Prologgedicht und Inschrift der Judenbuche stehen sich gegenüber: ein neutestamentliches Verständnis von fehlgeleiteter menschlicher Urteilsfähigkeit, Sündhaftigkeit und Vergebung (Joh 8,7; Mt 7,1) und ein alttestamentlicher Gerichtigkeitsanspruch, rekurrierend auf die von Aarons Witwe wiederholt vorgetragene Formel »Aug um Auge, Zahn um Zahn!« (HKA V, 31; 2 Mos 21,24; 3 Mos 24,20; 5 Mos 19,21) Hält man beide Positionen etwa unter Verweis auf Mt 5,38f. für unvereinbar (vgl. dagegen Wittkowski 1986; Gardian 2015), stellt sich die Frage nach der Gewichtung von Prologgedicht und Inschrift. Nimmt man das Prologgedicht als Sinngebungsinstanz, läuft die Erzählung auf einen Appell hinaus, den Mörder Friedrich Mergel nicht zu verurteilen (Moritz 1989; Linder 1997, 89–92). Wenn man die Inschrift der Judenbuche für maßgeblich hält, erweist sich die Erzählung vom Selbstmörder Friedrich Mergel als Mahnung vor Gesetzeslosigkeit, moralischer Verwahrlosung und menschlicher Hybris (Rölleke 1968; Koopmann 1980; Sengle 1980; Schaum 2004).

(2) Es scheint, als habe die Judenbuche eine magische Anziehungskraft auf den Mörder Aarons, der seine Schuld durch Selbstmord büßen muss. Täter und Opfer werden vom Baum zusammengezwungen, womit die zuvor gestörte sittliche Ordnung wiederhergestellt wird (Wiese 1954). Die Buche ist aller-

dings nicht der unmittelbare Fundort der Leiche Aarons, sondern allenfalls der wahrscheinliche Ort des Verbrechens, denn der Leichnam Aarons wird nahe einer Buche in einem laubgefüllten Graben gefunden. In Richtung einer Buche schickt Friedrich Mergel den Oberförster Brandis, der wenig später mit einer Axt erschlagen wird, und als der junge Friedrich Mergel von Simon Semmler gleichsam adoptiert wird, geschieht dies »unter dem Schirme einer weiten Buche« (HKA V, 12). Nimmt man eine Identität der genannten Bäume an, so ist die Buche ein Symbol für Friedrich Mergels Schuldverstrickung (Gray 2003, 525 f.). Geht man von verschiedenen Buchen aus, so lassen sie sich metonymisch auf das Brederholz beziehen, das einerseits ein naturmagischer Ort des Bösen und des Verbrechens ist (Rölleke 1972; Wigbers 2006). Schon Hermann Mergel stirbt im Brederholz, angeblich an einer alten, auf einer Lichtung befindlichen Eiche, und er geht fortan als Gespenst umher (zur Parallelität zwischen Eiche und Buche: Allerdissen 1976; Gray 2003). Andererseits darf das Brederholz als ökonomisches Gut gelten, das sich die Blaukittel zunächst unrechtmäßig angeeignet haben und das nach deren Verschwinden neu bewirtschaftet wird. Am Ende der Erzählung steht nur noch die Judenbuche, während ringsum die Abholzung den Wohlstand der Bevölkerung sichert und zugleich einen Naturraum geschaffen hat, der nahezu unpassierbar geworden ist (Dick 1975; Ribbat 2009).

(3) Die einleitende Feststellung des Erzählers, dass zur Zeit der Handlung »Recht und Unrecht einigermaßen in Verwirrung gerathen [waren]«(HKA V, 4), dass »sich neben dem gesetzlichen ein zweites Recht gebildet [hatte], ein Recht der öffentlichen Meinung, der Gewohnheit und der durch Vernachläßigung entstandenen Verjährung« (HKA V, 3), bringt insbesondere das Dorf B., »die hochmüthigste, schlauste und kühnste Gemeinde des ganzen Fürstenthums« in Misskredit (HKA V, 4). Über »jene Zeit«, die aus dem Blick der Erzählgegenwart als verschwunden gilt, sei, so heißt es, bislang falsch geurteilt worden (»hochmüthig getadelt oder albern gelobt«, HKA V, 3), denn man müsse bedenken, dass jedes Handeln aus Überzeugung ein Wert an sich sei, »wogegen nichts seelentödtender wirkt, als gegen das innere Rechtsgefühl das äußere Recht in Anspruch [zu] nehmen.« (HKA V, 4) Der zentrale Rechtskonflikt, den die *Judenbuche* im folgenden Absatz der Einleitung explizit benennt, ist der Holzfrevel (Holzhauer 1999; Gray 2003; Byrd 2014), begangen von der Blaukittel-Bande und gebilligt und unterstützt von weiten Teilen der Dorfbevölkerung, die ihrerseits der Gerichtsbarkeit der Gutsherrschaft unterworfen ist. Das mit der Lebensgeschichte Friedrich Mergels entworfene ›Sittengemälde‹ entfaltet eine Welt voller Amoralität, für die sich angesichts von Niemands/Mergels Tod im Jahr 1788 von einer vorrevolutionären Gesellschaftskrise sprechen lässt (Schneider 1976; Wittkowski 1986; Botzenhart 1998). Der Vorabend der Französischen Revolution kann ferner Spiegel der sozialen Krisenerscheinungen der 1840er Jahre sein, um die es hinsichtlich des Holzfrevels nicht besser bestellt ist:

das Wilddieben und Holzstehlen geht überhaubt noch seinen alten Gang, noch ärger das CONTREBANDIREN über die Lippische und Braunschweigische Gränze – man kann nach Sonnenuntergang nicht spatzieren gehn, ohne Banditengesichtern mit Säcken zu begegnen, die Einem scheu ansehn, und dann voran traben, was die Beine vermögen – [...], Niemand bekümmert sich darum, – grade wie vor sechzig Jahren. – man muß gestehn, daß Volk und Gegend hier unendlich romantischer sind als bey Uns, doch wollen wir lieber behalten, was wir haben. – Hierbey fällt mir meine Erzählung ein – [...] (an Christoph Bernhard Schlüter, 24. August 1839, HKA IX, 58).

Tatsächlich waren die von Haxthausens bis zur Mitte des 19. Jahrhunderts in mehrere Rechtsstreitigkeiten verwickelt, in denen der Bevölkerung Bredenborns die Nutzung der Wälder für die Holzgewinnung zugestanden wurde (HKA V, 229–231; Moritz 1989, 19–33). In der *Judenbuche* kommen sowohl die entsprechenden Bedürfnisse der Bevölkerung zum Ausdruck als auch die Verlustängste der Gutsherrschaft (Weber 1975), jedoch scheint die Erzählung recht eindeutig zugunsten der Bevölkerung zu plädieren (Kraft 1987; Mecklenburg 2008).

(4) Im Jahr 1841 erschien Georg Höflings *Beschreibung und Geschichte der Wallfahrt und des ehemaligen Klosters Maria Buchen bei Lohr am Main* über die Geschichte eines Ortes, dessen Prominenz sich einer antisemitischen Sage verdankt: Über eine Buche zwischen Lohr und Karlstadt heißt es, dass an ihr kein Jude vorübergehen könne. Als ein Jude aus Zorn über die Unpassierbarkeit dieses Weges sein Messer in den Baum stößt, ertönt aus diesem der dreimalige Klageruf »O wehe!« Die Obrigkeit untersucht daraufhin den Baum und findet in ihm ein hölzernes Muttergottesbild, in dessen Rücken und Hals blutige Messerstiche identifiziert werden (Höfling 1841). Ob nun im Vergleich zur Sage von Maria Buchen mit der Erzählung vom Leben und Tod Friedrich Mergels tatsächlich eine »Anti-Judenbuche« (Wittkowski 1986, 124) vorliegt, ist strittig. Margreth lehrt Friedrich schon früh, dass der Jude Aaron ein Betrüger sei und die Juden »alle Schelme« (HKA V, 8). Jüdische Nebenfiguren tragen die Namen ›Lumpenmoises‹ und ›Wucherjoel‹. Auf der Hochzeit wird Aaron bedrängt: »Packt den Juden! wiegt ihn gegen ein Schwein!« (HKA V, 29), seine Witwe wird als rachsüchtig dargestellt, und die Juden, die nach Aarons Tod in deren Haus zusammenkommen, scheinen die Buche mit schwarzer Magie zu verzaubern (Doerr 1994; Palmieri 1995; vgl. dagegen Kilcher 1999; Massey 2000). Nicht zuletzt gerät die den Juden zugeschriebene archaische Vergeltung im Sinne des *ius talionis* (Inschrift) in starken Misskredit gegenüber dem Aufruf zur christlichen Vergebung (Vorspruch), womit sich die *Judenbuche* auch als Warnung vor einem allzu dominanten jüdischen Einfluss gegenüber einem gefährdeteten Christentum verstehen lässt (Chase 1997; Donahue 1999; Gray 2003; Mecklenburg 2008; vgl. dagegen Linder 1997).

Zu unterscheiden ist die antisemitische Figurenrede (etwa Margreths und »Einige[r]« während der Hochzeitfeier – »andere waren ernst geworden«, HKA V, 29) von einer etwaigen antisemitischen Grundtendenz der Erzählung, für die auch die mögliche Autorintention und die historischen Gegebenheiten des 18. und 19. Jahrhunderts miteinbezogen werden (Doerr 1994; Donahue 1999; Grywatsch 2006). Mit der Frage nach einer solchen Grundtendenz lässt sich ferner in Betracht ziehen, wie die Figurensympathien verteilt sind (ob etwa Friedrich Mergel in seiner negativen Figurencharakterisierung als jüdisch stigmatisiert wird, Helfer 2013; ähnlich zu Johannes Niemand: Webber 2001), ob es über die Figurenrede hinausgehende antisemitische Erzählerkommentare gibt und ob eine Anzahl an antisemitischen Details den Vorwurf einer antisemitischen Erzählung plausibel macht. Die Analyse der Bauernhochzeit etwa (HKA V, 27–29) offenbart nicht nur den Antisemitismus in Teilen der Dorfbevölkerung, sondern stellt drei Außenseiter in ihren sozialen Rollen heraus. Die namentlich unbekannte Braut, Johannes Niemand und der Jude Aaron sind Opfer von Herabsetzung, Spott und Gewalt und werden physisch, verbal und sozial geächtet (Pickar 1995, 70–79). Aarons Schicksal ist also demjenigen anderer Figuren nicht unähnlich, wie auch die breite Verwendung der Tiermetaphorik nahelegt, mit der die Menschen als viehisch dargestellt werden: »Da bringen sie mir das Schwein [Hermann Mergel] wieder!« (HKA V, 7), »Auch ein paar selige Schweine [zwei Bedienstete des Gutsherrn von S.] aus unserm eigenen Stall!« (HKA V, 29) usw. (Guthrie 2003; Liebrand 2008; Kilchmann 2009) In diesem Sinne liegt weniger eine Opposition zwischen Christen und Juden vor, sondern vielmehr eine zwischen rechtschaffenen und gewissenlosen Menschen (Mecklenburg 2008, 109–121), wobei zu fragen bleibt, ob die *Judenbuche* überhaupt ein Exempel an Rechtschaffenheit in ihrem Figureninventar aufweisen kann.

(5) Das duplizierende, selbstreflexive und in sich widersprüchliche Erzählverfahren ist in der Forschung mehrfach als spezifisch weiblich bewertet worden (Heselhaus 1980; Nollendorfs 1994; Schmitz-Burgard 2011). Friedrich Mergel, der sich emanzipieren muss, sich seinen Freiraum erkämpft und dessen Handeln als Verbrechen stigmatisiert wird, kann als Reflexion der Autorin über ihre eigenen Möglichkeiten verstanden werden (Schneider 1980, 129–132). Die Identifikation vollzieht sich also über eine gespaltene männliche Figur (Mergel/Niemand), wohingegen die Frauenfiguren in der *Judenbuche* eher marginalisiert sind und einem traditionellen Rollenverhältnis entsprechen (Howe 1993). Diese Marginalisierung kann auch als Mysogonie (Kilchmann 2009, 169) eines Textes aufgefasst werden, in dem die Frauen (insbesondere Margreth) mit den von Männern verursachten Problem zu kämpfen haben, auf die familiäre Loyalität verpflichtet sind und damit keine Möglichkeit haben, rechtschaffen und selbstbestimmt zu leben (Nollendorfs 1994).

Literatur

Bosse, Anke: Zwischen Täuschen und Enthüllen. Die Zeichen des Körpers in Kriminalerzählungen des Realismus. In: Jahrbuch der Raabe-Gesellschaft 2004, S. 33–49.

Ernst, Paul: Schlusswort zur *Judenbuche* [1904]. In: Paul Ernst: Der Weg zur Form. Ästhetische Abhandlungen vornehmlich zur Tragödie und Novelle. Berlin 1906, S. 72–85.

Fricke, Hannes: »Niemand wird lesen, was ich hier schreibe«. Über den Niemand in der Literatur. Göttingen 1998.
Gebauer, Mirjam: Das heimische Unheimliche. Gattungsästhetische Überlegungen zu Annette von Droste-Hülshoffs Kriminalerzählung *Die Judenbuche*. In: Text & Kontext 31 (2009), S. 54–79.
Gray, Richard T.: Red Herrings and Blue Smocks. Ecological Destruction, Commercialism and Anti-Semitism in Annette von Droste-Hülshoff's *Die Judenbuche*. In: German Studies Review 26,3 (2003), S. 515–543.
Grywatsch, Jochen: Ein »Sittengemälde« mit »Vorurtheil«. Die *Judenbuche* als Quelle für das jüdische Leben im ländlichen Ostwestfalen um 1800. In: Stefan Baumeier/Heinrich Stiewe (Hg.): Die vergessenen Nachbarn. Juden auf dem Lande im östlichen Westfalen. Bielefeld 2006, S. 109–120.
Henel, Heinrich: Annette von Droste-Hülshoff. Erzählstil und Wirklichkeit. In: Egon Schwarz/Hunter G. Hannum/Edgar Lohner (Hg.): Festschrift für Bernhard Blume. Aufsätze zur deutschen und europäischen Literatur. Göttingen 1967, S. 146–172.
Heyse, Paul (Hg.): Deutscher Novellenschatz. Vierte Serie. Sechster Band. (Der ganzen Reihe vierundzwanzigster Band.) München 1876.
Huge, Walter: Annette von Droste-Hülshoff: *Die Judenbuche. Ein Sittengemälde aus dem gebirgigten Westphalen*. Diss. Univ. Münster 1975.
Kilchmann, Esther: Verwerfungen in der Einheit. Geschichten von Nation und Familie um 1840. Heinrich Heine, Annette von Droste-Hülshoff, Jeremias Gotthelf, Georg Gottfried Gervinus, Friedrich Schlegel. München 2009.
Korten, Lars: Poietischer Realismus. Zur Novelle der Jahre 1848–1888. Stifter, Keller, Meyer, Storm. Tübingen 2009.
Kortländer, Bernd (Hg.): Annette von Droste-Hülshoff: *Die Judenbuche*. Studienausgabe. Stuttgart 2016.
Kraft, Herbert: »Mein Indien liegt in Rüschhaus«. Münster 1987.
Krus, Horst-D.: Mordsache Soistmann Berend. Zum historischen Hintergrund der Novelle *Die Judenbuche* von Annette von Droste-Hülshoff. Münster 1990.
Liebrand, Claudia: Kreative Refakturen. Annette von Droste-Hülshoffs Texte. Freiburg/Br. u. a. 2008.
Linder, Jutta: Strafe oder Gnade? Zur *Judenbuche* der Droste. In: Droste-Jahrbuch 3 (1997), S. 83–114.
Mecklenburg, Norbert: Der Fall *Judenbuche*. Revision eines Fehlurteils. Bielefeld 2008.
Moritz, Karl Philipp: Annette von Droste-Hülshoff. *Die Judenbuche*. Sittengemälde und Kriminalnovelle. 2., durchges. und erw. Aufl. Paderborn u. a. 1989.
Ort, Claus-Michael: Fallgeschichten im »Sittengemälde«. August von Haxthausens *Geschichte eines Algierer-Sklaven* und Annette von Droste-Hülshoffs *Die Judenbuche*. In: Alexander Košenina (Hg.): Kriminalfallgeschichten. München 2014, S. 106–129.
Pickar, Gertrud Bauer: The »Bauernhochzeit« in Droste's *Die Judenbuche*. A Contemporary Reading. In: Leslie Bodi u. a. (Hg.): Weltbürger – Textwelten. Helmut Kreuzer zum Dank. Frankfurt/M. u. a. 1995, S. 68–93.
Rieb, Carmen: »Ich kann nichts davon oder dazu tun«. Zur Fiktion der Berichterstattung in Annette von Droste-Hülshoffs *Judenbuche*. In: Wolfgang Brandt (Hg.): Erzähler, Erzählen, Erzähltes. Festschrift der Marburger Arbeitsgruppe Narrativik für Rudolf Freudenberg zum 65. Geburtstag. Stuttgart 1996, S. 47–65.
Rölleke, Heinz (Hg.): Annette von Droste-Hülshoff: *Die Judenbuche*. Frankfurt/M. 1972.
Schmitz-Burgard, Sylvia: Überhörtes Leid – ungeahndete Verbrechen. Annette von Droste-Hülshoffs *Die Judenbuche*. In: Droste-Jahrbuch 8 (2011), S. 63–103.

Schneider, Ronald: Möglichkeiten und Grenzen des Frührealismus im ›Biedermeier‹. *Die Judenbuche* der Annette von Droste-Hülshoff. In: Der Deutschunterricht 31,2 (1979), S. 85–94.

Weber, Betty Nance: Droste's *Judenbuche*. Westphalia in International Context. In: The Germanic Review 50 (1975), S. 203–212.

Werner, Michael: Dichtung oder Wahrheit? Empirie und Fiktion in A. von Haxthausens *Geschichte eines Algierer-Sklaven*, der Hauptquelle zur *Judenbuche* der Droste. In: Zeitschrift für deutsche Philologie 99 (1980), S. 21–31.

Wortmann, Thomas: Kapitalverbrechen und familiäre Vergehen. Zur Struktur der Verdoppelung in Droste-Hülshoffs *Judenbuche*. In: Claudia Liebrand/Irmtraud Hnilica/Thomas Wortmann (Hg.): Redigierte Tradition. Literarhistorische Positionierungen Annette von Droste-Hülshoffs. Paderborn u. a. 2010, S. 315–337.

6. Westphälische Schilderungen aus einer westphälischen Feder
Esther Kilchmann

1. Inhalt und Entstehungsgeschichte 530
2. Die Darstellung des Raumes am Übergang politischer, literarischer, volks- und völkerkundlicher Diskurse 531

1. Inhalt und Entstehungsgeschichte

Die Prosaschrift *Westphälische Schilderungen aus einer westphälischen Feder* (HKA V, 43–74) gehört zusammen mit der *Judenbuche* zu den zu Drostes Lebzeiten publizierten Teilen der eigentlich weit größer geplanten Schrift zu Topografie und Kulturgeschichte Westfalens (→ IV.3.). Der Text verfolgt trotz der teilweise stark literarisierenden Landschaftsbeschreibung ein hauptsächlich landeskundliches und ethnografisches Interesse. Ziel ist ein Porträt der westfälischen Topografie und ihrer Bewohner am Übergang von der ländlichen Ständegesellschaft des Alten Reiches zur Moderne mit ihren industriellen, technischen und sozialpolitischen Neuerungen. Im Zentrum stehen die Droste gut bekannten Regionen: das Paderborner Land, das Münsterland und das Sauerland. Es sind Territorien, die spätestens 1815 preußisch waren (HKA V, 549) und gleichzeitig durch die Geschichte der vergangenen geistlichen Herrschaft verbunden sind.

Nach einigen einführenden Bemerkungen folgt der Text in groben Zügen einer imaginären Wanderroute vom Niederrhein ins Münsterland und weiter nach Paderborn, um schließlich wieder nach Münster zurück zu führen. Gegliedert ist die schmale Schrift in drei Kapitel. Im ersten wird die westfälische Landschaft beschrieben, im zweiten und dritten werden Lebensweise und Bräuche im Sauerland, im Paderborner Land und dem Münsterland geschildert. Das Druckbild dieses Textes mit seiner Gliederung in drei zusammenhängende und in sich geschlossene Kapitel sollte nicht darüber hinwegtäuschen, dass es sich hier um eine Fassung handelt, die Droste ursprünglich nicht in dieser Form für die Publikation vorgesehen hatte. Vielmehr entstanden die *Westphälischen Schilderungen* im Kontext der anonymen Mitarbeit an Levin Schückings Westfalenschriften (→ IV.3.). Schücking sollte nach dem Erfolg des mit Ferdinand Freiligrath zusammen herausgebenden Bandes *Das malerische und romantische Westphalen* für ein Sammelwerk des Herausgebers Ludwig Amandus Bauer mit dem Titel *Deutschland im 19. Jahrhundert* einen Beitrag zu Westfalen beisteuern. Er bat Droste dafür um Unterstützung und sie verfasste in kurzer Zeit aus der Materialsammlung zu ihrem geplanten Westfalenbuch (*Bei uns zu Lande auf dem Lande*) die *Westphälischen Schilderungen*. Am 7. Juli 1842 schickte sie Schücking den Text in eigenhändiger Abschrift zur freien Verwertung zu (HKA IX, 321). Das projektierte Sammelwerk *Deutschland im 19. Jahrhundert* kam letztlich nicht zustande und Droste wollte die *Westphälischen Schilderungen* nicht eigenständig publizieren: »[D]ie Skizzen dürfen anderwärts nicht erscheinen, – sie sind zu scharf« (HKA X, 13). Schließlich aber erhielt Guido Görres den Aufsatz bei einem Besuch auf der Meersburg 1844 und druckte ihn anonym in drei Folgen (1. Oktober, 16. Oktober, 1. November 1845) in der von ihm und Georg Phillips herausgegebenen Zeitschrift *Historisch-politische Blätter für das katholische Deutschland*. Droste hatte bis zum Schluss Bedenken gegen die Publikation geäußert und die heftigen Reaktionen auf den adelsfreundlichen Text sollten ihren Bedenken Recht geben. Bereits die Redaktion der *Historisch-politischen Blätter* hatte den Abdruck der *Schilderungen* mit der Anmerkung versehen, dass sie die Richtigkeit des Textes »der berichterstattenden Feder anheim« stelle (HKA V, 510) und um die Zusendung von Reaktionen bitte. Drei ausführliche Gegendarstellungen zu Drostes Beschreibung und Bewertung der sozialen Verhältnisse, insbesondere in Paderborn, wurden in der Ausgabe vom Mai 1846 gedruckt (HKA V, 520–549).

2. Die Darstellung des Raumes am Übergang politischer, literarischer, volks- und völkerkundlicher Diskurse

Den Ausgangspunkt der *Westphälischen Schilderungen* – wie jenen des gesamten Westfalen-Projektes – bildet die zeitgenössische Erfahrung des Zeitenbruchs und des unaufhaltbaren Wandels. »So war die Physiognomie des Landes bis heute, und so wird es nach vierzig Jahren nimmer seyn« (HKA V, 48), heißt es auf den ersten Seiten. An ihrem Herkunftsraum wollte Droste regional übergreifende historische Entwicklungen zur Darstellung bringen. Die Neuerungen werden dabei, im Unterschied zur positiven Fortschritts- und Revolutionsorientierung der Vormärz-Literatur, als bedrohlich empfunden: »[F]assen wir deßhalb das Vorhandene noch zuletzt in seiner Eigenthümlichkeit auf, ehe die schlüpferige Decke, die allmählig Europa überfließt, auch diesen stillen Erdwinkel überleimt hat« (HKA V, 48). Die *Westphälischen Schilderungen* verfolgen demnach das Anliegen der Archivierung und Konservierung verschwindender regionaler und sozialer Strukturen. Im Unterschied zu Schückings national-romantischen Westfalenschriften, mit denen die die *Westphälischen Schilderungen* in engem Zusammenhang stehen (Hnilica 2010), verfolgt Droste dabei einen eher frührealistisch zu nennenden Ansatz. Bewohner und Landschaft werden nicht idealisiert, sondern als von den industriellen Wandlungen schwer gezeichnet gezeigt (Niethammer 1993b; Kilchmann 2009, 150–158; Wortmann 2010). Gleichzeitig treten in diesem anonym veröffentlichten Text Sympathien mit dem *ancien régime* offener zu Tage, als es im restlichen Westfalen-Projekt der Fall ist. Patriarchale Strukturen und namentlich die Gutsherrschaft erscheinen als Garanten der rechten Ordnung, während die Landbevölkerung als grundsätzlich unmündig bis amoralisch dargestellt wird. In den *Westphälischen Schilderungen* hat Droste nicht zuletzt einen Beitrag zum zeitgenössisch höchst virulenten Problem des Pauperismus verfasst, der deutlich von einer feudalen Werthaltung geprägt ist (Kraft 1987, 177).

Literaturhistorisch betrachtet erscheint die Hinwendung zu ländlichen Gebieten und der Fokus auf die »stillen Erdwinkel« (HKA V, 48) zunächst als Ausdruck eines geradezu prototypisch rückwärtsgewandten, ›biedermeierlichen‹ Verlangens nach Wahrung fester Räume (Erhart 2008, 143). Gleichzeitig sind für die *Westphälischen Schilderungen* aber Bewegungen im Raum zentral. Erzählt wird aus der Position eines wandernden »Herr[n]« (HKA V, 64), hier nimmt Droste Anleihen an die zeitgenössisch beliebte Gattung der Reiseliteratur (Albrecht 1999). Widmete letztere sich allerdings mit Vorliebe fernen Orten, die dank der Revolutionierung der Verkehrsmittel im Vormärz erreichbar wurden, so geht Drostes Erzähler zu Fuß und durchquert Orte abseits der neuen Verkehrslinien, am Rande – wenn nicht gar auf der Kehrseite – des Fortschrittsprozesses (Twellmann 2013, 71–73). Ist dies zunächst mit dem Wunsch nach Konservierung motiviert, so gerät der Text der Autorin doch unter der Hand zur Aufzeichnung des schleichenden Verfalls und des unwiderruflichen Verlustes. Unberührte Gegenräume, das macht bereits das erste Kapitel mit der bukolischen Schilderung des Münsterlandes klar, gibt es nur in der Dichtung und vielleicht noch im »somnambüle[n]« (HKA V, 46) Zustand. Die von Droste eingesetzte Literarisierung des Raumes ist so auch als Reflexion dieses Wunsches zu lesen, einen Raum als den historischen Prozessen entzogen zur Darstellung bringen zu können. Sie ist mithin nicht, wie von der älteren Forschung behauptet (Staiger 1933; Weber 1966; Sengle 1980, 634), klar vom Sachtextcharakter der *Westphälischen Schilderungen* zu trennen. In den Blick zu nehmen gilt es in Drostes Darstellung des Raumes vielmehr die Verzahnung eines literarischen Schreibens mit kulturhistorischen, volkskundlichen und topografischen Gegenständen und deren Repräsentation (Bonati-Richner 1972; Gössmann 1985, 179; Behschnitt 2006, 210f.; Twellmann 2013).

Den stärksten Grad der Literarisierung weist das erste Kapitel auf, in dem das Münsterland als idyllische, Sauerland und die Grafschaft Mark als romantische Landschaft präsentiert werden. Als Negativfolie für diese literarischen Stilisierungen dient das Paderborner Land, das Droste als vom Sittenverfall gezeichnete Gegend sah. Im Kontrast zueinander entsteht das Bild des Münsterlandes und des Paderborner Landes, die in den *Westphälischen Schilderungen* zentral behandelt werden. Das Münsterland wird im poetischen Entwurf zur »Oase« »voll Grün, Nachtigallenschlag und Blumenflor« (HKA V, 47). Silvia Bonati-Richner (1972, 12–16) hat im Einzelnen nachgewiesen, dass Droste sich hier an der antiken Bukolik und der Idyllendichtung des 18. Jahrhunderts orientierte. Dazu gehört auch die klare Markierung einer Grenze zu einem bedrohlichen Außen, das hier von den (in der Idyllendichtung ebenfalls topischen) »unabsehbare[n] Sandflächen« (HKA V, 46) einerseits und dem Prozess der Industrialisierung in den angrenzenden Gebieten andererseits gebildet wird. Als Drittes beschreibt Droste im ersten Teil der *Schilderungen* die Grafschaft Mark, Corvey und das Sauerland als »hochromantische[n] Theil Westphalens« (HKA V, 49), eine Landschaft voll »theils sanfte[r], theils kräftiger auftretende[r] Romantik« (HKA V, 50). Auch mittels Motivik und Stilistik wird hier die literarische Romantik zitiert: »träumerisch« (HKA V, 51) seien die Landschaften, aber auch durchfurcht von »Thalschlünden« (HKA V, 51) und »Felszacken« (HKA V, 51; vgl. Bonati-Richner 1972, 16–21). Indem Droste bei der Schilderung der Landschaft im ersten Kapitel so deutlich auf literarhistorische Traditionen der Landschaftsbeschreibung zurückgriff, zeigte sie an, dass Beschreibung und Wahrnehmung des ›realen‹ Raumes immer schon von vorgegebenen Mustern überformt sind. Stilistisch ist bemerkenswert, dass Droste, die sich bei der Beschreibung der Bevölkerung in Kapitel zwei und drei eines sachlichen Tons bediente, hier auf eine deutlich als poetisch markierte Landschaftsbeschreibung setzte, die aus abgeschlossenen Epochen und Gattungen stammt. Der Intention des Textes, vorindustrielle Landschafts- und Lebensformen zu konservieren, korrespondiert auf stilistischer Ebene der Rückgriff auf überkommene Stilformen. Der Traditionsbezug erscheint allerdings dadurch problematisch und brüchig zu sein, dass Droste ihre topischen Bezüge zur Idyllendichtung und der Romantik beinahe montageartig aneinanderfügte (vgl. Liebrand 2008, 46–49).

Im zweiten und dritten Kapitel, das den Bewohnern und ihren Sitten und Gebräuchen im Paderborner Land, im Sauerland und Münsterland gewidmet ist, tritt der Bezug auf literarische Traditionen zugunsten eines (proto)ethnografischen Ansatzes zurück. Damit partizipiert der Text an einem zeitgenössischen Diskursgeflecht, aus dem sich in den 1850er Jahren die Volkskunde entwickelte (Weber 1966; Twellmann 2013). Auch Droste versuchte, in der Beschreibung von Festen wie Fastnacht (HKA V, 58), »Erndtefest[ ]« (HKA V, 59) und Hochzeiten (HKA V, 57f., 67–71) »Volksthümlichkeit« (HKA V, 45) darzustellen und ebenso ihr Interesse für abergläubische Praktiken, für Liedgut und Redewendungen (Bluhm 1987). An seine Grenzen geriet Drostes ethnografisches Projekt allerdings durch die diskursive und literarische Stilisierung des Münsterländers auf der einen, des Paderborners auf der anderen Seite zu extremen Gegensätzen. Die damit inszenierte strikte Dichotomie zwischen Natur und Zivilisation lässt als Ordnung der Beschreibung auch eine Nähe des Textes zu den sich zeitgenössisch herausbildenden völkerkundlichen Diskursen erkennen. Dem Paderborner als triebbestimmtem »derbe[n] Naturkind« (HKA V, 57), der überdies als »tiefgebräunt« und »südlich[ ]« (HKA V, 54) beschrieben wird, kommt die Rolle zu, den »Naturzustand[ ]« (HKA V, 64) zu repräsentieren, während den Münsterländern, vernunftgeleitet und von »blendend weiß[er] und rosig[er]« Hautfarbe (HKA V, 65), der Gegenpol der Zivilisation zugedacht ist (Twellmann 2013, 79–81). Sprechend ist in diesem Zusammenhang auch das Bild, das Droste für den Übergang vom Paderborner Land ins Münsterland heranzieht: »[J]etzt stehst Du, wie ein Amerikaner, der so eben den Wigwams der Irokesen entschlüpft ist, [...] vor ein paar runden Flachsköpfen« (HKA V, 64). Geht es um die Frage, wie in den *Westphälischen Schilderungen* Raum und Wissen geordnet werden, so darf dieser Vergleich als weit mehr denn ein ironischer Kommentar gelesen werden. Er verweist vielmehr darauf, wie sehr auch in Deutschland um 1840 die »geohistorische[ ] Imagination« (Twellmann 2013, 71) unabhängig vom tatsächlich beschriebenen Raum vom Diskurs des Kolonialismus überformt wird.

Literatur

Behschnitt, Wolfgang: Wanderungen mit der Wünschelrute. Landesbeschreibende Literatur und die vorgestellte Geographie Deutschlands und Dänemarks im 19. Jahrhundert. Würzburg 2006.
Bonati-Richner, Silvia: Der Feuermensch. Studien über das Verhältnis von Mensch und Landschaft in den erzählenden Werken der Annette von Droste-Hülshoff. Bern 1972.
Erhart, Walter: »Das Wehtun der Zeit in meinem innersten Menschen«. ›Biedermeier‹, ›Vormärz‹ und die Aussichten der Literaturwissenschaft. In: Euphorion 102,2 (2008), S. 129–162.
Gössmann, Wilhelm: Annette von Droste-Hülshoff. Ich und Spiegelbild. Zum Verständnis der Dichterin und ihres Werkes. Düsseldorf 1985.
Kilchmann, Esther: Verwerfungen in der Einheit. Geschichten von Nation und Familie um 1840. Heinrich Heine, Annette von Droste-Hülshoff, Jeremias Gotthelf, Georg Gottfried Gervinus, Friedrich Schlegel. München 2009.
Kraft, Herbert: »Mein Indien liegt in Rüschhaus«. Münster 1987.
Liebrand, Claudia: Kreative Refakturen. Annette von Droste-Hülshoffs Texte. Freiburg/Br. u. a. 2008.
Sengle, Friedrich: Biedermeierzeit. Deutsche Literatur im Spannungsfeld zwischen Restauration und Revolution 1815–1848. Bd. 3: Die Dichter. Stuttgart 1980.
Twellmann, Marcus: ›Stille Erdwinkel‹. Zur geohistorischen Imagination des ›Biedermeier‹. In: Cornelia Blasberg in Verb. mit Jochen Grywatsch (Hg.): Zwischen-Zeiten. Zur Poetik der Zeitlichkeit in der Literatur der Annette von Droste-Hülshoff und der ›Biedermeier‹-Epoche. Hannover 2013 (= Droste-Jahrbuch 9), S. 71–97.

7. Joseph. Eine Criminalgeschichte
Cornelia Blasberg/Jochen Grywatsch

Die Handschrift zum Erzählfragment *Joseph* (HKA V, 151–168), das Droste 1845 verfasste (HKA V, 715–717), ist verloren. Mit Ausnahme des Rückgriffs auf das erhaltene Faksimile einer Manuskriptseite (HKA V, 159, Z. 11–161, Z. 38; vgl. HKA V, 715) überliefert die HKA den Text nach der Werkausgabe von Wilhelm Kreiten (1884/87). Möglicherweise reicht die Entstehungsgeschichte des Fragments bis 1837 zurück, angenommen, es wäre identisch mit jenem Text, den Droste Junkmann als eine »Criminalgeschichte«, die »wirklich in BRABAND passirt« sei, ankündigte (HKA VIII, 228). Das hieße, dass Droste schon vor Drucklegung der Ausgabe von 1838 und Beginn des Westfalen-Projekts (→ IV.3.) eine Orientierung hin zu kulturhistorisch-ethnographischer Prosa ins Auge gefasst hätte, was die Parallelen zur *Judenbuche* (»Dieß hat sich nach allen Hauptumständen wirklich so begeben«, HKA V, 42) einerseits, zu *Bei uns zu Lande auf dem Lande* andererseits werkgeschichtlich erklären würde. Offensichtlich blieb das Projekt dann längere Zeit liegen. Während die Ausgabe von 1844 im Druck war und Drostes Distanzierung von Schücking entschiedener wurde (HKA X, 177–182), schlug sie Elise Rüdiger im Brief vom 3. April 1844 vor, »zusammen, unter eigenen Namen, einen Band von sechs Erzählungen« (HKA X, 183) bei Cotta herauszubringen, zu dem *Joseph* hätte zählen sollen, wären Drostes Recherchen über die holländischen »LOKALITÆTEN« (HKA X, 234) erfolgreicher gewesen. Abgesehen davon, dass sie 1834 auf einer Reise in die Niederlande »Land und Volk« (HKA X, 256) studiert, also Anschauungsmaterial gesammelt hatte (HKA VII, 761–772), konnte sie auf einen Reisebericht Johanna Schopenhauers (1831; vgl. HKA V, 725) und die auf Belgien bezogenen Passagen von Adolphe Thiers' *Histoire de la Révolution francaise* (10 Bde., 1823–1830) zurückgreifen, jenes Standardwerk über die Revolutionsereignisse, das auch Georg Büchner für *Dantons Tod* ausführlich exzerpierte. So enttäuschend das militärhistorisch orientierte Kapitel über die »SITUATION DE LA BELGIQUE« auch war, fand sie darin doch »so viele brauchbare Andeutungen«, »ein so lebhaftes Bild der Gährung und Unordnungen in einem halb REVOLUTIONAIREN Lande (die sich ja überall gleich sind)«, dass sie Elise Rüdiger am 16. oder 17. Januar 1845 mitteilen konnte, sie hoffe »wohl auszukommen« (HKA X, 256, vgl. HKA V, 726). Der Hinweis auf ähnliche soziale Zustände in vielen postrevolutionären und -napoleonischen Ländern Europas deutet an, dass die Autorin auf der Suche nach verallgemeinerbaren Strukturbeschreibungen war, so dass es nicht wundert, wenn den Rahmenerzähler des *Joseph* derselbe Wunsch nach dem »Odem einer frischen Volksthümlichkeit« (HKA V, 154) antreibt, wie er für den Rentmeister in *Bei uns zu Lande* (→ IV.4.) charakteristisch ist. Beide Figuren teilen mit der Erzählinstanz der *Westfälischen Schilderungen* (→ IV.6.) den Wunsch, das im radikalen Modernisierungsprozess Verlorengehende im Medium der Schrift zu erhalten, wobei Westfalen gefährdeter zu sein scheint als die Niederlande, die, »nachdem [...] die neueren [kriegerischen und revolutionären] Ereignisse überstanden« sind, als »unzerstörbar« (HKA V, 154) gelten.

Auf den wenigen Seiten der einleitenden Rahmenerzählung stellt sich der Rentier Caspar Bernjen als nostalgisch über den Lauf der Zeit sinnierenden, humorvollen alten Herrn vor, der sich selbstironisch mit einem »Moortopf, der auf seinem eigenen Herd sitzt und sich selbst kocht« (HKA V, 153), vergleicht. Wenn ihn Erinnerungen an seine inzwischen verstorbenen Freunde und Weggefährten heimsuchen, bedauert er, im Besonderen über die Erzählungen der Mevrouw van Ginkel nicht Tagebuch geführt zu haben. Deren traurige Jugendgeschichte als Tochter eines verwitweten Geschäftsmannes, der die Erziehung des Kindes einer romansüchtigen Gouvernante überließ, dabei weder deren Verhältnis zu dem Firmenkassierer Steenwick noch die anderen Umtriebe seines Personals durchschaute, bildet die erste Binnengeschichte der Erzählung. Am Ende stirbt der Vater, als er erkennt, dass der spielsüchtige Kassierer (der später tot in der Schelde aufgefunden wird) ihn um sein Vermögen geprellt hat, und gerade als das vierzehnjährige Mädchen dem Vormund van Gehlen übergeben werden soll, tritt ein fremder, »geistlich gekleidete[r]« Mann (HKA V, 164) hinzu, entdeckt sich als »Ohm« (HKA V, 165) und nimmt sie mit sich. Der Text bricht ab, als die Mevrouw zum Erzählen einer anderen Episode aus ihrem Leben ansetzen will, in der womöglich auch die bis dahin rätselhafte Identität des titelgebenden »Joseph« geklärt worden wäre. Da die erste Binnengeschichte abrupt und mehrdeutig mit einem »drückende[n] Mißverständniß« (HKA V, 165) endet, das nach Auflösung verlangt, zudem die Neugier des Zuhörers mehr Informationen über die Person des Onkels und das Schicksal der Erzählerin einfordert, können für den potentiellen Fortgang weitere »kuriose«, ineinander »verflochten[e]« (HKA V, 167) Geschichten angenommen werden. Auf diese Weise ist das *Joseph*-Fragment gekennzeichnet von einer »mehrfachen Fiktionalisierung« (Kluge 2004, 205): Die Binnengeschichte bildet die Ebene der Diegese, während die Leseransprache der Rahmenerzählung als extradiegetisch und die im Text erzählten Geschichten als metadiegetisch zu bezeichnen sind. Bedenkenswert ist die Überlegung, dass die Referenzen auf bestimmte Gemälde – genannt werden »Scenen Wynants und Wouvermanns« (HKA V, 154; das sind Jan Wijnants und Philipp Wouwermann, beide niederländische Landschaftsmaler des 17. Jahrhunderts) sowie »ein ächter Gerhard Dow« (HKA V, 156; d.i. Gerard Douw, Schüler Rembrandts) – über die Funktion, Lokalkolorit zu schaffen, hinaus eine weitere, intermediale Fiktionsebene einziehen, indem sie den Prosatext in den Rahmen der prominenten holländischen Genremalerei stellen (vgl. Kluge 2004, 204–208).

Joseph steht im Zeichen der Wiederaufnahme von Motiven und poetischen Verfahren aus anderen Werken, die entweder eine Art Erfolgsrezept zu liefern versprachen (*Die Judenbuche*) oder – als unveröffentlichte Fragmente – Stoffe und Erzählmuster bereithielten. Wie der Rentmeister in *Bei uns zu Lande* ein heimatliebender »Stockwestphale« ist, der mit Sorge beobachtet, dass »der Dampf sein Bestes thut das Landeskind in einen Weltbürger umzublasen« (HKA V, 125), schließt sich auch der »Moortopf« Bernjen von der sich rasant modernisierenden Gegenwart ab. Er flüchtet in Erinnerungen, die ihm die Niederlande und Belgien entgegen ihrer »von Land- und Wasserstraßen durchzogene[n]« Topographie und des »von fremden Elementen überschwemmte[n] Landstrich[s]« als »Hort Alles abwehrender Eigenthümlichkeit« (HKA V, 154) erscheinen lassen. Anders als in der *Judenbuche* (→ IV.5.) mit den mehrfach genannten Jahreszahlen wird die erzählte Zeit hier nicht historisch konkretisiert. Nur, dass die Handlung der Binnengeschichte mindestens 50 Jahre vor der Gegenwart der Rahmenerzählung liegt und wiederum dem Erzähler Bernjen zehn Jahre zuvor mündlich zugetragen wurde (vgl. Ribbat 2002, 104f.), lässt sich aus dem Text erschließen. Doch verhilft ein Blick in die holländische Geschichte zu genauerer Datierung der Rahmenhandlung: 1815 wurde das Vereinigte Königreich der Niederlande gegründet, von dem sich der katholische Süden durch die Revolution von 1830 abspaltete und das Königreich Belgien bildete. Der Umstand, dass der Erzähler Bernjen synonym von den »Niederlande[n]« und »Belgien« (HKA V, 154) spricht, lässt sich darauf zurückführen, dass bestimmte belgische Gebiete (die Droste 1834 bereist hatte) schon 1839 wieder an die Niederlande fielen. Die Handlung der noch im 18. Jahrhundert spielenden Binnenerzählung ist in der Stadt »Gent« (HKA V, 163) verortet, die bis 1795 zu den Österreichischen Niederlanden gehörte, zwischenzeitlich französisch besetzt war und 1815 dem Königreich der Niederlande zugeschlagen wurde. Den in die Zeit vor der Französischen Revolution verlegten Ereignissen in *Die Judenbuche* vergleichbar, herrscht jedoch in der kleinen Welt der Protagonisten die von Drostes Thiers-Lektüre geprägte Vorstellung ›gärender Unordnung‹. Dem Holzfrevel im »Dorf B.« (HKA V, 4) entsprechen die in schwerem Diebstahl kulminierenden Vergehen der Dienstboten im Haus der Mevrouw, und in beiden Fällen sind es Kinder, deren Identitätsbildung unter diesen Verhältnissen leidet – wenn auch der Mevrouw van Ginkel, deren Onkel Pastor ist und vermutlich das Gegenbild zu ›Ohm Simon‹ darstellt, das Schicksal von Friedrich Mergel erspart bleibt.

Auch im Hinblick auf das novellistische Strukturmuster von Rahmen- und Binnenerzählung wirkt *Joseph* zunächst wie eine intelligente Kopie von *Bei uns zu Lande*. Findet im Westfalen-Text der Rentmeister, der zwar ein starkes Bedürfnis zu schreiben verspürt, aber wahrhaftig kein poetisches »GENIE« (HKA V, 128) ist, ein altes Manuskript, das er in seine Erzählung integriert, so stützt sich Bernjen auf frühere, so »wörtlich« (HKA V, 156) wie möglich notierte Geschichten der inzwischen verstorbenen Mevrouw van Ginkel, die als Ich-Erzählerin der Binnengeschichten fungiert. Allerdings wird das seinerseits poetologische, nämlich das Erzählen ausstellende und reflektierende *Bei uns zu Lande*-Modell im *Joseph*, in dem die Figuren in vergleichbarer Weise als Schreibende und Lesende gestaltet sind, um eine zusätzliche Reflexionsdimension erweitert: Bernjens jüngster Neffe ist Literat, der zwar »ein artiges Geld damit verdient«, aber eben schreiben muss, was andere von ihm verlangen und gerade um einen »Beitrag in gemüthlichem Stile verlegen ist« (HKA V, 156). Wenn Bernjen ihm daraufhin seine (offenbar auf diese Stilerwartung hin geschriebenen) Blätter zur Verfügung stellt, dann erinnert die Fiktion an das reale Auftragsverhältnis zwischen Droste und Schücking (→ I.1.2.3.), in dessen Rahmen viele – anonyme – Texte für das *Malerische und romantische Westphalen* entstanden und in dem *Bei uns zu Lande* seine Wurzeln hat.

Ironisch hat sich bereits die Archivfiktion in *Bei uns zu Lande* von dem in der Romantik prominenten Strukturmuster und den mitgelieferten Postulaten der Poetisierung der Welt und der Vorstellung einer fundamentalen, die gesamte Welt durchziehenden Intertextualität gelöst, obwohl es gleichzeitig noch präsent ist: Der Rentmeister, der das alte Manuskript findet und in seinen Text integriert, handelt aus Verlegenheit und ohne Verständnis für die philosophisch-poetische Dimension seines Tuns. Für *Joseph* würde man solche Romantizismen erst gar nicht in Anschlag bringen, so verwandt scheint die Rahmenfiktion mit jener in Wilhelm Raabes *Chronik der Sperlingsgasse* (1857) oder Theodor Storms *Schimmelreiter* (1888) zu sein (→ VI.6.). Bei Raabe erinnert sich der alte Erzähler an die früheren Bewohner der Berliner Gasse, ihre Liebes- und Leidensgeschichten, würzt ähnlich wie Bernjen Sentimentalität mit Humor und überspielt mit dieser Mischung die Unzuverlässigkeit seines Erzählens virtuos – wobei die »humoristische Fiktionsdurchbrechung […] nicht als Vorwegnahme eines humororientieren Realismus« zu deuten ist (Ribbat 2002, 105). Der dreifache Rahmen in Storms *Schimmelreiter*, der formal eine Vielzahl an Erzählerstimmen koordiniert, dient der Distanzierung des Sujets. Hat Bernjen das von ihm Erzählte früher einmal gehört, ein zeitnahes Protokoll aber versäumt, so dass man die ›Wörtlichkeit‹ der Binnengeschichte von vornherein bezweifeln muss, so stehen alle Erzähler und Verschrifter bei Storm im Verdacht, es mit der Wahrheit nicht allzu genau zu nehmen respektive nehmen zu können. Im Kontext der realistischen Poetik wird in Form der Rahmenfiktion die philosophische Frage der (naturwissenschaftlichen vs. poetischen) Wahrheit verhandelt. Daran hat *Joseph* ebenso wenig Interesse wie am Plädoyer für eine alle Dimensionen der Welt durchströmende Poesie. Hier geht es, kritisch und gewitzt, wenngleich ohne die diagnostische Schärfe des direkt im Autoren- und Verlegermilieu angesiedelten Lustspiels PERDU! um Literaturpolitik: Wie entsteht ein Text, der sich gut vermarkten lässt (→ I.3.2.)? Was sind die notwendigen Ingredienzien für den geforderten »gemüthliche[n]« (HKA V, 156) Stil: Genremalerei (»Scenen Wynants und Wouvermanns«, HKA V, 154; »ein ächter Gerhard Dow«, HKA V, 156), ein unprätentiöses Erzählen von »einfache[r] Unscheinbarkeit«, das ein hohes Maß an »Aufschlüsse[n] über Volk, Zeit und das Menschenherz« gewährleistet (HKA V, 156), Authentifizierungen (»Ich«), eine Mischung aus ›kindlichem‹ und Seniorenstil, wie er die Passagen der Mevrouw van Ginkel kennzeichnet? Dazu würde auch passen, dass das durch alle Unterhaltungsformate der Zeit konjugierte Novellenschema in keinem anderen Droste-Text so auffällig ist wie hier. Möglicherweise ist die Fertigstellung des *Joseph* an der Schwierigkeit gescheitert, die Erfolgsrezepturen der zeitgenössischen Vielschreiber (wie z. B. Schückings) zu imitieren, gleichzeitig jedoch kritisch zu durchleuchten und ironisch gegen sich selbst zu wenden.

Literatur

Kluge, Gerhard: Annette von Droste-Hülshoff in den Niederlanden. In: Droste-Jahrbuch 5 (2004), S. 187–216.

Ribbat, Ernst: Ein Moortopf, der sich selbst kocht. Bemerkungen zum *Joseph*. In: Ortrun Niethammer (Hg.): Transformationen. Texte und Kontexte zum Abschluss der Historisch-kritischen Droste-Ausgabe. Bielefeld 2002, S. 103–108.

V. Musikalien

Mirjam Springer

1. Opernprojekte.............................. 541
2. Lieder 545
3. Klangräume und Kulissen: Intermediale Spuren im literarischen
   Werk 549

Musizieren gehörte seit jeher zum Leben auf Hülshoff. Der Urgroßvater Heinrich Wilhelm von Droste-Hülshoff soll auf der *flûte traversière* gegen die Depression angespielt haben, der Vater, Clemens August, war ein guter Geiger und komponierte zur Freude der Familie kleine Liedchen und Stücke. Diese zunächst private Musikpraxis fügte sich in die sogenannte Liebhaberkultur ein, die längst auch eine öffentliche Institution war (Hoffmann 1993, 42). In Münster fanden sich, wie anderswo, neben den Bildungsbürgern adlige Dilettanten, darunter Clemens August von Droste-Hülshoff, in einer »Musikalischen Gesellschaft« (HKA XIII, 395) zusammen, um den öffentlichen Musikbetrieb zu fördern und mitzugestalten. Auch für die vier Kinder auf Hülshoff war daher eine musikalische Ausbildung selbstverständlich. Das Ziel war die möglichst reibungslose, einfühlsame Teilhabe an jener bürgerlichen musikalischen Praxis, die als ›Hausmusik‹ mittlerweile auch zur privaten Alltagskultur des Adels gehörte. Besonders für Frauen bedeutete dies meistens: Gesang und Klavierspiel im Kreis der Familie und Freunde. Klavierunterricht erhielt Annette von Droste-Hülshoff bei Joseph Wilhelm Ketteler, dem Organisten des Hohenholter Damenstiftes, den sie später gelegentlich in der benachbarten Roxeler Pfarrkirche vertrat. Sie lernte Klavierspielen mit »kleinen Stückchen, und leichten Walzer[n]« (HKA IX, 25), einer Methode, die bereits Zeitgenossen für fragwürdig hielten: »Man klimpert schon in einigen Monaten ein Tänzchen [...], ohne dass man nur vorher erfahren hat, wo man denn hinaus wolle«, heißt es in der Zeitschrift *Caecilia* (Sartorius 1825, 289). Annette Droste muss eine sehr schöne Stimme gehabt haben, von einem »CONCERT« in Höxter, bei dem die chaotischen Probenbedingungen den Auftritt noch erschwerten, berichtete sie 1820: »alle diese Fatalitäten zusammen machten mir [..] eine solche Angst, daß ich wie wir auftreten sollten, einen Krampf in der Brust kriegte, und hätte ich nicht überhaupt besser gesungen, wie die Fennewitz, so wär es mir übel gegangen, mir aber ging es gut, und wir wurden sehr beklatscht« (HKA VIII, 40). Gesangsunterricht erhielt Droste wohl erst später. Jenny von Laßberg erinnerte sich, dass ihre Schwester »bei dem alten Herrn STEINMANN [Franz Steinmann, Bassist und Mitglied der Domkapelle] und einer italienischen Sängerin Mad. CORREGA« gesungen habe, »wodurch ihre Stimme sehr gewann« (HKA XIII, 393). Die Sängerin Nina Correga hatte Annette Droste im Dezember 1823 bei einem Konzert in Münster getroffen.

Komponieren hat Annette Droste nie richtig gelernt, das sah die bürgerliche Mädchenerziehung, die mittlerweile auch im münsterschen Landadel angekommen war, nicht vor. Zwar ging man gern und oft in die Oper, doch der Zugang zum aktuellen Musikgeschehen, der Kontakt zu Berufsmusikern, Orchestern, Musikgesellschaften, Opernhäusern, das intensive Studium von Theorie, Satztechniken, Instrumentation und Stilkunde fehlten Droste wie den meisten Frauen ihrer Zeit, selbst denen mit stärkeren kompositorischen Ambitionen (vgl. Hoffmann 1993, 38). Sicherlich war ihr Interesse an Musik, am Komponieren ausgeprägter als bei anderen jungen Frauen ihres Umfelds; schon während der Pubertät hatte sie sich »mit aller Heftigkeit ihres Charakters auf's Componieren geworfen«, wie ihre Mutter 1812 an Werner von Haxthausen schrieb (HKA XIII, 392). Wohl um diese Leidenschaft in geordnetere Bahnen zu lenken, schenkte Maximilian von Droste-Hülshoff (1764–1840) seiner Nichte 1821 ein »ganz dickes selbst verfaßtes und obendrein eigenhändig für mich abgeschriebenes Werk über den Generalbaß« (HKA VIII, 57), das sie »von Anfang bis zu Ende« (HKA VIII, 64) durchstudierte. Der ein wenig skandalumwitterte Onkel war, als zweiter Sohn einer stiftsadligen Familie, Domherr gewesen, hatte eine Bürgerliche geheiratet und war Komponist geworden – ein etwas verspäteter westfälischer ›Wiener Klassiker‹. Er schrieb gefällige, konventionelle Quartette, auch drei Opern in »zeitgenössische[r] Singspielmanier, die wohl gelegentlich dramatische Stellen tonmalerisch stark auswertet, jedoch keinen großangelegten dramatischen Aufbau [...] erreicht« (Fellerer 1950, 191). Fast keines seiner Werke erschien im Druck. Maximilian von Droste-Hülshoff schrieb gute Gebrauchsmusik: für den Domchor, für feierliche Anlässe, so etwa 1815 das *Te Deum* anlässlich der Huldigungsfeier für den preußischen König Friedrich Wilhelm III. (Fellerer 1950, 188f.), für anspruchsvollere Dilettanten. Es war Joseph Haydn, der ihm die musikgeschichtliche Aufmerksamkeit sicherte: 1800 führte er die erste Messe (C-Dur) des freiherrlichen Bewunderers aus dem Münsterland in Wien auf, ein Jahr später auch dessen vierte Symphonie und eines der drei *Te Deums*.

Maximilian Drostes ›Generalbaßbuch‹ war keine umfassende Kompositionslehre, bot keine avancierte musiktheoretische Grundlage für die Praxis, genauso wenig wie die »andere[n] Werke über den Generalbaß« (HKA VIII, 64), die Droste außerdem noch kannte, wozu sicherlich die weit verbreitete, im Katalog der Bibliothek von Hülshoff verzeichnete, 1816 in dritter Auflage erschienene *Kurze Anweisung zum Generalbaßspielen* von Daniel Gottlob Türk gehörte (vgl. HKA XIII, 397; Springer 1994, 64). Zu einer Zeit, als man darum bemüht war, solche »leidigen Generalbassschulen« durch »Kompositionsschulen« (Weber 1817, [4]) zu ersetzen, die den in diesen Jahrzehnten wachsenden Autonomieanspruch der Musik kompositionstheoretisch flankieren sollten, markiert Maximilian von Droste-Hülshoffs Lehrbuch den Übergang: Es erklärt Fragen zu Satz- und Harmonielehre und es behandelt Instrumentenkunde, Gattungslehre und Verwendungsmöglichkeiten der erläuterten Satztechniken. Besonders die Kapitel »Von den natürlichen Tonwerkzeugen der menschlichen Stimme«, »Von den musikalischen Instrumenten überhaupt« und »Etwas über die Verbindung von Gesang mit Orchester« dürften seine Nichte interessiert haben (vgl. Kansteiner 1974, 109–111). In seinen Ausführungen wird deutlich, dass Maximilian von Droste-Hülshoff den neuen Ton der Romantik sehr wohl bemerkte, doch der musikästhetische Maßstab, besonders für die Vertonung von Texten, blieb für ihn das Simplizitätsideal des 18. Jahrhunderts:

> Die Begleitung darf 1. nicht durch zu große Tonmassen die Singstimmen unterdrücken, noch auch 2. durch zu reiche Figuren und Gegenmelodien das Interesse von der Singstimme zu sehr abziehen, wovon in neuerer, auch älterer Komposition leyder oft so widrige Beyspiele gegeben sind. [...] Wenn ein Tonsetzer ein Gedicht in Musik setzen will, so ist es nöthig, daß er auf den Inhalt des Gedichts genau Acht hat, daß er keine unschickliche Tonart noch unschickliches Tempo wählt. (zit. n. Fellerer 1950, 190)

Drostes kompositorische Fähigkeiten reichten, um Musik für den Hausgebrauch zu schreiben. Dass ihre Opernversuche unzulänglich waren, ist vor diesem Hintergrund nicht verwunderlich; die Lieder aus nahezu zwei Jahrzehnten, Produkte einer biedermeierlichen ›beziehungsorientierten Musikpraxis‹ (vgl. Hoffmann 1993, 45), fanden dagegen ihr Publikum: Immer wieder wurde Droste gebeten, sich ans Klavier zu setzen und etwas zu singen, für Familie und Freunde, auf Besuchen.

1. Opernprojekte

Das Theater »aufm Roggenmarkt« in Münster, der erste klassizistische Bau Westfalens, war 1775 eröffnet worden. Der Architekt Wilhelm Ferdinand Lipper (1733–1800) hatte eine Art Mehrzweckhalle für max. 630 Personen entworfen, daher war der »Bautyp des damals in Frankreich modernen Amphitheaters, wie ihn Ange Jacques Gabriel in der Versailler Hofoper 1769 exemplarisch ausgebildet hatte, praktisch nicht in Frage« gekommen (Bußmann 1966, 348). Stattdessen war der Raum nach barockem Muster klar in Parterre und Galerie gegliedert. Das war der Theaterraum, den Droste auch vierzig Jahre später noch erlebte. Viele Schauspieltruppen kamen nach Münster, der schier unersättliche Opernhunger des Publikums war legendär und führte das Theater so manches Mal an den Rand des Ruins. Gegen Ende des 18. Jahrhunderts war die Ausstattung in einem miserablen Zustand. Da musste schon einmal statt einer Schweizer Landschaft im *Wilhelm Tell* die Westfälische Pforte herhalten (Prinz 1956, 50). Und der schlechte Geschmack des westfälischen Publikums hatte sich, zumindest bei den Kritikern, herumgesprochen (Springer 2016, 94). Das war die Theaterlandschaft, in die Annette Droste hineingeboren wurde. 1806 hatten die Franzosen das immer noch von Wandertruppen bespielte Komödienhaus zum »Nationaltheater des ersten Gouvernements« ausgerufen. Der münstersche Adel hielt sich eher fern, im Januar 1811 wurde freilich Maximilian von Droste-Hülshoffs Oper *Bianca* im französischen Nationaltheater am Roggenmarkt durch die Schirmer'sche Truppe zur Uraufführung gebracht – da war Droste 14 Jahre alt. 1815, als

Münster Hauptstadt der preußischen Provinz Westfalen wurde, erinnerte sich auch der Rat der Stadt wieder an das Theater. »Er ließ die innere Ausstattung des Hauses erneuern. Seit 40 Jahren war dafür [...] so gut wie nichts mehr getan worden« (Prinz 1956, 50), die Dekorationen stammten größtenteils noch aus dem Jahr 1776. Als Droste mit dem Opernschreiben begann, hatte die Begeisterung für das Theater gerade einen Höhepunkt erreicht, denn die »Detmolder Hofschauspielergesellschaft« bespielte unter ihrem bekannten Prinzipal August Pichler (1771–1856) seit 1818 auch Münster. Nun hatte die preußische Provinzhauptstadt endlich fast so etwas wie eine stehende Bühne. »[W]ir [haben] jetzt ein sehr schönes Theater in Münster [...], d. h. eine herrliche Schauspielergesellschaft und vortreffliche Dekorationen«, schrieb Droste 1819 an ihre Tante Dorothea von Wolff-Metternich (HKA VIII, 31). Mit Pichler, protegiert vom Oberpräsidenten Ludwig von Vincke, brachen neue Zeiten für das münstersche Theater an. Dem Publikum wurde nun einiges geboten. 1826 stieß der junge Tenor Albert Lortzing zu Pichlers Truppe, er gehörte schon bald, in seinen bunten Fräcken *à la mode* gekleidet, zum Stadtbild. Münster erlebte sogar einige Uraufführungen seiner Opern: *Ali Pascha von Janina* (1828), *Die Hochfeuer oder Die Veteranen* (1828) und *Der Weihnachtsabend* (1832). Carl Maria von Webers *Freischütz* kam schon kurz nach der Uraufführung in Berlin (1821) in Münster auf die Bühne (Brockpähler 1966, 360).

Annette Droste ging oft in die Oper, im *Freischütz* war sie 1823 gleich dreimal. Von vielen Opern besaß sie eigenhändige Abschriften oder gedruckte Klavierauszüge. Im Meersburger Nachlass findet sich eine handschriftliche Liste mit Operntiteln, die sowohl deutsche Singspiele als auch italienische und französische Opern enthält (HKA VII, 572–574), darunter etwa *La gazza ladra* (Rossini), *La dame blanche* (Boieldieu), *Fra diavolo* (Auber), *Fidelio* (Beethoven), *Oberon* (Wranitzky; vgl. von Schoenebeck 2015, 130). Viele populäre Arien und Lieder schrieb sie ab, ohne den Komponisten oder den Operntitel zu notieren. Während Droste sich für das Theater (Schauspiel) nie wirklich erwärmen konnte (vgl. Springer 2016), hatte also auch sie der Opernhunger erfasst. Schon 1815 notierte Jenny von Droste-Hülshoff in ihrem Tagebuch: »d. 17. Dezember. Lotte, Fränzchen und Nette begleiteten sie [eine Bekannte] nach Münster und blieben bis zum andern Tage dort, weil sie auf eine Oper hofften, es wurde aber ›Hamlet‹ gespielt« (Heselhaus 1947, 93).

Dass Droste ohne nähere Kompositionskenntnisse, überhaupt ohne nennenswerte kompositorische Erfahrungen gleich die Großform ›Oper‹ ins Auge fasste, ist bemerkenswert. 1820 hatte sich im Verwandten- und Bekanntenkreis herumgesprochen, sie arbeite »an einer Oper« (so erinnerte sich der Hamburger Kaufmannssohn Friedrich Beneke, der Ende März 1820 zu Besuch in Bökendorf war; zit. n. Gödden 1994a, 115). Das Opernprojekt trug den großen Titel *Babilon* (HKA XIII, 209–322). Im *Frauentaschenbuch für das Jahr 1820* hatte Droste Friedrich de la Motte Fouqués (1777–1843) Idyllen *Babylon* gelesen und begonnen, der abgeschlossenen Handlung einen zweiten Handlungsstrang einzufügen (HKA XIII, 624 f.) und daraus ein modisches

Libretto mit exotisch-orientalischem Flair zu formen (*Klänge aus dem Orient*; → II.3.). Fouqués Kreuzritter-Romantik funktioniert nach den Mechanismen restaurativer Ideologie: Ritter Baldwin und sein treuer Knappe Wehrmann, »[d]es Abendland's / Eisenstarke Heldenfechter« (Fouqué 1819, 29), bringen nach einiger erotischer Verwirrung Rettung vor dem Chaos des heidnischen Zaubers in Gestalt der Königin Semiramis. Unter dem Schutz einer christlich-patriarchalischen Ordnung ist dann die Idylle möglich, in der sich die bedrohten »asiat'schen Christen« häuslich einrichten. Diese Christengemeinschaft steht im Zentrum von Drostes Opernplan: »Wir helfen Dir die Hütte bauen« (HKA XIII, 212), singt der Eingangschor der Hirten. Nicht Turm oder Stadt – die Hütte ist das Zentrum restaurativen Denkens. Frömmigkeit, Gottergebenheit, Fleiß und Liebe sind der Boden, auf dem sich die biedermeierliche Idylle gründet. Hannah soll heiraten: »Statt eines Jünglings dem das Thal zu eng, / Der in der Palme höchstem Wipfel schaukelt / Den Staub der Caravanen zu erspähn / Statt dessen haben wir [...] / für unser einzig Kind / Uns einen stillen frommen Jüngling [...] / Nach ihrem eignen Wunsche ausersehn«, erklärt die Mutter dem potentiellen Bräutigam Eli (HKA XIII, 215 f.). Um die Idylle zu gewährleisten, wird die liebevolle Familie latent zur Kampfzone: Es wird gelauscht, gedroht, kein Geheimnis ist sicher, Gedanken werden verboten. Und doch findet sich selbst hier, inmitten biedermeierlicher Merksprüche (»Genügsamkeit und Liebe macht uns reich / Nur eitles Wünschen giebt den Geistern Macht«, HKA XIII, 226), das Droste'sche Insistieren auf dem Raum des Eigenen: »Du denkst tiefer als ich eine sah, / Aller die in unsern Hütten wohnen« (HKA XIII, 314), sagt die Freundin Maria über Hannah, die sich immer wieder absentiert, ›Einsamkeit‹ damit als Möglichkeit im Blick behält.

Weder mit dem Libretto noch mit ihrer Oper insgesamt kam Droste allerdings sehr weit. Sie hatte die Arbeit unterschätzt. Komponiert waren schließlich zwei liedhafte Arien, dann noch Teile des Vorspiels mit dem Eingangschor der Hirten und Tenorsolo, 34 Takte eines Duetts, 70 Takte eines Rezitativs mit Arie, 49 Takte eines Rezitativs mit Terzett. Dabei unterliefen ihr zwar keine eklatanten Verstöße gegen die Harmonielehre, »die Stimmführung im Chorsatz entspricht den Regeln der Lehrbücher«, doch der »Orchestersatz [ist] etwas dürftig«, klangliche Möglichkeiten von Instrumenten und Stimmen werden kaum ausreichend genutzt (HKA XIII, 397 f.). Natürlich hatte sie die Opern, die sie kannte, im Ohr. Doch die Einflüsse der zeitgenössischen Oper sind minimal, »[v]iel deutlicher ist [...] der Gebrauch etablierter, zu ihrer Zeit bereits volkstümlich gewordener Formeln, die sie im Umgang mit Volksliedern und durch die Musiklehre ihres Onkels verinnerlicht hat« (von Schoenebeck 2015, 160).

Auch später dachte sie noch ein paar Mal daran, eine Oper zu komponieren. Dabei war sie »[k]eineswegs unprofessionell [...] in der Wahl ihrer Stoffe. Sie entsprechen durchaus der Machart der zeitgenössischen Erfolgsopern« (Hoffmann 1993, 40). 1837 berichtet Droste in einem Brief an Wilhelm Junkmann (1811–1886), in dem sie immerhin auch *Ledwina*, »eine CRIMINALgeschichte,

Friedrich Mergel« (also die spätere *Judenbuche*) und das »geistliche Jahr« erwähnt, von einem weiteren Opernprojekt neben *Babilon*, das sie »die seidenen Schuhe« nannte (HKA VIII, 228). Konkrete Aufzeichnungen dazu sind nicht bekannt, doch im Nachlass findet sich das Fragment eines in Versen verfassten Schauspiels (HKA XIII, 323–352), das als Auszug aus der ersten deutschen Übersetzung (1823, 2. Aufl. 1828) von Adam Oehlenschlägers (1779–1850) populärem Singspiel *Tordenskiold* (Kopenhagen 1821) identifiziert wurde (Schulte Kemminghausen 1958b, 329–331). Diese romantisch-biedermeierliche, genrebildhafte Hommage an den dänisch-norwegischen Nationalhelden Peter Wessel Tordenskiold (1690–1720), der sich nicht nur um Seeschlachten, sondern auch um das Glück gewaltsam getrennter Liebender kümmert, traf den Geschmack des politisch ruhig gestellten Publikums. Allegorisch-neckisch löst sich der Konflikt auf, wenn »LEICHTSINN und GELEGENHEIT« gemeinsam singen: »So winken wir beyde / Cupido herbey / Auf daß ihrem Leide / Ein Ende sey« (HKA XIII, 349). Der Bösewicht geht an »Bachus'« Hand dem ewigen Besäufnis entgegen und der Chor singt die Hymne auf die Restauration: »Heil unserm König, mit segnender Hand / Schützt und regiert er das dänische Land / [...] / Heil ihm, und ihm, dem das Glück immer hold / Heil unserem wackern Tordenskiold« (HKA XIII, 350). Droste fügte diesen Auszügen Anmerkungen für die geplante Musik und eine Stimmlagenverteilung für die Figuren hinzu. Außerdem komponierte sie eine liedhafte Arie des Königs für Singstimme und Klavier. Die zweite deutsche Übersetzung trägt den Titel *Der blaue Cherub*. Zwar verwendete sie diese Übersetzung von 1830 nachweislich nicht, dennoch setzte sich der Titel in der Forschung für das wahrscheinlich in den späten 1820er Jahren verfolgte zweite Opernprojekt durch. Eine inhaltliche Verbindung zu den »seidenen Schuhe[n]« ist nicht erkennbar (HKA XIII, 713f.).

Vermutlich in den frühen 1830er Jahren entstanden Handlungsentwürfe mit dem Titel *Der Galeerensklave* (HKA XIII, 353–373). Dass Droste dabei eine Oper, zumindest ein Schauspiel mit Musik vorschwebte, zeigen die zahlreichen Hinweise im Text. So notierte sie zur »Erste[n] Scene«: »sobald sie anfängt zu bethen, beginnt eine leise Musik das Ganze dauert ein Weilchen, dann geht die Musik sehr ins Schwermüthige über und man hört zuletzt einen entfernten traurigen Chor, er nähert sich und –« (HKA XIII, 356). Als Vorlage diente das sehr verbreitete, u. a. 1777 in Münster erschienene französische Schauspiel *Der Galeeren-Sklav. Ein rührendes Lustspiel in fünf Aufzügen* von Charles-Georges Fenouillot de Falbaire de Quingey (1727–1800). Wie schon bei *Babilon* fügte Droste auch hier einen neuen Handlungsstrang ein, veränderte Namen, Schauplätze, Figurenkonstellationen. Die rührende Handlung um einen Sohn, der für seinen unschuldig verurteilten Vater auf die Galeere verbannt wird und dafür seine Liebe zu einer jungen Frau opfern muss, spielt bei Falbaire noch vor dem Hintergrund der Protestantenverfolgung. Bei Droste hingegen werden alle »religiösen, gesellschaftlichen und politischen Handlungsmotivationen zugunsten privater und rein menschlicher« eliminiert (HKA XIII, 725). Komponiert hat sie zu diesem Entwurf nichts.

Auch bei dem letzten bekannten Opernplan *Die Wiedertäufer* reizte sie vor allem der Stoff (HKA XIII, 375–381), immerhin waren ihre Vorfahren 1535 in die Auseinandersetzungen um das Täuferreich zu Münster verwickelt gewesen, hatten auf der Seite des Bischofs gekämpft, um die Anhänger der radikalen Reformationsbewegung zu vertreiben. Im Brief an Wilhelm Junkmann vom 4. August 1837 erklärte Droste, »für die n ä c h s t e und zwar eine g e r a u m e Zeit die musikalischen Arbeiten den poetischen nachzusetzen«, nahm allerdings die *Wiedertäufer* davon aus, da sie »so große Lust habe den Text zu schreiben«, um »diesem so oft misbrauchten Stoff endlich einmahl eine ordentliche Behandlung zukommen zu lassen«. Eine »vaterländische Oper, oder vielmehr Trauerspiel mit Musik« schwebte ihr vor (HKA VIII, 228). Am Ende hatte sie einige Materialien zusammengetragen und in einem »alten Wiedertäufer-Koffer in Hülshoff« verstaut, darunter »ein paar (sehr verpludderte[ ]) Hefte[ ] alter Nationaltänze« (HKA X, 377), die sie 1846 in einem Brief an ihre Schwester erwähnte. Neun Jahre zuvor hatte sie diese Noten gegenüber Junkmann noch euphorisch einen »Schatz von Tänzen und Liedern grade aus jener Epoche« genannt, die ihr »ein günstiger Zufall [...] in die Hände gespielt« habe (HKA VIII, 228). Doch dann hatte sie das Interesse am Stoff verloren, die Beschäftigung mit dem Thema war ihr »zu gräßlich«, sie fand keinen »poetischen und psychologisch[en]« Zugriff auf die Protagonisten, und wenn, dann wäre das Ganze für eine »katholische Feder« wohl nicht passend gewesen (HKA IX, 34f.). So existiert im Nachlass nur eine Handschrift mit 32 fortlaufend notierten Motiven und Melodien zwischen 4 und 28 Takten, die vielleicht auf jene »Hefte[ ] alter Nationaltänze« zurückgehen. Ein Gespür für angesagte Opernstoffe muss man Droste allerdings in jedem Fall zugestehen: Der Wiedertäufer-Stoff wurde mit Giacomo Meyerbeers (1791–1864) Grand opéra *Le prophète* (Libretto: Eugène Scribe, Émile Deschamps) »seit 1849 zu einer der meistgespielten Opern des 19. Jahrhunderts« (Hoffmann 1993, 40).

Bleiben also diese Ausflüge in die musikalische Großform eher anekdotisch, allenfalls psychologisch interessant, so zeigen sie doch vor allem eins: Imaginierte sich Droste ins Theater, dann nicht als Verfasserin von Schauspielen; Opernkomponistin hätte sie wohl sein wollen. Vertraut war ihr der populäre musikalische Diskurs, der »musikalischen Avantgarde ihrer Zeit stand sie [...] fern« (von Schoenebeck 2015, 142). Drei Jahre vor ihrem Tod erhielt sie einen Brief von Clara Schumann, in dem diese um ein Libretto für ihren Mann bat (HKA X, 297; vgl. HKA XII, 874). Annette Droste hat nie darauf geantwortet.

2. Lieder

Gut zwanzig Lieder für Singstimme und Klavier und vier mehrstimmige Lieder sind überliefert, dazu Volksliedbearbeitungen und die Bearbeitung des *Lochamer-Liederbuches* für den Schwager Joseph von Laßberg (1770–1855). Drostes Lieder sind Strophenlieder; die vier überlieferten Versuche im durchkomponierten Lied blieben Fragmente. Nur dreimal vertonte sie eigene Texte, sonst verwendete sie, was sie gerade las – bediente sich im *Frauentaschenbuch* von Fouqué, bei Goethe, Byron, Brentano, Scott, in Friedrich Ludwig Wilhelm Meyers Sammlung *Spiele des Witzes und der Phantasie*, in einer Sammlung internationaler Volkslieder. Oft vertonte sie Gedichte, die sich als Lieder geradezu aufdrängten: die *Seufzer einer Königin* aus Meyers Sammlung (bei Droste: *Lied der Königinn Elisabeth von England*, HKA XIII, 24–26) oder *Der bejahrte Krieger. Essex Worte, 1590 seiner Königin gesungen* (bei Droste: *Der Graf Essex, an die Königinn Elisabeth*, HKA XIII, 38–40), Goethes *Zigeunerlied* (‹*Im Nebelgeriesel, im tiefen Schnee*›, HKA XIII, 27–29), sein gesellige Lied *Offne Tafel* (‹*Viele Gäste wünsch ich mir*›, HKA XIII, 30–32), Valerias Lied aus Brentanos Lustspiel *Ponce de Leon* (‹*Wenn die Sonne fortgegangen*›, HKA XIII, 14f.) und ein angeblich *Indisches Brautlied* (HKA XIII, 8–11).

Will man die Qualität der Lieder bewerten, so kann nicht das klavierbegleitete Sololied des 19. Jahrhunderts mit einem eigenständigen, alle Möglichkeiten des Instruments ausschöpfenden Accompagnement, können also nicht Schubert, Schumann, Johanna Kinkel oder Fanny Hensel der Maßstab sein. Muster ist das ›Lied im Volkston‹, das einfache Gesangsstück, wie es im ausgehenden 18. Jahrhundert etwa Johann Abraham Peter Schulz, Johann Friedrich Reichardt und Karl Friedrich Zelter, Vertreter der ›Zweiten Berliner Liederschule‹, orientiert an Goethes Liedästhetik, gefordert hatten. Solche Lieder wurden abends am Ofen gesungen, sie erschienen in Sammlungen und gehörten zum Repertoire von Liedertafeln und Gesangsvereinen. Der »Schein des Bekannten« (Schulz 1785, 8) sollte erweckt werden, die kompositorischen Mittel mussten dementsprechend einfach sein: Eine einzige, meist periodisch strukturierte Melodie für alle Strophen gewährleistete das rasche Erlernen, unterstützt durch Wiederholungen, häufige Dreiklangbrechungen und eine schlichte akkordische Klavier- (oder Gitarren-)begleitung, in der Terzen und Sexten dominieren (vgl. Springer 2002).

In dieser Tradition stehen auch Drostes Lieder. Sie sind für den biedermeierlichen Hausgebrauch gemacht, die Komposition verdoppelt gleichsam Text und Hauptaffekt, ohne eine zweite Ebene zu eröffnen, ohne mit der Musik noch etwas Anderes sagen zu wollen. Sie haben keine wirklich selbständige Klavierstimme, oft könnte man die Begleitung sogar einfach als beziffterten Bass notieren – etwa im *Lied der Königinn Elisabeth von England*. Und doch gibt es immer wieder Momente, in denen das Konventionelle verlassen wird. In vielen Liedern ist die Melodieführung, wenigstens punktuell, »gewagt und eigenwillig«, gibt es rezitativische Passagen, die »einen Zug ins Improvisatorische« haben (HKA XIII, 402, vgl. *Lied der Königinn von England*, T. 11 und 12). Genau das muss Drostes Musizieren ausgezeichnet haben: Sie improvisierte gern und originell, an »freie[ ], fessellose[ ] Phantasien« und »großartige[ ] Improvisationen« erinnerte sich Schücking (vielleicht etwas zu enthusiastisch) in seinem *Lebensbild* (Schücking 1862, 124). Auch im 19. Jahrhundert findet sich noch die Vorstellung, dass erst der Vortrag in »freier Improvisation« die Komposition »zu Ende« führe (Dürr 1981, 125). Doch die – auch nach dem musikalischen Empfinden des 19. Jahrhunderts – unschöne Überfrachtung der

Singstimme in Drostes Liedern mit syllabischen wie melismatischen Vorschlägen, mit vielen ›unwesentlichen Manieren‹ (Doppelschlägen, Trillern, Mordenten usw., vgl. Dürr 1981, 130) ist mehr fixierte Improvisation als zu Ende geführte Komposition. »Eben so nachtheilig« könne die »Anwendung« von Manieren »seyn, wo man sich ihrer im Uebermaaß bedient«, heißt es 1837 in einer bekannten Musikenzyklopädie (Schilling 1837, 519). Das ›Gewagte‹ wurde jedoch gleichsam Programm, wo ein (angeblich) exotischer Text es provozierte, wo der Stoff es dem biedermeierlichen Geschmack gestattete: Um 1831 entstand das seltsame *Indische Brautlied*. Die Melismen, Arpeggien, die Überdehnungen der betonten Silben durch Fermaten, diese Freiheiten im musikalischen Skandieren gegenüber dem Metrum des Textes (vgl. T. 8) verleihen dem Lied einen rezitativischen Charakter, geschuldet ist dieser kompositorische Wagemut der Suche nach der passenden ›indischen‹ Klangfarbe (→ II.3.). Die zur dritten und vierten Strophe notierten Variationen rücken das Lied in die Nähe des variierten Strophenlieds, wie es seit etwa 1830 das reine Strophenlied verdrängte (Dürr 1999, 77).

Wenn dieses Manierierte beim »lyrischen Lied« (Dürr 1981, 131) zeitgenössisch auch als geschmacklos und dilettantisch galt, war es bei Droste oftmals ungelenker Ausdruck der Suche nach dem anderen Klang. In der Literatur konnte das nicht Regelkonforme zur Metapher des Ungesagten, Unterdrückten werden:

Ich bin kein natürlicher Verehrer der Musik, sondern ein künstlicher – mein Geschmack ist, ich gestehe es, ein im Opernhause mühsam eingelernter, dennoch meine ich, das Fräulein singt schön – über ihre Stimme bin ich sicher, daß sie voll, biegsam aber von geringem Umfange ist, da läßt sich ein Maßstab anlegen, – aber dieses seltsame Modulieren, diese kleinen, nach der Schule verbotenen, Vorschläge, dieser tief traurige Ton, der eher heiser als klar, eher matt als kräftig, schwerlich Gnade auswärts fände, können vielleicht nur einem geborenen Laien wie mir den Eindruck von gewaltsam Bewegenden machen; die Stimme ist schwach, aber schwach wie ein fernes Gewitter, dessen verhaltene Kraft man fühlt – tief, zitternd wie eine sterbende Löwin: es liegt etwas Außernatürliches in diesem Ton, sonderlich im Verhältniß zu dem zarten Körper – ich bin kein Arzt, aber wäre ich der Vetter, ich ließe das Fräulein nicht singen. (HKA V, 142 f.)

Wie ein Selbst- und zugleich Wunschporträt liest sich diese Schilderung der täglichen häuslichen Liederabende von Fräulein Sophie aus dem Prosafragment *Bei uns zu Lande auf dem Lande*. Noch einmal ist hier der mittlerweile trivialisierte Topos des 18. Jahrhunderts von der ›Musik als empfindsamer Sprache des Herzens‹ abgerufen. Auffällig ist allerdings, dass von einem Text der Lieder nicht die Rede ist, nur von der »Stimme« (wie von einem Instrument) und vom »Ton«. Damit aber partizipiert der Text zugleich an der romantischen Musikästhetik, nach der die Musik (die Instrumentalmusik) ausdrückt, »was Worte nicht einmal zu stammeln vermögen« (Dahlhaus 1978, 66). Wurde aber in der Musikästhetik der Romantik »[i]n und mit literarischer Sprache […] die Musik zur Sprache der Sprachen erhoben, dergegenüber die Sprachsprache als defizitär« erschien (Caduff 1997, 547), so ist solche Metaphysik der Musik in Drostes Prosafragment von 1841 längst aufs biedermeierliche Genrebildmaß zurechtironisiert: Der Metaphysik stehen die Unzulänglichkeiten der musikalischen Haus-Mittel im Weg.

Wo der literarische Text schon nicht mehr romantisch ist, sind es die Lieder nie geworden, dazu fehlten die kompositorischen Fertigkeiten, dazu fehlte aber auch und vor allem der Zugang zu avancierten musikästhetischen Diskursen. Der Maßstab blieb das Vertraute, »ein Als-ob-bereits-gehört« (Schwab 1965, 106). Da sind dann auch die Grenzen zwischen Volksliedbearbeitung und populärem Lied fließend. Viele Volkslieder wurden in Hülshoff gesungen, und als der Bökendorfer Kreis begann, sie zu sammeln, war Droste eine gefragte Quelle. Im Sommer 1842 berichtete der Gymnasialprofessor Albert Schott Ludwig Uhland von einer Begegnung auf der Meersburg: »Ich habe hier [...] von der Schwägerin des Herrn v. Laßberg eine ziemliche Zahl Volkslieder bekommen, die das Fräulein meist in ihrer Jugend gelernt hat und die sie gern und auf ansprechende, natürliche Weise mit Clavierbegleitung vorträgt« (HKA XIII, 404). Viele dieser 38 Volkslieder muss Droste aus ihrer Kindheit gekannt haben: *Bökendorf, du liebes Oertchen* z. B. oder *Münster muß ich nun verlassen*. Uhland hat drei der Lieder in seine Sammlung *Alte hoch- und niederdeutsche Volkslieder* (Stuttgart, Tübingen 1844–1846) aufgenommen: *Wel will mit Gert Olbert utriden gon*, *Zwei Königskinder* (*Et wassen twe Künnigeskinner*) und *Loskauf* (*O Schiffmann*) (vgl. HKA XIV, 356–359, hier eine vollständige Auflistung der Volkslieder, die Droste aufgezeichnet hat).

Doch manchmal scheint ihr die Suche nach dem imaginierten Authentischen auch zu viel geworden zu sein. Als Droste 1840 für ihren Onkel August von Haxthausen »Wallfahrts- oder Arbeitslieder frommen Inhalts« sammeln sollte, fand sie nichts Angemessenes: Die Volkslieder im Münsterland waren, »über die Hälfte, lustigen oder lockern Inhalts«, und »beym Spinnen« sang man die »ORDINAIREN Volkslieder« (HKA IX, 125). Also komponierte sie einfach selber, traf den erwünschten Ton und musste, so erzählte man sich, die in romantischer Sammelleidenschaft Entbrannten später aufklären: »Ihr Gimpel! Wißt ihr nicht, daß ich die Lieder komponiert habe?« (Kreiten 1900, 223)

Als sie 1836 auf der Suche nach einem Namenstagsgeschenk für Joseph von Laßberg begann, die Melodien des *Lochamer-Liederbuches* (Nürnberg 1451–1453) zu bearbeiten, an dessen Abschrift der sammeleifrige Schwager 1835 durch den Münchener Universitätsdozenten Hans Ferdinand Maßmann (1797–1874) geraten war (HKA XIII, 537–541), entstanden Neukompositionen (HKA XIII, 105–192) – nicht nur, weil sie die historische Notation nicht lesen konnte, sondern sicherlich auch, weil sie den ihr vertrauten ›Volksliedton‹ treffen wollte, den »Schein des Bekannten« (Schulz 1785, 8).

3. Klangräume und Kulissen: Intermediale Spuren im literarischen Werk

Andere, neuartige Klangräume öffnen sich dagegen in Drostes Lyrik. Da sind zum einen die onomatopoetisch erzeugten Horrorszenarien, das Droste'sche Knarren und Knistern, Klirren und Krachen, das einen ausgeprägten Sinn für Klangfarben voraussetzt. Zu dieser Kakophonie des Schreckens gibt es die Gegen-Klänge, euphonische Klangräume. Sie finden sich in den *Zeitbildern* wie in Gedichten aus dem *Geistlichen Jahr*, in Balladen, in der Naturlyrik. Oft sind es nur einige atmosphärische Verse, die dann gar nicht zum Rest zu passen scheinen und immer Momente der Stillstellung, der »Trance« (Kraft 1987, 168) enthalten (vgl. *Wasser. Der Mittag, der Fischer* aus den *Elementen*, HKA I, 72, V. 25f., 31–34; *Im Moose*, HKA I, 81, V. 13–15; *Im Grase*, HKA I, 328, V. 1–8). Der an genau diesen Stellen immer auffällige Rhythmus strukturiert die still gestellte Zeit: daktylisch stauend im *Wasser*-Gedicht, anapästisch flutend in *Im Grase*, manchmal in Spondeen innehaltend (»Natur schläft«, *Wasser*, V. 31). Virtuos erzeugt Droste Text-/Klangräume mithilfe des Rhythmus, verstanden als die je besondere Füllung des immer marginaler werdenden zugrunde liegenden metrischen Schemas (auch deshalb ist sie für die Gegenwartslyrik eine wichtige Referenz-Autorin). Klang-Räume entstehen hier aus »Stoffleerheit« (Hegel [1835–1838] 1986, 217) und Rhythmus, frappierend schön in der schier unendlich flutenden Tonreihe des Gedichts *Im Grase* – die Nähe zur musikalischen Improvisation ist dabei unverkennbar.

Intermedial lesbar ist in vielen Texten auch der Bildaufbau durch die fokussierende Instanz: Ob der Erzähler in *Ledwina*, das Zyklus-Ich in den *Klängen aus dem Orient*, das Dichter-Ich in der *Vogelhütte*, die Briefeschreiberin – alle werfen häufig wie von außen einen Blick aufs Geschehen. Auf diese Weise entstehen kleine, auch texträumlich abgeschlossene Szenen, und nicht nur in Erzählgedichten und Balladen werden Landschaftspanoramen kulissenartig auf- und abgebaut. Dieser ›Opernblick‹, der in Drostes Texten neben dem ständig konstatierten ›mikroskopischen Blick‹ existiert, hält das beobachtende Ich diesseits der Grenze, mit seiner Hilfe kann es sich, zumindest punktuell, die Gefahren vom Leib halten, die von einer Welt als Stückwerk und Trümmerfeld (vgl. Detering 2009, 65) ausgehen. Dieser ›Opernblick‹ ist *ein* Verfahren in Drostes Texten, durch das sich »das konstruierende Schreibsubjekt selbst als [...] imaginäre[r] Mittel- und Konvergenzpunkt« (Detering 2009, 61) momenthaft zu behaupten sucht.

Literatur

Brockpähler, Renate: Opernaufführungen im münsterischen Komödienhaus (1775–1890). In: Westfalen. Hefte für Geschichte, Kunst und Volkskunde 44 (1966), S. 355–370.

Bußmann, Klaus: Stätten münsterischen Musiklebens. In: Westfalen. Hefte für Geschichte, Kunst und Volkskunde 44 (1966), S. 346–354.

Caduff, Corina: Die diskursive Karriere der Musik im 19. Jahrhundert. Von der »Herzenssprache« zur »wahren Philosophie«. In: Deutsche Vierteljahrsschrift für Literaturwissenschaft und Geistesgeschichte 71,4 (1997), S. 537–558.
Dahlhaus, Carl: Die Idee der absoluten Musik. Kassel 1978.
Detering, Heinrich: Versteinter Äther, Aschenmeer. Metaphysische Landschaften in der Lyrik der Annette von Droste-Hülshoff. In: Jochen Grywatsch (Hg.): Raum. Ort. Topographien der Annette von Droste-Hülshoff. Hannover 2009 (= Droste-Jahrbuch 7), S. 41–67.
Dürr, Walther: »Manier« und »Veränderung« in Kompositionen Franz Schuberts. In: Roswitha Karpf (Hg.): Zur Aufführungspraxis der Werke Franz Schuberts. München, Salzburg 1981, S. 124–139.
Dürr, Walther: Das deutsche Sololied im 19. Jahrhundert. Untersuchungen zu Sprache und Musik. 2. Aufl. Wilhelmshaven 1999.
Fellerer, Karl Gustav: Maximilian Friedrich von Droste-Hülshoff (1764–1840). In: Jahrbuch der Droste-Gesellschaft 2 (1950), S. 175–201.
Fouqué, Friedrich de la Motte: Babylon. Idyllen. In: Frauentaschenbuch für das Jahr 1820 von de la Motte Fouqué. Nürnberg 1819, S. 1–38.
Gödden, Walter: Annette von Droste-Hülshoff. Leben und Werk. Eine Dichterchronik. Bern u. a. 1994. [Gödden 1994a]
Hegel, Georg Wilhelm Friedrich: Vorlesungen über die Ästhetik III [1835–1838]. In: Georg Wilhelm Friedrich Hegel: Werke. Auf der Grundlage der Werke von 1832–1845 neu edierte Ausgabe. Red.: Eva Moldenhauer und Karl Markus Michel. Bd. 15. Frankfurt/M. 1986.
Heselhaus, Clemens: Aus Annettes Jugendzeit. Tagebuch-Aufzeichnungen von Jenny von Droste-Hülshoff. In: Jahrbuch der Droste-Gesellschaft 1 (1947), S. 83–95.
Hoffmann, Freia: Gefangene Gefühle. Annette von Droste-Hülshoff als Musikerin. In: Ortrun Niethammer/Claudia Belemann (Hg.): Ein Gitter aus Musik und Sprache. Feministische Analysen zu Annette von Droste-Hülshoff. Paderborn u. a. 1993, S. 35–54.
Kansteiner, Armin: Der »Musiktheoretiker« Max von Droste-Hülshoff und seine Schülerin Annette. Ein Beitrag zur Grundlage des kompositorischen Schaffens der Dichterin. In: Kleine Beiträge zur Droste-Forschung 3 (1974), S. 107–123.
Kraft, Herbert: »Mein Indien liegt in Rüschhaus«. Münster 1987.
Kreiten, Wilhelm: Anna Elisabeth Freiin von Droste-Hülshoff. In: Der Freiin Annette von Droste-Hülshoff. Gesammelte Werke. 2. Aufl. Paderborn 1900.
Kreiten, Wilhelm: Anna Elisabeth Freiin von Droste-Hülshoff. Ein Charakterbild als Einleitung in ihre Werke, nach den gedruckten und ungedruckten Quellen entworfen. 2., nach den neuesten Quellen erg. Aufl. Paderborn 1990 (= Der Annette Elisabeth von Droste-Hülshoff Gesammelte Werke. Bd. 1,1).
Prinz, Joseph: Die Geschichte des münsterschen Theaters bis 1945. In: Wilhelm Vernekohl (Hg.): das neue theater in münster. Beiträge zur Theater- und Musikgeschichte der Provinzialhauptstadt. Münster 1956, S. 27–76.
Sartorius, J.: Ein unvorgreifliches Bedenken über die itzige musikalische Kultur à la mode. In: Caecilia. Eine Zeitschrift für die musikalische Welt 3 (1825), S. 281–291.
Schilling, Gustav: Art. Manier. In: Gustav Schilling: Encyclopädie der gesammten musikalischen Wissenschaften, oder Universal-Lexicon der Tonkunst. Bd. 4. Stuttgart 1837, S. 515–520.
Schoenebeck, Mechthild von: Der Einfluss der italienischen Musik auf die Kompositionen der Droste. In: Droste-Jahrbuch 10 (2015), S. 123–161.
Schücking, Levin: Annette von Droste. Ein Lebensbild. Hannover 1862.

Schulte Kemminghausen, Karl: Annette von Droste-Hülshoff und die nordische Literatur. Gleichzeitig ein Beitrag zu dem Thema »Die Droste als Komponistin«. In: Hans Werner Seiffert (Hg.): Beiträge zur deutschen und nordischen Literatur. Festgabe für Leopold Magon zum 70. Geburtstag. Berlin 1958, S. 329–339. [Schulte Kemminghausen 1958b]

Schulz, Johann Abraham Peter: Lieder im Volkston. Erster Theil. 2., verb. Aufl. Berlin 1785.

Schwab, Heinrich: Sangbarkeit, Popularität und Kunstlied. Studien zu Lied und Liedästhetik der mittleren Goethezeit 1770–1814. Regensburg 1965.

Springer, Mirjam: Improvisationen. In: Herbert Kraft: Annette von Droste-Hülshoff. Reinbek bei Hamburg 1994, S. 62–68.

Springer, Mirjam: »Klang-Farben«. Lyrik und Lieder von Annette von Droste-Hülshoff (1797–1848). In: Musik in Baden-Württemberg. Jahrbuch 9 (2002), S. 101–112.

Springer, Mirjam: Neues aus den Opernpausen. Das deutsche Provinztheater in den Briefen Annette von Droste-Hülshoffs. In: Hans-Joachim Jakob/Bastian Dewenter (Hg.): Theater und Publikum in Autobiographien, Tagebüchern und Briefen des 19. und 20. Jahrhunderts. Heidelberg 2016, S. 89–113.

Weber, Gottfried: Vorrede. In: Gottfried Weber: Versuch einer geordneten Theorie der Tonsezkunst zum Selbstunterricht. Bd. 1. Mainz 1817, S. [3]–[10].

VI. Werkästhetik und Forschungsperspektiven

1. Epochalität
Gustav Frank/Stefan Scherer

    1. Professionalisierungsschicksal: Printmedien. 555
    2. Deskription (Raum) vor Narration (Zeit). 556
    3. Epigonalität und Involution. 556

Droste-Hülshoffs Epochalität resultiert aus einer literaturgeschichtlichen Konstellation, die auf der Ebene literarischer Verfahrensweisen kein einheitliches Epochenprofil mehr ausbildet, weil verschiedene Teilströmungen nebeneinander bestehen und sich überlappen. In der Forschung schlagen sich die Schwierigkeiten mit dieser phasenspezifischen Heterogenität darin nieder, dass man Drostes Texte einer dieser Teilströmungen zurechnet oder sie gar als Außenseiterin ganz aus dem Feld ausschließt, obwohl diese Einordnungen bis heute umstritten bleiben und immer wieder modifiziert und relativiert werden: So galt und gilt Droste-Hülshoff bevorzugt als ›Biedermeier-Autorin‹ (Sengle 1980, 592–638; Niethammer 2002, 141), zugleich ist nachdrücklich gezeigt worden, wie ihr Werk im Biedermeier nicht aufgeht (vgl. Liebrand/Hnilica/Wortmann 2010b, 8). Ebenso wenig aber aktualisiert sie einen romantischen Kunstton oder eine prosaische oder gar prosanahe »realistische Lyrik« (Heselhaus 1970, 1108). Ohne Zwang ist sie auch kaum in eine Linie der Modernität von Baudelaire über Kafka bis Celan einzutragen (Detering 2009; Salmen/Woesler 2008; Liebrand/Hnilica/Wortmann 2010b, 10–12; Wortmann 2014a, 16–21; → VI.2.), wenn im Blick auf das modern Erscheinende dieses Werks »doch der Verweis auf Keller und Stifter und damit eine historische Kontextualisierung viel näher« (Fauser 2013, 51, Anm. 31) liegt (→ I.3.1.).

Die Unruhe im Forschungsfeld wie die auffällige Selbstbeschränkung in der Thesenbildung deuten darauf hin, dass die veranschlagten Beschreibungskategorien und Gruppenbildungen für eine angemessene Erschließung der Epochalität von Drostes Œuvre nicht hinreichen. Über die engeren Epochenzuordnungen hinaus gilt das vor allem für eine Typologie des Biedermeierlichen oder Konservativen, der die Texte auch gegen die offensichtlichen Formexperimente aufgrund ihrer vermeintlichen ›Ideologie‹ einverleibt werden (vgl. Frank 2017). Ebenso gilt dies für die latente Relevanz goethezeitlich-autonomieästhetischer Maßstäbe, mit denen Droste auf ›paradoxe‹ Weise immer eingespannt erscheint ›zwischen‹ Artistik und Operativität oder Tradition und Moderne, so dass sie fast schon zwangsläufig zur »Bewohnerin eines literarhistorischen Niemandslandes – zwischen altmodisch Überkommenem und dessen Transgression« (Liebrand/Hnilica/Wortmann 2010b, 7) erklärt werden muss. Aus dieser Situierung führt nur eine konsequente Einbettung dieses Werks in die Spezifika der literarhistorischen Konstellation ›um 1830‹ heraus, deren verfestigte Kategorien nur in einer Funktionsgeschichte literarischer Formen zu überwinden sind.

Für eine solche literarische Konstellation ›um 1830‹ ist mit Erhart (2008) davon auszugehen, dass *sämtliche* Strömungen und Œuvres von *derselben* Problematik durchzogen sind: dem Obsoletwerden aller historischen, epistemischen und anthropologischen Modelle im Idealismus der Goethezeit. Das hat zur Folge, dass diese Teilströmungen in ihrem Differenz begründenden Grade sowohl deren Auflösung weitertreiben als auch sich daran abarbeiten, die verlorene Stabilität wiederzugewinnen. Eine solche Gemeinsamkeit in der Problematik wird etwa kenntlich an der dargestellten Gewalt im Bereich sozialer und psychischer Verhältnisse, die sehr unterschiedliche Texte in ein sonst unverständliches Nahverhältnis bringt: Mörikes *Maler Nolten* (1832), Grabbes *Napoleon oder die hundert Tage* (1831), Büchners *Dantons Tod* (1835) und *Woyzeck* (1836) mit Heines *Rabbi von Bacherach* (1840), Stifters *Die Pechbrenner* (1849), Tiecks *Vittoria Accorombona* (1840) und eben Drostes *Judenbuche* (1842). Die Beobachtungsgenauigkeit für das Differente im Sozialen und Kulturellen wie im Psycho-Physischen und die Sensibilität für körperliche und kreatürliche Gewaltverhältnisse vereint eine ganze Reihe von Autoren, die sich sonst nicht in derselben Schule finden lassen. In den literarischen Mitteln der Bearbeitung und in der Bewertung – der Einschätzung als Gefahr oder als Chance – unterscheiden sie sich jedoch erheblich voneinander.

Ein weiteres Kennzeichen der gemeinsam geteilten Problemlage besteht im Umgang mit der literarischen Tradition. Auch hier greift die Aufteilung in ein (biedermeierliches) Feld konservativer Verharrung und vormärzlich-jungdeutscher Überwindung zu kurz. Vielmehr gestaltet sich dieser Umgang in epochenspezifischer Offenheit als variantenreiche Umgestaltung der Schreibverfahren, mit denen der Fundus der Tradition beständig ausgelotet, vor allem aber neu kombiniert und bewertet werden kann. So wird gerade auch in der Wieder-Holung von klassisch-romantischen Mustern deren Auflösung, Kontamination mit konträrem Material und weitgehende Transformation bis hin zur vollständigen Abwicklung ins Werk gesetzt. Hier entstehen – wie auch bei Mörike – verwickelte, mit Luhmann als ›involutiv‹ charakterisierbare Texturen (vgl. Scherer 2004): Im »Überziehen aller Mittel« mittels »Anwendung desselben Mechanismus auf die durch ihn ausgelösten Folgeprobleme« (Luhmann 1980, 97, 98) konstituiert sich eine ›Epigonalität‹, die sich des Umgangs mit poetologischen Traditionen und denkgeschichtlichen Theoriebeständen selbst bewusst ist. Sie lässt dabei ein internes Wuchern der Spaltungen und Abgründe *innerhalb* des gegebenen, vom Literatursystem der Kunstperiode regulierten Rahmens zu, das dergleichen noch ausschloss (vgl. Stöckmann 2001, 363– 371).

Vor diesem Hintergrund ist nicht die Vielzahl der triftigen Beobachtungen an Drostes Werk zur ideologischen Ausrichtung, zu den thematischen Vorlieben und bevorzugten literarischen Verfahren in Frage zu stellen. Doch ist Droste mit ihnen ebenso wenig nur eine konservativ-biedermeierliche Autorin,

1. Epochalität

wie ihre Schreibverfahren aus einer Art Vorläuferschaft im Sinne einer epochalen Isoliertheit hervorgehen. Ihre Besonderheit besteht vielmehr in dem erstaunlichen Grad an Teilhabe am akuten Orientierungsverlust und in der spezifischen Sensibilität ihrer Reaktion darauf, indem sie ihren Antworten individuelle Formgestalt abringt. Die spezifische Autonomie der Werke Droste-Hülshoffs verdankt sich demnach so eigensinnigen wie intrikaten Mischungen aus wechselnden Bezugnahmen auf unterschiedliche Traditionen. Ihre vielfach verzeichnete Eigenwilligkeit geht insofern darauf zurück, dass aus ihrem Œuvre keine unveränderliche und vor allem keine einheitliche kunsttheoretische Position rekonstruierbar ist. Es enttäuscht damit eine (bis heute aus der Rezeption der idealistischen Systemphilosophie gespeiste) Kohärenzerwartung und lässt stattdessen mit jedem Werk neue wahrnehmungstheoretische wie anthropologische und poetologische Konstellationen im je spezifischem Für und Wider ihrer jeweiligen Grenzen und Möglichkeiten aufscheinen. Gerade darin aber erweist sich Droste als aktive Mitgestalterin der komplexen Konstellation ›um 1830‹.

Die Forschung entwickelt erst am Einzelbeispiel eine Sensibilität für den solchermaßen form- und funktionsgeschichtlich präzisierbaren literarhistorischen Ort, den Drostes Werk einnimmt. Aufgrund seiner desillusionierten »Todesverfallenheit« (Geisenhanslüke 2014, 102) erscheint es ohne jeden Glauben an eine Erlösung, die es zugleich ständig aufruft. Darin ist Droste geradezu anti-biedermeierlich. Solche Befunde entsprechen offenkundig auch keiner der sonstigen Epochenbezeichnungen wie Vormärz, Früh- (Fülleborn 1974) oder Protorealismus (Schönert 2002), die für die Literatur ›um 1830‹ aufgebracht wurden. Insofern wird gerade Drostes spezifisch historische Singularität zur Herausforderung an die Literaturgeschichte, aus den engen Grenzen politisch-ideologisch wie poetologisch-stilistisch induzierter Typologien auszubrechen.

1. Professionalisierungsschicksal: Printmedien

Die Epochalität von Drostes Œuvre lässt sich überzeugend weder durch den ausschließlichen Blick auf das Sozialsystem Literatur im Vormärz noch durch Reduktion auf biedermeierliche Textverhältnisse und schon gar nicht durch Kurzschlüsse zwischen beiden (etwa in Bezug auf die Marktferne der Biedermeier-Autoren) erschließen (→ I.3.2.). Seit der Durchsetzung der literarischen Industrie in den 1820er Jahren (vgl. Segeberg 1997, 193) gehört der Markt zum Professionalisierungsschicksal *aller* Schriftsteller/innen: Er erlaubt keine Wahl zwischen »Marktorientierung und Wertkonservatismus« (Köster 2002). So erscheint etwa das berühmte Gedicht *Im Grase* in der demokratisch-liberalen *Kölnischen Zeitung* (Nr. 329 vom 24. November 1844), die *Judenbuche* lässt Droste in Fortsetzungen in Cottas *Morgenblatt für gebildete Leser* (Nr. 96–111 vom 22. April bis 10. Mai 1842) drucken – mithin in periodischen Leitmedien der Zeit neben Gedichten Freiligraths und Erzählungen Alexander von Sternbergs. Wie bei Eichendorff und Mörike entsteht auch Drostes »Souveränität« »dem Zeitgeist gegenüber« (Sautermeister 1998a, 477), indem sie wie ihre männlichen Kollegen »eine aufmerksame Beobachterin des Literaturbetriebs« bleibt: Sie »las viel und genau« (Kortländer 2003, 193), verhält sich dabei aber entschieden eigensinnig distanziert dazu (vgl. den einschlägigen Brief Drostes an Elise Rüdiger vom 24. Juli 1843 [HKA X, 89]; Blasberg 2011, 11). Wiewohl sie also in den Leitmedien präsent ist – ihr Gedicht *Mondesaufgang* erscheint im renommierten, wohlausgestatteten *Rheinischen Jahrbuch auf das Jahr 1846* des Büchner-Verlegers J. D. Sauerländer neben Gedichten Arndts und Schückings sowie dem *Beschriebenen Tännling* Stifters –, stellt sie dort eine Poesie der Abgeschiedenheit von gesellschaftlichen Zwängen aus: Das Gedicht *Mein Beruf* sollte ursprünglich die Ausgabe der *Gedichte* von 1844 eröffnen.

2. Deskription (Raum) vor Narration (Zeit)

Epochal gesehen ist Drostes Werk ein Schwellenphänomen, insofern es Regularien der ›Kunstperiode‹ wiederholt, dabei aber auf Umweltreferenz (in der vielgerühmten detailgenauen Erfassung empirischer, auch naturwissenschaftlich begründeter Verhältnisse unter Verwendung der Fachsprache aus Botanik und Geologie) bei insularer Wahrung vergangener Poesie und ihrer Metaphysik umstellt. Das Wunderbare der Romantik wird bei Droste substituiert durch das als real möglich beglaubigte Intensitätsmodell einer synästhetischen Lyrik, die so detailkonkret verfährt, wie sie naturkundlich abgesichert ist (vgl. Scherer 2014; Grywatsch 2014). Kenntlich wird hierbei ein epochenspezifischer Übergang in der leitenden Orientierung am – auch geschichtsphilosophisch sinnstiftenden – Erzählen: vom Progress im ›Nacheinander in der Zeit‹ zur Beschreibungskunst eines ›Nebeneinanders im Raum‹ der Naturphänomene wie der sozialen Konstellationen. An Drostes Œuvre sind die gattungsgeschichtlichen Konsequenzen zu beobachten, wenn Narration häufig abgelöst wird durch ›Bilder‹(-Folgen) und durch Deskription, angezeigt durch paratextuelle Signale wie ›Bilder‹, ›Sittengemälde‹ oder ›Schilderungen‹: In den Fokus tritt der Nahraum der Wahrnehmung und dessen Natur-Dinge, aber auch Güter und Waren sowie die Konstitution der Wirklichkeit durch das wahrnehmende Subjekt. Kunst dissoziiert *und* intensiviert dabei, denn sie hat erleuchtende wie verstörende Wirkung ineins (zur gestörten Idylle in Drostes westfälischen Bildern vgl. Erhart 2013, 30) – nun aber auf dem historischen Stand um 1830, der gekennzeichnet ist vom irreversiblen Verlust einer poetischen Metaphysik, die durch literarische Verfahren im poetischen Effekt indes noch einmal wiedererstattet werden kann (zu dieser lyrischen Mediologie im poetischen Glauben vgl. Scherer 2014, 168–171).

3. Epigonalität und Involution

Drostes von den Zeitgenossen als ›unverständlich‹ und ›konfus‹ wahrgenommene Texturen (vgl. Liebrand/Wortmann 2014, 10) produzieren deshalb Stei-

1. Epochalität

gerungen in der Komplexität literarischer Verfahren *innerhalb* des noch bestehenden Paradigmas. Sie überdehnen es dabei soweit, dass sie dessen Grenzen »perforieren« (Liebrand/Hnilica/Wortmann 2010b, 11). *Ad hoc* als Optionen können genauso Bezüge auf vor-goethezeitliche Traditionen (vom Barock bis zur Aufklärung) aufgerufen werden, ohne damit das jeweilige Bezugssystem selbst reaktivieren zu wollen. »Bemerkenswert an diesem Droste'schen Rekurs [...] sind sowohl die Intensität als auch die Extensität, mit der die Autorin (auch weil sie als ›dichtende Frau‹ Anschluss an die männlichen Höhenkamm-Figurationen sucht) auf überlieferte Formen- und Bildsprache, auf Topiken, zurückgreift.« (Liebrand/Hnilica/Wortmann 2010b, 11) Im Unterschied zu Heine und den Jungdeutschen sind Drostes Werke (ähnlich denen Mörikes) dabei nicht getragen von Arrivierungsgesten der skandalösen Überbietung oder polemischen Bestreitung, mit denen etwas Neues, Anderes, Revolutionäres installiert werden soll. Sie sind vielmehr auf die oben herausgestellte epochenspezifische Weise geprägt von einem kombinatorischen Modus, der aus dem gesamten historischen Fundus (einschließlich dem von den Klassizisten und Romantikern aufgebrachten) schöpft und dadurch die Instrumente hervorbringt, mit denen dieserart Poesie erst auf aktuelle Empfindlichkeiten zu reagieren vermag. Im gleichnamigen Gedicht zerspringt sie zum Schluss in »tausend Trümmer klirrend, / Und hin ist die Poesie!« (HKA I, 142, V. 47f.)

In den skizzierten Rückgriffen besteht die spezifische, von involutivem Wuchern geprägte Epigonalität (vgl. Fauser 2013) von Drostes ›traditionsversessenem‹ Werk. Sie erzeugt auch die von Sengle für Mörike festgestellte epochenspezifische »›Tiefe des Ausdrucks‹« (Storm an Mörike vom 12. Juli 1853, zit. n. Sengle 1980, 742f.), indem mit ihm die undurchsichtigen Schächte des Ich ausgeleuchtet (*Das Spiegelbild*) und hybride Textstrukturen wie in *Die Mergelgrube* (Geisenhanslüke 2014, 97f.) hervorgebracht werden. Liebrand hat diese *bedingten* Neuerungen innerhalb des Anspruchs auf Restauration auf die Formel »kreative Refakturen« gebracht, weil Drostes Texte »Vorgaben der Tradition [...] remodellieren« (Liebrand 2008, 7) bzw. »redigieren« (Liebrand/Hnilica/Wortmann 2010a). Insofern kann man diese Involution in einer Poetik der intertextuellen Reminiszenz (vgl. Fauser 1999; Meyer-Sickendiek 2001; zur Intertextualität bei Droste Liebrand/Hnilica/Wortmann 2010a; resümierend Blasberg 2013b, 263) als *Textstrategie* für Droste-Hülshoff spezifizieren: Bei ihr führt die bemerkbare Komplexitätssteigerung nicht zur Überbietung, sondern durch die »Paradoxien der Wiederholung« (Robert/Deupmann 2003) zu einer Depotenzierung durch Verkleinern und Verfeinern, der anarchische, weil eigensinnige Züge des Hypertrophen eignen (vgl. Mattenklott 1986, 89f., 98). ›Epigonale Involution‹ erlaubt als Beschreibungsmodell demnach die *intraepochale* Unterscheidung gegenüber einer forcierten ›experimentellen Kombinatorik‹ etwa bei Heine, Büchner oder Grabbe. Sie ist, verfahrenstechnisch gesehen, nicht minder experimentell als die ihre Komplexität dezidiert ausstellende Variante (zum Experimentellen bei Droste vgl. Liebrand/Hnilica/Wortmann 2010b, 12).

Die bei Droste zutage tretende Artifizialität selbst in völlig eingängigen, weil ganz direkt berührenden Gedichten wie *Im Grase* begründet die oft bemerkte »›Sperrigkeit‹ und ›Dunkelheit‹« (Liebrand 2008, 7) nicht weniger Texturen. Das bedeutet wiederum, dass die rätselhaften Unbestimmtheitsstellen noch nicht mit dem späteren Wissen etwa der tiefenstrukturellen Psychologie aufgelöst werden können (vgl. Lindner 2002), zumal sie noch in das idealistisch-naturphilosophische und transzendentalpoetische Denken der Goethezeit eingebettet bleiben. Romantische Verfahren und Motive und eine die ›Kunstperiode‹ tragende »ästhetisch-philosophische« Orientierung (Schönert 2002, 345) koexistieren bei Droste als poetische Metaphysik neben einer neuartigen, radikal pessimistischen Anthropologie, lange bevor sich ein Theoriemodell für die Beschreibung solcher Erfahrungen ausbildet. Es sind die vertrackten Texturen selbst, mit denen Droste diese Erfahrungen überhaupt erstmals vernehmbar macht.

Resümierend lässt sich hieran ein weiteres Fortschreiten der Auflösung goethezeitlicher Modellbildungen beobachten: Es vollzieht den langen »Abschied von der Romantik« (Lukas 2001) bis in die 1850er Jahre hinein mit, ohne dass sich in dieser »Anti-Romantik« (Scherer 2005a) bereits ein epochaler Konsens über die angemessenen Formen der literarischen Wahrnehmung und Darstellung ausbildet. Ein solcher Konsens wird sich erst im neuen Literatursystem ›Realismus‹ konsolidieren, dessen Theoretiker Droste-Hülshoff ausgeschlossen wissen wollen. So bleiben die aus der Goethezeit ererbten Probleme (wie etwa die Spannung von Autonomie und Heteronomie) zwar aktuell. Deren formale Lösungen – etwa durch das Erzählen von Bildungsgeschichten junger Männer, durch das klassizistisch geschlossene Geschichtsdrama nach Schiller oder durch das Vertrauen in die Integrationskraft der ›Einen Poesie‹ (so Tiecks zentrale Formel für romantische Poesie, vgl. Scherer 2012) – werden aber verworfen. So hat Drostes Poesie teil sowohl an der desillusionierten Einsicht in die Endgültigkeit des Todes und der Vergänglichkeit (auch jeder Erinnerung) auf der einen als auch an der poetisch beglaubigten Transzendenz (an die man nicht glauben muss, um von ihr berührt zu werden) auf der anderen Seite. Solche Unbestimmtheit bei größter sinnlicher Intensität indiziert die literarhistorische Stellung dieses Werks im Übergang: nach der Goethezeit und vor dem Realismus.

Literatur

Blasberg, Cornelia: Rahmungen. Zur Semantik einer Strukturform in Annette von Droste-Hülshoffs Dichtung. In: Droste-Jahrbuch 8 (2011), S. 7–30.
Blasberg, Cornelia: Erzählen im Stundentakt. Zur Poetik der Flüchtigkeit in Annette von Droste-Hülshoffs Romanfragment *Ledwina*. In: Cornelia Blasberg in Verb. mit Jochen Grywatsch (Hg.): ZwischenZeiten. Zur Poetik der Zeitlichkeit in der Literatur der Annette von Droste-Hülshoff und der ›Biedermeier‹-Epoche. Hannover 2013 (= Droste-Jahrbuch 9), S. 249–269. [Blasberg 2013b]
Erhart, Walter: »Das Wehtun der Zeit in meinem innersten Menschen«. ›Biedermeier‹, ›Vormärz‹ und die Aussichten der Literaturwissenschaft. In: Euphorion 102,2 (2008), S. 129–162.

1. Epochalität

Erhart, Walter: Annette von Droste-Hülshoffs Westfalen-Projekt und die Zeit der Moderne. In: Cornelia Blasberg in Verb. mit Jochen Grywatsch (Hg.): Zwischen-Zeiten. Zur Poetik der Zeitlichkeit in der Literatur der Annette von Droste-Hülshoff und der ›Biedermeier‹-Epoche. Hannover 2013 (= Droste-Jahrbuch 9), S. 17–39.

Fauser, Markus: Zu früh oder zu spät geboren? Annette von Droste-Hülshoff und die Zeit der Epigonen. In: Cornelia Blasberg in Verb. mit Jochen Grywatsch (Hg.): ZwischenZeiten. Zur Poetik der Zeitlichkeit in der Literatur der Annette von Droste-Hülshoff und der ›Biedermeier‹-Epoche. Hannover 2013 (= Droste-Jahrbuch 9), S. 41–69.

Geisenhanslüke, Achim: Hybride Moderne [zu: *Die Mergelgrube*]. In: Claudia Liebrand/Thomas Wortmann (Hg.): Interpretationen. Gedichte von Annette von Droste-Hülshoff. Stuttgart 2014, S. 97–106.

Heselhaus, Clemens: Nachwort. In: Annette von Droste-Hülshoff: Werke in einem Band. Hg. und in zeitlicher Folge geordnet und mit Nachwort und Erläuterung versehen von Clemens Heselhaus. München, Wien 1970, S. 1105–1128.

Köster, Udo: Marktorientierung und Wertkonservatismus. In: Michael Titzmann (Hg.): Zwischen Goethezeit und Realismus. Wandel und Spezifik in der Phase des Biedermeier. Tübingen 2002, S. 215–236.

Kortländer, Bernd: Nachwort. In: Annette von Droste-Hülshoff: Gedichte. Hg. von Bernd Kortländer. Stuttgart 2003, S. 191–204.

Liebrand, Claudia: Kreative Refakturen. Annette von Droste-Hülshoffs Texte. Freiburg/Br. u.a. 2008.

Liebrand, Claudia/Hnilica, Irmtraud/Wortmann, Thomas (Hg.): Redigierte Tradition. Literaturhistorische Positionierungen Annette von Droste-Hülshoffs. Paderborn u.a. 2010. [Liebrand/Hnilica/Wortmann 2010a]

Liebrand, Claudia/Hnilica, Irmtraud/Wortmann, Thomas: Einleitung. In: Claudia Liebrand/Irmtraud Hnilica/Thomas Wortmann (Hg.): Redigierte Tradition. Literaturhistorische Positionierungen Annette von Droste-Hülshoffs. Paderborn u.a. 2010, S. 7–19. [Liebrand/Hnilica/Wortmann 2010b]

Liebrand, Claudia/Wortmann, Thomas: Vorwort. In: Claudia Liebrand/Thomas Wortmann (Hg.): Interpretationen. Gedichte von Annette von Droste-Hülshoff. Stuttgart 2014, S. 7–15.

Luhmann, Niklas: Interaktion in Oberschichten. Zur Transformation ihrer Semantik im 17. und 18. Jahrhundert. In: Niklas Luhmann: Gesellschaftsstruktur und Semantik. Studien zur Wissenssoziologie der modernen Gesellschaft. Bd. 1. Frankfurt/M. 1980, S. 72–161.

Lukas, Wolfgang: Abschied von der Romantik. Inszenierungen des Epochenwandels bei Tieck, Eichendorff und Büchner. In: Recherches Germaniques 31 (2001), S. 49–83.

Mattenklott, Gert: Epigonalität. In: Gert Mattenklott: Blindgänger. Physiognomische Essays. Frankfurt/M. 1986, S. 72–100.

Niethammer, Ortrun: Die Droste als Romantikerin? Annette von Droste und Joseph von Eichendorff vor dem Hintergrund der katholischen Spätromantik. In: Ortrun Niethammer (Hg.): Transformationen. Texte und Kontexte zum Abschluss der Historisch-kritischen Droste-Ausgabe. Bielefeld 2002, S. 141–163.

Robert, André/Deupmann, Christoph (Hg.): Paradoxien der Wiederholung. Heidelberg 2003.

Sautermeister, Gert: Lyrik und literarisches Leben. In: Gert Sautermeister/Ulrich Schmid (Hg.): Zwischen Restauration und Revolution 1815–1848. München, Wien 1998 (= Hansers Sozialgeschichte der deutschen Literatur vom 16. Jahrhundert bis zur Gegenwart 5), S. 459–484. [Sautermeister 1998a]

Scherer, Stefan: Anti-Romantik (Tieck, Storm, Liliencron). In: Steffen Martus/Stefan Scherer/Claudia Stockinger (Hg.): Lyrik im 19. Jahrhundert. Gattungspoetik als Reflexionsmedium der Kultur. Bern u. a. 2005, S. 205–236. [Scherer 2005a]
Scherer, Stefan: »[...] für das Lied [...] Jeder warmen Hand meinen Druck« [zu: *Im Grase*]. In: Claudia Liebrand/Thomas Wortmann (Hg.): Interpretationen. Gedichte von Annette von Droste-Hülshoff. Stuttgart 2014, S. 166–178.
Schönert, Jörg: Berthold Auerbachs *Schwarzwälder Dorfgeschichten* der 40er und der 50er Jahre als Beispiel eines ›literarischen Wandels‹? In: Michael Titzmann (Hg.): Zwischen Goethezeit und Realismus. Wandel und Spezifik in der Phase des Biedermeier. Tübingen 2002, S. 331–345.
Segeberg, Harro: Literatur im technischen Zeitalter. Von der Frühzeit der deutschen Aufklärung bis zum Beginn des Ersten Weltkriegs. Darmstadt 1997.
Sengle, Friedrich: Biedermeierzeit. Deutsche Literatur im Spannungsfeld zwischen Restauration und Revolution 1815–1848. Bd. 3: Die Dichter. Stuttgart 1980.
Stöckmann, Ingo: Vor der Literatur. Eine Evolutionstheorie der Poetik Alteuropas. Tübingen 2001.
Wortmann, Thomas: Literatur als Prozess. Drostes *Geistliches Jahr* als Schreibzyklus. Konstanz 2014. [Wortmann 2014a]

2. Modernität

Heinrich Detering

1. ›Modern‹? Vorbemerkungen zu Begriffsproblemen und Deutungsmustern 560
2. Lyrische Dissoziation des Ich und poetologische Reflexion 563
3. Geistliche Lyrik 565
4. Naturgedichte und erzählende Prosa 567
5. Zeitgedichte 569

Glaubt man einem auch in der Germanistik noch immer verbreiteten Klischee, so scheint Droste nichts ferner gelegen zu haben als ›Modernität‹. Bindung an aristokratische Familientraditionen provinziellen Landadels, konfessionelle Bindung an den Katholizismus, Wahrnehmung von Kunst und Literatur eher im Blick auf ihre erbaulichen Funktionen denn in emanzipativ ausgerichteter Entwicklung: diese – vermeintlichen – Kennzeichen ihres Werks wie auch ihrer Lebenspraxis scheinen allen irgendwie ›modernen‹ Tendenzen im Deutschland der ersten Hälfte des 19. Jahrhunderts diametral entgegenzustehen. Dem widerspricht allerdings ein Selbstbewusstsein, wie Droste selbst es in Briefen artikuliert, in Sätzen wie »aber nach hundert Jahren möcht ich gelesen werden« (HKA X, 89).

1. ›Modern‹? Vorbemerkungen zu Begriffsproblemen und Deutungsmustern

Die Termini ›modern‹ und ›Moderne‹ werden in mindestens drei unterschiedlichen Bedeutungen verwendet (vgl. Rühling 1990): (1) umgangssprachlich als

2. Modernität

relationale Bezeichnungen von etwas, das zur jeweiligen Zeit der Begriffsverwendung als ›aktuell‹ oder ›zeitgemäß‹ gilt (verallgemeinert aus der engeren Verwendung als Gegensatz zu ›antik‹), (2) sozialgeschichtlich als Bezeichnungen für Prozesse, die ökonomisch mit der Industriellen Revolution, sozial mit einer arbeitsteiligen, über neue Kommunikations- und Mobilisierungsmöglichkeiten verfügenden, politisch mit der Entstehung einer demokratisch offenen Gesellschaft verbunden sind, schließlich (3) ästhetisch als Bezeichnungen für künstlerische Bewegungen, die auf die unter (2) zusammengefassten Phänomene reagieren, und die mit ihr verbundenen Entstehungsbedingungen, Wirkungsabsichten und Ausdrucksformen von Kunstwerken. Diese ästhetische Verwendungsweise umfasst ein weites Feld sehr unterschiedlicher Ausprägungen zwischen den Extremen eines an den Poetischen Realismus anknüpfenden, mimetisch konzipierten ›Naturalismus‹ (in dessen Selbstreflexion zum ersten Mal der deutsche Epochenbegriff ›die Moderne‹ auftaucht) und einer an die Romantik anknüpfenden, antimimetisch konzipierten *modernité* (so erstmals 1859 Baudelaire), wie er etwa mit den Arbeiten Baudelaires, Rimbauds und Mallarmés verbunden wird. Gemeinsam ist ihnen die Wahrnehmung von (2) als einem krisenhaften Epochenbruch, dessen literarische Darstellung oder Kritik ihrerseits durch eine programmatische ästhetische Diskontinuität markiert sein soll. Literarisch kann der Begriff auch evaluativ verwendet werden, als ein Topos literarischer Wertung: Ein Werk, das ›schon ganz modern‹ ist, das ›auf die Moderne vorausweist‹ oder sie ›vorwegnimmt‹, soll damit aufgewertet werden. Diese Vermischung deskriptiver und evaluativer Begriffsverwendungen soll im Folgenden vermieden werden.

Unter der Perspektive von (3) zeigt sich im Blick auf das Werk der Annette von Droste-Hülshoff besonders deutlich ein Phänomen, das auch sonst in der Literatur des 19. Jahrhunderts zu beobachten ist: dass Texte, deren Autoren ihrer sozialen und kulturellen Herkunft, ihren Wirkungsabsichten und literarischen Ausdrucksformen und Genres nach traditionsgebunden erscheinen, sich als der ästhetischen Moderne nahe erweisen, als modernistisch *avant la lettre*. In autorphilologisch konzentrierten Untersuchungen führt diese Beobachtung typischerweise zu den eben beschriebenen Verbindungen von Analyse und Wertung, als sei gerade dieser Autor eine ›auf die Moderne vorausweisende‹ Ausnahmeerscheinung. Zumindest in den westlichen Literaturen des 19. Jahrhunderts aber lassen sich an so unterschiedlichen Orten Phänomene beobachten, die ›schon modern‹ sind, dass die in der zweiten Jahrhunderthälfte einsetzende programmatische Moderne eher wie ein Explizitwerden von längst Vorhandenem erscheint denn als der Neuanfang, als den viele dieser Programme sich präsentieren. Wie in der amerikanischen Literatur etwa Dichtungen Edgar Allan Poes, Walt Whitmans oder Emily Dickinsons (über deren Verwandtschaft zu Droste Brumm 1986), in der skandinavischen Hans Christian Andersens oder Henrik Arnold Wergelands, in der russischen etwa Nikolai Wassiljewitsch Gogols, so werden in der deutschsprachigen Literatur des 19. Jahrhunderts immer wieder Texte wie Goethes *Wanderjahre*, Heines lyrische und Prosa-Dichtungen oder Raabes späte Erzählprosa für die Moderne in Anspruch genommen. Drostes Werk galt demgegenüber lange als diesen Tendenzen gerade entgegengesetzt. Im Bann des Autorinnenklischees von der restaurativen Heimatdichterin nahm die Rezeption auch Drostes Dichtungen weithin als dezidiert konservativ wahr (und war in diesem Deutungsmuster in Zustimmung und Ablehnung gleichermaßen einig; → VII.1.; → VII.2.). So wurde die Frage nach der »Modernität der Annette von Droste-Hülshoff« erst in einem 2008 erschienenen Band systematisch thematisiert (Salmen/Woesler 2008). Umso vehementer wird seither die Möglichkeit diskutiert, dass im Kontext einer sich vorbereitenden ästhetischen Moderne im deutschen Sprachraum gerade ihren Dichtungen eine zentrale Position zukommen könnte.

Vor allem in den Gedichtzyklen und der *Judenbuche* lassen sich konstitutive Spannungen beobachten zwischen der oberflächlichen Erfüllung zeittypischer Genreerwartungen auf der einen und der ganz andere Richtungen einschlagenden – und dabei auch Genreerwartungen durchkreuzenden – Textdynamik andererseits. Die *Haidebilder* (HKA I, 31–68) präsentieren sich mit dieser Überschrift als Heimatdichtung, der Zyklus *Geistliches Jahr* (HKA IV, 1–166) als katholisches Andachtsbuch, die *Judenbuche* als westfälisches »Sittengemälde« (HKA V, 1–42). Sie alle scheinen mit ihrer Berufung auf geschichtsabgewandte Naturwelten, kirchliche Traditionsbestände, vergangene Epochen der eigenen Gegenwart den Rücken zu kehren – ›biedermeierlich‹ vor allem im Sinne einer mehr oder weniger stillschweigenden Opposition gegen die literarischen und politischen Bestrebungen der Jungdeutschen und des Vormärz, mit denen Droste zeitweise doch zusammenarbeitete und denen sie, in ihren Beziehungen etwa zu Levin Schücking (1814–1883) und Ferdinand Freiligrath (1810–1876), auch persönlich nahestand.

Gerade die Weise aber, in der Themen und ästhetische Strategien des ›Biedermeier‹ in diesen Texten durchgespielt werden, läuft auf deren konsequente Destruktion hinaus und entwickelt Züge einer spezifisch modernen Poetik. Sie ist vom geschichtsphilosophischen Fortschrittsoptimismus des Vormärz ebenso entfernt wie vom epistemologischen Optimismus des programmatischen Realismus, dessen Anfänge Droste noch miterlebte. Umso intimer ist ihre Verwandtschaft mit jener aus der romantischen Aufklärungskritik hervorgegangenen Moderne, die Hugo Friedrich als »entromantisierte Romantik« ([1956] 2006, 30) beschrieben hat. In die dort entworfene Genealogie von Novalis bis zu Baudelaire und Rimbaud fügen sich ihre – unter ganz anderen Entstehungsbedingungen zustande gekommenen, über ein Jahrhundert ganz anders rezipierten – Dichtungen mit einer manchmal geradezu schockierenden Passgenauigkeit ein. Zentrale Werkbereiche zeigen, so hat Jochen Grywatsch in einem grundlegenden Aufsatz resümiert, »die Charakteristika einer Modernität, wie sie dann vor allem mit der Klassischen Moderne in Verbindung stehen, [...] Selbstreflexivität, Identitäts- und Sprachkrise, Avantgardismus in der Form, Subjektivierung, Psychologisierung, Relativierung, Differenzierung«; ihr Effekt ist »das grundsätzliche In-Frage-Stellen von Linearität und Progression« (Grywatsch 2008b, 19 f.). Im Blick sowohl auf die *Haidebilder* als auch auf Gedichte wie *Im Moose*, *Das Spiegelbild*, *Die todte Lerche* und

2. Modernität

Das Fräulein von Rodenschild hat er die gleichzeitige und komplementäre Depotenzierung des sprechenden Ich und die Auflösung der von ihm halluzinatorisch wahrgenommenen Welt herausgearbeitet, die beide in einen instabilen »Schwebezustand zwischen Traum und Wirklichkeit« geraten (Grywatsch 2008b, 28). Und er hat für dieses »Zentrum der Drosteschen Lyrik« gefolgert, es gehe darin in immer neuen Varianten um

> die Erschütterung der bestehenden Verhältnisse, die Verunsicherung der Wahrnehmung, den Verlust des festen Bodens, und schließlich: um den Prozess der Veränderung, des Wechsels, um die Transformation. Bei der Droste spricht ein tief verunsichertes Ich, das in einer diffusen, zerfließenden, in Auflösung befindlichen Ordnung die Orientierung verloren hat. (Grywatsch 2008b, 28 f.)

Diese Beobachtungen sollen hier nach den wesentlichen thematischen Gruppen des lyrischen Werks differenziert werden (die mit den Gliederungen der Gedichtausgabe von 1844 nicht immer deckungsgleich sind), denen sich dann auch die erzählende Prosa zuordnen lässt. Inwieweit auch Drostes Briefe als »Beitrag zu einer modernen Prosa« (Spies 2008, 64; → I.4.) zu lesen sind, muss außer Betracht bleiben.

2. Lyrische Dissoziation des Ich und poetologische Reflexion

Die von Grywatsch zusammenfassend bezeichnete Charakterisierung der Sprechinstanz als eines »verunsicherte[n] Ich« ist in der Forschung zu Recht immer wieder vor allem an den Gedichten *Das Spiegelbild* (→ II.5.5.16.) und *Im Moose* (→ II.5.4.6.) erörtert worden. Beide reflektieren eine Dissoziation des Subjekts, die zunächst thematisiert, dann schrittweise vollzogen und auch durch das abschließende Bemühen um Wiedergewinnung eines stabilen Selbstbewusstseins nicht mehr gänzlich aufzuheben ist. Das Ich, das sich im *Spiegelbild* (HKA I, 168 f.) zunächst – in Fortschreibung romantischer Doppelgänger-Imaginationen – in zwei Instanzen entzweit, zerfällt im Laufe des Gedichts weiter in unterschiedliche affektive, kognitive, physische und mentale Teilsubjekte, die schließlich sogar unterschiedlichen Lebensaltern zugleich anzugehören scheinen. In der als romantische Waldeinsamkeit drapierten Landschaft von *Im Moose* (HKA I, 81 f.) wiederholt sich zunächst die Subjekt-Objekt-Spaltung in der Selbstbeobachtung. Mit deren halluzinatorischer Ausweitung wird der Naturraum sukzessiv verzeitlicht zur Projektionsfläche lebensgeschichtlicher Vor- und Rückblicke bis hin zur Vision des eigenen Sterbens und Verschwindens, bis die Unterscheidbarkeit und Geschlossenheit von Zeit und Raum selbst sich aufgelöst haben. Der angesichts des *Spiegelbildes* gesagte Satz »Es ist gewiß, du bist nicht Ich« (V. 29) ist von Rimbauds »Je est un autre« nur noch durch die konventionellere, Rimbauds demonstrativen grammatischen Regelbruch meidende Formulierung getrennt.

Ebendiese Differenz aber ist alles andere als unerheblich. Denn es bleibt ein konstitutives performatives Paradoxon der Thematisierung des Ich-Zerfalls bei Droste, dass sie in einer bemerkenswert stabilen Sprechsituation formuliert wird. Im beobachtenden und reflexiven Geschehen beider (und weiterer) Gedichte vollzieht sich ein kommunikationslogischer, epistemischer und semiotischer Kollaps – der jedoch berichtet und reflektiert wird aus einer Beobachterposition, die, obwohl es doch um inkompatible Verkörperungen des eigenen Ich geht, durchaus unerschüttert bleibt. Das Gedicht ist formuliert in Sätzen von vollkommener Sprachrichtigkeit, in metrisch streng und gleichmäßig regulierten Versen und gleichmäßig gebauten (und gereimten) Strophen, deren formvollendete Stabilität im krassen Kontrast zum vergegenwärtigten Geschehen steht. Dass diese konservative Formbeharrung gegenüber einem genuin ›modernen‹ Sujet nicht als Symptom künstlerischen Unvermögens, sondern vielmehr als kompensatorisches ästhetisches Stabilisierungsbemühen verstanden werden muss, zeigt sich dort, wo die poetologischen Konsequenzen dieser Dissoziationserfahrung verhandelt werden. Der Singvogel des hellen Tageslichts in *Die todte Lerche* (HKA I, 324 f.), dessen Lied die romantische Welt erfüllt und verklärt hat, figuriert – wie die Nachtigall, sein nächtliches Gegenstück – als poetisches Emblem der Romantik.

Der im Gedicht geschilderte, im Verzicht auf jede realistische Begründung nur umso drastischer als Allegorie lesbare Sturz aus dem Himmelszelt – »[g]leich todter Kohle in die Saat« (V. 18) –, bezeichnet grausam das Ende einer Kunstperiode, die für Droste wie für den fernen Nachbarn Heine unwiderruflich vergangen ist. Das sprechende Ich erkennt in dem Geschehen eine Spiegelung des eigenen Zerfalls (»Denn auch mein Leben wird verscheinen, / Ich fühl's, versungen und versengt«, V. 27 f.); in ihrer Parallelführung zeigen beide Prozesse das Ende einer der Romantik verpflichteten Poesie. Der Vers »Dein leztes Lied, es war verklungen« (V. 21), richtet sich darum an den toten Vogel und an das hier sprechende Subjekt gleichermaßen. Artikuliert wird dies alles in einem Gedicht, das in der Form seiner kreuzgereimten, durchgängig vierhebig-jambischen Verse und der Symmetrie der vier jeweils achtversigen Strophen ganz der klassischen Tradition verhaftet bleibt – und das in den letzten Versen ebendieses Bindungsverlangen im selben allegorischen Bildfeld erläutert: Seine letzte Ruhe finden soll das eigene, gleich der verkohlten Lerche todgeweihte Ich »nah nur, nah bei meinem Neste, / In meiner stillen Heimath nur!« (V. 31 f.) Eingedenk des durchgängigen poetologischen Subtextes lässt sich dieses Bekenntnis sowohl auf die lebensweltliche Heimat der Autorin beziehen als auch auf die literarische Herkunft, die im Augenblick ihres vollständigen Verlustes als letzter Trost beschworen wird. Die Formstrenge, die diesem nichts als den Leichnam bergenden »Neste« den Reim »mein Leib, ihr armen Reste«(V. 29) gegenüberstellt, gibt sich performativ als kompensatorisch zu erkennen. Bezeichnenderweise am Ende des dezidiert konservativen Gedichts *An die Weltverbesserer* (HKA I, 24 f.) wird gewarnt vor »[...] jener Höh' / Wo dir gestaltlos Form und Wege« (V. 41 f.).

3. Geistliche Lyrik

Eine ähnlich kalkulierte Ambivalenz konstituiert auch Drostes umfangreichsten und ambitioniertesten Gedichtzyklus: *Geistliches Jahr* (HKA IV, 1–166; → II.2.1.). Diese Perikopendichtungen zeigen entgegen der von ihnen selbst aufgerufenen Genretradition immer neue Orte, an denen Gott sich nicht zeigt, an denen das fromme Ich in der Sünden-Welt verloren ist und nur auf den apokalyptischen, mit dem Zusammenbrechen dieser Welt verbundenen Einbruch des göttlichen Gerichts hoffen kann. Die genregemäße Kombination der den jeweiligen Sonn- und Feiertagen zugeordneten Bibelzitate mit betrachtenden, die eigene Situation analytisch und selbstkritisch wie in einer Beichte einbeziehenden Gedichten führt, in der thematischen Spannung zwischen beiden, in immer neue Varianten derselben performativen Paradoxien. Sie kulminieren im Paradoxon des Gebets an den abwesenden Gott:

> Und sieh ich habe dich gesucht mit Schmerzen,
> Mein Herr und Gott wo werde ich dich finden?
> Ach nicht im eignen ausgestorbnen Herzen,
> Wo längst dein Ebenbild erlosch in Sünden,
> Da tönt aus allen Winkeln, ruf ich dich,
> Mein eignes Echo wie ein Spott um mich.
> (*Am ersten Sonntage nach h. drey Könige*, HKA IV, 7f., V. 1–6)

Statt des sich offenbarenden Gottes nur das Echo des eigenen, von Dissoziation bedrohten Ich zu vernehmen, das ist die Grundsituation der meisten dieser Gedichte – beim gleichzeitigen Festhalten an der christlichen Hoffnung: Nur »der Schatten« sei ihm, so betet das Ich, geblieben »[v]on deinem Bilde, da ich es verloren. / O Gott, du bist so mild, und bist so licht! / Ich suche dich in Schmerzen, birg dich nicht!« (V. 45–48) Die Erfüllung dieser Hoffnung mit den naheliegenden Traditionsformeln zu beteuern, weigern die Gedichte sich konsequent. Das Programmatische dieser Ambivalenz wird strukturell zweifach markiert: Erstens umfasst dieses *Geistliche Jahr* nicht das Kirchenjahr vom 1. Advent bis zum Ewigkeitssonntag, sondern das weltliche Kalenderjahr vom 1. Januar bis zum Silvesterabend. Und zweitens artikuliert es die Grunderfahrung qualvoller Gottferne in einem beispiellosen formalen Ausdrucksreichtum: In den zweiundsiebzig Gedichten des Zyklus wiederholt sich keine Kombination aus Vers-, Gedicht- und Strophenmaßen.

Die Modernität des *Geistlichen Jahres* ergibt sich auch aus der konzeptionellen Ambivalenz von Realismus und Allegorie (Häntzschel 1968). Ganz überwiegend erscheinen die Seelenbewegungen des Ich als Bewegungen durch allegorische, aber wie differenzierte Naturszenerien ausgemalte Landschaften des Glaubens, Zweifelns, der Sünde, der Gnade. Fast immer durchwandert das heimatlose Ich (»ich bin ja nie daheime! / Ein Wandersmann durchzieh ich ferne Räume«, *Am Neujahrstage*, HKA IV, 3f., V. 22f.) das wüste Land menschenverlassener und gottferner Einöden, höllischer Wüsten extremer Hitze oder Kälte, zerfallener Gebäude; Friedrichs Bestimmung der Baudelaire'schen

Lyrik als einer Dichtung des »ruinösen Christentum[s]« (Friedrich [1956] 2006, 47) lässt sich auch auf diese Allegorik beziehen.

Zu den wesentlichen Hilfsmitteln, die dem *Geistlichen Jahr* seine eigentümliche Modernität geben, gehören Bestände einer vorromantischen, vorklassischen Tradition: der Barockpoesie, deren Allegorik und Emblematik mit ihrer als konstruiert ausgestellten Künstlichkeit diese Gedichte zu ihren schockierenden Bildfügungen nutzen. Die Ähnlichkeiten zwischen diesen poetischen Verfahren und der Deutung der barocken Allegorik in Benjamins Trauerspiel-Buch sind symptomatisch: geschichtsphilosophische Kohärenz- und Kontinuitätsentwürfe werden verworfen zugunsten eines pessimistisch-melancholischen Blicks auf Trümmerfelder, Wüsteneien, Ödnis und Verfall. *Innerhalb* der damit vorausgesetzten geschichtlichen Welt erscheinen die Güte und die Herrlichkeit des Allmächtigen allein in der depravierten Gestalt des leidenden und gekreuzigten Christus und in den von ihm aus Mitleiden mit seinen depravierten Mitgeschöpfen gewirkten Wunderzeichen. Der Tiefpunkt des Karsamstags als des Tages, an dem der Gekreuzigte begraben ist, markiert den Höhepunkt der Einsicht in die Beschaffenheit dieser Welt. Das Gedicht auf diesen Tag des Todes Gottes (»Im Grabe liegt mein Gott!«, V. 29) verhält sich zu Nietzsches einige Jahrzehnte späterer Darstellung komplementär: gesprochen aus dem Inneren eines existenziellen Glaubens heraus; Nietzsches ›toller Mensch‹ wäre als Sprecher des Gedichts vorstellbar: »Der Himmel matt und schwer, / Starr und unbewegt, / Wie ein gefrornes Meer. / O Herr, erhalt' uns! [...] / Wie versteinet steht / Der Aether um uns her; / Dringt wohl kein Gebeth / Durch ihn zum Himmel mehr.« (*Am Charsamstage*, HKA IV, 56 f., V. 6–10, 14–17)

Die Nähe dieser Bildlichkeit zur Poesie Baudelaires erscheint nicht nur akzidentell. Der gemeinsame Ursprung aus Deutungsmodellen, rituellen, ikonographischen und Sprach-Welten des Katholizismus und die Radikalisierung der darin angelegten Möglichkeiten von Negativität, Verwerfung, Diskontinuität bringen hier wie dort eine ähnliche argumentative und poetische Dynamik hervor, bis hinein in die nachdrücklich ausgestellte Spannung zwischen dem Pessimismus der in den Texten evozierten Welt und dem exzessiven Schönheitsverlangen des traditionsbestimmten Formenreichtums – und bis in die manchmal frappierende Ähnlichkeit der allegorischen Bilder. Man vergleiche den *Charsamstag* mit Baudelaires letztem *Spleen*-Gedicht (1857): »Quand le ciel bas et lourd pèse comme un couvercle / Sur l'esprit gémissant en proie aux longs ennuis, / Et que de l'horizon embrassant tout le cercle / Il nous verse un jour noir plus triste que les nuits« (Baudelaire 1975, 202; vgl. Rühling 1990). In beiden Texten richtet sich die Heilshoffnung aus dem immanent-geschlossenen Weltgefängnis, aus der wiederholten Geste einer radikalen Negation auf das unverfügbare Einbrechen der ganz anderen Wirklichkeit Gottes. Wie die suggestiven Schilderungen der gegenüber einem Jenseits geschlossenen Immanenz, so ähneln auch die darauf zielenden Anrufungen der *Fleurs du Mal* (1857) denen des *Geistlichen Jahres*, etwa am Schluss von *Les Phares*: »Car c'est vraiment, Seigneur, le meilleur témoignage / Que nous puissions donner de notre dignité / Que cet ardent sanglot qui roule d'âge en âge / Et vient mourir au bord de votre éternité!« (In Kemps Übersetzung: »Denn dies ist wahrlich, Herr, das beste Zeugnis, das wir von unsrer Würde geben können: inbrünstig dieses Schluchzen, das sich durch die Zeiten wälzt und am Gestade deiner Ewigkeit erstirbt!«, Baudelaire 1975, 74 f.) Der Vergleich zeigt aber auch den entscheidenden Gegensatz zwischen der Absolutheit von Baudelaires ästhetizistischer *modernité* und dem unbedingten Festhalten Drostes an der eschatologischen Hoffnung, die aus einer für sie unaufgebbaren Glaubenshoffnung hervorgeht. Es könnte sich als verständnisfördernd erweisen, diese Differenz nicht sogleich als Beleg für eine vor- oder antimoderne Tendenz des Droste'schen Werks zu erfassen, sondern als mögliche Grundlegung einer spezifisch katholischen Modernität (vgl. Kiesel 2004; Osinski 1993; Kühlmann/ Luckscheiter 2008; → VI.10.).

Die poetische Vision einer *saison en enfer* entspricht bis in Einzelheiten dem Panorama einer gottfernen Sündenwelt, das das *Geistliche Jahr* ausmalt. Dennoch widersprechen Drostes Gedichte dem in Rimbauds Zyklus 1873 normativ formulierten Diktum »Il faut être absolument moderne«. Der Proklamation einer radikal ›losgelösten‹, erst im Kappen aller Bindungen konsequent realisierten Modernität steht ihr ebenso entschiedenes Festhalten an Deutungs- und Bewertungskategorien gegenüber, die sie aus dem Neuen Testament bezieht. In ihrem erst postum unter dem Titel *Die ächzende Kreatur* veröffentlichten Gedankengedicht ⟨An einem Tag wo feucht der Wind⟩ (HKA IV, 207–209) entfaltet sie die paulinische Auffassung vom Sündenfall als einem nicht nur anthropologischen, sondern auch kosmischen Geschehen (Röm 8,19–25) – eine programmatische Deutungsgrundlage für Theologie, Psychologie und Poetik ihrer religiösen und ihrer Natur-Dichtungen gleichermaßen.

4. Naturgedichte und erzählende Prosa

Die Naturgedichte der *Haidebilder* und der in der Ausgabe von 1844 folgenden Abteilung *Fels, Wald und See* sowie weite Teile der *Judenbuche*, der *Westphälischen Schilderungen* und anderer Prosaarbeiten ›realisieren‹ die allegorischen Landschaften und Wanderwege des *Geistlichen Jahres*. Entstehungsgeschichtlich gehen sie aus diesen geistlichen Gedichten hervor (Detering 2009), deren Visionen sie in vertrauten westfälischen Landschaften lokalisieren. Sie setzen dabei, unter der Oberfläche eines bis ins naturwissenschaftlich-nomenklatorische Detail gehenden Realismus, die fundamentale epistemische und semiotische Verunsicherung fort, die in der religiösen Selbst- und Weltdeutungskritik des *Geistlichen Jahres* bereits umfangreich entwickelt worden ist. In ihren Konzeptualisierungen von ›Natur‹ sind hier wie dort physische und metaphysische Kategorien ineinander verschränkt.

Die genealogischen Übergänge zeigen sich exemplarisch etwa in Gedichten wie *Die Taxuswand* (HKA I, 160 f.), in denen realistische Schilderung einer Gartenlandschaft und religiöse Allegorie einander die Waage halten: Die

Taxushecke erweist sich als das verschlossene »[...] Paradiesesthor, / Dahinter Alles Blume, / Und Alles Dorn davor« (V. 14–16); im Laufe des Gedichts verwandelt sich das Titel-Bild in immer neuen Metamorphosen zum Vorhang, der das Heiligtum im Tempel verbirgt, zum »dunkle[n] Tuch« (V. 30) über dem Leichnam einstiger Liebe, zum Todeshafen. Wenn das Ende – in der scheinbaren Kreisbewegung, die für Drostes Gedichte so charakteristisch ist – zurückkehrt zur schwarzen Hecken-Wand des Anfangs, schließt sich auch dieser Kreis nur motivisch, nicht semantisch. Vor dem Paradiesestor, das sich nicht geöffnet hat, bleibt dem Ich nur lebensmüdes Todesverlangen: »Nun aber bin ich matt / Und möcht an deinem Saum / Vergleiten, wie ein Blatt« (V. 41–43). Die westfälischen Landschaften werden deformiert in halluzinatorischen Verzerrungen des Alltäglichen, die an die Schauergeschichten Poes und an die Rauschvisionen der Pariser Moderne erinnern: Visualisierungen des *Spleen*. »Im Westen schwimmt ein falber Strich« (*Der Fundator*, HKA I, 241, V. 1); das Meer, als das der Sandboden des kargen Landes erscheint, ist »[g]efärbt mit gelber Lauge« (*Die Steppe*, HKA I, 49, V. 8); »Dunkel, Dunkel im Moor« (*Das Hirtenfeuer*, HKA I, 59, V. 1) eröffnen sich Anblicke voller Bedrohung und Grausen: »Was glimmt dort hinterm Ginster / Und bildet lichte Scheiben? / Nun wirft es Funkenflinster, / Die löschend niederstäuben« (V. 13–16); der *Hünenstein* (HKA I, 46–48) liegt in dämmernder, von »[e]lektrisch« blitzenden »[k]rankhafte[n] Funken« erhellten Heidelandschaft (V. 4f.); in *Das öde Haus* (HKA I, 79f.) hört der Wanderer, wie Mäuse »im Laube schrillen« und »[d]as Eichhorn blafft« (V. 58f.). Wiederholt werden diese Effekte, die das Grauen aus einer grotesken Verzerrung des Niedlichen hervorgehen lassen, semantisiert als Symptome derselben dissoziierten Welt, die in den geistlichen Gedichten vergegenwärtigt worden ist. Sie wird allegorisch repräsentiert schon durch das ruinöse ›öde Haus‹ selbst, dessen tödlicher Verfall die umgebende Landschaft angesteckt hat, und expliziert in der Bildlichkeit der *Mergelgrube* (HKA I, 50–53), in der – ermöglicht durch die Verschränkung von realistisch gezeichneter westfälischer Landschaft und biblisch-heilsgeschichtlichen Analogien – das Ich sich als »Findling im zerfall'nen Weltenbau« (V. 51) beschreibt: »[...] die Natur / Schien mir verödet, und ein Bild erstand / Von einer Erde, mürbe, ausgebrannt; / Ich selber schien ein Funken mir« (V. 46–49). Das Empfinden der Selbstauflösung teilt die Sprechinstanz dieser Gedichte mit den in ihnen auftretenden, stets eher leidenden und fliehenden als handelnden Figuren, dem Wanderer in der *Mergelgrube* und dem *Knaben im Moor* ebenso wie der *Todten Lerche*. Sie alle erfahren sich als dissoziierte Subjekte in einer Welt des *ennui*, die in der poetischen Formanstrengung ästhetisch gebannt wird.

Bezeichnenderweise sind es genau diese Züge, die in der deutschen Lyrik der ›zweiten Moderne‹ auf manchmal überraschende Weise adaptiert worden sind, in den gebrochenen Naturgedichten Peter Huchels und Johannes Bobrowskis (Oberembt 2003), Sarah Kirschs, Doris Runges oder Wulf Kirstens wie bereits bei Paul Celan, in dessen hermetischen Gedichten auch die Chiffren des *Geistlichen Jahres* fortwirken (Böschenstein 1973). Vergleichsweise spät, dann aber mit umso größerer Aufmerksamkeit wurde in der Rezeptionsgeschichte die konstitutive Vieldeutigkeit auch der erzählten Welt in der *Judenbuche* (→ IV.5.) wahrgenommen, die es erlaubt, die Novelle als weitgehend selbstreflexiv zu lesen. Schauplätze des *Sittengemäldes aus dem gebirgigten Westphalen* sind Landschaften, deren Darstellung wesentlich durch dieselbe Verschränkung physisch-realistischer und metaphysisch-allegorischer Konzeptualisierungen bestimmt ist wie die geistlichen und die Naturgedichte. Die Erschütterung der unfesten Ich-Identität des Helden, die durch die Spiegelgestalt des »Niemand« zugleich verdoppelt und im paradoxen Namen ausgelöscht erscheint, entspricht der Erschütterung der im Text erzählten Welt, wie sie in den parallelen Szenen der beiden nächtlichen Wanderungen sinnfällig zum Ausdruck kommt. Neuere Analysen haben gezeigt, wie alle vermeintlichen narrativen Gewissheiten – der Identität der Figuren, der Beschaffenheit ihrer Beziehungen, der Handlungsmotivationen, der vorausgesetzten Wertordnungen, der metaphysischen Absicherung oder ›Obdachlosigkeit‹ des erzählten Geschehens – mit denselben narrativen Mitteln, die sie suggestiv erzeugt haben, wieder zersetzt werden. Diese Momente einer destruktiven Selbstreflexion lassen sich lesen als Ausdruck der konsequentesten Dissoziations-Dynamik, die in Drostes Werk zu beobachten ist (vgl. Ribbat 2009) – und wiederum als Ausdruck jener spezifisch katholischen Modernität, die alle Verunsicherungen der Textinstanzen wie der Rezipienten als Symptome einer schuldhaft gottfernen Sündenwelt deutet und so an einen zugleich problematisierten und behaupteten Glauben anbindet (vgl. Detering 2015b).

5. Zeitgedichte

Der manchmal eklatante Widerspruch zwischen diesen poetischen Sujets und Verfahren einerseits und den in einigen Zeitgedichten explizit vertretenen Positionen andererseits ist (wie Grywatsch 2008b plausibel macht) nicht durch die Analysen der Einzeltexte zu erklären, sondern erst durch die Einbeziehung von Werkgruppen im Kontext einer spezifischen Veröffentlichungspolitik. Wo Droste auftragsgemäß poetisch formulierte Stellungnahmen zu Zeiterscheinungen abgibt, wie in einigen ihrer *Zeitbilder*, zeigt sie sich entschieden konservativ. Wo sie ohne äußere Aufträge ›für sich‹ schreibt, vertritt sie manchmal geradezu Gegenpositionen. Ein *locus classicus* ist der Kontrast der Gedichte *An die Schriftstellerinnen in Deutschland und Frankreich* (HKA I, 17–19) und *Am Thurme* (HKA I, 78). Das erstere proklamiert gegen die kämpferische und sinnenfrohe (»wie Dragoner«, »der Sinne Bachanale«, V. 4, 21) Emanzipationsbewegung die doch von der Verfasserin selbst verschmähten Rollenmuster von »Gattin« und »Mutter« und eine Orientierung am reinen Schritt einer »Natur« (V. 64, 66), die sie doch selbst in dem übrigen Gedicht als restlos depraviert geschildert hatte. Im letzteren dagegen wird die dort strikt abgewiesene Befreiung geschildert und zugleich im Text exemplifiziert: Die Rebellion gegen Geschlechterstereotypen und Verhaltenscodices, die das Ich im Gedicht »gleich einer Mänade« und mit dem Wunsch »Wär ich ein Mann« doch »nur heimlich« durchspielt (V. 3, 27, 31), wird durch das Gedicht öffentlich vollzogen: »Existenziell empfunden statt ideologisch angehaucht, gelang ihr so das erste und vielleicht beste feministische Gedicht in deutscher Sprache.« (Klüger 2007, 41)

Die vehement abgestrittene, faktisch aber immer wieder zu beobachtende Nähe zu jungdeutschen Positionen zeigt sich besonders dort, wo Droste – entgegen ihrem Ruf als katholisch-restaurative Dichterin – gerade aus der Konsequenz ihrer eschatologischen Frömmigkeit heraus die nationalromantische Restauration angreift, die sie im Projekt des Kölner Dombaus erkennt. (Dieselben Vorbehalte gegenüber jeder Geschichtsphilosophie halten sie aber auch davon ab, sich deren jungdeutschen Varianten anzuschließen.) In *Die Stadt und der Dom* (HKA I, 7–10) attackiert sie die politische Vereinnahmung des ruinösen Sakralbaus als »Eine Carricatur des Heiligsten« (Untertitel) und begreift nationale Selbstüberhebung, soziale Rücksichtslosigkeit und Erwerbsgier als Symptome der Sünde; dagegen setzt sie »den Dom der unsichtbar« allein in der Demut der Gläubigen »aufwärts strebt« (V. 81 f.). Das Gedicht sei, schreibt sie an Levin Schücking, »nicht nur vollkommen wahr, sondern gewiß auch Eins der besten« (HKA X, 146). Diese skeptische Distanzierung schließt auch die eigene romantische Herkunftswelt ein. Wie in *Vor vierzig Jahren* (HKA I, 22 f.) die Aufbrüche der Romantik skeptisch revidiert werden, so wird in *Das alte Schloß* (HKA I, 85 f.) das Wort ›Romantik‹ selbst mit komisch-satirischer Schärfe entstellt: »Ja, wird mir nicht baldigst fade / Dieses Schlosses Romantik, / In den Trümmern, ohne Gnade, / Brech' ich Glieder und Genick« (V. 33–36). Ein Echo dieses antihistoristischen Einspruchs, den Drostes Zeit- und Geschichtsgedichte formulieren (vgl. Detering 2013), bleibt hörbar bis in Gottfried Benns späte Gedichte, deren letztes (*Kann keine Trauer sein*, 1956) einsetzt mit der Erinnerung an das Sterben der Dichterin: »In jenem kleinen Bett, fast Kinderbett, starb die Droste, / (zu sehn in ihrem Museum in Meersburg) // [...] // Geburt und Körperschmerz und Glauben / ein Wallen, namenlos, ein Huschen, / ein Überirdisches, im Schlaf sich regend, / bewegte Bett und Tränen – / schlafe ein!« (Benn 1986, 7)

Literatur

Baudelaire, Charles: Sämtliche Werke und Briefe. Hg. v. Friedhelm Kemp und Claude Pichois. Bd. 3: Les Fleurs du Mal/Die Blumen des Bösen. München 1975.
Benn, Gottfried: Sämtliche Werke. Stuttgarter Ausgabe. Hg. von Gerhard Schuster und Holger Hof in Verb. mit Ilse Benn. Bd. 1: Gedichte 1. Stuttgart 1986.
Friedrich, Hugo: Die Struktur der modernen Lyrik. Von der Mitte des neunzehnten bis zur Mitte des zwanzigsten Jahrhunderts [1956]. Neuausgabe. Reinbek bei Hamburg 2006.
Grywatsch, Jochen: Produktive Leerstellen. Anmerkungen zur Aktualität des dichterischen Werks der Annette von Droste-Hülshoff und zur Veränderlichkeit seiner Wertschätzung. In: Monika Salmen/Winfried Woesler (Hg.): »Zu früh, zu früh geboren ...«. Die Modernität der Annette von Droste-Hülshoff. Düsseldorf 2008, S. 18–35. [Grywatsch 2008b]
Klüger, Ruth: Gemalte Fensterscheiben. Über Lyrik. Göttingen 2007.

Spies, Heike: Die Briefe Annette von Droste-Hülshoffs als Beitrag zu einer modernen Prosa. In: Monika Salmen/Winfried Woesler (Hg.): »Zu früh, zu früh geboren ....«. Die Modernität der Annette von Droste-Hülshoff. Düsseldorf 2008, S. 64–75.

3. Lyrischer Stil
Stefan Scherer

1. Formgeschichte der Lyrik im 19. Jahrhundert. 571
2. Drostes Stellung in der Lyrik ›um 1830‹ 573
3. Stilistische Merkmale. 575
4. Zyklenbildung, Selbstreferentialität und Episierung 577

Droste-Hülshoffs lyrischer Stil ist nur form*geschichtlich* zu erschließen. Die variantenreichen Gedichte der einzigen kanonisierten Autorin des 19. Jahrhunderts sind dazu ins Verhältnis zur Entwicklung der deutschsprachigen Lyrik nach der Goethezeit und vor dem Realismus zu setzen. In dieser Schwellensituation ›um 1830‹, deren Beschreibung der Literaturgeschichte nach wie vor Schwierigkeiten bereitet (→ I.3.1.; → VI.1.), zeigt sich erstmals die »Paradoxie von Lyrik im heraufkommenden Industriezeitalter« (Adorno [1958] 1997, 63): Gelten Gedichte zum einen noch immer als Medium des subjektiven Ausdrucks von ›Erlebnissen‹ oder Gefühlslagen, sieht sich dieser Anspruch zum anderen nun durch die Erfahrung massenmedialer und gesellschaftlicher ›Entpersönlichung‹ herausgefordert (Friedrich [1956] 1985, 36).

1. Formgeschichte der Lyrik im 19. Jahrhundert

Maßgebliche Orientierungen bieten sowohl Goethes Erlebnislyrik als auch eine romantische Stimmungslyrik, die sich im Gefolge Tiecks als *Wunderhorn*-Ton von Brentano bis Eichendorff als Kunst-Ton entfaltet (Scherer 2005b; Scherer 2011). Problematisch erscheinen nun aber die Funktionen, die Lyrik als Kollektivsingular in der um 1800 etablierten Gattungstrias zugewiesen werden, weil Literatur sich seit den 1820er Jahren unabweisbar marktförmig ›industrialisiert‹. Die Möglichkeiten des individuellen Ausdrucks scheinen beschnitten, indem unter den neuen Verhältnissen der Lebenswelt, die mehr und mehr als ›hässlich‹ wahrgenommen werden, Individualität und damit die Möglichkeit subjektiver Erfahrung des Einzelnen selbst in Frage stehen. »Zwar bleibt die Subjektzentriertheit das konstitutive Prinzip der Gedichte jener Jahrzehnte, aber das Subjekt *verwandelt* nichts mehr, es *unterwirft* sich die Dinge oder [...] begreift sie als Zeichen einer vom Subjekt zu schaffenden innerweltlichen Ordnung« (Sorg 2004, 382).

Auf die neue Situation ›um 1830‹ reagiert Lyrik mit tastenden Suchbewegungen, indem sie divergierende Richtungen zwischen Umweltreferenz (›operative‹ Lyrik, ›Tendenzlyrik‹) und Systemreferenz (im Rekurs auf die Autonomieästhetik der Goethezeit) verfolgt – und zwischen diesen widerstreitenden Impulsen in der lyrischen Erfassung empirischer Wirklichkeit und der Bewahrung des Poetischen ergebnisoffen mögliche Optionen ausprobiert. In dieser Unsicherheit verschreiben sich die Gedichte von sehr unterschiedlich orientierten Autoren – angesiedelt zwischen ›restaurativem‹ und gesellschaftsveränderndem Begehren – einer lyrischen Aushandlung der sozialen, politischen, medialen und wissensgeschichtlichen Umbrüche um 1830, darunter auch neuer Einsichten in die psycho-physische Verfasstheit des Menschen, die aus der Hinwendung zur wissenschaftsgestützten Empirie hervorgehen. Zu diesem Zweck rekurrieren sie einerseits auf Gestaltungsprinzipien der ›Kunstperiode‹ (selbst noch bei Heine), andererseits erodiert diese Traditionsvorgabe nachhaltig auch durch die variierende Reproduktion lyrischer Formen aus der Literatur vor der Goethezeit. Erst mit dem programmatisch etablierten Realismus um 1850 zeichnen sich dann wieder Vereinheitlichungen und Verfestigungen ab, die auf dem pragmatisch wie ethisch begründeten Ausgleich zwischen Mimesis und Poiesis im Postulat der ›Verklärung‹ beruhen.

Dem Konkurrenzdruck der Prosa als der angemessen erscheinenden Form zur literarischen Darstellung ›der Verhältnisse‹ gegenüber der ›Poesie des Herzens‹ (Hegel), verstärkt durch die vordrängenden Literatur- und Kulturzeitschriften, begegnet Lyrik im 19. Jahrhundert mit zwei maßgebenden Formoptionen: durch Abwehr oder durch Angleichung, d. h. durch dezidierte Formalisierung der lyrischen Rede auf der einen, durch Prosaisierung im zunehmenden Verzicht auf Reim, Metrum, strophischen Bau und konventionelle rhetorisch-poetische Mittel auf der anderen Seite. Die sozialen und medialen Umbrüche werden demnach an einer historischen Formveränderung lyrischer Rede erkennbar, die auf den Wandel der Konzepte von Wahrnehmung und Erfahrung mit zwei Selektionsstrategien reagiert: durch Lockerung der Form hin zur Prosa-Nähe, durch Erstarrung und poetische Verdichtung der Form hin zum hermetischen Gedicht. Besteht die eine Tendenz in der prosaischen Empirisierung und ›Entlyrisierung‹ des Lieds (samt seiner suggestiven Klangwirkung) bis hin zum Freien Vers, äußert sich die zweite Verschiebung in der reflektierten Aufmerksamkeit auf lyrische Formtraditionen um der Form willen: etwa im artistischen Experiment nun auch mit exotischen, z. B. orientalisierenden Gedicht- und Strophenformen bei Platen oder Rückert. Die goethezeitliche Autonomie der Literatur als Unabhängigkeit von zeitgenössischen Diskursen steigert sich hier zur reinen Selbstbezüglichkeit. Wird potenzierte Lyrizität zum Inbegriff von Poesie in prosaischen Zeiten in einer Linie von Platen über Rückert und C. F. Meyer bis zur ästhetizistischen Lyrik Georges vorangetrieben, äußert sich die Prosaisierung von Tiecks *Reisegedichten eines Kranken* über Heines *Nordsee*-Zyklus, die Lyrik des mittleren Mörike (*Peregrina*) und des späten Storm bis hin zu Gedichten in durchweg freien Versen bei Liliencron (vgl. Scherer 2005a).

Diese Bifurkation kann allerdings nur heuristischen Status beanspruchen, denn auch die prosanahe Lyrik zur Darstellung alltäglicher Lebenswelten fällt bei genauer Betrachtung nicht weniger formbewusst aus als die dezidiert antimimetische bzw. prä-ästhetizistische Variante. Bemerkbar wird dies ›um 1830‹ in der wahrnehmungsästhetischen Funktionalisierung von Störungen der harmonisch geschlossenen Form, wenn Unregelmäßigkeiten in der metrischen Organisation die ›Liedhaftigkeit‹ irritieren. In einer anderen Variante gleicht sich das Lied mehr und mehr an das Epische und Dramatische in der Ballade oder im langen Erzählgedicht an. Insgesamt ist in diesen Prozessen eine ›antiromantische‹ Disposition kennzeichnend (Scherer 2005a), die nach der Logik des *double bind* funktioniert: indem Lyrik den Wunderhorn-Ton abwehrt, der aber noch immer fasziniert. In der formalisierenden Linie führt dies, so etwa bei C. F. Meyer, zum geradezu unabschließbaren Feilen an der Form – und damit zu einer Prozessualität, die jüngst auch für die geistliche Lyrik Drostes geltend gemacht wurde (Wortmann 2014a).

2. Drostes Stellung in der Lyrik ›um 1830‹

Der formgeschichtliche Stand der Lyrik ›um 1830‹ ist vor dem Hintergrund dieser Entwicklungen gekennzeichnet durch ein höchst vielgestaltiges Nebeneinander von goethezeitlichem Lied und vorklassisch-rhetorischer Gedichtpraxis (Sengle 1972, 549). »Originalität und Tradition, Empirismus und Ordnungsgläubigkeit bilden [auch bei Droste] eine spannungsreiche aber letztlich nicht aufzulösende Einheit« – mit der Folge, dass in ihrer Lyrik »der konstruktive, ornamental-allegorische und rhetorisch-intellektuelle Stil der vorindividualistischen Zeit nachwirkt, oft in nächster Nachbarschaft höchst eigenartiger und realistischer Details« (Sengle 1980, 606). Diese *produzierte* Kombinatorik entbindet den spezifischen Stil der Phase: Er resultiert aus einer Kontamination der Autonomieästhetik mit den Heteronomien der Literatur vor 1770, gesteigert jetzt aber durch den Seh-, Beobachtungs- und Abbildungsfuror der eigenen Gegenwart. Anhand dieser Koordinaten wird der Stellenwert von Drostes lyrischem Stil fassbar, was die Herausbildung einer *spezifisch* mimetischen Lyrik *vor* dem Realismus angeht, die nicht nur in den poetologischen Gedichten formbewusst ihre eigene Materialität reflektiert (Liebrand/Wortmann 2014, 8). Auffällig ist die Abkehr vom stereotypen Gebrauch einer Formelsprache in der Romantik wie vom abstrakten Konzept der klassischen Lyrik, bei der sich individuelle Erfahrung noch in ein höheres Ganzes eingebunden fühlen konnte (Ueding 1987, 648). Drostes Lyrik ist im Vergleich damit verstörend ›sperrig und dunkel‹ (Liebrand 2008, 7), durchaus ›starr‹ (Sengle 1980, 612), und in den expressiven Gesten wirkt sie nicht wenig exaltiert. Von den Zeitgenossen wurde sie als ›unverständlich‹ und ›konfus‹ wahrgenommen (vgl. Liebrand/Wortmann 2014, 10). Ihre oft karge, herbe oder gar zerrüttete Sprache im Angesicht einer unerlösten Welt ist vom Tod und vom Leiden an der Flüchtigkeit des schönen Augenblicks, ja »von ›nacktem Grauen‹« (Schultz 1981, 294) eingenommen. Dennoch verfügt auch sie noch über die betörende Kraft einer lyrischen Mediologie (vgl. Scherer 2014, 168–171), wenn sie das ›Zauberwort‹ Eichendorffs trifft, das Droste in *Lebt wohl* aufruft (zu den Bezugnahmen auf Eichendorffs *Wünschelrute* vgl. Liebrand 2008, 72 f.): In einem Gedicht wie *Im Grase* (HKA I, 328) wird dem lyrischen Ich eine synästhetische Intensität vernehmbar, die in der sinnlichen Berührung mit den »Todten« (indem die »Lindenblüth'« auf ihr Grab fällt [V. 8 f.]) den »Traum« vom »Glück« als poetische Transzendenz aufleuchten lässt (V. 32). Auch der glaubensferne Leser wird hier vom durchaus trotzig angerufenen »Himmel« (V. 25) in der poetischen Stimmung so umspannt, wie es sonst nur der prächtigen Sommernacht in Eichendorffs *Sehnsucht* gelingt.

Und dennoch gibt es einen großen Unterschied zur romantischen Lyrik: Drostes Gedichte sind geprägt von einer Aufmerksamkeit auf das konkrete Detail, in der sich individualisierte Gefühlslagen und ganz bestimmte sinnliche Eindrücke artikulieren – auf eine Weise, die nicht zuletzt auf naturwissenschaftlichen Kenntnissen aus der Biologie, Geologie oder Paläontologie (Jordan 2006; → I.3.3.) basiert (vgl. Geisenhanslüke 2014 zu *Die Mergelgrube*; Grywatsch 2014 zu *Der Weiher*). Weil sich das isolierte lyrische Ich »dieser Texte *allein* in einer Landschaft, die nicht nur von Menschen, sondern auch von den Spuren menschlicher Tätigkeit leer ist« (Detering 2009, 44), befindet und im Unterschied zur romantischen Lyrik nun auch der beunruhigenden Übermächtigkeit des Erinnerns unterliegt, kommt ein Erfahrungsbereich hinzu, der im Realismus (z. B. bei Storm) dominieren wird. Bei Droste ist die Erinnerung jedoch meist ›ungreifbar‹ (Ilbrig 2008); vor allem bleibt sie trotz des ›testamentarischen‹ Anspruchs ihrer Lyrik (Vedder 2013) stets gefährdet, weil auch sie wie Alles erlöscht. Nicht zuletzt geht die nuancierte Erfassung gespaltener Psyche in einer *gender*-sensiblen Problematisierung der Ich-Identität (so in *Das Spiegelbild* oder *Das Fräulein von Rodenschild*) weit über das hinaus, was der Realismus in poetischer ›Verklärung‹ wieder zurücknimmt. Die existentielle Verzweiflung einer Lyrik, die dem Tode ›verfallen‹ ist (Geisenhanslüke 2014, 102), äußert sich besonders eindringlich in Drostes letztem Gedicht ⟨*An einem Tag wo feucht der Wind*⟩ (HKA IV, 207–209), in dem ›Die ächzende Kreatur‹ die »Schuld des Mordes an / Der Erde Lieblichkeit und Huld« beklagt (V. 73 f.). Trauer und Leiden am irreversiblen Vorübergehen alles Lebendigen irritieren die »[d]ennoch« (*Im Grase*, V. 25) geglaubte Möglichkeit, die Welt im poetischen Augenblick versöhnen zu können.

Prosanahe, weil metrisch kaum mehr stabilisierte und doch von der romantischen Musikalität noch berührte Gedichte wie *Im Grase* markieren zwar eine spezifisch mimetische Tendenz dieser Lyrik (Scherer 2014). Gerade wo sie aber darüber hinaus gehen, kann für Drostes Gedichte keine Vorläuferschaft zu einem »eigentümlichen Realismus« (Heselhaus 1970, 1116) reklamiert werden. In ihrer die Form thematisch reflektierenden Gestaltung verstehen sie sich noch immer als autonome Kunstgebilde jenseits einer bloß abbildenden Mimesis der empirischen Welt. Im »persönlichen Charakter« einer »unruhig-unweibliche[n] Leidenschaft als ein Ingrediens« dieser Poesie (Sautermeister 1998a, 482) offenbaren sich anthropomorphisierende Züge, die zugleich die »Störanfälligkeit« ihrer Visionen begründen (Grywatsch 2014, 83).

Für Drostes Traditionsverhalten ist zudem eine ebenso eigensinnige »Traditionsverfallenheit« (Liebrand/Wortmann 2014, 15) ausgewiesen worden: Sengle hat den Rekurs auf heteronome, rhetorisch gebundene Formen der Zweckdichtung vor 1770 als typisch für die Biedermeierzeit ausgeführt. Dies gilt insbesondere für Drostes geistliche Lyrik, die im »Schreibzyklus« *Geistliches Jahr* (HKA IV, 1–166) auf die Perikopenlyrik zurückgeht (vgl. Wortmann 2014a). Liebrand erkennt in diesem restaurativen Traditionsverhalten »kreative Refakturen«, insofern Drostes Texte auf Formen wie die barocke Allegorese zurückgreifen und diese »remodellieren« (Liebrand 2008, 7). In dieser »allegorischen Semantisierung« identifiziert Detering eine bezeichnende Tendenz »durch die realistische Detailmalerei hindurch« (Detering 2009, 41, 59). Unter den historisch veränderten Bedingungen von Literatur ›um 1830‹ stellt sich dieses Verhältnis als Spezifik des lange unterschätzten Biedermeier heraus, dessen Anerkennung die Droste-Forschung nachholt, wenn sie die »Artifizialität« der Landschaftsdarstellung (Detering 2009, 55) und die Hybridität der lyrischen Textur als modern bewertet.

3. Stilistische Merkmale

Drostes lyrischer Stil ist am Gedicht *Mondesaufgang* (HKA I, 354 f.) resümiert worden: Er »integriert die Sprechinstanz in eine Wahrnehmung der belebten und unbelebten Natur, die zwischen Nah- und Fernbetrachtung, zwischen mikroskopischer Beobachtung und panoramaartiger Landschaftsevokation pendelt« (Nutt-Kofoth 2014, 157). In der detaillierten Erfassung empirischer Sachverhalte nutzen Drostes Gedichte »fachsprachliches Vokabular« (Nutt-Kofoth 2014, 157), das aus einer »Sammlertätigkeit von Zeugnissen der Erd-, Natur- und Menschengeschichte« in »unendlicher Lektüre« zusammengetragen wird (Gaier 2009, 127). Für die Lyrik ›um 1830‹ ergibt sich daraus ein durchaus exzeptionelles Verhältnis von Poesie, Wissen und Glauben (Woesler 2014, 187).

Die ›detailversessenen‹ Ausgestaltungen, die der Forschung schon naturalistisch und impressionistisch erscheinen wollen (vgl. Sautermeister 1998a, 483), arbeiten mit »bewegungshaltigen Verben«, die »mit intensivierenden, oft richtungsgebenden Präfixen angereichert sind« (Nutt-Kofoth 2014, 157). Ihre Eindringlichkeit verdankt sich der Organisation nach Isotopie-Ketten, mittels derer sich die für Droste typischen »Auflösungsphänomene« ereignen: ›zerschmelzen‹, ›verschimmern‹, ›zerfließen‹, ›verzittern‹, ›verkümmern‹ (Nutt-Kofoth 2014, 157). In flüchtiger Intensität ist bei ihr alles ver-gänglich, wie die Isotopien allein durch das Präfix ›ver-‹ in Substantiven, Verben und Adjektiven des Gedichts *Am letzten Tage des Jahres (Sylvester)* anzeigen (Schönert 2007, 154 f.). Die Forschung hat die vielgestaltigen Varianten dieser ›zerfallenden‹ und doch poetisch berührenden Bewegtheit im Einzelnen erhellt: Eine »Form wie ein Rauch« erkennt Grywatsch (2009c, 82); in der ›trunkenen Flut‹ zerfließen Raum und Zeit, indem Droste im »halluzinatorischen Bildertausch von Heide und Meer« (Niggl 1986, 101) den Topos der dichterischen Trunkenheit anverwandelt.

Drostes Lyrik baut somit auf »Momente des Übergangs«, um »die grundlegende Erfahrung vom Verschwinden einer sinnhaften, mit sich selbst im Einklang befindlichen Welt ins Bild zu setzen, die gleichzeitig aber als sehnsüchtige Erinnerung fortexistiert« (Kortländer 2003, 196). Die spezifische »Unklarheit« (Wortmann 2014b, 63) bzw. »Undeutlichkeit« (Kortländer 2003, 195) dieser Gedichte, in denen die »Doppelbödigkeit der Welt« (Niggl 1986, 101) vernehmbar wird, geht auf die lyrische Gestaltung einer Wahrnehmungsform zurück, die zwischen empirischer Welterfahrung und Traum oszilliert. Eine »Stimmung des Schwankens« (Kortländer 2003, 194) entsteht dabei, weil sich das lyrische Ich den Phänomenen der atmosphärisch erfühlten Natur hingebungsvoll überlässt. Da diese Hingebung der Sinne aber störanfällig bleibt, angezeigt durch metrische ›Unruhen‹ bereits im frühen Gedicht *Unruhe* (vgl. Nutt-Kofoth 2010, 123–129), stellt sich der einlullend homogene *Wunderhorn*-Ton nicht mehr ein. Trotz Anrufung des »Lied[s]« (*Im Grase*, V. 26) stellt sich letztlich sogar die Frage, ob hier von Liedhaftigkeit überhaupt noch gesprochen werden kann (zum entsprechenden Verstörungshorizont vgl. Scherer 2014, 173).

Diese Züge der ›Entlyrisierung‹ haben viel mit dem Einwandern diskursiver wie reflexiver Anteile in diese Lyrik zu tun. Drostes Gedichte sind auch darin »sinnlich-konkret und zugleich sinnbildlich« (Schönert 2007, 151). Am Höhepunkt ihrer Lyrik um 1841/42 entsteht dabei eine poetische Verdichtung, die das lyrische Ich in der Sinnlichkeit der Natur selbst taumeln lässt: »Da lag ich einsam noch in Waldes Moose. / [...] / An meiner Wange flüsterte das Kraut, / [...] / Fast war es mir als sey ich schon entschlafen. / Gedanken tauchten aus Gedanken auf, [...] / Und endlich trat die Gegenwart hervor, / [...] / Und noch zuletzt sah ich, gleich einem Rauch, / Mich leise in der Erde Poren ziehen.« (HKA I, 81 f., V. 3, 5, 18 f., 23, 41 f.) Was hier *Im Moose* noch explizit ausgeführt wird, ereignet sich nur wenig später *Im Grase* mit der lyrischen Artikulation selbst (zu diesem qualitativen Sprung vgl. Scherer 2014, 173). Gestaltet ist hier eine intensive Wahrnehmung der Natur mit allen Sinnen (sogar mit dem Geruch als niederstem) auf eine Weise, die das lyrische Ich metonymisch als Natur selbst fasst: Berauscht von ganz bestimmten Pflanzen (wie den niederen Kräutern im Gras) und berührt selbst vom kleinsten Käfer, setzt es sich in der *Mergelgrube* sogar gar dem Stein gleich (»Ich Petrefakt, ein Mammuthsknochen drinn!«, HKA I, 51, V. 62), wenn es *als* Natur in die Erde ›einzieht‹.

Auf stilistischer Ebene ist für Droste zudem die außerordentliche Mannigfaltigkeit und Variabilität der Formen spezifisch: In den *Haidebildern* herrscht »das Gesetz, verschiedene Metren, Rhythmen und Strophenformen aufeinanderfolgen zu lassen. Solche Mannigfaltigkeit der Töne spiegelt aber nicht nur den Wechsel der Situationen [...], sondern auch eine gewisse Freiheit der einzelnen Glieder voneinander, ein ästhetisch-spielerisches Moment, das in der Konstellation der Teile wirksam wird« (Niggl 1986, 96). Diese variantenreiche Organisation, die auch die Gedichte des *Geistlichen Jahres* als Mannigfaltigkeit kaum wiederholter Formen prägt (vgl. Detering 2009, 64; Wortmann

2014a, 74), gestaltet sich textintern bereits im frühen Gedicht *Unruhe* von 1816 als »Formexperiment« aus (Nutt-Kofoth 2010, 128); und sie wird noch *Im Grase* vom Gedicht selbst durchgespielt, indem zarteste Bedeutungsnuancen im Verhältnis zur thematischen Bewegung festgehalten werden: Wenn die »süße Ruh'« (V. 1) sich dem Taumel der Sinne überlässt, dann wirkt das in der deutschen Lyrik bis dahin unbekannte Reim-Schema (xaxaxbxb) vom Volkslied selbst nur noch wie »umhaucht« (V. 2; vgl. Scherer 2014, 173).

Auch in dieser formalen Mannigfaltigkeit unterliegt Drostes Dichtung den beiden Haupttendenzen der Lyrik im 19. Jahrhundert. Dies wird u. a. daran kenntlich, dass *Im Grase* auf keine bestimmte Formtradition rückführbar ist: Das Gedicht verfolgt kein starres Metrum, wenn es seine Regelmäßigkeit (in einer »bisher nicht erfahrenen Freiheit der äußeren Form«, Schäublin 1973, 43) im wiegenden Rhythmus der Zeilen verwischt (vgl. Scherer 2014, 172). Die strophische Vielfalt von Drostes Lyrik, die man sofort beim Blick auf die äußere Form etwa der Strophenfolge in *Die Vogelhütte* erkennt, indiziert eine Offenheit, die selbst in der Zeit ›um 1830‹, für die das »rhetorische Prinzip der ›Mannigfaltigkeit‹« (Sengle 1980, 610) bestimmend sei, ihresgleichen sucht. Solche Unbestimmtheit zeigt zugleich an, dass es nicht mehr um eine romantische Entgrenzung geht. Drostes Gedichte gestalten vielmehr den umrissenen Standpunkt eines isolierten, von den Dingen selbst aber sinnlich affizierbaren Ichs in der lyrischen Reflexion auf das kleine, durch und durch poetisch gefasste Glück, selbst wenn es dazu noch wie *Im Grase* den »Himmel« (V. 25) anruft. Auch dies steigert in Drostes Poetik der Intensität die »Tiefe des Ausdrucks«, die Storm dem bewunderten Dichterkollegen Mörike im Brief vom 12. Juli 1853 attestiert hat (Storm/Mörike 1978, 29).

4. Zyklenbildung, Selbstreferentialität und Episierung

Eine besondere Entwicklung der Lyrik im 19. Jahrhundert, die bei Droste zum Tragen kommt, besteht in Grenzoperationen in einem »lyrisch-epischen Zwischenbereich« (Niggl 1986, 94): Allein aufgrund der Länge ihrer Gedichte – »[f]ast alle ihrer Gedichte sind […] länger als die der Romantiker und der meisten ihrer Zeitgenossen« (Sorg 2004, 401) – eignet Drostes Lyrik ein episierender Grundzug nicht nur in den Balladen, sondern in allen generisch dominanten Varianten: im Naturgedicht, im geistlichen Gedicht und im ›Zeitgedicht‹, nicht zuletzt im Versepos, in dem Sengle ein »*Mittel der wiedergewonnenen Haltung*« gegenüber dem ›Vers/Prosa-Problem‹ der Zeit ›um 1830‹ erkennt (Sengle 1980, 625).

In diesem Problemzusammenhang ist die Neigung zur Zyklenbildung bzw. zur Gruppierung von Gedichten nach semantischen Komplexen bemerkenswert, indem die Ausgabe der *Gedichte* von 1844 nach Rubriken organisiert wird: von den *Zeitbildern* über die *Haidebilder* zu den Sparten *Fels, Wald und See, Gedichte vermischten Inhalts* (als größte Gruppe), *Scherz und Ernst* und schließlich zu den *Balladen*. Der Zyklus gehört als Organisationsprinzip seit etwa 1820 zu den spezifisch historischen Problemlösungsstrategien von

Lyrik im frühen 19. Jahrhundert. Gegenläufig zur Einfügung von Gedichten im Roman der Romantiker eröffnet er eine eigenständige lyrische Integrationsform über das Einzelgedicht hinaus. Der Gedichtzyklus bespielt damit das Feld alternativer Kohärenzmodelle zur Stiftung poetischer Ordnung, auf dem er zwischen der Entnarrativierung der Prosa (durch den digressiven Diskurs bei Heine, durch die lapidare Darstellung oder den Aufschub von Ereignissen bei Stifter) und der narrativ-linearen Kohärenzbildung in den nunmehr leitenden Genres Roman und Novelle oszillieren kann.

Der zyklische Zusammenhang erweitert so auch die Möglichkeiten zur poetologischen Selbstbefragung der Leistungen und Aufgaben von Poesie (vgl. Lindner 2002) im Resonanzraum der aufgerufenen Traditionen, zumal es ohnedies nicht wenigen Gedichten Drostes »um den Status von Literatur« geht (Nutt-Kototh 2010, 150). Im Gedicht *Poesie* (HKA I, 141 f.) lässt sich diese Selbstverortung ganz konkret auf die lyrikgeschichtliche Situation ›um 1830‹ beziehen; Gedichte sind für Droste »Räthselspiele« (V. 1) ohne Programm bzw. bestimmte poetologische Intentionen »auf den EFFECT« (Droste im Brief an Else Rüdiger vom 24. Juli 1843, HKA X, 89): »pfiffig war ich nie« (V. 6). Sie sind fasziniert von der Vielgestalt der Poesie, wie sie die Romantik propagiert (»Jener Stral der, Licht und Flamme, / Keiner Farbe zugethan, / Und doch, über Alles gleitend / Tausend Farben zündet an, / Jedes Recht und Keines Eigen. –«, V. 9–13), fügen sich dabei aber nicht mehr zur schönen Artifizialität in der höheren Ganzheit der ›Einen Poesie‹ Tiecks (vgl. Scherer 2012). Gegenüber der Romantik unterliegt Drostes Lyrik darüber hinaus dem Bewusstsein, dass schlichtweg alles irreversibel vergeht. Die Leser/innen können sich über ihre Trümmer daher nur noch trauernd wie Benjamins Melancholiker beugen: »Poesie gleicht dem Pokale / Aus venedischem Kristall; / Gift hinein – und schwirrend singt er / Schwanenliedes Melodie, / Dann in tausend Trümmer klirrend, / Und hin ist die Poesie!« (V. 43–48) Zuversicht vermittelt Droste im Kern nicht einmal der Glaube, der sich, selbst im *Geistlichen Jahr*, nur als stets bezweifelter »Gotteshauch« (*Am Pfingstmontage*, HKA IV, 79, V. 17) bestätigen kann (vgl. Fauser 2013, 44) – und sich *Im Moose* bemerkenswerterweise auf »Rauch« (V. 41) reimt.

Eine komplementäre Option zur Zyklenbildung besteht in Drostes Neigung zur Ballade. Als literarische Operation zwischen den generischen Grenzen von Lyrik, Epik und Dramatik wirft auch die Ballade die Frage nach den Möglichkeiten einer mimetischen Lyrik auf: Neben der Annäherung an die Prosa organisiert sich Lyrik im Realismus vor allem durch die balladenhafte Integration einer dramatisierten Erzählung in metrisch gebundene, strophische Darbietungskonventionen. In der Ballade funktioniert demnach das Erzählen als Problemlösung für die Konstituierung von ›Realität‹ wie für die Semiotisierung dieser ›Realität‹, soweit damit ein ›Realitätseffekt‹ (Roland Barthes) angestrebt wird. Das Erzählgedicht ermöglicht insofern die lyrikinterne Umsetzung des realistischen Erzählprogramms. In Drostes Balladen ist dieses Erzählen indes noch nicht auf eine Weise zu jenem distinkten dramatisch-narrativen Modus geronnen, den etwa die Balladenproduktion Fontanes auszeichnet. Dementsprechend wurde *Der Knabe im Moor* von Droste den Landschaftsgedichten in den *Haidebildern* zugeordnet (vgl. Wortmann 2014b, 66). Schwierig bleibt es aufgrund des unabgeschlossenen Auslotens von Gattungspotentialen ›um 1830‹ zudem, ihre Balladen von der Versepik abzugrenzen (→ II.5.7.1.; → VI.4.).

Diese Befunde haben bei Droste auch mit ihrer Neigung zu tun, langen Gedichten den Begriff ›Bilder‹ zuzuweisen (→ VI.9.). Dies signalisiert eine spezifische Tendenz ihrer Lyrik, die vom lyrischen Ich vernommene Natur panoramaartig im Nebeneinander der Sinneseindrücke zu präsentieren. Auch Drostes Lyrik privilegiert damit ein Darstellungsverfahren, das seit Lessing dem Bild im Sinne einer nicht-narrativen ›Schilderung‹ des Raums zugewiesen wird (zur zeitgenössischen Beliebtheit des »Gattungsname[ns] ›-bild‹« vgl. Kortländer 2003, 193; zur Privilegierung des Raums in der Literatur ›um 1830‹ → VI.1.). Neben Heine und Mörike stehen Drostes Gedichte für eine Lyrik nach der ›Kunstperiode‹, die den *Wunderhorn*-Ton als Kunst-Ton ›noch einmal‹ (vgl. Lindner 2002) zum Ausdruck individueller Gefühlsregungen nutzt. Im ernüchterten Kontext sinnlich konkreter Empirie, in einer Poetik des Kleinen, Konkreten und der alltäglichen Situation findet Droste wie Mörike den Rückzugsraum gegen die Zumutungen der industrialisierten Welt: ein kleines, punktuelles Glück, das im Schwanken zwischen privater Miniatur und hohem Ton, der auch das Reflexiv-Gedankliche nicht scheut, ohne poetologisches Programm auskommt. So führt Drostes Lyrik in einer bestimmten Phase der deutschen Literatur, die durch Komposite aus mimetischer Umweltreferenz und Traditionsvorgaben vom Barock bis zur Goethezeit geprägt ist, die beiden maßgeblichen Tendenzen der Lyrik im 19. Jahrhundert auf eigenständige Weise zusammen – als Beispiel für exzeptionelle Lyrik einer Frau im frühen 19. Jahrhundert, die sich in einem so eigenwillig sperrigen wie persönlich berührenden Ton bei größter sinnlicher Intensität entfaltet.

Literatur

Adorno, Theodor W.: Rede über Lyrik und Gesellschaft [1958]. In: Theodor W. Adorno: Gesammelte Schriften. Hg. von Rolf Tiedemann. Bd. 11: Noten zur Literatur. Frankfurt/M. 1997, S. 49–68.

Detering, Heinrich: Versteinter Äther, Aschenmeer. Metaphysische Landschaften in der Lyrik der Annette von Droste-Hülshoff. In: Jochen Grywatsch (Hg.): Raum. Ort. Topographien der Annette von Droste-Hülshoff. Hannover 2009 (= Droste-Jahrbuch 7), S. 41–67.

Fauser, Markus: Zu früh oder zu spät geboren? Annette von Droste-Hülshoff und die Zeit der Epigonen. In: Cornelia Blasberg in Verb. mit Jochen Grywatsch (Hg.): ZwischenZeiten. Zur Poetik der Zeitlichkeit in der Literatur der Annette von Droste-Hülshoff und der ›Biedermeier‹-Epoche. Hannover 2013 (= Droste-Jahrbuch 9), S. 41–69.

Friedrich, Hugo: Die Struktur der modernen Lyrik. Von der Mitte des neunzehnten bis zur Mitte des zwanzigsten Jahrhunderts [1956]. Erw. Neuausgabe. Reinbek bei Hamburg 1985.

Gaier, Ulrich: »[...] deiner Augen Nebelball«. Sinn und Raum in Drostes Lyrik. In: Jochen Grywatsch (Hg.): Raum. Ort. Topographien der Annette von Droste-Hülshoff. Hannover 2009 (= Droste-Jahrbuch 7), S. 109–128.

Geisenhanslüke, Achim: Hybride Moderne [zu: *Die Mergelgrube*]. In: Claudia Liebrand/Thomas Wortmann (Hg.): Interpretationen. Gedichte von Annette von Droste-Hülshoff. Stuttgart 2014, S. 97–106.

Grywatsch, Jochen: Poetische Imagination und räumliche Struktur. Zu einer Poetologie des Raums bei Annette von Droste-Hülshoff. In: Jochen Grywatsch (Hg.): Raum. Ort. Topographien der Annette von Droste-Hülshoff. Hannover 2009 (= Droste-Jahrbuch 7), S. 69–94. [Grywatsch 2009c]

Grywatsch, Jochen: Fragile Idylle und implizite Poetologie [zu: *Der Weiher*]. In: Claudia Liebrand/Thomas Wortmann (Hg.): Interpretationen. Gedichte von Annette von Droste-Hülshoff. Stuttgart 2014, S. 79–92.

Heselhaus, Clemens: Nachwort. In: Annette von Droste-Hülshoff: Werke in einem Band. Hg. und in zeitlicher Folge geordnet und mit Nachwort und Erläuterung versehen von Clemens Heselhaus. München, Wien 1970, S. 1105–1128.

Ilbrig, Cornelia: Identität und Gedächtnis: das Archiv als Ort ungreifbarer Erinnerungen in Annette von Droste-Hülshoffs *Fräulein von Rodenschild*. In: Sabine Brenner-Wilczek/Sikander Singh (Hg.): »... das hohe Geistergespräch«. Über Literatur im musealen und digitalen Raum. Bielefeld 2008, S. 161–168.

Kortländer, Bernd: Nachwort. In: Annette von Droste-Hülshoff: Gedichte. Hg. von Bernd Kortländer. Stuttgart 2003, S. 193–204.

Liebrand, Claudia: Kreative Refakturen. Annette von Droste-Hülshoffs Texte. Freiburg/Br. u. a. 2008.

Liebrand, Claudia/Wortmann, Thomas: Vorwort. In: Claudia Liebrand/Thomas Wortmann (Hg.): Interpretationen. Gedichte von Annette von Droste-Hülshoff. Stuttgart 2014, S. 7–15.

Liebrand, Claudia/Hnilica, Irmtraud/Wortmann, Thomas: Einleitung. In: Claudia Liebrand/Irmtraud Hnilica/Thomas Wortmann (Hg.): Redigierte Tradition. Literaturhistorische Positionierungen Annette von Droste-Hülshoffs. Paderborn u. a. 2010, S. 7–19. [Liebrand/Hnilica/Wortmann 2010b]

Niggl, Günter: Die *Heidebilder* der Droste als Gedichtzyklus. In: Droste-Jahrbuch 1 (1986), S. 94–106.

Nutt-Kofoth, Rüdiger: Verfügbarkeit, Unzuverlässigkeit. Zur literatursysteminternen Funktion literarischer Tradition in der Lyrik Annette von Droste-Hülshoffs. In: Claudia Liebrand/Irmtraud Hnilica/Thomas Wortmann (Hg.): Redigierte Tradition. Literaturhistorische Positionierungen Annette von Droste-Hülshoffs. Paderborn u. a. 2010, S. 121–150.

Nutt-Kofoth, Rüdiger: Krisenerfahrung des Subjekts und Dissoziation des Künstlertums. *Mondesaufgang* als poetologische Rede [zu: *Mondesaufgang*]. In: Claudia Liebrand/Thomas Wortmann (Hg.): Interpretationen. Gedichte von Annette von Droste-Hülshoff. Stuttgart 2014, S. 154–165.

Sautermeister, Gert: Lyrik und literarisches Leben. In: Gert Sautermeister/Ulrich Schmid (Hg.): Zwischen Restauration und Revolution 1815–1848. München, Wien 1998 (= Hansers Sozialgeschichte der deutschen Literatur vom 16. Jahrhundert bis zur Gegenwart 5), S. 459–484. [Sautermeister 1998a]

Schäublin, Peter: Annette von Droste-Hülshoffs Gedicht *Im Grase*. In: Sprachkunst 4,1/2 (1973), S. 29–52.

Scherer, Stefan: Anti-Romantik (Tieck, Storm, Liliencron). In: Steffen Martus/Stefan Scherer/Claudia Stockinger (Hg.): Lyrik im 19. Jahrhundert. Gattungspoetik als Reflexionsmedium der Kultur. Bern u. a. 2005, S. 205–236. [Scherer 2005a]

Scherer, Stefan: »[...] für das Lied [...] Jeder warmen Hand meinen Druck [zu: *Im Grase*]. In: Claudia Liebrand/Thomas Wortmann (Hg.): Interpretationen. Gedichte von Annette von Droste-Hülshoff. Stuttgart 2014, S. 166–178.
Schönert, Jörg: Annette von Droste-Hülshoff: *Am letzten Tage des Jahres (Sylvester)*. In: Jörg Schönert/Peter Hühn/Malte Stein (Hg.): Lyrik und Narratologie. Text-Analysen zu deutschsprachigen Gedichten vom 16. bis zum 20. Jahrhundert. Berlin, New York 2007, S. 145–157.
Schultz, Hartwig: Form als Inhalt. Vers- und Sinnstrukturen bei Joseph von Eichendorff und Annette von Droste-Hülshoff. Bonn 1981.
Sengle, Friedrich: Biedermeierzeit. Deutsche Literatur im Spannungsfeld zwischen Restauration und Revolution 1815–1848. Bd. 2: Die Formenwelt. Stuttgart 1972.
Sengle, Friedrich: Biedermeierzeit. Deutsche Literatur im Spannungsfeld zwischen Restauration und Revolution 1815–1848. Bd. 3: Die Dichter. Stuttgart 1980.
Sorg, Bernhard: Zwischen Romantik und Naturalismus. In: Franz-Josef Holznagel u. a.: Geschichte der deutschen Lyrik. Stuttgart 2004, S. 375–469.
Storm, Theodor/Mörike, Eduard: Theodor Storm – Eduard Mörike. Theodor Storm – Margarethe Mörike. Briefwechsel mit Storms *Meine Erinnerungen an Eduard Mörike*. Kritische Ausgabe. Hg. von Hildburg und Werner Kohlschmidt in Verb. mit der Theodor-Storm-Gesellschaft. Berlin 1978.
Ueding, Gert: Klassik und Romantik. Deutsche Literatur im Zeitalter der Französischen Revolution 1789–1815. München, Wien 1987 (= Hansers Sozialgeschichte der deutschen Literatur vom 16. Jahrhundert bis zur Gegenwart. Bd. 4).
Vedder, Ulrike: Wiederkehr und Nachleben. Zur testamentarischen Zeitstruktur in Annette von Droste-Hülshoffs lyrischen Werken. In: Cornelia Blasberg in Verb. mit Jochen Grywatsch (Hg.): ZwischenZeiten. Zur Poetik der Zeitlichkeit in der Literatur der Annette von Droste-Hülshoff und der ›Biedermeier‹-Epoche. Hannover 2013 (= Droste-Jahrbuch 9), S. 159–174.
Woesler, Winfried: Die ächzende Kreatur. [zu: ⟨*An einem Tag wo feucht der Wind*⟩]. In: Claudia Liebrand/Thomas Wortmann (Hg.): Interpretationen. Gedichte von Annette von Droste-Hülshoff. Stuttgart 2014, S. 182–190.
Wortmann, Thomas: Literatur als Prozess. Drostes *Geistliches Jahr* als Schreibzyklus. Konstanz 2014. [Wortmann 2014a]
Wortmann, Thomas: Schrecken ohne Ende [zu: *Der Knabe im Moor*]. In: Claudia Liebrand/Thomas Wortmann (Hg.): Interpretationen. Gedichte von Annette von Droste-Hülshoff. Stuttgart 2014, S. 62–73. [Wortmann 2014b]

4. Gattungen

Cornelia Blasberg

1. Aufbrechen der Gattungsnormen? 583
2. Gattungsübergreifende Textverfahren: Bildlichkeit, Individualisierung, Metaisierung 585
3. Poetik der Mischform 587

Gattungsvielfalt lässt sich in Drostes zu Lebzeiten veröffentlichten Werken zunächst nicht entdecken. Die Ausgaben von 1838 und 1844 trugen beide den Titel *Gedichte*, die 1842 in Cottas *Morgenblatt* erschienene Erzählung *Die Judenbuche* wurde als *Ein Sittengemälde aus dem gebirgigten Westphalen* angekündigt und ihren Beitrag zu den *Historisch-politischen Blättern für das katholische Deutschland* von 1845, *Westphälische Schilderungen aus einer westphälischen Feder*, bezeichnete Droste selber als »Aufsatz« (HKA X, 333). Die HKA, die auch ungedruckt gebliebene Entwürfe, Fragmente und Notizen umfasst, erweiterte dieses Spektrum auf der Basis einer gattungstypologischen Einteilung und präsentierte in Einzelbänden Gedichte zu Lebzeiten (I) und aus dem Nachlass (II), Epen (III), Geistliche Dichtung (IV), Prosa (V), Dramatische Versuche (VI), Literarische Mitarbeit, Aufzeichnungen (VII), Briefe (VIII–XII) und Musikalien (XIII). Gründe dafür, dass die längeren Gedichte unter ›Epen‹ rubriziert und die Formen ›Geistlicher Dichtung‹ aus der Lyrik ausgesondert wurden, muss man vermutlich eher im Bereich der Pragmatik als in dem der Systematik suchen.

Der Verdacht, dass Einteilungen dieser Art komplexe Zusammenhänge verdecken, erhärtet sich durch eine historisch-biographische Annäherung an die Werkentstehung. Droste begann im Kreis ihrer gebildeten Familie, angeleitet durch Hauslehrer und poetische Chrestomathien, mit Gelegenheitsgedichten und lyrischen Adaptionen empfindsamer und klassischer Gedichte (→ II.1.1.), und mit immer neuen Strophen- und Versgestaltungen (vgl. Muckenhaupt 1910) setzte sie die lyrische Arbeit bis 1846 fort. Das junge Mädchen schrieb Lieder, vertonte sie, wollte später sogar Opern komponieren. Nach den ersten Theaterbesuchen 1810 experimentierte Droste mit der dramatischen Form und schrieb zwei Akte zum Fragment gebliebenen Trauerspiel *Bertha oder die Alpen* (1813/14); im Lustspielformat (PERDU! *oder Dichter, Verleger, und Blaustrümpfe*) nahm sie 1840 wieder eine dramatische Arbeit in Angriff. Vermutlich aus Reflex auf das Repertoire der familiären Abendlektüren, das nicht nur die beliebten Schicksalsdramen, sondern ebenso Erzähltexte aus der europäischen Romantik mit viel Scott und Byron, dazu das dem Unterhaltungsspektrum zuzurechnende Programm der Theisingschen Leihbibliothek enthielt, entstand 1819 der Plan zur Erzählung *Ledwina*, die, mehrfach wieder aufgenommen, 1826 unvollendet zur Seite gelegt wurde, während das Erzählen gleichzeitig – von *Walther* (1818) über *Des Arztes Vermächtniß* (1834) bis hin zur *Schlacht im Loener Bruch. 1623* (1835–1838) – dem mit lyrischen, epischen und dramatischen Elementen operierenden Langgedicht (→ II.4.1.) überantwortet wurde. Während dieses Verfahren nur verdichtet werden musste, um Balladen entstehen zu lassen, arbeitete Droste parallel immer wieder an den Gedichten des *Geistlichen Jahres*, die, der strikten Ordnung zyklischer Perikopendichtung zum Trotz, zum formvariablen, ästhetisch anspruchsvollen Medium sehr persönlicher Erfahrung und Aussprache wurden und ein lyrisches ›Ich‹ zum Einsatz brachten, das, sich selbst beobachtend und an sich verzweifelnd, zur prominenten Sprecherinstanz der Lyrik seit 1840 avancierte. Ebenso muss die Gleichzeitigkeit betont und auf sich durchhaltende Themen wie Naturwahrnehmung, Ich-Dissoziation, Zeit- und Raumreflexion, auf die Verwandtschaft von Dichtung und Traum hingewiesen werden, wenn die Rede auf das 1838 begonnene Westfalen-Projekt kommt, das lyrische und Prosa-Texte enthält und in dessen Zusammenhang die Erzählungen *Bei uns zu Lande auf dem Lande* und *Die Judenbuche* entstanden. Diese wiederum verbinden sich mit den Erzählgedichten *Das Hospiz auf dem großen St. Bernhard* und *Die Schlacht im Loener Bruch. 1623*, so unterschiedlich die äußere Gestalt auch anmutet, durch die Anstrengung zu ästhetischer Überformung historisch-ethnographischer Beobachtungen, Exzerpte und Notizen. Gibt die werkhistorische Makroperspektive zu erkennen, dass Droste verschiedene Gattungen nicht nur gleichzeitig benutzte, sondern in ihren Werken übereinanderlegte und diese neuen Formen weiterentwickelte, kurzum: dass das Werk gattungspoetisch eine dynamische Einheit bildet, so verrät die auf Einzeltexte gerichtete Mikroperspektive, dass jeder Text hochgradig individuell ist und generische Differenz aufweist.

1. Aufbrechen der Gattungsnormen?

Die Forschung verweist im Hinblick auf die Gattungsfrage immer wieder auf die Spuren epochaler Auseinandersetzungen im Werk. Sieht man Droste als Autorin des ›Biedermeier‹, erklärt sich die »größte Mannigfaltigkeit« (Sengle 1972, 549) an benutzten Gattungen und Stilen aus dem Historismus der Ära. Wird Droste als Dichterin erkannt, die den romantischen ›Wunderhorn-Ton‹ »nach der sog. Kunstperiode« (Scherer 2014, 175) zugleich archiviert und dekonstruiert (→ VI.3.), wird statt der Gattungsvielfalt die Unmöglichkeit thematisiert, noch im Rahmen fester Gattungskonventionen zu schreiben. Aus feministischer Perspektive wird auf Drostes problematische Autorinnenrolle in ihrer Zeit und das unentwegte Gegeneinander von (metrischer) Selbstbeschränkung und ästhetischer Grenz-»Überschreitung« (Bianchi 1993, 17) aufmerksam gemacht. Die den Einzeltext betreffenden Beobachtungen einer befreienden Verfremdung und Auflösung lassen sich hypothetisch auf das Gattungsverhalten aller Texte übertragen. Muss nicht, wer als Frau an die Peripherie des Literatursystems gedrängt wird, mehr noch als alle anderen Dichter, die in einer Zeit revolutionärer Umstürze und fundamentaler Modernisierungskrisen leben, die Bindung an Traditionen verloren, die Autorität von Normen verabschiedet haben und sich aus dem großen historischen Form-Archiv bedienen können, geradezu zwingend mit Gattungskonventionen brechen? Drostes Besonderheit, widerspricht eine andere These, liegt in ihrem »traditionsversessen[en]« (Liebrand/Wortmann 2014, 15) Schreiben, was im Hinblick auf Themen und Gattungen bedeutet, dass Droste am »Überkommenen« festhält, es gleichzeitig aber durch »produktive[ ] Umschriften« (Liebrand 2008, 12) innovativ verwandelt. Indem »Elegie« und »Ode« (Liebrand 2008, 52, 61) in *Die todte Lerche*, die Erzählmuster von Kriminalgeschichte, Novelle und Dorfgeschichte in *Die Judenbuche* (Liebrand 2008, 216) übereinander geblendet werden, entstehen moderne Genrehybride. Das *Ledwina*-Fragment, in dem Schneider die »Überlagerung zweier […] heterogener Romantypen« (Schneider 1995, 93) entdeckt, liest Liebrand als Mischung

»von unterschiedlichsten kulturellen Prätexten, von Narzissmythos, von mittelalterlicher Heiligenlegende, von Ophelia- und Undinenmotiv« (Liebrand 2008, 101), als Rückblick auf spätromantische Schauerliteratur und Vorausdeutung auf Fontanes Konversationsromane. Nun setzt die Vorstellung von Genrehybridisierung die Existenz distinkter Einheiten voraus, bevor diese miteinander vermischt werden, und ebenso unterstellt die These vom Zerschreiben traditioneller Gattungsvorgaben, dass diese tatsächlich existieren und gemeint sind. Für Drostes Lyrik kann allein im Fall des Stammbuchblattes *Mit Laura's Bilde* (HKA I, 118 f.), das im Titel bereits »einen Bezug auf Petrarca« (Reitani 2015, 65) aufweist, die sonettförmige Auseinandersetzung mit dem Sonett beobachtet werden. Und nur, wenn man (wie die HKA) Drostes Langgedichte als ›Epen‹ bezeichnet, macht die Überlegung Sinn, *Walther, Das Hospiz, Des Arztes Vermächtniß* und *Die Schlacht im Loener Bruch. 1623* seien Kontrafakturen des im 19. Jahrhundert »›altmodisch[ ]‹« (Liebrand 2008, 125) gewordenen antiken Epos.

Mit Rücksicht auf die literarhistorische Situation zwischen Romantik und Vormärz mit ihren Interferenzen zwischen idealistischen und realistischen Poetiken (→ I.3.1., → VI.1.) und angesichts von Drostes zwischen den Gattungen mäandernder Werkgeschichte passen die Annahmen von Genrebrüchen und -hybridisierungen ins Bild. Sie geben der Droste-Forschung neue Impulse, indem sie wissenspoetisch orientierte Analysen begünstigen und Drostes Texte als hochgradig selbstreflexive, interdiskursive und -textuelle Gebilde ausweisen, als imaginäre Verhandlungsräume unterschiedlicher, zudem konträr bewerteter sozialer, historischer und ästhetischer Praktiken, als bis an den Rand mit disparaten Materialien gefüllte Archive. Auf diese Weise erscheinen Fragmente wie *Bertha, Ledwina, Bei uns zu Lande auf dem Lande* oder *Joseph* nicht länger defizitär, sondern als Zeugnisse eines kompromisslosen Nachdenkens über Bedingungen und Möglichkeiten zeitgenössischer Literatur und gattungsförmigen Schreibens. Was geschieht mit der Dramenform, wenn die Protagonisten von psychischen Energien wie Erinnerung, Verzweiflung und Wunschträumen beherrscht werden, die sich, zumal die Personen in einem Netz an Intrigen gefangen sind und wenig Handlungsmacht haben, nicht in Aktionen äußern können (*Bertha*)? Dann muss das im aristotelischen System begründete Primat der Handlung und der handlungs- sowie erkenntnisfähigen Figur zurücktreten, und auch der Dialog kann nicht mehr handlungsstiftend wirken. Statt sich mit dem Geschehen auf der Guckkastenbühne zu identifizieren, begibt sich der Zuschauer intuitiv in Distanz zum Geschehen und nimmt Sprache nicht als durchsichtiges Medium für auktoriale Botschaften, sondern als materiales Phänomen wahr, das im ästhetischen Rahmen des Dramas zu erkennen gibt, wie weit Worte von der Wahrheit entfernt sind, wie geschickt sich Sprecher hinter und mit Worten verstecken können. Das ist in besonderem Maße der Fall, wenn wie im Lustspiel-Einakter P̲ERDU! der literarische Markt als Bühne erscheint, auf der Schriftsteller und Verleger ihr verlogenes Spiel treiben, Eitelkeiten ausstellen, Kabalen antäuschen und damit Niveau, Würde und Ansehen der Literatur schädigen. Was geschieht mit dem Erzählen, wenn genau solche Redeszenen voll belangloser Konversation den Fortgang der Narration unterbrechen (*Ledwina*)? Auf diese Weise zeigt sich, dass die Gattung des Romans, dem Blanckenburg die Aufgabe zugewiesen hatte, die »innre Geschichte« eines Menschen zu entfalten (Blanckenburg [1774] 1965, 392) und dadurch eine interne Logik, ein festes Gerüst für das Erzählen mannigfacher Gegenstände zu gewinnen, angesichts der immer dringlicher werdenden Orientierung auf ›wirkliche‹, kontingente Welt und Realzeit (vgl. Blasberg 2013b) neue Ordnungsmuster erfinden muss, um nicht jegliche Kontur zu verlieren. Und was geschieht mit der Lyrik, wenn ihre Gegenstände, die ›hässlich‹ und profan, ideologisch und politisch zu werden drohen, nicht mehr ins Gewand der schönen Versform passen? Anders als die vormärzlich orientierten Zeitgenossen hielt Droste an Metrik und Reim fest und nahm Abstand vom freien Vers. Allerdings machte die Ausgabe von 1844 im Paratext darauf aufmerksam, dass einzelne Gedichtgruppen wie *Zeitbilder* und *Scherz und Ernst* einen inhaltlichen Akzent und aktualitätsbezogenen Sonderstatus besitzen, während die große Rubrik der *Gedichte vermischten Inhalts* das Kriterium der Heterogenität zum Markenzeichen macht. Nur die Gruppe *Balladen* thematisiert generische Zugehörigkeit im Titel.

2. Gattungsübergreifende Textverfahren: Bildlichkeit, Individualisierung, Metaisierung

Zu fragen wäre indes, ob nicht auch der Begriff ›Bild‹ (*Zeitbilder, Haidebilder*) als Gattungsindikator zu verstehen ist. In dieser Lesart würde die ›Bild‹-Kategorie nicht den Traditionsbezug zur Horazischen *ut pictura poiesis*-Poetik herstellen, sondern generell den Rezeptionsmodus des Schauens als Modell einer nichtlinearen, auf die Materialität der Signifikanten konzentrierten Lektüre empfehlen: Offenbar sollen die Texte betrachtet werden, als betrete der Leser dieser Zyklen einen Bildersaal. Statt der identifikatorischen Rezeption der Gedichte als Erlebnislyrik wird auf diese Weise eine reflektierende, an Darstellungsstrukturen und -modi interessierte Lesart gefordert, die dem poetologischen Charakter der Gedichte angemessen ist. Angesichts der Tatsache, dass auch Prosatexte als »Sitten*gemälde*« und »*Schilderungen*« ausgegeben werden, wird erkennbar, dass Bildlichkeit generell ein quer zu den Gattungen liegendes Gestaltungsmittel benennt (→ VI.8.). Es hat in erster Linie eine amplifizierende, den Textumfang aufschwellende, im Fall von Langgedichten, Balladen und Erzählungen den Vorwärtsdrang des Lesens bremsende Funktion. Dazu passt, dass die bildlich im Text evozierten Szenen traditionell idyllische oder dekonstruktiv anti-idyllische (vgl. Böschenstein [1975] 2007) Züge tragen; der Begriff ›Idylle‹ stammt vom griechischen *eidyllion*: Bildchen. ›Sittengemälde‹ ist seinerseits der antiquierte Ausdruck für Genrebild, also Darstellung kleiner Alltagsszenen, wie sie in *Die Judenbuche*, im zweiten Gesang des *Hospiz* oder im Zyklus *Des alten Pfarrers Woche* zu finden sind. Wenn Prosa wie in der Anfangsszene von *Ledwina*, in der die Protagonistin, an den mythischen Narziss erinnernd, ihr zerfließendes Spiegelbild im bewegten Wasser betrachtet, gleichsam ein Bild malt (und dessen ikonographische Tradition in Erinnerung ruft), das im Text von Ledwina und in zweiter Instanz vom Leser im Wortsinn ›angeschaut‹ wird, dann wird eine weitere, »metaisierende« (Hauthal u. a. 2007) Funktion der Bildlichkeit sichtbar. Metaisierungen schaffen »eine höhere textlogische Ebene, eine kognitive Reflexionsebene« (Hauthal u. a. 2007, 4), die sowohl »illusionsbildende«, also authentizitätsbezeugende, mnemotechnische oder phatische »Funktionen« erfüllen als auch illusionsbrechende Wirkung haben können (Hauthal u. a. 2007, 8). Nicht nur, dass der Text – man denke auch an die vielen Spiegelszenen in *Das Spiegelbild*, *Das Fräulein von Rodenschild*, *An *** ⟨Kein Wort, und wär' es scharf wie Stahles Klinge⟩* u. a. – sich als ein vom Leser betrachteter imaginiert, diese Metaperspektive prägt bereits den Produktionsprozess und führt dazu, dass Drostes Texte allesamt, gleichgültig ob im lyrischen, dramatischen oder narrativen Format geschrieben, selbstreflexiv und poetologisch gelesen werden können. Neben der Bildlichkeit können lyrische Selbstkommentare (z. B. »Hier möcht ich Haidebilder schreiben« in *Die Vogelhütte*, HKA I, 40, V. 46), Thematisierung von Schreibprozessen (*Bei uns zu Lande auf dem Lande*), markierte Intertextualität u. a. auf Metaisierung hinweisen.

Es scheint demnach, als würde Drostes Werk sich weniger durch seine Gattungsförmigkeit als gerade durch Verfahren auszeichnen, die wie das ›Malen‹, wie Ironisierung und Dekonstruktion von Diskursgewohnheiten, Perspektivierung der Darstellung zur Problematisierung des ›Realitäts‹-Status des Dargestellten, Intertextualität und das Überkreuzen verschiedener Logiken (von Traum, Wissenschaft, Alltag) Werkzusammenhänge über Gattungsgrenzen hinaus herstellen. Nimmt man solche transgenerischen Tiefenstrukturen an, wird auch verständlich, warum das Werk auf der Textoberfläche so extrem vielgestaltig ist. Von »304 Gedichten der Droste« weisen »208 verschiedene Formen« (Rösener 1960, 2 mit Verweis auf Muckenhaupt 1910) auf, »von den 72 Liedern des Geistlichen Jahres« sind 71 metrisch anders angelegt (Rösener 1960, 2), und vor allem die längeren Gedichte wie *Die Mergelgrube* und *Die Vogelhütte* vereinen in sich unterschiedliche Strophenformen und Reimschemata. Statt sich in vorgefundene Muster einzufügen, müssen die Texte schließlich ihr eigenes generisches Modell entwerfen, und somit tun sie etwas, was alle europäischen Kulturen nach der Aufklärung im großen Stil vollzogen haben: Sie individualisieren sich. Drostes Dichtung betreibt diese Individualisierung nicht im Stil der Unterhaltungsliteratur ihrer Zeit (→ I.3.2.), die traditionelle Gattungsvorgaben gegen mediale Forderungen nach Knappheit, Neuheit, Effekt und Spannung tauscht – was bedeutet, dass der innovationsgierige Markt für einen schnellen Gestaltwechsel der Ware Dichtung sorgt. Ihre Texte individualisieren sich im Einklang mit den großen ästhetischen Debatten von Empfindsamkeit, Klassik, Romantik und Vormärz, die im Interesse am Kunststatus der Literatur die Gattungsfrage langsam von einer der begrifflichen Subsumption in eine der sozialen respektive kulturellen Teilhabe verwandeln (vgl. Michler 2015, 30 f.).

3. Poetik der Mischform

Es ist anzunehmen, dass Droste lange bevor sie durch Levin Schücking (→ I.1.2.3.) mit den aktuellen Vormärz-Poetiken in Berührung kam, auch bevor sie im Bökerhof spätromantische Diskurse kennenlernte (→ I.1.1.), durch Ästhetiken des 18. Jahrhunderts geprägt wurde (→ II.1.1.). Damit haben ihre Texte Teil an der spätaufklärerischen »Dissoziierung der normativ-systematischen Gattungspoetik« (Scherpe 1968, 169) und gleichzeitig an den komplementären, mit den Namen von Schiller, Goethe und August Wilhelm Schlegel verbundenen Versuchen, der entstandenen Unordnung durch das Dekret einer auf die Antike zurückgeführten Gattungstrias und entsprechender »Naturformen der Dichtung« (Michler 2015, 359) entgegenzuwirken. Goethes »Naturformen« aus den *Noten und Abhandlungen* (1819) sind als ultimative, tiefenstrukturell wirksame Grund- und »Hauptelemente« (Michler 2015, 363) zu verstehen, an denen die auf der Textoberfläche zu beobachtenden einzelnen Dichtarten (Drama, Elegie, Epigramm, Ode, Parodie etc.) in je unterschiedlicher Weise partizipieren. Da Goethe, Schiller, Schlegel geschichtsphilosophisch dachten und annahmen, dass sich diese ›Elemente‹, je weiter die Zivilisation fortschreitet, desto mehr voneinander entfernen, das Ergebnis der elementaren Verschlingungen also immer mannigfaltiger ausfällt, konnten sie vorgeblich ursprungsnahe Gattungen wie die Ballade als ›Ur-Ei‹ (Michler 2015, 365) auszeichnen. Dabei haben die Begriffe ›Epik‹, ›Lyrik‹ und ›Dramatik‹ einen rein theoretischen Status, bilden einen Mustersatz, aus dem unendlich viele, aber letztlich durch Ableitung erklärbare Kombinationen und Variationen entstehen. So gesehen, produziert Literatur grundsätzlich »Mischform[en]« (Gesse 1997, 72). Für die Analyse von Drostes Dichtung lässt sich dieser Gedanke zu zwei verschiedenen Argumentationen auffächern.

Auf der produktionsästhetischen Seite steht zunächst die Beobachtung, dass Droste in dem Moment, wo sie den kodifizierten Rahmen der frühen Widmungs-, Erlebnis- und Reflexionslyrik zugunsten anderer Gattungen verlässt, im Wortsinn gemischte Formen schafft. *Bertha* (1813/14) zitiert Lessings Modell des bürgerlichen Trauerspiels, das Strukturen und Elemente von Tragödie und Komödie vereint (eine Kombination, die programmatisch den Gedichtzyklus *Scherz und Ernst* prägt), und gleich der erste Auftritt zeigt die Titelheldin – lyrisch – singend (HKA VI, 65 f.), während die Schwester Cordelia das in ihrem Stickrahmen entstehende Bild beschreibt (HKA VI, 66); episch erinnert sich der Reichsgraf an die Schlacht (HKA VI, 112 f.), die Reichsgräfin an ihre Kindheit (HKA VI, 128 f.). Umgekehrt immigrieren Bild- und dramatische Dialogszenen in das sowieso zwei Romanformen kombinierende Erzählfragment *Ledwina* (1819) hinein, und am augenfälligsten weisen sich die epischen Gedichte als Mischformen aus. Nach dem Vorbild von Scotts und Byrons »metrical romances« (Lynch/Stillinger 2012, 419) gestaltet, schwellen sie das Gedichtformat durch szenisch-dramatische und epische, stoffvermittelnde Passagen auf und untergliedern den auf mehrere tausend Verse angewachsenen Text in ›Gesänge‹ (→ II.4.1.). Von der Idee her sind Drostes »Größre Gedichte« (HKA I, 570) amplifizierte Balladen ebenso wie man die *Balladen* der Ausgabe von 1844 als metapoetisch verdichtete ›Epen‹ betrachten kann. Dadurch, dass das originale Inhaltsverzeichnis für die *Gedichte* 1844 die lyrisch-epische Grimm-Adaption *Der SPIRITUS FAMILIARIS des Roßtäuschers* direkt zwischen die *Balladen* und *Das Hospiz, Des Arztes Vermächtniß* und *Die Schlacht im Loener Bruch. 1623* platziert, erhärtet sich die Hypothese einer das Werk grundierenden ›balladesken‹, Goethe zufolge die Gattungstrias auf kleinstem Raum verkörpernden Mischform. Es ist zu vermuten, dass Droste diese Form produktiver Gattungsmischung mythopoetisch im Sinne Herders (Conrad 2014, 8 f.) und der Grimms verstand und die Anregungen dazu im Bökendorfer Märchenkreis und durch die ethnographisch-kulturhistorischen Forschungen der Haxthausen-Brüder (→ I.1.1.; → I.3.3.) erhalten hatte. Offenbar war ihr bewusst, dass man diese mythopoetischen Wurzeln in der Gegenwart entdecken, sie ästhetisch, wie Herder, Goethe und Schlegel es getan hatten, begründen, aber nur noch vermittelt – in Form eines »Nachgesang[s]« (Singer 2006) – für die Gestaltung moderner Poesie nutzen konnte. Produktionsästhetisch gesehen, verdanken sich Drostes Mischformen der Idee eines reflektierten, »metaisierend« (Hauthal u. a. 2007, 4) in die Texte eingeschriebenen Nachsingens. Möglicherweise entstand ihr großes Interesse am Gesamtkunstwerk der Oper (vgl. Michler 2015, 299–346; → V.) ebenfalls in diesem Zusammenhang.

Aufschlussreich für die Analyse von Drostes transgenerischer Dichtung könnten außerdem rezeptionsästhetische und psychologische Überlegungen aus den Poetiken des 18. Jahrhunderts sein. Moses Mendelssohn (1729–1786), Johann Jakob Engel (1741–1802), Johann Georg Sulzer (1720–1779) u. a. hatten angestrebt, die Differenz zwischen den Künsten und ihren Gattungen (unter »Voraussetzung ihrer grundlegenden Gemeinsamkeit«, Gesse 1997, 19) durch die Art und Weise zu erklären, wie das jeweilige Kunstwerk die sinnliche Aufmerksamkeit des Lesers, seine Gefühls- und Verstandeskräfte erregt, herausfordert, balanciert und zuletzt in ein Verhältnis setzt, das dem literarischen Text seine spezifische Gestalt gibt. Das seelische und damit ästhetische Vermögen des Lesers kalkulierend, formulieren die Schriftsteller Wirkungsabsichten, die dank ihrer je individuellen Mischung und Verlaufsform die Texte höchst unterschiedlich prägen und dafür sorgen, dass dramatische oder lyrische Darstellungsmodi überwiegen. Mendelssohns Theorie der Lyrik zufolge sollte jedes Gedicht Veränderungen darstellen, die in einem von »Theilnehmung beherrschten Gemüthe« (zit. n. Gesse 1997, 48) vorgehen, was heißt, dass man sich die seelische Gestimmtheit des Lesers als von Zeile zu Zeile oder Strophe zu Strophe wechselnd vorstellen muss, dass Gefühle geweckt werden, auf die beispielsweise ein rationaler Einspruch folgt, der wiederum angezweifelt und infolgedessen von einem Strom neuer Gefühle hinweggefegt werden kann. Sulzer unterschied entsprechend die Dichtarten nach dem jeweiligen Anteil der in das Kunstwerk investierten Kräfte der (rationalen) Vorbildung auf der einen Seite, der leidenschaftlichen Affekte auf der anderen. In dieser Argumentation, die Klopstock auf die Spitze trieb (vgl. Gesse 1997, 86–94), spielten regelpoetische, am aristotelischen Redekriterium orientierte Gattungslehren inhaltlich keine Rolle mehr, obwohl die alten Termini der Verständigung halber noch in Gebrauch waren (und erst von Goethe, Schiller und Schlegel Ende des Jahrhunderts wieder kanonisiert und zur ›inneren Form‹ abstrahiert wurden). Immer wieder ist darauf hingewiesen worden, dass die Briefschreiberin Droste feinste Stimmungsschwankungen ihrer Briefpartner bemerkte und ihre Briefe in Abstimmung darauf nuancierte (Gödden 1991, 25). So können ihr spätaufklärerische Ideen ästhetischer Affektmodellierung nicht fremd gewesen sein, und man muss noch nicht einmal emphatisch von der Existenz transgenerischer Werkstrukturen überzeugt sein, um zu vermuten, dass gefühlspsychologisch begründete Darstellungsverfahren in wirkungsästhetischer Absicht auch ihre lyrischen, epischen und dramatischen Arbeiten prägten. Erklären würde ein solcher Ansatz auf jeden Fall den erstaunlichen, jedes Gedicht individualisierenden Formenreichtum der Lyrik: Längere und kürzere Gedichte sind im Rahmen einer solchen Poetik der Mischform nicht als Oden oder Elegien konzipiert, sondern können als eine immer wieder neu gestaltete, Zeilenlänge, Metrum und Reim variierende Ansprache an den Leser verstanden werden, dessen Gemütskräfte maximal angeregt werden sollen. Natürlich greift die Dichterin, um das leisten zu können, zu rhetorischem Wissen – Drostes Texte sind allesamt rhetorisch durchkomponiert, und das Gedicht *Der Prediger* (HKA I, 15 f.) aus den *Zeitbildern* ist nicht das einzige, das die Problematik einer bewegenden, aufrüttelnden, persönlichen Ansprache metareflexiv zum Thema macht.

Es fällt nicht schwer, Drostes frühe Texte als wirkungspsychologisch fundierte Mischformen zu erkennen: Die Langgedichte (→ II.4.1.) modellieren Affekte, Sinneserfahrungen und rationale Reflexion, indem sie epische, lyrische und dramatische Formen nutzen, und in verdichtetem Format tun das ebenso die Balladen. Auch die unterschiedlichen Erzählverfahren in *Ledwina* ließen sich entsprechend begründen. Vor allem die vielgestaltigen Gedichte des *Geistlichen Jahres* mit ihrer starken, durch die ›persönlich‹ wirkende Stimme eines Ansprache suchenden ›Ich‹ dramatisierten Affektwirkung erscheinen vor diesem Hintergrund als immer wieder neu zu entdeckendes Forschungsfeld. Tempuswechsel ins Imperfekt indizieren z. B. in *Am dritten Sonntage nach Ostern* (HKA IV, 67 f.) ›epische‹ Distanz, die das ekstatische Sprechen in kurzen Versen ablöst, der sinnlich und emotional hoch erregte Leser wird abrupt zur Unterbrechung der Gefühlsbewegung und zur Reflexion gezwungen, was im Fall des *Geistlichen Jahres* bedeutet, dass er sich entscheiden muss, inwiefern die Gedichtlektüre ihn in den kulturellen Kontext der Bibelexegese und Perikopendichtung einbindet, er diese Einbindung zulassen will, oder ob er die Differenz zwischen dem Gedicht als ästhetischem Ereignis auf der einen, als Medium religiöser Botschaft auf der anderen Seite als Irritation empfindet. Man könnte darüber hinaus die Zyklusform als übergreifende, die lyrisch-dramatischen Sensationen einfangende Erzählstruktur verstehen: Immer schon hat das Epos chronotopisch ›Zeit‹ gestaltet wie hier den Jahresverlauf. Aber auch die späteren Gedichte nutzen das wirkungspoetische Instrumentarium der Mischform: In *Die Verbannten* (HKA I, 11–14) aus den *Zeitbildern* öffnet sich dem ›inneren‹ Auge des im Wachschlaf diffus affizierten ›Ich‹ eine Art Theaterbühne, auf der verschiedene Gestalten auftreten, die dem Leser, sein kulturelles Wissen und seinen Verstand ansprechend, als Allegorien vorgestellt werden, was, ohne die anderen Dimensionen abzuschwächen, zu einer metapoetischen, also intellektuellen Lesart des Gedichtes führt. ›Balladeske‹ Strukturen (episch-dramatisch) mit lyrischem Einschub prägen die Gedichte *Die Vogelhütte* und *Der Knabe im Moor*, und ausgehend vom »Sittengemälde« *Die Judenbuche* wäre im Interesse der Analyse transgenerischer Tiefenstrukturen, die Drostes Werk durchziehen, zu fragen, welche wirkungspsychologischen Effekte der Perspektivenwechsel hat, wenn er nicht, wie im Erzähltext, narratologische Funktion hat, sondern wenn er – wie in *Die Schwestern* oder *Der Weiher* – die lyrische Rede ›dramatisiert‹.

Literatur

Bianchi, Bruna: Verhinderte Überschreitung. Phänomenologie der »Grenze« in der Lyrik der Annette von Droste-Hülshoff. In: Ortrun Niethammer/Claudia Belemann (Hg.): Ein Gitter aus Musik und Sprache. Feministische Analysen zu Annette von Droste-Hülshoff. Paderborn u. a. 1993, S. 17–34.

Blanckenburg, Friedrich von: Versuch über den Roman [1774]. Faksimiledruck mit einem Nachwort von Eberhard Lämmert. Stuttgart 1965.

Conrad, Maren: Aufbrüche der Ordnung, Anfänge der Phantastik. Ein Modell zur methodischen Balladenanalyse, entwickelt am Beispiel der phantastischen Kunstballade. Heidelberg 2014.

Gesse, Sven: ›Genera mixta‹. Studien zur Poetik der Gattungsmischung zwischen Aufklärung und Klassik-Romantik. Würzburg 1997.

Gödden, Walter: Die andere Annette. Annette von Droste-Hülshoff als Briefschreiberin. Paderborn u. a. 1991.

Hauthal, Janine u. a.: Metaisierung in Literatur und anderen Medien: Begriffsklärungen, Typologien, Funktionspotentiale und Forschungsdesiderate. In: Janine Hauthal u. a. (Hg.): Metaisierung in Literatur und anderen Medien. Berlin, New York 2007, S. 1–21.

Liebrand, Claudia: Kreative Refakturen. Annette von Droste-Hülshoffs Texte. Freiburg/Br. u. a. 2008.

Liebrand, Claudia/Wortmann, Thomas: Vorwort. In: Claudia Liebrand/Thomas Wortmann (Hg.): Interpretationen. Gedichte von Annette von Droste-Hülshoff. Stuttgart 2014, S. 7–15.

Lynch, Deidre Shauna/Stillinger, Jack (Hg.): The Norton Anthology of English Literature. Ninth Edition. Vol. D. The Romantic Period. New York, London 2012.

Michler, Werner: Kulturen der Gattung. Poetik im Kontext 1750–1950. Göttingen 2015.

Reitani, Luigi: Drostes Adaptionen von metrischen Formen italienischer Herkunft. In: Droste-Jahrbuch 10 (2015), S. 63–70.

Rösener, Rudolf: Das Verhältnis von Rhythmus und Metrum in den Gedichten der Droste. Diss. Univ. Münster 1960.

Scherer, Stefan: »[...] für das Lied [...] Jeder warmen Hand meinen Druck« [zu: *Im Grase*]. In: Claudia Liebrand/Thomas Wortmann (Hg.): Interpretationen. Gedichte von Annette von Droste-Hülshoff. Stuttgart 2014, S. 166–178.

Scherpe, Klaus R.: Gattungspoetik im 18. Jahrhundert. Historische Entwicklung von Gottsched bis Herder. Stuttgart 1968.
Schneider, Ronald: Annette von Droste-Hülshoff. 2., vollst. neu bearb. Aufl. Stuttgart, Weimar 1995.
Sengle, Friedrich: Biedermeierzeit. Deutsche Literatur im Spannungsfeld zwischen Restauration und Revolution 1815–1848. Bd. 2: Die Formenwelt. Stuttgart 1972.
Singer, Rüdiger: »Nachgesang«. Ein Konzept Herders, entwickelt an ›Ossian‹, der ›popular ballad‹ und der frühen Kunstballade. Würzburg 2006.

5. Poetologie

Tilman Venzl/Yvonne Zimmermann

1. Drostes Autorpoetik in den Briefen 592
2. Die poetologischen Gedichte 594

Spätestens seit dem ausgehenden 18. Jahrhundert und des sich in diesem Zeitraum ausdifferenzierenden sogenannten Literatursystems befasst sich das zuvor vielschichtige und mit der Rhetorik eng verbundene Wissensgebiet der Poetik vornehmlich mit ›schöner Literatur‹ (Richter 2010). Um die Unterschiede zwischen wissenschaftlichen und nicht-wissenschaftlichen Poetiken und das Auftauchen poetologischer Elemente in Literatur zu kennzeichnen, haben sich seit den 1960er Jahren Begriffe wie ›implizite Poetik‹, ›Autorpoetik‹ oder ›Meta-Poetik‹ ausgebildet (Pott 2004, 1–14; Gymnich/Müller-Zettelmann 2007), die sich an unterschiedlichen theoretischen Annahmen orientieren, aber ähnliche Phänomene beschreiben. Statt einer gibt es folglich mehrere Poetiken, die aber gemeinsame Merkmale aufweisen und daher, etwa mit Ludwig Wittgensteins Konzept der Familienähnlichkeit, einem Begriff mit unscharfen Rändern zugeordnet werden können, der prototypische Vertreter besitzt. Darüber hinaus macht die Forschung unter dem Stichwort der Poetologie seit den 1990er Jahren auf die Verengung des Untersuchungsgebiets der Poetik aufmerksam und sucht diese ihrerseits zu überwinden (Richter 2014). Die Poetologie gebraucht den griechischen Begriff der *poiesis* (in den Übertragungen der einschlägigen Lexika ›Machen‹, ›Tun‹, ›Tätigkeit, die etwas hervorbringt‹, ›Schöpfung‹), um Phänomene der Kreativität in jedwedem Untersuchungsgebiet zu betrachten: in der Literatur ebenso wie in der Technik oder Naturwissenschaft. Dabei positioniert sich die Poetologie nicht zuletzt als Kritikerin althergebrachter Erkenntnisziele und Untersuchungsmethoden sowie als Reflexionsform transdisziplinärer Wissensansprüche. Das Forschungsfeld dieser Spielart der Poetologie hat zu einer kontroversen, bis heute nicht beendeten Debatte geführt, in der nicht weniger als das disziplinäre Selbstverständnis der Philologien auf dem Spiel zu stehen scheint.

Annette von Droste-Hülshoffs Poetologie wurde von der Forschung traditionellerweise im Sinne von Autorpoetik (Schmitz-Emans/Lindemann/

Schmeling 2009; Brandmeyer 2011) verstanden. Nach der progressiven Universalpoetik der Romantik als letzte große, sich selbst auflösende und überbietende Poetik sind Präskriptionen nicht mehr zukunftsträchtig. Entsprechend streuen sich die Aussagen zum Prozess des Dichtens, zur Stellung des Dichters oder zur Selbstverortung in der Literaturgeschichte über das Werk und nehmen unterschiedliche Gestalt an. Der Fokus liegt dabei auf ihrer Lyrik, auf die sich ihre poetologische Standortbestimmung nicht nur weitgehend oder gar »durchgängig« richtet (Plachta/Woesler 1994, 776), sondern in der sie auch ihren spezifischen Ausdruck findet. Von besonderem Interesse sind dabei solche Gedichte, die einen hohen Grad von Poetizität (d. h. formalästhetischer Strukturiertheit) bei gleichzeitig expliziter oder auch impliziter konzentrierter Thematisierung poetologischer Fragen aufweisen und sich folglich als poetologische Gedichte einstufen lassen (Hinck 1994; Hildebrand 2003; Pott 2004, 1–14). Insgesamt ist eine besondere – metaliterarische und reflexive – Ausprägung poetologischer Fragen in ihrem literarischen Werk zu konstatieren (→ VI.12. zur impliziten Raumpoetologie). Aussagen zu Dichtung finden sich freilich auch jenseits der Lyrik. So beschreibt etwa Drostes Literaturmarktposse PERDU! oder Dichter, Verleger, und Blaustrümpfe die Bedeutung des Literaturmarkts für verschiedene Dichterrollen und Dichtungsmodelle und kennzeichnet als Schlüsseldrama auch Drostes eigene Positionierung (→ I.3.2.; → III.3.), die sich aber durch ein regelrechtes Entziehen von poetologischen Festschreibungen auszeichnet (Venzl/Zimmermann 2017). Auch aus ihrem Romanfragment Ledwina und dem Westfalenroman Bei uns zu Lande auf dem Lande wurden poetologische Elemente herausgearbeitet.

1. Drostes Autorpoetik in den Briefen

Zur Kontextualisierung der poetologischen Texte dienen nicht zuletzt Drostes zahlreiche Briefe, in denen sie viele neue Werke vorkonzipiert und »poetologische[ ] Grundpositionen« (Grywatsch 2009c, 69) sowie Lektüren reflektiert. Sicherlich am stärksten vertreten sind dort Reflexionen zur Dichterexistenz, die sich nicht nur auf Selbstaussagen zum Stand eines adligen Dichterdaseins beziehen, sondern unter anderem auch in der Genderfrage einen zwar vorsichtigen, aber durchaus bewussten Umgang mit sozialen und geschlechtsspezifischen Erwartungen ausbilden. So hat das gesellige Leben in Familie und Adelsgesellschaft in ihrem Werk ebenso wie der Rückzug in die »Einsamkeit« (HKA VIII, 173, 179) Spuren hinterlassen. Mehrfach wurde sie außerdem mit der Männlichkeit ihres Schreibstils konfrontiert (Plachta 1995, 119), was vor dem Hintergrund einer klischeehaften Bewertung von ›Blaustrumpfliteratur‹ einerseits »Schutz[ ]« bot (Koopmann 2000, 16), andererseits auch von Bedeutung für ihre eigentümliche »›weibliche‹ Poetik« ist, die eine schwer »errungene«, im Verständnis der Zeit »›männliche‹ Selbstbehauptung« und die »mit Leiden verbundene ›weibliche‹ Einpassung in die Erwartungen ihrer sozialen Umwelt« darstellt (von Heydebrand 2001b, 146).

5. Poetologie

Droste suchte ihren Ort in der Literaturgeschichte, was sich aber vor allem in Gesten der Abgrenzung niederschlägt. Zu nennen ist etwa ihre Abwendung von der »romantischen Schule«, die sie vage als »ganz Traum und Romantick« charakterisiert (HKA VIII, 332 f.). Zudem beschäftigte sie auch die Rolle von Autorinnen im 19. Jahrhundert, dargelegt etwa in Bezug auf George Sand oder Elise von Hohenhausen. Ein weiteres Themengebiet in den Briefen bilden Aussagen zur Genese der eigenen Texte. Während sich Droste zeittypisch Gedanken um Verfahren der *imitatio* machte, etwa über den »Uebelstand« »hemmende[r] Formen« klagt und die Bedeutung der »Kraft« des »Talents« hervorhebt (HKA X, 402 f.), scheint ihr vor allem genaue »Beobachtung« ein wichtiger Impuls für Inspiration zu sein (HKA IX, 98). Ihre ausgesprochene Sensorik für Details und die »Vorliebe für ihr genau bekannte Szenarien und Schauplätze« (Schneider 1997, 4) resultieren nicht zuletzt in einer eigentümlichen Form der ›Wahrnehmungspoetik‹ (Preisendanz 1977; Schlaffer 1984). Gerade auf diesem Feld werden die Briefe auch zum literarischen Experimentierfeld (Spies 2010), etwa indem Schilderungen einer gesteigerten Empfindung aus der Beobachtung heraus beschrieben werden. Bezeichnend hierfür ist die Darstellung eines aufkommenden Unwetters, das Droste im Anschluss an einen Spaziergang mit anschließender Flucht zurück in die Meersburg wegen eines »wahre[n] Teufelswetter[s]« (HKA X, 106) als »besonderes, gesteigertes Wahrnehmungserlebnis« (Grywatsch 2009c, 81) schildert.

Außerdem befasste sich Droste ausgiebig mit der Funktion von Literatur allgemein. Auf die Stimmigkeit historischer und empirischer Fakten achtend, kann ihre Dichtung sicher im Sinne eines »spezifischen ›Realismus‹-Konzept[s]« (Schneider 1997, 4) verstanden werden. Die Rolle des Dichters als sensibler Zeitbeobachter, der sich aufopferungsvoll der moralischen Ermahnung verschreibt, greift sie etwa mit der topischen Vorstellung, »als Arzt einzuschreiten« (HKA VIII, 155), auf und wertet sie als »einzig[en] wahren Zweck unseres Daseyns« (HKA IX, 176) bzw. konstatiert, dass »die Aufgabe selbst des harmlosesten Schriftstellers so sehr an Verantwortlichkeit zugenommen hat« (HKA X, 285). In ihrer poetologischen Lyrik stellt sie neben die Arzttopik oftmals die christlich getönten Metaphern des ›Märtyrers‹, ›Mahners‹ oder ›Richters‹, die den engen Zusammenhang von Zeitkritik und Dichtung bezeugen. Denn um »des milden Zwecks, dem jetzt herrschenden Uebel der denkenden Klasse, den EXTREMEN der Ueberspannung und Erschlaffung mit ihren Begleitern oder Folgen, der Zerissenheit und zunehmenden Gemeinheit, die sich nur zu sehr berühren, vorzubeugen« (HKA VIII, 155), müsse der Dichter-Arzt eingreifen. Im Gegensatz zu Charles Dickens, dessen Roman *Oliver Twist* (1838) sie in einem Brief an Luise von Bornstedt vom 3. Mai 1839 ausführlich bespricht und dabei die Zeitkritik befürwortet, aber die »Lust des Verzerrens und Verteufelns« (HKA IX, 32), also den »Hang zur Schwarz-Weiß-Malerei« kritisiert, setzt Droste auf »Differenzierung, Nuancen, Zwischentöne, Vermeidung von schroffen und überspitzten Verallgemeinerungen« (Kortländer 1970, 23).

2. Die poetologischen Gedichte

»[P]rogrammatische Formulierungen zur Dichtung« sind bei Droste vornehmlich »in der Lyrik« zu finden (Koopmann 2000, 24). Die Forschung hat den »Bündelbegriff« (Pott 2004, 13), mit welchem die verschiedenen Textsorten der poetologischen Lyrik im Allgemeinen zusammengefasst werden, nach der jeweils hauptsächlich angesprochenen pragmatischen Instanz typologisiert: Traditionellerweise werden lyrische Texte, die vor allem die Rolle des Dichters, als Sprecher oder Adressat, thematisieren, als ›Dichtergedichte‹ bzw. poetologische Widmungsgedichte bezeichnet. Hiervon sind Gedichte zu unterscheiden, die einerseits auf den Text bzw. seine Entstehung oder Funktion fokussieren oder anderseits die Rolle des Lesers ins Zentrum rücken (Pott 2004, 13 f.). Hier sollen dagegen drei Gruppen unterschieden werden, die sich nach der Prominenz der poetologischen Programmatik, also nach den poetologischen Themen gradieren lassen, die entweder explizit und zentral oder explizit, aber weniger zentral gesetzt sind oder sich schließlich nur mehr durch die komplexe ästhetische Strukturiertheit ausdrücken.

Zu den explizit programmatischen poetologischen Gedichten gehören etwa Gedichte, die die Textgenese von Dichtung reflektieren. Hierzu zählt das für den Anfang der Ausgabe von 1838 vorgesehene Gedicht *Die rechte Stunde* (HKA I, 126), in welchem Droste in Abgrenzung zu klassisch-traditionellen Dichtungskonzepten eine Schaffenssituation entwirft, die einen prozessualen Übergang von Weltbeobachtung zum Schreiben in der Zurückgezogenheit und Selbstbesinnung vollzieht. Den Höhepunkt der poetologischen Thematik erblickt die Forschung in der späten Lyrik, in der größtenteils die Aufgabe des Dichters reflektiert wird. So macht etwa das während des ›Meersburger Winters‹ entstandene Gedicht *Mein Beruf* (HKA I, 97–99) die Dichterrolle zum zentralen Thema: Als machtvoller christlicher und ethischer Mahner rechtfertigt und verteidigt der Dichter seine Tätigkeit gegen ›die Gesellschaft‹ und leitet den Einzelnen zu einem ›guten Leben‹ an. Dichten wird hier zur ›Berufung‹, der man sich nicht entziehen kann. Diese Thematik bestimmt auch das Gedicht *Der Dichter – Dichters Glück* (HKA II, 69 f.), wobei hier allerdings das selbstzerstörerische Moment in den Vordergrund tritt, dem zufolge der Dichter sich für die Gesellschaft aufzuopfern habe. Ausgegrenzt von der Gesellschaft wird er Teil einer durch die Häufung intertextueller Verweise markierten Welt der Poesie. Schon in den Gedichten des *Geistlichen Jahres* finden sich derlei explizit poetologische Gedichte, die programmatisch die Rolle des Dichters thematisieren. Mit der »Vereinbarkeit von religiöser Lebensführung und Dichtertum« (Rotermund 1962, 57) beschäftigt sich *Am zweyten Sonntage nach Pfingsten* (HKA IV, 85 f.), in welchem allegorisch das ›Weib‹ dem ›Haus‹ gegenübersteht und wo die erbauliche Funktion der Dichtung wiederum zentral ist (→ II.2.7.). Explizite Aussagen über die Aufgaben des Dichters finden sich auch in *Am vierten Sonntage im Advent* (HKA IV, 156 f.), in welchem in einer Art Selbsterkundung der Dichter ähnlich wie in *Der Dichter – Dichters Glück*, obgleich weniger abgrenzend, seine Stellung im gesellschaftlichen Gefüge defi-

5. Poetologie

niert und sich als ›Mahner‹ versteht. Im dritten explizit poetologischen Gedicht des *Geistlichen Jahres*, *Am fünften Sonntage in der Fasten* (HKA IV, 36–38), befindet sich schließlich der Dichter im Gespräch mit Gott, dem er seine eigene Aufgabe überantwortet (→ II.2.3.). Auch mit ihrem letzten poetologischen Gedicht ⟨*Das Wort*⟩ (HKA II, 208 f.; → II.6.14.) greift Droste diesen Zusammenhang auf. Hier fragt sie nach der Bedeutung und Herkunft des Dichterworts und deutet es als eine »von Gott verliehene[n] Gabe« (Marquardt 1977, 56). Von den Aufgabenbereichen des Dichters findet Droste in *Poesie* (HKA I, 141 f.) zu Fragen nach dem Status von Literatur. »In einem dialogischen Spiel« (Pott 2004, 251) und durch Aufgreifen der topischen Edelsteinallegorese steckt Droste den Rahmen eines Gedichts ab, das zwar das Wesen der Dichtung zu ergründen vorgibt, vor allem aber dessen Unergründlichkeit performativ inszeniert und auf diese Weise allererst Gedicht wird (→ II.5.5.11.).

Neben dieser explizit poetologischen Lyrik, die die Dichtung selbst programmatisch ins Zentrum rückt, werden auch in anderen Gedichten poetologische Fragen thematisiert, etwa indem Rolle und Funktion des Dichters verhandelt bzw. reflektiert werden. Drostes erstes unverkennbar poetologisches Gedicht *Der Dichter* (HKA II, 167 f.), in dem die 17-jährige Droste angelehnt an Schiller'sche Motivik noch eine »klassische Dichtungskonzeption« (Koopmann 2000, 17) vertritt, ist diesem Bereich zuzuordnen. In *An die Schriftstellerinnen in Deutschland und Frankreich* (HKA I, 17–19) ergeht ein Appell an ihre Geschlechtsgenossinnen, mit veralteten weiblichen Dichterbildern, etwa der »weltentrückten christlichen Naturmystikerin« oder der »Hetäre« zu brechen und sich in der »Rolle der irdischen Heiligen« (Pott 2004, 247) der Läuterung der eigenen Zeit zu verpflichten. An dieses Gedicht schließen sich die den gleichnamigen Schriftstellerinnen gewidmeten Gedichte *Katharine Schücking* (HKA I, 102 f.) und *Nachruf an Henriette von Hohenhausen* (HKA I, 120 f.) an, in welchen »die Stellung der Frau in der Literatur« reflektiert wird (Plachta 1984, 61). Einige Gedichte, etwa *Der zu früh geborene Dichter* (HKA I, 127–129), weisen die »klischeehafte«, als »zeittypisch[ ]« empfundene »Auffassung vom Dichten« und »falsche[ ] Anpass[ungen] an den Zeitgeschmack« zurück (Meyer 1994, 312) und sind wohl am besten mit dem Begriff »Dichter-Schelte« zu beschreiben (Koopmann 2000, 25). Was hier schon humoristisch anklingt, wird andernorts in Formen der Ironie und Satire überführt. Nicht nur in *Dichters Naturgefühl* (HKA I, 181–183), auch in *Das Eselein* (HKA I, 214–216) wird anhand überzeichneter Dichterfiguren »eine subjektivierende, empfindsam-verklärende Naturpoesie« (Schneider 1976, 45) ironisch als Täuschung entlarvt. Satirische Darstellungen finden sich etwa auch in *Der Theetisch* (HKA I, 184–186), wo die Rezeptionshaltung literarischer Zirkel nicht ohne Kritik performativ ausgestaltet wird. Überlegungen zur Wirkung von Literatur werden auch im schauervollen Gedicht *Der Todesengel* (HKA I, 173) angestellt, in welchem ein Weg von der Rezeption einer Sage über die phantasiegeleitete Ausmalung zum scheinbar realen Erlebnis beschritten wird.

Neben diesen explizit poetologischen Gedichten gibt es bei Droste eine Vielzahl von Gedichten, denen implizite Aussagen zur Poetologie zugeschrieben werden können (→ VI.12.). Anders als bei den bislang behandelten Gruppen handelt es sich dabei um Gedichte, deren poetologischer Gehalt nicht schon auf thematischer Ebene gleichsam offen liegt. Vielmehr ist dieser poetologische Gehalt erst im Rahmen von Lektüren zu entwickeln, die vornehmlich einzelne Metaphern und Motive in den Blick nehmen. Zwar zählen derlei Gedichte gemeinhin nicht zum engeren Gattungsbegriff poetologischer Lyrik; sie sind aber im Sinne selbst- bzw. metareflexiver Beobachtungen von Literatur äußerst interessant. Zudem lässt sich argumentieren, dass sich nicht nur ein paar, sondern zahlreiche Gedichte Drostes »*auch* als poetologische Rede in den Blick« (Liebrand/Wortmann 2014, 8) nehmen lassen. So lässt sich in *Die todte Lerche* (HKA I, 324) das Naturbild allegorisch ausdeuten und macht poetische Selbstzweifel und die »Einsicht in das eigene Ungenügen« (Koopmann 2000, 26) sichtbar. Geradezu als Spiegelung wird dagegen in *Die Vogelhütte* (HKA I, 39–42) und *Lebt wohl* (HKA I, 325) selbstbewusst auf dem eigenen Können und einem privaten Freiraum etwa für das literarische Schreiben beharrt. Als »allegorisch verschlüsselte Darstellung der zeitgenössischen Literatur« lässt sich *Der Strandwächter am deutschen Meere* (HKA I, 211–213) verstehen, in welchem die Kurzlebigkeit »poetische[r] Tagesgrößen« gegen die Reinheit und Tiefe überzeitlicher Literatur ausgespielt wird (Rotermund 1962, 70). Woher die Stoffe und Ideen für Literatur kommen, beantwortet Droste unterschiedlich: aus der Freundschafts- oder Liebesbeziehung in *Locke und Lied* (HKA I, 139), aus den Erfahrungen des Lebens in *Meine Sträuße* (HKA I, 156 f.) oder aus der Konfrontation mit dem eigenen Ich in *Das Spiegelbild* (HKA I, 168 f.). Anders funktioniert dagegen *Mondesaufgang* (HKA I, 354 f.), wo die ausgestaltete Trostwirkung der Natur am Ende mit des »kranken Sänger[s] [...] Gedicht« (V. 47) verglichen und damit wiederum auf die Kunst übertragen wird. Ebenso kann das unausgesprochene Wort im Schutze des Baums in *Auch ein Beruf* (HKA I, 360–362) als Wink für eine behutsame Zurückhaltung des Gotteslobs interpretiert werden, die allerdings im performativen Akt des Gedichts geradezu unterlaufen wird. Im Zyklus *Der Weiher* (HKA I, 43–45) singt das Schilf ein »Schlummerlied[ ]« (V. 10), womit die Natur zum Träger einer friedensvollen Poesie wird, und in dem Teilgedicht *Die Linde* (HKA I, 44) wird der Baum zum Beobachter eines in der Natur schöpfenden Dichters (→ II.5.3.5.).

Droste setzte sich in ihren literarischen Texten und Briefen intensiv mit poetologischen Fragen auseinander und fand im Rahmen vielfältiger Ausdrucksformen zu mannigfachen Antwortversuchen, die sich allerdings nicht zu einem »völlig widerspruchsfrei[en]« (Plachta 1997b, 85) Programm runden lassen. Sicherlich sind einerseits Reflexionen zum sozialen Ort sowie die damit verbundenen Bedingtheiten des Dichtens und ferner die Kategorien ›Natur‹ und ›Naturwahrnehmung‹ für die Poetik Drostes konstitutiv; dies alles führt auch auf ihr moralisches, religiöses und nutzenbedachtes Dichtungsverständnis zurück (vgl. Sengle 1980, 592–639; Schneider 1995). Andererseits hat die neuere Forschung mit Nachdruck auf die ›modernen‹ Züge von Drostes Werk hingewiesen, die nicht zuletzt anhand eines, sich etwa in performativen und intertextuellen Verfahren manifestierenden, poetologischen Grundzugs beobachtet werden (→ VI.2.).

Literatur

Grywatsch, Jochen: Poetische Imagination und räumliche Struktur. Zu einer Poetologie des Raums bei Annette von Droste-Hülshoff. In: Jochen Grywatsch (Hg.): Raum. Ort. Topographien der Annette von Droste-Hülshoff. Hannover 2009 (= Droste-Jahrbuch 7), S. 69–94. [Grywatsch 2009c]
Heydebrand, Renate von: Interferenzen zwischen Geschlechterdifferenz und Poetik. Annette von Droste-Hülshoff und Levin Schücking als schreibendes Paar. In: Internationales Archiv für Sozialgeschichte der deutschen Literatur 26,2 (2001), S. 121–157. [von Heydebrand 2001b]
Koopmann, Helmut: »Nicht fröhnen mag ich kurzem Ruhme«. Zum Selbstverständnis der Droste in ihren Dichtergedichten. In: Droste-Jahrbuch 4 (2000), S. 11–33.
Kortländer, Bernd: Kritik der Droste an Dickens' *Oliver Twist*. Ein Brief an Luise v. Bornstedt vom 3.5.1839. In: Kleine Beiträge zur Droste-Forschung 1 (1970), S. 16–24.
Liebrand, Claudia/Wortmann, Thomas: Vorwort. In: Claudia Liebrand/Thomas Wortmann (Hg.): Interpretationen. Gedichte von Annette von Droste-Hülshoff. Stuttgart 2014, S. 7–15.
Marquardt, Axel: *Das Wort* und der Brief der Droste an Melchior von Diepenbrock (Mai 1845). In: Beiträge zur Droste-Forschung 4 (1977), S. 53–66.
Meyer, Matthias: Die ›Dichtergedichte‹ der Annette von Droste-Hülshoff. Probleme einer Identitätsbildung. In: Danielle Buschinger (Hg.): Europäische Literaturen im Mittelalter. Mélanges en l'honneur de Wolfgang Spiewok à l'occastion de son 65ème anniversaire. Greifswald 1994, S. 297–319.
Plachta, Bodo: Widmungsgedichte der Droste an schreibende Frauen. In: Evangelische Akademie Rheinland-Westfalen (Hg.): Annette von Droste-Hülshoff. Ihre Neuentdeckung als Frau und Autorin. Iserlohn 1984, S. 61–70.
Plachta, Bodo: »1000 Schritte von meinem Canapee«. Der Aufbruch Annette von Droste-Hülshoffs in die Literatur. Bielefeld 1995.
Plachta, Bodo: »Abseits von Geistesflug und Dampf.« Die poetologischen Auffassungen der Droste. In: Bodo Plachta (Hg.): Annette von Droste-Hülshoff (1797–1848). »aber nach hundert Jahren möcht ich gelesen werden«. Wiesbaden 1997, S. 85–87. [Plachta 1997b]
Plachta, Bodo/Woesler, Winfried: Kommentar. In: Annette von Droste-Hülshoff: Sämtliche Werke. Hg. von Bodo Plachta und Winfried Woesler. Bd. 2: Prosa, Versepen, Dramatische Versuche, Übersetzungen. Frankfurt/M. 1994, S. 773–981.
Pott, Sandra: Poetiken. Poetologische Lyrik, Poetik und Ästhetik von Novalis bis Rilke. Berlin, New York 2004.
Rotermund, Erwin: Die Dichtergedichte der Droste. In: Jahrbuch der Droste-Gesellschaft 4 (1962), S. 53–78.
Schneider, Ronald: Realismus und Restauration. Untersuchungen zu Poetik und epischem Werk der Annette von Droste-Hülshoff. Kronberg/Ts. 1976.
Schneider, Ronald: Das künstlerische Selbstverständnis der Droste im Horizont ihrer Zeit. In: Bodo Plachta (Hg.): Annette von Droste-Hülshoff (1797–1848). »aber nach hundert Jahren möcht ich gelesen werden«. Wiesbaden 1997, S. 3–11.
Sengle, Friedrich: Biedermeierzeit. Deutsche Literatur im Spannungsfeld zwischen Restauration und Revolution 1815–1848. Bd. 3: Die Dichter. Stuttgart 1980.

6. Realismus und Realität
Cornelia Blasberg

1. Wirklichkeit: eine Herausforderung für die Literatur?   600
2. Literarische Wirklichkeitssimulation und ihre Grenzen   601
3. Mimesis.   604
4. Vergegenwärtigung   606

Immer wenn vom ›Realismus‹ der Droste-Texte die Rede ist, kommt eine andere Bedeutung des Begriffs ins Spiel. So wird unter Berufung auf Friedrich Sengles Biedermeier-Monographie vom »Detailrealismus« (Huge 1973, 136) gesprochen, womit die oft mikroskopisch genauen, physikotheologisch grundierten Naturbeschreibungen in den *Haidebildern* oder genrebildliche Szenen in den Balladen gemeint sind. Im Unterschied zum Genre-Realismus der frühneuzeitlichen niederländischen Malerei, die Droste kannte, haftet am poetisch gestalteten Nah-Blick auf die Dinge im 19. Jahrhundert eine ideologische Komponente: Die Orientierung der Künstler an naturwissenschaftlichen Beobachtungsmethoden verbindet sich mit Gesten sozialen Rückzugs in so kleinteilig wie möglich gedachte Schutzräume vor den Bedrohungen der Moderne (vgl. Sengle 1972, 270). Stellvertretend für die kritischen Zeitgenossen, denen solch ›biedermeierliche‹ Bescheidenheit verdächtig war, verhöhnte Friedrich Hebbel Stifters sich vermeintlich in der Schilderung von Käfern und Butterblumen erschöpfendes Talent, und 1853, als ›Realismus‹-Programme die Literatur längst erobert hatten, veröffentlichte Ludwig Eichrodt eine vergleichbare Droste-Parodie: *Dröstliche Hülsenblüthen. Der Mittwoch. Eine westphälische Vision* (vgl. Woesler 1980, Nr. 103).

Eine andere Argumentationsrichtung schlagen Theoretiker des »Frührealismus« (Fülleborn 1974; Fülleborn 2000) ein, die jenseits von Epochen- und Stilbegriff literarische Verfahrensweisen nachromantischer Autoren wie Droste und Büchner »[a]uf dem Weg zum Realismus« (Frank 2007, 28) zu beschreiben versuchen. Konzentrieren sich detailrealistische Analysen darauf, Funktion und Bedeutung der im Text repräsentierten Einzeldinge zu klären, so interessiert hier die spezifische Art der Verknüpfung von Dingen und Figuren, und im Unterschied zu Analysen ›realistischer‹ Romane von Raabe und Fontane zielt das Erkenntnisinteresse auf konkrete Textverfahren, mit deren Hilfe eine Welt dargestellt wird, deren »wirkliche[r] Zusammenhang« rational nicht erklärt, in der der »Nexus der Dinge« (Fülleborn 2000, 108) aber sinnlich erfahren werden kann, sofern diese Erfahrung in überschaubaren Räumen stattfindet. Frührealistische Schreibweisen beruhen auf der Philosophie des Empirismus, aber sie haben angesichts der sich ausdifferenzierenden Wissenschaften und ihrer nicht mehr zu synthetisierenden Erkenntnisse die Vorstellung einer als Ganzes gegebenen Wirklichkeit verloren. Die Prominenz der ›Dorfgeschichten‹ seit den 1840er Jahren erklärt sich aus dem Bestreben, für die sinnliche Evidenz des dargestellten menschlichen Verhältnisses zu Natur und Gesellschaft einen entsprechend beschränkten, der ästhetischen Darstellung zuträglichen Rahmen zu schaffen, und so fällt es im Hinblick auf die Plot-Gestaltung nicht schwer, Drostes ›westfälische‹ Erzählungen *Die Judenbuche* und *Bei uns zu Lande auf dem Lande*, auch den zweiten, dem Klosterleben gewidmeten Gesang des *Hospiz auf dem großen St. Bernhard* und die Konversations-Passagen des Romanfragments *Ledwina* in den Kontext des »Dorfgeschichtenrealismus« (Hahl 1981, 49) einzuordnen. In der Tat kam es Droste, als sie 1838 den Plan fasste, »den Zustand unseres Vaterlands [...] zum Stoff meiner nächsten Arbeit zu wählen«, darauf an zu betonen, dass sie »selbst hier aufgewachsen« und somit absolute »Herrinn« ihres Stoffes sei, also über eine so genaue Kenntnis dieser begrenzten Welt verfüge, dass ihr noch nicht einmal ein »Gassenbube« »die geringsten Verstöße« (HKA VIII, 329) vorwerfen könne. Im Sinne des ›Frührealismus‹ könnte man diese Aussage als Beleg dafür lesen, dass Drostes Texte die Anschauungsweisen und das praktische Wissen einfacher Menschen zum Regulativ sowohl für die dargestellten Inhalte als auch für die Form (»eine Reihenfolge von kleinen Begebenheiten und eignen MEDITATIONEN«, HKA VIII, 330) wählen. Wendet man den Blick indes den ›detailrealistischen‹ Naturgedichten, den Balladen und der ›Westfalen‹-Prosa selbst zu, schwinden diese Postulate rasch aus dem Fokus der Aufmerksamkeit, um stattdessen (aus der romantischen Tradition stammende) ironische, metapoetische, selbstreflexive, mithilfe von Rahmenfiktionen und Metalepsen sichtbar gemachte Strategien literarischer Distanzierung von jeglicher Wirklichkeitsanmutung des Dargestellten hervortreten zu lassen. Eine besondere Herausforderung stellt dabei *Die Judenbuche* dar.

Es sind vor allem Literarhistoriker, die den Text ungeachtet seiner Entstehungszeit (1820–1840) der Epoche des ›Realismus‹ (1848–1890) zuschlagen, als »Pionierleistung in der Entwicklung der realistischen Novelle« (Freund 1996, 467) rühmen oder aufgrund der »breiten Zustandsschilderungen, die die Milieuzeichnung des Naturalismus vorwegnehmen«, sogar als »Markstein in der realistischen Erzählkunst« bezeichnen (Glaser/Lehmann/Lubos 1997, 307). Zweifellos beherrschen Armut, Diebstahl und Mord die Szene, die geographisch lokalisierbar ist, gibt der krude Lebensweg des Protagonisten eine Datenreihe vor, an deren Chronologie sich die Erzählung orientiert, und tatsächlich heißt es am Ende: »Dieß hat sich nach allen Hauptumständen wirklich so begeben im September des Jahrs 1788« (HKA V, 42). Doch liest man den Text derart einseitig als Medium der Referenz auf kunstferne Fakten, dann heißt das nicht nur, den Kunstcharakter der spezifischen Erzählung zu negieren, sondern generell der komplizierten Frage aus dem Weg zu gehen, ob und auf welche Weise ›Realität‹ im Symbolsystem der (Literatur-)Sprache repräsentiert werden kann. Dass ›Realismus‹ sich auch gar nicht über Umweltreferenz allein definiert, zeigt ein Blick auf den in Deutschland dominanten poetischen Realismus, der den literarischen Text gerade nicht dazu verpflichtet, ein »pures Abbild des Vorfindlichen« zu schaffen, sondern im Gegenteil von ihm erwartet, dass er in der Darstellung der kontingenten, hässlichen

Erscheinungswelt eine läuternde, versöhnende, »sinnstiftende Dimension« aufscheinen lässt (Begemann 2007, 8). In der Tradition Goethes, Schillers und der Hegel'schen Ästhetik stehend, von der pantheistischen Philosophie Schellings geprägt (Plumpe 1992, 170), schufen die deutschen Realisten, obwohl sie »die ganze wirkliche Welt« (Vischer 1841, 2) gewonnen zu haben glaubten, die Syntheseversion eines »Realidealismus« (Jäger 1981, 9). Erinnert man sich in diesem Zusammenhang an Drostes Bekenntnis gegenüber Christoph Bernhard Schlüter (→ I.1.2.2.) Ende 1838 – »Sie wissen selbst, lieber Freund, daß ich nur im Naturgetreuen, durch Poesie veredelt, etwas leisten kann« (HKA VIII, 332 f.) –, dann fällt es nicht schwer, die Autorin als ›Realidealistin‹ und ›Vorläuferin‹ von Keller, Storm und Fontane einzustufen. Argumente dafür lassen sich finden, zumal gerade für *Die Judenbuche* angeregt wurde, die Geschichte des Friedrich Mergel vor dem Hintergrund der Homerischen *Odyssee* zu lesen (Liebrand 2008, 222–232), womit der versteckte Sinn der letztlich rätselhaft bleibenden Tat, der nicht aufgelösten Identität von Täter und Rückkehrer im Rekurs auf die Ideen des großen antiken Epos zu suchen wäre. Schließlich verfährt Gottfried Keller in der Novelle *Romeo und Julia auf dem Dorfe* (1847–1875) vergleichbar, wenn er der im bäuerlichen Milieu der Gegenwart angesiedelten Liebesgeschichte den hochliterarischen Subtext von Shakespeares Drama unterlegt. Treibt Kellers ›Dorfgeschichte‹ ihre Leser unerbittlich in die aporetische Situation, nicht entscheiden zu können, ob (Welt-)Literatur tatsächlich eine alles versöhnende, sinnstiftende Kraft ist und ›Realität‹ ideell zu regieren vermag, oder ob ihre Macht einzig und allein darin liegt, ›wirkliche‹ Verhältnisse radikal in Frage zu stellen, so agieren Drostes Texte in diesem Punkt verhaltener. Gleichwohl gestalten auch sie jene Zweifel an den zeitgenössischen epistemologischen Fundamenten, die sich in der Poetik des »Realidealismus« zu einer »chronischen Unsicherheit über die Grenzen dessen, was als ›wirklich‹ gelten sollte« (Begemann 2013, 14) verdichten. Vor diesem Hintergrund kann man die eigentlich als Fossile romantischer Schauerliteratur verdächtigen, trotzdem in großer Zahl in den Erzählungen von Storm und Fontane auftauchenden Gespenster und Wiedergänger als »Reflexionsfigur[en] dieser Prozesse« (Begemann 2013, 14) analysieren, was, übertragen auf Drostes Gespensterballaden, ein Anreiz für Interpreten sein könnte, diese poetologisch im Hinblick auf das in ihnen reflektierte Verhältnis von Literatur und ›Wirklichkeit‹ zu lesen.

1. Wirklichkeit: eine Herausforderung für die Literatur?

So vielseitig die Programme der unterschiedlichen ›Realismen‹ auch ausfallen: Für die Auseinandersetzung mit Drostes Texten ergeben sich daraus vor allem dann fruchtbare Untersuchungsperspektiven, wenn das Paradigma ›Realismus‹ in die Elemente seiner komplexen Vorgeschichte zerlegt wird und aufgezeigt werden kann, welche und wie viele ästhetische Fragestellungen sich aus diesen Facetten ergeben. Einige davon haben diskursive und poetologische Spuren in Drostes Werk hinterlassen. So muss die Rede zunächst auf das

Thema der literarischen Stoffe und solcher Darstellungsverfahren kommen, die für ein kohärentes, im aristotelischen Sinne ›wahrscheinliches‹ Textgeschehen sorgen, wobei es ein Ziel sein kann, diesen *effet de réel* zu erzeugen und zu stabilisieren, ein anderes, den Effekt dadurch noch zu verstärken, dass der Text an die Grenzen seiner Repräsentationsmöglichkeiten getrieben wird. Eine zweite Perspektive ergibt sich aus der Beobachtung, dass die Protagonisten der Droste-Texte ihre äußere und innere Welt intensiv wahrnehmen und den Leser an diesen sinnlichen Sensationen unmittelbar teilhaben lassen, wobei die Textregie den Leser gleichzeitig zur Reflexion des (dadurch doppelten) Wahrnehmungsaktes und seines ästhetischen Pendants, der Mimesis, anregt. Einem dritten Aspekt nähert man sich durch die Frage nach der performativen Kraft der literarischen Texte, eine eigene ›Wirklichkeit‹ zu schaffen und den Leser so in die Präsenz des Sprachmaterials zu bannen, dass er die Existenz einer außersprachlichen Wirklichkeit *ex negativo*, im schockhaften Verlust der ästhetischen Welt, zu spüren bekommt. Die eigentliche Aufgabe liegt also darin, die ästhetische Herausforderung und das Störungspotential von ›Realität‹ für Drostes Texte zu ermitteln.

2. Literarische Wirklichkeitssimulation und ihre Grenzen

Die Drostes literarische Sozialisation prägenden Axiome stammen aus den Literaturdebatten über das Spannungsverhältnis zwischen Nachahmung und Kunstautonomie in der zweiten Hälfte des 18. Jahrhunderts. Wurde die Präferenz für idealistische Poetiken durch Drostes auf die europäische Romantik konzentrierte Lektüren verstärkt, trat um 1838, über Levin Schücking vermittelt, die sich durch »Tagesaktualität« (Frank 2007, 29), politische Relevanz und mediale Präsenz definierende Vormärz-Ästhetik in Drostes Blickfeld (→ I.3.1.), wurde Gegenstand intensiver Auseinandersetzung (z. B. in den *Zeitbildern*) und letztlich zugunsten des hohen Kunstanspruchs an das eigene Werk zurückgewiesen. Drostes Hinwendung zu ›westfälischen‹ Stoffen in *Die Schlacht im Loener Bruch. 1623, Bei uns zu Lande auf dem Lande, Die Judenbuche. Ein Sittengemälde aus dem gebirgten Westphalen* und später in den Balladen kann als Indiz dafür gesehen werden, dass sie diese widerstreitenden Impulse für ihr Schreiben produktiv machte. Im Vorfeld der Texte wurden sorgfältige Quellenrecherchen und wissenschaftliche Studien betrieben (was, auf die Schweiz bezogen, bereits für *Das Hospiz auf dem großen St. Bernhard* nachweisbar ist), um die empirische Nachprüfbarkeit des Dargestellten zu sichern und alle zeitgenössischen »Wahrscheinlichkeitsnormen« (Ort 2007, 25) für ein optimales Wiedererkennen der ›Wirklichkeit‹ im Stoff einzuhalten. Im Fall der *Westphälischen Schilderungen aus einer westphälischen Feder* (1845) kann man den Erfolg dieses Verfahrens übrigens an den seitenlangen ›Richtigstellungen‹ in der zeitgenössischen Presse (Woesler 1980, 63–94) bemessen. Auf der anderen Seite standen alle diese Arbeiten, die Balladen eingeschlossen, im Dienst des von Ferdinand Freiligrath an Levin Schücking abgetretenen Projekts *Das malerische und romantische Westphalen* (1840), dessen Titel bereits signalisiert, dass es der Sammlung nicht um harte Fakten über einen provinziellen Landstrich, sondern um die anziehende künstlerische Darstellung einer Lesereise durch jene Landschaften zu tun war, deren Eigenheiten im Modernisierungsprozess zu verschwinden drohten. *Bei uns zu Lande auf dem Lande* distanziert den ›Realismus‹ der Binnenerzählung, der Droste fürchten ließ, ihre nächsten Familienangehörigen könnten in den Protagonisten allzu persönliche Porträts entdecken, durch Historisierung des Stoffs mittels Archivfiktion. Mehr als eine Wirklichkeitsillusion durch ›wahrscheinliche‹ Handlung und kohärente, am Modell der Historiographie orientierte Narration herzustellen, scheinen viele Droste-Texte nicht anzustreben, was im Übrigen auch für die Erzählgedichte (→ II.4.1.), Balladen und lyrischen Texte gilt, die dem Leser wie *Die Schenke am See* oder *Clemens von Droste* kleine, erzählerisch abgerundete und präzise lokalisierbare Szenen vor Augen stellen, die durch einen sich an diese Situation ›erinnernden‹ Sprecher authentifiziert werden.

Mit Ortsangaben, historischen Daten und der Formel »Dieß hat sich [...] wirklich so begeben« (HKA V, 42) scheint *Die Judenbuche*, wie es bereits der von August von Haxthausen 1818 veröffentlichte Prätext *Geschichte eines Algierer-Sklaven* (HKA V, 214–223) tut, auf die außerliterarische Wirklichkeit des am 10. Februar 1783 von Hermann Winkelhannes verübten Judenmordes (HKA V, 227) zu verweisen, den Drostes Urgroßvater als Inhaber der Patrimonialgerichtsbarkeit in Bökendorf und Umgebung zu untersuchen hatte. Für den Spätromantiker Haxthausen besaß der in seiner Zeitschrift *Die Wünschelruthe* publizierte Text allerdings die Qualität jener volkspoetischen Urkunden, in denen Sprache, Literatur und Recht, wie die Brüder Grimm für Sagen und Märchen dekretierten, ihren ursprünglichen Zusammenhang offenbaren. Von 1819 bis 1825 mit der Verwaltung der Familiengüter in Bökendorf betraut, erforschte Haxthausen die im Zuge der Bauernbefreiung neu zu ordnenden ländlichen Eigentumsverhältnisse und schrieb zwischen 1828 und 1852 mehrere Monographien zu diesem Thema, deren Daten allesamt mithilfe moderner empirischer Methoden erhoben worden waren, in Argumentation und Schlussfolgerungen jedoch die ultrakonservativen Vorlieben des Autors für eine altständisch-feudale Agrarverfassung verrieten (vgl. Heßelmann 1992, 74–91; → I.3.3.). Auf intrikate, konfliktreiche Weise lief demnach Drostes 1820, also lange vor der ›westfälischen‹ ›Wende‹ begonnene Arbeit am »Sittengemälde« der *Judenbuche* parallel zu Haxthausens Studien, was einerseits für die ethnographische Realitätsorientierung der Erzählung spricht, andererseits den Blick dafür öffnet, dass die Autorität des von aristokratischen Interessen geprägten Interpretationsrahmens (auch in der *Judenbuche* hat der Gutsherr die Gerichtsvollmacht) nur durch die Fiktionsmacht eines mit Aussparungen, Andeutungen, Intertexten und Symbolen arbeitenden Erzählens aufzulösen ist. Wenn die Gutsherren-Perspektive (im Sinne eines kulturellen Führungsanspruchs der Gebildeten) auf die zerlumpten, kleinkriminellen Dörfler in der *Judenbuche* auch erhalten bleibt, so legt Drostes Text im Unterschied zu der *Geschichte eines Algierer-Sklaven* doch so viel Gewicht auf die Charakterisierung des Paupers Friedrich Mergel und die beklagenswerten Umstände seines Aufwachsens, dass sich die Frage aufdrängt, ob nicht in ähnlicher Weise wie in Büchners *Woyzeck* der Maßstab für literaturwürdige Figuren »skandalös weit nach unten verschoben [wird]« (Pornschlegel 2009, 161) und damit Literatur an die Grenzen ihres Repräsentationsanspruchs gerät. Auch für Büchners Protagonisten Woyzeck und Lenz ist eine Frage diskutiert worden, die sich am Beispiel von Friedrich Mergel stellt: Ob sich die Gestaltung der (allesamt historisch verbürgten) Figuren im Geiste einer aus dem 18. Jahrhundert stammenden und damit idealistischen »Ethik und Ästhetik des Mitleids« (Schings 1980, 73) verdankt (was *Lenz* und *Die Judenbuche* mit sündentheoretischen Subtexten andeuten), oder ob die stellvertretend von Büchners Lenz geäußerte Forderung, der Künstler müsse sich in das Leben des Geringsten versetzen, Kunst selber radikal verändert, ihr nämlich den universellen Repräsentationsanspruch auf der Basis von ›Künstlichkeit‹ austreibt? Wird im Text demnach eine kreatürliche ›Wirklichkeit‹ diagnostiziert und anerkannt, die dem Symbolsystem der Kunst unverfügbar und fremd ist, wie man dies z. B. in der Sprachlosigkeit, die Friedrich Mergel und Johannes Niemand in der *Judenbuche* umgibt, ausgedrückt findet, dann wird die realidealistische Wirklichkeitssimulation von Literatur als Problem sichtbar.

Häufiger als die Darstellung von Armut und Not ist in Drostes Werk die Thematisierung von Leiden und Schmerz. Sie durchzieht die an Schilderungen von Krankheiten und Todesfällen reiche Korrespondenz, die dadurch, nicht zuletzt wegen der Briefe an den homöopathischen Arzt Clemens Maria von Bönninghausen (HKA VIII, Nr. 63, 64, 65, 74, 75), zum Zeugnis für den kulturellen und zweifellos auch genderspezifischen Umgang der Menschen im frühen 19. Jahrhundert mit Krankheit und Tod wird. Thematisch wird Schmerz im Spannungsfeld eines rasant anwachsenden medizinischen Wissens auf der einen Seite, der langsam schwindenden Gewissheit über die »Absicherung des schmerzhaften Diesseits in einem zukünftig kommenden, transzendenten Jenseits« (Borgards 2009, 238) auf der anderen. Es fällt auf den ersten Blick nicht schwer, die Grundidee von Drostes Perikopendichtung *Geistliches Jahr* in die lange Tradition christlicher Leidens- und Mitleidsästhetik einzuordnen und die Verwandtschaft von Versen wie »Ich suche dich in Schmerzen« (*Am ersten Sonntage nach h. drey Könige*, HKA IV, 8, V. 48) oder »ich bin zu Tode wund« (*Am dritten Sonntage nach h. drey Könige*, HKA IV, 12, V. 53) zu Kirchenliedern zu erkennen. Der transzendental, vom christlichen Hoffen auf Erlösung her gerechtfertigte Schmerz ist einer idealistischen Ästhetik kompatibel, und bisher hat man vor allem einen Protagonisten der zeitgenössischen Literatur namhaft gemacht, der die unvermeidlichen Risse dieser Konstruktion sinnfällig werden lässt: Das ist Büchners psychisch kranker, bei Pfarrer Oberlin Heilung suchender Lenz. Dabei lohnt sich in dieser Frage ein Blick auf Drostes 1819 begonnenes Romanfragment *Ledwina* (HKA V, 75–121), dessen gleichnamige, an Schwindsucht erkrankte Hauptfigur den Namen der heiligen Lidwina trägt, einer jungen Frau, die der Legende nach im 14. Jahrhundert im holländischen Schiedam lebte und Gott gebeten haben soll, sie durch lebenslanges Siechtum vor allen weltlichen Anfechtungen zu bewahren. Den gerade nicht transzendenten, sondern betont ›realen‹ Rahmen von Ledwinas Passionsgeschichte bringt Droste durch jene im Stil des englischen Gesellschaftsromans geschriebenen Passagen zum Ausdruck, die Ledwina im Kreis ihrer (mit Ausnahme der Schwester) borniertem, verständnislosen Landadel-Familie und deren Besuchern zeigt. Wie Ledwina ihre Schmerzen, Angstvisionen und Albträume allein durchlebt, ja selber jegliche Form trostspendender Idealisierung ablehnt, so ›verklärt‹ auch der Erzähler nichts, im Gegenteil: Indem er die auf Ledwinas Schmerzwahrnehmung fokussierten Schilderungen mit stilistisch davon abweichenden Konversationspassagen umgibt, legt er einen so trivialen Deutungsrahmen um die existenziellen Szenen, dass es den Leser, dem die Literatur an dieser Stelle abrupt ihr Sinnversprechen entzieht, regelrecht schmerzt. Auch für das Parallelprojekt des *Geistlichen Jahres* (HKA IV, 1–166) ist diese Beobachtung aufschlussreich, denn in ihrem Licht erkennt man, dass die Sprecher-Instanz ihre mit allen rhetorischen und poetischen Mitteln authentifizierte Rede an einen Gott richtet, dessen Erlösungsmacht angesichts des poetisch protokollierten Durchwanderns einer metaphysiklosen, mal tödlich kalten, mal glühend heißen, von »Entropie« (Detering 2009, 52) bedrohten Seelenlandschaft radikal in Zweifel steht. Die poetische Sprach- und Invokationskraft des im Diesseits leidenden ›Ich‹ balancieren die Gedichte gerade nicht durch die Installation einer metaphysischen, Erlösung verheißenden Gegenkraft aus, und sie unterstreichen dieses Ungleichgewicht durch die Dominanz des Monologs über Dialog oder Wechselgesang. Wenn das ›Ich‹ den ersehnten Raum der Transzendenz nicht betreten kann, sondern immer wieder an die Grenzen seiner ›realen‹ Erfahrungswelt stößt, wie die Zeilen »Hab' ich keinen Geist gefunden, / Einen Körper nur!« (*Am fünften Sonntage in der Fasten*, HKA IV, 36, V. 31 f.) und »Meine Sinne stehen offen, / Aber ihnen fehlt der Sinn« (*Am zweyten Sonntage in der Fasten*, HKA IV, 29, V. 71 f.) pointieren, dann offenbart die religiöse Problematik eine poetologische Botschaft. ›Wirklichkeit‹ ins Symbolsystem der Literatur einzuholen, gelingt nur an jenen rhetorisch kalkulierten Umschlagpunkten, an denen das Symbolsystem nicht mehr funktioniert und in seinem – inszenierten – Scheitern Vorstellungen einer widerständigen ›Wirklichkeit‹ freisetzt.

3. Mimesis

Für die Analyse von Drostes Texten ist es immer wieder ratsam, Argumente aus den Literaturdebatten vor 1800 heranzuziehen, zumal diese in den prominenten Realismus-Postulaten des 19. Jahrhunderts weiterleben. Wenn man die Frage nach dem spezifischen ›Realismus‹ von Drostes Werk, der das »Naturgetreue[ ]« »durch Poesie veredelt« (HKA VIII, 332 f.), zur Frage nach ihrem Umgang mit dem Mimesis-Konzept umformuliert, sucht man Lösungen des ›Realismus‹-Problems tendenziell weniger auf ontologischer (was ist Realität? was ist Kunst?) als auf verfahrenstechnischer Ebene (wie denkt man über die

6. Realismus und Realität

Darstellung von Realität nach?). Dabei geraten produktions- und wirkungspoetische Überlegungen in den Blick, die in der Tradition des Aristoteles mit dem Begriff der Mimesis (*imitatio naturae*) keine »Abbildtheorie« verbinden, sondern ausdrücklich die »fiktionale Ausgestaltung eines im Sinne des Möglichen wirklich wirkenden, aber nicht tatsächlichen Geschehens« (Eusterschulte 2001, 1241) meinen. Geht es aus Sicht einer rhetorisch informierten Poetik darum, den Leser mithilfe der durch Redeschmuck verstärkten Darstellung intellektuell und affektiv an die Lektüre und ihr Bildungsprogramm (*docere et delectare*) zu binden, so gerät diese Auffassung im 18. Jahrhundert durch die Dynamisierung des Naturbegriffs auf der einen, die neue Betonung der Einbildungskraft als subjektives produktives Vermögen auf der anderen Seite ins Wanken. Bedenkt man, dass auch Droste mit ihren *Zeitbildern* und explizit poetologischen Gedichten ›Lehrdichtung‹ in rhetorischer Tradition geschaffen hat, fällt umso mehr auf, dass die vielen anderen, dynamischeren Natur- und Inventionskonzepten verpflichteten Texte, die sogar im Sinne der romantischen spekulativen Naturphilosophie (→ I.3.3.) von einer Teilhabe der »intelligible[n] Natur [an] der sichtbaren physischen Welt« (Eusterschulte 2001, 1233) ausgehen, keine Doxa mehr enthalten, schon gar nicht darüber, was Realität ist. Stattdessen gestalten vor allem die Gedichte der Gruppen *Haidebilder* sowie *Fels, Wald und See* flexible, auf evozierte Responsionsverhältnisse gestützte Begegnungen zwischen Sprecherinstanz und ›Natur‹, an denen teilzunehmen der Leser eingeladen wird. Über die ›Realität‹ dieser Natur kann man deshalb, selbst wenn Ortsnamen wie ›Säntis‹ oder ›Bodensee‹ fallen, keine andere Aussage treffen, als dass sie von einem Ich oder einer ungenannten Sprecher-Instanz wahrgenommen und nach Maßgabe dieser Wahrnehmung versprachlicht wird. Man könnte sogar noch schärfer pointieren und die These aufstellen, dass, eingeleitet durch Kants transzendentale Wende und verstärkt durch die »Autonomisierung des Sehens« (Crary 1996, 30) und Umstellung des optisch-mechanischen auf ein physiologisch-somatisches Wahrnehmungsmodell (vgl. Crary 1996, 75–102; → I.3.3.), realitätsgerecht allein die Gestaltung des Wahrnehmungsaktes ist. Vor diesem Hintergrund wird nicht nur verständlich, warum Droste sich z. B. im Gedicht *Instinkt* und in anderen Texten (*Am Bodensee, Ein Sommertagstraum, Durchwachte Nacht*) der biologischen Terminologie von Nerven, Fasern, Fibern aus dem Repertoire der zeitgenössischen Wahrnehmungstheorien bedient, sondern dass die als das Markenzeichen der Dichterin gehandelte Naturlyrik Wahrnehmungsdichtung ist. Dabei spielt es keine Rolle, ob die Sinne des ›Ich‹ realitätstüchtig und scharf wie Tiersinne (*Die Jagd*) wirken oder ob sie durch Schlaf und Traum (u. a. *Die Verbannten, Der Hünenstein, Die Mergelgrube, Im Moose*) in eine phantasmatische Innenwelt gelenkt werden – Hauptsache ist, dass der Bezeichnungsakt für aus der Wirklichkeit bekannte Dinge umgewandelt wird in einen Bezeichnungsakt für die Wahrnehmung dieser Dinge, und dass sowohl diese Umwandlung wie der Impuls, über beide Modi metapoetisch zu reflektieren, sprachlich transparent gemacht wird. Damit eröffnet Droste ein literarisches Experimentierfeld, innerhalb dessen multiple ›Wirklichkeiten‹ im Text evoziert und gegeneinander profiliert werden können – zu denken wäre an ironische ›Realitätsmarker‹ wie Uhrenschläge in *Die Vogelhütte* und *Ledwina* oder das Licht der Abendlampe im sicheren Haus (*Der Knabe im Moor, Im Moose*). Und natürlich gehört auch der durch Rahmenkonstruktionen erreichte Wechsel diegetischer Ebenen in Balladen und Langgedichten (etwa in *Des Arztes Vermächtniß* oder *Der Mutter Wiederkehr*) zu Drostes Verfahrenstechniken, mit deren Hilfe Wirklichkeitseffekte erzielt und zugleich als Illusion enttarnt werden.

4. Vergegenwärtigung

Haben die bisherigen Überlegungen gezeigt, wie vorsichtig man mit der Zuschreibung (ideal-)›realistischer‹ Postulate an Drostes Texte umgehen, wie hoch man die metapoetische Reflexionsqualität ihrer Dichtung im Hinblick auf diese ›Realismen‹ und mimetische Darstellungsverfahren einschätzen sollte, so steht die Beleuchtung eines anderen in diesem Zusammenhang wichtigen Aspekts noch aus: Gemeint ist Drostes Kunst, rhetorisch bzw. poetisch Evidenz zu schaffen und dem Leser deutlich zu machen, dass es sich dabei um eine genuine Leistung der Literatur handelt. Das von der antiken Rhetorik entfaltete Konzept der *evidentia* hat seinen Ursprung im Bereich gerichtlicher Auseinandersetzung und meint dort die Kraft eines Plädoyers, die »unmittelbare Gewißheit des anschaulich Eingesehenen oder notwendig zu Denkenden« (Kemman 1996, 33) herzustellen, Rede demnach so zu gestalten, dass ein Sachverhalt sich gleichsam ›zeigt‹ (»objektive Form der Wahrheitsfindung«) bzw. dieser Sachverhalt von der gegnerischen Seite so ›gesehen‹ werden kann (»subjektive Form der Wahrheitsanerkennung«, Kemman 1996, 34). Vor diesem Hintergrund erläutert die aristotelische Rhetorik, welche Stilmittel ein solches ›Vor Augen Stellen‹ (*hypotyposis, demonstratio, illlustratio*) bewirken, und wenn sie u. a. »Verfahren der Detaillierung« (Kemman 1996, 41) nennt, wird deutlich, dass man auf diese Weise einen anderen argumentativen Zugang zu dem an Drostes Dichtung beobachteten »Detailrealismus« gewinnt. In dessen Konsequenz würde sich die Aufmerksamkeit des Literaturwissenschaftlers z. B. bei der Analyse von Drostes berühmtem Brief an Schlüter, der für den blinden Philosophen den Eppishausener Panoramablick auf See und Berge evident macht (HKA VIII, 175–180), auf die sprachliche Leistung konzentrieren, *wie* der Text gleichsam aus sich selbst leuchtende Bilder erzeugen kann, deren Anspruch auf Präsenz dadurch nicht geschmälert wird, dass ihre Realitätshaltigkeit empirisch nicht überprüft werden kann. Einige Texte wie etwa das Langgedicht *Walther* und das Gedicht *Im Moose* erreichen die Evidenz-Wirkung dadurch, dass sie textintern die Fiktion von Bühnen aufbauen, deren Szenenbilder ein ebenfalls textinterner Zuschauer wahrnimmt, so dass der Leser diese Bilder seinerseits zu sehen glaubt, obwohl der Text gerade keine Referenzsignale auf eine textextern sichtbare ›Wirklichkeit‹ gibt. Eine andere Strategie mit ähnlichem Effekt nutzen beispielsweise die Zyklus-Gedichte *Der Weiher* (HKA I, 43–45) und *Ein Sommertagstraum* (HKA I, 146–153), wenn sie jene Natur- und Traumgegenstände, die sich aus

6. Realismus und Realität

dem Kontext des jeweils ersten Teils ergeben, selber sprechen lassen. Das sind *Autograph, Denar, Erzstufe* und *Muschel* im *Sommertagstraum*, die, in den ersten sechs Strophen noch als beiläufige Produkte eines sich im Halbschlaf von der ›Realität‹ abwendenden lyrischen Phantasierens ausgegeben, sich von dieser Regie zu befreien scheinen, indem sie als originäre Sprechinstanzen ›vor Augen treten‹ und wiederum ihre eigenen Geschichten in Gedichtform präsentieren. Dadurch, dass sich der Gestus des Dichtens verdoppelt, wird nicht nur die grundsätzlich performative, weltschaffende Qualität lyrischen Sprechens sichtbar, es zeigt sich ebenfalls die zeitenthobene Präsenz des sekundären Sprechakts, während der primäre den mimetisch evozierten situativen Gegebenheiten (Wolken-»Schwaden«, V. 1; »[...] ein Murren / Den Horizont entlang«, V. 17 f.; »[e]in frischer Hauch«, V. 30) Tribut zollt. Vorbild und Modell dieser Inszenierung finden sich im *Geistlichen Jahr* im Gedicht *Am dreyzehnten Sonntage nach Pfingsten* (HKA IV, 109 f.), in dem Gott gebeten wird, dem ›Ich‹ Zunge und Ohr durch jenen Spruch »›Ephephata‹« (V. 48), »›thu dich auf‹« (im Perikopentext), zu befreien, mit dem Jesus einem Tauben das Gehör und einem Stummen seine Sprache zurückgab (Mk 7,34; vgl. HKA IV, 496). Der sekundäre Sprechakt in *Der Weiher* und *Ein Sommertagstraum* verdankt sich der Befreiung stummer und tauber Dinge zu einem Sprechen, mit dem sie sich selbst ›vor Augen stellen‹ können, durch den ersten, der das lyrische ›Ich‹ als *alter deus* auszeichnet.

Die Invokationsformeln im *Geistlichen Jahr* haben eine ähnliche Funktion wie die persönlichen Adressierungen in Drostes Gelegenheitsgedichten (→ VI.9.) und die zahlreichen Natur-Apostrophen in den *Gedichten* (1844), beispielsweise in *Am Bodensee, Der Säntis, Am Weiher, Die Taxuswand* u. a.: Sie dynamisieren den lyrisch hergestellten Sprachraum im Sinne der spekulativen Naturphilosophie (→ I.3.3.) und schaffen die Vorstellung einer wechselseitigen Durchdringung von Rede und Gegenrede, Anruf und Echo. Wenn das Gedicht auf diese Weise referentiell-mimetische Darstellungskonventionen distanziert und stattdessen den performativen Sprechakt betont, dann lenkt es alle Aufmerksamkeit des Lesers auf diesen Gegenwartspunkt lyrischen Sprechens, der die ›Wirklichkeit‹ des Gedichts begründet. Damit ist auf der einen Seite die Materialität der Schrift, sofern die Verse gelesen, der Klänge und Rhythmen, sofern das Gedicht vorgetragen wird, gemeint, auf der anderen Seite aber ein Ensemble von Vorstellungen, die, ohne als wahr oder falsch, faktisch oder fiktiv klassifiziert werden zu können, im Kopf des Lesers entstehen. Es zeichnet Drostes in die Verse eingelagerte, also in jedem Gedicht aufs Neue reflektierte Poetik aus, dass sie unterschiedliche Lösungen des zeitgenössisch diskutierten ›Realitäts‹-Problems ins Spiel bringt. Das führt dazu, dass auch die Wirklichkeit schaffenden Sprechakte in Gedichten wie *Die Lerche, Die Unbesungenen* oder *Poesie* an eine existenzielle Grenze getrieben werden, so dass der Sprechakt brüsk abbricht. Mit den Zeilen »Die Wolke dehnte sich, scharf strich der Hauch, / Die Lerche schwieg, und sank zum Ginsterstrauch« (HKA I, 35, V. 83 f.) endet *Die Lerche,* der Vers »Und hin ist die Poesie!« (HKA I, 142, V. 48) beschließt *Poesie.*

Literatur

Begemann, Christian: Einleitung. In: Christian Begemann (Hg.): Realismus. Epoche – Autoren – Werke. Darmstadt 2007, S. 7–10.
Begemann, Christian: Figuren der Wiederkehr. Erinnerung, Tradition, Vererbung und andere Gespenster der Vergangenheit bei Theodor Storm. In: Elisabeth Strowick/ Ulrike Vedder (Hg.): Wirklichkeit und Wahrnehmung. Neue Perspektiven auf Theodor Storm. Bern u. a. 2013, S. 13–38.
Borgards, Roland: Schmerz. In: Roland Borgards/Harald Neumeyer (Hg.): Büchner-Handbuch. Leben – Werk – Wirkung. Stuttgart, Weimar 2009, S. 237–241.
Crary, Jonathan: Techniken des Betrachters. Sehen und Moderne im 19. Jahrhundert. Aus dem Amerikanischen von Anne Vonderstein. Dresden, Basel 1996.
Detering, Heinrich: Versteinter Äther, Aschenmeer. Metaphysische Landschaften in der Lyrik der Annette von Droste-Hülshoff. In: Jochen Grywatsch (Hg.): Raum. Ort. Topographien der Annette von Droste-Hülshoff. Hannover 2009 (= Droste-Jahrbuch 7), S. 41–67.
Eusterschulte, Anne: Art. Mimesis. In: Gert Ueding (Hg.): Historisches Wörterbuch der Rhetorik. Bd. 5. Tübingen 2001, Sp. 1232–1294.
Frank, Gustav: Auf dem Weg zum Realismus. In: Christian Begemann (Hg.): Realismus. Epoche – Autoren – Werke. Darmstadt 2007, S. 27–44.
Freund, Winfried: Novelle. In: Edward McInnes/Gerhard Plumpe (Hg.): Bürgerlicher Realismus und Gründerzeit 1848–1890. München 1996 (= Hansers Sozialgeschichte der deutschen Literatur vom 16. Jahrhundert bis zur Gegenwart 6), S. 462–528.
Fülleborn, Ulrich: Frührealismus und Biedermeier. In: Elfriede Neubuhr (Hg.): Begriffsbestimmung des literarischen Biedermeier. Darmstadt 1974, S. 329–364.
Fülleborn, Ulrich: ›Erweislose‹ Wirklichkeit. Frührealismus und Biedermeierzeit. In: Ulrich Fülleborn: Besitz und Sprache. Offene Strukturen und nicht-possessives Denken in der deutschen Literatur. Gesammelte Aufsätze. Hg. von Günter Blamberger. München 2000, S. 102–127.
Glaser, Hermann/Lehmann, Jakob/Lubos, Arno: Wege der deutschen Literatur. Eine geschichtliche Darstellung. Frankfurt, Berlin 1997.
Hahl, Werner: Gesellschaftlicher Konservatismus und literarischer Realismus. Das Modell einer deutschen Sozialverfassung in den Dorfgeschichten. In: Max Bucher u. a. (Hg.): Realismus und Gründerzeit. Manifeste und Dokumente zur deutschen Literatur 1848–1880. Bd. 1. Stuttgart 1981, S. 48–71.
Heßelmann, Peter (Hg.): August Freiherr von Haxthausen (1792–1866). Sammler von Märchen, Sagen und Volksliedern, Agrarhistoriker und Rußlandreisender aus Westfalen. Münster 1992.
Huge, Walter: *Bei uns zu Lande auf dem Lande*. Studien zur Arbeitsweise der Droste am Beispiel eines unbekannten Entwurfs. In: Kleine Beiträge zur Droste-Forschung 2 (1973), S. 119–138.
Jäger, Georg: Der Realismusbegriff in der Kunstkritik. In: Max Bucher u. a. (Hg.): Realismus und Gründerzeit. Manifeste und Dokumente zur deutschen Literatur 1848–1880. Bd. 1. Stuttgart 1981, S. 9–31.
Kemman, Ansgar: Art. Evidentia, Evidenz. In: Gert Ueding (Hg.): Historisches Wörterbuch der Rhetorik. Bd. 3. Tübingen 1996, Sp. 33–47.
Liebrand, Claudia: Kreative Refakturen. Annette von Droste-Hülshoffs Texte. Freiburg/ Br. u. a. 2008.
Ort, Claus-Michael: Was ist Realismus? In: Christian Begemann (Hg.): Realismus. Epoche – Autoren – Werke. Darmstadt 2007, S. 11–26.
Plumpe, Gerhard: Art. Realismus. Literatur und Kunst. In: Joachim Ritter/Karlfried

Gründer/Gottfried Gabriel (Hg.): Historisches Wörterbuch der Philosophie. Bd. 8. Basel u. a. 1992, S. 170–178.

Pornschlegel, Clemens: Volk. In: Roland Borgards/Harald Neumeyer (Hg.): Büchner-Handbuch. Leben – Werk – Wirkung. Stuttgart, Weimar 2009, S. 161–167.

Schings, Hans-Jürgen: »Der mitleidigste Mensch ist der beste Mensch«. Poetik des Mitleids von Lessing bis Büchner. München 1980.

Sengle, Friedrich: Biedermeierzeit. Deutsche Literatur im Spannungsfeld zwischen Restauration und Revolution 1815–1848. Bd. 2: Die Formenwelt. Stuttgart 1972.

Vischer, Friedrich Theodor: Rez. Friedrich Overbeck, Der Triumph der Religion in den Künsten [1841]. In: Max Bucher u. a. (Hg.): Realismus und Gründerzeit. Manifeste und Dokumente zur deutschen Literatur 1848–1880. Bd. 2. Stuttgart 1981, S. 2–5.

Woesler, Winfried (Hg.): Modellfall der Rezeptionsforschung. Droste-Rezeption im 19. Jahrhundert. Erstellt in Zusammenarbeit mit Aloys Haverbusch und Lothar Jordan. Bd. 1,1. Frankfurt/M. u. a. 1980.

7. Literarische Identitätsverhandlungen

Christoph Kleinschmidt

1. Das fremde Selbst   611
2. Genealogische Doppelgänger   613
3. Das souveräne Ich   616

Die Auseinandersetzung mit dem Subjekt – seinen visionären Möglichkeiten, aber auch seinen pathologischen Abgründen – stellt eines der zentralen literarischen Themen Annette von Droste-Hülshoffs dar. Angefangen von dem 1813/14 entstandenen Trauerspiel *Bertha oder die Alpen*, das mit einem narzisstischen Spiegelmotiv einsetzt, bis hin zum späten Gedicht *Auch ein Beruf* (1846), das die Scheidewege des individuellen Lebens in Gestalt zweier ungleicher Freundinnen allegorisiert, taucht die Beschäftigung mit dem Subjekt immer wieder in ihren Schriften auf. Diskursgeschichtlich sind dabei vier verschiedene Bezugsebenen von Bedeutung. Eine erste führt zur Schauerromantik, von der Droste das Unheimliche und die Gefahren des Wahnsinns übernimmt, die mit der Fixierung auf das eigene Selbst verbunden sein können. Eine zweite stellt die Subjektphilosophie um 1800 dar. Denn dass Fragen über die Integrität des Individuums überhaupt in den Blick der Literatur rücken, hängt mit der philosophischen Aufwertung zusammen, die das Subjekt in der Folge von Descartes' *cogito ergo sum* durch Kant und den Deutschen Idealismus erfährt. Wird dabei das Subjekt zum Erkenntnissouverän erhoben, das in der Gleichsetzung von Ich und Nicht-Ich bei Fichte die Einheit alles Heterogenen verbürgt, verweigert die Literatur der ersten Hälfte des 19. Jahrhunderts diese positive Setzung und stellt im Gegensatz die Spaltung als Modus der Ich-Erfahrung heraus. Droste knüpft an diese Tradition an und steht ihrerseits in einem größeren literaturgeschichtlichen Zusammenhang, der vom 19. Jahrhundert bis in die Gegenwart reicht und sich an so verschiedenen Texten wie

Georg Büchners *Lenz* (1839), Alfred Döblins *Die Ermordung einer Butterblume* (1910) oder Ilse Aichingers *Spiegelgeschichte* (1949) beobachten lässt. So unterschiedlich die philosophischen oder gesellschaftlichen Hintergründe für die Thematisierung des Subjekts jeweils sein mögen: Literarische Identitätsverhandlungen eröffnen epochenübergreifend neue Schreibräume und bieten die Möglichkeit, die häufig instabilen Figurenpsychen durch experimentelle Verfahren sprachlich innovativ darzustellen. Was bei Droste als dritte Bezugsebene hinzukommt, sind Diskurse der eingeschränkten Entfaltungsmöglichkeiten, wie sie als Topos der Lebenserfahrung in der Restaurationszeit verbreitet waren (Pizer 1998, 22). Eine solcherart motivierte Hinwendung auf die Grenzen individueller Handlungsspielräume geht mit einer kritischen Perspektive auf die sozialen Interaktionsfelder einher. Eine vierte Bezugsebene eröffnet die Briefkorrespondenz, in der Droste-Hülshoff die eigene Position im Verhältnis zu ihren Kommunikationspartnern absteckt. Haben diese Selbstzeugnisse dazu geführt, dass biographische und literarische Selbstverhandlungen gleichgesetzt (Frenschkowksi 1995, 190) bzw. in ein Verhältnis von Bild und Spiegelbild übertragen wurden (Gössmann 1985, 40), so weisen neuere Forschungen auf die Vieldeutigkeit der brieflichen Subjektverhandlung hin und rücken sie nach dem Vorbild Kleists und Kafkas ihrerseits in die Nähe literarischer Subjektkonstruktion (vgl. Blasberg 2009; → I.4.). Solche Neuausrichtungen sind auch deshalb ratsam, weil die Identitätsproblematik in den genuin literarischen Texten keineswegs ausschließlich in der ersten Person verfasst oder an weibliche Handlungsträger gebunden ist. Vielmehr geht es um grundsätzliche Fragen der Identität und nicht zuletzt – nach dem Vorbild des »in Reimes Netz gefangen[en]« (HKA I, 173, V. 14) Todesengels im gleichnamigen Gedicht – um die Verfahren der ästhetischen und sprachlichen Durchformung.

Überblickt man die zahlreichen Texte, in denen Droste mal leitmotivisch, mal passagenweise die Identitätsproblematik verhandelt, dann scheint eine Zusammenführung der Verfahrenstechniken und Bildinventare kaum möglich zu sein. Zwar lässt sich eine gewisse Topik ausmachen, zu der bestimmte Rahmenbedingungen wie ein invertierter Blick, Schlaflosigkeit und die Unbegreifbarkeit der Erinnerungen zählen (Ilbrig 2008, 164), aber schon die Gegenüberstellung des Gedichts *Abendlied* (HKA IV, 175 f.) – »Wenn in mich selbst ich schau, / Kann ich nur Schreckniß sehen« (V. 27 f.) – mit dem Gedicht *Lebt wohl* (HKA I, 325) – »Verlassen, aber einsam nicht« (V. 13) – zeigt, dass die Beschäftigung mit dem Selbst ganz verschiedene Wertungen hervorbringen kann. Will man diese Heterogenität nicht mit einer autorbezogenen Entwicklung erklären (vgl. Hallamore 1969) und den Zugang zur Identitätsproblematik nicht von vornherein auf bestimmte Perspektiven – etwa eine psychoanalytische (vgl. Greve/Harsch 2003) – beschränken, dann bietet sich vor allem die Phänomenologie der entworfenen Figuren als Strukturierungsprinzip an. Typologisch lassen sich drei Modi der Figuren- als Selbstverhältnisse unterscheiden: (1) Spiegelungen, Spaltungen und Verdopplungen einer einzelnen Figur, die das Ich als ein Anderes, als nicht-identische Identität erfahren lassen. (2) Von den Texten getrennt eingeführte Figuren, die durch bestimmte Umstände als Doppelgänger verwechselt werden bzw. deren Identitäten im Darstellungsverlauf komplett miteinander verschmelzen. (3) Das Ich und die Anderen als eine Auseinandersetzung des Subjekts mit seiner Umwelt, das andere Figuren ebenso wie den Naturraum einschließt. Dieser Typologie zugrunde liegt das grundsätzliche Verhältnis von Subjektivität und Textualität. Literatur als Medium der Identitätsverhandlung funktioniert nicht im Sinne eines einfachen Repräsentationsmodells, sondern konstruiert allererst die Figurenidentität, die jeweils in Frage steht. Bei Droste zeigt sich dabei, dass sie diese textuellen Prämissen häufig mitreflektiert und damit das Verhältnis von Schreiben und Subjektivität in den Diskurs der literarischen Identitätsverhandlung integriert.

1. Das fremde Selbst

Die Erfahrung des eigenen Selbst in Gestalt eines fremd-vertrauten Wesens und die Rolle der medialen Vermittlung dieses Erlebens hat Droste am prominentesten in dem Gedicht *Das Spiegelbild* (HKA I, 168 f.) gestaltet. Das visuelle Gegenüber tritt darin als ein Akteur auf, der in Umkehrung der Blickachsenhierarchie »aus dem Kristall« (V. 1) herausschaut. In der Konfrontation zweier »Seelen«, die »[...] wie Spione sich / Umschleichen [...]« (V. 5 f.), verbindet sich das erkenntnisleitende Interesse am eigenen Selbst mit einem eindrücklichen Bedrohungsszenario. Dieser Grundkonstellation entsprechend baut sich das Verhältnis der Sprechinstanz zu seinem »Phantom« (V. 7, 40) als höchst ambivalentes auf, bei dem auf einen souverän vorgetragenen Akt der Selbstverleugnung (»Es ist gewiß, du bist nicht Ich«, V. 29) das Eingeständnis der inneren Nähe folgt (»Und dennoch fühl ich, wie verwandt«, V. 36). Wahrnehmungsästhetisch gestaltet sich die gegenseitige Belagerung als ein Grenzgang zwischen Imagination und Wirklichkeit, denn die Leitfrage des Gedichts – »Trätest du vor [...], / Würd' ich dich lieben oder hassen?« (V. 13 f.) – hat zum Kern die Realwerdung des Spiegelbildes und wird doch ausschließlich im Vorstellungshorizont der Sprechinstanz durchgespielt (→ II.5.5.16.). Das Spiegelbild verbleibt somit im Modus des Imaginären, wodurch seine mediale Ablösung ebenso wenig gelingt, wie das Gedicht insgesamt keine homogene Subjektinstanz hervorbringt. Nicht ein Spiegel, sondern die Schwelle zu einem »Archive« (V. 61) bildet in der Ballade *Das Fräulein von Rodenschild* (HKA I, 260–263) den unheimlichen Ort der Gespenstererscheinung des eigenen Ich. Als poetologische Metapher (Liebrand 2008, 31) deutet das Archiv auf eine ästhetische Tiefendimension hin und zeigt, dass Droste den Identitätskomplex mit dem System des Aufschreibens und Archivierens in Verbindung bringt. Aufgrund der erotisch aufgeladenen Stimmung der Ballade ist vielfach auf den sexuellen Subtext hingewiesen worden. Ihm zufolge sei das Trugbild »the product of an obvious adolescent sexual crisis« (Pizer 1998, 30). Ob dabei ganz allgemein »tabuierte Triebwünsche« (Freund 1997, 66) oder gar ein »lesbischer Liebesakt« (Steidele 2007, 157) verhandelt werden, wird unterschiedlich eingeschätzt. Einhelligkeit herrscht zumindest im Hinblick auf die Konsequenzen. Denn dass das »tolle Fräulein« (V. 105) nach der Berührung der Geistererscheinung ihre rechte Hand nicht mehr spürt (»Man sagt, kalt sey sie wie Eises Flimmer«, V. 103), gilt als Ausdruck gesellschaftlicher Sanktionierung. In umgekehrter Perspektive lässt sich die mit einem Handschuh verhüllte Hand aber auch als Beweis dafür lesen, dass sich zumindest jener Teil des Subjekts, bei dem sich Erotik, Ego-Vision und Schreibtätigkeit verbinden, der sozialen Reintegration widersetzt. Insgesamt kann die Ballade als literarisches Archiv der verbotenen Erfahrung verstanden werden, deren wiederholte Lektüre eine stete Rückkehr zum heimlichen Ort der Ich-Begegnung erlaubt (→ II.5.7.7.).

Entgegen der hermetischen Grundkonstellation, wie sie sowohl *Das Spiegelbild* als auch *Das Fräulein von Rodenschild* kennzeichnet, entfaltet sich die Identitätsproblematik in dem Fragment gebliebenen Roman *Ledwina* (HKA V, 77–121) vor dem Hintergrund eines ländlichen Familiengefüges. Der Status der Titelheldin ist dabei bestimmt durch die Omnipräsenz ihres drohenden Todes und die verweigerte Verwirklichung amourösen Begehrens. Auch wenn Ledwina im Roman nicht als Schriftstellerin in Erscheinung tritt, spielen literarische Anspielungen für ihre Figurenkonstruktion eine zentrale Rolle. So erweist sich ihre Selbstbetrachtung zu Beginn des Romans, bei der sie ihr Spiegelbild im Fluss des Wassers wie eine »Verwesung« (HKA V, 79) wahrnimmt, als Umschrift von Narzissmythos, mittelalterlicher Heiligenlegende sowie Ophelia- und Undinenmotiv (Liebrand 2008, 101). Neben dieser multiplen literarischen Identität Ledwinas steht auch die zweite markante Ich-Erfahrung in einem ästhetischen Zusammenhang. So wird Ledwinas nekrophiler Albtraum mit dem Vergleich zu einer »theatralischen Vorstellung« (HKA V, 96) eingeleitet und spielt durchgehend mit ästhetischen Versatzstücken. Was Ledwinas Traum-Ich antreibt, ist ihr »Liebstes«, für das sie »keine[n] Namen« (HKA V, 96) kennt, das sie jedoch schließlich in Gestalt eines Skeletts findet, an dessen »Todtenhände« sie »glühend [...] ihre Lippen« (HKA V, 96) presst. Die Forschung hat diese Szene als Sehnsucht nach Ganzheit und Selbstidentität gedeutet (Ilbrig 2008, 162; → IV.2.). Insbesondere der Umstand, dass Ledwina den verwesten Leib mithilfe von Blumen zusammensetzen möchte, die als Metapher für die Poesie fungieren, macht den Wiederbelebungsversuch auch als eine »schöpferische Selbstheilung« (Liebrand 2008, 111), als einen imaginär-kreativen Akt lesbar. In dieser Konstellation, vor allem im Hinblick auf die Mehrfachspaltung der Figur in ein träumendes, geträumtes und sich im Traum selbst noch einmal verdoppelndes Ich, weist der Roman deutliche Parallelen zu Droste-Hülshoffs Gedicht *Die Mergelgrube* (HKA I, 50–53) auf. Die darin konstruierte »Verzahnung von Geologie und Poesie« (Geisenhanslüke 2014, 101) sowie die Kopplung der Identitätsverhandlungen an die Motive von Tod und Auferstehung sind jedoch ins Komische gewendet, da sich die Sprechinstanz am Ende ihres Tagtraums einem Schäfer und damit einer Hirtenidylle gegenübersieht. Bei *Ledwina* fungiert keine solche Außeninstanz als Korrektiv für die nächtliche Phantasie, allerdings lässt sich noch eine weitere

Deutung für die Identität des Liebsten anschließen, die auf die formale Konstruktion des Romans zurückführt. Denn mit dem Grafen Hollberg ist eine männliche Parallelfigur zu Ledwina konzipiert, die ebenso wie sie an einer tödlichen Lungenkrankheit leidet. Aufgrund des Fragmentcharakters des Romans bleibt unklar, wie weit diese Parallele geführt werden sollte, dennoch weist sie darauf hin, dass sich die Identitätsverhandlung im Roman nicht auf eine dissoziative Selbsterfahrung beschränkt. Vielmehr zeigt sie sich anhand eines komplexen Wiederholungsgefüges, das sich um die Grenzen von Leben und Tod, Traum und Wirklichkeit, Männlichkeit und Weiblichkeit, Identität und Alterität konfiguriert und Ledwinas Selbst-Erfahrung der nicht-identischen Identität auch strukturell umsetzt.

Was die Todesthematik andeutet, nämlich eine historische Dimension des Identitätskomplexes, findet sich in einigen Droste-Gedichten dezidiert ausgearbeitet. Derartige Subjekt-Konfigurationen lassen sich unter das Schlagwort der asynchronen Identitätsverhandlung subsumieren, deren wichtigstes Merkmal die schmerzhafte Erfahrung der eigenen Vergänglichkeit darstellt. Wie in dem Gedicht *Abschied von der Jugend* (HKA I, 174 f.) geht es dabei mitunter um die Mystifizierung der Kindheit als paradiesischen Urzustand und damit verbunden um die Sorge vor »der Zukunft öde Räume« (V. 20). Deutlich zeigt sich dies auch in dem Gedicht *Im Moose* (HKA I, 81 f.), in dem die imaginäre Spanne vom »Kinderspiel, der frischen Jahre Lauf« (V. 20) bis hin zum Greisenalter (»Ich sah mich selber, gar gebückt und klein«, V. 28) reicht und in der Vision vom eigenen Tod gipfelt: »Und noch zuletzt sah ich, gleich einem Rauch, / Mich leise in der Erde Poren ziehen« (V. 41 f.). In dieser Konstellation »verschwimmt das Ich [...] mit den Grenzen der Wirklichkeit« (Grywatsch 2007, 19) und es kommt zu einer Entmaterialisierungserfahrung, die die Sprechinstanz zutiefst verunsichert zurücklässt, unfähig, Gegenwart und Zukunft zu unterscheiden. Auch wenn diese asynchronen Identitätsverhandlungen, wie sie sich noch in dem Nachlass-Gedicht *Doppeltgänger* (HKA II, 67 f.) finden, keine explizite Medienreflexion aufweisen, spielen dennoch die sprachlichen Verfahren für die Verunsicherung des Subjekts eine entscheidende Rolle. Die Diskrepanz von artikulierendem und artikuliertem Ich lässt es nämlich als unmöglich erscheinen, dass das Subjekt mit sich selbst identisch sein kann.

2. Genealogische Doppelgänger

Im Unterschied zu den imaginären Ich-Begegnungen erfolgen die Engführungen oder Verwechslungen zweier distinkt eingeführter Figuren in Drostes Texten im Zusammenhang gesellschaftlicher Interaktionsprozesse. Auffällig ist, dass Droste diesen Komplex der sozialen Identität vorwiegend anhand familiärer Strukturen und vor der Folie eines Schuld- und Sühne-Komplexes durchspielt, gleichwohl auch bei diesen Doppelgängerfigurationen die medialen Prämissen literarischer Identitätsverhandlungen reflektiert werden. So ist der Verdoppelungseffekt in dem 1838 erschienenen Langgedicht *Des Arztes Vermächtniß*

(HKA III, 47–70) zeitlich verschoben, weil der verstorbene Vater dem Sohn nur noch anhand eines hinterlassenen Schriftstücks präsent ist. Dieser, der Auskunft über seine familiären Hintergründe zu erhalten hofft, zeigt sich nach Beendigung der Lektüre allerdings völlig verstört. Der so erfahrene Umschlag von ersehnter Aufklärung in Verstrickung lässt sich erzähltechnisch als Dialektik von »verbergendem Enthüllen« und »enthüllendem Verbergen« (Köhn 1997, 72) charakterisieren und steht sinnbildlich für die Erfahrung, die man auch als Leser des Textes machen kann. Denn die Geschichte um die »fremde Sünde« (HKA III, 50, V. 42) des Vaters mit dem möglichen Doppelmord und der mysteriösen Frauengestalt weist zahlreiche Ungereimtheiten auf bis hin zu völlig wirren Passagen: »Hier folgt ein Blatt, bekritzelt und zerpflückt, / Quer über'n Raum die wilden Schnörkel fahren« (HKA III, 56, V. 287 f.). Neben dem Umstand, dass der Arzt seine Sünde genealogisch weitergibt und damit jegliche subjektive Entfaltungsmöglichkeit seines Sohnes verunmöglicht, erweisen sich diese Medienreflexionen als besonders aufschlussreich für die Perspektive auf die literarische Identitätsverhandlung. Dadurch, dass sie eine extreme Figurenpsyche über die Unlesbarkeit der Schrift veranschaulichen, stellen sie das Potential skripturaler Selbstauskunft grundsätzlich in Frage. Was als Vermächtnis qua Textgattung Authentizität verspricht, erweist sich als Medium des unzuverlässigen Erzählens (→ II.4.3.).

Der Zusammenhang von Schrift und Identität ist auch in Droste-Hülshoffs berühmtester Erzählung *Die Judenbuche* (HKA V, 1–42) strukturgebend. Das entscheidende Element stellt dabei ein in die Judenbuche eingravierter hebräischer Spruch dar, dessen Übersetzung »Wenn du dich diesem Orte nahest, so wird es dir ergehen, wie du mir gethan hast« (HKA V, 42) allerdings erst zum Schluss erfolgt. Hinter diesem alttestamentarischen Rechtsdiskurs verbirgt sich die Vorstellung, dass die radikale Negation des Anderen – der Mord – auf das Subjekt zurückwirkt und somit die Grenze zwischen dem Eigenen und dem Anderen nicht eindeutig gezogen werden kann. Es gehört zur literarischen Verrätselungsstrategie des Textes, dass sich dieses Prinzip insofern potenziert, als diese Engführung nicht bruchlos vonstattengeht. Zwar legt der Spruch nahe, dass es sich bei dem im Baum Erhängten um Friedrich Mergel handelt, dessen Lebensgeschichte die *Judenbuche* erzählt und der nach Jahren der Flucht den Mord am Juden Aaron sühnt. Letztlich bleibt aber unklar, ob erstens sich hinter dem Toten nicht doch sein Doppelgänger Johannes Niemand verbirgt und zweitens, ob Friedrich überhaupt für den Mord verantwortlich ist. Obwohl der Schluss also in doppelter Hinsicht als Auflösung konzipiert ist – des Schriftsinns und der Identifikation des Täters –, kann er keineswegs alle offenen Fragen des Textes beantworten (→ IV.5.). Im Gegenteil: Je mehr man als Leser den Ungereimtheiten auf der Grundlage bestimmter Indizien auf die Spur zu kommen meint, umso mehr verstrickt man sich in die Erzählung. Bereits durch ihre Gattungszugehörigkeit zur Kriminalliteratur verbindet sie die handlungsleitende Suche nach den Verantwortlichen für die Verbrechen mit grundsätzlichen Fragen der Identität (Webber 1996, 240). Die Erzählung schafft somit eine gleichermaßen juristische wie her-

7. Literarische Identitätsverhandlungen

meneutische Ausgangssituation. Als »Sittengemälde« – so der Untertitel der *Judenbuche* – erlangt das individuelle Schicksal dabei eine paradigmatische Dimension, die durchaus als Gesellschaftskritik verstanden werden kann. Unter diesen Voraussetzungen sind die unheimlichen Doppelgängerszenarien, die »den Realismus des Texts erschüttern« (Kilcher/Kremer 1998, 250), nicht primär Ausdruck eines inneren Konfliktes wie im Fall von Drostes Gedichten, sondern spiegeln die unverschuldete Verstrickung des einzelnen Individuums in familiär-gesellschaftliche, und das heißt kollektive Schuldzusammenhänge wider. Dass etwa Johannes Niemand als »verkümmertes Spiegelbild« (HKA V, 14) von Friederich Mergel auftritt, geht mit Andeutungen einher, es handele sich bei ihm um den unehelichen Sohn des Onkels Simon Semmler. Dieser selbst wird als eine diabolische Gestalt inszeniert, bei der Friedrich wie in einem »Zauberspiegel das Bild seiner Zukunft« (HKA V, 11) aufscheinen sieht. Friedrichs Entwicklung ist dadurch bereits vorgezeichnet und andererseits auf die Vorgeschichte des Vaters und dessen Entwicklung zum »verkommenen Subjekt[ ]« (HKA V, 5), aber auch auf die möglichen inzestuösen Verfehlungen der Mutter (Wortmann 2010, 330–334) rückbezogen. Gegenüber den literarischen Identitätsverhandlungen in der Romantik, bei denen die Umwelt als Projektionsfläche des in sich selbst gebrochenen Subjekts erscheint, zeichnet *Die Judenbuche* ein umgekehrtes Bild: Das soziale Individuum bildet den Konvergenzpunkt widersprüchlicher Einflüsse und wird zum Symbol einer zerrissenen Gesellschaft. Dass dabei zwischen Schuld und Sühne kein eindeutiges Kongruenzverhältnis besteht, liegt daran, dass die *Judenbuche* keine monokausalen Erklärungen abliefern will. Gemeinsam mit den zahlreichen Doppelkonfigurationen des Textes, die wie leichte Verschiebungen funktionieren, wird deutlich, dass der Identitätskomplex in der Erzählung dekonstruktiv gestaltet ist. Anhand der Lebensgeschichte Friedrich Mergels skizziert der Text den Versuch und das Scheitern der Selbstermächtigung des Subjekts.

In seiner weiblichen Form ist der Zusammenhang von Doppelgängermotiv und Schuldkomplex in der Ballade *Die Schwestern* (HKA I, 269–275) ausgestaltet. Es geht darin um die verzweifelte Suche Gertruds nach ihrer Schwester Helene, deren Verschwinden sie zu verantworten hat (»Helene, Helene, was ließ ich dich gehn / Allein zur Stadt mit den Hunden«, V. 5 f.), und die sie erst Jahre später als eine am Strand angeschwemmte Leiche wiederentdeckt. Vor dem Hintergrund der entwickelten Typologie literarischer Identitätsverhandlungen stellt der Text insofern einen Grenzfall dar, als er auch als »Geschichte einer einzigen Frau« (von Matt 1995, 204) interpretiert werden kann. Anders als beim Gedicht *Das Spiegelbild* oder bei der Ballade *Das Fräulein von Rodenschild*, in denen die Begriffe ›Phantom‹ und ›Gespenst‹ den imaginären Status der Ich-Doppel klar indizieren, verfügen die beiden Schwestern über konkrete Namen und werden mit diesen auch von anderen Figuren benannt. Zumindest in dieser Hinsicht scheint die Unabhängigkeit ihrer Identität bezeugt, auch wenn der Text zuvor getroffene Aussagen etwa im Hinblick auf die Tote (»›Das ist die blonde Helene!‹«, V. 164) an späterer

Stelle wieder in Zweifel zieht (»Ob ihres [Gertrudes] Blutes? man wußte es nicht!«, V. 193). Aufzuheben wären diese unterschiedlichen Lesarten, wenn man sie als Ergebnis einer mehrdeutigen Wirkungsstrategie versteht, der zufolge der multiperspektivisch gestaltete Text offenlässt, ob es sich um eine oder zwei Frauen handelt. Die Ballade erweist sich dann als ein Verwirrspiel der (falschen) Bezeugungen und Mutmaßungen (→ II.5.7.8.). In dieser Form folgt er dem juristisch-hermeneutischen Diskurs der Doppelgängerthematik, bei dem die (Wahrheits-)Suche als Movens der Identitätsbestimmung in Effekte der Fremdheit umschlägt und entsprechend auf Seiten der Rezeption ein stimulierter Verstehensimpuls auf Widersprüche und Unklarheiten stößt.

3. Das souveräne Ich

Während die bisher diskutierten literarischen Identitätsverhandlungen Ausdruck von Krisenerfahrungen sind, lässt ein dritter Typus eine durchaus souveräne Subjektinstanz erkennen. Es handelt sich dabei um Gedichte, in denen die eigene Position über das Verhältnis zur personellen und naturhaften Umwelt bestimmt wird. Zwar gibt es auch hier Diskurse des Verschmelzens, aber diese vollziehen sich vor dem Hintergrund einer klaren Trennung von Subjekt und Objekt des Identifikationsaktes. Abzulesen ist dies etwa an den zwei 1844 erschienenen Widmungsgedichten *An* *** ⟨*O frage nicht ...*⟩ (HKA I, 143) und *An* *** ⟨*Kein Wort ...*⟩ (HKA I, 140), die im Titel ursprünglich die Initialen Levin Schückings trugen. Wenn sich darin die Sprechinstanz – in einer asynchronen Perspektive (HKA I, 143) – im jüngeren Gegenüber wie in einem »Zauberspiegel« (V. 16) wiedererkennt oder – in einer synchronen Perspektive (HKA I, 140) – als Teil des ungleichen Zwillingspaars »Pollux und Castor« (V. 19) in Szene setzt, dann steht die eigene Identität nicht mehr in Zweifel, sondern das sprechende Subjekt erweist sich als diejenige Instanz, die sich souverän in einen literarisch-mythologischen Diskurs einschreibt. Im Sinne eines sozialen Kompetenzgewinns macht das Gedicht *Spätes Erwachen* (HKA I, 322 f.) die Abkehr von den hermetisch-imaginären Innenräumen zum Thema einer Wandlung des Ich, die sich anhand einer visuellen Motivik von invertiertem, wechselseitigem und offenem Blick gestaltet. Steht zu Beginn das Eingeständnis der ästhetischen Isolation (»Verschlossen blieb ich, eingeschlossen / In meiner Träume Zauberthurm«, V. 29 f.), so sorgt eine folgenreiche Begegnung (»Wie ist das anders nun geworden, / Seit ich in's Auge dir geblickt«, V. 41 f.) dafür, dass sich die Sprechinstanz gegenüber der Gesellschaft öffnet: »Auf ist mein Paradies im Herzen, / Zieht alle, alle nun hinein!« (V. 55 f.) Während dem Ich damit eine Anerkennung von Alterität gelingt, indem es sich die Welt aneignet, anstatt sie subjektiv zu überformen, scheint das Gedicht *Am Thurme* (HKA I, 78) auf den ersten Blick der Souveränitätsthese zu widersprechen. Denn die Sprecherin klagt darin über die gesellschaftlichen Verhaltensnormen, denen sie als Frau unterliegt, und imaginiert sich in männliche Rollenmuster, die Aktivität, Gefahr und Handlungsmacht konnotieren: »Wär ich ein Jäger auf freier Flur, / Ein Stück nur von einem Soldaten, / Wär ich ein Mann doch mindestens nur« (V. 25–27). Auf den zweiten Blick entpuppt sich dieses Klagelied jedoch als doppelbödig, denn zum einen befindet sich die Sprecherin auf »hohem Balkone« (V. 1) bereits auf der Grenze zwischen dem als Gefängnis empfundenen Turm und der ersehnten Freiheit. Zum anderen überkreuzen sich in dem Gedicht Erlebnis- und Schreibfiktion (Blasberg 2014, 57f.). Gerade die wiederholt vorgebrachten Absichtserklärungen (»Ich möchte«, V. 6; »möcht' ich«, V. 13, 21) entwerfen imaginär-poetische Freiräume, die rhetorisch das ermöglichen, was dem weiblichen Subjekt auf der Handlungsebene verwehrt bleibt. *Am Thurme* erweist sich so als ein künstlerischer Akt weiblicher Emanzipation. Gänzlich ohne Subjekt scheint dagegen das Gedicht *Im Grase* (HKA I, 328) auszukommen. Ohne »noch ›Ich‹ sagen zu müssen« (Scherer 2014, 168), sind darin in den ersten drei Strophen reine Sinneseindrücke aneinandergereiht, die vom »Azure« (V. 4) des Himmels bis hin zum »Odem« (V. 11) der Leichen reichen und von einem synästhetischen »Taumel« (V. 1) zeugen. Erst in der letzten Strophe tritt im Modus des Transitiven eine Sprechinstanz in Erscheinung, die der Natur selbstgewiss ein »Dennoch, Himmel, immer mir nur« (V. 25) entgegenhält. Anders als im ähnlich konzipierten Gedicht *Im Moose* wirkt die Sprechinstanz nicht überwältigt und verunsichert über die Gefahren der zeitlichen und räumlichen Desorientierung. Vielmehr scheint sie die eigene Vergänglichkeit in dem Bewusstsein zu akzeptieren, der Daseinsfülle zumindest etwas – und sei es nur ein Gedicht – hinterlassen zu können: »Dieses Eine nur: für das Lied / Jedes freien Vogels im Blau / [...] Jeder warmen Hand meinen Druck / Und für jedes Glück meinen Traum« (V. 26–32). Das Subjekt, das Droste in Abhängigkeit zu den textuellen Bedingungen seiner Hervorbringung verhandelt und das in so verschiedenen Facetten wie dem ungleichen Spiegelbild, dem Albtraum vom eigenen Begräbnis, der erotisierten Gespenstererscheinung oder eines sündhaften Doppelgängers als gegen sich selbst verschoben in Erscheinung tritt, befindet sich zumindest einmal an der Grenze zum poetischen Einklang mit sich selbst.

Literatur

Blasberg, Cornelia: Überkreuzstellung. Zur Dialektik von Erlebnis- und Schreibfiktion [zu: *Am Thurme*]. In: Claudia Liebrand/Thomas Wortmann (Hg.): Interpretationen. Gedichte von Annette von Droste-Hülshoff. Stuttgart 2014, S. 51–60.
Frenschkowski, Helena: Phantasmagorien des Ich. Die Motive Spiegel und Porträt in der Literatur des 19. Jahrhunderts. Frankfurt/M. 1995.
Freund, Winfried: Annette von Droste-Hülshoff. Was bleibt. Stuttgart 1997.
Geisenhanslüke, Achim: Hybride Moderne [zu: *Die Mergelgrube*]. In: Claudia Liebrand/Thomas Wortmann (Hg.): Interpretationen. Gedichte von Annette von Droste-Hülshoff. Stuttgart 2014, S. 97–106.
Gössmann, Wilhelm: Annette von Droste-Hülshoff. Ich und Spiegelbild. Zum Verständnis der Dichterin und ihres Werkes. Düsseldorf 1985.

Grywatsch, Jochen: Die Wunderkammer als entomologische Universalbibliothek. Zum Ausstellungsprojekt ›Droste (Second sight)‹ von Aribert von Ostrowski. In: Jochen Grywatsch (Hg.): Aribert von Ostrowski. Droste (Second sight). Eine Ausstellung im Museum für Westfälische Literatur Kulturgut Haus Nottbeck. Bielefeld 2007, S. 7–28.

Ilbrig, Cornelia: Identität und Gedächtnis: das Archiv als Ort ungreifbarer Erinnerungen in Annette von Droste-Hülshoffs *Fräulein von Rodenschild*. In: Sabine Brenner-Wilczek/Sikander Singh (Hg.): »... das hohe Geistergespräch«. Über Literatur im musealen und digitalen Raum. Bielefeld 2008, S. 161–168.

Kilcher, Andreas/Kremer, Detlef: Romantische Korrespondenzen und jüdische Schriftmagie in Drostes *Judenbuche*. In: Ernst Ribbat (Hg.): Dialoge mit der Droste. Kolloquium zum 200. Geburtstag von Annette von Droste-Hülshoff. Paderborn u. a. 1998, S. 249–261.

Köhn, Lothar: »Seele fordernd stehn die Formen da«. *Des Arztes Vermächtniß* als poetologische Verserzählung. In: Droste-Jahrbuch 3 (1997), S. 67–82.

Liebrand, Claudia: Kreative Refakturen. Annette von Droste-Hülshoffs Texte. Freiburg/Br. u. a. 2008.

Matt, Peter von: Verkommene Söhne, mißratene Töchter. Familiendesaster in der Literatur. München, Wien 1995.

Pizer, John: Ego – Alter Ego. Double and/as Other in the Age of German Poetic Realism. Chapel Hill, London 1998.

Scherer, Stefan: »[...] für das Lied [...] Jeder warmen Hand meinen Druck« [zu: *Im Grase*]. In: Claudia Liebrand/Thomas Wortmann (Hg.): Interpretationen. Gedichte von Annette von Droste-Hülshoff. Stuttgart 2014, S. 167–178.

Steidele, Angela: »Sind denn so schwül die Nächt' im April?« Frauenliebe in Annette von Droste-Hülshoffs Leben und Werk. In: Droste-Jahrbuch 6 (2007), S. 143–166.

Webber, Andrew J.: The Doppelgänger. Double Visions in German Literature. Oxford u. a. 1996.

Wortmann, Thomas: Kapitalverbrechen und familiäre Vergehen. Zur Struktur der Verdoppelung in Droste-Hülshoffs *Judenbuche*. In: Claudia Liebrand/Irmtraud Hnilica/Thomas Wortmann (Hg.): Redigierte Tradition. Literaturhistorische Positionierungen Annette von Droste-Hülshoffs. Paderborn u. a. 2010, S. 315–337.

8. Bildkonzepte

Thomas Althaus

1. Schilderungen, Skizzen: Das Westfalen-Projekt 620
2. Wahrnehmungskonstitution: Die Lyrik 622
3. Spiegelbilder: Poetische Selbstreflexion 625

Lyrik und Prosa Drostes halten vorsichtig Distanz zu den modischen Erscheinungen des Buchmarktes und zum literarischen Jargon. Einer seit den 1830er Jahren zunehmend wirksamen Rhetorik des Bildes öffnen sie sich aber doch: In Vormärz und Biedermeier und im weitgefassten Kontext der Zeitschriftenliteratur zur Mitte des 19. Jahrhunderts entstehen zahllose ›Genrebilder‹ und ›Sittengemälde‹, ›Zeit- und Weltbilder‹, ›Lebens- und Charakterbilder‹,

8. Bildkonzepte

›Kultur- und Reisebilder‹. Zumeist sind es kleinere Texte und Textzusammenhänge, für die hierdurch ein Medienwechsel zwischen Literatur und Malerei inszeniert wird, als stellenbezogen verknapptes *ut pictura poesis*. Eine Reihe von Titeln im Werk Drostes und viele Texte im Einzelnen bestätigen den Einfluss des Bilddispositivs. Das literaturhistorische Paradigma ›malender Poesie‹ wird allerdings selten bemüht. Wo dies doch vorkommt, wirkt der Bezug wie aus der Zeit gefallen, künstlich und museal: »Es ist ein Bild, wie still und heiß / Es alte Meister hegten, / Kunstvolle Mönche, und mit Fleiß / Es auf den Goldgrund legten.« (*Das Haus in der Haide*, HKA I, 66, V. 29–32) Immerhin entstehen dadurch Kleinpanoramen idyllischen Lebens, wie sie etwa der Zyklus *Des alten Pfarrers Woche* (HKA I, 197–210) reiht und durch die Hinzunahme entsprechender Erinnerungen und Phantasien (»Alte Bilder«, V. 58; »Vielfarb'ger Bilder bunt Gezwirne«, V. 358) vor dem Verschwinden in der aufziehenden Moderne bewahrt. Sie behalten ihren Wert als Ruhepol und Orientierungskonstante inmitten ständiger Veränderung. Der Grund für die vereinzelte Revokation alter Stillleben-Situationen aus Zeiten, in denen es noch ruhig zuging, ist aber Diskontinuität. Die Menschen hat der »Zugwind der Ereignisse« (*Bei uns zu Lande auf dem Lande*, HKA V, 128) erfasst; umhergetrieben kultiviert ihr bewegter Blick eben deshalb ›das Malerische‹ als ästhetische Erfahrung: »Scenen Wynants und Wouvermanns, Bilder so treu, als wären sie eben von der Leinwand einer niederländischen Meisterschule gestiegen.« (*Joseph*, HKA V, 154)

Solche nostalgischen Bildgebungen haben Droste den Ruf einer Biedermeierautorin eingetragen. Sie wurde auf restaurative Tendenzen ihres Werks festgelegt und von der entstehenden Moderne ausgeschlossen. Gegen eine derartige Sichtweise spricht jedoch die Rhetorik des Bildes schon selbst, die mit literarischer Innovation in engem Zusammenhang steht. Bildbegeistert zeigt sich vor allem nämlich die ungeduldige junge Generation von Literaten, die den Dichterberuf mit dem des Schriftstellers als Publizisten verbindet. Dieses ›junge Deutschland‹ findet im Journal sein Medium für täglich Neues. Vor lauter Veränderungswillen greift man unterwegs zur Feder, weil sich die Welt dann schneller um einen dreht, während das »Auge sich an den, wie in der *laterna magica*, immer wechselnden Bildern ergötzt« (Pückler-Muskau 1830, 18). Die Ungeduldigen konzentrieren die Rhetorik des Bildes im Format des Feuilletons auf Situationen, Momente, Sichtweisen, während die Textumgebung in Zeitung und Zeitschrift von der Komplexität und Diversität des Weltgeschehens zeugt. Das wirkt sich schnell auf das literarische Schreiben insgesamt aus. Selbst lyrische und dramatische Texte werden dieser Entwicklung verähnelt. Droste registriert auf das Genaueste diese Ästhetik des Wechsels von »verschiedenartigen Ansichten«, »an mir vorüber geflogen […], wie in der LATERNA MAGICA« (*Ledwina*, HKA V, 112).

1. Schilderungen, Skizzen: Das Westfalen-Projekt

Bei der Wirkung dieses Diskursphänomens auf das Schreiben Drostes ist der Einfluss Schückings mitzusehen. Durch ihn wird ihr Werk geradezu buchstäblich mit Bildbegriffen überschrieben, ob das nun die exponierte Stellung der *Zeitbilder* in den *Gedichten* von 1844 betrifft, zu deren Voranstellung Schücking rät (vgl. den Brief an ihn vom 6. Februar 1844, HKA X, 148–156), oder das Reiseliteraturprojekt *Das malerische und romantische Westphalen* (1841), in das sie sich von ihm involvieren lässt. Das lässt für ihr eigenes Westfalen-Projekt (→ IV.2.) »die Gedanken und Bilder [...] ordentlich gegen den Hirnschädel pochen« (Brief an Schücking vom 5. Mai 1842, HKA IX, 296). Später wird Schücking noch die *Westphälischen Schilderungen* in den *Letzten Gaben* (1860) als *Bilder aus Westfalen* herausgeben, einem eigenen Titel aus demselben Jahr (Schücking 1860) wörtlich entsprechend, und seine Droste-Biographie *Ein Lebensbild* (1862) nennen. Bezeichnenderweise ist diese Biographie aber bis auf ein Verlagssignet gänzlich bildfrei. Die um sich greifende Ästhetik des Zeigens stützt zwar ihr Bildvertrauen zunehmend auf die Visualisierungstechniken der Buchillustration, die inzwischen hochentwickelte Druckgraphik, und es kommen bereits Anspielungen auf die neue Bildtechnik der Fotographie hinzu. Doch selten genug garantiert der mediale Transfer dann tatsächlich die intendierte Anschauung und die vielen »verschiedenartigen Ansichten«. Das bleibt Aufgabe des ›literarischen Daguerreotyps‹ (z. B. Hackländer 1842) in Textanpassung an die Idee. Schon das »Lebensbild« Drostes als »geistige Physiognomie« der Autorin ist schnell derart ausdifferenziert (»die ganze Herzensweiche einer poetischen Seele, und dabei dennoch den skeptisch grübelnden Wissensdrang«, Schücking 1862, 8 f.), dass bildnerische Lösungen dafür auf dem Niveau der Illustration nur noch schwer vorstellbar sind.

Schückings Reisebuch von 1841, mit dem zunächst Freiligrath beauftragt war, wirkt auf den ersten Blick wie ein Gegenbeispiel. Es ist reich illustriert, ein Supplement zum ›Merian‹ des 19. Jahrhunderts, dem zehnbändigen Schauwerk *Das malerische und romantische Deutschland* (1836–1842) mit 420 Stahlstichen. Das bringt die Beiträge Drostes dazu in konkrete Text-Bild-Relationen. So ergänzt die Ballade *Kurt von Spiegel* (HKA I, 298–300) über einen frühneuzeitlichen Kriminalfall, der sich auf der Wevelsburg nahe Paderborn zugetragen haben soll, den dazugehörigen (Reproduktions-)Stich nach Carl Schlickum. Er zeigt die Burg als Anziehungspunkt in ›malerischer‹ Landschaft. Wie die Graphik des Sammelwerks insgesamt bedient auch dieser Stich ein traditionalistisches Wahrnehmungsbedürfnis mit entsprechend konventioneller Bildgebung. Vom wenig pittoresken Verfall deutscher Baukunst, den neuen Industrielandschaften und dem Raubbau an der Natur ist hier nichts zu sehen. Mit *Kurt von Spiegel* (Freiligrath/Schücking [1841] 1974, 180–182) kommt durch Droste jedoch der Bericht einer völlig unsinnigen Bluttat hinzu: vom Abschuss eines Menschen, bloß weil der Jäger noch eine Kugel im Lauf hatte. Befremdlich schattiert die Ballade das mittelalterromantische Landschaftsbild mit archaischer Barbarei. Dies bricht das kompilatorische Textgebilde aber keineswegs auf. Es verschafft ihm vielmehr Kontrast. Die Vedute eröffnet nur erst den homogenen Raum eines Panoramas, dem heterogene einzelne Text-Bilder ein- und angelagert werden können. Potentiell bürgt jedes für eine andere Sicht der Dinge aus einem anderen Blickwinkel. Dadurch können Differenzen offengehalten werden.

Droste entwickelt das Verfahren der Aggregation von Textelementen auf eigene Hand weiter. Ihre Prosastudien heben durchgängige Darstellung in unterschiedliche Darstellungsansätze, wechselnde Beobachtungen und Blickverschiebungen auf. Dies führt zu einer Konzentrationsverteilung des Erzählens, die ihrem Westfalen-Projekt den Status früher experimenteller Prosa der Moderne verschafft. Das »brockenhafte Niederschreiben« (HKA IX, 321) bedingt allerdings auch die Fragmentarizität und den Nachlasscharakter fast aller dieser Texte jenseits der *Judenbuche* (HKA V, 1–42): der *Westphälischen Schilderungen aus einer westphälischen Feder* (HKA V, 43–74), der *Ledwina*-Entwürfe (HKA V, 77–121, 171–177) und der Skizzen *Bei uns zu Lande auf dem Lande* (HKA V, 123–150). Schückings Umbenennung der *Westphälischen Schilderungen* in *Bilder aus Westfalen* trägt dem mit wieder einem Modetitel Rechnung, während der darin oft wiederholte Verweis auf »Bilder«, eine »Bilderreihe«, »ein kleines Genrebild« (HKA V, 46, 50, 61) die vielen Fixationspunkte intensivierter Wahrnehmung gegenüber den Forderungen narrativer Sukzession gewichtet. Diese Prosa wird unter dem Einfluss von Washington Irvings damals vielgelesenen ländlichen Reiseskizzen *Bracebridge Hall* (1822) konzipiert. Irvings englische Skizzen überbieten die unauffällige Umgebung Yorkshires durch die Unordnung des Erzählens, »das sonderbare Gemisch von Gedanken«, die in einem »Kopfe sich zusammendrängen« (Irving 1823, 4). So konzipiert auch Droste ihre Westfalica: Die vermeintliche Eintönigkeit des westfälischen Landlebens schafft Muße für die unterschiedlichsten Beobachtungen. Deren Aussagekraft resultiert wesentlich aus der Abweichung voneinander. Erhöht auskunftsfähig ist die Wiederholung dieses Kontrastierungsverfahrens auf der Ebene der einzelnen Beobachtung, als an einer Stelle von *Bei uns zu Lande auf dem Lande* (HKA V, 134) das regennasse Grau in Grau des Münsterlandes von einem dunkelhäutigen Boten in scharlachroter Livree unterbrochen wird. Er fragt einen Fuhrmann nach dem Weg und reagiert mit französischen Schimpfwörtern, als er bemerken muss, dass ihn die westfälische Einfalt für den Leibhaftigen hält und auf einen morastigen Nebenpfad lenken will, auf dem er kein Kruzifix passieren muss. Diese mit Bauernschläue und Gutmütigkeit gesättigte Beschränktheit, der nicht einmal der Teufel etwas anhaben könnte, wird zur Allegorie des münsterländischen Wesens. In der Konstellation und Fügung zu einem ›kleinen Genrebild‹ sagt das zugleich einiges über falsch verstandene Kultur aus, die hier in Gestalt des *à la mode* aufgeputzten Pagen als vorgeblicher Maßstab von Zivilisation am einfachen Leben vorbeistolziert. Mit solchen Engführungen zu Diskrepanz sind Drostes literarische Bildgebungen dem (journalistischen) Vorbild Irving an Differenzialität der Wahrnehmung schon weit voraus. Ihre Anlehnung an das Bildparadigma wird von Unstimmigkeit als Spannungsmoment entscheidend beeinflusst. So legt *Die Judenbuche*, aus Studien für das Westfalen-Projekt entwickelt, als *Sittengemälde aus dem gebirgigten Westphalen* vom Untertitel her zunächst ein stimmiges Ambiente nahe. Doch dann erweisen sich die geordneten und vertrauten Verhältnisse in gleichem Maße als bedrückend und gefährlich. Hier ist Integration in die ›malerische‹ Landschaft (»die überaus malerische Schönheit« der Gegend, HKA V, 3) von Dislokation nicht zu unterscheiden und sind in der Bezugnahme selbst bereits die Bedingungen für Bezugsverlust angelegt: In der vermeintlichen Idylle wird vom Holzfrevel gelebt, von wilder Rodung und damit von der Zerstörung des eigenen Lebensraumes.

2. Wahrnehmungskonstitution: Die Lyrik

Den Anlehnungen Drostes an historisch virulente Bildkonzepte eignet fast durchgehend eine solche reflexive Brechung. Aus der Nähe zur Rhetorik des Bildes wird kritische Diskursteilnahme, die zugleich auf Abweichung berechnet ist. Die Bezeichnung der *Gedichte* (1844) in ihrer ersten Sequenz als *Zeitbilder* macht deshalb Sinn, weil sie gerade nicht dem Erwartungsschema der vormärzlichen »Tagesschriftstellerei« unter diesem Titel genügt, die das schnelle Geschehen »mit seinen stets wechselnden momentanen Bedürfnissen, mit seinen augenblicklichen Entscheidungsschlachten« (Florencourt 1847, III, V) eigens noch nach dem *Laterna magica*-Prinzip wechselnder Bilder vorantreibt. Drostes *Zeitbilder* verausgaben sich denn auch nicht an die Fortschrittsphantasien des Industriezeitalters – »Geistesflug und Dampf« (*Vor vierzig Jahren*, HKA I, 23, V. 48) –, sondern sind in kulturgeographischer Dimension politisch. Hier geht es um kontextverantwortliche Dichtung, die selbst auch Orte der Besinnung braucht (vgl. Grywatsch 2009a mit Beiträgen aus unterschiedlichen Perspektiven), wie die *Haidebilder* sie dann entwickeln. Diesen Titel wiederum trägt die zweite Sequenz der *Gedichte* aber vor allem deshalb, weil Lenaus fünf *Haidebilder* (in der vermehrten Auflage seiner *Gedichte* von 1834) das erwartete Idyll bereits massiv verfremden. Die schöne Gegend wird dort zur Öde. Daran ist nun mit problemintensiver Landschaftslyrik anzuschließen. Sie markiert Entfremdung im Nahraum, nutzt das Lokale zu verstörenden Gegensichten der Natur und der Kreatur auf den Menschen (*Die Wasserfäden, Die Krähen*) oder schließt in erdgeschichtlicher Perspektive von der aufgebrochenen Landschaft der *Mergelgrube* auf die schmale Zivilisationsschicht geordneter Welt. Nur der Zyklus *Die Vogelhütte* (HKA I, 39–42) entwirft in ironischer Selbstaufrufung ein Heidebild als Idyll (»Hier möcht ich Haidebilder schreiben, zum Exempel: / ›Die Vogelhütte‹ [...]«, V. 46f.), ein umranktes Kleinparadies wie nach Illustrationen Ludwig Richters – und verwirft es als unzeitgemäße Eremitage (HKA I, 40, 42).

In Drostes Adaption des Bildkonzepts sind kritische Vorbehalte wirksam, die grundsätzlich nach dem Modus literarischer Reflexion im 19. Jahrhundert fragen lassen. Dem ›Zeitalter der Beschleunigung‹ wird weder durch ein lähmend statisches noch durch ein hastig übereiltes Darstellen genügt. Führt Drostes Bildersuche in diesem Spannungsverhältnis zu vorderhand Biedermeierlichem, so betrifft das ein bei weitem grundsätzlicheres Bedürfnis nach Erhalt: die von Schopenhauer ([1819] 1986, 348) akzentuierte Funktion der Lyrik, zumal als Naturlyrik, »Lagen« des getriebenen Menschen »als bleibende dastehn« zu lassen. Es geht um Vorstellungserhalt und Wahrnehmungsbestände, von hierher um die Bedingungen konsistenter Erfahrung und um Wahrnehmungskonstitution überhaupt (Preisendanz 1977) in der Unruhe der beginnenden Moderne. Zu der Frage, wie man sich (noch) ein Bild von Verhältnissen und Geschehnissen machen kann, kommt es bei Droste jedoch über einen religionsgeschichtlichen Umweg. Dafür werden alte *imago dei*-Vorstellungen bemüht, vor allem in den Gedichten des *Geistlichen Jahres*. Sie diagnostizieren ein fiebriges Geschehen von Kognition und Perzeption (ein »siedend Hirn« und »Der Nerven rastlos flatternd Spielen«, *Am Sonntage nach Weihnachten*, HKA IV, 164, V. 41f.), dem aus der Lehre von der Gottesebenbildlichkeit, wie sie etwa das Perikopengedicht *Am fünften Sonntage in der Fasten* nahezu refrainartig bemüht (HKA IV, 36–38), ein anschauungsbezogener Maßstab ethischen Verhaltens erwächst. In merkwürdig ausgeweiteter Form ist hiermit dem verstörten Bewusstsein sogar ein Messrahmen für schwindende Orientierung gesetzt. Durch alles, was in einem derartigen Verhältnis der Gottesebenbildlichkeit gesehen wird (»Sein mildes Auge schaut aus jeder Blume«, *Am ersten Sonntage nach h. drey Könige*, HKA IV, 7, V. 22), ist die Welt dem Menschen vertraute Empirie. Das betrifft Sinnzusammenhänge, die der Schöpfung im religiösen Modell noch eignen, nun aber durch Bindungsverluste zersetzt werden. Der durchdringende naturwissenschaftliche Blick trägt solche Sinnschichten gänzlich ab. ⟨*An einem Tag wo feucht der Wind*⟩ (HKA IV, 207–209) beklagt die zu Bildlosigkeit verkümmerte Erfahrung schierer Objektivität: Sie kennt nur noch Lebewesen in »dumpfem Bann« (V. 75), durch solche Blickeinstellung wie verhext, »beseelt« allein von »Grimm« (V. 77) und umgeben von toter Natur, die sie unter sich begräbt; das »Bild [...] in der Seele Grund« (V. 58) richtet dagegen wenig aus.

An der *imago dei* wird die haltgebende Funktion der Bildkonzepte und die hierdurch zu erreichende Kenntlichkeit der Welt metaphysisch gewichtet. Eigentlich müsste bereits das Gedicht in seinem formativen Status als Konsistenzersatz, mithin Lyrik als formierte Wahrnehmung funktionieren. Durch aufwühlende Intensität fehlt es hier aber trotzdem an Distanz zur Notlage desorganisierter Erfahrung. Das poetische Subjekt findet sich inwendig zersetzt, bis hinein in den Bildervorrat seines Gedächtnisses: »rückwärts wend ich die Gedanken kaum / Zu Bildern, die wie Wolkenschatten bleichen.« (*Am siebenten Sonntage nach Pfingsten*, HKA IV, 96, V. 6f.) »Erinnerungsbilder« (Fechner 1860, 468–525) des eigenen Lebens lösen sich auf (»Die Bilder meiner Lieben sah ich klar / [...] / [...] vermorscht, zu Staub zerfallen schier«, *Im Moose*, HKA I, 82, V. 31–34). In solcher Totalität reagiert Drostes Lyrik auf die wachsende Dynamik, die das historische Bewusstsein und auch die Texte erfasst: als Wort- und Satzfolge, Versgang und Erzählverlauf, als in all dem zeitverfallener Entwurf mit »flüchtigem Stift« (*Sylvesterabend*, HKA I, 368, V. 22). Das seinerseits rastlose Schreiben hält in der Textentwicklung einzelnes als

Bild fest oder verstärkt selbst noch einmal den Veränderungsimpuls durch die Fülle wechselnder Bilder. Dies erklärt, warum die usuelle Rede von Symbolen oder Tropen, ›bildlichen Ausdrücken‹ im Sinne metaphorischer, allegorischer Wendungen zwar auch in die Rhetorik des Bildes eingeht, aber sie doch nicht wesentlich bestimmt. Diesbezügliche Aufweisungen – als »der Thorheit Bild« (*Am Dienstage in der Charwoche*, HKA IV, 46, V. 8), »[e]in Bild der still verhärmten Geduld« (*Der Mutter Wiederkehr*, HKA I, 284, V. 22) usw. – betreffen nur sehr zurückgenommen auch Aspekte semantischer Transformation. Beherrschend ist vielmehr ein ikonologisches und imagologisches Bildinteresse (so dass selbst »Chiffrenmontage[ ]« [Berning 1975, 103] noch Sichtbarkeit suggeriert). Mit diesem Vorweisen und Zeigen zielt das Schreiben Drostes auf die einprägsame Figuration und Konfiguration von Vorstellungen im Text, auf Zentren desselben von nahezu optischer Intensität. Sie werden als ›Bilder‹ bezeichnet. Das dient der Anzeige verdichteter, visualisierter Darstellung, ihrer Hervorhebung im Zeichenfluss und erweckt den Eindruck durch Anschauung beglaubigter Reflexion.

Bildbezogene Wahrnehmung schafft so freilich eine eher punktuelle Gewissheit. (Die neuere Forschung bereits seit Schlaffer [1966, 3. Aufl. 1984] gewichtet die Droste-Lyrik nicht von ungefähr in ihren dekompositionellen Elementen.) Es werden Biographien des Erlebens entworfen, die nur noch wenig Zusammenhang und keine Entwicklung mehr kennen. Stattdessen gibt es eine Fülle wechselnder Bilder: »tausend Bilder treten nah« (*Am Weiher*, HKA I, 92, V. 60). Das entspricht nicht zuletzt auch der Kognition von Lyrik, wenn über 120 Gedichte (in der Ausgabe von 1844) mit einer Unmenge an Strophen darin, als textliches Format für die Konturierung solcher Darstellungseinheiten, geschrieben und gelesen sein wollen. Dies verlangt nach entsprechend eingestellter Konzentration und erübrigt nahezu die Frage nach einem Gesamteindruck. Im Werksystem Drostes gibt es dazu nicht die Alternative einer kontinuierlichen Abfolge und eines dadurch geordneten Erfahrungsaufbaus, nur diejenige einer Überfixierung auf den Augenblick. Letzteres führt zu alles bestimmenden Eindrücken und Bildern, die man nicht mehr los wird: »O, nimmer hab' ich das Bild verloren, / Es folgt mir noch in der Todesstund!« (*Der Mutter Wiederkehr*, HKA I, 287, V. 135 f.) Das geschieht unwillkürlich, »wie's wohl zuweilen quillt / Im schwimmenden Gehirne« (*Der Todesengel*, HKA I, 173, V. 7 f.), und unkontrollierbar. Hat ein Gedicht »das Bild in Reimes Netz gefangen« (HKA I, 173, V. 14), ist damit noch lange nicht eine weiter reichende Einordnung und Verhältnisbestimmung und schon gar nicht Relativierung erreicht. Das gilt markant für die ›Gesichte‹, Phantasmagorien und Epiphanien, *second sight*-Visionen (vgl. u. a. *Vorgeschichte* (Second sight), HKA I, 245–248), oft als münsterländische Spökenkiekerei, für die Droste ein merkwürdiges Interesse entwickelt. In ihrem Bildkatalog meint dies Visualisierung im äußersten Zustand der Affektion, die alle zeitliche und räumliche Ordnung durchbricht. Auch der westfälische Zusammenhang als relativ stabiles Diagnosefeld für die Zerfahrenheit der Moderne sichert dagegen nicht.

3. Spiegelbilder: Poetische Selbstreflexion

Mit dem Blick in den Spiegel rückt die eigene Person in den Fokus von Bildfindung und Bildgebung. Merkbar viele Droste-Texte stellen Selbstreflexion auf solche Spiegelungseffekte ab. Das macht freilich alle Störungen konsistenter Perzeption auch am ›eigenen Leib‹ erfahrbar. Kennzeichnend dafür sind Spiegelungen im Wasser als Momente der Besinnung, nur dass gleichzeitig die bildorientierte Selbsteinschätzung durch die flüssige Materie des Mediums direkt den Bedingungen dynamisierter Erfahrung ausgesetzt erscheint. Die tolle Gertrud ist wie stürmisches Wasser; »schlief die Welle«, registriert sie sich im Spiegelbild des Sees für einen kurzen Augenblick der Klarheit als »entsetzlich verkommen« (*Die Schwestern*, HKA I, 274, V. 195, 200). Hingegen kann sich Ledwina von ihrem Spiegelbild im Fluss fast nicht losreißen, um sich aber wie das Wasser selbst zerfließen zu sehen. Als eine neue Ophelia imaginiert sie die eigene Verwesung (»wie die Locken von ihrem Haupte fielen und forttrieben, [...] die weißen Finger sich ablösten«, HKA V, 79). Spiegelungsorte wie der Bodensee verwischen jede menschliche Spur (»nur ihr flüchtiger Spiegelschein / Liegt zerflossen auf deinem Grund«, HKA I, 83, V. 31 f.), auch die eigene, als ein im Wasser bereits sichtbar »zerfallenes Bild« (V. 55). Es gibt keinen festen Aufenthalt in Erfahrungsräumen; auf die eine oder andere Weise gleitet menschliches Leben und Bewusstsein davon ab. Bei solcher Problemverschärfung gilt Wasser paradoxerweise gerade dann als Bildraum der Selbsterkenntnis, wenn dies gar nicht näher bewährt werden muss, weil die Möglichkeit dazu vertan wird. *Die Schlacht im Loener Bruch. 1623* bringt den in die Flucht geschlagenen Braunschweiger an einer Tränke in eine Narziss-Situation: »Wo ihm sein Bild entgegen steigt, / Man meinte diese Zweie gleich, / Sie müßten fassen sich am Teich« (HKA III, 78, V. 198–200). Blind vor Durst nimmt er sein »von Groll verzerrtes Gesicht aber überhaupt nicht wahr und hetzt weiter.

In den (auffällig häufigen) Porträtgedichten ist die Spiegelung des Ichs im Bildnis fixiert, also nichts Verschwimmendes. Aber der dann bohrende Blick ins eigene Innere und das Unverhältnis zwischen Ichgefühl und eigenem Äußeren fördern Befremdliches zutage (seit Gössmann 1985 wird Drostes Lyrik von hierher als entschieden subjektkritisch gelesen): »Schaut aus dem Spiegel mich ein Antlitz an – / Ich mag es nicht vergleichen« (*Der Todesengel*, HKA I, 173, V. 19 f.). Durch Veränderung und Altersabweichung wird Identität zu einer vom Subjekt gehüteten Illusion. Andere sehen sofort, wie unähnlich man seinem Porträt geworden ist, »[u]nd sagen dann: ›du seist es nicht [...]‹« (*Das Bild*, HKA I, 345, V. 4). In Drostes vielen lyrischen Experimenten mit visualisierter und dadurch irritierter Selbstwahrnehmung reicht dies bis zu der Konsequenz, dem Original Eigentlichkeit abzusprechen, um sie an die einmal gefertigte Kopie, das Bild zu delegieren, »zu dessen Rahmen / [...] / Man wie sein eigner Schatten schleicht« (V. 68–70). Die lyrische Apperzeption spielt dialektisch weitere Möglichkeiten durch: Körperlicher Schwund kann trotzdem einen erfüllten Zustand bezeichnen, sobald das zerfurchte Antlitz für viel Erfahrung und für ebenso viel Emphatie steht. Vom eigenen Leib justiert, halten dann Verhärtungen und Mitleid einander die Waage, so dass sich zwar jedes »Zucken« »in die Seele legt« (V. 10f.), aber die rau gewordene Haut »dichter auch« wie eine »Hülle dich umschlingt« (V. 40).

Die Galerie der Droste-Porträts, von den frühen Medaillons über das große Gemälde von Johann Joseph Sprick (1838) bis zu den Daguerreotypien Friedrich Hundts (1845), bildet einen Randbefund zu den textlichen Versuchen, auf das überall in Bewegung geratene Leben mit Bildkonzepten zu reagieren. Sie verweisen auf die historisch noch ungewöhnliche, aber höchst bezeichnende Situation des modernen Subjekts, das in jene Dynamik hineingerissen wird und sich in Bilddokumenten noch irgendwie festzuhalten trachtet. Von diesem Bestreben sich festzuhalten zeugen »etwa vierzehn Porträts« (Thamer 1997, 57). Doch selbst mit der beginnenden Fotographie als Verheißung eines realistischen Blicks, der die Dinge ungebrochen erfasst, werden konkret andere Erfahrungen gemacht. Droste interessiert der vorderhand irrealitätssteigernde Effekt. Die Abbilder sind schemenhaft. Auf ihnen verdämmert die Person »wie ein Elfenlicht« (*An Elise in der Ferne. Mit meinem Daguerrotyp*, HKA II, 213, V. 8) und wird nun tatsächlich zum Schatten ihrer selbst. Gespenster mögen so erscheinen, »[g]leich Bildern von Daguerre, die Deck' entlang« (*Durchwachte Nacht*, HKA I, 352, V. 65). Gerade also der Eindruck von Unwirklichkeit bürgt hier für die höhere Wahrheit der Fotographie. In starkem Kontrast und überbelichtet enthüllt sie das verhärtete und das schwindende Leben.

Literatur

Berning, Stephan: Sinnbildsprache. Zur Bildstruktur des *Geistlichen* Jahrs der Annette von Droste-Hülshoff. Tübingen 1975.
Freiligrath, Ferdinand/Schücking, Levin: Das malerische und romantische Westphalen [1841]. Hildesheim, New York 1974.
Fechner, Gustav Theodor: Elemente der Psychophysik. II. Theil. Leipzig 1860.
Florencourt, Franz von: Zeitbilder. Bd. 1. Grimma 1847.
Irving, Washington: Bracebridge-Hall oder die Charaktere. Aus dem Englischen von S.H. Spiker. Bd. 1. Berlin 1823.
[Pückler-Muskau, Hermann von]: Briefe eines Verstorbenen. Ein fragmentarisches Tagebuch aus England, Wales, Irland und Frankreich, geschrieben in den Jahren 1828 und 1829. Erster Theil. München 1830.
Schlaffer, Heinz: Lyrik im Realismus. Studien über Raum und Zeit in den Gedichten Mörikes, der Droste und Liliencrons. 3., um ein zusätzl. Nachwort erw. Aufl. Bonn 1984.
Schopenhauer, Arthur: Die Welt als Wille und Vorstellung I [1819]. In: Arthur Schopenhauer: Sämtliche Werke. Bd. 1. Hg. von Wolfgang Frhr. von Löhneysen. Frankfurt/M. 1986.
Schücking, Levin: Annette von Droste. Ein Lebensbild. Hannover 1862.
Thamer, Jutta: Bildnis und Bild der Annette von Droste-Hülshoff. In: Bodo Plachta (Hg.): Annette von Droste-Hülshoff (1797–1848). »aber nach hundert Jahren möcht ich gelesen werden«. Wiesbaden 1997, S. 57–71.

9. Okkasionalität und Zueignung
Cornelia Blasberg

1. Familienzugehörigkeit und Freundschaft 628
2. Poetische Wälder 630
3. Dichternetzwerke 631
4. Augen-Blick und Händedruck 633

Eines der frühesten erhaltenen Gelegenheitsgedichte von Annette von Droste-Hülshoff feiert den Namenstag der Mutter am 15. Oktober 1804 (⟨*O Liebe mama ich wünsche dir*⟩, HKA II, 93), vermutlich das späteste überbringt zum 20. April 1848 Geburtstagsgrüße an den Schwager Joseph von Laßberg (1770–1855) und entschuldigt die kranke Gratulantin, die »gar zu gern« ein »herzlich Wort gesagt« hätte (HKA II, 220, V. 1 f.). Dass beide Gedichte zu Drostes Lebzeiten nicht veröffentlicht wurden, unterstreicht nicht nur die absolute Privatheit des Sprachgestus, sondern auch, dass sie, flüchtige Produkte der »Nebenstunden« (Segebrecht 1977, 212), keinen Werkstatus beanspruchen. Wie viele Casualcarmina Droste geschrieben hat, weiß man nicht. Einige wenige, vor allem aus den 1840er Jahren stammende, integrierte sie in die Ausgabe von 1844, machte dadurch das Private öffentlich, den Sprechakt zur Poesie und kalkulierte Mehrfachadressierung und Objektivierung der Aussage ein. Die ungedruckten Gelegenheitsgedichte, die die HKA im Band II und im Anhang zu den Briefen (VIII, 337–340; IX, 407; X, 439–443) zugänglich macht, stammen aus den Alben und Stammbüchern der Familien Droste-Hülshoff und Haxthausen sowie aus anderen Nachlässen. Bedenkt man, welch schlechten Ruf die im 17. und frühen 18. Jahrhundert zu unterschiedlichsten Anlässen (Hochzeit, Geburtstag, Todestag, Abschied, Empfang, Lob) tatsächlich massenhaft geschriebenen Gelegenheitsgedichte um 1770 hatten, als sich das Genie-Paradigma durchsetzte und Dichten nach rhetorischen Vorgaben und in externem Auftrag obsolet wurde, stellt man zudem in Rechnung, dass kein Geringerer als Goethe das diffamierte Genre in den 1820er Jahren adelte und alle seine Gedichte Eckermann gegenüber als »Gelegenheitsgedichte« bezeichnete (Rüdiger 1966, 160), dann ist anzunehmen, dass Autoren, die zu Beginn des 19. Jahrhunderts Gelegenheits- und Widmungsgedichte veröffentlichen, diese gegensätzlichen Traditionsimpulse kannten und in ihren Gedichten reflektierten. Die nach Goethes Diktum geschriebenen und publizierten Gelegenheitsgedichte tragen demnach ein Doppelgesicht. Sie zitieren die Tradition der Casualcarmina, fragen aber zugleich, welcher »Okkasionalität« (Gadamer 1965, 137) sie genau verpflichtet sind und welche poetologische Bedeutung dieser auf den Schreibprozess bezogenen Verortung in Raum, Zeit und Sprechsituation zukommt. So muss auch im Hinblick auf Drostes Werk zwischen unpublizierten und in die Ausgabe von 1844 aufgenommenen Widmungsgedichten unterschieden werden.

1. Familienzugehörigkeit und Freundschaft

Drostes literarische Sozialisation im Familienkreis stand, vermittelt über die Mutter, die ihrerseits ihren Stiefbrüdern Moritz (1775–1841) und Werner von Haxthausen (1780–1842) sowie Friedrich Leopold von Stolberg und den Dichtern des Göttinger Hains nacheiferte und alle Familienereignisse entsprechend in Verse fasste (vgl. Wilfert 1942, 69–73), auf der einen Seite im Zeichen der Nachahmung empfindsamer und klassischer Vorbilder (→ II.1.), auf der anderen im Schatten dilettantischer, für die Stammbücher und Poesiealben adliger Familien produzierter Gelegenheitspoesie. Geburtstagswünsche (HKA II, 93, 188 f.), Abschiedsklagen (HKA II, 156 f.), Firmungsereignisse (HKA II, 223) wurden versifiziert, Geschenke mit Gedichtbeigaben geschmückt und erläutert. Drostes nach 1830 geschriebene Casualcarmina geben zu erkennen, dass sie die aus der antiken Rhetorik überlieferten Inventionsregeln und Topoi kannte und explizit nutzte: Das an den Hülshoffer Hauskaplan Caspar Wilmsen gerichtete Gedicht V*ivat! vivat! vivat Caspar! und abermahls Vivat!* (HKA II, 197 f.) entwickelt die Gratulation aus dem »Brunnquell« (Segebrecht 1977, 115) des Namens und setzt mit dem Vergleich des westfälischen Geistlichen und seines Namensbruders aus der Gruppe der Heiligen Drei Könige sowohl den »Locus comparationis« (Segebrecht 1977, 126) als auch den »Topos des Gegenteils« (Drux 1999, 657; schließlich kommt der heilige Caspar aus dem Morgenland und trägt eine schwarze Hautfarbe) in Szene. Den Topos der flüchtigen, deshalb unvollkommenen Rede variieren die Gedichte ⟨So gern hätt' ich ein schönes Lied gemacht⟩ (HKA II, 203) und ⟨Als diese Lieder ich vereint⟩ (HKA II, 219); sie lenken den Blick vom jeweils Adressierten weg auf den mit sich unzufriedenen Schreiber und den Topos der »Dichtermüdigkeit« (Segebrecht 1977, 207). *An Elise. Zum Geburtstage am 7ten März 1845* (HKA II, 205) und das der Mutter gewidmete Gedicht ⟨Und ob der Mayen stürmen will⟩ (HKA II, 207) stellen das glückliche Ereignis der Geburt den widrigen Wetterumständen entgegen und machen sich dadurch als »Erfindungen ex loco circumstantiorum« (Segebrecht 1977, 122) kenntlich. Das Geburtstagsgedicht an Drostes Freundin Elise Rüdiger (1812–1899) von 1845 (HKA II, 205) spinnt das rhetorische Muster weiter, kombiniert es mit topischen Entgegensetzungen (»Sonnenstral« zu Elise Geburt, V. 6, vs. »Eises Zapfen« bei der Geburt der Namensschwester Anna Elisabeth, V. 11; »düstres Tannenreis«, V. 15, vs. »zarte Veilchenblüthe«, V. 16) und überführt es virtuos in ein Doppelporträt. Indem Orte und Zeiten genannt, Personen direkt angesprochen, menschliche Beziehungen offengelegt werden, erscheint das Gelegenheitsgedicht als Prototyp einer existenziell in der sozialen Realität verankerten Poesie, und in diesen Ereignisraum von »konventioneller Exzeptionalität« (Drux 1999, 655) schließt es den Schreiber und sein Schreiben mit ein. Obwohl der Adressat im 19. Jahrhundert nicht mehr generell ein Mäzen oder zu lobender Herrscher ist, in dessen Dienst Dichter und Dichtung stehen, leben die Traditionselemente der Repräsentation und der Verpflichtung auf Gegenseitigkeit subkutan weiter – Schreiber und Empfänger eines Widmungsgedichtes oder Stammbuchverses wissen, dass sie an einem Gesellschaftsspiel teilhaben, das sie sozial privilegiert und zusammenschließt. Im Horizont dieses Wissens wird es möglich, das Gesellschaftsspiel durchzuführen und gleichzeitig zu parodieren, wie es Droste 1815 in den ironischen ›Abschieds‹-Knittelversen auf Moritz von Haxthausen ⟨*Du hast nicht Begriff von allen dem Jammer*⟩ (HKA II, 225 f., vgl. HKA II, 905–907) und 1818 im Bökendorfer Scherzgedicht *Herr Witte, nach dem traurigen Abschied von Mamsell Wernekink* (HKA II, 176 f.) tat. In beiden Fällen wird das elegische Modell inhaltlich (»Klagt ihr Enten, weint ihr Schruten«, HKA II, 176, V. 1; »Mein Herz springt wie ein Ziegenbock«, HKA II, 225, V. 3) und formal aufgesprengt, wobei das frühere Gedicht (HKA II, 225 f.) mit Begriffen wie »Vernunft« (V. 13), »Phantasie« (V. 14), »Begeistrung« (V. 17), »L'ESPRIT« (V. 18) u. a. Schlüsselwörter der zeitgenössischen Literaturtheorie zitiert, die im Bökendorfer Literaturkreis zweifellos ernsthaft diskutiert wurden.

Die rhetorischen Traditionen der Gelegenheitsdichtung überschnitten sich in Drostes frühen unveröffentlichten Gedichten mit Topoi aus dem Freundschaftsdiskurs des 18. Jahrhunderts, der ihr durch die literarischen Vorlieben der Mutter (Stolberg, Hainbund, Klopstock) vertraut war und fest zum Nachahmungsprogramm gehörte. »[E]s ist keine größere Freude / als mit dir in Freundschaft stehn« (HKA II, 110, V. 1 f.), beginnt ein vermutlich 1805 entworfenes und Fragment gebliebenes Widmungsgedicht, das im Licht des 1807 von der Zehnjährigen über das antike Freundespaar Damon und Phintias (vgl. HKA II, 608) geschriebenen Gedichtes *Der erste Selbstmörder* (HKA II, 113) als reine Bildungsphantasie lesbar wird. Ähnlich den Inventionsformeln für Casualcarmina existierte ein Schreibprogramm für Freundschaftsgedichte, das seine Wurzeln in der griechischen und römischen Antike hatte (vgl. Schillers *Die Freundschaft*, 1782) und bereits von Klopstock (*An Herrn Schmidten*, 1747) durch Aspekte der Gottesfreundschaft erweitert wurde. Dass Droste noch im 1843 geschriebenen Gedicht *An Elise* (HKA I, 144 f.) auf Castor und Pollux verwies, dokumentiert, dass die – auf Mündigkeit und Gleichheit abzielenden – Freundschaftsideale im 19. Jahrhundert immer noch »männlich« (Meyer-Krentler 1991, 19) codiert waren, und dass Frauen in der Freundschaft zu einem Mann »ihre traditionelle Frauenrolle im Patriarchat« (Becker-Cantarino 1991, 48) partout nicht ablegen konnten, sieht man nicht zuletzt an der Sprachformel »Mütterchen« im Briefwechsel zwischen Droste und Schücking (→ I.4.). ⟨*Wenn ich o Freund hier im Haine*⟩ von 1807 (HKA II, 119) zitiert die ›Hainbund‹-Rhetorik ebenso deutlich wie das vermutlich an Anton Mathias Sprickmann (1749–1833; → I.1.2.1.) adressierte Gedicht *An einen Freund* von 1814 (HKA II, 165 f.), das die Topik des abwesenden, entbehrten Freundes durch Naturbilder – ein früher Tag, an dem »der Freundschaft Morgensonne« (V. 25) aufgehen und der »blühende[n] Natur« (V. 34) zum Durchbruch verhelfen soll – und Jahreszeitentopoi (»Seit Monden schon entfloh des Winters Trauern / Was weilst du, Theurer, in den öden Mauern«, V. 39 f.) ergänzt. Drostes spätere, publizierte Widmungsgedichte nutzen dieses Formel-Repertoire metareflexiv und stellen Gemeinschaft dadurch her, dass

Adressat und Schreiber beide über das Fiktionspotential des (illokutiven) Sprechaktes Bescheid wissen. Wenn dann Abwesenheit und Entbehrung thematisch werden, wird die alte Topik zum Fundament einer individuellen, modernen Reflexion über Alter und Vergänglichkeit, über die Flüchtigkeit des gesprochenen Wortes und zum Medium einer Philosophie, die in Freundschaft »niemals etwas gegenwärtig Gegebenes« sieht, sondern den offenen Horizont »des Wartens, des Versprechens oder der Verpflichtung« (Derrida 1999, 185).

2. Poetische Wälder

Mit Bezugnahme auf Quintilian (*Institutionis Oratoriae Liber* X 3,17) und den spätrömischen Dichter Papinius Statius (*Sylvae*) sprach Martin Opitz in seinem *Buch von der deutschen Poeterey* (1624) von »Sylven«, um eine bunt gemischte Sammlung von Gelegenheitsgedichten zu charakterisieren; seine eigenen veröffentlichte er unter dem Titel *Poetische Wälder* (Segebrecht 1977, 93). Vor diesem Hintergrund wundert es nicht, dass die in die Gedichtausgabe von 1844 übernommenen Gelegenheitsgedichte in der Abteilung *Gedichte vermischten Inhalts* zu finden sind und dort Gruppen bilden: Am Anfang steht *Katharine Schücking* hinter *Meine Todten*, *Nachruf an Henriette von Hohenhausen* folgt auf zwei explizit mit dem generischen Titel überschriebene *Stammbuchblätter*, die Widmungsgedichte an Amalie Hassenpflug (1800–1871), Levin Schücking (→ I.1.2.3.) und Elise Rüdiger (→ I.1.2.4.) stehen dicht beisammen (HKA I, 137–145), wobei das poetologische Gedicht *Poesie* genau zwischen die beiden Schücking zugeeigneten Texte platziert wurde. Während V^3 SIT ILLI TERRA LEVIS!, *Clemens von Droste*, VANITAS VANITATUM!, *Katharine Schücking* und *Nachruf an Henriette von Hohenhausen* zusammen mit *Meine Todten* und erstaunlicherweise auch *Das Spiegelbild* zu einer Gruppe »Die Todten« zusammenfasste (HKA I, 552), löste Droste dieses sinistre Ensemble für das letzte Verzeichnis V^5 auf, sah nun aber die Gedichte *Mein Beruf*, *Meine Todten* und *Katharine Schücking* für die »Einleitung« (HKA I, 567) des gesamten Bandes vor. Für die Drucklegung versetzte Schücking, der die *Zeitbilder* am Anfang sehen wollte, diese Gruppe eigenmächtig in die ›vermischte Abteilung‹ (→ II.5.5.1.). Wäre Drostes Plan verwirklicht worden, dann hätte der ganze Gedichtband im Zeichen einer sich selbstbewusst ›Ich‹ nennenden, das Gedenken an die Toten als poetischen Gründungsakt verstehenden Sprecherstimme gestanden und müsste, wie Goethe am 18. September 1823 im Gespräch mit Eckermann definiert hatte, ohne Abstriche als Gelegenheitsdichtung gelten: nicht »aus der Luft gegriffen«, sondern von der »Wirklichkeit angeregt« und darin »Grund und Boden« findend (Eckermann o. J., 44 f.; Rüdiger 1966, 134). Ausnahmslos und verbindlich, so Goethe 1823, habe der Dichter seine Texte auf die »lebendige Gegenwart« (Segebrecht 1991, 135) zu orientieren und seinen Mitmenschen zu dedizieren. Dass zu einer bestimmten Zeit jemand angesprochen, ihm eine Botschaft übermittelt werden solle, sei für jede Lyrik unabdingbar und konstitutiv. Genauso, nämlich als Antwort auf eine dem ›Ich‹ gestellte Frage, beginnt im Übrigen das Gedicht *Mein Beruf* (HKA I, 197–199,

V. 1–8), das ab der zweiten Strophe explizit einen ›Jetzt‹-Zeitpunkt markiert, an dem das ›Ich‹, als würde es in Verkehrung der Tradition von der »Göttin Gelegenheit« (Rüdiger 1966, 121) am Schopf gepackt, von der »Stunde« (V. 15) zur Aktion, zu genauer Beobachtung, zu Warnung und Stellungnahme aufgefordert wird. Wenn die achte Strophe dann ins Imperfekt wechselt, wird deutlich, dass dieser Anruf dem Schreibakt vorging, sich aber gleichermaßen auf das ›Jetzt‹, den *kairos* der poetischen Darstellung bezieht, das Gedicht also kreisförmig strukturiert ist.

3. Dichternetzwerke

Dass der dritte Text der *Gedichte vermischten Inhalts*, *Katharine Schücking* (HKA I, 102 f.), nicht wie ein traditionelles Epicedium (Verse anlässlich der Beerdigung) gestaltet ist, sondern die tote Dichterin gleich mit dem ersten Wort »Du« in eine imaginäre Zwiesprache verwickelt, macht gleichfalls deutlich, dass das Casualcarmen eine poetische Überformung und Umdeutung in Goethes Sinn erfahren und deshalb Aufnahme in den Gedichtband gefunden hat. Mit *Mein Beruf* verbindet das Widmungsgedicht an Levin Schückings Mutter (vgl. HKA I, 948 f.) neben der Thematik des Dichtens die Form (jambische achtzeilige Strophen mit Kreuzreim), wobei solche Entsprechungen in Drostes variantenreicher Lyrik selten und deshalb signifikant sind, mit *Der Dichter – Dichters Glück* (HKA II, 69 f.) die Betonung der Rose als Dichter-Attribut. Erst in der letzten Strophe, in der das ›Ich‹ der Verstorbenen Rose und »Epheu« (V. 56; Symbol der Treue) auf den Grabhügel legt, erkennt man die gelegenheitspoetische Grundschicht des Gedichtes, nachdem der Leser vorher einer langen Ansprache an »Westphalens Dichterin« (V. 15) zuhörte, in deren Verlauf es weniger um Katharina Schücking als um das zuerst kindliche, von der Begegnung mit der Älteren erschütterte, beglückte und inspirierte, später »[h]ochmüthig[e]« (V. 28) und stolze ›Ich‹ geht, das mit klarem Blick zu erkennen glaubt, die »Schülerin« (V. 25) habe ihre »Meisterin« (V. 27) überwunden. Das Gedicht entfaltet die Grabszene demnach nicht nach rhetorischen Inventionsregeln, sondern setzt sie ans Ende der retrospektiven Erzählung einer dichterischen Initiation mit autobiographischen Zügen. Diese Lebensgeschichte *en miniature* wiederum enthält in der Tradition der Augustinischen *Bekenntnisse* eine Bekehrungsszene: Dem ›Ich‹ wird nämlich schlagartig klar, dass die Ältere zwar vielleicht die schlechtere Dichterin, als Mensch aber so stark und klar ist (V. 36–40), dass ihre Wirkung im Leben der eines guten Textes im Bereich der Literatur nicht nachsteht, im Gegenteil. Modernes ›Gelegenheits‹-Gedicht ist *Katharine Schücking*, weil das Gedicht die Situation einer grundstürzenden Erkenntnis gestaltet, die es – metapoetisch – selber existenziell betrifft. Literatur, dem Leben zugehörig, muss sich vor dem Leben verantworten, was das Gedicht im performativen Akt der Beichte und des Schwurs vor einer Toten zur Darstellung bringt. Die quasi narrative Ausfabulierung einer Grabszene, in der das ›Ich‹ als erkennende und sprechende Instanz die Hauptrolle spielt, prägt auch das Epicedium *Clemens von Droste* und verbindet die beiden

Texte unterschwellig miteinander, während andere subkutane Sinnbezüge zu den Widmungsgedichten an Henriette von Hohenhausen, Amalie Hassenpflug (*Der Traum, Locke und Lied*), an Levin Schücking (*An **** ⟨*Kein Wort ...*⟩, *An **** ⟨*O frage nicht ...*⟩) und Elise Rüdiger (*An Elise*) bestehen. Alle diese Gedichte überschreiben wie *Katharine Schücking* das Casualcarmen-Modell mit individuellen Begegnungsgeschichten und Erkenntnisszenen und diese wiederum mit einer poetologischen Bedeutungsebene. Und im selben Moment, wie sie ein immaterielles Strukturmuster im Zyklus bilden, dokumentieren sie Drostes literarisches Netzwerk, weisen auf die Zeitgenossenschaft ihrer Texte, die literarhistorischen und regionalen Verbindungen zu anderen Schriftstellern (→ I.3.2.; → I.4.).

Zu diesem westfälischen Netzwerk gehörte auch Wilhelm Junkmann (1811–1886), auf dessen Widmungsgedicht (vgl. HKA I, 970) Droste 1842 mit dem *Gruß an Wilhelm Junkmann* antwortete. Dieses Gedicht ist direkt hinter das bereits 1835 im Auftrag von Christoph Bernhard Schlüter (→ I.1.2.2.) geschriebene *Nach dem Angelus Silesius* platziert, das seinerseits auf *Katharine Schücking* folgt, dem der *Gruß an Wilhelm Junkmann* durch die gleiche Strophenform verbunden ist. Der *Gruß an Wilhelm Junkmann* (HKA I, 106 f.) ist ein besonderes, in Differenz zu anderen aufschlussreiches Gelegenheitsgedicht: Der Topos der »Stunde« (V. 9), die epideiktisch aufgerufen wird (»Dies ist«, V. 9) ist da, und im Motivarsenal taucht auch die topische »Locke« (V. 16) der Göttin Gelegenheit auf, die der Dichter packen muss, bevor die flüchtende Dame ihm den kahlen Hinterkopf zuwendet und seine Hand keinen Halt mehr findet. Die Motive »Lied« (V. 13) und »Locke« bilden im Übrigen, die poetologische Dimension beider Texte hervorhebend, die Überschrift zum zeitgleich entstandenen Widmungsgedicht an Amalie Hassenpflug, *Locke und Lied* (HKA I, 139). Besonders ist, dass das ›Ich‹ den im Titel Genannten nicht direkt anspricht, sondern diese Adressierung in den letzten beiden Zeilen als Wunsch äußert respektive als ›Jetzt‹, im Akt des Beschließens, zu vollbringende Aufgabe definiert, wodurch dem Leser suggeriert wird, das Gedicht, das er gerade gelesen hat, sei das am Ende angekündigte. Allerdings wollte das ›Ich‹, das macht die rekursive Schleife delikat, sich vom Sprachmedium in eine »Aeolsharfe« (V. 48) verwandeln, so dass der Leser ebenfalls beurteilen muss, ob diese Metamorphose gelungen ist, ob das Gedicht den magischen, flüchtigen, Mensch und Kosmos in schwingenden Gleichklang versetzenden Naturton getroffen hat. So korrespondiert das »Da« (V. 47) dem »Dies« (V. 9), als beide Deikta kreative Momente heraufbeschwören: Die Szenerie der behaglich erleuchteten Stube als inspirierender Rückzugsort (vgl. Grywatsch 2009c) des ›Ich‹ vor winterlicher Kälte und täglichem Geschäft gibt den Anstoß, das Gesicht des Freundes zu imaginieren, wie er, gleichfalls in einem warmen Zimmer sitzend, Gedichte schreibt, und vierte und fünfte Strophe porträtieren in der Tat (»schlichte[s] Haidekraut«, V. 25; »Nestchen« aus »Immortellen«, V. 26; »fromme Bienen«, V. 38; »[s]äuseln[d]«, V. 39) Junkmanns Lyrik ausgesprochen treffsicher. Indem das Gedicht in der ersten wie in der dritten Strophe fast identische Schreibsituationen aufruft, macht es zwei Lektüren möglich. Einmal könnte man die Aussagen zu einem ›realistischen‹ Narrativ verbinden und sich vorstellen, dass die kairotische ›Stunde‹ dem Freund wie dem ›Ich‹ als Dichtern bekannt ist und von beiden, ohne dass dieses Einverständnis versprachlicht werden muss, gefühlt wird und ihre ›Freundschaft‹ begründet. Auf der anderen Seite könnte man aber auch der vom Ende her zu entschlüsselnden Argumentationslogik des Gedichtes folgen und das ›realistische‹ Narrativ zugunsten einer metapoetischen Lesart auflösen: Schließlich wird der Freund selbst als »ein wunderlich Gedicht« (V. 19; vgl. *Der Traum. An Amalie H.*, »Du saßest da, wie ein Gedicht«, HKA I, 137, V. 7) angesprochen, also im Wortsinn apostrophiert, was heißt, dass einer Sache (einem ›Gedicht‹) ein Gesicht gegeben wird. Dazu passt die Beobachtung, dass der ein frühes dichterisches Netzwerk evozierenden Gedichtgruppe (*Katharine Schücking* und *Gruß an Wilhelm Junkmann*) mit den Gedichten an Levin Schücking und Elise Rüdiger (*An **** ⟨Kein Wort ...⟩, *An **** ⟨O frage nicht ...⟩, *An Elise*) eine entsprechende Würdigung späterer literarischer Weggefährten im letzten Drittel der *Gedichte vermischten Inhalts* entgegengestellt worden ist, das ähnliche Strukturmerkmale aufweist. Da bereits die Gedichte der Anfangsgruppe metapoetische Qualität haben, stellt sich die Frage, welchen Realitätsstatus die folgenden Widmungen beanspruchen, und zwar unabhängig von der »Problematik der Namensnennung« (Plachta 1995, 142) respektive der durch die verweigerte Namensnennung entstehenden Unklarheit, ob *An **** ⟨O frage nicht ...⟩ an Schücking oder Rüdiger gerichtet ist (Plachta 1995, 143 f.). Würden die Verse Casualcarmina im traditionellen Sinn bilden, dann hätten biographische Lesarten (z. B. im Sinne einer diskreten »Frauenliebe«, vgl. Steidele 2003, 298–339) zweifellos mehr Berechtigung als angesichts der Tatsache, dass diese Gedichte in exakt kalkuliertem Verhältnis zu anderen in einem publizierten Lyrikband zu finden sind und ihre Okkasionalität in Goethes Sinn als poetologisches Programm reflektieren.

4. Augen-Blick und Händedruck

Die in den Band von 1844 aufgenommenen Widmungsgedichte lassen sich im Hinblick auf die Art und Weise, wie sie sich auf den ›Grund und Boden‹ des Lebens verpflichten, grob in zwei Gruppen unterteilen. *Katharine Schücking, Nachruf an Henriette von Hohenhausen*, Vanitas Vanitatum!, *Clemens von Droste*, Sit illi terra levis! und tendenziell auch *An Elise* haben einen durch den Gebrauch des Imperfekts ausgewiesenen narrativen Kern, sie entwickeln ihre Überlegungen aus dem Erzählen von Geschichten. Freunde stehen am Sarg der Henriette von Hohenhausen (1781–1843), das lyrische Ich erzählt in Vanitas Vanitatum! vom Leben des umstrittenen Generals Hans Georg von Hammerstein-Equord (vgl. HKA I, 1018), in *Clemens von Droste* schafft das Ich ›erinnernd‹ ein imaginäres Kammerspiel, in dem es, verborgen am Grab kniend, politischen und intellektuellen Preisreden (wie aus einem traditionellen Epicedium stammend) auf den Verstorbenen lauscht, die es mit der eigenen Überzeugung von dessen einfacher Menschlichkeit und Güte nicht vereinbaren kann. Erinnerungen strukturieren auch den Verlauf des Gedichtes Sɪᴛ ɪʟʟɪ ᴛᴇʀʀᴀ ʟᴇᴠɪs!, das dem am 5. Februar 1841 gestorbenen Hülshoffer Hauskaplan Caspar Wilmsen (vgl. HKA I, 1155) gewidmet ist, und in das Namenstags-Gedicht *An Elise* wird, als handele es sich um einen Rückblick, die Szene eingeblendet, in der das Ich die Namenspatronin der Angesprochenen »im Kalender« (HKA I, 144, V. 19) recherchiert und auf das »Doppelbild« (V. 25) der Elisabeth von Thüringen und Elisabeth, der Mutter von Johannes dem Täufer, stößt (vgl. HKA I, 1090f.). Im Modus des Erzählens lassen sich diese Gedichte auf die ›wirkliche‹ Zeit ein, die Menschen nach den Modellen von Sequenzialität und Kausalität als Aufeinanderfolge von Vergangenheit, Gegenwart und Zukunft denken, wohl wissend, dass man Grenzen, die dadurch formuliert werden und ihren existenziellen Ausdruck in der Grenze zwischen Leben und Tod finden, nicht überschreiten kann. Die Zeitstruktur dieser Gedichte nimmt die des biologischen Werdens und Vergehens in der wirklichen Welt in sich auf, und entsprechend wird der Leser zum Zeugen eines im Fluss der Zeit innehaltenden Andenkens an verstorbene oder räumlich entfernte Menschen gemacht.

In einem anderen Modus sind Gedichte wie *Gruß an Wilhelm Junkmann*, *An Henriette von Hohenhausen*, *Locke und Lied*, *An **** ⟨*Kein Wort ...*⟩, *An **** ⟨*O frage nicht ...*⟩ und einige Passagen von *An Elise* geschrieben. Sie sind invokativ, vollständig auf die Gegenwart und den Akt des Sprechens konzentriert. Gerade wenn man einwenden möchte, dass sie schließlich im Unterschied zu den zuvor genannten keine Nachrufe sind, sondern sich an Lebende richten, macht man eine frappierende Entdeckung. Viel offensichtlicher als die ›narrativen‹ Widmungsverse sind sie den poetologischen Gedichten ihrer Umgebung durch die charakteristische Motivik von Anruf, Blicktausch, Spiegelbild und Händedruck verbunden, und die Matrix dieser Motive wird ausgerechnet im programmatischsten Text der Reihe, *Meine Todten*, also in einem Totengedicht entwickelt. Ein Nachhall findet sich übrigens im 1844 geschriebenen Gedicht *Im Grase* (HKA I, 328), das unverkennbar den *kairos* einer Inspiration entfaltet, die durch flüchtige Sinneseindrücke und Traumvisionen, vor allem aber durch die Evokation körperlicher Berührung wie »Kuß« (V. 17) und »Druck einer Hand« (V. 23) stimuliert wird, wobei auch hier »die Todten« (V. 9) eine bestürzende Kraft und Präsenz zu haben scheinen. So ist es in *Meine Todten* (HKA I, 100f.) scheinbar kaum anders als in *Nachruf an Henriette von Hohenhausen* und *Clemens von Droste* eine »Gruft« (V. 10), an der das Ich seine Gedanken entwickelt, nur dass es hier von den Toten, die es um Beistand beim Wagnis des Dichtens bittet, direkt angesprochen, angelächelt (V. 22) und angeblickt (V. 24) wird. Obwohl der »Druck von eurer Hand« »[k]alt« (V. 31), »[e]rloschen eures Blickes Brand« (V. 32) ist, wird kategorisch ausgeschlossen, dass eine andere Art der Initiation und Legitimation des Dichters angemessener sein könnte und mehr Autorität hätte. Indem das Gedicht den Toten Stimme, Mimik und Bewegungsfähigkeit zuspricht, setzt es die Zeit des lyrischen Sprechens und der offenbar gegenseitigen Invokation absolut und damit die Zeitlichkeit der Welt außer Kraft, wenn dies auch

9. Okkasionalität und Zueignung

nur okkasionell, bei ›Gelegenheit‹ und im flüchtigen Modus des Gedichtes geschieht. Deshalb ist die Spannung zwischen der Realzeit, in der die Toten tot sind und bleiben, und dem Moment überzeitlicher, gleichsam mythopoetischer Zwiesprache (»the tension between the narrative and the apostrophic«, Culler 1981, 149) für die Gruppe der *Gedichte vermischten Inhalts* konstitutiv.

Die Beobachtung, dass das Motivpaar von Augen-Blick und Händedruck in Gedichten an Tote wie an Lebende, ohne jegliche Widmungszusammenhänge, aber auch im Rahmen sehr persönlicher Ansprache zum Einsatz kommt, wirft die Frage auf, wie bedeutsam der jeweilige Referent tatsächlich ist, und ob die Referenz auf eine bestimmte, nur in wenigen Fällen namentlich genannte Person nicht völlig in den Hintergrund des poetischen Programms tritt, im Sprechen Welt zu schaffen. Eine Welt allerdings, die – in Goethes Sinn – sozial und responsiv gedacht ist, weil der Akt des Ansprechens und Berührens sowie die Erfahrung des angesprochen und berührt Werdens, selbst wenn er im Raum der Lyrik verbleibt, nur im historischen und gesellschaftlichen Zusammenhang performativ wirken kann. So könnte man die Widmungen an Amalie Hassenpflug, Elise Rüdiger und die unterdrückten Zueignungen an Levin Schücking als poetische Geste lesen, die im Rahmen von Gelegenheitsgedichten erwartbar ist, ihre Strahlkraft aber weit über das Genre hinaus ins Feld der poetologischen Reflexion lenkt. So etwa, wenn das Stammbuchblatt *An Henriette von Hohenhausen* (HKA I, 118 f.), mit dem wiederholten Imperativ »Reich' mir die Hand!« (V. 24, 30) die zerstörerischen Energien von Vergänglichkeit, Trennung, Trauer und Leid entmachtet, weil es im Bannkreis von »Blick[ ]« (V. 26) und »Wechselwort« (V. 29) die gleichsam transzendentale Gegenwärtigkeit lyrischer Rede schafft, für die der »immergrün[e]« (V. 31) Tannenzweig allerdings nur eine sehr schwache Metapher darstellt. »Blick' in mein Auge – ist es nicht das deine« (V. 13) fragt das Ich in *An **** ⟨*Kein Wort …*⟩ (HKA I, 140), bevor es befiehlt »So reiche mir die Hand, mein Dioskur!« (V. 22) In *An **** ⟨*O frage nicht …*⟩ (HKA I, 143) lehnt das Ich sein eigenes Gesicht so eng an »deine klare Stirn« (V. 3), dass der Blick in die Augen des Anderen die Anmutung einer Selbstbegegnung im »Zauberspiegel« (V. 16) auslöst. Während der Tempuswechsel ins Imperfekt in der zweiten und dritten Strophe indiziert, dass ›Ich‹ und ›Du‹ in einer Welt verwurzelt sind, die Vergangenheit und Gegenwart, Jugend und Alter kennt, das ›Du‹ hymnisch in die Zukunft stürmt, das ›Ich‹ elegisch seinen Abschied antizipiert (vgl. *Die Schenke am See. An Levin S.*, HKA I, 76 f.), streichen die anderen Verse diese Realitätsspuren durch und setzen ihnen das Präsens des Sprechaktes entgegen. Das Bild des »Zauberspiegels«, dem des »Doppelbild[es]« (V. 25) aus *An Elise* nah verwandt, macht darauf aufmerksam, dass, so zentral die Ansprache an den jeweils Anderen ist, die lyrische Bewegung letztlich die einer Internalisierung (vgl. Culler 1981, 148) und Abstraktion, also selbstbezüglich ist. So wundert es nicht, dass im Band von 1844 zwischen die beiden Gedichte *An **** ausgerechnet das explizit poetologische Gedicht *Poesie* (HKA I, 141 f.) zu stehen kommt, auf dessen Anfangszeile »Frägst du mich im Räthselspiele« (V. 1) »O frage nicht« eine innerliterarische Reaktion zu sein scheint, und dass dessen letzte Zeile (»Das muß ich Alles dann in dir beweinen«, V. 20) ihr Echo im Schlussvers von *Das Spiegelbild* findet: »Mich dünkt – ich würde um dich weinen« (HKA I, 169, V. 42). Die Vernetzung der ›vermischten‹ Gedichte untereinander macht deutlich, dass die ausgewiesenen Widmungsverse auf poetologische Fragestellungen nur aus einer anderen Perspektive zusteuern, als es Gedichte wie *Poesie* oder *Das Spiegelbild* tun – im Kern entfaltet sich die gesamte Lyrik aus der im Medium selbst vollzogenen Reflexion des dichterischen Aktes als eines sozialen Sprechens bei ›Gelegenheit‹. Die angerufenen oder imaginierten Toten fungieren im Rahmen dieses Gesprächs als Träger ethischer Autorität, was sie zur Autorisierung des Dichtens befugt; sie verkörpern aber auch alles das, was Poesie im emphatischen Sinn präsent machen kann, obwohl oder gerade weil es im faktischen Leben absent ist und entbehrt wird. Gerade die Tatsache, dass Zeitlichkeit und Absenz aber nicht völlig ausgelöscht werden, sondern jedem angesprochenen Du noch anhaften, wenn das Gedicht es in seine Präsenz ruft, wirft umgekehrt die Frage auf, welche Bedeutung die dargestellten symmetrischen Akte von Blicktausch und Händedruck für das lyrische Ich haben, das Sprechinstanz in fast allen Gedichten ist. Wenn der Angerufene, wie es Gelegenheitsgedichte nach Goethe fordern, nicht nur rhetorische Figur ist, sondern selbst poetologische Gedichte an »lebendige Gegenwart« (Segebrecht 1991, 135) bindet, dann trägt auch das Ich ein Doppelgesicht – nicht zufällig erscheint der Blicktausch ja häufig als Spiegelblick. So gesehen, erkennt man in der Komposition der *Gedichte vermischten Inhalts* ein untergründiges bio-graphisches, nämlich einen Lebensbogen nachzeichnendes Narrativ, das von der kindlichen Begeisterung für eine Dichterin (*Katharine Schücking*) zu Abschiedsgesten verschiedener Art führt (*Nach fünfzehn Jahren, Der Todesengel, Abschied von der Jugend, Was bleibt*; → II.5.5.1.). Aus der Gruppe dieser Schlussgedichte sticht *Der Todesengel* (HKA I, 173) als gleichsam umgedrehtes Widmungsgedicht, vom lyrischen Ich an sich selber *sub specie mortem* gerichtet, heraus: Das Ich, das sich ein ästhetisiertes »Bild« (V. 5) des Todesengels mit »Trauerlocken« und »mondbeglänzter Stirn« (V. 6) ausmalte, sich sogar erdreistete, »das Bild in Reimes Netz« (V. 14) zu fangen, also Distanzierungen aller Art ersann, wird in der Fiktion der letzten beiden Strophen tatsächlich vom Todesengel angeblickt, »scharf und nah« (V. 25). Diesmal ist nicht vom Blicktausch die Rede, selbstverständlich fehlt der Händedruck, und das ›Ich‹ ist keinesfalls der wortmächtige Dramaturg der Begegnung, die erst einmal folgenlos bleibt. Das erkennt man daran, dass sechste und siebte Strophe im Imperfekt stehen, während das ›Ich‹ in der fünften den ›Jetzt‹-Punkt des Sprechens markiert. Erledigt sind im Vergleich zu dieser Gegenwart die kindisch wirkenden Ermächtigungen durch Bild und Vers, verflogen ist der Schock des ›realen‹ angeblickt Werdens, ›jetzt‹ im iterativen Sinn von ›immer wieder‹ (»manche Stunde«, V. 17) muss das ›Ich‹ einer existenziellen Begegnung standhalten, die jede Invokationsformel, jeden gelegenheitspoetischen Topos, eigentlich das Sprechen als solches zerschlägt – wie die Gedankenstriche anzeigen. Im selben Zeitraum wie *Das Spiegelbild* entstanden (HKA I, 1178), liest sich *Der Todesengel* wie ein entsetzter und bitterer Kommentar zu dem Projekt der eigenen (Gelegenheits-)Dichtung: »Schaut aus dem Spiegel mich ein Antlitz an – / Ich mag es nicht vergleichen; –« (V. 19f.).

Literatur

Becker-Cantarino, Barbara: Zur Theorie der literarischen Freundschaft im 18. Jahrhundert am Beispiel der Sophie La Roche. In: Wolfram Mauser/Barbara Becker-Cantarino (Hg.): Frauenfreundschaft – Männerfreundschaft. Literarische Diskurse im 18. Jahrhundert. Tübingen 1991, S. 47–74.
Culler, Jonathan: The Pursuit of Signs. Semiotics, Literature, Deconstruction. London 1981.
Derrida, Jacques: Die Politik der Freundschaft. In: Klaus-Dieter Eichler (Hg.): Philosophie der Freundschaft. Leipzig 1999, S. 179–200.
Drux, R.: Art. Gelegenheitsgedicht. In: Gert Ueding (Hg.): Historisches Wörterbuch der Rhetorik. Bd. 3. Tübingen 1999, Sp. 653–667.
Eckermann, Johann Peter: Gespräche mit Goethe in den letzten Jahren seines Lebens 1823–1832. Berlin o.J.
Gadamer, Hans-Georg: Wahrheit und Methode. Grundzüge einer philosophischen Hermeneutik. 2. Aufl. Tübingen 1965.
Meyer-Krentler, Eckhardt: Freundschaft im 18. Jahrhundert. Zur Einführung in die Forschungsdiskussion. In: Wolfram Mauser/Barbara Becker-Cantarino (Hg.): Frauenfreundschaft – Männerfreundschaft. Literarische Diskurse im 18. Jahrhundert. Tübingen 1991, S. 1–22.
Plachta, Bodo: »1000 Schritte von meinem Canapee«. Der Aufbruch Annette von Droste-Hülshoffs in die Literatur. Bielefeld 1995.
Rüdiger, Horst: Göttin Gelegenheit. Gestaltwandel einer Allegorie. In: arcadia 1 (1966), S. 121–166.
Segebrecht, Wulf: Das Gelegenheitsgedicht. Ein Beitrag zur Geschichte und Poetik der deutschen Lyrik. Stuttgart 1977.
Segebrecht, Wulf: Goethes Erneuerung des Gelegenheitsgedichts. In: Goethe-Jahrbuch 108 (1992), S. 129–136.
Steidele, Angela: »Als wenn Du mein Geliebter wärest«. Liebe und Begehren zwischen Frauen in der deutschsprachigen Literatur 1750–1850. Stuttgart, Weimar 2003.
Wilfert, Marga: Die Mutter der Droste. Eine literarhistorische und psychologische Untersuchung im Hinblick auf die Dichterin. Diss. Univ. Münster 1942.

10. Religion und Religiosität
Wolfgang Braungart

1. Soziale, lebensgeschichtliche, persönliche Bedeutung   639
2. Das *Geistliche Jahr* als Paradigma für Drostes Verhältnis zur Religion.   641
3. Poetischer Stimulus ›Religion‹   643
4. Katholizismus.   645

Religion ist ein großer und unscharfer Begriff, der einerseits für institutionelle und kollektive Vorstellungen, Konzepte und Praktiken geeignet sein muss, andererseits für den individuellen und subjektiven Glauben in seinen verschiedensten Ausprägungen und Erscheinungsformen. Anders gesagt: Der Begriff muss auch für das Religiöse bzw., mit einem Begriff Georg Simmels, sogar für das ›Religioide‹, also für ›religiöse Halbprodukte‹ offen sein, die in ihrer Erfahrungs- und Empfindungsqualität das Institutionelle und Dogmatische weit hinter sich lassen. Simmel bezeichnet mit dem Begriff des Religioden das »Moment, das für ein tieferes Empfinden vielleicht in allem Hingeben und Annehmen liegt« (Simmel 1995, 61). Mit dem ›tieferen Empfinden‹ rückt das Religioide an den Bereich der Ästhetik heran, und tatsächlich geraten seit der zweiten Hälfte des 18. Jahrhunderts philosophische Ästhetik und Theologie in eine enge Nachbarschaft (vgl. Käfer 2006). Genau dies kann man bei Annette von Droste-Hülshoff beobachten, darin im 19. Jahrhundert, nach der frühen Romantik und vor dem Symbolismus, nur dem Werk Eichendorffs und Mörikes vergleichbar.

Grundsätzlich kann die Literatur die ›religiösen Halbprodukte‹, zu denen man auch die Geister- und Gespensterwelt, das Naturmagische, Parapsychologische, Spiritistische zählen sollte, so sehr zu ihrem poetischen Material machen und fiktionalisieren (und sie tut es schon immer, besonders intensiv aber seit der Romantik), dass ein engeres religiöses Interesse sogar völlig zurücktritt. Droste lernte diese literaturaffinen ›religiösen Halbprodukte‹ schon früh durch ihren Vater kennen. Ihr erzählendes Langgedicht *Der SPIRITUS FAMILIARIS des Roßtäuschers* (HKA I, 301–315), das eine Sage der Brüder Grimm bearbeitet, ist ein Beispiel für ihre Neigung zu dieser Welt, in der Religion und Poesie fließend ineinander übergehen, und zeigt sie in einem engen Zusammenhang mit romantischer Poetik (Kortländer 1979, 127–205; → VI.1.). Das bedeutet, dass man die Dichterin explizit geistlicher bzw. religiöser Lyrik nicht einfach von der Naturlyrikerin trennen darf (Detering 2009, 41).

Es mag biographisch interessant sein, nach der ›Gläubigkeit‹, gar der ›Rechtgläubigkeit‹ Drostes zu fragen. Aber wer will das schon entscheiden, gerade in der anbrechenden Moderne? Und was ist daraus für die Literatur gewonnen (vgl. Eilers 1953, VI–VIII)? Denn für die historische Großepoche der Moderne gilt auch in Sachen Religion grundsätzlich: Sie ist eine Epoche fortschreitender Differenzierungen und Pluralisierungen (vgl. Pollack/Rosta 2015). Das ist bei Droste nicht anders. Allgemein gehört zu einem offenen Religionsbegriff, wie er für die Moderne also besonders gefordert ist, die Anerkennung eines Sinn-Geheimnisses, das das menschliche Fassungsvermögen grundsätzlich übersteigt; weiter noch: die Anerkennung über- bzw. außermenschlicher bzw. transzendenter Mächte oder Instanzen. Von diesen Mächten und Kräften wird die Abwehr von Unheil, die Bewältigung von Krisen, ein Versprechen des Heils erwartet, und mit diesen Mächten und Kräften wird in kollektiven rituellen, kultischen und auch individuellen Praktiken kommuniziert (vgl. Riesebrodt 2007, 36–42). Für jeden dieser Aspekte gilt in der individuellen Praxis und im Hinblick auf die Bedeutung der Transzendenz immer: mehr oder weniger.

10. Religion und Religiosität

Strikte Begriffsoppositionen wie Immanenz – Transzendenz gehören eher in die theologische Dogmatik, nicht unbedingt aber in die Praxis individueller Religiosität. Auch in der geschichtlichen Anwendung muss dieser Religionsbegriff immer differenziert werden. Er muss ebenso Raum bieten, spätestens seit der Physikotheologie und dem Spinozismus des 18. Jahrhunderts, dessen Spuren bis in Drostes Werk führen, für die innerweltlichen Erfahrungen des Heiligen (etwa in der Natur), das Faszinosum sein kann, aber nicht unbedingt Tremendum sein muss. Das betrifft im 19. Jahrhundert sowohl die Entwicklung der beiden großen konfessionellen Lager des Katholizismus und Protestantismus selbst, die in sich jedoch keineswegs homogen sind und sich beide auf ihre Weise mit dem Modernisierungsprozess auseinandersetzen (vgl. Osterhammel 2009; Lauster 2015, 511–598), wie auch die verschiedenen außerkirchlichen Erscheinungsformen des Religiösen, die in der zweiten Hälfte des 19. Jahrhunderts an Bedeutung gewinnen.

1. Soziale, lebensgeschichtliche, persönliche Bedeutung

Religion hatte für Annette von Droste-Hülshoff lebensgeschichtlich größte Bedeutung. Sie akzeptierte die kultisch-rituelle und gemeinschaftliche Seite katholischer Religiosität und ließ sich im Kreis ihrer Familie darauf ein, wenn sie etwa an den Familiengottesdiensten teilnahm. Sie sah und würdigte die öffentliche Bedeutung von Religion ebenso. Zum Beispiel mischte sie sich mit zwei Gedichten in die Debatte und die nationale Bewegung um den Weiterbau des Kölner Doms ein, der auch viele andere Dichter (u. a. Heine) beschäftigt hat: *Meister Gerhard von Cöln* schrieb sie 1841, *Die Stadt und der Dom* 1842 (vgl. Grywatsch 2008a; Kruse 2008). Das erstgenannte Gedicht (HKA I, 276–279), in dem sich poetisches und politisches Interesse überlagern, schließt einerseits an Ruinenkult und Schauerromantik an und mündet andererseits in eine als Appell zu verstehende Frage, ob die Vollendung des Domes ein Traum bleiben müsse (»O deutsche Männer! deutsche Frauen! / Hab' ich geträumt? –«, V. 111f.). Das zweite Gedicht (HKA I, 7–10) stellt sich jedoch kritisch zur nationalpolitischen Instrumentalisierung des Dombau-Projektes, indem es in der viertletzten Strophe auf die unsichtbare Kirche als der Gemeinschaft der Gläubigen verweist (»Kennt ihr den Dom der unsichtbar / Mit tausend Säulen aufwärts strebt? / Er steigt wo eine gläubge Schaar / In Demuth ihre Arme hebt«, V. 81–84; vgl. Niethammer 2002, 154–160). Droste selbst sah zwischen den Positionen dieser beiden Gedichte keinen wirklichen Widerspruch (HKA X, 143–148). Der Topos von der unsichtbaren Kirche, auf den sie im zweiten Gedicht sehr deutlich anspielt, bringt sie sogar in eine gewisse Nähe zur reformatorischen Theologie.

Welcher Art ist nun diese Religion, wie sie sich in Drostes persönlichem, zweifelsohne grundsätzlich »christlichen Selbstverständnis« (Deselaers 2000) ausprägt? Für Literatur und Kunst (weniger für die Musik) – und für Religion! – haben sich mit dem 18. Jahrhundert die Voraussetzungen grundlegend geändert. Subjektivität wird nun mehr und mehr zu einer anerkannten, ja erwarteten und erfahrbaren Dimension des Kunstwerks und zu einem legitimen Antrieb für die Autoren, sich zu artikulieren. Mit Subjektivität muss freilich reflektiert umgegangen werden. So forderte es etwa der Klassizismus Schillers, den Droste schon früh las und gut kannte. Subjektivität muss sich verallgemeinern und zur Menschheit ›hinaufläutern‹ (so Schiller in seiner berühmten Bürger-Rezension; vgl. Schiller [1791] 1958, 246). Auch für Droste gilt selbstverständlich: In ihren literarischen Werken können sich Autoren anders äußern als in ihren verschiedenen sozialen und lebensweltlichen Sphären und Diskursen. Theologische Interessen und lebensweltlich verankerte religiöse Verständnisse und Praktiken müssen ebenfalls unterschieden werden.

Es ist unangebracht, Annette von Droste-Hülshoff als homogene Persönlichkeit sehen zu wollen, auch im Hinblick auf ihr Verhältnis zur Religion. Ihre Mutter, ihre Großmutter, die Familie verstanden Drostes Religion und Dichtkunst anders als z. B. Levin Schücking (→ I.1.2.3.). Und der wiederum verstand nicht dasselbe darunter wie der weltliterarisch umfassend gebildete, katholische Philosophieprofessor Christoph Bernhard Schlüter (→ I.1.2.2.). Wie weit die Einschätzungen zu Droste gerade in Sachen Religion auseinandergehen, zeigt sich schon in den 1870er und 1880er Jahren am Streit um die Droste-Rezeption im Kontext des Kulturkampfes (vgl. Jordan 1980; → VII.2.). In den je unterschiedlichen Erwartungskontexten von Familien-, Freundes- und Bekanntenkreis (Schlüter, Fürstbischof Melchior von Diepenbrock u. a.) äußerte sie sich – was keineswegs willfährige Anpassung bedeutete, sondern viel eher von ihrem Sinn für die soziale Welt zeugt, in der sie lebte – auch in religiösen Dingen jeweils unterschiedlich und sozial ›angemessen‹ (zur Spannung zwischen »intensive[r] Egozentrik der Identifikation mit dem eigenen kreativen Werk« und »ebenso intensive[m] Altruismus bei der Pflege der sozialen Beziehungen« vgl. Groeben 2015, 260). Das aus der Rhetorik entlehnte Modell des Angemessenen (*aptum*) scheint grundsätzlich viel geeigneter für Religion und Religiosität des modernen Subjekts als das der religiösen oder »säkularen Option« (Charles Taylor), für die man sich entscheiden kann oder auch nicht. Religion, subjektiver Glaube, Spiritualität: dieses ganze Feld ist, wie man gerade bei Droste sehen kann, immer auch sozial bestimmt (Pollack/Rosta 2015) und bleibt dennoch wie die Kunst eine Sache der Freiheit des Subjekts (vgl. hierzu den fundamentaltheologischen Entwurf von Pröpper 2011).

In dieser entschiedenen Subjektivität, die für ihre Dichtkunst grundlegend ist und deshalb von der Forschung immer wieder als erlebnishaft beschrieben wurde, macht Droste Religion und Religiosität wirklich zu ihrer eigenen Sache. Dafür ist die Dichtkunst das geeignetste Medium, weil sich im Freiraum der Literatur Komplexität, innere Spannungen und eben »tieferes Empfinden« (Simmel) differenzierter artikulieren können als in allen sozial und institutionell gebundenen Formen von Religion wie Kult und Ritual. In welchem Sinne man in Droste jedoch eine explizit *religiöse* Lyrikerin sehen kann, ist nicht leicht zu beurteilen, weil Subjektivität und Kunstanspruch einerseits und Weltanschauliches, Religiöses, lebensweltlich Angemessenes andererseits durchaus im Widerstreit stehen können und weil sich religiöses Denken, religiöse Vorstellungen im Subjekt selbst nicht auf einen einfachen Nenner bringen lassen (müssen). Selbst und gerade auch die Gedichte des *Geistlichen Jahres* sind nicht einfach affirmativ religiös. Sie subjektivieren das allegorische Verfahren (Berning 1975, 51) und kennen auch die ganze moderne metaphysische Verzweiflung, die »Hölle der Gottferne« (Detering 2009, 67). Für eine intellektuelle, gebildete und belesene Frau wie Annette von Droste-Hülshoff kann es keine sich vor- oder gar antimodern begreifende, primär kultisch-rituelle Religiosität geben, so groß die Sehnsucht danach im literarisch-intellektuellen Milieu seit der katholischen Wende der Romantik auch war (Friedrich Schlegel konvertierte mit seiner Frau Dorothea 1808, Clemens Brentano gut zehn Jahre später; vgl. Osinski 1993). Es ist auch dieser Bezug auf die katholische Welt, der Droste mit der Romantik verbindet, aber eben unter den Bedingungen einer entschiedenen poetischen Subjektivität. Im Vergleich etwa mit Eichendorff kann man sicher behaupten, »daß sie den Katholizismus weniger weltanschaulich funktionalisierte« (Niethammer 2002, 142) und ihn dennoch nicht nur zum poetischen Material depotenzierte.

Nimmt man diese Perspektive der Subjektivität ein, wenn die Bedeutung der Religion für Droste beurteilt werden soll, kann man die schwierige Konstruktion inneren Schwankens und innerer Zerrissenheit »zwischen Religion und Poesie« (Koopmann 2000, 29) relativieren, weil sie keinen Widerspruch bilden müssen, aber doch auch können und dürfen.

2. Das *Geistliche Jahr* als Paradigma für Drostes Verhältnis zur Religion

Der lyrische Zyklus des *Geistlichen Jahres in Liedern auf alle Sonn- und Festtage*, vom Cotta-Verlag 1851 als Werk einer Dichterin »aus einem der berühmtesten streng katholischen Geschlechter Westphalens« angekündigt, war ein großes religiös-literarisches Projekt, vielleicht sogar ein Lebensprojekt für sie, dessen poetische Bedeutung und Rang die neuere Forschung inzwischen stärker würdigt (vgl. Wortmann 2014a; → II.2.1.). Aber gerade an ihm sieht man, in welchen individuellen und epochalen Spannungen Droste stand. Als sie ab 1818, in noch jugendlichen Jahren, an diesem Zyklus zu arbeiten begann, agierte sie gerade im Kontakt zu dem literarisch ambitionierten und religiös verankerten Heinrich Straube (1794–1847) entschieden als Dichterin. Das Bestreben, gleichzeitig dem Erwartungshorizont ihres sozialen Umfelds, des katholischen westfälischen Landadels und der Verwandtschaft, vor allem der Großmutter Maria Anna von Haxthausen (1755–1829), zu entsprechen, musste aber scheitern. Wie schon der Vorrede von 1820 »An meine liebe Mutter« zu entnehmen ist, wusste sie sehr genau, dass das nicht (mehr) bruchlos gelingen konnte:

So ist dies Buch in deiner Hand! – Für die Grosmutter ist und bleibt es völlig unbrauchbar, so wie für alle sehr fromme Menschen, denn ich habe ihm die Spuren eines vielfach gepreßten und getheilten Gemüthes mitgeben müssen, und ein kindlich in Einfalt Frommes würde es nicht einmal verstehn, auch möchte ich es auf keine Weise vor solche reine Augen bringen, denn es giebt viele Flecken, die eigentlich zerrissene Stellen sind [...]. (HKA IV, 194 f.)

Mit ›kindlicher Einfalt‹ ist besonders in der katholischen Religionspraxis zwar immer zu rechnen; und genau sie hat schon die romantischen Intellektuellen angezogen. Aus der Perspektive des poetischen Subjekts ist der schlau ›zwinkernde‹ und sich »pfiffig« (V. 121) dünkende Schäfer des Gedichtes *Die Mergelgrube* (HKA I, 50–53) einerseits unhaltbar naiv. Dafür ist er aber auch mit sich im Reinen; er muss die Spannung zwischen Schöpfungsgeschichte und Naturgeschichte, zwischen »Glauben und Wissen« (Deselaers 2000, 70) nicht in sich selbst austragen. In ihrer Vorrede zum *Geistlichen Jahr* fährt die damals 23-jährige Dichterin dann fort: »Es ist für die geheime, aber gewiß sehr verbreitete *Sekte* Jener, bey denen *die Liebe größer wie der Glaube,* für jene unglücklichen aber thörichten Menschen, die in einer Stunde mehr fragen, als sieben Weise in sieben Jahren beantworten können.« (HKA IV, 195, Herv. W.B.) Damit wählte sie, so jung wie sie damals noch war, einerseits die moderne, frühromantische Lösung. Es war eine Lösung für diejenigen, die durch die aufgeklärte Religions- und Mythenkritik hindurchgegangen sind, und eine Lösung, die nicht so fern lag von der eines Hölderlin, Novalis oder Friedrich Schlegel mit ihrem emphatischen Liebesbegriff (Braungart 2016, 450–452). Anderseits formulierte sie scheinbar ganz bescheiden, tatsächlich jedoch enorm selbstbewusst, geeignete, nämlich poetische Antworten, insofern sie implizit beansprucht, ihre Gedichte böten gerade etwas für die modernen Zweifler und ewig Fragenden. Sollte das heißen: Die Gedichte des *Geistlichen Jahres* könnten sie womöglich auf den Weg der katholischer Rechtgläubigkeit zurückführen? Das mag für die Gedichte der jungen Dichterin vielleicht noch gelten; für die später geschriebenen gewiss nicht mehr. Oder sollte das heißen: Die Gedichte könnten leisten, was tradierte und institutionalisierte Religion nicht mehr zu leisten vermag? Diese Ambivalenz ist nicht auflösbar, und sie ist für Drostes Verhältnis zur Religion signifikant.

In vielschichtiger Weise schloss Droste mit dem *Geistlichen Jahr* an die religiöse Tradition etwa der Perikopendichtung an und machte sie sich zu eigen (vgl. Schumacher 1998). Symbolisch erkannte sie mit diesem Zyklus »in Liedern auf alle Sonn- und Festtage« nämlich die kirchlich-katholische Welt an und integrierte sich in ihre institutionalisierte und hochritualisierte Zeitordnung. Der Zyklus beginnt jedoch mit einem Gedicht auf den Neujahrstag und endet mit einem Silvestergedicht; er folgt also nicht dem Kirchenjahr, das mit dem ersten Advent beginnt, sondern der säkularen Zeitordnung (vgl. relativierend Schumacher 1998, 125 f.). Bereits 1820 brach Droste das Projekt des *Geistlichen Jahres* mit einem Gedicht auf den Ostermontag ab. Es blieb ein Torso, bis sie die Arbeit an diesem Zyklus Ende der 1830er Jahre wieder aufgriff. Und nun veränderte er sich völlig. Zwar blieb die zyklische Struktur erhalten, die durch den geistlich geprägten Jahresverlauf vorgegeben war. Doch jetzt spricht auch hier unverkennbar die »wilde Muse« (*Lebt wohl*, HKA I, 325, V. 24) einer poetischen Subjektivität, die so stark ist und so existenziell reden kann, dass ein poetischer Modus entsteht, bei dem die Grenzen zwischen poetischem Ich und biographischem Ich ständig verschwimmen. Dafür nahm Droste auch tradierte Sprachregister der Mystik in Anspruch.

Die Spannung zwischen sozialer und kultureller Objektivität der religiösen Welt und den Ansprüchen des Subjekts lässt sich bis in die einzelnen Gedichte hinein verfolgen. So zum Beispiel im Gedicht *Am Palmsonntage* (HKA IV, 42 f.): Zunächst scheint sich das lyrische Subjekt in das Kollektiv der Gläubigen, das zur rituellen Palmprozession aufbricht, integrieren zu wollen. Aber das traditionelle religiöse Ritual am Beginn der heiligen Woche kann das lyrische Subjekt nicht mehr beheimaten. Während »rings die Frommen / Mit Lobgesang *heraus*« (V. 7 f., Herv. W.B.) ziehen und damit öffentlich ihren Glauben demonstrieren, will er, der Schmerzensmann, doch »in unser Haus«, ja, noch enger, noch intimer, »[i]n *unsre Kammern* kommen« (V. 5 f., Herv. W.B.). Die Metaphorik von ›Haus‹ und ›Kammer‹ kommt aus der religiösen Sprache und ist etwa im Kirchenlied tradiert. Das ist der Auftakt zu einem brautmystischen Liebesgedicht, das sich in einem Wechsel zwischen kaum verhüllter Liebessehnsucht und heilsgeschichtlicher Rückbesinnung fortentwickelt (vgl. Schumacher 1998, 131–142; Braungart 2017). Für Droste ist eben beides zugleich möglich: die höchst differenzierte, vielschichtige Anknüpfung an die christliche Tradition und eine intensive religiöse Subjektivität (vgl. Schumacher 2007).

3. Poetischer Stimulus ›Religion‹

Religion und, allgemeiner, das Religiöse, sie sind bei Droste also ein grundlegender Stimulus zur poetischen Produktivität. Aber ebenso sind sie eine persönliche und lebensgeschichtliche Herausforderung. Eingespannt zwischen einer christlichen Ethik des Mitleids und des Verzeihens einerseits und prä-darwinistischer Reflexion eines seit der Antike diskutierten Problems der Moralkasuistik andererseits scheint sich die Ballade *Die Vergeltung* (HKA I, 280–283) für das *jus talionis* zu entscheiden. Oder, wenn man so will, für eine Lösung aus dem Geist alttestamentlicher Gerechtigkeit (vgl. Kühlmann 1986). Der »Passagier« (V. 89) erbittet am Ende eben die »Barmherzigkeit« (V. 93) für sich, die er selber jedoch nicht aufzubringen bereit war. Weil sie ihm nicht gewährt wird, meint er zu wissen, »des Himmels Walten« (V. 99) sei nur ein ›Priestertrug‹, »[n]ur seiner Pfaffen Gaukelspiel!« (V. 100) – Religion als ›Priestertrug‹, das war ein großes Thema der europäischen Aufklärung. In seines »Hohnes Stolze« (V. 101) blickt der Passagier nach den »Aetherhöhn« (V. 102) und wird gewahr, dass sich an ihm selbst schicksalhafte Gerechtigkeit vollzieht. Aber es ist eben die Figurenperspektive des Passagiers, der seine Autonomie selbstherrlich verabsolutiert. Was hätte es bedeutet, hätte er dem

»Kranke[n]« (V. 25) gegenüber, der seinerseits dem Passagier Mut zusprach, nach dem Schiffbruch tatsächlich »Barmherzigkeit« (V. 93) walten lassen und ihn nicht vom Balken gestoßen? Vermutlich beider Untergang. Denn beide hätte der Balken nicht tragen können, und allein hätte der Kranke kaum überlebt. Barmherzigkeit, so kann man folgern, wäre also jenseits alttestamentlicher Gerechtigkeit einerseits und jenseits eines mitleidslosen Kampfes ums Dasein andererseits angesiedelt. Sie entzieht sich *beiden* Logiken. Mit aller Schärfe spitzt die Ballade zu, was wäre, wenn Barmherzigkeit nicht mehr gälte. Sie exponiert damit ein Problem, das für die anbrechende Moderne und bis in heutige Debatten hinein grundlegend ist, ohne dass es wirklich gelöst werden kann.

Ähnlich komplex exponiert die Erzählung *Die Judenbuche* die Problematik individueller Sünde und Schuld in ihrem Verhältnis zu sozialer Herkunft und familiärem Schicksal; ein Konfliktmodell der griechischen Tragödie wird in die dörfliche Welt des 18. Jahrhunderts verlagert. Was nicht auf eine einfache Weise gelöst werden kann, kann poetisch doch wenigstens gezeigt werden. Und auf die etwas philiströse Frage, wie eine solche Geschichte hätte gut ausgehen können, ließe sich sagen: Vielleicht durch eine grundsätzlich andere, mitmenschlichere soziale Praxis. In dieser Erzählung öffnet sich die im weiteren Sinne religiöse Problematik auf die soziale Frage hin, die die Literatur des 19. Jahrhunderts seit Büchner stark prägt.

Ohne aus dem literarischen Text auf die Haltung der Autorin schließen zu wollen, darf doch daran erinnert werden, dass Droste selbst sich in ihrem sozialen Leben den Geboten einer Ethik der Barmherzigkeit, die nicht zuerst auf persönlichen Nutzen und Funktionalität ausgeht, nicht entzogen hat. Auch das gehört zur Frage nach der Bedeutung der Religion für die Dichterin. Um es in der sehr erbaulichen poetischen Diktion des frühen »geistlichen Liedes« *Für die armen Seelen* (HKA IV, 177 f.) zu sagen:

> Und ist es möglich, kann man Seelen retten
> Durch Erdenleid, dem man sich willig beut,
> Kann ich mein Schicksal an das ihre ketten:
> Gieb deinen Kelch, o Herr, ich bin bereit!
> [...]
> Was ich vermag, ich will es gerne tragen;
> Ich bin bereit, o Herr, ich bin bereit! (V. 53–56, 59 f.)

Das lyrische Subjekt bietet sich hier dem ›Herrn‹ als Sündenbock an – ein eigentümlich abstrakter Vorschlag zur *imitatio Christi*, den die Autorin in ihrer Lebenspraxis selbst in konkrete *caritas* umsetzte. *Poetisch* scheint die Exposition der Barmherzigkeit in *Die Vergeltung* dagegen ungleich überzeugender als das frühe geistliche Lied, weil sie das Subjekt gerade nicht aus der Verantwortung entlässt, sich selbst – mit allen persönlich womöglich schlimmsten Konsequenzen – für diese Haltung und dieses Handeln zu entscheiden.

Der humoristische Zyklus *Des alten Pfarrers Woche* (1835; HKA I, 197–210) lädt zum Vergleich mit Mörikes *Der alte Turmhahn* (1840; 1852) ein

(Schneider 1995, 133). Droste kannte Mörikes Werk; wie gut, ist schwer zu sagen (Kortländer 1979, 243f.; Gödden 1993, 257, 259). In beiden Texten steht ein Pfarrer im Zentrum der poetischen Handlung, der nicht unbedingt das Predigen, also die religiöse Verkündigung und Belehrung im Sinn hat. Bei beiden zählt nicht zuerst die reine Lehre, sondern die Praxis lebenszugewandter Freundlichkeit und Gutherzigkeit. Drostes altem Pfarrer ist, »freundlich, wie er kam« (V. 141), jedes religiöse Eifern fremd. Ganz ähnlich wie beim alten Pfarrer in Jeremias Gotthelfs *Anne Bäbi Jowäger* (1843/44). Für das lyrische Subjekt widerspricht die »Sonde« (V. 47) der Kritik, die, wie es in *Gastrecht* (1845; HKA I, 356–359) heißt, »säuberlich / In des Geschiednen [Gastes nach seiner Abreise] Schwächen glitt« (V. 47f.), der »Menschlichkeit« (V. 74). Lieber liest der lyrische Sprecher in einem »altbekannte[n] Buch« (V. 54) von des Kalifen Mütassims »Menschlichkeit«, seiner Fähigkeit, nach »innrer Qual« (V. 102) zur »Gnade« (V. 114) auch für den »Verbrecher« (V. 114) bereit zu sein. Ihm, dem Dürstenden, gibt er zu trinken: eine deutliche Anspielung, die hier aber nicht sogleich spiritualisiert wird. Mütassim ist wirklich ein Erbe des aufgeklärten Juden Nathan. »Türken – Christen – Mancherlei« (V. 117) anerkennt der lyrische Sprecher bei Droste in gleicher Weise. Die humane Praxis ist der Prüfstein für Religion, nicht dogmatische Rechtgläubigkeit. Naiv konnte sie in Religionsdingen nicht mehr sein: »Seh' ich ein Kind zur Weihnachtsfrist, / Ein rosig Kind mit Taubenaugen, / Die Kunde von dem kleinen Christ / Begierig aus den Lippen saugen, [...] / ›O Unschuld, Unschuld,‹ denk ich dann, / Du zarte, scheue, flüchtge Taube!« (*Was bleibt*, HKA I, 176, V. 1–8)

Praktische Theologie als praktizierte Mitmenschlichkeit: diese Position hat für Droste auch in der Moderne noch Bestand und wird nicht angefochten von systematischen Religionszweifeln. *Diese* humane religiöse Haltung ist auch mit der ästhetischen Moderne vereinbar, die mit Lessing die radikale Humanisierung von Religion fordert (vgl. Braungart 2016). Und sie lässt sich vereinbaren mit allgemeineren, überkonfessionellen, ›religioiden‹ Grundhaltungen und Gestimmtheiten, wie sie sich zum Beispiel in der romantisierenden Vorstellung universeller Korrespondenz und Harmonie zeigen (zur literaturgeschichtlichen Bedeutung der Idee universeller Korrespondenzen im 19. Jahrhundert vgl. Gebhard 1984; → I.3.3.).

4. Katholizismus

Schon die frühe Droste-Rezeption hat das Stereotyp von der religiös-katholischen Dichterin geprägt: »Von Gott mit großen Talenten und namentlich mit der schönen Gabe der Dichtkunst ausgestattet, war ihr Streben stets dahin gerichtet, diese Gaben nur zu seiner Ehre zu gebrauchen. Deshalb durchdringt auch der Hauch wahrer Gottesfurcht alle ihre Schriften, und es ist kein Wort in ihnen enthalten, welches Aergerniß geben konnte.« So steht es 1848 auf dem Totenzettel Annette von Droste-Hülshoffs (zit. n. Gödden 1996a, 324). Selbst wenn man nur das *Geistliche Jahr* berücksichtigte, wird heute niemand mehr einer solchen Einschätzung folgen wollen. Man kann zwar, wie mit dem Totenzettel, rezeptionsgeschichtlich die »wilde Muse« auf diese Weise zu bändigen versuchen. Denn in den Ritualen um den Tod wird auch Erinnerung modelliert und Rezeption vorgezeichnet. Von Drostes Katholizismus aber, auf den die Rezeptionsgeschichte immer wieder verweist, ist selbst auf diesem Totenzettel nicht die Rede. Richtig ist an der Katholizismus-These zumindest, dass die Bezugnahme auf die katholische Religion und religiöses Denken grundlegend für ihr Werk ist.

Wenn von Drostes Katholizismus die Rede ist (vgl. differenziert dazu Jordan 1980; Casula 2000; Wortmann 2014a, 63–74), dann muss die Tatsache, dass sie katholisch getauft war und erzogen wurde, ebenso in Rechnung gestellt werden wie ihre Herkunft aus dem katholischen Münsterland und ihre Kenntnis der Theologie, wie sie an der Universität Münster gelehrt wurde. Aber schon für diesen Katholizismus verbot sich im Kontext aufgeklärter theologischer Debatten, die auch Münster erreicht hatten, ein naiver Umgang mit den katholischen Traditionen.

Zum Beispiel vertrat Clemens von Droste-Hülshoff (1793–1832), ein Vetter der Dichterin, Kirchenrechtler an der noch jungen Universität Bonn seit 1823, die Position des zeitgenössischen Theologen Georg Hermes (1775–1831), dem er 1818 nach Bonn gefolgt war (vgl. Gödden 1993, 99). 1830 wohnte sie im Bonner Haus des Vetters und hatte Kontakt zu Anhängern Hermes' (Gödden 1993, 165); 1843 widmete sie dem Vetter ein poetisches Totengedächtnis (*Clemens von Droste*, HKA I, 133 f.). Georg Hermes wollte den christlichen Glauben mit rationalen Argumenten rechtfertigen; er war mit der Familie bekannt und besuchte sie mehrfach in Hülshoff. Seine postum veröffentlichte Dogmatik wurde auf den Index gesetzt (vgl. Borengässer 2008). Im Kölner Kirchenstreit um den sogenannten Hermesianismus blieb Droste zurückhaltend liberal, während sie in der zweiten Streitfrage, nach welcher Konfession Kinder aus Mischehen erzogen werden sollten, eine zwar diskretere Haltung als ihre Familienmitglieder, aber doch eine pro-katholische einnahm.

Droste kannte auch die Literatur des katholischen Milieus, also die Literatur, die für das sich herausbildende, moderneskeptische und nicht selten vehement kulturkritische Milieu religiös funktional war (vgl. Schmidt 1994). Aber sie wusste ebenso, was von einer solchen Literatur zu halten sei. Der milieugebundene Katholizismus selbst hatte – berechtigterweise – lange Zeit Mühe, in Droste wirklich eine aus seinen Reihen zu sehen (Kortländer 2015, 290). Doch der offenere Münsteraner Katholizismus war von der 1773 gegründeten Universität geprägt und unterschied sich von den religiösen Traditionen und Selbstverständnissen des Umlandes.

Diese Hinweise allein zeigen an, wie sehr differenziert werden muss. In Religionsdingen ist Drostes Denk-Modus eher der der Frage, jedenfalls nicht der selbstgewisser Antworten: »Dringt zu dir im weichen Duft / Nicht der Himmelsodem – Luft?« (V. 11 f.), heißt es im ersten Gedicht des Zyklus *Die Elemente* (*Luft. Der Morgen, der Jäger*, HKA I, 71). Dringt er also? Auch Anflüge eines romantischen Nihilismus sind Droste nicht fremd (vgl. Arendt

10. Religion und Religiosität

1972). Sie lassen sich mit Byronschen Tönen (*Das öde Haus*, HKA I, 79 f.) gut verbinden: »Wenn sich die Abendröthe drängt / An sickernden Geschiefers Lauge, / Dann ist's als ob ein trübes Auge, / Ein rothgeweintes drüber hängt.« (V. 13–16) Das Gedicht *Im Moose* (HKA I, 81 f.) deutet mehrfach ein physikotheologisches Weltverständnis an und umspielt den Topos der *natura loquax*: das flüsternde »Kraut« (V. 5), die duftende »Haiderose« (V. 6), »[d]er Raupe Nagen« (V. 14). Aber unverstellt nimmt sich das Ich selbst in den Blick und scheut dabei nicht, die Grenze der Sentimentalität zu berühren, wenn Alter und Tod imaginiert werden: »Ich hörte meines eignen Herzens Schlag, / Fast war es mir als sey ich schon entschlafen. / [...] / Die Bilder meiner Lieben sah ich klar, / In einer Tracht, die jetzt veraltet war, / Mich sorgsam lösen aus verblichnen Hüllen, / Löckchen, vermorscht, zu Staub zerfallen schier, / Sah über die gefurchte Wange mir / Langsam herab die karge Thräne quillen« (V. 17 f., 31–36). Mit der Schlussstrophe besinnt sich das poetische Subjekt wieder auf sich selbst. Aber den metaphysischen ›Taumel‹ kann es nicht mehr abschütteln; der Schlussvers ›taumelt‹ schließlich sogar rhythmisch: »Ich fuhr empor, und schüttelte mich dann, / Wie Einer, der dem Scheintod erst entrann, / *Und taumelte entlang die dunkeln Haage*, / Noch immer zweifelnd, ob der Stern am Rain / Sey wirklich meiner Schlummerlampe Schein, / *Oder das ew'ge Licht am Sarkophage*.« (V. 43–48, Herv. W.B.) Religiös-metaphysische Offenheit, ja vielleicht sogar Unsicherheit reichen bis in die poetische Form hinein.

Die Frage wird im ganzen Werk immer wieder aufgeworfen, welches ›Licht‹ denn da leuchtet. Die Ballade vom *Knaben im Moor* (HKA I, 67 f.) lässt sich auch symbolisch daraufhin befragen, was sich ereignen kann, wenn man das vertraute Terrain überkommener Ordnungsvorstellungen und Sicherheiten verlässt: »Die Lampe flimmert so heimathlich, / Der Knabe steht an der Scheide. / [...] / Ja, im Geröhre war's fürchterlich, / O schaurig wars in der Haide!« (V. 43 f., 47 f.). Die *Haidebilder*, zu denen der Text zählt, kann man durchaus auf das unmittelbar zuvor abgeschlossene *Geistliche Jahr* beziehen, »und zwar gerade dort, wo sie so besonders ›realistisch‹, so sinnlich-suggestiv erscheinen« (Detering 2009, 57 f.). Liest man das Werk mit religionsgeschichtlicher Aufmerksamkeit, offenbart es ständig solche Mehrdeutigkeiten und Unsicherheiten des Subjekts, gefasst nicht selten in die Frageform (*Das Haus in der Haide*, HKA I, 65 f.): »Ist etwa hier im Stall vielleicht / Christkindlein heut geboren?« (V. 39 f.) Ist es also – oder ist es nicht? Und überhaupt: das kindlich-naive ›Christkindlein‹ – was ist denn von ihm noch zu halten?

Solche Verse haben rezeptionsgeschichtlich ihren Resonanzraum im sich allmählich abzeichnenden Kulturkampf, zu dessen Vorgeschichte schon der Kölner Streit um Georg Hermes und seine Theologie gehört. Und sie treffen auf eine katholische Welt, die sich in der nationalen Frage positionieren muss (und sich intern keineswegs einig ist). Nie hat die Dichterin ihren Anspruch aufgegeben, sich selbstbestimmt in ihren poetischen Ansprüchen artikulieren zu wollen (vgl. Krechel 2015), gerade dann nicht, wenn sie sich in großer Breite und Intensität auf Religion und ›das Religioide‹ einließ. Denn auch und gerade so vollzog sich ihre poetische Selbstverständigung und konstituierte sich ein

Werkzusammenhang. Es ist charakteristisch für Drostes Lyrik, immer wieder mit einer zwar an die Barocklyrik erinnernde Allegorie-Anmutung zu arbeiten, von der aus sich freilich Umrisse einer Poetik der Moderne entwickeln lassen (Liebrand 2008, 45–49).

Doch welchen Fluchtpunkt hat diese Allegorie-*Anmutung*? Denn mehr als eine Anmutung ist es nicht. In dem Gedicht *Die Schenke am See* (1841; HKA I, 76 f.) mit seinem erlebnislyrischen Beginn (im 18. Jahrhundert schreibt Anna-Louisa Karsch ganz ähnlich) heißt es in der sechsten Strophe: »*Sieh' drunten* auf dem See im Abendroth / Die Taucherente hin und wieder schlüpfend; / *Nun sinkt sie nieder* wie des Netzes Loth, / *Nun wieder aufwärts* mit den Wellen hüpfend« (V. 41–44, Herv. W.B.). Aber mit solcher Erlebnishaftigkeit begnügt sich das Gedicht nicht; es will sich den allegorischen Faden, den es hier ausgelegt hat, scheinbar nicht aus der Hand nehmen lassen: »Seltsames Spiel, recht wie ein Lebenslauf! / Wir beide schaun gespannten Blickes nieder; / Du flüsterst lächelnd: immer kömmt sie auf – / und ich, ich denke: immer sinkt sie wieder!« (V. 45–48) Doch nun? Mehr, gar ›höheren‹ Sinn, gibt es hier nicht. Die Trivialität des Auf und Ab des Lebens, in der sich das Gedicht festgerannt zu haben scheint, wird in der letzten Strophe nicht bloß affirmiert und schon gar nicht metaphysisch aufgelöst, sondern humoristisch, ohne sich eine kleine ironische religiöse Andeutung versagen zu können: »Brich auf! – da haspelt in behendem Lauf / Das Wirthlein Abschied wedelnd uns entgegen: ›– Geruh'ge Nacht – stehn's nit zu zeitig auf! –‹ / Das ist der lust'gen Schwaben *Abendsegen.*« (V. 53–56, Herv. W.B.) So entkommt das Gedicht noch im Humor der Trivialität. Zur affirmativen Allegorie lässt es sich aber nicht verleiten.

Literatur

Berning, Stephan: Sinnbildsprache. Zur Bildstruktur des *Geistlichen Jahrs* der Annette von Droste-Hülshoff. Tübingen 1975.

Deselaers, Paul: »O laß mich schauen deinen Friedensbogen / Und deine Sonne leucht in meine Nacht!«. Zum christlichen Selbstverständnis der Annette von Droste-Hülshoff. In: Droste-Jahrbuch 4 (2000), S. 67–80.

Detering, Heinrich: Versteinter Äther, Aschenmeer. Metaphysische Landschaften in der Lyrik der Annette von Droste-Hülshoff. In: Jochen Grywatsch (Hg.): Raum. Ort. Topographien der Annette von Droste-Hülshoff. Hannover 2009 (= Droste-Jahrbuch 7), S. 41–67.

Eilers, Edgar: Probleme religiöser Existenz im *Geistlichen Jahr*. Die Droste und Sören Kierkegaard. Werl 1953.

Gödden, Walter: Tag für Tag im Leben der Annette von Droste-Hülshoff. Daten – Texte – Dokumente. Paderborn u. a. 1996. [Gödden 1996a]

Groeben, Norbert: Die Kreativität der Droste – oder: Wie aus Anpassung Emanzipation erwächst. In: Droste-Jahrbuch 10 (2015), S. 247–260.

Koopmann, Helmut: »Nicht fröhnen mag ich kurzem Ruhme«. Zum Selbstverständnis der Droste in ihren Dichtergedichten. In: Droste-Jahrbuch 4 (1997), S. 11–33.

Kortländer, Bernd: Annette von Droste-Hülshoff und die deutsche Literatur. Kenntnis – Beurteilung – Beeinflussung. Münster 1979.

Kortländer, Bernd: Annette von Droste-Hülshoff – eine katholische Dichterin. Anmerkungen zu einer missglückten Rezeption. In: Droste Jahrbuch 10 (2015), S. 281–298.
Liebrand, Claudia: Kreative Refakturen. Annette von Droste-Hülshoffs Texte. Freiburg/Br. u. a. 2008.
Niethammer, Ortrun: Die Droste als Romantikerin? Annette von Droste und Joseph von Eichendorff vor dem Hintergrund der katholischen Spätromantik. In: Ortrun Niethammer (Hg.): Transformationen. Texte und Kontexte zum Abschluss der Historisch-kritischen Droste-Ausgabe. Bielefeld 2002, S. 141–163.
Riesebrodt, Martin: Cultus und Heilsversprechen. Eine Theorie der Religionen. München 2007.
Schiller, Friedrich: Über Bürgers Gedichte [1791]. In: Schillers Werke. Nationalausgabe. Begründet von Julius Petersen. Bd. 22: Vermischte Schriften. Hg. von Herbert Meyer. Weimar 1958, S. 246–264.
Schneider, Ronald: Annette von Droste-Hülshoff. 2., vollst. überarb. Aufl. Stuttgart, Weimar 1995.
Schumacher, Meinolf: Annette von Droste-Hülshoff und die Tradition. Das *Geistliche Jahr* in literarhistorischer Sicht. In: Ernst Ribbat (Hg.): Dialoge mit der Droste. Kolloquium zum 200. Geburtstag von Annette von Droste-Hülshoff. Paderborn u. a. 1998, S. 113–145.
Simmel, Georg: Die Religion. In: Georg Simmel: Gesamtausgabe. Bd. 10. Hg. von Michael Behr, Volkard Krech und Gert Schmid. Frankfurt/M. 1995, S. 39–118, 423–440.
Wortmann, Thomas: Literatur als Prozess. Drostes *Geistliches Jahr* als Schreibzyklus. Konstanz 2014. [Wortmann 2014a]

11. Natur

Roland Borgards

1. Natur in Drostes Werk 650
2. Natur im 19. Jahrhundert und in den Environmental Humanities 651
3. Drostes Lyrik 654
4. Natur in *Die Judenbuche* 657

Naturphänomene finden sich in Drostes Gesamtwerk in allen Gattungen. Die größte Dichte gewinnt der literarische Bezug auf die Natur in der Lyrik. Insbesondere zwei Gedichtgruppen sind hier zu nennen, die Droste in der Ausgabe von 1844 mit charakteristischen Titeln versehen hat: die *Haidebilder* (HKA I, 31–68) und *Fels, Wald und See* (HKA I, 69–94). Die insgesamt 22 Gedichte dieser beiden, in der Ausgabe von 1844 unmittelbar aufeinander folgenden Gruppen präsentieren ein reiches Bestiarium mit Lerchen, Füchsen, Fliegen, Libellen, Stieren, Wespen, Raben und Glühwürmchen, ein entfaltetes Florilegium mit Wasserlilien, Weiden, Thymian, Trifolien, Pilzen, Moosen, Linden und Weinreben, ein vielgestaltiges Lapidarium mit Saphiren, Diamanten, Porphyren, Ockerdrusen, Feuersteinen, Findlingen und Kieseln sowie ein weites Panorama unterschiedlichster Natursituationen vom Morgentau über die Mittagshitze bis zur Abenddämmerung, vom Weiher über das Moor bis zum Gebirge, vom prasselnden Regen über den weich umhüllenden Nebel bis zur brennenden Sonne, vom frühlingshaften Aufruhr über sommerlich-herbstliche Pracht bis zur winterharten Starre.

1. Natur in Drostes Werk

Die *Haidebilder* und *Fels, Wald und See* bearbeiten damit in besonders eindringlicher Weise, was auch viele weitere Gedichte Drostes bestimmt: ein eigentümliches Interesse für Tiere, Pflanzen, Steine, Jahreszeiten, Wetterlagen und Lebensräume. Dies gilt selbst dort, wo es auf den ersten Blick nicht zu erwarten ist, in der religiösen Dichtung Drostes (vgl. Detering 2009). So spricht auch das *Geistliche Jahr* (HKA IV, 1–116) von Wind und Regen, Sonne und Hitze, traulichen Vögeln und keuchenden Herden, von Felsen und Fichten, von Meeren und Bergen. Dass sich dieses Interesse nicht allein auf die Lyrik beschränkt, zeigen bei den Erzählungen, Versepen und dramatischen Versuchen schon die Titel. So erhebt etwa der berühmteste Text Drostes einen Baum zur Titelheldin: *Die Judenbuche*. Der Untertitel der Novelle ergänzt dies um die Angabe des spezifischen Lebensraums der Buche: *Ein Sittengemälde aus dem gebirgigten Westphalen*. Diesem Untertitel entspricht der Gegenstandsbereich des zweiten zu Lebzeiten publizierten Prosatextes Drostes, den *Westphälischen Schilderungen aus einer westphälischen Feder*. Die Natur bildet in diesen Texten nicht nur den Rahmen für das erzählte Geschehen, sie ist selbst Gegenstand des Erzählens.

Weniger prominent, aber in der Struktur vergleichbar, wiederholt sich dies in den Erzählgedichten und dramatischen Versuchen. So beginnt z. B. *Die Schlacht im Loener Bruch. 1623*, ganz wie es der Titel erwarten lässt, mit einer Schilderung der Natursituation, inklusive Eichenhain, Blumen, Weiher, Schilf und Wasserlilien (HKA III, 73 f.). Und auch im erst postum publizierten Trauerspiel *Bertha oder die Alpen* lässt schon die erste Replik, den Doppeltitel aufgreifend, Bertha die Alpen beschreiben, mit »helle[m] Gewässer«, »Masliebchen und Veilchen und Blümelein mehr« (HKA VI, 65). Rezeptions- und forschungsgeschichtlich ist weniger diese breite, gattungsübergreifende Streuung des Naturinteresses (vgl. Nettesheim 1973), als vielmehr dessen deutliche Akzentuierung in der Lyrik wahrgenommen worden. Ihren kanonisierten Ort haben die »bis weit ins 20. Jahrhundert hinein besonders wirkmächtigen Naturgedichte der Annette von Droste-Hülshoff« (Detering 2015a, 209) deshalb in der Geschichte der Naturlyrik, für die Droste mit Gedichten wie *Die Mergelgrube* oder *Im Grase* als »zentrale Vertreter[in] des Genres« (Braungart 2011, 137) gelten kann, zumal deren Texte das breite Spektrum der Naturdichtung zwischen einer »ästhetischen Anschauung« und einer »preisenden Betrachtung« (Riedel 1996, 1418 f.) abzudecken vermögen. So herrscht in der Forschung Konsens darüber, dass die Natur eine Schlüsselstellung im Werk

Drostes und darüber hinaus Drostes Naturgedichte eine Schlüsselstellung in der übergreifenden Gattungsgeschichte der Naturlyrik einnehmen.

Die Forschung hat in Drostes Naturdichtung drei einander widerstrebende Tendenzen herausgearbeitet. Erstens wird die allenthalben nachweisbare Zeichenhaftigkeit der dargestellten Naturphänomene betont (vgl. z.B. Häntzschel 1968). Noch der kleinste Käfer und noch der widrigste Wind verweisen auf etwas, das sie selbst nicht sind, insbesondere auf Glaubensnöte, als deren Allegorien sie sich entziffern lassen. Dies zeigt sich sehr deutlich im *Geistlichen Jahr*, das sich ganz offen bei einer biblisch-christlichen Naturtopik bedient, lässt sich darüber hinaus aber auch an Gedichten aus den *Haidebildern* oder *Fels, Wald und See* nachzeichnen. Zweitens wird auf die radikale Fundierung der Naturwahrnehmung in einem erlebenden Ich hingewiesen (Kittstein 2009, 147). Der kleine Käfer und der widrige Wind kommen überhaupt nur deshalb zur Darstellung, weil sie auf ein schockhaft hypersensibilisiertes Subjekt treffen, das diesen Schock als Erlebnis aufzuzeichnen bereit ist. Dies zeigt sich ganz deutlich in den *Haidebildern*, die Naturwahrnehmungen immer wieder als individuelle Erlebnisse inszenieren, bestimmt darüber hinaus aber auch die geistliche Dichtung Drostes. Drittens schließlich wird der hohe Grad an Konkretion der Naturdarstellungen hervorgehoben (vgl. z.B. Detering 2009, 45). Der kleine Käfer und der widrige Wind treffen in ihrer physischen Materialität auf die körperliche Wahrnehmung eines lyrischen Ich, das die Naturdinge in ihrer phänomenologischen Eigenheit – nass, kalt, glatt, heiß, rau, hart, grell, dumpf, scharf – schlicht nennt. Auch dieses Verfahren hat seinen paradigmatischen Ort in den *Haidebildern*; Spuren davon lassen sich selbst noch im *Geistlichen Jahr* ausmachen.

Zeichen, Erlebnis, Materialität: dies sind die Elemente, aus denen sich Drostes Poetik der Natur zusammensetzt. Das gilt nicht nur für die Lyrik, sondern in leicht modifizierter Form auch für die Prosa, in der die Erlebnisqualität zurückgenommen wird, dafür aber die Gleichzeitigkeit von zeichenhafter Semiotizität und konkreter Materialität der dargestellten Natur noch stärker hervortritt. Die Gegenstrebigkeit dieser Tendenzen lässt sich nun auf zwei sehr unterschiedliche Weisen interpretieren: als Effekt der Unentschlossenheit einer Dichtung, die zwischen anachronistischem Rückgriff auf barocke und frühaufklärerische Topik, zeitgenössischer Einbindung in die Erlebnislyrik und avantgardistischem Vorgriff auf realistische Schreibweisen schwankt; oder als gezielte Formentscheidung einer Dichtung, die gerade aus der Integration dieser gegenstrebigen Tendenzen ihre Modernität gewinnt (vgl. Detering 2009, 61).

2. Natur im 19. Jahrhundert und in den Environmental Humanities

Das Kompositum ›Naturdichtung‹ setzt sich aus zwei Begriffen zusammen: Natur und Dichtung. Dass es sich keineswegs von selbst versteht, was Dichtung (oder allgemeiner: Literatur; oder spezieller: Lyrik) ist, gehört zu den Grundannahmen der Literaturwissenschaft. Stellt man ausgehend von dieser

Grundannahme den Versuch einer systematischen Wesensdefinition von Dichtung zurück, dann kann man an dessen Stelle die Beschreibung der historisch unterschiedlich ausfallenden Definitionsversuche rücken. Die Frage lautet dann nicht mehr: Was ist Dichtung? Sondern: Was wird zu einer bestimmten Zeit unter Dichtung verstanden? Aus einer solchermaßen historisierenden Perspektive lässt sich Drostes Naturlyrik in die übergreifende Geschichte der Literatur in der angedeuteten Weise einordnen: verankert in der Tradition, erfüllt von Zeitgenossenschaft, vorausweisend auf Künftiges verbindet sie unterschiedliche literarische Zugriffe auf die Natur. Eine solche Beschreibung ist einerseits richtig. Andererseits liegen die Dinge aber deutlich komplizierter. Denn auch, was Natur ist, versteht sich keineswegs von selbst. Wie ›Dichtung‹, so hat auch ›Natur‹, der zweite Teil des Kompositums, eine Geschichte. Dies gilt zum einen in begriffsgeschichtlicher Hinsicht. So gibt es zwischen dem antiken, dem mittelalterlichen, dem frühneuzeitlichen, dem modernen und dem heute gängigen Naturverständnis zahlreiche und zum Teil gravierende Unterschiede (vgl. Gregory/Hager/Kaulbach 1984). Und dies gilt zum anderen in umweltgeschichtlicher Hinsicht. So haben sich z. B. Fauna, Flora und Klima der Bodenseeregion selbst in der kurzen Spanne von 1000 Jahren, die seit der urkundlichen Ersterwähnung von Meersburg vergangen sind, in einigen markanten Schüben radikal verändert. Der Bodensee, den Droste erlebte, ist nicht der Bodensee des Mittelalters; und der Bodensee, den wir heute besuchen, ist nicht der Bodensee des 19. Jahrhunderts.

Dichtung und Natur verhalten sich also nicht zueinander wie eine historisch variable Sprachform und ihr ahistorisch stabiler Gegenstand. Vielmehr teilt Natur mit Dichtung sowohl die begriffliche Klärungsbedürftigkeit als auch die historische Wandelbarkeit. Das klingt zunächst einmal trivial, zeitigt aber in methodischer Hinsicht weitreichende Konsequenzen. Denn damit ist die Natur nicht mehr allein Sache der Naturwissenschaften, sondern mit gleichem Recht auch der Geistes- und Kulturwissenschaften, die in den letzten Jahren als ›Environmental Humanities‹ einen Beitrag zur Erforschung von Umwelt- und Ökologiefragen zu leisten begonnen haben (Dürbeck/Stobbe 2015). Insbesondere die gängigen Dichotomien zwischen Natur und Kultur sowie zwischen Mensch und Umwelt sind dabei einer konzeptionellen Revision unterworfen worden (vgl. Rose u. a. 2012): Die Environmental Humanities fragen nicht einfach danach, wie der kultivierte Mensch auf die natürliche Umwelt einwirkt, sondern interessieren sich insbesondere für unklare Mischverhältnisse zwischen Natur und Kultur, für »naturecultures« (Haraway 2008, 16), sowie für eine »politische Ökologie« (Latour 2001, 9), die der grundlegenden »Assoziation[ ] von Menschen und nicht-menschlichen Wesen« (Latour 2001, 103) gerecht zu werden vermag. Für eine Interpretation von Texten wie Drostes *Am Bodensee* oder *Dichters Naturgefühl* ist es deshalb nötig, neben dem Dichtungsbegriff auch den Naturbegriff zu historisieren. Die Frage lautet dann nicht mehr: Wie hat Droste mit literarischen Mitteln die Natur dargestellt? Sondern: Wie verhält sich Drostes literarische Naturdarstellung zum Naturverständnis und zur Natursituation ihrer Zeit?

11. Natur

Die erste Hälfte des 19. Jahrhunderts ist für die Wissenschaften vom Leben eine markante Übergangsphase (→ I.3.3.). Einerseits hat sich die Biologie als junge Disziplin gerade erst formiert, und zwar in Absetzung zur klassischen Naturgeschichte, die das von Gott geschriebene ›Buch der Natur‹ aus Mineralien, Pflanzen und Tieren in einem zeitlosen Tableau anzuordnen bestrebt war. Grundlage der neuen Biologie, wie sie etwa von Georges Cuvier (1769–1832), Immanuel Kant und Johann Wolfgang Goethe entworfen wird, war hingegen ein organologisches Denken, das zwischen dem Gesamtorganismus und seinen einzelnen Organen sowie zwischen einem einzelnen Organismus und seiner natürlichen Umwelt teleologische Zweckzusammenhänge erkennt (Toepfer 2011, Bd. 2, 787–790). Die organologische Zweckmäßigkeit wird dabei nicht auf einen göttlichen Schöpfungsakt zurückgeführt, sondern als ein Passungsverhältnis zwischen dem Lebewesen und der es umgebenden Natur gedacht, in einer Formulierung Goethes (um 1790) anlässlich der Kiemenatmung der Fische: »[D]er Fisch ist in dem Wasser und durch das Wasser da [...]. Eben dadurch erhält ein Tier seine Zweckmäßigkeit nach außen; weil es von außen, so gut als von innen gebildet worden« (Goethe [um 1790] 1987, 212). Deutlich wird in solchen Formulierungen, dass organologische Konzepte unmittelbar zu einem ökologischen Denken führen, insofern jedes Lebewesen konstitutiv in seine Umwelt eingebunden ist. So ist, noch einmal mit Goethe, das »ganze Pflanzenreich [...] zur bedingten Existenz der Insekten nötig« und »das Weltmeer und die Flüsse zur bedingten Existenz der Fische« und »zuletzt die ganze tierische Welt wieder nur ein großes Element [...], wo ein Geschlecht auf dem andern und durch das andere, wo nicht entsteht doch [sich] erhält« (Goethe [um 1790] 1987, 214).

Andererseits liegen die 1830er und 1840er Jahre, in denen die meisten Texte Drostes entstehen, noch vor der epochalen Publikation von Charles Darwins *Origin of Species* im Jahr 1859. Darwins Evolutionstheorie setzt nicht nur den Menschen in ein genealogisches Abstammungsverhältnis zu den Tieren, sondern historisiert auch das Verhältnis der Lebewesen zu ihrer Umwelt. Die ganze tierische Natur, so ließe sich, Goethe korrigierend, aus evolutionstheoretischer Perspektive formulieren, ist ein großer Kosmos, in dem eine Spezies sich dank der anderen nicht nur erhält, sondern auch entsteht. Entsprechend gilt Darwins Interesse nicht dem einzelnen Lebewesen, sondern dem Zusammenspiel unterschiedlicher Lebewesen in einem gemeinsamen Lebensraum, etwa, wie Darwin in der berühmten Schlusspassage der *Origin of Species* formuliert, einer »entangled bank, clothed with many plants of many kinds, with birds singing on the bushes, with various insects flitting about, and with worms crawling through the damp earth« (Darwin 1859, 489). Damit erst sind die Voraussetzungen geschaffen, auf denen das Konzept der Ökologie dann 1868 von Ernst Haeckel (1834–1919) auf den Begriff gebracht wird als »die Wechselbeziehungen aller Organismen, welche an einem und demselben Orte mit einander leben, ihre Anpassung an die Umgebung« und »ihre Umbildung durch den Kampf um's Dasein« (Haeckel, zit. n. Toepfer 2011, Bd. 2, 682).

Nun lässt sich umreißen, was Natur in Drostes Situation bedeuten kann. Die klassische, theologisch-semiologische Naturgeschichte, in deren Tableau Stein neben Stein, Pflanze neben Pflanze und Tier neben Tier zu finden war, ist zwar nicht mehr aktuell, liegt aber noch nicht fern. Die neue Biologie, die Organismen mit den sie umgebenden Existenzbedingungen zusammendenkt, bestimmt in den 1830er Jahren auf eine prägnante Weise das für Droste zeitgenössische Naturverständnis. Und die kommende Evolutionstheorie inklusive der begrifflichen Fassung einer Ökologie ist zwar noch nicht formuliert, zeichnet sich aber bei einigen Biologen, etwa bei Cuvier oder Goethe, schon ab.

Tableau, Organologie, Evolution: das sind die Elemente, aus denen sich die Wissensgeschichte der Natur im 19. Jahrhundert zusammensetzt. In Drostes Naturdichtung, die als *Dichtung* die drei historisch aufeinander folgenden formalen Grundeinstellungen der Lyrik – die Einstellung auf das Zeichen, auf das Erlebnis und auf die Materialität – miteinander verbindet, finden sich auch Bezüge zu allen drei historisch aufeinander folgenden *Naturen*. Sie stellt Tiere, Pflanzen und Steine zeichenhaft nebeneinander; sie inszeniert Lebewesen im Bezug zu ihren Existenzbedingungen; und sie entwirft die Umrisse einer Ökologie, in die der Mensch mit seiner Kultur nicht von außen eingreift, sondern in die er konstitutiv eingebunden ist. Mit dem Rückgriff auf wissensgeschichtlich Vergangenes ist bei Droste zugleich eine theologische Dimension verbunden. Der Zugriff auf wissensgeschichtlich Gegenwärtiges versucht, diese theologische Dimension in individuellen Erlebenszusammenhängen zu aktualisieren. Der Vorgriff auf wissensgeschichtlich Kommendes schließlich arbeitet noch nicht mit dem Konzept der Evolution oder dem Begriff der Ökologie, verbindet aber auf eine schon modern anmutende Weise Figuren des Ökologischen mit Szenerien des Kultivierten.

3. Drostes Lyrik

Wie konsequent Droste die unterschiedlichen Dichtungs- und die unterschiedlichen Naturkonzepte miteinander verschränkt, zeigt schon *Die Lerche* (HKA I, 33–35), das erste Gedicht der *Haidebilder*. Dieses Gedicht präsentiert die Natur zunächst als ein entfaltetes Tableau von Tieren, Pflanzen und Erden, die sich zum Lob der Schöpfung vereinen: »So tausendstimmig stieg noch nie ein Chor, / Wie's musizirt aus grünem Haid hervor« (V. 61 f.). Dabei werden die einzelnen Lebewesen zwar genannt, zugleich aber sofort anthropomorphisiert und ästhetisiert: Das »Masliebchen« hat »das klare Auge offen« (V. 24), die Wasserlilie ist »[e]rschrocken« (V. 26), der Zitterhalm »verschämt« (V. 27); die Fliege singt den »Tenor« (V. 51), die Biene betätigt sich als »Bassist« (V. 54), und die Hummel spielt das »Contraviolon« (V. 56). Die Natur interessiert hier offenbar weniger in ihrer materiellen Gestalt als in ihrem semiologischen Potential: Eine in menschlichen Kategorien wahrgenommene, dargestellte und gedeutete Natur verweist als Zeichen auf den menschlichen Glauben. Dieses traditionelle Verfahren einer semiotisierenden Naturdichtung wird sieben lange Versgruppen durchgehalten, dann aber in einer für Droste typischen

Schlusspointe völlig umgewendet: »Die Wolke dehnte sich, scharf strich der Hauch, / Die Lerche schwieg, und sank zum Ginsterstrauch« (V. 83 f.). Nun geht es nicht mehr um Zeichen, sondern um Materialitäten, nicht mehr um kulturelle Bedeutungszuschreibungen, sondern um physische Wahrnehmungsqualitäten. Dieser Einbruch des Materiellen ins Semiologische führt einerseits zu einem Abbruch des Gedichts, andererseits aber auch zu einer Reflexion des Gedichteten, indem er die Materialität der Natur als die unhintergehbare Voraussetzung markiert, auf der alle Anthropomorphisierungen, Ästhetisierungen, Semiotisierungen und Theologisierungen des Gedichtes beruhen. Dies lässt sich durchaus als eine programmatische Setzung für den gesamten Zyklus der *Haidebilder* und darüber hinaus für Drostes Naturlyrik im Ganzen lesen, die Fragen des Bedeutens immer wieder an Situationen des Wahrnehmens zurückbindet: Zeichen und die Wirklichkeit verschlingen sich, mit Haraway formuliert, zu einem materiell-semiotischen Knoten (Haraway 2008, 4).

Die Rückwendung ins Konkrete führt zwei wichtige Elemente in die Dichtung ein: die physiologische Wahrnehmung des sprechenden Ich und die spezifischen Existenzbedingungen einzelner Lebewesen. Indem Droste diese beiden Elemente miteinander verbindet, macht sie klar, dass auch der als Sprecher und Dichter anwesende Mensch eines dieser an Existenzbedingungen gebundenen Lebewesen ist. Entsprechend entwirft Droste Szenen, die den Menschen nicht als distanzierten Beobachter, sondern als affizierten Teilnehmer der Natur zeigen, etwa *Im Moose* (HKA I, 81 f.): »Ringsum so still, daß ich vernahm im Laub / Der Raupe Nagen, und wie grüner Staub / Mich leise wirbelnd Blätterflöckchen trafen« (V. 12–14). Unter jeweils bestimmten geographisch-klimatischen Voraussetzungen, so lassen sich Gedichte wie *Der Weiher* oder *Am Weiher*, aber auch eine Reihe von Bodenseegedichten, etwa *Die Schenke am See* oder *Der Säntis*, verstehen, entsteht ein jeweils eigentümliches Gewebe von wechselseitig aufeinander bezogenen Lebewesen; und zu diesen involvierten Lebewesen ist auch der Mensch selbst zu rechnen.

Wenn man also bei Droste von Naturlyrik oder auch von ökologischer Lyrik sprechen will, dann unter der Bedingung eines revidierten Natur- und Ökologiebegriffs. Denn in Drostes Texten kommt dreierlei zusammen: Erstens verhalten sie sich sperrig zum Naturbegriff der traditionellen Metaphysik; zweitens liegen sie historisch vor der begrifflichen Fassung einer naturwissenschaftlichen Ökologie; und drittens verweisen sie gleichzeitig schon voraus auf Elemente einer politischen Ökologie. Um all dies in Erinnerung zu behalten, könnte man Drostes Naturdichtung als ›oikologische Lyrik‹ bezeichnen – unter Rückgriff auf die Wendung vom ›Haushalt (*oikos*) der Natur‹, wie sie um 1830 üblich ist.

Es passt in dieses Bild, dass viele der sogenannten Naturgedichte Drostes zugleich auch Kulturgedichte sind, sei es mit ihrem Kampf des Menschen gegen die Natur wie in *Die Jagd*, in der Widerständigkeit der Natur gegen den Menschen wie in *Die Krähen*, oder im Zusammenspiel von Mensch und Natur wie in *Das Hirtenfeuer, Der Haidemann, Das Haus in der Haide, Die Elemente* oder *Das öde Haus*. Zudem deuten Drostes Texte eine andere Ökologie nicht nur an, sondern verbinden sie zugleich mit poetologischen Fragen. Naturzusammenhänge sind dann mehr als nur Objekte der Dichtung, sie sind darüber hinaus häufig auch konstitutive Elemente des Dichtens selbst: Dichtung nicht über die Natur, sondern aus der Natur heraus. So heißt es etwa in *Die Vogelhütte* (HKA I, 39–42) schon fast programmatisch vom sprechenden Ich, das in einer Vogelhütte sitzt: »Hier möcht ich Haidebilder schreiben, zum Exempel: / ›Die Vogelhütte‹« (V. 46 f.). Auf eine vergleichbare Weise wird in *Der Hünenstein* (HKA I, 46–48) das Steckenbleiben im Konzeptionellen aufgelöst durch eine konkrete Tierberührung:

> Entwürfe wurden aus Entwürfen reif,
> Doch, wie die Schlange packt den eignen Schweif,
> Fand ich mich immer auf derselben Stelle;
> Da plötzlich fuhr ein plumper Schröter jach
> An's Auge mir, ich schreckte auf und lag
> Am Grund, um mich des Haidekrautes Welle. (V. 19–24)

Ähnliche Positionen finden sich an vielen Stellen in Drostes oikologischer Lyrik, etwa in *Dichters Naturgefühl* und in *Die todte Lerche*. Auch Drostes wohl bekanntestes Naturgedicht, *Die Mergelgrube*, fügt sich in diesen Zusammenhang. Es entfaltet die Natur zunächst in einem Tableau, markiert dabei die einzelnen Naturelemente als Zeichen und führt diese einer theologischen Deutung zu. Sodann konzentriert es sich in einem sowohl hyperästhetischen als auch hyperempathischen Wahrnehmungsakt auf ein einzelnes Lebewesen in seiner Umwelt und verbindet so ein gesteigertes Wahrnehmen des eigenen Ich mit einem gesteigerten Wahrnehmen des Anderen. Daraus entwickelt sich schließlich ein ökologischer Gesamtzusammenhang, dem der Mensch nicht gegenübersteht, sondern in den er konstitutiv mit eingebunden ist. Die Mergelgrube ist in diesem Sinne weder ein reiner Naturraum, noch ein reiner Kulturraum; vielmehr wird sie als ›natureculture‹ lesbar.

Ähnliches gilt aus dieser Perspektive auch für die Dichtung selbst. Oikologisch ist sie zum einen hinsichtlich ihrer Inhalte: Sie zeigt Umwelten, Habitate, Existenzbedingungen in einer Weise, die die gängigen Dichotomien (Mensch – Tier, Kultur – Natur) unterläuft. Oikologisch ist sie zum anderen hinsichtlich ihrer Verfahren: Sie inszeniert die Erfahrung einer konkreten Materialität der Natur als Ausgangsimpuls des Dichtens, konfrontiert dies aber zugleich mit der gesteigerten Produktion von zeichenhaften Verweisen, mit einer forcierten Semiose. So erklärt sich die bemerkenswerte Häufigkeit von Vergleichen, Metaphern und Anthropomorphismen. Diese rhetorischen Figuren sind in der Forschung zumeist als Beleg dafür gelesen worden, dass ›Natur‹ im Grunde nichts weiter ist als ein Mittel, um etwas Menschliches, das nicht selbst Natur ist, darstellbar zu machen, insbesondere menschliche Gefühls- und Seelenlagen (vgl. Riedel 1996, 1417). Aus der methodisch neuen Perspektive der Environmental Humanities verweisen die rhetorischen Techniken jedoch auch darauf, dass die Natur selbst schon eine Welt voller Zeichen ist. Drostes Naturlyrik bringt beide Gesten zusammen: ein Sprechen, das *mittels* der Natur etwas über den Menschen (und besonders häufig: über seinen Glauben) sagt; und ein Sprechen, das schon *in* der Natur materiell-semiotische Mischverhältnisse erkennt.

4. Natur in *Die Judenbuche*

In der *Judenbuche* (HKA V, 1–42) verdichten sich diese komplexen Zusammenhänge im Verhältnis von Theologie und Ökologie, die nicht als einander ausschließende, sondern als einander bedingende Deutungsmuster erscheinen: »Holzfrevel und Heilsverlust« sind »zwei Seiten derselben Sache« (Detering 2015b, 2). Voraussetzung für diese ökologische Theologie bzw. theologische Ökologie ist, dass – wie schon bei den Gedichten – auch hier zwischen Natur und Kultur keine Dichotomie vorausgesetzt, sondern die Verwobenheit menschlichen Handelns mit dem Rest der Welt vorgeführt wird. Dies zeigt sich in der Parallelführung von Mordgeschehen und Holzdiebstahl, die Droste in deutlicher Abweichung zu ihrer Vorlage mit großer Genauigkeit durch die gesamte Erzählung verfolgt (Detering 2015b, 8). Aufgebaut wird damit eine metaphorische Struktur: Die Gewalt, mit der die Holfrevler dem Forst begegnen, verweist auf die Gewalt, die sich in den Morden am Förster Brandis und am Juden Aaron Bahn bricht. Zugleich aber wird nicht nur die Gewalt des Mordes durch den Holzdiebstahl zur Anschauung gebracht, sondern in umgekehrter Richtung auch der Holzdiebstahl mit einer spezifischen Wertung versehen: Schon der Holzfrevel ist nichts anders als ein Mord, und damit sind die in der Erzählung aufeinanderfolgenden Tötungen von Forst und Förster »bereits ein Doppelmord« (Detering 2015b, 8). So gelesen ist der Holzfrevel Element eines weitgreifenden Schuldzusammenhangs, in den der Mensch sich selbst und zugleich die Natur verstrickt hat. Das Modell hierfür hat Droste im Römerbrief des Paulus gefunden: Der Sündenfall des Menschen reißt die gesamte Schöpfung, reißt ausnahmslos alle Kreaturen in die ängstlich erfahrene Vergänglichkeit. Kein Lebewesen, so zeigt es Droste auch im unvollendet gebliebenen Gedicht ⟨An einem Tag *wo feucht der Wind*⟩ (HKA IV, 207–209), steht außerhalb dieser Schuld; der Mensch hat zudem die Last zu tragen, dass er schuld ist an diesem Verschuldungszusammenhang (Detering 2015b, 7f.).

Zudem ist schon die Umgestaltung von Wald in Forst alles andere als eine unschuldige Angelegenheit. Insofern steht vor der Tötung des Forstes durch die Holzfrevler noch die Tötung des Waldes durch die Förster. In ökologischer Perspektive heißt dies: In der *Judenbuche* gibt es keine reine, unberührte, bloße Natur; es gibt nur Natur-Kultur-Mischungen. In theologischer Perspektive heißt dies: In der *Judenbuche* ist kein Mensch völlig frei von Schuld; alle – auch die Förster – sind auf eine fundamentale Weise in den grundlegenden Schuldzusammenhang verstrickt. Die Verbindung von Theologie und Ökologie macht dabei deutlich, dass Schuld nicht als individuelles Fehlverhalten zu begreifen ist, sondern als eine nicht zu vermeidende *condition humaine*. Die Mord-Schuld, die Mergel auf sich geladen hat, ist in dieser Perspektive lediglich der Sonderfall einer allgemeinen Natur-Schuld, die ein jeder Mensch schon immer in sich trägt. Der Mord am Förster zeigt mithin in kondensierter Form, was der Holzfrevel mit dem Wald anrichtet, wobei wiederum der Holzfrevel in kondensierter Form zeigt, wie das Verhältnis von Forstwirtschaft und Natur zu denken ist. So sind in der *Judenbuche* wie auch in vielen Gedichten Drostes über die Frage der unvermeidbaren Schuld die beiden Bereiche der Ökologie und der Theologie aufeinander bezogen. Drostes Tier-, Pflanzen-, Stein- und Wetter-Literatur gehört damit zur Genealogie einer auch heute noch – bis hinein in ›grüne‹ Politik – wirksamen Allianz von theologischen und ökologischen Argumenten.

Literatur

Braungart, Georg: Naturlyrik. In: Dieter Lamping (Hg.): Handbuch Lyrik. Theorie, Analyse, Geschichte. Stuttgart, Weimar 2011, S. 132–140.
Darwin, Charles: On the origin of species by means of natural selection, or the preservation of favoured races in the struggle for life. London 1859.
Detering, Heinrich: Versteinter Äther, Aschenmeer. Metaphysische Landschaften in der Lyrik der Annette von Droste-Hülshoff. In: Jochen Grywatsch (Hg.): Raum. Ort. Topographien der Annette von Droste-Hülshoff. Hannover 2009 (= Droste-Jahrbuch 7), S. 41–67.
Detering, Heinrich: Lyrische Dichtung im Horizont des Ecocriticism. In: Gabriele Dürbeck/Urte Stobbe (Hg.): Ecocriticism. Eine Einführung. Köln 2015, S. 205–218. [Detering 2015a]
Detering, Heinrich: Holzfrevel und Heilsverlust. ›Natur‹ in der *Judenbuche* der Annette von Droste-Hülshoff. Vortrag vor der Droste-Gesellschaft 2015. Unveröffentlichtes Typoskript. [Detering 2015b]
Goethe, Johann Wolfgang: Versuch einer allgemeinen Vergleichungslehre [um 1790]. In: Johann Wolfgang Goethe: Schriften zur Morphologie. Hg. von Dorothea Kuhn. Frankfurt/M. 1987, S. 209–214.
Haraway, Donna: When Species Meet. Minnesota 2008.
Kittstein, Ulrich: Deutsche Naturlyrik. Ihre Geschichte in Einzelanalysen. Darmstadt 2009.
Latour, Bruno: Das Parlament der Dinge. Für eine politische Ökologie. Aus dem Französischen von Gustav Roßler. Frankfurt/M. 2001.
Riedel, Wolfgang: Art. Natur/Landschaft. In: Ulf Ricklefs (Hg.): Fischer Lexikon Literatur. Bd. 3. Frankfurt/M. 1996, Sp. 1417–1433.
Toepfer, Georg: Historisches Wörterbuch der Biologie. Geschichte und Theorie der biologischen Grundbegriffe. 3 Bde. Stuttgart, Weimar 2011.

12. Raum

Jochen Grywatsch

1. Lebens-Raum – Schreib-Raum 660
2. Literarische Raumevokation 663
3. Implizite Poetologie des Raums. 667

Die im Zuge der kulturwissenschaftlichen Orientierung der Literaturwissenschaft verstärkt in den Blickpunkt gerückte Kategorie ›Raum‹ eröffnet für das Werk (und das Leben) der Annette von Droste-Hülshoff einen wesentlichen Untersuchungs- und Erkenntnisfokus. Bei kaum einem anderen Autor ihrer Zeit und darüber hinaus im 18. und 19. Jahrhundert spielen Bezüge zu Räumen, Orten, Landschaften und Regionen eine derart exponierte Rolle, wie es im Werk der Annette von Droste-Hülshoff der Fall ist. Viele ihrer Texte – vom Gedichtzyklus der *Haidebilder*, über den Romanentwurf *Bei uns zu Lande auf dem Lande* und die *Westphälischen Schilderungen aus einer westphälischen Feder* bis zur Erzählung von der *Judenbuche*, die den Untertitel *Ein Sittengemälde aus dem gebirgigten Westphalen* trägt – geben ihre topographische Bezogenheit schon im Titel zu erkennen. Auch wenn der Autorin diese Orientierung auf den (Nah-)Raum auch die gänzlich unzutreffende Stilisierung als Regionalautorin und Heimatdichterin eingebracht hat, stellt die Analyse der Raumbezüge und -strukturen doch einen äußerst lohnenden Zugang zum Droste-Werk dar. Dabei stehen weniger Fragestellungen einer strukturalistisch orientierten Beschreibung von Landschafts- und Raumdarstellung im Fokus, sondern Erkenntniskategorien der neuen, kulturwissenschaftlich geprägten Raumwende, wie sie sich für die Literaturwissenschaft zu Beginn des 21. Jahrhunderts ausgeprägt haben.

Zwar hat die Literaturwissenschaft bereits seit Mitte des 20. Jahrhunderts, als Lessings im *Laokoon* (1766) propagiertes Diktum der Literatur als ›zeitlicher Kunst‹ im Gegensatz zur ›räumlichen Kunst‹ der Malerei seine beherrschende Wirkmächtigkeit eingebüßt hatte, verstärkt Aspekte von Räumlichkeit in den Blick genommen, mit den Raumwende-Debatten des 21. Jahrhunderts verknüpften sich aber neue Fragestellungen und Sichtweisen, die für die kulturwissenschaftlich akzentuierte Literaturwissenschaft den ›topographical turn‹ ausprägten (Weigel 2002). Grundsätzlich basiert die kulturwissenschaftliche Konzeptualisierung von Raum auf einem relativistischen Verständnis, das Raum als Konstruktion auffasst. Ausgangspunkt ist nicht mehr die Vorstellung eines statisch definierten Behälters, sondern von einem in sozialer Praxis erschaffenen und gelebten Raum, einem Raum, der durch Verortung kultureller Praktiken entsteht. Wenn die Literatur- und Kulturwissenschaft Kulturen als »Topographien, Raumkerbungen, Raumschriften, Raumzeichnungen« (Böhme 2004, XVIII) begreift, dann ist Raum ein Effekt menschlichen Handelns und gekennzeichnet als eine sozial und kulturell konstruierte sowie historisch wandlungsfähige Kategorie. Während frühere Untersuchungen zu räumlichen Aspekten in Drostes Texten den Verlust von Ganzheit und Geschlossenheit sowie die Bedeutung des Subjekts als »einzige[m] verläßliche[n] Koordinierungspunkt für die Dinge und Vorgänge« (Schlaffer 1966a, 79) herausarbeiteten, betonen neuere Studien den rhetorisch-ästhetischen Konstruktionscharakter von ›Raum‹, der eine mehrschichtige, die Konzepte von ›Natur‹, Geschichte, Wahrnehmung, Individualität u. a. übereinander blendende Semantik in Drostes Werk hinein trägt (Grywatsch 2009a). Gegenläufige Bewegungen sind in der neueren Erzählforschung zu beobachten: Im Bemühen um ein eigenes Instrumentarium zur Beschreibung von grundlegenden Elementen einer Narratologie des Raums wird das relationistische Raumverständnis zugunsten der Vorstellung eines materiell gegebenen Containerraums wieder verworfen (Dennerlein 2009), während zugleich Arbeiten zu einer historischen Narratologie zu verzeichnen sind, die ihr spezifisches Interesse an einer narratologischen Raumanalyse wiederum gerade auf der Basis der interdisziplinären Raumwende ausprägen (u. a. Frank 2017).

1. Lebens-Raum – Schreib-Raum

Für die historische Person Annette von Droste-Hülshoff und ihre Zeitgenossen wurde Raum zu einer vollkommen neu zu definierenden Determinante. Während bis zum Ende des 18. Jahrhunderts soziale, geographische, politische und kulturelle Räume lange von Bestand waren und dem Individuum Struktur und Sicherheit vermittelten, veränderte das 19. Jahrhundert die bestehenden (Raum-)Ordnungen vehement und weitreichend. Die Umbrüche, die sich in der Nachfolge der Französischen Revolution in Europa vollzogen, waren umfassend: Sie betrafen die geopolitische Ordnung ebenso wie gesellschaftliche Strukturen, das soziale Gefüge ebenso wie kulturelle Strömungen. Unter der harmonisierenden Biedermeier-Oberfläche war das Grundgefühl der Zeit das der tiefgreifenden Verunsicherung, die wesentlich aus einer neuen Raumerfahrung resultierte. Territoriale Neuordnungen und wechselnde Fremdbestimmung im Zuge der kontinentalen Konflikte zwischen napoleonischem Frankreich und expandierendem Preußen betrafen den Bezugsraum Westfalen in erheblicher Weise, während sich parallel ein enormer technischer Fortschritt vollzog, der in der Erfindung der Dampfmaschine seinen Ausgangspunkt hatte und mit der Entwicklung von Eisenbahn und Dampfboot zur Revolution des Transportwesens führte. Auf diese veränderte Raumerfahrung mit all ihrem Verunsicherungspotential bezieht sich Heines Diktum der »schwankend gewordenen« »Elementarbegriffe von Zeit und Raum« in seinem *Lutetia*-Essay (Heine [1843] 1990, 58). Eine prägnante Aussage findet sich auch bei Droste-Hülshoff, die im Brief an Schlüter vom 15. April 1845 dieselbe Raum-Zeit-Erfahrung spiegelt: »Bonn ist sehr nahe bey Cöln, – bey dem jetzigen Verschwinden alles Raumes fast wie derselbe Ort. – Selbst Münster ist von Cöln jetzt nicht entfernter als früher Telgte« (HKA X, 371). Ein Vorschein aus der technisch revolutionierten Zukunft, in der die Erfindung des Telefons die Überwindung des Raum für den Schall möglich machte und räumliche

Distanz in Nähe umwandelte, ist eine der Neuigkeiten, die Droste der nach Minden verzogenen Freundin Elise Rüdiger am 14. November 1845 berichtet: »nämlich durch eine, wenig kostbare, Vorrichtung von drathdünnen Röhrchen unter der Erde, den Schall auf große Wegstrecken so fortzupflanzen, daß man z. B. in Minden nur sprechen, und ein Anderer in Münster das Ohr anlegen darf« (HKA X, 325).

Der Zeitenbruch, der in einer sich umfassend verändernden Raumordnung manifest wird, ist den Werken Annette von Droste-Hülshoffs vielfältig eingeschrieben. Charakteristisch für die Prosaarbeiten, deren Handlungsräume tief im 18. Jahrhundert angelegt sind (*Die Judenbuche, Bei uns zu Lande auf dem Lande*), ist eben die so aufgebaute Differenz zur Gegenwart der Schreiberin, für die je Exposition respektive Rahmenerzählung vorbehalten bleibt. Das späte, weitgehend unbekannt gebliebene Romanfragment *Joseph* (HKA V, 151–168) bringt die Raum-Zeit-Spannung treffend auf den Punkt:

> In meiner Kindheit, wo das Sprichwort: ›Bleib im Lande und nähre Dich redlich‹ seine strenge Anwendung fand; wo die Familien aller Stände ihre Sprossen wie Banianenbäume nur in den nächsten Grund steckten und die Verwandtschaften so verwickelt wurden, daß man auf sechs Meilen Weges jeden Standesgenossen frischweg: ›Herr Vetter‹ nannte und sicher unter hundert mal kaum einmal fehlte; in jener Zeit kannte ein ordinairer Mensch mit zehn Jahren jeden Ort, den seine leiblichen Augen zu sehn bestimmt waren und er konnte achtzig Jahre nach einander sich ganz bequem seinen Pfad austreten.
> Jetzt ist es anders. Die kleinen Staaten haben aufgehört; die großen werfen ihre Mitglieder umher wie Federbälle, und das ruhigste Subjekt muß sich entweder von allen Banden menschlicher Liebe lossagen oder sein Leben auf Reisen zubringen, je nach den Verhältnissen umherfahrend wie ein Luftballon, oder noch schlimmer immer denselben Weg angähnend wie ein Schirrmeister; kurz, nur die Todtkranken und die Bewohner der Narrenspitäler dürfen zu Hause bleiben, und Sterben und Reisen sind zwei unabwendbare Lebensbedingungen geworden. Ich habe mich nicht eben allzuweit umgesehen, doch immer weiter, als mir lieb ist. Es gibt keine Nationen mehr, sondern nur Kosmopoliten und sowohl Marqueurs als Bauernmädchen in fremdländischen Kleidern. Französische und englische Trachten kann ich auch zu Hause sehen, ohne daß es mir einen Heller kostet. Es macht mir wenig Spaß einer Schweizerin mit großen Hornkämmen in den Haaren fünf Batzen zu geben, damit sie sich in ihre eigene Nationaltracht maskirt oder mir für die nächste Bergtour Tags vorher einen Eremiten in die Klause zu bestellen. (HKA V, 153)

Mit der Verunsicherung infolge des Verlusts stabiler Raumbezüge einher ging die Erfahrung, dass auch der familiäre Nahraum zunehmend seine Konsolidierungsfunktion verlor. Während der Adel aufgrund der politisch-gesellschaftlichen Veränderungen im Zuge der Säkularisation ganz umfassend seinen Einfluss einbüßte und alte Privilegien aufgeben musste, was auch für die Familie Droste-Hülshoff erhebliche Auswirkungen hatte, verlor dieser private Schutzraum für Droste durch familiäre Konstellationen, Ereignisse und Entwicklungen auch konkret seine Bindungskraft – durch das Zerwürfnis mit Teilen der mütterlichen Verwandtschaft infolge des Arnswaldt-Straube-Erlebnisses (1820) ebenso wie durch den frühen Tod von Vater (1826) und Bruder

(1829), den Fortzug der Schwester nach Meersburg (1834) sowie durch die wenig entwickelten intellektuellen Anknüpfungspunkte und die in Teilen offene Ablehnung ihrer literarischen Ambitionen (→ I.1.1.). Droste setzte gegen diesen Prozess des Verlusts eine eigene, kreative, auf Räume und Orte bezogene Gestaltungsenergie.

Im Rahmen des topografischen Koordinatenfelds ihrer Lebensgeschichte zwischen Westfalen und der Bodenseeregion hat Annette von Droste-Hülshoff spezifische Orte für sich als Subjekt- und Schreibräume besetzt und ausgestattet, die auch als Rückzugs- und Schutzräume dienten oder dienen sollten. Für das Rüschhauser »Schneckenhäuschen« (Schücking [1886] 2009, 70), wie sie ihr dortiges Wohn- und Arbeitszimmer nannte, ist der Prozess des Häuslich-Machens und der Vereinnahmung durch das Subjekt mehrfach beschrieben und verbürgt (vgl. Grywatsch 2009b, 17f.); in gleicher Weise sollte auch das »TUSCULUM« (HKA X, 116) des Meersburger Fürstenhäusles, dessen obere Etage die Autorin als »meine eigentliche Dachshöle (oder Schwalbennest)« (HKA X, 112) bezeichnete, aber krankheitsbedingt nicht mehr bewohnen konnte, als Poetenresidenz zu einem »CHEZ MOI« (HKA X, 111) werden. Auch der Turm, den sie im Meersburger Schloss bewohnte, war einer dieser heimischen Subjekt-Orte, mit denen das Gefühl der heimlichen Abgeschlossenheit – wie eine »Maus im Loche« (HKA X, 124) oder ein »Vogel im Ey« (HKA X, 167) – verbunden war. Auch andere Besuchsorte hat sie nach eigenen Bedürfnissen eingerichtet, so ihr Zimmer im Eppishauser Schloss, das sie mit einer Reihe von Sammlungsgegenständen ausstattete, die eine überschaubare, selbstversicherte Welt simulierten (HKA VIII, 176), und der Steintisch im Park der Abbenburg, der mit seiner naturnahen Abgeschiedenheit ein favorisierter Schreibort war (HKA IX, 65f.).

Der Schreibort als Ort der Imagination ist noch in anderer Weise für den kreativen Prozess der Annette von Droste-Hülshoff von Bedeutung. Unabhängig von den Wohnhäusern schafft sich das schreibende Subjekt eigene Orte der Ich-Versenkung, die zu Orten der Imagination werden. Zu nennen sind das ›Kanapee mit den Harfen‹, die ›Bank unter den Eichen‹, der Platz ›im Moose‹, ›im Grase‹, ›am Weiher‹, der ›Turm‹, der ›Öde Stein‹ die ›Schenke am See‹ – Orte, die von Introspektion und Überschau gleichermaßen geprägt sind. Dieses sind explizit ›literarische‹ Orte, denen auf der Realitätsebene eine initiale Rolle für Drostes Schreibprozess zukommt und die auf der Fiktionsebene wiederum in ihren Texten ausgestaltet sind. Sie sind damit Imaginationsorte in einem doppelten Sinn, einmal als Ausgangspunkte für den literarischen Schaffensprozess selbst, der sich dort entzündet, zum anderen als innerliterarische Initiationsorte der fiktionalen Gestaltung, des ästhetischen Transformationsprozesses.

Noch in anderer Hinsicht, bezogen nämlich auf das Papier, das Material des Schreibens, ist der literarische Schaffensprozess ebenso wie der Prozess des Briefeschreibens für Droste geprägt als spezifische Raumaneignung. Davon zeugt bereits das Manuskriptblatt, das in der (später durch Dritte hergestellten) Ordnung ihres handschriftlichen Nachlasses die erste Stelle einnimmt.

Es enthält ein prägnantes Notat, das ein »verräumlichte[s] Bild der Schreibproduktion« (Nutt-Kofoth 2009, 257) entwirft: »Unsrer sind Vier / Ich, Feder, Dinte, und Papier« (HKA I, 612). Wie sehr das Manuskriptblatt für Droste Kristallisationsort einer spezifischen Raumgestaltung war, zeigen Analysen zu ihren Handschriften und den daraus erschließbaren Arbeitsprozessen (vgl. Gödden 1996c; Nutt-Kofoth 2009). Schücking prägte das Wort von »ein[em] Raum groß wie das Weltmeer«, den ein »Papierbogen« für Droste darstellte (Schücking 1862, 110). Diesen Raum füllte sie »[i]n höchster Intensität, mit größter Beschreibdichte, [...] bis in die tiefsten Tiefen, bis an die äußersten Ränder« (Nutt-Kofoth 2009, 251), so dass engmaschige »Buchstaben-Labyrinth[e]« (Gödden 1996c, 12) entstanden. Ähnliches kann für ihre Briefe in Anschlag gebracht werden, die in vergleichbarer Weise den Raum der Blätter bis in die letzte Ecke füllen. Sie können für die Briefpartner – ganz nach der Gellertschen Brieflehre – einen »simulatorischen (Nah)-raum« (Großklaus 1995, 13; vgl. Blasberg 2009, 218) stiften, der angelegt wurde, um das gute, persönliche Gespräch zu ersetzen. In den vertrauensvollen Briefwechseln mit engen Freunden wie Elise Rüdiger und Levin Schücking lässt sich weiter eine spezifische Raumrhetorik ausmachen, die mittels der Metaphorik des Spiegels erzeugt wird, während hingegen die verwandtschaftlichen Briefe mit ihrem parataktischen Nachrichtenstil eine Raumsimulation regelrecht verweigern (Blasberg 2009, 226, 234 f.).

2. Literarische Raumevokation

Vor dem Hintergrund der ästhetischen Strömungen ihrer Zeit vollzieht sich im Hinblick auf die literarische Raumorientierung chronologisch gesehen im Werk der Annette von Droste-Hülshoff eine Bewegung von der Panoramatik zur Mikroskopie. Einen unbegrenzten Sehnsuchtsraum entfaltet das Ich der frühen Lyrik z.B. in dem Gedicht *Unruhe* (HKA II, 171 f.; → II.1.7.), in dem die romantische Fernsicht zu einer Reise-Utopie in die »Unendlichkeit« (V. 6, 33) wird, deren fernes Ziel die »Freyheit« (V. 32) des Ichs ist. Doch diesen Phantasien stehen gesellschaftliche und familiäre Normen entgegen (»zu Boden drücken Raum und Zeit«, V. 31) und das Ich scheint in die Beschränkung einzuwilligen. Doch wenn am Schluss die »Ferne« mit »Heymathslieder[n]« (V. 51) assoziiert werden kann, spricht doch ein Ich, das sich in der Utopie heimisch machen will, das dem Bescheiden (»Fesseln will man uns am eignen Heerde!«, V. 51) das Selbstbewusstsein eines umfassenden Handlungsraums und -anspruchs entgegensetzt: »Und das Herz, dies kleine Klümpchen Erde / Hat doch für die ganze Schöpfung Raum!« (V. 57 f.) Solch romantisch verankerte Transzendenzräume werden explizit auch für die poetologische Orientierung reklamiert. *Der Dichter* (HKA II, 167 f.; → II.1.5.) bezieht die Entgrenzungsphantasie ausdrücklich auf den poetischen Bereich, der hier mit Mitteln einer Raum-Licht-Metaphorik markiert wird: Das Ich strebt den Bereich intellektueller Befreiung (»Sein Geist schwingt sich frey in die Welten hinaus«, V. 43) sinnbildlich als früher Raumfahrer an, der »[d]as

All der Welten unendlich umkreißt« (V. 1) und irdische Fesseln abzuwerfen vermag, um »Räume von Dunkel Weiten voll Nacht« (V. 4) zugunsten von »Klarheit in leuchtender Pracht« (V. 8) zu überwinden.

Panoramatische Blicke und weite, entgrenzte Räume sind auch in der Lyrik der 1830er Jahre ein vielfach entwickeltes Kompositionsmerkmal. Exemplarisch zeigt das Gedicht *Schloß Berg* (HKA I, 373–376) eine auf Überschau angelegte, den romantischen Fernblick evozierende Raumaneignung des Ich in Bezug auf das Bodenseegebiet, der diejenige des viel zitierten Briefs an Christoph Bernhard Schlüter vom 19. November 1835 korrespondiert, in dem die erstmals an den Bodensee gereiste Autorin dem Freund das überwältigende Alpenpanorama in gesteigerter sinnlicher Wahrnehmungsverdichtung erschließt (HKA VIII, Nr. 117). Auch der 1836 entstandene Zyklus *Der Säntis* (HKA I, 87–89; → II.5.4.9.) basiert auf einer groß angelegten Landschaftspanoramatik des Alpenraums. Ebenso eröffnet die Verserzählung vom *Hospiz auf dem großen St. Bernhard* (HKA III, 1–46; → II.4.2.) den Blick in eine weit geöffnete, hier nicht grandios überhöhte, sondern bedrohlich-feindliche Alpenlandschaft, in der sich der Fokus dann verengt auf das Schicksal des alten Benoit und seines Enkels respektive die Rettungsaktivitäten der Mönche. In *Des Arztes Vermächtniß* (HKA III, 47–70; → II.4.3.) wird das Landschaftspanorama nur schematisch aufgerufen (»So mild die Landschaft und so kühn ...«) und auf wenige Verse im Rahmen des Langgedichts (V. 1–19; 827–829) verbannt – im Gegensatz dazu ist im Binnenteil, in dem dem Arzt mit verbundenen Augen die Teilnahme am Landschaftsraum verweigert wird, das Geschehen in den Innenraum der gestörten Wahrnehmung und der Imagination verlagert. Die *Schlacht im Loener Bruch. 1623* (HKA III, 71–136; → II.4.4.) schließlich entfaltet im öffnenden Rahmen des erzählten Geschehens aus dem Dreißigjährigen Krieg eine verklärende Vorstellung des vergangenen Westfalen als redlich-integerer Natur- und Kulturidylle (V. 1–54), über die der Krieg gewaltsam und barbarisch hereinbricht.

Für Drostes Lyrik der 1840er Jahre ist im Weiteren eine Entwicklung zu beobachten, die der auf Totalität zielenden Großpanoramatik einen Prozess der Verdichtung, der Fokussierung und der Konzentration entgegensetzt, der einen mikroskopischen Blick und die Entgrenzung des lyrischen Subjekts in den Bereich der Imagination ausprägt. Dabei gestaltet sich der häufig zu beobachtende, »von außen nach innen verlaufende[ ] Prozess der Subjektorientierung« (Grywatsch 2009c, 82) als Ablauf mehrerer Schritte. Er beginnt bei der topographischen Ich-Verortung, indem die Texte ihren Ausgangspunkt als örtlich-räumliche Verankerung des lyrischen Subjekts markieren. Der Fixierung des konsolidierenden Ortes kommt große Bedeutung zu: An einem Ort der Konzentration und der Selbstvergewisserung – *Am Thurme* (HKA I, 78) oder *Im Grase* (HKA I, 328), »an Bergeshang« (*Die Verbannten*, HKA I, 11, V. 1) oder »in Waldes Moose« (*Im Moose*, HKA I, 81, V. 3) – findet der schöpferische Prozess der Imagination seinen Ausgangspunkt. Während die Bezüge zur umgebenden Welt verschwimmen, beginnt sich in einem zweiten Schritt der in der Umgebung des Ichs wahrgenommene Raum zu verdichten, was wiederum die imaginative Entgrenzung ermöglicht. Fast immer sind solche Verortungssituationen gekoppelt an einen ambivalenten Bewusstseinszustand des Ich, der an Grenzen und Übergängen angesiedelt ist und des gesteigerten Perzeptionsstatus wegen gleichermaßen ursächlich zu sein scheint für den poetischen Prozess: Das Ich liegt »in Schlummerwachen« (*Durchwachte Nacht*, HKA I, 351, V. 1), befindet sich »Im Gestern halb und halb im Heute« (*Die Bank*, HKA I, 132, V. 42), spricht »Zur Zeit der Scheide zwischen Tag und Nacht« (*Der Hünenstein*, HKA I, 46, V. 1). In dieser entgrenzten Ich-Situation sind die Topographien, die Drostes Gedichte erschließen, Räume der Unsicherheit, des Vergehens, Verschwindens, Zerfließens. Drostes lyrische Landschaften können keinen verlässlichen und konsolidierenden Raum vermessen, den ihre Gegenwart nicht kennt. Ihre Räume sind die der Verlorenheit, der Verstörung, der Bedrohung und der Not; ihr Zugang ist der des bangen Orientierens, Ordnens, Bedenkens, Vergewisserns. Wo aber auch Wahrnehmung nicht mehr verlässlich ist, zerfließen Perzeption und Imagination – eine prägende Erfahrung der Zeit, die das Gedicht *Die Steppe* (HKA I, 49; → II.5.3.7.) in der Überblendung von Schäferkarren und Schiff eindrucksvoll gestaltet. So definiert sich die Raumpoetik Annette von Drostes als eine »des Zwischen, der Grenze und des Übergangs« (Grywatsch 2009c, 94). Grenzen, Schranken, Schwellen und deren Überwindung kommen in Drostes Werk eine produktive Funktion zu. Sie motivieren die Semantik von Texten ebenso wie ihnen in formaler oder struktureller Hinsicht konstitutive Funktion zukommt. So ist für die geistliche Lyrik nachgewiesen worden, dass sie ihre Bildwelten aus der weltlichen Dichtung, vor allem aus den Raumbildern der *Haidebilder* entwickelt und sich als »metaphysische Landschaftsdichtung« (Detering 2009, 41) entfaltet.

Übergänge, insbesondere solche zwischen historischen Räumen und Sphären sind es, die auch in Drostes Prosa eine bestimmende Rolle spielen. In auffälliger Übereinstimmung sind diese Texte so angelegt, dass sie aus einer Gegenwart der verschwindenden Raumbezüge in eine unversehrte Vergangenheit (vermeintlich) intakter Lebensräume blicken. So erheben die *Westphälischen Schilderungen* die literarische Konservierung des verloren gehenden Raums des alten Westfalen zum Programm: »fassen wir [...] das Vorhandene noch zuletzt in seiner Eigenthümlichkeit auf, ehe die schlüpfrige Decke, die allmählig Europa überfließt, auch diesen stillen Erdwinkel überleimt hat« (HKA V, 48). Sowohl die *Judenbuche* als auch der Romanversuch *Bei uns zu Lande auf dem Lande* ebenso wie das späte Erzählfragment *Joseph* präsentieren ihre Plots innerhalb der jeweils in der Gegenwart angesiedelten Rahmenhandlung in einer zunächst als intakt markierten Vergangenheit. Die Erzählerfiguren – der Rentmeister in *Bei uns zu Lande*, der als »Stockwestphale« mit Sorge beobachtet, dass »der Dampf sein Bestes thut das Landeskind in einen Weltbürger umzublasen« (HKA V, 125), und Rentier Bernjen im *Joseph*, der sich an einen früheren Zustand der Niederlande und Belgiens als »Hort Alles abwehrender Eigenthümlichkeit« (HKA V, 154) erinnert – wenden sich von der sich rasant modernisierenden Gegenwart ab. Eine solche Dichotomie führt aber keinesfalls zu einer allzu einfachen Schwarz-Weiß-Zeichnung von Gegenwart und Vergangenheit – nein, der zunächst positiv konnotierte Raum der Vergangenheit erweist sich als Topographie des Verbrechens, der Not und des Elends. Lediglich in den wenigen ausgeführten Kapiteln von *Bei uns zu Lande* erscheint die literarisch reanimierte Vergangenheit in stark stilisierter Weise als idyllischer Ort der friedvollen Harmonie und der in sich ruhenden Eintracht. Ansonsten aber sind die historischen Räume, die Drostes Texte erkunden, stets korrumpierte Räume des Schreckens, des Leids und Gefahr. Davon sprechen historische Balladen wie *Der Tod des Erzbischofs Engelbert von Cöln* ebenso wie das historisierende Gedicht *Die Krähen* und die Verserzählung *Die Schlacht im Loener Bruch. 1623*, die beide das grausame Geschehen der Schlacht bei Stadtlohn des Dreißigjährigen Krieges thematisieren. In diesem Sinne erscheint der geographische Raum Westfalen in diachroner Sicht als ein durch Ereignisse der Lokalgeschichte konturierter und gefährdeter Raum, so wie er sich in synchroner Sicht im Zyklus der *Haidebilder* als ein komplexer, von unterschiedlichen Charakteristika und verschiedenen Komponenten geprägter, vielgestaltiger Raum präsentiert.

Auf jeweils unterschiedliche Weise prägen sich in Drostes Werk distinkte Formungen und Semantiken aus, die mit dem für das kulturwissenschaftliche Raumdenken zentralen Konzept der Heterotopie nach Michel Foucault (1926–1984) beschreibbar sind. Diese »Gegenorte«, wie Foucault sie definiert, sind »tatsächlich verwirklichte Utopien, in denen die realen Orte, all die anderen realen Orte, die man in der Kultur finden kann, zugleich repräsentiert, in Frage gestellt und ins Gegenteil verkehrt werden« (Foucault [1967] 2006, 320). Solche »Orte, die außerhalb aller Orte liegen«, lassen sich für Drostes Werk in verschiedener Hinsicht und auf verschiedenen Ebenen nachweisen.

Mit Blick auf das Gesamtwerk markieren die 1838 entstandenen *Klänge aus dem Orient* (→ II.3.), die, weil sie einer Homogenität gegenläufig erschienen, aus dem Druck der Gedichtausgaben von 1838 und 1844 ausgeschieden wurden, einen Werkkomplex, dessen exotische Andersartigkeit eine heterotopische Qualität vermittelt. Anders als Goethes *Divan* reichen Drostes *Klänge* »an den Ursprung nicht mehr heran« und schreiben »den Orientalismus der Differenz fort – nur so können die in den Orient hineingehörten Klänge von dort aus über die Grenze zurück ins Eigene wehen und es alterieren« (Springer 2009, 105). Wenn die *Klänge* im Verhältnis zum Gesamtwerk einen ›anderen Ort‹ markieren, so sind zum anderen auch einzelne Texte dadurch markiert, dass ihnen heterotopische Orte eingeschrieben sind. Im *Hospiz auf dem großen St. Bernhard* steht jenseits der binären Raumstruktur von eisiger Bergwelt und geschütztem Hospiz mit dem von Benoit und dem Enkel aufgesuchten Totengewölbe eine Heterotopie, die gleichzeitig Heterochronie ist (Köhn 2009, 211 f.). In der *Judenbuche* kann der Ort des Judenmordes nach der Tat, also die von der jüdischen Gemeinde erworbene alte Buche, in die sie die intratextuell sowie für die zeitgenössische Leserschaft unverständlichen und nicht übersetzen hebräischen Schriftzeichen einschlagen, als heterotopischer Ort verstanden werden, als »Teil sowohl des dargestellten Raumes wie auch sein fremdes Gegenüber« (Ribbat 2009, 173 f.). Als weitere heterotopische Orte in Drostes Texten wären die Räuberhöhle in *Des Arztes Vermächtniß*, die Eremitage des Walther in der gleichnamigen Verserzählung, der Friedhof in *Ledwina*, das Schiff respektive die verbleibende Planke in der Ballade *Die Vergeltung*, das Archiv im *Fräulein von Rodenschild* sowie der Hünenstein, die Mergelgrube und die Vogelhütte in den gleichnamigen Texten zu nennen – allesamt Orte, die in der Fiktion real existieren, aber vollständig getrennt sind von den sonstigen Lebensbereichen, denen sie mit ihrer Fremdartigkeit eine veränderte Gestalt vermitteln. Außerhalb der Fiktion kommen dem Brief, der »selbst ein Ort im Raum ist, durch den er sich bewegt« und »die Utopie [seines] unmittelbaren Verstandenwerdens, einer für Schreiber und Leser identischen Textsemantik, immer mit sich [trägt], ohne sie je einlösen zu können« (Blasberg 2009, 217), und dem Manuskriptblatt, das »eine Schwelle zugleich zu jenem Ort der Utopie, der sich der Dichterin an jenem ›Anderen Ort‹ des Schreibpapiers zu eröffnen vermag« (Nutt-Kofoth 2009, 251), heterotopische Eigenschaften zu.

3. Implizite Poetologie des Raums

Die Analyse von Ausprägung und Funktion der spezifischen und in vielfältiger Weise profilierten Raumbezüge in ihrem Werk führt in den Kern von Drostes Poetologie. Ortsbezüge, Raum und topographische Orientierung sind gerade in ihrer Prosa, die sich, so die Selbstverpflichtung der Autorin, aus der eigenen Kenntnis und Anschauung zu speisen hat (und dazu führt, dass der Fokus ihres Schreibens ausschließlich auf den westfälischen Herkunftsraum sowie auf die durch Reisen erschlossenen Regionen des Alpenraums und der Niederlande gerichtet ist), aber auch in der Lyrik, die mit Zyklen wie *Haidebilder* und *Fels, Wald und See* eben auch den angestammten respektive den erworbenen Heimatraum vermisst, ein derart bestimmendes Element, dass es rückblickend verwundert, solche Bezüge – einmal abgesehen von ihrer selbstverständlichen Funktion als Ort der Handlung – lange Zeit allein unter Aspekten von Heimatverbundenheit und regionenbezogener Profilierung im Feld der Literatur gewürdigt zu sehen. Wenn Raum aber als kulturell produzierte Kategorie verstanden wird, dann ist er zugleich »Signatur sozialer und symbolischer Praktiken« (Hallet/Neumann 2009, 11).

Auf der Basis der Feststellung, dass Raumbezüge in auffälliger Häufigkeit an Reflexionen literarischen Schreibens geknüpft sind, ist für das Droste-Werk von einer Poetologie des Raums zu sprechen. Es geht dabei um eine implizite Poetologie, um ein Dichtungsprogramm, das indirekten, mittelbaren Ausdruck findet, sich gewissermaßen subkutan vermittelt, und auf diese Weise die offen und programmatisch formulierten poetologischen Bekenntnisse der Lyrik, wie sie z. B. in den Gedichten *Mein Beruf* und *Der Dichter – Dichters Glück* offenbar werden, um einen wesentlichen Aspekt erweitert (→ VI.5.). Die im Folgenden fokussierten Stellen sowohl der Prosa als auch der Lyrik können als implizite, intratextuelle Bestätigungen des in zwei Briefen pointierten Grundsatzes des Dichtungsprogramms der Autorin gelten – nämlich der Selbstverpflichtung Drostes auf eine ›naturwahre‹ Darstellung menschlichen Lebens, wie sie es 1838 gegenüber Schlüter (»... daß ich nur im Naturgetreuen, durch Poesie veredelt, etwas leisten kann«; HKA VIII, 332 f.) und 1843 gegenüber Elise Rüdiger (»... keinem andern Führer als der ewig wahren Natur durch die Windungen des Menschenherzens zu folgen«; HKA X, 89) dargelegt hat.

Die literarische (Re-)Konstruktion eines vergangenen Raums, des Westfalens vor der Französischen Revolution, ist das erklärte Ziel des Romanfragments *Bei uns zu Lande auf dem Lande*. Ausdrücklich als Akt der Verschriftlichung ist der Konservierungsimpuls des Rentmeisters determiniert: »Schreib auf, was du weißt« (HKA V, 128), dem er nicht selbst nachgehen muss, als das im Archiv des westfälischen Schlosses aufgefundene Manuskript mit zurückliegenden Aufzeichnungen eines Edelmanns aus der Lausitz von seiner Reise in die Heimat der westfälischen Verwandten ihn davon befreit. Wenn der Gutsherr dem Wunsch des Rentmeisters nach Veröffentlichung des Textes mit den Worten: »es ist kein Roman, es ist unser Land« (HKA V, 130) entspricht, dann wird in der argumentativen Überblendung von Raum und literarischem Erzeugnis deutlich, dass der Bezugnahme auf die Topographie poetologische Funktion zugewiesen wird. Dem Raum selbst und seinen Bewohnern, so der Text, eignet eine eigene, »stillnährende[ ] Poesie« (HKA V, 145). Diese wird im »LIBER MIRABILIS« des Hausherrn gespeichert, das in einer »buchförmigen Kapsel verwahrt« (HKA V, 147) wird und als »poetisch verdichtete Topographie des Landes« (Grywatsch 2009c, 75) als Quelle des geplanten Romans dienen sollte. In der Engführung von Poesie und Raum formuliert der Text sein poetologisches Credo als Aufforderung (hier gerichtet an den Neffen des Rentmeisters, der sich als literarisches Talent erwiesen hat), sich ganz in die lokale Natur zu versenken und daraus literarische Kraft generieren: »bleib in deiner Haide, laß deine Phantasie ihre Fasern tief in deine Weiher senken und wie eine geheimnißvolle Wasserlilie darüber schaukeln« (HKA V, 149). Explizit drängt sich der Gedanke an die Gedichtsequenz *Der Weiher* (HKA I, 43–45; → II.5.3.5.) auf, das exemplarisch für die produktive Umsetzung dieser Programmatik im Droste-Werk selber steht, welches sich in seiner Ganzheit dieser Intention verschreibt.

Obwohl die eher dem Genre eines Sachtextes verpflichteten und hinsichtlich ihres literarisch-fiktionalen Anteils weniger profilierten *Westphälischen Schilderungen aus einer westphälischen Feder*, die Droste aus dem Material des gescheiterten Westfalen-Projekts zusammenstellte, keine explizite Handlungsstruktur entwickeln, ist in ihnen doch eine Bewegung im Raum, die als fiktive Fußreise des Erzählers durch die drei Regionen Westfalens angelegt ist, nachzuvollziehen (→ IV.6.). Diese folgt dem programmatischen Ziel, verlorengehende Gefüge und Formungen literarisch zu konservieren, die dem als bedrohlich empfundenen Fortschritt zum Opfer fallen (vgl. HKA V, 48). Während das Münsterland noch stark stilisiert als bukolische Landschaft erscheint, sind die Regionen des Sauerlands und des Paderborner Landes doch bereits deutlich von Verfall und Niedergang geprägt, was für letztgenannte Region in der *Judenbuche* als proto-ethnografisches Beispiel ausgestaltet ist.

Im Bereich der Lyrik spielen in Hinsicht auf die dichterische Selbstbestimmung Drostes neben den poetologischen Gedichten (→ VI.5.) gerade auch solche Texte eine beachtenswerte Rolle, die ihren programmatischen Gehalt indirekt vermitteln und diesen vor allem im Mantel der Naturbetrachtung und -reflexion verbergen. Dies führt prominent der *Weiher*-Zyklus vor, in dessen *Wasserfäden*-Teil die symbiotische Harmonie in und mit der Natur herausgestellt und damit gewissermaßen das in *Bei uns zu Lande auf dem Lande* formulierte poetologische Credo angewendet wird (Grywatsch 2014). Hinzu gesellen sich andere, unter einer topografischen Perspektive neu zu lesende Gedichte, die eine implizite Poetologie des Raums entfalten. Das Wasserfäden-Bild greift das Gedicht *Meine Sträuße* (HKA I, 156 f.) auf, das mit der Vorstellung von aus dem Teich gewonnenen Pflanzen auf die nährende »Inspirationsquelle Natur für die Poesie« (Grywatsch 2014, 88) und zugleich auf das Naturgetreue verweist: »Und wie Blutes Adern umschlingen mich / Meine Wasserfäden und Moose« (V. 55 f.). Szenisch ins Bild gesetzt wird der Schreibprozess selbst und dessen Reflexion in dem Gedicht *Die Vogelhütte* (HKA I, 39–42; → II.5.3.4.). Wenn das Ich hier seinen Ort in der Natur benennt, der als Beobachtungsposten größte Nähe zur Natur aufweist und gleichzeitig als Flucht- und Gegenort zum Lesetee im Schloss konstruiert ist und so größte Entfernung von der Kultur aufweist, dann wird dieser Ort explizit ein Ort der Schreibens und damit poetologische Setzung (Grywatsch 2009c, 89–92), deren Kern als Bild im Bild gestaltet ist: »Hier möcht ich Haidebilder schreiben, zum Exempel: / ›Die Vogelhütte‹, nein – ›der Heerd‹, nein besser: / ›Der Knieende in Gottes weitem Tempel.‹« (V. 46 f.) Anders als Droste an solchen Stellen ihre poetologischen Verweise innovativ und individuell entwickelt, reiht sie sich mit dem Gedicht *Mondesaufgang* (HKA I, 354 f.) in eine vielfältig tradierte Reihe von Autoren ein, die an den Mond dichtungsprogrammatische Bezüge heften. In seiner »doppelte[n] Rede über die Krise des Subjekts und die Krise der Kunst« führt *Mondesaufgang* die literaturgeschichtliche Dimension des Mondmotivs gewissermaßen an einen »krisendiagnostischen Endpunkt« (Nutt-Kofoth 2014, 164). Die noch zu vermehrenden Beispiele belegen allesamt, wie in subtiler Weise Ort und Dichtung, Raum und Poetologie eins werden, was sich auch an Stellen wie diesen in Drostes Werk deutlich macht: »Ha! wie so wüst des Zimmers Raum! / Selbst ein romantisches Gedicht« (*Der Graue*, HKA I, 249–254, V. 95 f.; → II.5.7.6.).

Literatur

Blasberg, Cornelia: »Versprengter Tropfen von der Quelle Rande.« Zum Ort des Subjekts in den Briefen der Annette von Droste-Hülshoff. In: Jochen Grywatsch (Hg.): Raum. Ort. Topographien der Annette von Droste-Hülshoff. Hannover 2009 (= Droste-Jahrbuch 7), S. 215–241.

Böhme, Hartmut: Einleitung: Raum – Bewegung – Topographie. In: Hartmut Böhme (Hg.): Topographien der Literatur. Deutsche Literatur im transnationalen Kontext. Stuttgart, Weimar 2005, S. IX–XXIII.

Detering, Heinrich: Versteinter Äther, Aschenmeer. Metaphysische Landschaften in der Lyrik der Annette von Droste-Hülshoff. In: Jochen Grywatsch (Hg.): Raum. Ort. Topographien der Annette von Droste-Hülshoff. Hannover 2009 (= Droste-Jahrbuch 7), S. 41–67.

Foucault, Michel: Von anderen Räumen [1967]. In: Jörg Dünne/Stephan Günzel (Hg.): Raumtheorie. Grundlagentexte aus Philosophie und Kulturwissenschaften. Frankfurt/M. 2006, S. 317–329.

Gödden, Walter: »Stoffe, die im Kopf rumoren«. Stichworte zur literarischen Arbeitsweise. In: Walter Gödden/Jochen Grywatsch (Hg.): »Ich, Feder, Tinte und Papier«. Ein Blick in die Schreibwerkstatt der Annette von Droste-Hülshoff. Paderborn u. a. 1996, S. 41–77. [Gödden 1996c]

Grywatsch, Jochen (Hg.): Raum. Ort. Topographien der Annette von Droste-Hülshoff. Hannover 2009 (= Droste-Jahrbuch 7). [Grywatsch 2009a]

Grywatsch, Jochen: Topographien der Annette von Droste-Hülshoff. Zur Einführung. In: Jochen Grywatsch (Hg.): Raum. Ort. Topographien der Annette von Droste-Hülshoff. Hannover 2009 (= Droste-Jahrbuch 7), S. 7–24. [Grywatsch 2009b]

Grywatsch, Jochen: Poetische Imagination und räumliche Struktur. Zu einer Poetologie des Raums bei Annette von Droste-Hülshoff. In: Jochen Grywatsch (Hg.): Raum. Ort. Topographien der Annette von Droste-Hülshoff. Hannover 2009 (= Droste-Jahrbuch 7), S. 69–94. [Grywatsch 2009c]

Grywatsch, Jochen: Fragile Idylle und implizite Poetologie [zu: *Der Weiher*]. In: Claudia Liebrand/Thomas Wortmann (Hg.): Interpretationen. Gedichte von Annette von Droste-Hülshoff. Stuttgart 2014, S. 79–92.

Hallet, Wolfgang/Neumann, Birgit: Raum und Bewegung in der Literatur. Zur Einführung. In: Wolfgang Hallet/Birgit Neumann (Hg.): Raum und Bewegung in der Literatur. Die Literaturwissenschaften und der Spatial Turn. Bielefeld 2009, S. 9–28.

Heine, Heinrich: Lutezia. Berichte über Politik, Kunst und Volksleben [1843]. In: Heinrich Heine. Historisch-kritische Gesamtausgabe der Werke. Hg. von Manfred Windfuhr. Bd. 14. Hamburg 1990, S. 9–145.

Köhn, Lothar: Ort, Nicht-Ort, Heterotopie in Brief und Versepos der Droste. In: Jochen Grywatsch (Hg.): Raum. Ort. Topographien der Annette von Droste-Hülshoff. Hannover 2009 (= Droste-Jahrbuch 7), S. 197–213.

Nutt-Kofoth, Rüdiger: Schreibräume, Landnahmen. Annette von Droste-Hülshoffs Manuskriptblätter. In: Jochen Grywatsch (Hg.): Raum. Ort. Topographien der Annette von Droste-Hülshoff. Hannover 2009 (= Droste-Jahrbuch 7), S. 243–273.

Nutt-Kofoth, Rüdiger: Krisenerfahrungen des Subjekts und Dissoziation des Künstlertums. *Mondesaufgang* als poetologische Rede [zu: *Mondesaufgang*]. In: Claudia Liebrand/Thomas Wortmann (Hg.): Interpretationen. Gedichte von Annette von Droste-Hülshoff. Stuttgart 2014, S. 154–165.

Ribbat, Ernst: Lebensräume, Todesorte und eine Inschrift. Zum topographischen Erzählen in *Die Judenbuche*. In: Jochen Grywatsch (Hg.): Raum. Ort. Topographien der Annette von Droste-Hülshoff. Hannover 2009 (= Droste-Jahrbuch 7), S. 163–175.

Schlaffer, Heinz: Lyrik im Realismus. Studien über Raum und Zeit in den Gedichten Mörikes, der Droste und Liliencrons. Bonn 1966. [Schlaffer 1966a]

Schücking, Levin: Annette von Droste. Ein Lebensbild. Hannover 1862.

Schücking, Levin: Lebenserinnerungen [1886]. Neu hg. von Walter Gödden und Jochen Grywatsch. Bielefeld 2009.

Springer, Mirjam: Verbotene Räume. Annette von Droste-Hülshoffs *Klänge aus dem Orient*. In: Jochen Grywatsch (Hg.): Raum. Ort. Topographien der Annette von Droste-Hülshoff. Hannover 2009 (= Droste-Jahrbuch 7), S. 95–108.

13. Gendertheoretische Perspektiven
Rita Morrien

    1. Modellfall einer misogynen Rezeption: *Das öde Haus*   672
    2. Drostes ›männliche Hand‹ und die Frage nach dem
       ›weiblichen Schreiben‹   673
    3. Die Ordnung der Geschlechter und ihre Störstellen   674
    4. ›Wechselblicke‹: Geschlecht – Raum – Transgression   677

Annette von Droste-Hülshoff zählt nicht zu den zahlreichen historischen Autorinnen, die erst in den 1970er und 1980er Jahren (wieder-)entdeckt wurden, wenngleich die feministische Literaturgeschichtsschreibung dazu geführt hat, dass marginalisierte Texte wie das Dramenfragment *Bertha oder die Alpen*, das Prosafragment *Ledwina* oder der Gedichtzyklus *Klänge aus dem Orient* in den Fokus der Forschung rückten und kanonische Texte wie *Die Judenbuche* und ihre ›Heimatgedichte‹ einer gendersensibilisierten Relektüre unterzogen wurden. Sie gehört auch nicht in die Reihe der politisch engagierten Vormärzautorinnen (Luise Mühlbach, Louise Aston u. a.), die mit der Feder für die Rechte der Frauen gekämpft haben. Charakteristisch für Droste, die als kanonische Autorin des 19. Jahrhunderts zwar keiner Wiederentdeckung bedurfte, aber allzu lange auf das Paradigma des Westfälisch-Katholischen festgelegt war (→ VII.2.), scheint vielmehr das Spannungsverhältnis zwischen restaurativer weiblicher Selbstbeschränkung und Ausbruchs-/Entgrenzungsphantasien zu sein. In der ersten Phase der feministischen und gendertheoretischen Rezeption ist das die dominante Lesart, die erst seit der Jahrtausendwende substanziell ausdifferenziert wird. Während die ältere, durch Doris Maurers Biographie mit dem Untertitel *Ein Leben zwischen Auflehnung und Gehorsam* (Maurer 1982) beförderte feministische Forschung neben den geschlechtsspezifischen Produktionsbedingungen und geschlechtsstereotypen Rezeptionsweisen vor allem die Spannung zwischen dem Verharren in der Konvention und dem Drang nach Selbstverwirklichung fokussiert und die Gebundenheit der weiblichen Figuren an die patriarchale Gesellschaftsordnung herausarbeitete (Frederiksen/Shafi 1989), gibt es in der neueren Forschung die Tendenz, Drostes Schreiben als »Re- und Gegenlektüre« von männlichen Schöpfungs- und Geniemythen (Liebrand 2008, 96) und als gezielte »Überschreitung der herkömmlichen Geschlechterdiskurse« (Geffers 2007, 145) zu interpretieren. Neueren gendertheoretischen Lektüren ist es auch zu verdanken, dass die Zäsur zwischen dem vermeintlich unreifen Jugendwerk und dem von einem ›männlichen Ausdruck‹ geprägten Hauptwerk – diese ›Nobilitierung‹ geht schon auf die Droste-Biographie Levin Schückings (1862) zurück – in Frage gestellt wird, reduktionistische biographische Deutungen zugunsten einer Einordnung in das Moderne-Paradigma an Boden verlieren und geschlechtsstereotype Kategorisierungen als solche reflektiert werden. Gerade die Modernitätsdebatte (Liebrand/Hnilica/Wortmann 2010b, 7–13; → VI.2.) ist von größter Bedeutung, weil durch den Vergleich mit Baudelaire, Kafka und anderen männlichen Repräsentanten der Moderne der Vorwurf des weiblichen Epigonentums und die geschlechtsstereotype Diagnose des Psychopathologischen nicht mehr haltbar sind.

1. Modellfall einer misogynen Rezeption: *Das öde Haus*

Tatsächlich hat ihre schon im 19. Jahrhundert einsetzende Kanonisierung Droste-Hülshoff nicht davor bewahrt, dass gerade die Aspekte ihrer Kreativität, die als grobe Verstöße gegen ästhetische und moralische Normen rezipiert wurden, mit dem Attribut des Psychopathologischen (Heselhaus 1971, 308) belegt wurden. Ebenso wenig geschützt war die Autorin, wie nicht nur von feministischer Seite moniert wurde (Kraft 1987, 28–31), vor tendenziell misogyner Vertraulichkeit und Vereinnahmung. So ist die Anrede ›Annette‹ bis in die 1980er Jahre im mündlichen wie schriftlichen Sprachgebrauch verbreitet gewesen und auch in jüngeren Publikationen gelegentlich noch anzutreffen (z.B. Pollmann 2008, 133–141). Dass auch genderbewusste Forschungsbeiträge nicht frei von misogynen Stereotypen sind, zeigt sich beispielsweise, wenn das marode Gebäude, das Droste in ihrem Gedicht *Das öde Haus* (HKA I, 79 f.) entwirft, nahezu ungebrochen mit dem persönlichen Status der Dichterin als unverheirateter und kinderloser Frau assoziiert wird: »Dann erscheint das verwitterte Bauwerk als schlimme Darstellung einer golemisierten Frau: sinnlos die bewahrte Jungfräulichkeit, sinnlos der unbegattete Schoß« (von Matt 1995, 216; affirmativ zitiert von Liebrand 2008, 70). Die These, dass Droste-Hülshoff die Frustration über ihre Ehe- und Kinderlosigkeit über die Metapher des verfallenden Gebäudes artikuliert, ist angesichts der morbiden Schönheit des Szenarios (»Und eine Spinne hat ihr Zelt / Im Fensterloche aufgeschlagen; / Da hängt, ein Blatt von zartem Flor, / Der schillernden Libelle Flügel, / Und ihres Panzers goldner Spiegel / Ragt kopflos am Gesims hervor«, V. 27–32) und des Umstands, dass das lyrische Ich eines verstorbenen Mannes und seines »todt geschossen[en]« Hundes gedenkt (V. 55), zu eindimensional. Signifikant ist aber vor allem die drastische Begriffswahl von Matts, die suggeriert, dass eine der bedeutendsten Schriftstellerinnen des 19. Jahrhunderts, die die Vision einer viele Lesergenerationen überdauernden Rezeption hatte und sich ihrer Modernität offenbar bewusst war (»Meine Lieder werden leben, / Wenn ich längst entschwand«, HKA IV, 37, V. 49 f.), eine lyrische Klage über ihre sinnlose Existenz geführt habe. Eine entsprechende Schlussfolgerung und vor allem Terminologie wäre bei männlichen Autoren schwer vorstellbar. Der Vergleich mit männlichen Autoren legt vielmehr nahe, auch *Das öde Haus* als Beispiel dafür zu nehmen, wie Droste sich produktiv in männliche Traditionslinien einschreibt. So liefert sie eine nur vordergründig als ›biedermeierliche

Innerlichkeit‹ erscheinende Adaption des barocken Vanitas-Motivs und interpretiert um 1800 und im ersten Drittel des 19. Jahrhunderts virulente (Künstler-)Topoi neu: etwa die zivilisations- und kapitalismuskritisch zu lesende Waldeinsamkeit in Tiecks *Der blonde Eckbert* (1797), das unheimliche Haus als Metapher für die von Realitäts- bzw. Selbstverlust bedrohte romantische Künstlerexistenz in E.T.A. Hoffmanns *Das öde Haus* (1817) und das über die verfallende Stammburg verhandelte dialektische Kultur-Natur-Verhältnis in Goethes *Novelle* (1828). Das lyrische Ich in Drostes *Das öde Haus* ist, anders als der »todt geschossen[e]« Hund und sein Herrchen, eine Überlebende, von der – wenn man denn biographisch lesen will – weit mehr bleibt als nur ein »Pfeifchen« (V. 53) und ein besticktes Hundehalsband. Die Einsamkeit wird temporär gesucht, stellt aber keine unkontrollierbare Bedrohung für das (weibliche) Subjekt dar, sondern ist möglicherweise Voraussetzung für die dichterische Phantasie – eine Phantasie, die hier zwar auf Tod und Verfall fokussiert ist, aber auch von der Hoffnung zeugt, dass die ›Lieder‹ die irdische Existenz der ›Sängerin‹ überdauern. Neben der epigonal anmutenden barocken Rhetorik fallen vor allem poetologische Metaphern ins Auge, etwa das Spinnengewebe, die Reste von Vogelnestern und bizarre Zeichen (infolge von Schimmelbefall) auf dem lange schon erkalteten Herd. Das Szenario amalgamiert eine biedermeierlich-melancholische Innenschau mit barocker Lust am Verfall und mit Künstlertopoi aus der Hochzeit der bürgerlichen Literatur – alles in allem eher ein Beispiel für Drostes mimetisches Durchqueren der männlichen Schrifttradition als Ausdruck der Verzweiflung über ihre ›nicht gelebte‹ Weiblichkeit.

2. Drostes ›männliche Hand‹ und die Frage nach dem ›weiblichen Schreiben‹

»Sie unternimmt ein Werk, wie es von einer Frauenhand nie unternommen ist und in der Ausführung ist nicht der leiseste Strich, der die Frauenhand verriethe« (Schücking 1862, zit. n. Woesler 1980, 271). Mit dieser am Beispiel von *Die Schlacht im Loener Bruch. 1623* (HKA III, 71–136) entwickelten Einschätzung hat Levin Schücking maßgeblich zur frühen Kanonisierung und geschlechtlichen Semantisierung von Drostes Texten beigetragen (Maierhofer 2005, 178; Wortmann 2015, 144) – und damit zugleich die weiblichen Traditionslinien und Frauenfreundschaften, die, wie Belemann (1993), von Heydebrand (2001) und Steidele (2007) nachgewiesen haben, durchaus von großer Bedeutung für Droste waren, marginalisiert. Auch die Frage nach einem ›weiblichen Schreiben‹ scheint mit Schückings Diktum zumindest im Hinblick auf die anspruchsvolleren Texte abschlägig beantwortet zu sein. Im Sinne dieser Logik könnte man formulieren, dass Droste auf der Höhe ihrer schriftstellerischen Produktivität ›männlich‹ geschrieben hat, während die frühen Texte mit ihren ästhetischen Schwächen und Abbrüchen noch den unfertigen ›weiblichen‹ Geist verraten. Da der ›weibliche‹ Geist – verbleibt man in der misogynen, nachträglich durch Freuds Theorie legitimierten Geschlechterideologie der Bürgerzeit – nicht für die Vollendung prädestiniert ist, musste Droste sich als Künstlerin über ihre biologische Geschlechtszugehörigkeit hinwegsetzen und ihre Weiblichkeit unterdrücken. Diese in der Droste-Rezeption immer wieder anzutreffende Haltung ist, auch jenseits der Errungenschaften der feministischen Literaturwissenschaft und der Gender Studies, nicht mehr haltbar und hat auch in früheren Zeiten nur unter Ausblendung von vielen Texten und Aspekten funktioniert. Die Frage nach ›männlichen‹ und ›weiblichen‹ Schreibweisen birgt die Gefahr, in geschlechtsstereotype Kategorisierungen zu münden. Deshalb haben Frederiksen und Shafi schon in der ersten Phase der feministischen Rezeption Droste-Hülshoffs darauf hingewiesen, dass das Weibliche nicht einfach im Gegensatz zum Männlichen definiert werden sollte, »sondern als das Andere, Verborgene, Verdrängte, Unterdrückte in einer patriarchalischen Gesellschaftsstruktur [...], das eigenständigen, unabhängigen Wert hat und die Kraft besitzen kann, hierarchische Strukturen zu unterminieren« (Frederiksen/Shafi 1989, 116). In den 1980er Jahren wurden die Theorien der französischen Poststrukturalistinnen Luce Irigaray, Hélène Cixous und Julia Kristeva stark rezipiert, die mit unterschiedlichen Akzentsetzungen um die Problematik kreisen, wie ›die Frau‹ von der Position des marginalisierten Anderen aus sprechen soll, außer durch Rekurs auf ›männliche‹ Repräsentationssysteme. Cixous' Rede von der *écriture féminine* und Irigarays *parler femme* zielen auf eine Subversion der nach Jacques Lacan durch den Phallus strukturierten symbolischen Ordnung ab. Die Theoretikerinnen verbleiben aber letztlich innerhalb des binären Systems des kritisierten abendländischen Denkens, wenn dem männlichen Prinzip ein weiblicher Gegendiskurs entgegengesetzt wird (Babka 2003, 16–20). Zudem ist insbesondere Irigarays Verständnis von Weiblichkeit nicht frei von biologistisch-essentialistischen Zuschreibungen, die die dekonstruktivistischen Gender Studies gerade überwinden wollen (Babka 2003, 19f.). Trotz der genannten Kritikpunkte gibt es bis in die jüngere Droste-Forschung Versuche, Irigarays in *Speculum* (1974) propagierte Strategie des ›Mimesis spielen‹ – gemeint ist ein ironisches Wiederholen und subversives Durchqueren der männlichen Tradition – zu adaptieren. So schlägt Andrea Geffers vor, die Art und Weise, wie Droste-Hülshoff in *Ledwina* den »kaum mehr tragfähigen Wassermythos der Weiblichkeit (Undine)« sowie andere von männlichen Autoren geprägte Mythen der Selbstaffirmation (Narziss, Pygmalion) adaptiert, auf der Folie von Irigarays Mimesis-Strategie zu lesen (Geffers 2007, 119, 127f.). Zu ganz ähnlichen Ergebnissen kommt Claudia Liebrand (2008, 91–121). Sie nimmt allerdings nicht explizit Bezug auf Irigarays Konzept *parler femme*, vermeidet auch den Terminus des ›weiblichen Schreibens‹ und spricht stattdessen von der »Gender-Rolle der Schreibenden« (Liebrand 2008, 8), womit sie sich von einem biologistisch-essentialistischen Verständnis von weiblicher Autorschaft abgrenzt.

3. Die Ordnung der Geschlechter und ihre Störstellen

Das Projekt, essentialistische Festschreibungen von Männlichkeit und Weiblichkeit zu überwinden, haben seit den 1990er Jahren vor allem US-amerika-

13. Gendertheoretische Perspektiven

nische Gendertheoretikerinnen wie Barbara Johnson, Shoshana Felman und Judith Butler vorangetrieben. Das gemeinsame Anliegen dieser dekonstruktiven Feministinnen besteht darin, die diskursive Konstruiertheit, Prozesshaftigkeit und Veränderbarkeit von (geschlechtlicher) Identität deutlich zu machen. Männlichkeit und Weiblichkeit werden nicht mehr als biologische Größen, sondern als rhetorisch-performative Effekte einer symbolischen Ordnung verstanden, die durch den Ausschluss bzw. die Marginalisierung des Weiblichen konstituiert wird. Konkret bedeutet das, dass das Geschlecht durch ›Anrufungen‹ – performative Sprechakte – wie »Es ist ein Junge/Mädchen« prozesshaft entsteht (Babka 2003, 21–33). Für die gendertheoretische Literaturwissenschaft resultiert aus diesem Verständnis die Frage, wie Geschlechtsidentitäten und -körper als rhetorische Effekte im Text in Erscheinung treten und ob sie mit der vorherrschenden Geschlechterideologie korrespondieren oder diese unterlaufen. Auch wenn man Butlers Dekonstruktion der *Sex-Gender*-Unterscheidung nicht in letzter Konsequenz – der Infragestellung auch des biologischen Geschlechts (*sex*) – folgen will, lohnt es sich, einige Denkfiguren des dekonstruktiven Feminismus an Drostes Texte heranzutragen und latent oder manifest geschlechtsspezifische Konstellationen, Konflikte und Kollisionen entsprechend zu überdenken. An zwei Beispielen sei Drostes Affinität zu hybriden Geschlechtsidentitäten und damit zu *gender trouble* (Butler) skizziert.

Über die Titelfigur des Dramenfragments *Bertha oder die Alpen* (HKA VI, 61–245) äußert sich die jüngere Schwester Berthas wie folgt:

> Zu männlich ist dein Geist strebt viel zu hoch
> Hinauf wo dir kein Weiberauge folgt
> Das ists was ängstlich dir den Busen engt
> Und dir die jugentliche Wange bleicht
> Wenn Weiber über ihre Sphären steigen
> Entfliehn sie ihrem eignen bessern Selbst
> Sie möchten aufwärts sich zur Sonne schwingen
> Und mit dem Aar durch duftge Wolken dringen
> Und stehn allein im nebelichten Thal
> Wenn Weiber wollen sich mit Männern messen
> So sind sie Zwitter und nicht Weiber mehr (V. 108–118)

Bertha kann ihre männlich konnotierten Eigenschaften wie Stärke, Intellekt, Ehrgeiz nicht ausleben, da diese bei einer Frau als widernatürlich gelten. Das Plus an Energie und Potential schlägt ins Gegenteil um, aus der zur genieästhetischen Ikonographie gehörenden Ikarus-Figur (»aufwärts sich zur Sonne schwingen«) wird eine Melancholikerin mit bleichen Wangen – ein »Effekt suspendierter weiblicher Tatkraft beziehungsweise politischer Partizipation« (Schößler 2010, 64; siehe auch Berndt 2010). In der Terminologie des dekonstruktiven Feminismus könnte man sagen, dass Bertha durch die massiv abwertende ›Anrufung‹ als »Zwitter« nicht nur auf die systembedingt marginale Position des Weiblichen verwiesen wird, sondern als ›missratenes Weib‹ gar keine Position innerhalb der symbolischen Ordnung einnehmen kann. Mit einer so eklatant jenseits der binären Geschlechterordnung stehenden Hauptfigur konnte die junge Schriftstellerin nicht reüssieren – sie brach das Projekt, das sich bis in das Jahr 1813 zurückverfolgen lässt, spätestens 1815 nach der Hälfte des zweiten Aufzugs ab (vgl. HKA VI, 544–546; → III.2.).

Sehr viel subtiler arbeitet Droste, wie Peters unter dem Aspekt »Blick, Macht und Geschlecht« (Peters 2004) an einigen Verserzählungen aus den 1830er Jahren nachweist, in ihren späteren Schaffensperioden. Die als historische Kriminal- und Dorfnovelle in den Kanon eingegangene Erzählung *Die Judenbuche* (HKA V, 1–42) lässt sich, was mit soziohistorischen und anderen Deutungen nicht kollidieren muss, auch als Tragödie einer gescheiterten geschlechtlichen Identifizierung bzw. Positionierung der Hauptfigur Friedrich Mergel lesen. Dass im Hause Mergel unterschiedliche Vorstellungen von geschlechtlicher Hegemonie herrschen, ist schon an dem spannungsreichen, gewalttätigen, in wesentlichen Details aber im Dunkeln bleibenden Verhältnis der Eltern abzulesen. Von diesen instabilen Verhältnissen im Elternhaus ist Friedrich deutlich gezeichnet. Mit seinen blonden Locken und dem zarten Körperbau (HKA V, 10f.) tritt er als Zwölfjähriger, also am Anfang der Pubertät, deutlich ›effeminiert‹ in Erscheinung, was er aber als junger Mann durch seine Inszenierung als »Dorfelegant« (HKA V, 16) zeitweilig kompensieren kann: »Friedrich stolzirte [auf der Hochzeitsfeier eines Dorfbewohners] umher wie ein Hahn, im neuen himmelblauen Rock, und machte sein Recht als erster Elegant geltend. Als auch die Gutsherrschaft anlangte, saß er gerade hinter der Baßgeige und strich die tiefste Saite mit großer Kraft und vielem Anstand.« (HKA V, 27) Der Versuch, eine stabile männliche Position in der Dorfgemeinschaft, die, wie gerade die Hochzeitsfeier als rituelle Inszenierung der patriarchalischen Heteronormativität zeigt, noch in nahezu archaischer Weise strukturiert ist, einzunehmen, endet jedoch mit einer totalen Niederlage: Zunächst wird Friedrichs Zögling des profanen Butterdiebstahls überführt (HKA V, 28). Da Johannes Niemand in seiner Eigenschaft als negative Spiegelfigur und ›verkümmertes‹ Alter Ego auch die verborgene ›Weiblichkeit‹ Friedrichs repräsentiert, bedeutet seine ›Anrufung‹ als Dieb (= Ordnungsbrecher) gleichsam einen ›Platzverweis‹ auch für Friedrich. Dauerhaft unmöglich gemacht wird die Inszenierung als »erster Elegant« und Mann, der bei der »Baßgeige« »die tiefste Saite« spielt, als der Jude Aaron ihn öffentlich auf seine Schulden anspricht. Innerhalb des Systems der hegemonialen Männlichkeit (diesen Begriff hat Robert W. Connell 1995 in *Masculinities* geprägt) rangiert der ›Jude‹ als beschnittener, also ›defizitärer Mann‹ weit unten – ausgerechnet von ihm, dem »Schlächter und gelegentliche[n] Althändler aus dem nächsten Städtchen« (HKA V, 29) vor der gesamten Hochzeitsgesellschaft bloßgestellt worden zu sein, kommt einer irreversiblen Widerrufung des rhetorischen Effekts ›Mann‹ gleich: »Eine große, unerträgliche Schmach hatte ihn getroffen […]. Friedrich war wie vernichtet fortgegangen« (HKA V, 29). Dass Friedrich nach seiner symbolischen Stigmatisierung als Nicht-Mann verschwinden muss, ist gemäß dieser Logik fast schon unabhängig von dem unaufgeklärten Mord an dem Juden Aaron folgerichtig. Ebenso folgerichtig ist, dass der Gutsherr rund dreißig Jahre später die in der Judenbuche hängende, schon stark verweste Leiche unzweifelhaft als die des Friedrich Mergel erkennt (HKA V, 42), nämlich als er einer Narbe ansichtig wird, die an keiner früheren Textstelle Erwähnung findet. Diese Narbe, das ›weiß‹ der Gutsherr als oberster Hüter der heteronormativen Ordnung, identifiziert den Mann, der keine stabile Geschlechtsidentität einnehmen konnte, als einen Nicht-Mann – Niemand –, was impliziert, dass Johannes die ›Nicht-Verortung‹ Friedrichs in der symbolischen Ordnung präfiguriert. Wer sich aber als Lebender nicht innerhalb der Ordnung der Geschlechter behaupten kann, für den gibt es auch keinen Platz auf dem Friedhof, der wird auch aus der offiziellen Gedenkpraxis gestrichen: »Die Leiche ward auf dem Schindanger verscharrt.« (HKA V, 42) Dass mit dieser Lektüre nur einige Facetten der Erzählung erfasst werden und beispielsweise die Narbe auch als Kainszeichen, also Signum der Schuld (woran genau?), als Bestandteil der labyrinthischen Verrätselungsstruktur oder als Zeichen der »Verletzungen durch die Schrift«, durch die »schmerzhafte Einschreibung der phallogozentrischen Ordnung« (Lange-Kirchheim 2010, 372) gelesen werden kann, versteht sich von selbst (→ IV.5.). Zudem gibt es in einigen Punkten Korrespondenzen mit Interpretationen aus dem Bereich der feministischen Psychoanalyse. So weist schon Roebling (1988, 62–64) darauf hin, dass das Leiden an der sexuellen Differenz nicht eines ist, von dem das männliche Subjekt in Drostes Texten ausgespart bleibt.

4. ›Wechselblicke‹: Geschlecht – Raum – Transgression

Annette von Droste-Hülshoff offenbart auch in Texten, die (vordergründig) nicht das Drama der geschlechtlichen Identifizierung/Positionierung verhandeln, einen sehr feinen Wahrnehmungsapparat für die Fallstricke der heteronormativen Ordnung. Das zeigt sich an ihrer Raumsemantik, die kaum unabhängig von geschlechtsspezifischen Implikationen entziffert werden kann. Dass Raummetaphern und Texträume von großer Bedeutung gerade für eine genderbewusste Forschung sind, hängt kulturhistorisch betrachtet nicht zuletzt mit der für die bürgerlich-patriarchalische Ordnung konstitutiven binären Gegenüberstellung von weiblich konnotierter Privatsphäre/Familie/Heimat und männlich konnotiertem öffentlichen Raum zusammen. Das Publizieren von Texten ist an sich schon eine Grenzüberschreitung, was erklärt, warum Autorinnen der Bürgerzeit – auch Droste – gerade am Anfang ihrer Karriere nicht unter ihrem (vollständigen bzw. richtigen) Namen veröffentlicht haben und stark auf männliche Mentoren angewiesen waren (→ I.3.2.). Diese geschlechtsspezifische Konnotation von Räumen gehört zu den Topoi der feministischen Literaturgeschichtsschreibung und findet ihren Niederschlag zum Beispiel in der Fokussierung auf das Phänomen der Grenze bzw. verhinderten Grenzüberschreitung (Bianchi 1993) und auf die ambivalente Konzeption der westfälischen Heimat (Niethammer 1993b) in Drostes Texten. Die neuere Forschung interessiert sich vor allem für die Verschränkung von heimischen und fremden Räumen und analysiert den Zusammenhang zwischen instabilen Geschlechtsidentitäten – *gender trouble* – und der Dekonstruktion des binären Heimat-Fremde-Paradigmas. Schon Wagner-Egelhaaf (1998) zeigt in ihrer Lektüre des Gedichtzyklus *Klänge aus dem Orient*, dass der ›Orient‹, im Sinne von Edward Saids *Orientalism* (1978) als westliches Konstrukt und imaginärer Projektionsraum verstanden, ein Experimentierfeld darstellt, über das »die Modalitäten des poetischen Sprechens«, aber auch »die Grenzen der Geschlechter« in der eigenen Kultur reflektiert werden: »Wie die Rollen der Geschlechter ein Produkt des kulturellen Wechselblicks sind, so ist es die Sprache und das Sprechen, in denen beide, Kultur und Geschlechterpolitik, konstituiert werden« (Wagner-Egelhaaf 1998, 163 f.; vgl. Springer 2008). Droste imaginiert in ihren Orient-Gedichten einen fremden Raum, von dem aus betrachtet das Eigene, auch die eigene Ordnung der Geschlechter, immer wieder als zutiefst befremdlich, chaotisch und latent oder manifest gewalttätig erscheint. Damit korrespondiert, dass der heimische Raum sowohl in dem humorvoll-anekdotischen Westfalenporträt *Bei uns zu Lande auf dem Lande* (HKA V, 123–150) als auch in der düsteren Kriminalnovelle *Die Judenbuche* ›orientalisiert‹ wird. Im ersten Fall geschieht das durch die Perspektive eines Fremden, eines Lausitzer Edelmannes, der das westfälische Land in seinen Aufzeichnungen als »glückselige[s] Arabien« (HKA V, 132) bezeichnet und damit »die Exotik Westfalens behauptet« (Liebrand 2008, 168). Die Maske des Lausitzer Erzählers funktioniert hier zugleich ver- und enthüllend: Verhüllt wird die autobiographische Dimension des Textes. Zugleich wird aber die prekäre Position eines schreibenden Subjekts enthüllt, das qua weiblicher Geschlechtszugehörigkeit die Heimat des Mannes repräsentiert, selbst aber nur eine marginale Position innerhalb der patriarchalischen Ordnung einnehmen kann und damit dem Eigenen immer schon als Fremde gegenübersteht. Im Fall der *Judenbuche* ist die Interdependenz von gestörter Geschlechtsidentität und verwüsteter – ›orientalisierter‹ – Heimat noch deutlicher. Die Tragödie des Friedrich Mergel ist kein individualpsychologischer Fall und kein reines Familiendrama, sondern sie resultiert aus einer zutiefst brüchigen Ordnung, die im Namen des Vaters doppelbödig (Naturrecht versus Staatsrecht) organisiert ist. Folgt man der Prämisse, dass eine funktionierende Rechtsordnung das Fundament jeder gesellschaftlichen Ordnung sowie die Voraussetzung einer intakten Heimat ist, und macht man sich weiterhin klar, dass Friedrich Mergel nicht zuletzt über die Instanz, die im Idealfall Vertrauen und Geborgenheit vermittelt, nämlich die Mutter, permanent verunsichert, verkannt, ›effeminiert‹ und mit *Double-Bind*-Botschaften konfrontiert wird, erhellt sich schlagartig, warum er in seiner Heimat, diesem chaotisch-wüsten Raum, keine stabile Position als geschlechtliches und als Rechtssubjekt einnehmen kann, warum er als Mann und als Mensch scheitern muss. In ihrer Dramatisierung von Droste-Hülshoffs ›Meisternovelle‹ zielt die Schriftstellerin und Regisseurin Judith Kuckart schon mit dem Titel ihres Stückes *Mutter, lügen die Förster?* (Burg Hülshoff, August 2016) genau auf diese Ungeheuerlichkeit ab und führt uns damit Drostes Modernität und Aktualität vor Augen (→ VI.2.).

Literatur

Babka, Anna: Geschlecht als Konstruktion. Eine Annäherung aus der Sicht der Dekonstruktion. In: http://differenzen.univie.ac.at/texte_dekonstruktion.php [2003] (8.3.2017).
Frederiksen, Elke/Shafi, Monika: Annette von Droste-Hülshoff: Konfliktstrukturen im Frühwerk. In: Ruth-Ellen Boetcher Joeres/Marianne Burkhard (Hg.): Out of Line/ Ausgefallen. The Paradox of Marginality in the Writings of Nineteenth-Century German Women. Amsterdam 1989, S. 115–136.
Geffers, Andrea: Stimmen im Fluss. Wasserfrau-Entwürfe von Autorinnen. Literarische Beiträge zum Geschlechterdiskurs von 1800–2000. Frankfurt/M. u. a. 2007.
Heselhaus, Clemens: Annette von Droste-Hülshoff. Werk und Leben. Düsseldorf 1971.
Kraft, Herbert: »Mein Indien liegt in Rüschhaus«. Münster 1987.
Lange-Kirchheim, Astrid: Annette von Droste-Hülshoff wiedergelesen mit Franz Kafka – *Die Judenbuche* und *In der Strafkolonie*. In: Claudia Liebrand/Irmtraud Hnilica/Thomas Wortmann (Hg.): Redigierte Tradition. Literaturhistorische Positionierungen Annette von Droste-Hülshoffs. Paderborn u. a. 2010, S. 339–373.
Liebrand, Claudia: Kreative Refakturen. Annette von Droste-Hülshoffs Texte. Freiburg/Br. u. a. 2008.
Liebrand, Claudia/Hnilica, Irmtraud/Wortmann, Thomas: Einleitung. In: Claudia Liebrand/Irmtraud Hnilica/Thomas Wortmann (Hg.): Redigierte Tradition. Literaturhistorische Positionierungen Annette von Droste-Hülshoffs. Paderborn u. a. 2010, S. 7–20. [Liebrand/Hnilica/Wortmann 2010b]
Maierhofer, Waltraud: Heldenweiber. Bilder des Weiblichen in Erzähltexten über den Dreißigjährigen Krieg. Köln u. a. 2005.
Matt, Peter von: Verkommene Söhne, mißratene Töchter. Familiendesaster in der Literatur. München, Wien 1995.
Pollmann, Leo: Sternstunden des weiblichen Schreibens. Auflösen und Bergen. Frankfurt/M. u. a. 2008.
Schößler, Franziska: Schiller und Goethe, »männliche Sittlichkeit« und »weibliche Freiheit«: Genrehybride und Geschlechterdiskussion in Droste-Hülshoffs Dramenfragment *Bertha oder die Alpen*. In: Claudia Liebrand/Irmtraud Hnilica/Thomas Wortmann (Hg.): Redigierte Tradition. Literaturhistorische Positionierungen Annette von Droste-Hülshoffs. Paderborn u. a. 2010, S. 59–75.
Wagner-Egelhaaf, Martina: Grenz-Rede. Annette von Droste-Hülshoffs *Klänge aus dem Orient*. In: Ernst Ribbat (Hg.): Dialoge mit der Droste. Kolloquium zum 200. Geburtstag von Annette von Droste-Hülshoff. Paderborn u. a. 1998, S. 147–164.
Woesler, Winfried (Hg.): Modellfall der Rezeptionsforschung. Droste-Rezeption im 19. Jahrhundert. Dokumentation, Analysen, Bibliographie. Erstellt in Zusammenarbeit mit Aloys Haverbusch und Lothar Jordan. 2 Bde. in 3. Frankfurt/M. u. a. 1980.
Wortmann, Thomas: Textilarbeit und Textproduktion. Verhandlungen weiblicher Kreativität bei Annette von Droste-Hülshoff. In: Linda Dietrick/Birte Giesler (Hg.): Weibliche Kreativität um 1800. Hannover 2015, S. 143–162.

VII. Rezeptions-, Wirkungs-, Forschungsgeschichte

1. Druck- und Textgeschichte. Editionen und ihre Prinzipien
Rüdiger Nutt-Kofoth

1. Ortssuche im Literaturmarkt: Drucke zu Lebzeiten Drostes	681
2. Familiäre Nachlasspolitik: Frühe postume Drucke	684
3. Kulturpolitische Instrumentalisierung: Erste Gesamtausgaben im 19. Jahrhundert	686
4. Distanzierte Betrachtung: Wissenschaftliche Ausgaben im 20. Jahrhundert	687
5. Mehrmediale Aufbereitung: *Droste-Portal* im 21. Jahrhundert...	689

Die Druckgeschichte der einzelnen Droste-Texte ist gut erforscht. Wesentliche Ergebnisse sind in der historisch-kritischen Editionsphase im letzten Drittel des 20. Jahrhunderts vorgelegt worden. Sie finden sich für die Drucke zu Lebzeiten Drostes in der Droste-HKA separiert am jeweiligen Ort dargelegt, für die postumen Editionen in verschiedenen Begleitpublikationen zur HKA. Überblicke sind vorhanden (vgl. Schneider 1995, 1–6; Kortländer 2005; für die postume Editionsgeschichte Nutt-Kofoth 1997; s. auch Bemerkungen zu den bibliografierten Titeln in HKA XIV). Eine weiter ins Detail gehende Zusammenschau fehlt bisher. Sie könnte darauf aufmerksam machen, dass Editionsentscheidungen bis zum Ende des 19. Jahrhunderts und zum Teil darüber hinaus Konstellationen fortschreiben, denen schon die Drucke zu Lebzeiten Drostes unterlagen. Folgende Aspekte sind besonders dominant: Autorbewusstsein, Autorisationsfragen und Autorbild- bzw. Rezeptionspräfigurationen. Diese Aspekte haben ihren Ausgangspunkt im historischen Autorrahmen, dem Droste unterlag und der geprägt war durch die Probleme weiblichen Schreibens auf dem Literaturmarkt der Zeit und der spezifischen Standessituation Drostes als unverheirateter Angehörigen des niederen Landadels und der damit verbundenen Pflichten und Abhängigkeiten.

1. Ortssuche im Literaturmarkt: Drucke zu Lebzeiten Drostes

Obwohl Interessen an der Veröffentlichung von Droste-Texten ganz gelegentlich schon seit den Jugendjahren an die Autorin herangetragen wurden, war die mit *Gedichte* betitelte Ausgabe von 1838 die allererste Publikation der zu diesem Zeitpunkt 41-Jährigen (zu Entstehung und Aufnahme vgl. HKA III, 243–282; Woesler 1997). Seit 1834 hatte sie mehrmals über Vermittler –

Sibylle Mertens-Schaaffhausen (1797–1857) und andere Bonner Bekannte, ihren Schwager Joseph von Laßberg (1770–1855) in Eppishausen, später noch einmal über den Bonner Professor Johann Wilhelm Joseph Braun (1801–1863), der einen Kontakt zum Kölner Verleger DuMont hergestellt hatte – eine Veröffentlichung einleiten wollen. Erfolgreich wurde aber erst 1837 die Vermittlung an den Münsteraner Verleger Johann Hermann Hüffer (1784–1855) und seine Aschendorff'sche Buchhandlung durch persönliche Beziehungen der Münsteraner Droste-Freunde Christoph Bernhard Schlüter (1801–1884) und Wilhelm Junkmann (1811–1886) zum Verlegerhaus. Droste hatte zwischenzeitlich Bedenken, ihre Texte in dem regionalen Verlag zu veröffentlichen (HKA VIII, 219, 230), auch Adele Schopenhauer (1797–1849) warnte sie Ende 1837 davor und wollte ihr einen Jenaer Verlag besorgen, doch hatte Droste zu diesem Zeitpunkt schon Verabredungen mit Aschendorff getroffen, sodass Schlüter die Veröffentlichung dort vorantrieb. Schlüter traf auch die Auswahl und Anordnung der Texte für die Ausgabe. Neben die vier Fünftel des Bandes ausmachenden drei Verserzählungen (*Hospiz, Arztes Vermächtniß, Schlacht*) traten zwei Naturgedichte (*Der Säntis, Am Weiher*), die ersten 42 Verse aus dem nicht veröffentlichten dritten Gesang des *Hospizes* unter dem Titel *Fragment*, die Ballade *Der Graf von Thal* sowie acht ausgewählte Gedichte aus dem ersten Teil des *Geistlichen Jahres*. Nicht in das Schlüter'sche Harmonie-Ideal passende Gedichte wie *Noth* oder das aus der späten Jugendzeit stammende *Unruhe* wurden genauso wenig aufgenommen wie Texte aus dem Zyklus *Klänge aus dem Orient*. Die Druckfahnen bekam Droste nur zu geringen Teilen in die Hand; die Durchsicht erfolgte maßgeblich durch Schlüter und Junkmann. Der Anfang August 1838 halbanonym unter der Autornennung »Annette Elisabeth v. D.... H....« erschienene, 220 Seiten umfassende Band, für den Droste auf ein Honorar verzichtet hatte, wurde kein Erfolg; allein 74 der 400 gedruckten Exemplare wurden verkauft, was Hüffer später veranlasste, bei Publikation der ebenfalls die Verserzählungen enthaltenden Ausgabe der Droste-*Gedichte* von 1844 erfolgreich Regress zu fordern. Die Rezeption war mäßig. Von den 14 bekannten Rezensionen waren nur drei wirklich unabhängig, sie waren zugleich die negativsten. Gründe für den Misserfolg der Ausgabe lagen somit in dem auf einen regionalen Absatzmarkt beschränkten, kaum auf schöngeistigem Gebiet tätigen und vor allem religiösen Werten verpflichteten Verlag als auch in der Zusammenstellung der Texte, die Schlüters Interessen an dem Bild einer »fromme[n], traditionelle Muster erfüllende[n] Autorin« (HKA III, 278) dienten. Deutlich wird aber auch, wie die Autorin von den Vermittlungstätigkeiten anderer abhängig war bzw. sich in deren Abhängigkeit begab: Die weibliche Dichterin in einer von ihrem familiären adeligen Umfeld eher zurückhaltend-befremdlich angesehenen Autorrolle hatte im männlich dominierten literarischen Betrieb die Gestaltung ihres öffentlichen Erscheinens anderen überlassen (müssen), und zwar solchen Personen, die wie Schlüter und Junkmann nicht nur ein religiös-konservatives Bild der Autorin befördern wollten, sondern zudem auch keinen Zugang zum größeren literarischen Markt hatten und somit auch keine Werbemaßnahmen einleiten konnten.

Das Autor-Selbstbewusstsein Drostes entwickelte sich dann aber in der Freundschaft zu Levin Schücking (1814–1883; → I.1.2.3.), der im Gegensatz zu Schlüter und Junkmann reichhaltige Kontakte innerhalb des Literaturmarktes besaß, von denen Droste vielfach profitierte. Als Droste wenige Jahre nach der ersten Ausgabe – ermuntert auch durch Schücking – einen großen Fundus an neuen Gedichten verfasst hatte, vermittelte dieser sie für ihre zweite, seit 1841 projektierte Ausgabe, wieder einfach mit *Gedichte* betitelt, nun aber mit dem vollem Namen und dem Adelsprädikat gekennzeichnet (»Annette Freiin von Droste-Hülshof« [sic]), an den Cotta-Verlag. Seit 1842 hatte auch der noch junge Bielefelder Verlag Velhagen & Klasing nachhaltiges Interesse an der Inverlagnahme gezeigt; zudem wurde die Aschendorff'sche Buchhandlung in die Überlegung einbezogen. Drostes Entscheidung für Cotta darf jedoch als strategisch bedeutsame Neusetzung der Rahmenbedingungen gegenüber denjenigen der Ausgabe von 1838 verstanden werden. Nun war sie bei einem im gesamten deutschsprachigen Raum agierenden einflussreichen Verleger untergekommen. Der Bekanntheitsgrad Drostes hatte durch eine ganze Reihe an unselbständigen Publikationen von Gedichten, aber eben auch 1842 der Erzählung *Die Judenbuche*, erheblich zugenommen, nicht zuletzt durch Veröffentlichungen insbesondere in Cottas *Morgenblatt*. Das neue Autorselbstbewusstsein spiegelte sich in Drostes systematischer Planung der Ausgabe von 1844, für die sie eine überwiegend eigenhändige Reinschrift anfertigte und mehrere detaillierte Anordnungen durchspielte (zu Entstehung und Aufnahme vgl. HKA I, 431–587; Blakert u.a. 1997). An einer einzigen, aber nicht unwesentlichen Stelle setzte sich dabei der Einfluss Schückings, der auch die Drucklegung begleitete, durch. Die von Droste als Einleitung der Ausgabe gewünschten persönlichen, auch auf ihr Autorverständnis zielenden Gedichte *Mein Beruf*, *Meine Todten* und *Katharine Schücking* verschob Schücking in eine hintere Rubrik, um mit der Gruppe der *Zeitbilder*-Gedichte den aktuellen Trend zu gegenwartsbezogenen Thematiken zu bedienen – letztlich allerdings nicht zum Vorteil Drostes, die in dieser Gruppe nicht unbedingt ihre stärksten, zudem – gegen den durch eine solche Überschrift erzeugten Erwartungshorizont – wenig progressive Texte bündelte (die Überschriften der weiteren Rubriken sind *Haidebilder, Fels, Wald und See, Gedichte vermischten Inhalts, Scherz und Ernst, Balladen,* gefolgt vom SPIRITUS FAMILIARIS *des Roßtäuschers* und den drei Verserzählungen der 1838er Ausgabe). Dennoch liegt mit der 575 Seiten starken Ausgabe von 1844 eine von Droste bis in Einzelheiten autorisierte Sammlung vor, deren endgültige Gestaltung die Autorin nicht nur bis in mehrere an Schücking gemeldete Nachkorrekturen intensivst begleitete, sondern sich auch von Schücking mit dessen »E h r e n w o r t« jede unabgestimmte Textänderung verbat (HKA X, 135). Der Verlagsvertrag sah eine Auflage von 1200 Exemplaren vor, für die Droste 875 Gulden Honorar erhielt (von dem sie als ihren ersten persönlichen Grundbesitz das Meersburger Fürstenhäusle mit dem Weinstock erwarb). Zu den 18 Anzeigen der Ausgabe kamen 13 hauptsächlich positive Rezensionen, die allerdings vielfach von Bekannten stammten. Der Verkaufserfolg der Ausgabe war mittelmäßig.

Nach sieben Jahren waren nur 500 der 1200 Exemplare verkauft, erst 1861 kam eine zweite Auflage heraus, 1873 und 1877 dann aber schon wieder Folgeauflagen.

Nach dem Druck der Ausgabe bereitete Droste hauptsächlich bis Herbst 1845 die Publikation neuer Gedichte in Zeitungen und Almanachen vor (nur in diesen Medien gelangten markante Droste-Texte wie *Im Grase*, *Durchwachte Nacht* oder *Mondesaufgang* an die Öffentlichkeit), doch erschienen nicht sämtliche von Droste zur Veröffentlichung aus der Hand gegebenen Texte am geplanten Ort; manche wurden vom Vermittler Schücking oder von den anfragenden Herausgebern unabgesprochen an andere Herausgeber weitergegeben, manche blieben ungedruckt (vgl. HKA I, 1785–1815; HKA II, 455–457, 485–489, 537–540; zur Streuung von Drostes Texten in den zeitgenössischen printmedialen Formen s. Podewski 2017). Bei der Herstellung der Reinschriften als Druckvorlagen konnte sich Droste mehrfach nicht zu einer definitiven Fassung durchringen und überließ anderen die Entscheidung zwischen den von ihr formulierten Alternativen. Solche graduellen Abstufungen einer starken Druckautorisation, die als Delegierung von Entscheidungen an andere wie ein verbliebener Reflex jenes Verfahrens für die Ausgabe von 1838 wirken und als Kennzeichen eines nie vollständig gesicherten Autorselbstbewusstseins zu verstehen sind, finden einen Spiegel noch in der Tatsache, dass der Titel von Drostes bekanntestem Text, der Erzählung *Die Judenbuche*, nicht von der Autorin, sondern vom Redakteur des Morgenblatts, Hermann Hauff, erfunden wurde. Diese Erzählung gelangte zu Lebzeiten Drostes allein im Fortsetzungsdruck des *Morgenblatts* 1842 an die Öffentlichkeit. Auch die *Westphälischen Schilderungen aus einer westphälischen Feder* erschienen 1845 unselbständig – und anonym – in den *Historisch-politischen Blättern* von Guido Görres. Im Druck ungekennzeichnete Prosapassagen hatte Droste zudem u. a. zu Schücking/Freiligraths *Malerischem und romantischem Westphalen* (ab Lieferung IV, 1841) beigesteuert (vgl. HKA VII, 18 f., 112–120).

2. Familiäre Nachlasspolitik: Frühe postume Drucke

Hatte Droste in den 1840er Jahren ein zunehmend gestärktes Autorselbstbewusstsein gewinnen können, so diente die dieses Bewusstsein begründende Reputation im Literaturmarkt nach dem Tod der Autorin 1848 der Familie als Anlass, mit der Vorbereitung postumer Veröffentlichungen Drostes Stellung in der literarischen Öffentlichkeit weiter zu stärken. Schon 1848/49 sichtete Drostes Schwester Jenny von Laßberg (1795–1859), unterstützt vom Onkel August von Haxthausen (1792–1866) und wohl auch von ihrem Bruder Werner von Droste-Hülshoff (1798–1867), den Nachlass. Vor allem fertigte sie Abschriften von unveröffentlichten und vermeintlich unveröffentlichten, tatsächlich aber schon unselbständig erschienenen Gedichten vor allem aus den schwer lesbaren Arbeitsmanuskripten an, sodass Verlesungen, unrichtige Anordnungen von Textpassagen und eigenmächtige Eingriffe sich in nicht geringer Zahl in diesen Abschriften finden. Schlüters und Junkmanns Plan einer dreibändigen Gesamtausgabe scheiterte allerdings genauso wie Schückings Überlegungen zu einer zweibändigen Nachlassausgabe. Die konträren personellen Konstellationen, die Oppositionen der Droste-Protegés, die sich an den Ausgaben von 1838 und 1844 gezeigt hatten, blockierten neben den Interessen Cottas wegen der Menge an noch unverkauften Exemplaren der 1844er-Ausgabe solche großen Lösungen. So erschien 1851 bei Cotta zunächst nur das bis dahin unveröffentlichte *Geistliche Jahr*. Für dessen gemeinsame Herausgeberschaft mit Junkmann reklamierte Schlüter im Vorwort nicht nur eine persönliche Autorisation Drostes, bei der Textkonstitution »nur seiner [Schlüters] Ueberzeugung zu folgen« (*Geistliches Jahr* 1851, III), sondern der halberblindete Schlüter hatte dem sich mit den äußerst schwer lesbaren Entwurfsmanuskripten plagenden Junkmann auch mit Erinnerungen an Drostes Lesungen aus dem Zyklus weitergeholfen. Der Band erfuhr 1857 eine zweite Auflage, an deren Textkonstitution auch Schücking beteiligt wurde. Allerdings wurde dieser von den Herausgebern wegen seines differenten Droste-Bilds im Vorwort nicht erwähnt (vgl. Woesler 1980, 895 f.). Hingewiesen wurde allerdings auf vielfältige Textverbesserungen durch Gustav Eschmann (1832–1906), der sich überhaupt als der akribischste Textkritiker der Droste-Texte im 19. Jahrhundert erweisen sollte.

Konnte mit dem *Geistlichen Jahr* 1851 als erster Veröffentlichung aus dem Nachlass das Bild einer fromm-christlichen Autorin akzentuiert werden, so dauerte es ein knappes Jahrzehnt, bis Teile der nachgelassenen nicht-religiösen Lyrik Drostes, vermittelt und betreut durch den in Titelei und Band nicht genannten Schücking, 1860 bei Rümpler in Hannover erstmalig an die Öffentlichkeit gelangten; 1871 erschien eine zweite Auflage als bloße Titelauflage (vgl. Nutt-Kofoth 1999a). Der Titel des Bandes *Letzte Gaben. Nachgelassene Blätter* suggerierte eine reiche Sammlung an Unpubliziertem, doch waren von den 63 Gedichten des Bandes tatsächlich nur 39 Erstdrucke, während die anderen Gedichte zu Lebzeiten Drostes in Zeitungen, Almanachen o. Ä. erschienen waren. Auch die einen Großteil des Bandes ausmachenden Prosatexte (*Die Judenbuche*, *Westphälische Schilderungen*) waren ja schon von Droste selbst zum Druck in Periodika befördert worden. Textkritisch war der Band – ähnlich wie die frühen Ausgaben des *Geistlichen Jahres* – hochproblematisch, weil die vor allem aus den Arbeitsmanuskripten hergestellten fehlerhaften Abschriften Jenny von Laßbergs von 1848/49 als Textgrundlage für den Gedichtteil der Ausgabe dienten.

Bis zum Ende der 1870er Jahre blieben die unzureichenden Ausgaben aus der ersten postumen Publikationsphase prägend. Für beide Textsammlungen, *Geistliches Jahr* wie *Letzte Gaben*, hatte die Familie textsortenspezifische und zugleich noch aus Drostes Lebenszeit herrührende unterschiedliche personelle Betreuungszuständigkeiten zugelassen. Was in dieser Phase der Editionsgeschichte als pragmatisches Vorgehen in Hinblick auf das Ziel eines allgemeinen Droste-Popularitätszuwachses verstanden werden kann, sollte sich in der folgenden Editionsphase zum kulturpolitisch konturierten Streit um das Droste-Bild ausweiten.

3. Kulturpolitische Instrumentalisierung: Erste Gesamtausgaben im 19. Jahrhundert

Signale für einen einsetzenden Dissens um Deutungshoheiten waren 1860/62 Schückings Droste-Biografie (*Lebensbild*, mit vereinzelten unveröffentlichten Droste-Texten bzw. -textauszügen) und 1877 Schlüters Ausgabe der Droste-Kompositionen sowie seine Edition der Droste-Briefe an ihn, seine Familie und Junkmann, die an die religiös-katholische Perspektive seines Nekrologs von 1848 (Woesler 1980, Bd. 1,1, 104–109) und die Edition des *Geistlichen Jahres* anschließbar war. Die Instrumentalisierung Drostes wird dann an den folgenden Gesamtausgaben sichtbar, die mit dem Ende der Schutzfrist für die Droste-Werke 1878 rechtefrei möglich wurden (vgl. Jordan 1980, 1199–1207).

Auf textkritisch korrupte Texte in den *Letzten Gaben* hatte Eschmann 1873 hingewiesen. Die dreibändige Gesamtausgabe, die Schücking 1878/79 bei Cotta realisierte, profitierte davon und auch von Eschmanns kritischer Durchsicht des *Geistlichen Jahres* noch in den Druckbogen der Ausgabe (vgl. Schier 1980, 1158–1160). Allerdings konnte Schücking den Nachlass nach Differenzen der Meersburger Droste-Nichten Hildegard (1836–1909) und Hildegunde von Laßberg (1836–1914) mit Cotta um Honorarfragen nicht mehr benutzen. Neben einem gelegentlich verbesserten Text präfiguriert die Ausgabe vor allem durch ihre Anordnung das Bild einer hauptsächlich säkular orientierten Autorin: Die Ausgabe eröffnet mit der zu Lebzeiten erschienenen Lyrik, stellt die religiöse Dichtung des *Geistlichen Jahres* dagegen in den letzten Band. Die Wirkungsmächtigkeit der willkürlichen postumen Anordnung von Gedichten in den *Letzten Gaben* manifestiert sich in der Tatsache, dass diese nun unterschiedslos an die von Droste für die Ausgabe von 1844 gebildeten und von Schücking in der Gesamtausgabe reproduzierten Gruppen angeschlossen sind. Damit war für die autorfremde Anordnung von 1860 endgültig ein Autorisierungscharakter suggeriert.

Die Reaktion auf Schückings zusätzlich noch durch seine Droste-Biografie von 1860/62 gestütztes Bild der ›säkularen Droste‹ ließ nicht lange auf sich warten. Mit der 1884–1887 bei Schöningh erschienenen, gegenüber der Schücking-Edition um eine ganze Reihe an ungedruckten Texten erweiterten vierbändigen Droste-Ausgabe Wilhelm Kreitens (1847–1902), Pater des im preußisch-deutschen Kulturkampf mit Verboten belegten Jesuitenordens, trat ein dezidiert christlich-katholisches Droste-Bild auf den Plan. Die Ausgabe eröffnet mit einer in diesem Sinne angelegten ausführlichen Biografie der Autorin als Band 1,1 und leitet somit zu einer biografischen Lesart des Werkes an. Als Band 1,2 steht gleich zu Anfang des Textteils das *Geistliche Jahr*, an das sich in Band 2 mit den Verserzählungen der Hauptteil der Schlüter'schen Droste-Ausgabe von 1838 anschließt. Erst in Band 3 folgen die Gedichte der 1844er-Ausgabe und die der *Letzten Gaben*, wobei Kreiten Letztere im Gegensatz zu Schückings Gesamtausgabe von den autorisierten Gedichtdrucken deutlich absetzt und um ungedruckte Gedichte erweitert. Zum ersten Mal besitzt mit Kreitens Edition eine Droste-Ausgabe Einzelstellenkommentare, die allerdings durchaus im Sinne der protegierten christlich-katholischen Lesart des Droste-Werks verfasst sind. Wegen inzwischen aufgekommener Zwistigkeiten der Droste-Familie bezog Kreiten Material fast nur über den westfälischen Teil der Familie, insbesondere über die Droste-Nichte Elisabeth von Droste-Hülshoff (1845–1912), die als offizielle Herausgeberin der Ausgabe fungierte, während die Laßberg-Schwestern nur nachrangiges Material zur Verfügung stellten. Als Kreiten nachträglich sah, in welchem Umfang die Laßberg-Zwillinge Hermann Hüffer (1830–1905) für dessen Droste-Biografie von 1887 unterstützt hatten, musste er feststellen: »Mit der ›Droste‹ bin ich blamirt« (zit. n. Woesler 1980, 983).

4. Distanzierte Betrachtung: Wissenschaftliche Ausgaben im 20. Jahrhundert

Hüffers Droste-Biografie von 1887 war der Wegbereiter für eine ausgewogenere Perspektive auf Droste; auch rückte die Droste-Schücking-Briefwechselausgabe von 1893 das marginalisierte Verhältnis Drostes zu Schücking wieder in den Blick der Öffentlichkeit. Zudem bereitete Hermann Cardauns' Ausgabe der Droste-Briefe von 1909 und die von ihm überarbeitete Droste-Biografie Hüffers von 1911 Material für eine wissenschaftliche Edition des Droste-Werks vor. Hüffer und Eschmann selbst kamen allerdings durch ihren Tod (1905, 1906) nicht mehr dazu, ihre Vorüberlegungen zu einer kritischen Ausgabe umzusetzen. Postum 1909 erschienen Eschmanns textkritische Untersuchungen. Sie machten den Bedarf an einer wissenschaftlichen Ausgabe noch einmal nachhaltig deutlich. Die 1904 in der Reihe von *Max Hesses neuen Leipziger Klassiker-Ausgaben* vorgelegte populäre sechsbändige Ausgabe von Eduard Arens (1833–1935), die textlich auf der Kreiten-Ausgabe gründete, bot hier allerdings noch keine Hilfe. Mit der Edition von Julius Schwering (1863–1941) in der Reihe der *Goldenen Klassiker-Bibliothek* von Bonges & Co. war 1912 eine Droste-Ausgabe zum ersten Mal wirklich in fachliche Hände gelangt, was sich vor allem in der Kommentierung, aber auch in einigen textlichen Verbesserungen niederschlug. Umfassende wissenschaftliche Vorbereitungen wurden dann zum Teil umgesetzt für eine Ausgabe, die Bertha Badt (1885–1970), Kurt Pinthus (1886–1975) und Julius Schwering verantworten wollten, von der 1914 aber nur ein Band bei Georg Müller vorgelegt werden konnte. Der Erste Weltkrieg und Differenzen unter den Herausgebern ließen die Ausgabe zum Erliegen kommen (vgl. HKA XIV, 43).

Der erschienene Band ging nach dem Ersten Weltkrieg in ein neues Projekt ein, das Karl Schulte Kemminghausen (1892–1964) vor allem in Zusammenarbeit mit Bertha Badt – begleitet 1925 durch eine Separatpublikation *Ungedrucktes* – als erste kritische Droste-Ausgabe 1925/30 im Georg-Müller-Verlag realisierte. Zum ersten Mal wurden Drucke und Handschriften systematisch ausgewertet und in einem wissenschaftlichen Apparat zusätzlich zum kritisch konstituierten Text – in Auswahl – verzeichnet. Maßstab der Textkonstitution waren zeitübliche Verfahren, die auch Modernisierungen der Orthografie oder Erfindungen von Titeln erlaubten. Die Anordnung entspricht in etwa dem in Schückings Werkausgabe gewählten Verfahren, das sich damit gegenüber Kreitens Vorschlag als das editionsgeschichtlich wirkungsmächtigere erwies. Erstaunlich langlebig blieb aber auch die von Schücking 1860 eingeführte Gedichtgruppierung *Letzte Gaben*. Zwar revidiert die neue Ausgabe kritisch die Textkonstitution der einzelnen Gedichte, behält aber die Gruppe insgesamt und ihre Anordnung nach Schückings ursprünglichen Kriterien mit den Erweiterungen durch Kreiten bei – ein Beispiel dafür, in welchem Maße frühe postume unautorisierte Editionsentscheidungen die editionsgeschichtliche Rezeption steuern können. Mit dieser Edition lagen die Droste-Texte zum ersten Mal in wissenschaftlich gesicherter Form vor, auch wenn nicht alle textkritischen Einzelentscheidungen diesem Maßstab entsprechen und die Variantenverzeichnung Mängel aufweist. Ausführlichere Entstehungsgeschichten der Droste-Texte sowie systematisch angelegte Einzelstellenerläuterungen finden sich in der Ausgabe zudem nicht. Mit ihr endet jedoch der frühere Streit der Droste-Editoren um die Deutungshoheit über das mit einer Edition verbundene Autorbild zugunsten wissenschaftlich-distanzierter Betrachtung. Kritisch aus den Handschriften hergestellt ist auch der Text von Schulte Kemminghausens zweibändiger Ausgabe der Droste-Briefe von 1944, die – unter Verzicht auf einen Kommentar, aber mit einem ausführlichen Personenregister – das gesamte dem Herausgeber zugängliche Briefcorpus in einer wissenschaftlichen, allerdings die Orthografie modernisierenden Edition präsentiert.

Nachfolgende Ausgaben gründeten zunächst auf Schulte Kemminghausens Edition. Einen editorisch neuartigen Aufriss des Droste-Gesamtwerks legte 1952 Clemens Heselhaus bei Hanser vor. Das Novum der für die Textkonstitution ebenfalls auf Vorgängereditionen zurückgreifenden Ausgabe ist die chronologische Anordnung der Texte. Tradierte Ordnungen, entweder durch Droste selbst oder durch postume Ausgaben, wurden somit aufgebrochen und ein neuer Blick auf die Autorin freigelegt. Problematisch blieb allerdings, dass auch Heselhaus nicht über dezidierte Untersuchungen zu den Entstehungsdaten aller Texte verfügte, vor allem aber, dass er mit der Ausgabe selbst schon eine biografische Lesart im Sinne der Werke Drostes als »Tagebuch ihres inneren Lebens« (*Sämtliche Werke*, Heselhaus 1952, 1061) nahelegte.

Mit neuen kritischen Textkonstitutionen konnten zu Beginn der 1970er Jahre zunächst zwei Editionen einzelner Droste-Texte bzw. -Textkorpora aufwarten: Heinz Röllekes Ausgabe der *Judenbuche* (1970) und Karl Schulte Kemminghausens/Winfried Woeslers Edition des *Geistlichen Jahres* (1971). Sie waren die Vorboten einer sich nun rasch ganz erheblich verbessernden editorischen Lage der Droste-Werke. Zunächst einmal sind zwei Studienausgaben vorgelegt worden: die zweibändige Ausgabe von Günther Weydt/Winfried Woesler bei Winkler (zuerst 1973/78) und die diese ablösende Ausgabe von Bodo Plachta/Winfried Woesler im Deutschen Klassiker Verlag (1994). Beide können auf die Vorarbeiten zu bzw. die textkritischen Untersuchungen und den Kommentar der seit den 1970er Jahren erarbeiteten historisch-kritischen Droste-Ausgabe (HKA) zurückgreifen, stellen also den Idealfall einer abgeleiteten Studienausgabe für den breiteren Leserkreis dar, bleiben aufgrund von

Verlagsvorgaben wie der Modernisierung der Orthografie sowie der nur gelegentlich erfolgenden Mitteilung von Varianten aber hinter der HKA zurück. Reichhaltige Kommentare erschließen die Texte entsprechend der Ausgabentypologie. Die Nachlasstexte werden nach der Abfolge ihrer Erstdrucke gereiht und lassen so eine kleine Geschichte der Droste-Editionen durchscheinen.

Die aktuelle wissenschaftliche Referenzausgabe ist aber die von Woesler und einem Team an Bandbearbeitern herausgegebene HKA, die ihre Bände von 1978 bis 2000 bei Niemeyer vorgelegt hat (zu den personellen und institutionsgeschichtlichen Kontexten s. Kortländer 2003, 232–238; Köhn 2003, 246–248, 253–255). Mit ihr ist jene Problemkonstante von Autorbewusstsein, Autorisationsfragen und Autorbild- bzw. Rezeptionspräfigurationen, die die Geschichte der Droste-Ausgaben weitgehend begleitete, endgültig vom subjektiv geprägten Ausgabencharakteristikum in den objektivierbareren Bereich der distanziert-historischen Beschreibung einer produktions- und rezeptionssteuernden Funktion verschoben. Wesentliche Voraussetzungen der HKA waren die systematische Erschließung aller Handschriften (Plachta 1988) und die Erarbeitung einer detaillierten Lebenschronik (Gödden 1994a). Die Ausgabe ist gattungstypologisch geordnet, bringt in ihren ersten Bänden die Verstexte, schließt die Prosatexte und die dramatischen Arbeiten an, dokumentiert die Mitarbeit Drostes an Werken anderer sowie ihre Lektürenotizen und sonstigen Aufzeichnungen, ediert in getrennten Bänden die Briefe von der und die Briefe an die Autorin, legt die musikalischen Arbeiten Drostes vor und schließt mit einer Vollständigkeit anstrebenden Bibliografie der Primär- und Sekundärliteratur. Von jedem Werktext erscheint eine Fassung als kritisch konstituierter Lesetext in einem Teilband »Text«, während in dem zugehörigen Teilband »Dokumentation« sämtliche Varianten nach einem in Hinblick auf genetische Befundsgenauigkeit optimierten Typus des Stufenapparats bzw. des Einzelstellenapparats dargestellt werden. Vollständige Verzeichnungen der Textüberlieferung und ausführliche Darstellungen der Entstehungsgeschichte treten ebenso hinzu wie differenzierte Ausführungen zu textkritischen Fragen. Ein Kommentar, vielfach getrennt in Überblickskommentar und Einzelstellenerläuterungen, bildet die letzte Stufe der Erschließungshilfen. Die anderen Textsorten (Briefe, Notizen, Musikalien) werden entsprechend behandelt, wobei die Intensität der Briefkommentierung aufgrund der Textsortenspezifik über die der Erläuterungen zu den Werktexten hinausreicht. Insgesamt stellt die Ausgabe – als Ergebnis eines etwa 30 Jahre währenden Forschungsvorhabens – das Droste-Werk auf eine wissenschaftlich umfänglich gesicherte Grundlage.

5. Mehrmediale Aufbereitung: *Droste-Portal* im 21. Jahrhundert

Der in den 1960/70er Jahren konzipierte Ausgabentypus, der der HKA zugrunde liegt, verzichtete auf die Darbietung der Materialität und Medialität der Textträger, weil Faksimiles oder medienspezifische editorische Textrepräsentationen zu diesem Zeitpunkt noch nicht im Fokus der Editorik standen. Gelegentliche Hilfen kann in dieser Hinsicht das online zugängliche *Droste-*

Portal der Droste-Forschungsstelle des Landschaftsverbandes Westfalen-Lippe bieten (http://www.droste-portal.lwl.org). Eine Zukunftsoption des Portals für die Droste-Edition im 21. Jahrhundert wäre nun die Ergänzung der HKA in Richtung der jüngeren Interessen einer um einen materialen und medialen Textbegriff erweiterten Editorik.

Ausgaben

Gedichte von Annette Elisabeth v. D.... H..... Münster 1838.
Gedichte von Annette Freiin von Droste-Hülshof. Stuttgart, Tübingen 1844.
Das geistliche Jahr. Nebst einem Anhang religiöser Gedichte von Annette von Droste-Hülshoff. Stuttgart, Tübingen 1851.
Letzte Gaben. Nachgelassene Blätter von Annette Freiin von Droste-Hülshoff. Hannover 1860.
Briefe der Freiin Annette von Droste-Hülshoff. [Hg. von Christoph Bernhard Schlüter]. Münster 1877.
Lieder in Pianforte-Begleitung componirt von Annette von Droste-Hülshoff. [Hg. von Christoph Bernhard Schlüter]. Münster [1877].
Gesammelte Schriften von Annette Freiin von Droste-Hülshoff. Hg. von Levin Schücking. 3 Theile. Stuttgart 1878/79.
Der Freiin Annette Elisabeth von Droste-Hülshoff Gesammelte Werke. Hg. von Elisabeth Freiin von Droste-Hülshoff. Nach dem handschriftlichen Nachlaß verglichen und ergänzt, mit Biographie, Einleitungen und Anmerkungen versehen von Wilhelm Kreiten. 4 Bde. in 5. Münster u. a. 1884–1887.
Briefe von Annette von Droste-Hülshoff und Levin Schücking. Hg. von Theo[phanie] Schücking. Leipzig 1893.
Annette Freiin von Droste-Hülshoffs sämtliche Werke in sechs Bänden. Hg. von Eduard Arens. Leipzig 1904.
Die Briefe der Dichterin Annette v. Droste-Hülshoff. Hg. und erläutert von Hermann Cardauns. Münster 1909.
Annette von Droste-Hülshoff: Sämtliche Werke in sechs Teilen. Hg., mit Einleitungen und Anmerkungen versehen von Julius Schwering. Berlin u. a. [1912].
Annette von Droste-Hülshoff: Sämtliche Werke. Hg. von Bertha Badt, Hermann Cardauns und Kurt Pinthus. Bd. 2: Gedichte. Hg. von Bertha Badt. München, Leipzig 1914 [mehr nicht erschienen].
Ungedrucktes von Annette von Droste-Hülshoff. Hg. von Karl Schulte-Kemminghausen [sic]. Münster 1925.
Annette von Droste-Hülshoff: Sämtliche Werke. In Verb. mit Bertha Badt und Kurt Pinthus [Bd. 4: In Verb. mit Bertha Badt] hg. von Karl Schulte Kemminghausen. 4 Bde. in 6. München 1925/30.
Die Briefe der Annette von Droste-Hülshoff. Gesamtausgabe. Hg. von Karl Schulte Kemminghausen. 2 Bde. Jena 1944.
Annette von Droste-Hülshoff: Sämtliche Werke. Hg., in zeitlicher Folge geordnet und mit Nachwort und Erläuterungen versehen von Clemens Heselhaus. München 1952.
Rölleke, Heinz: Annette von Droste-Hülshoff. Die Judenbuche. Bad Homburg v. d. H. 1970.
Annette von Droste-Hülshoff: Geistliches Jahr in Liedern auf alle Sonn- und Festtage. Erste Hälfte: Text. Hg. von Karl Schulte Kemminghausen (†) und Winfried Woesler. Zweite Hälfte: Lesarten und Erläuterungen. Hg. von Winfried Woesler. Münster 1971.

1. Druck- und Textgeschichte. Editionen und ihre Prinzipien 691

Annette von Droste-Hülshoff: Sämtliche Werke in zwei Bänden. Nach dem Text der Originaldrucke und der Handschriften. Hg. von Günther Weydt und Winfried Woesler. 2 Bde. München 1973/78; 2. bzw. 3., revidierte bzw. revidierte und erweiterte Aufl. 1989.

Annette von Droste-Hülshoff: Sämtliche Werke in zwei Bänden. Hg. von Bodo Plachta und Winfried Woesler. 2 Bde. Frankfurt/M. 1994.

Annette von Droste-Hülshoff: Historisch-kritische Ausgabe. Werke, Briefwechsel. 14 Bde. in 28. Hg. von Winfried Woesler. Tübingen 1978–2000.

Literatur

Blakert, Elisabeth/Grywatsch, Jochen/Thürmer, Stefan: Aschendorff, Velhagen oder Cotta? Von den ersten Überlegungen der Droste zur Wahl eines geeigneten Verlegers bis zum Erscheinen ihrer Gedichtausgabe von 1844. In: Droste-Jahrbuch 3 (1997), S. 135–154.

Eschmann, Gustaf [sic]: Neun Gedichte von Annette von Droste-Hülshoff. Ein kritischer Versuch. In: Programm des Evangelischen Fürstlich Bentheim'schen Gymnasii Arnoldini und der damit verbundenen Realschule I. Ordnung zu Burgsteinfurt. Ostern 1873. Elberfeld 1873, S. 3–22.

Eschmann, Gustav: Annette von Droste-Hülshoff. Ergänzungen und Berichtigungen zu den Ausgaben ihrer Werke. Münster 1909.

Gödden, Walter: Annette von Droste-Hülshoff. Leben und Werk. Eine Dichterchronik. Bern u. a. 1994.

Hüffer, Hermann: Annette v. Droste-Hülshoff und ihre Werke. Vornehmlich nach dem litterarischen Nachlaß und ungedruckten Briefen der Dichterin. Gotha 1887; dritte Ausgabe bearb. von Hermann Cardauns. Gotha 1911.

Jordan, Lothar: Katholizismus als Faktor der Droste-Rezeption im 19. Jahrhundert. In: Winfried Woesler (Hg.): Modellfall der Rezeptionsforschung. Droste-Rezeption im 19. Jahrhundert. Dokumentation, Analysen, Bibliographie. Erstellt in Zusammenarbeit mit Aloys Haverbusch und Lothar Jordan. Frankfurt/M. u. a. 1980, Bd. 2, S. 1185–1211.

Köhn, Lothar: Die Droste-Gesellschaft 1979–2003. In: Jochen Grywatsch/Ortrun Niethammer (Hg.): Eine literarische Gesellschaft im 20. Jahrhundert. 75 Jahre Annette von Droste-Gesellschaft (1928–2003). Bielefeld 2003, S. 241–260.

Kortländer, Bernd: Boom-Jahre. Die Droste-Gesellschaft zwischen 1968 und 1978. In: Jochen Grywatsch/Ortrun Niethammer (Hg.): Eine literarische Gesellschaft im 20. Jahrhundert. 75 Jahre Annette von Droste-Gesellschaft (1928–2003). Bielefeld 2003, S. 225–239.

Kortländer, Bernd: Droste-Editionen. In: Rüdiger Nutt-Kofoth/Bodo Plachta (Hg.): Editionen zu deutschsprachigen Autoren als Spiegel der Editionsgeschichte. Tübingen 2005, S. 55–76.

Nutt-Kofoth, Rüdiger: Werkpräsentation und Autorbild. Die postumen Ausgaben der Werke Annette von Droste-Hülshoffs. In: Bodo Plachta (Hg.): Annette von Droste-Hülshoff (1797–1848). »aber nach hundert Jahren möcht ich gelesen werden«. Wiesbaden 1997, S. 41–52 [dazu 24 Exponatbeschreibungen: S. 247–260, Nr. 149–154, 156–173].

Nutt-Kofoth, Rüdiger: *Letzte Gaben von Annette von Droste-Hülshoff* (1860). Zum editionsphilologischen Umgang mit einer frühen Nachlaßedition. Eine exemplarische Untersuchung. Mit dem Faksimiledruck der *Letzten Gaben* als Beigabe. 2 Bde. Bern u. a. 1999.

Nutt-Kofoth, Rüdiger: Kein poetologisches Werk der Droste. Zu Gestalt und Rezeption der Ausgabe *Letzte Gaben* von 1860. In: Droste-Jahrbuch 4 (2000), S. 189–207.

Plachta, Bodo: Der handschriftliche Nachlaß der Annette von Droste-Hülshoff. Bern u. a. 1988.

Podewski, Madleen: Zeitungen, Almanache, Taschenbücher und Kalender. Annette von Droste-Hülshoffs Printmedien. In: Rüdiger Nutt-Kofoth (Hg.): Literaturgeschichte als Problemfall. Zum literarhistorischen Ort Annette von Droste-Hülshoffs und der ›biedermeierlichen‹ Autoren in der ersten Hälfte des 19. Jahrhunderts. Hannover 2017 (= Droste-Jahrbuch 11), S. 255–273.

Schier, Manfred: Levin Schücking. Promotor des Droste-Werkes. In: Winfried Woesler (Hg.): Modellfall der Rezeptionsforschung. Droste-Rezeption im 19. Jahrhundert. Dokumentation, Analysen, Bibliographie. Erstellt in Zusammenarbeit mit Aloys Haverbusch und Lothar Jordan. 2 Bde. in 3. Frankfurt/M. u.a. 1980, Bd. 2, S. 1151–1177.

Schneider, Ronald: Annette von Droste-Hülshoff. 2., vollst. neu bearb. Aufl. Stuttgart, Weimar 1995.

Schücking, Levin: Annette von Droste. Ein Lebensbild. Hannover 1862 [zuerst in: Illustrirtes Familienbuch zur Unterhaltung & Belehrung häuslicher Kreise 10 (1860), S. 192–201, 223–237].

Woesler, Winfried (Hg.): Modellfall der Rezeptionsforschung. Droste-Rezeption im 19. Jahrhundert. Dokumentation, Analysen, Bibliographie. Erstellt in Zusammenarbeit mit Aloys Haverbusch und Lothar Jordan. 2 Bde. in 3. Frankfurt/M. u. a. 1980.

Woesler, Winfried: Zu Geschichte, Wirkung und Wirkungslosigkeit einer Erstpublikation. In: Winfried Woesler (Hg.): Gedichte von Annette von Droste-Hülshoff. Faksimile-Nachdruck der Ausgabe von 1838. Zum 200. Geburtstag der Dichterin. Münster 1997, S. 3–73.

2. Stationen der Wirkungsgeschichte
Cornelia Blasberg/Jochen Grywatsch

1. Droste-Rezeption im 19. Jahrhundert 692
2. 1900 bis 1945 697
3. 1945 bis 2000 700
4. 2000 bis 2018 705

1. Droste-Rezeption im 19. Jahrhundert

Dafür, dass der Umgang mit Literatur im 19. Jahrhundert in literarhistorischer und publizistischer Hinsicht weltanschaulich fundiert war, dass poetische Texte als Symptome für religiöse, politische oder ›stammesgeschichtlich‹-regionale Botschaften und Zugehörigkeiten von Autor und Leserschaft angesehen wurden, bieten der Kanonisierungsprozess und die funktional begründete Wertschätzung von Drostes Dichtung vor 1900 eindrückliche Belege (Woesler 1980; vgl. Grywatsch 2001). Das ist auch darin begründet, dass Droste keine eigene, unabhängige Werkpolitik verfolgen konnte (→ I.3.2.), sondern auf Vermittlerdienste durch Christoph Bernhard Schlüter (→ I.1.2.2.), Levin Schücking (→ I.1.2.3.) u. a. angewiesen war (→ VII.1.), die bereits durch die Wahl der Medien Rezeptionsakzente setzten. Die von Schlüter und Junkmann lancierte halbanonyme Ausgabe von 1838 erschien im provinziellen münsterschen Aschendorff-Verlag, während der weltgewandte Redakteur Schücking den Cotta-Verlag und das renommierte *Morgenblatt für gebildete Leser* (Stuttgart, Tübingen) und damit ein aufgeschlosseneres, liberaleres Publikum für Drostes Dichtung gewinnen konnte. Entsprechend stammte die ablehnende Haltung gegenüber den zwischen 1838 und 1844 veröffentlichten Texten vor allem aus dem westfälischen Adel, der die ›Dunkelheit‹ und ›Unverständlichkeit‹ kritisierte, während in Gelehrten- und gebildeten Bürgerkreisen die Aufnahme durchaus von Anerkennung geprägt war (vgl. HKA III, 271). Zur Gedichtausgabe von 1838 sind insgesamt 13 Besprechungen überliefert (Woesler 1980, Nr. 2–8, 10a, 11–13, 19, 27), die mehrheitlich »Gefälligkeitsrezensionen aus dem Freundes- und Bekanntenkreis« (Schneider 1995, 147) waren; die drei als unabhängig zu bezeichnenden waren zugleich die negativsten. Als positive Merkmale wurden Originalität und lebendige Phantasie herausgehoben, zudem die Befähigung zur Schilderung der Natur und seelischer Zustände (vgl. HKA III, 274 f.). Beim Versuch der Einordnung der drei langen Verserzählungen in den Erwartungshorizont ihrer Zeit wurde auf die Traditionslinie von Byrons Romanzen, den Hang zum Schauerlichen und eine als ›männlich‹ bezeichnete Phantasie hingewiesen, während die acht abgedruckten geistlichen Gedichte der Autorin die Charakterisierung als »schwärmerisch-fromme Katholikin« (zit. n. Woesler 1980, 13) einbrachten. Damit war bereits früh eine signifikante Rezeptionstendenz auf den Weg gebracht.

Bekannt wurde Droste auch durch die Aufnahme ihrer Gedichte – oft vermittelt durch Personen aus dem Freundeskreis – in zeitgenössische Anthologien mit »vielfach sehr hohen Auflagenzahlen« (Haverbusch 1980, 1069), denn diese wurden mehrmals aufgelegt, inhaltlich von Mal zu Mal erweitert und hatten dadurch, dass der Grundstock an Gedichten weitestgehend übernommen wurde, kanonisierende Funktion (vgl. die Häufigkeitslisten bei Haverbusch 1980, 1044–1048). Die Ballade *Der Graf von Thal* erschien 1839 in O.L.B. Wolffs *Poetischem Hausschatz des deutschen Volkes*, der später (^{8}1847, ^{14}1850) weitere Droste-Gedichte abdruckte, das Zeitgedicht *An die Weltverbesserer* 1843 in Hermann Marggraffs Sammlung *Politische Gedichte aus Deutschlands Neuzeit* (^{2}1847) und je mehrere Texte in Ignaz Hubs *Deutschland's Balladen- und Romanzen-Dichter* (1846, ^{2}1848, ^{3}1853, ^{4}1864–1870) sowie in der Sammlung *Deutschlands Dichterinnen* von Abraham Voß (1847, ^{2}1852). In der späteren, auf dem *Balladen*-Band basierenden Anthologie *Die Deutschen Dichter der Neuzeit* (1852) nahmen Drostes Gedichte 30 Seiten ein, so dass sie – im Hinblick auf den Umfang der abgedruckten Texte – an vierter Stelle hinter Reichert, Chamisso und Platen (vor Lenau, Eichendorff und Heine) rangierte, während sie mit elf Gedichten in der Anthologie von Voß den Spitzenplatz einnahm. Insbesondere Hubs *Balladen und Romanzen*-Band war in zwei Aspekten richtungsweisend: Er leistete mit seiner Auswahl Drostes Kanonisierung als »Balladen- und Heidedichterin« (Haverbusch 1980, 1035, vgl. 1056–1061, 1069–1075) Vorschub, trug in diesem Kontext dazu bei, dass *Der Knabe im Moor* als Ballade tradiert wurde, und er versah die Gedichte erstmals mit einer (von Elise Rüdiger verfassten) Kurzbiographie der Dichterin, die Drostes Herkunft, Erziehung und Unterricht, die »wichtigsten Lebensstationen« und Bezugspersonen (Gödden 1990c, 122) charakterisierte, allerdings eine »frappierende Mischung von exakten und irrtümlichen Angaben« (Haverbusch 1980, 1032) enthielt. Vielleicht weil auf diese Weise zum ersten Mal eine Verbindung zwischen Leben und Werk hergestellt wurde, avancierte Hubs Anthologie trotzdem zu einer wichtigen Referenzquelle für die Droste-Forschung des 19. Jahrhunderts.

Die meisten der 14 Rezensionen der Gedichtausgabe von 1844 (Woesler 1980, Nr. 22, 36–39, 41–44, 46, 50, 65, 67, 99) schrieben die Tendenz der Besprechungen des ersten Gedichtbands differenzierend fort: Das Lob für die treffende, neue Art der Naturdarstellung stand weiter im Vordergrund, brachte Droste das Etikett der ›westfälischen Haidenachtigall‹ (Freiligrath) ein und verdichtete sich mit dem Fokus auf den Zyklus der *Haidebilder* zum Beginn der Stilisierung Drostes als westfälischer Dichterin. Wiederkehrend diskutiert wurde auch die Frage eines genderspezifischen Charakters ihrer Schreibweise, der eher ›männliche‹ Anteile aufweise und an dem insbesondere das Fehlen weiblicher Sentimentalität gerühmt bzw. kritisiert wurde. Getadelt wurde, dass das lyrische Handwerk nicht immer korrekt ausgeführt sei und die Sprache zuweilen veraltet wirke, vor allem aber schwerverständlich und dunkel (vgl. HKA I, 508–518). Es ist bemerkenswert, dass dieser Vorwurf der Unverständlichkeit ursprünglich aus der Beobachtung der Überfrachtung einzelner Gedichte durch rasch aufeinanderfolgende Vorstellungen und Metaphern aus unterschiedlichsten Bereichen wie beispielsweise in *An die Schriftstellerinnen*, *An die Weltverbesserer* und *Poesie* folgte, während man heute Dunkelheit im Sinne von Hermetik als spezifisch modernes Stilmittel (→ VI.2.) und Ausdruck lyrischer Selbstreferenz auffasst, wie z. B. in Gedichten des *Geistlichen Jahres* (vgl. Detering 2009). Nimmt man hinzu, dass Schücking 1847 in seiner Abhandlung *Annette von Droste. Eine Charakteristik* (Woesler 1980, Nr. 53) die Autorin im Vergleich mit Freiligrath und Grabbe als konservativ (vgl. HKA I, 516 f.) bezeichnete, hat man jene »Stilisierungsschablone[n]« (Gödden 1990c, 120) beisammen, deren personalisierend-ideologische Tendenz durch die Nachrufe von Schlüter und Elise Rüdiger (Woesler 1980, Nr. 72, 74, 75) noch einmal verstärkt wurde. Das Originelle und Eigenständige ihrer Dichtung, das viele Artikel als prägend kennzeichnen, wurde allzu oft auf den Ausdruck einer naturnahen, apolitisch zurückgezogenen und frommen Lebensweise »in irgend einem abgelegenen Waldschlosse Westphalens« (zit. n. Woesler 1980, 59) reduziert. Seeleneinsamkeit, Weltentrücktheit und der Hang zum Geheimnisvollen avancierten zu den »frühen ›Urklischees‹ der Droste-Rezeption« (Gödden 1990c, 121).

2. Stationen der Wirkungsgeschichte

Die ideologische Ausrichtung der Veröffentlichungspolitik radikalisierte sich nach Drostes Tod und färbte auch auf die Texteditionen der zweiten Jahrhunderthälfte ab (→ VII.1.). So setzte sich mit der von Cotta verlegten, durch Schlüter und Junkmann betriebenen Herausgabe von *Das geistliche Jahr. Nebst einem Anhang religiöser Gedichte* (zum Inhalt vgl. HKA XIV, Nr. 55) zunächst Schlüters ›katholische‹ Interpretation der Dichtung fort, die er in seinem Nekrolog (Woesler 1980, Nr. 72) grundgelegt hatte und im 1877 herausgegebenen Band *Briefe der Freiin Annette von Droste-Hülshoff* (Drostes Briefe an Schlüter und seine Familie) unterstrich. Die 1200 Exemplare umfassende Ausgabe wurde vergleichsweise rasch verkauft, so dass 1857 eine zweite, 1876 eine dritte Auflage erschien. Schücking, der Schlüters Editionsprinzipien in seiner 1852 in der *Kölnischen Zeitung* veröffentlichten Rezension (Woesler 1980, Nr. 93) heftig attackiert hatte, brachte sich 1860 mit *Letzte Gaben. Nachgelassene Blätter* im Hannover'schen Rümpler-Verlag in Position. Der Band versammelte die nicht in die Ausgabe von 1844 aufgenommenen Zeitschriftenpublikationen einschließlich der *Judenbuche* und der *Westphälischen Schilderungen*, hier unter dem Titel *Bilder aus Westphalen* (zum Inhalt vgl. HKA XIV, 26–28), und deckte damit jenen Textbestand ab, der ursprünglich für den zweiten Band einer von Drostes Familie bei Cotta geplanten, aber nicht realisierten Werkausgabe vorgesehen war. 1878, als die dreißigjährige Schutzfrist für Drostes Werke ablief, konnte Schücking in Abstimmung mit der Familie die dreibändige Ausgabe *Gesammelte Schriften* bei Cotta publizieren (zum Inhalt vgl. HKA XIV, 31 f.). Diese stand, zusammen mit den *Letzten Gaben* und seiner Droste-Biografie *Ein Lebensbild* (1862) für die von Schücking vertretene ›säkulare‹ Droste-Sicht und setzte so die Opposition zu Schlüter fort, wie sie sich zu Lebzeiten der Autorin an der Differenz der Publikationskontexte der 1838er- und der 1844er-Ausgabe gezeigt hatte. Zudem hatte Schücking, als er 1870 gegen den ultramontanen Katholizismus aufbegehrte und 1875 gemeinsam mit dem ›reichsdeutsch‹ orientierten Kulturkämpfer Emil Rittershaus ein Komitee zur Installation eines Droste-Denkmals gründete (Jordan 1980, 1197 f.), die katholische Seite im Allgemeinen, Drostes Familie im Besonderen brüskiert. So dauerte es nicht lange, bis der (katholische) Paderborner Schöningh-Verlag zwischen 1884 und 1887 ein vierbändiges Konkurrenzunternehmen auf den Markt brachte, für das eine Droste-Nichte und ein Jesuiten-Pater verantwortlich zeichneten: *Der Freiin Annette von Droste-Hülshoff Gesammelte Werke, hrsg. von Elisabeth Freiin von Droste-Hülshoff. Nach dem handschriftlichen Nachlaß verglichen und ergänzt, mit Biographie, Einleitungen und Anmerkungen versehen von Wilhelm Kreiten*. Während Schücking in seiner Ausgabe Drostes ›weltliche‹ Lyrik prominent im ersten Band platzierte und für die biografische Einleitung noch einmal intensiv recherchierte (Gödden 1990c, 131), setzte Kreiten das *Geistliche Jahr* und ein katholisierendes *Charakterbild* (1887) an den Anfang. Dabei bezog er, der wegen familiärer Zwistigkeiten auf die Unterstützung der Laßberg-Zwillinge weitgehend verzichten musste, seine Informationen allein vom westfälischen Familienteil. Kreiten bekam »vom ›Familienarchiv‹ zu sehen, von der Überlieferung zu hören, was für die Drostelegende gut war« (Eggert 1928, 140) und ideologisierte dieses bereits verzerrte Basiswissen zugunsten einer »Heiligsprechung« (Gödden 1990c, 139) der Dichterin noch einmal derart, dass sich sogar die Familie vom *Charakterbild* distanzierte. Dagegen setzte die von den Meersburger Nichten unterstützte Monografie Hermann Hüffers *Annette von Droste-Hülshoff und ihre Werke* (1887) mit ihrer quellenmäßigen Fundierung einen Gegenpol sachlich-ausgewogener Darstellung (vgl. Gödden 1990c, 135–138).

Es kann weder übersehen werden, dass gerade die nach 1870 konfessionspolitisch geführten ›Kulturkampf‹-Debatten und die Verve, mit der katholische Publikationsorgane Droste zur »kulturellen Leitfigur« (Schneider 1995, 155) erhöhten, tatsächlich für die Wertschätzung der Dichterin in der Öffentlichkeit sorgten, noch darf man die Langzeitwirkung der damit einhergehenden Verzeichnungen unterschätzen. Kanonisiert durch katholisch-konservativ ausgerichtete Literaturgeschichten (Huge 1980b) wie denen Eichendorffs (Woesler 1980, Nr. 137), Brühls (Woesler 1980, Nr. 106) und Barthels (Woesler 1980, Nr. 108), am Leben gehalten durch zahlreiche Artikel der Weltanschauungspresse, in der der Streit um eine ›katholische Droste‹ leidenschaftlich geführt wurde (Kortländer 2015, 290 f.), etablierte sich ein rein konfessionelles Verständnis von Drostes Werk und instrumentalisierte es so nachhaltig für die katholische Sache, dass selbst das Abklingen der kulturkämpferischen Debatten und die Blütezeit der positivistischen Literaturwissenschaft um 1890 wenig daran änderten (Huge 1980b). Tatsächlich waren aber auch die ihrerseits interessegeleiteten Akteure der Gegenseite, die oft persönlich von Drostes Nachruhm zu profitieren hofften, ideologisch angreifbar. Elise Rüdigers Charakteristiken der Dichterin in populären Unterhaltungsmedien (Gödden 1990c, 126–128) kultivierten das Bild einer weltfremden westfälischen Adeligen, die spätromantischdunkle Verse schrieb; Levin Schücking brachte mit unverkennbarem Hang zur Eigenwerbung im *Lebensbild* seine Freundschaft und reiche Korrespondenz mit der Dichterin, seine inspirierende Wirkung auf sie und seine werkpolitischen Tätigkeiten zur Sprache (Gödden 1990c, 130), eine Tendenz, die sich in Schückings *Lebenserinnerungen* (1877–1884 in *Westermanns illustrierten deutschen Monatsheften*, 1886 als Buch) noch verstärkte. Die Tatsache, dass mit Schücking ein liberal und deutschnational auftretender Feuilletonist und Schriftsteller Deutungshoheit über Drostes Werk beanspruchte, diskreditierte seine Arbeiten in den Augen der Katholiken. Er stand andererseits am Anfang einer zweiten, sich in der zweiten Jahrhunderthälfte ausprägenden Rezeptionslinie, nämlich der landsmannschaftlich verankerten Wahrnehmung Drostes, die im Sinne eines verstärkten Westfalenbewusstseins perspektiviert wurde. In dieser Reihe stehen auch die biografischen Arbeiten Elise Rüdigers, die eine Tradition »urgermanische[r] Stammeszugehörigkeit« (Grywatsch 2001, 164) und unverfälschten Westfalentums betonten. Drostes Vereinnahmung für den Westfalen-Mythos, der eine »plakative Idyllisierung« ihres Werks und die Behauptung »konservativer Gesinnung« (Grywatsch 2001, 166 f.) nach sich zog, bewirkte im Kontext des westfälischen Widerstandes gegen die preußische

Vorherrschaft im Kulturkampf eine besondere Aufmerksamkeit für die Dichterin, die zunehmend unter den Vorzeichen kulturpolitischer Funktionalisierung stand. Mit der Identifikationsfigur Annette von Droste-Hülshoff traten zum Ende des Jahrhunderts die Stilisierungsmuster ›katholisch‹ und ›westfälisch‹ in offene Konkurrenz, wobei sich mit dem »Rückbezug auf das ›Westfalentum‹« bestimmte komplexe, dem Zeitgeschmack zuwiderlaufende Tendenzen des Droste-Werks ausblenden ließen, um eine verharmlosende Droste-Sicht zu propagieren (Kortländer 1980, 1181). Die wenigen gegenläufigen Stimmen verhallten weitgehend echolos, wie die Julius Harts, der Droste ausdrücklich als »keine katholische Dichterin« bezeichnete und für sie einen Platz in der »National-, der Weltliteratur« (zit. n. Grywatsch 2001, 166) reklamierte. Letztendlich konnte weder die sorgfältig recherchierte biografische Studie Hermann Hüffers (1887), noch die Tatsache, dass *Die Judenbuche* 1876 in den populären *Deutschen Novellenschatz* (Bd. 24, München 1876) aufgenommen wurde, etwas daran ändern, dass die Autorin zur Zeit der Centenarfeiern 1897 unter problematischen Vorzeichen als ›Deutschlands größte Dichterin‹ verehrt wurde. Dennoch zeitigte die »von Theodor Storm befürwortete Aufnahme [der *Judenbuche*] in den ›Deutschen Novellenschatz‹, den Paul Heyse und Hermann Kurz in Serien und vielen Bänden herausgaben« (von Heydebrand/Winko 1996, 228), den Effekt einer anhaltenden Nobilitierung des Werks und ihrer Urheberin, was allein schon der besonderen Wirkmächtigkeit dieser Anthologie geschuldet ist. Auf dieser Basis folgte 1882 ein weiterer Abdruck in einer preiswerten Reihe bei Aschendorff in Münster und 1884 die Aufnahme des Textes in Reclams Universalbibliothek (bis 1968 ca. 5 Mio. Exemplare, vgl. HKA V, 212 f.), was wiederum eine bis heute anhaltende Flut von Einzelausgaben bewirkte. Übergreifend haben Heydebrand und Winko 1996 auf der Basis der Studie *Modellfall der Rezeptionsforschung* (Woesler 1980) die Bedingungsfaktoren für die Bewertung und Kanonisierung des Droste-Werks durch Medien und Institutionen im 19. Jahrhundert – neben der Aufnahme in Anthologien werden die Verbreitung der Texte in Werkausgaben, Urteile der Literaturkritik sowie die Behandlung in Literaturgeschichten und im Deutschunterricht untersucht – analysierend dargestellt (vgl. Grywatsch 2008b, 23 f.).

2. 1900 bis 1945

Die Bemühungen um gesicherte biografische Fakten setzten sich im 20. Jahrhundert fort. Besonders folgenreich war dabei die Veröffentlichung des Briefwechsels zwischen Droste und Schücking im Jahr 1893, der wesentliche Details über die intellektuelle und emotionale Vertrautheit der Beziehung sowie zahlreiche neue Fakten zur Entstehung ihrer Werke in die Öffentlichkeit trug. Bis zur ersten Gesamtausgabe von Drostes Briefen, 1909 von Hermann Cardauns herausgegeben, wurden in verstreuten Veröffentlichungen weitere Details aus Drostes Leben wie das folgenreiche ›Arnswaldt/Straube-Erlebnis‹ (→ I.1.1.) publik. Ein großes Interesse an biografischer Faktensicherung, die eine substantielle »Historisierung des Droste-Bildes« bewirkte, ist vor allem in den Jahren 1910 bis 1930 mit Schwerpunkt in Westfalen nachweisbar (Schneider 1995, 158). Im Zeichen des neuen positivistischen Wissenschaftsdiskurses und Erkenntnisinteresses geriet die früher ideologisch motivierte Vereinnahmung von Drostes Dichtung für Westfalen in den Bann einer an Wilhelm Scherers Konzept des ›Ererbten, Erlebten und Erlernten‹ orientierten Einflussforschung. Im Bereich der Literaturwissenschaft sorgte das positivistische Credo der Faktentreue für eine – zumindest partielle – Reinigung des Droste-Bildes von undifferenzierten Stilisierungen und Klischees. Das wirkte sich auch auf die Werkausgaben aus. Als Beispiel dafür kann die mit fachlich fundierten Kommentaren ausgestattete sechsteilige Ausgabe der *Sämtlichen Werke* (1912) angesehen werden, herausgegeben von Julius Schwering, dem Nestor der westfälischen Literaturforschung, der 1928 auch den Vorsitz der neu gegründeten Droste-Gesellschaft übernahm. Im Bereich der Publizistik und der öffentlichen Diskussion blieb die verklärende und verharmlosende Sicht auf Droste als katholische Heimatdichterin indes bestehen.

Die mit Schriften Levin Schückings und Elise Rüdigers beginnende Rezeptionslinie einer ethnographisch-landsmannschaftlichen Droste-Deutung erhielt im 20. Jahrhundert unter dem Fokus der nationalsozialistischen Ideologie eine spezifische und äußerst fragwürdige Zuspitzung. Während die katholische Wirkungslinie – die angesichts der Faktenanreicherung durch die Veröffentlichung der Briefausgaben 1893 und 1909 und von Hüffers Biografie ohnehin an Überzeugungskraft eingebüßt hatte – zwischen 1933 und 1945 weiter an Einfluss verlor, waren es gerade die Heimat- und Landschaftsbezüge in Drostes Werk, an die der propagandistische Diskurs völkisch-rassischer Weltanschauung hemmungslos anknüpfte, wenngleich die reine Anzahl solcher Artikel vergleichsweise gering ist. Titel wie ›Dichterin aus westfälischem Blut‹, ›Künderin nordischer Landschaft‹ oder ›Dichterin deutscher Sehnsucht‹ mit entsprechenden Inhalten blieben eher die Ausnahme, während andererseits im Bereich der staatspropagandistischen Droste-Rezeption in dieser Zeit »die Stereotypen des ›Urgermanischen‹, des ›Bodenständigen‹ und ›Prophetischen‹« (Schneider 1995, 159) natürlich Konjunktur hatten. So sind im *Völkischen Beobachter* allein fünf zweifelhafte Würdigungen Drostes vertreten, und in der Zeitschrift *Heimat und Reich. Monatshefte für westfälisches Volkstum* (1934–1943), dem gleichgeschalteten Zentralorgan westfälischer Kultur- und Literaturpolitik im ›Dritten Reich‹, finden sich immer wieder ideologisch gefärbte Bezugnahmen auf die Autorin. Auch die 1928 gegründete Droste-Gesellschaft, die erste einer Frau gewidmete literarische Namensgesellschaft in Deutschland, die sich in einer inneren Zerreißprobe lange dagegen gewehrt hat, konnte sich der Gleichschaltung nicht entziehen, die auf Betreiben des Schriftführers Karl Schulte Kemminghausen, der seinerseits Droste-Forscher und Volkskundler war, 1938 vollzogen wurde. Ab 1934 warben seine Beiträge für eine Nähe der Droste-Gesellschaft zum Nationalsozialismus; ebenso versuchte er, Drostes Werk unter NS-Vorzeichen zu perspektivieren (Grywatsch 2003, 63). Zu einer ersten organisatorischen Verbindung der Droste-Gesell-

2. Stationen der Wirkungsgeschichte

schaft zu NS-Dienststellen war es 1936 im Zuge der Ersteröffnung des Rüschhauses als Museum gekommen, als Schulte Kemminghausen die Beteiligung der Partei am Kuratorium des Hauses bewirkte (Ditt 2003, 34).

Mit der Annette von Droste-Gesellschaft ist eine wichtige Institution genannt, die sich seit ihrer Gründung zum 80. Todestag der Autorin in erheblichem Maß für Belange ihres Andenkens einsetzt. Sie bemühte sich um ein Museum, das zunächst in Münster als Drei-Frauen-Museum (Gallitzin, Droste, Ney) eingerichtet wurde, um dann das Rüschhaus als Droste-Museum zugänglich zu machen, sie gab Schriftenreihen heraus, veröffentlichte das Periodikum *Droste-Jahrbuch*, kümmerte sich um den Droste-Nachlass und legte eine Droste-Bibliothek an. Die grundlegenden archivalischen Interessen basierten auf einer von Leidenschaft und Begeisterung geprägten Haltung mit starker identitätsstiftender Kraft, die mit den Namen Julius Schwering, Maximilian Kraß und Karl Schulte Kemminghausen verbunden waren. Von den publizistischen Erzeugnissen Schulte Kemminghausens ist die von ihm gemeinsam mit Bertha Badt herausgegebene vierbändige Ausgabe der *Sämtlichen Werke* (1925–1930) hervorzuheben, die auf größtmögliche Vollständigkeit abzielte und auch Lesarten und Varianten verzeichnete. Im Hinblick auf eine spätere historisch-kritische Edition leistete diese Ausgabe ebenso Pionierarbeit, wie dies für die zweibändige *Gesamtausgabe* der *Briefe der Annette von Droste-Hülshoff* gilt, die Schulte Kemminghausen 1944 herausbrachte. Letztere war zwar die bei Weitem vollständigste, wies aber Unzulänglichkeiten in puncto Datierung, Erläuterungen und Zuverlässigkeit der Textgestalt auf. Beide editorischen Großprojekte galten bis in die 1970er Jahre als die anerkannten Referenz-Ausgaben.

Der aus einem lokalpatriotischen Interesse hervorgehenden und zunächst im Westfälischen konzentrierten Droste-Forschung der ersten Hälfte des 20. Jahrhunderts ist – trotz oder gerade aufgrund ihrer zwar oft kleinteiligen aber doch grundlegenden und wertvollen Detailarbeit »positivistische[r] Faktensicherung« – nicht ganz zu Unrecht der Vorwurf einer »bedenklichen Horizontverengung« (Schneider 1995, 158) gemacht worden, und noch bis in die Phase der historisch-kritischen Forschung hinein wurde ein anhaltender »Geruch der Provinzialität« (Kortländer 1980, 1182) attestiert. Andererseits spielte Drostes Werk im Diskurs der deutschen Nationalphilologie keine bedeutende Rolle. Es wurde nur in begrenztem Umfang wahrgenommen und erfuhr wenig nennenswerte Wertschätzung. In die Zeit der frühen 1930er Jahre fallen die Untersuchungen der namhaften Wissenschaftler Friedrich Gundolf, der unter seinem geistesgeschichtlich orientierten Zugang Droste als Romantikerin auffasste und allein der *Judenbuche* einige Geltung zusprach, ansonsten eher zu negativen Urteilen kam (1931), und Emil Staiger, der in seiner Dissertation *Annette von Droste-Hülshoff* (1933, ²1962) in Abkehr von außerliterarischen Konzepten seine werkimmanente Methodik grundlegte und dabei zwar *Die Judenbuche* und *Des Arztes Vermächtniß* aufgrund ihrer psychologischen Darstellung lobte, den größten Teil der Lyrik aber ablehnte. Auch wenn etwa zwanzig Texte, darunter die *Haidebilder* und wenige andere Gedichte wie

Mondesaufgang und *Im Grase*, Staigers Dichtungsmaßstäben standhielten, sah er diese Werke doch als »erratische Blöcke«, die einem »dumpfen Schaffen« entstammten (Staiger [1933] 1962, 108). Deutlich mehr Wertschätzung für Drostes Werk spricht aus den Arbeiten Wolfgang Kaysers, dessen *Geschichte der deutschen Ballade* (1936) der Autorin ein ganzes Kapitel widmete. Der Habilitationsschrift von Clemens Heselhaus *Annette von Droste-Hülshoff. Die Entdeckung des Seins in der Dichtung des Neunzehnten Jahrhunderts* (1943), die ihre existentialistische Suche auf das Dämonisch-Überzeitliche fokussiert, eignet eine stark überzeichnete mythische Sicht, die zu einer Verortung Drostes jenseits historischer Epochen als »selbständige und urtümliche Erscheinung in ihrer dichterischen Umwelt« (Heselhaus 1943, 179) kommt.

3. 1945 bis 2000

Clemens Heselhaus gehörte zu denjenigen, die nach dem Zweiten Weltkrieg die Revision des Droste-Bildes betrieben und mit großem Engagement um die Würdigung der Autorin bemüht waren. Mit seinen während der Münsteraner Dozentenzeit (1946–1961) stark auf Droste konzentrierten Publikationsaktivitäten verband Heselhaus seine Tätigkeiten für die Droste-Gesellschaft, für die er seit 1946 zunächst als Geschäftsführer und später (bis 1994) als Zweiter Vorsitzender wirkte. Mit vielen Einzelbeiträgen, als Herausgeber des *Jahrbuchs der Droste-Gesellschaft* (5 Bde., 1947–1972), seiner (in ihrem Versuch der chronologischen Anordnung allerdings fragwürdigen) Ausgabe der *Sämtlichen Werke* bei Hanser 1952 sowie insbesondere mit seiner Monografie *Annette von Droste-Hülshoff. Werk und Leben* (1971), die er selbst als »Biographie der Texte« (Heselhaus 1971, 6) bezeichnete, gab er der neueren Droste-Forschung zweifellos wichtige Impulse. Einschränkend muss indes darauf hingewiesen werden, dass sein Ansatz, Drostes literarische Texte, in denen er einen »halluzinativen Realismus« erkannte (Heselhaus 1971, 6), aus psychopathologischen Zuständen zu erklären, die ihrerseits durch bestimmte biografische Erfahrungen ausgelöst wurden, heute als einseitig und verzerrt gewertet wird. Ein weiterer Funktionsträger der Droste-Gesellschaft wurde nach dem Zweiten Weltkrieg der Gundolf-Schüler Benno von Wiese, der bereits 1943 auf einen Lehrstuhl nach Münster berufen wurde und von 1948 bis 1957, als er an die Universität Bonn wechselte, Erster Vorsitzender der Gesellschaft war. Auch wenn für den umtriebigen und weltgewandten von Wiese die Beschäftigung mit Drostes Literatur eher eine Nebentätigkeit blieb, trug er unter dem Fokus des subjektiven ›Einfühlens‹ der werkimmanenten Methode dazu bei, Drostes Werk – dabei vor allem die Balladen (Wiese 1958) und *Die Judenbuche* (Wiese 1956), die er von ihrer Symbolkraft zu erschließen versuchte und dabei die Uneindeutigkeiten und Rätselhaftigkeit als konstitutiv belassen konnte – jenseits konfessioneller und regionalistischer Vereinnahmungen zu verorten und es als Chiffre der Moderne zu verstehen (Lauer 2003, 204 f.). Erstmals hatte übrigens der Lyriker Ernst Meister, der spätere Büchner- und Droste-Preisträger (vgl. Ribbat 2003), in seinem im dritten Band

des *Jahrbuchs der Droste-Gesellschaft* 1957 gedruckten Beitrag Drostes Lyrik als programmatisch modern bestimmt.
Gleichzeitig erlebte nach 1945 die während der NS-Diktatur zurückgedrängte religiös-christliche Sichtweise auf das Droste-Werk eine Renaissance, was sich an Arbeiten Rudolf Alexander Schröders, Reinhold Schneiders, Gertrud von le Forts und Walter Niggs zeigt und auch an einer erhöhten Aufmerksamkeit für das *Geistliche Jahr* u.a. in aktuellen Werkausgaben deutlich wird. Auf einem christlich-katholischen Boden fußten auch die Forschungen Josefine Nettesheims, die durch den Droste-Herausgeber und Franziskanerpater Cornelius Schröder mit ihrem Werk bekannt wurde. Nettesheims Arbeiten zu Schlüter und seinem Kreis sowie Junkmann eröffneten wichtige Einflussquellen, während sie mit der Monografie *Die geistige Welt der Annette von Droste-Hülshoff* (1967) bildungs- und wissenschaftsgeschichtliche Hintergründe zu Drostes Leben und Werk erschloss. Mit dem Nachweis zeitgenössischen naturwissenschaftlichen Wissens in ihren Texten lieferte sie einen frühen Beitrag zu einer Wissenspoetik Annette von Droste-Hülshoffs (auch Nettesheim 1958). Unter Bezugnahme auf zeitgeschichtliche Verhältnisse und Aspekte der Biografie hat Wilhelm Gössmann mehrere Monografien (Gössmann 1956; Gössmann 1985) zur Subjektproblematik und zuletzt eine vergleichende Lektüre zu den Zeitgenossen Droste und Heine (Gössmann 1996) vorgelegt.

Betrachtet man die Wertschätzung von Drostes Texten und den Prozess der Kanonbildung, wie sie sich in der spezifischen Textauswahl von Ausgaben, Anthologien und Literaturgeschichten dokumentieren, so ergibt sich für das 20. Jahrhundert eine deutliche Veränderungsdynamik. Während im 19. Jahrhundert Genrebilder wie *Des alten Pfarrers Woche* oder *Die beschränkte Frau* sowie erzählende Gedichte, Idyllisches und Humorvolles eine breite Leserschaft gefunden hatten, verschob sich der Fokus im 20. Jahrhundert, und das insbesondere nach 1945, auf Texte, die »das Kriterium eines authentisch vermittelten Ringens um eine Existenz-Problematik« (Grywatsch 2008b, 26) erfüllen – wobei hierzu natürlich auch die religiös fundierten Veröffentlichungen zählen. Abseits davon wurde aber Drostes literarischer Rang stärker mit den semantisch komplexen Naturgedichten und den lyrischen Gestaltungen von Identitätsfragen wie *Das Spiegelbild*, *Durchwachte Nacht*, *Am Thurme*, *Mondesaufgang* und *Im Grase* verknüpft. Dabei richtete sich die Aufmerksamkeit auf das existentielle Ringen um eine Wahrheit der Aussage, die den sprachlich-poetischen Kunstcharakter der Verse ausmachten (Grywatsch 2008b, 23). Ein immer stärker werdendes Interesse hat im 20. Jahrhundert – in der zweiten Hälfte gerade auch in der amerikanischen Germanistik – die *Judenbuche* hervorgerufen. Studien zum komplexen Erzählstil (Heitmann 1914; Hoffmann 1948) stehen am Anfang der langen, hier nur ausschnitthaft zu rekonstruierenden Reihe, in der Henel 1967, Bernd 1973 und Huge/Woesler 1980 mit einem Sonderband der *Zeitschrift für deutsche Philologie* sowie zahlreiche kommentierte Werkausgaben (Rölleke 1970, Moritz 1980, Begemann 1999) zu nennen sind. Bis heute ist die Kontinuität der steigenden Aufmerksamkeit ungebrochen (u.a. Schaum 2004; Mecklenburg 2008).

Mit dem Erstarken der sogenannten zweiten Frauenbewegung und den Konzepten der feministischen Literaturwissenschaft seit den späten 1960er Jahren gelangten bisher randständig behandelte Texte wie *Bertha, Walther* und das Romanfragment *Ledwina* aus dem Frühwerk sowie Gedichte wie *Das Spiegelbild* und *Das Fräulein von Rodenschild* verstärkt in den Fokus der Aufmerksamkeit. Mit diesen Texten verknüpfte sich die Diskussion von Fragen nach der gesellschaftlichen Rolle der Frau in ihrer Zeit sowie nach deren Wechselwirkung mit Selbstverständnis und Schreibweise der Autorin (→ VI.13.). Wie stark sich Droste selbst in einer explizit weiblichen Traditionslinie verortete, darauf verweist neben der werkpolitisch progammatischen Position des Gedichts *Katharine Schücking* als eins der drei vorgesehenen Einleitungsgedichte in die Gedichtausgabe von 1844 die Bezugnahme auf die englische Autorin Joanna Baillie in PERDU! (→ III.3.). Indem Droste dieser Autorin expliziten Vorbildcharakter zuspricht (»und möcht ich einer Dichterin einst gleichen So müste die BAILIE dies seyn«, HKA VI, 529) und sie als »weibliche[n] SHAKESPEARE« (HKA VII, 383, 388) bezeichnet, präfiguriert sie gewissermaßen Virginia Woolfs in ihrem für die Frauenbewegung richtungsgebenden Essay *A Room of One's Own* (1928) formulierte rhetorische Frage nach einer fiktiven Schwester William Shakespeares. Auch wenn bereits in den frühen Rezensionen und Artikeln zu Drostes Leben und Schreiben dem Gender-Aspekt erhöhte Aufmerksamkeit zukommt – so betonten die Besprechungen zu ihren Gedichtausgaben auffällig oft eine als ›männlich‹ charakterisierte Schreibart (vgl. HKA I, 509–511) –, findet eine produktive Auseinandersetzung mit der Kategorie des Geschlechts in Drostes Texten erst seit den 1970er Jahren statt, als »die Lebens- und Produktionsbedingungen einer Autorin, die Thematisierung der Wechselbeziehung zwischen Lebenspraxis und Kreativität, weiblichen Schreibbedingungen und Kunstäußerung« ebenso verstärkt in den Blick kamen wie die Frage, »in welcher Weise das Werk Annette von Droste-Hülshoffs geprägt ist durch ihr Frausein« (Niethammer/Belemann 1993, 7). Einschlägige literaturwissenschaftliche und -soziologische Beiträge kamen aus der amerikanischen Literaturwissenschaft (Pickar 1978; Pickar 1980; Frederiksen/Shafi 1989; Howe 1993; Krimmer 1996) sowie aus der italienischen Germanistik (Bianchi 1990). Deutschsprachige Beiträge zeigten an den Gedichten *Das Fräulein von Rodenschild* und *Das Spiegelbild,* mit welchen poetischen Strategien Modelle weiblicher Selbsterfahrung im Gegensatz zu patriarchalen Codes entworfen wurden (Wehinger 1985; Roebling 1988). Die Deutungsansätze lassen sich auf zwei zentrale, je ambivalent geprägte Leitlinien rückführen: Zum einen steht das Verhältnis von Grenzen und deren Überschreitung im Fokus, zum anderen das Identitätsverhältnis von Bild und Gegenbild (Niethammer 2000, 128). Eine Bestandsaufnahme leistet der Tagungsband *Ein Gitter aus Musik und Sprache. Feministische Analysen zu Annette von Droste-Hülshoff,* der einen interdisziplinären Zugriff unter germanistischen, musik- und sozialwissenschaftlichen Perspektiven realisiert (Niethammer/Belemann 1993). Hier wird die These von Grenzen und Grenzüberschreitungen in Drostes Lyrik nochmals zugespitzt (Bianchi 1993), die lyrisch gefasste Programmatik der 1844er Gedichtausgabe (Niethammer 1993a) und die Zuarbeit Drostes zu Schückings *Malerischem und romantischen Westphalen* sowie die Implikationen der anonymen bzw. halbanonymen Veröffentlichungen (Niethammer 1993b; vgl. Kord 1996) diskutiert. Wenige Jahre später gelingt es der Werkmonografie *Ambivalence Transcended*, Drostes Weg zu literarischer Autonomie und einer Selbstaffirmation als Autorin herauszuarbeiten (Pickar 1997, XIII; vgl. Pickar 2000). Vor diesem Hintergrund wird auch Drostes Verhältnis zu Schücking in neuer Weise, nämlich im Hinblick auf Auswirkungen der Geschlechterdifferenz auf die literarische Zusammenarbeit, interessant (von Heydebrand 2001). Diskrete Hinweise auf Frauenliebe werden in den Gedichten an Elise Rüdiger und Amalie Hassenpflug sowie in Texten wie *Die Nadel im Baume* und *Das Fräulein von Rodenschild* entdeckt (Steidele 2003). Ein Übriges leisteten seit den 1980er Jahren vom feministischen Diskurs angeregte Werk- und Auswahlausgaben, die Drostes Frühwerk in den Vordergrund rückten, dabei vor allem das *Ledwina*-Fragment, das Sarah Kirsch als ein »Geschenk des Himmels« (Kirsch 1986, 9) bezeichnete (vgl. Scheer 1983; Naumann 1991).

Wichtige Impulse für die Droste-Forschung gingen seit Beginn des 20. Jahrhunderts von Westfalen und Münster aus, wo sich der Bogen der Aktivitäten von der Professur Julius Schwerings und seinem Fokus auf die westfälische Literaturgeschichte über Schulte Kemminghausens Arbeiten und die Beiträge Heselhaus', von Wieses, Günther Weydts bis zu Winfried Woeslers vielfältigen editorischen und hermeneutischen Studien insbesondere zum *Geistlichen Jahr* spannt und weiter bis zu Ernst Ribbat, Lothar Köhn und Cornelia Blasberg reicht und dabei sowohl eng mit dem Germanistischen Institut der münsterschen Universität als auch mit der Droste-Gesellschaft verbunden ist, für die die Genannten in herausgehobenen Ämtern tätig waren. Diese Reihe ist für die Universität zu ergänzen um die Forschungen Herbert Krafts, der gesellschafts- und sozialgeschichtlich ausgerichtete Studien sowie die Rowohlt-Monografie (Kraft 1987; Kraft 1994; Kraft 1996) vorlegte, die auf die Reflexion politischer Klassenverhältnisse und historischer Ständeordnung abheben. Ebenso in diese Liste gehört der zeitweise als wissenschaftlicher Assistent in Münster tätige Ronald Schneider, der 1976 in Freiburg mit der Untersuchung *Realismus und Restauration. Untersuchungen zu Poetik und epischem Werk der Annette von Droste-Hülshoff* promoviert wurde und später die Einführungs- und Überblicksdarstellung *Annette von Droste-Hülshoff* vorlegte (1977, ²1995). Beide Arbeiten gründeten sich auf Friedrich Sengles einflussreiche, mehrbändige Studie *Biedermeierzeit*, die eine strikte Zäsur im Kontinuum der geistesgeschichtlichen Strömungen um 1848/1850 behauptet und alles Vorangehende unter eine von der Restauration dominierte vorrealistische Zeit fasst. Dabei wird für das literarische Biedermeier eine eigene literarhistorische Epoche veranschlagt, die grundsätzlich dem im 18. Jahrhundert verankerten Ordnungsdenken des alten Europas verpflichtet sei. Weiter stammen zahlreiche einschlägige Forschungsarbeiten von Wissenschaftlerinnen und Wissenschaftlern, die zu unterschiedlichen Zeiten für die

Droste-Forschungsstelle respektive als Bandbearbeiter und Redakteure der Historisch-kritischen Droste-Ausgabe tätig waren: Bernd Kortländer, Lothar Jordan, Walter Huge, Walter Gödden, Bodo Plachta, Ortrun Niethammer, Jochen Grywatsch und Rüdiger Nutt-Kofoth.

Eine neue Grundlage für die Droste-Forschung wurde seit den 1970er Jahren mit dem DFG-Projekt einer Historisch-kritischen Droste-Ausgabe geschaffen, die in 28 Teilbänden zwischen 1978 und 2000 unter der Gesamtherausgeberschaft von Winfried Woesler im Tübinger Niemeyer-Verlag erschien. Der Notwendigkeit einer umfassenden historisch-kritischen Gesamtausgabe wurde seit den späten 1960er Jahren vor dem Hintergrund einer verstärkten Aufmerksamkeit für die Autorin neu diskutiert. Es war deutlich, dass »die greifbaren Droste-Ausgaben weder vollständig waren noch einen zuverlässigen Text boten« (Woesler 1997, 54) sowie im Hinblick auf wissenschaftliche Kommentierung und Einordnung nicht den Erwartungen entsprachen. Vor allem war das Briefkorpus um zahlreiche Funde erweitert worden. Im Vorfeld der Ausgabe wurde am münsterschen Lehrstuhl von Günther Weydt 1970 die Droste-Forschungsstelle eingerichtet, deren Leitung Winfried Woesler übernahm. Hier wurde mit der Unterstützung von Doktoranden und Studierenden eine Forschungsbibliothek mit Primär- und Sekundärquellen, ein systematischer Handschriftenkatalog sowie eine Dokumentation von Quellenmaterialien aufgebaut. Als wesentliche Grundlagenarbeiten entstanden Bernd Kortländers Untersuchung im Kontext der Einflussforschung *Annette von Droste-Hülshoff und die deutsche Literatur* (1979), die Sammlung und Auswertung von Rezeptionszeugnissen des 19. Jahrhunderts *Modellfall der Rezeptionsforschung* (Woesler 1980), die im Rahmen der HKA veröffentlichte *Droste-Bibliographie* von Aloys Haverbusch (1983/85), der Katalog zum *handschriftlichen Nachlass* der Autorin von Bodo Plachta (1988), der später seine verstreuten Beiträge in dem Sammelband *1000 Schritte von meinem Canapee* zusammenfasste (Plachta 1995), sowie die *Dichterchronik* von Walter Gödden (1994), die auf umfassender Quellenbasis ein detailreiches Gerüst zu Leben und Werk der Autorin bietet. Gödden war außerdem der erste, der Drostes epistolarisches Werk in einer monografischen Untersuchung erschloss (Gödden 1991). Das neugegründete Periodikum *Beiträge zur Droste-Forschung* (5 Bde., 1971–1982) lieferte eine Plattform für die Veröffentlichung von Arbeitsergebnissen im Rahmen des editorischen Großprojekts. Außerdem legten Weydt und Woesler eine kommentierte Studienausgabe *Sämtliche Werke* (1973/78) vor, die bis zum Erscheinen der HKA die entstandene Lücke füllte. Das editorische Großprojekt der Historisch-kritischen Droste-Ausgabe konnte im Jahr 2000 abgeschlossen werden: Seitdem liegen sämtliche Droste-Texte (Werke, Musikalien, Briefe) sowie die Briefe an die Autorin in gesicherter Textgestalt und detailliert dokumentiert vor; hinzu kommen die Darstellungen zu Entstehung und Überlieferung, Lesartenapparate sowie umfangreiche Kommentare. Die Droste-Ausgabe hat damit »das umfassendste Bild der Autorin erarbeitet und macht die Entstehung ihres Werkes in seiner Gesamtheit transparent« (Woesler 1997, 55).

2. Stationen der Wirkungsgeschichte

Die wesentlich auf die Historisch-kritische Droste-Ausgabe gründende Aktualisierung des Droste-Bildes und die veränderte Bewertung ihres Werks zeigten sich deutlich in einer Fülle von Feuilletonartikeln, die anlässlich des 200. Geburtsjubiläums 1997 erschienen. Sie zielten darauf, das Verstörende, Emanzipatorische, Originelle und Moderne an Drostes Dichtung herauszustellen (vgl. Gödden 1998; Grywatsch 2001). In Münster wurde das Jubiläum federführend vom Landschaftsverband Westfalen-Lippe geplant, koordiniert und in einem 216-seitigen Programmheft dokumentiert, das westfalenweit über 300 Veranstaltungen verzeichnete, von denen die am 12. Januar 1997 im münsterschen Schloss durchgeführte Geburtstagsmatinee der Droste-Gesellschaft mit Helmut Koopmann als Laudator (zu den poetologischen Gedichten) zu den wichtigsten gehörte (Koopmann 2000). Ein eigenes Kolloquium, das sich aus unterschiedlichen Blickwinkeln und interdisziplinär dem Droste-Werk näherte, führte das Germanistische Institut der Universität Münster unter der Leitung von Ernst Ribbat durch, dessen Ergebnisse in dem Tagungsband *Dialoge mit der Droste* veröffentlicht wurden (Ribbat 1998). Zudem wurden im Rahmen der Feierlichkeiten zum 200. Geburtstag drei Ausstellungsprojekte (Gödden/Grywatsch 1996a; Galen 1997; Plachta 1997) realisiert (→ VII.4). Im Rahmen der vom Droste-Doppeljubiläum 1997/98 angeregten Publikationen – 1998 wurde mit Schwerpunkt in Meersburg des 150. Todestages gedacht – sind auch zwei Droste-Biografien zu nennen, zunächst in der Reihe dtv-Porträt der Band *Annette von Droste-Hülshoff* (Freund 1998) sowie das umfangreich recherchierte Lebensbild *Blamieren mag ich mich nicht* (Beuys 1999, ²2002, ³2009).

4. 2000 bis 2018

Mit Gründung der Literaturkommission für Westfalen beim Landschaftsverband Westfalen-Lippe 1998 wurden auch die Weichen für die Zukunft der Arbeitsstelle der im Jahr 2000 abgeschlossenen Historisch-kritischen Droste-Ausgabe mitsamt ihrer Droste-Spezialbibliothek und umfangreicher Materialsammlung gestellt, deren Existenz unter dem Dach der Literaturkommission dauerhaft gesichert werden konnte. Neben der Pflege und Aktualisierung der Bibliothek gehören die umfassende Internet-Präsenz (*Droste-Portal*), die Ausrichtung von Forschungskolloquien, die Durchführung von Ausstellungen und die Veröffentlichung von Forschungsergebnissen zu den Hauptaufgaben der Forschungsstelle, deren Leitung 2000 Jochen Grywatsch übernahm. Seit 2005 gehört zu diesem Spektrum auch die Herausgabe des *Droste-Jahrbuchs*, das 1986 unter der Herausgeberschaft von Clemens Heselhaus und Winfried Woesler von der Droste-Gesellschaft initiiert worden war und an die Stelle vorangehender Periodika trat. In der zunächst nur unregelmäßig erscheinenden Reihe wurden vornehmlich Beiträge zu Forschungskontexten aus dem Bezugsfeld der Historisch-kritischen Droste-Ausgabe veröffentlicht. Ab Band 6 trat die Literaturkommission für Westfalen mit in die Verantwortung für das Periodikum ein, das seitdem unter der Herausgabe von Jochen

Grywatsch und Winfried Woesler in zweijähriger Folge erscheint (Bd. 6-11, 2007–2017) und im Wechsel offene Sammelbände sowie auf Forschungskolloquien basierende und unter je eigener Herausgeberschaft erscheinende Themenbände produziert, die kulturwissenschaftlichen Fragestellungen verpflichtet sind (Grywatsch 2009 zur Kategorie Raum, Blasberg/Grywatsch 2013 zur Kategorie Zeit, Nutt-Kofoth 2017 zu Drostes Positionierung in der Literaturgeschichte). Die Fertigstellung der Historisch-kritischen Droste-Ausgabe war 2001 Anlass eines Festakts und Tagung, deren Beiträge in dem bei der Literaturkommission für Westfalen erschienenen Band *Transformationen* (Niethammer 2002) veröffentlicht wurden. Im Fokus standen neben Problemen der Edition insbesondere Fragen der Epochenzugehörigkeit Drostes zwischen Romantik und Vormärz. Eine weitere, 2002 von der Droste-Gesellschaft durchgeführte Tagung stellte explizit psychoanalytische Zugänge zu Drostes Texten in den Fokus und suchte die disparat erscheinenden Zugänge von Literaturwissenschaft und Psychoanalyse zu verbinden (Greve/Harsch 2003). Mit der Entwicklung psychoanalytischer Forschungsansätze ist auch der Name Renate Böschensteins verbunden, deren Droste-Aufsätze in einem Sammelband zusammengefasst wurden (Böschenstein 2007). Neben den monografischen Themenbänden des *Droste-Jahrbuchs* haben in den 2000er Jahren vor allem einige Dissertationen den kulturwissenschaftlich geprägten Zugang zu Drostes Werk erweitert: Ölke 2002 zum Topos von ›Heimat und Fremde‹ in den westfälischen und orientalischen Texten, Peters 2004 mit einem feministisch geprägten Zugang zum Konzept des Blicks in den Verserzählungen, Wortmann 2014 zum *Geistlichen Jahr* als Schreibprojekt, Höving 2018 zu Projektion und Übertragung in den Verserzählungen und in *Ledwina*. Ein Sammelband widmet sich der in der jüngeren Droste-Forschung häufig aufgeworfenen Frage nach einer spezifischen Modernität Drostes (Salmen/Woesler 2008). Modernitätsaspekte nimmt auch die Monografie *Kreative Refakturen* in den Blick (Liebrand 2008), die Prozesse einer produktiven Verwandlung von literarischen Traditionen und Prätexten für Droste darlegt, aus denen sich modern zu bezeichnende Effekte ergeben. Auf solche Sichtweisen, Drostes Rückgriffe auf das Tradierte, rekurriert ebenso der Sammelband *Redigierte Tradition* (Liebrand/Hnilica/Wortmann 2010a), der aus verschiedenen Blickwinkeln Traditionsbezüge und modernistische Rückwirkungen in ihren Texten miteinander in Beziehung setzt und Drostes spezifischen Ort in den Gattungstraditionen ausleuchtet. Einen Überblick über das lyrische Œuvre Annette von Droste-Hülshoffs liefert der *Interpretationen*-Band des Reclam-Verlages (Liebrand/Wortmann 2014) mit zwölf die Breite der gegenwärtigen literaturwissenschaftlichen Zugänge darlegenden Beiträgen.

2. Stationen der Wirkungsgeschichte

Ausgaben

Gedichte von Annette Elisabeth v. D.... H..... Münster 1838.
Gedichte von Annette Freiin von Droste-Hülshof. Stuttgart, Tübingen 1844.
Das geistliche Jahr. Nebst einem Anhang religiöser Gedichte von Annette von Droste-Hülshoff. Stuttgart, Tübingen 1851.
Letzte Gaben. Nachgelassene Blätter von Annette Freiin von Droste-Hülshoff. Hannover 1860.
Gesammelte Schriften von Annette Freiin von Droste-Hülshoff. Hg. von Levin Schücking. 3 Theile. Stuttgart 1878/79.
Der Freiin Annette von Droste-Hülshoff Gesammelte Werke, hrsg. von Elisabeth Freiin von Droste-Hülshoff. Nach dem handschriftlichen Nachlaß verglichen und ergänzt, mit Biographie, Einleitungen und Anmerkungen versehen von Wilhelm Kreiten. 4 Bde. in 5. Münster u. a. 1884–1887.
Briefe von Annette von Droste-Hülshoff und Levin Schücking. Hg. von Theo[phanie] Schücking. Leipzig 1893.
Die Briefe der Dichterin Annette v. Droste-Hülshoff. Hg. und erläutert von Hermann Cardauns. Münster 1909.
Annette von Droste-Hülshoff: Sämtliche Werke in sechs Teilen. Hg., mit Einleitungen und Anmerkungen versehen von Julius Schwering. Berlin u. a. [1912].
Annette von Droste-Hülshoff: Sämtliche Werke. In Verb. mit Bertha Badt und Kurt Pinthus [Bd. 4: In Verb. mit Bertha Badt] hg. von Karl Schulte Kemminghausen. 4 Bde. in 6. München 1925/30.
Die Briefe der Annette von Droste-Hülshoff. Gesamtausgabe. Hg. von Karl Schulte Kemminghausen. 2 Bde. Jena 1944.
Annette von Droste-Hülshoff: Sämtliche Werke. Hg., in zeitlicher Folge geordnet und mit Nachwort und Erläuterungen versehen von Clemens Heselhaus. München 1952.
Annette von Droste-Hülshoff: Sämtliche Werke. Hg. von Günter Weydt und Winfried Woesler. 2 Bde. München 1973/78.
Annette von Droste-Hülshoff. Historisch-kritische Ausgabe. Werke. Briefwechsel. Hg. von Winfried Woesler. 14 in 28 Bde. Tübingen 1978–2000.
Annette von Droste-Hülshoff. Spiegelbild und Doppellicht. Prosa, Briefe, Fragmente. Hg. von Helma Scheer. Neuwied 1983. [Scheer 1983]
Annette von Droste-Hülshoff. Ausgewählt von Sarah Kirsch. Köln 1986. [Kirsch 1986]
Annette von Droste-Hülshoff. Berta. Ledwina. Hg. und mit einem Nachwort von Ursula Naumann. Frankfurt/M., Berlin 1991. [Naumann 1991]
Annette von Droste-Hülshoff. Die Judenbuche. Ein Sittengemälde aus dem gebirgigten Westfalen. Mit einem Nachwort von Christian Begemann. Frankfurt/M., Leipzig 1999. [Begemann 1999]

Literatur

Ditt, Karl: Die Kulturpolitik des Provinzialverbandes und die Droste-Gesellschaft in den 1920er/1930er Jahren. In: Jochen Grywatsch/Ortrun Niethammer (Hg.): Eine literarische Gesellschaft im 20. Jahrhundert. 75 Jahre Annette von Droste-Gesellschaft (1928–2003). Bielefeld 2003, S. 21–44.
Eggert, Hulda: Drostebiographie und Drostelegende. In: Süddeutsche Monatshefte 26,2 (1928/29), S. 137–144.
Gödden, Walter: Stationen der Droste-Biographik. In: Droste-Jahrbuch 2 (1990), S. 118–152. [Gödden 1990c]

Grywatsch, Jochen: Annette von Droste-Hülshoff – Autorin im Spannungsfeld von Regionalität und Internationalität. In: Martina Wagner-Egelhaaf (Hg.): Region – Literatur – Kultur. Regionalliteraturforschung heute. Bielefeld 2001, S. 159–186.

Grywatsch, Jochen: Zwischen Verehrung und Verirrung. Die Droste-Gesellschaft (Münster) von ihrer Gründung 1928 bis zu ihrer Neukonstitutierung 1946. In: Jochen Grywatsch/Ortrun Niethammer (Hg.): Eine literarische Gesellschaft im 20. Jahrhundert. 75 Jahre Annette von Droste-Gesellschaft (1928–2003). Bielefeld 2003, S. 45–89.

Grywatsch, Jochen: Produktive Leerstellen. Anmerkungen zur Aktualität des dichterischen Werks der Annette von Droste-Hülshoff und zur Veränderlichkeit seiner Wertschätzung. In: Monika Salmen/Winfried Woesler (Hg.): »Zu früh, zu früh geboren ...«. Die Modernität der Annette von Droste-Hülshoff. Düsseldorf 2008, S. 18–35. [Grywatsch 2008b]

Haverbusch, Aloys: Die Droste in Anthologien des 19. Jahrhunderts. In: Winfried Woesler (Hg.): Modellfall der Rezeptionsforschung. Droste-Rezeption im 19. Jahrhundert. Dokumentation, Analysen, Bibliographie. Erstellt in Zusammenarbeit mit Aloys Haverbusch und Lothar Jordan. Bd. 2. Frankfurt/M. 1980, S. 1007–1102.

Heselhaus, Clemens: Die Entdeckung des Seins in der Dichtung des Neunzehnten Jahrhunderts. Halle 1943.

Heselhaus, Clemens: Annette von Droste-Hülshoff. Werk und Leben. Düsseldorf 1971.

Heydebrand, Renate von/Winko, Simone: Einführung in die Wertung von Literatur. Systematik – Geschichte – Legitimation. Paderborn u. a. 1996.

Hüffer, Hermann: Annette von Droste-Hülshoff und ihre Werke. Vornehmlich nach dem litterarischen Nachlaß und ungedruckten Briefen der Dichterin. Gotha 1887.

Huge, Walter: Die Droste in Literaturgeschichten des 19. Jahrhunderts. In: Winfried Woesler (Hg.): Modellfall der Rezeptionsforschung. Droste-Rezeption im 19. Jahrhundert. Dokumentation, Analysen, Bibliographie. Erstellt in Zusammenarbeit mit Aloys Haverbusch und Lothar Jordan. Bd. 2. Frankfurt/M. 1980, S. 1103–1119. [Huge 1980b]

Jordan, Lothar: Katholizismus als Faktor der Droste-Rezeption im 19. Jahrhundert. In: Winfried Woesler (Hg.): Modellfall der Rezeptionsforschung. Droste-Rezeption im 19. Jahrhundert. Dokumentation, Analysen, Bibliographie. Erstellt in Zusammenarbeit mit Aloys Haverbusch und Lothar Jordan. Bd. 2. Frankfurt/M. 1980, S. 1185–1211.

Kirsch, Sarah: Geschenk des Himmels. In: Annette von Droste-Hülshoff. Ausgewählt von Sarah Kirsch. Köln 1986, S. 9–14.

Kortländer, Bernd: Dichtung und Volkstum. Droste-Rezeption unter westfälischen Vorzeichen. In: Winfried Woesler (Hg.): Modellfall der Rezeptionsforschung. Droste-Rezeption im 19. Jahrhundert. Dokumentation, Analysen, Bibliographie. Erstellt in Zusammenarbeit mit Aloys Haverbusch und Lothar Jordan. Bd. 2. Frankfurt/M. 1980, S. 1179–1184.

Kortländer, Bernd: Annette von Droste-Hülshoff – eine katholische Dichterin. Anmerkungen zu einer missglückten Rezeption. In: Droste-Jahrbuch 10 (2015), S. 281–296.

Lauer, Gerhard: Die allmähliche Verfertigung einer modernen Klassikerin. Benno von Wiese, die Droste und die Droste-Gesellschaft. In: Jochen Grywatsch/Ortrun Niethammer (Hg.): Eine literarische Gesellschaft im 20. Jahrhundert. 75 Jahre Annette von Droste-Gesellschaft (1928–2003). Bielefeld 2003, S. 195–205.

Niethammer, Ortrun/Belemann, Claudia (Hg.): Ein Gitter aus Musik und Sprache. Feministische Analysen zu Annette von Droste-Hülshoff. Paderborn u. a. 1993.

Niethammer, Ortrun (Hg.): Transformationen. Texte und Kontexte zum Abschluss der Historisch-kritischen Droste-Ausgabe. Bielefeld 2002.

Pickar, Gertrud Bauer: Ambivalence Transcended. A Study in the Writings of Annette von Droste-Hülshoff. Columbia/South Carolina 1997.

Schneider, Ronald: Annette von Droste-Hülshoff. 2., vollst. neu bearb. Aufl. Stuttgart 1995.

Staiger, Emil: Annette von Droste-Hülshoff. Zürich 1933. 2. Aufl. Frauenfeld 1962.

Winfried Woesler (Hg.): Modellfall der Rezeptionsforschung. Droste-Rezeption im 19. Jahrhundert. Dokumentation, Analysen, Bibliographie. Erstellt in Zusammenarbeit mit Aloys Haverbusch und Lothar Jordan. Bd. 2. Frankfurt/M. 1980.

Woesler, Winfried: Droste-Rezeption im 19. Jahrhundert. Übersicht. In: Winfried Woesler (Hg.): Modellfall der Rezeptionsforschung. Droste-Rezeption im 19. Jahrhundert. Dokumentation, Analysen, Bibliographie. Erstellt in Zusammenarbeit mit Aloys Haverbusch und Lothar Jordan. Bd. 2. Frankfurt/M. 1980, S. 993–1005.

Woesler, Winfried: Droste-Forschung in Münster. In: Bodo Plachta (Hg.): Annette von Droste-Hülshoff (1797–1848). »aber nach hundert Jahren möcht ich gelesen werden«. Wiesbaden 1997, S. 53–56.

3. Rezeption in den Künsten

Annette von Droste-Hülshoffs Rezeption in den Künsten ist nicht sehr reichhaltig ausgeprägt. Verglichen mit anderen Autorinnen und Autoren ihres Ranges und Stellenwerts fällt die künstlerische Auseinandersetzung mit ihrem Werk und ihrer Person eher bescheiden aus. Insgesamt sind nur etwa 250 kreative Produktionen über Droste nachgewiesen worden, wobei ein deutlicher Schwerpunkt im Bereich der Lyrik liegt. Für die Verzeichnung im Einzelnen sei verwiesen auf die existierenden Bibliografien (HKA XIV [Haverbusch 1983/1985]; Grywatsch 2003; bibliographische Jahresberichte [seit 2001] der Droste-Forschungsstelle bei der LWL-Literaturkommission für Westfalen auf der Website *Droste-Portal*), die gemeinsam den Zeitraum vom frühen 19. Jahrhundert bis heute lückenlos abdecken. Dokumentiert sind dort neben der literarischen Rezeption und den kreativen Auseinandersetzungen im Bereich der Musik und der Bildenden Kunst auch vereinzelte Film-, Fernseh- und Hörspiel-Produktionen sowie multimediale Installationen und Internet-Projekte.

3.1. Literatur
Cornelia Blasberg/Jochen Grywatsch

1. Lyrik 710
2. Prosa 712
3. Dramatisches 714

1. Lyrik

Es überrascht nicht, dass sich die literarische Würdigung Annette von Droste-Hülshoffs in erster Linie im Bereich der Lyrik ausgeprägt hat und es in diesem Genre eine Form von »[k]ollegiale[m] Nachruhm« (Koch 1997, 72) gibt. Mit verantwortlich für diese Schwerpunktsetzung ist die lange Tradition der Widmungspoesie seit der Antike. Zu Drostes Zeiten verzweigte sich – wie ihre eigenen Gedichte zeigen (→ VI.9.) – die Gattung der Gelegenheitsdichtung in eine privat-dilettantische und eine ästhetisch-poetologische Richtung, wobei letztere das Fundament zu jener Personen- und Porträtlyrik bildet, die im 20. Jahrhundert prominent geworden ist und auch Droste zum Gegenstand hat. Viele dieser Texte wurden in zwei etwa zeitgleich erschienenen Anthologien (Plachta 1986; Ferchl 1987) zusammengetragen, nachdem bereits 1923 eine erste Bestandsaufnahme von an Droste gerichteten Gedichten vorgelegt wurde (Arens 1923b).

Insgesamt sind von 1820 bis heute etwa 180 Texte nachgewiesen, die eine explizite, vor allem durch Namensnennungen, Erwähnungen biografischer Details und allzu oft auch durch Anspielungen auf tradierte Klischees charakterisierte Annäherung an Drostes Leben und Werk in lyrischer Form betreiben. Hinzu treten Texte, deren Bezugnahme subtiler als intertextuelle Referenzen gestaltet sind und oft erst durch wissenschaftliche Analyse aufgedeckt werden (vgl. Oberembt 2003). Die lyrische Adressierung setzt bereits zu Lebzeiten der Autorin ein und geht zurück auf drei enge Bezugspersonen. Von Heinrich Straube stammt das Sonett *Letztes Mittel* (ca. 1820), Wilhelm Junkmanns *Münsterland* (1836) entstand anlässlich von Drostes einjährigem Aufenthalt in der Schweiz und Levin Schücking schuf 1841 mit *Im Dome* eine versteckte Apostrophe an die Dichterfreundin. Was folgt, beginnend mit Betty Paolis Nachruf von 1850, sind Texte, die der Ehrung der verstorbenen Dichterin und der Würdigung ihrer Leistungen gewidmet sind. Viele dieser Texte tun dies aber nicht auf der Basis einer individuellen, kritischen Auseinandersetzung, sondern eher holzschnittartig unter Rückgriff auf die gängigen Etikettierungen und Verzeichnungen, denen Droste und ihr Werk ausgesetzt waren (→ VII.2.). So sind sie »Teil der Rezeptionsgeschichte [...], gleichzeitig aber auch ihr Spiegel, da in ihnen weitgehend auf in den Chiffren enthaltene tradierte Darstellungen und Bewertungen zurückgegriffen wird« (Koch 1997, 73). Zahlreiche Zeugnisse erweisen sich als stereotype Rezeptionsmuster aufgreifende Lobreden, die nicht vor »kokettierenden Attitüden« und »rhetorische[m] und pathetische[m]

Tand« (Plachta 1986, X) zurückschrecken. Als wiederkehrende Plattitüden begegnen notorisch Bezugnahmen auf Drostes Westfalentum, ihren katholischen Glauben, das tragische Frauen- und das Krankheitsschicksal, die Einsamkeit, die Dunkelheit ihrer Texte und die Vorliebe für das Schauerliche. Sehr beliebt ist dabei die Orientierung an den »Schauplätzen ihres Lebens und Wirkens«, Westfalen und Bodenseeregion, die sich für die Entfaltung zweier gegensätzlicher Stimmungsräume eignen – »[d]ort die Schwermut eines düsteren Nordens samt dämmerschauriger Erscheinungen, hier die melancholisch sanfte Leichtigkeit einer bereits südlichen Landschaft« (Ferchl 1987, 83).

Vielen heute eher unbekannten Autorinnen und Autoren des 19. Jahrhunderts, die Droste lyrisch zu ihrer Seelenfreundin stilisieren, stehen bekanntere Namen der Literaturgeschichte gegenüber, die vor allem seit der zweiten Hälfte des 20. Jahrhunderts differenziertere lyrische Zugänge zu der Autorin vorgelegt haben. Dies trifft zwar noch auf Paul Heyse und sein 1877 geschriebenes Widmungs-Sonett mit seinen stereotypen Charakterisierungen zu, der aber deshalb hier Erwähnung findet, weil sein Gedicht *Annette von Droste-Hülshoff* das im Kulturkampf stark gemachte Epitheton von »Deutschlands größte[r] Dichterin« (Plachta 1986, 20) aufgreift, das auch auf die Popularisierung Drostes durch die Aufnahme der *Judenbuche* in den von Heyse und Kurz herausgegebenen *Deutschen Novellenschatz* (Bd. 24, 1876) zurückgeht.

Der Band *Die Dichter und die Droste* vervollständigt als detailreiche »Fallstudie der Intertextualitätsforschung« (Oberembt 2003, 11) das Bild und erweitert es um Beiträge von Autorinnen und Autoren insbesondere der Klassischen Moderne, die eine starke Affinität zu Drostes Dichtung aufweisen, sowie darüber hinaus bis in die 1960er Jahre hinein. Von Detlev von Liliencron bis zu Ernst Jünger stellt die Studie etwa 40 Autorinnen und Autoren in den Fokus und kann zahlreiche mittels einlässlicher Textanalysen gewonnene intertextuelle Bezüge offenlegen. Dadurch erweiterte sich die Liste der lyrischen Droste-Rezipientinnen und -Rezipienten (u. a. Detlev von Liliencron, Hermann Löns, Gerhart Hauptmann, Hans Carossa, Adolf von Hatzfeld, Josef Weinheber, Reinhold Schneider, Konrad Weiß, Rudolf Alexander Schröder, Wilhelm Lehmann, Elisabeth Langgässer, Peter Huchel, Gertrud Kolmar und Else Lasker-Schüler) und die Zahl der durch einen Droste-Bezug geprägten Texte nochmals. Es wird deutlich, dass sich im Rahmen des Stilpluralismus um und nach 1900 ein vergleichsweise reicher und offener Echo- und Resonanzraum für Drostes Werk auftut und die Suche nach Referenzspuren zu zahlreichen lyrischen Texten, aber auch zu Dramen, Romanen, Tagebüchern, Feuilletons und Essays führt.

In der Nachkriegszeit sind neben Rudolf Hagelstanges *Meersburger Elegie*, einem 36-strophigen Langgedicht von 1950, Johannes Bobrowskis *Die Droste* (1959) und vor allem Gottfried Benns *Kann keine Trauer sein* (1956; sein letztes Gedicht überhaupt) von herausgehobener Bedeutung. Drostes Einfluss auf Benn spiegelt sich auch in der Sammlung *Trunkene Flut* von 1949 wider, deren Titel ebenso wie das gleichnamige Gedicht und der die Sammlung abschließende *Epilog 1949* auf Drostes *Im Grase* anspielt. Hinzuweisen ist zudem auf Paul Celan, der »die düstere und unheimliche Seite der drostischen Elementarlandschaft in seinen letzten Bänden zunehmend verabsolutiert« (Böschenstein 1973, 23), sowie auf Wulf Kirsten und seinen Text *aus dem Leben der Droste* (1977). Im Folgenden wird die Traditionsreihe immer stärker weiblich dominiert: Der Impuls, den Sarah Kirsch mit ihrem einflussreichen Text *Der Droste würde ich gern Wasser reichen* (1974) gegeben hat, wurde von Erika Burkarts *Die Moorschenke* (1978), Rose Ausländers *Droste* (1981) und Ulla Hahns *Liebe Kolleginnen und Kollegen* (1981) aufgenommen. Lyrikerinnen wie Ulrike Draesner, Silke Scheuermann, Marion Poschmann, Ulrike Almut Sandig und Judith Zander führen diese Tradition gegenwärtig fort. Gerade bei der heutigen Generation von Lyrikerinnen und Lyrikern – darunter die männlichen Kollegen Thomas Kling, Michael Donhauser, Nico Bleutge, Christoph Wenzel und Jürgen Brôcan – ist ein starkes Interesse für Droste-Hülshoff zu beobachten, das auf der Beobachtung der ins Werk gestreuten radikal modernen Schreibweisen basiert (→ VI.2.). Sehr einflussreich war Klings 1999 in *Fernhandel* veröffentlichter Zyklus *Spleen. Droste-Monolog*, der aus 15 Einzeltexten besteht, die ein spracharchäologisches Droste-Porträt entwerfen und als »Fortschreibung der *Mergelgrube*« (Springer 2010, 221) gelesen werden können. Klings Droste-Zyklus wurde auch abgedruckt im Band *Entwürfe werden durch Entwürfe reif* (Schafroth 2000), der ein internationales Künstlerprojekt zum Droste-Jahr 1997 dokumentiert und weitere lyrische Auseinandersetzungen von Inger Christensen, Birgitta Trotzig und Gisela Corleis mit der Dichterin präsentiert. Das Droste-Jahr war weiter Anlass für Isabeella Beumer zur Veröffentlichung von experimenteller Poesie nach fünfzehn Droste-Gedichten unter dem Titel *umsch:reiben oder das gedicht ins lauschen falten* (1997). Zusammenfassend ist festzuhalten, dass Droste-Bezüge in der Gegenwartslyrik einem neuen Blick auf die Formkünstlerin geschuldet sind und die Innovationskraft des Werks herausstellen, indem die lyrischen Formen der Bezugnahme selber meist experimentell sind.

2. Prosa

Im Bereich der erzählenden Literatur sind kreative Referenzen auf Drostes Leben und Werk deutlich seltener. Unter den knapp 30 Werken, die zu verzeichnen sind, nimmt die Romanbiografie den ersten Rang ein. In den 1920er Jahren, als das Interesse an dem Genre ›historische Biografik‹ stark zunahm und sich zudem ein gesteigertes institutionelles Interesse an der Autorin ausprägte, sind mit Helene Christallers *Tagebuch der Annette von Droste-Hülshoff* (1926) und Juliane Karwaths *Lebensroman der Annette von Droste-Hülshoff* (1929) die ersten erfolgreichen ›Droste-Romane‹ zu verzeichnen. Sie eröffnen eine Reihe, die mit Hans Francks in wenigstens neun Auflagen erschienenen und bis in die 1960er Jahre nachgedruckten »Droste-Roman« mit dem Titel *Annette* (1937) eine fragwürdige und wenig rühmliche Fortsetzung fand. In diesem Roman wie in weiteren biografischen Essays weist der nationalkonservative, heimatverbundene Autor dem Leben Drostes einen

›Sinn‹ zu, der »mit zentralen Elementen völkisch-nationaler Mythologie und nationalsozialistischer Ideologie vereinbar« (Godel 2011, 251) war und der auch nach dem Kriegsende, dem keine ›Stunde Null‹ folgte, seine Popularität nicht substantiell einbüßte. In den 1950er Jahren befriedigte der nicht weniger stilisierende und nach stereotypen Mustern grob verzeichnende Roman *Einsamkeit. Das Leben der Annette von Droste-Hülshoff* (1950; neun Auflagen respektive Ausgaben bis 1981) der auf historische Romane spezialisierten deutsch-schweizerischen Schriftstellerin Mary Lavater-Sloman ein Lesebedürfnis eines Publikums, das weniger an Fakten als an Fiktionen interessiert war. Immer wieder im Blickpunkt der belletristischen Lebensbeschreibung steht das vermeintliche (Liebes-)Verhältnis zu Levin Schücking, so in Irina Korschunows *Das Spiegelbild* (1992 mit weiteren zehn Auflagen), das ansonsten eine biografische Gegenwartsparallele in der Gestalt einer Journalistin entwickelt, und in Angelika Jacobs »poetischer Biographie« *Muß wandeln ohne Leuchte* (1994). Eine Anthologie *Dichterschwestern* versammelt acht Erzählungen und Prosatexte von Autorinnen (darunter Mechthild Curtius und Elisabeth Plessen), die allesamt »für ein eigenes Konzept« (Gödden 1993b, 10) einstehen. In der bereits erwähnten Dokumentation des Künstlerprojekts zum Droste-Jahr 1997, die »Monologe, Dialoge, Szenen, Bilder, Klänge« (Schafroth 2000, 15) zusammenführt, sind weitere, oft experimentelle Prosatexte abgedruckt, teilweise gemeinsam mit künstlerischen Fotografien der vielfach kooperativen Projekte. Sie stammen von Michael Donhauser, Carmen-Francesca Banciu, Ludwig Homann, Zsuzsanna Gahse, Margriet de Moor und Peter Waterhouse. In der jüngsten Gegenwart ist zu beobachten, dass Drostes Leben zum Ausgangs- und Bezugspunkt starker, zum Teil symbolträchtiger Fiktionalisierungen gewählt wird: So fabulierte Esther Graus Roman *Grimms Albtraum* (2015) Drostes Verhältnis zu Wilhelm Grimm aus, während Tanja Kinkel aus dem in der Tat spannungsreichen historischen Beziehungskontext (→ I.1.) eine fiktive Kriminalgeschichte entwickelte (*Grimms Morde*, 2017). Elke Weigel schrieb Drostes Ablösung vom elterlichen Hülshoff hin zu einem selbstbewussten Leben im Rüschhaus zum Modell einer Entwicklungs- und Emanzipationsgeschichte um (*Der Traum der Dichterin. Die Sehnsucht der Annette von Droste-Hülshoff*, 2015), und für Zsusza Bánk diente ihr Leben als Spiegel- und Projektionsfläche für die Probleme zweier empfindsamer Frauen der Gegenwart (*Schlafen werden wir später*, 2017). In ganz anderer Weise ist Drostes Verserzählung *Die Schlacht im Loener Bruch. 1623* und ihr Gedicht *Die Krähen* konstitutiv für die jüngsten Texte von Monika Maron. Bereits in der Studie *Krähengekrächz* (2016) entwickelte Maron das für Droste wichtige Motiv der Krähe weiter und nutzte es ebenfalls in dem Roman *Munin, oder Chaos im Kopf* (2018). In beiden Texten ist die Krähe nicht nur Sinnbild einer anderen als der menschlichen Intelligenz, sondern unterstreicht im Rückbezug auf die Droste-Texte die Bedeutung einer sensiblen Beobachterperspektive auf die friedlose Gegenwart, als deren Spiegel der Dreißigjährige Krieg dient.

3. Dramatisches

Auf die Theaterbühne sind Annette von Droste-Hülshoff und ihr Werk erst in allerjüngster Zeit gelangt, und diese Aktivitäten blieben auf den Raum Münster beschränkt. 1999 produzierte das Münsterer Wolfgang-Borchert-Theater die dramatische Collage *Annette von Droste-Hülshoff. Winter – Nacht – Entfesselt* unter der Regie von Stephanie Kurz als Ein-Personen-Stück, unterstützt von einem Musiker, während 2014 das Theater Münster in der Sparte ›Junges Theater‹ eine Bühnenfassung der *Judenbuche* von Kristo Šagor umsetzte. Schließlich waren 2016 die Gebäude und das Areal der Burg Hülshoff, wo die neu gegründete Annette von Droste zu Hülshoff-Stiftung seit 2013 jährlich »Droste-Tage« durchführt, Spielort einer um eigene Inhalte erweiterten Theaterfassung der *Judenbuche* von und unter der Regie von Judith Kuckart, die ihrer Adaption den Titel *Mutter, lügen die Förster?* gab.

Literatur

Böschenstein, Bernhard: Drostische Landschaft in Paul Celans Dichtung. In: Kleine Beiträge zur Droste-Forschung 2 (1973), S. 7–24.
Ferchl, Irene (Hg.): »Der Droste würde ich gern Wasser reichen«. Gedichte über Annette von Droste-Hülshoff. Konstanz 1987.
Godel, Rainer: »Der Heimat getreu, ihrem Werk leidenschaftlich ergeben.« Elemente der Weltanschauungsliteratur in Hans Francks Romanbiographie *Annette* (1937). In: Droste-Jahrbuch 8 (2011), S. 249–269.
Gödden, Walter (Hg.): Dichterschwestern. Prosa zeitgenössischer Autorinnen über Annette von Droste-Hülshoff. Paderborn u. a. 1993. [Gödden 1993b]
Koch, Hans-Gerd: »Nicht fröhnen mag ich kurzem Ruhme ...«. Kollegialer Nachruhm einer Dichterin »von Gottes Gnaden«. In: Bodo Plachta (Hg.): Annette von Droste-Hülshoff (1797–1848). »aber nach hundert Jahren möcht ich gelesen werden«. Wiesbaden 1997, S. 72–76.
Oberembt, Gert: Die Dichter und die Droste. Produktive Lektüre in der klassischen Moderne. Bielefeld 2003.
Plachta, Bodo (Hg.): »ein Lasso aus klingenden Steinen«. Gedichte an und über Annette von Droste-Hülshoff. Münster 1986.
Schafroth, Heinz (Hg.): Entwürfe werden durch Entwürfe reif. Das internationale Künstlerprojekt zum Droste-Jahr 1997. Münster 2000.
Springer, Mirjam: »sounds vom schreibgebirge«. Thomas Klings Zyklus »Spleen. Drostemonolog«. In: Droste-Jahrbuch 10 (2015), S. 205–245.

3.2. Musik

Cornelia Blasberg/Jochen Grywatsch

Unter den Vertonungen von Drostes Werken ist die Liedkomposition das produktivste Genre. Singulär steht die 1846 von Robert Schumann geschaffene Vertonung des Gesangs der Hirtenknaben aus dem Gedicht *Das Hirtenfeuer*, die 1930 auch gedruckt wurde (HKA XIV, 938). Die allermeisten der etwa 50 in der Bibliografie der Droste-HKA verzeichneten Liedvertonungen stammen aus der ersten Hälfte des 20. Jahrhunderts. Häufig vertont wurde das Gedicht *Der Weiher*, von dem allein 15 unterschiedliche Arbeiten nachgewiesen sind, gefolgt von dem fiktiven Volkslied aus der *Mergelgrube*. Auch von den Zyklen der *Klänge aus dem Orient* und des *Geistlichen Jahres* ließen sich mehrere Komponisten inspirieren. Nach 1945 nimmt die Zahl der bekannten musikalischen Bearbeitungen deutlich ab, während gegenwärtig das Interesse wieder steigt: Neben einer Vertonung des *Knaben im Moor* für Schlagwerk, Blockflöte und 6-stimmigen Chor von Tjark Baumann (2014) und einer Fantasie für sinfonisches Blasorchester zu dieser Ballade durch Hans-Jürgen Philipp (2015) hat 2016 Matthias Bonitz eine CD mit drei Liedkompositionen zu *Der Weiher*, *Mondesaufgang* und *Durchwachte Nacht* in Verbindung zu Gegenwartsgedichten herausgebracht, die Auftragskompositionen im Rahmen der Hülshoffer Sommerkonzerte 2014–2016 versammeln. 2017 erschien zudem eine CD mit 14 Liedvertonungen von Volker Güth.

Neben Gedichten wurde auch Drostes Erzählung *Die Judenbuche* Gegenstand muskalischer Kreativität. Zweimal wurde der weithin bekannteste Droste-Text in eine Oper umgeschrieben, zunächst 1993 als »musikalisches Volksdrama« von Walter Steffens (Libretto: Peter Schütze; UA: Theater Dortmund), sowie 2003 als Kammeroper durch Günter Buhles (UA: Theater Ulm). Eine größere musikalische Resonanz rief das Droste-Jubiläum 1997 hervor: Jeweils als Auftragskompositionen entstanden das Oratorium *Lebend'ges Land* des Komponisten Shih (UA: Lamberti-Kirche Münster), die Kammeroper *Annette & George* von Matthias Bonitz (UA: Schiller-Gymnasium Münster) sowie das Jazz-Projekt *Die entfesselte Droste* des Saxofonisten und Komponisten Jan Klare (UA: Jazzfestival Münster). 2007 schließlich produzierte das Jugendorchester Havixbeck die Auftragskomposition *Die Judenbuche* des luxemburgischen Komponisten Marco Pütz.

3.3. Bildende Kunst
Cornelia Blasberg/Jochen Grywatsch

Bereits zu ihren Lebzeiten wurden Drostes Person, Leben und Werk zum Gegenstand der Bildenden Kunst. Dabei ist weniger über die »authentischen, d. h. zeitgenössischen Porträts« (Thamer 1997, 57) aus Drostes Jugendzeit von C.H.N. Oppermann, Jenny von Droste-Hülshoff und Ludwig Emil Grimm zu sprechen sowie die späteren Porträts von Johann Joseph Sprick, der neben dem großen Ölgemälde von 1838 weitere drei kleinformatige Arbeiten schuf, Adele Schopenhauer und Jenny von Laßberg oder die Selbstporträts Drostes, als über die nach ihrem Tod entstandenen bildnerischen Arbeiten. Als Vorlage für spätere Porträts knüpften die Maler, Bilderhauer und Stahl- und Kupferstecher an die überlieferten zeitgenössischen Werke an und schufen – beginnend mit dem frühesten Reproduktionsstich von August Weger, der Spricks Klein-Porträt zu einer harmonisierenden Biedermeier-Variante stilisierte – insgesamt eher verfälschende Bilder. Im 19. Jahrhundert wurde die bildnerische Rezeption vor allem durch Levin Schücking vorangetrieben, der die erste Büste Drostes 1864 durch den Bildhauer Carl Hassenpflug anregte. Von hier aus führt der Weg zu den beiden Droste-Denkmalen, die nach langjährigen Bemühungen schließlich 1896 in Münster (Büste von Anton Rüller) und 1898 in Meersburg (Büste von Emil Stadelhofer) errichtet wurden (vgl. Thamer 1997).

Was die weitere bildkünstlerische Rezeption Annette von Droste-Hülshoffs betrifft, sind die Aktivitäten der Kunstsammlerin Liselotte Folkerts (Münster) von besonderer Bedeutung. Sie hat nicht nur Kunst mit Bezug auf die Autorin gesammelt, sondern auch versucht, einen möglichst vollständigen Nachweis über diese Arbeiten zu führen. In zwei Katalogen sind die Stücke der Sammlung, die inzwischen als Schenkung an die Annette von Droste zu Hülshoff-Stiftung gegeben wurden, sowie weitere Nachweise dokumentiert (Folkerts 1996; Folkerts 2007). Unter den Porträts sind u. a. die Arbeiten von Dora Polster-Brandenburg, Otto Pankok, Michael Mathias Prechtl und Martin Kippenberger von größerem Einfluss gewesen. Einen eigenen Bereich machen daneben die Illustrationen zu den Werken aus. Stark im Fokus stehen dabei einige Gedichte wie *Am Thurme*, *Der Knabe im Moor* und weitere *Haidebilder* sowie insbesondere die *Judenbuche*. Zu diesem Text lassen sich allein im deutschsprachigen Raum etwa dreißig Illustrationsfolgen nachweisen, die alle aus dem 20. Jahrhundert stammen und den Reiz belegen, »die stimmungshafte Atmosphäre und die inneren Konflikte der Menschen dieser Novelle durch Bilder zu erhellen« (Willer 1997, 81). Nach der ersten eigenständigen Ausgabe der Novelle mit Illustrationen (Hans Ubbelohde) im Jahr 1907, markierten die 37 Zeichnungen Max Unolds (1919) einen ersten Höhepunkt. Im Weiteren sind Ausgaben mit Arbeiten von Heinrich Nauen (1923) und Alfred Kubin (1925), in der Nachkriegszeit sodann die Holzschnitte von Hans Pape (1956), Heiner Vogel (1964) und Karl-Georg Hirsch (1996) hervorzuheben. Zuletzt haben als Illustratoren, Zeichner und Grafiker Bernhard Scholz (1994) und Michael Blümel (2016) zahlreiche Einzelarbeiten zu Gedichten und Texten vorgelegt und in Ausstellungen präsentiert. In ganz anderer Weise sind die bildkünstlerischen Arbeiten Theresia Schüllners verfasst, die sich der Autorin über deren Handschriften nähern und diese zu grafischer und raum-skulpturaler Schriftkunst verarbeiten; eine Auswahl dieser Arbeiten wurden anlässlich des Droste-Jahrs 1997 in der Ausstellung »Ich, Feder, Tinte und Papier« gezeigt (Gödden/Grywatsch 1996a). Aus gleichem Anlass entstand 1997 in Meersburg die Ausstellung »Lesarten« (Schwarzbauer/Kaltenmark 1997), in der sechs Künstlerinnen des Bodenseeraums ihre je individuelle Auseinandersetzung mit Droste präsentierten. Hier zu nennen sind ebenfalls die im Rahmen des Künstlerprojekts »Entwürfe werden durch Entwürfe reif« (Schafroth 2000) entstandenen bildkünstlerischen Arbeiten. Zuletzt trat mit zwei größeren Ausstellungen der Berliner Künstler Aribert von Ostrowski hervor, der zunächst 2005 in

Meersburg in der Ausstellung »The Nest. Annette lacht« seine Text- und Bild-Objekte zeigte (Ostrowski 2005) und dann 2007 im Museum für Westfälische Literatur/Kulturgut Haus Nottbeck einen erneuerten und erweiterten Zugang unter dem Titel »Droste (Second sight)« vorstellte (Ostrowski 2007), der »eine Versuchsanordnung, ein Experiment [darstellt], das den Brückenschlag wagt zwischen Biedermeier, Realismus und Postmoderne, zwischen Künstler-Ich des 19. und des 21. Jahrhunderts, zwischen Text und Bild« (Grywatsch 2007, 28).

Literatur

Gödden, Walter/Grywatsch, Jochen (Hg.): »Ich, Feder, Tinte und Papier«. Ein Blick in die Schreibwerkstatt der Annette von Droste-Hülshoff. Paderborn u. a. 1996.
Grywatsch, Jochen: Die Wunderkammer als entomologische Universalbibliothek. Zum Ausstellungsprojekt ›Droste (Second sight)‹ von Aribert von Ostrowski. In: Aribert von Ostrowski: Droste (Second sight). Eine Ausstellung im Museum für Westfälische Literatur Kulturgut Haus Nottbeck. Hg. von Jochen Grywatsch. Bielefeld 2007, S. 7–28.
Ostrowski, Aribert von: The Nest. Annette lacht. Hg. vom Kulturamt Bodenseekreis. Friedrichshafen 2005.
Ostrowski, Aribert von: Droste (Second sight). Eine Ausstellung im Museum für Westfälische Literatur Kulturgut Haus Nottbeck. Hg. von Jochen Grywatsch. Bielefeld 2007.
Schafroth, Heinz (Hg.): Entwürfe werden durch Entwürfe reif. Das internationale Künstlerprojekt zum Droste-Jahr 1997. Münster 2000.
Schwarzbauer, Franz/Kaltenmark, Hubert: »Lesarten«. Künstlerinnen begegnen dem Werk der Droste. Eine Ausstellung des Internationalen Bodensee-Clubs in Zusammenarbeit mit der Stadt Meersburg. Friedrichshafen 1997.
Thamer, Jutta: Bildnis und Bild der Annette von Droste-Hülshoff. In: Bodo Plachta (Hg.): Annette von Droste-Hülshoff (1797–1848). »aber nach hundert Jahren möcht ich gelesen werden«. Wiesbaden 1997, S. 57–71.
Willer, Ute: Illustrationen zur *Judenbuche* Annette von Droste-Hülshoffs. In: Bodo Plachta (Hg.): Annette von Droste-Hülshoff (1797–1848). »aber nach hundert Jahren möcht ich gelesen werden«. Wiesbaden 1997, S. 77–82.

4. Museale Rezeption
Jens Kloster

1. Annette von Droste-Museum im Drei-Frauen-Museum, Münster (1932–1936) 718
2. Museum Haus Rüschhaus, Münster (1936–heute) 718
3. Droste-Museum auf Burg Hülshoff, Havixbeck (1950er Jahre–heute) 720
4. Bökerhof, Bökendorf bei Brakel (1995–2012) 721
5. Gedenkräume im Alten Schloss Meersburg, Meersburg (1898–heute) 721
6. Fürstenhäuschen, Meersburg (1923–heute) 722
7. Temporäre Ausstellungen 723

Die museale Rezeption Annette von Droste-Hülshoffs blickt auf eine mehr als hundertjährige Geschichte zurück und ist mit derzeit vier (zumindest auch Droste gewidmeten) Museen an authentischen Orten – je zwei an ihren beiden Lebensmittelpunkten Münsterland und Bodensee – sowie zahlreichen temporären Ausstellungen verhältnismäßig intensiv. Jedoch handelt es sich bei allen Dauerausstellungen um konventionell gestaltete Gedenkstätten, in denen Wohn- und Arbeitsräume reinszeniert werden. Zu sehen sind Möbel und Erinnerungsstücke, Ausgaben ihrer Werke, Bilder sowie Handschriften und Scherenschnitte; eine museale Infrastrukturierung jenseits von Vitrinen und Absperrbändern fehlt indes: Keines der Häuser beherbergt zum gegenwärtigen Zeitpunkt eine moderne, Leben und Werk thematisch auffächernde und ansprechend vermittelnde, medial gestützte (Literatur-)Ausstellung. Hinzu kommt, dass die Mobiliar-Exponate häufig nicht authentisch, sondern bestenfalls zeitgenössisch (und aus Familienbesitz) sind. Für zwei der vier Museen sind allerdings derzeit Neugestaltungen geplant, was sehr zu begrüßen ist.

1. Annette von Droste-Museum im Drei-Frauen-Museum, Münster (1932–1936)

Ein erstes Museum zum Gedenken an Annette von Droste-Hülshoff in Westfalen wurde am 6. Januar 1932 im ersten Stock der ehemaligen Johanniterkommende (Bergstraße 37) in Münster-Innenstadt eröffnet. Für die Ausstellung stellte die Stadtverwaltung Münster der 1928 gegründeten Annette von Droste-Gesellschaft, auf deren Initiative hin das Museum eingerichtet wurde, drei Räume zur Verfügung; in zwei weiteren Zimmern gestaltete die Stadt selbst Gedenkräume für Amalie Fürstin von Gallitzin und die Bildhauerin Elisabet Ney. Bestückt wurde das Droste-Museum, für das zu einem späteren Zeitpunkt die Ergänzung um eine Spezialbibliothek geplant war (Schulte Kemminghausen 1932, 36), sowohl mit Objekten, Handschriften und Werkausgaben der Droste-Gesellschaft als auch zahlreicher Leihgeber, insbesondere aus Familienkreisen. Zu den unkommentiert ausgestellten Exponaten gehörten u. a. ein von Burg Hülshoff stammendes Spinett, auf dem Droste gespielt hatte, eine Kommode aus den von der Autorin auf der Meersburg bei ihrer Schwester Jenny bewohnten Zimmern nebst zahlreichen Objekten aus den Sammlungen Drostes (wie Steinen, Gemmen, Münzen), originalen Handschriften sowie Bildern und Lebenszeugnissen wie Totenzettel und Stammbücher. Das Museum, das mit dem oben genannten Inventar über einen guten Grundstock verfügte, blieb aber nur wenige Jahre in der Johanniter-Kommende (Grywatsch 2003, 59 f.).

2. Museum Haus Rüschhaus, Münster (1936–heute)

Durch Vermittlung von Karl Schulte Kemminghausen, Gründungsmitglied und Schriftführer der Droste-Gesellschaft, gelang es der Stadt Münster, Haus

Rüschhaus vom 31. Januar 1936 an für 18 Jahre vom damaligen Besitzer des Guts, Werner von Droste-Hülshoff, der zuvor geplant hatte, es »in ein Wirtschaftslokal oder einen Weinausschank zu verwandeln« (Baußmann 2003, 184), zu pachten. Das Haus sollte fortan ein von der Droste-Gesellschaft betreutes Droste-Museum unterhalten und wurde dafür umfassend instandgesetzt. Das Inventar der Droste-Räume im Drei-Frauen-Museum wurde in das Rüschhaus überführt und durch weitere Leihgaben, Zukäufe und Stiftungen erweitert, die nun am authentischen Lebensort ausgestellt werden konnten (Grywatsch 2003, 60f.). Unter wechselnden Eigentumsverhältnissen ist das in der ersten Nachkriegszeit vorübergehend als Notunterkunft dienende Haus bis heute als Museum geöffnet. Ab 1949 trat die Droste-Gesellschaft für die Stadt Münster in den Pachtvertrag mit der Familie Stromberg-Droste zu Hülshoff ein, die dann von 1954 bis 1979 das Rüschhaus selbst als Museum betrieb. 1979 kauften der Landschaftsverband Westfalen-Lippe und die Stadt Münster gemeinsam das Rüschhaus an (Plachta 2009, 30), das fortan vom Stadtmuseum Münster verwaltet wurde, bis es 2012 von der Nordrhein-Westfalen-Stiftung Naturschutz, Heimat- und Kulturpflege angekauft und der im gleichen Jahr gegründeten Annette von Droste zu Hülshoff-Stiftung (s. u.) zum dauerhaften Nießbrauch überlassen worden ist.

Im Rahmen einer etwa einstündigen Führung im Haus zu besichtigen sind neben Diele und Küche, dem Gartensaal mit barockem Schrankaltar und dem italienischen Zimmer, das nach seiner von 1826 stammenden Tapete mit Italienmotiven der Manufaktur Joseph Dufour in Paris benannt ist, auch die drei Entresol-Zimmer Annette von Drostes: erstens ihr Wohn- und Arbeitszimmer, das nach einer von ihr selbst angefertigten Zeichnung, die Aufschluss über die damalige Einrichtung gibt, reinszeniert ist; zweitens ihr Schlafzimmer, von dem man nicht weiß, wie es zu ihren Lebzeiten möbliert war; drittens ein seit 1955 als ›Sammlungszimmer‹ genutzter Raum, in dem Teile der Kupfer- und Stahlstiche sowie Mineralien aus den Sammlungen Annette von Drostes selbst, die Hölzersammlung ihres Vaters Clemens August sowie die – mit ihren etwa 4000 Exemplaren sehr umfangreiche und ornithologisch bedeutsame – Vogeleiersammlung ihres Neffen Ferdinand zu sehen sind. Zu Drostes Lebzeiten war dieses letzte Zimmer durch eine Mauer zweigeteilt: Den hinteren Bereich bewohnte seit den 1830er Jahren ihre ehemalige Amme Katharina Plettendorf (Wollheim 2007, 33). Die von Drostes Mutter und Schwester in der oberen Etage des Hauses bewohnten Zimmer sind nicht für Besucher geöffnet.

Neben dem Haupthaus gibt es zwei Vordergebäude, die früher als Ställe genutzt wurden und von denen heute eins der Droste-Gesellschaft als Geschäftsstelle dient, das andere als Empfangs- und Kassenbereich für den Museumsbetrieb. Bei einer Neugestaltung der Gartenanlage 1983 durch die Stadt Münster ersetzte man fatalerweise den zu Drostes Lebzeiten vorhandenen verwilderten Nutzgarten mit Obstbäumen und Gemüsebeeten durch eine barocke Anlage, wie der Erbauer des Rüschhauses Johann Conrad Schlaun sie geplant, aber nie umgesetzt hatte. Lediglich das 1826 von Jenny von Droste genutzte Gartenhäuschen und ein einzelner Gewürzstrauch – als Freundschaftssymbol Christoph Bernhard Schlüters (Folkerts 1986, 126) – erinnern heute noch an den Zustand zur Droste-Zeit.

3. Droste-Museum auf Burg Hülshoff, Havixbeck (1950er Jahre–heute)

Auf der urkundlich zum ersten Mal im 14. Jahrhundert erwähnten Wasserburg Hülshoff zwischen Havixbeck und Münster-Roxel ist Annette von Droste geboren, und hier verbrachte sie auch ihre erste Lebenshälfte. Der von Gräften umgebene Renaissance-Bau verfügt über ein zweiflügeliges Herrenhaus mit 900 qm Fläche auf drei Etagen sowie eine Vorburg mit 1500 qm Nutzfläche, die vormals als Wirtschaftsgebäude genutzt wurde. Das Anwesen ist umgeben von einem 30 Hektar großen Park, in dem sich ein 1804 von einem Großonkel Drostes erbauter klassizistischer Gartenpavillon befindet. Johann IV. von Droste, der einer Münsteraner Erbmännerfamilie entstammte, erwarb die Anlage der Wasserburg, bestehend aus dem Oberhof Hülshoff und einem Herrenhaus, im Jahr 1417 von Jutta von Schonebeck. Von der Familie zuerst als Landsitz genutzt, verlegte Heinrich I. von Droste (1500–1570) seinen Wohnsitz ständig nach Hülshoff. Er erweiterte und befestigte die Burg, die ebenso wie das umliegende Gelände bis ins 19. Jahrhundert zahlreiche bauliche Veränderungen erfuhr, zu denen u. a. die Erweiterung um eine zwischen 1870 und 1880 erbaute Kapelle gehört. Wenige Jahre vor der Geburt Annette von Drostes fand eine grundlegende Umgestaltung des Herrenhauses einschließlich einer starken Umstrukturierung der Innenräume statt (Gropp/Huyer/Kaspar 2017, 12–14): Bis auf eine Ausnahme wurden zwischen 1789 und 1796 alle Innenwände neu gesetzt und damit eine größere Anzahl an Räumen geschaffen (Raub 2009, 10).

Nachdem die Familie Droste zu Hülshoff seit den 1950er Jahren interessierte Gäste durch das Haus geführt hatte, richtete sie Ende der 1970er, Anfang der 1980er Jahre einige ehemalige Wohnräume im Hochparterre des Herrenhauses als individuell zu begehendes Droste-Museum her, das bis heute offen steht. Mittels Audioguide werden Besucher über die Geschichte des Familienstammsitzes, über die Familie und das Leben Annette von Droste-Hülshoffs informiert. Zu sehen ist neben dem Empfangszimmer mit Biedermeiermöbeln, dem großen Speisezimmer mit Ahnengalerie und dem festlichen Gartensaal, der über einen Kamin mit dem Wappen der Familie verfügt, u. a. die reich bestückte Bibliothek der Burg; wie bei den meisten Möbeln – darunter auch Tisch und Stühle im Gartensaal – handelt es sich bei den um 1870 angeschafften neugotischen Eichenschränken in der Bibliothek allerdings nicht um authentische Möbel aus Drostes Lebenszeit (Gropp 2017, 17; Raub 2009, 16 f.). Das nach Familienüberlieferung von Annette Droste bewohnte Zimmer im ersten Obergeschoss war bis um 1980 als Gedenkraum zu besichtigen, wurde aber dann umfunktioniert und seither nicht mehr museal genutzt.

Im Jahr 2012 ist die Burg Hülshoff inklusive ihres gesamten Inventars von der letzten Privateigentümerin, Jutta von Droste-Hülshoff (1926–2015), einer

Enkelin von Drostes Neffen Heinrich von Droste-Hülshoff (1827–1887), in eine Stiftung überführt worden, die den Geburtsort der Autorin langfristig sichern und ihn zu einem Kultur- und Forschungszentrum weiterentwickeln soll. Im Zuge dieser Umgestaltung ist auch eine Erweiterung und Neukonzeption des Museums geplant, die das bisherige Familienmuseum durch eine moderne Präsentation mit Fokus auf Leben und Werk Drostes ersetzen soll. Außerdem ist geplant, den Weg zwischen der Burg Hülshoff und Haus Rüschhaus, den Droste häufig fußläufig zurückgelegt hat, zu einem Lyrikweg auszubauen und so die beiden Orte miteinander zu verbinden (Grywatsch 2017, 46–48).

4. Bökerhof, Bökendorf bei Brakel (1995–2012)

Im August 1995 eröffnete im ostwestfälischen Bökendorf bei Brakel ein Museum, das insbesondere dem ›Bökendorfer Kreis‹ um Werner (1780–1842) und August von Haxthausen (1792–1866) gewidmet war, dem u. a. die Brüder Jacob, Wilhelm und Ludwig Emil Grimm angehörten und der sich der Sammlung von literarischem Volksgut in Form von Märchen und Sagen verschrieben hatte. Untergebracht war das Museum, das wie zu Zeiten des ›Bökendörfer Kreises‹ auch kulturelle Begegnungsstätte sein sollte und in dem Konzerte, Lesungen und Vorträge stattfanden, direkt im Bökerhof, einem kleinen dreiflügeligen, zweigeschossigen Herrenhaus, das 1767 von Raban-Heinrich von Haxthausen erbaut worden ist (Tiggesbäumker 1996, 23). Es war der Stammsitz von Drostes Großeltern mütterlicherseits, und die Autorin besuchte das Haus erstmals 1805 (Gödden/Grywatsch 1997, 115–124). Das durch eine Intrige herbeigeführte Scheitern der Beziehung zu Heinrich Straube (1794–1847; → I.1.1.) führte 1820 dazu, dass Droste den Bökerhof für fast zwei Jahrzehnte mied.

Bei einer zwischen 1990 und 1995 stattgefundenen Sanierung des Gebäudes, das mehrmals und insbesondere in den 1920er Jahren baulich verändert worden war, wurde der originale Zustand von Haus und Gartenanlage weitgehend wiederhergestellt. Im Zentrum der Präsentation Annette von Droste-Hülshoffs im ›Biedermeierzimmer‹ stand neben Kopien von Handschriften insbesondere das vom Münsteraner Klavierbauer Melchior Quante ca. 1800 erbaute Tafelklavier, auf dem Droste zusammen mit der Sängerin Madame Fennewitz im Jahr 1820 in Höxter ihr einziges öffentliches Konzert gegeben hatte. Das Museum wurde mit der Auflösung der Bökerhof-Gesellschaft, die es getragen hatte, im Sommer 2012 geschlossen.

5. Gedenkräume im Alten Schloss Meersburg, Meersburg (1898–heute)

Das erste von zwei Droste-Museen in Meersburg am Bodensee befindet sich im Alten Schloss, das Annette von Droste-Hülshoffs Schwager Joseph von Laßberg (1770–1855) 1838 erwarb. Damit bewahrte er die Burg, die von der Mitte des 13. Jahrhunderts bis zur Säkularisation 1803 dem Bistum Konstanz gehörte, vor dem Abbruch durch den badischen Staat. Die sich in Privatbesitz befindende Burg – Laßbergs Töchter verkauften sie an Karl Ritter Mayer von Mayerfels, dessen Erben sie bis heute bewohnen – hat mit dem sogenannten Dagoberts-Turm ihre baulichen Ursprünge möglicherweise bereits im 7. Jahrhundert (Ferchl 2007, 105). Den Schwerpunkt des heutigen Museums bildet eine Inszenierung des historischen Burglebens. Beim individuellen Rundgang zu besichtigen sind jedoch auch die im südöstlichen Wohnturm gelegenen Räume, die Droste während ihres zweiten (1843–1844) und dritten (1846–1848) Besuchs bei ihrer Schwester Jenny und ihrem Schwager auf der Meersburg bewohnte. Das Arbeits- sowie das Wohn- und Sterbezimmer – von ihr »Spiegeley« genannt »nach dem ehemaligen Gefangenenwärter Spiegel, der hier zuvor gewohnt hatte« (Gödden/Grywatsch 1998, 44) – sind biedermeierlich eingerichtet und der Einrichtung zur Zeit Drostes nachempfunden. Als Erinnerungsstücke zu sehen sind z. B. Porträts der Autorin. Im Gegensatz zu diesen Räumen ist das Zimmer über der Kapelle im nordöstlichen Kapellenturm, das Droste während ihres ersten Aufenthalts (1841–1842) bewohnte, nur im Rahmen einer Sonderführung zugänglich.

Erstmals zur Besichtigung geöffnet wurden Sterbe- und Arbeitszimmer Drostes für die Gäste der Feierlichkeiten zur Enthüllung des ihr zum 50. Todestag am 24. Mai 1898 gewidmeten Denkmals von Emil Stadelhofer (vgl. Schneider 1913, 144). Anschließend sind die Räumlichkeiten, die die Eigentümerfamilie nach eigener Aussage »›schon lange vor dem [Ersten] Weltkrieg‹ [hat] ›herrichten‹ lassen und den ›Verehrern der Dichterin auf Wunsch‹ gezeigt« (Schwarzbauer 2007, 131) hat, Besuchern auch weiterhin zugänglich gemacht worden.

6. Fürstenhäuschen, Meersburg (1923–heute)

Das über der Stadt Meersburg auf einem Weinberg liegende Fürstenhäuschen wurde von dem Konstanzer Domherrn Jakob Fugger (1567–1626) zwischen 1592 und 1604 erbaut. Bis 1803 im Besitz der Konstanzer Fürstbischöfe, fiel es durch die Säkularisation an das Großherzogtum Baden. Im Jahr 1843 wurde das zu dem Zeitpunkt seit sechs Jahren leer stehende Haus mit den umliegenden Weinbergen zur Versteigerung freigegeben. Annette von Droste-Hülshoff erwarb es zum günstigen Preis von 400 Reichstalern und im Vorgriff auf das Honorar des Cotta-Verlags für ihren zweiten Gedichtband. Die Autorin, die das renovierungsbedürftige Haus als Refugium zum Schreiben nutzen wollte, konnte es indes aufgrund ihrer fortgeschrittenen Krankheit nicht mehr bewohnen, sondern nur gelegentlich besuchen. Nach ihrem Tod ging das Anwesen auf die Familie ihrer Schwester über.

Erstmals ein kleines Museum mit Droste-Gedenkobjekten richtete Marie von Droste-Hülshoff, geb. von Bothmer, ein Jahr nach dem Tod ihres Mannes Karl – eines Neffen Annette von Drostes – 1923 ein (vgl. Restle 1966, 81) und vererbte das Haus in ihre Herkunftsfamilie. Das nach dem Krieg demolierte, ausgeräumte und zeitweise von Flüchtlingen bewohnte Fürstenhäusle wurde von Heinrich von Bothmer und vor allem seiner Ehefrau Helen, geb. Davis, zum 100. Todestag der Annette von Droste-Hülshoff, bestückt mit Familienleihgaben wieder öffentlich zugänglich gemacht und als Museum betrieben. 1960 verkaufte dann Helen von Bothmer das Haus samt Inventar an das Land Baden-Württemberg. Im Museum, dessen Räume mit biedermeierlichen Möbeln der Familien Droste-Hülshoff und Laßberg bestückt sind, können individuell oder im Rahmen einer Führung neben originalen Handschriften insbesondere auch von Droste angefertigte Scherenschnitte betrachtet werden, außerdem Bilder ihres Familien- und Freundeskreises sowie Porzellan, Schmuck und Teile der Mineraliensammlung. Es umfasst im Erdgeschoss ein Paradezimmer und eine Küche, von der aus eine Treppe in das obere Stockwerk führt, das über ein Wohn- und Arbeitszimmer sowie ein Schlafzimmer verfügt und von Droste als ihre »eigentliche Dachshöle (oder Schwalbennest)« (HKA X, 112) bezeichnet wurde. Besonderes Exponat ist hier ein Kinderschaukelstuhl, den Droste nach Hausüberlieferung zum 10. Namenstag von ihren Eltern geschenkt bekommen haben soll.

Im Sommer 2016 gaben die Staatlichen Schlösser und Gärten Baden-Württemberg, unter deren Verwaltung das Fürstenhäuschen steht, bekannt, das starke Schäden aufweisende Gebäude im Folgejahr sanieren und auch die Ausstellung neu konzipieren zu wollen. Im Rahmen der Neugestaltung des Museums soll zugleich die Authentizität des Inventars überprüft werden.

7. Temporäre Ausstellungen

Eine erste große Sonderausstellung zu Annette von Droste-Hülshoff fand 1922 im Landesmuseum Münster statt. Insgesamt wurden 265 Exponate aus eigenen Beständen und denen der Universitätsbibliothek Münster sowie aus Familien- und Privatbesitz präsentiert – neben Handschriften und Erstdrucken auch zahlreiche Bilder, Erinnerungsstücke und Rezeptionszeugnisse. Im Jahr 1938 stellten das Landesmuseum unter dem Titel »Annette von Droste-Hülshoff und ihr Kreis« teilweise nie gezeigte zeitgenössische Bilder von Droste und ihrem Umfeld sowie die Universitätsbibliothek »Annette-Schrifttum« aus (vgl. [Anon.] 1938, 176; Jansen 1938, 46). Auch die ersten Ausstellungen nach dem Zweiten Weltkrieg waren klassische Präsentationen von Werk-, Lebens- und Wirkungszeugnissen: Zum 125. Todestag der Autorin 1973 zeigte die Stadt- und Landesbibliothek Dortmund Originalhandschriften, -briefe, -zeichnungen und -scherenschnitte Drostes aus ihren eigenen Beständen, ergänzt um Bilder und Erstausgaben ihrer Werke. Eine Ausstellung in der Bibliothek der Universität Konstanz 1988 widmete sich »Annette von Droste-Hülshoff und ihrem literarischen Umfeld«.

Anlässlich des 200. Geburtstags Drostes 1997 wurden im Münsteraner Raum gleich drei große Ausstellungen gezeigt: Unter dem Titel »Ich, Feder, Tinte und Papier. Ein Blick in die Schreibwerkstatt der Annette von Droste-Hülshoff« (vgl. Gödden/Grywatsch 1996a) fokussierte eine Wanderausstellung des Westfälischen Museumsamts und der Literaturkommission des Landschaftsverbands Westfalen-Lippe die Schreibprozesse Drostes anhand ihrer Manuskripte und setzte sich damit von anderen Ausstellungen des Jubiläumsjahres und früheren Gedenkausstellungen ab. Den Schwerpunkt auf Exponate aus dem Familienumfeld setzte die Präsentation »Annette von Droste-Hülshoff. Zwischen Fügsamkeit und Selbstverwirklichung« des Stadtmuseums Münster (vgl. Galen 1997), während die Ausstellung »Annette von Droste-Hülshoff (1797–1848): aber nach hundert Jahren möcht ich gelesen werden« der Universitäts- und Landesbibliothek Münster und der Staatsbibliothek zu Berlin – Preußischer Kulturbesitz den handschriftlichen Nachlass Annette von Droste-Hülshoffs, der seit den 1960er Jahren in der Universitätsbibliothek Münster aufbewahrt wird, in den Blickpunkt rückte (vgl. Plachta 1997a).

Unter der Federführung des Stadtmuseums Bonn wurde 2008 unter dem Titel »›Die Reise nach dem Mond‹. Annette von Droste-Hülshoff im Rheinland« eine Ausstellung gezeigt, die eine spezifische, vorher wenig beachtete Reiseregion Drostes in den Blick nahm (vgl. Bodsch u. a. 2008).

Insbesondere die Droste-Forschungsstelle der LWL-Literaturkommission für Westfalen setzte in den vergangenen Jahren immer wieder Impulse für innovative Präsentationen jenseits der klassischen Gedenkausstellung und führte gemeinsam mit unterschiedlichen Kooperationspartnern zahlreiche wegweisende Projekte durch, darunter »Zimmer frei. Zehn Modelle für ein Droste-Museum«, bei dem die »viele[n] verschiedene[n] ›Identitäten‹« Annette von Drostes »jeweils in einem eigenen Themenpavillon mit den Mitteln der Szenografie in den Fokus gerückt« (Grywatsch 2011, 18) wurden, oder auch die Wanderausstellung »Süße Ruh', süßer Taumel im Gras – Droste-Gedichte hören | sehen | begehen | erleben« (2013–2015; vgl. Grywatsch/Kloster 2013), die drei zentrale Gedichte als interpretative Szenographien begehbar gemacht und interaktiv wie multimedial inszeniert hat. Ebenfalls einen dezidiert szenographischen Ansatz verfolgt die von der ›Projektgruppe Droste | Reise | Landschaft‹ konzipierte jüngste Wanderausstellung »›Sehnsucht in die Ferne‹. Reisen mit Annette von Droste-Hülshoff« (2017–2019; vgl. Grywatsch/Kloster 2017), die sich den von Droste beschriebenen Landschaften ebenso wie ihrer spezifischen Reisepraxis widmet – und die mit einer Virtual-Reality-Installation des Gedichts *Im Grase* zugleich Neuland im Bereich der Literaturausstellung beschreitet.

Es wäre höchst wünschenswert, wenn auch bei der Neukonzeption der Museen an den authentischen Droste-Orten, deren jeweils spezifische Geschichten und Funktionen für die Autorin ins Zentrum gestellt werden sollten, derartige für das Droste-Werk erprobte moderne Formen der Vermittlung aufgegriffen würden.

4. Museale Rezeption

Literatur

[Anon.]: Unveröffentlichte Bilder aus der Ausstellung »Annette von Droste-Hülshoff und ihr Kreis« im Landesmuseum Münster, Januar–März 1938. In: Westfalen 23,2 (1938), S. 176–178.
Baußmann, Edda: Die Droste-Gesellschaft in den Jahren von 1947 bis 1967. In: Jochen Grywatsch/Ortrun Niethammer (Hg.): Eine literarische Gesellschaft im 20. Jahrhundert. 75 Jahre Annette von Droste-Gesellschaft (1928–2003). Bielefeld 2003, S. 175–194.
Bodsch, Ingrid in Verb. mit Cornelia Ilbrig, Jochen Grywatsch und Bernd Kortländer (Hg.): »Die Reise nach dem Mond«. Annette von Droste-Hülshoff im Rheinland. Bonn 2008.
Ferchl, Irene: Annette von Droste-Hülshoff am Bodensee. »Die zweite Hälfte meiner Heimat ...«. Ein literarischer Reiseführer. 2., überarb. und akt. Aufl. Tübingen 2007.
Folkerts, Liselotte: »... nichts Lieberes als hier – hier – nur hier ...«. Haus Rüschhaus, Annette von Droste-Hülshoffs Einsiedelei in Literatur und Kunst einst und jetzt. Münster 1986.
Galen, Hans (Hg.): Annette von Droste-Hülshoff. Zwischen Fügsamkeit und Selbstverwirklichung. Münster 1997.
Gödden, Walter/Grywatsch, Jochen: »Ich, Feder, Tinte und Papier«. Ein Blick in die Schreibwerkstatt der Annette von Droste-Hülshoff. Paderborn u. a. 1996. [Gödden/Grywatsch 1996a]
Gödden, Walter/Grywatsch, Jochen: Annette von Droste-Hülshoff unterwegs. Auf den Spuren der Dichterin durch Westfalen. Münster 1996. [Gödden/Grywatsch 1996b]
Gödden, Walter/Grywatsch, Jochen: Annette von Droste-Hülshoff am Bodensee. Ein Reiseführer zu den Droste-Stätten in Meersburg und Umgebung. Meersburg 1998.
Gropp, Birgit/Huyer, Michael/Kaspar, Fred: Architektur und Baugeschichte. In: Westfälischer Heimatbund (Hg.): Burg Hülshoff in Havixbeck. Münster 2017, S. 3–16.
Gropp, Birgit: Ausstattung. In: Westfälischer Heimatbund (Hg.): Burg Hülshoff in Havixbeck. Münster 2017, S. 17–37.
Grywatsch, Jochen: Zwischen Verehrung und Verirrung. Die Annette von Droste-Gesellschaft von ihrer Gründung 1928 bis zu ihrer Neukonstituierung 1946. In: Jochen Grywatsch/Ortrun Niethammer (Hg.): Eine literarische Gesellschaft im 20. Jahrhundert. 75 Jahre Annette von Droste-Gesellschaft (1928–2003). Bielefeld 2003, S. 45–89.
Grywatsch, Jochen: Entwürfe werden aus Entwürfen reif, oder: Droste anders ausstellen. In: Jochen Grywatsch (Hg.): Zimmer frei. Zehn museale Entwürfe für Annette von Droste-Hülshoff. Neue Wege der Literaturausstellung. Bielefeld 2011, S. 8–35.
Grywatsch, Jochen: Annette von Droste-Hülshoff und ihr Elternhaus Burg Hülshoff. In: Westfälischer Heimatbund (Hg.): Burg Hülshoff in Havixbeck. Münster 2017, S. 38–48.
Grywatsch, Jochen/Kloster, Jens (Hg.): »Süße Ruh', süßer Taumel im Gras« – Droste-Gedichte hören | sehen | begehen | erleben. Münster 2013.
Grywatsch, Jochen/Kloster, Jens (Hg.): Sehnsucht in die Ferne. Reisen und Landschaften der Annette von Droste-Hülshoff. Bielefeld 2017.
Jansen, Heinz: Annette von Droste-Hülshoff und ihr Kreis. In: Heimat und Reich 20 (1938), S. 46–57.
Plachta, Bodo (Hg.): Annette von Droste-Hülshoff (1797–1848). »aber nach hundert Jahren möcht ich gelesen werden«. Wiesbaden 1997. [Plachta 1997a]
Plachta, Bodo: Annette von Droste-Hülshoff im Rüschhaus. Berlin 2009.
Raub, Annelise: Burg Hülshoff, Havixbeck. 6., veränd. Aufl. Regensburg 2009.

Restle, Wilhelm: Das Meersburger Droste-Büchlein. Meersburg 1966.
Schneider, Thekla: Schloss Meersburg. Annette von Drostes Dichterheim. Stuttgart 1913.
Schulte Kemminghausen, Karl: Das Annette von Droste-Museum in der Johanniter-Kommende. In: Das schöne Münster 4,3 (1932), S. 34–42.
Schwarzbauer, Franz: »Der Königin der deutschen Dichterinnen.« Über die Wirkungsgeschichte der Droste in Meersburg. In: Droste-Jahrbuch 6 (2007), S. 123–139.
Tiggesbäumker, Günter: Das Museum Bökerhof. Ein literarisches Zentrum in Ostwestfalen. In: Corvey-Journal 7,3 (1996), S. 23–28.
Wollheim, Jutta: Gang durch das Rüschhaus. In: Westfälischer Heimatbund (Hg.): Haus Rüschhaus. 4., neu bearb. Aufl. Münster 2007, S. 29–38.

VIII. Anhang

1. Verzeichnis der Siglen

Gedichte 1838

Gedichte von Annette Elisabeth v. D.... H...... Münster: Aschendorff'sche Buchhandlung 1838.

Gedichte 1844

Gedichte von Annette Freiin von Droste-Hülshof. Stuttgart, Tübingen: J.G. Cotta'scher Verlag 1844.

HKA

Annette von Droste-Hülshoff. Historisch-kritische Ausgabe. Werke, Briefwechsel, [Addenda]. 14 Bde. in 28. Hg. von Winfried Woesler. Tübingen: Niemeyer 1978–2000.

Abt. I Werke

I,1	Gedichte zu Lebzeiten. Text. Bearb. von Winfried Theiß. 1985.
I,2	Gedichte zu Lebzeiten. Dokumentation. Teil 1. Bearb. von Winfried Theiß†. 1997.
I,3	Gedichte zu Lebzeiten. Dokumentation. Teil 2. Bearb. von Winfried Theiß†. 1998.
II,1	Gedichte aus dem Nachlaß. Text. Bearb. von Bernd Kortländer. 1994.
II,2	Gedichte aus dem Nachlaß. Dokumentation. Bearb. von Bernd Kortländer. 1998.
III,1	Epen. Text. Bearb. von Lothar Jordan. 1980.
III,2	Epen. Dokumentation. Bearb. von Lothar Jordan. 1991.
IV,1	Geistliche Dichtung. Text. Bearb. von Winfried Woesler. 1980.
IV,2	Geistliche Dichtung. Dokumentation. Bearb. von Winfried Woesler. 1992.
V,1	Prosa. Text. Bearb. von Walter Huge. 1978.
V,2	Prosa. Dokumentation. Bearb. von Walter Huge. 1984.
VI,1	Dramatische Versuche. Text. Bearb. von Stephan Berning. 1982.
VI,2	Dramatische Versuche. Dokumentation. Bearb. von Elisabeth Blakert. 2000.
VII	Literarische Mitarbeit, Aufzeichnungen, Biographisches. Text und Kommentar. Bearb. von Ortrun Niethammer. 1998.

Abt. II Briefe

VIII,1	Briefe 1805–1838. Text. Bearb. von Walter Gödden. 1987.
VIII,2	Briefe 1805–1838. Kommentar. Bearb. von Walter Gödden. 1999.
IX,1	Briefe 1839–1842. Text. Bearb. von Walter Gödden und Ilse-Marie Barth. 1993.
IX,2	Briefe 1839–1842. Kommentar. Bearb. von Jochen Grywatsch. 1997.

X,1   Briefe 1843–1848. Text. Bearb. von Winfried Woesler. 1992.
X,2   Briefe 1843–1848. Kommentar. Bearb. von Winfried Woesler. 1996.
XI,1 Briefe an die Droste 1809–1840. Text. Bearb. von Bodo Plachta. 1994.
XI,2 Briefe an die Droste 1809–1840. Kommentar. Bearb. von Bodo Plachta. 1996.
XII,1 Briefe an die Droste 1841–1848. Text. Bearb. von Stefan Thürmer. 1995.
XII,2 Briefe an die Droste 1841–1848. Kommentar. Bearb. von Stefan Thürmer. 2000.

Abt. III Addenda

XIII,1 Musikalien. Text. Bearb. von Armin Kansteiner. 1986.
XIII,2 Musikalien. Dokumentation. Bearb. von Armin Kansteiner. 1988.
XIV,1 Droste-Bibliographie. Teil 1. Bearb. von Aloys Haverbusch. 1983.
XIV,2 Droste-Bibliographie. Teil 2. Bearb. von Aloys Haverbusch. 1985.

(Anm.: Die einzelnen Teilbände weisen jeweils eine durchgehende Paginierung auf, weshalb bei entsprechenden Belegstellen auf die Angabe des Teilbandes verzichtet wird; z. B. HKA I, 945.)

Jahrbuch der Droste-Gesellschaft

Bd. 1: Jahrbuch der Droste-Gesellschaft. Westfälische Blätter für Dichtung und Geistesgeschichte. Hg. von Clemens Heselhaus. Münster 1947.
Bd. 2: Jahrbuch der Droste-Gesellschaft. Westfälische Blätter für Dichtung und Geistesgeschichte. Hg. von Clemens Heselhaus. Münster 1950.
Bd. 3: Jahrbuch der Droste-Gesellschaft. Westfälische Blätter für Dichtung und Geistesgeschichte. Hg. von Clemens Heselhaus. Münster 1959.
Bd. 4: Jahrbuch der Droste-Gesellschaft. Westfälische Blätter für Dichtung und Geistesgeschichte. Hg. von Clemens Heselhaus. Münster 1962.
Bd. 5: Jahrbuch der Droste-Gesellschaft. Hg. von Clemens Heselhaus. Münster 1972.

Kleine Beiträge zur Droste-Forschung
[ab Nr. 4: Beiträge zur Droste-Forschung]

Nr. 1 (1971): Hg. von Winfried Woesler. Münster 1971.
Nr. 2 (1972/1973): Hg. von Winfried Woesler. Dülmen 1973.
Nr. 3 (1974/1975): Hg. von Winfried Woesler. Dülmen 1974.
Nr. 4 (1976/1977): Hg. von Winfried Woesler. Dülmen 1977.
Nr. 5 (1978–1982): Hg. von Winfried Woesler. Osnabrück 1982.

Droste-Jahrbuch

Bd. 1 (1986/1987): Im Auftrag der Droste-Gesellschaft hg. von Clemens Heselhaus und Winfried Woesler. Münster 1986.
Bd. 2 (1988–1990): Im Auftrag der Droste-Gesellschaft hg. von Winfried Woesler. Paderborn 1990.
Bd. 3 (1991–1996): Im Auftrag der Droste-Gesellschaft hg. von Winfried Woesler. Paderborn 1997.

1. Verzeichnis der Siglen

Bd. 4 (1997–1998): Im Auftrag der Droste-Gesellschaft hg. von Winfried Woesler. Münster 2000.
Bd. 5 (1999–2004): Im Auftrag der Droste-Gesellschaft hg. von Winfried Woesler und Ulrich Wollheim. Münster 2005.
Bd. 6 (2005/2006): Im Auftrag der Droste-Gesellschaft hg. von Jochen Grywatsch und Winfried Woesler. Hannover 2007.
Bd. 7 (2007/2008): Raum. Ort. Topographien der Annette von Droste-Hülshoff. Hg. von Jochen Grywatsch. Hannover 2009 [Reihe: Im Auftrag der Droste-Gesellschaft hg. von Jochen Grywatsch und Winfried Woesler].
Bd. 8 (2009/2010): Im Auftrag der Droste-Gesellschaft und in Verbindung mit der LWL-Literaturkommission für Westfalen hg. von Jochen Grywatsch und Winfried Woesler. Hannover 2011.
Bd. 9 (2011/2012): ZwischenZeiten. Zur Poetik der Zeitlichkeit in der Literatur der Annette von Droste-Hülshoff und der ›Biedermeier‹-Epoche. Hg. von Cornelia Blasberg in Verb. mit Jochen Grywatsch. Hannover 2013 [Reihe: Im Auftrag der Droste-Gesellschaft und in Verbindung mit der LWL-Literaturkommission für Westfalen hg. von Jochen Grywatsch und Winfried Woesler].
Bd. 10 (2013/2014): Im Auftrag der Droste-Gesellschaft und in Verbindung mit der LWL-Literaturkommission für Westfalen hg. von Jochen Grywatsch und Winfried Woesler. Hannover 2015.
Bd. 11 (2015/2016): Literaturgeschichte als Problemfall. Zum literarhistorischen Ort Annette von Droste-Hülshoffs und der ›biedermeierlichen‹ Autoren in der ersten Hälfte des 19. Jahrhunderts. Hg. von Rüdiger Nutt-Kofoth. Hannover 2017 [Reihe: Im Auftrag der Droste-Gesellschaft und in Verbindung mit der LWL-Literaturkommission für Westfalen hg. von Jochen Grywatsch und Winfried Woesler].

Grimm 1986

Grimm, Jacob/Grimm, Wilhelm: Deutsches Wörterbuch Bd. 1–16 in 32. Leipzig 1854–1960, Quellenverzeichnis 1971. Fotomechanischer Nachdruck der Erstausgabe. München 1986.

2. Literaturverzeichnis

1. Ausgaben

Gedichte von Annette Elisabeth v. D.... H.... Münster 1838.
Gedichte von Annette Freiin von Droste-Hülshof. [sic] Stuttgart, Tübingen 1844.
Das geistliche Jahr. Nebst einem Anhang religiöser Gedichte von Annette von Droste-Hülshoff. Stuttgart, Tübingen 1851.
Letzte Gaben. Nachgelassene Blätter von Annette Freiin von Droste-Hülshoff. Hannover 1860.
Briefe der Freiin Annette von Droste-Hülshoff. [Hg. von Christoph Bernhard Schlüter]. Münster 1877.
Lieder in Pianforte-Begleitung componirt von Annette von Droste-Hülshoff. [Hg. von Christoph Bernhard Schlüter]. Münster [1877].
Gesammelte Schriften von Annette Freiin von Droste-Hülshoff. Hg. von Levin Schücking. 3 Theile. Stuttgart 1878/79.
Der Freiin Annette Elisabeth von Droste-Hülshoff Gesammelte Werke. Hg. von Elisabeth Freiin von Droste-Hülshoff. Nach dem handschriftlichen Nachlaß verglichen und ergänzt, mit Biographie, Einleitungen und Anmerkungen versehen von Wilhelm Kreiten. 4 Bde. in 5. Münster u. a. 1884–1887.
Briefe von Annette von Droste-Hülshoff und Levin Schücking. Hg. von Theo[phanie] Schücking. Leipzig 1893.
Annette Freiin von Droste-Hülshoffs sämtliche Werke in sechs Bänden. Hg. von Eduard Arens. Leipzig 1904.
Die Briefe der Dichterin Annette v. Droste-Hülshoff. Hg. und erläutert von Hermann Cardauns. Münster 1909.
Annette von Droste-Hülshoff: Sämtliche Werke in sechs Teilen. Hg., mit Einleitungen und Anmerkungen versehen von Julius Schwering. Berlin u. a. [1912].
Annette von Droste-Hülshoff: Sämtliche Werke. Hg. von Bertha Badt, Hermann Cardauns und Kurt Pinthus. Bd. 2: Gedichte. Hg. von Bertha Badt. München, Leipzig 1914 [mehr nicht erschienen].
Ungedrucktes von Annette von Droste-Hülshoff. Hg. von Karl Schulte-Kemminghausen [sic]. Münster 1925.
Annette von Droste-Hülshoff: Sämtliche Werke. In Verb. mit Bertha Badt und Kurt Pinthus [Bd. 4: In Verb. mit Bertha Badt] hg. von Karl Schulte Kemminghausen. 4 Bde. in 6. München 1925/30.
Die Briefe der Annette von Droste-Hülshoff. Gesamtausgabe. Hg. von Karl Schulte Kemminghausen. 2 Bde. Jena 1944.
Annette von Droste-Hülshoff: Sämtliche Werke. Hg., in zeitlicher Folge geordnet und mit Nachwort und Erläuterungen versehen von Clemens Heselhaus. München 1952.
Annette von Droste-Hülshoff. Die Judenbuche. Hg. von Heinz Rölleke. Bad Homburg v. d. H. 1970.
Annette von Droste-Hülshoff: Geistliches Jahr in Liedern auf alle Sonn- und Festtage. Erste Hälfte: Text. Hg. von Karl Schulte Kemminghausen † und Winfried Woesler. Zweite Hälfte: Lesarten und Erläuterungen. Hg. von Winfried Woesler. Münster 1971.
Annette von Droste-Hülshoff: Die Judenbuche. Hg. von Heinz Rölleke. Frankfurt/M. 1972.
Annette von Droste-Hülshoff: Sämtliche Werke in zwei Bänden. Nach dem Text der Originaldrucke und der Handschriften. Hg. von Günther Weydt und Winfried Woesler. 2 Bde. München 1973/78; 2. bzw. 3., rev. bzw. rev. und erw. Aufl. 1989.

2. Literaturverzeichnis

Annette von Droste-Hülshoff. Historisch-kritische Ausgabe. Werke, Briefwechsel. Hg. von Winfried Woesler. Tübingen 1978–2000.
Annette von Droste-Hülshoff. Spiegelbild und Doppellicht. Prosa, Briefe, Fragmente. Hg. von Helma Scheer. Neuwied 1983. [Scheer 1983]
Annette von Droste-Hülshoff. Ausgewählt von Sarah Kirsch. Köln 1986. [Kirsch 1986]
Annette von Droste-Hülshoff. Berta. Ledwina. Hg. und mit einem Nachwort von Ursula Naumann. Frankfurt/M., Berlin 1991. [Naumann 1991]
Annette von Droste-Hülshoff: Sämtliche Werke in zwei Bänden. Hg. von Bodo Plachta und Winfried Woesler. 2 Bde. Frankfurt/M. 1994.
Annette von Droste-Hülshoff. Die Judenbuche. Ein Sittengemälde aus dem gebirgigten Westfalen. Mit einem Nachwort von Christian Begemann. Frankfurt/M., Leipzig 1999. [Begemann 1999]
Annette von Droste-Hülshoff: Die Judenbuche. Studienausgabe. Hg. von Bernd Kortländer. Stuttgart 2016.

2. Quellen

Baudelaire, Charles: Sämtliche Werke und Briefe. Hg. v. Friedhelm Kemp und Claude Pichois. Bd. 3: Les Fleurs du Mal/Die Blumen des Bösen. München 1975.
Ballenstedt, Johann Georg Justus: Die Urzeit oder Beweis vom Daseyn und Untergange von mehr als einer Vorwelt. Quedlinburg, Leipzig 1818.
Benn, Gottfried: Sämtliche Werke. Stuttgarter Ausgabe. Hg. von Gerhard Schuster und Holger Hof in Verb. mit Ilse Benn. Bd. 1: Gedichte 1. Stuttgart 1986.
Bertuch, Friedrich Justin: Bilderbuch für Kinder: enthaltend eine angenehme Sammlung von Thieren, Pflanzen, Früchten, Mineralien [...] alle nach den besten Originalen gewählt, gestochen und mit einer [...] den Verstandes-Kräften eines Kindes angemessenen Erklärung begleitet. 12 Bde. Weimar, Gotha 1790–1830.
Blanckenburg, Friedrich von: Versuch über den Roman [1774]. Faksimiledruck mit einem Nachwort von Eberhard Lämmert. Stuttgart 1965.
Brockhaus, F.A. (Hg.): Allgemeine deutsche Real-Encyklopädie für die gebildeten Stände. Conversations-Lexikon. In fünfzehn Bänden. Bd. 7. 9. Aufl. Leipzig 1845.
Buckland, William: Geology and Mineralogy Considered with Reference to Natural Theology. London 1836.
Bürger, Gottfried August: Gedichte. Göttingen 1778.
Cuvier, Georges: Discours sur les révolutions de la surface du globe. 3. Aufl. Paris, Amsterdam 1825.
Darwin, Charles: On the origin of species by means of natural selection, or the preservation of favoured races in the struggle for life. London 1859.
Eckermann, Johann Peter: Gespräche mit Goethe in den letzten Jahren seines Lebens 1823–1832. Berlin o.J.
Fechner, Gustav Theodor: Elemente der Psychophysik. II. Theil. Leipzig 1860.
Florencourt, Franz von: Zeitbilder. Bd. 1. Grimma 1847.
Fouqué, Friedrich de la Motte: Babylon. Idyllen. In: Frauentaschenbuch für das Jahr 1820 von de la Motte Fouqué. Nürnberg 1819, S. 1–38.
Freiligrath, Ferdinand: Ein Glaubensbekenntniß. Zeitgedichte. Mainz 1844.
Freiligrath, Ferdinand/Schücking, Levin: Das malerische und romantische Westphalen [1841]. Hildesheim, New York 1974.
Goethe, Johann Wolfgang von: Maximen und Reflexionen über Literatur und Ethik. Aus Kunst und Altertum [1833]. In: Goethes Werke. Weimarer Ausgabe. Bd. 42,2. Weimar 1907.

Goethe, Johann Wolfgang: Versuch einer allgemeinen Vergleichungslehre [um 1790].
In: Johann Wolfgang Goethe: Schriften zur Morphologie. Hg. von Dorothea Kuhn.
Frankfurt/M. 1987, S. 209–214.

Goethe, Johann Wolfgang: Die Leiden des jungen Werthers [1774]. In: Johann
Wolfgang Goethe: Sämtliche Werke. Briefe, Tagebücher und Gespräche. 1. Abt.
Bd. 8. Hg. von Waltraud Wiethölter. Frankfurt/M. 1994, S. 10–268. [Goethe
1994a]

Goethe, Johann Wolfgang: West-östlicher Divan [1819]. In: Johann Wolfgang Goethe:
Sämtliche Werke. Briefe, Tagebücher und Gespräche in vierzig Bänden. Bd. 3,1. Hg.
von Hendrik Birus. Frankfurt/M. 1994. [Goethe 1994b]

Hackländer, Friedrich Wilhelm: Daguerreotypien. Aufgenommen während einer Reise
in den Orient in den Jahren 1840 und 1841. 2 Bde. Stuttgart 1842.

Hammer-Purgstall, Joseph von (Hg.): Rosenöl. Erstes/Zweytes Fläschchen, oder Sagen
und Kunden des Morgenlandes aus arabischen, persischen und türkischen Quellen
gesammelt. Erstes/Zweites Bändchen. Stuttgart, Tübingen 1813.

Hegel, Georg Wilhelm Friedrich: Vorlesungen über die Ästhetik III [1835–1838]. In:
Georg Wilhelm Friedrich Hegel: Werke. Auf der Grundlage der Werke von 1832–
1845 neu edierte Ausgabe. Red.: Eva Moldenhauer und Karl Markus Michel.
Bd. 15. Frankfurt/M. 1986.

Heine, Heinrich: Französische Maler [1831]. In: Heinrich Heine: Historisch-kritische
Gesamtausgabe der Werke. Hg. von Manfred Windfuhr. Bd. 12,1. Hamburg 1980,
S. 9–62.

Heine, Heinrich: Lutezia. Berichte über Politik, Kunst und Volksleben [1843]. In:
Heinrich Heine: Historisch-kritische Gesamtausgabe der Werke. Hg. von Manfred
Windfuhr. Bd. 14. Hamburg 1990, S. 9–145.

Herder, Johann Gottfried: Ueber die Legende [1797]. In: Johann Gottfried Herder:
Sämtliche Werke. Hg. von Bernhard Suphan. Bd. 16. Hildesheim 1967, S. 387–398.

Herwegh, Georg: Werke und Briefe. Kritische und kommentierte Gesamtausgabe. Hg.
von Ingrid Pepperle. Bielefeld 2006.

Heyse, Paul (Hg.): Deutscher Novellenschatz. Vierte Serie. Sechster Band. (Der ganzen
Reihe vierundzwanzigster Band.) München 1876.

Höfling, J. G.: Beschreibung und Geschichte der Wallfahrt und des ehemaligen Klosters
Maria Buchen bei Lohr am Main. Lohr am Main 1841.

Hoffmann von Fallersleben, August Heinrich: Unpolitische Lieder. 2 Teile. 2. Aufl.
Hamburg 1842.

Irving, Washington: Bracebridge-Hall oder die Charaktere. Aus dem Englischen von
S. H. Spiker. Bd. 1. Berlin 1823.

Jünger, Ernst: Sämtliche Werke. Bd. 11. Essays V: Annäherungen. Stuttgart 1978.

Klopstock, Friedrich Gottlieb: Die Frühlingsfeier [1759/71]. In: Friedrich Gottlieb
Klopstock: Ausgewählte Werke. Hg. von Karl August Schleiden. München 1962,
S. 89–92.

Krünitz, Johann Georg: Art. Vogelherd. In: Johann Georg Krünitz (Hg.): Oekono-
misch-technologische Encyklopädie, oder allgemeines System der Staats- Stadt-
Haus- u. Landwirthschaft und der Kunstgeschichte, in alphabetischer Ordnung.
Bd. 227. Berlin 1855, S. 104–110.

Milton, John: Das verlorene Paradies [1667]. Hg. und übers. von Hans Heinrich Meier.
Stuttgart 1986.

Mörike, Eduard: Sämtliche Gedichte. Hg. von Heinz Schlaffer. München 1984.

Müller, Johannes: Ueber die phantastischen Gesichtserscheinungen. Eine physiologische Untersuchung mit einer physiologischen Urkunde des Aristoteles über den
Traum. Coblenz 1826.

Müller, Johannes: Handbuch der Physiologie des Menschen für Vorlesungen. 2 Bde. Coblenz 1833–1840.
Nietzsche, Friedrich: Ueber Wahrheit und Lüge im aussermoralischen Sinne [1873]. In: Friedrich Nietzsche: Werke. Kritische Gesamtausgabe. Hg. von Giorgio Colli und Mazzino Montinari. Dritte Abt. Bd. 2. Berlin, New York 1973, S. 367–384.
Ovid: Metamorphosen. Hg. von Niklas Holzberg. Zürich, Düsseldorf 1996.
[Pückler-Muskau, Hermann von]: Briefe eines Verstorbenen. Ein fragmentarisches Tagebuch aus England, Wales, Irland und Frankreich, geschrieben in den Jahren 1828 und 1829. Erster Theil. München 1830.
Ranke, Leopold von: Einleitung. In: Historisch-politische Zeitschrift 1 (1832), S. 1–8.
Rogers, Samuel: Italy. A Poem. London 1830.
Sartorius, J.: Ein unvorgreifliches Bedenken über die itzige musikalische Kultur à la mode. In: Caecilia. Eine Zeitschrift für die musikalische Welt 3 (1825), S. 281–291.
Schlegel, Friedrich: Gespräch über die Poesie [1800]. In: Kritische Friedrich-Schlegel-Ausgabe. Hg. von Ernst Behler unter Mitwirkung von Jean-Jacques Anstett und Hans Eichner. Bd. 2: Charakteristiken und Kritiken I. Hg. von Hans Eichner. München u. a. 1967, S. 284–351.
Schiller, Friedrich: Über Bürgers Gedichte [1791]. In: Schillers Werke. Nationalausgabe. Begründet von Julius Petersen. Bd. 22: Vermischte Schriften. Hg. von Herbert Meyer. Weimar 1958, S. 246–264.
Schiller, Friedrich: Ueber das Erhabene [1801]. In: Schillers Werke. Nationalausgabe. Begründet von Julius Petersen. Bd. 21: Philosophische Schriften. Teil 2. Hg. von Benno von Wiese unter Mitwirkung von Helmut Koopmann. Weimar 1963, S. 38–54.
Schilling, Gustav: Art. Manier. In: Gustav Schilling: Encyclopädie der gesammten musikalischen Wissenschaften, oder Universal-Lexicon der Tonkunst. Bd. 4. Stuttgart 1837, S. 515–520.
Schulz, Johann Abraham Peter: Lieder im Volkston. Erster Theil. 2., verb. Aufl. Berlin 1785.
Schulze, Ernst: Die bezauberte Rose. Romantisches Gedicht in drei Gesängen. 6. Aufl. Leipzig 1837.
Schopenhauer, Arthur: Die Welt als Wille und Vorstellung I [1814]. In: Arthur Schopenhauer: Sämtliche Werke. Bd. 1. Hg. von Wolfgang Frhr. von Löhneysen. Frankfurt/M. 1986.
Schubert, Gotthilf Heinrich: Die Symbolik des Traumes. Bamberg 1814.
Schücking, Levin: Bilder aus Westfalen. Elberfeld 1860.
Scott, Walter: Das Fräulein vom See. Ein Gedicht in sechs Gesängen. Aus dem Englischen und mit einer historischen Einleitung versehen von D. Adam Storck. Essen 1819.
Simmel, Georg: Die Religion. In: Georg Simmel: Gesamtausgabe. Bd. 10. Hg. von Michael Behr, Volkard Krech und Gert Schmid. Frankfurt/M. 1995, S. 39–118, 423–440.
Storm, Theodor/Mörike, Eduard: Theodor Storm – Eduard Mörike. Theodor Storm – Margarethe Mörike. Briefwechsel mit Storms *Meine Erinnerungen an Eduard Mörike*. Kritische Ausgabe. Hg. von Hildburg und Werner Kohlschmidt in Verb. mit der Theodor-Storm-Gesellschaft. Berlin 1978.
Vischer, Friedrich Theodor: Rez. Friedrich Overbeck, Der Triumph der Religion in den Künsten [1841]. In: Max Bucher u. a. (Hg.): Realismus und Gründerzeit. Manifeste und Dokumente zur deutschen Literatur 1848–1880. Bd. 2. Stuttgart 1981, S. 2–5.
Wander, Karl Friedrich Wilhelm: Deutsches Sprichwörter-Lexikon. Ein Hausschatz für das deutsche Volk. Bd. 1–5. Leipzig 1867–1880.

Weber, Gottfried: Vorrede. In: Gottfried Weber: Versuch einer geordneten Theorie der Tonsezkunst zum Selbstunterricht. Bd. 1. Mainz 1817, S. [3]–[10].
Wieland, Christoph Martin: Oberon. Ein romantisches Heldengedicht in zwölf Gesängen [1780]. In: Christoph Martin Wieland: Ausgewählte Werke in sechs Bänden. Hg. von Wolfgang Jahn. Bd. 1. München 1964, S. 9–254.
Wieland, Christoph Martin: Nachtrag zur Geschichte der schönen Rosemunde [1796]. In: Christoph Martin Wieland: Sämmtliche Werke [1794–1811]. Hg. von der Hamburger Stiftung zur Förderung von Wissenschaft und Kultur in Zusammenarbeit mit dem Wieland-Archiv, Biberach/Riß und Dr. Hans Radspieler. Abt. 8. Bd. 26. Hamburg 1984, S. 343–354.
Wieland, Christoph Martin: Rosamund. Ein Singspiel in drey Aufzügen [1778]. In: Wielands Werke. Historisch-kritische Ausgabe. Hg. von Klaus Manger und Jan Philipp Reemtsma. Bd. 13,1. Bearb. von Peter Henning Haischer und Tina Hartmann. Berlin, Boston 2011, S. 577–626.
Woesler, Winfried (Hg.): Modellfall der Rezeptionsforschung. Droste-Rezeption im 19. Jahrhundert. Dokumentation, Analysen, Bibliographie. Erstellt in Zusammenarbeit mit Aloys Haverbusch und Lothar Jordan. 2 Bde. in 3. Frankfurt/M. u. a. 1980.

3. Forschungsliteratur

Adorno, Theodor W.: Rede über Lyrik und Gesellschaft [1958]. In: Theodor W. Adorno: Gesammelte Schriften. Hg. von Rolf Tiedemann. Bd. 11: Noten zur Literatur. Frankfurt/M. 1997, S. 49–68.
Albrecht, Wolfgang: Durchs »malerische und romantische Deutschland«. Wanderliteratur der Biedermeier- und Vormärzepoche. In: Wolfgang Albrecht (Hg.): Wanderzwang – Wanderlust. Formen der Raum- und Sozialerfahrung zwischen Aufklärung und Frühindustrialisierung. Tübingen 1999, S. 215–238.
Albrecht, Wolfgang: Wegweiser zu neuer Poesie? Ästhetische Kriterien politisierter deutscher Literaturkritik um 1850 (Wienbarg, Vischer, J. Schmidt). In: Michael Vogt/Detlev Kopp (Hg.): Literaturkonzepte im Vormärz. Bielefeld 2001, S. 23–47.
Allerdissen, Rolf: »Judenbuche« und »Patriarch«: Der Baum des Gerichts bei Annette von Droste-Hülshoff und Charles Sealsfield. In: Gerald Gillespie/Edgar Lohner (Hg.): Herkommen und Erneuerung. Essays für Oskar Seidlin. Tübingen 1976, S. 201–224.
Alt, Peter-André: Der Schlaf der Vernunft. Literatur und Traum in der Kulturgeschichte der Neuzeit. München 2002.
Altenhofer, Norbert/Estermann, Alfred: Einleitung. In: Norbert Altenhofer/Alfred Estermann (Hg.): Europäische Romantik III. Restauration und Revolution. Wiesbaden 1985, S. 1–7.
Althaus, Thomas/Bunzel, Wolfgang/Göttsche, Dirk (Hg.): Kleine Prosa. Theorie und Geschichte eines Textfeldes im Literatursystem der Moderne. Tübingen 2007.
Ammann, Ludwig: Östliche Spiegel. Ansichten vom Orient im Zeitalter seiner Entdeckung durch den deutschen Leser 1800–1850. Hildesheim u. a. 1989.
[Anon.]: Unveröffentlichte Bilder aus der Ausstellung »Annette von Droste-Hülshoff und ihr Kreis« im Landesmuseum Münster, Januar–März 1938. In: Westfalen 23,2 (1938), S. 176–178.
Applegate, Celia: A Nation of Provincials. The German Idea of Heimat. Oxford 1990.
Arend, Angelika: Humor and Irony in Annette von Droste-Hülshoff's *Heidebilder*-Cycle. In: The German Quarterly 63,1 (1990), S. 50–58.

2. Literaturverzeichnis

Arendt, Dieter: Der »poetische Nihilismus« in der Romantik. Studien zum Verhältnis von Dichtung und Wirklichkeit in der Frühromantik. 2 Bde. Tübingen 1972.
Arens, Eduard: Zwei Balladen von Annette von Droste-Hülshoff. In: Historisch politische Blätter 122 (1898), S. 579–589.
Arens, Eduard: Die *Heidebilder* der Droste. In: Die Heimat (Dortmund, Münster), 5. August 1923, S. 163–167. [Arens 1923a]
Arens, Eduard (Hg.): Dichtergrüße an Annette von Droste. Mönchengladbach 1923. [Arens 1923b]
Arens, Eduard: Werner von Haxthausen und sein Verwandtenkreis als Romantiker. Aichach 1927.
Arens, Eduard: Quellenstudien zu Annette von Droste. Neue Mitteilungen über ihren *Volksglauben in den Pyrenäen*. In: Euphorion 33,4 (1932), S. 451–465.
Arnold-de Simine, Silke: Schreiblegitimationen und -strategien in Annette von Droste-Hülshoffs Dichtergedichten und ihrem Versepos *Des Arztes Vermächtnis*. In: German Life and Letters 57,2 (2004), S. 158–169.
Aulbach-Reichert, Brunhilde: Annette von Droste-Hülshoff: *Der SPIRITUS FAMILIARIS des Roßtäuschers*. Ein Deutungsversuch auf der Grundlage der analytischen Psychologie von C.G. Jung. Münster 1995.
Babka, Anna: Geschlecht als Konstruktion. Eine Annäherung aus der Sicht der Dekonstruktion. In: http://differenzen.univie.ac.at/texte_dekonstruktion.php [2003] (8.3.2017).
Badt, Bertha: Annette von Droste-Hülshoff. Ihre dichterische Entwicklung und ihr Verhältnis zur englischen Literatur. Leipzig 1909.
Bankwitz, Arthur: Die religiöse Lyrik der Annette von Droste-Hülshoff. Berlin 1899.
Barkhoff, Jürgen: Magnetische Fiktionen. Literarisierung des Mesmerismus in der Romantik. Stuttgart, Weimar 1995.
Bauer, Winfried: Geistliche Restauration versus Junges Deutschland und Vormärz-Literaten. In: Bernd Witte (Hg.): Vormärz: Biedermeier, Junges Deutschland, Demokraten 1815–1848. Reinbek bei Hamburg 1980 (= Deutsche Literatur. Eine Sozialgeschichte. Hg. von Horst Albert Glaser. Bd. 6), S. 99–111.
Baumann, Barbara/Oberle, Brigitta: Deutsche Literatur in Epochen. 2., überarb. Aufl. Ismaning 1996.
Baumgärtner, Alfred Clemens: *Der Knabe im Moor* von Annette von Droste-Hülshoff. In: Karl Hotz (Hg.): Gedichte aus sieben Jahrhunderten – Interpretationen. Bamberg 1998, S. 111–120.
Baußmann, Edda: Die Droste-Gesellschaft in den Jahren von 1947 bis 1967. In: Jochen Grywatsch/Ortrun Niethammer (Hg.): Eine literarische Gesellschaft im 20. Jahrhundert. 75 Jahre Annette von Droste-Gesellschaft (1928–2003). Bielefeld 2003, S. 175–194.
Becher Cadwell, Cornelia: Generation und Genre. Ein Beitrag zur deutschen Novelle des 19. Jahrhunderts. Erlangen 1991.
Becker, Hans J./Christian, Erhard: »Der Distel mystische Rose«. Eine Neuinterpretation. In: Droste-Jahrbuch 5 (2004), S. 237–241.
Becker, Thomas: Die Universität Bonn in der ersten Hälfte des 19. Jahrhunderts. In: Ingrid Bodsch in Verb. mit Cornelia Ilbrig, Jochen Grywatsch und Bernd Kortländer (Hg.): »Die Reise nach dem Mond«. Annette von Droste-Hülshoff im Rheinland. Bonn 2008, S. 125–132.
Becker-Cantarino, Barbara: Zur Theorie der literarischen Freundschaft im 18. Jahrhundert am Beispiel der Sophie La Roche. In: Wolfram Mauser/Barbara Becker-Cantarino (Hg.): Frauenfreundschaft – Männerfreundschaft. Literarische Diskurse im 18. Jahrhundert. Tübingen 1991, S. 47–74.

Beckers, Hartmut: Werner von Haxthausen (1780–1842). Ein westfälischer Jugendfreund der Brüder Grimm und seine literarisch-poetischen, germanistisch-mediävistischen und volkskundlich-antiquarischen Wirksamkeiten. In: Literatur in Westfalen. Beiträge zur Forschung 3 (1995), S. 23–44.

Beer, Gillian: Darwin's Plots. Evolutionary Narrative in Darwin, George Eliot and Nineteenth-Century Fiction. 3., erw. Aufl. London u. a. 2009.

Begemann, Christian: Einleitung. In: Christian Begemann (Hg.): Realismus. Epoche – Autoren – Werke. Darmstadt 2007, S. 7–10.

Begemann, Christian: Figuren der Wiederkehr. Erinnerung, Tradition, Vererbung und andere Gespenster der Vergangenheit bei Theodor Storm. In: Elisabeth Strowick/Ulrike Vedder (Hg.): Wirklichkeit und Wahrnehmung. Neue Perspektiven auf Theodor Storm. Bern u. a. 2013, S. 13–38.

Behr, Hans-Joachim: Die Provinz Westfalen und das Land Lippe 1813–1933. In: Wilhelm Kohl (Hg.): Westfälische Geschichte. Bd. 2: Das 19. und 20. Jahrhundert. Politik und Kultur. Düsseldorf 1983, S. 45–164.

Behr, Hans-Joachim: Revolution auf dem Lande. Bauern und ländliche Unterschichten 1848/49. In: Westfälische Zeitschrift 150 (2000), S. 43–147.

Behschnitt, Wolfgang: Wanderungen mit der Wünschelrute. Landesbeschreibende Literatur und die vorgestellte Geographie Deutschlands und Dänemarks im 19. Jahrhundert. Würzburg 2006.

Beland, Hermann: Todesangst am Anfang des Lebens. Körperliche Getrenntheit und die Induktion von Angst. Psychoanalytischer Versuch über *Die Mergelgrube* und *Der Knabe im Moor*. In: Gisela Greve/Herta E. Harsch (Hg.): Annette von Droste-Hülshoff aus psychoanalytischer Sicht. Berlin 2003, S. 65–101.

Belemann, Claudia: »Verzweifelte Nonne« oder »forschende Norne«? Zur Ausgrenzung weiblicher Traditionsbildung in der Droste-Rezeption. In: Ortrun Niethammer/Claudia Belemann (Hg.): Ein Gitter aus Musik und Sprache. Feministische Analysen zu Annette von Droste-Hülshoff. Paderborn u. a. 1993, S. 91–104.

Bell, Erpho (Hg.): »Dank Gott und Fürstenberg, daß sie mich auf den Weg brachten«. Anton Matthias Sprickmann (1749–1833). Münster 1999.

Berens, Ernestine: Étude sur les Oeuvres d'Annette de Droste-Hülshoff. Paris 1913.

Bernd, Clifford A.: Enthüllen und Verhüllen in Annette von Droste-Hülshoffs *Judenbuche*. In: Vincent J. Günther u. a. (Hg.): Untersuchungen zur Literatur als Geschichte. Festschrift für Benno von Wiese. Berlin 1973, S. 347–362.

Berndt, Frauke: »Die Kunst des Rahmens und das Reich der Töne«. Weibliche Medien der Konversation in Droste-Hülshoffs *Bertha oder die Alpen*. In: Claudia Liebrand/Irmtraud Hnilica/Thomas Wortmann (Hg.): Redigierte Tradition. Literarhistorische Positionierungen Annette von Droste-Hülshoffs. Paderborn u. a. 2010, S. 21–57.

Berning, Stephan: Sinnbildsprache. Zur Bildstruktur des *Geistlichen Jahrs* der Annette von Droste-Hülshoff. Tübingen 1975.

Beutin, Wolfgang u. a. (Hg.): Deutsche Literaturgeschichte. Von den Anfängen bis zur Gegenwart. 8., akt. und erw. Aufl. Stuttgart, Weimar 2013.

Beuys, Barbara: »Blamieren mag ich mich nicht«. Das Leben der Annette von Droste-Hülshoff. München 1999.

Bianchi, Bruna: Annette von Droste-Hülshoff: Il Testo Poetico. Udine 1990.

Bianchi, Bruna: Verhinderte Überschreitung. Phänomenologie der »Grenze« in der Lyrik der Annette von Droste-Hülshoff. In: Ortrun Niethammer/Claudia Belemann (Hg.): Ein Gitter aus Musik und Sprache. Feministische Analysen zu Annette von Droste-Hülshoff. Paderborn u. a. 1993, S. 17–34.

2. Literaturverzeichnis

Binek, Melanie: Eine Ordnung ›zusammengebaut‹. *Die Elemente* von Annette von Droste-Hülshoff im Vergleich mit Harsdörffers Tageszeiten-Zyklus. In: Gert Vonhoff (Hg.): Naturlyrik. Über Zyklen und Sequenzen im Werk von Annette von Droste-Hülshoff, Uhland, Lenau und Heine. Frankfurt/M. u. a. 1998, S. 39–55.

Bischoff, Doerte: Gender-Theorien. Neuere deutsche Literatur. In: Claudia Benthien/ Hans Rudolf Velten (Hg.): Germanistik als Kulturwissenschaft. Eine Einführung in neue Theoriekonzepte. Reinbek bei Hamburg 2002, S. 298–322.

Blakert, Elisabeth/Grywatsch, Jochen/Thürmer, Stefan: Aschendorff, Velhagen oder Cotta? Von der ersten Überlegungen der Droste zur Wahl eines geeigneten Verlegers bis zum Erscheinen ihrer Gedichtausgabe von 1844. In: Droste-Jahrbuch 3 (1997), S. 135–154.

Blasberg, Cornelia: »Versprengter Tropfen von der Quelle Rande«. Zum Ort des Subjekts in den Briefen der Annette von Droste-Hülshoff. In: Jochen Grywatsch (Hg.): Raum. Ort. Topographien der Annette von Droste-Hülshoff. Hannover 2009 (= Droste-Jahrbuch 7), S. 215–241.

Blasberg, Cornelia: Rahmungen. Zur Semantik einer Strukturform in Annette von Droste-Hülshoffs Dichtung. In: Droste-Jahrbuch 8 (2011), S. 7–30.

Blasberg, Cornelia: Zur Einführung. In: Cornelia Blasberg in Verb. mit Jochen Grywatsch (Hg.): ZwischenZeiten. Zur Poetik der Zeitlichkeit in der Literatur der Annette von Droste-Hülshoff und der ›Biedermeier‹-Epoche. Hannover 2013 (= Droste-Jahrbuch 9), S. 7–16. [Blasberg 2013a]

Blasberg, Cornelia: Erzählen im Stundentakt. Zur Poetik der Flüchtigkeit in Annette von Droste-Hülshoffs Romanfragment *Ledwina*. In: Cornelia Blasberg in Verb. mit Jochen Grywatsch (Hg.): ZwischenZeiten. Zur Poetik der Zeitlichkeit in der Literatur der Annette von Droste-Hülshoff und der ›Biedermeier‹-Epoche. Hannover 2013 (= Droste-Jahrbuch 9), S. 249–269. [Blasberg 2013b]

Blasberg, Cornelia: Überkreuzstellung. Zur Dialektik von Erlebnis- und Schreibfiktion [zu: *Am Thurme*]. In: Claudia Liebrand/Thomas Wortmann (Hg.): Interpretationen. Gedichte von Annette von Droste-Hülshoff. Stuttgart 2014, S. 51–60.

Blasberg, Cornelia: Zwischen den Zeilen gelesen. Literaturgeschichte in Drostes Briefen. In: Rüdiger Nutt-Kofoth (Hg.): Literaturgeschichte als Problemfall. Zum literarhistorischen Ort Annette von Droste-Hülshoffs und der ›biedermeierlichen‹ Autoren in der ersten Hälfte des 19. Jahrhunderts. Hannover 2017 (= Droste-Jahrbuch 11), S. 229–254.

Blasberg, Cornelia/Grywatsch, Jochen: Nachwort. In: Cornelia Blasberg/Jochen Grywatsch (Hg.): Annette von Droste-Hülshoff. Aus ihren Briefen. Ausgewählt, kommentiert und mit einem Nachwort versehen. Münster 2010, S. 128–134.

Blasberg, Cornelia in Verb. mit Jochen Grywatsch (Hg.): ZwischenZeiten. Zur Poetik der Zeitlichkeit in der Literatur der Annette von Droste-Hülshoff und der ›Biedermeier‹-Epoche. Hannover 2013 (= Droste-Jahrbuch 9).

Bloom, Harold: Einflußangst. Eine Theorie der Dichtung. Aus dem Amerikanischen von Angelika Schweikhart. Frankfurt/M. 1994.

Bluhm, Lothar: »Er ist ihr zu dick, er hat kein Geschick«. Zu einem Spruch in Annette von Droste-Hülshoffs *Westphälischen Schilderungen aus einer westphälischen Feder* und den *Kinder- und Hausmärchen* der Brüder Grimm. In: Wirkendes Wort 37,4 (1987), S. 181–183.

Blumenberg, Hans: Schiffbruch mit Zuschauer. Paradigma einer Daseinsmetapher. Frankfurt/M. 1979.

Blumenberg, Hans: Die Lesbarkeit der Welt. Frankfurt/M. 1981.

Blumenberg, Hans: Lebenszeit und Weltzeit. Frankfurt/M. 1986.

Bockhorst, Wolfgang: Westfälische Adelsgeschichte in der französischen Zeit. In: http://www.zeitenblicke.de/2010/1/bockhorst/index_html (18.3.2016).
Bode, Dietrich: Reclam. Daten, Bilder und Dokumente zur Verlagsgeschichte. 1828–2003. Stuttgart 2003.
Bodsch, Ingrid in Verb. mit Cornelia Ilbrig, Jochen Grywatsch und Bernd Kortländer (Hg.): »Die Reise nach dem Mond«. Annette von Droste-Hülshoff im Rheinland. Bonn 2008.
Böhme, Gernot/Böhme, Hartmut: Feuer, Wasser, Erde, Luft. Eine Kulturgeschichte der Elemente. München 1996.
Böhme, Hartmut: Einleitung: Raum – Bewegung – Topographie. In: Hartmut Böhme (Hg.): Topographien der Literatur. Deutsche Literatur im transnationalen Kontext. Stuttgart, Weimar 2005, S. IX–XXIII.
Börnchen, Stefan: »König über Alle, der Magnet«. Magnetismus und Liebe in Annette von Droste-Hülshoffs Gedicht *An* ***. In: Claudia Liebrand/Irmtraud Hnilica/Thomas Wortmann (Hg.): Redigierte Tradition. Literaturhistorische Positionierungen Annette von Droste-Hülshoffs. Paderborn u. a. 2010, S. 197–221.
Böschenstein, Bernhard: Drostische Landschaft in Paul Celans Dichtung. In: Kleine Beiträge zur Droste-Forschung 2 (1973), S. 7–24.
Böschenstein, Renate: Idylle, Todesraum und Aggression. Beiträge zur Droste-Forschung. Hg. von Ortrun Niethammer. Bielefeld 2007.
Böschenstein, Renate: Die Struktur des Idyllischen im Werk der Annette von Droste-Hülshoff [1975]. In: Renate Böschenstein: Idylle, Todesraum und Aggression. Beiträge zur Droste-Forschung. Hg. von Ortrun Niethammer. Bielefeld 2007, S. 15–35.
Böschenstein, Renate: Das Ich und seine Teile. Überlegungen zum anthropologischen Gehalt einiger lyrischer Texte [1990]. In: Renate Böschenstein: Idylle, Todesraum und Aggression. Beiträge zur Droste-Forschung. Hg. von Ortrun Niethammer. Bielefeld 2007, S. 37–65.
Böschenstein, Renate: Die Boa. Die Darstellung von Aggression in den Gedichten der Droste [2000]. In: Renate Böschenstein: Idylle, Todesraum und Aggression. Beiträge zur Droste-Forschung. Hg. von Ortrun Niethammer. Bielefeld 2007, S. 147–175.
Böschenstein, Renate: *Ledwina*: poetische Evokation einer Selbstanalyse [2003]. In: Renate Böschenstein: Idylle, Todesraum und Aggression. Beiträge zur Droste-Forschung. Hg. von Ortrun Niethammer. Bielefeld 2007, S. 177–196.
Bohrer, Karl Heinz: Der romantische Brief. Die Entstehung ästhetischer Subjektivität. Frankfurt/M. 1989.
Bomhoff, Katrin: Zur Rezeption Salvator Rosas bei E.T.A. Hoffmann, Johann Wolfgang Goethe, Charles Sealsfield, Annette von Droste-Hülshoff und Adalbert Stifter. In: Achim Aurnhammer/Günter Schnitzler/Mario Zanucchi (Hg.): Salvator Rosa in Deutschland. Studien zu seiner Rezeption in Kunst, Literatur und Musik. Freiburg/Br. 2008.
Bonati-Richner, Silvia: Der Feuermensch. Studien über das Verhältnis von Mensch und Landschaft in den erzählenden Werken der Annette von Droste-Hülshoff. Bern 1972.
Bonheim, Günter: Von der Würde der Lebenden und der Toten. Annette von Droste-Hülshoffs *Die Judenbuche*. In: Jahrbuch des Freien Deutschen Hochstifts 2002, S. 212–239.
Borchmeyer, Dieter: Das Ich und sein Doppelgänger. In: Marcel Reich-Ranicki (Hg.): Frankfurter Anthologie. Gedichte und Interpretationen. Bd. 20. Frankfurt/M. 1997, S. 73–75.
Borchmeyer, Dieter: »Der Distel mystische Rose«. Annette von Droste-Hülshoff zum 150. Todestag. In: Heidelberger Jahrbücher 42 (1998), S. 233–258.

Borengässer, Norbert M.: Annette von Droste-Hülshoff und der Bonner Kreis um Hermes. In: Ingrid Bodsch in Verb. mit Cornelia Ilbrig, Jochen Grywatsch und Bernd Kortländer (Hg.): »Die Reise nach dem Mond«. Annette von Droste-Hülshoff im Rheinland. Bonn 2008, S. 133–139.
Borgards, Roland: Schmerz. In: Roland Borgards/Harald Neumeyer (Hg.): Büchner-Handbuch. Leben – Werk – Wirkung. Stuttgart, Weimar 2009, S. 237–241.
Bosse, Anke: Zwischen Täuschen und Enthüllen. Die Zeichen des Körpers in Kriminalerzählungen des Realismus. In: Jahrbuch der Raabe-Gesellschaft 2004, S. 33–49.
Bosse, Heinrich: Autorschaft ist Werkherrschaft. Über die Entstehung des Urheberrechts aus dem Geist der Goethezeit. Paderborn u. a. 1981.
Botzenhart, Manfred: Westfalen in der ersten Hälfte des 19. Jahrhunderts. In: Ernst Ribbat (Hg.): Dialoge mit der Droste. Kolloquium zum 200. Geburtstag von Annette von Droste-Hülshoff. Paderborn u. a. 1998, S. 25–37.
Bourdieu, Pierre: Zur Soziologie der symbolischen Formen. Aus dem Französischen von Wolfgang Fietkau. Frankfurt/M. 1974.
Bourdieu, Pierre: Die Regeln der Kunst. Genese und Struktur des literarischen Feldes. Aus dem Französischen von Bernd Schwibs und Achim Russer. Frankfurt/M. 2001.
Bovenschen, Silvia: Die imaginierte Weiblichkeit. Exemplarische Untersuchungen zu kulturgeschichtlichen und literarischen Präsentationsformen des Weiblichen. Frankfurt/M. 1979.
Boyle, Nicholas: Kleine deutsche Literaturgeschichte. Aus dem Englischen von Martin Pfeiffer. München 2009.
Brall, Arthur: Vergangenheit und Vergänglichkeit. Zur Zeiterfahrung und Zeitdeutung im Werk Annettes von Droste-Hülshoff. Marburg 1975.
Brandes, Helga: »Dichter, Verleger, und Blaustrümpfe«. Über Annette von Droste-Hülshoffs Lustspiel PERDU!. In: Bodo Plachta (Hg.): Annette von Droste-Hülshoff (1797–1848). »aber nach hundert Jahren möcht ich gelesen werden«. Wiesbaden 1997, S. 12–19.
Brandmeyer, Rudolf: Poetiken der Lyrik. Von der Normpoetik zur Autorenpoetik. In: Dieter Lamping (Hg.): Handbuch Lyrik. Theorie, Analyse, Geschichte. Stuttgart, Weimar 2011, S. 1–14.
Brandstetter, Gabriele/Neumann, Gerhard: Einleitung. In: Gabriele Brandstetter/Gerhard Neumann (Hg.): Romantische Wissenspoetik. Die Künste und die Wissenschaften um 1800. Würzburg 2004, S. 9–14.
Braungart, Georg: Apokalypse in der Urzeit. Die Entdeckung der Tiefenzeit in der Geologie um 1800 und ihre literarischen Nachbeben. In: Ulrich G. Leinsle/Jochen Mecke (Hg.): Zeit – Zeitenwechsel – Endzeit. Zeit im Wandel der Zeiten, Kulturen, Techniken und Disziplinen. Regensburg 2000, S. 107–120.
Braungart, Georg: Naturlyrik. In: Dieter Lamping (Hg.): Handbuch Lyrik. Theorie, Analyse, Geschichte. Stuttgart, Weimar 2011, S. 132–140.
Braungart, Wolfgang: »Zum Erstaunen bin ich da«. Zur Poetik des staunenden Wissens bei Barthold Heinrich Brockes, Johann Wolfgang Goethe und Annette von Droste-Hülshoff. In: Neue Beiträge zur Germanistik 4,6 (2005), S. 12–37.
Braungart, Wolfgang: Literatur und Religion in der Moderne. Studien. Paderborn 2016.
Braungart, Wolfgang: Realisation, nicht bloß: Poetisches ›Reden *über* Religion‹. Eine Erinnerung an Dorothee Sölle und zwei Gedichte Annette von Droste-Hülshoffs. In: Richard Faber/Almut-Barbara Renger (Hg.): Literatur und Religion. Konvergenzen und Divergenzen. Würzburg 2017, S. 19–40.
Bremer, Björn: »Wer heute draußen wandelt, braucht keine Gespenster«. Annette von Droste-Hülshoffs *Volksglauben in den Pyrenäen*. In: Gert Vonhoff (Hg.): Natur-

lyrik. Über Zyklen und Sequenzen im Werk von Annette von Droste-Hülshoff, Uhland, Lenau und Heine. Frankfurt/M. u. a. 1998, S. 161–176.
Brenner, Peter: Neue deutsche Literaturgeschichte. Vom »Ackermann« zu Günter Grass. Tübingen 1996.
Brett, Doris: Friedrich, the Beech, and Margreth in Droste-Hülshoff's *Judenbuche*. In: The Journal of English and Germanic Philology 84,2 (1985), S. 157–165.
Brockpähler, Renate: Opernaufführungen im münsterischen Komödienhaus (1775–1890). In: Westfalen. Hefte für Geschichte, Kunst und Volkskunde 44 (1966), S. 355–370.
Bronfen, Elisabeth: Nur über ihre Leiche. Tod, Weiblichkeit und Ästhetik. München 1994.
Brown, Jane K.: The Real Mystery in Droste-Hülshoff's *Die Judenbuche*. In: The Modern Language Review 73,4 (1978), S. 835–846.
Bruch, Garcia: »Mein Auge zündet sich – wo bin ich? – wo?« *Ein Sommertagstraum* von Annette von Droste-Hülshoff. In: Gert Vonhoff (Hg.): Naturlyrik. Über Zyklen und Sequenzen im Werk von Annette von Droste-Hülshoff, Uhland, Lenau und Heine. Frankfurt/M. u. a. 1998, S. 67–78.
Brüning, Gerrit: Ungleiche Gleichgesinnte. Die Beziehung zwischen Goethe und Schiller 1794–1798. Göttingen 2015.
Brumm, Anna-Marie: Religion and the Poet. Emily Dickinson and Annette von Droste-Hülshoff. In: Dickinson Studies 59 (1986), S. 21–34.
Buchner, Wilhelm: Ferdinand Freiligrath. Ein Dichterleben in Briefen. Leipzig 1882.
Bunzel, Wolfgang/Stein, Peter/Vaßen, Florian: ›Romantik‹ und ›Vormärz‹ als rivalisierende Diskursformationen der ersten Hälfte des 19. Jahrhunderts. In: Wolfgang Bunzel/Peter Stein/Florian Vaßen (Hg.): Romantik und Vormärz. Zur Archäologie literarischer Kommunikation in der ersten Hälfte des 19. Jahrhunderts. Bielefeld 2003, S. 9–46.
Bußmann, Klaus: Stätten münsterischen Musiklebens. In: Westfalen. Hefte für Geschichte, Kunst und Volkskunde 44 (1966), S. 346–354.
Butkus, Günther/Göhre, Frank (Hg.): So wie du mir. 19 Variationen über *Die Judenbuche* von Annette von Droste-Hülshoff. Bielefeld 2010.
Byrd, Vance: Der holzgerechte Jäger. Forester Fictions and Annette von Droste-Hülshoff's *Die Judenbuche*. In: The Germanic Review 89,4 (2014), S. 345–364.

Caduff, Corina: Die diskursive Karriere der Musik im 19. Jahrhundert. Von der »Herzenssprache« zur »wahren Philosophie«. In: Deutsche Vierteljahrsschrift für Literaturwissenschaft und Geistesgeschichte 71,4 (1997), S. 537–558.
Casula, Mario: Annette von Droste-Hülshoff. Poetessa cattolica? In: Filosofia Ogge 23,4 (2000), S. 395–405.
Chase, Jefferson S.: Part of the Story. The Significance of the Jews in Annette von Droste-Hülshoff's *Die Judenbuche*. In: Deutsche Vierteljahrsschrift für Literaturwissenschaft und Geistesgeschichte 71,4 (1997), S. 127–145.
Cölln, Jan/Middeke, Annegret (Hg.): Dioskuren, Konkurrenten und Zitierende. Paarkonstellationen in Sprache, Kultur und Literatur. Göttingen 2014.
Conrad, Horst: Einleitung. In: Hermann von Wolff-Metternich (Hg.): Clemens Freiherr von Wolff-Metternich 1803–1872. Eine Lebens- und Familienchronik. Münster 1985, S. 11–20.
Conrad, Horst: Eine zeitgenössische unbekannte Gedichtüberlieferung im Nachlaß der Dorothea von Wolff-Metternich, geb. von Haxthausen. In: Droste-Jahrbuch 2 (1990), S. 74–82.

Conrad, Maren: Aufbrüche der Ordnung, Anfänge der Phantastik. Ein Modell zur methodischen Balladenanalyse, entwickelt am Beispiel der phantastischen Kunstballade. Heidelberg 2014.
Crary, Jonathan: Techniken des Betrachters. Sehen und Moderne im 19. Jahrhundert. Aus dem Amerikanischen von Anne Vonderstein. Dresden, Basel 1996.
Crichton, Mary C.: Heiterkeit und Schatten der Tragik. Gedanken zum Droste-Gedicht *Die Schenke am See*. In: Luanne T. Frank/Emery E. George (Hg.): Husbanding the Golden Grain. Studies in Honor of Henry W. Nordmeyer. Ann Arbor 1973, S. 46–63.
Culler, Jonathan: The Pursuit of Signs. Semiotics, Literature, Deconstruction. London 1981.

Dahlhaus, Carl: Die Idee der absoluten Musik. Kassel 1978.
De Man, Paul: Allegorien des Lesens. Aus dem Amerikanischen von Werner Hamacher und Peter Krumme. Frankfurt/M. 1988.
Dennerlein, Katrin: Narratologie des Raumes. Berlin, New York 2009.
Derrida, Jacques: Die Politik der Freundschaft. In: Klaus-Dieter Eichler (Hg.): Philosophie der Freundschaft. Leipzig 1999, S. 179–200.
Deselaers, Paul: »O laß mich schauen deinen Friedensbogen / Und deine Sonne leucht in meine Nacht!«. Zum christlichen Selbstverständnis der Annette von Droste-Hülshoff. In: Droste-Jahrbuch 4 (2000), S. 67–80.
Detering, Heinrich: Versteinter Äther, Aschenmeer. Metaphysische Landschaften in der Lyrik der Annette von Droste-Hülshoff. In: Jochen Grywatsch (Hg.): Raum. Ort. Topographien der Annette von Droste-Hülshoff. Hannover 2009 (= Droste-Jahrbuch 7), S. 41–67.
Detering, Heinrich: Antigeschichtslyrik und Eschatologie bei Annette von Droste-Hülshoff. In: Heinrich Detering/Peer Trilcke (Hg.): Geschichtslyrik. Ein Kompendium. Bd. 2. Göttingen 2013, S. 748–763.
Detering, Heinrich: Lyrische Dichtung im Horizont des Ecocriticism. In: Gabriele Dürbeck/Urte Stobbe (Hg.): Ecocriticism. Eine Einführung. Köln 2015, S. 205–218 [Detering 2015a].
Detering, Heinrich: Holzfrevel und Heilsverlust. Natur in der *Judenbuche* der Annette von Droste-Hülshoff. Vortrag vor der Droste-Gesellschaft 2015. Unveröffentlichtes Typoskript. [Detering 2015b]
Dettmering, Peter: Sieben Gedichte der Annette von Droste-Hülshoff. In: Peter Dettmering (Hg.): Konfliktbewältigung durch Kreativität: Studien zu Literatur und Film. Würzburg 2004, S. 60–71.
Dick, Ernst S.: Schlag, schlagen, erschlagen. Zur Wort- und Begriffssymbolik der *Judenbuche*. In: Hartmut Beckers/Hans Schwarz (Hg.): Gedenkschrift für Jost Trier. Köln, Wien 1975, S. 261–285.
Ditt, Karl: Die Kulturpolitik des Provinzialverbandes und die Droste-Gesellschaft in den 1920er/1930er Jahren. In: Jochen Grywatsch/Ortrun Niethammer (Hg.): Eine literarische Gesellschaft im 20. Jahrhundert. 75 Jahre Annette von Droste-Gesellschaft (1928–2003). Bielefeld 2003, S. 21–44.
Ditz, Monika/Maurer, Doris: Annette von Droste-Hülshoff und ihre Freundinnen. Meersburg 2006.
Ditz, Monika/Maurer, Doris: Elise Rüdiger. In: Monika Ditz/Doris Maurer (Hg.): Annette von Droste-Hülshoff und ihre Freundinnen. Meersburg 2006, S. 87–114.
Doebele-Flügel, Verena: Die Lerche. Motivgeschichtliche Untersuchung zur deutschen Literatur, insbesondere zur deutschen Lyrik. Berlin, New York 1977.

Doerr, Karin: The Specter of Anti-Semitism in and around Annette von Droste-Hülshoff's *Judenbuche*. In: German Studies Review 17,3 (1994), S. 447–471.
Dollinger, Petra: Literarische Salons der Biedermeier- und Vormärzzeit. Beteiligung und Distanzierung der Annette von Droste-Hülshoff. In: Ernst Ribbat (Hg.): Dialoge mit der Droste. Kolloquium zum 200. Geburtstag von Annette von Droste-Hülshoff. Paderborn u. a. 1998, S. 39–69.
Domke, Britta: Anton Mathias Sprickmann als Dramatiker. Studien zur Interpretation seiner Werke und zum literarhistorischen Kontext. Bielefeld 1999.
Donahue, William Collins: »Ist er kein Jude, so verdiente er einer zu sein«. Droste-Hülshoff's *Die Judenbuche* and Religious Anti-Semitism. In: German Quarterly 72,1 (1999), S. 44–73.
Donhauser, Michael: Nahe der Neige. Weil am Rhein 2009.
Dormann, Helga: Art. Eule. In: Günter Butzer/Joachim Jacob (Hg.): Metzler-Lexikon literarischer Symbole. 2., erw. Aufl. Stuttgart 2012, S. 103–105.
Drux, R.: Art. Gelegenheitsgedicht. In: Gert Ueding (Hg.): Historisches Wörterbuch der Rhetorik. Bd. 3. Tübingen 1999, Sp. 653–667.
Dülmen, Richard van/Rauschenbach, Sina: Einleitung. In: Richard van Dülmen/Sina Rauschenbach (Hg.): Macht des Wissens. Die Entstehung der modernen Wissensgesellschaft. Köln u. a. 2004, S. 1–12.
Dürbeck, Gabriele/Stobbe, Urte (Hg.): Ecocriticism. Eine Einführung. Köln u. a. 2015.
Dürr, Walther: »Manier« und »Veränderung« in Kompositionen Franz Schuberts. In: Roswitha Karpf (Hg.): Zur Aufführungspraxis der Werke Franz Schuberts. München, Salzburg 1981, S. 124–139.
Dürr, Walther: Das deutsche Sololied im 19. Jahrhundert. Untersuchungen zu Sprache und Musik. 2. Aufl. Wilhelmshaven 1999.

Eggert, Hulda: Drostebiographie und Drostelegende. In: Süddeutsche Monatshefte 26,2 (1928/29), S. 137–144.
Eilers, Edgar: Probleme religiöser Existenz im *Geistlichen Jahr*. Die Droste und Sören Kierkegaard. Werl 1953.
Eke, Norbert Otto: Einführung in die Literatur des Vormärz. Darmstadt 2005.
Engel, Eduard: Geschichte der Deutschen Literatur von den Anfängen bis zur Gegenwart. Bd. 2. Leipzig, Wien 1906.
Engel, Manfred: Vormärz, Frührealismus, Biedermeier, Restaurationszeit? Komparatistische Konturierungsversuche für eine konturlose Epoche. In: Oxford German Studies 40,3 (2011), S. 210–220.
Engelhardt, Dietrich von: Historisches Bewußtsein in der Naturwissenschaft von der Aufklärung bis zum Positivismus. Freiburg, München 1979.
Erhart, Walter: »Das Wehtun der Zeit in meinem innersten Menschen«. ›Biedermeier‹, ›Vormärz‹ und die Aussichten der Literaturwissenschaft. In: Euphorion 102,2 (2008), S. 129–162.
Erhart, Walter: Annette von Droste-Hülshoffs Westfalen-Projekt und die Zeit der Moderne. In: Cornelia Blasberg in Verb. mit Jochen Grywatsch (Hg.): Zwischen-Zeiten. Zur Poetik der Zeitlichkeit in der Literatur der Annette von Droste-Hülshoff und der ›Biedermeier‹-Epoche. Hannover 2013 (= Droste-Jahrbuch 9), S. 17–39.
Ernst, Paul: Schlusswort zur *Judenbuche* [1904]. In: Paul Ernst: Der Weg zur Form. Ästhetische Abhandlungen vornehmlich zur Tragödie und Novelle. Berlin 1906, S. 72–85.
Esche, Anneliese: Elise Rüdiger, geb. von Hohenhausen. Ein Bild ihres Lebens und Schaffens. Emsdetten 1939.

Eschmann, Gustaf [sic]: Neun Gedichte von Annette von Droste-Hülshoff. Ein kritischer Versuch. In: Programm des Evangelischen Fürstlich Bentheim'schen Gymnasii Arnoldini und der damit verbundenen Realschule I. Ordnung zu Burgsteinfurt. Ostern 1873. Elberfeld 1873, S. 3–22.
Eschmann, Gustav: Annette von Droste-Hülshoff. Ergänzungen und Berichtigungen zu den Ausgaben ihrer Werke. Münster 1909.
Eusterschulte, Anne: Art. Mimesis. In: Gert Ueding (Hg.): Historisches Wörterbuch der Rhetorik. Bd. 5. Tübingen 2001, Sp. 1232–1294.

Fauser, Markus: Intertextualität als Poetik des Epigonalen. Immermann-Studien. München 1999.
Fauser, Markus: Zu früh oder zu spät geboren? Annette von Droste-Hülshoff und die Zeit der Epigonen. In: Cornelia Blasberg in Verb. mit Jochen Grywatsch (Hg.): ZwischenZeiten. Zur Poetik der Zeitlichkeit in der Literatur der Annette von Droste-Hülshoff und der ›Biedermeier‹-Epoche. Hannover 2013 (= Droste-Jahrbuch 9), S. 41–69.
Fellerer, Karl Gustav: Maximilian Friedrich von Droste-Hülshoff (1764–1840). In: Jahrbuch der Droste-Gesellschaft 2 (1950), S. 175–201.
Ferchl, Irene (Hg.): »Der Droste würde ich gern Wasser reichen«. Gedichte über Annette von Droste-Hülshoff. Konstanz 1987.
Ferchl, Irene: Annette von Droste-Hülshoff am Bodensee. »Die zweite Hälfte meiner Heimat ...«. Ein literarischer Reiseführer. Tübingen 1998. 2., überarb. und akt. Aufl. Tübingen 2007.
Fetzer, John: Old and New Directions in Clemens Brentano Research (1931–1968). In: Literaturwissenschaftliches Jahrbuch 11 (1970), S. 87–119.
Fiedler, Krischan: Die Rose der Dichtung [zu: *Der Dichter – Dichters Glück*]. In: Claudia Liebrand/Thomas Wortmann (Hg.): Interpretationen. Gedichte von Annette von Droste-Hülshoff. Stuttgart 2014, S. 138–151.
Fischer, Helmut: Art. Rätsel. In: Rolf Wilhelm Brednich (Hg.): Enzyklopädie des Märchens. Bd. 11. Berlin, New York 2004, Sp. 267–275.
Fitscher, Marita: Annette von Droste-Hülshoff: *Das Spiegelbild*. In: Rupert Hirschenauer/Albrecht Weber (Hg.): Wege zum Gedicht. München, Zürich 1956, S. 221–227.
Folkerts, Liselotte (Hg.): Annette von Droste-Hülshoff zum 200. Geburtstag. Katalog zur Ausstellung von 170 Künstlerarbeiten zu Person, Leben und Werk der Dichterin. Münster 1996.
Folkerts, Liselotte (Hg.): Annette von Droste-Hülshoff zum 210. Geburtstag. Katalog zur Ausstellung von 350 Künstlerarbeiten zu Person, Leben und Werk der Dichterin. Münster 2007.
Folkerts, Liselotte: »... nichts Lieberes als hier – hier – nur hier ...«. Haus Rüschhaus, Annette von Droste-Hülshoffs Einsiedelei in Literatur und Kunst einst und jetzt. Münster 1986.
Frank, Caroline: Raum und Erzählen. Narratologisches Analysemodell und Uwe Tellkamps *Der Turm*. Würzburg 2017.
Frank, Gustav: Romane als Journal: System- und Umweltreferenzen als Voraussetzung der Entdifferenzierung und Ausdifferenzierung von ›Literatur‹ im Vormärz. In: Rainer Rosenberg/Detlev Kopp (Hg.): Journalliteratur im Vormärz. Bielefeld 1996, S. 15–47.
Frank, Gustav: Auf dem Weg zum Realismus. In: Christian Begemann (Hg.): Realismus. Epoche – Autoren – Werke. Darmstadt 2007, S. 27–44.
Frank, Gustav: Was ›konservieren‹ die ›konservativen‹ Autoren? Raum, Körper, Ding bei Stifter und Droste. In: Rüdiger Nutt-Kofoth (Hg.): Literaturgeschichte als Pro-

blemfall. Zum literarhistorischen Ort Annette von Droste-Hülshoffs und der ›biedermeierlichen‹ Autoren in der ersten Hälfte des 19. Jahrhunderts. Hannover 2017 (= Droste-Jahrbuch 11), S. 89–120.

Frank, Gustav/Podewski, Madleen: Denkfiguren. Prolegomena zum Zusammenhang von Wissen(schaft) und Literatur im Vormärz. In: Gustav Frank/Madleen Podewski (Hg.): Wissenskulturen des Vormärz. Bielefeld 2011, S. 11–53.

Frank, Horst Joachim: Handbuch der deutschen Strophenformen. München, Wien 1980.

Frank, Manfred (Hg.): Das kalte Herz. Texte der Romantik. Frankfurt/M. 2005.

Frederiksen, Elke/Shafi, Monika: Annette von Droste-Hülshoff. Konfliktstrukturen im Frühwerk. In: Ruth-Ellen Boetcher Joeres/Marianne Burkhard (Hg.): Out of Line/ Ausgefallen. The Paradox of Marginality in the Writings of Nineteenth-Century German Women. Amsterdam 1989, S. 115–136.

Frenschkowski, Helena: Phantasmagorien des Ich. Die Motive Spiegel und Porträt in der Literatur des 19. Jahrhunderts. Frankfurt/M. 1995.

Frenzel, Elisabeth: Art. Golem. In: Elisabeth Frenzel: Stoffe der Weltliteratur. 10., überarb. und erw. Aufl. Stuttgart 2005, S. 308–312.

Freund, Anna: Annette von Droste-Hülshoff in ihren Beziehungen zu Goethe und Schiller und in der poetischen Eigenart ihrer gereiften Kunst. München 1915.

Freund, Winfried: Annette von Droste-Hülshoff: *Das Fräulein von Rodenschild* – die phantastische Spiegelung einer Bewußtseinskrise. In: Wirkendes Wort 31,1 (1981), S. 11–17.

Freund, Winfried: Novelle. In: Edward McInnes/Gerhard Plumpe (Hg.): Bürgerlicher Realismus und Gründerzeit 1848–1890. München 1996 (= Hansers Sozialgeschichte der deutschen Literatur vom 16. Jahrhundert bis zur Gegenwart. Bd. 6), S. 462–528.

Freund, Winfried: Annette von Droste-Hülshoff. Was bleibt. Stuttgart u.a. 1997.

Freund, Winfried: Annette von Droste-Hülshoff. München 1998.

Fricke, Gerhard/Schreiber, Mathias: Geschichte der deutschen Literatur. 16. Aufl. Paderborn 1974.

Fricke, Hannes: »Niemand wird lesen, was ich hier schreibe«. Über den Niemand in der Literatur. Göttingen 1998.

Friedrich, Hugo: Die Struktur der modernen Lyrik. Von der Mitte des neunzehnten bis zur Mitte des zwanzigsten Jahrhunderts [1956]. Neuausgabe. Reinbek bei Hamburg 2006.

Fülleborn, Ulrich: Frührealismus und Biedermeierzeit. In: Elfriede Neubuhr (Hg.): Begriffsbestimmung des literarischen Biedermeier. Darmstadt 1974, S. 329–364.

Fülleborn, Ulrich: ›Erweislose‹ Wirklichkeit. Frührealismus und Biedermeierzeit. In: Ulrich Fülleborn: Besitz und Sprache. Offene Strukturen und nicht-possessives Denken in der deutschen Literatur. Gesammelte Aufsätze. Hg. von Günter Blamberger. München 2000, S. 102–127.

Gabryś, Anna/Landgrebe, Alix/Pleitner, Berit: Für Eure und unsre Freiheit! Deutsche und Polen im Europäischen Völkerfrühling 1830–1848/49. In: Wolfgang Michalka/ Erardo C. Rautenberg/Konrad Vanja (Hg.): Polenbegeisterung. Ein Beitrag zum »Deutsch-Polnischen Jahr 2005/2006«. Berlin 2005, S. 13–53.

Gadamer, Hans-Georg: Wahrheit und Methode. Grundzüge einer philosophischen Hermeneutik. 2. Aufl. Tübingen 1965.

Gaier, Ulrich: Annette und das Geld. Die Droste, die Schriftstellerei, das Fürstenhäuschen. Ein Lesebuch. Konstanz 1993. [Gaier 1993a]

Gaier, Ulrich: Annette von Droste-Hülshoff und ihre literarische Welt am Bodensee. Marbach am Neckar 1993. [Gaier 1993b]

Gaier, Ulrich: »[...] deiner Augen Nebelball«. Sinn und Raum in Drostes Lyrik. In: Jochen Grywatsch (Hg.): Raum. Ort. Topographien der Annette von Droste-Hülshoff. Hannover 2009 (= Droste-Jahrbuch 7), S. 109–128.

Galen, Hans (Hg.): Annette von Droste-Hülshoff. Zwischen Fügsamkeit und Selbstverwirklichung. Münster 1997.

Gamper, Michael/Wagner, Karl: Einleitung. In: Michael Gamper/Karl Wagner (Hg.): Figuren der Übertragung. Adalbert Stifter und das Wissen seiner Zeit. Zürich 2009, S. 7–12.

Gantert, Klaus: Die Bibliothek des Freiherrn Joseph von Laßberg. Heidelberg 2001.

Gardian, Christoph: Inklusion – Transkription – Umkehr. Glaubenskritik und Eschatologie in Annette von Droste-Hülshoffs *Judenbuche*. In: Olaf Briese/Martin Friedrich (Hg.): Religion – Religionskritik – Religiöse Transformation im Vormärz. Bielefeld 2015, S. 75–91.

Gebauer, Mirjam: Das heimische Unheimliche. Gattungsästhetische Überlegungen zu Annette von Droste-Hülshoffs Kriminalerzählung *Die Judenbuche*. In: Text & Kontext 31 (2009), S. 54–79.

Gebhard, Walter: »Der Zusammenhang der Dinge«. Weltgleichnis und Naturverklärung im Totalitätsbewußtsein des 19. Jahrhunderts. Tübingen 1984.

Geffers, Andrea: Stimmen im Fluss. Wasserfrau-Entwürfe von Autorinnen. Literarische Beiträge zum Geschlechterdiskurs von 1800–2000. Frankfurt/M. u. a. 2007.

Geisenhanslüke, Achim: Schwellenzauber. *Die Taxuswand*. In: Claudia Liebrand/Irmtraud Hnilica/Thomas Wortmann (Hg.): Redigierte Tradition. Literarhistorische Positionierungen Annette von Droste-Hülshoffs. Paderborn u.a. 2010, S. 243–251.

Geisenhanslüke, Achim: Hybride Moderne [zu: *Die Mergelgrube*]. In: Claudia Liebrand/Thomas Wortmann (Hg.): Interpretationen. Gedichte von Annette von Droste-Hülshoff. Stuttgart 2014, S. 97–106.

Gelbin, Cathy S.: Das Monster kehrt zurück: Golemfiguren bei Autoren der jüdischen Nachkriegsgeneration. In: Eva Kormann/Anke Gilleir/Angelika Schlimmer (Hg.): Textmaschinenkörper. Genderorientierte Lektüren des Androiden. Amsterdam, New York 2006, S. 145–159.

Gelbin, Cathy S.: The Golem Returns. From German Romantic Literature to Global Jewish Culture 1808–2008. Ann Arbor 2011.

Gesse, Sven: ›Genera mixta‹. Studien zur Poetik der Gattungsmischung zwischen Aufklärung und Klassik-Romantik. Würzburg 1997.

Glaser, Hermann/Lehmann, Jakob/Lubos, Arno: Wege der deutschen Literatur. Eine geschichtliche Darstellung. Frankfurt, Berlin 1997.

Gnüg, Hiltrud/Möhrmann, Renate (Hg.): Frauen – Literatur – Geschichte. Schreibende Frauen vom Mittelalter bis zur Gegenwart. Frankfurt/M. 2003.

Godel, Rainer: »Der Heimat getreu, ihrem Werk leidenschaftlich ergeben.« Elemente der Weltanschauungsliteratur in Hans Francks Romanbiographie *Annette* (1937). In: Droste-Jahrbuch 8 (2011), S. 249–269.

Godwin-Jones, Robert: Where the Devil Leads. Peasant Superstitions in George Sand's *Petite Fadette* and Droste-Hülshoffs *Judenbuche*. In: Neohelicon. Acta Comparationis Litterarum Universarium 10,1 (1983), S. 221–238.

Gödden, Walter: Ein neues Kapitel Droste-Biographie. Die Freundschaft der Droste mit Anna von Haxthausen und Amalie Hassenpflug in ihrem biographischen und psychologischen Kontext anhand neuen Quellenmaterials. In: Droste-Jahrbuch 1 (1986), S. 157–172.

Gödden, Walter: »Wenn Dich die Hoffnung flieht«. Kein Gedicht der Droste. In: Droste-Jahrbuch 2 (1990), S. 83–86. [Gödden 1990a]

Gödden, Walter: Lesekultur in Westfalen. In: Westfälisches Museumsamt/Arbeitsgruppe für Westfälische Literatur (Hg.): Als Westfalen lesen lernte. »von den Musen wachgeküßt ...«. Paderborn 1990, S. 8–54. [Gödden 1990b]

Gödden, Walter: Stationen der Droste-Biographik. In: Droste-Jahrbuch 2 (1990), S. 118–152. [Gödden 1990c]

Gödden, Walter: Die andere Annette. Annette von Droste-Hülshoff als Briefschreiberin. Paderborn u. a. 1991.

Gödden, Walter: Nicht immer gut-geschwisterlich. August von Haxthausen und Annette von Droste-Hülshoff: Aus unveröffentlichten Briefen. In: Peter Heßelmann (Hg.): August Freiherr von Haxthausen (1792–1866). Sammler von Märchen, Sagen und Volksliedern, Agrarhistoriker und Rußlandreisender aus Westfalen. Münster 1992, S. 148–161.

Gödden, Walter: Annette von Droste-Hülshoff auf Schloß Meersburg. Meersburg 1993. [Gödden 1993a]

Gödden, Walter (Hg.): Dichterschwestern. Prosa zeitgenössischer Autorinnen über Annette von Droste-Hülshoff. Paderborn u. a. 1993. [Gödden 1993b]

Gödden, Walter: Annette von Droste-Hülshoff. Leben und Werk. Eine Dichterchronik. Bern u. a. 1994. [Gödden 1994a]

Gödden, Walter: Der Schwärmer. Die verschollene Lebensgeschichte des westfälischen Sturm-und-Drang-Dichters Anton Mathias Sprickmann. Paderborn u. a. 1994. [Gödden 1994b]

Gödden, Walter: Tag für Tag im Leben der Annette von Droste-Hülshoff. Daten – Texte – Dokumente. Paderborn u. a. 1996. [Gödden 1996a]

Gödden, Walter: »Sehnsucht in die Ferne«. Annette von Droste-Hülshoffs Reisen durch die Biedermeierzeit. Düsseldorf 1996. [Gödden 1996b]

Gödden, Walter: »Stoffe, die im Kopf rumoren«. Stichworte zur literarischen Arbeitsweise. In: Walter Gödden/Jochen Grywatsch (Hg.): »Ich, Feder, Tinte und Papier«. Ein Blick in die Schreibwerkstatt der Annette von Droste-Hülshoff. Paderborn u. a. 1996, S. 41–77. [Gödden 1996c]

Gödden, Walter: »Das Jahr geht um / ... Ich harre stumm«. Bilanz eines Droste-Jahres. In: Ernst Ribbat (Hg.): Dialoge mit der Droste. Kolloquium zum 200. Geburtstag von Annette von Droste-Hülshoff. Paderborn u. a. 1998, S. 263–291.

Gödden, Walter/Grywatsch, Jochen (Hg.): »Ich, Feder, Tinte und Papier«. Ein Blick in die Schreibwerkstatt der Annette von Droste-Hülshoff. Paderborn u. a. 1996. [Gödden/Grywatsch 1996a]

Gödden, Walter/Grywatsch, Jochen: Annette von Droste-Hülshoff unterwegs. Auf den Spuren der Dichterin durch Westfalen. Münster 1996. [Gödden/Grywatsch 1996b]

Gödden, Walter/Grywatsch, Jochen: Annette von Droste-Hülshoff am Bodensee. Ein Reiseführer zu den Droste-Stätten in Meersburg und Umgebung. Meersburg 1998.

Gödden, Walter/Grywatsch, Jochen: Bökendorfer Idyllen. In: Querbeet durch historische Gärten in Ostwestfalen-Lippe. Bielefeld 2000, S. 27–42.

Gössmann, Wilhelm: Das Schuldproblem im Werk Annette von Droste-Hülshoffs. München 1956.

Gössmann, Wilhelm: Das *Geistliche Jahr* Annette v. Droste-Hülshoffs. In: Hochland 55 (1963), S. 448–457.

Gössmann, Wilhelm: Das politische Zeitbewußtsein der Droste. In: Jahrbuch der Droste-Gesellschaft 5 (1972), S. 102–122.

Gössmann, Wilhelm: Trunkenheit und Desillusion. Das poetische Ich der Droste. In: Zeitschrift für deutsche Philologie 101,1 (1982), S. 506–527.

Gössmann, Wilhelm: Annette von Droste-Hülshoff. Ich und Spiegelbild. Zum Verständnis der Dichterin und ihres Werkes. Düsseldorf 1985.

2. Literaturverzeichnis

Gössmann, Wilhelm: Heine und die Droste. Eine literarische Zeitgenossenschaft. Düsseldorf 1996.

Gössmann, Wilhelm: Die Modernität der Droste. Lese-Erwartungen. In: Monika Salmen/Winfried Woesler (Hg.): »Zu früh, zu früh geboren ...«. Die Modernität der Annette von Droste-Hülshoff. Düsseldorf 2008, S. 9–17.

Göttsche, Dirk/Saul, Nicholas: Introduction. In: Dirk Göttsche/Nicholas Saul (Hg.): Realism and Romanticism in German Literature/Realismus und Romantik in der deutschsprachigen Literatur. Bielefeld 2013, S. 9–30.

Goodman-Thau, Eveline: Golem, Adam oder Antichrist. Kabbalistische Hintergründe der Golemlegende in der jüdischen und deutschen Literatur des 19. Jahrhunderts. In: Eveline Goodman-Thau/Gert Mattenklott/Christoph Schulte (Hg.): Kabbala und die Literatur der Romantik. Zwischen Magie und Trope. Tübingen 1999, S. 81–134.

Gramatzki, Susanne: Art. Falke. In: Günter Butzer/Joachim Jacob (Hg.): Metzler-Lexikon literarischer Symbole. 2., erw. Aufl. Stuttgart 2012, S. 113.

Gray, Richard T.: Red Herrings and Blue Smocks. Ecological Destruction, Commercialism and Anti-Semitism in Annette von Droste-Hülshoff's *Die Judenbuche*. In: German Studies Review 26,3 (2003), S. 515–543.

Gregory, T./Hager, F./Kaulbach, F.: Art. Natur. In: Joachim Ritter/Karlfried Gründer/Gottfried Gabriel (Hg.): Historisches Wörterbuch der Philosophie. Bd. 6. Basel u. a. 1984, S. 421–478.

Greve, Gisela/Harsch, Herta E. (Hg.): Annette von Droste-Hülshoff aus psychoanalytischer Sicht. Tübingen 2003.

Groeben, Norbert: Die Kreativität der Droste – oder: Wie aus Anpassung Emanzipation erwächst. In: Droste-Jahrbuch 10 (2015), S. 247–260.

Gropp, Birgit/Huyer, Michael/Kaspar, Fred: Architektur und Baugeschichte. In: Westfälischer Heimatbund (Hg.): Burg Hülshoff in Havixbeck. Münster 2017, S. 3–16.

Gropp, Birgit: Ausstattung. In: Westfälischer Heimatbund (Hg.): Burg Hülshoff in Havixbeck. Münster 2017, S. 17–37.

Grywatsch, Jochen: »Endlos gezupfte Gedichte«. Stationen der Werkgenese. In: Walter Gödden/Jochen Grywatsch (Hg.): »Ich, Feder, Tinte und Papier«. Ein Blick in die Schreibwerkstatt der Annette von Droste-Hülshoff. Paderborn u. a. 1996, S. 41–77.

Grywatsch, Jochen: »Mit Sprickmann möcht' ich vor hundert andern korrespondiren«. Anton Mathias Sprickmanns literarischer Briefwechsel der 1770er Jahre. In: Erpho Bell (Hg.): »Dank Gott und Fürstenberg, daß sie mich auf den Weg brachten«. Anton Matthias Sprickmann (1749–1833). Münster 1999, S. 95–113.

Grywatsch, Jochen: Annette von Droste-Hülshoff – Autorin im Spannungsfeld von Regionalität und Internationalität. In: Martina Wagner-Egelhaaf (Hg.): Region – Literatur – Kultur. Regionalliteraturforschung heute. Bielefeld 2001, S. 159–186.

Grywatsch, Jochen: Zwischen Verehrung und Verirrung. Die Annette von Droste-Gesellschaft von ihrer Gründung 1928 bis zu ihrer Neukonstituierung 1946. In: Jochen Grywatsch/Ortrun Niethammer (Hg.): Eine literarische Gesellschaft im 20. Jahrhundert. 75 Jahre Annette von Droste-Gesellschaft (1928–2003). Bielefeld 2003, S. 45–89.

Grywatsch, Jochen (Hg.): Droste-Bibliographie 1981–2003. Unter Mitarbeit von Michael Aust. Bielefeld 2005.

Grywatsch, Jochen: Ein »Sittengemälde« mit »Vorurtheil«. Die *Judenbuche* als Quelle für das jüdische Leben im ländlichen Ostwestfalen um 1800. In: Stefan Baumeier/Heinrich Stiewe (Hg.): Die vergessenen Nachbarn. Juden auf dem Lande im östlichen Westfalen. Bielefeld 2006, S. 109–120.

Grywatsch, Jochen: Die Wunderkammer als entomologische Universalbibliothek. Zum Ausstellungsprojekt ›Droste (Second sight)‹ von Aribert von Ostrowski. In: Jochen Grywatsch (Hg.): Aribert von Ostrowski: Droste (Second sight). Eine Ausstellung im Museum für Westfälische Literatur Kulturgut Haus Nottbeck. Bielefeld 2007, S. 7–28.

Grywatsch, Jochen: In der »wilden fremden Welt«? Das Rheinland in Briefen und im literarischen Werk der Annette von Droste-Hülshoff. In: Ingrid Bodsch in Verb. mit Cornelia Ilbrig, Jochen Grywatsch und Bernd Kortländer (Hg.): »Die Reise nach dem Mond«. Annette von Droste-Hülshoff im Rheinland. Bonn 2008, S. 27–38. [Grywatsch 2008a]

Grywatsch, Jochen: Produktive Leerstellen. Anmerkungen zur Aktualität des dichterischen Werks der Anette von Droste-Hülshoff und zur Veränderlichkeit seiner Wertschätzung. In: Monika Salmen/Winfried Woesler (Hg.): »Zu früh, zu früh geboren ...«. Die Modernität der Annette von Droste-Hülshoff. Düsseldorf 2008, S. 18–35. [Grywatsch 2008b]

Grywatsch, Jochen (Hg.): »... ewig in diesem Himmel die Hölle leiden«. Anton Mathias Sprickmann – Heinrich Christian Boie. Briefwechsel 1775–1782. Bielefeld 2008. [Grywatsch 2008c]

Grywatsch, Jochen (Hg.): Raum. Ort. Topographien der Annette von Droste-Hülshoff. Hannover 2009 (= Droste-Jahrbuch 7). [Grywatsch 2009a]

Grywatsch, Jochen: Topographien der Annette von Droste-Hülshoff. Zur Einführung. In: Jochen Grywatsch (Hg.): Raum. Ort. Topographien der Annette von Droste-Hülshoff. Hannover 2009 (= Droste-Jahrbuch 7), S. 7–24. [Grywatsch 2009b]

Grywatsch, Jochen: Poetische Imagination und räumliche Struktur. Zu einer Poetologie des Raums bei Annette von Droste-Hülshoff. In: Jochen Grywatsch (Hg.): Raum. Ort. Topographien der Annette von Droste-Hülshoff. Hannover 2009 (= Droste-Jahrbuch 7), S. 69–94. [Grywatsch 2009c]

Grywatsch, Jochen: Entwürfe werden aus Entwürfen reif, oder: Droste anders ausstellen. In: Jochen Grywatsch (Hg.): Zimmer frei. Zehn museale Entwürfe für Annette von Droste-Hülshoff. Neue Wege der Literaturausstellung. Bielefeld 2011, S. 8–35.

Grywatsch, Jochen: »Wo Träume lagern langverschollner Zeit«. Zum Verhältnis von Traum und Zeit in den Epen und der Landschaftsprosa der Annette von Droste-Hülshoff. In: Cornelia Blasberg in Verb. mit Jochen Grywatsch (Hg.): Zwischen-Zeiten. Zur Poetik der Zeitlichkeit in der Literatur der Annette von Droste-Hülshoff und der ›Biedermeier‹-Epoche. Hannover 2013 (= Droste-Jahrbuch 9), S. 211–234.

Grywatsch, Jochen: Fragile Idylle und implizite Poetologie [zu: *Der Weiher*]. In: Claudia Liebrand/Thomas Wortmann (Hg.): Interpretationen. Gedichte von Annette von Droste-Hülshoff. Stuttgart 2014, S. 79–92.

Grywatsch, Jochen: Zum Geburtstag der Annette von Droste-Hülshoff. Aus Anlass einer wiederentdeckten Quelle und eines digitalen Rezeptionszeugnisses. In: Droste-Jahrbuch 10 (2015), S. 299–307.

Grywatsch, Jochen: Annette von Droste-Hülshoff und ihr Elternhaus Burg Hülshoff. In: Westfälischer Heimatbund (Hg.): Burg Hülshoff in Havixbeck. Münster 2017, S. 38–48.

Grywatsch, Jochen: Annette von Droste-Hülshoff. In: Matthews-Schlinzig, Marie-Isabel/Schuster, Jörg/Strobel, Jochen (Hg.): Handbuch Brief. Berlin, Boston 2019. [in Vorbereitung]

Grywatsch, Jochen/Kloster, Jens (Hg.): »Süße Ruh', süßer Taumel im Gras« – Droste-Gedichte hören | sehen | begehen | erleben. Münster 2013.

2. Literaturverzeichnis

Grywatsch, Jochen/Kloster, Jens (Hg.): Sehnsucht in die Ferne. Reisen und Landschaften der Annette von Droste-Hülshoff. Bielefeld 2017.
Gunia, Jürgen: Schattenzeiten des Raumes. Überlegungen zur ›Chronotopologie‹ der Sonnenfinsternis bei Adalbert Stifter und Annette von Droste-Hülshoff. In: Cornelia Blasberg in Verb. mit Jochen Grywatsch (Hg.): ZwischenZeiten. Zur Poetik der Zeitlichkeit in der Literatur der Annette von Droste-Hülshoff und der ›Biedermeier‹-Epoche. Hannover 2013 (= Droste-Jahrbuch 9), S. 175–188.
Gundolf, Friedrich: Romantiker. Neue Folge. Berlin 1931.
Guthrie, John: Washington Irving's *Bracebridge Hall* and Annette von Droste-Hülshoffs *Bei uns zu Lande auf dem Lande*. In: The Modern Language Review 83,2 (1988), S. 351–363.
Guthrie, John: Annette von Droste-Hülshoff. A German Poet between Romanticism and Realism. Oxford u. a. 1989.
Guthrie, John: »[...] kein weiblicher Byron«. Zur Byron-Rezeption der Droste am Beispiel von *Lebt wohl*. In: Droste-Jahrbuch 2 (1990), S. 36–50.
Guthrie, John: Droste-Hülshoff, *Die Judenbuche*. In: Peter Hutchinson (Hg.): Landmarks in German Short Prose. Oxford u. a. 2003, S. 111–124.
Gymnich, Marion/Müller-Zettelmann, Eva: Metalyrik. Gattungsspezifische Besonderheiten, Formenspektrum und zentrale Funktionen. In: Janine Hauthal u. a. (Hg.): Metaisierung in Literatur und anderen Medien. Theoretische Grundlagen, Historische Perspektiven, Metagattungen, Funktionen. Berlin, New York 2007, S. 65–91.

Häntzschel, Günter: Tradition und Originalität. Allegorische Darstellung im Werk Annette von Droste-Hülshoffs. Stuttgart u. a. 1968.
Hahl, Werner: Gesellschaftlicher Konservatismus und literarischer Realismus. Das Modell einer deutschen Sozialverfassung in den Dorfgeschichten. In: Max Bucher u. a. (Hg.): Realismus und Gründerzeit. Manifeste und Dokumente zur deutschen Literatur 1848–1880. Bd. 1. Stuttgart 1981, S. 48–71.
Hallamore, Joyce: The Reflected Self in Annette von Droste's Work. A Challenge to Self-Discovery. In: Monatshefte 61,1 (1969), S. 58–74.
Haller, Rudolf: Eine Droste-Interpretation [zu: *Das Spiegelbild*]. In: Germanisch-Romanische Monatsschrift 6,3 (1956), S. 253–261.
Hallet, Wolfgang/Neumann, Birgit: Raum und Bewegung in der Literatur. Zur Einführung. In: Wolfgang Hallet/Birgit Neumann (Hg.): Raum und Bewegung in der Literatur. Die Literaturwissenschaften und der Spatial Turn. Bielefeld 2009, S. 9–28.
Haraway, Donna: When Species Meet. Minnesota 2008.
Hardtwig, Wolfgang: Vormärz. Der monarchische Staat und das Bürgertum. 4. Aufl. München 1998.
Harris, Martin: Joseph Maria Christoph Freiherr von Lassberg 1770–1855. Briefinventar und Prosopographie. Mit einer Abhandlung zu Lassbergs Entwicklung zum Altertumsforscher. Heidelberg 1991.
Hasenkamp, Gottfried: Das verlorene Paradies der Tiere. Zu dem Gedicht *Die ächzende Kreatur*. In: Jahrbuch der Droste-Gesellschaft 4 (1962), S. 18–30.
Hasler, Ludwig: Zur Einführung. Schelling ernstnehmen. In: Ludwig Hasler (Hg.): Schelling. Seine Bedeutung für eine Philosophie der Natur und der Geschichte. Stuttgart 1981, S. 9–17.
Hauthal, Janine u. a.: Metaisierung in Literatur und anderen Medien: Begriffsklärungen, Typologien, Funktionspotentiale und Forschungsdesiderate. In: Janine Hauthal u. a. (Hg.): Metaisierung in Literatur und anderen Medien. Berlin, New York 2007, S. 1–21.

Haverbusch, Aloys: Die Droste in Anthologien des 19. Jahrhunderts. In: Winfried Woesler (Hg.): Modellfall der Rezeptionsforschung. Droste-Rezeption im 19. Jahrhundert. Dokumentation, Analysen, Bibliographie. Erstellt in Zusammenarbeit mit Aloys Haverbusch und Lothar Jordan. Bd. 2. Frankfurt/M. 1980, S. 1007–1102.

Heeke, Ursula: »Sie sehen schärfer als ich, stehn dort die Schriften der JANE BAILLIE?« Transformationen von Theorie und Praxis oder der Einfluss der englischen Schriftstellerin Joanna Baillie auf Annette von Droste-Hülshoff. In: Ortrun Niethammer (Hg.): Transformationen. Texte und Kontexte zum Abschluss der Historisch-kritischen Droste-Ausgabe. Bielefeld 2002, S. 109–140.

Heinz, Heide: Die schuldverscheuchte Unterwelt. Zu Annette von Droste-Hülshoffs *Geistlichem Jahr*. 2 Bde. Essen 1986/1989.

Heinz, Heide/Heinz, Melanie: Die Schrift und die Schuld. Aus Anlaß des zweiten Teils des *Geistlichen Jahres* von Annette von Droste-Hülshoff. In: Ortrun Niethammer/Claudia Belemann (Hg.): Ein Gitter aus Musik und Sprache. Feministische Analysen zu Annette von Droste-Hülshoff. Paderborn u. a. 1993, S. 63–79.

Heise, Ursula: Ecocriticism/Ökokritik. In: Ansgar Nünning (Hg.): Metzler Lexikon Literatur- und Kulturtheorie. Ansätze – Personen – Grundbegriffe. 4., akt. u. erw. Aufl. Stuttgart, Weimar 2008, S. 146 f.

Heitmann, Felix: Annette von Droste-Hülshoff als Erzählerin. Realismus und Objektivität in der *Judenbuche*. Münster 1914.

Helfer, Martha B.: »Ein heimlich Ding«. Das Selbst als Objekt bei Annette von Droste-Hülshoff. In: Claudia Liebrand/Irmtraud Hnilica/Thomas Wortmann (Hg.): Redigierte Tradition. Literaturhistorische Positionierungen Annette von Droste-Hülshoffs. Paderborn u. a. 2010, S. 271–279.

Helfer, Martha B.: Das unerhörte Wort. Antisemitismus in Literatur und Kultur. Aus dem Amerik. von Christophe Fricker. Göttingen 2013.

Henckmann, Gisela: Art. Zyklus. In: Dieter Burdorf/Christoph Fasbender/Burkhard Moennighoff (Hg.): Metzler Lexikon Literatur. Begriffe und Definitionen. 3., völlig neu bearb. Aufl. Stuttgart, Weimar 2007, S. 844 f.

Henel, Heinrich: Annette von Droste-Hülshoff. Erzählstil und Wirklichkeit. In: Egon Schwarz/Hunter G. Hannum/Edgar Lohner (Hg.): Festschrift für Bernhard Blume. Aufsätze zur deutschen und europäischen Literatur. Göttingen 1967, S. 146–172.

Heselhaus, Clemens: Die Entdeckung des Seins in der Dichtung des Neunzehnten Jahrhunderts. Halle 1943.

Heselhaus, Clemens: Aus Annettes Jugendzeit. Tagebuch-Aufzeichnungen von Jenny von Droste-Hülshoff. In: Jahrbuch der Droste-Gesellschaft 1 (1947), S. 83–95.

Heselhaus, Clemens: Annette und Levin. Münster 1948.

Heselhaus, Clemens: »Der Distel mystische Rose«. In: Jahrbuch der Droste-Gesellschaft 2 (1950), S. 38–47. [Heselhaus 1950a]

Heselhaus, Clemens: »O frage nicht …«. An Levin Schücking oder an Elise Rüdiger? In: Jahrbuch der Droste-Gesellschaft 2 (1950), S. 327–330. [Heselhaus 1950b]

Heselhaus, Clemens: »Castor und Pollux, wechselnd Glühn und Bleichen«. In: Jahrbuch der Droste-Gesellschaft 2 (1950), S. 331–333. [Heselhaus 1950c]

Heselhaus, Clemens: Annette von Droste-Hülshoff: *Am letzten Tage des Jahres. Silvester*. In: Benno von Wiese (Hg.): Die deutsche Lyrik. Form und Geschichte. Bd. 2. Interpretationen. Von der Spätromantik bis zur Gegenwart. Düsseldorf 1956, S. 159–167. [Heselhaus 1956a]

Heselhaus, Clemens: Annette von Droste-Hülshoff: *Das Spiegelbild*. In: Benno von Wiese (Hg.): Die deutsche Lyrik. Form und Geschichte. Interpretationen. Bd. 2. Von der Spätromantik bis zur Gegenwart. Düsseldorf 1956, S. 168–173. [Heselhaus 1956b]

Heselhaus, Clemens: Annette von Droste-Hülshoff: *Mondesaufgang*. In: Benno von Wiese (Hg.): Die deutsche Lyrik. Form und Geschichte. Interpretationen. Bd. 2. Von der Spätromantik bis zur Gegenwart. Düsseldorf 1956, S. 174–181. [Heselhaus 1956c]

Heselhaus, Clemens: Annette von Droste-Hülshoff: *Der SPIRITUS FAMILIARIS des Roßtäuschers* in der Handschrift der Dichterin. Münster 1957.

Heselhaus, Clemens: Die *Heidebilder* der Droste. In: Jahrbuch der Droste-Gesellschaft 3 (1959), S. 145–172.

Heselhaus, Clemens: Die *Zeitbilder* der Droste. In: Jahrbuch der Droste-Gesellschaft 4 (1962), S. 79–104.

Heselhaus, Clemens: Nachwort. In: Annette von Droste-Hülshoff: Werke in einem Band. Hg. und in zeitlicher Folge geordnet und mit Nachwort und Erläuterung versehen von Clemens Heselhaus. München, Wien 1970, S. 1105–1128.

Heselhaus, Clemens: Annette von Droste-Hülshoff. Werk und Leben. Düsseldorf 1971.

Heselhaus, Clemens: Die Gedichtverzeichnisse für die Ausgabe von 1844. In: Jahrbuch der Droste-Gesellschaft 5 (1972), S. 53–67.

Heselhaus, Clemens: *Die Judenbuche* – Die Sprache der Frau in der Literatur. In: Zeitschrift für deutsche Philologie 99 (1980), S. 143–160.

Heselhaus, Clemens: Die Golem-Gespenster der Droste-Hülshoff. In: Droste-Jahrbuch 1 (1986), S. 129–156.

Heselhaus, Herrad: »Hier möcht' ich Haidebilder schreiben«. Annette von Droste-Hülshoffs Poetisierung der Naturgeschichte. In: Ernst Ribbat (Hg.): Dialoge mit der Droste. Kolloquium zum 200. Geburtstag von Annette von Droste-Hülshoff. Paderborn u. a. 1998, S. 185–208.

Heßelmann, Peter (Hg.): August Freiherr von Haxthausen (1792–1866). Sammler von Märchen, Sagen und Volksliedern, Agrarhistoriker und Rußlandreisender aus Westfalen. Münster 1992.

Heydebrand, Renate von/Winko, Simone: Einführung in die Wertung von Literatur: Systematik – Geschichte – Legitimation. Paderborn u. a. 1996.

Heydebrand, Renate von: Geschichten vom Schreiben. Annette von Droste-Hülshoffs *Bei uns zu Lande auf dem Lande*. In: Ernst Ribbat (Hg.): Dialoge mit der Droste. Kolloquium zum 200. Geburtstag von Annette von Droste-Hülshoff. Paderborn u. a. 1998, S. 209–229.

Heydebrand, Renate von: Differenz der Geschlechter oder der Poetik? Annette von Droste-Hülshoff und Levin Schücking. In: Annegret Heitmann u. a. (Hg.): Bi-Textualität. Inszenierungen des Paares. Ein Buch für Ina Schabert. Berlin 2001, S. 156–178. [von Heydebrand 2001a]

Heydebrand, Renate von: Interferenzen zwischen Geschlechterdifferenz und Poetik. Annette von Droste-Hülshoff und Levin Schücking als schreibendes Paar. In: Internationales Archiv für Sozialgeschichte der deutschen Literatur 26,2 (2001), S. 121–157. [von Heydebrand 2001b]

Hildebrand, Olaf (Hg.): Poetologische Lyrik von Klopstock bis Grünbein. Gedichte und Interpretationen. Köln u. a. 2003.

Hiltbrunner, Otto: Gastfreundschaft in der Antike und im frühen Christentum. Darmstadt 2005.

Hilzinger, Sonja: Ambivalenzstruktur und Geschlechterdifferenz in Annette von Droste-Hülshoffs Prosafragment *Ledwina* (1820/1825). In: Internationales Archiv für Sozialgeschichte der deutschen Literatur 24,2 (1999), S. 1–16.

Hinck, Walter: Magie und Traum. Das Selbstbild des Dichters in der deutschen Lyrik. Frankfurt/M. 1994.

Hnilica, Irmtraud: Annette von Droste-Hülshoff an Levin Schücking: Heiratsregeln und Körpertopographien in Drostes *Westphälischen Schilderungen*. In: Claudia Liebrand/Irmtraud Hnilica/Thomas Wortmann (Hg.): Redigierte Tradition. Literaturhistorische Positionierungen Annette von Droste-Hülshoffs. Paderborn u. a. 2010, S. 297–314.

Höllerer, Walter: Thesen zum langen Gedicht. In: Akzente 2 (1965), S. 128–130.

Hoff, Dagmar von: Dramen des Weiblichen. Deutsche Dramatikerinnen um 1800. Opladen 1989.

Hoffmann, Christoph: Unter Beobachtung: Naturforschung in der Zeit der Sinnesapparate. Göttingen 2006.

Hoffmann, Freia: Gefangene Gefühle. Annette von Droste-Hülshoff als Musikerin. In: Ortrun Niethammer/Claudia Belemann (Hg.): Ein Gitter aus Musik und Sprache. Feministische Analysen zu Annette von Droste-Hülshoff. Paderborn u. a. 1993, S. 35–54.

Hoffmann, Lore: Die Erzählkunst der Droste in der *Judenbuche*. Münster 1948.

Hoffmann, Werner: Annette von Droste-Hülshoff: *Der Tod des Erzbischofs Engelbert von Cöln*. In: Andreas Böhn/Ulrich Kittstein/Christoph Weiß (Hg.): Lyrik im historischen Kontext. Festschrift für Reiner Wild. Würzburg 2009, S. 196–208.

Hohendahl, Peter Uwe: Literaturkritik in der Epoche des Liberalismus (1820–1870). In: Peter Uwe Hohendahl (Hg.): Geschichte der deutschen Literaturkritik (1730–1980). Stuttgart 1985, S. 129–204.

Holzhauer, Heinz: Annette von Droste-Hülshoff und das Recht. In: Ulrich Hübner/Werner F. Ebke (Hg.): Festschrift für Bernhard Großfeld zum 65. Geburtstag. Heidelberg 1999, S. 423–442.

Honold, Alexander: Die Zeit schreiben. Jahreszeiten, Uhren und Kalender als Taktgeber der Literatur. Basel 2013.

Horstmann-Guthrie, Ulrike: Fontanes Kriminalerzählungen und Annette von Droste-Hülshoffs *Die Judenbuche*. In: Fontane Blätter 47 (1989), S. 71–79.

Höving, Vanessa: Projektion und Übertragung. Medialitätsverhandlungen bei Droste. Freiburg/Br. 2018.

Howe, Patricia: Breaking into Parnassus. Annette von Droste-Hülshoff and the Problem of Poetic Identity. In: German Life and Letters 46,1 (1993), S. 25–41.

Hüffer, Hermann: Annette v. Droste-Hülshoff und ihre Werke. Vornehmlich nach dem litterarischen Nachlaß und ungedruckten Briefen der Dichterin. Gotha 1887.

Hüser, Karl: Die Lebenserinnerungen des Johann Matthias Gierse (1807–1881). In: Westfälische Zeitschrift 121 (1971), S. 71–95.

Huge, Walter: *Bei uns zu Lande auf dem Dande*. Studien zur Arbeitsweise der Droste am Beispiel eines unbekannten Entwurfs. In: Kleine Beiträge zur Droste-Forschung 2 (1973), S. 119–138.

Huge, Walter: Annette von Droste-Hülshoff: *Die Judenbuche. Ein Sittengemälde aus dem gebirgigten Westphalen*. Diss. Univ. Münster 1975.

Huge, Walter: *Die Judenbuche* als Kriminalgeschichte. Das Problem von Erkenntnis und Urteil im Kriminalschema. In: Zeitschrift für deutsche Philologie 99 (1980), S. 49–70. [Huge 1980a]

Huge, Walter: Die Droste in Literaturgeschichten des 19. Jahrhunderts. In: Winfried Woesler (Hg.): Modellfall der Rezeptionsforschung. Droste-Rezeption im 19. Jahrhundert. Dokumentation, Analysen, Bibliographie. Erstellt in Zusammenarbeit mit Aloys Haverbusch und Lothar Jordan. Bd. 2. Frankfurt/M. 1980, S. 1103–1119. [Huge 1980b]

Huge, Walter/Woesler, Winfried (Hg.): Annette von Droste-Hülshoff. *Die Judenbuche*. Neue Studien und Interpretationen. Berlin 1980.

Huszai, Villö Dorothea: »Denken Sie sich, der Mergel ist unschuldig an dem Morde« – Zu Droste-Hülshoffs Novelle *Die Judenbuche*. In: Zeitschrift für deutsche Philologie 116,3 (1997), S. 481–499.

Iehl, Dominique: Le monde religieux et poétique d'Annette von Droste-Hülshoff. Paris 1965.

Ilbrig, Cornelia: Identität und Gedächtnis: das Archiv als Ort ungreifbarer Erinnerungen in Annette von Droste-Hülshoffs *Fräulein von Rodenschild*. In: Sabine Brenner-Wilczek/Sikander Singh (Hg.): »... das hohe Geistergespräch«. Über Literatur im musealen und digitalen Raum. Bielefeld 2008, S. 161–168.

Ilbrig, Cornelia: »Jede Leiche sich streckt und regt« – Bewahren in der Zeit und Wiederbelebung in der Poesie. Annette von Droste-Hülshoffs frühes Romanfragment *Ledwina* und das späte Gedicht *Im Grase*. In: Droste-Jahrbuch 8 (2011), S. 141–158.

Ingesman, Lars: Annette von Droste-Hülshoff und ihr *Spiegelbild*. Versuch einer Interpretation. In: Germanisch-Romanische Monatsschrift N.F. 35,4 (1985), S. 382–394.

Jäger, Georg: Der Realismusbegriff in der Kunstkritik. In: Max Bucher u.a. (Hg.): Realismus und Gründerzeit. Manifeste und Dokumente zur deutschen Literatur 1848–1880. Bd. 1. Stuttgart 1981, S. 9–31.

Jäger, Hans-Wolf: Versepik. In: Gert Sautermeister/Ulrich Schmid (Hg.): Zwischen Restauration und Revolution 1815–1848. München, Wien 1998 (= Hansers Sozialgeschichte der deutschen Literatur vom 16. Jahrhundert bis zur Gegenwart. Bd. 5), S. 434–458.

Jaeschke, Walter: Das *Geistliche Jahr* – ein Zeugnis der Frömmigkeitsgeschichte des Vormärz. In: Ortrun Niethammer (Hg.): Transformationen. Texte und Kontexte zum Abschluss der Historisch-kritischen Droste-Ausgabe. Bielefeld 2002, S. 69–85.

Jahn, Ilse: Grundzüge der Biologiegeschichte. Jena 1990.

Jakob, Hans-Joachim: Vom Marktwert des Schönen. Literatur und literarischer Markt in Annette von Droste-Hülshoffs Lustspiel PERDU! *oder Dichter, Verleger, und Blaustrümpfe*. In: Peter Heßelmann/Michael Hueßmann/Hans-Joachim Jakob (Hg.): »Das Schöne soll sein«. ›Aisthesis‹ in der deutschen Literatur. Festschrift für Wolfgang F. Bender. Bielefeld 2001, S. 281–293.

Jakubów, Marek: Zur Problematik der ganzheitlichen Weltwahrnehmung im Werk von Annette von Droste-Hülshoff und Adalbert Stifter. »... weil man durch Menge und Mannigfaltigkeit der Teile nicht leicht zum Ganzen kömmt ...«. Lublin 2005.

Janda, Georg: Annette von Droste-Hülshoffs *Judenbuche* – Aufklärung literaturwissenschaftlicher Irrtümer (unter Verwendung von Hinweisen Stefan Jandas). Regensburg 2003.

Jansen, Heinz: Annette von Droste-Hülshoff und ihr Kreis. In: Heimat und Reich 20 (1938), S. 46–57.

Jordan, Lothar: Katholizismus als Faktor der Droste-Rezeption im 19. Jahrhundert. In: Winfried Woesler (Hg.): Modellfall der Rezeptionsforschung. Droste-Rezeption im 19. Jahrhundert. Dokumentation, Analysen, Bibliographie. Erstellt in Zusammenarbeit mit Aloys Haverbusch und Lothar Jordan. Bd. 2. Frankfurt/M. u.a. 1980, S. 1185–1211.

Jordan, Lothar: Levin Schückings vergessener Zyklus von Dichtergedichten *Ironien* (1842). In: Droste-Jahrbuch 4 (2000), S. 211–217.

Jordan, Lothar: Annette von Droste-Hülshoffs langes Gedicht *Die Mergelgrube*. Paläontologie und literarische Innovation. In: Dietrich von Engelhardt/Hans Wißkirchen

(Hg.): Von Schillers *Räubern* zu Shelleys *Frankenstein*. Wissenschaft und Literatur im Dialog um 1800. Stuttgart, New York 2006, S. 131–156.

Jung-Hoffmann, Christina: Ideologie und Ideologiekritik in Annette von Droste-Hülshoffs *Bertha oder die Alpen* (1813/14). Ein Beitrag zur Genderfrage um 1800. In: Katharina Rennhak/Virginia Richter (Hg.): Revolution und Emanzipation. Geschlechterordnungen in Europa um 1800. Köln u. a. 2004, S. 149–164.

Käfer, Anne: »Die wahre Ausübung der Kunst ist religiös«. Schleiermachers Ästhetik im Kontext der zeitgenössischen Entwürfe Kants, Schillers und Friedrich Schlegels. Tübingen 2006.

Kaiser, Gerhard: Geschichte der deutschen Lyrik von Goethe bis zur Gegenwart. Ein Grundriß in Interpretationen. Bd. 2: Von Heine bis zur Gegenwart. Frankfurt/M. 1996.

Kallinger, Christine: Mother Mary. In: Friedrike Ursula Eigler/Susanne Kord (Hg.): The Feminist Encyclopedia of German Literature. Westport/Conn., London 1997, S. 34 f.

Kansteiner, Armin: Der »Musiktheoretiker« Max von Droste-Hülshoff und seine Schülerin Annette. Ein Beitrag zur Grundlage des kompositorischen Schaffens der Dichterin. In: Kleine Beiträge zur Droste-Forschung 3 (1974), S. 107–123.

Karlin, Daniel: The Figure of the Singer. Oxford 2013.

Kauffmann, Kai: ›Bilderrede‹. Zur Beziehung von Theorien des Sprachursprungs und einer Poetik des Orientalismus bei Rousseau und Herder. In: Klaus-Michael Bogdal (Hg.): Orientdiskurse in der deutschen Literatur. Bielefeld 2007, S. 31–48.

Kayser, Wolfgang: Sprachform und Redeform in den *Heidebildern* der Annette von Droste-Hülshoff. In: Jahrbuch des Freien Deutschen Hochstifts 40 (1940), S. 52–91.

Keinemann, Friedrich: Das Domkapitel zu Münster im 18. Jahrhundert. Münster 1967.

Kemman, Ansgar: Art. Evidentia, Evidenz. In: Gert Ueding (Hg.): Historisches Wörterbuch der Rhetorik. Bd. 3. Tübingen 1996, Sp. 33–47.

Kemper, Dirk: Ästhetische Moderne als Makroepoche. In: Dirk Kemper/Silvio Vietta (Hg.): Ästhetische Moderne in Europa. Grundzüge und Problemzusammenhänge seit der Romantik. München 1998, S. 97–126.

Kiesel, Helmuth: Geschichte der literarischen Moderne. Sprache, Ästhetik, Dichtung im 20. Jahrhundert. München 2004.

Kilcher, Andreas B.: Das magische Gesetz der hebräischen Sprache. Drostes *Judenbuche* und der spätromantische Diskurs über die jüdische Magie. In: Zeitschrift für deutsche Philologie 118,2 (1999), S. 234–265.

Kilcher, Andreas/Kremer, Detlef: Romantische Korrespondenzen und jüdische Schriftmagie in Drostes *Judenbuche*. In: Ernst Ribbat (Hg.): Dialoge mit der Droste. Kolloquium zum 200. Geburtstag von Annette von Droste-Hülshoff. Paderborn u. a. 1998, S. 249–261.

Kilchmann, Esther: Verwerfungen in der Einheit. Geschichten von Nation und Familie um 1840. Heinrich Heine, Annette von Droste-Hülshoff, Jeremias Gotthelf, Georg Gottfried Gervinus, Friedrich Schlegel. München 2009.

Kilchmann, Esther: Wurm drin – Droste-Hülshoff und die deutsche Nation [zu: *Die Stadt und der Dom. Eine Karikatur des Heiligsten*]. In: Claudia Liebrand/Thomas Wortmann (Hg.): Interpretationen. Gedichte von Annette von Droste-Hülshoff. Stuttgart 2014, S. 111–124.

Kirsch, Sarah: Geschenk des Himmels. In: Annette von Droste-Hülshoff. Ausgewählt von Sarah Kirsch. Köln 1986, S. 9–14.

Kittstein, Ulrich: Deutsche Naturlyrik. Ihre Geschichte in Einzelanalysen. Darmstadt 2009.

Klein, Ulrich: »Dennoch, Himmel, immer mir nur ...«. Marginalie zu einer Droste-Zeile aus *Im Grase*. In: Beiträge zur Droste-Forschung 5 (1982), S. 84–94.

Klein, Ulrich: Zu Annette von Droste–Hülshoffs *Der Tod des Erzbischofs Engelbert von Köln*. In: Gunter Grimm (Hg.): Gedichte und Interpretationen. Deutsche Balladen. Stuttgart 1988, S. 244–263.

Kleinschmidt, Christoph: *Die Judenbuche* im Medienwechsel. Visuelle Konfigurationen in Text und Film. In: Droste-Jahrbuch 6 (2007), S. 223–244.

Klüger, Ruth: Gemalte Fensterscheiben. Über Lyrik. Göttingen 2007.

Kluge, Gerhard: Annette von Droste-Hülshoff in den Niederlanden. In: Droste-Jahrbuch 5 (2004), S. 187–216.

Klussmann, Paul-Gerhard: Poetische Konzepte der Historischen Westfalen-Ballade im Werk Annette von Droste-Hülshoffs. In: Winfried Woesler (Hg.): Ballade und Historismus. Die Geschichtsballade des 19. Jahrhunderts. Heidelberg 2000, S. 100–115.

Koch, Hans-Gerd: »Nicht fröhnen mag ich kurzem Ruhme ...«. Kollegialer Nachruhm einer Dichterin »von Gottes Gnaden«. In: Bodo Plachta (Hg.): Annette von Droste-Hülshoff (1797–1848). »aber nach hundert Jahren möcht ich gelesen werden«. Wiesbaden 1997, S. 72–76.

Koch, Max: Geschichte der deutschen Literatur. 5. Aufl. Leipzig 1903.

Köhn, Lothar: »Seele fordernd stehn die Formen da«. *Des Arztes Vermächtniß* als poetologische Verserzählung. In: Droste-Jahrbuch 3 (1997), S. 67–82.

Köhn, Lothar: Die Droste-Gesellschaft 1979–2003. In: Jochen Grywatsch/Ortrun Niethammer (Hg.): Eine literarische Gesellschaft im 20. Jahrhundert. 75 Jahre Annette von Droste-Gesellschaft (1928–2003). Bielefeld 2003, S. 241–260.

Köhn, Lothar: Ort, Nicht-Ort, Heterotopie in Brief und Versepos der Droste. In: Jochen Grywatsch (Hg.): Raum. Ort. Topographien der Annette von Droste-Hülshoff. Hannover 2009 (= Droste-Jahrbuch 7), S. 197–213.

Körte, Wilhelm: Die Sprichwörter und sprichwörtlichen Redensarten der Deutschen. Leipzig 1837.

Köster, Udo: Marktorientierung und Wertkonservatismus. In: Michael Titzmann (Hg.): Zwischen Goethezeit und Realismus. Wandel und Spezifik in der Phase des Biedermeier. Tübingen 2002, S. 215–236.

Kohl, Katrin: Poetologische Metaphern. Formen und Funktionen in der deutschen Literatur. Berlin, New York 2007.

Konersmann, Ralf: Die Unruhe der Welt. Frankfurt/M. 2015.

Koopmann, Helmut: Die Wirklichkeit des Bösen in der *Judenbuche* der Droste. Zu einer moralischen Erzählung des 19. Jahrhunderts. In: Zeitschrift für deutsche Philologie 99 (1980), S. 71–85.

Koopmann, Helmut: »Nicht fröhnen mag ich kurzem Ruhme«. Zum Selbstverständnis der Droste in ihren Dichtergedichten. In: Droste-Jahrbuch 4 (2000), S. 11–33.

Kord, Susanne: Sich einen Namen machen. Anonymität und weibliche Autorschaft 1700–1900. Stuttgart, Weimar 1996.

Korten, Lars: Poietischer Realismus. Zur Novelle der Jahre 1848–1888. Stifter, Keller, Meyer, Storm. Tübingen 2009.

Kortländer, Bernd: Kritik der Droste an Dickens' *Oliver Twist*. Ein Brief an Luise v. Bornstedt vom 3.5.1839. In: Kleine Beiträge zur Droste-Forschung 1 (1970), S. 16–24.

Kortländer, Bernd: Annette von Droste-Hülshoff und die deutsche Literatur. Kenntnis – Beurteilung – Beeinflussung. Münster 1979.

Kortländer, Bernd: Dichtung und Volkstum. Droste-Rezeption unter westfälischen Vorzeichen. In: Winfried Woesler (Hg.): Modellfall der Rezeptionsforschung. Droste-

Rezeption im 19. Jahrhundert. Dokumentation, Analysen, Bibliographie. Erstellt in Zusammenarbeit mit Aloys Haverbusch und Lothar Jordan. Bd. 2. Frankfurt/M. u. a. 1980, S. 1179–1183.

Kortländer, Bernd: Wahrheit und Wahrscheinlichkeit. Zu einer Schreibstrategie in der *Judenbuche* der Droste. In: Zeitschrift für deutsche Philologie 99 (1980), S. 86–99.

Kortländer, Bernd: Boom-Jahre. Die Droste-Gesellschaft zwischen 1968 und 1978. In: Jochen Grywatsch/Ortrun Niethammer (Hg.): Eine literarische Gesellschaft im 20. Jahrhundert. 75 Jahre Annette von Droste-Gesellschaft (1928–2003). Bielefeld 2003, S. 225–239.

Kortländer, Bernd: Nachwort. In: Annette von Droste-Hülshoff: Gedichte. Hg. von Bernd Kortländer. Stuttgart 2003, S. 191–204.

Kortländer, Bernd: Droste-Editionen. In: Rüdiger Nutt-Kofoth/Bodo Plachta (Hg.): Editionen zu deutschsprachigen Autoren als Spiegel der Editionsgeschichte. Tübingen 2005, S. 55–76.

Kortländer, Bernd: Annette von Droste-Hülshoff – eine katholische Dichterin. Anmerkungen zu einer missglückten Rezeption. In: Droste Jahrbuch 10 (2015), S. 281–296.

Kortländer, Bernd/Marquardt, Axel: Poetische Kontaktstellen. Die Anregungen Christoph Bernhard Schlüters zu Gedichten der Droste. In: Beiträge zur Droste-Forschung 4 (1977), S. 22–52.

Koschorke, Albrecht: Die Geschichte des Horizonts. Grenze und Grenzüberschreitung in literarischen Landschaftsbildern. Frankfurt/M. 1990.

Koschorke, Albrecht: Körperströme und Schriftverkehr. Mediologie des 18. Jahrhunderts. München 1999.

Koschorke, Albrecht: Wissenschaften des Arbiträren. Die Revolutionierung der Sinnesphysiologie und die Entstehung der modernen Hermeneutik um 1800. In: Joseph Vogl (Hg.): Poetologien des Wissens um 1800. München 1999, S. 19–52.

Kozielek, Gerard (Hg.): Polenlieder. Eine Anthologie. Stuttgart 1982.

Kraft, Herbert: »Mein Indien liegt in Rüschhaus«. Münster 1987.

Kraft, Herbert: Annette von Droste-Hülshoffs *Haidebilder*. In: Literatur in Wissenschaft und Unterricht 21,1 (1988), S. 15–23.

Kraft, Herbert: »Aus der Ferne klingts wie Heymathslieder«. Anmerkungen zu Gedichten von Annette von Droste-Hülshoff mit einer Interpretation des Heidebilds *Die Steppe*. In: Yoshinori Shichiji (Hg.): Begegnung mit dem Fremden. Akten des VIII. Internationalen Germanisten-Kongresses. Bd. 9. München 1991, S. 406–413.

Kraft, Herbert: Annette von Droste-Hülshoff. Reinbek bei Hamburg 1994.

Kraft, Herbert: Annette von Droste-Hülshoff. Ein Gesellschaftsbild. Münster 1996.

Kramer, Anke: Hydrographie der Zeit. Erlebte Zeit bei Annette von Droste-Hülshoff, Henri Bergson und Johannes Müller. In: Cornelia Blasberg in Verb. mit Jochen Grywatsch (Hg.): ZwischenZeiten. Zur Poetik der Zeitlichkeit in der Literatur der Annette von Droste-Hülshoff und der ›Biedermeier‹-Epoche. Hannover 2013 (= Droste-Jahrbuch 9), S. 189–209.

Kramer, Anke: Hydrographien. Wasser als Medium der Wahrnehmung bei Novalis, Annette von Droste-Hülshoff und Theodor Fontane. Diss. Univ. Wien 2014.

Kraß, Martin: Annette als Sammlerin. In: Martin Kraß (Hg.): Bilder aus Annette von Drostes Leben und Dichtung. Münster 1915, S. 38–53.

Krauss, Karoline: Das offene Geheimnis in Annette von Droste-Hülshoffs *Judenbuche*. In: Zeitschrift für deutsche Philologie 114,4 (1995), S. 542–559.

Krechel, Ursula: Eine Unzeitgemäße: Annette von Droste-Hülshoff. In: Ursula Krechel: Stark und leise. Pionierinnen. Salzburg, Wien 2015, S. 62–77.

2. Literaturverzeichnis

Kreis, Rudolf: Annette von Droste-Hülshoffs *Judenbuche*. Versuch einer sozialkritischen Betrachtung. In: Projekt Deutschunterricht 6 (1974), S. 93–126, Materialienteil S. 43–57.

Kreiten, Wilhelm: Anna Elisabeth Freiin von Droste-Hülshoff. Ein Charakterbild als Einleitung in ihre Werke, nach den gedruckten und ungedruckten Quellen entworfen. 2., nach den neuesten Quellen erg. Aufl. Paderborn 1990 (= Der Annette Elisabeth von Droste-Hülshoff Gesammelte Werke. Bd. 1,1).

Kremer, Detlef/Kilcher, Andreas B.: Romantik. Lehrbuch Germanistik. 4., akt. Aufl. Stuttgart, Weimar 2015.

Krimmer, Elisabeth: »Dangerous Practices«. Annette von Droste-Hülshoff's *Bertha oder die Alpen*. In: Susan L. Cocalis/Ferrel Rose (Hg.): Thalia's Daughters. German Women Dramatists from the 18th Century to the Present. Tübingen, Basel 1996, S. 115–128.

Krimmer, Elisabeth: A Perfect Intimacy with Death. Death, Imagination, and Femininity in the Works of Annette von Droste-Hülshoff. In: Women in German Yearbook 17 (2001), S. 121–140.

Krus, Horst-D.: Mordsache Soistmann Berend. Zum historischen Hintergrund der Novelle *Die Judenbuche* von Annette von Droste-Hülshoff. Münster 1990.

Kruse, Joseph A.: Vom Traum zur Karikatur. Der Kölner Dom im Urteil der Droste. In: Ingrid Bodsch in Verb. mit Cornelia Ilbrig, Jochen Grywatsch und Bernd Kortländer (Hg.): »Die Reise nach dem Mond«. Annette von Droste-Hülshoff im Rheinland. Bonn 2008, S. 84–93.

Kühlmann, Wilhelm: Das Ende der ›Verklärung‹. Bibel-Topik und prädarwinistische Naturreflexion in der Literatur des 19. Jahrhunderts. In: Jahrbuch der Deutschen Schillergesellschaft 30 (1986), S. 417–452.

Kühlmann, Wilhelm: Schiffbruch, Notstand und ›rechtsfreier Raum‹. Zum epochalen und diskursiven Gehalt der Ballade *Die Vergeltung* von Annette von Droste-Hülshoff und eines frühen Romans von Willibald Alexis. In: Internationales Archiv für Sozialgeschichte der deutschen Literatur 31,2 (2006), S. 228–239.

Kühlmann, Wilhelm: Das fremde eigene Leid: Zur Karwoche im *Geistlichen Jahr* (1851) der Annette von Droste-Hülshoff. Aus der Spätzeit der Perikopenlyrik. In: Johann Anselm Steiger/Ulrich Heinen (Hg.): Golgatha in den Konfessionen und Medien der frühen Neuzeit. Berlin u. a. 2010, S. 445–455.

Kühlmann, Wilhelm/Luckscheiter, Roman (Hg.): Moderne und Antimoderne. Der Renouveau Catholique und die deutsche Literatur. Freiburg/Br. 2008.

Kurz, Wilhelm: Formen der Versepik in der Biedermeierzeit. Ein Beitrag zu Problem und Geschichte der großen Epik und der Kleinepik. Diss. Univ. Tübingen 1955.

Laak, Lothar van: »... und ein Bild erstand / Von einer Erde ...«. Zum Verhältnis von Einbildungskraft und Wissen in Annette von Droste-Hülshoffs Gedicht *Die Mergelgrube* (1842). In: Study of the 19th Century Scholarship 6 (2012), S. 163–171.

Labaye, Pierre: *Durchwachte Nacht*: une peinture de l'éphémère chez Annette von Droste-Hülshoff. In: Université de Toulouse Le Mirail, CERAM et Département d'allemand (Hg.): Les Songes de la Raison. Mélanges offerts à Dominique Iehl. Bern u. a. 1995, S. 227–248.

Lahrkamp, Monika: Münster in napoleonischer Zeit 1800–1815. Administration, Wirtschaft und Gesellschaft im Zeichen von Säkularisation und französischer Herrschaft. Münster 1976.

Lange-Kirchheim, Astrid: Der Arzt und die Dichterin. Zu einer Verserzählung der Droste (mit einem Blick auf Kafka). In: Jahrbuch der Deutschen Schillergesellschaft 40 (1996), S. 244–261.

Lange-Kirchheim, Astrid: Annette von Droste-Hülshoff wiedergelesen mit Franz Kafka – *Die Judenbuche* und *In der Strafkolonie*. In: Claudia Liebrand/Irmtraud Hnilica/Thomas Wortmann (Hg.): Redigierte Tradition. Literaturhistorische Positionierungen Annette von Droste-Hülshoffs. Paderborn u. a. 2010, S. 339–373.
Langen, August: Dialogisches Spiel. Formen des Wechselgesangs in der deutschen Dichtung (1600–1900). Heidelberg 1966.
Langenbach, Alma: Die Papiermühle in westfälischer Dichtung. In: Papiergeschichte 9,5 (1959), S. 52–54.
Lasslop, P.: Art. Gemüt. In: Joachim Ritter/Karlfried Gründer/Gottfried Gabriel (Hg.): Historisches Wörterbuch der Philosophie. Bd. 3. Basel u. a. 1974, Sp. 262–264.
Latour, Bruno: Das Parlament der Dinge. Für eine politische Ökologie. Aus dem Französischen von Gustav Roßler. Frankfurt/M. 2001.
Lauer, Gerhard: Die allmähliche Verfertigung einer modernen Klassikerin. Benno von Wiese, die Droste und die Droste-Gesellschaft. In: Jochen Grywatsch/Ortrun Niethammer (Hg.): Eine literarische Gesellschaft im 20. Jahrhundert. 75 Jahre Annette von Droste-Gesellschaft (1928–2003). Bielefeld 2003, S. 195–205.
Laufhütte, Hartmut: Die deutsche Kunstballade. Grundlegung einer Gattungsgeschichte. Heidelberg 1979.
Laufhütte, Hartmut: Moderne Technik in Balladen des 19. Jahrhunderts. In: Winfried Woesler (Hg.): Ballade und Historismus. Die Geschichtsballade des 19. Jahrhunderts. Heidelberg 2000, S. 135–155.
Laufhütte, Hartmut: Annette von Droste-Hülshoffs Novelle *Die Judenbuche* als Werk des Realismus. In: Michael Titzmann (Hg.): Zwischen Goethezeit und Realismus. Wandel und Spezifik in der Phase des Biedermeier. Tübingen 2002, S. 285–303.
Lauster, Jörg: Die Verzauberung der Welt. Eine Kulturgeschichte des Christentums. 2. Aufl. München 2015.
Leitner, Anton G.: Vorwort. In: Anton G. Leitner: Feuer, Wasser, Luft und Erde. Die Poesie der Elemente. Stuttgart 2009, S. 15–21.
Lenckos, Frauke E.: The Sublime, Irony and »das Wunderbare« in Annette von Droste-Hülshoff's Poetry. In: Colloquia Germanica 29,4 (1996), S. 303–321.
Liebrand, Claudia: Verkehrter Mythos. ›Umschriften‹ in Annette von Droste-Hülshoffs Romanfragment *Ledwina*. In: Aurora. Jahrbuch der Eichendorff-Gesellschaft 56 (1996), S. 79–93.
Liebrand, Claudia: Vereiste Schreib-Rechte. Das Unheimliche in Annette von Droste-Hülshoffs *Fräulein von Rodenschild*. In: Der Deutschunterricht 58,3 (2006), S. 34–41.
Liebrand, Claudia: Kreative Refakturen. Annette von Droste-Hülshoffs Texte. Freiburg/Br. u. a. 2008.
Liebrand, Claudia: Todernstes Rollenspiel. Zur Poetik von Annette von Droste-Hülshoffs *Geistlichem Jahr*. In: Claudia Liebrand/Irmtraud Hnilica/Thomas Wortmann (Hg.): Redigierte Tradition. Literaturhistorische Positionierungen Annette von Droste-Hülshoffs. Paderborn u. a. 2010, S. 93–120.
Liebrand, Claudia: Versteinerte Zeit. Annette von Droste-Hülshoffs *Mergelgrube*. In: Cornelia Blasberg in Verb. mit Jochen Grywatsch (Hg.): ZwischenZeiten. Zur Poetik der Zeitlichkeit in der Literatur der Annette von Droste-Hülshoff und der ›Biedermeier‹-Epoche. Hannover 2013 (= Droste-Jahrbuch 9), S. 119–135.
Liebrand, Claudia: Toxisches Mahnmal [zu: *Die Taxuswand*]. In: Claudia Liebrand/Thomas Wortmann (Hg.): Interpretationen. Gedichte von Annette von Droste-Hülshoff. Stuttgart 2014, S. 17–28.
Liebrand, Claudia: Textarbeit am Archiv. Zu einer der Schwierigkeiten der literaturhistorischen Verortung von Drostes Fragmenten *Ledwina* und *Bei uns zu Lande auf*

dem Lande. In: Rüdiger Nutt-Kofoth (Hg.): Literaturgeschichte als Problemfall. Zum literarhistorischen Ort Annette von Droste-Hülshoffs und der ›biedermeierlichen‹ Autoren in der ersten Hälfte des 19. Jahrhunderts. Hannover 2017 (= Droste-Jahrbuch 11), S. 309–323.

Liebrand, Claudia/Hnilica, Irmtraud/Wortmann, Thomas (Hg.): Redigierte Tradition. Literarhistorische Positionierungen Annette von Droste-Hülshoffs. Paderborn u. a. 2010. [Liebrand/Hnilica/Wortmann 2010a]

Liebrand, Claudia/Hnilica, Irmtraud/Wortmann, Thomas: Einleitung. In: Claudia Liebrand/Irmtraud Hnilica/Thomas Wortmann (Hg.): Redigierte Tradition. Literaturhistorische Positionierungen Annette von Droste-Hülshoffs. Paderborn u. a. 2010, S. 7–19. [Liebrand/Hnilica/Wortmann 2010b]

Liebrand, Claudia/Wortmann, Thomas: Vorwort. In: Claudia Liebrand/Thomas Wortmann (Hg.): Interpretationen. Gedichte von Annette von Droste-Hülshoff. Stuttgart 2014, S. 7–15.

Liebrand, Claudia/Wortmann, Thomas: Drostes Kryptographien: Editionsprobleme des *Geistlichen Jahres*. In: Gaby Pailer u. a. (Hg.): Scholarly Editing and German Literature. Revision, Revaluation, Edition. Boston 2015, S. 145–166.

Liedtke, Christian: »Solche Bücher lässt du drucken?« Literaturbetrieb und Verlagswesen im Vormärz. Vorwort. In: Christian Liedtke (Hg.): Literaturbetrieb und Verlagswesen im Vormärz. Bielefeld 2011, S. 11–18.

Lietina-Ray, Maruta: Das Recht der öffentlichen Meinung. Über das Vorurteil in der *Judenbuche*. In: Zeitschrift für deutsche Philologie 99 (1979), S. 99–109.

Linder, Jutta: Strafe oder Gnade? Zur *Judenbuche* der Droste. In: Droste-Jahrbuch 3 (1997), S. 83–114.

Lindner, Martin: »Noch einmal«: Das tiefenpsychologische und künstlerische Konservieren der Erinnerung an den »Liebesfrühling« in Liebeslyrik-Zyklen 1820 bis 1860. In: Michael Titzmann (Hg.): Zwischen Goethezeit und Realismus. Wandel und Spezifik in der Phase des Biedermeier. Tübingen 2002, S. 39–78.

Löffler, Jörg: Die Fehler der Kopisten. Autorschaft und Abschrift von der Romantik bis zur Postmoderne. Heidelberg 2016.

Ludwig, Kirsten: Gegen das Genrebild geschrieben. *Der Weiher* von Annette von Droste-Hülshoff. In: Gert Vonhoff (Hg.): Naturlyrik. Über Zyklen und Sequenzen im Werk von Annette von Droste-Hülshoff, Uhland, Lenau und Heine. Frankfurt/M. u. a. 1998, S. 80–94.

Luhmann, Niklas: Interaktion in Oberschichten. Zur Transformation ihrer Semantik im 17. und 18. Jahrhundert. In: Niklas Luhmann: Gesellschaftsstruktur und Semantik. Studien zur Wissenssoziologie der modernen Gesellschaft. Bd. 1. Frankfurt/M. 1980, S. 72–161.

Lukas, Wolfgang: Abschied von der Romantik. Inszenierungen des Epochenwandels bei Tieck, Eichendorff und Büchner. In: Recherches Germaniques 31,1 (2001), S. 49–83.

Lukas, Wolfgang/Schneider, Ute: Einleitung: Karl Gutzkow – Wandlungen des Buchmarkts im 19. Jahrhundert und die Pluralisierung der Autorenrolle. In: Wolfgang Lukas/Ute Schneider (Hg.): Karl Gutzkow (1811–1878). Publizistik, Literatur und Buchmarkt zwischen Vormärz und Gründerzeit. Wiesbaden 2013, S. 7–20.

Lynch, Deidre Shauna/Stillinger, Jack (Hg.): The Norton Anthology of English Literature. Ninth Edition. Vol. D. The Romantic Period. New York, London 2012.

Maierhofer, Waltraud: Heldenweiber. Bilder des Weiblichen in Erzähltexten über den Dreißigjährigen Krieg. Köln u. a. 2005.

Mare, Margaret: Annette von Droste-Hülshoff. London 1965.

Marquardt, Axel: *Das Wort* und der Brief der Droste an Melchior von Diepenbrock (Mai 1845). In: Beiträge zur Droste-Forschung 4 (1977), S. 53–66.
Martus, Steffen: Werkpolitik. Zur Literaturgeschichte kritischer Kommunikation vom 17. bis ins 20. Jahrhundert. Berlin, New York 2007.
Martus, Steffen/Scherer, Stefan/Stockinger, Claudia: Einleitung. Lyrik im 19. Jahrhundert – Perspektiven der Forschung. In: Steffen Martus/Stefan Scherer/Claudia Stockinger (Hg.): Lyrik im 19. Jahrhundert. Gattungspoetik als Reflexionsmedium der Kultur. Bern u. a. 2005, S. 9–30.
Mason, Stephen F.: Geschichte der Naturwissenschaft in der Entwicklung ihrer Denkweisen. Deutsche Ausgabe besorgt von Bernhard Sticker. Stuttgart 1961.
Massey, Irving: Philo-Semitism in Nineteenth-Century German Literature. Tübingen 2000.
Matt, Peter von: Verkommene Söhne, mißratene Töchter. Familiendesaster in der Literatur. München, Wien 1995.
Matt, Peter von: Wörterleuchten. Kleine Deutungen deutscher Gedichte. München 2009.
Mattenklott, Gert: Epigonalität. In: Gert Mattenklott: Blindgänger. Physiognomische Essays. Frankfurt/M. 1986, S. 72–100.
Maurer, Doris: Annette von Droste-Hülshoff. Ein Leben zwischen Auflehnung und Gehorsam. Bonn 1982.
Mayer, Mathias: Drostes Ballade *Die Vergeltung* zwischen Moral und Ethik. In: Wirkendes Wort 57,1 (2007), S. 11–18.
McGlathery, James M.: Fear of Perdition in Droste-Hülshoff's *Judenbuche*. In: Jeffrey L. Sammons/Ernst Schürer (Hg.): Lebendige Form. Interpretationen zur deutschen Literatur. Festschrift für Heinrich K. Henel. München 1970, S. 229–244.
Mecklenburg, Norbert: Der Fall *Judenbuche*. Revision eines Fehlurteils. Bielefeld 2008.
Meder, Stephan: Rechtsgeschichte. Eine Einführung. 5. Aufl. Köln u. a. 2012.
Meier-Staubach, Christel: Gemma Spiritalis. Methode und Gebrauch der Edelsteinallegorese vom frühen Christentum bis ins 18. Jahrhundert. Bd. 1. München 1977.
Mein, Georg: Gäste, Parasiten und andere Schwellenfiguren. Überlegungen zum Verhältnis von Hospitalität und Liminalität. In: Peter Friedrich/Rolf Parr (Hg.): Gastlichkeit. Erkundungen einer Schwellensituation. Heidelberg 2009, S. 71–88.
Meixner, Sebastian: »Ein zweites Recht«. Oder: Die Möglichkeit der Fiktion. Zur fiktionstheoretischen Basis unzuverlässigen Erzählens in Annette von Droste-Hülshoffs *Judenbuche*. In: Reinhard Babel u. a. (Hg.): Alles Mögliche: Sprechen, Denken und Schreiben des (Un)Möglichen. Würzburg 2014, S. 109–121.
Meyer, Matthias: Die ›Dichtergedichte‹ der Annette von Droste-Hülshoff. Probleme einer Identitätsbildung. In: Danielle Buschinger (Hg.): Europäische Literaturen im Mittelalter. Mélanges en l'honneur de Wolfgang Spiewok à l'occasion de son 65ème anniversaire. Greifswald 1994, S. 297–319.
Meyer-Krentler, Eckhardt: Freundschaft im 18. Jahrhundert. Zur Einführung in die Forschungsdiskussion. In: Wolfram Mauser/Barbara Becker-Cantarino (Hg.): Frauenfreundschaft – Männerfreundschaft. Literarische Diskurse im 18. Jahrhundert. Tübingen 1991, S. 1–22.
Meyer-Sickendiek, Burkhard: Die Ästhetik der Epigonalität. Theorie und Praxis wiederholenden Schreibens im 19. Jahrhundert: Immermann – Keller – Stifter – Nietzsche. Tübingen, Basel 2001.
Meyer-Sickendiek, Burkhard: Tiefe. Über die Faszination des Grübelns. München, Paderborn 2010.
Michel, Paul: Physikotheologie. Ursprünge, Leistung und Niedergang einer Denkform. Zürich 2008.

Michler, Werner: Kulturen der Gattung. Poetik im Kontext 1750–1950. Göttingen 2015.
Morgan, Mary E.: Annette von Droste-Hülshoff. A Woman of Letters in a Period of Transition. Bern u. a. 1981.
Moritz, Karl Philipp: Annette von Droste-Hülshoff. *Die Judenbuche*. Sittengemälde und Kriminalnovelle. Paderborn u. a. 1980. 2., durchges. und erw. Aufl. Paderborn u. a. 1989.
Muckenhaupt, Robert: Der Strophenbau bei Annette von Droste-Hülshoff. Diss. Univ. Münster 1910.
Müller-Seidel, Walter: Die deutsche Ballade. Umrisse ihrer Geschichte. In: Rupert Hischenauer/Albrecht Weber (Hg.): Wege zum Gedicht. Bd. 2. München, Zürich 1963, S. 17–83.
Müller-Sievers, Helmut: Über Zeugungskraft. Biologische, philosophische und sprachliche Generativität. In: Hans-Jörg Rheinberger/Michael Hagner/Bettina Wahrig-Schmidt (Hg.): Räume des Wissens. Repräsentation, Codierung, Spur. Berlin 1997, S. 145–164.
Müller-Tamm, Jutta: Abstraktion als Einfühlung. Zur Denkfigur der Projektion in Psychophysiologie, Kulturtheorie, Ästhetik und Literatur der frühen Moderne. Freiburg/Br. 2005.

Naumann, Ursula: Nachwort. In: Annette von Droste-Hülshoff: *Berta. Ledwina*. Hg. von Ursula Naumann. Frankfurt/M. 1991, S. 209–238.
Nettesheim, Josefine: Annette von Droste-Hülshoff und die englische Frühromantik. Ein Beitrag zur europäischen Bedeutung des christlichen Realismus. In: Jahrbuch der Droste-Gesellschaft 1 (1947), S. 129–151.
Nettesheim, Josefine: Die Droste und der Kölner Dombau: Eine geistesgeschichtliche Studie zu dem Gedicht *Die Stadt und der Dom*. In: Jahrbuch der Droste-Gesellschaft 2 (1950), S. 120–131.
Nettesheim, Josefine (Hg.): Schlüter und die Droste. Dokumente einer Freundschaft. Münster 1956.
Nettesheim, Josefine: Wissen und Dichtung in der ersten Hälfte des 19. Jahrhunderts am Beispiel der geistigen Welt Annettes von Droste-Hülshoff. In: Deutsche Vierteljahrsschrift für Literaturwissenschaft und Geistesgeschichte 32,4 (1958), S. 516–553.
Nettesheim, Josefine: Christoph Bernhard Schlüter. Eine Gestalt des deutschen Biedermeier. Dargestellt unter Benutzung neuer Quellen, mit einem Anhang bisher unveröffentlichter Briefe von Schlüter. Berlin 1960. [Nettesheim 1960a]
Nettesheim, Josefine: Die geistige Welt Christoph Bernhard Schlüters und seines Kreises im *Geistlichen Jahr* Annettes von Droste-Hülshoff. In: Literaturwissenschaftliches Jahrbuch 1 (1960), S. 149–184. [Nettesheim 1960b]
Nettesheim, Josefine: Die geistige Welt der Dichterin Annette Droste zu Hülshoff. Münster 1967.
Nettesheim, Josefine: Bienenmystik in Gedichten der Droste. In: Auf roter Erde. Monatsblätter für Landeskunde und Volkstum Westfalens 147 (1971), S. 29.
Nettesheim, Josefine: Annette Droste zu Hülshoff. Naturwissenschaftliches Lexikon. Lyrik und Epik. Münster 1973.
Neyer, P. Paschalis: *Die Blumen des Fürsten Salm*. Ein Lustspiel von C[lemens] Brentano als Quelle eines Droste-Motivs? In: Jahrbuch der Droste-Gesellschaft 3 (1959), S. 99–108.
Niefanger, Dirk: Lyrik und Geschichtsdiskurs im 19. Jahrhundert. In: Steffen Martus/Stefan Scherer/Claudia Stockinger (Hg.): Lyrik im 19. Jahrhundert. Gattungspoetik als Reflexionsmedium der Kultur. Bern u. a. 2005, S. 165–181.

Nielsen, Helge: Die Restaurationszeit: Biedermeier und Vormärz. In: Bengt Algot Sørensen (Hg.): Vom 19. Jahrhundert bis in die Gegenwart. 3., akt. Aufl. München 2010 (= Geschichte der deutschen Literatur. Bd. 2), S. 13–61.

Niethammer, Ortrun: Die programmatischen Einleitungsgedichte der 1844er Gedichtausgabe der Droste. In: Ortrun Niethammer/Claudia Belemann (Hg.): Ein Gitter aus Musik und Sprache. Feministische Analysen zu Annette von Droste-Hülshoff. Paderborn u. a. 1993, S. 55–62. [Niethammer 1993a]

Niethammer, Ortrun: Abbruch einer Idylle. Die unterschiedlichen Konzeptionen Westfalens von Ferdinand Freiligrath, Levin Schücking und Annette von Droste-Hülshoff im *Malerischen und romantischen Westphalen*. In: Ortrun Niethammer/Claudia Belemann (Hg.): Ein Gitter aus Musik und Sprache. Feministische Analysen zu Annette von Droste-Hülshoff. Paderborn u. a. 1993, S. 81–90. [Niethammer 1993b]

Niethammer, Ortrun: Die literarische Zusammenarbeit zwischen Annette von Droste-Hülshoff und Levin Schücking. Referenzen, Korrespondenzen und Widersprüche. In: Droste-Jahrbuch 3 (1997), S. 115–126.

Niethammer, Ortrun: Grenze, Spiegelung und anonymes Schreiben: Diskussion ausgewählter, vornehmlich feministischer Interpretationsansätze zur Lyrik der Droste (1990-1998). In: Droste-Jahrbuch 4 (2000), S. 127–140.

Niethammer, Ortrun: Die Droste als Romantikerin? Annette von Droste und Joseph von Eichendorff vor dem Hintergrund der katholischen Spätromantik. In: Ortrun Niethammer (Hg.): Transformationen. Texte und Kontexte zum Abschluss der Historisch-kritischen Droste-Ausgabe. Bielefeld 2002, S. 141–163.

Niethammer, Ortrun: Annette von Droste-Hülshoff: Das lyrische Werk. In: Heinz Ludwig Arnold (Hg.): Kindlers Literatur Lexikon. 3., neu bearb. Aufl. Bd. 4. Stuttgart, Weimar 2009, S. 781–785.

Niggl, Günter: Die *Heidebilder* der Droste als Gedichtzyklus. In: Droste-Jahrbuch 1 (1986), S. 94–106.

Nollendorfs, Cora Lee: »… kein Zeugniß ablegen«. Woman's Voice in Droste-Hülshoff's *Judenbuche*. In: German Quarterly 67,2 (1994), S. 325–337.

Nolte, Paul: Staatsbildung als Gesellschaftsreform. Politische Reformen in Preußen und den süddeutschen Staaten 1800–1820. Frankfurt/M., New York 1990.

Nowotny, Helga: Eigenzeit. Entstehung und Strukturierung eines Zeitgefühls. Frankfurt/M. 1989.

Nutt-Kofoth, Rüdiger: Werkpräsentation und Autorbild. Die postumen Ausgaben der Werke Annette von Droste-Hülshoffs. In: Bodo Plachta (Hg.): Annette von Droste-Hülshoff (1797–1848). »aber nach hundert Jahren möcht ich gelesen werden«. Wiesbaden 1997, S. 41–52; dazu 24 Exponatbeschreibungen: S. 247–260, Nr. 149–154, 156–173.

Nutt-Kofoth, Rüdiger: *Letzte Gaben von Annette von Droste-Hülshoff* (1860). Zum editionsphilologischen Umgang mit einer frühen Nachlaßedition. Eine exemplarische Untersuchung. Mit dem Faksimiledruck der *Letzten Gaben* als Beigabe. 2 Bde. Bern u. a. 1999. [Nutt-Kofoth 1999a]

Nutt-Kofoth, Rüdiger: Mentorschaft als Problem – Die Rolle Anton Mathias Sprickmanns für die persönliche und literarische Entwicklung Annette von Droste-Hülshoffs. In: Erpho Bell (Hg.): »Dank Gott und Fürstenberg, daß sie mich auf den Weg brachten«. Anton Matthias Sprickmann (1749–1833). Münster 1999, S. 193–208. [Nutt-Kofoth 1999b]

Nutt-Kofoth, Rüdiger: Von Fettflecken und anderen Zufälligkeiten des Manuskriptzustandes. Zu einer Ursache der Exzeptionalität von Annette von Droste-Hülshoffs Haidebild *Die Steppe*. In: H.T.M. van Vliet (Hg.): Produktion und Kontext. Beiträge der Internationalen Fachtagung der Arbeitsgemeinschaft für germanistische Edition im Constantijn Huygens Instituut. Tübingen 1999, S. 179–189. [Nutt-Kofoth 1999c]

Nutt-Kofoth, Rüdiger: Kein poetologisches Werk der Droste. Zu Gestalt und Rezeption der Ausgabe *Letzte Gaben* von 1860. In: Droste-Jahrbuch 4 (2000), S. 189–207.

Nutt-Kofoth, Rüdiger: »ich fand des Dichtens und Corrigierens gar kein Ende«. Über Annette von Droste-Hülshoffs dichterisches Schreiben – mit einem besonderen Blick auf das *Geistliche Jahr*. In: Ortrun Niethammer (Hg.): Transformationen. Texte und Kontexte zum Abschluss der Historisch-kritischen Droste-Ausgabe. Bielefeld 2002, S. 199–218.

Nutt-Kofoth, Rüdiger: Schreibräume, Landnahmen. Annette von Droste-Hülshoffs Manuskriptblätter. In: Jochen Grywatsch (Hg.): Raum. Ort. Topographien der Annette von Droste-Hülshoff. Hannover 2009 (= Droste-Jahrbuch 7), S. 243–274.

Nutt-Kofoth, Rüdiger: Verfügbarkeit, Unzuverlässigkeit. Zur literatursysteminternen Funktion literarischer Tradition in der Lyrik Annette von Droste-Hülshoffs. In: Claudia Liebrand/Irmtraud Hnilica/Thomas Wortmann (Hg.): Redigierte Tradition. Literaturhistorische Positionierungen Annette von Droste-Hülshoffs. Paderborn u. a. 2010, S. 121–150.

Nutt-Kofoth, Rüdiger: Zwischen Autorstreichung und Fremdstreichung: Zum Problem des Schreibens in Alternativen bei Annette von Droste-Hülshoff – mit allgemeinen Überlegungen zur Systematisierung der ›Streichung‹. In: Lucas Marco Gisi/Hubert Thüring/Irmgard M. Wirtz (Hg.): Schreiben und Streichen. Zu einem Moment produktiver Negativität. Göttingen 2011, S. 111–130.

Nutt-Kofoth, Rüdiger: Aporien temporaler Situierung bei Annette von Droste-Hülshoff. In: Cornelia Blasberg in Verb. mit Jochen Grywatsch (Hg.): ZwischenZeiten. Zur Poetik der Zeitlichkeit in der Literatur der Annette von Droste-Hülshoff und der ›Biedermeier‹-Epoche. Hannover 2013 (= Droste-Jahrbuch 9), S. 235–247.

Nutt-Kofoth, Rüdiger: Krisenerfahrung des Subjekts und Dissoziation des Künstlertums. *Mondesaufgang* als poetologische Rede. In: Claudia Liebrand/Thomas Wortmann (Hg.): Interpretationen. Gedichte von Annette von Droste-Hülshoff. Stuttgart 2014, S. 154–165.

Nutt-Kofoth, Rüdiger (Hg.): Literaturgeschichte als Problemfall. Zum literarhistorischen Ort der Annette von Droste-Hülshoff und der ›biedermeierlichen‹ Autoren in der ersten Hälfte des 19. Jahrhunderts. Hannover 2017 (= Droste-Jahrbuch 11).

Nutt-Kofoth, Rüdiger: ›Biedermeier‹ als literaturgeschichtliches Problem – in Hinblick auf Annette von Droste-Hülshoff und andere als ›konservativ‹ etikettierte Autoren. Eine Einleitung. In: Rüdiger Nutt-Kofoth (Hg.): Literaturgeschichte als Problemfall. Zum literarhistorischen Ort Annette von Droste-Hülshoffs und der ›biedermeierlichen‹ Autoren in der ersten Hälfte des 19. Jahrhunderts. Hannover 2017 (= Droste-Jahrbuch 11), S. 7–23.

Oberembt, Gert: Die Dichter und die Droste. Produktive Lektüre in der klassischen Moderne. Bielefeld 2003.

Ölke, Martina: ›Heimweh‹ und ›Sehnsucht in die Ferne‹. Entwürfe von ›Heimat‹ und ›Fremde‹ in der westfälischen und orientalischen Lyrik und Prosa Annette von Droste-Hülshoffs. St. Ingbert 2002.

Oesterle, Günter: Annette von Droste-Hülshoff: *Bei uns zu Lande auf dem Lande*. Dekonstruktion von Detailrealismus und Überbietung jungdeutscher Schreibmanier. In: Ortrun Niethammer (Hg.): Transformationen. Texte und Kontexte zum Abschluss der Historisch-kritischen Droste-Ausgabe. Bielefeld 2002, S. 87–102.

Oesterle, Günter: Zum Spannungsverhältnis von Poesie und Publizistik unter dem Vorzeichen der Temporalisierung. In: Wolfgang Bunzel/Peter Stein/Florian Vaßen

(Hg.): Romantik und Vormärz. Zur Archäologie literarischer Kommunikation in der ersten Hälfte des 19. Jahrhunderts. Bielefeld 2003, S. 199–211.

Oesterle, Günter: Annette von Droste-Hülshoffs lyrische »Versuche im Komischen«. In: Claudia Liebrand/Irmtraud Hnilica/Thomas Wortmann (Hg.): Redigierte Tradition. Literaturhistorische Positionierungen Annette von Droste-Hülshoffs. Paderborn u. a. 2010, S. 253–269.

Oesterle, Ingrid: ›Führungswechsel der Zeithorizonte‹ in der deutschen Literatur. Korrespondenzen aus Paris, der Hauptstadt der Menschheitsgeschichte und die Ausbildung der geschichtlichen Zeit ›Gegenwart‹. In: Dirk Grathoff (Hg.): Studien zur Ästhetik und Literaturgeschichte der Kunstperiode. Frankfurt/M. u. a. 1985, S. 11–75.

Oppermann, Gerard: Die Narbe des Friedrich Mergel. Zur Aufklärung eines literarischen Motivs in Annette von Droste-Hülshoffs *Die Judenbuche*. In: Deutsche Vierteljahrsschrift für Literaturwissenschaft und Geistesgeschichte 50,3 (1976), S. 449–464.

Ort, Claus-Michael: Art. Zyklus. In: Klaus Weimar u. a. (Hg.): Reallexikon der deutschen Literaturwissenschaft. 3., von Grund auf neu bearb. Aufl. Bd. 3. Berlin, New York 2003, S. 899–901.

Ort, Claus-Michael: Was ist Realismus? In: Christian Begemann (Hg.): Realismus. Epoche – Autoren – Werke. Darmstadt 2007, S. 11–26.

Ort, Claus-Michael: Fallgeschichten im »Sittengemälde«. August von Haxthausens *Geschichte eines Algierer-Sklaven* und Annette von Droste-Hülshoffs *Die Judenbuche*. In: Alexander Košenina (Hg.): Kriminalfallgeschichten. München 2014, S. 106–129.

Osinski, Jutta: Katholizismus und deutsche Literatur im 19. Jahrhundert. Paderborn u. a. 1993.

Osterhammel, Jürgen: Die Verwandlung der Welt. Eine Geschichte des 19. Jahrhunderts. München 2009.

Ostrowski, Aribert von: The Nest. Annette lacht. Hg. vom Kulturamt Bodenseekreis. Friedrichshafen 2005.

Ostrowski, Aribert von: Droste (Second sight). Eine Ausstellung im Museum für Westfälische Literatur Kulturgut Haus Nottbeck. Hg. von Jochen Grywatsch. Bielefeld 2007.

Palmieri, Aldo: *Die Judenbuche* – eine antisemitische Novelle? In: Renate Heuer/Ralph-Rainer Wuthenow (Hg.): Gegenbilder und Vorurteil. Aspekte des Judentums im Werk deutschsprachiger Schriftstellerinnen. Frankfurt/M. 1995, S. 9–38.

Paulin, Roger: Annette von Droste-Hülshoff. In: Hilary Brown (Hg.): Landmarks in German Women's Writing. Oxford u. a. 2007, S. 77–90.

Peterli, Gabriel: Zerfall und Nachklang. Studien zur deutschen Spätromantik. Zürich 1958.

Peters, Anja: »Die rechte Schau«. Blick, Macht und Geschlecht in Annette von Droste-Hülshoffs Verserzählungen. Paderborn u. a. 2004.

Peters, Anja: »Ich späh' deiner Augen Schein«. Die Macht des Blicks in Annette von Droste–Hülshoffs Ballade *Der Graf von Thal*. In: Droste-Jahrbuch 6 (2007), S. 167–182.

Pethes, Nicolas: Poetik/Wissen. Konzeptionen eines problematischen Transfers. In: Gabriele Brandstetter/Gerhard Neumann (Hg.): Romantische Wissenspoetik. Die Künste und die Wissenschaften um 1800. Würzburg 2004, S. 341–372.

Peucker, Brigitte: Lyric Descent in the German Romantic Tradition. New Haven/Conn. 1987.

Pfeiffer, Georg Philipp: Die Lyrik der Annette von Droste-Hülshoff. Berlin 1914.

Pickar, Gertrud Bauer: »Too manly is your spirit«. Annette von Droste-Hülshoff. In: Rice University Studies 64,1 (1978), S. 51–68.
Pickar, Gertrud Bauer: Annette von Droste-Hülshoffs »Reich der Goldenen Phantasie«. In: Amsterdamer Beiträge zur neueren Germanistik 10 (1980), S. 109–123.
Pickar, Gertrud Bauer: PERDU Reclaimed. A Reappraisal of Droste's Comedy. In: Monatshefte 76,4 (1984), S. 409–421.
Pickar, Gertrud Bauer: The Battering and Meta-Battering of Droste's Margreth. Covert Misogyny in *Die Judenbuche's* Critical Reception. In: Women in German Yearbook 9 (1993), S. 71–90.
Pickar, Gertrud Bauer: The »Bauernhochzeit« in Droste's *Die Judenbuche*. A Contemporary Reading. In: Leslie Bodi u. a. (Hg.): Weltbürger – Textwelten. Helmut Kreuzer zum Dank. Frankfurt/M. u. a. 1995, S. 68–93.
Pickar, Gertrud Bauer: Ambivalence Transcended. A Study in the Writings of Annette von Droste-Hülshoff. Columbia/South Carolina 1997.
Pickar, Gertrud Bauer: »Läßt walten die verborg'ne Kraft!« Drostes Lyrik aus heutiger amerikanischer Sicht. In: Droste-Jahrbuch 4 (2000), S. 103–126.
Pittrof, Thomas: »›Bertuchs Naturgeschichte‹; les't Ihr das?« Annette von Droste-Hülshoff: *Die Mergelgrube*. Naturgeschichte, Poesie, Apokalypse. In: Literaturwissenschaftliches Jahrbuch N.F. 42 (2001), S. 145–173.
Pizer, John: Ego – Alter Ego. Double and/as Other in the Age of German Poetic Realism. Chapel Hill, London 1998.
Plachta, Bodo: Widmungsgedichte der Droste an schreibende Frauen. In: Evangelische Akademie Rheinland-Westfalen (Hg.): Annette von Droste-Hülshoff. Ihre Neuentdeckung als Frau und Autorin. Iserlohn 1984, S. 61–70.
Plachta, Bodo (Hg.): »ein Lasso aus klingenden Steinen«. Gedichte an und über Annette von Droste-Hülshoff. Münster 1986.
Plachta, Bodo: Der handschriftliche Nachlaß der Annette von Droste-Hülshoff. Bern u. a. 1988.
Plachta, Bodo: Das Manuskript als Experimentierfeld. Überlieferung und Entstehung der Droste-Ballade *Der Mutter Wiederkehr*. In: Droste-Jahrbuch 2 (1990), S. 65–73.
Plachta, Bodo: »1000 Schritte von meinem Canapee«. Der Aufbruch Annette von Droste-Hülshoffs in die Literatur. Bielefeld 1995.
Plachta, Bodo (Hg.): Annette von Droste-Hülshoff (1797–1848). »aber nach hundert Jahren möcht ich gelesen werden«. Wiesbaden 1997. [Plachta 1997a]
Plachta, Bodo: »Abseits von Geistesflug und Dampf.« Die poetologischen Auffassungen der Droste. In: Bodo Plachta (Hg.): Annette von Droste-Hülshoff (1797–1848). »aber nach hundert Jahren möcht ich gelesen werden«. Wiesbaden 1997, S. 85–87. [Plachta 1997b]
Plachta, Bodo: Der Verlust des festen Bodens. Sozialgeschichtlicher und literarischer Kontext des Droste-Gedichts *Der Knabe im Moor*. In: Jahrbuch des Freien Deutschen Hochstifts 1997, S. 206–231. [Plachta 1997c]
Plachta, Bodo: Editionswissenschaft. Eine Einführung in Methode und Praxis der Edition neuerer Texte. Stuttgart 2006.
Plachta, Bodo: Annette von Droste-Hülshoff im Rüschhaus. Berlin 2009.
Plachta, Bodo/Woesler, Winfried: Kommentar. In: Annette von Droste-Hülshoff: Sämtliche Werke. Hg. von Bodo Plachta und Winfried Woesler. Bd. 2: Prosa, Versepen, Dramatische Versuche, Übersetzungen. Frankfurt/M. 1994, S. 773–981.
Plumpe, Gerhard: Art. Realismus. Literatur und Kunst. In: Joachim Ritter/Karlfried Gründer/Gottfried Gabriel (Hg.): Historisches Wörterbuch der Philosophie. Bd. 8. Basel u. a. 1992, S. 170–178.

Podewski, Madleen: Zeitungen, Almanache, Taschenbücher und Kalender. Annette von Droste-Hülshoffs Printmedien. In: Rüdiger Nutt-Kofoth (Hg.): Literaturgeschichte als Problemfall. Zum literarhistorischen Ort Annette von Droste-Hülshoffs und der ›biedermeierlichen‹ Autoren in der ersten Hälfte des 19. Jahrhunderts. Hannover 2017 (= Droste-Jahrbuch 11), S. 255–273.

Polaschegg, Andrea: Der andere Orientalismus. Regeln deutsch-morgenländischer Imagination im 19. Jahrhundert. Berlin, New York 2005.

Polaschegg, Andrea: Die Regeln der Imagination. Faszinationsgeschichte des deutschen Orientalismus zwischen 1770 und 1850. In: Charis Goer/Michael Hofmann (Hg.): Der Deutschen Morgenland. Bilder des Orients in der deutschen Literatur und Kultur von 1770 bis 1850. Paderborn, München 2008, S. 13–36.

Pollack, Detlef/Rosta, Gergeley: Religion in der Moderne. Ein internationaler Vergleich. Frankfurt/M., New York 2015.

Pollmann, Leo: Sternstunden des weiblichen Schreibens. Auflösen und Bergen. Frankfurt/M. u. a. 2008.

Pomp, Sandra/Zumloh, Thorsten: Die Konkretion im Abstrakten. Annette von Droste-Hülshoffs *Haidebilder*. In: Gert Vonhoff (Hg.): Naturlyrik. Über Zyklen und Sequenzen im Werk von Annette von Droste-Hülshoff, Uhland, Lenau, Heine. Frankfurt/M. u. a. 1998, S. 95–118.

Pornschlegel, Clemens: Volk. In: Roland Borgards/Harald Neumeyer (Hg.): Büchner-Handbuch. Leben – Werk – Wirkung. Stuttgart, Weimar 2009, S. 161–167.

Pott, Sandra: Poetiken. Poetologische Lyrik, Poetik und Ästhetik von Novalis bis Rilke. Berlin, New York 2004.

Preisendanz, Wolfgang: »... und jede Lust, so Schauer nur gewähren mag«. Die Poesie der Wahrnehmung in der Dichtung Annette von Droste-Hülshoffs. In: Beiträge zur Droste-Forschung 4 (1977), S. 9–21.

Prinz, Joseph: Die Geschichte des münsterschen Theaters bis 1945. In: Wilhelm Vernekohl (Hg.): das neue theater in münster. Beiträge zur Theater- und Musikgeschichte der Provinzialhauptstadt. Münster 1956, S. 27–76.

Pröpper, Thomas: Theologische Anthropologie. 2 Bde. Freiburg/Br. 2011.

Rapisarda, Cettina: »Wandernde Zeichen«. Freundschaft und Liebe in Gedichten von Droste-Hülshoffs. In: Querelles. Jahrbuch für Frauenforschung 3 (1998), S. 228–247.

Raub, Annelise: Burg Hülshoff, Havixbeck. 6., veränd. Aufl. Regensburg 2009.

Reif, Heinz: Westfälischer Adel 1770–1860. Vom Herrschaftsstand zur regionalen Elite. Göttingen 1979.

Reinert, Bastian: Metaleptische Dialoge. Wirklichkeit als Reflexionsprozess in Annette von Droste-Hülshoffs Versepos *Des Arztes Vermächtniß*. In: Claudia Liebrand/Irmtraud Hnilica/Thomas Wortmann (Hg.): Redigierte Tradition. Literarhistorische Positionierungen Annette von Droste-Hülshoffs. Paderborn u. a. 2010, S. 77–91.

Reininghaus, Wilfried/Eilts, Axel: Fünfzehn Revolutionsmonate: die Provinz Westfalen von März 1848 bis Mai 1849. In: Wilfried Reininghaus/Horst Conrad (Hg.): Für Freiheit und Recht. Westfalen und Lippe in der Revolution 1848/49. Münster 1999, S. 32–73.

Reininghaus, Wilfried: Die Reform der preußischen Statistik 1798/99 und ihre Umsetzung in Minden-Ravensberg. Zugleich ein Beitrag zu Steins Zeit als Kammerpräsident. In: Johannes Altenberend/Reinhard Vogelsang (Hg.): Forschen – Verstehen – Vermitteln. Festschrift zum 100. Jahresbericht des Historischen Vereins für die Grafschaft Ravensberg. Bielefeld 2015, S. 197–218.

Reiser, Marius: Die Himmelfahrt der morschen Trümmer. Schuld und Heilung im *Geistlichen Jahr* der Droste. In: Literaturwissenschaftliches Jahrbuch N.F. 48 (2007), S. 269–285.
Reitani, Luigi: Drostes Adaptionen von metrischen Formen italienischer Herkunft. In: Droste-Jahrbuch 10 (2015), S. 63–70.
Reiter, Anette: Mein wunderliches verrücktes Unglück. Melancholie bei Annette von Droste-Hülshoff. Regensburg 2003.
Restle, Wilhelm: Das Meersburger Droste-Büchlein. Meersburg 1966.
Ribbat, Ernst: Stimmen und Schriften. Zum Sprachbewußtsein in den *Haidebildern* und in der *Judenbuche*. In: Ernst Ribbat (Hg.): Dialoge mit der Droste. Kolloquium zum 200. Geburtstag von Annette von Droste-Hülshoff. Paderborn u. a. 1998, S. 231–247.
Ribbat, Ernst: Ein Moortopf, der sich selbst kocht. Bemerkungen zum *Joseph*. In: Ortrun Niethammer (Hg.): Transformationen. Texte und Kontexte zum Abschluss der Historisch-kritischen Droste-Ausgabe. Bielefeld 2002, S. 103–108.
Ribbat, Ernst: Problematische Zeugnisse einer tiefen Verehrung. Zu den Jahrbüchern der Droste-Gesellschaft 1947–1972. In: Jochen Grywatsch/Ortrun Niethammer (Hg.): Eine literarische Gesellschaft im 20. Jahrhundert. 75 Jahre Annette von Droste-Gesellschaft (1928–2003). Bielefeld 2003, S. 213–223.
Ribbat, Ernst: Lebensräume, Todesorte und eine Inschrift. Zum topographischen Erzählen in *Die Judenbuche*. In: Jochen Grywatsch (Hg.): Raum. Ort. Topographien der Annette von Droste-Hülshoff. Hannover 2009 (= Droste-Jahrbuch 7), S. 163–175.
Ribbat, Ernst: Schreckensbilder westfälischer Geschichte. *Die Schlacht im Loener Bruch. 1623* als ein Schlüsseltext. In: Droste-Jahrbuch 8 (2011), S. 31–48.
Richter, Sandra: A History of Poetics. German Scholarly Aesthetics and Poetics in International Context 1770–1960. Berlin, New York 2010.
Richter, Sandra: Wissenschaftlicher Mehrwert durch Transfer und Extension? Bemerkungen zur Methodengeschichte der Poetik. In: Armen Avanessian/Jan Niklas Howe (Hg.): Poetik. Historische Narrative und aktuelle Positionen. Berlin 2014, S. 107–123.
Rieb, Carmen: »Ich kann nichts davon oder dazu tun«. Zur Fiktion der Berichterstattung in Annette von Droste-Hülshoffs *Judenbuche*. In: Wolfgang Brandt (Hg.): Erzähler, Erzählen, Erzähltes. Festschrift der Marburger Arbeitsgruppe Narrativik für Rudolf Freudenberg zum 65. Geburtstag. Stuttgart 1996, S. 47–65.
Riedel, Wolfgang: Art. Natur/Landschaft. In: Ulfert Ricklefs (Hg.): Fischer Lexikon Literatur. Bd. 3. Frankfurt/M. 1996, Sp. 1417–1433.
Riehemann, Joseph: Erläuternde Bemerkungen zu Annette von Droste-Hülshoffs Dichtungen. Osnabrück 1898.
Riesebrodt, Martin: Cultus und Heilsversprechen. Eine Theorie der Religionen. München 2007.
Rinsum, Annemarie van/Rinsum, Wolfgang van: Dichtung und Deutung. Eine Geschichte der deutschen Literatur in Beispielen. 11. Aufl. München 1987.
Rinsum, Annemarie van/Rinsum,Wolfgang van: Frührealismus 1815–1848. München 1992 (= Deutsche Literaturgeschichte. Bd. 6).
Robert, André/Deupmann, Christoph (Hg.): Paradoxien der Wiederholung. Heidelberg 2003.
Robertson, Ritchie: Faith and Fossils. Annette von Droste-Hülshoff's Poem *Die Mergelgrube*. In: Jürgen Barkhoff/Gilbert Carr/Roger Paulin (Hg.): Das schwierige neunzehnte Jahrhundert. Tübingen 2000, S. 345–354.
Roebling, Irmgard: Heraldik des Unheimlichen. Annette von Droste-Hülshoff (1797–1848). Auch ein Portrait. In: Gisela Brinker-Gabler (Hg.): Deutsche Literatur von Frauen. Bd. 2: 19. und 20. Jahrhundert. München 1988, S. 41–68.

Rölleke, Heinz: Erzähltes Mysterium. Studie zur *Judenbuche* der Annette von Droste-Hülshoff. In: Deutsche Vierteljahrsschrift für Literaturwissenschaft und Geistesgeschichte 42,3 (1968), S. 399–426.
Rölleke, Heinz: Kann man das Wesen gewöhnlich aus dem Namen lesen? Zur Bedeutung der Namen in der *Judenbuche* der Annette von Droste-Hülshoff. In: Euphorion 70,4 (1976), S. 409–414.
Rölleke, Heinz: Literarische Anregungen zur Droste-Ballade *Die Vergeltung*. Hinweise zu einer vergleichenden Interpretation. In: Wirkendes Wort 31,1 (1981), S. 6–10.
Rölleke, Heinz: »Dennoch, Himmel ...«. Zu Annette von Droste-Hülshoffs Gedicht *Im Grase*. In: Günter Häntzschel (Hg.): Gedichte und Interpretationen. Bd. 4: Vom Biedermeier zum Bürgerlichen Realismus. Stuttgart 1983, S. 158–167.
Rölleke, Heinz: Annette von Droste-Hülshoff: *Die Judenbuche*. In: Erzählungen und Novellen des 19. Jahrhunderts. Bd. 2. Stuttgart 1990, S. 7–39.
Rölleke, Heinz: Theodor Storms *Ein Doppelgänger* und Annette von Droste-Hülshoffs *Die Judenbuche*. Produktive Rezeption in der Novellistik des Poetischen Realismus. In: Zeitschrift für Deutsche Philologie 111,2 (1992), S. 247–255.
Rösener, Rudolf: Das Verhältnis von Rhythmus und Metrum in den Gedichten der Droste. Diss. Univ. Münster 1960.
Rösener, Rudolf: Vom Rhythmus in Droste-Gedichten. In: Jahrbuch der Droste-Gesellschaft 4 (1962), S. 121–139.
Rösler, Andrea: Vom Gotteslob zum Gottesdank. Bedeutungswechsel in der Lyrik von Friedrich von Spee zu Joseph von Eichendorff und Annette von Droste-Hülshoff. Paderborn 1997.
Rötzer, Hans G.: Geschichte der deutschen Literatur. Epochen, Autoren, Werke. Bamberg 1992.
Rohde, Klaus: Art. Instinkt. In: Joachim Ritter/Karlfried Gründer/Gottfried Gabriel (Hg.): Historisches Wörterbuch der Philosophie. Bd. 4. Basel u. a. 1976, Sp. 408–417.
Rohe, Wolfgang: Schiffbruch und Moral. Annette von Droste-Hülshoffs *Die Vergeltung*. In: Ernst Ribbat (Hg.): Dialoge mit der Droste. Kolloquium zum 200. Geburtstag von Annette von Droste-Hülshoff. Paderborn u. a. 1998, S. 165–183.
Rosa, Hartmut: Beschleunigung. Die Veränderung der Zeitstrukturen in der Moderne. Frankfurt/M. 2005.
Rose, Deborah Bird u. a.: Thinking Through the Environment. Unsettling the Humanities. In: Environmental Humanities 1 (2012), S. 1–5.
Rotermund, Erwin: Die Dichtergedichte der Droste. In: Jahrbuch der Droste-Gesellschaft 4 (1962), S. 53–78.
Rüdiger, Horst: Göttin Gelegenheit. Gestaltwandel einer Allegorie. In: arcadia 1 (1966), S. 121–166.
Rudwick, Martin J.S.: Bursting the Limits of Time. The Reconstruction of Geohistory in the Age of Revolution. Chicago, London 2005.
Rudwick, Martin J.S.: Worlds Before Adam. The Reconstruction of Geohistory in the Age of Reform. Chicago, London 2008.
Rühling, Lutz: Die Abwehr des ennui. Modernität und Moderne im lyrischen Werk Gustaf Frödings. Göttingen 1990.

Salmen, Monika: Das Autorbewußtsein Annette von Droste-Hülshoffs. Eine Voraussetzung für Verständnis und Vermittlung ihres literarischen Werks. Frankfurt/M. 1985.
Salmen, Monika/Woesler, Winfried (Hg.): »Zu früh, zu früh geboren ...«. Die Modernität der Annette von Droste-Hülshoff. Düsseldorf 2008.

Sautermeister, Gert: Lyrik und literarisches Leben. In: Gert Sautermeister/Ulrich Schmid (Hg.): Zwischen Restauration und Revolution 1815–1848. München, Wien 1998 (= Hansers Sozialgeschichte der deutschen Literatur vom 16. Jahrhundert bis zur Gegenwart. Bd. 5), S. 459–484. [Sautermeister 1998a]

Sautermeister, Gert: Religiöse und soziale Lyrik. In: Gert Sautermeister/Ulrich Schmid (Hg.): Zwischen Restauration und Revolution. 1815–1848. München, Wien 1998 (= Hansers Sozialgeschichte der deutschen Literatur vom 16. Jahrhundert bis zur Gegenwart. Bd. 5), S. 505–525. [Sautermeister 1998b]

Sautermeister, Gert: Annette von Droste-Hülshoffs *Haidebilder*. Mit einer Interpretation der *Lerche*. In: Der Deutschunterricht 58,2 (2006), S. 29–37.

Sautermeister, Gert: Annette von Droste-Hülshoff und Eduard Mörike – zwei ›lyrische‹ Verwandte und Pioniere. In: Droste-Jahrbuch 8 (2011), S. 159–198.

Schafroth, Heinz (Hg.): Entwürfe werden durch Entwürfe reif. Das internationale Künstlerprojekt zum Droste-Jahr 1997. Münster 2000.

Schäublin, Peter: Annette von Droste-Hülshoffs Gedicht *Im Grase*. In: Sprachkunst 4,1/2 (1973), S. 29–52.

Schaum, Konrad: Ironie und Ethik in Annette von Droste-Hülshoffs *Judenbuche*. Heidelberg 2004.

Schellenberger-Diederich, Erika: »Hoffnung oder Trost«: was das »Wallroß« im »korallenen Wald« sucht. Annette von Droste-Hülshoff und die Bilder des Bertuch. In: Droste-Jahrbuch 5 (2004), S. 161–186.

Schellenberger-Diederich, Erika: Geopoetik. Studien zur Metaphorik des Gesteins in der Lyrik von Hölderlin bis Celan. Bielefeld 2006.

Scherer, Stefan: Naive Re-Flexion. Romantische Texturen, erzählte Theatralität und maskiertes Rollensprechen im *Maler Nolten* (Epigonalität und Modernität eines ›Schwellentexts‹ in der ›Schwellenepoche‹ 1830–1850). In: Wolfgang Braungart/Ralf Simon (Hg.): Eduard Mörike. Ästhetik und Geselligkeit. Tübingen 2004, S. 5–30.

Scherer, Stefan: Anti-Romantik (Tieck, Storm, Liliencron). In: Steffen Martus/Stefan Scherer/Claudia Stockinger (Hg.): Lyrik im 19. Jahrhundert. Gattungspoetik als Reflexionsmedium der Kultur. Bern u. a. 2005, S. 205–236. [Scherer 2005a]

Scherer, Stefan: Künstliche Naivität. Lyrik der Romantik. In: Der Deutschunterricht 57,3 (2005), S. 44–54. [Scherer 2005b]

Scherer, Stefan: Lyrik. In: Claudia Stockinger/Stefan Scherer (Hg.): Ludwig Tieck. Leben – Werk – Wirkung. Berlin, Boston 2011, S. 476–495.

Scherer, Stefan: Populäre Künstlichkeit. Tiecks *Minnelieder*-Anthologie im Kontext der Popularisierungsdebatte um 1800. In: Mathias Herweg/Stefan Keppler-Tasaki (Hg.): Rezeptionskulturen. Fünfhundert Jahre literarischer Mittelalterrezeption zwischen Kanon und Populärkultur. Berlin, Boston 2012, S. 89–111.

Scherer, Stefan: »[...] für das Lied [...] Jeder warmen Hand meinen Druck« [zu: *Im Grase*]. In: Claudia Liebrand/Thomas Wortmann (Hg.): Interpretationen. Gedichte von Annette von Droste-Hülshoff. Stuttgart 2014, S. 167–178.

Scherpe, Klaus R.: Gattungspoetik im 18. Jahrhundert. Historische Entwicklung von Gottsched bis Herder. Stuttgart 1968.

Schier, Manfred: Levin Schücking. Promotor des Droste-Werkes. In: Winfried Woesler (Hg.): Modellfall der Rezeptionsforschung. Droste-Rezeption im 19. Jahrhundert. Dokumentation, Analysen, Bibliographie. Erstellt in Zusammenarbeit mit Aloys Haverbusch und Lothar Jordan. Bd. 2. Frankfurt/M. u. a. 1980, S. 1151–1177.

Schier, Manfred: Levin Schücking. Münster 1988.

Schings, Hans-Jürgen: »Der mitleidigste Mensch ist der beste Mensch«. Poetik des Mitleids von Lessing bis Büchner. München 1980.

Schlaffer, Heinz: Lyrik im Realismus. Studien über Raum und Zeit in den Gedichten Mörikes, der Droste und Liliencrons. Bonn 1966. [Schlaffer 1966a] 2., um ein Nachwort erw. Aufl. Bonn 1973. 3., um ein zusätzl. Nachwort erw. Aufl. Bonn 1984.

Schlaffer, Heinz: Das Dichtergedicht im 19. Jahrhundert. Topos und Ideologie. In: Jahrbuch der Deutschen Schillergesellschaft 10 (1966), S. 297–335. [Schlaffer 1966b]

Schlegelmilch, Wolfgang: ›Entsagung‹: Zu einem späten Gedicht der Droste. In: German Life and Letters 11,2 (1958), S. 112–116.

Schlögel, Karl: Im Raume lesen wir die Zeit. Über Zivilisationsgeschichte und Geopolitik. München 2003.

Schmidt, Susanna: »Handlanger der Vergänglichkeit«. Zur Literatur des katholischen Milieus 1800–1950. Paderborn 1994.

Schmitz-Burgard, Sylvia: Überhörtes Leid – ungeahndete Verbrechen. Annette von Droste-Hülshoffs *Die Judenbuche*. In: Droste-Jahrbuch 8 (2011), S. 63–103.

Schmitz-Emans, Monika/Lindemann, Uwe/Schmeling, Manfred (Hg.): Poetiken. Autoren, Texte, Begriffe. Berlin, New York 2009.

Schneider, Manfred: Das Amt der Dichterin. In: Ortrun Niethammer (Hg.): Transformationen. Texte und Kontexte zum Abschluss der Historisch-kritischen Droste-Ausgabe. Bielefeld 2002, S. 51–68.

Schneider, Reinhold: Der Lebenskampf der Droste. In: Jahrbuch der Droste-Gesellschaft 1 (1947), S. 56–82.

Schneider, Ronald: Realismus und Restauration. Untersuchungen zu Poetik und epischem Werk der Annette von Droste-Hülshoff. Kronberg/Ts. 1976.

Schneider, Ronald: Möglichkeiten und Grenzen des Frührealismus im ›Biedermeier‹. *Die Judenbuche* der Annette von Droste-Hülshoff. In: Der Deutschunterricht 31,2 (1979), S. 85–94.

Schneider, Ronald: »Laß ruhn den Stein ...«. Sozialpsychologische und psychoanalytische Aspekte zur Interpretation der *Judenbuche*. In: Zeitschrift für deutsche Philologie 99 (1980), S. 118–132.

Schneider, Ronald: »Wollüstig saugend an des Grauens Süße ...«. Schauerromantische Züge im Werk der Droste. In: Beiträge zur Droste-Forschung 5 (1982), S. 31–40.

Schneider, Ronald: Annette von Droste-Hülshoff. 2., vollst. neu bearb. Aufl. Stuttgart, Weimar 1995.

Schneider, Ronald: Das künstlerische Selbstverständnis der Droste im Horizont ihrer Zeit. In: Bodo Plachta (Hg.): Annette von Droste-Hülshoff (1797–1848). »aber nach hundert Jahren möcht ich gelesen werden«. Wiesbaden 1997, S. 3–11.

Schneider, Thekla: Schloss Meersburg. Annette von Drostes Dichterheim. Stuttgart 1913.

Schneider, Thomas F.: Annette von Droste-Hülshoff: *Der Tod des Erzbischofs Engelbert von Cöln*. Quellenkommentar der Droste als eigene Positionsbestimmung. In: Winfried Woesler (Hg.): Ballade und Historismus. Die Geschichtsballade des 19. Jahrhunderts. Heidelberg 2000, S. 263–279.

Schnyder, Peter: Die Dynamisierung des Statischen. Geologisches Wissen bei Goethe und Stifter. In: Zeitschrift für Germanistik N.F. 19,3 (2009), S. 540–555.

Schnyder, Peter: Die Pluralisierung der Schöpfung. Annette von Droste-Hülshoffs Urzeit-Vision in der *Mergelgrube*. In: Cornelia Blasberg in Verb. mit Jochen Grywatsch (Hg.): ZwischenZeiten. Zur Poetik der Zeitlichkeit in der Literatur der Annette von Droste-Hülshoff und der ›Biedermeier‹-Epoche. Hannover 2013 (= Droste-Jahrbuch 9), S. 99–118.

Schoenebeck, Mechthild von: Der Einfluss der italienischen Musik auf die Kompositionen der Droste. In: Droste-Jahrbuch 10 (2015), S. 123–161.

Schönert, Jörg: Kriminalgeschichten in der deutschen Literatur zwischen 1770 und

1890. Zur Entwicklung des Genres in sozialgeschichtlicher Perspektive. In: Geschichte und Gesellschaft. Zeitschrift für historische Sozialwissenschaft 9,1 (1983), S. 49–68.
Schönert, Jörg: Berthold Auerbachs *Schwarzwälder Dorfgeschichten* der 40er und der 50er Jahre als Beispiel eines ›literarischen Wandels‹? In: Michael Titzmann (Hg.): Zwischen Goethezeit und Realismus. Wandel und Spezifik in der Phase des Biedermeier. Tübingen 2002, S. 331–345.
Schönert, Jörg: Annette von Droste-Hülshoff: *Am letzten Tage des Jahres (Sylvester)*. In: Jörg Schönert/Peter Hühn/Malte Stein (Hg.): Lyrik und Narratologie. Text-Analysen zu deutschsprachigen Gedichten vom 16. bis zum 20. Jahrhundert. Berlin, New York 2007, S. 145–157.
Schönert, Jörg/Linder, Joachim (Hg.): Literatur und Kriminalität. Die gesellschaftliche Erfahrung von Verbrechen und Strafverfolgung als Gegenstand des Erzählens. Deutschland, England und Frankreich 1850–1880. Tübingen 1983.
Schößler, Franziska: Schiller und Goethe, »männliche Sittlichkeit« und »weibliche Freiheit«: Genrehybride und Geschlechterdiskussion in Droste-Hülshoffs Dramenfragment *Bertha oder die Alpen*. In: Claudia Liebrand/Irmtraud Hnilica/Thomas Wortmann (Hg.): Redigierte Tradition. Literaturhistorische Positionierungen Annette von Droste-Hülshoffs. Paderborn u.a. 2010, S. 59–75.
Scholem, Gershom: Zur Kabbala und ihrer Symbolik. Frankfurt/M. 1973.
Schröder, Cornelius: Zur Textgestaltung des *Geistlichen Jahres*. In: Jahrbuch der Droste-Gesellschaft 1 (1947), S. 111–128.
Schücking, Levin: Annette von Droste. Ein Lebensbild. Hannover 1862.
Schücking, Levin: Lebenserinnerungen [1886]. Neu hg. von Walter Gödden und Jochen Grywatsch. Bielefeld 2009.
Schulte Kemminghausen, Karl: Das Annette von Droste-Museum in der Johanniter-Kommende. In: Das schöne Münster 4,3 (1932), S. 34–42.
Schulte Kemminghausen, Karl: Heinrich Straube. Ein Freund der Droste. Münster 1958. [Schulte Kemminghausen 1958a]
Schulte Kemminghausen, Karl: Annette von Droste-Hülshoff und die nordische Literatur. Gleichzeitig ein Beitrag zu dem Thema »Die Droste als Komponistin«. In: Hans Werner Seiffert (Hg.): Beiträge zur deutschen und nordischen Literatur. Festgabe für Leopold Magon zum 70. Geburtstag. Berlin 1958, S. 329–339. [Schulte Kemminghausen 1958b]
Schultz, Hartwig: Form als Inhalt. Vers- und Sinnstrukturen bei Joseph von Eichendorff und Annette von Droste-Hülshoff. Bonn 1981.
Schulz, Eberhard Wilhelm: *Gemüt* – über ein Gedicht der Droste. In: Eberhard Wilhelm Schulz: Wort und Zeit. Aufsätze und Vorträge zur Literaturgeschichte. Neumünster 1968, S. 49–59.
Schulz, Gerhard: Die deutsche Literatur zwischen französischer Literatur und Restauration. München 1989 (= Geschichte der deutschen Literatur von den Anfängen bis zur Gegenwart. Bd. 7).
Schumacher, Meinolf: Annette von Droste-Hülshoff und die Tradition. Das *Geistliche Jahr* in literarhistorischer Sicht. In: Ernst Ribbat (Hg.): Dialoge mit der Droste. Kolloquium zum 200. Geburtstag von Annette von Droste-Hülshoff. Paderborn u.a. 1998, S. 113–145.
Schumacher, Meinolf: »Ein Wüstenherold für die Noth«. Zu Pragmatik und Aktualität von Annette von Droste-Hülshoffs *Geistlichem Jahr*. In: Droste-Jahrbuch 6 (2007), S. 105–122.
Schumacher, Ruth: Das Italienische Zimmer im Rüschhaus. In: Droste-Jahrbuch 10 (2015), S. 177–201.

Schumann, Andreas: Heimat denken. Regionales Bewußtsein in der deutschsprachigen Literatur zwischen 1815 und 1914. Köln 2002.
Schwab, Heinrich: Sangbarkeit, Popularität und Kunstlied. Studien zu Lied und Liedästhetik der mittleren Goethezeit 1770–1814. Regensburg 1965.
Schwarzbauer, Franz: »Der Königin der deutschen Dichterinnen.« Über die Wirkungsgeschichte der Droste in Meersburg. In: Droste-Jahrbuch 6 (2007), S. 123–139.
Schwarzbauer, Franz: »Bilder deiner wilden Phantasie«. Sehnsuchts- und Schreckensorte in Drostes Tragödienfragment *Bertha*. In: Jochen Grywatsch (Hg.): Raum. Ort. Topographien der Annette von Droste-Hülshoff. Hannover 2009 (= Droste-Jahrbuch 7), S. 177–196.
Schwarzbauer, Franz: Naturverständnis, Selbstverständnis. *Mondesaufgang* von Annette von Droste-Hülshoff und *Monduntergang* von Giacomo Leopardi im Vergleich. In: Droste-Jahrbuch 10 (2015), S. 71–89.
Schwarzbauer, Franz/Kaltenmark, Hubert: »Lesarten«. Künstlerinnen begegnen dem Werk der Droste. Eine Ausstellung des Internationalen Bodensee-Clubs in Zusammenarbeit mit der Stadt Meersburg. Friedrichshafen 1997.
Segeberg, Harro: Literatur im technischen Zeitalter. Von der Frühzeit der deutschen Aufklärung bis zum Beginn des Ersten Weltkriegs. Darmstadt 1997.
Segebrecht, Wulf: Das Gelegenheitsgedicht. Ein Beitrag zur Geschichte und Poetik der deutschen Lyrik. Stuttgart 1977.
Segebrecht, Wulf: Goethes Erneuerung des Gelegenheitsgedichts. In: Goethe-Jahrbuch 108 (1992), S. 129–136.
Sengle, Friedrich: Biedermeierzeit. Deutsche Literatur im Spannungsfeld zwischen Restauration und Revolution 1815–1848. 3 Bde. Stuttgart 1971–1980.
Sengle, Friedrich: Biedermeierzeit. Deutsche Literatur im Spannungsfeld zwischen Restauration und Revolution 1815–1848. Bd. 1: Allgemeine Voraussetzungen, Richtungen, Darstellungsmittel. Stuttgart 1971.
Sengle, Friedrich: Biedermeierzeit. Deutsche Literatur im Spannungsfeld zwischen Restauration und Revolution 1815–1848. Bd. 2: Die Formenwelt. Stuttgart 1972.
Sengle, Friedrich: Biedermeierzeit. Deutsche Literatur im Spannungsfeld zwischen Restauration und Revolution 1815–1848. Bd. 3: Die Dichter. Stuttgart 1980.
Seybold, Eberhard: Das Genrebild in der deutschen Literatur. Vom Sturm und Drang bis zum Realismus. Stuttgart u. a. 1967.
Singer, Rüdiger: »Nachgesang«. Ein Konzept Herders, entwickelt an ›Ossian‹, der ›popular ballad‹ und der frühen Kunstballade. Würzburg 2006.
Sklenár, Robert John: The centrality of the civic image in Droste's *Mondesaufgang*. In: Droste-Jahrbuch 3 (1997), S. 127–134.
Sonntag, Michael: Die Seele und das Wissen vom Lebenden. Zur Entstehung der Biologie im 19. Jahrhundert. In: Gerd Jüttemann/Michael Sonntag/Christoph Wulf (Hg.): Die Seele. Ihre Geschichte im Abendland. Weinheim 1991, S. 293–318.
Sorg, Bernhard: Zwischen Romantik und Naturalismus. In: Franz-Josef Holznagel u. a.: Geschichte der deutschen Lyrik. Stuttgart 2004, S. 375–469.
Spies, Heike: Die Briefe Annette von Droste-Hülshoffs als Beitrag zu einer modernen Prosa. In: Monika Salmen/Winfried Woesler (Hg.): »Zu früh, zu früh geboren ...«. Die Modernität der Annette von Droste-Hülshoff. Düsseldorf 2008, S. 64–75.
Spies, Heike: Literatur in den Briefen Droste-Hülshoffs. Frankfurt/M. u. a. 2010.
Springer, Mirjam: Improvisationen. In: Herbert Kraft: Annette von Droste-Hülshoff. Reinbek bei Hamburg 1994, S. 62–68.
Springer, Mirjam: »Klang-Farben«. Lyrik und Lieder von Annette von Droste-Hülshoff (1797–1848). In: Musik in Baden-Württemberg. Jahrbuch 9 (2002), S. 101–112.

Springer, Mirjam: »Flirrende Spiegel«. Annette von Droste-Hülshoffs *Klänge aus dem Orient*. In: Charis Goer/Michael Hofmann (Hg.): Der Deutschen Morgenland. Bilder des Orients in der deutschen Literatur und Kultur von 1770 bis 1850. Paderborn, München 2008, S. 151–164.
Springer, Mirjam: Verbotene Räume. Annette von Droste-Hülshoffs *Klänge aus dem Orient*. In: Jochen Grywatsch (Hg.): Raum. Ort. Topographien der Annette von Droste-Hülshoff. Hannover 2009 (= Droste-Jahrbuch 7), S. 95–108.
Springer, Mirjam: »sounds vom schreibgebirge«. Thomas Klings Zyklus *Spleen. Drostemonolog*. In: Droste-Jahrbuch 10 (2015), S. 205–245.
Springer, Mirjam: Neues aus den Opernpausen. Das deutsche Provinztheater in den Briefen Annette von Droste-Hülshoffs. In: Hans-Joachim Jakob/Bastian Dewenter (Hg.): Theater und Publikum in Autobiographien, Tagebüchern und Briefen des 19. und 20. Jahrhunderts. Heidelberg 2016, S. 89–113.
Stahl, Enno: (K)Eine Gelehrtenrepublik: Kölns Autoren und ›Intellektuelle‹. In: Ingrid Bodsch in Verb. mit Cornelia Ilbrig, Jochen Grywatsch und Bernd Kortländer (Hg.): »Die Reise nach dem Mond«. Annette von Droste-Hülshoff im Rheinland. Bonn 2008, S. 53–64.
Staiger, Emil: Annette von Droste-Hülshoff. Zürich 1933. 2. Aufl. Frauenfeld 1962.
Steidele, Angela: »Als wenn Du mein Geliebter wärest«. Liebe und Begehren zwischen Frauen in der deutschsprachigen Literatur 1750–1850. Stuttgart, Weimar 2003.
Steidele, Angela: »Sind denn so schwül die Nächt' im April?« Frauenliebe in Annette von Droste-Hülshoffs Leben und Werk. In: Droste-Jahrbuch 6 (2007), S. 143–166.
Stein, Peter: Vormärz. In: Wolfgang Beutin u.a.: Deutsche Literaturgeschichte. Von den Anfängen bis zur Gegenwart. 6., verb. und erw. Aufl. Stuttgart, Weimar 2001, S. 239–292.
Stern, Martin: Ein ungelöstes Rätsel in Annette von Droste-Hülshoffs spätem Gedicht *Durchwachte Nacht*. In: Germanisch-Romanische Monatsschrift 62,1 (2012), S. 93–97.
Stockhorst, Stefanie: Zwischen Mimesis und magischem Realismus. Dimensionen der Wirklichkeitsdarstellung in Kriminalnovellen von Droste-Hülshoff, Fontane und Raabe. In: Jahrbuch der Raabe-Gesellschaft (2002), S. 50–81.
Stockinger, Ludwig: »Atheismus wider Willen«? Annette von Droste-Hülshoff: *Am dritten Sonntage nach Ostern*. In: Christa Grimm/Ilse Nagelschmidt/Ludwig Stockinger: Exemplarische AutorInnen und Texte der deutschen Literaturgeschichte in der interkulturellen Kommunikation. Leipzig 2008, S. 163–188.
Stöckmann, Ingo: Vor der Literatur. Eine Evolutionstheorie der Poetik Alteuropas. Tübingen 2001.
Stuby, Anna Maria: Visions of Women, Wild ... Zum realen und fiktionalen ›Wahnsinn‹ von Frauen im 19. Jahrhundert. In: Liselotte Glage/Jörg Rubleck (Hg.): Wahn in literarischen Texten. Frankfurt/M. 1983, S. 71–89.
Süßmann, Johannes: Vom Alten Reich zum Deutschen Bund 1789–1815. Paderborn 2015.

Thamer, Jutta: Bildnis und Bild der Annette von Droste-Hülshoff. In: Bodo Plachta (Hg.): Annette von Droste-Hülshoff (1797–1848). »aber nach hundert Jahren möcht ich gelesen werden«. Wiesbaden 1997, S. 57–71.
Theiss, Winfried: Lyrik im Jahre 1844. Zeitgedichte von Freiligrath, Heine und der Droste. In: Droste-Jahrbuch 2 (1990), S. 17–35.
Thomas, L. H. C.: *Die Judenbuche* by Annette von Droste-Hülshoff. In: The Modern Language Review 54,1 (1959), S. 56–65.

Thums, Barbara: Zeitschichten: Abstiege ins Totenreich bei Annette von Droste-Hülshoff und Adalbert Stifter. In: Cornelia Blasberg in Verb. mit Jochen Grywatsch (Hg.): ZwischenZeiten. Zur Poetik der Zeitlichkeit in der Literatur der Annette von Droste-Hülshoff und der ›Biedermeier‹-Epoche. Hannover 2013 (= Droste-Jahrbuch 9), S. 137–157.

Thums, Barbara: Verzerrte Spiegelungen und Reflexionen des Romantischen in Annette von Droste-Hülshoffs *Ledwina*. In: Rüdiger Nutt-Kofoth (Hg.): Literaturgeschichte als Problemfall. Zum literarhistorischen Ort der Annette von Droste-Hülshoff und der ›biedermeierlichen‹ Autoren in der ersten Hälfte des 19. Jahrhunderts. Hannover 2017 (= Droste-Jahrbuch 11), S. 291–308.

Tiggesbäumker, Günter: Das Museum Bökerhof. Ein literarisches Zentrum in Ostwestfalen. In: Corvey-Journal 7,3 (1996), S. 23–28.

Timmermann, Elisabeth: Annette von Droste-Hülshoffs Kenntnis der ausländischen Literatur, dargestellt auf Grund ihrer Briefe und ihres handschriftlichen Nachlasses. Diss. Univ. Münster 1954.

Titzmann, Michael (Hg.): Zwischen Goethezeit und Realismus. Wandel und Spezifik in der Phase des Biedermeier. Tübingen 2002.

Todorov, Tzvetan: Introduction à la littérature fantastique. Paris 1970.

Toepfer, Georg: Historisches Wörterbuch der Biologie. Geschichte und Theorie der biologischen Grundbegriffe. 3 Bde. Stuttgart, Weimar 2011.

Treder, Uta: Annette von Droste-Hülshoff und die Schriftstellerinnen ihrer Zeit. In: Ortrun Niethammer/Claudia Belemann (Hg.): Ein Gitter aus Musik und Sprache. Feministische Analysen zu Annette von Droste-Hülshoff. Paderborn u. a. 1993, S. 159–171.

Trilcke, Peer/Detering, Heinrich (Hg.): Geschichtslyrik. Ein Kompendium. 2 Bde. Göttingen 2013.

Twellmann, Marcus: Sittengemälde statt Zahlentabelle. Annette von Droste-Hülshoffs ›Westfalen-Werk‹ im Spannungsfeld von Volkskunde und Statistik. In: Michael Neumann/Kerstin Stüssel (Hg.): Magie der Geschichten. Weltverkehr, Literatur und Anthropologie in der zweiten Hälfte des 19. Jahrhunderts. Konstanz 2011, S. 53–76.

Twellmann, Marcus: ›Stille Erdwinkel‹. Zur geohistorischen Imagination des ›Biedermeier‹ In: Cornelia Blasberg in Verb. mit Jochen Grywatsch (Hg.): ZwischenZeiten. Zur Poetik der Zeitlichkeit in der Literatur der Annette von Droste-Hülshoff und der ›Biedermeier‹-Epoche. Hannover 2013 (= Droste-Jahrbuch 9), S. 71–97.

Tytler, Graeme: The Presentation of Herr von S. in *Die Judenbuche*. In: The German Quarterly 73,4 (2000), S. 337–350.

Ueding, Gert: Klassik und Romantik. Deutsche Literatur im Zeitalter der Französischen Revolution 1789–1815. München, Wien 1987 (= Hansers Sozialgeschichte der deutschen Literatur vom 16. Jahrhundert bis zur Gegenwart. Bd. 4).

Vanja, Konrad: Dietrich Montens Bild *Finis Poloniae 1831* und seine Popularisierung nach dem niedergeschlagenen Aufstand vom November 1830 in Warschau. In: Wolfgang Michalka/Erardo C. Rautenberg/Konrad Vanja (Hg.): Polenbegeisterung. Ein Beitrag zum »Deutsch-Polnischen Jahr 2005/2006«. Berlin 2005, S. 114–144.

Veddeler, Peter (Bearb.): Französische Emigranten in Westfalen 1792–1802. Ausgewählte Quellen. Münster 1989.

Vedder, Ulrike: Wiederkehr und Nachleben. Zur testamentarischen Zeitstruktur in Annette von Droste-Hülshoffs lyrischen Werken. In: Cornelia Blasberg in Verb. mit Jochen Grywatsch (Hg.): ZwischenZeiten. Zur Poetik der Zeitlichkeit in der Literatur der Annette von Droste-Hülshoff und der ›Biedermeier‹-Epoche. Hannover 2013 (= Droste-Jahrbuch 9), S. 159–174.

Vedder, Ulrike: Buchstabengenauigkeit und die konjekturale Logik der Vergeltung [zu: *Die Vergeltung*]. In: Claudia Liebrand/Thomas Wortmann (Hg.): Interpretationen. Gedichte von Annette von Droste-Hülshoff. Stuttgart 2014, S. 32–49.

Venzl, Tilman/Zimmermann, Yvonne: »Güte soll man nicht mißbrauchen«. Verkennende Anerkennung und poetische Selbstverständigung in Annette von Droste-Hülshoffs PERDU! *oder Dichter, Verleger, und Blaustrümpfe*. In: Andrea Albrecht/Moritz Schramm/Tilman Venzl (Hg.): Literatur und Anerkennung. Wechselwirkung und Perspektiven. Wien, Zürich 2017, S. 259–282.

Vietta, Silvio/Kemper, Dirk: Einleitung. In: Dirk Kemper/Silvio Vietta (Hg.): Ästhetische Moderne in Europa. Grundzüge und Problemzusammenhänge seit der Romantik. München 1998, S. 1–55.

Völker, Ludwig: Dichtung aus Melancholie – Spiegelungen eines literarischen Topos im Werk der Droste. In: Beiträge zur Droste-Forschung 5 (1982), S. 9–30.

Vogl, Joseph: Einleitung. In: Joseph Vogl (Hg.): Poetologien des Wissens um 1800. München 1999, S. 7–16.

Vogt, Rolf: Annette von Droste-Hülshoffs Gedicht *Der Knabe im Moor* und *Der zu früh geborene Dichter* im psychoanalytischen Kontext. In: Gisela Greve/Herta E. Harsch (Hg.): Annette von Droste-Hülshoff aus psychoanalytischer Sicht. Tübingen 2003, S. 103–128.

Wagner-Egelhaaf, Martina: Grenz-Rede. Annette von Droste-Hülshoffs *Klänge aus dem Orient*. In: Ernst Ribbat (Hg.): Dialoge mit der Droste. Kolloquium zum 200. Geburtstag von Annette von Droste-Hülshoff. Paderborn u. a. 1998, S. 147–164.

Wagner-Egelhaaf, Martina: »Stigma und Berührung« – Droste anders lesen. In: Ortrun Niethammer (Hg.): Transformationen. Texte und Kontexte zum Abschluss der Historisch-kritischen Droste-Ausgabe. Bielefeld 2002, S. 33–49.

Webber, Andrew J.: The Doppelgänger. Double Visions in German Literature. Oxford u. a. 1996.

Webber, Andrew J.: Traumatic Identities: Race and Gender in Annette von Droste-Hülshoff's *Die Judenbuche* and Freud's *Der Mann Moses*. In: Laura Martin (Hg.): Harmony in Discord. German Women Writers in the Eighteenth and Nineteenth Centuries. Oxford u. a. 2001, S. 185–205.

Weber, Betty Nance: Droste's *Judenbuche*. Westphalia in International Context. In: The Germanic Review 50,3 (1975), S. 203–212.

Weber, Rosmarie: Westfälisches Volkstum in Leben und Werk der Dichterin Annette von Droste-Hülshoff. Münster 1966.

Wehinger, Brunhilde: »Die Frucht ist fleckig und der Spiegel trübe«. Lyrikerinnen im 19. Jahrhundert. In: Hiltrud Gnüg/Renate Möhrmann (Hg.): Schreibende Frauen vom Mittelalter bis zur Gegenwart. Stuttgart 1985, S. 219–239.

Weidemann, August: Die religiöse Lyrik des deutschen Katholizismus in der ersten Hälfte des 19. Jahrhunderts unter besonderer Berücksichtigung Annettens von Droste. Leipzig 1911.

Weidner, Marcus: Adel in Übergängen. In: Karl Ditt u. a. (Hg.): Westfalen in der Moderne 1815–2015. Geschichte einer Region. 3. Aufl. Münster 2015, S. 77–100.

Weiss, Walter: Biedermeier(Zeit), Vormärz, (Früh)Realismus? Ein Beitrag zur Epochendiskussion. In: Walter Veit (Hg.): Antipodische Aufklärungen/Antipodean Enlightenments. Festschrift für Leslie Bodi. Frankfurt/M. u. a. 1987, S. 503–517.

Weigel, Sigrid: Zum ›topographical turn‹. Kartographie, Topographie und Raumkonzepte in den Kulturwissenschaften. In: KulturPoetik 2,2 (2002), S. 151–165.
Weiß-Dasio, Manfred: Heidewelt. Eine Einführung in das Gedichtwerk der Annette von Droste-Hülshoff. Bonn 1996.
Wells, Larry D.: Annette von Droste-Hülshoffs Johannes Niemand: much ado about nobody. In: The Germanic Review 52,2 (1977), S. 109–121.
Wells, Larry D.: Indeterminacy as Provocation: the Reader's Role in Annette von Droste-Hülshoff's *Die Judenbuche*. In: Modern Language Notes 94/1,3 (1979), S. 475–492.
Welzel, Hans: Annette Droste zu Hülshoff als Münzensammlerin. In: Numismatik. Internationale Monatsschrift 2 (1933), S. 96–106.
Werle, Joseph: Der Gotteskampf der Droste. Ein Beitrag zum Verständnis der religiösen Seele. Mainz 1921.
Werner, Michael: Dichtung oder Wahrheit? Empirie und Fiktion in A. von Haxthausens *Geschichte eines Algierer-Sklaven*, der Hauptquelle zur *Judenbuche* der Droste. In: Zeitschrift für deutsche Philologie 99 (1980), S. 21–31.
Weydt, Günther: Annette von Drostes Zyklus *Die Elemente* und sein barocker Ursprung. In: Beiträge zur Droste Forschung 5 (1982), S. 55–61.
Weydt, Günther: Macht und Machtlosigkeit des Worts. Zu den Levin-Gedichten der Annette von Droste. In: Beatrice Wehrli/Gabriele Scherer (Hg.): Wahrheit und Wort. Festschrift für Rolf Tarot zum 65. Geburtstag. Bern u. a. 1996, S. 519–535.
Whitinger, Raleigh: From Confusion to Clarity. Further Reflections on the Revelatory Function of Narrative Technique and Symbolism in Annette von Droste-Hülshoff's *Die Judenbuche*. In: Deutsche Vierteljahrsschrift für Literaturwissenschaft und Geistesgeschichte 54,1 (1980), S. 259–283.
Wiedner, Saskia: Art. Traube. In: Günter Butzer/Joachim Jakob (Hg.): Metzler Lexikon literarischer Symbole. Stuttgart, Weimar 2008, S. 390 f.
Wiese, Benno von: Annette von Droste-Hülshoffs *Judenbuche* als Novelle. Eine Interpretation. In: Benno von Wiese/Karl Heinz Borck (Hg.): Festschrift für Jost Trier zu seinem 60. Geburtstag am 15. Dezember 1954. Meisenheim/Glan 1954, S. 297–317.
Wiese, Benno von: Die Balladen der Annette von Droste. In: Benno von Wiese (Hg.): Der Mensch in der Dichtung. Studien zur deutschen und europäischen Literatur. Düsseldorf 1958, S. 221–245.
Wigbers, Melanie: Krimi-Orte im Wandel. Gestaltung und Funktionen der Handlungsschauplätze in Kriminalerzählungen von der Romantik bis in die Gegenwart. Würzburg 2006.
Wild, Inge: Nähe des Geliebten. In: Regine Otto/Bernd Witte (Hg.): Goethe-Handbuch. Bd. 1: Gedichte. Stuttgart, Weimar 1996, S. 272–274.
Wilfert, Marga: Die Mutter der Droste. Eine literarhistorische und psychologische Untersuchung im Hinblick auf die Dichterin. Diss. Univ. Münster 1942.
Willer, Ute: Illustrationen zur *Judenbuche* Annette von Droste-Hülshoffs. In: Bodo Plachta (Hg.): Annette von Droste-Hülshoff (1797–1848). »aber nach hundert Jahren möcht ich gelesen werden«. Wiesbaden 1997, S. 77–82.
Wilpert, Gero von: Art. Biedermeier. In: Gero von Wilpert: Sachwörterbuch der Literatur. 8., verb. und erw. Aufl. Stuttgart 2001, S. 88 f.
Wittkowski, Wolfgang: *Die Judenbuche*. Das Ärgernis des Rätsels und der Auflösung. In: Droste-Jahrbuch 1 (1986), S. 107–128.
Woesler, Winfried: Probleme der Editionstechnik: Überlegungen anlässlich der neuen kritischen Ausgabe des *Geistlichen Jahres* der Annette von Droste-Hülshoff. Münster 1967.

Woesler, Winfried: *Westphälische Schilderungen aus einer westphälischen Feder*. Vorarbeiten für eine kritische Ausgabe. In: Kleine Beiträge zur Droste-Forschung 1 (1970), S. 72–88.
Woesler, Winfried: *Das öde Haus*. Anmerkungen zur Textgestaltung. In: Jahrbuch der Droste-Gesellschaft 5 (1972), S. 68–71.
Woesler, Winfried (Hg.): Modellfall der Rezeptionsforschung. Droste-Rezeption im 19. Jahrhundert. Dokumentation, Analysen, Bibliographie. Erstellt in Zusammenarbeit mit Aloys Haverbusch und Lothar Jordan. 2 Bde. in 3. Frankfurt/M. u. a. 1980.
Woesler, Winfried: Annette von Droste-Hülshoff: *Der Knabe im Moor*. In: Wirkendes Wort 31,1 (1981), S. 241–251.
Woesler, Winfried: Religiöses Sprechen und subjektive Erfahrung. Annette von Droste-Hülshoffs *Am letzten Tage des Jahres (Sylvester)*. In: Jürgen Häntzschel (Hg.): Gedichte und Interpretationen. Bd. 4: Vom Biedermeier zum Bürgerlichen Realismus. Stuttgart 1983, S. 147–156.
Woesler, Winfried: *Lebt wohl* – Die Wiederbegegnung der Droste mit Schücking auf der Meersburg im Mai 1844. In: Droste-Jahrbuch 1 (1986), S. 53–72.
Woesler, Winfried: Eine Abschrift von Grillparzers *Entzauberung* im Nachlass Annette von Droste-Hülshoffs und ihre Folgen. In: Jahrbuch der Grillparzer-Gesellschaft 19 (1996), S. 141–145.
Woesler, Winfried: Zu Geschichte, Wirkung und Wirkungslosigkeit einer Erstpublikation. In: Winfried Woesler (Hg.): Gedichte von Annette von Droste-Hülshoff. Faksimile-Nachdruck der Ausgabe von 1838. Zum 200. Geburtstag der Dichterin. Münster 1997, S. 3–73. [Woesler 1997a]
Woesler, Winfried: Droste-Forschung in Münster. In: Bodo Plachta (Hg.): Annette von Droste-Hülshoff (1797–1848). »aber nach hundert Jahren möcht ich gelesen werden«. Wiesbaden 1997, S. 53–56. [Woesler 1997b]
Woesler, Winfried: Die Droste und Langewiesche, der Barmer Verleger des *Malerischen und romantischen Westphalens*. In: Lothar Bluhm/Achim Hölter (Hg.): Romantik und Volksliteratur. Beiträge des Wuppertaler Kolloquiums zu Ehren von Heinz Rölleke. Heidelberg 1999, S. 123–143.
Woesler, Winfried: Kindheit und Jugend der Dichterin Annette von Droste-Hülshoff. In: Droste-Jahrbuch 4 (2000), S. 165–186.
Woesler, Winfried: Vorwort. In: Winfried Woesler (Hg.): Ballade und Historismus. Die Geschichtsballade des 19. Jahrhunderts. Heidelberg 2000, S. 7–13.
Woesler, Winfried: *Das Eselein*. Interpretation eines Droste-Gedichtes. In: Studia Niemcoznawcze/Studien zur Deutschkunde 24 (2002), S. 367–380.
Woesler, Winfried: *Der Dichter – Dichters Glück*. Interpretation eines späten Droste-Gedichtes. In: Droste-Jahrbuch 5 (2004), S. 37–55.
Woesler, Winfried: Modernität der geistlichen Dichtung der Droste. In: Monika Salmen/Winfried Woesler (Hg.): »Zu früh, zu früh geboren ...«. Die Modernität der Annette von Droste-Hülshoff. Düsseldorf 2008, S. 36–44.
Woesler, Winfried: »Und schier zerflossen Raum und Zeit«. Verortung und Entortung in der Lyrik der Droste. In: Jochen Grywatsch (Hg.): Raum. Ort. Topographien der Annette von Droste-Hülshoff. Hannover 2009 (= Droste-Jahrbuch 7), S. 129–143.
Woesler, Winfried: Der Vorspruch der *Judenbuche*. In: Droste-Jahrbuch 8 (2011), S. 105–114.
Woesler, Winfried: Die ächzende Kreatur [zu: ⟨An einem Tag wo feucht der Wind⟩]. In: Claudia Liebrand/Thomas Wortmann (Hg.): Interpretationen. Gedichte von Annette von Droste-Hülshoff. Stuttgart 2014, S. 182–190.

Woesler, Winfried: Annette von Droste-Hülshoff: *Die Vogelhütte*. Eine Interpretation. In: Franz Schwarzbauer/Winfried Woesler (Hg.): Natur im Blick. Über Annette von Droste-Hülshoff, Goethe und Zeitgenossen. Bern 2017, S. 47–65.
Wolf, Erik: Vom Wesen des Rechts in deutscher Dichtung: Hölderlin, Stifter, Hebel, Droste. Frankfurt/M. 1946.
Wollheim, Jutta: Gang durch das Rüschhaus. In: Westfälischer Heimatbund (Hg.): Haus Rüschhaus. 4., neu bearb. Aufl. Münster 2007, S. 29–38.
Wortmann, Thomas: Kapitalverbrechen und familiäre Vergehen. Zur Struktur der Verdoppelung in Droste-Hülshoffs *Judenbuche*. In: Claudia Liebrand/Irmtraud Hnilica/Thomas Wortmann (Hg.): Redigierte Tradition. Literarhistorische Positionierungen Annette von Droste-Hülshoffs. Paderborn u. a. 2010, S. 315–337.
Wortmann, Thomas: Durchkreuzter Hermannsmythos und Paderborns wilde Poesie. Drostes *Westphälische Schilderungen*. In: Droste-Jahrbuch 8 (2011), S. 121–140.
Wortmann, Thomas: Zweckdichtung, zweckentfremdet. Poetologische Dimensionen im *Geistlichen Jahr* Annette von Droste-Hülshoffs. In: Claudia Liebrand/Oliver Kohns (Hg.): Gattung und Geschichte. Systematische und historische Perspektivierungen von Gattungstheorie(n). Bielefeld 2012, S. 205–227.
Wortmann, Thomas: Literatur als Prozess. Drostes *Geistliches Jahr* als Schreibzyklus. Konstanz 2014. [Wortmann 2014a]
Wortmann, Thomas: Schrecken ohne Ende [zu: *Der Knabe im Moor*]. In: Claudia Liebrand/Thomas Wortmann (Hg.): Interpretationen. Gedichte von Annette von Droste-Hülshoff. Stuttgart 2014, S. 62–73. [Wortmann 2014b]
Wortmann, Thomas: Textilarbeit und Textproduktion. Verhandlungen weiblicher Kreativität bei Annette von Droste-Hülshoff. In: Linda Dietrick/Birte Giesler (Hg.): Weibliche Kreativität um 1800. Hannover 2015, S. 143–162.
Wortmann, Thomas: Art. Biedermeier, Vormärz. In: Daniel Weidner (Hg.): Handbuch Literatur und Religion. Stuttgart, Weimar 2016, S. 164–169.

Yi, Mi-Seon: Männlicher Wunsch und weibliche Wirklichkeit. Die Frauendarstellungen bei Annette von Droste-Hülshoff und Theodor Storm. Diss. Univ. Düsseldorf 2000.

Zeller, Hans: Zur Deutungsproblematik der *Judenbuche* – semiotisch gesehen. In: Beiträge zur Droste-Forschung 5 (1982), S. 95–104.
Zeller, Rosmarie: Vielfalt Westfalens im Blick der Droste. Zur Komposition der *Westphälischen Schilderungen aus einer westphälischen Feder*. In: Droste-Jahrbuch 3 (1997), S. 176–192.

3. Zeittafel zu Leben und Werk

1797	**10.(?) Jan.** Geburt der Anna Elisabeth (Annette) von Droste-Hülshoff auf der Wasserburg Hülshoff bei Roxel nahe Münster.
	Vater: Clemens August von Droste-Hülshoff (1760–1826); Mutter: Therese von Droste-Hülshoff, geb. von Haxthausen (1772–1853); Geschwister: Maria Anna (Jenny), spätere verheiratete von Laßberg (1795–1859); Werner (1798–1867); Ferdinand (1800–1829).
	Die Pflege und Versorgung des Siebenmonatskindes übernimmt die Amme Maria Katharina Plettendorf aus Altenberge.
1802	Erster Unterricht durch Therese von Droste-Hülshoff.
1804	Erste lyrische Versuche. Aus dem Zeitraum bis 1811 sind 39 Gedichte überliefert – von kindlichen Gelegenheitstexten über Gedichte in empfindsamer Tradition bis zu lehrhafter Gedankenlyrik, darunter *Das Lied des Soldaten in der Ferne*, *Der Abend* und *Das Schicksal*.
1805	**Aug.–Sept.** Erste Reise zum Bökerhof nach Bökendorf, dem Wohnsitz der Großeltern mütterlicherseits in der Nähe von Brakel im Paderborner Land.
1807	Beginn des Unterrichts durch verschiedene Hauslehrer.
1812	Bis 1819 entstehen 22 weitere, vornehmlich Schiller und Bürger respektive der Romantik verpflichtete Gedichte, darunter *Unruhe* und *Der Dichter*.
1812	**26. Nov.** Erster Besuch bei dem fast 50 Jahre älteren Universitätsprofessor und früheren Sturm-und-Drang-Autor Anton Mathias Sprickmann, der Droste als literarischer Ansprechpartner bis 1819 verbunden bleibt.
1813/14	Arbeit am Trauerspiel *Bertha oder Die Alpen*, das nicht vollendet wird.
1813	**Jan.** Bekanntschaft mit der schriftstellerisch tätigen Katharina Busch, der späteren Mutter Levin Schückings.
	Juli. Erneuter Besuch in Bökendorf und Umgebung. Bekanntschaft mit Wilhelm Grimm.
1817	**Aug.** Freundschaft mit der 25 Jahre älteren Wilhelmine von Thielmann.
1818	**Jan.–Okt.** Arbeit an dem Versepos *Walther*. Größere gesundheitliche Probleme.
	Aug. Sommeraufenthalt in Bökendorf und Umgebung. Besuch in Kassel bei den Grimms. Bekanntschaft mit Amalie Hassenpflug und Jacob Grimm. In Bökendorf Begegnung mit Heinrich Straube, einem Göttinger Kommilitonen August von Haxthausens.

1818/19	Frühe geistliche Lieder, u. a. *Das Morgenroth schwimmt still entlang, Glaube, Hoffnung, Liebe.*
1819/20	April 1819–Juli 1820. Aufenthalt in Bökendorf, unterbrochen von einem Kuraufenthalt in Bad Driburg (Sommer 1819) und Verwandtenbesuchen in Wehrden und Hinnenburg. Mehrfache Begegnungen mit Straube.
1819/20	Arbeit am ersten Teil des *Geistlichen Jahres*.
1820	**Sommer.** Scheitern der Beziehung zu Heinrich Straube aufgrund einer Familienintrige (sogenannte Jugendkatastrophe).
	Arbeit an dem Fragment gebliebenen Roman *Ledwina* (bis mindestens 1826).
1821 ff.	Intensive Musikstudien. Vertonungen und Kompositionen. Arbeit an den Opernprojekten *Babilon* und *Der blaue Cherub*.
1824	Sept.–Nov. Familienreise ins Sauerland.
1825/26	Okt. 1825–April 1826. Familien- und Freundschaftsbesuche in Bonn (Moritz von Haxthausen, Clemens von Droste-Hülshoff) und Köln (Werner von Haxthausen). Freundschaft mit Sybille Mertens-Schaaffhausen. Bekanntschaft mit zahlreichen Künstlern und Gelehrten. Besuch in Koblenz (Okt.–Dez.) bei Wilhelmine von Thielmann.
1826	**25. Juli.** Tod des Vaters.
	Werner von Droste-Hülshoff übernimmt das Familiengut Burg Hülshoff.
	Sept. Umzug von Therese, Jenny und Annette von Droste-Hülshoff ins fünf Kilometer entfernte Haus Rüschhaus nahe Nienberge bei Münster.
1827	Beginn der Arbeit an der Versdichtung *Das Hospiz auf dem großen St. Bernhard*.
1828	**Mai.** Erneute Reise nach Bonn (Moritz von Haxthausen). Zusammentreffen mit Sybille Mertens-Schaaffhausen (Plittersdorf) und Wilhelmine von Thielmann (Bad Godesberg). Bekanntschaft mit Johanna und Adele Schopenhauer (vielleicht erst 1830/31).
1829	**15. Juni.** Tod des Bruders Ferdinand. Anschließend anhaltende, schwere Krankheit.
	15. Sept. Überweisung an den Homöopathen Clemens Maria von Bönninghausen. Allmähliche Gesundheitsbesserung.
1829/30	Erste Entwürfe zur *Judenbuche*.
1830/31	Sept. 1830–Juni. 1831 Dritte Rheinreise (Clemens von Droste-Hülshoff, Moritz von Haxthausen). Aufgreifen der früheren Kontakte in Köln und Bonn. Umgang mit Adele und Johanna Schopenhauer.

3. Zeittafel zu Leben und Werk

1831 nach 9. Juni. Erstes Zusammentreffen mit Levin Schücking im Rüschhaus.

1833 Jan./Febr. Vorläufiger Abschluß der Arbeit am *Hospiz auf dem großen St. Bernhard*.

1833/34 Arbeit an der Versdichtung *Des Arztes Vermächtniß* (Beginn unklar).

1834 Febr./März. Beginn der Freundschaft mit dem Philosophiedozenten Christoph Bernhard Schlüter in Münster. Bekanntschaft mit Wilhelm Junkmann.

Aug.–Sept. Reise in die Niederlande (u. a. Zutphen, Apeldoorn, Arcen).

18. Okt. Heirat Jenny von Droste-Hülshoffs mit Joseph von Laßberg, mit dem sie nach Schloss Eppishausen in Erlen im Kanton Thurgau/Schweiz zieht.

1834/35 Winter. Beginn der Arbeit am der Verserzählung *Die Schlacht im Loener Bruch. 1623*.

1835 Juli/Aug. Reise nach Eppishausen mit Zwischenstation in Bonn.

Ausflüge in die Umgebung. Bearbeitung des *Lochamer Liederbuches*, Kompositionen. Es entstehen u. a. die Gedichte *Der Säntis* und *Der Graf von Thal*.

1836 29. Okt. Rückreise aus Eppishausen zunächst bis Bonn. Wohnung bei Pauline von Droste-Hülshoff.

1837 Arbeit an *Die Schlacht im Loener Bruch. 1623*. Bis Dezember Überarbeitung und Abschluss der beiden anderen Versdichtungen. Arbeit an der Opernkomposition *Die Wiedertäufer*.

5. Febr. Rückreise nach Rüschhaus mit Zwischenaufenthalt in Köln.

Febr./März. Konkrete Planung der Gedichtausgabe von 1838 (zusammen mit Schlüter und Junkmann).

April/Mai. Erster Besuch in Bökendorf und Abbenburg nach 17-jähriger Unterbrechung aufgrund der sogenannten Jugendkatastrophe.

11. Dez. Bekanntschaft mit Elise Rüdiger.

1838 Febr. Abschluss von *Die Schlacht im Loener Bruch. 1623*.

März–Anfang Juni. Entstehung der *Klänge aus dem Orient*.

April–Sept. Aufenthalt in Abbenburg und Bökendorf. Häufige Verwandtenbesuche. Wiedersehen mit Amalie Hassenpflug.

11. Aug. Erscheinen der *Gedichte von Annette Elisabeth von D.... H....* im Aschendorff-Verlag (Münster).

1838/39	Bildung eines literarischen Zirkels um Elise Rüdiger (»Hecken-Schriftsteller-Gesellschaft«), an deren Treffen Droste zeitweilig teilnimmt. Zu den Mitgliedern gehören Wilhelm Junkmann, Louise von Bornstedt und Levin Schücking, zum dem sich der Kontakt vertieft. Allmähliche Entfremdung von Schlüter und seinem Kreis.

Umzug der Familie Laßberg auf die alte Meersburg in Meersburg am Bodensee.

Wiederaufnahme der Arbeit an der *Judenbuche*.

1839	**Juli–Sept.** Reise nach Abbenburg und Bökendorf. Dort Zusammentreffen mit Amalie Hassenpflug. Besuche in Kassel, Wehrden und Erpernburg.

Aug. Wiederaufnahme der Arbeit am *Geistlichen Jahr* (zweiter Teil).

1840	Regelmäßige Besuche Schückings im Rüschhaus.

Jan. Vorläufiger Abschluss des *Geistlichen Jahres*. In den Folgejahren sukzessive Weiterarbeit an den Texten, ohne dass es zu einer endgültigen Fassung kommt.

März. Abschluss der *Judenbuche*.

Sept.–Nov. Niederschrift des Lustspiels Perdu! *oder Dichter, Verleger, und Blaustrümpfe*.

Im Verlauf des Jahres reiche Balladenproduktion. Es entstehen u. a. *Der Mutter Wiederkehr*, *Der Graue* und *Das Fräulein von Rodenschild* für Schückings *Das malerische und romantische Westphalen*.

1841	**Jan.–Mai.** Zweite Phase der Balladenproduktion für *Das malerische und romantische Westphalen*. Es entsteht u. a. *Der Tod des Erzbischofs Engelbert von Cöln*, ebenso Ortsbeschreibungen in Prosa.

März. Beginn der Arbeit an dem Westfalen-Roman *Bei uns zu Lande auf dem Lande*.

Mai/Juni. Mitarbeit an Schückings Roman *Der Familienschild*.

21. Sept. Abreise nach Meersburg (Ankunft 30.9.). Ausflüge in die Umgebung, u. a. nach Konstanz, Heiligenberg, Birnau, Hersberg, Langenargen.

9. Okt. Ankunft Schückings auf der Meersburg, der dort als Bibliothekar tätig wird.

1841/42	**Winter/Frühjahr.** Phase außergewöhnlicher Kreativität. Es entstehen ca. 60 Gedichte, u. a. die Balladen *Die Vergeltung* und *Die Schwestern*, der Zyklus der *Haidebilder*, die *Zeitbilder* sowie die Gedichte *Am Thurme*, *Mein Beruf*, *Am Bodensee*, *Die Taxuswand* und *Das Spiegelbild*.

Mitarbeit an Schückings Roman *Das Stiftsfräulein*.

3. Zeittafel zu Leben und Werk

1842 Febr.–Sept. Auf Vermittlung Schückings erscheinen sieben der neu entstandenen Gedichte im Cotta'schen *Morgenblatt für gebildete Leser*.

2. April. Abreise Schückings von der Meersburg. Es schließt sich ein intensiver Briefwechsel an.

April/Mai. In Fortsetzungen erscheint im Cotta'schen *Morgenblatt*: *Die Judenbuche. Ein Sittengemälde aus dem gebirgigten Westphalen*.

Mai/Juni. Niederschrift der *Westphälischen Schilderungen aus einer westphälischen Feder* zur Unterstützung von Schückings Arbeiten für das Sammelwerk *Deutschland im 19. Jahrhundert*.

29. Juli. Abreise von der Meersburg.

Aug.-Dez. Es entsteht *Der SPIRITUS FAMILIARIS des Roßtäuschers*.

Intensivierung der Beziehung zu Elise Rüdiger.

1843/44 Arbeit an der Vorbereitung der Gedichtausgabe von 1844. Abschriften und einige neue Gedichte.

1843 Während des Jahres häufige schwere Krankheiten.

Juni–Aug. Familienbesuch in Abbenburg. Reisen nach Wehrden, Corvey, Erpernburg und Heessen.

20.(?) Sept. Abreise zum zweiten Besuch in Meersburg (Ankunft am 3.10.).

7. Okt. Heirat Schückings mit Louise von Gall.

17. Nov. Ersteigerung des oberhalb Meersburgs gelegenen Fürstenhäusles samt Rebgelände.

31. Dez. Fertigstellung der Abschriften für die Gedichtausgabe von 1844.

1844 17. Jan. Übersendung des Manuskripts der Gedichtausgabe von 1844 an Schücking, der die weitere Betreuung des Bandes übernimmt.

Febr./März. Entstehung von sechs Gedichten für einen von Schücking und Emanuel Geibel geplanten Musenalmanach, darunter *Gemüth* und *Mondesaufgang*.

April/Mai. Entstehung von zehn bis zwölf Gedichten zur Veröffentlichung im *Morgenblatt*, darunter *Spätes Erwachen*, *Die todte Lerche* und *Lebt wohl*.

6.–30. Mai. Besuch des Ehepaares Schücking in Meersburg.

Juni–Sept. Es entstehen die Gedichte *Grüße* und *Im Grase*.

14.(?) Sept. Erscheinen der *Gedichte von Annette Freiin von Droste-Hülshof* im Cotta-Verlag (Stuttgart, Tübingen).

23. Sept. Rückreise von Meersburg nach Rüschhaus (Ankunft am 26.9.).

Okt. Arbeit an der Kriminalgeschichte *Joseph* (bis mindestens Mai 1845).

1845 Anhaltende Gesundheitsverschlechterung. Entfremdung von Schücking.

23. Febr. Tod der ehemaligen Amme Catharina Plettendorf im Rüschhaus.

20. Mai–2. Okt. Aufenthalt in Abbenburg. Es entstehen die sogenannten Abbenburger Gedichte (u. a. *Auch ein Beruf*, *Das verlorne Paradies*, *Gethsemane*).

Weitere Gesundheitsverschlechterung.

1. Okt.–1. Nov. Erscheinen der *Westphälischen Schilderungen aus einer westphälischen Feder* in den *Historisch-politischen Blättern für das katholische Deutschland*.

1846 Erneute Erkrankung und anhaltende gesundheitliche Schwächung. Dauerhafte Behandlung durch Bönninghausen.

April. Endgültiger Bruch mit Schücking nach Lektüre von dessen Roman *Die Ritterbürtigen*.

Mitte Sept. Trotz gesundheitlicher Probleme Reise nach Meersburg mit 14-tägigem Zwischenaufenthalt in Bonn (bei Pauline von Droste-Hülshoff).

1847 Angegriffene Gesundheit unterbrochen von wenigen kurzen Phasen der Besserung.

21. Juli. Testamentsniederschrift.

1848 **24. Mai.** Tod der Autorin.

26. Mai. Beisetzung auf dem Meersburger Friedhof.

4. Personenregister

Aachen, Johanna von 16, 38, 66
Abraham a Sancta Clara (d.i. Megerle, Johann Ulrich) 203
Achterfeld, Johann Heinrich 13
Addison, Joseph 117
Adelung, Johann Christoph 408
Adolph von Cöln (Erzbischof von Köln) 188
Adorno, Theodor W. 571
Aichinger, Ilse 610
Aischylos 105
Albrecht, Wolfgang 62, 67, 531
Allerdissen, Rolf 525
Alt, Peter-André 80
Altenhofer, Norbert 57
Althaus, Thomas 61
Alton, Eduard d' 11, 13, 65, 169, 175
Ammann, Ludwig 158, 483
Ancillon, Johann Peter Friedrich 31
Andersen, Hans Christian 561
Angelus Silesius (d.i. Scheffler, Johannes) 31
Anneke, Mathilde Franziska 23, 50, 402, 438, 440, 441
Antipatros von Thessalonike 391
Applegate, Celia 492
Aquitanien, Eleonore von 117
Arcimboldo, Giuseppe 284
Arend, Angelika 214, 219, 220, 225, 226, 344
Arendt, Dieter 646
Arens, Eduard 103, 168, 213, 327, 366, 432, 687, 710
Aristoteles 464
Arndt, Ernst Moritz 7, 83, 302, 336, 556
Arnim, Achim von 7, 84, 100, 208, 398, 430
Arnim, Bettina von (geb. Brentano) 1
Arnold-de Simine, Silke 185, 289
Arnswaldt, Anna von (geb. von Haxthausen) 9, 125, 438, 480

Arnswaldt, August Friedrich Ernst von 8–10, 15, 102, 308, 661, 697
Aston, Louise 671
Auber, Daniel Francais Esprit 542
Aulbach-Reichert, Brunhilde 401
Ausländer, Rose 712
Austen, Jane 57

Baader, Franz von 30, 79
Babka, Anna 674, 675
Badt, Bertha 499, 687, 699
Baer, Ernst von 77
Baillie, Joanna 473, 474, 702
Ballenstedt, Johann Georg Justus 246, 255
Balzac, Honoré de 17, 38
Banciu, Carmen-Francesca 713
Bánk, Zsuzsa 713
Bankwitz, Arthur 131
Barkhoff, Jürgen 78, 148, 320, 375
Barry 76, 171, 172, 175
Barthel, Karl 696
Barthes, Roland 162, 578
Baudelaire, Charles 55, 142, 146, 276, 334, 428, 553, 561, 562, 565, 566, 567, 672
Bauer, Ludwig Amandus 20, 43, 73, 530
Bauer, Winfried 53
Baumann, Barbara 53
Baumann, Tjark 715
Baumgärtner, Alfred Clemens 257
Baußmann, Edda 719
Becher Cadwell, Cornelia 517
Becker, Hans J. 414
Becker, Nikolaus 46
Becker-Cantarino, Barbara 629
Beckers, Hartmut 82, 84, 85
Beer, Gillian 243
Beethoven, Ludwig van 103, 542
Begemann, Christian 600, 701
Behr, Hans-Joachim 46, 48, 49

Behschnitt, Wolfgang 494, 531
Beland, Hermann 245, 255
Belemann, Claudia 673, 702
Beneke, Friedrich 8, 11, 542
Benjamin, Walter 29, 333
Benn, Gottfried 570, 711
Berend, Soistmann 508, 510, 511
Berens, Ernestine 432
Bergson, Henri 278
Bernd, Clifford A. 701
Berndt, Frauke 465, 467, 468, 675
Berning, Stephan 128, 130, 132, 134, 138, 150, 151, 153, 624, 641
Bertuch, Friedrich Justin 76, 77, 233, 245, 301, 439
Bessel, Friedrich Wilhelm 74
Besser, Hans 16
Besser, Hermann 38
Beumer, Isabeella 712
Beutin, Wolfgang 54
Beuys, Barbara 132, 293, 705
Bianchi, Bruna 129, 267, 270, 282, 289, 306, 583, 677, 702
Binek, Melanie 264
Bischoff, Doerte 465
Blake, William 55, 414
Blakert, Elisabeth 20, 195, 683
Blanckenburg, Friedrich von 477, 585
Blasberg, Cornelia 36, 55, 66, 68, 75, 90, 93, 94, 96, 97, 200, 208, 248, 250, 259, 272, 396, 443, 455, 483, 485, 500, 556, 557, 585, 610, 617, 663, 667, 703, 706
Bleutge, Nico 712
Bloom, Harold 256
Bluhm, Lothar 532
Blümel, Michael 716
Blumenbach, Johann Friedrich 78, 86, 303
Blumenberg, Hans 75, 294, 392
Bobrowski, Johannes 711
Boccaccio, Giovanni 517
Bockhorst, Wolfgang 44
Bode, Dietrich 508
Bodmer, Johann Jakob 426

Bodsch, Ingrid 724
Böhme, Gernot 260, 261
Böhme, Hartmut 260, 261, 659
Bohrer, Karl Heinz 94
Boie, Heinrich Christian 26, 27
Boileau, Nicolas 523, 542
Boisserée, Melchior 11
Boisserée, Sulpiz 11, 82
Bomhoff, Katrin 401
Bonati-Richner, Silvia 531, 532
Bonheim, Günter 520, 522
Bonitz, Matthias 715
Bönninghausen, Clemens Maria von 12, 24, 79, 92, 603
Borchmeyer, Dieter 342, 412
Borengässer, Norbert M. 83, 646
Borgards, Roland 603
Börnchen, Stefan 148, 318–320, 378
Börne, Ludwig 48, 336
Bornstedt, Luise von 14, 16, 31, 38, 64, 66, 91, 471, 593
Böschenstein, Bernhard 244, 568, 712
Böschenstein, Renate 191, 231, 253, 277, 278, 293, 309, 316, 340, 341, 345, 378, 384, 453, 483, 493, 585, 706
Bosse, Anke 516, 520
Bosse, Heinrich 65
Bothe, Friedrich Heinrich 18
Bothmer, Heinrich von 722
Bothmer, Helen von (geb. Davis) 723
Botzenhart, Manfred 525
Bourdieu, Pierre 60, 63
Bovenschen, Silvia 465
Boyle, Nicholas 54
Brall, Arthur 276, 279, 280
Brandes, Helga 473
Brandmeyer, Rudolf 592
Brandstetter, Gabriele 72
Braun, Johann Wilhelm Joseph 13, 66, 83, 171, 682
Braun, Joseph Eduard 188
Braungart, Georg 228, 246, 650
Braungart, Wolfgang 427, 642, 643, 645

4. Personenregister

Bremer, Björn 437
Bremer, Frederika 31
Brenner, Peter 53
Brentano, Clemens von 7, 56, 84, 128, 414, 546, 571
Brett, Doris 522
Brisseau de Mirbel, Charles 302
Brockes, Barthold Heinrich 220, 224, 406, 427, 459
Brockhaus, Friedrich Arnold 168–170, 239
Brockpähler, Renate 542
Bronfen, Elisabeth 185
Brown, Jane K. 521, 523
Broxtermann, Theodor Wilhelm 28
Bruch, Garcia 331
Brühl, J. A. Moriz 696
Brun, Friederike 103
Brüning, Gerrit 322
Büchner, Georg 48, 217, 534, 554, 556, 557, 598, 603, 610, 644
Buchner, Wilhelm 158
Buckland, William 246
Buff, Charlotte 27
Buhles, Günter 715
Bunzel, Wolfgang 52, 57, 61
Burdach, Christian Gottfried Heinrich 104
Bürger, Gottfried August 26–28, 100, 101, 108, 117, 120, 224, 361, 364, 368, 397, 407, 640
Burkart, Erika 712
Busch, Catharina Elisabeth
→ Schücking, Catharina Elisabeth
Bußmann, Klaus 541
Butkus, Günther 508
Butler, Judith 675
Byrd, Vance 20, 525
Byron, George Gordon Noel Lord 13, 38, 56, 101, 119, 120, 158, 168, 170, 179, 188, 191, 192, 258, 336, 423, 546, 582, 587, 647, 693

Caduff, Corina 548
Caesar (Gaius Julius Caesar) 468
Calderon de la Barca, Pedro 453
Cardauns, Hermann 687, 697
Carlyle, Thomas 57
Carne, John 75, 171
Carossa, Hans 711
Carvacchi, Karl 16, 38, 66, 509
Casula, Mario 646
Celan, Paul 146, 244, 553, 568, 711
Cervantes Saavedra, Miguel de 4
Chamisso, Adelbert von 38, 693
Charpentier, Julie von 7
Chase, Jefferson S. 526
Chopin, Frederic 336
Christaller, Helene 712
Christensen, Inger 712
Christian, Erhard 414
Christian, Herzog von Braunschweig-Lüneburg-Wolfenbüttel (Bischof von Halberstadt) 186, 187, 249
Cicero, Marcus Tullius 100
Cixous, Hélène 674
Claasen, Johannes 109
Claudius, Matthias 26, 406
Clifford, Rosamunde de 117
Clock, Claes Jansz 261
Coleridge, Samuel Taylor 56
Cölln, Jan 322
Connell, Robert W. 676
Conrad, Horst 47, 99
Conrad, Maren 108, 109, 361, 588
Corleis, Gisela 712
Cornelius, Peter 156
Correga, Nina 539
Cotta von Cottendorf, Johann Georg 34, 196, 197, 265, 276, 404, 479, 555, 582, 583, 685, 686, 695
Cranach, Lucas d.Ä. 268
Crary, Jonathan 73, 242, 259, 375, 496, 605
Crichton, Mary C. 266
Culler, Jonathan 408, 409, 635
Cunningham, Alan 31, 56, 473
Curtius, Mechthild 713
Cuvier, Georges 177, 243, 653, 654

Dahlhaus, Carl 547
Dante Alighieri 125, 412
Darwin, Charles 73, 653
Decken, Charlotte von der 99, 109, 110, 111, 113
Dennerlein, Katrin 660
Derrida, Jacques 630
Descartes, René 609
Deschamps, Émile 545
Deselaers, Paul 639, 642
Detering, Heinrich 55, 56, 129, 132, 135–137, 141, 142, 145, 146, 148, 154, 155, 216, 220, 246, 289, 452, 549, 553, 567, 569, 570, 574–576, 604, 638, 641, 647, 650, 651, 657, 665, 694
Dettmering, Peter 252
Deupmann, Christoph 557
Dick, Ernst S. 521, 525
Dickens, Charles 593
Dickinson, Emily 561
Diepenbrock, Melchior von 445, 453, 640
Dingelstedt, Franz 34, 36
Dischereit, Esther 430
Ditt, Karl 699
Ditz, Monika 37, 314
Döblin, Alfred 610
Doebele-Flügel, Verena 219, 418
Doerr, Karin 526, 527
Dollinger, Petra 358
Domke, Britta 26
Donahue, William Collins 521, 526, 527
Donhauser, Michael 273, 274, 712, 713
Dormann, Helga 440
Douw, Gerard 535
Draesner, Ulrike 712
Dräxler-Manfred, Carl Ferdinand 403, 404
Droste, Everwin von 501
Droste, Heinrich I. von 720
Droste, Johann IV. von 720
Droste-Hülshoff, Anna Elisabeth (Großtante und Patin) 44

Droste-Hülshoff, Caroline von (geb. von Wendt-Papenhausen) 92
Droste-Hülshoff, Clemens August von (Vater) 2, 3, 11, 81, 478, 492, 501, 539, 719
Droste-Hülshoff, Clemens von (Vetter) 3, 11, 13, 83, 646
Droste-Hülshoff, Elisabeth von (Nichte) 687, 695
Droste-Hülshoff, Ernst Konstantin von (Onkel) 44
Droste-Hülshoff, Ferdinand von (Bruder) 2, 12, 312
Droste-Hülshoff, Ferdinand von (Neffe) 719
Droste-Hülshoff, Heinrich Wilhelm von (Urgroßvater) 539
Droste-Hülshoff, Heinrich von 720
Droste-Hülshoff, Jenny (Maria Anna) von → Laßberg, Jenny (Maria Anna) von
Droste-Hülshoff, Jutta von 720
Droste-Hülshoff, Karl von 722
Droste-Hülshoff, Marie von (geb. Bothmer) 722
Droste-Hülshoff, Maximilian Friedrich von 3, 4, 10, 540, 541
Droste-Hülshoff, Therese von (geb. von Haxthausen) 2, 3, 5, 14, 16, 31, 64, 99, 100, 105, 119, 158
Droste-Hülshoff, Werner von 719
Droste-Hülshoff, Werner Constantin von 2, 11, 12, 23, 25, 46, 47, 71, 92, 95, 171, 188, 366, 684
Droste-Stapel, Johannes von 92
Droste zu Vischering, Clemens August von (Erzbischof) 48
Droste zu Vischering, Maximilian von (Erbdroste) 49
Drux, R. 628
Dufour, Joseph 719
Dülmen, Richard van 70
Dumas, Alexandre 56
DuMont-Schaumberg, Carl Joseph Daniel 66, 682

4. Personenregister

Dupin, Aurore → Sand, George
Dürbeck, Gabriele 262, 652
Dürr, Walther 546, 547

Eckermann, Johann Peter 517, 630
Eggert, Hulda 696
Eichendorff, Joseph von 125, 282, 341, 383, 407, 423, 427, 431, 555, 571, 573, 574, 638, 641, 693, 696
Eichrodt, Ludwig 598
Eilers, Edgar 131, 638
Eilts, Axel 49
Eke, Norbert Otto 472
Eliot, T.S. 168
Elisabeth von Thüringen 634
Engel, Eduard 168
Engel, Johann Jakob 588
Engel, Manfred 57
Engelbert I. (Erzbischof von Köln; Engelbert II., Graf von Berg) 365–367, 369
Engelhardt, Dietrich von 78, 303
Engels, Friedrich 56
Ennemoser, Joseph 79
Erhart, Walter 54, 55, 130, 165, 374, 503, 504, 531, 554, 556
Ernst, Paul 517
Esche, Anneliese 40
Eschmann, Gustav 685–687
Esenbeck, Christian Gottfried Daniel Nees von 83
Estermann, Alfred 57
Eusterschulte, Anne 605

Fauser, Markus 443, 553, 557, 578
Fechner, Gustav Theodor 623
Fellerer, Karl Gustav 540, 541
Felman, Shoshana 675
Fennewitz, Lisette 539, 721
Fenouillot de Falbaire de Quingey, Charles-Georges 544
Ferchl, Irene 18, 710, 711, 722
Fetzer, John 414
Feuerbach, Ludwig 83
Fiedler, Krischan 415

Figel, Johann Baptist 266
Fischer, Helmut 324
Fitscher, Marita 340, 342
Florencourt, Franz von 622
Folkerts, Liselotte 716, 720
Fontane, Theodor 55, 520, 578, 584, 598, 600
Foucault, Michel 71, 666
Fouqué, Friedrich Heinrich de la Motte 38, 119, 189, 542, 543, 546
Fourier, Charles 210
Franck, Hans 712
Frank, Caroline 553, 660
Frank, Gustav 62, 67, 73, 598, 601
Frank, Horst Joachim 276, 323
Frank, Manfred 208
Frederiksen, Elke 671, 674, 702
Freiligrath, Ferdinand 17, 23, 34, 38, 39, 63, 66, 67, 84, 158, 195, 197, 199, 200, 209–213, 291, 337, 339, 349, 359, 374, 379, 414, 447, 470, 471, 490, 491, 493, 494, 498, 503, 530, 555, 562, 601, 684, 694
Frenschkowski, Helena 339, 340, 342, 610
Frenzel, Elisabeth 430
Freud, Sigmund 121, 182, 313, 316, 342, 346, 347
Freund, Anna 112
Freund, Winfried 54, 255, 339, 340, 341, 384, 405, 422, 599, 611, 705
Fricke, Gerhard 54
Fricke, Hannes 520, 521
Friedrich Wilhelm III. (König von Preußen) 540
Friedrich, Caspar David 284
Friedrich, Hugo 562, 565, 566, 571
Friedrich Wilhelm IV. 86
Frommann, Georg Karl 17
Fugger, Jakob 722
Fülleborn, Ulrich 54, 518, 555, 598
Funke, Carl Philipp 76
Fürstenberg, Franz von 26

Gabriel, Ange Jacques 541
Gabryś, Anna 336
Gadamer, Hans-Georg 627
Gahse, Zsusanna 713
Gaier, Ulrich 18, 46, 575
Galen, Ferdinand Graf von 48
Galen, Hans 705, 724
Gall, Louise von → Schücking, Louise
Galland, Jean Antoine 157
Galliéris, Antonetta de 71
Galliéris, Nicolas Cornelis 71
Gallitzin, Adelheid Amalie Fürstin von 28, 84, 699, 718
Galvani, Luigi 77, 78
Gamper, Michael 72
Gantert, Klaus 71
Gardian, Christoph 520, 524
Gauß, Carl Friedrich 78
Gebauer, Mirjam 517, 518
Gebhard, Walter 645
Geffers, Andrea 482, 488, 671, 674
Geibel, Emanuel 21, 34, 403, 404
Geisenhanslüke, Achim 333, 555, 557, 574, 612
Gelbin, Cathy S. 430
Gellert, Christian Fürchtegott 95, 96, 477
George, Stefan 428, 572
Gerstenberg, Heinrich Wilhelm von 26
Gervinus, Georg Gottfried 129
Gesse, Sven 168, 587, 588
Glaser, Hermann 53, 54, 599
Gnüg, Hiltrud 64
Gödden, Walter 2, 4, 7, 8, 11, 12, 14, 18, 26, 27, 29, 32, 39, 56, 61, 67, 70, 71, 77, 79, 82, 84, 86, 87, 90, 91, 94, 95, 100, 103, 314, 337, 464, 475, 494, 542, 589, 645, 646, 663, 689, 694, 695, 696, 704, 705, 713, 717, 721, 722
Godel, Rainer 713
Godwin-Jones, Robert 521
Goethe, Johann Wolfgang von 5, 6, 26, 28, 57, 82, 103, 110, 112, 116, 125, 130, 145, 154, 157, 159–161, 163, 164, 168, 227, 229, 244, 255, 256, 265, 286–288, 297, 298, 321, 322, 336, 361, 370, 371, 399, 407, 409, 413, 423, 424, 464, 517, 546, 561, 571, 587–589, 600, 627, 630, 631, 633, 635, 636, 653, 654, 666, 673
Gogol, Nikolai Wassiljewitsch 561
Göhre, Frank 508
Goldfuß, August 83
Goldsmith, Oliver 346
Görres, Guido 22, 530, 684
Görres, Joseph 22, 201
Görres, Marie (geb. Vespermann) 22
Gössmann, Wilhelm 132, 149, 151, 208, 280, 281, 344, 425, 531, 610, 625, 701
Gotter, Friedrich Wilhelm 26
Gotthelf, Jeremias 53, 645
Göttsche, Dirk 58, 61
Grabbe, Christian Dietrich 38, 346, 447, 471, 554, 557, 694
Gramatzki, Susanne 440
Grau, Esther 713
Gray, Richard T. 520, 521, 525, 526
Gregory, T. 652
Greve, Gisela 610, 706
Grillparzer, Franz 64, 190, 414
Grimm, Jacob 4, 7, 15, 81, 84–86, 88, 95, 204, 212, 250, 267, 274, 297, 299, 331, 337, 383, 397–399, 408, 430, 453, 478, 492, 499, 588, 602, 638, 721
Grimm, Ludwig Emil 715, 721
Grimm, Wilhelm 4, 7, 8, 15, 81, 84–86, 88, 95, 102, 204, 212, 252, 267, 274, 297, 299, 331, 337, 383, 397–399, 408, 453, 478, 492, 499, 588, 602, 638, 721
Grimmelshausen, Johann Jacob Christoph von 399
Groeben, Norbert 640
Gropp, Birgit 720
Großklaus, Götz 663
Gryphius, Andreas 55, 128,

Grywatsch, Jochen XI, 2, 4, 7, 18, 20, 27, 29, 55, 56, 68, 80, 90, 96, 97, 114, 122, 182, 189, 195, 217, 226, 229, 230, 231, 236–238, 260, 264, 276, 277, 280, 301, 306, 329, 332, 374, 376, 383, 443, 452, 487, 490, 496, 498, 500, 516, 519, 523, 527, 556, 562, 563, 569, 574, 575, 592, 593, 613, 622, 632, 660, 662, 664, 665, 668, 669, 692, 696–698, 701, 704–706, 709, 716–719, 721–724
Günderode, Karoline von 1
Gundolf, Friedrich 699, 700
Gunia, Jürgen 452
Günther, Anton 30, 79
Güth, Volker 715
Guthrie, John 282, 293, 416, 423, 499, 527
Gutzkow, Karl 34, 61, 63, 67, 129, 474
Gymnich, Marion 591

Hackländer, Friedrich Wilhelm 36, 620
Haeckel, Ernst 653
Hafis (Muhammed Schams ed-Din) 159
Hagelstange, Rudolf 711
Hager, F. 652
Hahl, Werner 599
Hahn, Ulla 712
Hahnemann, Samuel 12, 79
Hahn-Hahn, Ida Gräfin von 17, 38, 128
Hallamore, Joyce 610
Haller, Albrecht von 258
Haller, Karl Ludwig von 85
Haller, Rudolf 339, 342
Hallet, Wolfgang 667
Halsband, Karl Franz 198
Hammer-Purgstall, Joseph von 159–161, 447, 448
Hammerstein-Equord, Hans Georg von 633
Häntzschel, Günter 132, 135, 139, 141, 145, 146, 173, 207, 218–220, 262–264, 276, 280, 284, 376, 391, 414, 442, 565, 651

Haraway, Donna 652, 655
Hardtwig, Wolfgang 46
Harff-Dreiborn, Charlotte 445
Harkort, Friedrich 47
Harris, Martin 45, 50
Harsch, Herta E. 610, 706
Harsdörffer, Georg Philipp 261
Hart, Julius 697
Hasenkamp, Gottfried 457, 458
Hasler, Ludwig 78, 79
Hassenpflug, Amalie 15, 16, 23, 91, 287, 314, 316, 318, 416, 438, 439, 498, 511, 630, 632, 635, 703
Hassenpflug, Carl 716
Hassenpflug, Dorothea von 314
Hatzfeld, Adolf von 711
Hauff, Hermann 19, 34, 507, 684
Hauff, Wilhelm 158, 398
Hauptmann, Gerhart 711
Hauthal, Janine 586, 588
Haverbusch, Aloys 693, 694, 704, 709
Haxthausen, Anna von → Arnswaldt, Anna von
Haxthausen, August von 4, 7, 9, 25, 81, 84–88, 100, 102, 398, 492, 500, 508, 509, 518, 548, 588, 602, 684, 721
Haxthausen, Betty von 11
Haxthausen, Carl von 4, 82
Haxthausen, Caspar Moritz von 510
Haxthausen, Clemens von 83
Haxthausen, Friedrich von 23, 71, 92, 97, 449
Haxthausen, Ludowine von 4, 71, 252, 398
Haxthausen, Maria Anna von (geb. Wendt-Papenhausen) 3, 10, 89, 124, 641, 721
Haxthausen, Moritz Elmerhaus von 11, 12, 71, 82, 83, 629
Haxthausen, Pauline von, Witwe von Clemens August von 83
Haxthausen, Raban-Heinrich 721
Haxthausen, Sophie von 4, 48, 95, 103, 466

Haxthausen, Therese von → Droste-Hülshoff, Therese von
Haxthausen, Werner Adolf von 3, 511, 721
Haxthausen, Werner von 4, 5, 7, 8, 11, 28, 43, 45, 47, 71, 81–85, 88, 91, 100–102, 104, 105, 398, 540, 588, 628, 721
Haxthausen, Wilhelmine Antonette von 510
Haydn, Joseph 3, 540
Hazlitt, William 57
Hebbel, Friedrich 598
Heeke, Ursula 473
Hegel, Georg Wilhelm Friedrich 72, 464, 549, 572, 600
Heine, Heinrich 34, 38, 48, 52, 67, 168, 179, 197, 200, 202, 208–211, 282, 336, 346, 350, 354, 417, 432, 433, 493, 499, 554, 557, 561, 564, 572, 578, 579, 639, 660, 693, 701
Heinrich II. 117
Heinz, Heide 132
Heinz, Melanie 132
Heise, Ursula 262
Heitmann, Felix 701
Helfer, Martha B. 316, 521, 522, 527
Henckmann, Gisela 262, 284
Henel, Heinrich 519, 523, 524, 701
Hensel, Fanny 546
Hensel, Louise 414
Herder, Johann Gottfried von 76, 108, 157, 169, 360, 397, 413, 484, 588
Hermes, Georg 83, 646, 647
Herwegh, Emma 50
Herwegh, Georg 62, 197, 199, 209, 336
Heselhaus, Clemens 107, 124, 132, 153, 190, 201, 206–208, 213–215, 219–224, 226, 227, 230, 231, 232, 239, 241, 249, 262, 266, 269, 281, 284, 297–299, 319, 327, 342, 344, 374, 376, 377, 398, 405, 406, 411, 413, 414, 416, 429, 437, 438, 453, 455, 458, 500, 504, 527, 553, 574, 672, 688, 700, 703, 705

Heselhaus, Herrad 214, 228
Hesse, Max 687
Heßelmann, Peter 86, 87, 492, 602
Heydebrand, Renate von 128, 416, 496, 502, 592, 697, 703
Heyse, Paul 20, 508, 517, 697, 711
Hildebrand, Olaf 592
Hiltbrunner, Otto 447
Hilzinger, Sonja 482
Hinck, Walter 592
Hirsch, Karl-Georg 716
Hnilica, Irmtraud 464, 531, 553, 557, 672, 706
Hoff, Dagmar von 464
Hoffmann von Fallersleben (d.i. August Heinrich Hoffmann) 38, 199, 210
Hoffmann, Christoph 74
Hoffmann, Ernst Theodor Amadeus 7, 56, 62, 80, 100, 112, 208, 331, 339, 383, 430, 673
Hoffmann, Freia 539–541, 543, 545
Hoffmann, Lore 701
Hoffmann, Werner 367
Höfling, J. G. 526
Hofmannsthal, Hugo von 401
Hohendahl, Peter Uwe 61, 472
Hohenhausen, Elise von (geb. von Ochs) 16, 22, 37, 38, 40, 56, 66, 168, 169, 206, 402, 403, 429, 432, 593
Hohenhausen, Henriette von 17, 38, 68, 471, 632, 633
Hohenhausen, Leopold von 37, 38
Hölderlin, Friedrich 125, 210, 288, 336, 426, 642
Höllerer, Walter 168
Hölty, Ludwig Christoph Heinrich 26
Holzhauer, Heinz 525
Homann, Ludwig 713
Homer 105, 600
Honold, Alexander 131, 136, 146
Horaz (Quintus Horatius Flaccus) 131, 139, 152, 430, 455, 585
Horstmann-Guthrie, Ulrike 520
Höving, Vanessa 706

4. Personenregister

Howe, Patricia 271, 289, 527, 702
Hub, Ignaz 156, 693, 694
Huchel, Peter 568, 711
Hufeland, Christoph Wilhelm 77
Hüffer, Eduard 66
Hüffer, Hermann 90, 456, 682, 687, 696, 697, 698
Huge, Walter 501, 502, 508–510, 516, 517, 520, 521, 598, 696, 701, 704
Hugo, Victor 56, 158
Humboldt, Alexander von 192, 322
Hundt, Friedrich 626
Hüser, Karl 46
Huszai, Villö Dorothea 521, 522
Huyer, Michael 720

Iehl, Dominique 173, 176
Iffland, August Wilhelm 464
Ilbrig, Cornelia 426, 610, 612
Immermann, Karl Leberecht 17, 38, 52, 212, 447
Ingesmann, Lars 341, 342
Irigaray, Luce 674
Irving, Washington 16, 69, 93, 478, 499, 500, 621
Isenburg, Friedrich von 365–368

Jacob, Angelika 713
Jacobi, Friedrich Heinrich 27
Jaeschke, Walter 132
Jäger, Georg 600
Jäger, Hans-Wolf 188, 192
Jahn, Ilse 72
Jakob, Hans-Joachim 472, 475
Jakubów, Marek 354
Janda, Georg 521
Jansen, Heinz 723
Jérôme Bonaparte (König von Westphalen) 43
Johnson, Barbara 675
Jordan, Lothar 128, 179, 190, 243–245, 414, 574, 640, 646, 686, 695, 704
Jouy, Victor Joseph de 56, 478
Jünger, Ernst 443, 711

Jung-Hoffmann, Christina 465
Junkmann, Wilhelm 14–16, 31–33, 38, 66, 116, 127, 156, 167, 213, 287, 305, 507, 534, 543, 545, 632, 682–686, 693, 695, 701, 710

Käfer, Anne 638
Kafka, Franz 520, 553, 610, 672
Kaiser, Gerhard 224, 302
Kallinger, Christine 290
Kaltenmark, Hubert 716
Kansteiner, Armin 541
Kant, Immanuel 277, 408, 464, 605, 609, 653
Karlin, Daniel 418
Karsch, Anna-Louisa 648
Karwath, Juliane 712
Kaspar, Fred 720
Katerkamp, Theodor 31
Kauffmann, Kai 157
Kaulbach, F. 652
Kayser, Wolfgang 213, 700
Keinemann, Friedrich 44
Keller, Gottfried 64, 553, 600
Kemman, Ansgar 606
Kemper, Dirk 55
Kerner, Justinus 34
Ketteler, Joseph Wilhelm 539
Kielmeyer, Friedrich 78
Kierkegaard, Sören 446
Kiesel, Helmuth 567
Kilcher, Andreas 115, 518, 526, 615
Kilchmann, Esther 202, 203, 251, 494, 521, 522, 527, 531
Kinkel, Gottfried Wilhelm 403
Kinkel, Johanna (geb. Mockel) 13, 546
Kinkel, Tanja 713
Kippenberger, Martin 716
Kirsch, Sarah 568, 703, 712
Kirsten, Wulf 568, 712
Kittstein, Ulrich 145, 405, 459, 651
Klare, Jan 715
Klein, Ulrich 366, 369, 425
Kleinschmidt, Christoph 508, 520
Kleist, Ewald Christian von 103

Kleist, Heinrich von 610
Klesl, Melchior 789
Kletke, Hermann 351
Kling, Thomas 712
Klopstock, Friedrich Gottlieb 4, 5, 26, 28, 100, 145, 146, 169, 210, 229, 308, 330, 352, 459, 474, 588, 629
Kloster, Jens 724
Kluge, Carl A. F. 79
Kluge, Gerhard 535
Klüger, Ruth 570
Knapp, Albert 31, 457
Knapp, J. F. 366
Koch, Hans-Gerd 710
Koch, Max 168
Kohl, Johann Georg 512
Köhn, Lothar 96, 174, 176, 185, 614, 666, 689, 703
Kolmar, Gertrud 711
Konersmann, Ralf 115
Koopmann, Helmut 110, 290, 291, 357, 445, 518, 524, 592, 594–596, 641, 705
Kord, Susanne 703
Körner, Theodor 336, 348
Körte, Wilhelm 332
Korschunow, Irina 713
Korten, Lars 517, 518, 524
Kortländer, Bernd 4, 28, 31, 32, 38, 103, 105, 110, 119, 291, 339, 376, 377, 426, 427, 464, 493, 508, 518, 523, 524, 556, 576, 579, 593, 638, 645, 646, 681, 689, 696, 697, 699, 704
Koschorke, Albrecht 74, 375, 486
Kosegarten, Ludwig Gotthard 100
Köster, Udo 555
Kotzebue, August von 349, 464
Kozielek, Gerard 335, 337
Kraft, Herbert 156, 162, 165, 214, 220, 241, 255, 258, 308, 342, 391, 406, 512, 521, 522, 526, 531, 549, 672, 703
Kramer, Anke 277, 278, 280, 375
Kraß, Martin 83
Kraß, Maximilian 699

Krauss, Karoline 521
Krechel, Ursula 647
Kreis, Rudolf 518, 521
Kreiten, Wilhelm 90, 168, 366, 534, 548, 686–688, 695
Kreling, K. von 56
Kremer, Detlef 115, 518, 615
Krimmer, Elisabeth 293, 294, 702
Kristeva, Julia 674
Krünitz, Johann Georg 225
Krus, Horst-Dieter 510, 511
Kruse, Joseph A. 639
Kubin, Alfred 716
Kuckart, Judith 678, 714
Kühlmann, Wilhelm 140, 391, 392, 459, 460, 567, 643
Künast, Eugen Christoph Benjamin 357
Kurz, Hermann 20, 508, 697, 711
Kurz, Stephanie 714
Kurz, Wilhelm 176

La Roche, Sophie von (geb. Gutermann) 27
Laak, Lothar van 439
Labaye, Pierre 443
Lacan, Jacques 342, 674
Lachmann, Karl 81, 426
Lahrkamp, Monika 42, 46
Lamarck, Jean-Baptiste de 78
Lamartine, Alphonse de 56
Lamb, Charles 57
Landgrebe, Alix 336
Lange-Kirchheim, Astrid 185, 520, 677
Langen, August 252, 419
Langenbach, Alma 379
Langewiesche, Wilhelm 337, 362, 366, 367, 370, 371, 387, 470
Langgässer, Elisabeth 711
Lasker-Schüler, Else 711
Laßberg, Hildegard von 14, 25, 686, 687, 695, 696, 722
Laßberg, Hildegunde von 14, 25, 686, 687, 695, 696, 722
Laßberg, Jenny (Maria Anna) von (geb. von Droste-Hülshoff) 2, 8, 12–14,

4. Personenregister

18, 25, 34, 40, 44, 60, 90, 91, 92, 127, 197, 227, 305, 454, 459, 464, 494, 499, 501, 507, 539, 542, 684, 685, 715, 718, 722
Laßberg, Joseph von 13, 14, 18, 25, 35, 45, 50, 67, 75, 80, 81, 84, 90, 171, 178, 197, 266, 273, 282, 297, 305, 426, 492, 545, 548, 627, 682, 721, 722
Lasslop, P. 408
Latour, Bruno 652
Laube, Heinrich 67, 499
Lauer, Gerhard 700
Laufhütte, Hartmut 360, 362, 379, 381, 387, 389, 390, 517, 518
Lauster, Jörg 639
Lavater-Sloman, Mary 713
Lehmann, Jakob 53, 54, 599
Lehmann, Wilhelm 711
Leitner, Anton G. 261
Lenau, Nikolaus (d.i. Nikolaus Franz Nimbsch von Strehlenau) 125, 213, 336, 622, 693
Lessing, Gotthold Ephraim 6, 355, 464, 579, 587, 645, 659
Levi, Joseph 510
Lichnowsky, Felix Fürst 433
Liebig, Justus von 78
Liebrand, Claudia 9, 55, 56, 126, 128, 129, 131, 132, 135, 137, 139, 142, 151, 185, 243, 261, 271, 275, 277, 280, 334, 386, 415, 420, 423, 424, 429, 453, 464, 482, 483, 487, 499, 518, 520, 527, 532, 553, 556–558, 573–575, 583, 584, 596, 600, 611, 612, 648, 671, 672, 674, 678, 706
Liedtke, Christian 60
Lietina-Ray, Maruta 521
Liliencron, Detlev von 711
Lindemann, Uwe 591
Linder, Joachim 517
Linder, Jutta 520, 524, 526
Lindner, Martin 558, 578, 579
Linné, Carl von 73
Lipper, Wilhelm Ferdinand 541

Löffler, Jörg 348
Löns, Hermann 711
Lortzing, Albert 158, 542
Lubos, Arno 53, 54, 599
Luckscheiter, Roman 567
Ludwig XVI. (König von Frankreich) 42
Ludwig, Kirsten 231
Luhmann, Niklas 554
Lukas, Wolfgang 62, 558
Luther, Martin 295
Lutterbeck, Anton 38
Lützow, Fanny von 13
Lynch, Deidre Shauna 169, 587
Lytton-Bulwer, Edward George 57

Madroux, Ludwig von 89
Maeterlinck, Maurice 401
Maierhofer, Waltraud 673
Mallarmé, Stephane 168, 561
Man, Paul de 271
Manz, Heinrich 366
Marezoll, Luise 167, 264, 379, 396
Marggraff, Hermann 62, 209, 693
Marie Antoinette (Königin von Frankreich) 42
Maron, Monika 713
Marquard, Odo 427
Marquardt, Axel 32, 445
Martus, Steffen 60, 129, 130
März, Henriette 38
Mason, Stephen F. 78
Massey, Irving 526
Maßmann, Hans Ferdinand 548
Matt, Peter von 271, 274, 340–342, 389, 422, 423, 501, 615, 672
Mattenklott, Gert 557
Matthison, Friedrich von 103, 169, 208
Maurer, Doris 37, 314, 671
Maximilian Franz von Österreich 42
Mayer von Mayerfels, Karl Ritter 722
Mayer, Mathias 392, 393
McGlathery, James M. 521, 522
Mecklenburg, Norbert 516, 518, 520, 521, 526, 527, 701

Meder, Stephan 85
Meier-Staubach, Christel 324
Mein, Georg 448
Meister, Ernst 700
Meixner, Sebastian 517, 523
Mendelson, Juliusz 337
Mendelssohn, Moses 588
Menzel, Wolfgang 34
Mertens-Schaaffhausen, Sibylle 11–13, 65, 82, 91, 94, 171, 682
Mesmer, Franz Anton 80, 302, 303, 320, 332
Metternich, Klemens Wenzel Lothar von 46
Meyer, Conrad Ferdinand 572, 573
Meyer, Friedrich Ludwig Wilhelm 546
Meyer, Matthias 110, 289, 290, 306, 307, 323, 325, 348, 445, 595
Meyerbeer, Giacomo 545
Meyer-Krentler, Eckhardt 629
Meyer-Sickendiek, Burkhard 115, 557
Meyrink, Gustav 430
Michel, Paul 325
Michelangelo di Lodovico Buonarroti Simoni 211
Michler, Werner 586–588
Mickiewicz, Adam 56, 336, 337
Middeke, Annegret 322
Milton, John 453
Mockel, Johanna → Kinkel, Johanna
Mohl, Hugo 302, 303
Möhrmann, Renate 64
Montagu, Elizabeth 474
Montanus → Vincenz Jacob von Zuccalmaglio
Monten, Dietrich 336
Montesquieu, Charles de 76
Moor, Margriet de 713
Moore, Thomas 158
Mörike, Eduard 53, 64, 125, 242, 426–428, 554, 555, 557, 572, 577, 579
Moritz, Karl Philipp 508, 516, 517, 524, 526, 638, 644, 645, 701

Möser, Justus 28, 212
Muckenhaupt 582, 586
Mühlbach, Luise (d.i. Luise Mundt, geb. Müller) 36, 671
Müller, Adam 31, 79
Müller, Johannes 375, 376
Müller-Seidel, Walter 360
Müller-Sievers, Helmut 78
Müller-Tamm, Jutta 375
Müller-Zettelmann, Eva 591
Müllner, Adolf 520
Murray, James Erskine 432

Napoleon I. Bonaparte (Kaiser von Frankreich) 7, 42, 43, 46, 85, 468
Nauen, Heinrich 716
Naumann, Ursula 484, 703
Nettesheim, Josefine 31, 32, 76, 79, 80, 148, 201, 213, 231, 289, 302, 303, 318, 320, 351, 414, 441, 495, 650, 701
Neuhoff, Theodor von (gen. Theodor I. von Korsika) 330
Neumann, Birgit 667
Neumann, Gerhard 72
Ney, Elisabet 699, 718
Niebuhr, Barthold Georg 83
Niefanger, Dirk 249
Nielsen, Helge 53
Niethammer, Ortrun 238, 248, 289–291, 293, 376, 427, 494, 496, 531, 553, 639, 641, 677, 702–704, 706
Nietzsche, Friedrich 242, 566
Niggl, Günter 213, 215, 222, 225, 237, 240, 247–249, 576, 577
Nodier, Charles 432
Nöggerath, Johann Jakob 77
Nollendorfs, Cora Lee 522, 527
Nolte, Paul 44
Notter, Friedrich 201, 202
Novalis (d.i. Georg Philipp Friedrich von Hardenberg) 7, 57, 113, 208, 464, 562, 642

Nowotny, Helga 277, 375
Nürnberger, Woldemar 403, 408
Nutt-Kofoth, Rüdiger 6, 28, 29, 54,
    127, 128, 132, 143, 240, 311, 405,
    408, 423, 424, 457, 464, 575–578,
    663, 667, 669, 681, 685, 704, 706

Oberembt, Gert 568, 710, 711
Oberle, Brigitta 53
Oehlenschläger, Adam 544
Oesterle, Günter 55, 58, 226, 229, 344,
    351, 353, 476, 499
Oesterle, Ingrid 69
Oken, Lorenz (d.i. Lorenz Ockenfuß) 17, 78, 79, 302
Ölke, Martina 114, 115, 156, 165, 226,
    227, 230, 447, 448, 482, 491, 493,
    501, 706
Oppermann, C.H.N. 715
Oppermann, Gerard 520, 522
Orstedt, Hans Christian 77
Ort, Claus-Michael 284, 517, 518, 520,
    521, 523, 601
Osinski, Jutta 567
Osterhammel, Jürgen 639
Ostrowski, Aribert von 716, 717
Overberg, Bernhard Heinrich 4, 100
Ovid (Publius Ovidius Naso) 228, 274,
    295, 329, 483

Palladas 391
Palmieri, Aldo 526
Pankok, Otto 716
Pape, Hans 716
Papinius Statius 630
Paulin, Roger 414
Pearsall of Willsbridge, Philippa 22, 418
Pearsall of Willsbridge, Robert Lucas 22
Percy, Thomas 109
Peterli, Gabriel 293
Peters, Anja 173–177, 190, 192, 193,
    364, 676, 706
Pethes, Nicolas 72
Petrarca, Francesco 125
Peucker, Brigitte 294, 413

Pfeiffer, Georg Philipp 110
Philipp, Hans-Jürgen 715
Phillips, Georg 530
Pichler, August 158, 464, 542,
Pickar, Gertrud Bauer 207, 476, 522,
    527, 702, 703
Pinthus, Kurt 687
Pittrof, Thomas 244
Pizer, John 610, 611
Plachta, Bodo 11, 63, 64, 66, 117, 206,
    207, 256, 266, 269, 312, 319, 327,
    393, 394, 463, 499, 592, 595, 596,
    633, 688, 689, 704, 705, 710, 711,
    719, 724
Platen, August von 159, 160, 336, 456,
    572, 693
Platon 105
Pleitner, Berit 336
Plessen, Elisabeth 713
Plettendorf, Maria Katharina (geb.
    Wortkötter) 2, 11, 22, 92, 719
Plumpe, Gerhard 600
Podewski, Madleen 73, 684
Poe, Edgar Allan 561, 568,
Polaschegg, Andrea 157, 160, 162, 164,
    484
Pollack, Detlef 638, 640
Pollmann, Leo 672
Polster-Brandenburg, Dora 716
Pomp, Sandra 214, 220, 226, 229
Pornschlegel, Clemens 603
Poschmann, Marion 712
Pott, Sandra → Richter, Sandra
Prechtl, Michael Mathias 716
Preisendanz, Wolfgang 280, 307, 375,
    593, 623
Prinz, Joseph 541, 542
Pröpper, Thomas 640
Pückler-Muskau, Hermann Ludwig
    Fürst von 433, 619
Pütz, Marco 715

Quante, Melchior 721
Quintilian 630

Raabe, Wilhelm 537, 561, 598
Ranke, Leopold von 192
Rapisarda, Cettina 316
Raßmann, Friedrich 5, 28
Raub, Annelise 720
Rauschenbach, Sina 70
Rautert, Friedrich 366, 367
Reichardt, Johann Friedrich 103, 546
Reinert, Bastian 179
Reininghaus, Wilfried 46, 49
Reiser, Marius 132
Reitani, Luigi 584
Reiter, Anette 412
Rembrandt van Rijn 535
Restle, Wilhelm 722
Reuchlin, Hermann 18
Rhez, W. von 432
Ribbat, Ernst 187, 192, 214, 523–525, 536, 537, 569, 667, 700, 703, 705
Richter, Ludwig 622
Richter, Sandra 290, 325, 411, 591, 592, 594, 595
Rieb, Carmen 517, 524
Riedel, Wolfgang 650, 656
Riehemann, Joseph 262
Riehl, Johann Heinrich 76
Riesebrodt, Martin 638
Rietschel, Ernst 322
Rimbaud, Arthur 561–563, 567
Rinsum, Annemarie van 53, 253
Rinsum, Wolfgang van 53, 253
Ritter, Carl 76, 303
Rittershaus, Emil 695
Robert, André 557
Robertson, Ritchie 244
Roebling, Irmgard 677, 702
Rogers, Samuel 169–171
Rohde, Klaus 301
Rohe, Wolfgang 391, 392
Rölleke, Heinz 391, 392, 425, 426, 506, 516, 520–525, 688, 701
Rosa, Hartmut 130
Rosa, Salvator 401
Rose, Deborah Bird 652
Rösener, Rudolf 252, 586

Rösler, Andrea 125
Rossini, Gioacchino 542
Rosta, Gergeley 638, 640
Rotermund, Erwin 110, 289, 290, 307, 321, 325, 412, 414, 445, 594, 596
Rötzer, Hans G. 53
Rousseau, Jean-Jacques 392
Rückert, Friedrich 52, 159, 160, 197, 336, 572
Rüdiger, Carl Ferdinand 38
Rüdiger, Elise (geb. von Hohenhausen) 7, 8, 16, 17, 20–24, 34, 37–40, 56, 61, 62, 66, 68, 73, 90, 92–95, 116, 194, 205, 227, 287, 314, 318, 327, 349, 357, 402, 429, 431, 471, 475, 479, 502, 534, 556, 578, 628, 630, 632, 633, 635, 661, 663, 668, 694, 696, 698, 703
Rüdiger, Horst 627, 630, 631
Rudwick, Martin J.S. 242, 246
Rühling, Lutz 560, 566
Rüller, Anton 716
Runge, Doris 568
Runge, Philipp Otto 410

Šagor, Kristo 714
Said, Edward 678
Saint-Simon, Henri de 210
Salmen, Monika 291, 325, 493, 502, 553, 562, 706
Salm-Reifferscheidt, Charlotte Sophie von (geb. zu Hohenlohe-Waldenburg-Bartenstein) 22, 25
Sand, George (d.i. Amandine Aurore Lucille Dudevant de, geb. Dupin) 17, 38, 56, 204, 336, 593
Sander, Johann Jürgen 510
Sandig, Ulrike Almut 712
Sartorius, J. 539
Sauerländer, Johann David 556
Saul, Nicholas 58
Saussure, Horace-Bénédict de 171
Sautermeister, Gert 125, 220, 426, 555, 574, 575
Savigny, Friedrich Carl von 85, 86

Schafroth, Heinz 712, 713, 716
Schäublin, Peter 577
Schaum, Konrad 341, 520, 521, 523, 524, 701
Scheer, Helma 703
Scheffel, Joseph Victor von 179
Schellenberger-Diederich, Erika 76, 77, 244, 270
Schelling, Friedrich Wilhelm Joseph 78, 30, 79, 179, 236, 320, 600
Scherer, Stefan 129, 130, 425, 554, 556, 558, 571–574, 576–578, 583, 617
Scherer, Wilhelm 698
Scherpe, Klaus R. 168, 587
Scherr, Johannes 208, 351
Scheuermann, Silke 712
Schier, Christian Samuel 13
Schier, Manfred 502, 686
Schiller, Friedrich von 5, 6, 57, 100, 101, 105–108, 110, 169, 188, 189, 322, 348, 363, 408, 413, 426, 464, 468, 520, 558, 587, 589, 595, 600, 629, 640
Schilling, Gustav 547
Schings, Hans-Jürgen 603
Schlaffer, Heinz 244, 413, 593, 624, 660
Schlaun, Johann Conrad 11, 719
Schlegel, August Wilhelm 11, 57, 82, 83, 159, 322, 512, 587–589
Schlegel, Dorothea Friederike 641
Schlegel, Friedrich 57, 67, 79, 82, 159, 322, 477, 486, 641, 642
Schlegelmilch, Wolfgang 411, 414
Schleiden, Matthias Jacob Schleiden 78
Schlickum, Carl 620
Schlögel, Karl 492
Schlüter, Catharina (geb. Gräver) 14, 30
Schlüter, Christoph Bernhard 14–16, 24, 25, 30, 31–33, 38, 56, 63, 65–67, 71, 76, 79, 94–96, 120, 126, 127, 143, 151, 156, 159, 167, 168, 172, 187, 188, 195, 213, 287, 305, 306, 337, 344, 363, 449, 452, 456, 457, 460, 496, 499, 509, 526, 600, 606, 632, 640, 660, 664, 668, 682–686, 693–695, 720
Schlüter, Clemens August 30
Schlüter, Maria Theresia (Therese) 14
Schmeling, Manfred 592
Schmidt, Susanna 646
Schmitz-Burgard, Sylvia 520, 522, 527
Schmitz-Emans, Monika 591
Schneider, Manfred 289
Schneider, Reinhold 382, 701, 711
Schneider, Ronald 53, 130, 132, 172, 174–176, 186, 189, 190, 290, 291, 302, 344, 362, 376, 381, 416, 455, 463, 482, 516, 518, 521, 525, 527, 583, 593, 595, 596, 681, 693, 696, 698, 699, 703
Schneider, Thekla 722
Schneider, Ute 62
Schnyder, Peter 239, 243, 244
Schoenebeck, Mechthild von 542, 543, 545
Scholem, Gershon 430
Scholz, Bernhard 716
Schonebeck, Jutta von 720
Schönert, Jörg 155, 516, 517, 555, 558, 575, 576
Schopenhauer, Adele 13, 56, 63, 65–67, 91, 95, 168, 264, 379, 465, 682, 715
Schopenhauer, Arthur 623
Schopenhauer, Johanna (geb. Trosiener) 13, 478, 534
Schößler, Franziska 469, 675
Schott, Albert 18, 548
Schreiber, Mathias 54
Schröder, Cornelius 128, 701
Schröder, Rudolf Alexander 701, 711
Schubert, Franz 546
Schubert, Gotthilf Heinrich 80, 182, 236, 320, 332
Schücking, Catharina Elisabeth (geb. Busch) 6, 17, 28, 33, 34, 91, 287, 631, 702
Schücking, Levin 6, 16–24, 32–39, 49, 56, 62–64, 66–68, 73, 77, 84,

90–97, 126, 139, 159, 168, 169, 188, 194–197, 201, 203, 204, 209, 213, 220, 247, 253, 265–267, 269, 274, 279, 280, 285, 287, 288, 290, 293, 296, 312, 318, 319, 321–323, 326, 327, 337, 353, 355, 356, 359, 360–363, 366, 370, 374, 379, 380, 382, 384, 396, 402–404, 408, 410, 414, 416, 421, 422, 425, 429, 432, 438, 442, 445, 447, 449, 454, 470, 471, 478, 479, 490–494, 496–498, 500–503, 507, 512, 530, 531, 534, 537, 538, 546, 556, 562, 570, 601, 616, 620, 621, 629, 630–633, 635, 640, 662, 663, 672, 673, 683–688, 693–698, 703, 710, 713, 716
Schücking, Louise (geb. von Gall) 21, 24, 36, 39, 319, 421, 422, 429
Schücking, Paul Bernhard (Paulus Modestus) 34
Schücking, Theophanie 90
Schüllner, Theresia 716
Schulte Kemminghausen, Karl 102, 168, 411, 544, 687, 688, 698, 699, 703, 718
Schultz, Hartwig 274, 427, 573
Schulz, Gerhard 53
Schulz, Johann Abraham Peter 546, 548
Schulze, Ernst 120, 169, 170
Schumacher, Meinolf 132, 642, 643
Schumacher, Ruth 158
Schumann, Andreas 492
Schumann, Clara (geb. Wieck) 545
Schumann, Robert 714
Schütze, Peter 715
Schwab, Gustav 13, 336
Schwab, Heinrich 543
Schwann, Theodor 78
Schwarzbauer, Franz 405, 468, 716, 722
Schwarzenberg, Pauline von 301–303
Schweitzer, Anton 117
Schwering, Julius 168, 687, 698, 699, 703

Scott, Sir Walter 4, 13, 38, 57, 101, 119, 120, 169, 170, 172, 173, 179, 188, 209, 228, 258, 380, 383, 546, 582, 587
Scribe, Eugène 545
Segeberg, Harro 555
Segebrecht, Wulf 627, 628, 630, 636
Sengle, Friedrich 53, 132, 167, 337, 345, 463, 499, 500, 524, 531, 553, 557, 573, 575, 577, 583, 596, 598, 703
Shafi, Monika 671, 673, 702
Shaftesbury, Anthony Ashley Cooper, Earl of 413
Shakespeare, William 4, 109, 312, 329, 332, 334, 483, 511, 512, 600, 702
Shelley, Percy Bysshe 418
Shih 715
Simmel, Georg 638, 640
Simrock, Carl Joseph 81
Singer, Rüdiger 360, 397, 588
Sklenár, Robert John 406
Smets, Wilhelm 13, 34
Sonnenberg, Franz von 28
Sonntag, Michael 78
Sorg, Bernhard 571, 577
Spies, Heike 563, 593
Spies (Zeichenlehrer) 100
Spieß, Christian August 348
Spitzweg, Carl 345
Sprick, Johann Joseph 626, 715
Sprickmann, Anton Mathias 5, 6, 26–29, 45, 65, 66, 94, 96, 100, 101, 113, 115, 116, 119, 463, 464, 480, 629
Sprickmann, Maria Antoinetta (geb. Oistendorf) 28
Sprickmann, Marianne (geb. Kerckerinck) 26
Springer, Mirjam 156, 158, 162, 336, 448, 540–542, 546, 666, 678, 712
Stadelhofer, Emil 716, 722
Staël-Holstein, Anne-Louise-Germaine Baronin von 56
Staiger, Emil 333, 531, 699, 700

Steffens, Henrich 303
Steffens, Walter 715
Steffens, Wilhelm 4
Steidele, Angela 611, 633, 673, 703
Stein, Peter 52, 57, 61
Steinmann, Franz 539
Steinmann, Friedrich Arnold 187
Stern, Martin 442
Sternberg, Alexander von 555
Sterne, Laurence 55
Stifter, Adalbert 53, 242, 244, 282, 553, 554, 556, 598
Stillinger, Jack 169, 587
Stobbe, Urte 262, 652
Stockhorst, Stefanie 516, 518
Stockinger, Claudia 129, 130, 132, 144
Stöckmann, Ingo 554
Stolberg, Friedrich Leopold Graf zu 5, 84, 100, 105, 322, 628, 629
Storck, Adam 120, 169
Storm, Theodor 517, 520, 537, 556, 572, 574, 577, 600, 697
Straßburg, Gottfried von 350
Straube, Heinrich 7–10, 15, 102, 124, 125, 134, 308, 313, 333, 509, 641, 661, 697, 710, 721
Strauß, David Friedrich 83
Struve, Amalie 50
Suchodolski, Rajnold 335
Sue, Eugène 56
Sulzer, Johann Georg 588
Süßmann, Johannes 43, 45

Tangermann, Wilhelm 31
Tasso, Torquato 119
Taylor, Charles 640
Temme, Jodocus Deodatus Hubertus 370
Tennyson, Alfred Lord 56
Thabouillot, Mathilde Franziska von
 → Anneke, Mathilde Franziska von
Thamer, Jutta 626, 715, 716
Theiss, Winfried 197, 199, 202, 210,
Theissing, Friedrich Christian 464, 478
Thielmann, Julie von 171

Thielmann, Wilhelmine von (geb. von Charpentier) 7, 91, 93
Thiers, Louis Adolphe 534, 536
Thomas von Kempen 484
Thomas, L. H. C. 520
Thums, Barbara 175–177, 484, 487
Thürmer, Stefan 20, 195
Tieck, Ludwig 7, 56, 100, 112, 208, 282, 331, 383, 407, 416, 517, 554, 558, 571, 572, 578, 673
Tiggesbäumker, Günter 721
Tilly, Johann Tscherklaes Graf von 187
Timmermann, Elisabeth 4
Titzmann, Michael 52
Todorov, Tzvetan 376
Toepfer, Georg 653
Tordenskiold, Peter Wessel 544
Treder, Uta 384, 386
Treviranus, Gottfried Reinhold 303
Trotzig, Birgitta 712
Türk, Daniel Gottlob 540
Twellmann, Marcus 76, 492, 518, 531–533
Tytler, Graeme 521

Ubbelohde, Hans 716
Ueding, Gert 573
Uhland, Ludwig 17, 81, 336, 548
Ungern-Sternberg, Alexander von 17, 38
Unold, Max 716

Vanja, Konrad 336
Varnhagen von Ense, Karl August 38
Varnhagen von Ense, Rahel Antonie Friederike (geb. Levin) 1, 38
Vaßen, Florian 52, 57
Veddeler, Peter 43
Vedder, Ulrike 377, 392, 420, 574
Venzl, Tilman 592
Vietta, Silvio 55
Vincke, Ludwig von 46, 542
Vischer, Friedrich 600
Vogel, Heiner 716
Vogl, Joseph 71

Vogt, Rolf 255
Vohrmann, Anton Ignatz 198
Voigts, Jenny von 28
Volckmar, Friedrich 470
Völker, Ludwig 154
Volta, Alessandro 78
Voltaire (d.i. Francis Marie Arouet) 212
Voß, Abraham 693
Voß, Johann Heinrich 26, 27, 100, 105, 106, 346
Voß, Julius von 464

Wagner, Karl 72
Wagner-Egelhaaf, Martina 156, 160–163, 330, 448, 678
Waldeck, Benedikt 31
Wallraf, Ferdinand Franz 82
Walmüller, Ferdinand 345
Walther von der Vogelweide 426
Webber, Andrew J. 522, 523, 527, 614
Weber, Betty Nance 526
Weber, Carl Maria von 542
Weber, Gottfried 540
Weber, Rosmarie 531, 532
Weddigen, Otto 212
Wedemeyer (Zeichenlehrer) 100
Weger, August 715
Wehinger, Brunhilde 702
Weidemann, August 131
Weidner, Marcus 50
Weigel, Elke 713
Weigel, Sigrid 659
Weinheber, Josef 711
Weiß, Konrad 711
Weiss, Walter 54
Weiß-Dasio, Manfred 213, 243, 429, 491, 493
Wells, Larry D. 521, 523
Wenzel, Christoph 712
Wenzelo, Bernhard 100, 105
Wergeland, Henrik Arnold 561
Werle, Joseph 131
Werner, Michael 509, 510
Werner, Zacharias 520
Wessenberg, Ignatz Heinrich von 18

Weydt, Günther 261, 263, 327, 688, 703, 704
Whitinger, Raleigh 522
Whitman, Walt 168, 561
Wieck, Clara → Schumann, Clara
Wiedner, Saskia 268
Wieland, Christoph Martin 26, 31, 117, 119, 121, 157
Wiese, Benno von 521, 524, 700, 703
Wigand, Georg 493
Wigbers, Melanie 516, 525
Wijnants, Jan 535
Wild, Inge 103
Wilfert, Marga 99, 100, 105, 628
Willer, Ute 508, 716
Wilmsen, Caspar 11, 310, 311, 628, 634
Wilpert, Gero von 53
Winckelhan, Hermann Georg 508, 510, 511, 602
Winko, Simone 128, 697
Witte, Bernhard 370
Wittgenstein, Ludwig 591
Wittkowski, Wolfgang 520, 522, 524–526
Woesler, Winfried XII, 4, 16, 100, 128, 132, 153, 167–169, 212, 227, 229, 255, 273, 306, 307, 355, 370, 377, 410–412, 414, 423, 452, 456, 457, 459, 460, 463, 507, 508, 520, 553, 562, 575, 592, 598, 601, 673, 681, 685–689, 692–697, 701, 703–706
Wolf, Erik 391
Wolff, Johann Heinrich 8
Wolff, Oskar Ludwig Bernhard 63, 693
Wolff-Metternich Dorothea von (geb. von Haxthausen) 99, 113, 542
Wollheim, Jutta 719
Woolf, Virginia 702
Wortmann, Thomas 122, 125, 127, 128, 130–132, 137, 141, 143, 150, 153–155, 255, 257, 464, 512, 518, 520–523, 531, 553, 556, 557, 573, 575, 576, 579, 583, 596, 615, 641, 646, 672, 673, 706

4. Personenregister

Wouwermann, Philipp 535
Wranitzky, Paul 542
Wrede, Karl Theodor Fürst von 35
Würzburg, Konrad von 15

Yi, Mi-Seon 351

Zachariae, Friedrich Wilhelm 100
Zander, Judith 712

Zedlitz, Joseph Christian von 206, 212
Zeller, Hans 524
Zeller, Rosmarie 491
Zelter, Karl Friedrich 546
Zimmermann, Yvonne 592
Zuccalmaglio, Vincenz Jacob von 366, 367
Zumloh, Thorsten 214, 220, 226, 229

5. Werkregister

Abendgefühl 105
Abendlied 124, 610
Abschied von der Jugend 259, 288, 613, 636
⟨Als diese Lieder ich vereint⟩ 628
Alte und neue Kinderzucht 20, 195, 197, 198
Am Bodensee 80, 257, 259, 280–282, 297, 605, 607, 652
Am Charfreytage 452
Am Charsamstage 140–143, 173, 566
Am Dienstage in der Charwoche 624
Am dreyzehnten Sonntage nach Pfingsten 607
Am dritten Sonntage nach h. drey Könige 603
Am dritten Sonntage nach Ostern 71, 143–147, 303, 589
Am ersten Sonntage nach h. drey Könige 134–137, 460, 565, 603, 623
Am ersten Sonntage nach Ostern 124
Am Feste der h. drey Könige 124
Am Feste Mariä Lichtmeß 124
Am Feste Mariä Verkündigung 80
Am Feste vom süßen Namen Jesus 124
Am fünften Sonntage in der Fasten 131, 137–140, 152, 595, 604, 623
Am Grünendonnerstage 129
Am letzten Tage des Jahres (Sylvester) 124, 153–156, 575
Am Neujahrstage 10, 124, 565
Am Ostermontage 10, 124, 308, 310
Am Ostersonntage 142
Am Palmsonntage 643
Am Pfingstmontage 578
Am Pfingstsonntage 147–149
Am sechs und zwanzigsten Sonntage nach Pfingsten 80
Am siebenten Sonntage nach Pfingsten 623
Am Sonntage nach Weihnachten 2, 623

Am Thurme XII, 19, 62, 77, 205, 257, 258–260, 265, 267, 270–272, 283, 301, 313, 405, 417, 420, 439, 443, 453, 569, 616, 617, 664, 701, 716
Am vierten Sonntage im Advent 594
Am vierten Sonntage in der Fasten 129
Am Weiher 15, 166, 257, 260, 607, 624, 655, 682
Am zehnten Sonntage nach Pfingsten 131
Am zweyten Sonntage in der Fasten 604
Am zweyten Sonntage nach Pfingsten 131, 149–152, 594
Am zweyten Weihnachtstage (STEPHANUS) 173
An *** ⟨Kein Wort, und wär' es scharf wie Stahles Klinge⟩ 35, 80, 287, 318–323, 326–328, 586, 616, 632–635
An *** ⟨O frage nicht was mich so tief bewegt⟩ 35, 288, 319, 321–323, 326–328, 616, 632–635
An die Schriftstellerinnen in Deutschland und Frankreich 19, 60, 197, 198, 200, 202, 204–207, 300, 474, 569, 595, 694
An die Weltverbesserer 19, 62, 197, 209–211, 358, 564, 693, 694
⟨An einem Tag wo feucht der Wind⟩ 24, 32, 225, 456–461, 567, 574, 623, 657
An einen Freund ⟨Zum zweyten Mahle will ein Wort⟩ 22, 35, 319, 629
An Elise in der Ferne. Mit meinem Daguerrotyp 24, 40, 626
An Elise. Am 19. November 1843 40, 318, 327, 629, 632–635
An Elise. Zum Geburtstage am 7ten März 1845 40, 628
An Henriette von Hohenhausen 634, 635

5. Werkregister

An Joseph von Laßberg. Zum Geburtstage am 10. April 1848 25
An LOUISE, am 9ten April. Ghasele 159
An meine liebe Mutter 119, 628
An Philippa. Wartensee, den 24. May 1844 22, 403, 417
Antwort. Vernunft und Begeistrung 101
Auch ein Beruf 15, 23, 314, 404, 447, 454, 596, 609
Babilon 10, 542, 544
Bajazeth [aus: Klänge aus dem Orient] 159–161, 167, 362
Bei uns zu Lande auf dem Lande. Nach der Handschrift eines Edelmannes aus der Lausitz 3, 15, 16, 19, 20, 69–81, 84, 87, 93, 198, 231, 234, 258, 304, 433, 478, 490–496, 498–505, 530, 534–537, 547, 583, 584, 586, 592, 599, 601, 602, 619, 621, 659, 661, 665, 666, 668, 669, 678
Bertha oder die Alpen. Trauerspiel in drei Aufzügen 2, 6, 29, 110, 117, 120, 122, 258, 463–465, 467–470, 582, 584, 587, 609, 650, 671, 675, 702
bezaubernd [aus: Klänge aus dem Orient] 160
Brennende Liebe 287, 296–300
CARPE DIEM! 23, 404, 447, 454–456
Clemens von Droste 195, 267, 285, 287, 293, 602, 630, 631, 633, 634
Das alte Schloß 19, 257, 259, 281–283, 570
Das Autograph 329–332, 607
Das befreyte Deutschland 43
Das Bild 23, 314, 402, 416, 438, 439, 441, 625
Das erste Gedicht 5, 23, 402, 440, 441
Das Eselein 343, 346, 347, 354, 355–357, 358, 595
Das Fegefeuer des westphälischen Adels 17, 80, 195, 359, 362, 370–374, 386, 399, 496

Das Fräulein von Rodenschild XII, 17, 74, 109, 113, 195, 271, 361, 373, 381, 384–387, 389, 443, 496, 563, 574, 586, 611, 612, 615, 667, 702, 703
Das Haus in der Haide 212, 214, 216, 217, 225, 453, 619, 647, 655
Das Hirtenfeuer 215, 216, 225, 251–253, 568, 655, 714
Das Hospiz auf dem großen St. Bernhard 13, 15, 32, 65, 75, 76, 93, 118, 166, 168, 169, 171–178, 186, 189, 194, 228, 258, 259, 304, 477, 583–585, 588, 599, 601, 664, 666, 682
Das Ich der Mittelpunkt der Welt 22, 23, 403
Das Kind [aus: Klänge aus dem Orient] 160, 162, 163
Das Liebhabertheater 288
⟨Das Morgenroth schwimmt still entlang⟩ 124
Das öde Haus 135, 195, 257, 259, 273–276, 398, 401, 422, 568, 647, 655, 672, 673
Das Räthsel oder Wie viele Pfund Freyer gehn auf 1 Pfund Nehmer Antwort: Keins denn Sie fliegen alle davon 463
Das Schicksal 101, 107
Das Spiegelbild XII, 19, 113, 285, 287, 288, 315, 338–343, 342, 386, 389, 420, 443, 557, 562, 563, 574, 586, 596, 611, 612, 615, 630, 636, 701, 702
Das vierzehnjährige Herz 287, 296–300
⟨Das Wort⟩ 110, 445, 446, 595
Der Abend 100, 101, 104–107
Der Barmekiden Untergang [aus: Klänge aus dem Orient] 159, 160, 164, 165, 167, 362
Der blaue Cherub 10, 544
Der Brief aus der Heimath 90, 287, 298
Der Dichter 6, 101, 107, 109–112, 411, 595

Der Dichter – Dichters Glück 60, 22, 403, 406, 408, 410–415, 594, 631, 663, 667
Der erste Selbstmörder 100, 629
Der Fischer [aus: Klänge aus dem Orient] 160, 162, 163
Der Fundator 19, 362, 390, 568
Der Galeerensklave 10, 544
Der Gärtner [aus: Klänge aus dem Orient] 160, 165
Der Geyerpfiff 361
Der Graf von Thal 166, 167, 361–365, 395, 682, 693
Der Graue 17, 47, 62, 80, 195, 268, 361, 379–384, 393, 496, 497, 669
Der Greis [aus: Klänge aus dem Orient] 162, 163
Der Haidemann 212, 215, 216, 251, 655
Der Hünenstein 75, 113, 214, 215, 229, 235, 237–240, 247, 251, 300, 329, 568, 605, 656, 665
Der Kaufmann [aus: Klänge aus dem Orient] 160, 162, 163
Der Knabe im Moor 19, 62, 106, 209, 212, 214–217, 253–257, 268, 362, 381, 397, 405, 433, 437, 441, 502, 579, 590, 606, 647, 694, 715, 716
Der kranke Aar 335–338
Der Mutter Wiederkehr 361, 379, 380, 393–396, 606, 624
Der Nachtwandler 21, 403, 404
Der Philosoph 6, 101, 107, 110–113
Der Prediger 195, 197, 198, 200, 201, 208, 589
Der Säntis 15, 166, 257–259, 269, 281, 283–285, 607, 655, 664, 682
Der Schloßelf 62, 268, 381, 396–398
Der Spekulant 197
Der SPIRITUS FAMILIARIS des Roßtäuschers 20, 168, 195, 208, 361, 362, 398–402, 588, 638, 683
Der sterbende General 21, 403, 404
Der Strandwächter am deutschen Meere und sein Neffe vom Lande 20, 195, 197, 344, 346, 596
Der Theetisch 17, 38, 60, 227, 344–347, 349–351, 358, 447, 595
Der Tod des Erzbischofs Engelbert von Cöln 17, 195, 359, 362, 365–370, 373, 386, 399, 666
Der Todesengel 288, 595, 624, 625, 636
Der Traum. An Amalie H. 15, 267, 314–318, 416, 632, 633
Der Venuswagen 167
Der Weiher 213–215, 218, 222, 231–237, 260, 264, 301, 329, 574, 590, 596, 606, 607, 622, 655, 668, 669, 715
Der zu früh geborene Dichter 2, 595
Des alten Pfarrers Woche 15, 167, 343, 354, 585, 619, 644, 701
Des Arztes Vermächtniß 13, 65, 75, 118, 122, 166–169, 178–186, 194, 304, 373, 582, 584, 588, 606, 613, 664, 667, 682, 699
Dichters Naturgefühl 74, 343, 345–349, 354–358, 476, 595, 652, 656
Die Bank 19, 270, 287, 310–313, 665
Die beschränkte Frau 208, 343, 345, 351–353, 701
Die beste Politik 60, 343, 345–347, 357, 358
Die drey Stunden im Reich der Todten 101, 107, 108, 120, 121
Die drey Tugenden 101, 107
Die Elemente 15, 62, 166, 257–265, 396, 549, 646, 655
Die Engel 6, 101
Die Gaben 197, 208, 445
Die Golems 22, 403, 429–432
Die Jagd 215, 216, 221–225, 605, 655
Die Judenbuche. Ein Sittengemälde aus dem gebirgigten Westphalen XI, 16, 19, 20, 22, 32, 35, 43, 53, 62, 67, 75, 76, 84, 86, 87, 97, 122, 126, 127, 193, 195, 210, 269, 337, 346, 387, 391, 434, 477–479, 490–495, 498–500, 505–529, 534–536, 544,

555, 562, 567, 569, 582, 583, 585, 590, 599–603, 614, 615, 621, 622, 644, 650, 657–659, 661, 665, 666, 669, 671, 676, 678, 683–685, 688, 695, 697, 699–701, 711, 714–716
Die Krähen 213–215, 237, 240, 248–251, 329, 402, 622, 655, 666
Die Lerche 212, 214–222, 229, 235, 254, 418, 419, 607, 654
Die Mergelgrube 76, 81, 177, 193, 214, 215, 217, 223, 228, 229, 235, 237–240, 242–246, 248, 253, 301, 329, 557, 568, 574, 576, 586, 605, 612, 622, 642, 650, 656, 715
Die Nacht. Frage 101
Die Nadel im Baume 343, 345, 703
Die rechte Stunde 15, 167, 304–308, 594
Die Schenke am See. An Levin S. 19, 35, 257, 259, 265–269, 281, 282, 286, 327, 602, 635, 648, 655
Die Schlacht im Loener Bruch. 1623 15, 77, 84, 118, 166–169, 186–194, 213, 231, 248, 249, 259, 582–584, 588, 601, 625, 650, 664, 666, 673
Die Schmiede 212, 343, 353–355
Die Schulen 197
Die Schwestern 19, 109, 142, 271, 362, 387–390, 394, 398, 407, 590, 615, 625
Die Stadt und der Dom. Eine Karikatur des Heiligsten 20, 48, 197, 198, 200–204, 570, 639
Die Steppe 114, 192, 214–216, 237, 238, 240–242, 247, 249, 568, 665
Die Sterne. Frage 6, 101, 167
Die Stiftung Cappenbergs 362, 370
Die Stubenburschen 343, 346
Die Taxuswand 9, 19, 62, 267, 270, 287, 288, 313, 333–335, 567, 607
Die todte Lerche 22, 110, 142, 403, 418–421, 564, 568, 583, 596, 656
Die Unbesungenen 195, 293, 607
Die Vendetta 19, 80, 362, 390

Die Verbannten 20, 195, 197, 198, 201, 300, 589, 605, 664
Die Vergeltung XI, XII, 362, 390–393, 643, 644, 667
Die Vogelhütte 17, 38, 214–216, 225–230, 347, 549, 586, 590, 622, 656, 669
Die Wiedertäufer 10, 93, 545
⟨Dir schein stets Wonne⟩ 99
Doppeltgänger 22, 80, 403, 442, 443, 613
Durchwachte Nacht XII, 23, 80, 276, 329, 402, 441–444, 605, 626, 665, 684, 701, 715
Ein braver Mann 195
Ein Sommertagstraum 80–83, 322, 329–333, 605–607
Einer wie Viele, und Viele wie einer 21, 403, 404
Emma und Edgar 101, 107–109, 120, 121
englisch [aus: Klänge aus dem Orient] 160, 165
⟨Flora ging fröhlich mit Scherzen⟩ 100
Fragment (Das Hospiz auf dem großen St. Bernhard, 3.Gesang, V. 1–42) 166, 172, 257, 259, 682
freundlich [aus: Klänge aus dem Orient] 160
Für die armen Seelen 644
Gastrecht 23, 349, 404, 446–449, 454, 645
Geistliches Jahr in Liedern auf alle Sonn- und Festtage 3, 9, 10, 14, 16, 19, 24, 25, 32, 33, 66, 71, 80, 84, 102, 123–167, 173, 246, 289, 291, 303, 308, 361, 394, 449, 457, 459, 499, 544, 549, 562, 565–568, 575, 576, 578, 582, 589, 594, 595, 603, 604, 607, 623, 641, 642, 645, 647, 650, 651, 682, 685, 686, 688, 694, 695, 701, 703, 706, 715
Gemüth 21, 286, 403, 404, 408–410
geplagt [aus: Klänge aus dem Orient] 160, 163

Gethsemane 447, 449–453
getreu [aus: Klänge aus dem Orient] 160
Glaube 124
Graf Essex, an die Königin Elisabeth 546
Gruß an Wilhelm Junkmann 287, 632–634
Grüße 22, 402, 432
Halt fest! 22, 403, 429
Hedwig und Sophie oder Verzweiflung und Rache 463
Herr Witte, nach dem traurigen Abschied von Mamsell 629
herrlich [aus: Klänge aus dem Orient] 160
herzlich [aus: Klänge aus dem Orient] 160, 165
Hoffnung 124
Das verlorne Paradies 447, 449, 450–453
⟨Ich denke dein im trauten Kreis der Freunde⟩ 99, 103, 104
⟨Ich kenne die Freude des ländlichen Lebens⟩ 100
⟨Im Keim des Daseyns, den die Phantasie⟩ 24, 31, 414
Im Grase XII, 22, 80, 81, 113, 129, 135, 268, 313, 408, 425–429, 432, 443, 549, 555, 558, 576, 577, 617, 634, 650, 664, 684, 700, 701, 711, 724
Im Moose 19, 62, 113, 135, 209, 257, 259, 274, 276–279, 300, 313, 329, 405, 425, 549, 562, 563, 576, 578, 605, 606, 613, 617, 623, 647, 655, 664
Instinkt 80, 300–304, 408, 605
Joseph. Eine Criminalgeschichte 13, 22, 77, 93, 96, 479, 534–538, 584, 619, 661, 665
Junge Liebe 287, 296–300, 502
Katharine Schücking 6, 33, 196, 197, 285, 287, 288, 293, 595, 630–633, 636, 683, 702

Klänge aus dem Orient 15, 32, 156–167, 448, 543, 549, 666, 671, 678, 682, 715
⟨Kom Liebes Hähnchen kom heran⟩ 99
Kurt von Spiegel 17, 362, 620
Lebt wohl 21, 22, 36, 312, 319, 403, 418, 421–425, 428, 458, 459, 573, 596, 610, 643
Ledwina 9, 10, 61, 80, 93, 96, 109, 118, 122, 142, 334, 442, 453, 478–490, 498, 543, 549, 582–585, 587, 589, 592, 599, 603, 606, 612, 619, 621, 667, 671, 674, 702, 703, 706
Liebe 124
Lied der Königin Elisabeth 546
Locke und Lied 15, 267, 314–318, 416, 596, 632, 634
Mein Beruf 60, 110, 196, 197, 285, 287–293, 353, 412, 556, 594, 630, 631, 667, 683
Meine Sträuße 270, 288, 412, 596, 669
Meine Todten 195–197, 207, 285, 287, 288, 293–296, 425, 630, 634, 683
Meister Gerhard von Cöln. Ein Notturno 362, 639
Mit Lauras Bilde. Im Namen eines Freundes 584
Mondesaufgang XII, 21, 403–408, 453, 556, 575, 596, 669, 684, 700, 701, 715
Morgenlied 124
Nach dem Angelus Silesius 14, 31, 167, 287, 457, 632
Nach fünfzehn Jahren 195, 288
Nachruf an Henriette von Hohenhausen 195, 285, 287, 595, 630, 633, 634
Noth 15, 308–310, 682
⟨O liebe Mama ich wünsche dir⟩ 627
⟨O lieblicher Morgen⟩ 100
⟨O Nacht! du goldgesticktes Zelt!⟩ [aus: Klänge aus dem Orient] 160–162, 165

PERDU! oder Dichter, Verleger, und Blaustrümpfe 17, 19, 38, 63, 93, 204, 227, 335–338, 344, 349, 447, 463, 465, 470–476, 491, 502, 537, 582, 584, 592, 702
Poesie 60, 110, 287, 288, 318, 323–326, 328, 408, 409, 412, 578, 595, 607, 635, 636, 694
Rosamunde 101, 117–119, 121
Scenen aus Hülshoff 7, 463
Schloß Berg 15, 268, 664
⟨Seht die Freude seht die Sonne⟩ 100
SIT ILLI TERRA LEVIS! 285, 310, 630, 633, 634
So muß ich in die Ferne rufen 22
Spätes Erwachen 15, 22, 23, 271, 314, 403, 416–418, 616
Sprachübungen [aus: Klänge aus dem Orient] 160, 163, 164
Stammbuchblätter 287
Sylvesterabend 21, 403, 404, 623
unaussprechlich [aus: Klänge aus dem Orient] 160, 164
unbeschreiblich [aus: Klänge aus dem Orient] 160
⟨Und ob der Mayen stürmen will⟩ 628
unerhört [aus: Klänge aus dem Orient] 160, 164
Ungastlich oder nicht? (In Westphalen) 197–199, 202, 208
Unruhe 6, 29, 109, 113–116, 576, 577, 663, 682
Unter der Linde 23, 404, 447, 454
unzählbar [aus: Klänge aus dem Orient] 160, 165
VANITAS VANITATUM! R.i.p. 285, 287, 630, 633

verflucht [aus: Klänge aus dem Orient] 160
verhenkert [aus: Klänge aus dem Orient] 160
verliebt (I.) [aus: Klänge aus dem Orient] 160
verliebt (II.) [aus: Klänge aus dem Orient] 160
verteufelt [aus: Klänge aus dem Orient] 160
VIVAT! VIVAT! VIVAT CASPAR! und abermahls VIVAT! 628
Volksglauben in den Pyrenäen 22, 403, 432–437
Vor vierzig Jahren 19, 197, 200, 207–209, 211, 300, 570, 622
Vorgeschichte (SECOND SIGHT) 195, 374–379, 381, 407, 433, 495, 624
Walther. Ein Gedicht in sechs Gesängen 6, 7, 14, 29, 31, 101, 117–123, 167, 168, 169, 582, 584, 606, 702
Was bleibt 2, 259, 287, 288, 636, 645
⟨Wenn ich o Freund hier im Haine⟩ 629
⟨Wer bist du doch, o Mädchen?⟩ [aus: Klänge aus dem Orient] 160–162
Westphälische Schilderungen aus einer westphälischen Feder 20, 22, 35, 43, 81, 87, 193, 198, 231, 359, 374, 382, 433, 478, 490–495, 497, 498, 503, 529–534, 567, 582, 601, 620, 621, 650, 659, 665, 668, 684, 685, 695
⟨Wie sind meine Finger so grün?⟩ 9, 102, 304
Zwey Legenden (I Das verlorene Paradies; II Gethsemane) 23, 404, 449–454

6. Autorenverzeichnis

Althaus, Thomas, Prof. Dr., Universität Bremen
Blasberg, Cornelia, Prof. Dr., Westfälische Wilhelms-Universität Münster
Bodenburg, Julia, Dr., Westfälische Wilhelms-Universität Münster
Borgards, Roland, Prof. Dr., Goethe-Universität Frankfurt/M.
Braungart, Wolfgang, Prof. Dr., Universität Bielefeld
Conrad, Maren, Jun.-Prof. Dr., Friedrich-Alexander-Universität Erlangen-Nürnberg
Detering, Heinrich, Prof. Dr. Dr. h.c., Georg-August-Universität Göttingen
Dommes, Grit, Dr., Berlin
Eichhorn, Kristin, Dr., Universität Paderborn
Frank, Gustav, Prof. Dr., Ludwig-Maximilians-Universität München
Greiner, Bernhard, Prof. i.R. Dr., Eberhard Karls Universität Tübingen
Grywatsch, Jochen, Dr., Droste-Forschungsstelle, LWL-Literaturkommission für Westfalen, Münster
Gunia, Jürgen, Dr., Westfälische Wilhelms-Universität Münster
Johnstone, Japhet, Dr., University of Washington
Kanning, Julian, Dr., Universität Paderborn
Kilchmann, Esther, Jun.-Prof. Dr., Universität Hamburg
Kleinschmidt, Christoph, Dr., Eberhard Karls Universität Tübingen
Kloster, Jens, Dr., Annette von Droste-Gesellschaft, Münster
Korten, Lars, Dr., Westfälische Wilhelms-Universität Münster
Kramer, Anke, Dr., Universität Siegen
Kuhlmann, Hauke, Dr., Universität Bremen
Küster, Thomas, Dr., LWL-Institut für westfälische Regionalgeschichte, Münster
Laak, Lothar van, Prof. Dr., Universität Paderborn
Liebrand, Claudia, Prof. Dr., Universität zu Köln
Löffler, Jörg, Dr., PD, Universität Bielefeld
Mayer, Mathias, Prof. Dr., Universität Augsburg
Morrien, Rita, Prof. Dr., Universität Paderborn
Mütherig, Vera, M.A., Westfälische Wilhelms-Universität Münster
Nutt-Kofoth, Rüdiger, Dr., Bergische Universität Wuppertal
Pehlke, Florian, M.A., Universität Bremen
Potthast, Barbara, Prof. Dr., Universität Stuttgart
Prade-Weiss, Juliane, Dr., Yale University
Scherer, Stefan, Prof. Dr., Karlsruher Institut für Technologie
Schmidt, Florian, Dr., Eberhard Karls Universität Tübingen
Schmitt, Christian, Dr., PD, Carl von Ossietzky Universität Oldenburg
Schnyder, Peter, Prof. Dr., Université de Neuchâtel
Springer, Mirjam, Dr., Westfälische Wilhelms-Universität Münster
Stobbe, Urte, Dr., PD, Universität Köln
Tetzlaff, Stefan, Dr., Westfälische Wilhelms-Universität Münster
Thums, Barbara, Prof. Dr., Johannes Gutenberg-Universität Mainz
Vedder, Ulrike, Prof. Dr., Humboldt-Universität Berlin

Venzl, Tilman, Dr., Universität Heidelberg
Wehnert, Christina, M.A., Universität Bremen
Werlitz, Julian, M.A., Universität Augsburg
Wernli, Martina, Dr., Goethe-Universität Frankfurt/M.
Wortmann, Thomas, Jun.-Prof. Dr., Universität Mannheim
Zimmermann, Yvonne, Dr., Universität Stuttgart

www.ingramcontent.com/pod-product-compliance
Lightning Source LLC
Chambersburg PA
CBHW031406230426
43668CB00007B/228